Das Visual Basic 2005 Codebook

Dr. Joachim Fuchs, Andreas Barchfeld

Das Visual Basic 2005 Codebook

 ADDISON-WESLEY

An imprint of Pearson Education

München • Boston • San Francisco • Harlow, England
Don Mills, Ontario • Sydney • Mexico City
Madrid • Amsterdam

Bibliografische Information Der Deutschen Bibliothek

Die Deutsche Bibliothek verzeichnet diese Publikation in der Deutschen Nationalbibliografie; detaillierte bibliografische Daten sind im Internet über <http://dnb.ddb.de> abrufbar.

10 9 8 7 6 5 4 3 2 1

08 07 06

ISBN-13: 978-3-8273-2272-2
ISBN-10: 3-8273-2272-3

© 2006 by Addison-Wesley Verlag,
ein Imprint der Pearson Education Deutschland GmbH,
Martin-Kollar-Straße 10–12, D-81829 München/Germany
Alle Rechte vorbehalten

Korrektorat: Simone Meißner
Lektorat: Brigitte Bauer-Schiewek, bbauer@pearson.de
Herstellung: Elisabeth Prümm, epruemm@pearson.de
Satz: reemers publishing services gmbh, Krefeld (www.reemers.de)
Umschlaggestaltung: Marco Lindenbeck, webwo GmbH (mlindenbeck@webwo.de)
Druck und Verarbeitung: Kösel, Krugzell (www.KoeselBuch.de)

Printed in Germany

Inhaltsverzeichnis

Windows Controls

Eigenschaftsfenster (PropertyGrid)   389

Dateisystem   443

XML 631

Wissenschaftliche Berechnungen und Darstellungen 705

DirectX   901

Verschiedenes   927

Vorwort

Mit .NET hat Microsoft eine umfassende und richtungsweisende Plattform für die Programmierung von Anwendungssystemen geschaffen. Die Realisierung komplexer Aufgaben wird durch .NET erheblich vereinfacht und vereinheitlicht. Einue umfangreiche Klassenbibliothek in Form eines Frameworks bietet vielfältige Möglichkeiten, die von verschiedenen Programmiersprachen gleichermaßen genutzt werden können. Um auch mit Visual Basic von diesen Möglichkeiten Gebrauch machen zu können, musste die Sprache grundlegend geändert werden.

Daher ist der Umstieg von Visual Basic 6 nach Visual Basic 2005 gewaltig. Geblieben ist ein Teil der Syntax, hinzugekommen der Zwang zur Objektorientierten Programmierung und die Verfügbarkeit eines komplexen, fast unüberschaubaren Frameworks, das die meisten Aufgabenbereiche abdeckt. Um die Vorteile von .NET nutzen zu können, ist eine intensive Beschäftigung mit dem .NET Framework unumgänglich.

Mit der Framework-Version 2.0 und Visual Studio 2005 kamen zusätzliche Neuerungen. Einerseits wurde die Sprache Visual Basic erweitert und unterstützt jetzt auch generische Datentypen, andererseits wurde das Framework ergänzt und einige Lücken geschlossen.

Das Erlernen der Objektorientierten Programmierung können wir Ihnen nicht abnehmen. Hierzu gibt es inzwischen umfangreiche Literatur. Aber den täglichen Umgang mit dem Framework wollen wir Ihnen in praxisorientierten Rezepten näher bringen. Beginnend mit einfachen Beispielen zu grundlegenden Formatierungen und Umrechnungen bis hin zu komplexen Techniken wie WMI, XML und professionelle Steuerelemente deckt das Buch ein breites Spektrum an Fachgebieten ab.

Trotz der großen Komplexität des .NET Frameworks und der Erweiterungen in der Version 2.0 werden vom Framework zurzeit immer noch nicht alle Details abgedeckt, die Sie bisher mit Windows-Anwendungen realisieren konnten. Auch hier zeigen wir anhand einiger Beispiele auf, wie fehlende Funktionalitäten im Framework durch andere Techniken ergänzt werden können. Die Zahl der notwendigen API-Aufrufe ist seit 2005 aber wieder deutlich gesunken.

Aus den Praxiserfahrungen im Umgang mit .NET, die wir seit dem Erscheinen der Beta-Version 2001 gesammelt haben, ist dieses Buch entstanden. Die einzelnen Rezepte spiegeln Lösungen für oft gestellte Fragestellungen wider. Neben der einfachen Anwendung der Rezepte können diese auch als Einstiegspunkt für eine tiefer gehende Auseinandersetzung mit neuen Technologien dienen.

Unsere Rezepte bestehen nicht nur aus kommentierten Quelltexten, sondern auch aus detaillierten Erläuterungen zur Aufgabenstellung und deren Lösung. So lassen sie sich auch auf ähnliche Aufgabenstellungen übertragen. Soweit es der Umfang des Buches gestattet, gehen wir im Anhang auch auf weniger bekannte Technologien ein. Die Quelltexte lassen sich schnell mithilfe des auf der CD enthaltenen Code-Repositories in eigene Projekte übernehmen. Ergänzend finden Sie alle Projekte zu den einzelnen Rezepten auf der Buch-CD.

Dieses Buch ersetzt in vielen Fällen umfangreiche Recherchen in der Online-Hilfe und/oder im Internet. Informationen, die sonst nur sehr verstreut zu finden sind, werden in verschiedenen Themengruppen zusammengefasst. Dadurch bleibt Ihnen in vielen Fällen eine zeitaufwändige Suche erspart.

Wir hoffen, mit der getroffenen Themenauswahl auch Ihren Anforderungen an ein solches Buch gerecht zu werden. Sollten Sie etwas vermissen, Fehler bemerken oder sonstige Anregungen haben, schreiben Sie uns. Sie erreichen uns entweder über den Verlag oder die nachfolgend genannten Internetadressen. Bleibt uns nur noch, Ihnen viel Spaß bei der Lektüre und gutes Gelingen bei der Programmierung mit Visual Basic 2005 zu wünschen.

Die Autoren

Dr. Joachim Fuchs ist selbstständiger Softwareentwickler, Autor und Dozent, seit 2001 mit dem Schwerpunkt »Softwareentwicklung mit .NET«. Sein umfangreiches Wissen gibt er unter anderem in Seminaren, in den Microsoft Newsgroups und in Form von Fachartikeln für verschiedene Zeitschriften weiter. Sie erreichen ihn über seine Homepage *http://www.fuechse-online. de/beruflich/index.html*.

Andreas Barchfeld ist IT-Leiter in einem Hamburger Krankenhaus und verfügt über mehrere Jahre Erfahrung als System- und Organisationsprogrammierer im Bereich Windows und Unix. Er beschäftigt sich seit dem Erscheinen der .NET-Beta-Version 2001 mit diesem Programmierumfeld. Seine Schwerpunkte in diesem Bereich liegen bei VB, C++ und Datenbanken. Sie erreichen ihn über seine Homepage *http://www. barchfeld-edv.com*.

Informationen zum Buch und Kontakt zu den Autoren

Über die nachfolgend genannten Links finden Sie aktuelle Informationen zum Buch und können mit uns Kontakt aufnehmen.

http://www.fuechse-online.de/vbcodebook/index.html

http://vbcodebook.barchfeld-edv.com

http://codebooks.de/

Teil I Einführung

Einleitung

Von gestern bis heute

Ein kleiner historischer Rückblick soll die Entstehungsgeschichte und die Ziele von Visual Basic 2005 erläutern. Keine Angst, wir gehen hier nicht ins Detail, sondern skizzieren nur die Umstände und Intentionen der Entwickler von Basic, Visual Basic und Visual Basic.NET.

10 LET A=4

So oder ähnlich kennen viele noch die ersten Basic-Programme. Auf Kleincomputern von Sinclair, Apple, Commodore usw. gab es bereits Ende der 70er die ersten Basic-Interpreter. Basic war eine simple Programmiersprache, die jeder verstehen konnte und die alles Notwendige für den üblichen Bedarf mitbrachte. Während Fortran, Cobol etc. vorwiegend auf Großrechnern zu finden waren, gehörten Basic-Interpreter bald zur Standardausrüstung der Homecomputer.

Mit der unaufhaltsamen Weiterentwicklung höherer Programmiersprachen wie C, C++, Pascal und vielen anderen geriet Basic immer mehr in Vergessenheit, konnte man doch mit den neueren Sprachen wesentlich eleganter und sauberer programmieren als mit dem üblichen Basic-Spagetti-Code.

On Error Goto

Als Microsoft begann, mit Windows das Betriebssystem mit einer grafischen Oberfläche auszustatten, war man der festen Überzeugung, dass die Zukunft der Programmierung mit der Sprache C fest verbunden sei. Windows selbst ist zum größten Teil in Standard-C programmiert worden. Auch die ersten Anwendungsprogramme wurden in C geschrieben.

Bald stellte sich heraus, dass C für Windows-Programme, die hauptsächlich ereignisgesteuert sind, zu umständlich war. So kam der Umstieg auf C++, um wenigstens die oft benötigten Vorgehensweisen in Klassenbibliotheken bereitstellen zu können. Aber auch der Umgang mit den (anfangs sehr vielen) Klassenbibliotheken war alles andere als einfach und hielt viele Programmierer davon ab, Windows-Programme zu entwickeln.

Benötigt wurde eine einfache Sprache mit einer integrierten Entwicklungsumgebung, die alles bereithält, um »mal eben« ein Fenster mit ein paar Steuerelementen anzulegen. So wurde Visual Basic ins Leben gerufen. Basic als zugrunde liegende einfache Programmiersprache, verbunden mit einer (zumindest später) komfortablen Entwicklungsumgebung. Schon die Version 3 konnte viele Anwendungsfälle abdecken, die bis dahin eine Domäne der C-Programmierung waren.

Was in VB fehlte, konnte man über den direkten Aufruf von API-Funktionen ergänzen. VB selbst wurde ständig weiterentwickelt. Ab Version 4 kamen erste objektorientierte Ansätze hinzu, die leider auch in der Version 6 noch lange nicht vervollständigt worden sind. Der erste Ansatz, mit Komponenten in Form von VBX-Dateien Visual Basic erweiterbar zu machen, wurde bald wieder eingestellt und durch COM (Component Object Model) ersetzt (und später in ActiveX umbenannt ☺).

Mit COM war der erste Schritt zu einem Baukastensystem in Form von beliebig zusammenstellbaren Komponenten getan. Mit VB erstellte Komponenten lassen sich auch heute noch in anderen Programmen verwenden.

Bei den Office-Produkten wurde Visual Basic for Applications (VBA) zum Standard für die Automatisierung. Durch die Verbreitung von VBA hat Visual Basic noch mehr an Bedeutung gewonnen.

Try Catch Finally

Mit .NET hat Microsoft nun endlich eine umfangreiche sprachübergreifende Plattform geschaffen, die universell für fast alle Bereiche der Softwareentwicklung einsetzbar ist. Aus den Erfahrungen, die bislang bei der Programmierung mit C++, VB und Java gesammelt wurden, entstanden die Bausteine des .NET-Konzeptes.

Alle Programmiersprachen arbeiten mit demselben Typsystem. Definitionen wie CLS (Common Language Specification), CLR (Common Language Runtime), CTS (Common Type System) und die allen Sprachen gemeinsame Kompilierung in einen von JIT(Just In Time)-Compilern auf dem jeweiligen Zielsystem übersetzten Zwischencode (MSIL – Microsoft Intermediate Language) sorgt für flexible Austauschbarkeit von Komponenten. Klassen, die in einer Visual Basic 2005-Klassenbibliothek abgelegt sind, können in einem C#-Programm eingebunden, benutzt oder gar durch Vererbung erweitert werden und vice versa. Aber auch jede andere Programmiersprache, die intern auf den Regeln des .NET aufbaut, kann eine so erstellte Bibliothek benutzen (Eiffel.NET, Perl.NET etc.)

Die Sprachen selbst haben an Bedeutung verloren. Eine Programmiersprache dient lediglich zur Umsetzung von Algorithmen in lauffähige Programme. Das gesamte Umfeld, also die Erzeugung von Fenstern, die Zugriffe auf Datenbanken, die Zeichenoperationen und vieles, vieles mehr sind nicht mehr Bestandteil der Sprache, sondern werden vom Framework, einer gewaltigen Klassenbibliothek, bereitgestellt.

Unglücklicherweise hat man bei den alten VB-Versionen auch versucht, fehlende Funktionalität von Basic in die Sprache Visual Basic einzubauen. So finden sich auch in Visual Basic 2005 leider immer noch viele Altlasten in Form von Funktionen, die eigentlich nichts in der Programmiersprache zu suchen haben, sondern in den Aufgabenbereich des Betriebssystems fallen. Der eigentliche Wunsch, den Umsteigern von VB6 nach Visual Basic 2005 zu helfen, indem man einen Großteil der alten Basic-Funktionen auch unter Visual Basic 2005 verfügbar macht, schlägt leider allzu oft ins Gegenteil um. Ohne Hilfe ist kaum nachzuvollziehen, ob und wie eine Methode von der Programmiersprache auf das Framework abgebildet wird.

Während der Schritt von C nach C++ hauptsächlich darin bestand, auf die Sprache C einen objektorientierten Ansatz aufzupropfen, wurde mit Visual Basic 2005 quasi eine neue Sprache entwickelt, die mit VB6 und den Vorgängern (ab sofort VB Classic genannt) nur noch einen kleinen Teil der Syntax gemein hat. Das Verständnis der Objektorientierten Programmierung (OOP) ist Voraussetzung für die Programmierung unter .NET, auch für Visual Basic 2005. Selbst wenn man einfache Aufgaben mit der prozeduralen Vorgehensweise, wie sie leider bei der VB Classic-Programmierung vorherrschte, auch auf ähnliche Weise mit Visual Basic 2005 erledigen kann, stößt man sehr schnell an Grenzen. Die Möglichkeiten des Frameworks lassen sich nur erschließen, wenn man die wichtigsten OOP-Konzepte (Klassen – Objekte – Referenzen, Vererbung, Schnittstellen usw.) beherrscht. Auch wenn viele Rezepte in Form von Funktionen realisiert sind, verstehen sich diese Funktionen als Bestandteil einer übergeordneten Klasse.

.NET wird konsequent erweitert und wächst stetig. Ende 2005 kam die neue Framework-Version 2.0 heraus und mit ihr viele neue Klassen und Funktionalitäten. Generische Datentypen sind nun auch Bestandteil von .NET. Die Neuerungen machten auch vor den Sprachen nicht halt. Neue Designer für Ressourcen und Konfigurationsdateien generieren automatisch Code, der viele Vorgänge vereinfacht. Speziell für Visual Basic 2005 gibt es den neuen Namensraum My, der besonders Neueinsteigern helfen soll, oft benötigte Methoden und Informationen schnell auffinden zu können.

Was sich mit Visual Basic 2005 realisieren lässt und was nicht

Da .NET alle Sprachen mit den gleichen Möglichkeiten ausstattet, hat sich das Einsatzgebiet von Visual Basic 2005 gegenüber VB Classic erheblich erweitert. Neben Windows-Applikationen und Klassenbibliotheken können Sie nun auch mit Visual Basic 2005 Web-Anwendungen, Web-Services und Konsolenanwendungen programmieren. Sogar Windows-Dienste sind realisierbar.

Für Handheld-PCs, die mit dem entsprechenden Framework ausgestattet sind, lässt sich ebenfalls Software in Visual Basic 2005 entwickeln. Visual Studio bietet für diese Geräte eine spezielle Testumgebung an. Auch das .NET Compact Framework ist weiterentwickelt worden und steht inzwischen in der Version 2.0 zur Verfügung.

Kein Einsatzgebiet für .NET-Anwendungen sind Gerätetreiber. Diese bleiben nach wie vor eine Domäne der C-Programmierung und können nicht mit Visual Basic 2005 realisiert werden.

Aber auch bei den direkt nutzbaren Features des Betriebssystems hat sich einiges getan. Multithreading konnte man beispielsweise mit VB6 zwar einsetzen, aber nicht mit der Entwicklungsumgebung austesten. Das hat sich mit Visual Basic 2005 geändert.

Grundsätzlich lässt sich mit Visual Basic 2005 alles realisieren, was Sie auch mit C# realisieren können. Aufgrund der syntaktischen Unterschiede der Sprachen lassen sich manche Dinge in der einen oder anderen Sprache eleganter ausdrücken. Unüberwindbare Einschränkungen, wie es sie früher für VB6 in Bezug auf C++ gab, gibt es bei den .NET-Sprachen nicht mehr.

Inhalt des Buches

Will man ein Buch zu .NET schreiben, stellt sich die Frage, auf welcher Ebene man aufsetzt und welches Ziel verfolgt werden soll. Wie wir schon im Vorwort erwähnt haben, richtet sich das Buch nicht an VB Classic-Programmierer, die mit .NET noch keine Erfahrung gesammelt haben. Für den Umstieg von VB6 nach Visual Basic 2005 und den Einstieg in die Objektorientierte Programmierung gibt es bereits umfangreiche Literatur. Die wichtigsten Begriffe rund um die Objektorientierte Programmierung mit Visual Basic 2005 haben wir im Referenzteil erläutert. Dennoch kann die kurze Zusammenfassung nicht jedes Detail beleuchten und ersetzt nicht die Literatur zum Erlernen der OOP.

Ziel des Buches ist es vielmehr, anhand von vielen praxisorientierten Rezepten Vorgehensweisen aufzuzeigen, wie man effektiv mit den Framework-Klassen arbeitet, wie man mit Techniken wie GDI+, XML, ADO.NET, Windows Forms, Windows Controls, WMI usw. umgeht und nicht zuletzt, wie man notfalls auch auf das Windows-API zugreifen kann, wenn die benötigte Funktionalität (noch) nicht im Framework vorhanden ist.

Diese Rezepte, die Sie direkt im Anschluss an die Einleitung finden, stellen den Hauptteil des Buches dar. In mehrere Kategorien aufgeteilt, haben wir für Sie ca. 300 Rezepte aus den unterschiedlichsten Bereichen entwickelt. Ausgewählt haben wir die Themen und Aufgabenstellungen aus eigenen praktischen Erfahrungen, aus vielen Fragestellungen, die im Rahmen von Seminaren an uns herangetragen worden sind, aus Diskussionen in den Newsgroups und aus den Anregungen der zahlreichen Beiträge im Internet.

Einleitung

Ein Rezept erklärt zunächst eine Aufgabenstellung und zeigt dann eine Lösung, bestehend aus kommentierten Listings, Abbildungen und, vor allem, einer Erläuterung des Lösungsweges. Zu den meisten Rezepten finden Sie auf der Buch-CD die Visual Studio-Projekte, mit denen wir den Code getestet haben. Die abgedruckten Listings können Sie über das ebenfalls auf der CD befindliche Repository kopieren. Sie müssen also nichts abtippen.

Was ist neu am neuen Visual Basic 2005 Codebook?

Nun, das auffälligste Merkmal der neuen Codebook-Serie ist natürlich das Erscheinungsbild. Buch und CD im Schuber, das Buch als PDF-Datei auf der CD, Griffmulden und ein neues Layout sind die äußeren Besonderheiten. Aber auch inhaltlich hat sich vieles getan. Alle Rezepte wurden überarbeitet und bewertet, ob sie weiterhin empfehlenswert sind oder durch neue Möglichkeiten des Frameworks abgelöst werden sollten. Viele Rezepte der ersten Auflage wurden umgebaut und nutzen neue Features von Visual Basic und des Frameworks. Durch Diskussionen mit Lesern konnten wir einige der Rezepte verbessern und Fehler korrigieren.

Aber natürlich gibt es auch über 40 neue Rezepte. Eine kleine Einführung in DirectX ist ebenso dabei wie eine Bibliothek für 2D-Grafikberechnungen. Auch die GPS-Navigation schien uns wichtig genug, um im Rahmen mehrerer Rezepte Lösungen vorzustellen. So werden Sie quer durch die Bank bei den meisten Kategorien auch neue Rezepte finden.

Zielgruppe

Das Buch richtet sich an Anwendungsentwickler, die bereits Erfahrungen mit .NET gesammelt haben. Gute Programmierkenntnisse und Kenntnisse der Objektorientierten Programmierung werden bei der Erläuterung der Rezepte vorausgesetzt. Natürlich sind alle Quelltexte mit Visual Basic 2005 geschrieben worden, sonst wäre ja das Thema verfehlt. Aber auch Programmierer anderer Sprachen, die die Syntax von Visual Basic 2005 einigermaßen beherrschen, können die Rezepte umsetzen.

Der Schwerpunkt der Themen liegt eindeutig auf der Windows-Programmierung, da die Web-Programmierung bereits durch das ASP.NET Codebook abgedeckt wird. Aber auch Web-Programmierer werden viele nützliche Rezepte in diesem Buch finden. Selbst die Rezepte zu GDI+ können für Web-Anwendungen interessant sein, wenn z.B. auf dem Server Grafiken online erstellt werden müssen.

Voraussetzungen zur Nutzung der Rezepte

Alle Projekte, die Sie auf der Buch-CD finden, wurden mit Visual Studio .NET 2003 und der Framework Version 1.1 unter Windows 2000 erstellt. Wir gehen davon aus, dass Sie selbst mit Visual Studio .NET arbeiten, denn das ist der Standard für die Programmierung mit Visual Basic 2005.

Alternativ können Sie auch die Freeware SharpDevelop einsetzen. Sie kann den Umfang von Visual Studio .NET zurzeit aber bei weitem nicht erreichen. Für die ganz hart Gesottenen bleiben dann noch die kostenlose Nutzung von Nodepad-Editor und Kommandozeilenaufrufe des Compilers ☺.

Die Softwareentwicklung mit Visual Basic 2005 sollten Sie nur auf den Betriebssystemen Windows 2000, Windows XP und Windows 2003 Server bzw. zukünftigen Nachfolgern vornehmen. Visual Studio .NET 2005 arbeitet ohnehin nur noch mit diesen Betriebssystemen. SharpDevelop funktioniert möglicherweise auch unter Windows NT4 und Windows 98/ME, wir raten aber davon ab.

Typische Fragen zum Visual Basic 2005 Codebook und zur Programmierung mit Visual Basic 2005

Wie bekomme ich die abgedruckten Quelltexte aus den Rezepten in meine Anwendung?

Auf der Buch-CD befindet sich ein Repository-Programm. Nach Kategorien organisiert suchen Sie das betreffende Rezept und dort das gewünschte Listing aus und kopieren den Quelltext über die Zwischenablage in Ihre Anwendung.

Kann ich die Rezepte ohne Veränderung in meine Anwendung übernehmen?

Wenn es sich realisieren ließ, haben wir die Rezepte so aufgebaut, dass sie ohne Änderung übernommen werden können. Allerdings war das in vielen Fällen nicht möglich, da bei der Objektorientierten Programmierung z.B. Methoden nicht einfach aus dem Klassenverbund herausgerissen werden können. Bei Windows Forms oder Windows Controls ergibt sich das Problem, dass wir aus Platzgründen nicht den Code zur Generierung der Steuerelemente etc. abdrucken können. Auch syntaktische Gegebenheiten, wie z.B. Imports-Anweisungen am Anfang einer Datei, verhindern oft, dass Methoden und Klassen mit einem Mausklick kopiert werden können. Meist müssen an mehreren Stellen Änderungen vorgenommen werden.

Eine Reihe von Rezepten haben wir anhand von Beispielen erläutert. Hier müssen Sie natürlich den Beispielcode für Ihre Zwecke anpassen.

Gibt es zu den Rezepten Beispielprojekte?

Ja. Für fast alle Rezepte finden Sie auf der CD Beispielprojekte, in denen der beschriebene Code eingesetzt und demonstriert wird. Dabei gibt es einige Rezepte, die an einem zusammenhängenden Beispiel erläutert und dann auch in einem Projekt zusammengefasst werden. Nur für ganz wenige Rezepte, die ohne nennenswerten Code auskommen (z.B. zur Diskussion von Basisklassen für Steuerelemente), gibt es keine eigenen Projekte.

Wie finde ich das zu einem Rezept zugehörige Projekt?

Die Rezepte sind auf der CD in Verzeichnissen abgelegt, deren Namen mit den zugehörigen Projektnummern beginnen. So fällt die Zuordnung leicht.

Kann ich die Beispielprojekte sofort verwenden?

Das sollte gehen. Bedenken Sie aber bitte, dass das Projekt zuvor auf die Festplatte kopiert werden muss, da sonst der Compiler keine Dateien und Verzeichnisse auf der CD anlegen kann.

Wie kann ich Code aus Rezepten in meine Programme einbinden?

Neben dem Kopieren von Codefragmenten können Sie in vielen Fällen auch fertige Bibliotheken, die wir für die meisten Kategorien bereitgestellt haben, nutzen. Sie müssen die benötigte Bibliothek lediglich über die Verweisliste des Projektes referenzieren. Für Programmierer anderer Sprachen wie z.B. C# bieten die Bibliotheken den Vorteil, dass sie den Code nutzen können, ohne auf den Visual Basic 2005-Sourcecode zurückgreifen zu müssen.

Ich programmiere mit C#. Kann ich das Buch auch nutzen?

Ja. Denn das Kernthema des Buches ist die Programmierung mit dem .NET Framework und nicht, wie man mit Visual Basic eine Schleife programmiert. Wenn Sie C# beherrschen und sich ein bisschen mit der Syntax von Visual Basic 2005 auseinander setzen, werden Sie die

Rezepte nutzen können. Hierzu können Sie wahlweise den VB-Code selbst in C# umsetzen oder einfach die Projekte nutzen und als Klassenbibliothek in einem C#-Projekt einbinden.

Ich programmiere mit ASP.NET. Was bringt mir das Buch?

Das Schwerpunktthema des Buches ist die Programmierung von Windows-Anwendungen. Aber auch die umfasst viele Bereiche, die nichts mit Windows-Oberflächen zu tun haben. Beispielsweise sind Systemzugriffe, Datumsberechnungen, Zugriffe auf XML-Dateien und Datenbanken oder Dateioperationen für Web-Anwender genauso interessant wie für Windows-Programmierer. Selbst die Rezepte zum Eigenschaftsfenster können sehr nützlich sein, wenn Sie Web-Controls entwerfen, die Sie an andere Anwender weitergeben wollen.

Wird auf ASP.NET eingegangen?

Nein. Hierfür gibt es das ASP.NET Codebook, dem wir auch keine Konkurrenz machen wollen ☺. Web-Anwendungen und Web-Dienste werden nur insoweit besprochen, wie sie in Windows-Anwendungen genutzt werden können. Auf spezielle ASP.NET-Themen wird nicht eingegangen.

Benötige ich Visual Studio für die Programmierung mit VB?

Jein. Eigentlich sind das .NET Framework SDK und ein Texteditor alles, was Sie benötigen (und eigentlich können Sie Ihre Programme auch auf Lochkarten stanzen ☺). Aber wenn Sie bereits mit Visual Basic 5 oder 6 gearbeitet haben, dann wollen Sie die komfortable Entwicklungsumgebung bestimmt nicht missen. Für die professionelle Arbeit mit Visual Basic 2005 führt derzeit kein Weg an Microsoft Visual Studio vorbei.

Benötige ich Visual Studio für den Einsatz der Rezepte?

Auch hier ein Jein. Im Prinzip nicht, aber praktischer ist es schon. Alle Projekte wurden mit Visual Studio erstellt und können mit diesem natürlich auch wieder geöffnet und weiterbearbeitet werden.

Ich habe nur VB6. Kann ich die Beispiele auch benutzen?

Nein. Die Programmierung unter Visual Basic 2005 hat nicht mehr viel mit der Programmierung unter VB6 zu tun. Die Beispiele sind nur unter Visual Basic 2005 lauffähig.

Werden Module oder andere aus Kompatibilitätsgründen übernommene alte VB6-Techniken verwendet?

Nein. Diese Techniken sind für Umsteiger beim Erlernen des .NET-Konzeptes eher hinderlich als förderlich. Alles, was sich mit dem Framework und den Techniken der Objektorientierten Programmierung realisieren lässt, haben wir auch so realisiert. Natürlich verwenden wir dort, wo es Sinn macht, VB-Begriffe wie z.B. Integer statt System.Int32. Auch für gängige Typ-Umwandlungen setzen wir in vielen Fällen Methoden wie `CInt` oder `CSng` ein, statt die doch sehr umständliche Typecast-Syntax von `CType` oder `DirectCast` zu verwenden.

Grundsätzlich sind wir der Meinung, dass man sich auch (oder vielleicht gerade) als ehemaliger VB6-Programmierer von den Altlasten von VB Classic befreien muss und nicht gegen die Konzepte von .NET arbeiten sollte. Die prozedurale Programmierung, in der häufig mit globalen Variablen und Methoden gearbeitet wurde, hat hier keinen Platz mehr.

Werden alle Themenbereiche von .NET angesprochen?

Wenn Sie bei dieser Frage insgeheim denken »ich hoffe doch ja«, dann sollten Sie wissen, dass Sie ein solches Buch nicht mehr forttragen könnten. Nein, .NET umfasst derartig viele Bereiche, dass es völlig unmöglich ist, auch nur annähernd alles in einem Buch zu beschreiben. Wir haben die Themen herausgesucht, die unserer Meinung nach für die meisten Visual Basic-Programmierer von Belang sind und/oder sich in der Praxis, Newsgroups etc. als relevant herausgestellt haben.

Werden .NET-fremde Techniken wie XML detailliert erklärt?

Nein. Auch hier stoßen wir mit dem Buch an Grenzen. Wir erklären, wie Sie mit diesen Techniken in .NET umgehen können. Aber die Grundlagen von z.B. XML können wir nicht umfassend dokumentieren. Hierzu gibt es ausreichende Literatur, in Büchern und online.

Wird auch Multithreading eingesetzt?

Wie bereits oben erwähnt, ist der Einsatz von Multithreading in Visual Basic 2005 wesentlich vereinfacht worden. Allerdings warnen wir ausdrücklich davor, ohne massive Kenntnis der Grundlagen Multithreading einzusetzen. Gerade im Umgang mit Windows-Anwendungen gibt es viele Fallen, in die (mit Multithreading) unerfahrene Programmierer tappen können. Multithreading ist erheblich komplizierter, als es auf den ersten Blick den Anschein macht.

Wir haben Multithreading nur in einzelnen Ausnahmefällen eingesetzt, wenn auch wirklich ein Grund dafür gegeben war.

Auf welchen Plattformen laufen die entwickelten .NET-Programme?

Theoretisch auf allen Plattformen, für die es das .NET Framework gibt. Das heißt auf Windows 98SE, Windows ME, Windows NT 4.0, Windows 2000, Windows XP und Windows 2003 Server. Allerdings gibt es für Windows 98/ME sehr viele Einschränkungen. Ähnlich sieht es bei Windows NT aus. Die vollständige Frameworkimplementierung gibt es erst ab Windows 2000. Plattformen, die vor Windows 2000 herausgekommen sind, werden von Microsoft nur noch sehr stiefmütterlich behandelt. Dort ist mit großen Problemen zu rechnen.

Auf welchen Plattformen funktionieren die Beispiele aus dem Buch?

Entwickelt und getestet haben wir unter Windows XP. Die Programme sollten sich unter Windows 2000 und Windows 2003 Server genauso verhalten. Auf den älteren Plattformen werden höchstwahrscheinlich einige Beispiele (z.B. mit Transparenzeffekten) nicht funktionieren. Die Betriebssysteme Windows 98 und ME sind anders aufgebaut als die aktuellen Betriebssysteme, für die .NET gedacht ist. Viele Klassen des Frameworks setzen Gegebenheiten voraus, die von den alten Betriebssystemen nicht oder nicht vollständig unterstützt werden.

Funktionieren die Rezepte auch auf dem Framework 1.0 bzw. 1.1 und mit Visual Studio .NET 2002 bzw. 2003?

Größtenteils wahrscheinlich schon. Wir haben es aber nicht ausprobiert. Im Sourcecode sind ggf. kleine Änderungen bei den `For`-Schleifen notwendig, da wir in der Regel von der Möglichkeit Gebrauch gemacht haben, die Schleifenvariablen im `For`-Statement zu definieren. Auch kann es in Ausnahmefällen vorkommen, dass Erweiterungen des Frameworks benutzt werden, die in der Version 1.0 nicht enthalten sind. Ein Beispiel dafür ist die Enumeration `Environment.SpecialFolder`, die in der Version 1.1 deutlich umfangreicher ausgefallen ist.

Rezepte, die von neuen Features des Frameworks 2.0 oder von Visual Studio 2005 Gebrauch machen, lassen sich natürlich nicht auf den älteren Plattformen anwenden. Generische Listen oder die neuen Assistenten von VS 2005 beispielsweise gibt es in den Vorgängerversionen nicht.

Funktionieren die Rezepte auch auf dem Compact Framework auf einem PDA?

Teils, teils. Das Problem ist, dass das Compact Framework auch in der Version 2.0 nur einen kleinen Teil der Klassen, Methoden, Eigenschaften usw. des großen Bruders zur Verfügung stellt. So wird es viele Rezepte geben, die sich auch problemlos auf dem Compact Framework nutzen lassen, aber auch andere, die entweder angepasst werden müssen oder gar nicht auf einem PDA nutzbar sind.

Welche Voraussetzungen müssen für die Datenbankbeispiele erfüllt sein?

Für die Datenbankbeispiele benötigen Sie entweder SQL Server 2000 oder SQL Server 2005. Die Ausstattungsvariante spielt dabei keine Rolle. MSDE (2000) oder Express Edition (2005) reichen aus.

Welche Voraussetzungen müssen für die DirectX-Beispiele erfüllt sein?

Entwickelt und getestet haben wir die Beispiele mit dem DirectX SDK, Version 9.0c vom Oktober 2005. Die Grafikkarte sollte DirectX 9.0 unterstützen, damit der Großteil der Berechnungen von der Hardware übernommen werden kann. Anderenfalls führt der PC-Prozessor alle Berechnungen durch, wodurch die Ausführungsgeschwindigkeit erheblich herabgesetzt werden kann.

Wird der My-Namensraum eingesetzt bzw. was ist davon zu halten?

Vorab: Ja, wir setzen ihn ein, wo es Sinn macht.

`My` soll die Visual Basic 2005-Programmierung mit Visual Studio 2005 einfacher machen – so die Intention von Microsoft. Allerdings wird `My` sehr kontrovers diskutiert, denn nicht jeder hält diese Neuerung für vorteilhaft. Über `My` erhalten Sie Zugriff auf einige weniger oft gebrauchte Methoden und Eigenschaften ausgewählter Framework-Klassen. Auch der Zugriff auf Ressourcen und Anwendungseinstellungen erfolgt in Visual Basic 2005 oftmals über `My`.

Allerdings liegt es auf der Hand, dass nur ein sehr, sehr kleiner Teil der Framework-Funktionalität über `My` zur Verfügung gestellt werden kann. Sehr schnell stößt man an die Grenzen und muss sich dann doch mit den zugrunde liegenden Framework-Klassen auseinander setzen. Hinzu kommt, dass man mit `My` eine zusätzliche, redundante Syntax lernen muss. Denn zusätzliche Funktionalitäten, die man nicht auch anderweitig im Framework findet oder auf andere Weise erreichen könnte, bietet der `My`-Namensraum nicht.

Wir raten daher dazu, `My` nur in den Fällen einzusetzen, in denen es wirklich vorteilhaft ist. Wenn dieselbe Funktionalität über Framework-Klassen direkt erreicht werden kann, sind diese vorzuziehen. Bedenken Sie auch, dass Sie gesuchte Beispiele im Internet nicht immer in Visual Basic 2005 vorfinden. C#-Code zu lesen ist nicht schwer, aber C#-Programmierer verwenden das Framework, nicht den `My`-Namensraum. Für die professionelle Programmierung und die Einarbeitung in das .NET Framework unumgänglich. `My` hilft da nur wenig.

Die Rezepte

In 16 Kategorien finden Sie über 300 Rezepte. Was Sie in den Kategorien erwartet, haben wir hier kurz zusammengefasst.

Basics

Hier finden Sie Grundlegendes z.B. zu Formatierungen, Bit-Operationen, zum Vergleichen und Sortieren von Objekten und Enumerationen. Die alte VB `Format`-Anweisung hat ausgedient. Lesen Sie nach, welche neuen, weitaus komfortableren Möglichkeiten das Framework bietet, um Zahlen und andere Werte zu formatieren und zu konvertieren. Der Umgang mit Bits und

Bytes ist in .NET wesentlich einfacher geworden. Nicht nur, dass die Sprache Visual Basic 2005 selbst endlich Schiebeoperationen kennt, sondern auch das Framework hält einige Klassen für Konvertierungen bereit, die früher nur sehr umständlich realisierbar waren.

Enumerationen sind in .NET nicht mehr einfache benannte Konstanten, sondern bieten auch zur Laufzeit Unterstützungen, z.B. zum Abfragen aller definierten Werte und Namen. Wir zeigen Ihnen, wie Sie mit Enumerationen umgehen können, wie Sie Enums ein- und auslesen können, ohne mit den nackten Zahlenwerten arbeiten zu müssen.

Zum Sortieren von Listen und Arrays, die Objektreferenzen enthalten, gibt es allgemeingültige, vom Framework genutzte Entwurfsmuster (Design Patterns). Wir erklären die Mechanismen, die Sie benötigen, um Objekte vergleichen und suchen zu können.

(Fast) ausgedient haben auch die alten Funktionen Asc und Chr, denn sie arbeiten nur mit ASCII-Zeichen. Zur Laufzeit arbeiten .NET Strings aber grundsätzlich mit Unicode. Wie Sie die Umwandlung zwischen den verschiedenen Zeichencodierungen (ASCII, UTF8, UTF16 usw.) vornehmen können, erfahren Sie ebenfalls in dieser Kategorie.

Datum und Zeit

Für den Umgang mit Datums- und Zeitangaben stellt das Framework umfangreiche Strukturen, Klassen und Methoden bereit. Leider gibt es auch ein paar Fehler und Fallen, z.B. bei der Berechnung der Kalenderwochen, wie sie in Europa üblich sind. Dagegen helfen unsere Rezepte ☺.

Ein immer wieder gefragtes Thema ist die Berechnung der deutschen Feiertage. Mit mehreren Rezepten zeigen wir, wie grundlegende Daten (Kirchenjahr, Osterdatum) berechnet werden, und stellen Ihnen eine Klasse für den Umgang mit Feiertagen zur Verfügung, die beliebig erweitert werden kann.

Für Historiker interessant ist die Umrechnung zwischen dem Gregorianischen Datum und der Julianischen Tageszählung.

Anwendungen

Nach Ini-Dateien und Registry-Einträgen werden heute Konfigurationsdaten in XML-Dateien gespeichert. In der Kategorie Anwendungen stellen wir Rezepte vor, um aus der Konfigurationsdatei einer Anwendung Daten zu lesen. Wir zeigen, wie Sie selbst Konfigurationsdateien anlegen und diese in Ihrem Programm lesen und schreiben können.

Auch die neuen Anwendungseinstellungen, die Visual Studio 2005 bereitstellt, werden besprochen. Ebenso wie die Klärung der Frage, wie man in einer Anwendung eine zentrale Fehlerbehandlung durchführen kann.

GDI+ Zeichnen

GDI+ ist das Grafik-API der neuen Betriebssysteme und wird ab Windows XP mit diesem zusammen installiert. GDI steht für Graphics Device Interface. Es ist nicht Bestandteil von .NET, jedoch basieren alle grafischen Ausgaben auf GDI+. GDI+ ist somit die Plattform für alle Zeichnungen, die mit einem .NET-Programm erstellt werden. Gegenüber dem alten gewachsenen GDI bietet es eine Reihe von Vorteilen. Hier nur einige wichtige:

▶ Systematisch aufgebautes Klassen- und Funktionsmodell

▶ Einfach anwendbare Zeichengeräte wie Pen, Brush und Font

▶ Koordinatensysteme und -transformationen

▶ Transparenz über Alpha-Kanal

Heutige Grafikkarten verfügen in der Regel noch nicht über eine Hardware-Beschleunigung für GDI+. In vielen Fällen, insbesondere bei der Anwendung von Transparenz, kann es daher zu Performance-Einbußen gegenüber GDI kommen. Diese Nachteile sollten jedoch in einigen Jahren, wenn die nächsten Generationen von Grafikkarten zur Verfügung stehen, zur Geschichte gehören.

Im Wesentlichen ersetzt GDI+ alle Funktionen von GDI. Es soll jedoch nicht verschwiegen werden, dass ein paar Möglichkeiten des alten GDI in GDI+ nicht mehr oder zumindest nur noch eingeschränkt zur Verfügung stehen. Dazu gehört z.B. die Möglichkeit, durch wiederholtes XOR-Drawing zuvor gezeichnete Figuren wieder zu löschen, ohne den Hintergrund neu zeichnen zu müssen.

Dieses Buch kann und soll nicht die Grundlagen von GDI+ erklären. Stattdessen wird an Hand einiger Beispiele der praktische Einsatz gezeigt. Da Zeichenoperationen aber zu den wichtigsten Bestandteilen einer grafischen Oberfläche zählen, gehen wir im Buch etwas ausführlicher auf sie ein. In der Kategorie GDI+ Zeichnen zeigen wir Ihnen zunächst allerlei Tricks und Kniffe im Umgang mit Schriften, Schatten und 3D-Effekten. Die Zeiten der eintönig grau in grau erscheinenden Dialogboxen sollte allmählich der Vergangenheit angehören.

GDI+ Bildbearbeitung

Beginnend mit den Grundlagen zum Zeichnen von Bildern finden Sie Rezepte zu komplexen Überblend-Funktionen mit Clipping und Transparenz, zum Vergrößern von Bildausschnitten, zur Maximierung von Bildanzeigen und zum Drehen und Spiegeln. Wir zeigen Ihnen, wie Sie in Ihrem Programm eine Ordnerauswahl mit miniaturisierten Vorschaubildern anzeigen und Thumbnail-Bilder für Webseiten generieren können.

Des Weiteren finden Sie Rezepte zum Umgang mit verschiedenen Dateiformaten und Encodern. Oft wird gefragt, wie man Bilder im JPeg-Format speichern und dabei Einfluss auf die Qualität nehmen kann. Auch das zeigen wir hier.

Mithilfe von Matrix-Operationen können die Farbinformationen auch von größeren Bildern sehr schnell verändert werden. Wir haben Rezepte für Sie vorbereitet, um Farbbilder zu invertieren oder in Graustufen umzuwandeln. In einem Rezept erklären wir ein Testprogramm, mit dessen Hilfe Sie die Farbmatrix online verändern und gleichzeitig die Auswirkung sehen können.

Für technische und wissenschaftliche Auswertungen werden oft Scharfzeichnungsfilter benötigt. In mehreren Rezepten erklären wir, wie die gängigen Filteralgorithmen in Visual Basic 2005 umgesetzt werden können.

Windows Forms

Nahezu unüberschaubar sind die Möglichkeiten, die .NET zur Gestaltung von Fenstern bietet. Neu hinzugekommen sind Fenster mit nicht rechteckigen Umrissen sowie ganz oder teilweise durchsichtige Fenster. Wir zeigen an einigen Beispielen, wie Sie die neuen Effekte nutzen können. Sie finden Rezepte zu oft gestellten Fragen, wie z.B. Fenster ohne Titelleiste erzeugt und verschoben werden können und wie man per Programm ScreenShots erstellen kann.

Viele VB Classic-Programmierer haben große Probleme bei der Programmierung von Dialogfenstern unter .NET. Die Fragen in den Newsgroups zeigen nur allzu oft, dass Dialoge unter VB Classic nur selten objektorientiert programmiert worden sind, obwohl bereits VB5 eine Menge Möglichkeiten zur Kapselung von Dialogen zu bieten hatte. Wir halten es daher für außerordentlich wichtig, diese Thematik in einigen Rezepten aufzugreifen und zu erklären, wie man unter .NET Dialoge kapseln kann. Dadurch erhalten die Dialogklassen eine saubere Struktur, sind besser wartbar und können wiederverwendet werden. Durch Vererbung können Sie zusätzlich erreichen, dass die Dialogfenster eines Programms ein einheitliches Aussehen bekommen.

Ebenfalls im Zusammenhang mit Dialogfenstern wird diskutiert, wie Benutzereingaben überprüft werden können. Das Framework bietet auch hierzu einige neue Mechanismen.

Auch auf oft gestellte Fragen wie z.B., wie man einen Startbildschirm (Splashscreen) anzeigt oder wie man über Drag&Drop oder über die Zwischenablage Daten importieren oder exportieren kann, werden in dieser Kategorie mit mehreren Rezepten beantwortet. Das Rezept für den Splashscreen wurde komplett überarbeitet und nutzt jetzt die neuen Möglichkeiten des VB-Anwendungsmodells.

Letztlich zeigen wir Lösungen für banal klingende Aufgabenstellungen, die sich bei näherer Betrachtung als äußerst knifflig erweisen, z.B. wie in einer TextBox die Eingabetaste abgefangen werden kann und wie man Dateipfade so kürzen kann, dass sie in noch lesbarer Form in Menüs verwendet werden können.

Windows Controls

Dieses ist aus gutem Grund eine der umfangreichsten Kategorien. Der Umgang mit Steuerelementen hat sich grundlegend geändert. Es gibt nicht mehr die Aufteilung in Ressource und Code-Teil, wie es in VB Classic der Fall war. Alle Steuerelemente werden per Code erzeugt. Auch die Eigenschaften werden im Code initialisiert. Beginnend mit einfachen Themen, z.B., wie die Control-Arrays aus VB Classic ersetzt werden können, über das benutzerdefinierte Zeichnen von ListBoxen und mehrspaltigen ComboBoxen gehen wir intensiv auf die Programmierung eigener Steuerelemente ein. Wir erläutern, welche Basisklassen sich für welche Steuerelemente eignen und welche Möglichkeiten es gibt, in den Nachrichtenfluss eines Controls einzugreifen.

Komplexere Steuerelemente für Verzeichnis- und Dateiauswahl werden ausführlich vorgestellt. Sie können direkt für den Bau eigener Dialoge verwendet werden, falls die von Windows bereitgestellten nicht ausreichen.

Am Beispiel eines grafischen Steuerelementes zur Anzeige von Zeitsegmenten demonstrieren wir, wie man Steuerelemente mit nicht rechteckigem Umriss definiert, wie Koordinaten transformiert werden, wie Maus-Ereignisse auch zur Entwurfszeit bearbeitet werden können und was zu tun ist, um auch im Eigenschaftsfenster die Zeitsegmente einstellen zu können.

Mehrzeilige TextBoxen werden vom Framework etwas stiefmütterlich behandelt. Im Framework 1.1 gab es bislang eine große Lücke im Umgang mit mehrzeiligen TextBoxen. Einige Informationen und Einstellungen sind inzwischen über das Framework 2.0 erreichbar, manche anderen aber nach wie vor nur über API-Funktionen. Auch hierzu halten wir einige Rezepte parat.

Eigenschaftsfenster (PropertyGrid)

Eines der leistungsfähigsten Steuerelemente, die Ihnen auch für eigene Anwendungen zur Verfügung stehen, ist das PropertyGrid-Control (Eigenschaftsfenster). Es handelt sich dabei um das Steuerelement, das der Designer benutzt, um dem Entwickler die Möglichkeit zu geben, für ein ausgewähltes Objekt (Steuerelement, Fenster, Menü etc.) dessen Eigenschaften anzuzeigen und zu ändern (siehe Abbildung 1). Sicher haben auch Sie es schon oft in Verbindung mit dem Designer verwendet.

Egal, ob Sie im Designer die Eigenschaften Ihrer eigenen Steuerelemente korrekt anzeigen wollen oder ob Sie zur Laufzeit das PropertyGrid-Control in Ihren eigenen Anwendungen dazu benutzen möchten, die Eigenschaften beliebiger Objekte anzuzeigen, es stehen Ihnen vielfältige Möglichkeiten zur Verfügung, das Verhalten des Eigenschaftsfensters gezielt zu steuern. Insbesondere für die professionelle Entwicklung von Steuerelementen ist es unerlässlich, sich näher mit dem PropertyGrid zu beschäftigen, um dem Anwender alle erdenklichen Hilfestellungen und Vereinfachungen für den Umgang mit den Steuerelementen zur Verfügung stellen zu können.

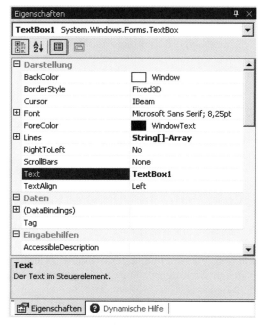

Abbildung 1: Das Eigenschaftsfenster (PropertyGrid) ist eines der leistungsfähigsten Steuerelemente und lässt sich auch in eigene Anwendungen einbinden

Eigentlich wollten wir einem einzelnen Steuerelement kein eigenes Kapitel widmen. Das PropertyGrid-Control ist aber leistungsstark wie kaum ein anderes, wird oft eingesetzt und ist in der MSDN-Dokumentation nur lückenhaft beschrieben. Auch im Internet findet man nur sehr verstreut die benötigten Informationen. Deswegen haben wir an dieser Stelle eine zusammenhängende, viele Details umfassende Sammlung von Rezepten zum Eigenschaftsfenster für Sie erarbeitet.

Angefangen mit Rezepten zur Steuerung des PropertyGrid über Attribute für Kategorien, Beschreibungen, Standardwerten und Standardeigenschaften führen wir Sie in Techniken zum Anzeigen eigener Editoren ein, die den Anwender bei der Eingabe der Daten unterstützen können. Wir erklären den Umgang mit Auflistungen und Enumerationen und wie Sie das Eigenschaftsfenster um zusätzliche Hyperlink-Schaltflächen und Tab-Seiten erweitern können.

Das starre Anzeigen der vorgegebenen Eigenschaftsnamen kann in mehrsprachigen Programmen störend sein. Daher finden Sie hier auch ein Rezept, das beschreibt, wie Sie die angezeigten Texte lokalisieren können.

Dateisystem

Dateisystemverwaltung zählt zu den grundlegenden Eigenschaften, die ein Betriebssystem unterstützen muss. Ohne die Möglichkeit, Dateien und Verzeichnisse erstellen, verändern und löschen zu können, wären alle Informationen mit dem Abschalten des Rechners verloren. Was bliebe, wären Lochstreifen und Lochkarten. Im Laufe der Jahre haben sich die Anforderungen an ein Dateisystem stetig erhöht.

In den Rezepten zum Dateisystem finden Sie Rezepte für eben diese Möglichkeiten. Da das Betriebssystem aber neben »normalen« Dateien ebenfalls im Dateisystem abgespeichert wird, zeigen einige Rezepte auf, in welchen Verzeichnissen ein Anwender diese Informationen bei der Installation des Betriebssystems hinterlegt hat.

Da ein modernes Dateisystem ein recht dynamisches Gebilde ist, kann man manchmal die Überwachung von bestimmten Dateien oder Verzeichnissen in einem Programm nicht vermeiden. Auch findet heute der Datenaustausch zwischen unterschiedlichen Plattformen teilweise noch immer über Dateien statt. Ein Rezept stellt die Möglichkeiten vor, wie man innerhalb eines Programms Änderungen am Dateisystem überwachen kann.

Netzwerk

Ein Netzwerk ist in der modernen EDV nicht mehr wegzudenken. War ein Netzwerk bis vor kurzer Zeit noch ein zusätzliches Programm oder ein zusätzlicher Treiber, der dem Betriebssystem bekannt gemacht werden musste, gehören Netzwerkfunktionen heute bereits zum Betriebssystem. Dementsprechend unterscheiden viele Funktionen nicht mehr zwischen lokal und global.

Wir haben in diesem Abschnitt des Buches Rezepte aufgeführt, die trotz allem mehr dem Netzwerk zuzuordnen sind, z.B. welche Netzwerkadapter sind in einem Rechner eingebaut. Da die IP-Adressen der Version 6 immer bekannter werden, sind auch zwei Rezepte zur Umrechnung alt auf neu und umgekehrt hier zu finden.

Um das Thema Web-Services nicht allein den ASP-Programmierern zu überlassen ☺, haben wir an dieser Stelle auch ein Rezept für die Erstellung eines Google-Web-Clients für Visual Basic 2005 aufgeführt.

System

Dieser Abschnitt basiert zu einem nicht kleinen Teil auf einer Technik, die relativ unbekannt ist, aber trotz allem sehr effektiv genutzt werden kann: WMI. Eine kleine Einführung in die Thematik haben wir in den Anhang aufgenommen.

Das System kann grob in zwei Bereiche unterteilt werden, die Hardware und die Software. Für den Bereich Hardware finden Sie Rezepte, die es Ihnen ermöglichen, den Plattenplatz zu ermitteln oder das BIOS auszulesen. Aber auch für den Prozessor und seine Eigenschaften oder die Auflösung des Monitors gibt es hier Rezepte. Auf der Softwareseite finden Sie Rezepte, wie Sie feststellen können, welche Software auf dem System installiert ist, oder wie Sie die Registry mit .NET bearbeiten können.

Natürlich dürfen Dienste und deren Steuerung in einem solchen Kontext nicht fehlen. Zwei Rezepte haben hier Eingang gefunden, die mehr mit der Kommunikation zu tun haben, aber vielfach als Systemfunktionalität in einem Programm Einzug finden: das Versenden von Fax und E-Mail aus einer Anwendung heraus. Neu hinzugekommen ist auch ein Rezept für die Datenübertragung mit FTP.

Datenbanken

In diesem Teil des Buches finden Sie hauptsächlich Rezepte, die mit der Verwaltung einer Datenbank zu tun haben. Da es genügend Bücher zum Thema ADO.NET gibt, aber eher selten etwas über die Verwaltung einer Datenbank über ein eigenes Programm ausgeführt wird, finden Sie hier Rezepte, mit denen Sie Datenbanken aus einer Anwendung heraus oder als eigenständiges Programm steuern können. Dies ist umso wichtiger, da mit der MSDE kein entsprechendes Programm von Microsoft ausgeliefert wird.

In diesem Abschnitt des Buches finden Sie Rezepte zur Erstellung von Datensicherungen (mit oder ohne Device-Kontext) und zur Automatisierung dieser Tätigkeiten. Sie können dies nicht nur mit der lokalen Datenbank, sondern mit jeder SQL-Datenbank, für die Sie die entsprechenden Rechte im Netzwerk haben. Natürlich wird auch der umgekehrte Weg, also die Rücksicherung in den Rezepten gezeigt.

Einige Rezepte beschäftigen sich aber auch mit anderen Themen als der Datenbankverwaltung. So finden Sie ein Rezept zur Feststellung der MDAC-Version auf einem Rechner, wie man Bilder in einer Datenbank abspeichern kann oder wie Excel als Datenbank angesprochen wird.

XML

XML ist eine der tragenden Säulen in .NET. Deswegen wird XML auch in vielen Bereichen des Frameworks eingesetzt und in vielfältiger Weise unterstützt. Wir können leider nicht sehr tief auf die Grundlagen von XML eingehen (dazu gibt es Bücher, die durchaus dicker sind als dieses), aber wir zeigen Ihnen die wichtigsten Vorgehensweisen im Umgang mit XML-Daten und -Dateien auf.

Sie finden in dieser Kategorie einige Rezepte zu grundlegenden Klassen wie `XmlTextWriter` und `XmlTextReader` oder zum Lesen und Schreiben von Bildern und Binärdaten ebenso wie solche zum Umgang mit dem Document Object Model (DOM).

XPath-Ausdrücke sind leistungsstarke Konstrukte für XML-Abfragen. Auch sie werden ausführlich behandelt, besonders in Zusammenhang mit Namensräumen, die bei XPath einigen zusätzlichen Aufwand erfordern. Wir geben Ihnen Rezepte zu den Klassen `XmlDocument` und `XPathDocument` und erläutern die Unterschiede.

Viele Nachrichtenagenturen, Zeitschriftenverlage und auch das MSDN stellen im Internet XML-Dateien (Stichwörter RSS und RDF) mit den aktuellen Nachrichten zur Verfügung. Zwei Rezepte zeigen auf, wie Sie diese Nachrichten verarbeiten und anzeigen können.

Auch Techniken wie die Validierung von XML-Dateien über ein XML-Schema oder die komfortablen Aufrufmöglichkeiten von Stylesheet-Transformationen (XSLT) haben wir in Rezeptform für Sie aufgearbeitet. Wir erklären auch den Umgang mit dem neuen XSLT-Debugger von Visual Studio 2005. Sie finden hier ebenfalls ein Rezept, wie Sie Code für Klassen erzeugen können, ohne selbst programmieren zu müssen.

Ein interessantes Thema ist auch der Parallelbetrieb von `DataSet` und `XmlDataDocument`, bei dem Sie wechselweise mit XPath- oder SQL-Abfragen arbeiten können.

Abschließend wird in dieser Kategorie die Serialisierung beliebiger Objekte von und nach XML erläutert. Sie finden Rezepte zu den Klassen `XmlSerializer` und `SoapFormatter`.

Wissenschaftliche Berechnungen, Navigation und Kurvendiagramme

Physikalisch-technische Maße werden in der Programmierung meist als simple Gleitkommazahlen abgehandelt. Eine Typsicherheit, um hier nicht Längenmaße und Geschwindigkeiten durcheinander zu werfen, wird nur selten vorgesehen.

Am Beispiel einiger Maße (Längenmaß, Flächenmaß usw.) zeigen wir, wie Sie die Objektorientierte Programmierung gezielt einsetzen können, um zum einen die Typsicherheit zu gewährleisten und zum anderen, wie Angaben in verschiedenen Einheiten automatisch in eine Standard-Einheit umgerechnet werden können. Diese Rezepte wurden vollständig neu aufbereitet und nutzen jetzt intensiv die Möglichkeiten generischer Klassen. Das Hinzufügen weiterer physikalischer Größen wird damit zum Kinderspiel.

Zur wissenschaftlichen Aufarbeitung von Mess- und Simulationswerten gehört auch die Darstellung in Form von Kurvendiagrammen. Wir beschreiben, wie Sie die Skalierungen der Achsen berechnen können und wie die Kurven gezeichnet werden. Insbesondere, wie kontinuierlich durchlaufende T/Y-Diagramme programmiert werden können.

Falls Ihnen die Genauigkeit nicht reicht, mit der das Framework die Zahl Pi berechnet, finden Sie hier auch ein Rezept, mit dem Sie Pi auf 2400 Stellen genau berechnen können ☺.

Neu hinzugekommen ist eine ganze Rezeptserie rund um die lineare Algebra. Wir erklären, wie sich in 2D-Grafiken Vektorrechnung vorteilhaft einsetzen lässt und wie Schnittpunkte verschiedener geometrischer Figuren berechnet werden können. Hier finden Sie auch ein Rezept, um festzustellen, ob sich ein Punkt innerhalb eines Polygons befindet.

Ebenfalls neu sind einige Rezepte rund um Navigationsaufgaben. Wie werden GPS-Daten ausgewertet? Wie berechnet man Kurs und Entfernung zum Ziel? Auch die durch die Spaceshuttle-Mission gewonnenen Höhendaten des Oberflächenprofils der Erde werden vorgestellt und genutzt.

DirectX

Unsere neue Kategorie zur 3D-Grafik bietet einige einführende Beispiele. Das Thema ist selbst bücherfüllend und kann hier nur andeutungsweise behandelt werden. Wir erklären die notwendigen Schritte von der Abfrage der Grafikkarte bis zur dreidimensionalen Darstellung einfacher Figuren.

Verschiedenes

In der letzten Kategorie haben wir all die Rezepte gesammelt, die für die Kategorie Basics nicht einfach genug sind und die nicht zu den Themen der anderen Kategorien passen.

Das Abspielen von Sounds ist durch neue Funktionen im Framework 2.0 einfacher geworden, so dass auf die API-Funktionen inzwischen verzichtet werden kann. Wir zeigen, wie Sie Sound-Dateien und Systemgeräusche abspielen können, aber auch, wie Sie per Programm weich klingende Sinustöne selber generieren können. Ebenso finden Sie Rezepte zum Abspielen von Noten und zur Berechnung der Tonfrequenzen.

Wenig bekannte Debug-Möglichkeiten, z.B. die Steuerung von Ausgaben über die Konfigurationsdatei der Anwendung, die Ausgabe von Debug- und Trace-Ausgaben in TextBoxen, Dateien oder Eventlogs oder die Erstellung und Nutzung eigener Leistungsindikatoren (PerformanceCounter) waren uns ebenfalls einige Rezepte wert. Auch wenn Sie wissen möchten, wie Sie auf Eventlog-Ausgaben anderer Anwendungen reagieren können, finden Sie hier Lösungen.

Ein weiteres Rezept gibt Ratschläge, wie Sie Zeiten mit hoher Auflösung messen können und was dabei zu beachten ist. Auch, wie Sie vorgehen können, wenn Sie Fehlermeldungen der API-Funktionen im Klartext anzeigen wollen.

Typografische Konventionen

Die folgenden typografischen Konventionen werden in diesem Buch verwendet:

▶ Schlüsselwörter von Visual Basic sowie Bezeichner für Variablen, Methoden, Klassen usw. werden innerhalb des Fließtextes in der Schriftart `Courier` dargestellt.

Beispiel: die Klasse `System.Object` und der Wert `True`

▶ Listings werden in folgender Schriftart gedruckt. VB-Schlüsselwörter werden fett gedruckt:

```
Dim i As Integer = 123
```

▶ Kommentare in Listings werden kursiv geschrieben:

```
' Das ist ein Kommentar
```

▶ Dateinamen und Verzeichnisnamen werden kursiv formatiert

Beispiel: *Text.txt*

▶ Internetadressen sehen so aus: *www.addison-wesley.de*

▶ Texte der Bedienoberflächen, Menüpunkte, Schaltflächenbeschriftungen etc. werden in Kapitälchen formatiert

Beispiel: Menüpunkt DATEI / ÖFFNEN

Inhalt der Buch-CD

Auf der Buch-CD befindet sich das bereits erwähnte Repository, mit dessen Hilfe Sie die abgedruckten Quelltexte auffinden und über die Zwischenablage in Ihre Projekte übernehmen können. Zusätzlich finden Sie auf der CD alle Beispielprojekte mit Rezeptnummern für die Zuordnung von Rezepten zu Projekten.

Das gesamte Buch finden Sie als E-Book ebenfalls auf der CD.

Errata

Keine Qualitätskontrolle kann hundertprozentig verhindern, dass Fehler übersehen werden. So verhält es sich auch bei einem Codebook mit rund 1000 Seiten. Natürlich haben wir alle Beispiele sorgfältig getestet, aber wir können nicht ausschließen, dass uns Fehler unterlaufen sind oder dass in manchen Situationen ein Beispiel nicht so funktioniert, wie es beschrieben wird.

Falls Sie also Fehler oder Unstimmigkeiten finden sollten oder Anregungen und Verbesserungsvorschläge haben, lassen Sie es uns wissen. Unsere Internet-Adresse, über die Sie den Kontakt herstellen können, finden Sie im Vorwort.

Anhang/Referenzteil

Im Anhang haben wir für Sie einige wichtige Hintergrundinformationen gebündelt. In einer kurzen Zusammenfassung erläutern wir die wichtigsten Themen und Begriffe rund um die Objektorientierte Programmierung mit Visual Studio .NET. Wir zeigen, was sich gegenüber VB6 wesentlich verändert hat. Auch Arrays und Auflistungen werden hier näher erörtert, ebenso Generics.

Ein weiteres Schwerpunktthema im Referenzteil ist der Umgang mit Visual Studio .NET 2003. Nicht, wie Sie ein Projekt anlegen (das sollten Sie bereits beherrschen), sondern kleine, aber hilfreiche Details, die oft ungenutzt bleiben, werden hier vorgestellt.

Natürlich nennen wir auch einige Quellen im Internet, in denen Sie zusätzliche Informationen finden können. Auch erklären wir, wie Sie in den gängigen Newsgroups Hilfe finden können, wie Sie mit Google in den Newsgroups recherchieren oder selber an den Diskussionen teilnehmen können.

Einige Grundlagenthemen, die aus Platzgründen nicht in die Rezepte aufgenommen werden konnten, werden im Referenzteil ebenfalls kurz aufgegriffen und erläutert.

Da das .NET Framework nicht alles abdecken kann, werden in einigen Rezepten Windows-API-Funktionen angewandt. Die verwendeten Funktionen, Strukturen und Konstanten haben wir in einer Klasse gekapselt, die ebenfalls im Referenzteil abgedruckt ist.

Teil II Rezepte

Basics

Zu Beginn wollen wir Ihnen ein paar grundlegende Vorgehensweisen vorstellen, die einige Leser vielleicht schon kennen. Aber die Erfahrung zeigt, dass viele Umsteiger von VB6 mit den neuen Features von Visual Basic 2005 und den grundlegenden Framework-Klassen und -Methoden nicht vertraut sind. Daher beginnen wir mit einfachen Dingen wie Zahlenformaten und gehen auch auf Bit-Operationen und das Vergleichen von Objekten ein.

1   Zahlen-, Zeichen- und String-Literale

Aufgrund der in .NET allgegenwärtigen Typprüfungen ist es oft wichtig, bereits die Literale mit dem richtigen Typ zu definieren. Auch wenn Visual Basic 2005 im Umgang mit Literalen etwas großzügiger ist, als es sein dürfte, sollten Sie wissen, wie ein Literal für den jeweiligen Typ definiert wird. In Tabelle 1 sind die wichtigsten Literal-Formate aufgeführt.

Datentyp	Postfix	Beispiel	Frameworktyp
Integer	-	123	System.Int32
Integer	I	123I	System.Int32
Short	S	123S	System.Int16
Long	L	123L	System.Int64
Double	-	123.456	System.Double
Double	-	123.45E45	System.Double
Single	F	123.45F	System.Single
Decimal	D	123.45D	System.Decimal
String	-	"A"	System.String
Char	C	"A"c	System.Char

Tabelle 1: Definition von Literalen in Visual Basic 2005

Die Methode `PrintInfo`

```
Public Sub PrintInfo(ByVal o As Object)
  Debug.WriteLine(o.ToString() & " [" & o.GetType.Name & "]")
End Sub
```

erzeugt bei den folgenden Aufrufen

```
PrintInfo(3.2)
PrintInfo(3.2F)
PrintInfo(3D)
PrintInfo(3.2E+25)
PrintInfo(3)
PrintInfo(3L)
PrintInfo(3S)
PrintInfo("A")
PrintInfo("A"c)
```

diese Ausgaben:

```
3,2 [Double]
3,2 [Single]
3 [Decimal]
3,2E+25 [Double]
3 [Int32]
3 [Int64]
3 [Int16]
A [String]
A [Char]
```

Wollen Sie bei Methodenaufrufen Literale übergeben, dann können Sie durch den entsprechenden Postfix gezielt eine Überladung für einen bestimmten Typ aufrufen. Bei dieser Methoden-Überladung:

```
Public Sub Compute(ByVal value As Integer)
  ' Berechnungen mit Integer-Wert
End Sub
```

```
Public Sub Compute(ByVal value As Short)
  ' Berechnungen mit Short-Wert
End Sub
```

können Sie gezielt eine der beiden Methoden mit einem Literal aufrufen:

```
Compute(123)    ' ruft die erste Variante auf
Compute(123S)   ' ruft die zweite Variante auf
```

Alternativ können Sie auch den Typ mit einem Typecast anpassen, entweder allgemein mit CType oder speziell mit den VB-Typumwandlungen CSng, CShort, CChar usw.

Hexadezimal-Literale werden genauso definiert, wie schon früher in VB6: mit vorangestelltem &H:

```
Dim h As Integer = &H1000    ' weist h den Wert 4096 zu
```

Analog gilt für Oktal-Literale ein vorangestelltes &O:

```
Dim o As Integer = &O1000    ' weist o den Wert 512 zu
```

Datums-Literale werden in amerikanischer Notation angegeben (# Monat / Tag / Jahr# bzw. # Stunde : Minute : Sekunde# oder Kombinationen hieraus). Beispiele:

```
Dim d As DateTime
d = #10/20/2003#
d = #2:20:30 PM#
d = #9/10/2004 2:20:30 PM#
```

2   Ganzzahlen dual, oktal oder hexadezimal darstellen

Benötigen Sie einen String, der die duale, oktale oder hexadezimale Repräsentation einer ganzen Zahl darstellt, dann können Sie diesen durch Aufruf der statischen Methode Convert.ToString (Wert, Basis) abrufen. Basis gibt die Darstellungsbasis an. Erlaubt sind die Werte 2 (dual), 8 (oktal) und 16 (hexadezimal).

Die Aufrufe

```
Debug.WriteLine(Convert.ToString(1024, 2))
Debug.WriteLine(Convert.ToString(1024, 8))
Debug.WriteLine(Convert.ToString(1024, 16))
```

erzeugen die Ausgaben

```
10000000000
2000
400
```

3 String mit dualer, oktaler oder hexadezimaler Darstellung in Zahlenwert wandeln

Umgekehrt geht die Wandlung selbstverständlich auch. Je nach benötigtem Datentyp können Sie eine der ToXXX-Methoden von Convert verwenden:

▶ Convert.ToByte (text, base)

▶ Convert.ToInt16 (text, base)

▶ Convert.ToInt32 (text, base)

▶ Convert.ToInt64 (text, base)

base gibt hier wieder die Darstellungsbasis an und kann die Werte 2, 8 und 16 annehmen. Beispielsweise wird mit

```
Dim b As Byte = Convert.ToByte("0000111", 2)
```

der Variablen b der Wert 7 zugewiesen.

4 Zahlenwerte formatieren

Jeder numerische Datentyp verfügt über eine eigene Überschreibung der Methode ToString mit verschiedenen Überladungen. Eine der Überladungen nimmt als Parameter einen Format-String an, mit dem Sie definieren können, wie der Zahlenwert ausgegeben werden soll. Wird kein Format-String übergeben, wird eine Standard-Formatierung vorgenommen (Format General). Die möglichen Formatierungen sind von Typ zu Typ unterschiedlich. Grundsätzlich gibt es standardisierte Formatbezeichner wie D, E, X usw. sowie benutzerdefinierte Formate wie #.## und 0000. Hier einige Beispiele:

Verschiedene Formatierungen für Integer-Werte:

```
Dim value As Integer = 876
Debug.WriteLine(value.ToString("00000"))
Debug.WriteLine(value.ToString("d"))
Debug.WriteLine(value.ToString("e"))
Debug.WriteLine(value.ToString("X"))
```

erzeugen die Ausgabe

```
00876
876
8,760000e+002
36C
```

Oder für Double-Werte:

```
Dim value As Double = 0.43219
Debug.WriteLine(value.ToString("G"))
Debug.WriteLine(value.ToString("00.00"))
Debug.WriteLine(value.ToString("##.##"))
```

```
Debug.WriteLine(value.ToString("0.00%"))
Debug.WriteLine(value.ToString("E"))
```

mit den Ausgaben

```
0,43219
00,43
,43
43,22%
4,321900E-001
```

Bei der Verwendung von Dezimal- und Tausendertrennzeichen werden die länderspezifischen Einstellungen des Betriebssystems berücksichtigt. Die Beispielausgaben wurden auf einem deutschen Betriebssystem erzeugt.

Zur Formatierung von Datum und Uhrzeit siehe Rezept 36.

5   Positive und negative Zahlen unterschiedlich formatieren

In manchen Fällen müssen positive und negative Werte unterschiedlich behandelt werden. Hierfür lässt sich der Format-String in Abschnitte aufteilen. Diese Abschnitte werden mit einem Semikolon getrennt. Zwei oder drei Abschnitte sind möglich.

Bei zwei Abschnitten gibt der erste das Format für positive Zahlen und Null an, der zweite das Format für negative Zahlen. Bei drei Abschnitten gibt der erste das Format für positive Zahlen, der zweite für negative Zahlen und der dritte für den Wert Null an.

Die Ausgabe in der For-Schleife

```
For i As Integer = -1 To 1
   Debug.WriteLine(i.ToString("Positiv: +00;Negativ: -00;Null: 00"))
Next
```

erzeugt die Ausgaben:

```
Negativ: -01
Null:    00
Positiv: +01
```

6   Zusammengesetzte Formatierungen

Mithilfe der Methode String.Format können Sie auf einfache Weise komplexe Werte formatiert zusammenführen. Als ersten Parameter übergeben Sie hierzu einen Format-String. Die benötigten Werte sind die nachfolgenden Parameter:

```
String.Format (Format-String, Wert1, Wert2, Wert3 ...)
```

Der Format-String kann beliebigen Text beinhalten. Um an einer bestimmten Position einen der übergebenen Werte einzusetzen, geben Sie dessen Index in geschweiften Klammern an. Beispiel:

```
Dim d As Double = 54.293
Dim i As Integer = 200
Dim x As Integer = 1023
Dim p As Double = 0.55
Dim t As String
```

```
t = String.Format("d: {0}, i: {1}, x: {2}, p:{3}", d, i, x, p)
Debug.WriteLine(t)
```

Erzeugt die Ausgabe:

d: 54,293, i: 200, x: 1023, p:0,55

Für jeden Parameter können Sie, abgetrennt durch einen Doppelpunkt, die Formatierung wählen. Der Format-String

"d: {0:0.0}, i: {1:0000}, x: {2:X}, p:{3:0.0%}"

eingesetzt in obigem Code führt zu folgender Ausgabe:

d: 54,3, i: 0200, x: 3FF, p:55,0%

7 Format-Provider für eigene Klassen definieren

Auch für Ihre eigenen Klassen können Sie Formatierungen durch Format-Strings unterstützen. Hierzu müssen Sie lediglich die Schnittstelle IFormattable implementieren und die Methode ToString mit den entsprechenden Parametern überladen. Sie können beliebige Format-Strings unterstützen. Einzig das Format G ist Pflicht.

In Listing 1 sehen Sie ein Beispiel für die Klasse Vector, die die Formate X, Y, Z und G unterstützt. Für X und Y wird jeweils der Zahlenwert der betreffenden Komponente zurückgegeben, bei Z eine spezielle Formatierung mit spitzen Klammern und bei G und allen anderen die Standard-Formatierung, die auch die ToString-Überladung ohne Parameter zurückgibt.

```
Public Class Vector
  Implements IFormattable

  Public X, Y As Double

  Public Sub New(ByVal x As Double, ByVal y As Double)
    Me.X = x
    Me.Y = y
  End Sub

  Public Overloads Overrides Function ToString() As String
    Return String.Format("({0},{1})", X, Y)
  End Function

  Public Overloads Function ToString(ByVal format As String, _
    ByVal formatProvider As System.IFormatProvider) As String _
    Implements System.IFormattable.ToString

    ' Gewünschtes Format berücksichtigen
    Select Case format
      Case "X", "x" : Return X.ToString("0.00")
      Case "Y", "y" : Return Y.ToString("0.00")
      Case "Z", "z" : Return String.Format( _
                      "<{0:0.00} - {1:0.00}>", X, Y)
      Case Else : Return Me.ToString()
```

Listing 1: Unterstützen von Format-Anweisungen durch Implementierung der Schnittstelle IFormattable

```
        End Select
    End Function

End Class
```

Listing 1: Unterstützen von Format-Anweisungen durch Implementierung der Schnittstelle IFormattable (Forts.)

Die Ausgaben

```
Dim V1 As New Vector(4.283, 6.733)
Dim V2 As New Vector(21.4, 55.2)

Debug.WriteLine(String.Format("{0} und {1}", V1, V2))
Debug.WriteLine(String.Format("{0:z} und {1:z}", V1, V2))
Debug.WriteLine(String.Format("{0:x} und {0:y}", V1))
```

führen zu folgendem Ergebnis:

```
(4,283,6,733) und (21,4,55,2)
<4,28 - 6,73> und <21,40 - 55,20>
4,28 und 6,73
```

8   Ausgaben in länderspezifischen Formaten

Formatierte Zahlen- und Datumsausgaben erfolgen stets in den kulturspezifischen Formaten, wie sie in den Ländereinstellungen des Betriebssystems vorgegeben worden sind. Sie können diese Einstellung aber temporär für den laufenden Thread ändern, um nachfolgende Ausgaben in einem länderspezifischen Format eines anderen Landes zu formatieren.

Zunächst benötigen Sie hierzu die Referenz des CultureInfo-Objektes der gewünschten Kultur. Diese erhalten Sie beispielsweise über die Methode CultureInfo.CreateSpecificCulture. Übergeben können Sie den aus Sprachcode und Landescode bestehenden Namen (siehe RFC 1766), z.B. de-DE, en-US, nl-NL usw.

Anschließend weisen Sie die Referenz der CurrentCulture-Eigenschaft des laufenden Threads zu. Danach erfolgen alle Formatierungen mit dem neu eingestellten Format, bis Sie wieder ein anderes CultureInfo-Objekt zuweisen.

Ein Beispiel hierzu: Der folgende Code

```
Debug.WriteLine("ISO-Datum: " & DateTime.Now.ToString("s"))
Debug.WriteLine("Datum   : " & DateTime.Now.ToString())
Debug.WriteLine("Double  : " & 123456.78.ToString())
Debug.WriteLine("Double  : " & 123456.78.ToString("#,###.##"))
Debug.WriteLine("Währung: " & 123.456.ToString("C"))
```

erzeugt auf einem Betriebssystem mit der Ländereinstellung DEUTSCH-DEUTSCHLAND diese Ausgabe:

```
ISO-Datum: 2003-10-13T13:35:06
Datum   : 13.10.2003 13:35:06
Double  : 123456,78
Double  : 123.456,78
Währung: 123,46 _
```

Möchten Sie nun die gleiche Ausgabe im Format ENGLISCH-AUSTRALIEN vornehmen, dann weisen Sie dem aktuellen Thread das für Australien spezifische CultureInfo-Objekt zu:

```
Imports System.Globalization
Imports System.Threading

...

' CultureInfo-Objekt anlegen
Dim cultInfo As CultureInfo
cultInfo = CultureInfo.CreateSpecificCulture("en-AU")

' Aktuelle Kultur ändern
Thread.CurrentThread.CurrentCulture = cultInfo
```

Die Ausgabe des obigen Codes sieht danach so aus:

```
ISO-Datum: 2003-10-13T13:34:14
Datum   : 13/10/2003 1:34:14 PM
Double  : 123456.78
Double  : 123,456.78
Währung: $123.46
```

Wenn Sie später wieder auf das ursprüngliche Format zurückschalten wollen, speichern Sie sich am besten in einer Hilfsvariablen vor der ersten Änderung die Referenz der aktuellen Einstellung und weisen diese später Thread.CurrentThread.CurrentCulture wieder zu.

Auf der Buch-CD finden Sie ein Beispielprogramm, mit dem Sie die Ausgaben in unterschiedlichen Ländereinstellungen ausprobieren können (siehe Abbildung 1). Wie Sie eine TreeView mit den Namen der Ländereinstellungen füllen, erfahren Sie im nächsten Rezept.

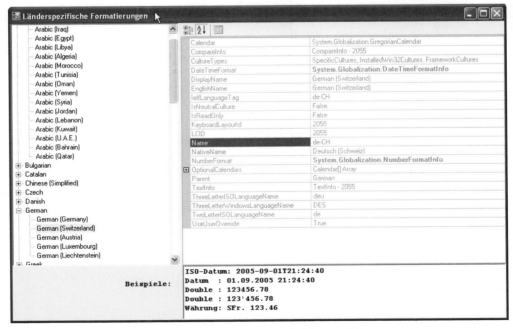

Abbildung 1: Länderspezifische Formatierungen von Zahlen- und Datumswerten

Basics

9 Informationen zu länderspezifischen Einstellungen abrufen

Alle von Windows vorgesehenen länderspezifischen Informationen und Formate lassen sich auch im Programmcode abrufen. Eine Liste der `CultureInfo`-Objekte erhalten Sie durch den Aufruf der statischen Methode `CultureInfo.GetCultures`. Über einen Parameter vom Typ `CultureTypes` können Sie festlegen, welche Art von `CultureInfo`-Objekten als Array zurückgegeben wird. Tabelle 2 gibt Aufschluss über die Bedeutung der möglichen Konstanten.

Konstante	Bedeutung
`AllCultures`	Alle Kulturen
`InstalledWin32Cultures`	Alle Kulturen, die im Betriebssystem installiert sind. In der Regel sind das weniger als die vom Framework unterstützten
`NeutralCultures`	Kulturen, die nur einer Sprache zugeordnet sind, aber keinem bestimmten Land (z.B. Deutsch).
`SpecificCultures`	Einem bestimmten Land zugeordnete Kulturen (z.B. Deutsch-Deutschland)

Tabelle 2: Enumerationskonstanten für den Aufruf von CultureInfo.GetCultures

Um ein TreeView-Steuerelement mit den Namen der verfügbaren Kulturen zu füllen, wie in Abbildung 1 und Abbildung 2 zu sehen ist, werden zunächst alle neutralen Kulturen, also alle, die keinem spezifischen Land oder Region zugeordnet sind, abgerufen und als Stammknoten der TreeView hinzugefügt (siehe Listing 2). Für die Anzeige des Namens können Sie wählen, welche Darstellung der Bezeichnung Sie verwenden möchten:

▶ Betriebssystemspezifische Darstellung (Name in der Sprache des Betriebssystems, Eigenschaft `DisplayName`)

▶ Englische Bezeichnung (Eigenschaft `EnglishName`)

▶ Den Namen in der Landessprache(z.B. ÇáÚÑÈíÉ für Arabisch, Eigenschaft `NativeName`)

▶ Das Zwei/Vier-Buchstaben-Kürzel (z.B. `en` für Englisch bzw. `en-us` für Englisch-USA, Eigenschaft Name)

▶ Das Drei-Buchstaben-Kürzel (z.B. `DEU` oder `deu` für Deutsch, Eigenschaften `ThreeLetterWindowsLanguageName` bzw. `ThreeLetterISOLanguageName`)

▶ sowie weitere weniger wichtige.

Anschließend werden alle länderspezifischen `CultureInfo`-Objekte abgefragt. Für jedes Objekt dieser Liste wird in der TreeView der zugehörige Stammknoten gesucht (das neutrale `CultureInfo`-Objekt mit der gleichen Sprachkennung, Eigenschaft `ThreeLetterISOLanguageName`).

Für jeden Knoten wird in der Tag-Eigenschaft die Referenz des zugehörigen `CultureInfo`-Objektes für den späteren Zugriff gespeichert.

```
Dim tn As TreeNode

' Alle neutralen Kulturen durchlaufen und als Stammknoten
' in der TreeView eintragen
For Each cult As CultureInfo In CultureInfo.GetCultures( _
```

Listing 2: Füllen einer TreeView mit den Namen der verfügbaren Kulturen

```
CultureTypes.NeutralCultures)

    ' Displayname im Baum anzeigen
    tn = New TreeNode(cult.DisplayName)

    ' Verweis auf CultureInfo-Objekt speichern
    tn.Tag = cult

    ' Knoten hinzufügen
    TVCultures.Nodes.Add(tn)

Next

' Alle länderspezifischen CultureInfo-Objekte durchlaufen
For Each cult As CultureInfo In CultureInfo.GetCultures( _
    CultureTypes.SpecificCultures)

    ' Displayname für TreeView-Anzeige
    tn = New TreeNode(cult.DisplayName)

    ' Verweis auf CultureInfo-Objekt speichern
    tn.Tag = cult

    ' Stammknoten suchen, der die neutrale Kultur enthält
    For Each n As TreeNode In TVCultures.Nodes

        ' CultureInfo-Objekt des Stammknotens
        Dim ncult As CultureInfo = DirectCast(n.Tag, CultureInfo)

        ' Ist es der richtige?
        If ncult.ThreeLetterISOLanguageName = _
           cult.ThreeLetterISOLanguageName Then

            ' Ja, hier den Knoten einfügen
            n.Nodes.Add(tn)

            ' Weiter mit dem nächsten länderspez. CultureInfo-Objekt
            Exit For
        End If
    Next
Next
```

Listing 2: Füllen einer TreeView mit den Namen der verfügbaren Kulturen (Forts.)

Jedes `CultureInfo`-Objekt verfügt über eine Reihe weiterer Informationen. Diese Informationen lassen sich leicht mithilfe eines Eigenschaftsfensters (`PropertyGrid`-Control) darstellen. Dazu wird der Eigenschaft `SelectedObject` des `PropertyGrid`-Controls die Referenz des ausgewählten `CultureInfo`-Objektes zugewiesen (Listing 3). Näheres zum `PropertyGrid`-Steuerelement erfahren Sie in der Kategorie PropertyGrid.

Von besonderem Interesse im Zusammenhang mit den Zahlen- und Datumsformaten sind noch die Eigenschaften `DateTimeFormat` und `NumberFormat`. Sie verweisen auf Objekte vom Typ `DateTimeFormatInfo` bzw. `NumberFormatInfo`, die viele weitere Details zu den jeweiligen Formaten bereitstellen. In Abbildung 2 sehen Sie zwei weitere Eigenschaftsfenster, die diese zusätzlichen Informationen anzeigen. Die Informationen stehen jedoch nur zur Verfügung, wenn die ausgewählte Kultur nicht neutral ist.

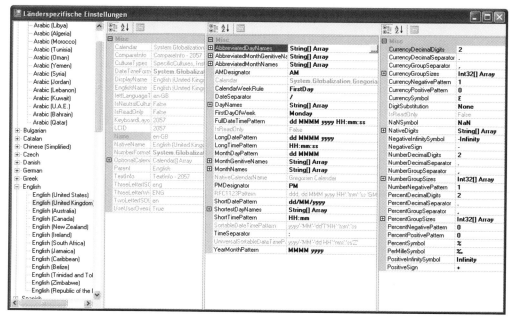

Abbildung 2: Länderspezifische Informationen abrufen und anzeigen

```
Private Sub TVCultures_AfterSelect(ByVal sender As System.Object, _
    ByVal e As System.Windows.Forms.TreeViewEventArgs) _
    Handles TVCultures.AfterSelect

    ' Knoten expandieren
    e.Node.Expand()

    ' Eigenschaften des CultureInfo-Objektes anzeigen
    PGCultureInfo.SelectedObject = e.Node.Tag

    ' Wenn es sich nicht um ein neutrales CultureInfo-Objekt
    ' handelt,
    ' dann auch die Informationen zu Datums- und Zahlenformaten
    ' anzeigen
    Dim ncult As CultureInfo = DirectCast(e.Node.Tag, CultureInfo)
    If ncult.IsNeutralCulture Then
        PGDateTimeInfo.SelectedObject = Nothing
        PGNumberInfo.SelectedObject = Nothing
    Else
        PGDateTimeInfo.SelectedObject = ncult.DateTimeFormat
        PGNumberInfo.SelectedObject = ncult.NumberFormat
```

Listing 3: Anzeigen weiterer Informationen bei Auswahl einer Kultur in der TreeView

```
    End If

  End Sub
```

Listing 3: Anzeigen weiterer Informationen bei Auswahl einer Kultur in der TreeView (Forts.)

Der auf der Buchseite zur Verfügung stehende Platz ist leider begrenzt, so dass die Spalten in der Abbildung nur eingeschränkt sichtbar sind. Das vollständige Programm steht Ihnen aber auf der Buch-CD zur Verfügung. Alle Steuerelemente sind durch Splitter-Controls voneinander getrennt, so dass Sie die Spaltenbreiten anpassen können.

10   Zeichenketten in numerische Typen wandeln

Eingaben in TextBoxen oder in Konsolenanwendungen erfolgen in Textform. Um die eingegebenen Zeichenketten beispielsweise in ein Integer- oder Double-Format zu wandeln, bieten die jeweiligen Datentypen die Methode Parse an. Integer-Zahlen lassen sich beispielsweise so umwandeln:

```
Dim t1 As String = "12345"
Dim i As Integer = Integer.Parse(t1)
```

Entsprechend lassen sich auch Double-Werte wandeln. Allerdings muss hier beachtet werden, welche länderspezifischen Einstellungen im Betriebssystem getroffen worden sind. Für ein Betriebssystem, bei dem die Formatierung von Zahlenwerten auf Deutsch eingestellt ist, ergeben sich für die folgenden Aufrufe

```
Dim t2 As String = "12345.678"

' Umwandlung mit aktueller Kultureinstellung von Windows
Dim d1 As Double = Double.Parse(t2)

' Kulturunabhängige Umwandlung
Dim d2 As Double = Double.Parse(t2, _
  Globalization.CultureInfo.InvariantCulture)
```

die Zahlenwerte

```
d1 = 12345678.0
```

und

```
d2 = 12345.678
```

Besonders dann, wenn die Zeichenketten nicht eingegeben, sondern z.B. aus einer Datei gelesen werden, muss auf die kulturspezifische Bedeutung von Punkt und Komma Rücksicht genommen werden. In solchen Fällen sollte unbedingt die korrekte Kultur an die Parse-Methode übergeben werden.

Auch boolesche Werte lassen sich einlesen:

```
Dim t3 As String = "True"
Dim b As Boolean = Boolean.Parse(t3)
```

Falls die Umwandlung nicht möglich ist, weil die Zeichenkette nicht das richtige Format besitzt oder der Wertebereich überschritten wird, löst die jeweilige Parse-Methode eine Format-Exception aus, die gegebenenfalls abgefangen werden muss.

11   Prüfen, ob eine Zeichenkette einen numerischen Wert beinhaltet

Neu hinzugekommen im Framework 2.0 ist die Bereitstellung der Methode `TryParse` für eine Reihe von Wertetypen. In der Vorgängerversion gab es lediglich eine Implementierung für den Datentyp `Double`. Diese Methode erlaubt es, eine Zeichenkette in einen bestimmten Typ umzuwandeln, ohne dass im Fehlerfall eine Exception ausgelöst wird. Die jeweilige `TryParse`-Methode übernimmt als Parameter die zu wandelnde Zeichenkette sowie die Referenz einer Variablen, in der der Wert gespeichert werden soll. Der Rückgabewert der Funktion ist `True`, wenn die Umwandlung erfolgreich war, anderenfalls `False`.

Beispiel zum Umwandeln in `Integer`-Zahlen:

```
Dim t1 As String = "12345"
Dim i As Integer
If Integer.TryParse(t1, i) Then
  MessageBox.Show("Zahlenwert: " & i)
Else
  MessageBox.Show(t1 & " ist kein gültiger Zahlenwert")
End If
```

Auch hier gibt es wieder die Möglichkeit, kulturspezifische Zahlenformate zu berücksichtigen. Das Beispiel für Double-Werte aus dem vorangegangenen Rezept lässt sich mit TryParse wie folgt lösen:

```
Dim t2 As String = "12345.678"
Dim d As Double
If Double.TryParse(t2, Globalization.NumberStyles.Float, _
    Globalization.CultureInfo.InvariantCulture, d) Then
  MessageBox.Show("Zahlenwert: " & d)
Else
  MessageBox.Show(t2 & " ist kein gültiger Zahlenwert")
End If
```

Ist damit zu rechnen, dass die zu treffenden Umwandlungen oft fehlschlagen, dann bietet die `TryParse`-Variante Geschwindigkeitsvorteile gegenüber der `Parse`-Methode, da das Exceptionhandling sehr viel Zeit in Anspruch nimmt.

12   Größter und kleinster Wert eines numerischen Datentyps

Jeder der numerischen Basistypen verfügt über die konstanten Felder `MinValue` und `MaxValue`, die Auskunft über seinen Wertebereich geben. Wie in Listing 4 dargestellt, können Sie so zur Laufzeit diese Werte ermitteln und nutzen. Der Code im Listing füllt eine ListView mit den abgefragten Werten ().

```
Dim lvi As ListViewItem

' Byte
lvi = LVMinMax.Items.Add("Byte")
```

Listing 4: ListView mit Informationen zu den Wertebereichen der numerischen Datentypen füllen

```
lvi.SubItems.Add(Byte.MinValue.ToString())
lvi.SubItems.Add(Byte.MaxValue.ToString())

' Short
lvi = LVMinMax.Items.Add("Short")
lvi.SubItems.Add(Short.MinValue.ToString())
lvi.SubItems.Add(Short.MaxValue.ToString())

' Integer
lvi = LVMinMax.Items.Add("Integer")
lvi.SubItems.Add(Integer.MinValue.ToString())
lvi.SubItems.Add(Integer.MaxValue.ToString())

' Long
lvi = LVMinMax.Items.Add("Long")
lvi.SubItems.Add(Long.MinValue.ToString())
lvi.SubItems.Add(Long.MaxValue.ToString())

' Single
lvi = LVMinMax.Items.Add("Single")
lvi.SubItems.Add(Single.MinValue.ToString())
lvi.SubItems.Add(Single.MaxValue.ToString())

' Double
lvi = LVMinMax.Items.Add("Double")
lvi.SubItems.Add(Double.MinValue.ToString())
lvi.SubItems.Add(Double.MaxValue.ToString())

' Decimal
lvi = LVMinMax.Items.Add("Decimal")
lvi.SubItems.Add(Decimal.MinValue.ToString())
lvi.SubItems.Add(Decimal.MaxValue.ToString())

' DateTime
lvi = LVMinMax.Items.Add("DateTime")
lvi.SubItems.Add(DateTime.MinValue.ToString())
lvi.SubItems.Add(DateTime.MaxValue.ToString())

' TimeSpan
lvi = LVMinMax.Items.Add("TimeSpan")
lvi.SubItems.Add(TimeSpan.MinValue.ToString())
lvi.SubItems.Add(TimeSpan.MaxValue.ToString())
```

Listing 4: ListView mit Informationen zu den Wertebereichen der numerischen Datentypen füllen (Forts.)

Datentyp	Minimum	Maximum
Byte	0	255
Short	-32768	32767
Integer	-2147483648	2147483647
Long	-9223372036854775808	9223372036854775807
Single	-3,402823E+38	3,402823E+38
Double	-1,79769313486232E+308	1,79769313486232E+308
Decimal	-79228162514264337593543950335	79228162514264337593543950335
DateTime	01.01.0001 00:00:00	31.12.9999 23:59:59
TimeSpan	-10675199.02:48:05.4775808	10675199.02:48:05.4775807

Abbildung 3: Die Zahlenbereiche der numerischen Datentypen

13   Berechnen der signifikanten Vorkommastellen

Die beschriebene Funktion ist Bestandteil der Klasse `DoubleHelper` in der Klassenbibliothek `BasicsLib`. Sie finden sie dort im Namensraum `VBCodeBook.BasicsLib`.

In manchen Situationen ist es erforderlich, Zahlenformate dynamisch an veränderliche Wertebereiche anzupassen. Ein Beispiel hierfür ist der Aufbau der Koordinatenskalierung eines Diagramms. Für Zahlen im Bereich von 0.0 bis 10.0 muss ein anderes Format eingestellt werden als für Zahlen im Bereich von -5000 bis +5000. Um ein solches Format zur Laufzeit festlegen zu können, muss die Anzahl der signifikanten Vorkommastellen ermittelt werden.

Der Zehner-Logarithmus eines Wertes gibt einen ersten Anhaltspunkt für die Anzahl der Vorkommastellen (Dekade). Für Zahlen, die keine Zehnerpotenz darstellen, liegt er immer unterhalb der gesuchten Dekade und immer oberhalb der nächstkleineren Dekade. In diesen Fällen genügt es, auf die nächste ganze Zahl aufzurunden, um die Anzahl der Stellen zu berechnen.

Handelt es sich bei dem Wert um eine Zehnerpotenz, dann muss auf den Wert des Logarithmus 1 aufaddiert werden (Beispiel: Log10(100) = 2, Anzahl Stellen = 3).

Die vollständige Implementierung der Funktion sehen Sie in Listing 5. Nach Entfernen des Vorzeichens wird für Werte, die kleiner sind als 10, der Wert 1 zurückgegeben. Für alle anderen Werte wird der Logarithmus berechnet. Ist er identisch mit dem aufgerundeten Ergebnis, dann handelt es sich um eine glatte Zehnerpotenz, so dass der um 1 erhöhte Wert zurückgegeben werden muss. Anderenfalls wird der aufgerundete Logarithmuswert zurückgegeben.

```vbnet
Public Shared Function SignificantDigits(ByVal value As Double) _
   As Integer

   ' Absolutwert bestimmen
   Dim val As Double = Math.Abs(value)

   ' Werte kleiner als 10 haben immer eine Vorkommastelle
   If val < 10.0 Then Return 1

   ' Logarithmus und Dekade berechnen
   Dim log As Double = Math.Log10(val)
   Dim decade As Double = Math.Ceiling(log)
```

Listing 5: Berechnen der signifikanten Vorkommastellen eines Double-Wertes

```
    ' Glatte Werte (für 10, 100, 1000 etc.)
    ' müssen um 1 erhöht werden
    If decade = log Then Return CInt(decade + 1)

    ' Ansonsten passt es
    Return CInt(decade)

 End Function
```

Listing 5: Berechnen der signifikanten Vorkommastellen eines Double-Wertes (Forts.)

Ein kleines Testbeispiel

```
Private Sub Output(ByVal value As Double)
  ' Testausgabe formatieren
  Debug.WriteLine(String.Format( _
    "{0} hat {1} signifikante Vorkommastellen", _
    value, SignificantDigits(value)))
End Sub
```

mit den folgenden Aufrufen

```
Output(0.5)
Output(7.9)
Output(10.0)
Output(99.9999)
Output(100)
Output(101.5)
Output(123456789.0)
Output(-987654321.1)
```

erzeugt diese Ausgabe:

```
0,5 hat 1 signifikante Vorkommastellen
7,9 hat 1 signifikante Vorkommastellen
10 hat 2 signifikante Vorkommastellen
99,9999 hat 2 signifikante Vorkommastellen
100 hat 3 signifikante Vorkommastellen
101,5 hat 3 signifikante Vorkommastellen
123456789 hat 9 signifikante Vorkommastellen
-987654321,1 hat 9 signifikante Vorkommastellen
```

Die beschriebene Implementierung funktioniert bis ca. 13 Stellen. Darüber hinaus ergeben sich Fehler aufgrund der Rechengenauigkeiten.

14   Lange einzeilige Texte umbrechen

Lange Textzeilen, die zum Beispiel aus Internet-Quellen geladen wurden, lassen sich schlecht in einem ToolTip oder in einer MessageBox verwenden, da sie nicht automatisch umgebrochen werden. Abbildung 4 zeigt einen längeren Text, ausgegeben in einer MessageBox, Abbildung 5 denselben Text in umgebrochener Form. Den Umbruch können Sie mithilfe der Methode Break-String (Listing 6) selbst vornehmen.

> Die beschriebenen Funktionen sind Bestandteil der Klasse StringHelper in der Klassenbibliothek BasicsLib. Sie finden sie dort im Namensraum VBCodeBook.BasicsLib.

Die Methode erwartet als Parameter den umzubrechenden Text sowie eine Angabe, nach wie vielen Zeichen (ungefähr) der Umbruch erfolgen soll. In einer Schleife wird ab der angegebenen Position nach dem nächsten Leerzeichen gesucht und an dieser Stelle ein Zeilenumbruch eingefügt. Der neu erzeugte Text wird als Funktionswert zurückgegeben.

```
Public Function BreakString(ByVal theString As String, _
   ByVal approxLineWidth As Integer) As String

   Dim newString As String
   Dim pos As Integer

   ' Umbrechen nur, solange der Text länger ist als die
   ' vorgegebene Breite
   Do While theString.Length > approxLineWidth

      ' Nächstes Leerzeichen suchen
      pos = theString.IndexOf(" "c, approxLineWidth)

      ' Wenn keins mehr gefunden wird,
      If pos = -1 Then Return newString & theString

      ' Textfragment und Zeilenumbruch anhängen
      newString = newString & theString.Substring(0, pos) _
         & Environment.NewLine

      ' Rest weiterverarbeiten
      theString = theString.Substring(pos + 1)

   Loop

   ' Text anhängen und zurückgeben
   Return newString & theString

End Function
```

Listing 6: Umbrechen langer Textzeilen

Die überladene Methode BreakString(string) (Listing 7) arbeitet mit einer voreingestellten Umbruchsposition.

```
Public Function BreakString(ByVal theString As String) As String
   Return BreakString(theString, 70)
End Function
```

Listing 7: Umbrechen nach ca. 70 Zeichen

Abbildung 4: Lange Texte führen zu breiten MessageBox-Fenstern

Abbildung 5: Derselbe Text in umgebrochener Form

15 Zahlenwerte kaufmännisch runden

Die beschriebene Funktion ist Bestandteil der Klasse `DoubleHelper` in der Klassenbibliothek `BasicsLib`. Sie finden sie dort im Namensraum `VBCodeBook.BasicsLib`.

Das mathematische Runden, das die Methode `Math.Round` implementiert, gehorcht folgenden Regeln:

1. Folgt auf die letzte beizubehaltende Ziffer eine 0, 1, 2, 3 oder 4, so wird sie unverändert übernommen.

2. Folgt auf die letzte beizubehaltende Ziffer eine 9, 8, 7, 6 oder eine 5, gefolgt von weiteren Ziffern, die nicht alle Null sind, so wird die letzte beizubehaltende Ziffer um eins erhöht. Ist die letzte beizubehaltende Ziffer eine 9, so wird sie durch 0 ersetzt und der Wert der vorhergehenden Ziffer um eins erhöht (usw.).

3. Folgt auf die letzte beizubehaltende Ziffer lediglich eine 5 oder eine 5, auf die nur Nullen folgen, so wird abgerundet, falls die letzte beizubehaltende Ziffer einen geraden Ziffern-wert besitzt, sonst wird aufgerundet.

Aus 1,25 wird somit 1,2 und aus 1,15 wird ebenfalls 1,2.

Kaufleute allerdings runden anders: Im Falle von Regel 3 wird grundsätzlich aufgerundet (positive Zahlen). Negative Zahlen werden gerundet, indem man den Betrag rundet und anschließend wieder das Vorzeichen vorweg schreibt.

Listing 8 zeigt eine mögliche Implementierung des kaufmännischen Rundens. Neben dem zu rundenden Wert wird angegeben, auf wie viele Nachkommastellen gerundet werden soll. Der Wert wird mit der entsprechenden Zehnerpotenz multipliziert, um die beizubehaltenden Ziffern nach links vor das Komma zu schieben. Anschließend wird ein Offset von 0,5 aufaddiert und der Nachkommateil abgeschnitten. Die Division durch die Zehnerpotenz, mit der zuvor multipliziert wurde, ergibt dann das gesuchte Ergebnis. Gerechnet wird grundsätzlich mit dem Absolutwert. Das Vorzeichen wird erst bei der Rückgabe des Ergebnisses berücksichtigt.

```
Public Shared Function RoundCommercial(ByVal value As Double, _
   ByVal decimals As Integer) As Double

   ' Vorzeichen merken
   Dim sign As Double = Math.Sign(value)

   ' Mit Absolutwert weiterrechnen
   value = Math.Abs(value)

   ' Zehnerpotenz zum Verschieben der Ziffern nach links
   Dim decFact As Double = Math.Pow(10, decimals)

   ' Alle bleibenden Stellen nach links schieben
   value *= decFact

   ' 0.5 addieren
   value += 0.5

   ' Nachkommastellen abschneiden und durch Zehnerpotenz teilen
   Return sign * Math.Floor(value) / decFact

End Function
```

Listing 8: Kaufmännisches Runden

Nachfolgend einige Beispielberechnungen mit der Methode `RoundCommercial`:

```
1,1 auf 1 Stellen gerundet: 1,1
1,5 auf 1 Stellen gerundet: 1,5
1,5 auf 0 Stellen gerundet: 2
1,15 auf 1 Stellen gerundet: 1,2
1,25 auf 1 Stellen gerundet: 1,3
1,15363 auf 2 Stellen gerundet: 1,15
1,15 auf 2 Stellen gerundet: 1,15
1,14999 auf 2 Stellen gerundet: 1,15
100,125 auf 2 Stellen gerundet: 100,13
100,135 auf 2 Stellen gerundet: 100,14
-1,449 auf 1 Stellen gerundet: -1,4
-1,45 auf 1 Stellen gerundet: -1,5
-1,46 auf 1 Stellen gerundet: -1,5
12345,5 auf 0 Stellen gerundet: 12346
12345 auf -1 Stellen gerundet: 12350
12345 auf -2 Stellen gerundet: 12300
```

Beachten Sie, dass `RoundCommercial` auch Vorkommastellen runden kann. In den letzten beiden Ausgabezeilen wurden negative Werte für die Kommastellen angegeben. Dadurch wurden die letzten ein bzw. zwei Ziffern vor dem Komma gerundet.

16   Überprüfen, ob ein Bit in einem Integer-Wert gesetzt ist

Die beschriebene Funktion ist Bestandteil der Klasse `BitOP` in der Klassenbibliothek `Basics-Lib`. Sie finden sie dort im Namensraum `VBCodeBook.BasicsLib`.

Bitoperationen werden seit der Version 2003 von Visual Basic 2005 dadurch vereinfacht, dass nun auch endlich die Verschiebe-Operatoren unterstützt werden. Mit << lässt sich ein Wert um eine vorgegebene Anzahl von Bits nach links schieben, mit >> nach rechts. Mithilfe dieser Operatoren lassen sich schnell Bitmasken erstellen, die für weitere Operationen benötigt werden.

Listing 9 zeigt die Methode `TestBit`, die überprüft, ob bei einem übergebenen Wert vom Typ `Integer` das im Parameter `bitNumber` angegebene Bit gesetzt ist. Die Nummerierung der Bits ist beginnend mit dem niedrigstwertigen (0) bis zum höchstwertigen (31). Mithilfe des Verschiebeoperators wird eine Bitmaske generiert, die an der angegebenen Bitposition ein gesetztes Bit und an allen anderen Positionen nicht gesetzte Bits aufweist.

Die `And`-Verknüpfung der Maske mit dem Wert liefert als Ergebnis 0, wenn das Bit nicht gesetzt ist, und einen Wert ungleich 0, wenn das Bit gesetzt ist. Der Vergleich auf »ungleich 0« liefert somit das gewünschte Ergebnis.

```
Public Shared Function TestBit(ByVal value As Integer, _
    ByVal bitNumber As Integer) As Boolean

    ' Bitmaske für Verknüpfung erzeugen
    Dim mask As Integer = 1 << bitNumber

    ' Testen, ob Bit gesetzt ist
    Return (value And mask) <> 0

End Function
```

Listing 9: Testen eines Bitwertes in einem Integer-Wert

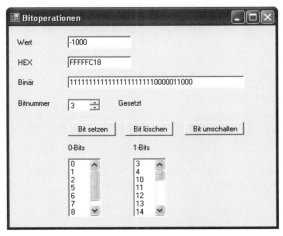

Abbildung 6: Bits und Bytes im Testprogramm

Das Beispiel steht exemplarisch für die Vorgehensweise. Sie können die Methode leicht für andere Typen (`Byte`, `Short` und `Long`) überladen. Diese Methode und auch die folgenden sind in der Klasse `BitOP` definiert, die Sie im Beispielprojekt auf der CD finden. Dieses Projekt bietet in einer Eingabemaske die Möglichkeit, Zahlenwerte in dezimaler, hexadezimaler oder binärer Form einzugeben und die Bit-Operationen zu testen (Abbildung 6).

Beispiel für Aufrufe:

```
Dim b As Boolean
b = BitOP.TestBit(7, 0)
b = BitOP.TestBit(7, 3)
If TestBit(X, 8) Then …
```

17   Bit in einem Integer-Wert setzen

> Die beschriebene Funktion ist Bestandteil der Klasse `BitOP` in der Klassenbibliothek `Basics-Lib`. Sie finden sie dort im Namensraum `VBCodeBook.BasicsLib`.

Um ein einzelnes Bit in einem Integer-Wert zu setzen, erzeugen Sie eine Bitmaske und setzen das Bit durch eine `Or`-Verknüpfung (Listing 10). Auch diese Methode können Sie für andere ganzzahlige Datentypen überladen.

```
Public Shared Sub SetBit(ByRef value As Integer, _
   ByVal bitNumber As Integer)

   ' Bitmaske für Verknüpfung erzeugen
   Dim mask As Integer = 1 << bitNumber

   ' Bit setzen
   value = value Or mask

End Sub
```

Listing 10: Setzen eines Bits

Beispiel für Aufrufe:

```
Dim i1 As Integer = 8
BitOP.SetBit(i1, 0)
```

18   Bit in einem Integer-Wert löschen

> Die beschriebene Funktion ist Bestandteil der Klasse `BitOP` in der Klassenbibliothek `Basics-Lib`. Sie finden sie dort im Namensraum `VBCodeBook.BasicsLib`.

Ähnlich wie beim Setzen eines Bits wird eine Verknüpfung mit einer Maske ausgeführt. Die Verknüpfung ist hier eine `And`-Operation mit der negierten Maske (Listing 11).

```
Public Shared Sub ClearBit(ByRef value As Integer, _
   ByVal bitNumber As Integer)
```

Listing 11: Löschen eines Bits

```
' Bitmaske für Verknüpfung erzeugen
Dim mask As Integer = 1 << bitNumber

' Bit löschen
value = value And Not mask

End Sub
```

Listing 11: Löschen eines Bits (Forts.)

Beispiele für Aufrufe:

```
Dim i1 As Integer = 9
BitOP.ClearBit(i1, 0)
```

19 Bit in einem Integer-Wert einen bestimmten Zustand zuweisen

> Die beschriebene Funktion ist Bestandteil der Klasse BitOP in der Klassenbibliothek Basics-Lib. Sie finden sie dort im Namensraum VBCodeBook.BasicsLib.

Soll ein Bit einen als booleschen Wert vorgegebestnen Zustand annehmen, wird eine Kombination aus SetBit und ClearBit benötigt. Diese lässt sich wie in Listing 12 gezeigt zusammenfassen.

```
Public Shared Sub SetBit(ByRef value As Integer, _
  ByVal bitNumber As Integer, ByVal bitValue As Boolean)

  ' Bitmaske für Verknüpfung erzeugen
  Dim mask As Integer = 1 << bitNumber

  If bitValue Then
    ' Bit setzen
    value = value Or mask
  Else
    ' Bit löschen
    value = value And Not mask
  End If

End Sub
```

Listing 12: Überladung der Methode SetBit, um ein Bit je nach Vorgabe zu setzen oder zu löschen

Beispiel für Aufrufe:

```
Dim i1 As Integer = 8
BitOP.SetBit(i1, 0, True)
BitOP.SetBit(i1, 1, False)
```

20   Bit in einem Integer-Wert umschalten (togglen)

> Die beschriebene Funktion ist Bestandteil der Klasse `BitOP` in der Klassenbibliothek `Basics-Lib`. Sie finden sie dort im Namensraum `VBCodeBook.BasicsLib`.

Mit der gleichen Herangehensweise wie in den beiden Methoden `SetBit` und `ClearBit` lässt sich auch der Wert eines einzelnen Bit umkehren. Hierzu wird der Integer-Wert mit einer `Xor`-Operation mit der Maske verknüpft (Listing 13).

```
Public Shared Sub ToggleBit(ByRef value As Integer, _
  ByVal bitNumber As Integer)

  ' Bitmaske für Verknüpfung erzeugen
  Dim mask As Integer = 1 << bitNumber

  ' Bit umschalten
  value = value Xor mask

End Sub
```

Listing 13: Umschalten eines Bits

Beispiele für Aufrufe:

```
Dim i1 As Integer = 9
BitOP.ToggleBit(i1, 0)
BitOP.ToggleBit(i1, 0)
```

21   Gesetzte Bits eines Integer-Wertes abfragen

> Die beschriebene Funktion ist Bestandteil der Klasse `BitOP` in der Klassenbibliothek `Basics-Lib`. Sie finden sie dort im Namensraum `VBCodeBook.BasicsLib`.

Eine Methode, die Ihnen die Ordinalzahlen der gesetzten Bits eines `Integer`-Wertes als Array zurückliefert, zeigt Listing 14. Einer zu Beginn leeren Liste (`foundBits`, Typ `ArrayList`) werden in einer Schleife die Ordinalzahlen der Bits hinzugefügt, die gesetzt sind. Abschließend wird die Liste in ein `Integer`-Array konvertiert und zurückgegeben.

```
Public Shared Function GetBitsSet(ByVal value As Integer) _
  As Integer()

  ' Maske für Bit-Operationen
  Dim mask As Integer = 1

  ' Liste der gesetzten Bits
  Dim foundBits As New ArrayList(31)

  ' Schleife über alle Bits
  For i As Integer = 0 To 31
```

Listing 14: Array mit Ordinalzahlen der gesetzten Bits erzeugen

```
  ' Wenn ein Bit gesetzt ist, dessen Nummer in der Liste aufnehmen
  If (value And mask) <> 0 Then
    foundBits.Add(i)
  End If

  ' 1 Bit nach links schieben
  mask <<= 1
Next

  ' ArrayList in Integer-Array konvertieren
  Return DirectCast(foundBits.ToArray(GetType(Integer)), Integer())

End Function
```

Listing 14: Array mit Ordinalzahlen der gesetzten Bits erzeugen (Forts.)

Beispiel für Aufrufe:

```
Dim bitsSet() As Integer = BitOP.GetBitsSet(81)
```

22   Nicht gesetzte Bits eines Integer-Wertes abfragen

> Die beschriebene Funktion ist Bestandteil der Klasse BitOP in der Klassenbibliothek Basics-
> Lib. Sie finden sie dort im Namensraum VBCodeBook.BasicsLib.

Dieses Rezept unterscheidet sich zum vorhergehenden lediglich in der Überprüfung des Bit-wertes. Nur die Bits, die nicht gesetzt sind, werden hier berücksichtigt. Die Implementierung der Methode GetBitsNotSet zeigt Listing 15.

```
Public Shared Function GetBitsNotSet(ByVal value As Integer) _
  As Integer()

  ' Maske für Bit-Operationen
  Dim mask As Integer = 1

  ' Liste der gesetzten Bits
  Dim foundBits As New ArrayList(31)

  ' Schleife über alle Bits
  For i As Integer = 0 To 31

    ' Wenn ein Bit nicht gesetzt ist, dessen Ordinalzahl in
    ' der Liste aufnehmen
    If (value And mask) = 0 Then
      foundBits.Add(i)
    End If

    ' 1 Bit nach links schieben
```

Listing 15: Array mit Ordinalzahlen der nicht gesetzten Bits erzeugen

```
    mask <<= 1
  Next

  ' ArrayList in Integer-Array konvertieren
  Return DirectCast(foundBits.ToArray(GetType(Integer)), Integer())

End Function
```

Listing 15: Array mit Ordinalzahlen der nicht gesetzten Bits erzeugen (Forts.)

Beispiel für Aufrufe:

```
Dim bitsNSet() As Integer = BitOP.GetBitsNotSet(81)
```

23 Boolean-Array aus Bit-Informationen eines Integer-Wertes erzeugen

Die beschriebene Funktion ist Bestandteil der Klasse `BitOP` in der Klassenbibliothek `Basics-Lib`. Sie finden sie dort im Namensraum `VBCodeBook.BasicsLib`.

Die 32 Bits einer Integer-Zahl lassen sich leicht in ein `Boolean`-Array mit 32 Werten überführen. Zum Einsatz kommt die Vorgehensweise, die bereits bei der Methode `TestBit` erläutert wurde. Es wird eine Maske verwendet, bei der zunächst nur das niedrigstwertige Bit gesetzt ist. In einer Schleife wird über eine `And`-Operation überprüft, ob das Bit im Integer-Wert gesetzt ist, und das Ergebnis in einem zuvor angelegten `Boolean`-Array gespeichert (Listing 16). Nach der Überprüfung wird die Maske um ein Bit nach links geschoben, so dass im nächsten Schleifendurchlauf das nächsthöhere Bit betrachtet wird.

```
Public Shared Function BitsToBooleanArray( _
  ByVal value As Integer) As Boolean()

  ' Array mit Boolean-Werten (Größe für Integer)
  Dim bits(31) As Boolean

  ' Bitmaske für das unterste Bit
  Dim mask As Integer = 1

  ' Schleife über alle Bits
  For i As Integer = 0 To 31

    ' Bitwert prüfen und speichern
    bits(i) = (value And mask) <> 0

    ' Maske für nächstes Bit setzen
    mask <<= 1

  Next

  ' Fertiges Array zurückgeben
```

Listing 16: In einer Schleife werden die Werte aller Bits überprüft

```
   Return bits

 End Function
```

Listing 16: In einer Schleife werden die Werte aller Bits überprüft (Forts.)

Beispiel für Aufrufe:

```
Dim boolArr() As Boolean = BitOP.BitsToBooleanArray(&HC056)
```

Auch diese Methode kann für andere Typen (Byte, Short und Long) überladen werden. Beachten Sie dabei bitte, dass auch die Zahlenwerte der Konstanten (im Beispiel die Konstante 31) geändert werden müssen.

24 Integer-Wert aus Bit-Informationen eines Boolean-Arrays zusammensetzen

Die beschriebene Funktion ist Bestandteil der Klasse BitOP in der Klassenbibliothek Basics-Lib. Sie finden sie dort im Namensraum VBCodeBook.BasicsLib.

Aus einem Boolean-Array (siehe vorhergehendes Rezept), das genau 32 Werte aufweisen muss, soll ein Integer-Wert zusammengesetzt werden. Die Wertigkeit eines Bits entspricht dabei dem Index im Array.

Wieder wird in einer Schleife über alle Bits eine Maske mitgeführt, die in jedem Schritt ein Bit nach links geschoben wird (Listing 17). Mit einer Or-Operation wird das Bit im Ergebnisspeicher (value) gesetzt, wenn der betreffende Wert im Boolean-Array den Wert True hat.

```
Public Shared Function BooleanArrayToIntegerBits( _
   ByVal bits() As Boolean) As Integer

   ' Sicherstellen, dass das Array genau 32 Werte enthält
   If bits.Length <> 32 Then Throw New _
      ArgumentException("Array muss genau 32 Elemente haben")

   ' Maske für Bit-Operationen
   Dim mask As Integer = 1

   ' Zusammengesetzter Wert
   Dim value As Integer = 0

   ' Für alle Bits
   For i As Integer = 0 To 31
      If bits(i) Then value = value Or mask
      mask <<= 1
   Next
   Return value
End Function

End Class
```

Listing 17: Bits gemäß Boolean-Array zusammenfügen

Beispiel für Aufrufe:

```
Dim bitArr(31) As Boolean
bitArr(1) = True
bitArr(4) = True
bitArr(6) = True
Dim v As Integer = BitOP.BooleanArrayToIntegerBits(bitArr)
```

25   Konvertierungen zwischen 8-Bit, 16-Bit, 32-Bit und 64-Bit Datentypen

> Die beschriebene Klasse ist Bestandteil der Klassenbibliothek BasicsLib. Sie finden sie dort im Namensraum VBCodeBook.BasicsLib.

Beim Aufruf von API-Funktionen werden oft Byte- und Word-Werte in 32-Bit Werten zusammengefasst. Um solche Werte zusammenfassen und wieder separieren zu können, haben wir für Sie die Klasse ByteConverter (Listing 18 und Listing 19) entworfen.

Die Klasse speichert intern die Daten in einem Array aus acht Byte. Diese Daten werden bei der Instanzierung gesetzt und können nicht mehr geändert werden. In Listing 18 sehen Sie eine Reihe von Konstruktoren zum Setzen der Daten. Sie können ein Objekt initialisieren mit

- ▶ einem 16-Bit Wert (Short)
- ▶ einem 32-Bit Wert (Integer)
- ▶ einem 64-Bit Wert (Long)
- ▶ LowWord / HighWord (2 x Short)
- ▶ LowDoubleWord / HighDoubleWord (2 x Integer)
- ▶ einem Byte-Array mit 8 Byte Länge.

Je nach Typ der übergebenen Daten werden alle oder nur einige Bytes des Arrays gesetzt. Nicht gesetzte haben den Standardwert 0. Zum Kopieren der Byte-Werte wird die Methode GetBytes der Klasse BitConverter genutzt. Diese generiert ein Byte-Array, dessen Werte an die entsprechenden Positionen im Array Bytes kopiert werden.

```
Public Class ByteConverter

  ' Zentrale Datenhaltung in 8 Byte
  Protected Bytes(7) As Byte

  ' Initialisierung mit einem 16-Bit Wert
  Public Sub New(ByVal value As Short)
    BitConverter.GetBytes(value).CopyTo(Bytes, 0)
  End Sub

  ' Initialisierung mit einem 32-Bit Wert
  Public Sub New(ByVal value As Integer)
    BitConverter.GetBytes(value).CopyTo(Bytes, 0)
  End Sub
```

Listing 18: Daten und Konstruktoren der Klasse ByteConverter

```vb
' Initialisierung mit einem 64-Bit Wert
Public Sub New(ByVal value As Long)
  BitConverter.GetBytes(value).CopyTo(Bytes, 0)
End Sub

' Initialisierung mit zwei 16-Bit Werten
Public Sub New(ByVal loWord As Short, ByVal hiWord As Short)
  BitConverter.GetBytes(loWord).CopyTo(Bytes, 0)
  BitConverter.GetBytes(hiWord).CopyTo(Bytes, 2)
End Sub

' Initialisierung mit zwei 32-Bit Werten
Public Sub New(ByVal loDWord As Integer, _
  ByVal hiDWord As Integer)

  BitConverter.GetBytes(loDWord).CopyTo(Bytes, 0)
  BitConverter.GetBytes(hiDWord).CopyTo(Bytes, 4)
End Sub

' Initialisierung mit Byte-Array
Public Sub New(ByVal bytes() As Byte)
  ' Sicherheitsabfrage
  If bytes.Length <> 8 Then Throw New ArgumentException( _
    "Das Array muss exakt 8 Bytes lang sein")

  ' Bytes kopieren
  bytes.CopyTo(Me.Bytes, 0)
End Sub
...

End Class
```

Listing 18: Daten und Konstruktoren der Klasse ByteConverter (Forts.)

Nachdem eine Instanz angelegt und das Byte-Array mit Daten gefüllt worden ist, können Sie die Werte komplett oder in Fragmenten lesen. Mehrere Eigenschaften ermöglichen das Lesen der Werte aus dem Array (siehe Listing 19 und Tabelle 3). Beachten Sie auch, dass die Eigenschaft AllBytes eine Kopie des Arrays und nicht das Array Bytes selbst zurückgibt, damit nicht von außen die Werte des Arrays verändert werden können.

Eigenschaft	Wert
LoWord	Gibt die unteren 16 Bit (2 Byte) zurück.
HiWord	Gibt die oberen 16 Bit eines Word (32 Bit, Short) zurück.
LoDWord	Gibt das untere Doppelwort (32 Bit, Integer) zurück.
HiDWord	Gibt das obere Doppelwort (32 Bit, Integer) zurück.
LongValue	Gibt den Wert als 64-Bit Wert (Long) zurück.
ByteN	Gibt das über den Parameter Index ausgewählte Byte zurück.
AllBytes	Gibt eine Kopie des Arrays Bytes zurück.

Tabelle 3: Eigenschaften der Klasse ByteConverter für den gezielten Zugriff auf die gespeicherten Bytes

```
Public Class ByteConverter

   …

   ' Unteren 16-Bit Wert lesen (Byte 0-1)
   Public ReadOnly Property LoWord() As Short
      Get
         Return BitConverter.ToInt16(Bytes, 0)
      End Get
   End Property

   ' Oberen 16-Bit Wert lesen (Byte 2-3)
   Public ReadOnly Property HiWord() As Short
      Get
         Return BitConverter.ToInt16(Bytes, 2)
      End Get
   End Property

   ' Unteren 32-Bit Wert lesen (Byte 0-3)
   Public ReadOnly Property LoDWord() As Integer
      Get
         Return BitConverter.ToInt32(Bytes, 0)
      End Get
   End Property

   ' Oberen 32-Bit Wert lesen (Byte 4-7)
   Public ReadOnly Property HiDWord() As Integer
      Get
         Return BitConverter.ToInt32(Bytes, 4)
      End Get
   End Property

   ' 64-Bit Wert lesen (Byte 0-7)
   Public ReadOnly Property LongValue() As Long
      Get
         Return BitConverter.ToInt64(Bytes, 0)
      End Get
   End Property

   ' Einzelnes Byte lesen
   Public ReadOnly Property ByteN(ByVal index As Integer) _
      As Byte
      Get
         Return Bytes(index)
      End Get
   End Property

   ' Alle Bytes als Array zurückgeben
   Public ReadOnly Property AllBytes() As Byte()
      Get
         ' Bytes kopieren und zurückgeben
```

Listing 19: Eigenschaften zum Lesen der Werte in der Klasse ByteConverter

```
      Dim arr(7) As Byte
      Bytes.CopyTo(arr, 0)
      Return arr
    End Get
  End Property

End Class
```

Listing 19: Eigenschaften zum Lesen der Werte in der Klasse ByteConverter (Forts.)

Im folgenden Beispielcode wird eine Instanz mit einem Long-Wert instanziert und anschließend die Daten mithilfe der verschiedenen Eigenschaften ausgegeben:

```
Dim bc As New ByteConverter(&H123456789ABCDEF0L)
Debug.WriteLine("LongValue: " & bc.LongValue.ToString("X"))
Debug.WriteLine("LoWord    : " & bc.LoWord.ToString("X"))
Debug.WriteLine("HiWord    : " & bc.HiWord.ToString("X"))
Debug.WriteLine("LoDWord   : " & bc.LoDWord.ToString("X"))
Debug.WriteLine("HiDWord   : " & bc.HiDWord.ToString("X"))
For i As Integer = 0 To 7
  Debug.WriteLine("Byte " & i.ToString() & "    : " & _
    bc.ByteN(i).ToString("X"))
Next
```

Ausgabe dieses Codefragmentes:

```
LongValue: 123456789ABCDEF0
LoWord    : DEF0
HiWord    : 9ABC
LoDWord   : 9ABCDEF0
HiDWord   : 12345678
Byte 0    : F0
Byte 1    : DE
Byte 2    : BC
Byte 3    : 9A
Byte 4    : 78
Byte 5    : 56
Byte 6    : 34
Byte 7    : 12
```

Um zwei 16-Bit Werte zu einem 32-Bit Wert zusammenzufügen benötigen Sie eine Sequenz wie:

```
Dim vl As Short = …
Dim vh As Short = …
Dim bc As New ByteConverter(vl, vh)
Dim v As Integer = bc.LoDWord
```

Um aus zwei 32-Bit Werten einen 64-Bit Wert zusammenzusetzen können Sie diese Sequenz verwenden:

```
Dim vl As Integer = …
Dim vh As Integer = …
Dim bc As New ByteConverter(vl, vh)
Dim v As Long = bc.LongValue
```

26   Basistyp für Enumeration festlegen

Eine Enum-Definition ist ein Typ, der eine Reihe von Zahlenkonstanten definiert. Wird kein Typ explizit angegeben, dann basiert der Enum-Typ auf dem Typ Integer:

```
Public Enum Rooms
   Livingroom

   …
End Enum

Dim r As Rooms
Dim i As Integer = r
```

Der Wert der Variablen r kann direkt als Integer-Wert weiterverwendet werden. Sie können aber auch andere Basistypen für eine Enumeration vorgeben. Erlaubt sind Byte, Short, Integer und Long. Wenn Ihnen also beispielsweise für Bitfelder der Typ Integer zu klein ist, weil Sie mehr als 32 Bit für unabhängige Konstanten benötigen, dann können Sie die Enumeration explizit vom Typ Long ableiten: (Listing 20)

```
Public Enum Rooms As Long
   Entrancehall = &H800000000
   Floor1Livingroom = &H1
   Floor1Kitchen = &H2
   Floor1Diningroom = &H4

   …
   Floor2Livingroom = &H1000
   Floor2Kitchen = &H2000
   Floor2Diningroom = &H4000
   Floor2Sleepingroom = &H8000
   Floor2Corridor = &H10000

   …
   Floor2Toilette = &H200000
   Floor3…
End Enum
```

Listing 20: Auf dem Typ Long basierende Enumeration

27   Enum-Werte ein- und ausgeben

Einen Enum-Wert können Sie durch Aufruf der Methode ToString in einen String wandeln. Verschiedene Formate lassen sich anwenden.

```
Dim r As Rooms = Rooms.Entrancehall
Debug.WriteLine(r.ToString())
Debug.WriteLine(r.ToString("D"))
Debug.WriteLine(r.ToString("X"))
```

Dieser Code erzeugt für die Enumeration aus Listing 20 folgende Ausgabe:

```
Entrancehall
34359738368
0000000800000000
```

Interessant ist, dass die Ausgabe im Standardformat den Namen der Enum-Konstanten wiedergibt. Das ändert sich allerdings, wenn dem vorliegenden Wert keine Konstante zugeordnet ist.

Dieser Fall tritt beispielsweise ein, wenn der Variablen r eine Kombination verschiedener Räume zugeordnet wird:

```
Dim r As Rooms = Rooms.Entrancehall Or Rooms.Floor1Bath
...
```

erzeugt jetzt die Ausgabe:

```
34359738624
34359738624
0000000800000100
```

Um dieses Verhalten zu ändern und auch bei der Ausgabe die Namen der einzelnen Komponenten zu berücksichtigen, können Sie das Flags-Attribut einsetzen (Listing 21).

```
<Flags()> Public Enum Rooms As Long
    Entrancehall = &H800000000
    Floor1Livingroom = &H1
    Floor1Kitchen = &H2
    Floor1Diningroom = &H4
    Floor1Sleepingroom = &H8
    ...
End Enum
```

Listing 21: Enumeration mit Flags-Attribut

Derselbe Code von oben gibt dann Folgendes aus:

```
Floor1Bath, Entrancehall
34359738624
0000000800000100
```

Für jedes gesetzte Bit wird der zugehörige Konstantenname gesucht und in einer kommagetrennten Liste ausgegeben.

Das Flags-Attribut wird nur bei der Umwandlung in einen String berücksichtigt. Bit-Operationen können Sie unabhängig vom Vorhandensein dieses Attributs ausführen, da der Typ intern ohnehin als Ganzzahl-Typ verarbeitet wird. Eine andere Klasse, die auch das Flags-Attribut bei Enumerationen berücksichtigt, ist PropertyGrid. Hierzu finden Sie in der Kategorie PropertyGrid nähere Informationen.

Gelegentlich ist es notwendig, einen vorliegenden String in einen Enumerationstyp zu wandeln. Das Framework stellt Ihnen hierfür die Methode Enum.Parse zur Verfügung. Enum.Parse erwartet als Parameter den Typ der Enumeration, in den gewandelt werden soll, sowie den zu wandelnden String. Eine zweite Überladung nimmt als zusätzlichen Parameter einen booleschen Wert entgegen, mit dem Sie angeben können, ob Groß-/Kleinschrift berücksichtigt werden soll oder nicht. Der Standard ist, dass Groß- und Kleinschrift unterschieden wird.

In Visual Basic 2005 gibt es allerdings ein kleines syntaktisches Problem: Da Enum ein Schlüsselwort ist, kann es nicht direkt als Klassenname verwendet werden. Stattdessen muss der Bezeichner in eckige Klammern eingeschlossen werden. Mit diesem Code wird ein Text in den oben beschriebenen Enum-Typ Rooms gewandelt:

```
Dim r As Rooms
r = DirectCast([Enum].Parse(GetType(Rooms), "Floor1Child1"), Rooms)
```

Da Parse eine `Object`-Referenz zurückgibt, muss ein TypeCast mit `DirectCast` oder `CType` vorgenommen werden. Auch das Einlesen von Kombinationen ist möglich. Interessanterweise funktioniert das auch dann, wenn das `Flags`-Attribut nicht gesetzt ist:

```
r = DirectCast([Enum].Parse(GetType(Rooms),
  "Floor1Child1, Floor1Corridor"), Rooms)
```

Letztlich können Sie auch jederzeit einer `Enum`-Variablen einen Integer-Wert zuweisen:

```
r = CType(4, Rooms)
```

weist der Variablen r den Wert `Floor1Diningroom` zu.

28   Bezeichner und Werte eines Enum-Typs abfragen

Hin und wieder wird eine Liste aller zu einer Enumeration gehörenden Konstanten benötigt. Sowohl die Namen als auch die Werte können von Interesse sein. Auch hierfür stellt die Klasse `Enum` Methoden bereit.

Die Methode `GetNames` gibt ein Array mit den Bezeichnern der Konstanten zurück, die Methode `GetValues` ein Array mit den Werten. Beide sind aufsteigend nach den Werten sortiert, so dass die jeweiligen Array-Elemente mit gleichem Index zusammengehören. In Listing 22 sehen Sie ein Beispiel, wie die Namen und Werte der in Listing 21 abgebildeten Enumeration abgerufen und ausgegeben werden können.

```
' Array mit Bezeichnern abfragen
Dim names() As String = [Enum].GetNames(GetType(Rooms))

' Array mit Werten abfragen
Dim arr As Array = [Enum].GetValues(GetType(Rooms))

' In Integer-Array wandeln
Dim values() As Rooms = DirectCast(arr, Rooms())

' Ausgabe in For-Schleife
For i As Integer = 0 To names.GetUpperBound(0)
  Debug.WriteLine(names(i).PadRight(20) & ": " & _
    values(i).ToString("X"))
Next
```

Listing 22: Abrufen der Bezeichner und der Werte eines Enumerationstyps

Der Code des Listings gibt den nachfolgenden Text aus:

```
Floor1Livingroom    : 0000000000000001
Floor1Kitchen       : 0000000000000002
Floor1Diningroom    : 0000000000000004
Floor1Sleepingroom  : 0000000000000008
Floor1Corridor      : 0000000000000010
Floor1Child1        : 0000000000000020
Floor1Child2        : 0000000000000040
...
```

Abbildung 7: Enum-Bezeichner in einer ListBox

Die beiden Arrays können Sie selbstverständlich auch für den Einsatz in Steuerelementen, z.B. ListBoxen oder ComboBoxen, verwenden. Der Code

```
LBRooms.Items.AddRange(names)
```

füllt die in Abbildung 7 gezeigte ListBox.

29 Prüfen, ob ein Zahlenwert als Konstante in einer Enumeration definiert ist

Wenn Sie einen Zahlenwert vorliegen haben und wissen möchten, ob diesem in einer bestimmten Enumeration eine Konstante zugewiesen ist, dann können Sie hierzu die Methode Enum.IsDefined aufrufen. Für die Enumeration Rooms aus Listing 21 ergibt

```
Debug.WriteLine([Enum].IsDefined(GetType(Rooms), 1L))
Debug.WriteLine([Enum].IsDefined(GetType(Rooms), 3L))
```

im ersten Fall True (Floor1Livingroom) und im zweiten Fall False (keine Konstante vorhanden). Der Typ des übergebenen Zahlenwertes muss zum Typ der Enumeration passen – daher die Literale vom Typ Long (1L, 3L).

30 Prüfen, ob ein bestimmter Enumerationswert in einer Kombination von Werten vorkommt

Die Festlegung der Enumerationswerte auf Zweierpotenzen, wie sie in Listing 21 vorgenommen wurde, erlaubt eine beliebige Oder-Verknüpfung der Werte. Schon mehrfach wurden Definitionen wie

```
Dim r As Rooms = Rooms.Entrancehall Or Rooms.Floor1Bath
```

angesprochen. Da es sich letztlich um Zahlenwerte handelt, können Sie auch alle Bit-Operationen auf Enum-Werte anwenden. Wenn Sie also beispielsweise überprüfen wollen, ob in der Variablen r das Bit für Rooms.Entrancehall gesetzt ist, dann genügt eine simple And-Verknüpfung:

```
If (r And Rooms.Floor1Child1) <> 0 Then …
```

Verwechseln Sie bitte nicht diese Art der Bit-Operation mit dem Aufruf von Enum.IsDefined aus dem vorigen Beispiel. Die beiden haben nichts miteinander zu tun.

31   Auswahllisten mit Enumerationswerten aufbauen

Eine Enumeration wie die beschriebene Raumliste lässt sich auch leicht dazu einsetzen, über ListBoxen Zusammenstellungen vorzunehmen. Will man über die ListBox direkt auf den Wert eines Listeneintrags zugreifen können, ohne Enum.Parse aufrufen zu müssen, empfiehlt sich der Einsatz einer Hilfsklasse (Listing 23).

```
Public Class ListboxRoomItem

  ' Der Wert als Enumeration
  Public ReadOnly Value As Rooms

  ' Konstruktor
  Public Sub New(ByVal value As Rooms)
    Me.Value = value
  End Sub

  ' ToString-Überschreibung zur Anzeige in der ListBox
  Overrides Function ToString() As String
    Return Value.ToString()
  End Function

End Class
```

Listing 23: Hilfsklasse zur Handhabung in Verbindung mit einer ListBox

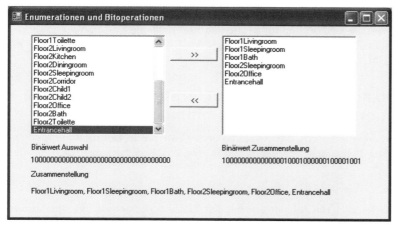

Abbildung 8: Enumerationen kombinieren

Die vollständige Liste mit allen Enumerationswerten lässt sich dann so aufbauen:

```
' ListBox füllen
For Each room As Rooms In [Enum].GetValues(GetType(Rooms))
  LBRooms.Items.Add(New ListboxRoomItem(room))
Next
```

Ausgehend von dieser Liste lassen sich ausgewählte Elemente einer zweiten Liste zuordnen. Abbildung 8 zeigt ein Beispielprogramm, bei dem in der rechten Liste eine beliebige Zusammenstellung vorgenommen werden kann. Über die Schaltfläche >> (BTNAdd) kann ein Enumerationselement hinzugefügt, über << (BTNRemove) wieder entfernt werden (Listing 24). CalculateValue ermittelt die aktuelle Auswahl, indem die einzelnen Werte mithilfe des OR-Operators verknüpft werden. Mehrfachnennungen in der rechten Liste werden so ignoriert. Auf zusätzlichen Labels werden die Binärwerte der Auswahl sowie der Enumerationstext der Zusammenstellung angezeigt.

```
Private Sub BTNAdd_Click(…) Handles BTNAdd.Click
  If LBRooms.SelectedItem IsNot Nothing Then
    ' Element hinzufügen
    LBSelection.Items.Add(LBRooms.SelectedItem)
    ' Anzeige aktualisieren
    CalculateValue()
  End If
End Sub

Private Sub BTNRemove_Click(…) Handles BTNRemove.Click
  If LBSelection.SelectedItem IsNot Nothing Then
    ' Element entfernen
    LBSelection.Items.RemoveAt(LBSelection.SelectedIndex)
    ' Anzeige aktualisieren
    CalculateValue()
  End If
End Sub

Sub CalculateValue()

  ' Zusammenstellung ermitteln
  Dim r As Rooms
  For Each lri As ListboxRoomItem In LBSelection.Items
    r = r Or lri.Value
  Next

  ' Ausgabe als Binärwert
  LBLValueSelection.Text = Convert.ToString(r, 2)

  ' Ausgabe als kommagetrennte Textliste
  LBLZusammenstellung.Text = r.ToString()

End Sub
```

Listing 24: Listenverarbeitung mit Enumerationen

32 Objekte eigener Klassen vergleichbar und sortierbar machen

Im Framework finden Sie viele Klassen und Methoden, die Aktionen wie Sortieren und Suchen beliebiger Objekte mithilfe allgemeiner Object-Referenzen unterstützen. Da eine Methode wie Array.Sort die Objekte, die sie sortieren soll, bzw. die zugrunde liegenden Klassen nicht kennen kann, ist sie für den Vergleich zweier Objekte auf fremde Hilfe angewiesen. Zur Bereitstellung einer solchen Hilfe gibt es grundsätzlich zwei Varianten:

1. Ein zusätzliches Vergleicher-Objekt führt den Vergleich zweier Objekte durch. Dieses Objekt implementiert die Schnittstelle `IComparer`. Methoden wie `Sort` beauftragen den Vergleicher mit der Durchführung und verwenden das Ergebnis für den weiteren Ablauf des Algorithmus. Ein Beispiel hierzu finden Sie in Rezept 132.

2. Die Objekte selbst können sich mit anderen Objekten vergleichen. Hierzu implementiert die betreffende Klasse die Schnittstelle `IComparable`. In der einzigen Methode dieser Schnittstelle (`CompareTo`) wird der Vergleich ausprogrammiert.

Der Ablauf einer Sortierung mit der 2. Variante erfolgt etwa nach folgendem Muster:

Ganz gleich, auf welchem Algorithmus die Sortierung basiert, müssen immer zwei Objekte miteinander verglichen werden. Das Ergebnis dieses Vergleichs beeinflusst den weiteren Ablauf und somit die Sortierung. Für die Sortieralgorithmen ist es völlig unerheblich, welche Art von Objekten sortiert werden sollen und welchen Inhalt diese Objekte haben. Einzig von Interesse ist, ob ein Objekt A größer, kleiner oder gleich einem Objekt B ist.

Um das zu ermitteln, bittet die Methode `Sort` ein Objekt, sich mit einem anderen Objekt zu vergleichen. Das geschieht intern über das `IComparable`-Interface in etwa so:

```
Dim o1 As IComparable = Objekt1 aus Liste
Dim o2 As Object = Objekt2 aus Liste
Select Case o1.CompareTo(o2)
…
```

Das Ergebnis des Vergleichs ist ein Integerwert mit folgenden Werten :

▶ < 0, wenn gilt: o1 < o2

▶ = 0, wenn gilt: o1 = o2

▶ > 0, wenn gilt: o1 > o2

Der absolute Zahlenwert spielt dabei keine Rolle. Sie werden auch selten in die Lage kommen, außer der Null für die Identität selbst Zahlenwerte vorzugeben. Denn in der Regel werden die Vergleiche an die zu vergleichenden Datentypen delegiert.

Listing 25 zeigt die Klasse `Animal` als Beispiel für die Implementierung der Schnittstelle `IComparable`. Zwei Member-Variablen, `Family` und `Name`, werden für den Vergleich herangezogen. Zunächst sollen die Member-Variablen `Family` miteinander verglichen werden. Wenn diese identisch sind, entscheidet der Vergleich der Member-Variablen `Name` über das Ergebnis.

Der Vergleich ist in der Schnittstellen-Methode `CompareTo` formuliert. Zwei Hilfsvariablen, `animal1` und `animal2`, dienen nur zur Veranschaulichung, welche Objekte miteinander verglichen werden. Zum Vergleich der `Family`-Felder wird die Aufgabe an die `CompareTo`-Methode der Klasse String weitergegeben. Auch diese implementiert die Schnittstelle `IComparable` und verfügt somit über die benötigte Methode.

Das Ergebnis des ersten Vergleichs wird in der Variablen `cmp` zwischengespeichert. Ist `cmp` gleich Null, dann sind die Namen der Tierfamilien identisch. In diesem Fall wird der Vergleich der Name-Felder durchgeführt. Wieder wird die Durchführung an die `CompareTo`-Methode der Klasse String delegiert. Das Ergebnis wird als Funktionswert zurückgegeben.

Wenn das Ergebnis des ersten Vergleichs nicht Null ist, dann unterscheiden sich die Tierfamilien. In diesem Fall müssen die Name-Felder nicht mehr verglichen werden, sondern der Wert von `cmd` kann als Endergebnis zurückgegeben werden.

```
Public Class Animal
  Implements IComparable
  Public ReadOnly Family As String
  Public ReadOnly Name As String
  Public Sub New(ByVal family As String, ByVal name As String)
    Me.Family = family
    Me.Name = name
  End Sub
  Public Function CompareTo(ByVal obj As Object) As Integer _
    Implements System.IComparable.CompareTo
    ' Sicherheitsabfrage
    If Not TypeOf obj Is Animal Then Throw New ArgumentException( _
      "Objekte vom Typ Animal können nur mit anderen Objekten " & _
      "vom Typ Animal verglichen werden")
    ' Die beiden zu vergleichenden Tierarten
    Dim animal1 As Animal = Me
    Dim animal2 As Animal = DirectCast(obj, Animal)

    ' Vergleichen der Familie
    Dim cmp As Integer = animal1.Family.CompareTo(animal2.Family)

    ' Sind die Familien identisch?
    If cmp = 0 Then
      ' Ja, dann Namen vergleichen und Ergebnis zurückgeben
      Return animal1.Name.CompareTo(animal2.Name)
    Else
      ' Nein, dann steht das Ergebnis bereits fest
      Return cmp
    End If

  End Function

  Public Overrides Function ToString() As String
    Return Me.Family.PadRight(10) & " (" & Me.Name & ")"
  End Function

End Class
```

Listing 25: Die Klasse Animal implementiert die Schnittstelle IComparable und ermöglicht so den Vergleich von Objekten dieser Klasse untereinander

Praktischerweise implementieren alle Basistypen des Frameworks wie `String`, `Double`, `Integer` usw. die Schnittstelle `IComparable`. So können Sie stets den Vergleich auf deren `CompareTo`-Implementierungen abwälzen und brauchen sich keine Gedanken über die zurückzugebenden Zahlenwerte zu machen.

Ein kleines Beispiel mit der Klasse `Animal` zeigt, wie ein Array sortiert werden kann.

Definition des Arrays:

```
Dim Animals() As Animal = {New Animal("Bear", "Grizzly"), _
                           New Animal("Cat", "Tiger"), _
                           New Animal("Cat", "Lion"), _
                           New Animal("Bear", "Barribal"), _
```

```
                        New Animal("Bear", "Polar Bear"), _
                        New Animal("Whale", "Orca"), _
                        New Animal("Bear", "Raccoon"), _
                        New Animal("Cat", "Panther")}
```

Eine Ausgabe mit folgender Schleife

```
For Each creature As Animal In Animals
  Debug.WriteLine(creature)
Next
```

erzeugt vor der Sortierung folgende Ausgabe:

```
Bear        (Grizzly)
Cat         (Tiger)
Cat         (Lion)
Bear        (Barribal)
Bear        (Polar Bear)
Whale       (Orca)
Bear        (Raccoon)
Cat         (Panther)
```

Nach der Sortierung wird daraus:

```
Bear        (Barribal)
Bear        (Grizzly)
Bear        (Polar Bear)
Bear        (Raccoon)
Cat         (Lion)
Cat         (Panther)
Cat         (Tiger)
Whale       (Orca)
```

Wenn Sie einmal nachvollziehen möchten, wann und in welcher Reihenfolge welches Objekt mit welchem anderen verglichen wird, ergänzen Sie die CompareTo-Methode um folgende Ausgabe:

```
Debug.WriteLine(animal1.ToString() & " verglichen mit " & _
    animal2.ToString())
```

Sie erhalten dann Einblick in der Sortieralgorithmus, in etwa in der Form:

```
Bear        (Grizzly) verglichen mit Bear        (Barribal)
Bear        (Barribal) verglichen mit Cat        (Panther)
Bear        (Barribal) verglichen mit Bear        (Raccoon)
Bear        (Barribal) verglichen mit Whale       (Orca)
Bear        (Barribal) verglichen mit Bear        (Polar Bear)
Cat         (Tiger) verglichen mit Bear        (Barribal)
Bear        (Barribal) verglichen mit Cat        (Lion)
...
```

Welche Vergleichsvariante (IComparer oder IComparable) Sie verwenden, hängt von der Art der Objekte und den Vergleichskriterien ab. Wenn vorab entschieden werden kann, nach welchen Kriterien zwei Objekte miteinander verglichen werden können, dann ist IComparable die einfachere Lösung. Können sich die Kriterien zur Laufzeit ändern, dann ist die IComparer-Variante die einzig mögliche.

33   Binäre Suche in Arrays und Auflistungen

Arrays und Auflistungen wie `ArrayList` implementieren mit der Methode `BinarySearch` die binäre Suche nach beliebigen Objekten. Hierzu wird eine sortierte Liste fortlaufend halbiert, bis das gewünschte Element gefunden worden ist. Der Algorithmus ist schnell und effektiv. Er setzt, wie die Methode `Sort`, voraus, dass zwei Objekte miteinander verglichen werden können. In diesem Fall wird das vorgegebene gesuchte Objekt mit anderen Objekten der Liste verglichen. Stellt der Vergleich die Identität der Objekte fest, dann ist die Suche erfolgreich abgeschlossen.

Auch hier kommen wieder die beiden Schnittstellen `IComparer` und `IComparable` ins Spiel (siehe vorhergehendes Rezept), für die es unterschiedliche Überladungen der Methode `BinarySearch` gibt. Ein kleines Beispiel mit der Klasse `Animal` aus dem vorigen Rezept verdeutlicht die Suche mithilfe der Schnittstellenimplementierung `IComparable`:

Zunächst wird das Array sortiert:

```
' Sortieren
Array.Sort(Animals)
```

Dann wird ein Objekt erstellt, das die Werte enthält, nach denen gesucht werden soll:

```
' Danach wird gesucht:
Dim animalToSearch As Animal = _
  New Animal(TBFamily.Text, TBName.Text)
```

Nun kann gesucht werden:

```
' Suchen
Dim index As Integer = Array.BinarySearch(Animals, animalToSearch)
```

Wird das Objekt gefunden, ist das Ergebnis der Index im Array. Wird es nicht gefunden, wird eine negative Zahl zurückgegeben.

```
If index < 0 Then
  MessageBox.Show("Tierart nicht gefunden. Rückgabewert: " & _
    index.ToString("X"))
Else
  MessageBox.Show("Tierart gefunden an Position " & index)
End If
```

Ein Beispiel für das Suchergebnis zeigt Abbildung 9.

Die Suche erfolgt durch den wiederholten Aufruf von `CompareTo` und nicht durch den Vergleich der Referenzen. Wäre Letzteres der Fall, dann würde das Beispielprogramm nie einen Eintrag finden können, da das Such-Objekt immer eine andere Referenz hat als die Objekte, auf die das Array verweist.

> **Hinweis**
>
> Beachten Sie bei der Verwendung von `BinarySearch` bitte unbedingt, dass die Liste vorher sortiert werden muss. Der Algorithmus der binären Suche funktioniert nur mit sortierten Auflistungen. Ist die Auflistung nicht sortiert, kann es vorkommen, dass Objekte nicht gefunden werden, obwohl sie in der Liste enthalten sind.
>
> Die vorherige Sortierung dient also nicht der Performance-Verbesserung, wie in manchen Büchern zu lesen ist, sondern ist zwingend für das Funktionieren des Algorithmus erforderlich.

Abbildung 9: Ergebnis einer Suche mit BinarySearch

34   Strings in Byte-Arrays konvertieren und vice versa

Vorbei sind die Zeiten, da ein Byte genau ein ASCII-Zeichen repräsentierte. Verschiedene länderspezifische Kodierungen und Unicode-Darstellungen lassen eine 1:1-Umsetzung nicht mehr zu. Intern arbeitet .NET immer mit Unicode-Zeichen, d.h. jedes Zeichen belegt zwei Byte. Externe Daten liegen aber oft in anderen Formaten vor und müssen entsprechend konvertiert werden. Auf unterster Ebene lassen sich diese Konvertierungen über die jeweiligen Encoder vornehmen. So können Sie einen String in einer bestimmten Kodierung in ein Byte-Array umwandeln und ein Byte-Array, das einen String repräsentiert, wieder in ein String-Objekt überführen.

Nicht alle Kodierungen unterstützen alle Zeichen. Zeichen, die z.B. der ASCII-Encoder nicht verarbeiten kann, werden durch Fragezeichen ersetzt. Sicher kennen Sie dieses leidige Problem vom täglichen Umgang mit Textdokumenten in EMails etc.

Die Konvertierungsmethoden sind schnell erklärt. Jeder Encoder unterstützt die Methode GetBytes. Diese liefert ein Byte-Array zurück, das einen als Parameter übergebenen Text in der Kodierung des Encoders repräsentiert:

```
Dim bArr() As Byte
bArr = System.Text.Encoding.ASCII.GetBytes("Guten Tag")
```

Für die Gegenrichtung stellt ein Encoder die Methode GetString zur Verfügung, die aus einem übergebenen Byte-Array wieder einen .NET-String erzeugt:

```
Dim text As String = System.Text.Encoding.ASCII.GetString(bArr)
```

Ein kleines Beispielprogramm (siehe Abbildung 10) ruft diese beiden Methoden für die gängigen Encoder auf. In der oberen TextBox kann ein beliebiges Zeichen eingegeben werden. Für dieses Zeichen wird die Repräsentation als Byte-Array für alle Kodierungen angezeigt (mittlere TextBox-Spalte). In der rechten TextBox-Spalte wird aus dem jeweiligen Byte-Array wieder das Zeichen reproduziert. So können Sie direkt erkennen, mit welchen Encodern das Zeichen darstellbar ist. Listing 26 zeigt die Implementierung unter Verwendung verschiedener Encoder.

Abbildung 10: Kodierung eines Zeichens in ein Byte-Array und zurück

```
Private Sub TBChar_TextChanged(ByVal sender As System.Object, _
    ByVal e As System.EventArgs) Handles TBChar.TextChanged

    ' Zeichen in TextBox selektieren
    TBChar.SelectionStart = 0
    TBChar.SelectionLength = 1

    ' Zeichen lesen
    Dim t As String = TBChar.Text

    Dim bArr() As Byte

    ' Kodierung in ASCII
    bArr = System.Text.Encoding.ASCII.GetBytes(t)
    TBAscii.Text = Format(bArr)
    TB1C.Text = System.Text.Encoding.ASCII.GetString(bArr)

    ' Kodierung in Big Endian Unicode
    bArr = System.Text.Encoding.BigEndianUnicode.GetBytes(t)
    TBBigEndian.Text = Format(bArr)
    TB2C.Text = System.Text.Encoding.BigEndianUnicode.GetString(bArr)

    ' Kodierung mit Standard-Encoder,
    ' hier iso-8859-1 (Windows-1252)
    bArr = System.Text.Encoding.Default.GetBytes(t)
    TBDefault.Text = Format(bArr)
    TB3C.Text = System.Text.Encoding.Default.GetString(bArr)

    ' Kodierung in 16-Bit Unicode
    bArr = System.Text.Encoding.Unicode.GetBytes(t)
    TBUnicode.Text = Format(bArr)
    TB4C.Text = System.Text.Encoding.Unicode.GetString(bArr)
```

Listing 26: Verwendung verschiedener Encoder für die Konvertierung zwischen String und Byte-Array

```
' Kodierung in 7-Bit Unicode
bArr = System.Text.Encoding.UTF7.GetBytes(t)
TBUTF7.Text = Format(bArr)
TB5C.Text = System.Text.Encoding.UTF7.GetString(bArr)

' Kodierung in 8-Bit Unicode
bArr = System.Text.Encoding.UTF8.GetBytes(t)
TBUTF8.Text = Format(bArr)
TB6C.Text = System.Text.Encoding.UTF8.GetString(bArr)

End Sub
```

Listing 26: Verwendung verschiedener Encoder für die Konvertierung zwischen String und Byte-Array (Forts.)

35   Ersatz für unveränderliche (konstante) Zeichenketten-Arrays

Vielleicht haben Sie schon einmal versucht, ein String-Array so zu definieren, dass es zur Laufzeit nicht mehr verändert werden kann. Dieses trivial klingende Problem lässt sich leider nicht so einfach mit einem Schlüsselwort lösen. Const ist im Zusammenhang mit Arrays nicht erlaubt und ReadOnly hilft auch nicht richtig weiter:

```
Public ReadOnly NonConstantStringArray() As String _
  = {"Red", "Green", "Yellow", "Blue"}
```

Eine solche Definition schützt zwar die Referenz-Variable NonConstantStringArray vor späteren Zuweisungen, aber das Array, auf das sie verweist, ist keineswegs geschützt:

```
Dim color As String

color = NonConstantStringArray(0)
Debug.WriteLine("Vorher: " & color)

NonConstantStringArray(0) = "Gangster-Black"

color = NonConstantStringArray(0)
Debug.WriteLine("Nachher: " & color)
```

Die Zuweisung der Gangster-Farbe ist syntaktisch zulässig, so dass der Code folgende Ausgabe liefert:

```
Vorher: Red
Nachher: Gangster-Black
```

Einen wirklichen Schutz kann man nur erreichen, wenn auch die Zugriffe auf die Array-Elemente auf Lese-Operationen beschränkt werden können. Die Syntax von Visual Basic 2005 sieht hierfür jedoch nichts vor. Stattdessen kann man sich behelfen, indem man eine Klasse definiert, die den Zugriff auf ein Array nur über eine ReadOnly-Eigenschaft gestattet. Listing 27 zeigt eine mögliche Implementierung hierfür.

```
Public Class ConstStringArray

  ' Geschützte Referenz des String-Arrays
  Protected Strings() As String

  Public Sub New(ByVal strings() As String)
    ' Wichtig! Array muss geklont werden
    Me.Strings = DirectCast(strings.Clone(), String())
  End Sub

  ' Die Standard-Eigenschaft erlaubt den Zugriff über den Index
  Default Public ReadOnly Property Item(ByVal index As Integer) _
    As String
    Get
      Return Strings(index)
    End Get
  End Property

End Class
```

Listing 27: Workaround zur Realisierung konstanter String-Arrays

In der Klasse wird eine geschützte Referenz-Variable definiert (Strings), die als einzige auf das zugrunde liegende String-Array verweist. Um sicherzustellen, dass außerhalb der Klasse keine Referenzen existieren, wird das String-Array im Konstruktor angenommen und dupliziert (geklont).

Der Zugriff auf das Array erfolgt über die schreibgeschützte Standard-Eigenschaft Item. Der Qualifizierer ReadOnly sorgt dafür, dass die Eigenschaft wirklich nur gelesen werden kann, während Default den Aufruf der Eigenschaft ohne Nennung des Namens ermöglicht. Dadurch sieht ein Aufruf von Item syntaktisch genauso aus, als wäre es eine Array-Indizierung:

```
Public ReadOnly ReallyConstantStringArray As New ConstStringArray _
  (New String() {"Red", "Green", "Yellow", "Blue"})

...

color = ReallyConstantStringArray(0)
```

Eine Zuweisung wie

```
ReallyConstantStringArray(0) = "Gangster-Black"
```

ist jetzt nicht mehr zulässig und wird vom Compiler abgelehnt.

Die Klasse ConstStringArray lässt sich so für beliebig viele invariante String-Arrays verwenden. Der einzige Mehraufwand besteht in der Deklarationszeile, da dort im Konstruktor-Aufruf ein Array mit Strings übergeben werden muss.

Datum und Zeit

Für den Umgang mit Datum und Uhrzeit verfügt das .NET Framework über einige Datentypen wie `DateTime` und `TimeSpan`. Gegenüber der Vorgängerversion wurden diese Typen um einige Eigenschaften und Methoden ergänzt. Da Visual Basic 2005 nun auch Operatorüberladungen unterstützt, können die von `DateTime` und `TimeSpan` implementierten Operatoren auch direkt im Code verwendet werden, während sie in Visual Basic 2005 2003 lediglich als statische Methoden aufgerufen werden konnten.

Jeder, der sich schon einmal intensiver mit Berechnungen von Uhrzeiten oder Kalendertagen beschäftigt hat, kennt die vielen Problematiken und Fallen, die dieses Thema mit sich bringt. Einige Probleme sind astronomischer Natur. So gibt es beispielsweise kein ganzzahliges Verhältnis zwischen der Zeit, die die Erde benötigt, um einmal um die Sonne zu kreisen und der Zeit, die die Erde für eine Umdrehung um sich selbst benötigt. Bis dieser Missstand mit einem (intergalaktischen) Service Release behoben wird, müssen wir uns mit Annäherungen durch Schaltjahre begnügen.

Viele Besonderheiten hat die Menschheit aber selbst erfunden. Als Konsequenz aus den Beobachtungen des Sonnenstandes haben sich die Einheiten Tage und Jahre ergeben. Die Einteilung in Wochen und Monate hat zwar auch einen astronomischen Hintergrund, erscheint bei oberflächlicher Betrachtung aber eher willkürlich. So manches geht auch sprichwörtlich nach dem Mond. Eine ganze Reihe von Feiertagen richtet sich nach dem ersten Vollmond im Frühling.

Und dann wären da noch die Zeitzonen, die sich (zumindest theoretisch) nach den Längengraden bemessen. Extrem problematisch kann auch der Umgang mit der Sommerzeit werden. Insbesondere die Übergänge zu Beginn und am Ende der Sommerzeit sind typische Fehlerquellen.

Dieses Kapitel stellt Ihnen einige Rezepte für den richtigen Umgang mit Kalendern, Datum und Uhrzeit bereit. Basis der Berechnungen ist der Gregorianische Kalender, der für unsere Kultur maßgeblich ist. Im Framework finden Sie aber auch Klassen für den Umgang mit Kalendern anderer Kulturen, z.B. `HebrewCalendar`, `JapaneseCalendar`, `TaiwanCalendar` usw., die hier aber nicht behandelt werden sollen.

36   Umgang mit Datum und Uhrzeit

Drei Datentypen werden für den Umgang mit Datums- und Zeitinformationen vom Framework bereitgestellt (Tabelle 4). Die meisten Berechnungen erfolgen mithilfe der Strukturen `DateTime` und `TimeSpan`. Der alte VB-Datentyp `Date` ist in Visual Basic 2005 ein Synonym für `System.DateTime`.

Name	Typ	Bedeutung
`DateTime`	Struktur	Absolutes Datum
`TimeSpan`	Struktur	Zeitspanne, relative Zeit
`GregorianCalendar`	Klasse	Gregorianischer Kalender

Tabelle 4: Datentypen für den Umgang mit Zeiten und Kalenderdaten

Für einen intuitiven Umgang mit den beiden Strukturen wäre es praktisch, wenn einige Operatoren überladen werden könnten, was die VB-Syntax aber ja leider nicht hergibt. Stattdessen muss man sich in VB mit dem Aufruf von Funktionen zufrieden geben. So lassen sich leicht die in Tabelle Tabelle 5 dargestellten typischen Aufgaben lösen.

Zahlreiche Überladungen der Konstruktoren und zusätzlicher statischer Methoden stehen Ihnen zur Definition von `DateTime` (Tabelle 6)- und `TimeSpan` (Tabelle 7)-Objekten zur Verfügung.

Aufgabe	Ergebnistyp	Lösung
Zeit jetzt	`DateTime`	`DateTime.Now`
Tag heute	`DateTime`	`DateTime.Today`
Zeit zwischen dem 1.1.2003 und heute	`TimeSpan`	`New DateTime(2003, 1, 1).Subtract(DateTime.Now)`
Gestern um die gleiche Zeit	`DateTime`	`DateTime.Now.AddDays(-1)`
Gestern 0:00 Uhr	`DateTime`	`DateTime.Now.AddDays(-1).Date`
Zeitspanne seit Mitternacht	`TimeSpan`	`DateTime.Now.TimeOfDay`
Zeitspanne `ts` in Tagen, Stunden usw.	`Double`	`ts.TotalDays, ts.TotalHours, ts.TotalMinutes, ts.TotalSeconds, ts.TotalMilliseconds`
Aktuelle Standardzeit	`DateTime`	`DateTime.UtcNow`
Aktuelles Jahr	`Integer`	`DateTime.Now.Year`

Tabelle 5: Eine Auswahl typischer Berechnungen zu Datum und Uhrzeit

Methode	Bedeutung
Konstruktor	Sieben Überladungen mit Integer-Parametern
`FromFileTime, FromFileTimeUtc`	Umrechnung aus Zeitformaten des Dateisystems
`FromOADate`	Umrechnung für OLE-Automatisierung
`Parse, ParseExact`	Konvertierung aus einer Zeichenkette
`TryParse, TryParseExact`	(neu) Konvertierung aus einer Zeichenkette

Tabelle 6: Methoden zur Konstruktion von DateTime-Werten

Methode	Bedeutung
Konstruktor	Vier Überladungen mit Integer-Parametern
`FromDays, FromHours` etc.	Zeitspanne aus Tagen, Stunden usw.
`Parse`	Konvertierung aus einer Zeichenkette
`TryParse, TryParseExact`	(neu) Konvertierung aus einer Zeichenkette

Tabelle 7: Methoden zur Konstruktion von TimeSpan-Werten

Neu hinzugekommen sind, wie auch bei den anderen Basistypen des Frameworks, die Methoden `TryParse` und `TryParseExact`. Sie erlauben das Exception-freie Einlesen von Zeitangaben im Textformat. Das Funktionsergebnis ist `True`, wenn die Umwandlung erfolgreich war, und `False`, wenn der Text nicht den Formatvorgaben entspricht. Eine Exception wird in keinem Fall ausgelöst, so dass auf die üblichen Try/Catch-Konstruktionen verzichtet werden kann. Beispielsweise für `DateTime` lässt sich `TryParse` wie folgt verwenden:

```
Dim b As Boolean
Dim dt As DateTime

b = DateTime.TryParse("1.1.2006 14:15", dt)

If b Then
  Debug.WriteLine(dt)
Else
  Debug.WriteLine("Fehler")
End If
```

und dem Ergebnis:

```
01.01.2006 14:15:00
```

Analog dazu das Einlesen von TimeSpan-Angaben:

```
Dim ts As TimeSpan
b = TimeSpan.TryParse("1.10:30:00", ts)
If b Then
  Debug.WriteLine(ts.TotalSeconds & " Sekunden")
Else
  Debug.WriteLine("Fehler")
End If
```

und dem Ergebnis:

```
124200 Sekunden
```

Für Rechenoperationen und Vergleiche können nunmehr auch direkt die implementierten Operatoren eingesetzt werden. Der Umweg über Methodenaufrufe ist nicht mehr erforderlich. Beispiele für gültige Ausdrücke mit Operatoren sind:

```
Dim dt1 As DateTime = DateTime.Now
Dim dt2 As DateTime = DateTime.Today
Dim ts1 As TimeSpan = dt1 - dt2
Dim ts2 As TimeSpan = New TimeSpan(1, 30, 0)

Dim dt As DateTime
Dim ts As TimeSpan
dt = dt1 + ts1
ts = ts1 + ts2
Dim b As Boolean = ts1 > ts2
b = dt1 > dt2
dt = dt1 - ts2
ts = -ts1
dt += ts1
b = ts1 = ts2
b = dt1 = dt2
```

Tabelle 8 zeigt die Operatoren und ihre zulässigen Anwendungsfälle.

Operator	Bedeutung	1. Operand	2. Operand	Ergebnis
+	Addition von Zeiträumen	DateTime	TimeSpan	DateTime
		TimeSpan	DateTime	DateTime
		TimeSpan	TimeSpan	TimeSpan
-	Subtraktion von Zeiträumen	DateTime	DateTime	TimeSpan
		DateTime	TimeSpan	DateTime
		TimeSpan	-	TimeSpan
=, <>, <, >, <=, >=	Vergleiche	DateTime	DateTime	Boolean
		TimeSpan	TimeSpan	Boolean
+=, -=	Kombinationsoperatoren für Addition/Subtraktion und Zuweisung	siehe Operatoren + und -		

Tabelle 8: Zulässige Operatoren für DateTime und TimeSpan

Zur Ausgabe der vielen verschiedenen internationalen Datums- und Zeitformate stellt die Struktur DateTime eine Reihe von Methoden bereit. Einige dieser Methoden basieren auf den Formaten der im Betriebssystem eingestellten länderspezifischen Definitionen, andere sind frei konfigurierbar (Tabelle 9).

Methode	Bedeutung
ToString	Vier Überladungen, beliebige Formate
ToLongDateString, ToShortDateString	Länderspezifische Datumsformate
ToLongTimeString, ToShortTimeString	Länderspezifische Zeitformate

Tabelle 9: Formatierung von DateTime-Werten für die Ausgabe

Wesentlich seltener wird die Klasse GregorianCalendar (siehe auch nächstes Rezept) benutzt. Sie bietet einige kalenderspezifische Umrechnungsmethoden, etwa für die Umrechnung einer zweistelligen Jahreszahl in eine vierstellige.

Ein Problem bestand bisher darin, dass es einem DateTime-Wert bislang nicht anzusehen war, ob der gespeicherte Wert in Lokal- oder Standardzeit zu verstehen war. Im neuen Framework wurde die Struktur daher um die schreibgeschützte Eigenschaft Kind erweitert. Sie kann einen von drei Enumerationswerten annehmen (Tabelle 10).

Wert	Bedeutung
Local	Zeit bezieht sich auf die lokal eingestellte Zeitzone
Utc	Zeit bezieht sich auf die Standardzeit
Unspecified	Unbekannte Zuordnung

Tabelle 10: Enumerationswerte von DateTimeKind

Achtung

Die Implementierungen der Methoden ToLocalTime und ToUniversalTime haben sich geändert. Sie sind nun abhängig vom Wert der Eigenschaft Kind.

Je nach Herkunft oder Konstruktion einer `DateTime`-Struktur liefert die Eigenschaft Kind unterschiedliche Werte zurück. Auch auf die Methoden `ToLocalTime` und `ToUniversalTime` hat der Wert dieser Eigenschaften Einfluss. Ein Beispiel mit Lokalzeit zeigt die Bedeutung:

```
Dim dt, dt2, dt3 As DateTime

dt = DateTime.Now
Debug.WriteLine(dt.ToLongTimeString & " [" & _
  dt.Kind.ToString() & "]")
dt2 = dt.ToLocalTime()
Debug.WriteLine(dt2.ToLongTimeString & " [" & _
  dt2.Kind.ToString() & "]")
dt3 = dt.ToUniversalTime()
Debug.WriteLine(dt3.ToLongTimeString & " [" & _
  dt3.Kind.ToString() & "]")
```

führt zum Ergebnis:

```
14:24:31 [Local]
14:24:31 [Local]
13:24:31 [Utc]
```

Eine Umrechnung in Lokalzeit erfolgt in der zweiten Ausgabe nicht, da die Zeit bereits auf die Lokalzeit zugeschnitten wurde. Anders sieht es in diesem Beispiel aus:

```
dt = DateTime.UtcNow
Debug.WriteLine(dt.ToLongTimeString & " [" & _
  dt.Kind.ToString() & "]")
dt2 = dt.ToLocalTime()
Debug.WriteLine(dt2.ToLongTimeString & " [" & _
  dt2.Kind.ToString() & "]")
dt3 = dt.ToUniversalTime()
Debug.WriteLine(dt3.ToLongTimeString & " [" & _
  dt3.Kind.ToString() & "]")
```

und der zugehörigen Ausgabe:

```
13:24:31 [Utc]
14:24:31 [Local]
13:24:31 [Utc]
```

Hier wird automatisch erkannt, dass es sich um eine Zeitangabe in Standardzeit handelt, die beim Aufruf von `ToLocalTime` umzurechnen ist. Ist hingegen die Herkunft der Zeitangabe unbekannt, rechnen sowohl `ToLocalTime` als auch `ToUniversalTime` die Zeitangaben um:

```
dt = DateTime.Parse("1.1.2006 14:00")
Debug.WriteLine(dt.ToLongTimeString & " [" & _
  dt.Kind.ToString() & "]")
dt2 = dt.ToLocalTime()
Debug.WriteLine(dt2.ToLongTimeString & " [" & _
  dt2.Kind.ToString() & "]")
dt3 = dt.ToUniversalTime()
Debug.WriteLine(dt3.ToLongTimeString & " [" & _
  dt3.Kind.ToString() & "]")
```

führt zur Ausgabe von:

```
14:00:00 [Unspecified]
15:00:00 [Local]
13:00:00 [Utc]
```

Da die Eigenschaft Kind schreibgeschützt ist, lässt sich diese Angabe für eine gegebene Date-Time-Struktur nicht verändern. DateTime stellt jedoch die statische Methode SpecifyKind zur Verfügung, um aus einem vorgegebenen DateTime-Wert einen neuen mit der gewünschten Spezifikation erzeugen zu können. Das obige Beispiel verhält sich nach Aufruf von Specify-Kind entsprechend des zugewiesenen DateTimeKind-Wertes:

```
dt = DateTime.SpecifyKind(dt, DateTimeKind.Local)
Debug.WriteLine(dt.ToLongTimeString & " [" & _
   dt.Kind.ToString() & "]")
dt2 = dt.ToLocalTime()
Debug.WriteLine(dt2.ToLongTimeString & " [" & _
   dt2.Kind.ToString() & "]")
dt3 = dt.ToUniversalTime()
Debug.WriteLine(dt3.ToLongTimeString & " [" & _
   dt3.Kind.ToString() & "]")
```

und das Ergebnis:

```
14:00:00 [Local]
14:00:00 [Local]
13:00:00 [Utc]
```

DateTime-Strukturen lassen sich mithilfe der Kind-Eigenschaft sicherer einsetzen, wenn Zeitangaben mal in Lokal- und mal in Standardzeit berechnet und ausgegeben werden.

37   Schaltjahre

Schaltjahre sind definitionsgemäß die Jahre, deren Jahreszahl sich ohne Rest durch 4, aber nicht durch 100 teilen lassen, sowie die Jahre, deren Jahreszahl durch 400 teilbar ist.

Wollen Sie ermitteln, ob ein bestimmtes Jahr ein Schaltjahr ist, dann können Sie hierfür auf die Methode IsLeapYear der Klasse GregorianCalendar zurückgreifen. Sie liefert für eine angegebene Jahreszahl das gewünschte boolesche Ergebnis.

Zwei zusätzliche Funktionen, IsLeapMonth und IsLeapDay, geben an, ob es sich um den Monat Februar innerhalb eines Schaltjahres bzw. um den 29. Februar handelt.

38   Wochentag berechnen

> Die beschriebene Klasse ist Bestandteil der Klassenbibliothek DateTimeLib. Sie finden sie dort unter VBCodeBook.DateTimeLib.EuropeanCalendarCalculations.

Die Struktur DateTime kennt die Eigenschaft DayOfWeek, die die Berechnung des Wochentages durchführt. Leider ziemlich amerikanisch. Denn die Woche beginnt bei dieser Berechnung mit dem Sonntag (Tabelle 11). Listing 28 zeigt die Implementierung der Umrechnungsfunktion in die europäische Norm.

Tag	DayOfWeek	Norm
Montag	1	1
Dienstag	2	2
Mittwoch	3	3
Donnerstag	4	4
Freitag	5	5
Samstag	6	6
Sonntag	0	7

Tabelle 11: Nummerierung der Wochentage nach Microsoft und europäischer Norm

```
' Berechnung des Wochentages nach europäischer Norm
Public Shared Function GetDayOfWeek(ByVal [Date] As DateTime) _
   As Integer

   ' 1 = Montag ... 7 = Sonntag
   Return ([Date].DayOfWeek + 6) Mod 7 + 1

End Function
```

Listing 28: GetDayOfWeek in der europäischen Version

39   Beginn einer Kalenderwoche berechnen

Die beschriebene Klasse ist Bestandteil der Klassenbibliothek `DateTimeLib`. Sie finden sie dort unter `VBCodeBook.DateTimeLib.EuropeanCalendarCalculations`.

Der Umgang mit Kalenderwochen ist ein wenig tückisch. Zwar gibt es in der Klasse `Gregorian-Calendar` die Methode `GetWeekOfYear`, die auch für europäische Kalenderwochen funktionieren sollte, jedoch hat Microsoft es bislang nicht geschafft, diese Methode korrekt zu implementieren (siehe Kasten). Im Hinweiskasten sehen Sie die Definition der Kalenderwoche, wie sie in Ihren Berechnungen berücksichtigt werden muss.

> **Achtung**
>
> Verwenden Sie nicht die Methode `GregorianCalendar.GetWeekOfYear`, um nach europäischer Norm Berechnungen zu Kalenderwochen anzustellen! Diese Methode ist fehlerhaft und liefert für Tage, die um den Jahreswechsel herum liegen, teilweise falsche Werte. Beispielsweise liegt der 30.12.2002 in der ersten Kalenderwoche des Jahres 2003 und nicht in der 53. Woche des Jahres 2002, wie die Funktion berechnet. Der Fehler ist schon seit längerem bei Microsoft bekannt und unter der Nummer Q200299 in der Knowledge Base dokumentiert, wurde bislang aber nicht behoben.

Für die Berechnung des ersten Tages einer Kalenderwoche ist es somit notwendig, den Beginn der ersten Kalenderwoche zu berechnen. Ausgangspunkt ist der vierte Januar. Mithilfe der Eigenschaft `DayOfWeek` wird ermittelt, auf welchen Wochentag dieser fällt. Aus dieser Information wird dann der Montag der ersten Woche ermittelt.

Der Beginn der n. Woche ergibt sich dann aus der Addition von n-1 Wochen auf den Beginn der ersten Woche. Listing 29 zeigt die Implementierung der Funktion.

> **Hinweis**
>
> Die Berechnung der europäischen Kalenderwoche ist genormt. International in der ISO 8601, Europäisch in der EN 28601 und in Deutschland entsprechend in der DIN 1355. Danach beginnt eine Kalenderwoche immer mit einem Montag. Die erste Kalenderwoche ist die Woche, in der der vierte Januar liegt.
>
> Ein Jahr kann somit 52 oder 53 Kalenderwochen haben. Die Tage vor dem 4.1. können in die letzte Kalenderwoche des Vorjahres fallen, die Tage nach dem 28.12. in die erste Kalenderwoche des Folgejahres.

```
Public Shared Function GetStartOfCalendarWeek( _
   ByVal year As Integer, ByVal calendarWeek As Integer) _
   As DateTime

   ' 4. Januar des betreffenden Jahres
   Dim january4 As New DateTime(year, 1, 4)

   ' Nummer des Wochentags des 4. Januars 1=Mo..7=So
   Dim weekdayJan4 As Integer
   weekdayJan4 = GetDayOfWeek(january4)

   ' Dann beginnt die KW1 x Tage vorher
   Dim dateOfFirstWeek As DateTime
   dateOfFirstWeek = january4.AddDays(1 - weekdayJan4)

   ' Die gesuchte KW beginnt dann KW-1 Wochen später:
   Return dateOfFirstWeek.AddDays((calendarWeek - 1) * 7)

End Function
```

Listing 29: Berechnung des ersten Tages einer Kalenderwoche

40   Anzahl der Kalenderwochen eines Jahres bestimmen

> Die beschriebene Klasse ist Bestandteil der Klassenbibliothek DateTimeLib. Sie finden sie dort unter VBCodeBook.DateTimeLib.EuropeanCalendarCalculations.

Wie bereits erwähnt, kann ein Jahr 52 oder 53 Kalenderwochen umfassen. Die genaue Anzahl lässt sich aus der Differenz in Tagen zwischen dem Beginn der ersten Woche des Folgejahres und dem Beginn der ersten Woche des angegebenen Jahres berechnen (Listing 30).

```
Public Shared Function GetNumberOfCalendarWeeks( _
   ByVal year As Integer) As Integer

   ' 1. KW des Folgejahres - 1. KW des betrachteten Jahres
   Dim diff As TimeSpan = _
      GetStartOfCalendarWeek(year + 1, 1) - _
      (GetStartOfCalendarWeek(year, 1))
```

Listing 30: Wie viele Kalenderwochen hat ein Jahr?

```
    Return diff.Days \ 7

End Function
```

Listing 30: Wie viele Kalenderwochen hat ein Jahr? (Forts.)

41   Berechnung der Kalenderwoche zu einem vorgegebenen Datum

> Die beschriebene Klasse ist Bestandteil der Klassenbibliothek `DateTimeLib`. Sie finden sie dort unter `VBCodeBook.DateTimeLib.EuropeanCalendarCalculations`.

Mithilfe der vorangegangenen Rezepte lässt sich leicht und übersichtlich zu einem vorgegebenen Datum die Kalenderwoche ermitteln. Allerdings reicht die Wochennummer als alleiniger Rückgabewert nicht aus. Denn es kann ja sein, dass die berechnete Kalenderwoche zu einem anderen Jahr gehört und die Nummer unter Umständen nicht eindeutig ist. Als Ergebnis können Sie eine Kalenderwoche erhalten, die im gleichen Jahr liegt wie das angegebene Datum, die letzte Kalenderwoche des Vorjahres oder die erste Kalenderwoche des Folgejahres.

Um eine Unterscheidung treffen zu können, wird eine Struktur definiert, die sowohl die Wochennummer als auch das Jahr enthält (Listing 31). Die Überschreibung der Methode `ToString` ermöglicht die direkte Ausgabe der Werte in Textform.

```
Public Structure CalendarWeek

    Public ReadOnly Week, Year As Integer

    Public Sub New(ByVal week As Integer, ByVal year As Integer)
      Me.Week = week
      Me.Year = year
    End Sub

    Public Overrides Function ToString() As String
      Return String.Format("KW {0} {1}", Week, Year)
    End Function

End Structure
```

Listing 31: Hilfsstruktur für den Umgang mit Kalenderwochen

Zwei Stichtage sind somit relevant: Der Beginn der ersten Woche des betrachteten Jahres (day1, siehe Listing 32) und der Beginn der ersten Woche des Folgejahres (day2). Ist der Wert des betrachteten Tags (dateOfInterest) größer als day2, dann gehört der Tag zur ersten Woche des Folgejahres.

Ansonsten muss ermittelt werden, ob dateOfInterest kleiner ist als day1. Wenn ja, dann ist die gesuchte Woche die letzte Woche des Vorjahres (GetNumberOfCalenderWeeks(year - 1)). Wenn nein, dann errechnet sich die Nummer der Woche aus der Differenz zum Beginn der ersten Woche in Tagen (dateOfInterest - day1).Days \ 7 + 1.

```
Public Shared Function GetCalendarWeek( _
  ByVal dateOfInterest As DateTime) As CalendarWeek

  ' Betrachtetes Jahr
  Dim year As Integer = dateOfInterest.Year

  ' Erster Tag der ersten Woche dieses Jahres
  Dim day1 As DateTime = GetStartOfCalendarWeek(year, 1)

  ' Erster Tag der ersten Woche des Folgejahres
  Dim day2 As DateTime = GetStartOfCalendarWeek(year + 1, 1)

  ' Gehört der Tag zur ersten Woche des Folgejahres?
  If dateOfInterest >= day2 Then
    ' Ja, KW 1 des Folgejahres zurückgeben
    Return New CalendarWeek(1, year + 1)
  Else
    ' Gehört der Tag zu einer Kalenderwoche des gleichen Jahres?
    If dateOfInterest >= day1 Then
      ' Ja, KW aus Differenz zum 1. Tag der ersten Woche berechnen
      Return New CalendarWeek( _
        (dateOfInterest - day1).Days \ 7 + 1, year)
    Else
      ' Nein, letzte KW des Vorjahres zurückgeben
      Return New CalendarWeek( _
        GetNumberOfCalendarWeeks(year - 1), year - 1)
    End If
  End If

End Function
```

Listing 32: Berechnung der Kalenderwoche zu einem vorgegebenen Datum

An dieser Stelle sei nochmals auf die Anmerkungen zu GregorianCalendar.GetWeekOfYear in Rezept 39 ((Beginn einer Kalenderwoche berechnen)) hingewiesen. Im Gegensatz zu dieser Funktion wird die Kalenderwoche vom MonthCalendar-Steuerelement richtig angezeigt. Es kann daher zur Überprüfung der Berechnungen herangezogen werden (Abbildung 11 / Listing 33).

```
Private Sub MonthCalendar1_DateChanged( _
  ByVal sender As System.Object, ByVal e As _
  System.Windows.Forms.DateRangeEventArgs) _
  Handles MonthCalendar1.DateChanged

  LBLKW.Text = EuropeanCalendarCalculations.GetCalendarWeek( _
    MonthCalendar1.SelectionStart).ToString()

End Sub
```

Listing 33: Ausgabe der berechneten Kalenderwoche zur Auswahl im Kalender-Control

Abbildung 11: Überprüfung der Berechnungen mithilfe des MonthCalendar-Steuerelementes

42   Berechnung des Osterdatums

Die beschriebene Klasse ist Bestandteil der Klassenbibliothek `DateTimeLib`. Sie finden sie dort unter `VBCodeBook.DateTimeLib.EuropeanCalendarCalculations`.

Ausgangspunkt für die Berechnung vieler heutiger Feiertage ist der Ostersonntag, wie er im Jahre 325 festgelegt wurde. Bis ins 16. Jahrhundert rechnete die christliche Welt noch nach dem Kalender, der einst von Gaius Julius Caesar für das römische Weltreich festgelegt wurde. Allerdings gab es im Laufe der Jahre immer mehr Schwierigkeiten, die reale Zeit mit der Kalenderzeit in Übereinstimmung zu bringen. Dies lag unter anderem daran, dass der Julianische Kalender (nicht zu verwechseln mit dem julianischen Datum!) nur mit einer Jahreslänge von 365,25 Tagen rechnete. Der Frühlingsanfang hatte sich zu diesem Zeitpunkt um rund 10 Tage nach vorne verschoben. Also um den 11. März herum. Da der Frühlingsanfang allerdings für alle weiteren christlichen Festtage, u.a. Ostern und seine abgeleiteten Festtage, extrem wichtig war, wurde eine Kalenderreform unumgänglich. Ostern war und ist festgelegt auf den ersten Sonntag nach dem Vollmond, der am oder nach dem Frühlingsbeginn ist. Papst Gregor XIII beauftragte ein Gremium unter dem damals bekanntesten Mathematiker Christophorus Clavius mit der Erstellung eines neuen Kalenders, der dann mittels einer päpstlichen Bulle für die katholische Kirche verbindlich wurde. Um die Zeitdifferenz wieder aufzuholen, folgte auf Donnerstag, den 4. Oktober 1582 direkt der Freitag, 15. Oktober 1582. So gibt es den 10.10.1582 in diesem Kalender also überhaupt nicht.

Da dieser Kalender erst einmal nur für die katholische Kirche galt, schlossen sich ihm naturgemäß nicht alle Länder an. In England und den damaligen Kolonien (USA) ging man erst 1752 zum Gregorianischen Kalender über. Russland beschloss mit der Oktoberrevolution, auf den 31.01.1918 den 14.02.1918 folgen zu lassen. Der letzte Kandidat ist die Türkei. Sie hat 1926 auf den Gregorianischen Kalender umgestellt.

Die heute allgemein gebräuchliche Formel ist die in Listing 34 abgedruckte von Jean Meeus (Journal of the British Astronomical Association, Band 88 (1977)). Sie berechnet das korrekte Osterdatum für den Julianischen und den Gregorianischen Kalender ab dem Jahr 1 n. Chr.

```
Public Shared Function GetEasterDate(ByVal year As Integer) _
  As DateTime

  ' Berechnung des Ostersonntags nach einer Formel aus dem Buch
  ' Buch "Astronomical Formulae For Calculators" des Belgiers
  ' Jean Meeus, erschienen 1982 im Willmann-Bell-Verlag,
  ' Richmond, Virginia
  ' Gültig für den Gregorianischen Kalender (ab 1583)

  If year < 1 Then Throw New _
    ArgumentOutOfRangeException( _
    "Berechnung des Osterdatums nur ab dem Jahr 1 möglich")

  Dim a, b, c, d, e, f, g, h, i, k, l, m, n, p As Integer
  If year > 1582 Then

    ' Gregorianischer Kalender

    a = year Mod 19
    b = year \ 100
    c = year Mod 100
    d = b \ 4
    e = b Mod 4
    f = (b + 8) \ 25
    g = (b - f + 1) \ 3
    h = (19 * a + b - d - g + 15) Mod 30
    i = c \ 4
    k = c Mod 4
    l = (32 + 2 * e + 2 * i - h - k) Mod 7
    m = (a + 11 * h + 22 * l) \ 451
    n = (h + l - 7 * m + 114) \ 31
    p = (h + l - 7 * m + 114) Mod 31

    Return New DateTime(year, n, p + 1)

  Else

    ' Julianischer Kalender

    a = year Mod 4
    b = year Mod 7
    c = year Mod 19
    d = (19 * c + 15) Mod 30
    e = (2 * a + 4 * b - d + 34) Mod 7
    f = (d + e + 114) \ 31
    g = (d + e + 114) Mod 31
    Return New Date(year, f, g + 1)

  End If

End Function
```

Listing 34: Berechnung des Osterdatums nach einer alten Näherungsformel

43   Berechnung der deutschen Feiertage

> Die beschriebenen Klassen sind Bestandteil der Klassenbibliothek `DateTimeLib`. Sie finden sie dort unter `VBCodeBook.DateTimeLib`.

Für den Umgang mit den deutschen Feiertagen stellen wir Ihnen eine Auflistungsklasse (`HolidayCollection`) zur Verfügung, die folgende Funktionalitäten bietet:

▶ Berechnung der Feiertage eines Jahres und Speicherung in einer Hashtable-Liste

▶ Nachschlagen eines oder mehrerer Feiertage in der Liste

▶ Erzeugung eines sortierten Arrays aller Feiertage

Für den Umgang mit Feiertagen wird eine Hilfsklasse (`Holiday`) definiert, die für einen Feiertag dessen Bezeichnung und Datum enthält (s. Listing 35). Die Implementierung der Schnittstelle `IComparable` ermöglicht das Sortieren von Instanzen dieser Klasse nach Datum. Dadurch lässt sich beispielsweise ein Array von `Holiday`-Referenzen direkt mit `Array.Sort` sortieren.

```vbnet
Public Class Holiday
   Implements IComparable

   Public ReadOnly Name As String
   Public ReadOnly [Date] As DateTime

   Public Sub New(ByVal name As String, ByVal [Date] As DateTime)
      Me.Name = name
      Me.Date = [Date]
   End Sub

   Public Function CompareTo(ByVal obj As Object) As Integer _
      Implements System.IComparable.CompareTo

      If Not TypeOf obj Is Holiday Then Throw New ArgumentException( _
         "Ein Holiday-Objekt kann nur mit einem anderen Holiday-" _
         & "Objekt verglichen werden")

      ' Vergleich auf Basis des Datums
      Dim hd2 As Holiday = DirectCast(obj, Holiday)
      Return Me.Date.CompareTo(hd2.Date)

   End Function

   Public Overrides Function ToString() As String
      Return String.Format("{0} ({1})", Me.Date.ToLongDateString(), _
         Me.Name)
   End Function

End Class
```

Listing 35: Hilfsklasse Holiday speichert Name und Datum eines Feiertags

In Listing 36 sehen Sie die Funktions-Header der implementierten Methoden und Eigenschaften. Eine Feiertagsliste ist immer einem eindeutigen Jahr zugeordnet, das über die Eigenschaft

Year abgefragt werden kann. Die Hauptarbeit, nämlich die Berechnung der Feiertage, erfolgt im öffentlichen Konstruktor. Die Implementierung diverser Hilfsfunktionen und Eigenschaften wie Item, Keys etc. erfolgt nach dem üblichen Muster für das Ableiten einer Listenklasse von DictionaryBase und soll hier nicht weiter beschrieben werden. Sie finden den vollständigen Code auf der CD. Interessant sind hingegen die spezifischen Funktionen, die einen gezielten Abruf von Feiertagen als Array oder Liste ermöglichen.

```
Public Class HolidayCollection
  Inherits DictionaryBase

    ' Jahr, für das die Feiertage berechnet wurden
    Public ReadOnly Property Year() As Integer

    ' Konstruktoren
    Protected Sub New()
    Public Sub New(ByVal year As Integer)

    ' Implementierungen für DictionaryBase-Ableitung
    Default Public Property Item(ByVal key As String) As Holiday
    Public ReadOnly Property Keys() As ICollection
    Public ReadOnly Property Values() As ICollection
    Public Sub Add(ByVal key As String, ByVal value As Holiday)
    Public Function Contains(ByVal key As String) As Boolean
    Public Sub Remove(ByVal key As String)

    ' Spezifische Kalenderfunktionen
    Public Function ToArray() As Holiday()
    Public Function GetHolidayCollection(ByVal holidays() As String) _
      As HolidayCollection
    Public Function GetHolidayDates() As DateTime()
    Public Function GetHolidayByDate(ByVal [Date] As DateTime) _
      As Holiday

End Class
```

Listing 36: Eigenschaften und Methoden der Klasse HolidayCollection

Zur Instanzierung der Liste muss dem öffentlichen Konstruktor ein Jahr übergeben werden. Für dieses Jahr werden die Feiertage berechnet. In Listing 37 sehen Sie den Rahmen des Konstruktors mit der Definition der Hilfsvariablen. Insbesondere das Osterdatum ist für die Berechnung einiger Feiertage von besonderer Bedeutung. Die einzelnen Berechnungen werden mit den nachfolgenden Listings beschrieben.

```
Public Sub New(ByVal year As Integer)

  Me.CalendarYear = year

  ' Feiertage für angegebenes Jahr bestimmen

  ' Hilfsvariablen
```

Listing 37: Beginn der Feiertagsberechnung

```
Dim hd As Holiday

' Ostersonntag
Dim easterday As DateTime = _
    EuropeanCalendarCalculations.GetEasterDate(year)

Dim d As DateTime

' Beginn des Kirchenjahrs
Dim beginnKirchenjahr As DateTime

Dim wd As Integer
Dim diff As Integer

' Berechnung der Feiertage siehe nachfolgende Listings

End Sub
```

Listing 37: Beginn der Feiertagsberechnung (Forts.)

Feste Feiertage

Feste Feiertage haben in jedem Jahr das gleiche Datum. Für jeden Feiertag wird eine Instanz von Holiday angelegt und der Auflistung hinzugefügt (siehe Listing 38). Das Datum errechnet sich aus dem vorgegebenen Tag sowie dem Jahr, für das die Liste erstellt werden soll.

Da es sich bei der internen Auflistung um eine Key-Value-Liste handelt, muss für jeden Eintrag ein Schlüssel angegeben werden. Als Schlüssel wird hier die Bezeichnung des Feiertags angegeben, so dass später über diese Bezeichnung das Datum des Feiertags ermittelt werden kann.

```
' *** Neujahr ***
' 01. Januar

hd = New Holiday("Neujahr", New DateTime(year, 1, 1))
Dictionary.Add(hd.Name, hd)

' *** Heilige 3 Könige ***
' 06. Januar

hd = New Holiday("Heilige 3 Könige", New DateTime(year, 1, 6))
Dictionary.Add(hd.Name, hd)

' *** Valentinstag ***
' 14. Febbruar

hd = New Holiday("Valentinstag", New DateTime(year, 2, 14))
Dictionary.Add(hd.Name, hd)

' *** Tag der Arbeit ***
```

Listing 38: Feste Feiertage

```vb
' 01. Mai

hd = New Holiday("Tag der Arbeit", New DateTime(year, 5, 1))
Dictionary.Add(hd.Name, hd)

' *** Maria Himmelfahrt ***
' 15. August

hd = New Holiday("Maria Himmelfahrt", New DateTime(year, 8, 15))
Dictionary.Add(hd.Name, hd)

' *** Tag der Deutschen Einheit ***
' 3. Oktober

hd = New Holiday("Tag der Deutschen Einheit", _
   New DateTime(year, 10, 3))
Dictionary.Add(hd.Name, hd)

' *** Reformationstag ***
' 31. Oktober

hd = New Holiday("Reformationstag", New DateTime(year, 10, 31))
Dictionary.Add(hd.Name, hd)

' *** Allerheiligen ***
' 1. November

hd = New Holiday("Allerheiligen", New DateTime(year, 11, 1))
Dictionary.Add(hd.Name, hd)

' *** Heiligabend ***
' 24. Dezember

hd = New Holiday("Heiligabend", New DateTime(year, 12, 24))
Dictionary.Add(hd.Name, hd)

' *** 1. Weihnachtsfeiertag ***
' 25. Dezember

hd = New Holiday("1. Weihnachtsfeiertag", _
   New DateTime(year, 12, 25))
Dictionary.Add(hd.Name, hd)

' *** 2. Weihnachtsfeiertag ***
' 26. Dezember

hd = New Holiday("2. Weihnachtsfeiertag", _
   New DateTime(year, 12, 26))
Dictionary.Add(hd.Name, hd)

' *** Silvester ***
```

Listing 38: Feste Feiertage (Forts.)

```
' 31. Dezember

hd = New Holiday("Silvester", New DateTime(year, 12, 31))
Dictionary.Add(hd.Name, hd)
```

Listing 38: Feste Feiertage (Forts.)

Feste Feiertage anderer Länder lassen sich auf die beschriebene Art und Weise leicht ergänzen.

Bewegliche Feiertage

Ein großer Teil unserer Feiertage haben kein festes Datum, sondern richten sich entweder nach Ostern oder nach dem Kirchenjahr. Die Berechnung des Osterdatums wurde bereits in Rezept 42 (Berechnung des Osterdatums) erläutert. In Listing 39 sehen Sie die Berechnung der Feiertage, die von Ostern abhängen. Das Datum ergibt sich daher durch Addition oder Subtraktion von Tagen auf das Datum des Ostersonntags. Auch der Muttertag, der regelmäßig auf den zweiten Sonntag im Mai fällt, ist von Ostern abhängig. Fällt der zweite Sonntag mit Pfingsten zusammen, ist der Muttertag eine Woche vorher.

```
' *** Rosenmontag ***
' 48 Tage vor Ostersonntag

hd = New Holiday("Rosenmontag", easterday.AddDays(-48))
Dictionary.Add(hd.Name, hd)

' *** Aschermittwoch ***
' 46 Tage vor Ostersonntag

hd = New Holiday("Aschermittwoch", easterday.AddDays(-46))
Dictionary.Add(hd.Name, hd)

' *** Karfreitag ***
' 2 Tage vor Ostersonntag

hd = New Holiday("Karfreitag", easterday.AddDays(-2))
Dictionary.Add(hd.Name, hd)

' *** Ostersonntag ***

hd = New Holiday("Ostersonntag", easterday)
Dictionary.Add(hd.Name, hd)

' *** Ostermontag ***
' 1 Tag nach Ostersonntag

hd = New Holiday("Ostermontag", easterday.AddDays(1))
Dictionary.Add(hd.Name, hd)

' *** Weißer Sontag ***
' 7 Tage nach Ostersonntag
```

Listing 39: Feiertage, die vom Osterdatum abhängen

```
hd = New Holiday("Weißer Sontag", easterday.AddDays(7))
Dictionary.Add(hd.Name, hd)

' *** Christi Himmelfahrt ***
' 39 Tage nach Ostersonntag

hd = New Holiday("Christi Himmelfahrt", easterday.AddDays(39))
Dictionary.Add(hd.Name, hd)

' *** Pfingstsonntag ***
' 49 Tage nach Ostersonntag

Dim pfingstsonntag As DateTime = easterday.AddDays(49)
hd = New Holiday("Pfingstsonntag", pfingstsonntag)
Dictionary.Add(hd.Name, hd)

' *** Pfingstmontag ***
' 50 Tage nach Ostersonntag

hd = New Holiday("Pfingstmontag", easterday.AddDays(50))
Dictionary.Add(hd.Name, hd)

' *** Muttertag ***
' 2. Sonntag im Mai, es sei denn, dass dann Pfingsten ist
' dann 1. Sonntag im Mai

' Wochentag des ersten Mai (0 = Montag)
wd = (New DateTime(year, 5, 1).DayOfWeek + 6) Mod 7

' Tage bis zum zweiten Sonntag
diff = 14 - wd

d = New DateTime(year, 5, diff)

' Bei Pfingstsonntag eine Woche abziehen
If d = pfingstsonntag Then d = d.AddDays(-7)

hd = New Holiday("Muttertag", d)
Dictionary.Add(hd.Name, hd)

' *** Fronleichnam ***
' 60 Tage nach Ostersonntag

hd = New Holiday("Fronleichnam", easterday.AddDays(60))
Dictionary.Add(hd.Name, hd)
```

Listing 39: Feiertage, die vom Osterdatum abhängen (Forts.)

Einige Feiertage im November und Dezember hängen vom Beginn des Kirchenjahres ab. Das Kirchenjahr beginnt am ersten Advent, dem vierten Sonntag vor dem Weihnachtstag (25.12.). Die in Listing 40 berechneten Feiertage liegen eine feste Anzahl von Tagen vor oder nach diesem Zeitpunkt.

```
' *** Beginn des Kirchenjahres ***
' 4. Sonntag vor dem 25. Dezember

d = New DateTime(year, 12, 25)
' Wochentag des 25. Dezember (0 = Montag)
wd = (d.DayOfWeek + 6) Mod 7

' Abstand zum vorausgegangenen Sonntag
diff = -wd - 1

beginnKirchenjahr = (d.AddDays(diff - 21))

' *** Buß- und Bettag ***
' Mittwoch vor dem letzten Sonntag des Kirchenjahres

hd = New Holiday("Buß- und Bettag", _
  beginnKirchenjahr.AddDays(-11))
Dictionary.Add(hd.Name, hd)

' *** 1. Advent ***
' Beginn des Kirchenjahres

hd = New Holiday("1. Advent", beginnKirchenjahr)
Dictionary.Add(hd.Name, hd)

' *** 2. Advent ***
' Beginn des Kirchenjahres + 1 Woche

hd = New Holiday("2. Advent", beginnKirchenjahr.AddDays(7))
Dictionary.Add(hd.Name, hd)

' *** 3. Advent ***
' Beginn des Kirchenjahres + 2 Wochen

hd = New Holiday("3. Advent", beginnKirchenjahr.AddDays(14))
Dictionary.Add(hd.Name, hd)

' *** 4. Advent ***
' Beginn des Kirchenjahres + 3 Wochen

hd = New Holiday("4. Advent", beginnKirchenjahr.AddDays(21))
Dictionary.Add(hd.Name, hd)
```

Listing 40: Feiertage, die vom Beginn des Kirchenjahres abhängen

Die dokumentierte Implementierung berücksichtigt nur die derzeit üblichen deutschen Feiertage, unabhängig davon, ob diese arbeitsfrei sind oder nicht. Sie können die Liste leicht für weitere Feiertage anderer Länder erweitern und die Klasse so auch für den internationalen Einsatz aufbereiten.

Ausgabe aller Feiertage eines Jahres

Das Durchlaufen der Liste genügt, um alle Feiertage eines Jahres behandeln zu können. Sie können die Formatierung des Ausgabetextes der ToString-Überschreibung der Klasse Holiday überlassen:

```
Dim hdc As New HolidayCollection(2006)
For Each hd As Holiday In hdc.Values
  Debug.WriteLine(hd)
Next
```

erzeugt folgende (unsortierte) Ausgabe:

```
Sonntag, 4. Juni 2006 (Pfingstsonntag)
Freitag, 6. Januar 2006 (Heilige 3 Könige)
Mittwoch, 1. März 2006 (Aschermittwoch)
Sonntag, 1. Januar 2006 (Neujahr)
Mittwoch, 22. November 2006 (Buß- und Bettag)
Donnerstag, 15. Juni 2006 (Fronleichnam)
Freitag, 14. April 2006 (Karfreitag)
Montag, 1. Mai 2006 (Tag der Arbeit)
Dienstag, 15. August 2006 (Maria Himmelfahrt)
Montag, 5. Juni 2006 (Pfingstmontag)
Sonntag, 14. Mai 2006 (Muttertag)
Sonntag, 23. April 2006 (Weißer Sonntag)
Sonntag, 16. April 2006 (Ostersonntag)
Sonntag, 10. Dezember 2006 (2. Advent)
Dienstag, 14. Februar 2006 (Valentinstag)
Sonntag, 24. Dezember 2006 (4. Advent)
Montag, 17. April 2006 (Ostermontag)
Sonntag, 17. Dezember 2006 (3. Advent)
Dienstag, 26. Dezember 2006 (2. Weihnachtsfeiertag)
Montag, 25. Dezember 2006 (1. Weihnachtsfeiertag)
Mittwoch, 1. November 2006 (Allerheiligen)
Montag, 27. Februar 2006 (Rosenmontag)
Dienstag, 31. Oktober 2006 (Reformationstag)
Sonntag, 24. Dezember 2006 (Heiligabend)
Dienstag, 3. Oktober 2006 (Tag der Deutschen Einheit)
Sonntag, 31. Dezember 2006 (Silvester)
Donnerstag, 25. Mai 2006 (Christi Himmelfahrt)
Sonntag, 3. Dezember 2006 (1. Advent)
```

Abfrage eines bestimmten Feiertags

Möchten Sie das Datum eines bestimmten Feiertags ermitteln, können Sie sich die Schlüsselliste zunutze machen. Über die Eigenschaft Item lässt sich gezielt das Datum des gesuchten Tages abfragen:

```
Dim hdc As New HolidayCollection(2006)
Dim hd As Holiday = hdc.Item("Ostermontag")
If hd Is Nothing Then
  Debug.WriteLine("Nicht vorhanden")
Else
  Debug.WriteLine(hd)
End If
```

ergibt die Ausgabe:

```
Montag, 21. April 2003 (Ostermontag)
```

Ein Nachteil im praktischen Einsatz könnte sein, dass die exakte Schreibweise der Feiertagsbe-
zeichnung entscheidend für die Suche ist. Bereits ein kleiner Schreibfehler verhindert, dass der
Schlüssel gefunden werden kann. Wenn Sie oft derartige Suchfunktionen benötigen, sollten
Sie zusätzlich eine Enumeration aufbauen, die jedem Feiertag eine eindeutige Zahl zuordnet.
Enumerationskonstanten können mithilfe der Auto-Vervollständigen-Funktionen des Visual
Studios sicherer eingegeben werden als nicht überprüfbare Zeichenketten.

Abfrage einer Liste von Feiertagen

Wollen Sie z.B. für ein bestimmtes Bundesland nur die Feiertage abfragen, die arbeitsfrei sind,
dann können Sie hierzu die Methode GetHolidayCollection aufrufen und ein String-Array mit
den Bezeichnungen der in Frage kommenden Feiertage übergeben. Für Nordrhein-Westfalen
könnte der Aufruf so aussehen:

```
Dim hdcAll As New HolidayCollection(2006)
Dim wanted() As String = {"Neujahr", "Christi Himmelfahrt", _
  "Karfreitag", "Ostermontag", "Tag der Arbeit", _
  "Pfingstmontag", "Fronleichnam", "Tag der Deutschen Einheit", _
  "Allerheiligen", "1. Weihnachtsfeiertag", _
  "2. Weihnachtsfeiertag"}

Dim hdcNRW As HolidayCollection = _
  hdcAll.GetHolidayCollection(wanted)

For Each hd As Holiday In hdcNRW.Values
  Debug.WriteLine(hd)
Next
```

Der Rückgabewert der Methode GetHolidayCollection ist wiederum vom Typ HolidayCollection, die Liste beschränkt sich jedoch auf die gesuchten Feiertage. Für den obigen Aufruf wird
folgendes Ergebnis ausgegeben:

```
Dienstag, 26. Dezember 2006 (2. Weihnachtsfeiertag)
Donnerstag, 25. Mai 2006 (Christi Himmelfahrt)
Montag, 25. Dezember 2006 (1. Weihnachtsfeiertag)
Montag, 1. Mai 2006 (Tag der Arbeit)
Montag, 17. April 2006 (Ostermontag)
Freitag, 14. April 2006 (Karfreitag)
Dienstag, 3. Oktober 2006 (Tag der Deutschen Einheit)
Mittwoch, 1. November 2006 (Allerheiligen)
Donnerstag, 15. Juni 2006 (Fronleichnam)
Montag, 5. Juni 2006 (Pfingstmontag)
Sonntag, 1. Januar 2006 (Neujahr)
```

Die Implementierung der Methode zeigt Listing 41. Das übergebene Array mit den Bezeichnungen der gesuchten Feiertage wird durchlaufen und jeder gefundene Feiertag einer neu
instanzierten Liste hinzugefügt.

```
Public Function GetHolidayCollection(ByVal holidays() As String) _
  As HolidayCollection
```

Listing 41: Zusammenstellen einer Liste bestimmter Feiertage

```
' Keine Suche, wenn die Liste leer ist
If holidays.Length <= 0 Then Return Nothing

' Neue leere Auflistung erstellen
Dim list As New HolidayCollection

' Jahr der Liste festlegen
list.CalendarYear = Me.Year

Dim hd As Holiday

' Suchliste (Array) durchlaufen
For Each hdname As String In holidays
  ' Feiertag suchen
  hd = Me.Item(hdname)

  ' und der neuen Liste hinzufügen
  list.Dictionary.Add(hd.Name, hd)
Next

Return list

End Function
```

Listing 41: Zusammenstellen einer Liste bestimmter Feiertage (Forts.)

Auch diese Liste ist unsortiert, da für die Values-Auflistung des Dictionary-Objektes keine Sortierung vorgesehen ist.

Liste als sortiertes Array ausgeben

Wird eine nach Datum sortierte Liste benötigt, dann kann die Methode ToArray (Listing 42) angewandt werden. Nach Dimensionierung des Arrays wird mittels CopyTo das Array mit den Werten des Dictionary-Objektes gefüllt. Array.Sort verwendet die IComparable-Implementierung der Klasse Holiday und sorgt so für eine Sortierung nach Datum.

```
Public Function ToArray() As Holiday()

  ' Array definieren
  Dim hda(Dictionary.Count - 1) As Holiday

  ' Werte kopieren
  Dictionary.Values.CopyTo(hda, 0)

  ' Nach Datum sortieren
  Array.Sort(hda)

  Return hda

End Function
```

Listing 42: Erzeugen eines sortierten Arrays mit den in der Liste enthaltenen Feiertagen

Für die Auflistung der Feiertage von Nordrhein-Westfalen lässt sich leicht eine nach Datum sortierte Liste ausgeben:

```
For Each hd As Holiday In hdcNRW.ToArray()
  Debug.WriteLine(hd)
Next
```

ergibt:

```
Sonntag, 1. Januar 2006 (Neujahr)
Freitag, 14. April 2006 (Karfreitag)
Montag, 17. April 2006 (Ostermontag)
Montag, 1. Mai 2006 (Tag der Arbeit)
Donnerstag, 25. Mai 2006 (Christi Himmelfahrt)
Montag, 5. Juni 2006 (Pfingstmontag)
Donnerstag, 15. Juni 2006 (Fronleichnam)
Dienstag, 3. Oktober 2006 (Tag der Deutschen Einheit)
Mittwoch, 1. November 2006 (Allerheiligen)
Montag, 25. Dezember 2006 (1. Weihnachtsfeiertag)
Dienstag, 26. Dezember 2006 (2. Weihnachtsfeiertag)
```

Abfrage, ob ein bestimmtes Datum ein Feiertag ist

GetHolidayByDate (Listing 43) steht Ihnen zur Verfügung, wenn Sie abfragen möchten, ob ein vorgegebenes Datum ein Feiertag ist. Hierzu wird die Liste der Feiertage durchlaufen und für jeden Eintrag überprüft, ob es sich um das Datum handelt. Wird das Datum gefunden, dann wird das zugehörige Holiday-Objekt zurückgegeben, ansonsten Nothing.

```
Public Function GetHolidayByDate(ByVal [Date] As DateTime) _
   As Holiday

   ' Liste durchsuchen und Datum vergleichen
   For Each hd As Holiday In Dictionary.Values
     If hd.Date = [Date] Then Return hd
   Next

   Return Nothing

End Function
```

Listing 43: Überprüfen, welcher Feiertag auf das angegebene Datum fällt

Array mit Datumsinformationen generieren

Sind nur die Tage, nicht jedoch die Bezeichnungen der Feiertage von Bedeutung, dann kann mithilfe der Methode GetHolidayDates ein Array vom Typ DateTime abgerufen werden (Listing 44). Eine praktische Anwendung sehen Sie im nächsten Rezept.

```
Public Function GetHolidayDates() As DateTime()

   ' Array definieren
   Dim dates(Me.Count - 1) As DateTime
```

Listing 44: Erstellen eines Arrays, das nur das jeweilige Datum der Feiertage enthält

```
' Liste durchlaufen und Array füllen
Dim i As Integer = 0
For Each hd As Holiday In Dictionary.Values
  dates(i) = hd.Date
  i += 1
Next

Return dates

End Function
```

Listing 44: Erstellen eines Arrays, das nur das jeweilige Datum der Feiertage enthält (Forts.)

44   Darstellung der Feiertage im Kalender-Steuerelement

> Die beschriebenen Klassen sind Bestandteil der Klassenbibliothek `DateTimeLib`. Sie finden sie dort unter `VBCodeBook.DateTimeLib`.

In Verbindung mit den oben beschriebenen Feiertagsberechnungen lässt sich schnell eine Klasse von `MonthCalendar` ableiten, die alle Feiertage fett darstellt und den Namen des Feiertags als ToolTip anzeigt, wenn der Anwender den Mauszeiger über dem betreffenden Tag positioniert. Die Klasse `MonthCalendar` bietet mit der Eigenschaft `BoldedDates` die Möglichkeit, bestimmte Tage im Monatskalender durch Fettschrift hervorzuheben. `BoldedDates` kann ein beliebiges Array vom Typ `DateTime` zugewiesen werden. Hier bietet sich der Einsatz der oben beschriebenen Methode `GetHolidayDates` der Klasse `HolidayCollection` an.

Da die Feiertagsliste immer nur für ein bestimmtes Jahr gültige Daten enthält, muss die Eigenschaft `BoldedDates` neu gesetzt werden, wenn sich in der Kalenderansicht das Jahr geändert hat. In `OnDateChanged` wird daher überwacht, ob der ausgewählte Monat in einem anderen Jahr liegt, und die Liste gegebenenfalls neu aufgebaut. Leider ist die Implementierung des `MonthCalendar`-Steuerelementes immer noch fehlerhaft. Wird die `BoldedDates`-Eigenschaft innerhalb des `Date-Changed`-Ereignisses neu gesetzt, beschäftigt sich das Steuerelement anschließend mit sich selbst und ändert im Sekundenrhythmus das angezeigte Datum. Eine Entkopplung mit einem Timer hilft als Workaround, zumindest, wenn das Datum über die Pfeiltasten geändert wird.

Im `MouseMove`-Ereignis wird mithilfe der Methode `HitTest` bestimmt, über welchem Kalendertag sich der Mauszeiger befindet. Ist der Tag ein Feiertag, wird der Name des Feiertags mit `Set-ToolTip` angezeigt, ansonsten mit der gleichen Methode gelöscht. In Listing 45 sehen Sie die Implementierung der von `MonthCalendar` abgeleiteten Klasse `HolidayCalendar`, Abbildung 12 zeigt das Steuerelement im Einsatz.

```
Public Class HolidayCalendar
  Inherits MonthCalendar
  ... ' Variablen für Steuerelemente
  ' Referenz der Feiertagsliste
  Dim Holidaylist As HolidayCollection

  Public Sub New()
    MyBase.New()
```

Listing 45: Erweiterung des MonthCalendar-Controls durch Ableitung

```
   InitializeComponent()

   ' Feiertagsliste anlegen
   Holidaylist = New HolidayCollection(Me.SelectionStart.Year)
   ' Feiertage markieren
   Me.BoldedDates = Holidaylist.GetHolidayDates()
End Sub

Private Sub InitializeComponent()
   ...
End Sub

Protected Overrides Sub OnMouseMove(ByVal e As _
   System.Windows.Forms.MouseEventArgs)

   ' Basisklassenmethode aufrufen
   MyBase.OnMouseMove(e)

   ' Datum an Mausposition ermitteln
   Dim d As DateTime = Me.HitTest(e.X, e.Y).Time

   ' Bei ungültigem Datum ToolTiptext löschen
   If d.Year < 1600 Then
     ToolTip1.SetToolTip(Me, "")
     Return
   End If

   ' Feiertag ermitteln
   Dim hd As Holiday = Holidaylist.GetHolidayByDate(d)
   If hd Is Nothing Then
     ' Wenn es keiner ist, ToolTiptext löschen
     ToolTip1.SetToolTip(Me, "")
   Else
     ' sonst den Namen des Feiertags als ToolTip anzeigen
     ToolTip1.SetToolTip(Me, hd.Name)
   End If

End Sub


Protected Overrides Sub OnDateChanged(ByVal drevent As _
   System.Windows.Forms.DateRangeEventArgs)

   ' Wenn das Jahr wechselt, Timer starten
   If drevent.Start.Year <> Holidaylist.Year Then
     Timer1.Enabled = True
   End If

End Sub

Private Sub Timer1_Tick(ByVal sender As System.Object, _
```

Listing 45: Erweiterung des MonthCalendar-Controls durch Ableitung (Forts.)

```
ByVal e As System.EventArgs) Handles Timer1.Tick

    ' Timer wieder stoppen
    Timer1.Enabled = False

    ' Neue Liste anlegen
    Holidaylist = New HolidayCollection(Me.SelectionStart.Year)

    ' Feiertage markieren
    Me.BoldedDates = Holidaylist.GetHolidayDates()

  End Sub
End Class
```

Listing 45: Erweiterung des MonthCalendar-Controls durch Ableitung (Forts.)

Abbildung 12: Feiertage werden fett dargestellt, über ein ToolTip-Fenster wird der Name angezeigt

45   Gregorianisches Datum in Julianische Tageszählung

Die Julianische Tageszählung ist vom Aufbau sehr einfach gehalten. Es werden die Tage und Tagesbruchteile gezählt, die nach dem 1. Januar 4713 v. Chr. 12:00 Uhr vergangen sind. Es gibt also keine Monate und Jahre, sondern nur einen Tageswert, der Tag für Tag um den Wert 1 wächst. Da es bis ins angehende 20. Jahrhundert noch immer Staaten gab und immer noch gibt, die den Gregorianischen Kalender nicht akzeptier(t)en, benötigten die Wissenschaftler einen Kalender, der möglichst global galt, einfach zu berechnen war und von allen Kalendersystemen berechnet werden konnte.

> Die beschriebenen Klassen sind Bestandteil der Klassenbibliothek `DateTimeLib`. Sie finden sie dort unter `VBCodeBook.DateTimeLib`.

Dieser wurde von Joseph Scalinger eingeführt, der diese Tageszählung nach seinem Vater Julius Scalinger benannte. Sie hat also nichts mit dem Julianischen Datum zu tun, welches nach Gaius Julius Caesar benannt ist! Scalinger hat das Jahr 4713 nicht willkürlich genommen: Es handelt sich um das Jahr, in dem die Zyklen der Indiktion, der goldenen Zahl und des Sonnenzyklus das letzte Mal zusammen die Zahl 1 besaßen. Dies geschieht alle 7980 Jahre. Für die üblichen Fälle handelt es sich also um einen Zeitraum, der gut überdeckend ist.

Möchte man größere (historische) Zeiträume betrachten, ist diese Tageszählung die alleinige Methode. Betriebssysteme moderner Computer haben noch immer ihr Problem mit langen

Zeiträumen. So können je nach Darstellung nur Zeiten ab 1600, ab 1972 oder sogar ab 1 dargestellt werden, aber nicht einheitlich. Hier hilft die Julianische Tageszählung.

```
Public Shared Function Greg2JD(ByVal InDate As DateTime) As Double
    Dim mYear As Integer
    Dim mMonth As Integer
    Dim mDay As Integer
    Dim mDayDec As Double
    Dim mHour As Integer
    Dim mHourDec As Double
    Dim mMinute As Integer
    Dim mMinuteDec As Double
    Dim mSecond As Integer
    Dim mSecondDec As Double
    Dim JD As Double
    Dim JulReform As DateTime = New DateTime(1582, 10, 15)
    Dim A As Integer
    Dim B As Integer
    Dim C As Integer
    Dim D As Integer

    mYear = InDate.Year
    mMonth = InDate.Month
    mDay = InDate.Day
    mHour = InDate.Hour
    mMinute = InDate.Minute
    mSecond = InDate.Second

    mHourDec = Convert.ToDouble(mHour) / 24.0
    mMinuteDec = Convert.ToDouble(mMinute) / _
        Convert.ToDouble(24 * 60)
    mSecondDec = Convert.ToDouble(mSecond) / _
        Convert.ToDouble(24 * 60 * 60)

    mDayDec = mDay + mHourDec + mMinuteDec + mSecondDec

    If ((mMonth = 1) Or (mMonth = 2)) Then
        mYear -= 1
        mMonth += 12
    End If

    A = System.Convert.ToInt32(mYear / 100)

    If InDate < JulReform Then
        B = 0
    Else
        B = 2 - A + System.Convert.ToInt32(A / 4)
    End If

    C = System.Convert.ToInt32(365.25 * _
        System.Convert.ToDouble(mYear + 4716))
```

Listing 46: Umrechnung Gregorianisch nach Julianisches Datum

```
D = System.Convert.ToInt32(30.60001 * _
    System.Convert.ToDouble((mMonth + 1)))
JD = B + C + D + mDayDec - 1524.5

Return JD
End Function
```

Listing 46: Umrechnung Gregorianisch nach Julianisches Datum (Forts.)

Aus dem der Funktion übergebenen Wert vom Typ `DateTime` werden die einzelnen Bestandteile einer Datumsangabe ermittelt und Stunden, Minuten, Sekunden und Sekundenbruchteile als dezimale Nachkommastellen zur Tageszahl addiert. Da der Februar eine Besonderheit hat, werden Januar und Februar zum Vorjahr gezählt. Dabei wird eine Monatszahl akzeptiert, die es in der üblichen Kalenderzählung nicht gibt. So wird aus dem 15.01.2006 der 15.13.2005.

Um festzustellen, ob das Jahr des zu berechnenden Datums ein Schaltjahr ist (teilbar durch 4), aber eine Ausnahme darstellt (teilbar durch 100), wird die Hilfsvariable A berechnet. Der letzte Fall einer solchen Ausnahme war das Jahr 2000. Vor der Kalenderreform galt eine andere Regelung für Schaltjahre. Dieser Umstand wird durch die Variable B abgebildet. Anschließend wird das Julianische Datum berechnet und dem aufrufenden Programm zurückgegeben.

Durch den Übergabeparameter vom Typ `DateTime` kann diese Funktion alle Datumswerte ab dem 01.01.0001 umrechnen. Will man Daten aus dem Zeitraum vor unserer Zeitrechnung in das Julianische Datum umrechnen, muss die Funktion umgebaut werden. Man kann zum Beispiel die einzelnen Datumsbestandteile der Funktion übergeben. Dieser Weg wurde hier nicht gewählt, da der Datentyp `DateTime` häufig Anwendung findet und die Zeit vor dem Jahr 1 eher selten auftritt.

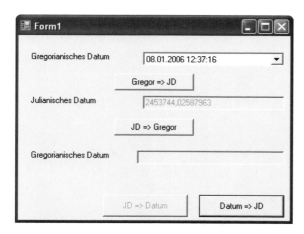

Abbildung 13: Gregorianischer Kalender nach Julianisches Datum

In Abbildung 13 finden Sie ein Beispiel für diese Umrechnung. Sie können sehen, wie groß diese Tageszahl ist, wenn man ein neueres Datum wählt. In diesem Testprogramm wählt man mit den Schaltflächen in der Mitte des Formulars die gewünschte Umrechnungsmethode. Entsprechend werden die Eingabefelder und die Schaltfläche zum Start der Umrechnung freigeschaltet.

46 Julianische Tageszählung in Gregorianisches Datum

Der entgegengesetzte Weg zu Listing 46 findet sich in Listing 47. Dieser Funktion wird das Julianische Datum (nicht zu verwechseln mit dem Julianischen Kalender) übergeben und es wird das Datum im Format DateTime zurückgeliefert. Dadurch ist diese Funktion auf Datumsangaben ab dem 01.01.0001 eingeschränkt.

```
Public Shared Function JD2Greg(ByVal InJD As Double) As DateTime
    Dim mYear As Integer
    Dim mMonth As Integer
    Dim mDay As Integer
    Dim mDayDec As Double
    Dim mHour As Integer
    Dim mHourDec As Double
    Dim mMinute As Integer
    Dim mMinuteDec As Double
    Dim mSecond As Integer
    Dim mSecondDec As Double
    Dim ReturnDate As DateTime
    Dim JD As Double
    Dim A As Integer
    Dim Alpha As Integer
    Dim B As Integer
    Dim C As Integer
    Dim D As Integer
    Dim E As Integer
    Dim Z As Integer
    Dim F As Double

    If InJD < 0 Then
        Dim ex As System.Exception = _
            New System.Exception("JD < 0 nicht berechenbar")
        Throw ex
    End If

    JD = InJD + 0.5
    Z = System.Convert.ToInt32(InJD)
    F = JD - Z

    If Z < 2299161 Then
        A = Z
    Else
        Alpha = System.Convert.ToInt32( _
            ((System.Convert.ToDouble(Z) - 1867216.25) / _
            36524.25) - 0.5)
        A = Z + 1 + Alpha - System.Convert.ToInt32( _
            System.Convert.ToDouble(Alpha / 4) - 0.5)
    End If

    B = A + 1524
    C = System.Convert.ToInt32( _
```

Listing 47: Umrechnung vom Julianischen Datum ins Gregorianische Datum

```
      (System.Convert.ToDouble(B) - 122.1) / 365.25 - 0.5)
   D = System.Convert.ToInt32( _
      365.25 * System.Convert.ToDouble(C) - 0.5)
   E = System.Convert.ToInt32( _
      System.Convert.ToDouble(B - D) / 30.60001 - 0.5)

   mDayDec = B - D - Fix(30.60001 * System.Convert.ToDouble(E)) + F
   mDay = System.Convert.ToInt32(mDayDec - 0.5)

   mHourDec = (mDayDec - mDay) * 24.0
   mHour = System.Convert.ToInt32(mHourDec - 0.5)

   mMinuteDec = (mHourDec - mHour) * 60.0
   mMinute = System.Convert.ToInt32(mMinuteDec - 0.5)

   mSecondDec = (mMinuteDec - mMinute) * 60.0
   mSecond = System.Convert.ToInt32(mSecondDec - 0.5)

   If E < 14 Then
      mMonth = E - 1
   Else
      mMonth = E - 13
   End If

   If mMonth > 2 Then
      mYear = C - 4716
   Else
      mYear = C - 4715
   End If

   ReturnDate = _
      New DateTime(mYear, mMonth, mDay, mHour, mMinute, mSecond)

   Return ReturnDate
End Function
```

Listing 47: Umrechnung vom Julianischen Datum ins Gregorianische Datum (Forts.)

In der Funktion wird zuerst geprüft, ob ein negatives Julianisches Datum übergeben wurde. Dies ist nicht definiert. Da das Julianische Datum mittags den Tageswechsel hat, wird ein halber Tag addiert und anschließend Tag und Bruchteil aufgesplittet. Um den Besonderheiten der Kalenderreform Rechnung zu tragen, wird der Zeitraum vor dem 15.10.1582 für die Hilfsvariable A gesondert betrachtet. Nach der Berechnung weiterer Hilfsvariablen werden die Tagesanteile berechnet. Sollte die Hilfsvariable E 14 oder 15 sein, handelt es sich um die Monate Januar oder Februar. Hierbei muss vom Monat der Wert 13 abgezogen und zusätzlich das Jahr korrigiert werden.

Um zwischen den Datentypen Double und Integer hin- und herzukonvertieren, wird ausgiebig von den Methoden der Klasse System.Convert Gebrauch gemacht.

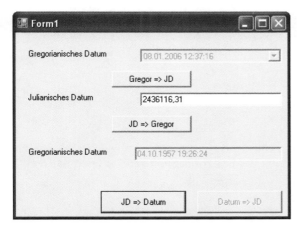

Abbildung 14: Julianisches Datum nach Gregorianisches Datum

47   Datum und Uhrzeit im ISO 8601-Format ausgeben und einlesen

Für die Ausgabe der Zeit als Ortszeit ohne UTC-Offset stellt die Struktur DateTime bereits ein passendes Standardmuster (Formatzeichen s) zur Verfügung:

```
Debug.WriteLine(DateTime.Now.ToString("s"))
```

gibt die aktuelle Zeit im ISO-Format aus

```
2003-10-22T12:57:09
```

Benötigen Sie eine eindeutige Zeitangabe mit Angabe der Zeitverschiebung zu UTC, dann müssen Sie das Formatmuster selbst zusammensetzen. Für die Zeitverschiebung wird das Formatmuster z benötigt:

```
Debug.WriteLine(DateTime.Now.ToString("yyyy-MM-ddTHH:mm:sszzzz"))
```

ergibt:

```
2003-10-22T13:02:34+02:00
```

Sommer- und Winterzeiteinstellungen werden berücksichtigt. Die folgende Schleife gibt die Zeitinformation im ISO-Format für einige Tage um den Tag der Umschaltung in die Winterzeit aus:

```
For i As Integer = 23 To 27
  Dim d As New DateTime(2003, 10, i, 12, 30, 0)
  Debug.WriteLine(d.ToString("yyyy-MM-ddTHH:mm:sszzzz"))
Next
```

und erzeugt folgende Ausgabe:

```
2003-10-23T12:30:00+02:00
2003-10-24T12:30:00+02:00
2003-10-25T12:30:00+02:00
2003-10-26T12:30:00+01:00
2003-10-27T12:30:00+01:00
```

Die Ausgabe zeigt jeweils den Zeitpunkt 12:30 Uhr, wobei bis zum 25.10. die Lokalzeit der UTC-Zeit um zwei Stunden vorauseilt.

Auch Sekundenbruchteile können ausgegeben werden. Hierzu wird das Formatmuster f eingesetzt:

```
DateTime.Now.ToString("yyyy-MM-ddTHH:mm:ss.fffzzzz")
```

Dieser Code erzeugt einen String in dieser Form:

```
2003-10-22T13:11:27.103+02:00
```

Um eine Zeitangabe im ISO 8601-Format in eine DateTime-Struktur umzuwandeln, genügt ein Aufruf von DateTime.Parse. Die Methode kennt das ISO-Format und kann es interpretieren:

```
Dim t As String = DateTime.Now.ToString("yyyy-MM-ddTHH:mm:sszzzz")
Dim d As DateTime = DateTime.Parse(t)
Debug.WriteLine(t)
Debug.WriteLine(d)
```

Der Code formatiert die aktuelle Zeit im ISO-Format und wandelt sie anschließend wieder in eine DateTime-Struktur um. Folgende Ausgabe wird generiert:

```
2003-10-22T13:32:55+02:00
22.10.2003 13:32:55
```

Bei der Interpretation des ISO-Formates geht DateTime.Parse wie folgt vor:

▶ Fehlt der Offset zu UTC, dann wird die Zeit 1:1 als Lokalzeit interpretiert

▶ Ist ein Offset zu UTC angegeben, dann wird dieser berücksichtigt, um die Standardzeit zu ermitteln. Diese Zeit wird dann auf die Zeitzone des Betriebssystems umgerechnet.

Die nach Aufruf von DateTime.Parse erhaltene Zeit ist also immer die Lokalzeit des Rechners. Wenn Sie die Zeitangabe in Standardzeit benötigen, müssen Sie anschließend die Konvertierungsmethode ToUniversalTime aufrufen.

Anwendungen

Im Bereich der Anwendungskonfiguration, der Ressourcen und der Anwendungssteuerung hat sich vieles verändert. Dieses Kapitel wurde daher vollständig neu aufgebaut. Aber keine Angst – die im alten Codebook beschriebenen Vorgehensweisen für Konfigurationsdateien funktionieren noch immer. Bestehender Code muss nicht geändert werden.

Die Änderungen bezüglich der Verwaltung der Konfigurationsdaten ziehen sich durchs Framework wie auch durch Visual Studio. Etliche neue Klassen erlauben gezielte Zugriffe auf Konfigurationsdateien und ermöglichen inzwischen auch das Speichern benutzerspezifischer Daten durch die Anwendung. Die Entwicklungsumgebung wurde durch Assistenten und Automatismen erweitert, die viele der üblichen Anwendungsfälle abdecken und erheblich vereinfachen.

48   Anwendungskonfiguration mit Visual Studio erstellen

Mithilfe des Designers lassen sich zwei Arten von Konfigurationsdaten erstellen: anwendungsspezifische und benutzerspezifische. Erstere gehören zur Anwendung und werden als XML-Datei im Exe-Verzeichnis der Anwendung gespeichert. Sie sollten zur Laufzeit des Programms möglichst nicht verändert werden und dienen in keinem Fall zum Speichern benutzerspezifischer Daten. Oft besitzt die gestartete Anwendung auch keine ausreichenden Rechte, um Änderungen an der Anwendungskonfigurationsdatei vornehmen zu können. Meist sind es statische Informationen, die nur selten geändert werden müssen.

Die benutzerspezifischen Konfigurationsdaten werden hingegen in privaten Verzeichnissen des angemeldeten Benutzers als XML-Datei gespeichert. Sie liegen meist in einem Verzeichnis wie *C:\Dokumente und Einstellungen\Benutzername\Lokale Einstellungen\Anwendungsdaten\ Firmenname\Anwendungsname\1.0.0.0*. Die Tatsache, dass der Firmenname standardmäßig Bestandteil des Pfads ist, legt nahe, diesen in der Anwendung auch korrekt anzugeben. Wie in Abbildung 15 gezeigt, kann das über die Projekteigenschaften, Kartenreiter Anwendung, Schaltfläche Assemblyinformationen vorgenommen werden.

Allerdings wird der Firmenname nur bis zu einer bestimmten Länge berücksichtigt. Der in der Abbildung gezeigte Name wird nach ca. 25 Zeichen abgebrochen. Dies sollten Sie bei Ihren Anwendungen berücksichtigen.

Auch die Definition der Konfigurationsdaten ist einfacher geworden. Sie müssen nicht mehr von Hand eine App.config-Datei anlegen, sondern benutzen ebenfalls die Anwendungskonfiguration zur Eingabe von Daten (Kartenreiter Einstellungen) (siehe Abbildung 16). Alternativ können Sie die Anwendungseinstellungen auch über den Eintrag *Settings.settings* im Projektmappen-Explorer erreichen. In der ersten Spalte geben Sie den Namen einer Konfigurationseigenschaft vor, in der zweiten Spalte wählen Sie den Typ. Dabei haben Sie Zugriff auf eine Vielfalt von Datentypen des Frameworks und sind nicht auf Zeichenketten beschränkt. Wie im Bild gezeigt können auch Enumerationen oder Strukturen wie Point und Size verwendet werden.

In der Spalte Bereich können Sie wählen, ob die Eigenschaft anwendungs- oder benutzerspezifisch sein soll, und in der letzten Spalte geben Sie den Standardwert für die Eigenschaft vor. Die Werteingabe erfolgt als Text und muss daher so aufgebaut sein, dass der zugeordnete Datentyp diesen Text auch interpretieren kann. Die Syntax ist typabhängig und folgt der Darstellung entsprechender Werte im Eigenschaftsfenster (PropertyGrid).

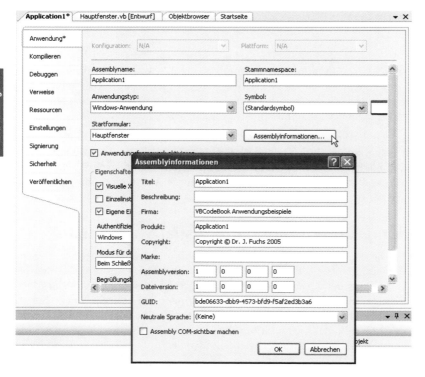

Abbildung 15: Der Firmenname spielt bei der Ablage benutzerspezifischer
Konfigurationsdaten eine wichtige Rolle

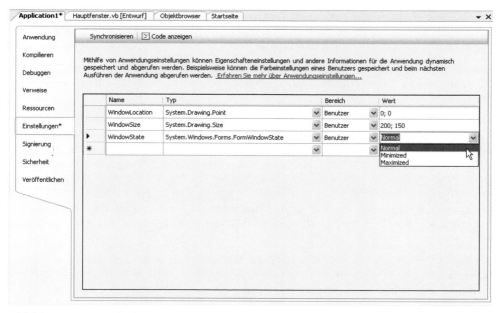

Abbildung 16: Eingabe benutzerspezifischer Daten und Auswahl des Datentyps

Für anwendungsspezifische Eigenschaften wählen Sie den entsprechenden Eintrag in der Spalte Bereich (Abbildung 17).

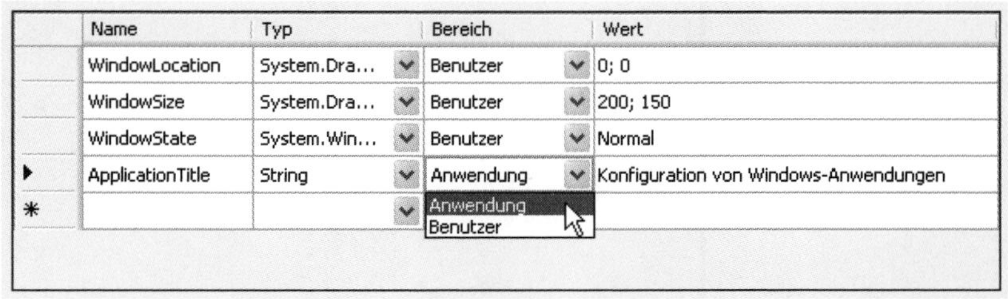

	Name	Typ		Bereich		Wert
	WindowLocation	System.Dra...	⌄	Benutzer	⌄	0; 0
	WindowSize	System.Dra...	⌄	Benutzer	⌄	200; 150
	WindowState	System.Win...	⌄	Benutzer	⌄	Normal
▶	ApplicationTitle	String	⌄	Anwendung	⌄	Konfiguration von Windows-Anwendungen
∗			⌄	Anwendung		
				Benutzer		

Abbildung 17: Auch statische, schreibgeschützte Anwendungseigenschaften lassen sich anlegen

Aus den Eingaben im Tabellenfenster generiert der Designer automatisch eine Konfigurationsdatei wie in Listing 48 gezeigt. Sie wird als *App.config* dem Projekt hinzugefügt und beim Start der Anwendung in das Binärverzeichnis unter dem Namen *Anwendungsname.exe.config* kopiert. Im Element `configSections` werden alle Konfigurationsgruppen deklariert. Hierzu gehören im vorliegenden Fall `userSettings` und `applicationSettings`. Für beide Gruppen gibt es weiter unten einen Datenteil, in dem Sie die eingegebenen Eigenschaften und ihre Werte wieder finden.

```xml
<?xml version="1.0" encoding="utf-8" ?>
<configuration>
  <configSections>
    <sectionGroup name="userSettings"
      type="System.Configuration.UserSettingsGroup,
      System, Version=2.0.0.0, Culture=neutral,
      PublicKeyToken=b77a5c561934e089" >
        <section name="Application1.My.MySettings"
          type="System.Configuration.ClientSettingsSection,
          System, Version=2.0.0.0, Culture=neutral,
          PublicKeyToken=b77a5c561934e089"
          allowExeDefinition="MachineToLocalUser"
          requirePermission="false" />
    </sectionGroup>
    <sectionGroup name="applicationSettings"
      type="System.Configuration.ApplicationSettingsGroup,
      System, Version=2.0.0.0, Culture=neutral,
      PublicKeyToken=b77a5c561934e089" >
        <section name="Application1.My.MySettings"
          type="System.Configuration.ClientSettingsSection,
          System, Version=2.0.0.0, Culture=neutral,
          PublicKeyToken=b77a5c561934e089"
          requirePermission="false" />
    </sectionGroup>
  </configSections>

  <system.diagnostics>
```

Listing 48: Vom Designer generierte XML-Datei app.config

```
      ...
    </system.diagnostics>

    <userSettings>
      <Application1.My.MySettings>
        <setting name="WindowLocation" serializeAs="String">
          <value>0, 0</value>
        </setting>
        <setting name="WindowSize" serializeAs="String">
          <value>200, 150</value>
        </setting>
        <setting name="WindowState" serializeAs="String">
          <value>Normal</value>
        </setting>
      </Application1.My.MySettings>
    </userSettings>

    <applicationSettings>
      <Application1.My.MySettings>
        <setting name="ApplicationTitle" serializeAs="String">
          <value>Konfiguration von Windows-Anwendungen</value>
        </setting>
      </Application1.My.MySettings>
    </applicationSettings>
  </configuration>
```

Listing 48: Vom Designer generierte XML-Datei app.config (Forts.)

Visual Studio 2005 belässt es aber nicht beim Erstellen der XML-Datei, sondern geht noch einen Schritt weiter. Dem Projekt wird unterhalb von *Settings.settings* die Code-Datei *Settings.Designer.vb* hinzugefügt (Listing 49). Diese Datei enthält Klassendefinitionen für die von Ihnen vorgegebenen Eigenschaften. Für jede Eigenschaft, die über die Tabelle für die Anwendungseinstellungen definiert worden ist, wird eine Property angelegt. Benutzerspezifische Eigenschaften können gelesen und geschrieben werden, anwendungsspezifische sind hingegen schreibgeschützt.

Über Attribute werden die Property-Definitionen den verschiedenen Bereichen zugeordnet (UserScopedSettingAttribute bzw. ApplicationScopedSettingAttribute). Die Initialwerte werden über das Attribut DefaultSettingValueAttribute festgelegt.

```
Namespace My

  <Global.System.Runtime.CompilerServices...> _
  Partial Friend NotInheritable Class MySettings
    Inherits Global.System.Configuration.ApplicationSettingsBase

    Private Shared defaultInstance As MySettings = _
      CType(Global.System.Configuration.ApplicationSettingsBase. _
      Synchronized(New MySettings), MySettings)
```

Listing 49: Vom Designer automatisch generierter Code zur typsicheren Einbindung der Konfigurationsdaten

```vbnet
#Region "Funktion zum automatischen Speichern von My.Settings"
...
#End Region

    Public Shared ReadOnly Property [Default]() As MySettings
      Get

#If _MyType = "WindowsForms" Then
        If Not addedHandler Then
          SyncLock addedHandlerLockObject
            If Not addedHandler Then
              AddHandler My.Application.Shutdown, _
                AddressOf AutoSaveSettings
              addedHandler = True
            End If
          End SyncLock
        End If
#End If
        Return defaultInstance
      End Get
    End Property

    <Global.System.Configuration.UserScopedSettingAttribute(), _
     Global.System.Diagnostics.DebuggerNonUserCodeAttribute(), _
     Global.System.Configuration. _
      DefaultSettingValueAttribute("0, 0")> _
    Public Property WindowLocation() As _
      Global.System.Drawing.Point
      Get
        Return CType(Me("WindowLocation"), _
          Global.System.Drawing.Point)
      End Get
      Set(ByVal value As Global.System.Drawing.Point)
        Me("WindowLocation") = Value
      End Set
    End Property

    <Global.System.Configuration.UserScopedSettingAttribute(), _
     Global.System.Diagnostics.DebuggerNonUserCodeAttribute(), _
     Global.System.Configuration. _
      DefaultSettingValueAttribute("200, 150")> _
    Public Property WindowSize() As Global.System.Drawing.Size
      Get
        Return CType(Me("WindowSize"), Global.System.Drawing.Size)
      End Get
      Set(ByVal value As Global.System.Drawing.Size)
        Me("WindowSize") = Value
      End Set
    End Property
```

Listing 49: Vom Designer automatisch generierter Code zur typsicheren Einbindung der Konfigurationsdaten (Forts.)

Anwendungen

```vbnet
    <Global.System.Configuration.UserScopedSettingAttribute(), _
     Global.System.Diagnostics.DebuggerNonUserCodeAttribute(), _
     Global.System.Configuration. _
       DefaultSettingValueAttribute("Normal")> _
    Public Property WindowState() As _
      Global.System.Windows.Forms.FormWindowState
      Get
        Return CType(Me("WindowState"), _
          Global.System.Windows.Forms.FormWindowState)
      End Get
      Set(ByVal value As _
        Global.System.Windows.Forms.FormWindowState)
        Me("WindowState") = Value
      End Set
    End Property

    <Global.System.Configuration. _
     ApplicationScopedSettingAttribute(), _
     Global.System.Diagnostics.DebuggerNonUserCodeAttribute(), _
     Global.System.Configuration.DefaultSettingValueAttribute _
       ("Konfiguration von Windows-Anwendungen")> _
    Public ReadOnly Property ApplicationTitle() As String
      Get
        Return CType(Me("ApplicationTitle"), String)
      End Get
    End Property
  End Class
End Namespace

Namespace My

  <Global.Microsoft.VisualBasic.HideModuleNameAttribute(), _
   Global.System.Diagnostics.DebuggerNonUserCodeAttribute(), _
   Global.System.Runtime.CompilerServices. _
     CompilerGeneratedAttribute()> _
  Friend Module MySettingsProperty

    <Global.System.ComponentModel.Design.HelpKeywordAttribute _
      ("My.Settings")> _
    Friend ReadOnly Property Settings() As _
      Global.Application1.My.MySettings
      Get
        Return Global.Application1.My.MySettings.Default
      End Get
    End Property
  End Module
End Namespace
```

Listing 49: Vom Designer automatisch generierter Code zur typsicheren Einbindung der Konfigurationsdaten (Forts.)

Visual Basic 2005 ordnet die Klasse dem Namensraum `My` zu. Über `My.Settings` haben Sie somit direkten Zugriff auf alle Konfigurationsdaten. In Listing 50 sehen Sie ein kleines Anwendungsbeispiel, das die Konfigurationsdaten im `Load`-Ereignis des Fensters einliest und nutzt und beim Schließen des Fensters wieder abspeichert.

```
Private Sub Hauptfenster_Load(...) Handles MyBase.Load
  Me.Location = My.Settings.WindowLocation
  Me.Size = My.Settings.WindowSize
  Me.WindowState = My.Settings.WindowState
  Me.Text = My.Settings.ApplicationTitle


  ToolStripStatusLabel1.Text = "Initiale Fenstergröße: " & _
    My.Settings.WindowSize.ToString() & ", Position: " & _
    My.Settings.WindowLocation.ToString() & ", State: " & _
    My.Settings.WindowState

End Sub

Protected Overrides Sub OnClosing(...)
  If Me.WindowState = FormWindowState.Normal Then
    My.Settings.WindowLocation = Me.Location
    My.Settings.WindowSize = Me.Size
  End If
  My.Settings.WindowState = Me.WindowState

  My.Settings.Save()

  MyBase.OnClosing(e)
End Sub
```

Listing 50: Konfigurationsdaten lesen und speichern

`My.Settings.Save()` führt zum Speichern der benutzerspezifischen Eigenschaften im privaten Verzeichnis des angemeldeten Benutzers. Der tatsächliche Ablageort hängt davon ab, ob die Anwendung über die Entwicklungsumgebung gestartet wurde oder auf anderem Weg. Überprüfen Sie im Einzelfall selbst, welche Verzeichnisse unter *C:\Dokumente und Einstellungen\ Benutzername\Lokale Einstellungen\Anwendungsdaten\Firmenname* angelegt worden sind.

Allerdings wird nur dann eine Datei angelegt, wenn die Eigenschaften von den Initialwerten der Anwendungskonfigurationsdatei abweichen. Listing 51 zeigt einen möglichen Aufbau der benutzerspezifischen Datei *user.config*, Abbildung 18 das Fenster der Beispielanwendung.

```
<?xml version="1.0" encoding="utf-8"?>
<configuration>
  <userSettings>
    <Application1.My.MySettings>
      <setting name="WindowLocation" serializeAs="String">
        <value>117, 322</value>
      </setting>
```

Listing 51: In der Datei user.config werden die benutzerspezifischen Daten gespeichert.

```
      <setting name="WindowSize" serializeAs="String">
        <value>511, 154</value>
      </setting>
      <setting name="WindowState" serializeAs="String">
        <value>Normal</value>
      </setting>
    </Application1.My.MySettings>
  </userSettings>
</configuration>
```

Listing 51: In der Datei user.config werden die benutzerspezifischen Daten gespeichert. (Forts.)

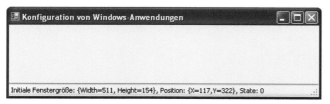

Abbildung 18: Die gespeicherten Fensterdaten werden beim Start der Anwendung berücksichtigt und Änderungen beim Schließen wieder gespeichert

49 Konfiguration für Datenbankverbindung speichern (mit und ohne Verschlüsselung)

Auch die Connectionstrings für Datenbankzugriffe können über den Designer in der Konfigurationsdatei eingetragen werden. Als Datentyp wird hierzu (Verbindungszeichenfolge) gewählt (Abbildung 19). Über die Schaltfläche in der Wert-Spalte lässt sich dann der bekannte Verbindungsassistent für Datenbanken aufrufen. Der erzeugte Verbindungs-String lässt sich dann über My.Settings im Programm abrufen.

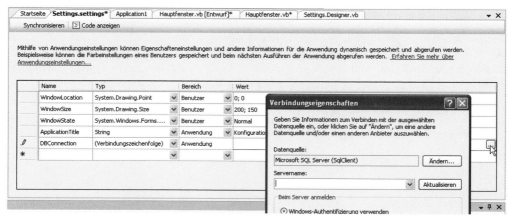

Abbildung 19: Connectionstring für Datenbankzugriffe festlegen

In der Konfigurationsdatei wird eine eigene Sektion für Verbindungs-Strings angelegt (Listing 52). Für jede Verbindung wird ein Eintrag vorgenommen. Natürlich werden die Strings im Klartext gespeichert.

```
<connectionStrings>
  <add name="Application1.My.MySettings.DBConnection"
      connectionString="Data Source=P4B;Initial Catalog=Pubs;
         Integrated Security=True"
      providerName="System.Data.SqlClient" />
</connectionStrings>
```

Listing 52: Datenbank-Connectionstring in der Konfigurationsdatei

Daten verschlüsseln

Während bei einer *web.config*-Datei die enthaltenen Daten dem normalen Anwender ohnehin nicht zugänglich sind, da der Server die Datei nicht zum Browser schickt, kann ein Verbindungs-String im Klartext für eine Windows-Anwendung ein Sicherheitsrisiko bedeuten. Dann macht es unter Umständen Sinn, die Sektion zu verschlüsseln.

Und auch dafür stellt das neue Framework Methoden bereit. Listing 53 zeigt, wie alle Daten der betreffenden Sektion der Konfigurationsdatei verschlüsselt werden können. Der veränderte Bereich der Konfigurationsdatei ist in Listing 54 zu sehen. In der Beispielanwendung wird der Connectionstring beim Start gelesen und auf einem Label angezeigt. Über zwei Schaltflächen kann der Bereich der Konfigurationsdatei ver- und entschlüsselt werden. Den Code für die Entschlüsselung zeigt Listing 55, das fertige Ergebnis Abbildung 20.

```
' Konfigurationsdatei mit dem ConfigurationManager öffnen
Dim config As Configuration = _
  ConfigurationManager.OpenExeConfiguration( _
    ConfigurationUserLevel.None)

' Zugriff auf die Sektion mit den Connectionstring
Dim cs As ConnectionStringsSection = config.ConnectionStrings

' Verschlüsseln
cs.SectionInformation.ProtectSection( _
  "DataProtectionConfigurationProvider")

' Konfiguration speichern
config.Save()
```

Listing 53: Verschlüsseln der Verbindungs-Strings in der Konfigurationsdatei

```
<connectionStrings configProtectionProvider="DataProtectionConfigurationProvider">
  <EncryptedData>
    <CipherData>
      <CipherValue>AQAAANCMnd8BFd4jvKQi ... </CipherValue>
    </CipherData>
  </EncryptedData>
</connectionStrings>
```

Listing 54: Die Verbindungsdaten sind nun vor aufdringlichen Blicken geschützt.

```
' Konfigurationsdatei mit dem ConfigurationManager öffnen
Dim config As Configuration = _
  ConfigurationManager.OpenExeConfiguration( _
    ConfigurationUserLevel.None)

' Zugriff auf die Sektion mit den Connectionstring
Dim cs As ConnectionStringsSection = config.ConnectionStrings

' Nur, wenn bereits eine Verschlüsselung besteht
If cs.SectionInformation.IsProtected Then

  ' Entschlüsseln
  cs.SectionInformation.UnprotectSection()

  ' Konfiguration speichern
  config.Save()
End If
```

Listing 55: Entschlüsseln der verschlüsselten Sektion

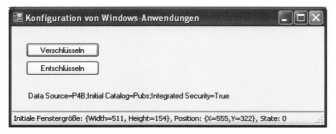

Abbildung 20: Beispielanwendung zum Ver- und Entschlüsseln von Connectionstrings

> **Hinweis**
>
> Zum Testen der Beispielanwendung starten Sie diese am besten über den Explorer und nicht im Debug-Modus. Denn sonst kopiert die Entwicklungsumgebung nach Programmende die Konfigurationsdateien wieder um, so dass die vorgenommenen Änderungen verloren gehen. Beachten Sie ferner, dass die Entwicklungsumgebung zwei *.config*-Dateien im Binärverzeichnis anlegt, von der die eine für Debug-Zwecke benutzt wird.
>
> Die Anwendung muss über ausreichende Rechte verfügen, um die Konfigurationsdatei ändern zu können.

Möglich sind die oben beschriebenen Aktionen dank der Klasse ConfigurationManager. Sie stellt im Framework 2.0 den zentralen Zugang zu den Konfigurationsdateien bereit. Die vom Designer generierten Klassen helfen hier nicht weiter. Zudem kann der vom Designer generierte Code keine Änderung in der Sektion der Anwendungsdaten vornehmen. Über den ConfigurationManager ist das möglich, sofern die Anwendung über ausreichende Rechte verfügt.

> **Hinweis**
>
> Für die Nutzung der Klasse ConfigurationManager muss dem Projekt ein Verweis auf die Bibliothek *System.configuration.dll* hinzugefügt werden.

50   Zusätzliche Sektionen in der Konfigurationsdatei einrichten

Die Klasse ConfigurationManager ist der Schlüssel für jede Art von Zugriffen auf die Konfigurationsdateien. Sie bietet zahlreiche Methoden zum Öffnen und Speichern der Dateien sowie für den Umgang mit den einzelnen Sektionen. Die Methode GetSection beispielsweise öffnet eine Sektion und stellt ein Objekt zur Verfügung, über das auf die Daten zugegriffen werden kann. Der Typ dieses Objektes hängt von den Deklarationen innerhalb der Konfigurationsdatei ab. Auch eigene Typen lassen sich realisieren.

Jede Sektion muss in der Konfigurationsdatei im Element configSections deklariert werden. Für eine Sektion müssen der Name und der Typ des Section-Handlers festgelegt werden. Im Beispiel in Listing 56 wird die Sektion BookSection deklariert und der Typ Application2.BookInfo für den Handler festgelegt.

```
<configuration>
    <configSections>
      ...
      <section name="BookSection"
               type="Application2.BookInfo, Application2"/>
    </configSections>

  ...

  <BookSection Title="VB-Codebook" Publisher="Addison Wesley"/>

</configuration>
```

Listing 56: Beispiel für eine selbst definierte Sektion

Der Aufruf von ConfigurationManager.GetSection führt dann zur Instanzierung des angegebenen Typs. Im vorliegenden Beispiel wird eine zusätzliche Klasse bereitgestellt, die die Informationen dieser Sektion auswerten kann (Klasse BookInfo, Listing 57). Für die beiden Eigenschaften werden zwei öffentliche Properties implementiert. Sie werden mit einem String-Validator-Attribut versehen, um mögliche Konfigurationsfehler zu erkennen. Intern arbeiten sie mit dem Indexer der Basisklasse ConfigurationSection. Über den Namen der Eigenschaft als Index kann lesend und schreibend auf den Wert zugegriffen werden.

Damit das Objekt weiß, welche Eigenschaften mit welchem Typ umzusetzen sind, erfolgt im Konstruktor eine Deklaration dieser Eigenschaften. Der Properties-Auflistung werden Instanzen der Klasse ConfigurationProperty hinzugefügt, die die benötigten Informationen beinhalten.

```
Imports System.Configuration
Public Class BookInfo
  Inherits System.Configuration.ConfigurationSection

  Public Sub New()

    ' Eigenschaft Title hinzufügen
    Dim propTitle As New _
```

Listing 57: Ein Handler für eine eigene Sektion der Konfigurationsdatei

```
      ConfigurationProperty("Title", GetType(String))
    Me.Properties.Add(propTitle)

    ' Eigenschaft Publisher hinzufügen
    Dim propPublisher As New _
      ConfigurationProperty("Publisher", GetType(String))
    Me.Properties.Add(propPublisher)

  End Sub

  ' Eigenschaft Title
  <StringValidator( _
  MinLength:=1, MaxLength:=50)> _
  Public Property Title() As String
    Get
      Return CStr(Me("Title"))
    End Get
    Set(ByVal value As String)
      Me("Title") = value
    End Set
  End Property

  ' Eigenschaft Publisher
  <StringValidator( _
  InvalidCharacters:=" !@$&;", _
  MinLength:=1, MaxLength:=100)> _
  Public Property Publisher() As String
    Get
      Return CStr(Me("Publisher"))
    End Get
    Set(ByVal value As String)
      Me("Publisher") = value
    End Set
  End Property

End Class
```

Listing 57: Ein Handler für eine eigene Sektion der Konfigurationsdatei (Forts.)

Im `Load`-Ereignis der Beispielanwendung wird mittels `GetSection` die Klasse `BookInfo` instanziert und die Sektion geladen. Die gespeicherten Werte lassen sich dann über die bereitgestellten Eigenschaften lesen. Abbildung 21 zeigt das Fenster des Beispielprogramms, Listing 58 die Implementierung.

```
' Sektion lesen
Dim bi As BookInfo = CType( _
  ConfigurationManager.GetSection("BookSection"), BookInfo)

' Werte abrufen
Label1.Text = bi.Title
```

Listing 58: Laden der zusätzlichen Sektion

```
Label2.Text = bi.Publisher

' Wert aus My.Settings lesen
Me.Text = My.Settings.Applicationname
```

Listing 58: Laden der zusätzlichen Sektion (Forts.)

Abbildung 21: Informationen aus eigenen Sektionen lesen

> **Achtung**
>
> Beachten Sie bitte, dass in Konfigurationsdateien zwischen Groß- und Kleinschrift unterschieden wird. Alle Tag- und Attributnamen müssen korrekt geschrieben werden, damit die beschriebene Vorgehensweise zum Erfolg führt.

Die Möglichkeiten für eigene Sektionen sind vielfältig und können hier nicht vollständig dargestellt werden. Eine Reihe von Klassen des Frameworks können direkt benutzt werden oder als Basisklasse eigener Klassen dienen, die um zusätzliche Funktionalität erweitert werden. Die im Beispiel verwendete Basisklasse `ConfigurationSection` bietet zahlreiche überschreibbare Methoden wie `DeserializeElement` oder `DeserializeSection`, in denen Einfluss auf die Umsetzung in die XML-Struktur genommen werden kann. Klassen wie `SingleTagSectionHandler`, `DictionarySectionHandler`, `NameValueCollectionHandler` oder `IgnoreSectionHandler` können direkt eingesetzt werden.

51 Lesen der Konfigurationsdatei machine.config

Auch auf andere Konfigurationsdateien kann leicht zugegriffen werden. So erlaubt der `ConfigurationManager` direkt das Öffnen der zentralen Konfigurationsdatei *machine.config* mithilfe der Methode `OpenMachineConfiguration`. Über die Eigenschaft `Sections` lassen sich dann alle Sektionen abrufen bzw. über `GetSection` eine bestimmte Sektion laden.

Listing 59 zeigt ein Beispiel, bei dem die Namen aller Sektionen in einer ListBox aufgeführt werden und alle definierten Datenbankverbindungen gelesen und in einer Tabelle dargestellt werden. Das Ergebnis ist in Abbildung 22 zu sehen.

```
' Öffnen der machine.config-Datei
Dim config As Configuration = _
   ConfigurationManager.OpenMachineConfiguration()

' Alle Sektionen durchlaufen und Namen ausgeben
For Each section As ConfigurationSection In config.Sections
```

Listing 59: Lesen von Informationen aus machine.config

```
    ListBox1.Items.Add(section.SectionInformation.Name)
Next

' Connectionstring-Sektion ermitteln
Dim csc As ConnectionStringsSection = CType(config.GetSection _
  ("connectionStrings"), ConnectionStringsSection)

' Auflistung der Connectionstrings durchlaufen
For Each connStrSetting As ConnectionStringSettings _
  In csc.ConnectionStrings

  ' Name des Connectionstrings
  Dim lvi As ListViewItem = _
    ListView1.Items.Add(connStrSetting.Name)

  ' Datenbank-Provider
  lvi.SubItems.Add(connStrSetting.ProviderName)

  ' Verbindungs-String
  lvi.SubItems.Add(connStrSetting.ConnectionString)

Next
```

Listing 59: Lesen von Informationen aus machine.config (Forts.)

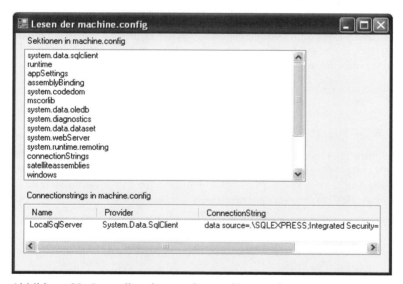

Abbildung 22: Darstellen der aus der machine.config gelesenen Daten

52 Neue Anwendungseinstellungen

Über die Anwendungskonfigurationsseite lassen sich einige Einstellungen vornehmen, die zuvor nur mit zusätzlichem Aufwand zu realisieren waren. Erwähnung sollen hierbei insbesondere die drei in Abbildung 23 markierten Eigenschaften finden.

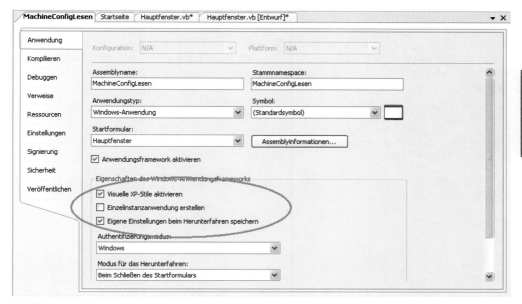

Abbildung 23: Neue Konfigurationseinstellungen vereinfachen die Programmierung

Wird das Häkchen für *Visuelle XP-Stile aktivieren gesetzt*, dann können einige der Controls im Look von Windows XP dargestellt werden, sofern sie unter XP oder Windows 2003 Server verwendet werden. Dieses Häkchen ersetzt den früher notwendigen Aufruf von `Application.EnableVisualStyles`.

Setzt man das Häkchen für *Einzelinstanzanwendung erstellen*, dann kann die Anwendung nicht erneut gestartet werden, wenn eine andere Instanz bereits läuft. Die bereits gestartete Instanz erhält dann automatisch den Fokus. Durch dieses kleine Häkchen wird das Rezept 53 des alten Codebooks überflüssig, in dem auf drei Seiten der Einsatz eines systemweiten `Mutex`-Objektes für diesen Zweck erläutert wurde.

Das dritte Häkchen steuert, ob geänderte Konfigurationseinstellungen automatisch gespeichert werden, wenn das Programm beendet wird. Ist dies nicht erwünscht, kann die Speicherung jedoch jederzeit mittels `My.Settings.Save` per Programm vorgenommen werden.

53 Zentrales Exception-Handling

Es gibt Situationen, in denen man eventuell auftretende Exceptions nicht durch Try/Catch-Blöcke abfangen kann oder will. Dazu gehören z.B. automatisch beim Databinding ausgelöste Ausnahmen, die auftreten können, ohne dass sie im eigenen Code abgefangen werden könnten. Auch gibt es oft organisatorische oder andere Gründe, eine zentrale Ausnahmebehandlung vorzusehen.

Den Aufruf von `Application.Run` in einem `Try`-Block zu platzieren ist wenig sinnvoll. Zwar würde jede nicht behandelte Ausnahme zu einem Aufruf des zugeordneten `Catch`-Blockes führen, die Ausführung von `Application.Run` und somit der gesamten Fensterkonstruktion wäre aber damit beendet. Diese Variante eignet sich höchstens für die Ausgabe einer Fazit-Meldung wie »Dieser Absturz wurde Ihnen präsentiert von ...«.

Für jeden Thread können Sie jedoch eine zentrale Ausnahmebehandlung vorsehen, indem Sie einen Handler an das Ereignis `Application.ThreadException` anhängen. Eine nicht behandelte Ausnahme führt dann zum Aufruf dieses Handlers. Die Anbindung des Handlers muss allerdings erfolgen, bevor `Application.Run` aufgerufen wird. Listing 60 zeigt die übliche Vorgehensweise, bei der in `Sub Main` erst der Handler registriert und anschließend das Hauptfenster angezeigt wird.

```
Public Shared Sub Main()

    ' Instanz des Hauptfensters anlegen
    Dim mw As New MainWindow

    ' Zentraler Error-Handler ist Member-Funktion des Hauptfensters
    AddHandler Application.ThreadException, _
        AddressOf mw.CentralExceptionHandler

    ' Hauptfenster anzeigen
    Application.Run(mw)

End Sub
```

Listing 60: Binden eines Event-Handlers zum zentralen Exception-Handling

```
Private Sub CentralExceptionHandler(ByVal sender As Object, _
    ByVal e As System.Threading.ThreadExceptionEventArgs)

    ' Meldung zusammensetzen und ausgeben
    Dim sw As New System.io.StringWriter
    sw.Write("Hier könnte jetzt die zentrale Auswertung für ")
    sw.WriteLine("die Exception")
    sw.Write("<< ")
    sw.Write(e.Exception.Message)
    sw.WriteLine(" >>")
    sw.WriteLine("vorgenommen werden")
    sw.Close()
    MessageBox.Show(sw.ToString(), "Zentrale Fehlerbehandlung")

End Sub
```

Listing 61: Beispielimplementierung eines zentralen Error-Handlers

Wie Sie den Handler gestalten, bleibt Ihnen überlassen. Die in Listing 61 gezeigte Ausführung dient nur zur Demonstration (siehe auch Abbildung 24). Natürlich müssen die Fehler, die hier gemeldet werden, sinnvoll bearbeitet werden. Je nach Art des Fehlers kann es durchaus sinnvoll sein, das Programm zu beenden. Der Vorteil des zentralen Handlers liegt jedoch darin, dass trotz nicht abgefangener Ausnahmen das Programm fortgesetzt werden kann, sofern der Fehler für Ihren Code nicht kritisch oder behebbar ist.

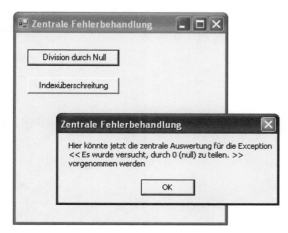

Abbildung 24: Nicht abgefangene Exceptions werden im zentralen Handler bearbeitet

> **Achtung**
>
> Das Verhalten des Debuggers von Visual Studio hat sich geändert. Exceptions, die auf die beschriebene Weise abgefangen werden, führen auch im Debugger zur Fehlerbehandlung. Starten Sie das Beispielprogramm ohne Debugger, um das gezeigte Ergebnis zu erhalten.

GDI+ Zeichnen

GDI+ ist so vielseitig, dass wir nicht einmal annähernd die zahllosen Möglichkeiten der Grafik-ausgabe beschreiben können. Daher müssen wir uns auf einige wenige Rezepte beschränken. In dieser Kategorie wird der Umgang mit Schriftzügen, Transparenz und 3D-Effekten beschrieben.

54 Outline-Schrift erzeugen

Schriftzüge mit großen Fonts wirken oft angenehmer, wenn sie nicht vollständig schwarz oder farbig gezeichnet werden, sondern wenn nur die Ränder schwarz nachgezeichnet werden. Die Fül-lung der Zeichen kann dann in Weiß oder mit einer hellen Farbe erfolgen (siehe Abbildung 25).

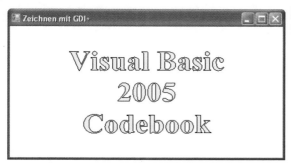

Abbildung 25: Schriftzug mit Outline-Schrift

Eine derartige Outline-Schrift steht nicht direkt zur Verfügung, sondern muss z.B. durch Pfad-Operationen erzeugt werden. Hierzu wird zunächst ein neues GraphicsPath-Objekt angelegt und der auszugebende Schriftzug hinzugefügt (Listing 62). Die Positionierung des Textes erfolgt in einem vorgegebenen Rechteck, so dass der Text automatisch umgebrochen werden kann. Das ebenfalls übergebene StringFormat-Objekt dient zur Zentrierung des Textes inner-halb des rechteckigen Bereiches.

Anschließend wird der erzeugte Pfad an der gewünschten Position (hier in der Bildmitte) zwei-mal gezeichnet. Mit der ersten Zeichenoperation wird die Füllung gezeichnet (Methode Fill-Path), mit der zweiten der Umriss (Methode DrawPath). Beachten Sie die Reihenfolge der beiden Zeichenoperationen, da bei umgekehrter Vorgehensweise Teile des Umrisses beim Zeichnen der Füllung übermalt werden können.

```
Private Sub MainWindow_Paint(ByVal sender As Object, _
    ByVal e As System.Windows.Forms.PaintEventArgs) _
    Handles MyBase.Paint

    ' StringFormat-Objekt für zentrierte Ausgabe
    Dim sf As New StringFormat
    sf.Alignment = StringAlignment.Center
    sf.LineAlignment = StringAlignment.Center
```

Listing 62: Erzeugen einer Outline-Schrift

```
' Pfad mit Text anlegen
Dim path As New GraphicsPath
path.AddString(Displaytext, Font.FontFamily, Font.Style, _
  Font.Size, New Rectangle(0, 0, 300, 300), sf)

' Positionierung berechnen
Dim bounds As RectangleF = path.GetBounds()
Dim x As Integer = CInt((Me.ClientSize.Width - bounds.Width) / 2 _
  - bounds.Left)
Dim y As Integer = CInt((Me.ClientSize.Height - bounds.Height) / _
  2 - bounds.Top)

' Zentrieren
e.Graphics.TranslateTransform(x, y)

 ' Erst die Füllung der Schrift zeichnen
e.Graphics.FillPath(Brushes.Wheat, path)

' Dann die Umrahmung
e.Graphics.DrawPath(Pens.Black, path)

' Aufräumen
sf.Dispose()

End Sub
```

Listing 62: Erzeugen einer Outline-Schrift (Forts.)

55   Text im Kreis ausgeben und rotieren lassen

Um Text an eine beliebige Kurvenform anzupassen, gibt es verschiedene Möglichkeiten. Sie können beispielsweise den Text in Zeichen zerlegen und jedes Zeichen nach vorangegangener Koordinatentransformation einzeln ausgeben. Wir wollen Ihnen hier einen anderen recht einfachen Weg zeigen, der sich z.B. für die Ausgabe eines Textes in Kurven- oder Kreisform gut eignet.

Das Ergebnis des Beispielprogramms sehen Sie zum Teil in Abbildung 26. Zum Teil deshalb, weil Sie in der Abbildung nicht erkennen können, dass der Text kontinuierlich gedreht wird (es sei denn, Sie drehen das Buch J). Der Text wird kreisförmig angeordnet und mit einem Graustufen-Verlauf gefüllt.

Die grundlegende Idee ist, den Text in einen Pfad zu wandeln und dann die einzelnen Punkte des Pfades zu verschieben. Listing 63 zeigt das Anlegen des Pfades im Load-Ereignis des Hauptfensters. Der als konstanter String festgelegte Text wird mit den Font-Einstellungen des Fensters in einen Pfad gewandelt. Ein Pfad besteht aus Punkten, die durch Geraden oder Kurven miteinander verbunden sein können. Diese Punkte werden als Array gespeichert (PathPoints). Ein zweites Array (PathTypes) speichert den Typ der Verbindungen zwischen den Punkten.

Um einen Pfad an eine Kurvenform anzupassen, müssen die einzelnen Punkte transformiert werden. Die Eigenschaft PathPoints gibt nicht die Referenz des gespeicherten Arrays zurück, sondern legt eine Kopie an, die verändert werden darf. Die Referenz der Kopie wird in der Variablen points gespeichert (Listing 64). Für weitere Berechnungen werden die Höhe und die Breite des Pfades benötigt, die aus der von GetBounds zurückgegebenen RectangleF-Struktur berechnet werden.

Abbildung 26: Und es dreht sich doch! Probieren Sie es aus

Im konkreten Anwendungsfall muss zunächst die lineare X-Koordinate auf einen Kreis abgebildet werden (Abbildung 27). Der Radius des Kreises muss so gewählt werden, dass der Umfang des Kreises der Breite des Pfades entspricht:

R = Textbreite / 2 * Π

Das Koordinatensystem für die Kreistransformation bezieht sich auf das umschließende Quadrat des Kreises. Links oben ist die Koordinate (0,0), der Mittelpunkt liegt dann auf (R,R).

Um bei der zyklischen Ausgabe das Flackern, das durch das Löschen des Hintergrundes verursacht wird, zu vermeiden, wird nicht direkt auf das Fenster, sondern zunächst in ein Bitmap gezeichnet. Falls dieses noch nicht existiert, wird es jetzt angelegt. Es hat die Größe des umschließenden Quadrates.

In einer Schleife werden alle Punkte nacheinander transformiert. Zunächst wird die lineare X-Koordinate auf den Winkel α abgebildet. α ist der Winkel zwischen einer senkrechten Geraden, die durch den Kreismittelpunkt geht, und dem Punkt auf dem Kreis, auf den der Punkt des Pfades abgebildet werden soll. Da die Breite des Pfades auf den Umfang des Kreises abgebildet werden soll, ergibt sich für den Winkel:

```
á = Pfadpunkt.X * 2 * Ð / Textbreite + Startwinkel
```

Bei dem Startwinkel handelt es sich um einen Vorgabewert, der zeitgesteuert verändert wird (Member-Variable `StartAngle`). Der neue Punkt soll unter diesem Winkel mit dem gleichen Abstand über dem Kreisbogen platziert werden, den er im Ausgangszustand über der Basislinie des Pfades hat (Pfadpunkt.Y). Mithilfe des Winkels und des Abstandes werden jetzt die Koordinaten des Punktes neu festgelegt:

```
Pfadpunkt.X = MittelpunktX + (R - Pfadpunkt.Y) * sin(α)
```
Pfadpunkt.Y = MittelpunktY + (R - Pfadpunkt.Y) * cos(α)

Nachdem alle Punkte transformiert worden sind, wird ein neues `GraphicsPath`-Objekt angelegt. Hierbei wird dem Konstruktor das neue `points`-Array sowie eine unveränderte Kopie des `PathTypes`-Arrays übergeben. Dieser Trick funktioniert deshalb, weil sich ja nur die Lage der Punkte geändert hat, nicht jedoch die Verbindungstypen.

In der Größe des umschließenden Rechtecks wird dann ein neues Farbverlaufs-Objekt (Linear-GradientBrush) generiert, das für die Zeichenausgabe verwendet wird. Mit FillPath wird der Pfad farbig gemäß des vorgegebenen Verlaufs ausgefüllt auf das Bitmap-Objekt gezeichnet. Die grafische Aufarbeitung des Textes ist hiermit abgeschlossen.

Nun muss das erzeugte Image noch auf das Fenster kopiert werden. Mittels TranslateTransform wird die Ausgabe auf dem Fenster zentriert. DrawImage zeichnet das Bild und überschreibt dabei automatisch frühere Ausgaben in diesem Bereich.

```vb
Imports System.Drawing.Drawing2D
...

' Anzuzeigender Text
Protected DrawingText As String = "Sie lesen das Visual Basic 2005 Codebook * "

' Kontinuierlich angepasster Startwinkel
Protected StartAngle As Single = 0

' Bitmap-Referenz für Zeichenbereich
Protected Bmp As Bitmap

' Referenz des Original-Pfades (ungebogener Text)
Protected Path As New GraphicsPath

Private Sub MainWindow_Load(ByVal sender As System.Object, _
  ByVal e As System.EventArgs) Handles MyBase.Load

  ' Neuzeichnen, wenn die Fenstergröße verändert wird
  SetStyle(ControlStyles.ResizeRedraw, True)

  ' Pfad mit Text anlegen
  Path.AddString(DrawingText, Font.FontFamily, Font.Style, _
    Font.Size, New Point(0, 0), New StringFormat)

End Sub
```

Listing 63: Wichtige Member-Variablen und Initialisierung des Path-Objektes

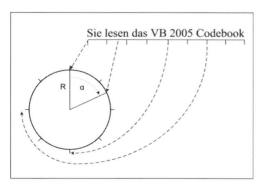

Abbildung 27: Abbildung des linearen Textes auf einen Kreis

```
Private Sub DrawText()

  ' Umschließendes Rechteck des Original-Pfades
  Dim bounds As RectangleF = Path.GetBounds()

  ' Points-Array kopieren
  Dim points() As PointF = Path.PathPoints

  ' Breite und Höhe des Original-PPfades
  Dim B As Double = bounds.Width + bounds.X
  Dim H As Double = bounds.Height + bounds.Y

  ' Radius des Kreises berechnen
  Dim R As Double = B / 2 / Math.PI + H

  ' Mittelpunkt
  Dim Mx As Double = R
  Dim My As Double = R

  ' Bitmap-Objekt ggf. neu anlegen
  If Bmp Is Nothing Then Bmp = New Bitmap(CInt(R * 2), CInt(R * 2))

  ' Graphics-Objekt für Zeichnung in Buffer
  Dim g As Graphics = Graphics.FromImage(Bmp)

  ' Vollständig löschen
  g.Clear(Color.White)

  ' Punkte transformieren
  For i As Integer = 0 To points.GetUpperBound(0)
    ' Winkel bestimmt sich aus StartAngle und der X-Koordinate
    ' des aktuellen Punktes
    Dim alpha As Double = points(i).X * 2 * Math.PI / B + StartAngle

    ' Der Punkt wird auf Basis des Winkels transformiert
    points(i).X = CSng(Mx + (R - points(i).Y) * Math.Sin(alpha))
    points(i).Y = CSng(My - (R - points(i).Y) * Math.Cos(alpha))

  Next

  ' Umschließendes Rechteck des Kreises berechnen
  Dim rect As New Rectangle(CInt(Mx - R), CInt(My - R), _
    CInt(2 * (R)), CInt(2 * (R)))

  ' Verlauf für dieses Rechteck definieren
  Dim br As Brush = New LinearGradientBrush(rect, Color.LightGray, _
    Color.Black, LinearGradientMode.BackwardDiagonal)

  ' Neuen Pfad anlegen, der aus den transformierten Punkten besteht
  Dim path2 As GraphicsPath = _
    New GraphicsPath(points, Path.PathTypes)
```

Listing 64: Transformieren und Ausgeben des Textes in Kreisform

```
' Pfad in Bitmap ausgeben
g.FillPath(br, path2)

' Graphics-Objekt für Fenster holen
Dim g2 As Graphics = Me.CreateGraphics()

' Koordinatensystem so verschieben, dass der Kreis in der Mitte
' des Fensters ausgegeben wird
g2.TranslateTransform((Me.ClientSize.Width - Bmp.Width) / 2.0F, _
    (Me.ClientSize.Height - Bmp.Height) / 2.0F)

' Bitmap zeichnen
g2.DrawImage(Bmp, 0, 0)

' Aufräumen
path2.Dispose()
g2.Dispose()
br.Dispose()
g.Dispose()

End Sub
```

Listing 64: Transformieren und Ausgeben des Textes in Kreisform (Forts.)

Der Aufruf der in Listing 64 gedruckten Methode DrawText erfolgt zyklisch im Timer-Event eines Windows Timer-Controls (Listing 65). Hier wird die geschützte Member-Variable StartAngle kontinuierlich um einen kleinen Winkelbetrag verkleinert, so dass sich der Text gegen den Uhrzeigersinn dreht. Da die Grafikausgabe in kurzen Zeitintervallen wiederholt und so das Bild ständig aufgefrischt wird, kann auf die Implementierung des OnPaint-Ereignisses verzichtet werden.

```
Private Sub Timer1_Tick(ByVal sender As System.Object, _
    ByVal e As System.EventArgs) Handles Timer1.Tick

    ' Startwinkel dekrementieren für Drehung gegen den Uhrzeigersinn
    StartAngle -= CSng(Math.PI / 200.0)

    ' Text zeichnen
    DrawText()

End Sub
```

Listing 65: Kontinuierliche Anpassung des Startwinkels und Zeichnen des Textes

Sicher gibt es viele andere Lösungen, um den beschriebenen Effekt zu erreichen. Ein Grund für die gewählte Vorgehensweise war der Wunsch, den Farbverlauf, mit dem der Text gezeichnet wird, im Bezug auf das Fenster vorzugeben und festzuhalten. Was das Buch im Gegensatz zum lauffähigen Programm auf der CD nicht zeigen kann, ist, dass sich der Schriftzug quasi unter dem Verlauf dreht. Der helle Bereich des Schriftzugs ist immer rechts oben, unabhängig vom jeweiligen Drehwinkel.

56 Schriftzug mit Hintergrundbild füllen

Ein hübscher Effekt ergibt sich, wenn Sie einen Schriftzug statt mit einer festen Farbe oder einem Verlauf mit einem Hintergrundbild füllen, wie z.B. in Abbildung 28 dargestellt. Um eine möglichst große Wirkung zu erzielen, sollten Sie eine fette Schrift wählen, bei der größere zusammenhängende Partien des Bildes erkennbar sind. Schmale dünne Schriften sind hierfür eher ungeeignet. Im Beispiel wurde die Schriftart Impact, Stil Fett, Grad 100 gewählt.

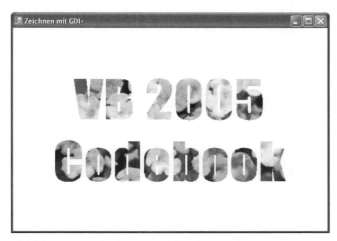

Abbildung 28: Schriftzug, gefüllt mit Ausschnitten eines Fotos

Zur Lösung der Aufgabenstellung gibt es zwei prinzipielle Möglichkeiten. In der ersten (Listing 66) wird ein GraphicsPath-Objekt angelegt und der Text mit der eingestellten Schriftart hinzugefügt. Hierbei wird für den Text ein Rechteck vorgegeben, so dass er automatisch umgebrochen wird. Um den Text sowohl horizontal als auch vertikal in diesem Rechteck zu zentrieren, wird ein StringFormat-Objekt mit den passenden Eigenschaften an AddString übergeben.

Anschließend wird der erzeugte Pfad als Clipping-Bereich für nachfolgende Grafikausgaben eingestellt und mit TranslateClip auf dem Fenster zentriert. Das Ausfüllen des Schriftzugs erfolgt dann durch Zeichnen des Bildes. Nur die im Clipping-Bereich liegenden Bildteile sind sichtbar.

```
Imports System.Drawing.Drawing2D
...

Public Displaytext As String = "Visual Basic 2005 Codebook"

Private Sub MainWindow_Paint(ByVal sender As Object, _
   ByVal e As System.Windows.Forms.PaintEventArgs) _
   Handles MyBase.Paint

   DrawStringVersion1(e.Graphics)

End Sub

Public Sub DrawStringVersion1(ByVal g As Graphics)
```

Listing 66: Text durch Clipping mit Grafik füllen

```vbnet
' Ein neues Path-Objekt als Clip-Bereich
Dim path As New GraphicsPath

' String-Format-Objekt für zentrierte Ausgabe
Dim sf As New StringFormat
sf.Alignment = StringAlignment.Center
sf.LineAlignment = StringAlignment.Center

' Text in Path aufnehmen und umbrechen
path.AddString(Displaytext, Font.FontFamily, Font.Style, _
  Font.Size, New Rectangle(0, 0, 600, 400), sf)

' Zentrierung berechnen
Dim bounds As RectangleF = path.GetBounds()
Dim x As Integer = CInt((Me.ClientSize.Width - bounds.Width) / 2 _
  - bounds.Left)
Dim y As Integer = CInt((Me.ClientSize.Height - bounds.Height) / _
  2 - bounds.Top)

' Pfad als Clipping-Bereich verwenden
g.SetClip(path)

' Bereich zentrieren
g.TranslateClip(x, y)

' Bitmap laden
Dim bmp As Bitmap = My.Resources.NO11_01

' Im Clipping-Bereich zeichnen
g.DrawImage(bmp, 0, 0)

' Aufräumen
bmp.Dispose()
path.Dispose()
sf.Dispose()

End Sub
```

Listing 66: Text durch Clipping mit Grafik füllen (Forts.)

Die andere Variante (siehe Listing 67) besteht darin, ein TextureBrush-Objekt zum Zeichnen des Textes zu verwenden. (Zum Testen muss der Aufruf im Paint-Ereignis abgeändert werden.) Ein solches Brush-Objekt zeichnet Füllungen nicht mit einer festen Farbe, sondern setzt stattdessen die jeweiligen Pixel des zugeordneten Bildes ein. Definiert wird ein TextureBrush-Objekt im einfachsten Fall, indem bei der Instanzierung dem Konstruktor die Referenz eines Bitmap-Objektes mitgegeben wird.

Anschließend kann der Text ganz gewöhnlich mit DrawString gezeichnet werden. Dem Aufruf werden die Referenz des Brush-Objektes, das Ausgabe-Rechteck für den Umbruch sowie die StringFormat-Informationen mitgegeben. Das Resultat ist ähnlich der Variante 1 (siehe Abbildung 29).

```
Public Sub DrawStringVersion2(ByVal g As Graphics)

    ' Bitmap laden
    Dim bmp As Bitmap = My.Resources.0060_01

    ' Mit diesem Bild ein Brush-Objekt generieren
    Dim tbr As New TextureBrush(bmp)

    ' String-Format-Objekt für zentrierte Ausgabe
    Dim sf As New StringFormat
    sf.Alignment = StringAlignment.Center
    sf.LineAlignment = StringAlignment.Center

    ' Gewöhnliche Textausgabe mit erzeugtem TextureBrush
    g.DrawString("Texture Brush", Me.Font, tbr, New RectangleF( _
        0, 0, ClientSize.Width, ClientSize.Height), sf)

    ' Aufräumen
    sf.Dispose()
    bmp.Dispose()
    tbr.Dispose()

End Sub
```

Listing 67: Schriftzug mit TextureBrush zeichnen

Abbildung 29: Nicht mit Clipping, sondern mit TextureBrush erzeugter Schriftzug

57 Transparente Schriftzüge über ein Bild zeichnen

Zur Beschriftung von Bildern, die beispielsweise als Einleitungsbild gezeigt werden sollen, kann man sich Transparenz-Effekte zunutze machen. Dunkle Partien z.B. lassen sich gut durch halbtransparente helle Farben beschriften (siehe Abbildung 30). Auf hellen Partien kann man dunklere halbtransparente Farben verwenden (siehe Abbildung 31).

Abbildung 30: Weißer halbtransparenter Schriftzug auf dunklem Hintergrund

Die Vorgehensweise ist recht simpel (Listing 68). Das Hintergrundbild lädt man am besten im Load-Ereignis des Fensters, so dass ggf. noch andere Anpassungen vorgenommen werden können. Im Paint-Ereignis wird dann ein Brush-Objekt mit der gewünschten Farbe angelegt. Je nach Hintergrundbild muss die passende Farbe durch Versuche ermittelt werden. Der Alpha-Wert für die Transparenz sollte nicht zu groß sein, damit die Struktur des Bildes nicht verloren geht.

Mit dem eingestellten Brush-Objekt wird dann der Text an einer beliebigen Position mit DrawString gezeichnet.

```
Imports System.Drawing.Drawing2D


...
Public Displaytext As String = "Urlaub 2003"
Public Picture As Bitmap

Private Sub MainWindow_Load(ByVal sender As System.Object, _
   ByVal e As System.EventArgs) Handles MyBase.Load

   ' Hintergrundbild laden und Fenstergröße anpassen
   Picture = My.Resources.IMG_3355
   Me.BackgroundImage = Picture
   Me.ClientSize = Picture.Size

End Sub
```

Listing 68: Bild mit halbtransparenter Schrift übermalen

```
Private Sub MainWindow_Paint(ByVal sender As Object, _
  ByVal e As System.Windows.Forms.PaintEventArgs) _
  Handles MyBase.Paint

    ' Brush-Objekt mit halbtransparenter Farbe
    Dim br As New SolidBrush(Color.FromArgb(70, Color.White))

    ' String-Format-Objekt für zentrierte Ausgabe
    Dim sf As New StringFormat
    sf.Alignment = StringAlignment.Center
    sf.LineAlignment = StringAlignment.Center

    ' Gewöhnliche Textausgabe mit erzeugtem TextureBrush
    e.Graphics.DrawString(Displaytext, Me.Font, br, New RectangleF( _
      0, 100, ClientSize.Width, ClientSize.Height - 100), sf)

    ' Aufräumen
    sf.Dispose()
    br.Dispose()

End Sub
```

Listing 68: Bild mit halbtransparenter Schrift übermalen (Forts.)

Abbildung 31: Schwarzer halbtransparenter Schriftzug auf hellem Hintergrund

Auf den Schwarz/Weiß-Abbildungen kommen die Effekte nicht so gut zur Geltung. Experimentieren Sie mit dem Beispielprogramm auf der CD und variieren Sie die Farb- und Transparenz-Einstellungen.

Eine weitere Möglichkeit für einen sehr ähnlichen Effekt besteht darin, die Schrift nicht mit einem transparenten Brush-Objekt zu zeichnen, sondern mit einem TextureBrush. Dazu legt man eine Kopie des Hintergrundbildes an und hellt diese auf (z.B. durch Matrix-Operationen wie in Rezept 84 beschrieben). Dieses aufgehellte Hintergrundbild dient dann als Vorlage für das TextureBrush-Objekt. Wenn Hintergrundbild und das Image des TextureBrush-Objektes exakt übereinander liegen, werden überall dort, wo das Hintergrundbild übermalt wird, dessen Pixel durch die aufgehellten ersetzt. Für Abdunklungen geht man analog vor.

58 Blockschrift für markante Schriftzüge

Bei Buchstaben in Blockschrift wird ein leichter 3D-Effekt simuliert. Auf einer Seite (meist links unten) werden die Ränder der Zeichen dunkel nachgezeichnet (siehe Abbildung 32). Der dunkle Bereich gibt dem Schriftzug eine virtuelle Tiefe.

Die Realisierung einer solchen Blockschrift ist nicht weiter schwierig. Allein die Reihenfolge der Zeichenoperationen gilt es zu beachten. Aus dem Schriftzug wird ein neues GraphicsPath-Objekt generiert (Listing 69). Dann wird zunächst der dunkle Block-Bereich erstellt, indem der Pfad mehrfach mit schwarzer Füllung versetzt gezeichnet wird.

Anschließend wird an der Ausgangsposition der Schriftzug in der gewünschten Farbe (hier Weiß) gefüllt gezeichnet und zum Schluss die Umrahmung für den Outline-Effekt. Je nach Schriftart und -größe sind unterschiedliche Block-Dicken sinnvoll. Sie sollten experimentell die beste Konstellation für Ihren Zweck ermitteln.

```vb
Private Sub MainWindow_Paint(ByVal sender As Object, _
   ByVal e As System.Windows.Forms.PaintEventArgs) _
   Handles MyBase.Paint

   ' String-Format-Objekt für zentrierte Ausgabe
   Dim sf As New StringFormat
   sf.Alignment = StringAlignment.Center
   sf.LineAlignment = StringAlignment.Center

   ' Pfad mit Text anlegen
   Dim path As New GraphicsPath
   path.AddString(Displaytext, Font.FontFamily, Font.Style, _
      Font.Size, New Point(0, 0), sf)

   ' Positionierung berechnen
   Dim bounds As RectangleF = path.GetBounds()
   Dim x As Integer = CInt((Me.ClientSize.Width - bounds.Width) / 2 _
      - bounds.Left)
   Dim y As Integer = CInt((Me.ClientSize.Height - bounds.Height) / _
      2 - bounds.Top)

   Dim g As Graphics = e.Graphics
```

Listing 69: Erzeugung von Blockschrift durch mehrfaches versetztes Zeichnen des Textes

```
' Zentrieren
g.TranslateTransform(x, y)

' Erst den Block zeichnen
Dim steps As Integer = 5
For i As Integer = 1 To steps
  ' um 1 Pixel nach links unten verschieben
  g.TranslateTransform(-1, 1)

  ' Pfad komplett schwarz ausfüllen
  g.FillPath(Brushes.Black, path)
Next

' Zurück zum Ausgangspunkt
g.TranslateTransform(steps, -steps)

' Erst die Füllung der Schrift zeichnen
g.FillPath(Brushes.White, path)

' Dann die Umrahmung
g.DrawPath(Pens.Black, path)

' Aufräumen
path.Dispose()
sf.Dispose()

End Sub
```

Listing 69: Erzeugung von Blockschrift durch mehrfaches versetztes Zeichnen des Textes (Forts.)

Abbildung 32: Schriftzug in Blockschrift

59 Text mit versetztem Schatten zeichnen

Nach einem ähnlichen Muster wie im vorangegangenen Rezept lässt sich auch ein Schatten zeichnen, der vom Schriftzug etwas abgesetzt ist (siehe Abbildung 33). Bei strukturierten Hintergründen lässt sich die Wirkung noch verbessern, wenn der Schatten halbtransparent ist und die Struktur des Hintergrundes nicht völlig überdeckt. Für den Betrachter sieht es dann aus, als würde der Schriftzug über dem Hintergrund schweben.

Gezeichnet wird der Schriftzug wieder mithilfe eines GraphicsPath-Objektes. Vor dem Zeichnen der eigentlichen Outline-Schrift wird der Schatten gezeichnet. Mit welchem Versatz das geschehen muss, hängt von der Schriftgröße und -art ab und sollte experimentell ermittelt werden. Im Beispiel wurde ein Versatz von 20 Pixel eingestellt.

Auch die Farbe des Schattens können Sie variieren. Sie sollte relativ dunkel gewählt werden, mit niedrigem Alpha-Wert für eine möglichst große Transparenz. Ein Schatten muss nicht unbedingt einfarbig sein (hier im Buch leider doch J). Auch ein leichter Farbstich kann sehr elegant wirken.

```vb
Private Sub MainWindow_Paint(ByVal sender As Object, _
  ByVal e As System.Windows.Forms.PaintEventArgs) _
  Handles MyBase.Paint

  ' String-Format-Objekt für zentrierte Ausgabe
  Dim sf As New StringFormat
  sf.Alignment = StringAlignment.Center
  sf.LineAlignment = StringAlignment.Center

  ' Pfad mit Text anlegen
  Dim path As New GraphicsPath
  path.AddString(Displaytext, Font.FontFamily, Font.Style, _
    Font.Size, New Rectangle(0, 0, ClientSize.Width, _
    ClientSize.Height), sf)

  ' Positionierung berechnen
  Dim bounds As RectangleF = path.GetBounds()
  Dim x As Integer = CInt((Me.ClientSize.Width - bounds.Width) / 2 _
    - bounds.Left)
  Dim y As Integer = CInt((Me.ClientSize.Height - bounds.Height) / _
    2 - bounds.Top)

  ' Zielposition für Textausgabe
  e.Graphics.TranslateTransform(x, y)

  ' Versatz für Schatten
  Dim dx As Integer = -20
  Dim dy As Integer = 20

  ' Verschiebung für Schatten
  e.Graphics.TranslateTransform(dx, dy)

  ' Halbtransparente Farbe für Schatten verwenden
  Dim br As New SolidBrush(Color.FromArgb(50, 40, 40, 40))

  ' Schattenschriftzug zeichnen
  e.Graphics.FillPath(br, path)

  ' Zurück zum Ausgangspunkt
  e.Graphics.TranslateTransform(-dx, -dy)

  ' Erst die Füllung der Schrift zeichnen
  e.Graphics.FillPath(Brushes.White, path)

  ' Dann die Umrahmung
  e.Graphics.DrawPath(Pens.Black, path)
```

Listing 70: Outlineschrift mit halbtransparenten Schatten erzeugen

GDI+
Zeichnen

```
' Aufräumen
br.Dispose()
sf.Dispose()
path.Dispose()

End Sub
```

Listing 70: Outlineschrift mit halbtransparenten Schatten erzeugen (Forts.)

Abbildung 33: Ein einfacher versetzter halbtransparenter Schatten

60 Schriftzug perspektivisch verzerren

Die Klasse GraphicsPath bietet für einfache perspektivische Verzerrungen die Methode Warp an. Mit ihr lassen sich die Punkte eines Pfades gemäß eines als Punkte-Array vorgegebenen Trapezes transformieren. So lassen sich schnell perspektivische Effekte wie in Abbildung 34 zu sehen realisieren. Durch geschickte Farbgebungen, z.B. wie in der Abbildung mit halbtransparenten Verläufen, lässt sich der Effekt noch verstärken.

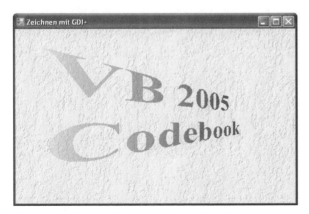

Abbildung 34: Mit Warp verzerrter Schriftzug

Der Schriftzug wird wieder mit der benötigten Größe und Formatierung in einem `GraphicsPath`-Objekt angelegt. Mit `warpPoints` wird ein Array mit vier Punkten definiert, das das Trapez beschreibt. Dieses Trapez gibt in Verbindung mit einem Rechteck die durchzuführende Transformation vor. Dabei werden die Punkte des Rechtecks auf die des Trapezes abgebildet. Die Methode Warp nimmt Trapez und Rechteck als Parameter entgegen und transformiert alle Punkte des Pfades.

Zum Zeichnen des Pfades wird ein Verlauf (`LinearGradientBrush`) definiert, der mit halbtransparenten Farben arbeitet. So kann der Hintergrund leicht durchscheinen. Die helle Startfarbe wird für die visuell nahen Bereiche benutzt, während die dunkle Endfarbe des Verlaufs den Schriftzug in der Ferne verschwinden lässt.

```
Imports System.Drawing.Drawing2D
...
Public Displaytext As String = "Visual Basic 2005 Codebook"

Private Sub MainWindow_Paint(ByVal sender As Object, _
    ByVal e As System.Windows.Forms.PaintEventArgs) _
    Handles MyBase.Paint

    ' String-Format-Objekt für zentrierte Ausgabe
    Dim sf As New StringFormat
    sf.Alignment = StringAlignment.Near
    sf.LineAlignment = StringAlignment.Center

    ' Pfad mit Text anlegen
    Dim path As New GraphicsPath
    path.AddString(Displaytext, Font.FontFamily, Font.Style, _
        Font.Size, New Rectangle(0, 0, ClientSize.Width, _
        ClientSize.Height), sf)


    ' Verzerrungspunkte
    Dim warpPoints(3) As PointF
    warpPoints(0).X = 0.1F * ClientSize.Width
    warpPoints(0).Y = 0.1F * ClientSize.Height
    warpPoints(1).X = 0.8F * ClientSize.Width
    warpPoints(1).Y = 0.4F * ClientSize.Height
    warpPoints(2).X = 0.1F * ClientSize.Width
    warpPoints(2).Y = 0.8F * ClientSize.Height
    warpPoints(3).X = 0.8F * ClientSize.Width
    warpPoints(3).Y = 0.6F * ClientSize.Height

    ' Transformation auf Pfad anwenden
    path.Warp(warpPoints, path.GetBounds())

    ' Verlauf definieren
    Dim rect As New Rectangle(0, 0, ClientSize.Width, _
        ClientSize.Height)
    Dim startColor As Color = Color.FromArgb(50, Color.White)
    Dim endColor As Color = Color.FromArgb(200, Color.Black)
```

Listing 71: Mit einer Warp-Transformation einen Schriftzug verzerren

```
Dim br As Brush = New LinearGradientBrush(rect, startColor, _
  endColor, LinearGradientMode.Horizontal)

' Füllung der Schrift zeichnen
e.Graphics.FillPath(br, path)

' Aufräumen
sf.Dispose()
br.Dispose()
path.Dispose()

End Sub
```

Listing 71: Mit einer Warp-Transformation einen Schriftzug verzerren (Forts.)

61 Font-Metrics zur exakten Positionierung von Schriftzügen ermitteln

Für viele Effekte ist es wichtig, Schriftzüge exakt positionieren zu können. Hierzu sollten Sie ein paar Methoden kennen, mit deren Hilfe Sie die wesentlichen Maße berechnen können. In vielen Büchern und auch der MSDN-Hilfe finden Sie entsprechende Zeichnungen, die die Maße erläutern. Wir programmieren uns die Zeichnung einfach selbst ☺.

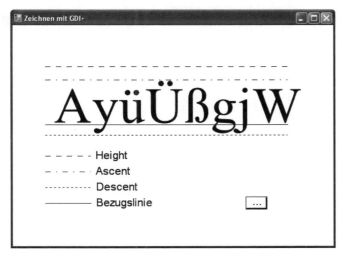

Abbildung 35: Wichtige Maße für die Darstellung von Schriften

Abbildung 35 zeigt das Ergebnis. Über die Schaltfläche können Sie beliebige Schriftarten auswählen und den Verlauf der Linien für Ascent, Descent und Height begutachten. Mithilfe des Beispielprogramms können Sie nachvollziehen, wie die Maße für die Positionierung der Linien berechnet werden. Wir wollen aber nicht zu tief in die Typografie einsteigen und beschränken uns daher auf die Erklärung der drei genannten Größen.

Die Werte für Ascent und Descent lassen sich mithilfe der Methoden GetCellAscent bzw. GetCellDescent der Klasse FontFamily abrufen, allerdings nicht in Pixel, sondern in *Entwurfseinheiten*. Diese Entwurfseinheiten sind eine typografische Maßeinheit, die für uns nicht weiter von Belang ist. Die Bezugsgröße (LineSpacing), die via `GetLineSpacing` abgefragt werden kann, ist ebenfalls in dieser Einheit definiert. Relevant ist lediglich das Verhältnis von Ascent bzw. Descent zu `LineSpacing`. Dieses Verhältnis, multipliziert mit der Höhe der Schrift in Pixel, die sich durch den Aufruf von `GetHeight` erfragen lässt, ergibt die korrekten Werte für Ascent und Descent in Pixel, also den benötigten Ausgabeeinheiten.

Um etwas Rand für die Zeichnung freizuhalten, wird das Koordinatensystem mit `Translate-Transform` etwas nach rechts unten verschoben. Der Schriftzug wird gezeichnet, wobei die linke obere Ecke auf den Ursprung des Koordinatensystems fällt.

Mit der anschließenden Kombination aus den Transformationen `TranslateTransform` und `ScaleTransform` wird das Koordinatensystem auf die Basislinie des Schriftzugs verschoben und die Richtung der Y-Achse umgekehrt. Die X-Achse ist somit die Bezugslinie des Schriftzugs und die positive Y-Achse zeigt nach oben.

Mit unterschiedlichen Strichmustern werden nun waagerechte Linien in Höhe der Werte Ascent, Height, Descent sowie der Basislinie gezeichnet. Beobachten Sie, wie sich diese Linien verschieben, wenn Sie andere Schriftarten, -stile und -größen einstellen.

Der Rest des Codes dient zum Zeichnen der Legende. Hier wird jeweils die entsprechende Linie gezeichnet und der Text mithilfe eines Rechtecks vertikal zentriert.

```
Private Sub MainWindow_Paint(ByVal sender As Object, _
   ByVal e As System.Windows.Forms.PaintEventArgs) _
   Handles MyBase.Paint

   ' Font-Metrics berechnen

   ' Ascent
   Dim fontAscent As Single = Font.GetHeight(e.Graphics) * _
      Font.FontFamily.GetCellAscent(Font.Style) / _
      Font.FontFamily.GetLineSpacing(Font.Style)

   ' Descent
   Dim fontDescent As Single = Font.GetHeight(e.Graphics) * _
      Font.FontFamily.GetCellDescent(Font.Style) / _
      Font.FontFamily.GetLineSpacing(Font.Style)

   ' Höhe (Height)
   Dim h As Single = Font.GetHeight(e.Graphics)

   ' Position für Schriftzug vorgeben
   e.Graphics.TranslateTransform(60, 100)

   ' Schriftzug zeichnen
   e.Graphics.DrawString(Displaytext, Font, Brushes.Black, 0, 0)

   ' Neues Koordinatensystem auf Basislinie setzen
   e.Graphics.TranslateTransform(0, h - fontDescent)
   e.Graphics.ScaleTransform(1, -1)

   ' Bezugslinie zeichnen
```

Listing 72: Programm zur Demonstration der Fontmetrics

```
e.Graphics.DrawLine(Pens.Black, 0, 0, 450, 0)

Dim y As Single
Dim p As New Pen(Color.Black)

' Linie für Height zeichnen
y = h
p.DashStyle = DashStyle.Custom
p.DashPattern = New Single() {10, 10, 10, 10}
e.Graphics.DrawLine(p, 0, y, 450, y)

' Linie für Ascent zeichnen
y = fontAscent
p.DashPattern = New Single() {10, 10, 2, 10}
e.Graphics.DrawLine(p, 0, y, 450, y)

' Linie für Descent zeichnen
y = -fontDescent
p.DashPattern = New Single() {4, 4, 4, 4}
e.Graphics.DrawLine(p, 0, y, 450, y)

' Transformation für Legende
e.Graphics.ResetTransform()
e.Graphics.TranslateTransform(60, 250)

Dim sf As New StringFormat

sf.Alignment = StringAlignment.Near
sf.LineAlignment = StringAlignment.Center

' Font für Legende
Dim ft As New Font("Arial", 16)
Dim rf As New RectangleF(90, -20, 200, 40)

' Legende für Height
p.DashPattern = New Single() {10, 10, 10, 10}
e.Graphics.DrawLine(p, 0, 0, 85, 0)
e.Graphics.DrawString("Height", ft, Brushes.Black, rf, sf)

e.Graphics.TranslateTransform(0, 30)

' Legende für Ascent
p.DashPattern = New Single() {10, 10, 2, 10}
e.Graphics.DrawLine(p, 0, 0, 85, 0)
e.Graphics.DrawString("Ascent", ft, Brushes.Black, rf, sf)

e.Graphics.TranslateTransform(0, 30)

' Legende für Descent
p.DashPattern = New Single() {4, 4, 4, 4}
e.Graphics.DrawLine(p, 0, 0, 85, 0)
```

Listing 72: Programm zur Demonstration der Fontmetrics (Forts.)

```
e.Graphics.DrawString("Descent", ft, Brushes.Black, rf, sf)
e.Graphics.TranslateTransform(0, 30)

' Legende für Bezugslinie
p.DashStyle = DashStyle.Solid
e.Graphics.DrawLine(p, 0, 0, 85, 0)
e.Graphics.DrawString("Bezugslinie", ft, Brushes.Black, rf, sf)

' Aufräumen
sf.Dispose()
p.Dispose()
ft.Dispose()

End Sub
```

Listing 72: Programm zur Demonstration der Fontmetrics (Forts.)

62 Schatten durch Matrix-Operationen erzeugen

Mithilfe einiger simpler Matrix-Operationen lassen sich effektvoll Schatten in beliebige Richtungen zeichnen (siehe Abbildung 36). Um an die vorherigen Beispiele anzuknüpfen, zeigen wir in diesem Rezept, wie Sie Schatten für Schriftzüge erstellen können. Das Verfahren beschränkt sich aber nicht auf Schriften, sondern lässt sich für nahezu alle Zeichenausgaben verwenden.

Abbildung 36: Mit Matrix-Operationen ist das Zeichnen von Schatten ganz einfach

Wenn, wie in der Abbildung, ein Schatten direkt an einen Schriftzug anschließen soll, ist es wichtig, dass eine exakte Positionierung vorgenommen wird. Im Beispielcode wird der Schriftzug in einem `GraphicsPath`-Objekt abgelegt. Damit er unten genau bündig im umschließenden Rechteck des Pfades abschließt, wird die Differenz aus den Fontmetrics-Werten Ascend und Descend (vgl. Rezept 61) zur Verschiebung in Y-Richtung eingesetzt.

Vor dem Zeichnen wird das Koordinatensystem so eingestellt, dass die Ausgabe des Pfades ohne weitere Verschiebung erfolgen kann. Bevor der Haupt-Schriftzug gezeichnet wird, muss erst der Schatten gezeichnet werden. Bei der Konstellation wie in Abbildung 36 spielt die Reihenfolge zwar keine Rolle, da sich Schriftzug und Schatten nicht überschneiden, wenn Sie jedoch den Schatten virtuell nach hinten (also auf der Zeichenfläche nach oben) fallen lassen wollen, dann ist die richtige Reihenfolge entscheidend.

Für die Transformation des Schattens wird ein neues Matrix-Objekt angelegt. Der Standard-Konstruktor erzeugt automatisch eine Identitätsmatrix (1 auf der Hauptdiagonalen, Rest 0). Um den Schriftzug vergrößert nach unten zu zeichnen, wird die Y-Achse mit dem Faktor -2 multipliziert. Die X-Achse bleibt unverändert. Diese Skalierung erfolgt durch:

```
mtx.Scale(1, -2)
```

Anschließend wird eine leichte Scherung nach links eingestellt. Eine Scherung in Y-Richtung erfolgt nicht. Diese Operation geschieht durch:

```
mtx.Shear(0.8, 0)
```

Die so vorbereitete Matrix kann nun für die Zeichenausgabe verwendet werden. `Multiply-Transform` ruft eine Matrizen-Multiplikation auf und verändert so die Transformationsmatrix des Graphics-Objektes. Alle nachfolgenden Zeichenoperationen erfolgen mit dem neuen Koordinatensystem.

Der Schatten kann jetzt wie gewöhnlich durch Auswahl eines `Brush`-Objektes (hier ein dunkler halbtransparenter `SolidBrush`) und Aufruf von `FillPath` gezeichnet werden. Anschließend wird ein Verlauf für die Outline-Schrift des Haupt-Schriftzuges erstellt.

Bevor dieser gezeichnet werden kann, muss die Transformation wieder rückgängig gemacht werden. Im Beispiel erfolgt das durch die Multiplikation mit der invertierten Matrix. Danach steht das Koordinatensystem wieder genauso wie vor der Transformation und der Text kann mit `FillPath` und `DrawPath` ausgegeben werden.

```
Imports System.Drawing.Drawing2D
...

Private Sub MainWindow_Paint(ByVal sender As Object, _
  ByVal e As System.Windows.Forms.PaintEventArgs) _
  Handles MyBase.Paint

  Dim sf As New StringFormat

  ' Font-Metrics berechnen
  Dim fontAscent As Single = Font.GetHeight(e.Graphics) * _
    CSng(Font.FontFamily.GetCellAscent(Font.Style) / _
    Font.FontFamily.GetLineSpacing(Font.Style))
```

Listing 73: Schriftzug mit Schatten über ein Bild zeichnen

GDI+
Zeichnen

```vb
Dim fontDescent As Single = Font.GetHeight(e.Graphics) * _
  CSng(Font.FontFamily.GetCellDescent(Font.Style) / _
  Font.FontFamily.GetLineSpacing(Font.Style))

' Position für Schriftzug vorgeben
e.Graphics.TranslateTransform(30, 393)

' GraphicPath mit Schriftzug anlegen
Dim path As New GraphicsPath
path.AddString(Displaytext, Font.FontFamily, Font.Style, _
  Font.Size, New PointF(0, fontDescent - fontAscent), sf)

' Matrix für Transformation des Schattens
Dim mtx As New Matrix

' Y-Skalierung nach unten (holt Schatten nach vorne)
mtx.Scale(1, -2)

' Scherung nach links
mtx.Shear(0.8, 0)

' Matrix anwenden
e.Graphics.MultiplyTransform(mtx)

' Schatten transparent zeichnen
Dim br As Brush = New SolidBrush(Color.FromArgb(60, Color.Black))
e.Graphics.FillPath(br, path)

' Verlauf für Normalschrift definieren
Dim startColor As Color = Color.FromArgb(150, Color.White)
Dim endColor As Color = Color.FromArgb(150, Color.Black)
Dim lgb As New LinearGradientBrush(New Point(0, 0), _
  New Point(600, 0), startColor, endColor)

' Transformationen rückgängig machen
mtx.Invert()
e.Graphics.MultiplyTransform(mtx)

' Outlineschrift mit halbtransparenter Füllung zeichnen
e.Graphics.FillPath(lgb, path)
e.Graphics.DrawPath(Pens.Black, path)

' Aufräumen
sf.Dispose()
br.Dispose()
lgb.Dispose()
path.Dispose()
mtx.Dispose()

End Sub
```

Listing 73: Schriftzug mit Schatten über ein Bild zeichnen (Forts.)

Wie Sie einen Schatten gestalten, also in welche Richtung, mit welcher Neigung, welcher Farbe, welcher Transparenz usw., hängt sehr stark von den Umständen ab, die durch das Bild vorgegeben werden, und ist ein weiteres Feld für Experimente. Bei Schriftzügen müssen Sie auch besonders auf Unterlängen achten. Im Beispiel wurde der Schatten an der Basislinie der Schrift angesetzt. Wenn Zeichen mit Unterlängen vorhanden sind, dann muss der Schatten entsprechend tiefer angesetzt werden.

63 Rechtecke mit abgerundeten Ecken zeichnen

Rechtecke zu zeichnen ist ja kein Problem. Aber für Rechtecke mit abgerundeten Ecken hat GDI+ keine passende Methode parat. Diese lässt sich aber mithilfe von Pfaden schnell zusammensetzen.

Die Klasse RoundedRectangle (Listing 74) kapselt die benötigte Funktionalität. Der Konstruktor nimmt eine RectangleF-Struktur für die Größe des Rechtecks und den Radius für die Abrundungen entgegen und speichert sie in öffentlichen Member-Variablen. Zwei öffentliche Methoden, Draw und Fill, können aufgerufen werden, um entweder die Umrisse oder die Füllung der Figur zu zeichnen. Beide rufen die Methode GetPath auf, die einen Pfad zurückgibt, der zum Zeichnen der Figur verwendet wird.

GetPath setzt die Linien segmentweise zusammen. Abwechselnd werden Geradenstücke und 90°-Bögen gezeichnet. Die acht Segmente werden abschließend durch den Aufruf von CloseFigure zu einer geschlossenen Figur verbunden, die als Umriss oder ausgefüllt gezeichnet werden kann.

```
Imports System.Drawing.Drawing2D

Public Class RoundedRectangle

  ' Umschließendes Rechteck und Radius für Abrundungen
  Public Rect As RectangleF
  Public Radius As Single

  ' Konstruktor zur schnellen Initialisierung
  Public Sub New(ByVal rect As RectangleF, ByVal radius As Single)
    Me.Rect = rect
    Me.Radius = radius
  End Sub

  ' Umrisse des Rechtecks zeichnen
  Public Sub Draw(ByVal g As Graphics, ByVal pen As Pen)

    ' Pfad ermitteln
    Dim path As GraphicsPath = GetPath()

    ' Zeichnen
    g.DrawPath(pen, path)

    ' Aufräumen
    path.Dispose()

  End Sub
```

Listing 74: Klasse RoundedRectangle zum Zeichnen von Rechtecken mit abgerundeten Ecken

```
' Füllung zeichnen
Public Sub Fill(ByVal g As Graphics, ByVal brush As Brush)

    ' Pfad ermitteln
    Dim path As GraphicsPath = GetPath()

    ' Füllung zeichnen
    g.FillPath(brush, path)

    ' Aufräumen
    path.Dispose()

End Sub

' Pfad für Rechtecke berechnen
Public Function GetPath() As GraphicsPath

    ' Hilfsvariablen
    Dim path As New GraphicsPath
    Dim x As Single = Rect.X
    Dim y As Single = Rect.Y
    Dim w As Single = Rect.Width
    Dim h As Single = Rect.Height
    Dim r As Single = Radius
    Dim d As Single = 2 * Radius

    ' 4 Linien + 4 Bögen
    path.AddLine(x + r, y, x + w - d, y)
    path.AddArc(x + w - d, y, d, d, 270, 90)
    path.AddLine(x + w, y + r, x + w, y + h - d)
    path.AddArc(x + w - d, y + h - d, d, d, 0, 90)
    path.AddLine(x + w - d, y + h, x + r, y + h)
    path.AddArc(x, y + h - d, d, d, 90, 90)
    path.AddLine(x, y + h - d, x, y + r)
    path.AddArc(x, y, d, d, 180, 90)

    ' Abschließen
    path.CloseFigure()

    Return path
End Function

End Class
```

Listing 74: Klasse RoundedRectangle zum Zeichnen von Rechtecken mit abgerundeten Ecken

Ein Codefragment im Paint-Ereignis eines Fensters wie das folgende:

```
Dim lgb As LinearGradientBrush

Dim r As New RectangleF(50, 50, 200, 100)
Dim rr As New RoundedRectangle(r, 20)
lgb = New LinearGradientBrush(r, Color.White, Color.Black, 40)
```

```
rr.Fill(e.Graphics, lgb)
rr.Draw(e.Graphics, New Pen(Color.Black, 0))
lgb.Dispose()
```

nutzt die Klasse `RoundedRectangle` und zeichnet ein Rechteck mit abgerundeten Ecken und einer Verlaufsfüllung (vergleiche Abbildung 37).

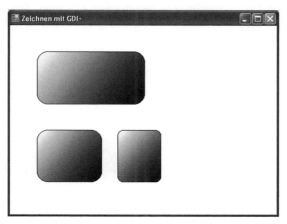

Abbildung 37: Rounded Rectangles selbst erzeugt

64   3D-Schriften erzeugen

Hervorgehobene (embossed) und vertiefte (chiseled) Schriften lassen sich durch mehrfaches versetztes Zeichnen mit unterschiedlichen Farben simulieren. Die in Abbildung 38 dargestellten Schriftzüge wurden durch je drei Zeichenoperationen generiert.

Abbildung 38: Hervorgehobene und vertiefte Schrift

Der Trick besteht lediglich darin, mit einem leichten Versatz (im Beispiel wurde ein Versatz von 2 Pixel benutzt) den gleichen Text mit Schatten-, Aufhell- und Normalfarbe zu zeichnen. Welche Farben verwendet werden müssen, ist vom Hintergrund abhängig und muss ggf. experimentell ermittelt werden.

Für die Anhebung wird mit einer hellen Farbe (hier Weiß) begonnen. Diese Farbe muss heller sein als der Hintergrund und stellt die beleuchtete Kante dar. Danach wird die abgeschattete Seite mit einem dunklen Grauton gezeichnet (um den doppelten Versatz nach rechts unten verschoben). Diese Farbe muss dunkler sein als der Hintergrund. Abschließend wird der Text mit Schwarz nachgezeichnet.

Um einen Vertiefungseffekt zu erzielen, werden die beiden ersten Zeichenoperationen vertauscht. Dadurch befindet sich die abgeschattete Seite links oben und der beleuchtete Rand rechts unten. Mit der dritten Zeichenoperation wird die Schrift eingefärbt. Hier empfiehlt sich ein etwas hellerer Farbton als der des Hintergrundes. Experimentieren Sie selbst durch Änderung der Farben und der anderen Parameter.

```
Private Sub MainWindow_Paint(ByVal sender As Object, ...

    Dim fnt As New Font("Times", 60)
    Dim text As String = "3D-Schrift"
    Dim offset As Integer = 2
    Dim g As Graphics = e.Graphics

    g.TranslateTransform(50, 50)

    ' Anhebung zeichnen
    g.DrawString(text, fnt, Brushes.White, 0, 0)

    ' Absenkung zeichnen
    g.TranslateTransform(offset * 2, offset * 2)
    g.DrawString(text, fnt, Brushes.DarkGray, 0, 0)

    ' Normalbereich zeichnen
    g.TranslateTransform(-offset, -offset)
    g.DrawString(text, fnt, Brushes.Black, 0, 0)

    g.TranslateTransform(-offset, 90)

    ' Absenkung zeichnen
    g.DrawString(text, fnt, Brushes.DarkGray, 0, 0)
    g.TranslateTransform(offset * 2, offset * 2)

    ' Anhebung zeichnen
    g.DrawString(text, fnt, Brushes.White, 0, 0)

    ' Normalbereich zeichnen
    g.TranslateTransform(-offset, -offset)
    g.DrawString(text, fnt, Brushes.WhiteSmoke, 0, 0)

End Sub
```

Listing 75: 3D-Effekte durch versetztes Zeichnen

65   3D- und Beleuchtungseffekte auf strukturierten Hintergrundbildern

Nach einem ähnlichen Verfahren wie im vorangegangenen Rezept lassen sich 3D-Effekte auch auf Hintergrundbildern realisieren. Dabei besteht keine Beschränkung auf die Erzeugung von 3D-Schriftzügen, wie Sie sie in Abbildung 39 und Abbildung 40 sehen können, sondern Sie können mit dem vorgestellten Verfahren nahezu beliebige Formen hervorheben oder vertiefen. Beachten Sie in den Abbildungen auch den zusätzlichen Helligkeitsverlauf des Hintergrundbildes von links oben (heller) nach rechts unten (dunkler). Auch dieser wird per Code auf einem ansonsten gleichmäßig hellen Hintergrundbild erzeugt. Der Helligkeitsverlauf verstärkt die 3D-Darstellung, da er zusätzlich andeutet, dass das Bild von einer oben links befindlichen Lichtquelle beleuchtet wird.

Abbildung 39: Relief-Schrift mit Helligkeitsverlauf auf strukturiertem Hintergrund

Abbildung 40: Vertieftes Relief auf strukturiertem Untergrund

Beginnen wir mit dem Helligkeitsverlauf. Dieser wird simuliert, indem das gesamte Fenster durch einen Aufruf von `FillRectangle` mit einem `LinearGradientBrush`-Objekt übermalt wird. Anfangs- und Endfarbe dieses Verlaufs müssen auf den Hintergrund abgestimmt werden. Der Alpha-Wert sollte nicht zu hoch gewählt werden, da sonst der Kontrast des Hintergrundbildes stark verkleinert wird. Transparenzwerte von ca. 100 haben sich als praktikabel herausgestellt.

Die verschiedenen Zeichenoperationen arbeiten mit einem Pfad, der mehrmals gezeichnet werden muss. Der Text wird daher einem `GraphicsPath`-Objekt hinzugefügt. Anschließend werden zwei `Brush`-Objekte angelegt, eines zum Aufhellen und eines zum Abdunkeln des Hintergrundes. Auch hier gilt wieder, dass Farbe, Helligkeit und Transparenz experimentell für verschiedene Hintergründe ermittelt werden müssen. Die Transparenz ist hier nicht ganz so kritisch, da die übermalten Flächen relativ schmal sind und eine stärkere Verdeckung der Hintergrundstruktur nicht so stark ins Gewicht fällt.

Abhängig davon, ob der Pfad erhöht oder vertieft dargestellt werden soll, werden den Referenzvariablen br1 und br2 die beiden erzeugten `Brush`-Objekte zugewiesen. Das erspart spätere Abfragen, wenn noch mehrere Objekte gleichermaßen gezeichnet werden müssen.

Da der Hauptteil des Schriftzuges, also der mittlere Bereich, unverändert mit der Hintergrundstruktur dargestellt werden muss, kann nicht, wie im vorherigen Rezept, der Pfad einfach mehrmals vollständig auf das Fenster gezeichnet werden. Anderenfalls würde der gesamte Schriftzug in einem kontrastarmen Grau erscheinen.

Stattdessen werden nur die Kanten gezeichnet. Das wird erreicht, indem der Hauptteil durch Clipping vom Zeichenbereich ausgenommen wird. Hier wird der `Clipping`-Bereich angelegt, indem der Methode `SetClip` der Pfad und der Modus `Exclude` als Parameter übergeben werden. Nachfolgende Zeichenoperationen wirken sich daher nur auf den äußeren Bereich aus.

Nun wird das Koordinatensystem nach links oben verschoben und der Pfad mit dem ersten `Brush`-Objekt gezeichnet (hell oder dunkel, je nach Einstellung). Sichtbar wird nur der über den `Clipping`-Bereich herausragende Teil (bei Anhebung der helle Rand). Anschließend wird das Koordinatensystem um den doppelten Versatz nach rechts unten verschoben und die Zeichenoperation mit dem anderen `Brush`-Objekt wiederholt.

```vb
Public Up As Boolean

Private Sub MainWindow_Paint(ByVal sender As Object, _
    ByVal e As System.Windows.Forms.PaintEventArgs) _
    Handles MyBase.Paint

    Dim g As Graphics = e.Graphics

    ' Start- und Endfarbe für den Helligkeitsverlauf
    Dim c1 As Color = Color.FromArgb(100, 232, 252, 255)
    Dim c2 As Color = Color.FromArgb(100, 27, 34, 124)
    ' Brush erzeugen
    Dim lgb As New LinearGradientBrush(Me.ClientRectangle, c1, c2, _
        LinearGradientMode.ForwardDiagonal)

    ' Helligkeitsverlauf durch Übermalen
    g.FillRectangle(lgb, ClientRectangle)
```

Listing 76: Generieren von 3D-Effekten auf strukturierten Hintergründen

```
lgb.Dispose()

' String-Format-Objekt für zentrierte Ausgabe
Dim sf As New StringFormat
sf.Alignment = StringAlignment.Center
sf.LineAlignment = StringAlignment.Center

' Pfad mit Text anlegen
Dim path As New GraphicsPath
path.AddString(Displaytext, Font.FontFamily, Font.Style, _
  Font.Size, New Rectangle(0, 0, ClientSize.Width, _
  ClientSize.Height), sf)

' Positionierung berechnen
Dim bounds As RectangleF = path.GetBounds()
Dim x As Integer = CInt((Me.ClientSize.Width - bounds.Width) / 2 _
  - bounds.Left)
Dim y As Integer = CInt((Me.ClientSize.Height - bounds.Height) / _
  2 - bounds.Top)

' Zielposition für Textausgabe
e.Graphics.TranslateTransform(x, y)

' Brush-Objekte zum Aufhellen/Abdunkeln
Dim brushDark As New SolidBrush( _
  Color.FromArgb(140, 120, 120, 120))
Dim brushLight As New SolidBrush( _
  Color.FromArgb(140, Color.White))

' Brush auswählen, abhängig von der Darstellungsart
Dim br1, br2 As Brush
If Up Then
  br1 = brushLight
  br2 = brushDark
Else
  br1 = brushDark
  br2 = brushLight
End If

' Versatz in Pixel
Dim offset3D As Integer = 2

g.SmoothingMode = SmoothingMode.HighQuality

' Zeichnen nur außerhalb des Pfadbereiches
g.SetClip(path, CombineMode.Exclude)

' Versatz nach links oben
g.TranslateTransform(-offset3D, -offset3D)
```

Listing 76: Generieren von 3D-Effekten auf strukturierten Hintergründen (Forts.)

```
' dunkel/hell zeichnen
g.FillPath(br1, path)

' Versatz nach rechts unten
g.TranslateTransform(2 * offset3D, 2 * offset3D)

' hell/dunkel zeichnen
g.FillPath(br2, path)

' Für weitere Zeichenoperationen evtl. Auskommentierung entfernen
'g.TranslateTransform(-offset3D, -offset3D)
'g.ResetClip()


' Aufräumen
g.ResetTransform()
brushDark.Dispose()
brushLight.Dispose()
sf.Dispose()
path.Dispose()

End Sub
```

Listing 76: Generieren von 3D-Effekten auf strukturierten Hintergründen (Forts.)

Im Beispielprogramm lässt sich über die Member-Variable Up steuern, ob die Schrift vertieft oder erhaben dargestellt werden soll. Über die Oberfläche kann diese Variable mithilfe zweier RadioButtons umgeschaltet werden (siehe Abbildungen 39 und 40).

GDI+ Bildbearbeitung

In diesem Kapitel geht es um den Umgang mit Bildern, hauptsächlich mit Fotos. Dank moderner Farbkameras und Scannern, schneller Prozessoren, preiswertem Arbeits- und Festplattenspeicher und hochauflösenden Farbmonitoren ist der Umgang mit digitalisiertem Fotomaterial heute den meisten PC-Anwendern vertraut. Das Kapitel erklärt einige Techniken in Zusammenhang mit der Darstellung und Veränderung von Bildern.

66 Bilder zeichnen

Um Bilder auf einem Fenster darzustellen, können Sie sich vieler Möglichkeiten bedienen. Schon die Form-Klasse bietet die Eigenschaft `BackgroundImage`, um dem Fenster ein Hintergrundbild zuzuweisen. Für die Platzierung kleinerer Bilder kann beispielsweise die `PictureBox` eingesetzt werden. Über `SizeMode` lassen sich verschiedene Skalierungsoptionen einstellen.

Oft reichen die Möglichkeiten der Steuerelemente jedoch nicht aus, will man z.B. spezielle Effekte erzielen oder zusätzliche Informationen in das Bild zeichnen. Dann ist es von Vorteil, die Bilder selbst mit den zur Verfügung stehenden GDI+-Klassen zu zeichnen.

Gezeichnet wird mit GDI+ grundsätzlich nur auf `Graphics`-Objekten. Diese Objekte können z.B. Fenstern, Steuerelementen, Bitmaps oder der Druckerausgabe zugeordnet sein. Mit einfachen Methoden erhalten Sie den Zugriff auf die `Graphics`-Objekte.

Die Ausgabe von Bildern erfolgt über die Methode `Graphics.DrawImage`. Diese Methode verfügt über ca. 30 Überladungen und bietet somit eine Vielzahl an Möglichkeiten. Angefangen bei einfachen 1:1-Ausgaben über skalierte Ausgaben bis hin zu verzerrten Darstellungen wird eine breite Palette an Effekten angeboten.

Listing 77 zeigt exemplarisch für ein `Button_Click`-**Event**, wie Sie in einem beliebigen Ereignis eines Fensters ein Bild auf dieses zeichnen können.

```
Private Sub ButtonZeichnen_Click(ByVal sender As System.Object, _
  ByVal e As System.EventArgs) Handles ButtonZeichnen.Click

  ' Bitmap aus Datei lesen
  Dim Pict As Bitmap = My.Resources.Banksia1

  ' Graphics-Objekt für dieses Fenster holen
  Dim g As Graphics = Me.CreateGraphics()

  ' Bild an vorgegebener Position ohne Skalierung zeichnen
  g.DrawImage(Pict, 150, 10, Pict.Width, Pict.Height)

  ' Ressourcen freigeben
  g.Dispose()
  Pict.Dispose()

End Sub
```

Listing 77: Zeichnen einer Bitmap

Diese Vorgehensweise hat jedoch einen Nachteil: Wird nach dem Zeichnen des Bildes das Fenster durch ein anderes verdeckt und später wieder nach vorne geholt, dann wird die Zeichnung nicht aufgefrischt und kann ganz oder teilweise zerstört worden sein. Eine persistente Bildanzeige muss daher immer wieder neu gezeichnet werden.

Deswegen ist es sinnvoll, Grafikausgaben, die unabhängig vom Zustand des Fensters korrekt dargestellt werden sollen, entweder im Paint-Ereignis des Fensters oder des betreffenden Steuerelements bzw. in der entsprechenden OnPaint-Überschreibung zu platzieren. Muss das Fenster neu gezeichnet werden, weil es zuvor verdeckt war, sorgen Windows und das Framework automatisch dafür, dass die Paint-Methode aufgerufen wird.

Um die gleiche Funktionalität wie im vorigen Beispiel zu erreichen, benötigt man eine Referenzvariable für das Bitmap als Membervariable der Fensterklasse sowie eine Methode, die aufgerufen wird, wenn das Fenster neu gezeichnet werden soll. Listing 78 zeigt diesen Aufbau unter Verwendung des Paint-Events:

```
...
Private Pict As Bitmap
...

Private Sub ButtonZeichnen_Click(ByVal sender As System.Object, _
  ByVal e As System.EventArgs) Handles ButtonZeichnen.Click

  ' Bild laden
  Pict = New Bitmap("..\banksia1.jpg")

  ' Fenster neu zeichnen
  Me.Refresh()

End Sub

Private Sub Example2_Paint(ByVal sender As Object, _
  ByVal e As System.Windows.Forms.PaintEventArgs) _
  Handles MyBase.Paint

  ' Wenn noch kein Bild zugewiesen wurde, nichts tun
  If Pict Is Nothing Then Exit Sub

  ' Bild zeichnen
  e.Graphics.DrawImage(Pict, 150, 10, Pict.Width, Pict.Height)

End Sub
```

Listing 78: Zeichnen im Paint-Ereignis

Alternativ können Sie auch die OnPaint-Methode der Form-Klasse überschreiben. Es ist jedoch oft wichtig, dass Sie die OnPaint-Methode der Basisklasse zusätzlich aufrufen. Listing 79 zeigt die Alternative.

```
Protected Overrides Sub OnPaint(ByVal e As System.Windows.Forms.PaintEventArgs)

  ' OnPaint der Basisklasse sollte aufgerufen werden!
```

Listing 79: Zeichnen in der OnPaint-Überschreibung

```
MyBase.OnPaint(e)

' Wenn noch kein Bild zugewiesen wurde, nichts tun
If Pict Is Nothing Then Exit Sub

' Bild zeichnen
e.Graphics.DrawImage(Pict, 150, 10, Pict.Width, Pict.Height)

End Sub
```

Listing 79: Zeichnen in der OnPaint-Überschreibung (Forts.)

Sicher haben Sie bereits bemerkt, dass wir beim Aufruf von DrawImage die Bildgröße als Parameter übergeben haben. Mit dieser Angabe steuern Sie die Ausgabegröße. So können Sie beispielsweise die Kantenlänge des angezeigten Bildes halbieren:

```
' Bild zeichnen
e.Graphics.DrawImage(Pict, 150, 10, Pict.Width \ 2, Pict.Height \ 2)
```

Abbildung 41 zeigt das Ergebnis:

Abbildung 41: Zeichnen eines Fotos mit angepasster Kantenlänge

Wenn das Fenster geschlossen wird, sollten die zusätzlich belegten Ressourcen wieder freigegeben werden. Im Beispiel empfiehlt es sich, das geladene Bild mit Dispose zu entfernen (s. Listing 80).

```
Protected Overloads Overrides Sub Dispose(ByVal disposing _
  As Boolean)

  If disposing Then
    If Not (components Is Nothing) Then
      components.Dispose()
    End If
  End If

  MyBase.Dispose(disposing)
  'Ressourcen für Bild freigeben
  Pict.Dispose()

End Sub
```

Listing 80: Ressourcen freigeben

Visual Studio fügt den Code für die Überschreibung von Dispose beim Anlegen des Fensters bereits ein. Sie müssen ihn lediglich für die Freigabe der Bitmap ergänzen.

67 Bildausschnitt zoomen

Mit einfachen Mitteln ist es möglich, einen Bildausschnitt vom Anwender auswählen zu lassen und diesen vergrößert darzustellen. Abbildung 42 zeigt ein derartiges Beispiel.

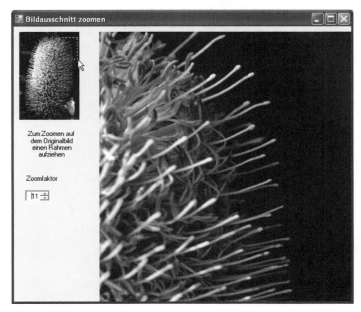

Abbildung 42: Vergrößern eines Bildausschnitts

Das Bild wird als Miniatur links oben im Fenster dargestellt. Der Anwender kann auf dieser Miniatur einen Auswahlrahmen aufziehen. Nach Loslassen der Maustaste wird der ausgewählte Bereich mit der eingestellten Vergrößerung gezeichnet. Der Vergrößerungsfaktor kann verändert werden, ohne dass der Bereich neu ausgewählt werden muss.

Folgende Schritte sind für dieses Beispiel notwendig. Zunächst werden einige Membervariablen für die Mausaktionen und Zeichenoperationen benötigt:

```
' Offset für die Anzeige der Miniatur
Private offsetX As Integer = 10, offsetY As Integer = 10

' Skalierungsfaktor für Miniatur
Private scaleFactor As Integer = 4

' Das anzuzeigende Bild
Private pict As Bitmap = My.Ressources.Banksia1HoheAuflösung

' Gespeicherte Mauspositionen
Private startX, startY As Integer
Private endX, endY As Integer

' Das ausgewählte Rechteck
Private zoomRect As Rectangle

' Offset für die zu zeichnende Vergrößerung
Private offsetZoomX As Integer = 100
Private offsetZoomy As Integer = 10

' Vergrößerungsfaktor
Private zoomFactor As Integer = 5
```

Im `MouseDown`-Event werden die Startkoordinaten für das Ziehen des Auswahlrahmens gespeichert (Listing 81).

```
 Private Sub Example3_MouseDown(ByVal sender As Object, _
    ByVal e As System.Windows.Forms.MouseEventArgs) _
    Handles MyBase.MouseDown

    If e.Button <> MouseButtons.Left Then Exit Sub

    ' Ausgangsposition merken
    ' Minimum ist der Punkt links oben
    startX = Math.Max(e.X, offsetX)
    startY = Math.Max(e.Y, offsetY)
    endX = startX
    endY = startY
 End Sub
```

Listing 81: MouseDown-Ereignis speichert die Startkoordinaten

Im `MouseMove`-Event (Listing 82) wird der alte Auswahlrahmen gelöscht und der neue gezeichnet. Zum Zeichnen des Auswahlrechtecks wird die Methode `DrawReversibleFrame` verwendet. Sie ist eine der wenigen GDI+-Methoden, die XOR-Drawing unterstützt. Das Zeichnen der Linien geschieht durch Invertieren der Pixel-Farben. Ein zweimaliges Zeichnen stellt somit den Ausgangszustand wieder her. Die Methode zeichnet allerdings nicht auf einen vorgegebenen Ausgabekontext, sondern direkt auf den Bildschirm. Daher müssen die Koordinaten von lokalen Fensterkoordinaten in Bildschirmkoordinaten umgerechnet werden.

```
Private Sub Example3_MouseMove(ByVal sender As Object, _
  ByVal e As System.Windows.Forms.MouseEventArgs) _
  Handles MyBase.MouseMove

  If e.Button <> MouseButtons.Left Then Exit Sub

  ' Umrechnung in Screen-Koordinaten
  Dim p As New Point(startX, startY)
  p = PointToScreen(p)
  Dim r As New Rectangle(p.X, p.Y, endX - startX, endY - startY)

  ' altes Auswahlrechteck durch wiederholtes Zeichnen löschen
  ControlPaint.DrawReversibleFrame(r, Color.Black, _
    FrameStyle.Dashed)

  ' neue Koordinaten umrechnen und Bereich einschränken
  ' Maximum ist der Punkt rechts unten
  endX = Math.Min(e.X, offsetX + pict.Width \ scaleFactor)
  endY = Math.Min(e.Y, offsetY + pict.Height \ scaleFactor)
  r = New Rectangle(p.X, p.Y, endX - startX, endY - startY)

  ' neues Auswahlrechteck zeichnen
  ControlPaint.DrawReversibleFrame(r, Color.Black, _
    FrameStyle.Dashed)

End Sub
```

Listing 82: Zeichnen des Auswahlrahmens im MouseMove-Ereignis

In jedem MouseMove-**Ereignis** wird zunächst das vorherige Rechteck gezeichnet und die Linien somit wieder entfernt. Anschließend wird das neue gezeichnet. Im MouseUp-Event (Listing 83) werden die Endkoordinaten ermittelt und das Fenster neu gezeichnet

```
Private Sub Example3_MouseUp(ByVal sender As Object, _
  ByVal e As System.Windows.Forms.MouseEventArgs) _
  Handles MyBase.MouseUp

  If e.Button <> MouseButtons.Left Then Exit Sub

  ' Auswahlbereich merken
  zoomRect = New Rectangle(0, 0, endX - startX, endY - startY)

  ' Fenster neu zeichnen (und damit auch den Zoom-Bereich)
  Me.Refresh()

End Sub
```

Listing 83: Abschließende Berechnung im MouseUp-Ereignis

Der zuletzt gezeichnete Rahmen muss nicht wieder gelöscht werden, da das Fenster ohnehin neu gezeichnet wird. Im Paint-Event (Listing 84) werden die Miniatur und der vergrößerte Ausschnitt gezeichnet.

```
Private Sub Example3_Paint(ByVal sender As Object, _
  ByVal e As System.Windows.Forms.PaintEventArgs) _
  Handles MyBase.Paint

  ' Miniatur zeichnen
  e.Graphics.DrawImage(pict, offsetX, offsetY, pict.Width \ _
    scaleFactor, pict.Height \ scaleFactor)

  ' Ausschnitt nur zeichnen, wenn ein gültiges Auswahlrechteck
  ' vorliegt
  If zoomRect.Width <= 0 Or zoomRect.Height <= 0 Then Exit Sub

  ' Zielrechteck für die Ausgabe in Fensterkoordinaten
  Dim destRect As New Rectangle(offsetZoomX, offsetZoomy, _
    zoomRect.Width * zoomFactor, zoomRect.Height * zoomFactor)

  ' Quellrechteck für den Ausschnitt in Bildkoordinaten
  Dim srcRect As New Rectangle( _
    (startX - offsetX) * scaleFactor, _
    (startY - offsetY) * scaleFactor, _
    zoomRect.Width * scaleFactor, _
    zoomRect.Height * scaleFactor)

  ' Ausschnitt zeichnen
  e.Graphics.DrawImage(pict, destRect, srcRect, GraphicsUnit.Pixel)

End Sub
```

Listing 84: Bilder zeichnen im Paint-Ereignis

Beide Bilder werden aus der gleichen Quelle gezeichnet. pict verweist auf das bei der Definition zugewiesene Bitmap. In beiden Fällen wird DrawImage verwendet, um das jeweilige Bild auf das Fenster zu zeichnen. Mit je einem Rechteck für die Quelle (in Bildkoordinaten) und für das Ziel (in Fensterkoordinaten) wird der Bildausschnitt an der gewünschten Position mit der eingestellten Vergrößerung dargestellt.

Im Changed-Event (Listing 85) des NumericUpDown-Steuerelements wird der neue Zoom-Faktor eingelesen und das Fenster neu gezeichnet.

```
Private Sub NUDZoom_ValueChanged(ByVal sender As System.Object, _
  ByVal e As System.EventArgs) Handles NUDZoom.ValueChanged

  ' Zoomfaktor speichern
  zoomFactor = CInt(NUDZoom.Value)
  ' Und Fenster neu zeichnen
  Me.Refresh()

End Sub
```

Listing 85: Änderung der Eingabedaten führt zum Neuzeichnen des Fensters

Die Qualität der Vergrößerung hängt natürlich direkt von der Bildqualität der Bilddatei ab. In der Abbildung 42 wurde eine JPG-Datei mit einer Auflösung von 3158 * 4824 Pixel verwendet. Dadurch können die Ausschnitte qualitativ hochwertig angezeigt werden. Als Nachteil erkauft man sich dabei allerdings eine relativ lange Bildaufbauzeit. Auch für die Miniatur muss das gesamte Bild skaliert werden. Verwendet man andererseits Bilddateien mit geringerer Auflösung, dann wird zwar der Bildaufbau beschleunigt, aber die Vergrößerung stößt schnell an ihre Grenzen.

68 Basisklasse für eine Dia-Show

In den nachfolgenden Rezepten wird gezeigt, wie man Bilder ineinander überblenden kann. Dieses Rezept beschreibt die Basisklasse für eine Dia-Show, die selbstständig lauffähig ist und eine Reihe von Fotos zyklisch anzeigen kann. Sie besitzt bereits die grundlegende Funktionalität für die spätere Überblendung, so dass die anderen Beispielklassen von ihr abgeleitet und nur geringfügig ergänzt werden müssen.

Die Bilder werden in diesem Beispiel nicht auf das Fenster, sondern auf eine `PictureBox` gezeichnet. Das hat den Vorteil, dass man das Fenster im Designer leichter arrangieren und die Bilder mit einem Rahmen versehen kann. Der Zeichenmechanismus ist jedoch identisch.

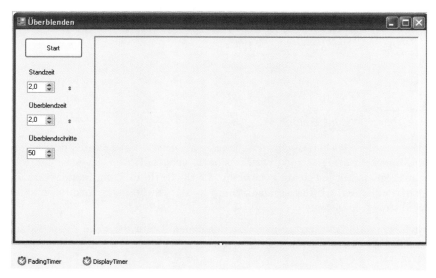

Abbildung 43: Das Basisfenster für die Dia-Show

Nach Betätigung der START-Taste beginnt die ÜBERBLENDZEIT. Sie wird unterteilt in ÜBERBLEND-SCHRITTE. Anschließend wird das aktuelle Bild entsprechend während der STANDZEIT unverändert angezeigt, bevor der Zyklus von neuem beginnt. Abbildung 43 zeigt das Basisfenster.

Für den Ablauf werden die folgenden Member-Variablen definiert:

```
' Zähler für Überblendvorgang
Protected Counter As Integer

' Bitmaps, die zyklisch gewechselt werden sollen
' Bilder werden in FormLoad geladen
Public Photos() As Bitmap
```

```
' Index für anzuzeigendes Bitmap
Public IndexActivePhoto As Integer = 0

' Referenz des aktuellen Bildes
Protected ActivePic As Bitmap

' Referenz des nächsten Bildes
Protected NextPic As Bitmap

' Client-Rect der Picturebox
Protected PicBoxRect As Rectangle

' Anzahl der Überblendschritte
Protected Steps As Integer = 50

' Überblendzeit in Millisekunden
Protected FadingTime As Integer = 2000
```

Um das Beispiel überschaubar zu halten, werden die Bilder zu Beginn geladen. Die Referenzen der Bitmap-Objekte werden im Array Photos gespeichert. Typischerweise wird man die Bilder aus einem Ordner laden. Da hier das eigentliche Laden der Bilder jedoch nur Nebensache ist, werden sie als Ressource dem Projekt hinzugefügt und als Ressource geladen (Listing 86).

```
Private Sub FadingBase_Load(ByVal sender As Object, _
    ByVal e As System.EventArgs) Handles MyBase.Load

  ' Die Bilder werden hier nur zur Demonstration aus den
  ' Ressourcen geladen
  Photos = New Bitmap() { _
    My.Resources.IMG_2996, _
    My.Resources.IMG_3096, _
    My.Resources.IMG_3215, _
    My.Resources.IMG_3433, _
    My.Resources.IMG_3493, _
    My.Resources.IMG_3521}

  ActivePic = Photos(0)
  NextPic = Photos(1)

  ' Größe der PictureBox festlegen
  PicBoxRect = New Rectangle(0, 0, Photos(0).Width, _
    Photos(0).Height)
  PicBox.ClientSize = New Size(PicBoxRect.Width, _
    PicBoxRect.Height)

End Sub
```

Listing 86: Einrichtung der Bilder

Ebenfalls zur Vereinfachung wurden Bilder mit gleicher Größe gewählt. Diese Größe wird in der Variablen PicBoxRect festgehalten. Durch das Setzen der ClientSize-Eigenschaft der Picturebox PicBox wird deren Größe so angepasst, dass die Bilder ohne Skalierung gezeichnet werden können.

Hinweis

Die PictureBox besitzt eine Eigenschaft SizeMode, der unter anderem der Wert AutoSize zugewiesen werden kann. Hierdurch wird die Größe der PictureBox an die Abmessungen des Bildes angepasst. Laut Dokumentation soll das so erfolgen, dass das Bild vollständig auf den Client-Bereich der PictureBox passt.

Leider gibt es hier einen kleinen Bug, denn es wurde vergessen, den Rahmen zu berücksichtigen. Hat die PictureBox einen Rahmen, dann wird der Zeichenbereich für das Bild zu klein.

Der Ausweg besteht darin, den SizeMode auf Normal zu stellen und der Eigenschaft ClientSize die benötigte Bildgröße zuzuweisen.

GDI+ Bildbearbeitung

Für die Standzeit wird der Timer DisplayTimer benutzt, dessen Interval-Eigenschaft auf den im Eingabefeld angegebenen Wert in Millisekunden gesetzt wird. Die Impulse für die Überblendung erzeugt der Zeitgeber FadingTimer. Er generiert während der eingestellten Überblendzeit so viele Ereignisse, wie Überblendschritte gewünscht werden.

Da sich die Überblendzeit also aus vielen Teilschritten zusammensetzt und diese je nach Geschwindigkeit des Rechners unterschiedlich lang sein können, wird die tatsächliche Ausführungszeit länger sein als eingestellt. Für das Beispiel ist das jedoch unerheblich und soll daher auch nicht weiter betrachtet werden.

Im Click-Ereignis der START/STOP-Taste BUTTONFADE werden die Timer entsprechend des aktuellen Zustands gesetzt (Listing 87).

```
Private Sub ButtonFade_Click(ByVal sender As System.Object, _
  ByVal e As System.EventArgs) Handles ButtonFade.Click

  ' Standzeit-Timer stoppen
  DisplayTimer.Enabled = False

  ' Timer-Intervall setzen und starten
  FadingTimer.Interval = FadingTime \ Steps

  ' Timer ein-/ausschalten
  FadingTimer.Enabled = Not FadingTimer.Enabled

  If FadingTimer.Enabled Then
    ' Tastenbeschriftung setzen
    ButtonFade.Text = "Stop"
    ' Sofort mit nächstem Überblendvorgang beginnen
    Counter = 0
  Else
    ' Tastenbeschriftung setzen
    ButtonFade.Text = "Start"
  End If

End Sub
```

Listing 87: Überblendvorgang starten bzw. stoppen

Nach Ablauf der Standzeit wird der Überblendvorgang eingeleitet (Listing 88).

```
Private Sub DisplayTimer_Tick(ByVal sender As System.Object, _
   ByVal e As System.EventArgs) Handles DisplayTimer.Tick

   ' Standbild-Timer stoppen
   DisplayTimer.Enabled = False

   ' Überblend-Timer starten
   FadingTimer.Enabled = True

End Sub
```

Listing 88: DisplayTimer-Ereignis

Für jeden Überblendschritt wird ein `FadingTimer`-Event ausgelöst. Die zentrale Zählervariable `Counter` wird in jedem Schritt inkrementiert. Listing 89 zeigt die Implementierung.

```
Private Sub FadingTimer_Tick(ByVal sender As System.Object, _
   ByVal e As System.EventArgs) Handles FadingTimer.Tick

   ' Wenn der Zähler abgelaufen ist, auf nächstes Bild
   ' überblenden
   If Counter >= Steps Then

      ' Index neu bestimmen
      IndexActivePhoto = (IndexActivePhoto + 1) Mod Photos.Length
      ActivePic = Photos(IndexActivePhoto)

      ' Nächstes Bild bestimmen
      NextPic = Photos((IndexActivePhoto + 1) Mod Photos.Length)

      ' Zähler initialisieren
      Counter = 0

      ' PictureBox neu zeichnen
      PicBox.Refresh()

      ' Überblenden abgeschlossen
      FadingTimer.Enabled = False

      ' Standzeit beginnt
      DisplayTimer.Enabled = True

      Exit Sub
   End If

   Counter += 1

   ' Überblendvorgang
   Dim g As Graphics = PicBox.CreateGraphics()

   ' Hier erfolgt in den abgeleiteten Klassen der Überblendvorgang
```

Listing 89: Vorbereitung für die Überblendung

```
Fade(g)

' Ressourcen freigeben
g.Dispose()

End Sub
```

Listing 89: Vorbereitung für die Überblendung (Forts.)

Im letzten Überblendschritt wird die Standzeit initialisiert. Dazu wird mittels Refresh die PictureBox zum Neuzeichnen aufgefordert. So wird sichergestellt, dass das neue Bild unverfälscht dargestellt wird. Der Zähler für den Bildindex (IndexActivePhoto) wird inkrementiert bzw. auf Null gesetzt.

Für jeden Überblendschritt wird die Methode Fade aufgerufen. Diese wird in den abgeleiteten Klassen überschrieben und implementiert den jeweiligen Algorithmus für die Überblendung. Ihr wird die Referenz des Graphic-Objektes übergeben, das zuvor mit CreateGraphics angelegt wird und anschließend wieder freigegeben werden muss.

Fade ist nicht abstrakt definiert, damit die Klasse auch vom Designer benutzt werden kann. Dieser muss die Basisklasse instanzieren können und kommt daher nicht mit abstrakten Klassen zurecht.

```
' Überblendung für aktuellen Zählerstand
Protected Overridable Sub Fade(ByVal g As Graphics)

End Sub
```

Listing 90: Die leere, nicht abstrakte Definition der Methode Fade

Durch Refresh wird das Paint-Ereignis ausgelöst. Hier wird das aktive Bild gezeichnet, so dass es immer korrekt sichtbar ist, auch wenn das Fenster zwischenzeitlich verdeckt war (Listing 91).

```
Private Sub PicBox_Paint(ByVal sender As Object, _
    ByVal e As System.Windows.Forms.PaintEventArgs) _
        Handles PicBox.Paint

    ' Das aktive Bild zeichnen
    If Not ActivePic Is Nothing Then
        e.Graphics.DrawImage(ActivePic, PicBox.ClientRectangle)
    End If

End Sub
```

Listing 91: Zeichnen des aktiven Bildes in OnPaint

Beim Schließen des Fensters werden die Bitmaps freigegeben:

```
' Ressourcen für Bilder freigeben
Dim i As Integer
For i = 0 To Photos.GetUpperBound(0)
    Photos(i).Dispose()
Next
```

In den Ereignis-Routinen `NUDSteps_ValueChanged`, `NUDFadingtime_ValueChanged` und `NUDDisplay-time_ValueChanged` werden die Einstellungen der Eingabefelder in die entsprechenden Variablen übertragen.

Die Klasse kann instanziert und das Fenster angezeigt werden. Der komplette Mechanismus der Dia-Show ist integriert. Alle Bilder werden zyklisch gewechselt.

In den folgenden Tipps werden nun Beispiele für Überblendungen vorgestellt. Sie sollen Ihnen die Mechanismen aufzeigen, die zur Verfügung stehen. Lassen Sie Ihrer Phantasie freien Lauf und programmieren Sie auf Basis der Beispiele neue Varianten.

69   Horizontal und vertikal überblenden

Alle Varianten verwenden dasselbe Schema: Das bestehende Bild wird in jedem Schritt mehr und mehr vom nachfolgenden Bild überdeckt, bis schließlich nur noch das neue Bild zu sehen ist. Die ersten vier Varianten verwenden hierfür den Clipping-Mechanismus, die letzte Alpha-Blending.

Um ein Bild horizontal oder vertikal einzublenden, benötigt man einen rechteckigen Bereich, in den das neue Bild gezeichnet wird und der schrittweise vergrößert wird. Am Ende des Überblendvorgangs füllt er die gesamte Bildfläche aus.

Wie bereits in Rezept 67 beschrieben, könnten Sie mithilfe der `DrawImage`-Methode direkt einen Ausschnitt des neuen Bildes in das Zielrechteck zeichnen. Hier soll jedoch eine andere Vorgehensweise angewendet werden: Zeichnen in eine *Clipping-Region*.

Die Clipping-Region ist der Bereich des `Graphics`-Objektes, in den gezeichnet werden kann. Alles, was außerhalb dieses Bereiches gezeichnet wird, wird abgeschnitten (to clip, Abschneiden) und somit nicht gezeichnet. Im Ausgangszustand eines `Graphics`-Objektes füllt der Clipping-Bereich die gesamte Zeichenfläche.

Sie können den Clipping-Bereich jedoch beliebig gestalten. Das `Graphics`-Objekt stellt hierfür u.a. die Methode `SetClip` und die Eigenschaft `Clip` zur Verfügung. Im einfachsten Fall kann der Bereich aus einem Rechteck bestehen, genau das, was für dieses Beispiel benötigt wird.

Um diese Variante etwas flexibler zu gestalten, soll der Anwender die Möglichkeit haben, einzustellen, in welcher Richtung die Überblendung erfolgen soll. Die möglichen Richtungen sind zunächst einmal:

▶ von links nach rechts

▶ von rechts nach links

▶ von oben nach unten

▶ von unten nach oben

Abbildung 44 zeigt die letzte Variante, in der das neue Bild beginnend von unten über das bestehende gezeichnet wird.

Leider können die Bilder im Buch nur schwarzweiß wiedergegeben werden und stellen ja auch nur einen Ausschnitt des zeitlichen Verlaufs dar. Die Effekte sind daher nicht so deutlich zu erkennen. Aber probieren Sie das Programm mit den mitgelieferten Fotos aus. Sie werden überrascht sein, wie gut die mit einfachen Mitteln erreichten Überblend-Effekte zur Geltung kommen.

Abbildung 44: Vertikale Überblendung von rechts nach links

Da Position und Größe des Rechteckes je nach vorgegebener Richtung unterschiedlich ausfallen, werden für jede Richtung Parameter definiert. Hierzu wird für jede Variante eine Instanz der in Listing 92 definierten Klasse FadingDirection angelegt. Kern dieser Klasse sind die Member-Variablen StartposX, StartposY sowie IncrX und IncrY. Sie werden als Multiplikatoren eingesetzt und erlauben so die Durchführung der Berechnung ohne Verzweigungen.

```
Public Class FadingDirection

  ' Text, der in der Auswahlliste angezeigt werden soll
  Public Title As String

  ' Startposition für den Überblendvorgang
  ' 0 = links bzw. oben
  ' 1 = rechts bzw. unten
  Public StartposX, StartposY As Integer

  ' Richtung für den Überblendvorgang
  ' 1  = links->rechts bzw. oben->unten
  ' 0  = kein Überblenden in der betreffenden Richtung
  ' -1 = rechts->links bzw. unten->oben
  Public IncrX, IncrY As Integer

  ' Konstruktor zum Setzen der Membervariablen
  Public Sub New(ByVal title As String, _
    ByVal startposX As Integer, ByVal startposY As Integer, _
    ByVal incrX As Integer, ByVal incrY As Integer)

    Me.Title = title
    Me.StartposX = startposX
```

Listing 92: Die Klasse FadingDirection gibt die Richtung für den Überblendvorgang vor

```
      Me.StartposY = startposY
      Me.IncrX = incrX
      Me.IncrY = incrY
   End Sub

   ' ToString gibt den Titel zurück
   Public Overrides Function tostring() As String
      Return Title
   End Function

End Class
```

Listing 92: Die Klasse FadingDirection gibt die Richtung für den Überblendvorgang vor (Forts.)

Im Konstruktor der Fensterklasse werden die benötigten Instanzen angelegt und der ComboBox CBODirection zugefügt. Den anzuzeigenden Text ermittelt die ComboBox mithilfe der ToString-Überschreibung der Klasse FadingDirection.

```
' ComboBox mit den acht möglichen Überblendvarianten füllen
CBODirection.Items.Add( _
   New FadingDirection("Links -> Rechts", 0, 0, 1, 0))
CBODirection.Items.Add( _
   New FadingDirection("Rechts -> Links", 1, 0, -1, 0))
CBODirection.Items.Add( _
   New FadingDirection("Oben -> Unten", 0, 0, 0, 1))
CBODirection.Items.Add( _
   New FadingDirection("Unten -> Oben", 0, 1, 0, -1))
```

Wählt der Anwender einen Eintrag aus der ComboBox aus, dann wird die Referenz des angehängten FadingDirection-Objektes in der Variablen Direction gespeichert:

```
Private Sub CBODirection_SelectedIndexChanged(ByVal sender As _
   System.Object, ByVal e As System.EventArgs) _
   Handles CBODirection.SelectedIndexChanged

   ' Auswahl speichern
   Direction = DirectCast(CBODirection.SelectedItem, FadingDirection)

End Sub
```

Der eigentliche Überblendvorgang wird in der Methode Fade implementiert. Listing 93 zeigt den Aufbau der Funktion. Hier wird an Hand des Zählerstands (Variable Counter der Basisklasse) die Größe und Position des Rechtecks berechnet. Betrachten wir für die Berechnung zunächst den in Abbildung 44 gezeigten Fall der vertikalen Überblendung:

Zur Erinnerung: PicBoxRect hat die Dimension des Zeichenbereichs.

Die Breite des Rechtecks bleibt konstant:

```
w = PicBoxRect.Width
```

Die Höhe ändert sich proportional zum Zählerstand:

```
h = Counter * PicBoxRect.Height / Steps
```

Die x-Koordinate des Rechtecks bleibt konstant:

```
x = 0
```

Nun muss unterschieden werden, ob das Rechteck von oben nach unten oder von unten nach oben wachsen soll.

Für den Fall, dass von oben nach unten überblendet wird, bleibt die y-Koordinate konstant:

```
y = 0
```

Wird von unten nach oben überblendet, dann verschiebt sich y um die Höhe des Rechtecks. Der Bezugspunkt ist die untere Kante, also `PicBoxRect.Height`:

```
y = PicBoxRect.Height - h
```

Die beiden Fälle lassen sich nun zusammenfassen:

```
y = Direction.StartposY * (PicBoxRect.Height - h)
```

Im ersten Fall ist `StartposY` 0 und y somit ebenfalls 0, im zweiten Fall ist `StartposY` 1 und das Ergebnis `PicBoxRect.Height`-**h**.

```
Protected Overrides Sub Fade(ByVal g As Graphics)

    ' Hilfsvariablen für Berechnungen
    ' 1: Veränderung in der betreffenden Richtung
    ' 0: Keine Veränderung
    Dim absIncrX As Integer = Math.Abs(Direction.IncrX)
    Dim absIncrY As Integer = Math.Abs(Direction.IncrY)

    ' Breite und Höhe des Clipping-Rechtecks
    Dim w As Integer = CInt(counter * _
      (PicBoxRect.Width / steps)) * absIncrX + _
      (1 - absIncrX) * PicBoxRect.Width
    Dim h As Integer = CInt(counter * _
      (PicBoxRect.Height / steps)) * absIncrY + _
      (1 - absIncrY) * PicBoxRect.Height

    ' Linke obere Ecke des Clipping-Rechtecks
    Dim x As Integer = Direction.StartposX * _
      (PicBoxRect.Width - w) * absIncrX
    Dim y As Integer = Direction.StartposY * _
      (PicBoxRect.Height - h) * absIncrY

    ' Das ermittelte Rechteck
    Dim destRect As New Rectangle(x, y, w, h)

    ' Clipping-Bereich setzen
    g.SetClip(destRect)

    ' Bild zeichnen
    g.DrawImage(NextPic, PicBoxRect)

End Sub
```

Listing 93: Überschreibung der Methode Fade für die Realisierung der horizontalen oder vertikalen Überblendung

Um bei der Berechnung nicht zwischen vertikal und horizontal unterscheiden zu müssen, kann man den Absolutwert von `Direction.IncrX` bzw. `Direction.IncrY` als Multiplikator heranziehen. Er ist 0, wenn in der betreffenden Richtung keine Änderung erfolgt, und 1, wenn das Rechteck in dieser Richtung linear wachsen soll. Somit ergeben sich folgende Formeln:

```
w = Counter * PicBoxRect.Width / Steps * |IncrX| + (1 - |IncrX|) * PicBoxRect.Width
h = Counter * PicBoxRect.Height / Steps * |IncrY| + (1 - |IncrY|) * PicBoxRect.Height
x = StartposX * (PicBoxRect.Width - w) * |IncrX|
y = StartposY * (PicBoxRect.Height - h) * |IncrY|
```

Mit diesen vier Formeln werden die Parameter für das Clipping-Rechteck für alle Varianten ohne Verzweigungen bestimmt und anschließend ein neues Rechteck (destRect) generiert.

Dieses Rechteck kann nun direkt der Methode SetClip des Graphics-Objektes übergeben werden. Anschließend wird das neue Bild genauso gezeichnet, als hätte es die volle Größe. Tatsächlich wird aber alles außerhalb des berechneten Rechtecks abgeschnitten.

Die obige Berechnung erlaubt ohne Änderung der Fade-Methode noch eine Gestaltungsvariante:

Es ist möglich, das Rechteck gleichzeitig sowohl horizontal als auch vertikal zu verändern. Dadurch ergeben sich folgende zusätzliche Überblendrichtungen:

▶ von oben links nach unten rechts

▶ von oben rechts nach unten links

▶ von unten links nach oben rechts

▶ von unten rechts nach oben links

Abbildung 45: Überblendvariante »oben links nach unten rechts«

Abbildung 45 zeigt die letztgenannte Variante. Im Konstruktor des Fensters werden die zusätzlichen FadingDirection-Objekte erzeugt und an die ComboBox angehängt:

```
CBODirection.Items.Add( _
  New FadingDirection("O.L. -> U.R.", 0, 0, 1, 1))
CBODirection.Items.Add( _
  New FadingDirection("O.R. -> U.L.", 1, 0, -1, 1))
```

```
CBODirection.Items.Add( _
   New FadingDirection("U.L. -> O.R.", 0, 1, 1, -1))
CBODirection.Items.Add( _
   New FadingDirection("U.R. -> O.L.", 1, 1, -1, -1))
```

Als weitere Variation können Sie das neue Bild wie eine Gummifläche aufziehen, also das Bild auf den Clipping-Bereich skalieren. Der Effekt lässt sich sehen. Allerdings müssen Sie berücksichtigen, dass die Skalierung sehr rechenintensiv ist und somit recht lange dauern kann. Schließlich müssen alle Pixel neu berechnet werden, während beim Clipping überflüssige Pixel einfach ignoriert werden können.

70   Diagonal überblenden

Um das neue Bild diagonal einblenden zu können, benötigt man einen dreieckigen Clipping-Bereich. GDI+ bietet eine einfache Möglichkeit, nicht rechteckige Clipping-Bereiche zu definieren: durch ein GraphicsPath-Objekt.

Ein GraphicsPath-Objekt, kurz Pfad genannt, kann verschiedene geometrische Figuren aufnehmen. Dazu gehören u.a. Geraden, Rechtecke, Ellipsen, Ellipsenausschnitte und Polygone und Strings. Der Pfad kann für verschiedene Aktionen genutzt werden. Es können die Umrisse gezeichnet werden, er kann farbig gefüllt gezeichnet werden und man kann ihn als Clipping-Bereich nutzen.

Für die Aufgabenstellung wird ein Pfad benötigt, der aus drei Linien besteht, die ein Dreieck bilden. Vier Varianten müssen berücksichtigt werden:

▶ von oben links nach unten rechts

▶ von oben rechts nach unten links

▶ von unten links nach oben rechts

▶ von unten rechts nach oben links

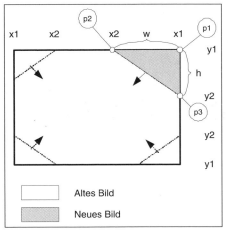

Abbildung 46: Koordinaten für die Berechnung des Dreiecks

Das Dreieck beginnt in der ausgewählten Startecke und wird in Richtung der Zielecke vergrößert. Damit im letzten Schritt des Überblendvorgangs das alte Bild vollständig überdeckt wird, muss die Kantenlänge des Dreiecks zum Schluss doppelt so groß sein wie die betreffende Kantenlänge des Zeichenbereichs. In Abbildung 46 werden die Koordinaten und Variablen erläutert, die im Programm verwendet werden.

Die einzelnen Größen berechnen sich wie folgt:

```
w = Counter * PicBoxRect.Width / Steps * 2
h = Counter * PicBoxRect.Height / Steps * 2
x1 = StartposX * PicBoxRect.Width
x2 = StartposX * PicBoxRect.Width + IncrX * w
y1 = StartposY * PicBoxRect.Height
y2 = StartposY * PicBoxRect.Height + IncrY * h
p1 = (x1, y1)
p2 = (x2, y1)
p3 = (x1, y2)
```

Mit path.AddLine(…) werden die drei Linien des Dreiecks dem Pfad hinzugefügt. Der Methodenaufruf SetClip(path) übernimmt diesen Pfad als Clipping-Bereich. Listing 94 zeigt die vollständige Implementierung. Das Ergebnis sehen Sie in Abbildung 47.

```
Protected Overrides Sub Fade(ByVal g As _
   System.Drawing.Graphics)

   ' Breite des Dreiecks bestimmen
   Dim w As Integer = CInt(counter * _
      (PicBoxRect.Width / Steps)) * 2

   ' Höhe des Dreiecks bestimmen
   Dim h As Integer = CInt(counter * _
      (PicBoxRect.Height / Steps)) * 2

   ' X-Koordinate des Eckpunktes (links oder rechts)
   Dim x1 As Integer = Direction.StartposX * PicBoxRect.Width

   ' X-Koordinate der inneren Ecke
   Dim x2 As Integer = Direction.StartposX * _
      PicBoxRect.Width + Direction.IncrX * w

   ' Y-Koordinate des Eckpunktes (oben oder unten)
   Dim y1 As Integer = Direction.StartposY * PicBoxRect.Height

   ' Y-Koordinate der inneren Ecke
   Dim y2 As Integer = Direction.StartposY * _
      PicBoxRect.Height + Direction.IncrY * h

   ' Zur Übersicht die drei Punkte
   Dim p1 As New Point(x1, y1)
   Dim p2 As New Point(x2, y1)
   Dim p3 As New Point(x1, y2)

   ' Einen Pfad mit diesem Dreieck anlegen
   Dim path As New GraphicsPath()
```

Listing 94: Die Fade-Methode für den diagonalen Übergang

GDI+
Bildbearbeitung

```
path.AddLine(p1, p2)
path.AddLine(p2, p3)
path.AddLine(p3, p1)

' Das Dreieck ist die Clipping-Region
g.SetClip(path)

' Neues Bild zeichnen
g.DrawImage(NextPic, PicBoxRect)

' Entsorgung
path.Dispose()

End Sub
```

Listing 94: Die Fade-Methode für den diagonalen Übergang (Forts.)

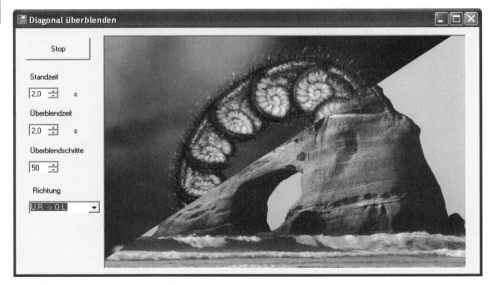

Abbildung 47: Diagonal überblenden von unten rechts nach oben links

71 Elliptische Überblendung

Analog zu vorherigem Beispiel wird auch hier ein Pfad als Clipping-Bereich benutzt. Lediglich zwei Varianten erscheinen sinnvoll:

▶ von innen nach außen

▶ von außen nach innen

Die Richtung wird daher in der booleschen Variablen `FromInside` festgehalten und kann über zwei RadioButtons vorgegeben werden. Je nach Richtung wird entweder das Äußere oder das Innere der Ellipse als Clipping-Bereich definiert.

Die Ellipse selbst hat als Mittelpunkt den Mittelpunkt des Zeichenbereichs. Ihre Größe wird über das umschließende Rechteck definiert. Dieses muss im Maximum größer sein als der Zeichenbereich, damit der Zeichenbereich vollständig in die Ellipse fällt. Listing 95 zeigt die vollständige Implementierung.

```vbnet
Protected Overrides Sub Fade(ByVal g As _
    System.Drawing.Graphics)

    ' Ein neuer Pfad für den Clip-Bereich
    Dim path As New GraphicsPath()

    ' Mittelpunkt der PictureBox
    Dim mx As Integer = PicBoxRect.Width \ 2
    Dim my As Integer = PicBoxRect.Height \ 2

    ' Hilfsvariablen
    Dim clipReg As Region
    Dim x, y As Integer

    If FromInside Then
        ' Die Ellipse beginnt klein in der Mitte
        ' Ecke links oben berechnen
        x = PicBoxRect.Width * Counter \ Steps
        y = PicBoxRect.Height * Counter \ Steps

        ' Ellipse zu Pfad hinzufügen
        path.AddEllipse(mx - x, my - y, x * 2, y * 2)

        ' Clip-Bereich setzen
        g.SetClip(path)

    Else
        ' Die Ellipse beginnt groß außen
        ' Ecke links oben berechnen
        x = PicBoxRect.Width * (Steps - Counter) \ Steps
        y = PicBoxRect.Height * (Steps - Counter) \ Steps

        ' Ellipse zu Pfad hinzufügen
        path.AddEllipse(mx - x, my - y, x * 2, y * 2)

        ' Clip-Bereich anlegen
        clipReg = New Region(path)

        ' Clip-Bereich setzen
        '(das Innere der Ellipse bleibt erhalten)
        g.ExcludeClip(clipReg)

        ' Ressourcen freigeben
        clipReg.Dispose()

    End If
```

Listing 95: Implementierung der elliptischen Überblendung

```
' Bild zeichnen
g.DrawImage(NextPic, PicBoxRect)

End SubListing
```

Listing 95: Implementierung der elliptischen Überblendung (Forts.)

Eine Besonderheit gegenüber dem vorangegangenen Beispiel ist der Fall AUßEN NACH INNEN. Hier ist nicht die Ellipse der Bereich, der gezeichnet werden soll, sondern alles außerhalb der Ellipse. Um den Außenbereich zum Clipping-Bereich zu machen gibt es mehrere Möglichkeiten. Hier wird aus dem Pfad ein Region-Objekt erzeugt und mit `ExcludeClip` der Außenbereich dieser Region zum Clipping-Bereich des `Graphics`-Objektes erklärt. Alternativ können Sie auch `Region.Complement` für das Invertieren des Region-Objektes verwenden. Auch für ein Region-Objekt gilt, dass man mittels `Dispose` die verwendeten Ressourcen wieder freigeben sollte.

Einen Schnappschuss des Überblendvorgangs sehen Sie in Abbildung 48.

Abbildung 48: Eine zentrierte Ellipse als Clipping-Bereich

Alternativ können Sie die Ellipse auch durch ein Rechteck ersetzen und erhalten so einen Überblendeffekt mit einem zentrierten rechteckigen Bereich. Auch hier, besonders wenn von innen nach außen übergeblendet wird, könnten Sie das neue Bild skalieren und kontinuierlich vergrößern. Der Phantasie sind hier keine Grenzen gesetzt.

72   Überblendung durch zufällige Mosaik-Muster

Im letzten Clipping-Beispiel wird der Clipping-Bereich kontinuierlich um kleine rechteckige Ausschnitte erweitert, bis die ganze Bildfläche abgedeckt ist. Die Rechtecke werden in jedem Einzelschritt zufällig ausgewählt. Ihre Größe ist einstellbar. Einen Schnappschuss zeigt Abbildung 49.

Abbildung 49: Überblendung mit Mosaik-Muster

Die für jeden Schritt benötigten Informationen werden in Member-Variablen der Klasse gehalten:

```
' Breite und Höhe für die Kästchen
Private FieldWidth As Integer = 10
Private FieldHeight As Integer = 10

' Liste der Kästchen
Private ClipRectangles As New ArrayList()

' Clip-Region für Überblendung
Private ClipRgn As New Region()

' Anzahl der Felder pro Überblendschritt
Private FieldsPerStep As Integer

' Zufallszahlengenerator
Private RD As New Random()
```

Vor einem Überblendvorgang werden anhand der Variablen FieldWidth und FieldHeight alle zur Abdeckung der Zeichenfläche benötigten Rechtecke errechnet und der Liste ClipRectangles hinzugefügt. In jedem Überblendschritt wird dann eine zuvor bestimmte Anzahl (Variable Fields-PerStep) zufällig ausgewählter Rechtecke der Liste entnommen und dem Clipping-Bereich hinzugefügt. Am Ende des Überblendvorgangs ist die Liste leer und der Clipping-Bereich vollständig. Diese Strategie verhindert, dass der Zufallszahlengenerator Rechtecke mehrfach auswählen kann, und stellt sicher, dass alle Rechtecke gesetzt werden. In Listing 96 sehen Sie die Implementierung der Methode Fade.

```
Protected Overrides Sub Fade(ByVal g As System.Drawing.Graphics)
    If counter = 1 Then
```

Listing 96: Kontinuierliche Erweiterung der Clipping-Region durch zufällig ausgewählte Rechtecke

```vbnet
' Initialisierung vornehmen

Dim x, y As Integer

' Alle Rechtecke für das Clipping anlegen und in der Liste
' "ClipRectangles" verwalten
Do While y < PicBoxRect.Height
  x = 0
  Do While x < PicBoxRect.Width
    ClipRectangles.Add(New Rectangle(x, y, FieldWidth, _
      FieldHeight))
    x += FieldWidth
  Loop
  y += FieldHeight
Loop

' Berechnen, wie viele Rechtecke pro Schritt verwendet werden
' sollen
FieldsPerStep = ClipRectangles.Count \ Steps

' Clip-Region löschen
ClipRgn.MakeEmpty()

End If

Dim i, z As Integer
For i = 1 To FieldsPerStep
  ' Index eines zufällig ausgewählten Rechtecks
  z = RD.Next(ClipRectangles.Count)

  ' Rechteck der Clip-Region hinzufügen
  ClipRgn.Union(DirectCast(ClipRectangles(z), Rectangle))

  ' und aus der Liste entfernen
  ClipRectangles.RemoveAt(z)
Next

' Clipping setzen
g.Clip = ClipRgn

' Neues Bild zeichnen
g.DrawImage(NextPic, PicBoxRect)

End Sub
```

Listing 96: Kontinuierliche Erweiterung der Clipping-Region durch zufällig ausgewählte Rechtecke (Forts.)

Auch dieses Beispiel können Sie mit wenig Aufwand erweitern. Ein netter Effekt ergäbe sich, wenn die Kästchen nicht zufällig ausgewählt werden, sondern z.B. spiralenförmig oder im Zickzack gezielt gesetzt werden. Hierfür muss lediglich die Auswahl der Kästchen umprogrammiert werden. Der Rahmen kann unverändert übernommen werden.

73 Überblendung durch Transparenz

Im letzten Beispiel zur Überblendung von Bildern wird ein völlig anderer Weg eingeschlagen. Statt das neue Bild zu beschneiden, wird es in jedem Schritt in voller Größe über das alte Bild gezeichnet. Allerdings wird die Deckkraft kontinuierlich von völlig transparent bis deckend schrittweise gesteigert. Dadurch ergibt sich ein Effekt ähnlich der Überblendung bei Diaprojektoren.

Während Sie zum Zeichnen und Füllen transparenter geometrischer Figuren mit `Graphics.Draw...` und `Graphics.Fill...` lediglich ein Pen- oder Brush-Objekt mit einer teilweise transparenten Farbe übergeben müssen, ist der Aufwand bei Bitmaps etwas größer.

Basis der Berechnungen ist der Alpha-Wert, der die Transparenz angibt. Ein Wert von Null bedeutet vollständige Transparenz, das Bild ist also nicht sichtbar, ein Wert von Eins bedeutet vollständige Deckung, so dass der Untergrund nicht mehr sichtbar ist. Um eine Bitmap transparent zu machen, benötigt man ein `ColorMatrix`-Objekt aus dem Namespace `System.Drawing.Imaging`. Hierbei handelt es sich um eine vordefinierte 5 x 5 Matrix, die für Farboperationen verwendet wird. Im Feld (3,3) kann ein Alpha-Wert festgelegt werden. Eine Instanz der Klasse `ImageAttributes` aus dem gleichen Namespace verwendet u.a. diese Matrix, um bei der Ausgabe eines Bildes mit `DrawImage` Farben und Transparenz zu verändern.

Einige der ca. 30 Überladungen der `DrawImage`-Methode akzeptieren ein `ImageAttributes`-Objekt als Parameter. Leider gibt es keine, die beide Rechtecke als `Rectangle`-Strukturen annimmt. Daher muss das `Source-Rectangle` durch vier `Integer`-Werte angegeben werden. Listing 97 zeigt die Implementierung.

```
Protected Overrides Sub Fade(ByVal g As System.Drawing.Graphics)

    ' Transparenz ermitteln
    ' 0: transparent
    ' 0..1: durchscheinend
    ' 1: deckend
    Dim alpha As Single = CSng(Counter / Steps)

    ' Farbmatrix anlegen
    Dim ColMat As New ColorMatrix()
    ColMat.Matrix33 = alpha

    ' Bildattribute anlegen
    Dim imgAtt As New ImageAttributes()
    imgAtt.SetColorMatrix(ColMat)

    ' Buffer für Zeichenoperationen
    Dim bm As New Bitmap(PicBoxRect.Width, PicBoxRect.Height)

    ' Graphics-Objekt für Buffer holen
    Dim g2 As Graphics = Graphics.FromImage(bm)

    ' Das alte Bild deckend in den Buffer zeichnen
    g2.DrawImage(Me.ActivePic, PicBoxRect)

    ' Das neue Bild transparent in den Buffer zeichnen
    g2.DrawImage(Me.NextPic, PicBoxRect, 0, 0, PicBoxRect.Width, _
```

Listing 97: Alpha-Blending mit Bitmaps

GDI+
Bildbearbeitung

```
    PicBoxRect.Height, GraphicsUnit.Pixel, imgAtt)

    ' Das Ergebnis auf die PicturBox ausgeben
    g.DrawImage(bm, PicBoxRect)

    ' Entsorgungen
    g2.Dispose()
    bm.Dispose()
    imgAtt.Dispose()

End Sub
```

Listing 97: Alpha-Blending mit Bitmaps (Forts.)

Da das Zeichnen von transparenten Bitmaps sehr aufwändig ist (jedes Pixel des zu zeichnenden Bildes muss mit dem entsprechenden Pixel des Hintergrundbildes verrechnet werden), dauert ein Überblendschritt entsprechend lang. In der obigen Variante muss zudem das alte Bild in jedem Schritt neu gezeichnet werden. Das führt zu einem unschönen Flackern.

Um das Flackern zu unterdrücken, wird die Zeichnung erst in einem Buffer erstellt, bevor sie auf das Graphics-Objekt der PictureBox ausgegeben wird. GDI+ stellt einige Hilfsmittel zur Verfügung, um diesen Mechanismus zu realisieren.

Benötigt wird zunächst ein Bitmap-Objekt in der Größe der Zeichnung. Dieses lässt sich leicht mithilfe des Konstruktors Bitmap(int, int) erstellen. Das Zeichnen auf diese Bitmap erfordert ein Graphics-Objekt, das man mit der statischen Methode Graphics.FromImage erhält. Alle Zeichenoperationen werden dann auf diesem Objekt ausgeführt.

Ist die Zeichnung komplett, dann kann die erzeugte Bitmap einfach mit DrawImage auf die PictureBox ausgegeben werden. Danach sollten noch die Ressourcen freigegeben werden.

Abbildung 50: Einsatz von Transparenz für die Überblendung

Abbildung 50 zeigt eine Momentaufnahme der Überblendung. Der wirkliche Effekt lässt sich aber nur am laufenden Beispielprogramm erfassen.

Statt in jedem Schritt das alte Bild zu zeichnen und das neue mit berechneter Transparenz darüber, kann man auch einen anderen Weg einschlagen:

Das alte Bild wird nicht neu gezeichnet, sondern kontinuierlich mit dem neuen überdeckt. Hierfür legt man einen Alpha-Wert fest, der ungefähr dem Kehrwert der Überblendschritte entspricht. Das Ergebnis ist zwar nicht mathematisch genau, da im letzten Überblendschritt das erzeugte Bild nicht exakt dem neuen Bild entsprechen muss, aber der Unterschied fällt kaum auf. Nach Ablauf des Überblendvorgangs ersetzt die Basisklasse `FadingBase` ja ohnehin das alte durch das neue Bild. Ob dadurch auf den Buffer verzichtet werden kann, hängt von der Leistungsfähigkeit des Rechners ab und muss in einem Versuch ermittelt werden.

74   Bilder verzerrungsfrei maximieren

> Die beschriebene Klasse ist Bestandteil der Klassenbibliothek `ImagingLib`. Sie finden sie dort im Namensraum `VBCodeBook.ImagingLib`.

Soll ein Bild auf einem Ausgabegerät (z.B. Fenster, PictureBox oder Druckerseite) mit maximaler Größe dargestellt werden, reicht es nicht aus, beim Zeichnen das Bild auf die Abmessungen des Zielrechtecks zu transformieren. Denn selten haben Bild und Ausgabefläche dasselbe Seitenverhältnis und das Bild würde verzerrt wiedergegeben.

Breite und Höhe müssen daher mit dem gleichen Skalierungsfaktor multipliziert werden, um Verzerrungen zu vermeiden. Dieser Faktor muss so bemessen sein, dass eine Seite des Bildes (Breite oder Höhe) die gleiche Ausdehnung hat wie die des Zielrechtecks, die andere Bildseite aber nicht über das Zielrechteck hinausgeht. Die Klasse `ScaleImage` (Listing 98) bietet zwei Funktionen (`DrawMaximizedPicture`), um ein Bild nach dieser Vorgabe zu skalieren.

Zur Berechnung des Skalierungsfaktors werden die Seitenverhältnisse (`Breite/Höhe`) des zu zeichnenden Bildes und des Ausgaberechtecks verglichen. Ob Bild und Zielrechteck Querformat (Landscape) oder Hochformat (Portrait) haben, spielt dabei keine Rolle. Ist das Seitenverhältnis des Bildes größer als das des Zielrechtecks, dann muss die Bildbreite auf die Breite des Rechtecks skaliert werden. Die Höhe des gezeichneten Bildes ist dadurch kleiner oder maximal gleich der Höhe des Zielrechtecks. Ist das Verhältnis umgekehrt, wird die Bildhöhe auf die Höhe des Rechtecks umgerechnet.

Über den Parameter `align` kann die Ausrichtung des Bildes innerhalb des angegebenen Rechtecks eingestellt werden. Analog zur Enumeration `StringAlignment` werden die Werte `Near`, `Center` und `Far` angeboten, um das Bild bündig links (bzw. oben), horizontal (bzw. vertikal) zentriert oder bündig rechts (bzw. unten) zu zeichnen. Die Bezeichnungen `Near` und `Far` wurden gewählt, um eine Unterscheidung von horizontaler und vertikaler Ausrichtung zu umgehen und die Ausrichtung evtl. später länderspezifisch anzupassen.

```
Public Class ScaleImage

  Public Enum Alignment
    Near      ' Links bzw. oben
    Center    ' Zentriert
    Far       ' Rechts bzw. unten
  End Enum
```

Listing 98: ScaleImage ermöglicht die verzerrungsfreie maximierte Darstellung eines Bildes in einem vorgegebenen Rechteck

```vb
' Bild in maximaler Größe unverzerrt zeichnen
' g:         Das Graphics-Objekt, auf das gezeichnet werden soll
' picture:   Das zu zeichnende Bild
' destRect:  Zielrechteck, in das gezeichnet werden soll
' align:     Ausrichtung
' Rückgabewert: verwendeter Skalierungsfaktor
Public Shared Function DrawMaximizedPicture(ByVal g As Graphics _
  , ByVal picture As Image, ByVal destRect As Rectangle, _
  ByVal align As Alignment) As Double

    ' Abmessungen des Bildes und des Zielrechtecks
    Dim pw As Integer = picture.Width
    Dim ph As Integer = picture.Height
    Dim dw As Integer = destRect.Width
    Dim dh As Integer = destRect.Height

    ' Ungültige Abmessungen ausschließen
    If ph <= 0 Or dh <= 0 Or pw <= 0 Or dw <= 0 Then
      Throw New ArgumentException( _
        "Breiten und Höhen müssen größer sein als Null")
    End If

    ' Skalierungsfaktor
    Dim scaleFactor As Double

    ' Seitenverhältnisse vergleichen
    If pw / ph > dw / dh Then
      ' Breite maximieren
      scaleFactor = dw / pw
    Else
      ' Höhe maximieren
      scaleFactor = dh / ph
    End If

    ' Offset für Ausrichtung im Rechteck berechnen
    ' Ausgangswert für "Near"
    Dim x As Integer = destRect.Left
    Dim y As Integer = destRect.Top

    ' Ausrichtung berücksichtigen
    Select Case align
      Case Alignment.Center
        x += CInt((dw - scaleFactor * pw) / 2)
        y += CInt((dh - scaleFactor * ph) / 2)
      Case Alignment.Far
        x += CInt(dw - scaleFactor * pw)
        y += CInt(dh - scaleFactor * ph)
    End Select
```

Listing 98: ScaleImage ermöglicht die verzerrungsfreie maximierte Darstellung eines Bildes in einem vorgegebenen Rechteck (Forts.)

```
    ' Zielrechteck bestimmen
    ' Gleicher Skalierungsfaktor für Breite und Höhe
    Dim r As New Rectangle(x, y, _
      CInt(scaleFactor * pw), CInt(scaleFactor * ph))

    ' Bild in diesem Rechteck zeichnen
    g.DrawImage(picture, r)

    ' Zur Info den Skalierungsfaktor zurückgeben
    Return scaleFactor

  End Function

  ' Bild in maximaler Größe unverzerrt zeichnen
  ' g: Das Graphics-Objekt, auf das gezeichnet werden soll
  ' picture: Das zu zeichnende Bild
  ' Rückgabewert: verwendeter Skalierungsfaktor
  Public Shared Function DrawMaximizedPicture(ByVal g As Graphics _
    , ByVal picture As Image) As Double

    ' Parameter aus Graphics-Objekt ermitteln
    Return DrawMaximizedPicture(g, picture, _
    Rectangle.Round(g.VisibleClipBounds), Alignment.Center)

  End Function

End Class
```

Listing 98: ScaleImage ermöglicht die verzerrungsfreie maximierte Darstellung eines Bildes in einem vorgegebenen Rechteck (Forts.)

Die zweite Variante von DrawMaximizedPicture benötigt lediglich die Referenz des Graphics-Objektes und des auszugebenden Bildes. Sie ermittelt das Zielrechteck aus der Eigenschaft VisibleClipBounds des Graphics-Objektes und zeichnet das Bild zentriert in diesem Rechteck.

In einem kleinen Beispielprogramm auf der CD sehen Sie die verschiedenen Möglichkeiten. Abbildung 51 und Abbildung 52 zeigen zwei Darstellungen für ein Bild im Querformat, Abbildung 53 und Abbildung 54 für ein Bild im Hochformat. Abbildung 55 demonstriert die maximierte Darstellung in einem Rechteck. Die Steuerung der Ausgabe erfolgt über ein Kontextmenü des Beispielfensters, die eigentliche Bildausgabe sehen Sie in Listing 99. Nicht abgedruckt sind die Member-Variablen für die verschiedenen Einstellungen und die Ereignis-Handler für das Kontextmenü. Sie finden sie gut kommentiert im Sourcecode des Beispielprogramms auf der CD.

```
Protected Overrides Sub OnPaint(ByVal e As System.Windows.Forms.PaintEventArgs)

  ' Skalierung im Rechteck oder Vollbild?
  If PictInRect Then
    ' Rechteck berechnen (50 Pixel Rand)
    Dim r As New Rectangle(50, 50, Me.ClientSize.Width - _
      100, Me.ClientSize.Height - 100)
```

Listing 99: Beispiel für die maximierte Bildausgabe

```
      ' Bild in diesem Rechteck zeichnen
      ScaleImage.DrawMaximizedPicture(e.Graphics, _
         Pictures(PictureIndex), r, PictureAlignment)

      ' Umrisse des Rechtecks zeichnen
      e.Graphics.DrawRectangle(New Pen(Color.DarkBlue, 4), r)
   Else
      ' Bild auf Fenster maximieren
      ScaleImage.DrawMaximizedPicture(e.Graphics, _
         Pictures(PictureIndex), Me.ClientRectangle, _
         PictureAlignment)
   End If

End Sub
```

Listing 99: Beispiel für die maximierte Bildausgabe (Forts.)

Abbildung 51: Bild im Querformat, Breite maximiert, zentrierte Ausgabe

Abbildung 52: Bild im Querformat, Höhe maximiert, Ausgabe rechtsbündig

Abbildung 53: Bild im Hochformat,
Breite maximiert,
zentrierte Ausgabe

Abbildung 54: Bild im Hochformat,
Breite maximiert,
Ausgabe bündig oben

Abbildung 55: Bild im Querformat, Höhe maximiert, zentrierte Ausgabe im Rechteck

75 Blockierung der Bilddatei verhindern

> Die beschriebene Klasse ist Bestandteil der Klassenbibliothek `ImagingLib`. Sie finden sie dort
> im Namensraum `VBCodeBook.ImagingLib`.

Ein bekanntes Problem beim Anlegen eines Bitmaps mithilfe des Bitmap-Konstruktors, der
einen Dateipfad entgegennimmt, ist, dass die Datei bis zur Zerstörung des Bitmap-Objektes für
Schreib- und Löschzugriffe gesperrt ist:

```
Dim pic As Image = New Bitmap("ThePicture.bmp")
```

Muss man diese Blockierung vermeiden, weil z.B. andere Programme Lese- und Schreibzugriff auf die Datei haben sollen, dann kann ein anderer Konstruktor der Bitmap-Klasse herangezogen werden:

```
' Stream öffnen
Dim sr As New System.IO.FileStream("ThePicture.bmp ", _
   IO.FileMode.Open)

' Bitmap-Objekt anlegen
Pictures(0) = New Bitmap(sr)

' Stream schließen
sr.Close()
```

Nicht der Pfad wird übergeben, sondern ein geöffneter Stream, der nach der Instanzierung des Bitmaps wieder geschlossen wird. Die Datei kann anschließend gelöscht oder überschrieben werden.

Diese Vorgehensweise hilft allerdings nicht in jedem Fall. Denn laut Dokumentation muss der Stream so lange geöffnet bleiben, wie auf das Bitmap-Objekt zugegriffen wird. Die Gründe hierfür sind vermutlich in den Tiefen der GDI+-API zu suchen.

Folglich bleibt nichts anderes übrig, als den gesamten Stream zu kopieren. Hierfür kann ein MemoryStream-Objekt benutzt werden, das dann als Basis für den Bitmap-Konstruktor dient. Der MemoryStream bleibt während der Benutzung des Bildes geöffnet, während der eigentliche Datei-Stream sofort nach Abschluss des Ladevorgangs wieder geschlossen wird. Allerdings darf nicht vergessen werden, auch das MemoryStream-Objekt freizugeben, wenn es nicht mehr benötigt wird. Die Klasse ImageFromFile kapselt die notwendigen Schritte (Listing 100).

```
Public Class ImageFromFile
  Implements IDisposable

  Private disposedValue As Boolean = False


    Private MemStr As MemoryStream
    Private Picture As Bitmap

  Public Sub New(ByVal path As String)

    ' Datei öffnen
    Dim fs As New FileStream(path, FileMode.Open)

    ' Byte-Array in Dateigröße anlegen
    Dim buffer(CInt(fs.Length) - 1) As Byte

    ' Datei vollständig einlesen
    fs.Read(buffer, 0, buffer.Length)

    ' und schließen. Die Datei ist jetzt wieder verfügbar
    fs.Close()

    ' MemoryStream-Objekt generieren
```

Listing 100: Einlesen einer Bilddatei ohne Blockieren der Datei

```
   MemStr = New MemoryStream(buffer)

   ' Bild aus MemoryStream anlegen
   Picture = New Bitmap(MemStr)

End Sub

Public Function GetBitmap() As Bitmap
   Return Picture
End Function

' IDisposable
Protected Overridable Sub Dispose(ByVal disposing As Boolean)
   If Not Me.disposedValue Then

      Picture.Dispose()
      MemStr.Dispose()
   End If
   Me.disposedValue = True
End Sub

Protected Overrides Sub Finalize()
   Dispose()
   MyBase.Finalize()
End Sub
End Class
```

Listing 100: Einlesen einer Bilddatei ohne Blockieren der Datei (Forts.)

Im Konstruktor der Klasse wird der Memory-Stream erzeugt und das Bitmap-Objekt angelegt. Über die Methode GetBitmap kann die Referenz des Bitmap-Objektes abgerufen werden. Die Klasse implementiert IDisposable und gibt die belegten Ressourcen innerhalb von Dispose wieder frei. Zur Sicherheit wird Finalize überschrieben und dort Dispose aufgerufen.

Ein Beispiel für eine Anwendung zeigt Listing 101. Eine Instanz von ImageFromFile wird während der Lebensdauer des Fensters im Speicher gehalten und beim Schließen des Fensters wieder freigegeben. Zum Zeichnen des Bildes wird GetBitmap aufgerufen.

```
Public Class UnblockedImage

   ' Bild laden
   Private IFF As New ImageFromFile(System.IO.Path.Combine _
      (Application.StartupPath, "..\rosella1.jpg"))

   Protected Overrides Sub OnClosing(…)
      MyBase.OnClosing(e)

      ' Ressourcen freigeben
      IFF.Dispose()
   End Sub
```

Listing 101: Die Klasse ImageFromFile im Einsatz

```
Private Sub UnblockedImage_Paint(…) Handles Me.Paint
  ' Bild zeichnen
  ScaleImage.DrawMaximizedPicture(e.Graphics, IFF.GetBitmap())
End Sub

…

End Class
```

Listing 101: Die Klasse ImageFromFile im Einsatz (Forts.)

76   Ordnerauswahl mit Miniaturenansicht der enthaltenen Bilder

> Die beschriebene Klasse ist Bestandteil der Klassenbibliothek `ImagingLib`. Sie finden sie dort im Namensraum `VBCodeBook.ImagingLib`.

Eine Miniaturenansicht, wie sie der Windows-Explorer für Bilder zur Verfügung stellt, lässt sich selbstverständlich auch mit .NET-Mitteln programmieren. Dazu benötigt man ein Steuerelement für die Ordnerauswahl, wie z.B. in Rezept 130 vorgestellt, und ein Steuerelement zum Anzeigen der Miniaturen (im Englischen meist Thumbnails genannt). Trennt man beide Steuerelemente durch einen Splitter, hat man die gleiche Fensterkonstruktion wie beim Windows-Explorer. Abbildung 56 zeigt das Resultat dieses Rezeptes.

Im `FolderBrowser`-Control (links) kann im Dateisystem ein beliebiger Ordner ausgewählt werden, dessen enthaltene Bilder auf der rechten Seite in Tastenform dargestellt werden. Für jede Miniatur werden der Dateiname und die Dateigröße angezeigt. Mithilfe des Splitters zwischen beiden Steuerelementen kann die Aufteilung der linken und rechten Fläche vom Anwender individuell eingestellt werden. Reicht der Platz nicht für die Anzeige aller Miniaturen aus, wird automatisch eine Scrollbar bereitgestellt. Mit einem Mausklick auf eine Taste kann eine frei programmierbare Aktion ausgelöst werden.

Der erste Ansatz zur Lösung einer solchen Aufgabe ist wahrscheinlich, bei Auswahl eines Ordners eine ausreichende Anzahl von Tasten (`System.Windows.Forms.Button`) zu generieren und deren Image-Eigenschaften die entsprechenden Bilder zuzuweisen. Allerdings ergeben sich hier einige Schwierigkeiten:

▶ Die Miniaturen werden verzerrt, weil die Seitenverhältnisse nicht passen

▶ Der Aufbau der Seite kann bei großen Bilddateien, insbesondere bei großen komprimierten Bildern, zu einem Geduldsspiel werden

▶ Während des Seitenaufbaus lässt sich das Fenster nicht bedienen. Beim Laden großer Bilder hilft auch kein `DoEvents`

▶ Tasten vom Typ `System.Windows.Forms.Buttons` werden wie Fenster behandelt, belegen also umfangreiche GDI-Ressourcen

Es sind also einige andere Ansätze gefragt, die die genannten Probleme umgehen. Statt für jede Bildtaste ein Steuerelement zu verwenden, können die Bilder auch einfach auf ein Panel gezeichnet werden. Die Techniken hierzu wurden in den vorangegangenen Rezepten erläutert. Lediglich die Umrandung der Taste gibt den visuellen Eindruck, ob die Taste in der unteren oder oberen Position ist. Diese Darstellung lässt sich leicht mit `ControlPaint.DrawBorder3D` realisieren. Die Mausereignisse auf die virtuellen Tasten abzubilden ist dann auch kein Problem mehr.

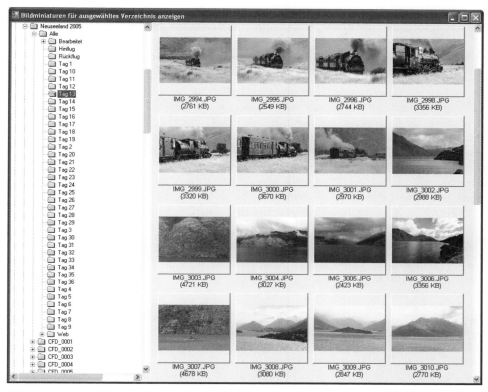

Abbildung 56: Miniaturenvorschau der Bilder eines ausgewählten Ordners

Abbildung 57: Laden der Bilder in einem Hintergrund-Thread

Lange Bildladezeiten lassen sich nicht vermeiden. Allerdings kann man das Fenster bedienbar halten, wenn das Laden der Bilder im Hintergrund durch einen zweiten Thread vorgenommen wird. Der Anwender sieht, dass die Miniaturen nach und nach angezeigt werden, kann aber währenddessen bereits Bilder auswählen oder das Fenster scrollen. Abbildung 57 zeigt einen Ausschnitt der Miniaturenansicht, bei dem die Bilder noch nicht vollständig geladen worden sind.

Die Verwaltung der Dateiinformationen sowie das Laden und Zeichnen der Bildtasten wird in die Klasse Thumbnail (Listing 102) ausgelagert. Der einzige Konstruktor der Klasse nimmt den Pfad der Bilddatei sowie die Tastengröße entgegen, liest Dateiinformationen und speichert die Daten in geschützten Member-Variablen. Für die Ansicht der Bilder legt er ein Bitmap in passender Größe an, ohne jedoch das Bild selbst zu laden. Zur grafischen Darstellung wird später die Methode Paint aufgerufen, die zusätzlich zur Referenz des Graphics-Objektes Argumente für die Formatierung der Schriften, die Position der Taste sowie deren Zustand (gedrückt, nicht gedrückt) übergeben bekommt. Letzteres wird durch die Konstanten Border3DStyle.Sunken bzw. Border3DStyle.Raised, die ControlPaint.DrawBorder3D als Parameter übergeben werden, visualisiert.

```
Public Class Thumbnail

    ' Dateiinformationen zum Thumbnail
    Public ReadOnly FInfo As FileInfo

    ' Bildspeicher
    Protected ReadOnly PicBuf As Bitmap

    ' Bild bereits geladen?
    Public PictureLoaded As Boolean = False

    ' Größenangaben
    Protected SizeInner As Integer
    Protected SizeOuter As Integer
    Protected BorderWidth As Integer

    ' Taste oben oder unten
    Public Enum ButtonState
      Up
      Down
    End Enum

    ' ctor
    Public Sub New(ByVal filepath As String, ByVal size As Integer)

      ' Angegebene Größe betrifft die Außenmaße
      SizeOuter = size

      ' Rahmen berücksichtigen
      BorderWidth = 2
      SizeInner = size - BorderWidth * 2

      ' Dateiinformationen lesen
      FInfo = New FileInfo(filepath)
```

Listing 102: Kapselung der Methoden zum Laden der Bilder und Zeichnen der Tasten in der Klasse Thumbnail

```
    ' Bitmapspeicher nur anlegen, noch kein Bild laden!
    PicBuf = New Bitmap(SizeInner, SizeInner)

End Sub

' Zeichnen des Thumbnails
Public Sub Paint(ByVal g As Graphics, ByVal font As Font, _
    ByVal format As StringFormat, ByVal location As Point, _
    ByVal state As ButtonState)

    ' Zeichenposition
    Dim x As Integer = location.X
    Dim y As Integer = location.Y

    ' Rahmen für Taste oben oder unten zeichnen
    If state = ButtonState.Up Then
        ControlPaint.DrawBorder3D(g, x, y, SizeOuter, SizeOuter, _
            Border3DStyle.Raised)
    Else
        ControlPaint.DrawBorder3D(g, x, y, SizeOuter, SizeOuter, _
            Border3DStyle.Sunken)
    End If

    ' Wenn das Bild bereits geladen ist, dieses auch zeichnen
    If PictureLoaded Then g.DrawImage(PicBuf, x + BorderWidth, _
        y + BorderWidth, SizeInner, SizeInner)

    ' Dateiname und -größe unter dem Thumbnail ausgeben
    g.DrawString(System.IO.Path.GetFileName(FInfo.FullName), _
        font, Brushes.Black, New RectangleF(x, y + SizeOuter, _
        SizeOuter, 15), format)

    Dim t As String = String.Format("({0} KB)", FInfo.Length _
        \ 1024)

    g.DrawString(System.IO.Path.GetFileName(t), font, _
        Brushes.Black, New RectangleF(x, y + SizeOuter + 15, _
        SizeOuter, 15), format)

End Sub

' Bitmap laden
Public Sub LoadPicture()

    ' Bitmap aus Datei laden
    Dim bmp As New Bitmap(FInfo.FullName, False)

    ' Auf Zeichenpuffer zeichnen (maximiert auf Thumbnailfläche)
    Dim g As Graphics = Graphics.FromImage(PicBuf)
```

Listing 102: Kapselung der Methoden zum Laden der Bilder und Zeichnen der Tasten in der Klasse Thumbnail (Forts.)

```
ScaleImage.DrawMaximizedPicture(g, bmp)

' Ganz wichtig: Ressourcen freigeben
g.Dispose()
bmp.Dispose()


' Zustand merken
PictureLoaded = True

End Sub

End Class
```

Listing 102: Kapselung der Methoden zum Laden der Bilder und Zeichnen der Tasten in der
Klasse Thumbnail (Forts.)

Ist das eigentliche Bild bereits geladen, wird es von der Methode Paint gezeichnet. Ansonsten
bleibt das Feld leer. Abschließend werden Dateiname und -größe als Text unter der Bildtaste
gezeichnet.

Geladen wird das zugehörige Bild in der Methode LoadPicture. Mit ScaleImage.DrawMaximized-
Picture (siehe Rezept 74, Bilder verzerrungsfrei maximieren) wird es unverzerrt in maximaler
Größe auf das im Konstruktor angelegte Bitmap gezeichnet und steht danach für die Ausgabe
mittels Paint zur Verfügung.

Auf Seite des Fensters (ThumbNailShow) beginnt der Ablauf mit Auswahl eines Ordners
(Listing 103). In der Methode CreateThumbnails wird zunächst für den ausgewählten Ordner
untersucht, welche Bilddateien enthalten sind. Für verschiedene Dateitypen, hier Bitmap und
JPG-Komprimierungen, werden mithilfe von GetFiles alle Dateien ermittelt und der Auflistung picFiles hinzugefügt. Möchten Sie weitere Dateitypen berücksichtigen, müssen Sie
lediglich diese Abfragen für andere Dateiendungen erweitern.

Das Laden der Bilder erfolgt wie bereits erwähnt im Hintergrund über einen zweiten Thread,
der über die Variable LoadPictureThread gesteuert werden kann. Erst wenn alle Bilder geladen
worden sind, ist dieser Thread beendet. Zu berücksichtigen ist hierbei, dass der (ungeduldige)
Anwender einen neuen Ordner anwählt, bevor die Bilder des aktuellen Ordners geladen worden sind. In diesem Fall muss der zuvor gestartete Thread beendet werden, was hier durch den
Aufruf von Abort umgesetzt wird.

```
Private Sub FolderBrowserA1_FolderSelectionChanged(ByVal sender _
  As Object, ByVal e As GuiControls.FolderBrowserA.EventArgs) _
  Handles FolderBrowserA1.FolderSelectionChanged

  ' Thumbnails anlegen
  CreateThumbnails()
End Sub

Protected Sub CreateThumbnails()

  Dim fn As String
```

Listing 103: Start des Bildaufbaus nach Auswahl eines Verzeichnisses

```
' Liste der Dateipfade
Dim picFiles As New ArrayList()

Try

  ' Verfügbare Bilddateien für dieses Verzeichnis abfragen
  ' Bei Bedarf weitere Abfragen mit anderen Extensions
  ' hinzufügen
  picFiles.AddRange(Directory.GetFiles( _
    FolderBrowserA1.Path, "*.bmp"))
  picFiles.AddRange(Directory.GetFiles( _
    FolderBrowserA1.Path, "*.jpg"))

  ' Wenn der Thread noch läuft, weil noch nicht alle Bilder
  ' der letzten Verzeichnisauswahl geladen worden sind,
  ' diesen Thread beenden
  If Not LoadPictureThread Is Nothing Then
    LoadPictureThread.Abort()
  End If

  ' Liste für aktuelles Verzeichnis leeren
  ThumbsOnThisPage.Clear()

  ' Anordnung (Zeilen, Spalten) berechnen
  ArrangeThumbnails(picFiles.Count)

  Dim tn As Thumbnail

  ' Für alle gefundenen Bilddateien
  For Each fn In picFiles

    ' Gibt es schon einen Thumbnail zu dieser Datei?
    If AllThumbs.ContainsKey(fn) Then
      ' dann den vorhandenen verwenden
      tn = DirectCast(AllThumbs(fn), Thumbnail)
    Else
      ' sonst einen neuen anlegen
      tn = New Thumbnail(fn, ThumbnailSize)
      ' und der Gesamtliste hinzufügen
      AllThumbs.Add(fn, tn)
    End If

    ' Thumbnail der aktuellen Seite zuordnen
    ThumbsOnThisPage.Add(fn, tn)

    ' Wenn das Verzeichnis viele Dateien hat, kann es
    ' etwas dauern. Deswegen MessageLoop anstoßen.
    Application.DoEvents()
  Next
```

Listing 103: Start des Bildaufbaus nach Auswahl eines Verzeichnisses (Forts.)

```
    ' Thread starten, der für die einzelnen Thumbnails die
    ' Bilder liest
    LoadPictureThread = New Thread(AddressOf LoadPictures)
    LoadPictureThread.IsBackground = True
    LoadPictureThread.Start()

  Catch ex As Exception
    MessageBox.Show(ex.Message)
  End Try

  ' Panel neu zeichnen
  PNLThumbs.Refresh()

End Sub
```

Listing 103: Start des Bildaufbaus nach Auswahl eines Verzeichnisses (Forts.)

Mit `ArrangeThumbnails` wird die Anordnung der Bildtasten berechnet. Danach werden in einer Schleife die `Thumbnail`-Instanzen für die Bilder angelegt. Zwei Auflistungen, `ThumbsOnThisPage` (`SortedList`) und `AllThumbs` (`HashTable`) speichern die Referenzen der `Thumbnail`-Objekte. `Thumbs-OnThisPage` speichert alle zur aktuellen Seite gehörenden, `AllThumbs` alle seit Programmstart geladenen. Wird ein Ordner wiederholt ausgewählt, müssen die Thumbnails nicht neu generiert werden, sondern werden der Liste `AllThumbs` entnommen. So lässt sich bei vertretbarem Speicheraufwand die Ladezeit bei abermaliger Verzeichnisauswahl ganz erheblich beschleunigen.

Abschließend wird der Hintergrund-Thread gestartet und das Panel zum Neuzeichnen veranlasst.

Anhand der Konstanten `ThumbnailSize` (Seitenlänge der Bildtasten), `ThumbnailSpaceX` (Abstand in horizontaler Richtung) und `ThumbnailSpaceY` (Abstand in der Vertikalen) sowie den Abmessungen des Darstellungsbereiches werden die Parameter für die Anordnung der Bildtasten in der Methode `ArrangeThumbnails` ermittelt. Berechnet werden `ThumbNailsPerRow` (Anzahl der Bildtasten in einer Zeile und `ThumbNailLines` (Anzahl der Zeilen). Um erforderlichenfalls die vertikale Scrollbar anzuzeigen, werden die Eigenschaften `AutoScrollMinSize` und `AutoScroll-Position` des Panels gesetzt. Die Variable `Arranging` dient als Flag, um beim Ändern der Panelgröße eine ungewollte Rekursion zu verhindern. Listing 104 zeigt die Implementierung von `ArrangeThumbnails`, Listing 105 die Definition der Member-Variablen und Konstanten.

```
Protected Sub ArrangeThumbnails(ByVal count As Integer)

  ' Flag setzen
  Arranging = True

  ' Anzahl Thumbnails pro Zeile
  ThumbNailsPerRow = (PNLThumbs.ClientSize.Width-_
    ThumbnailSpaceX) \ (ThumbnailSize + ThumbnailSpaceX)

  ' Anzahl Zeilen
  ThumbNailLines = CInt(Math.Ceiling(count / ThumbNailsPerRow))

  ' Höhe für ScrollBar einstellen
  PNLThumbs.AutoScrollMinSize = New Size(0, ThumbNailLines * _
```

Listing 104: Anordnung der Thumbnails berechnen

```
            ThumbnailSize + (ThumbNailLines + 1) * ThumbnailSpaceY)

    ' Scrollbar auf Anfangsposition setzen
    PNLThumbs.AutoScrollPosition = New Point(0, 0)

    ' Flag löschen
    Arranging = False

End Sub
```

Listing 104: Anordnung der Thumbnails berechnen (Forts.)

GDI+
Bildbearbeitung

```
' Konstanten für die Anordnung und Größe der Thumbnails
Protected Const ThumbnailSize As Integer = 150
Protected Const ThumbnailSpaceX As Integer = 10
Protected Const ThumbnailSpaceY As Integer = 40

' Berechnete Parameter
Protected ThumbNailsPerRow As Integer
Protected ThumbNailLines As Integer

' Flag zur Vermeidung von Event-Rekursionen
Protected Arranging As Boolean = False

' Liste aller bisher geladenen Thumbnail-Objekte
Protected AllThumbs As New Hashtable()

' Liste der Thumbnail-Objekte der aktuellen Seite
Protected ThumbsOnThisPage As New SortedList()

' Font und Stringformat für Datei-Info Anzeige
Protected FontFileInfo As New Font("Arial", 10)
Protected StringformatFileInfo As New StringFormat()

' Thread zum Laden der Bilder
Protected LoadPictureThread As Thread

' Index des angeklickten Bildes
Protected IndexOfImageClicked As Integer
```

Listing 105: Die Member der Klasse ThumbNailShow

> **Tipp**
>
> Ein Panel (System.Windows.Forms.Panel) kann zwar Scrollbars anzeigen, jedoch lassen
> sich diese nicht über das Mausrad (Mousewheel) bedienen. Abhilfe schafft der Einsatz
> einer eigenen Klasse, die von ScrollableControl abgeleitet ist und im Konstruktor den
> Stil UserMouse einschaltet.
>
> ```
> Public Class ThumbnailPanel
>   Inherits ScrollableControl
>
>     ' Controlstyle setzen, damit Mousewheel funktioniert
>   Public Sub New()
> ```

```
      SetStyle(ControlStyles.UserMouse, True)
   End Sub

End Class
```

Zwei Hilfsfunktionen, `GetPointForPicture` und `GetThumbnailIndex`, berechnen bei gegebenem Bildindex den Anfangspunkt (linke obere Ecke) bzw. bei gegebener Koordinate den Index des zugehörigen Bildes (Listing 106).

```
Protected Function GetPointForPicture(ByVal index As Integer) As Point

   ' Zeile und Spalte berechnen
   Dim row As Integer = index \ ThumbNailsPerRow
   Dim column As Integer = index Mod ThumbNailsPerRow

   ' Koordinaten berechnen
   Dim x As Integer = ThumbnailSpaceX + (ThumbnailSpaceX + _
      ThumbnailSize) * column

   Dim y As Integer = ThumbnailSpaceY \ 2 + (ThumbnailSpaceY + _
      ThumbnailSize) * row

   ' Position des Scroll-Balkens berücksichtigen
   y += PNLThumbs.AutoScrollPosition.Y

   ' Als Point-Struktur zurückgeben
   Return New Point(x, y)

End Function

Protected Function GetThumbnailIndex(ByVal x As Integer, _
   ByVal y As Integer) As Integer

   ' Zeile und Spalte berechnen
   Dim row As Integer = (y - PNLThumbs.AutoScrollPosition.Y - _
      ThumbnailSpaceY \ 2) \ (ThumbnailSpaceY + ThumbnailSize)

   Dim column As Integer = (x - ThumbnailSpaceX) \ _
      (ThumbnailSpaceX + ThumbnailSize)

   ' Index berechnen
   Dim index As Integer = column + row * ThumbNailsPerRow

   ' Startpunkt (links oben) des berechneten Thumbnails ermitteln
   Dim p As Point = GetPointForPicture(index)

   ' Sicherstellen, dass sich an (x,y) kein Leerraum befindet
   ' Ansonsten -1 zurückgeben
   If p.X > x Or p.X + ThumbnailSize < x Or p.Y > y Or p.Y + _
      ThumbnailSize < y Or index >= ThumbsOnThisPage.Count Then
      Return -1
```

Listing 106: Hilfsfunktionen für Koordinaten-Bildindex-Umrechnungen

```
    End If

    ' Berechneten Index zurückgeben
    Return index

End Function
```

Listing 106: Hilfsfunktionen für Koordinaten-Bildindex-Umrechnungen (Forts.)

Das Neuzeichnen des Panels erfolgt im Paint-Eventhandler dadurch, dass in einer Schleife für alle zur Seite gehörenden Thumbnail-Instanzen die Paint-Methode aufgerufen wird. Im Resize-Ereignis wird die Anordnung mittels ArrangeThumbnails neu errechnet und anschließend das Panel neu gezeichnet. Listing 107 zeigt die Implementierung der beiden Methoden.

```
Private Sub PNLThumbs_Paint(ByVal sender As Object, ByVal e As _
    System.Windows.Forms.PaintEventArgs) Handles PNLThumbs.Paint

    Dim g As Graphics = e.Graphics
    Dim i As Integer = 0
    Dim tn As Thumbnail

    ' Für alle Thumbnails des aktuellen Verzeichnisses
    For Each tn In ThumbsOnThisPage.Values
      ' Thumbnail zeichnen
      tn.Paint(g, FontFileInfo, StringformatFileInfo, _
        GetPointForPicture(i), Thumbnail.ButtonState.Up)

      i += 1
    Next

End Sub

' Größe des Panels geändert
Private Sub PNLThumbs_Resize(ByVal sender As Object, ByVal e As _
    System.EventArgs) Handles PNLThumbs.Resize

    ' Ist das Flag gesetzt, wurde das Ereignis per Programm
    ' ausgelöst. In diesem Fall ignorieren
    If Arranging Then Exit Sub

    ' Anordnung neu berechnen
    ArrangeThumbnails(ThumbsOnThisPage.Count)

    ' Panel neu zeichnen
    PNLThumbs.Refresh()

End Sub
```

Listing 107: Die Paint- und Resize-Ereignis-Handler

Besondere Aufmerksamkeit gebührt der Thread-Methode LoadPictures (Listing 108). In einer For Each-Schleife wird die Auflistung ThumbsOnThisPage durchlaufen und für jede Thumbnail-

Instanz, die das zugehörige Bild noch nicht geladen hat, LoadPicture aufgerufen. Wenn, wie oben beschrieben, der Anwender zwischenzeitlich ein anderes Verzeichnis auswählt, ändert sich die Auflistung und der für die Schleife geladene Enumerator wird ungültig. Daher wird der Thread mit Abort abgebrochen (siehe Listing 103). Dieser Abbruch löst in der Methode eine Exception aus, die abgefangen werden muss.

Innerhalb der Schleife erfolgt das Laden der Bilder synchron, das heißt alle Bilder werden nacheinander geladen. Nachdem ein Bild vollständig geladen wurde, soll es automatisch neu gezeichnet werden, damit der Anwender den Fortschritt sehen kann. Das direkte Zeichnen innerhalb des Threads verbietet sich jedoch von selbst, da der Zugriff auf Oberflächenelemente nur dem Thread gestattet ist, der diese auch angelegt hat. Über den Umweg mit BeginInvoke wird daher eine Rückrufmethode, hier CallbackPaint, aufgerufen, die das Zeichnen übernimmt. Listing 109 zeigt diese Rückrufmethode und die zugehörige Delegate-Klasse.

```
Protected Sub LoadPictures()

    Dim tn As Thumbnail
    Dim i As Integer = 0

    ' Für alle Thumbnails im aktuellen Ordner
    For Each tn In ThumbsOnThisPage.Values
        Try
            ' Laden nur, wenn das Bild nicht bereits geladen ist
            If Not tn.PictureLoaded Then
                ' Bitmap laden
                tn.LoadPicture()

                ' Thumbnail zeichnen
                PNLThumbs.BeginInvoke(New CallbackPaintDelegate( _
                    AddressOf CallbackPaint), New Object() {tn, i})

            End If

            i += 1

        Catch ex As Exception
            ' Es können Fehler beim Laden des Bildes auftreten
            Debug.WriteLine(ex.Message)
        End Try
    Next

End Sub
```

Listing 108: Die Thread-Methode zum Laden der Bilder im Hintergrund

```
Private Delegate Sub CallbackPaintDelegate( _
    ByVal tn As Thumbnail, ByVal index As Integer)

' Rückrufmethode zum Zeichnen des Thumbnails
```

Listing 109: Delegate-Klasse und Rückrufmethode zum Zeichnen des soeben geladenen Bildes

```
Private Sub CallbackPaint(ByVal tn As Thumbnail, _
  ByVal index As Integer)

  ' Graphics-Objekt ermitteln
  Dim g As Graphics = PNLThumbs.CreateGraphics()

  ' Thumbnail zeichnen
  tn.Paint(g, FontFileInfo, StringformatFileInfo, _
    GetPointForPicture(index), Thumbnail.ButtonState.Up)

  g.Dispose()

End Sub
```

Listing 109: Delegate-Klasse und Rückrufmethode zum Zeichnen des soeben
             geladenen Bildes (Forts.)

Nun steht alles zur Verfügung, um nach Auswahl eines Ordners die Miniaturen anzuzeigen und dem Anwender die Navigation mittels vertikaler Scrollbar zu ermöglichen. Was fehlt, ist die Animation der Tasten, wenn sie mit der Maus betätigt werden.

Im MouseDown-Ereignis des Panels wird hierzu ermittelt, auf welche Bildtaste der Anwender geklickt hat, und der Index in IndexOfImageClicked gespeichert. Ist er kleiner Null, dann wurde auf einen Zwischenraum geklickt. Anderenfalls wird die Taste im gedrückten Zustand neu gezeichnet. Das Ergebnis sehen Sie in Abbildung 58.

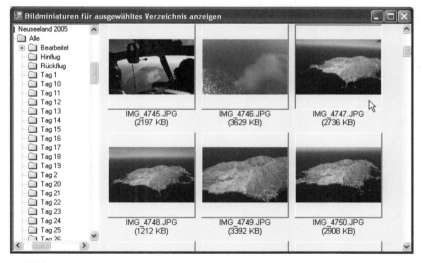

Abbildung 58: Neuzeichnen eines Thumbnails als gedrückte Taste

Nach Loslassen der Maustaste, im MouseUp-Ereignis, wird, wenn zuvor nicht auf einen Leerraum geklickt worden ist, die Taste erneut im Ausgangszustand gezeichnet und eine frei programmierbare überschreibbare Aktion (Methode Action) aufgerufen. Listing 110 zeigt die beiden Ereignis-Handler und ein Beispiel für die Methode Action, die hier das angeklickte Bild in einem neuen Fenster darstellt.

```
Private Sub PNLThumbs_MouseDown(ByVal sender As Object, _
  ByVal e As System.Windows.Forms.MouseEventArgs) _
  Handles PNLThumbs.MouseDown

  ' Index des Thumbnails an der Mausposition berechnen
  Dim index As Integer = GetThumbnailIndex(e.X, e.Y)

  ' Index speichern für MouseUp-Event
  IndexOfImageClicked = index

  ' Wenn nicht auf ein Thumbnail geklickt wurde, fertig
  If index < 0 Then Exit Sub

  ' Thumbnail als gedrückte Taste neu zeichnen
  Dim g As Graphics = PNLThumbs.CreateGraphics()
  Dim tn As Thumbnail = DirectCast( _
    ThumbsOnThisPage.GetByIndex(index), Thumbnail)

  tn.Paint(g, FontFileInfo, StringformatFileInfo, _
    GetPointForPicture(index), Thumbnail.ButtonState.Down)

  g.Dispose()

End Sub

Private Sub PNLThumbs_MouseUp(ByVal sender As Object, _
  ByVal e As System.Windows.Forms.MouseEventArgs) _
  Handles PNLThumbs.MouseUp

  ' Wenn zuvor nicht auf ein Thumbnail geklickt worden war,
  ' Event ignorieren
  If IndexOfImageClicked < 0 Then Exit Sub

  ' Thumbnail als nicht gedrückte Taste neu zeichnen
  Dim g As Graphics = PNLThumbs.CreateGraphics()

  Dim tn As Thumbnail = DirectCast( _
    ThumbsOnThisPage.GetByIndex(IndexOfImageClicked), Thumbnail)

  tn.Paint(g, FontFileInfo, StringformatFileInfo, _
    GetPointForPicture(IndexOfImageClicked), _
    Thumbnail.ButtonState.Up)

  g.Dispose()

  ' Programmierte Aktion ausführen
  Action(tn)

End Sub

' Programmierte Aktion
```

Listing 110: Reaktionen auf das Anklicken der Bildtasten

```
Protected Overridable Sub Action(ByVal thumb As Thumbnail)
    ' Nur zur Demo: Anzeige des Bildes in einem Fenster
    MaximizedPictureView.ShowPicture(thumb.FInfo.FullName)
End Sub
```

Listing 110: Reaktionen auf das Anklicken der Bildtasten (Forts.)

Vorschläge für eigene Ergänzungen und Erweiterungen

Bildbearbeitungsprogramme wie Paint Shop Pro speichern einmal erzeugte Miniaturansichten in geeigneter Form (Dateien, Datenbank), um sie bei abermaliger Auswahl schneller anzeigen zu können. Die hier vorgestellte Version speichert die Bilder nur während der Laufzeit des Programms. Um auch bei weiteren Programmstarts die Thumbnails schnell laden zu können, kann man sie in einem entsprechenden Unterverzeichnis abspeichern und bei Bedarf wieder laden. Besonders, wenn die Bilddateien mehrere Megabyte groß sind, stellt das für den Anwender eine angenehme Bereicherung des Funktionsumfangs dar. Allerdings sollte auch jeweils anhand der Dateiinformationen überprüft werden, ob die gespeicherten Miniaturen noch aktuell sind oder ob die zugehörigen Bilder zwischenzeitlich verändert oder gelöscht worden sind.

Während die oben beschriebenen Darstellungen und Ereignis-Handler zwar Mausaktionen berücksichtigen, ist die Auswahl einer Bildtaste über die Tastatur nicht implementiert. Die Tastendrücke abzufangen ist aber nicht weiter schwierig und über die ControlPaint-Klasse lässt sich auch ein Rahmen zeichnen, der eine Taste als ausgewähltes Steuerelement visualisiert.

77 Drehen und Spiegeln von Bildern

Sicher haben Sie schon einmal gesehen, dass Bildverarbeitungsprogramme Bilder drehen und spiegeln können. Gedrehte Ausgaben erreichen Sie unter GDI+ grundsätzlich dadurch, dass Sie vor der Ausgabe das Koordinatensystem drehen:

```
g.RotateTransform(35)
g.DrawImage(…)
```

RotateTransform erlaubt die Drehung um einen beliebigen Winkel. Allerdings muss beachtet werden, dass die Pixel des Bildes auf die Pixel der gedrehten Fläche abgebildet werden müssen. Handelt es sich bei dem Winkel nicht um Vielfache von 90°, dann ist in jedem Fall ein Qualitätsverlust (Unschärfe) die Folge.

Rotationen um 90°, 180° oder 270° lassen sich aber bereits für das Bitmap selbst vornehmen, ohne dass es auf einem Graphics-Objekt gezeichnet werden muss. Die Klasse Image stellt hierzu die Methode RotateFlip bereit. Sie nimmt als Parameter eine Enumeration vom Typ RotateFlipType an (siehe Tabelle 12). Es gibt zwar 16 verschiedene Konstanten, jedoch gibt es bedingt durch die Kombinationen nur acht verschiedene Möglichkeiten. Abbildung 59 zeigt diese acht Variationen.

Wert	Name	Bedeutung
0	Rotate180FlipXY RotateNoneFlipNone	Keine Drehung, keine Spiegelung
1	Rotate270FlipXY Rotate90FlipNone	Drehung um 90° nach rechts, keine Spiegelung
2	Rotate180FlipNone RotateNoneFlipXY	Drehung um 180°, keine Spiegelung

Tabelle 12: Die acht Variationen für den Aufruf von RotateFlip

Wert	Name	Bedeutung
3	Rotate270FlipNone Rotate90FlipXY	Drehung um 90° nach links, keine Spiegelung
4	Rotate180FlipY RotateNoneFlipX	Keine Drehung, horizontale Spiegelung
5	Rotate270FlipY Rotate90FlipX	Drehung um 90° nach rechts, dann horizontale Spiegelung
6	Rotate180FlipX RotateNoneFlipY	Keine Drehung, vertikale Spiegelung
7	Rotate270FlipX Rotate90FlipY	Drehung um 90° nach rechts, dann vertikale Spiegelung

Tabelle 12: Die acht Variationen für den Aufruf von RotateFlip (Forts.)

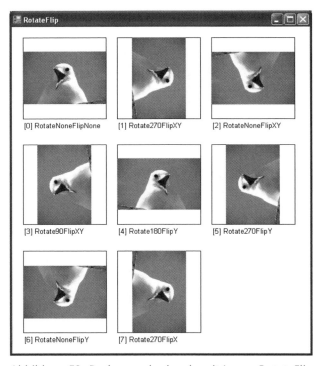

Abbildung 59: Drehen und spiegeln mit Image.RotateFlip

Mit dieser Methode können Sie Bilder verlustfrei drehen und spiegeln.

```
Dim pic As New Bitmap("...")

' Rotation mit Enum-Konstante
pic.RotateFlip(RotateFlipType.Rotate90FlipXY)

' Oder mit Zahlenwert
pic.RotateFlip(CType(3, RotateFlipType))
```

Ein so gedrehtes oder gespiegeltes Bild kann wie gewohnt weiter verarbeitet und verwendet werden.

78 Encoder für verschiedene Dateiformate zum Speichern von Bildern ermitteln

Die beschriebene Klasse ist Bestandteil der Klassenbibliothek `ImagingLib`. Sie finden sie dort im Namensraum `VBCodeBook.ImagingLib`.

Windows stellt eine Reihe von Encodern zur Verfügung, die benutzt werden können, um Bilddateien in verschiedenen Formaten zu speichern. Über `ImageCodecInfo.GetImageEncoders` können die verfügbaren Encoder ermittelt werden. Listing 111 zeigt die Klasse `ImageEncoders`, die diese Liste abfragt und die Referenzen der Encoder-Objekte für den schnelleren Zugriff in einem `Dictionary` speichert.

```vb
Imports System.Drawing.Imaging
Imports System.Collections.Specialized

Public Class ImageEncoders

  ' Liste der verfügbaren Encoder
  Public Shared EncoderList As New HybridDictionary()

  ' Aufbau der Liste
  Shared Sub New()
    ' Liste der Encoder ermitteln
    Dim enclist() As ImageCodecInfo = _
      ImageCodecInfo.GetImageEncoders()

    Dim i As Integer
    For i = 0 To enclist.GetUpperBound(0)
      ' Encoder dem Dictionary hinzufügen
      ' Schlüssel ist der MimeType
      EncoderList.Add(enclist(i).MimeType, enclist(i))
    Next
  End Sub

  ' Anforderung eines bestimmten Encoders bearbeiten
  Public Shared Function GetEncoder(ByVal mimeType As String) _
    As ImageCodecInfo

    Return DirectCast(EncoderList(mimeType), ImageCodecInfo)
  End Function

End Class
```

Listing 111: Ermittlung der verfügbaren Encoder zum Speichern von Bilddateien

Aufgebaut wird die Liste im statischen Konstruktor. Als Schlüssel wird der MimeType verwendet. Über den Schlüssel kann jederzeit die Referenz eines benötigten Encoders abgefragt werden. Abbildung 60 zeigt eine ListView-Tabelle, die die verfügbaren Encoder und ihre wichtigsten Eigenschaften aufführt. Welche Encoder existieren, ist vom Betriebssystem und der installierten Software abhängig. Über die Eigenschaften wie `FileExtension` und `Format` lassen sich schnell Dialoge einrichten, die das Speichern von Bilddateien in verschiedenen Formaten erlauben.

Verfügbare Encoder

Name	FileExtension	Format	MimeType
Built-in BMP Codec	*.BMP;*.DIB;*.RLE	BMP	image/bmp
Built-in JPEG Codec	*.JPG;*.JPEG;*.JP...	JPEG	image/jpeg
Built-in GIF Codec	*.GIF	GIF	image/gif
Built-in TIFF Codec	*.TIF;*.TIFF	TIFF	image/tiff
Built-in PNG Codec	*.PNG	PNG	image/png

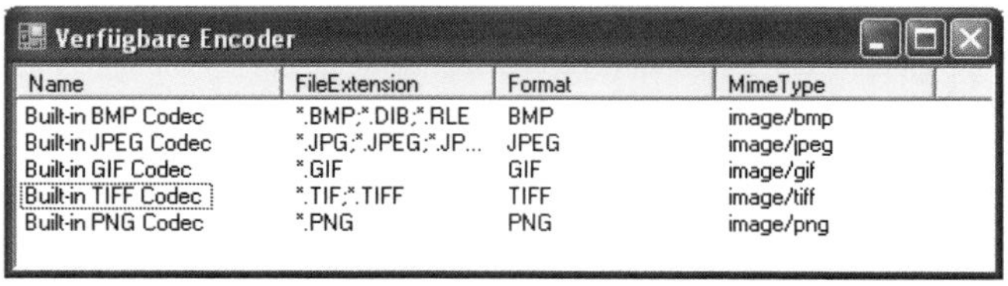

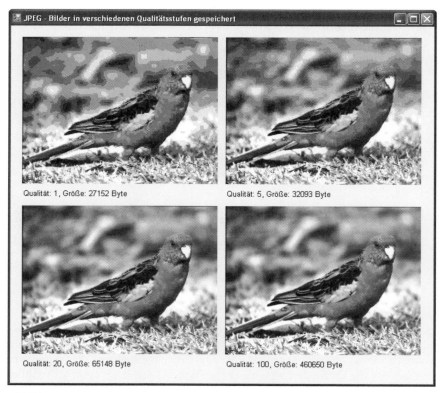

Abbildung 60: Diese Encoder wurden gefunden

Für jedes Format sind unterschiedliche Parameter zulässig (Komprimierungsverfahren, Qualität usw.). In den nächsten Rezepten werden einige ausgewählte Formate näher betrachtet.

79 Bilder im JPEG-Format abspeichern

Das *JPEG* (Joint Photographic Experts Group)-Format erlaubt die Speicherung von Bildern mit einer hohen Kompression. Es eignet sich gut für Fotografien, während es für Strichzeichnungen und Abbildungen mit scharfen Farbgrenzen weniger gut geeignet ist. Besonders gut erfolgt die Kompression, wenn das Bild große gleichmäßige Flächen (z.B. blauer Himmel) aufweist.

Großer Beliebtheit erfreut sich dieses Format, da es das Standard-Format für Bilder im Internet ist und dort eine große Verbreitung gefunden hat. Jeder Browser kann Bilder im JPEG-Format anzeigen, die hohe Kompression erlaubt akzeptable Übertragungsgeschwindigkeiten auch bei größeren Bildern.

Abbildung 61: Speichern eines Bildes im JPEG-Format mit verschiedenen Qualitätsstufen

Allerdings ist die Kompression nicht verlustfrei, d.h. aus einem komprimierten Bild lässt sich nicht das Ursprungsbild zurückrechnen. Beim JPEG-Format wurde die Komprimierung jedoch so gewählt, dass die Qualitätsverluste dem Betrachter oft gar nicht auffallen. Erst bei sehr hohen Komprimierungsraten treten zunehmend störende Artefakte und Unschärfen auf. Abbildung 61 zeigt vier Versionen eines Fotos, das mit dem unten angegebenen Code in verschiedenen Qualitätsstufen gespeichert wurde. Optisch wirken die Bilder mit den Qualitätsstufen 20 und 100 fast gleich, Kompressionsverluste sind kaum zu sehen. Der Unterschied in der Dateigröße ist aber deutlich: Das komprimierte Bild hat nur ca. 1/7 der Größe des unkomprimierten Bildes. Wie stark die Kompression sich auf die Dateigröße auswirkt, hängt, wie schon erwähnt, sehr von der Art des Bildes ab.

Wenn Sie Bilder im JPEG-Format speichern wollen, können Sie die Qualität selbst als einen Wert von 1 (schlechte Qualität, hohe Kompression) bis 100 (gute Qualität, keine Kompression) vorgeben. Gespeichert werden die Bilder mit folgender Überladung der Image.Save-Methode:

```
Image.Save (String, ImageCodecInfo, EncoderParameters)
```

Sie erwartet als Parameter neben dem Dateinamen die Angabe eines Encoders sowie zusätzlicher formatspezifischer Parameter. Der Encoder kann mit der in Rezept 78 vorgestellten Klasse ermittelt werden, die Parameterliste besteht hier nur aus der Qualitätsangabe:

```
' Encoder für JPEG-Format
Dim enc As ImageCodecInfo
enc = ImageEncoders.GetEncoder("image/jpeg")

' Parameterliste mit einem Parameter
Dim encps As EncoderParameters
encps = New EncoderParameters(1)

Dim quality As Long = ...
' Parameter definieren
encps.Param(0) = New EncoderParameter(Encoder.Quality, quality)

' Bild mit diesen Einstellungen speichern
pic.Save("...", enc, encps)
```

Je nach Encoder-Typ können auch noch weitere Parameter übergeben werden. Auch der JPEG-Encoder erlaubt noch mehr Parameter, die hier aber nicht weiter betrachtet werden sollen. Für zusätzliche Parameter ist das EncoderParameters-Objekt entsprechend zu modifizieren.

> **Achtung**
> Der Konstruktor von EncoderParameter ist mehrfach überladen. Der Parameter für die Qualitätsangabe muss vom Typ System.Int64 (Long) sein. Beachten Sie bitte unbedingt, dass Zahlenliterale vom Typ System.Int32 (Integer) sind und für diesen Fall umgewandelt werden müssen. Die Übergabe von Integer-Werten ist syntaktisch korrekt, führt jedoch nicht zum gewünschten Ergebnis!

80   Bilder im GIF-Format speichern

Ebenfalls im Internet weit verbreitet ist das *GIF* (Graphics Interchange Format)-Format. Es erlaubt, im Gegensatz zum JPEG-Format, eine verlustfreie Komprimierung, so dass auch aus einem komprimierten Bild das Original wieder rekonstruiert werden kann. Die Kompression ist allerdings längst nicht so effektiv wie bei JPEG. Dafür eignet es sich aber auch für Strichzeichnungen und Screenshots. Eine gebräuchliche Komprimierungsart des GIF-Formats ist der LZW (Lempel Ziv Welch)-Algorithmus. Sie können ihn als Encoder-Parameter beim Speichern von Bilddateien angeben:

```
' Encoder für JPEG-Format
Dim enc As ImageCodecInfo
enc = ImageEncoders.GetEncoder("image/gif")

' Parameterliste mit einem Parameter
Dim encps As EncoderParameters
encps = New EncoderParameters(1)
' LZW-Kompression verwenden
encps.Param(0) = New EncoderParameter(Encoder.Compression, _
  EncoderValue.CompressionLZW)
' Speichern
pic.Save("rosella.gif", enc, encps)
```

Der Aufbau des Codes ist der gleiche wie zum Speichern im JPEG-Format im vorigen Rezept. Lediglich der MimeType und die zu übergebenden Parameter sind unterschiedlich. Nach diesem Muster können Sie auch Dateien in den anderen Formaten speichern.

81 Thumbnails für Web-Seiten erstellen

Die beschriebene Klasse ist Bestandteil der Klassenbibliothek ImagingLib. Sie finden sie dort im Namensraum VBCodeBook.ImagingLib.

Web-Seiten bestehen meist aus Text, vermischt mit Bildern. Oft werden die Bilder nur als Miniaturen (Thumbnails) in den Text eingebettet. Ein Klick auf ein solches Bildchen führt über einen entsprechenden Verweis dann meist zum Öffnen des Bildes in Originalgröße.

Mithilfe der vorangegangenen Rezepte lässt sich eine Routine erstellen, die für alle Bilder eines Verzeichnisses solche Miniaturen erstellt. Für ein einheitliches Aussehen auf der Web-Seite ist es von Vorteil, wenn die Bildgrößen einheitlich sind. Nun werden in der Regel die Bilder nicht alle mit dem gleichen Seitenverhältnis vorliegen, so dass man einen Kompromiss eingehen muss. Der kann z.B. darin bestehen, dass man eine maximale Kantenlänge vorgibt und jedes Bild so skaliert, dass seine längere Seite auf diese Kantenlänge abgebildet wird. In Listing 112 sehen Sie eine Lösung, bei der eine statische Methode (CreateThumbnailfiles) der Klasse ThumbnailGenerator für alle Dateien eines Verzeichnisses Miniaturbilder in einem anderen Verzeichnis anlegt.

```
Public Class ThumbnailGenerator

    ' Generieren von Thumbnails
    ' pathSourcePictures: Quellverzeichnis (z.B. Quelle\)
    ' searchPattern      : Suchmaske (z.B. *.jpg)
    ' pathDestinationPictures: Zielverzeichnis (z.B. Thumbnails\)
    ' maxLateralLength: größte Kantenlänge in Pixel (z.B. 150)
    '
    Public Shared Sub CreateThumbnailfiles(ByVal pathSourcePictures _
```

Listing 112: Automatisches Erstellen von Thumbnails aus allen Bildern eines angegebenen Verzeichnisses

```
     As String, ByVal searchPattern As String, _
     ByVal pathDestinationPictures As String, _
     ByVal maxLateralLength As Integer)

     Dim BmpSource As Bitmap
     Dim width, height As Integer
     Dim fn As String

     Dim ici As ImageCodecInfo
     Dim encps As EncoderParameters
     ' Bildqualität einstellen
     ici = ImageEncoders.GetEncoder("image/jpeg")
     encps = New EncoderParameters(1)
     encps.Param(0) = New EncoderParameter(Encoder.Quality, 40)

     ' Für alle Dateien
     For Each fn In Directory.GetFiles(pathSourcePictures, _
       searchPattern)

       Dim fi As New FileInfo(fn)

       ' Datei lesen
       BmpSource = New Bitmap(fn)

       ' Hoch- oder Querformat?
       ' Seitenlängen berechnen
       If BmpSource.Width > BmpSource.Height Then
         width = maxLateralLength
         height = CInt(maxLateralLength * BmpSource.Height / _
           BmpSource.Width)
       Else
         height = maxLateralLength
         width = CInt(maxLateralLength * BmpSource.Width / _
           BmpSource.Height)
       End If

       ' Neue Bitmapinstanz in passender Größe
       Dim BmpDestination As New Bitmap(width, height)

       ' Bild unverzerrt mit ausgewähltem Interpolationsmodus
       ' auf Zielbitmap zeichnen
       Dim g As Graphics = Graphics.FromImage(BmpDestination)
       g.InterpolationMode = _
         Drawing.Drawing2D.InterpolationMode.Bicubic
       g.DrawImage(BmpSource, New Rectangle(0, 0, width, height) _
         , New Rectangle(0, 0, BmpSource.Width, _
         BmpSource.Height), GraphicsUnit.Pixel)
       g.Dispose()

       ' Bild mit diesem Encoder als jpeg-Datei speichern
```

Listing 112: Automatisches Erstellen von Thumbnails aus allen Bildern eines angegebenen Verzeichnisses (Forts.)

```
      Dim fd As String = pathDestinationPictures & fi.Name
      BmpDestination.Save(fd, ici, encps)

      ' Aufräumen
      BmpDestination.Dispose()
      BmpSource.Dispose()
    Next
  End Sub
End Class
```

Listing 112: Automatisches Erstellen von Thumbnails aus allen Bildern eines angegebenen Verzeichnisses (Forts.)

Encoder und EncoderParameter werden einmalig für alle Dateien angelegt. In einer Schleife wird für alle Dateien des Quellverzeichnisses, die dem Suchmuster entsprechen, das Bild eingelesen, so skaliert, dass die längere Seite die maximal angegebene Kantenlänge hat, und als JPEG-Datei im Zielverzeichnis abgespeichert. Bei Bedarf können Sie den Qualitätsfaktor, der hier auf 40 eingestellt wurde, auch verändern. Je nach Art des Bildmaterials muss hier ein Optimum zwischen geringer Dateigröße (für Thumbnails nicht mehr als 4 KB) und guter Darstellung gewählt werden. Auch wenn die Miniaturen nur Verweise auf die großen Originale sind, so muss für den Betrachter jedoch erkennbar sein, was dargestellt wird.

82   Invertieren eines Bildes

Um die Farben eines Bildes zu verändern, muss man nicht zwangsläufig die einzelnen Bildpunkte bearbeiten. Viele Aufgaben lassen sich mit der Definition einer Farbmatrix bewerkstelligen. Auch die Invertierung aller Farbinformationen lässt sich so realisieren.

Einige Überladungen der Methode `DrawImage` nehmen einen Parameter vom Typ `ImageAttributes` entgegen. Einer Instanz von `ImageAttributes` kann man mithilfe der Member-Funktion `SetColorMatrix` eine Matrix zuordnen, die zur Berechnung der Bildpunkte herangezogen wird. Dabei wird der Farbvektor (ARGB) eines Bildpunktes mit dieser Matrix multipliziert. Das Ergebnis ist ein neuer Farbvektor für das entsprechende Pixel des Ausgabebildes. So lassen sich mit einem einzigen Aufruf von `DrawImage` die Farbwerte aller Bildpunkte gezielt umwandeln.

Zur Durchführung der Invertierung benötigt man daher eine Matrix, die jeden Farbwert unabhängig von den anderen Farbwerten invertiert. Hierzu reicht es aus, den drei Farbmultiplikatoren auf der Hauptdiagonalen den Wert -1 zuzuweisen:

```
-1   0   0   0   0
 0  -1   0   0   0
 0   0  -1   0   0
 0   0   0   1   0
 0   0   0   0   1
```

In den ersten drei Zeilen/Spalten stehen die Multiplikatoren für die Farbwerte Rot, Grün und Blau. Die vierte Zeile/Spalte ist für den Alpha-Wert (Transparenz) zuständig. Die fünfte Zeile/Spalte wird für die Berechnung von Offsets benötigt. Durch Multiplikation der ARGB-Vektoren mit der obigen Matrix werden somit alle Farbwerte invertiert, die Transparenz aber nicht angetastet (Faktor 1).

Wie schon in Rezept 73 (Überblendung durch Transparenz) gezeigt, können Sie eine Matrix unter Verwendung des Standard-Konstruktors der Klasse `ColorMatrix` erzeugen. Der Standard-

Konstruktor legt eine Identitätsmatrix an, die auf der Hauptdiagonalen Einsen aufweist und ansonsten mit Nullen gefüllt ist. Sie können dann einzelne Werte der Matrix verändern.

Eine andere Alternative ist, dem Konstruktor eine Array-Konstruktion zu übergeben, die die Werte der Matrix enthält. Listing 113 zeigt ein Beispiel, in dem alle Werte der Matrix explizit definiert werden. Das Image-Objekt einer PictureBox wird mit `DrawImage` und der Invertierungsmatrix auf sich selbst gezeichnet. Anschließend wird die Darstellung der PictureBox aufgefrischt. So wird das zuvor dargestellte Bild invertiert.

```
Dim g As Graphics = Graphics.FromImage(PCBSample.Image)
Dim colmat As New ColorMatrix(New Single()() { _
  New Single() {-1, 0, 0, 0, 0}, _
  New Single() {0, -1, 0, 0, 0}, _
  New Single() {0, 0, -1, 0, 0}, _
  New Single() {0.0, 0.0, 0.0, 1, 0}, _
  New Single() {0.0, 0.0, 0.0, 0, 1}})

Dim imgAttr As New ImageAttributes()
imgAttr.SetColorMatrix(colmat)
g.DrawImage(PCBSample.Image, PCBSample.ClientRectangle, _
  0, 0, PCBSample.Width, PCBSample.Height, _
  GraphicsUnit.Pixel, imgAttr)
g.Dispose()
PCBSample.Refresh()
```

Listing 113: Invertierung des auf einer PictureBox dargestellten Bildes

Durch wiederholten Aufruf dieser Methode wird das Bild erneut invertiert und so wieder in seinen Ausgangszustand gebracht. Abbildung 62 zeigt das Original und das invertierte Bild.

Abbildung 62: Originalbild und invertierte Darstellung

83 Farbbild in Graustufenbild wandeln

Für Druckausgaben wie z.B. in diesem Buch oder für die technische Bildverarbeitung werden oft Schwarz/Weiß-Bilder benötigt. Liegt ein Farbbild vor, dann muss es in ein Graustufenbild gewandelt werden. Diese Umwandlung lässt sich genau wie im vorangegangenen Beispiel sehr elegant mit einer Farbmatrix durchführen. Jedes neue Pixel setzt sich dann wie folgt aus den Farbwerten des Ursprungspixels zusammen:

```
NeuRot = f1 * QuelleRot + f2 * QuelleGrün + f3 * QuelleBlau
NeuGrün = NeuRot
NeuBlau = NeuRot
```

Da die drei Grundfarben des neuen Pixels (NeuRot, NeuGrün und NeuBlau) alle den gleichen Wert erhalten, ergeben sich ausschließlich Grautöne zwischen Schwarz und Weiß. f1, f2 und f3 sind dabei Wichtungsfaktoren. Bewertet man alle Farben gleich, dann ergeben sich die Faktoren zu:

```
f1 = 1/3
f2 = 1/3
f3 = 1/3
```

In der Regel verwendet man jedoch Faktoren, die die Luminanz korrigieren und ein ausgewogeneres Bild erzeugen. Rot, Grün und Blau werden dann wie folgt bewertet:

```
f1 = 0.3
f2 = 0.59
f3 = 0.11
```

In den beiden Beispielen (Listing 114 und Listing 115) wird als Quelle das Image-Objekt einer PictureBox mit DrawImage unter Verwendung einer Farbmatrix auf das Image-Objekt des Ziels (eine andere PictureBox) gezeichnet. Im ersten Beispiel wird eine gleich gewichtete Matrix verwendet, im zweiten Beispiel eine Matrix mit korrigierten Faktoren.

```
Dim g As Graphics = Graphics.FromImage(PCBDestination.Image)
Dim colmat As New ColorMatrix(New Single()() { _
  New Single() {0.33, 0.33, 0.33, 0, 0}, _
  New Single() {0.33, 0.33, 0.33, 0, 0}, _
  New Single() {0.33, 0.33, 0.33, 0, 0}, _
  New Single() {0.0, 0.0, 0.0, 1, 0}, _
  New Single() {0.0, 0.0, 0.0, 0, 1}})

Dim imgAttr As New ImageAttributes()
imgAttr.SetColorMatrix(colmat)
g.DrawImage(PCBSource.Image, PCBDestination.ClientRectangle, _
  0, 0, PCBSource.Width, PCBSource.Height, _
  GraphicsUnit.Pixel, imgAttr)
g.Dispose()
PCBDestination.Refresh()
```

Listing 114: Erzeugung eines Graustufenbildes mit gleicher Gewichtung von Rot, Grün und Blau

```
Dim g As Graphics = Graphics.FromImage(PCBDestination.Image)
Dim colmat As New ColorMatrix(New Single()() { _
  New Single() {0.3, 0.3, 0.3, 0, 0}, _
  New Single() {0.59, 0.59, 0.59, 0, 0}, _
  New Single() {0.11, 0.11, 0.11, 0, 0}, _
  New Single() {0.0, 0.0, 0.0, 1, 0}, _
  New Single() {0.0, 0.0, 0.0, 0, 1}})
```

Listing 115: Erzeugung eines Graustufenbildes mit korrigierter Wichtung der Grundfarben

```
Dim imgAttr As New ImageAttributes()
imgAttr.SetColorMatrix(colmat)
g.DrawImage(PCBSource.Image, PCBDestination.ClientRectangle, _
  0, 0, PCBSource.Width, PCBSource.Height, _
  GraphicsUnit.Pixel, imgAttr)
g.Dispose()
PCBDestination.Refresh()
```

Listing 115: Erzeugung eines Graustufenbildes mit korrigierter Wichtung der Grundfarben (Forts.)

Vielleicht erwarten Sie an dieser Stelle den üblichen Hinweis wie »Abbildung ... zeigt das Ergebnis«. Leider würde die Abbildung im Buch nur zeigen, wie ein Graustufenbild in ein Graustufenbild umgesetzt wird. Somit können wir Sie nur auf das Beispielprogramm auf der CD verweisen. Dort finden Sie ein Beispielfenster mit den erwähnten zwei PictureBoxen sowie zwei Tasten, mit denen Sie die beschriebenen Transformationen auslösen können. Sie können die Umwandlungen wechselweise mit beiden Faktorkombinationen betrachten und bewerten.

84 Weitere Bildmanipulationen mithilfe der ColorMatrix

Wenn die beiden vorangegangenen Beispiele Ihr Interesse geweckt haben und Sie noch weitere Bildmanipulationen ausprobieren möchten, nutzen Sie einfach einmal das Beispielprogramm auf der CD (siehe Abbildung 63). Über 25 NumericUpDown-Felder lässt sich die Matrix elementweise verändern und das Ergebnis sofort betrachten. Viele weitere Manipulationsmöglichkeiten wie Helligkeits- und Sättigungseinstellungen, deren Beschreibung hier den Rahmen des Buches sprengen würde, lassen sich mit dem Programm testen. Das Programm selbst ähnelt den Konstruktionen der beiden vorangegangenen und soll daher nicht näher beschrieben werden, da der größte Teil des Codes der Verwaltung der Steuerelemente dient.

85 Bitmapdaten in ein Array kopieren

Will man die Bilddaten einer Bitmap verändern, so kann man dies am effektivsten durchführen, wenn man sich die Pixelwerte in ein zweidimensionales Array kopiert. Die Funktionen GetPixel() und SetPixel() sind zwar für einzelne Pixel geeignet, doch Aktionen wie Filterberechnung zeigen schnell die Grenzen dieser Funktionen. Glücklicherweise gibt es über die Methode BitmapData die Möglichkeit, auf die reinen Pixel-Daten direkt zugreifen zu können. Man muss nur darauf achten, dass die Garbage-Collection nicht gleichzeitig die Daten im Hauptspeicher verschiebt, während man selber zum Beispiel über Marshal.ReadByte darauf zugreift!

Um bei der Filterberechnung die Übersicht zu behalten, beschäftigen wir uns hier nur mit Grautonbildern. Sieht man von privaten (Urlaubs-)Bildern einmal ab, ist dies auch die am häufigsten genutzte Form der Bilddatenanalyse. Um nun an diese Bilddaten heranzukommen, wird in dem Listingausschnitt unten eine Bitmap durch den Aufruf eines Konstruktors mit Dateiname der Bitmap aufgerufen. Nach einem Test auf das richtige Bildformat werden die Breite und Höhe des eigentlichen Bildes ermittelt. Mit diesen Werten wird ein zweidimensionales Array aus Byte-Werten erstellt. Hier kann man sich auf Byte-Werte beschränken, da das gesuchte angewandte Format mit 256 Graustufen (PixelFormat.Format8bppIndexed) exakt in einem Byte Platz findet.

Abbildung 63: Testprogramm zur Demonstration der Farbmatrix

```
Public Sub New(ByVal picture As String)
    bBitmap = False
    Try
        bm = New Bitmap(picture)
        If bm.PixelFormat = PixelFormat.Format8bppIndexed Then
            mWidth = bm.Width
            mHeight = bm.Height

            Matrix = Array.CreateInstance(GetType(Byte), _
                mHeight, mWidth)
            PixelRect = New Rectangle(0, 0, mWidth, mHeight)
        Else
            bm.Dispose()
            Throw New Exception("Falsches Bildformat")
            Exit Sub
        End If
    Catch ex As Exception
        Throw New ApplicationException("New-Fehlschlag.", ex)
    End Try
    'Debug.WriteLine("New beendet: bBitmap = " & bBitmap.ToString)
End Sub
```

Listing 116: Erzeugen einer leeren Bild-Matrix aus den Daten des zu bearbeitenden Bildes

Die Daten des eigentlichen Bildes sind hinter einer Struktur namens `BitmapData` verborgen. Man bekommt sie über die Bitmap.

```
Private Sub create()
    ' Neue Bitmap erstellen
    Debug.WriteLine("create()")

    NewMatrix = Array.CreateInstance(GetType(Byte), mHeight, mWidth)

    ' Zugriff auf die Pixeldaten ermöglichen
    bmd = bm.LockBits(PixelRect, ImageLockMode.ReadOnly, _
      PixelFormat.Format8bppIndexed)
    mStride = bmd.Stride
    Start = bmd.Scan0
```

Listing 117: Zugriff auf die Pixeldaten eines Bitmap-Bildes

Im verwalteten System ist die Speicheradresse einer Variablen oder Datenstruktur nicht festgelegt. Daher muss bei Speicherzugriffen der entsprechende Bereich gesperrt werden. Da an dieser Stelle die Pixelwerte des Originalbildes eingelesen werden sollen, wird der entsprechende Bereich der Bitmap im Lesemodus und dem entsprechenden Pixelformat gesperrt. Die Methode `LockBits()` liefert ein `BitmapData`-Objekt zurück, dem wir den `Stride`-Wert entnehmen können. Anschließend wird die Speicheradresse des ersten Pixels in der Variablen `Start` abgelegt.

```
    ' Lesen der Pixel in eine Bildmatrix
    For i = 0 To mHeight - 1
        For j = 0 To mWidth - 1
            Matrix(i, j) = Marshal.ReadByte(Start, i * mStride + j)
        Next
    Next

    ' Wird ab hier nicht mehr benötigt
    bm.UnlockBits(bmd)
    bBitmap = True
End Sub
```

Listing 118: Einlesen der Pixeldaten in das 2-dim Array Matrx

In der Bitmap werden die Pixeldaten als ein Strom von Pixelwerten abgelegt. Zum Lesen des entsprechenden Pixelwertes muss die Methode für den Zugriff auf unverwaltete Zeiger genutzt werden: `Marshal.ReadXXX`, wobei XXX für den zu nutzenden Datentyp steht. Dazu wird die überladene Methode, die im ersten Parameter den Beginn des Speicherbereiches und als zweiten Parameter den Offset in diesem Speicherbereich für das zu lesende Byte enthält.

Wichtig hier ist die Tatsache, dass die Breite der Bitmap nicht unbedingt mit der Breite einer Pixelzeile übereinstimmen muss. Pixelzeilen werden immer in Vielfachen von 4 Byte abgespeichert, so dass beispielsweise bei einer Pixelgröße von 1 Byte und einem Bild mit einer Zeilenlänge von 5 Pixeln (5 Byte) eine reale Zeilenlänge 8 Byte hat. Dieser Umstand wird mit der Veränderlichen `mStride` erfasst.

> **Hinweis**
>
> Eine Bitmap wird durch die Strukturen BITMAPFILEHEADER, BITMAPINFO, BITMAPINFOHEA-DER, RGBQUAD beschrieben. So findet sich zum Beispiel an Offset 0x04 des BITMAPINFO-HEADER der Wert biWidth, die Breite der Bitmap in Pixeln. Bei Offset 0x0e findet sich der Wert biBitCount, die Anzahl der Bits pro Pixel. Die Länge einer Zeile ergibt sich damit zu ((biWidth * biBitCount + 31) / 32) * 4. Weitere Informationen finden Sie in der Hilfe unter den Strukturnamen.

Damit stehen die Pixelwerte des Bildes im zweidimensionalen Array Matrix(i,j) und können nun beliebig verändert werden.

86   Array in Bitmap kopieren

Hat man ein zweidimensionales Array aus Werten (mathematisch berechnet oder als Veränderung von Bilddaten), so kann man dieses Array in eine Bitmap-Struktur kopieren und somit als Bild darstellen. Bei den hier betrachteten Bildverarbeitungsfunktionen empfiehlt es sich, die neue Bitmap mit den Daten der Originalbitmap zu initialisieren. Will man eine Bitmap komplett neu aufbauen, so muss man diese Funktion so ändern, dass eine neue Bitmap mit den entsprechenden Werten erstellt wird.

```
Private Sub Copy2BMP()
    ' Kopieren der neuen Bildmatrix in die Bitmap
    Dim StartNew As IntPtr
    Dim pPixel As Int32

    NewBitmap = bm.Clone(PixelRect, PixelFormat.Format8bppIndexed)
    NewBmd = NewBitmap.LockBits(PixelRect, ImageLockMode.ReadWrite, _
        PixelFormat.Format8bppIndexed)
```

Listing 119: Erzeugen einer geklonten Bitmap-Datei

Nach Deklaration der Variablen für den Speicherzugriff für die Pixelwerte wird eine neue Bitmap aus der in der Klasse vorhandenen Bitmap des Originalbildes erstellt und der Zugriff auf den Datenbereich ermöglicht.

```
mStride = NewBmd.Stride
StartNew = NewBmd.Scan0
pPixel = StartNew.ToInt32

Dim mPixel(mHeight * mStride) As Byte
Dim offset As Int32
```

Listing 120: Bestimmung der Zeilenlängen

In mStride wird die effektive Zeilenlänge gespeichert. In den beiden folgenden Zeilen liegen die Voraussetzungen für den Zugriff mit unverwalteten Zeigern. Wie oben schon beschrieben werden die Pixel als Datenstrom abgelegt. Dieser Strom wird hier durch das eindimensionale Array mPixel realisiert.

```
For i = 0 To mHeight - 1
   For j = 0 To mWidth - 1
      Try
         offset = i * mStride + j
         mPixel(offset) = NewMatrix(i, j)
      Catch ex As Exception
         Throw New ApplicationException("Imaging2-NewBMP: i=" & _
            i.ToString & "; j=" & j.ToString & "; Wert=" & _
            NewMatrix(i, j).ToString & "; Stride=" & mStride, ex)
      End Try
   Next
Next
```

Listing 121: Einfügen der berechneten Pixelwerte in die Bitmap

An dieser Stelle wird aus der zweidimensionalen Matrix der eindimensionale Strom für die `Bitmap` erstellt.

```
Win32API.CopyArrayTo(pPixel, mPixel, mHeight * mStride)
NewBitmap.UnlockBits(NewBmd)
End Sub
```

Listing 122: RtlMoveMemory API-Funktion aufrufen

Zum Schluss wird dieses Array in die `Bitmap` kopiert und die Speichersperre aufgehoben. Damit sind die errechneten Pixeldaten in der darzustellenden `Bitmap` angekommen. Dabei kommt eine Klasse zum Einsatz, die innerhalb der Bildverarbeitungsklasse deklariert wird:

```
Private Class Win32API
   <DllImport("KERNEL32.DLL", EntryPoint:="RtlMoveMemory", _
      SetLastError:=True, CharSet:=CharSet.Auto, _
      ExactSpelling:=True, _
      CallingConvention:=CallingConvention.StdCall)> _
   Public Shared Sub CopyArrayTo( _
      <[In](), MarshalAs(UnmanagedType.I4)> ByVal hpvDest As Int32, _
      <[In](), Out()> ByVal hpvSource() As Byte, _
      ByVal cbCopy As Integer)
      ' Der Prozedurenkörper ist leer
   End Sub
End Class
```

Listing 123: Definition der API-Funktion RtlMoveMemory als CopyArrayTo()

Realisiert wird hier die Kernel-Funktion `RtlMoveMemory`. Sie findet sich in der KERNEL32.DLL und hat den C-Prototypen (Näheres im Windows DDK):

```
VOID
  RtlMoveMemory(
    IN VOID UNALIGNED  *Destination,
```

Listing 124: C-Prototyp der Funktion RtlMoveMemory

```
IN CONST VOID UNALIGNED  *Source,
IN SIZE_T  Length
);
```

Listing 124: C-Prototyp der Funktion RtlMoveMemory (Forts.)

Im `DllImport()` werden einige Einstellungen gesetzt, die mit der Realisierung der Funktion im Kernel durch C-Aufrufkonventionen zu tun haben. Man erkennt auch die »Relikte« von MIDL, der Microsoft Interface Definition Language.

87   Allgemeiner Schärfefilter

Die Schärfefilter werden in einer eigenen Klasse per DLL realisiert und können so direkt in eigene Projekte übernommen werden.

Um das Prinzip der Programmierung kenntlich zu halten wurden keine mathematischen Optimierungen in die Rechenroutinen der DLL eingebaut. Die Konsequenz hieraus ist die natürliche Behäbigkeit des Rechenverfahrens.

Die Klasse startet mit der Deklaration benötigter Veränderlicher und der Ereignisprozedur:

```
Public Class Processing
    Private mWidth As Integer        ' Breite der Bitmap
    Private mHeight As Integer       ' Höhe der Bitmap
    Private PixelRect As Rectangle   ' Rechteck zum Kopieren
    Private Matrix As Array          ' Matrix des Originalbildes
    Private NewMatrix As Array       ' Matrix des neuen Bildes
    Private bm As Bitmap             ' Bitmap des Originalbildes
    Private bmd As BitmapData        ' BitmapData des
                                     ' Originalbildes
    Private NewBitmap As Bitmap      ' Bitmap des neuen Bildes
    Private NewBmd As BitmapData     ' BitmapData des neuen Bildes
    Private mStride As Integer       ' Zeilenlänge der Bitmap
    Private Start As IntPtr          ' Zeiger (!) auf Pixeldaten
    Private bBitmap As Boolean       ' Neues Bild erzeugt?
    Private i As Integer             ' Laufparameter
    Private j As Integer             ' Laufparameter
```

Listing 125: Private Eigenschaften der Bildverarbeitungsklasse

Hier werden die benötigten Variablen der alten und neuen `Bitmap` und die entsprechenden Hilfsvariablen als private Klassen-Member deklariert.

Um im aufrufenden Programm einen Hinweis darauf zu haben, wie weit die Bearbeitung des Bildes bereits fortgeschritten ist, wird eine `Event`-Prozedur definiert.

```
    Public Event Percent(ByVal percentage As Integer)
```

Listing 126: Event für den Fortschrittsbalken

Für die Filterfunktion selber wird nach Deklaration einiger Variabler die Ausdehnung der Filter in Breite und Höhe festgelegt. Die Variable bDim dient der Kontrolle, ob Länge und Breite durch eine ungerade Zahl dargestellt werden können.

```
' Allgemeine Filterfunktion
Public Function Filter(ByVal mask(,) As Integer) As Bitmap
    Dim mMaskCnt As Integer      ' zur Berechnung der Maskengröße
    Dim k As Integer             ' Laufparameter
    Dim l As Integer             ' Laufparameter
    Dim radius As Integer        ' "Radius" des Filters
    Dim FilterSumme As Double    ' :-))
    Dim Dummy As Double          ' Zwischengröße

    Dim bDim0 As Boolean = False
    Dim nDim0 As Integer = mask.GetUpperBound(0) + 1
    Dim nDim1 As Integer = mask.GetUpperBound(1) + 1
```

Listing 127: Benötigte Variable für die Filterfunktion

Da die Filterausdehnung für diesen Filtertyp exakt quadratisch sein muss, wird dies direkt bei Methodenstart getestet:

```
If nDim0 <> nDim1 Then
    Throw New System.Exception _
      ("Filter: Dim(0) und Dim(1) müssen identisch sein!")
    Return New Bitmap(1, 1)
End If
```

Listing 128: Test auf gleiche Dimension der Bilder

Da es sich um eine Methode handelt, die mittels Funktion realisiert wird, muss ein Rückgabewert existieren. Eine Bitmap der Größe 1 x 1 Pixel verhilft hier zu einem vernünftigen Ausstieg.

Eine weitere Bedingung ist, dass Weite und Höhe des Filters durch eine ungerade Zahl von Werten dargestellt werden muss. Dies wird durch die Schleife

```
For mMaskCnt = 1 To 6
    If nDim0 = 2 * mMaskCnt + 1 Then
        bDim0 = True
        Exit For
    End If
Next
```

Listing 129: Ist der Filter von ungerader Dimension?

In nDim0 ist die Breite des Filters festgehalten. Durch die kleine Berechnung auf der rechten Seite der if-Abfrage erhält man nacheinander die Werte 3, 5, 7, 9, 11, 13. Ist die Bedingung erfüllt, so stimmt die Ausdehnung des Filters und der »Radius« des Filters ist ebenfalls bestimmt (s.u.).

Sollte der Filter die Größe 13 x 13 überschreiten oder eine falsche Anzahl Werte enthalten, so kann er nicht arbeiten und die Methode wird verlassen.

Sollte es noch keine neue Bitmap geben, so wird jetzt eine erstellt und die Summe der Filterwerte errechnet, da diese später benötigt wird:

```
If bBitmap = False Then
    create()
End If
```

Listing 130: Erzeugen der Bitmap

```
FilterSumme = 0.0
For k = 0 To nDim0 - 1
    For l = 0 To nDim1 - 1
        FilterSumme += mask(k, l)
    Next
Next
```

Listing 131: Berechnung der Summe aller Filterwerte

Nun beginnt die eigentliche Arbeit des Filters. Man geht innerhalb der Matrix des Originalbildes von links oben nach rechts unten und schaut sich für jeden Bildpunkt die Umgebung in
der Größe des Filters an. Innerhalb dieses Filterfensters multipliziert man den Bildwert mit
dem Filterwert und summiert über das Fenster auf. Anschließend dividiert man diesen Wert
durch die Summe der Filterwerte. Da dabei Werte entstehen können, die geringfügig über dem
erlaubten Bereich liegen (Byte), werden die entsprechenden Werte gekappt. Dann wird dieser
Wert in die Matrix des neuen Bildes geschrieben:

```
radius = mMaskCnt

For i = radius To mHeight - 1 - radius
    RaiseEvent Percent((i / (mHeight - 1)) * 100)
    For j = radius To mWidth - 1 - radius
        Dummy = 0.0
        For k = -mMaskCnt To mMaskCnt
            For l = -mMaskCnt To mMaskCnt
                Dummy += (Matrix(i - k, j - l) * _
                    mask(k + mMaskCnt, l + mMaskCnt))
            Next
        Next
        If FilterSumme > 0 Then
            Dummy /= FilterSumme
        End If
        If Dummy > 255.0 Then
            Dummy = 255.0
        End If
        If Dummy < 0.0 Then
            Dummy = 0.0
        End If
        NewMatrix(i, j) = CByte(Dummy)
    Next
Next
```

Listing 132: Skalierung auf den gültigen Wertebereich von Byte

GDI+
Bildbearbeitung

Wie man an den beiden äußeren FOR-Schleifen erkennt, darf die Laufvariable nicht bei 0 beginnen und bei mHeight/mWidth enden, da für jeden Bildpunkt die benachbarten Pixel in die Berechnung eingehen. Dies hätte in den Randbereichen zumindest programmtechnische Konsequenzen.

Bei jedem Zeilenwechsel wird errechnet, wie viel Prozent der Zeilen schon bearbeitet sind, und über ein RaiseEvent an das aufrufende Programm gemeldet.

Bei diesen Berechnungen können Werte entstehen, die geringfügig aus dem gültigen Wertebereich der Variablen (hier Byte) fallen. Aus diesem Grund werden die überlaufenden Werte abgeschnitten.

Abschließend wird die Matrix in die neue Bitmap kopiert und an das aufrufende Programm zurückgegeben:

```
    Copy2BMP()
    Return NewBitmap
End Function
```

Listing 133: Ausstieg aus der Funktion mit der neuen, berechneten Bitmap

88   Schärfe nach Gauß

Um den oben beschriebenen Filter anwenden zu können, muss im Programm vorher mittels

```
Imports Imaging2.Processing
```

die Bildverarbeitungsklasse eingebunden und mit

```
Dim WithEvents mSharp As Imaging2.Processing
```

Listing 134: Definition des Objekts mit Ereignisüberwachung für den Fortschrittsbalken

eine Instanz deklariert werden. Die Erstellung der Klasse geschieht dann mit dem Dateinamen der Bitmap, die bearbeitet werden soll. Dies kann klassischerweise über die Methode OpenFileDialog() erfolgen. In Listing 135 wird dies genutzt, um das Objekt mSharp zu kreieren.

```
Dim ofd As New OpenFileDialog()

ofd.InitialDirectory = ".."
Try
    If ofd.ShowDialog() = DialogResult.OK Then
        mFileName = ofd.FileName()
        ofd.Dispose()
        mBitmapOrg = New Bitmap(mFileName)
        pbOld.Image = mBitmapOrg
        Me.Refresh()
        Me.Invalidate()
        mSharp = New Imaging2.Processing(mFileName)
    End If
Catch e1 As System.Exception
    Debug.WriteLine(e1.ToString & e1.InnerException.ToString & _
```

Listing 135: Erzeugen des Objekts über den Bitmap-Dateinamen

```
        e1.StackTrace.ToString)
    End Try
```

Listing 135: Erzeugen des Objekts über den Bitmap-Dateinamen (Forts.)

Hierbei wird dem Konstruktor der Klasse der Dateiname einer zu bearbeitenden Bitmap übergeben. Diese Vorarbeiten gelten naturgemäß auch für die im Weiteren beschriebenen Filter.

Da die Klasse mit Event-Verarbeitung deklariert wurde, kann der Fortschritt bei der Berechnung abgefragt werden. Die Ereignisroutine liefert den Prozentwert zurück, zu dem die gerade laufende Bildbearbeitungsroutine fertig gestellt ist. Da die Ereignisprozedur der DLL bei größeren Bildern mehrfach hintereinander den gleichen Wert liefert, wird ein nicht notwendiges Erneuern des Fortschrittbalkens – und damit ein Flackern des Balkens – durch die if-Abfrage verhindert.

```
Public Sub progress(ByVal percentage As Integer) _
    Handles mSharp.Percent
    Static Dim perc As Integer
    If percentage = perc Then
        Return
    End If
    perc = percentage
    ProgressBar1.Value = percentage
    ProgressBar1.Update()
    ProgressBar1.Refresh()
    ProgressBar1.Invalidate()
End Sub
```

Listing 136: Darstellung des Berechnungsfortschrittes mittels eines Fortschrittsbalkens

Abbildung 64: Schärfenberechnung nach Gauß

Ein Beispiel, wie man es von bekannten Programmen her kennt, stellt die Berechnung der Schärfe mit dem Gauß-Verfahren dar (Abbildung 64).

Zum Einsatz kommt hierbei die zweite Prozedur, die ein allgemeines Berechnungsverfahren zur Verfügung stellt. Die Berechnungsmaske wird der Prozedur übergeben.

```
Private Sub btnGauss_Click(ByVal sender As System.Object, _
   ByVal e As System.EventArgs) Handles btnGauss.Click

   Dim gauss(,) As Integer = {{-2, -8, -12, -4, -2}, _
                              {-8, -32, -48, -32, -8}, _
                              {-12, -48, 686, -48, -10}, _
                              {-8, -32, -48, -32, -8}, _
                              {-2, -8, -12, -4, -2}}

   Try
      mBitmapNew = mSharp.Filter(gauss)
      pbNew.Image = New Bitmap(mBitmapNew)
   Catch ex As System.Exception
      Debug.WriteLine(ex.ToString)
   End Try
End Sub
```

Listing 137: Schärfenberechnung mit dem Gauß-Verfahren

Wie man am Beispiel von Listing 137 sieht, wird ein zweidimensionales Array erstellt, der Filter, mit dem das Bild bearbeitet wird. In einem Anwendungsprogramm kann man so einige Filter vorgeben und zusätzlich dem Anwender die Möglichkeit bieten, eigene Filter zum Einsatz zu bringen. Der Name »Gauß-Filter« leitet sich von der mathematischen Funktion her, die zur Erstellung der Zahlen verwandt wurde, einer zweidimensionalen Gauß-Funktion.

89   Schärfe mittels Sobel-Filter

Abbildung 65: Schärfenberechnung mit dem horizontalen Sobel-Filter

Der Sobel-Filter hat auf Grund seines Aufbaus nicht nur den Effekt, dass die Bilder schärfer wirken. Dies ist eigentlich ein Nebeneffekt dieses Filters. Er wird hauptsächlich dazu eingesetzt, Kanten und starke Helligkeitssprünge in Bildern zu erkennen.

```
Private Sub btnSobelH_Click(ByVal sender As System.Object, _
    ByVal e As System.EventArgs) Handles btnSobelH.Click

    Dim Sobel_H(,) As Integer = {{-1, -2, -1}, _
                                 {0, 0, 0}, _
                                 {1, 2, 1}}

    Try
        mBitmapNew = mSharp.Filter(Sobel_H)
        pbNew.Image = New Bitmap(mBitmapNew)
    Catch ex As System.Exception
        Debug.WriteLine(ex.ToString)
    End Try
End Sub
```

Listing 138: Horizontaler Sobel-Filter

Da es sich in Listing 138 um einen horizontalen Sobel-Filter handelt, liegt die Vermutung nahe, dass es auch einen vertikalen Sobel-Filter gibt. Dieser ist um 90 Grad gedreht. Die entsprechende Definitionszeile sehen Sie in Listing 139

```
Dim Sobel_V(,) As Integer = {{-1, 0, -1}, _
                             {-2, 0, 2}, _
                             {-1, 0, 1}}
```

Listing 139: Vertikaler Sobel-Filter

90   Schärfe mittels Laplace-Filter

Die Realisierung des Laplace-Filters geschieht wieder mittels eines Arrays, das wie folgt definiert wird:

```
Private Sub btnLaplace_Click(ByVal sender As System.Object, _
    ByVal e As System.EventArgs) Handles btnLaplace.Click

    Dim Laplace(,) As Integer = {{-1, -1, -1}, _
                                 {-1, 9, -1}, _
                                 {-1, -1, -1}}

    Try
        mBitmapNew = mSharp.Filter(Laplace)
        pbNew.Image = New Bitmap(mBitmapNew)
    Catch ex As System.Exception
        Debug.WriteLine(ex.ToString)
    End Try
End Sub
```

Listing 140: Schärfenberechnung mit dem Laplace-Filter

Abbildung 66: Schärfenberechnung mittels des Laplace-Filters

91 Kirsch und Prewitt-Filter

Neben dem Sobel-Filter gibt es noch eine Menge weiterer Filter, die man austesten kann. Je nach Beschaffenheit der Bilder wird der eine oder andere Filter bessere Ergebnisse liefern. Die bekanntesten Filter für diesen Zweck sind neben dem Sobel-Filter der Kirsch-Filter und der Prewitt-Filter. Im Folgenden sind nur die Definitionen der Filtermasken aufgeführt.

```
Dim Kirsch_H(,) As Integer = {{-3, -3, -3}, _
                              {-3, 0, 3}, _
                              {5, 5, 5}}
```

Listing 141: Horizontaler Kirsch-Filter

```
Dim Kirsch_V(,) As Integer = {{-3, -3, 5}, _
                              {-3, 0, 5}, _
                              {-3, -3, 5}}
```

Listing 142: Vertikaler Kirsch-Filter

```
Dim Prewitt_H(,) As Integer = {{-1, -1, -1}, _
                               {-1, -2, 1}, _
                               {1, 1, 1}}
```

Listing 143: Horizontaler Prewitt-Filter

```
Dim Prewitt_V(,) As Integer = {{-1, 1, 1}, _
                               {-1, -2, 1}, _
                               {-1, 1, 1}}
```

Listing 144: Vertikaler Prewitt-Filter

92   Der Boxcar Unschärfefilter

Diese Filtermechanismen sind so weit tragend, dass man auch das genaue Gegenteil vom bisherigen Vorgehen erreichen kann: ein Bild unscharf rechnen. Mit einem Mittelwert-Filter wird ein Pixel durch den Mittelwert seiner angrenzenden Nachbarn ersetzt. So kann ein solcher Filter wie folgt definiert werden:

```
Private Sub btnBoxcar_Click(ByVal sender As System.Object, _
   ByVal e As System.EventArgs) Handles btnGaussU.Click
   Dim boxcar(,) As Integer = {{1, 1, 1, 1, 1, 1, 1}, _
                               {1, 1, 1, 1, 1, 1, 1}, _
                               {1, 1, 1, 1, 1, 1, 1}, _
                               {1, 1, 1, 2, 1, 1, 1}, _
                               {1, 1, 1, 1, 1, 1, 1}, _
                               {1, 1, 1, 1, 1, 1, 1}, _
                               {1, 1, 1, 1, 1, 1, 1}}

   Try
       mBitmapNew = mSharp.Filter(boxcar)
       pbNew.Image = New Bitmap(mBitmapNew)
   Catch ex As System.Exception
       Debug.WriteLine(ex.ToString)
   End Try
End Sub
```

Listing 145: Unschärfeberechnung mit dem Boxcar-Filter

93   Adaptive Schärfe

Eine sehr wirkungsvolle Methode der Schärfenberechnung ist die so genannte »Methode der adaptiven Schärfe«. In diesem Verfahren wird von jedem Pixel des Bildes die unmittelbare Umgebung betrachtet und eine »Schärfengüte« ermittelt. Je nach »Güte« wird nun für dieses Pixel die Schärfe »nachgezogen«.

Dieses Verfahren gehört zu den mathematisch eher aufwändigen Verfahren der Gattung Schärfenberechnung und liefert auch nicht immer den erwünschten Erfolg. Dieser hängt sehr stark von der Struktur des Bildes ab. Ein Versuch ist dieses Verfahren aber immer wert.

Das Ergebnis für das gerade geladene Bild ist in Abbildung 68 zu sehen. Man erkennt Einzelheiten auf diesem Bild, was im Original nur schwer geht. Besonders gut kann man dies an der Sitzfläche des Stuhls erkennen. Dafür leidet die Ästhetik etwas ☺. Nun kann diese Prozedur nicht zaubern, sie versucht nur, Informationen zu verarbeiten, die dem menschlichen Auge in der Form nicht zur Verfügung stehen. Man sollte das Ergebnis mit der gebührenden Skepsis betrachten. So sind in Abbildung 68 die Details des Hintergrundes im oberen Bereich wohl eher zu den so genannten Artefakten zu rechnen.

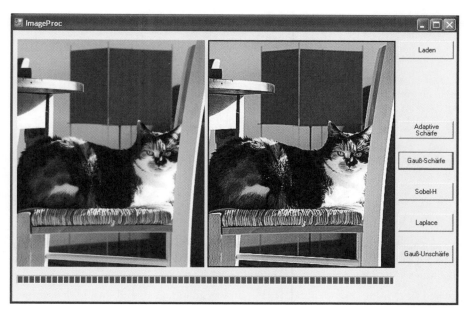

Abbildung 67: Bild mit dem Boxcar-Filter unscharf rechnen

Abbildung 68: Schärfenberechnung mit dem Adaptiv-Filter

Der Aufruf dieser Methode geschieht mittels der Methode Sharpen(). Übergeben wird auch hier eine ungerade Zahl für die Filtergröße. Im Beispiel aus Listing 146 wird ein 3x3 Filter benutzt. Es werden also nur die unmittelbaren Nachbarn für die Berechnung herangezogen.

```
Private Sub brnSharp1_Click(ByVal sender As System.Object, _
   ByVal e As System.EventArgs) Handles brnSharp1.Click

   Try
      mBitmapNew = mSharp.Sharpen(3)
      Label1.Text = mBitmapNew.Width.ToString & " x " & _
         mBitmapNew.Height.ToString
      Label2.Text = mBitmapNew.PixelFormat.ToString
      pbNew.Image = New Bitmap(mBitmapNew)
   Catch ex As System.Exception
      Debug.WriteLine(ex.ToString)
   End Try
End Sub
```

Listing 146: Aufruf der adaptiven Schärfe-Methode

Die Berechnung dieses Filters folgt exakt dem gleichen Schema, wie Sie es schon bei den anderen Filtern gesehen haben. Es wird für jeden Bildpunkt die Umgebung betrachtet und aus diesen Umgebungswerten wird ein neuer Bildpunkt errechnet.

Der Unterschied liegt in der Komplexität der Punktberechnung. Während dies in den vorhergehenden Beispielen recht einfach (linear) war, handelt es sich hier um eine quadratische Berechnungsart. Es wird versucht – mit der Methode der kleinsten Quadrate – ein möglichst »passendes« Pixel zu berechnen. Die Methode der kleinsten Quadrate hat in vielen Bereichen von Wirtschaft und Wissenschaft Anwendung gefunden, da sie ein verhältnismäßig einfaches Verfahren darstellt, »Gesetzmäßigkeiten« von Messwerten zu erfassen.

```
' Adaptive Schärfe
Public Function Sharpen(ByVal radius As Integer) As Bitmap
   Dim k As Integer
   Dim l As Integer
   Dim PointValueMean As Double
   Dim Difference As Double
   Dim Signal As Double
   Dim Pixels As Integer

   If bBitmap = False Then
      create()
   End If

   ' adaptiver Schärfefilter
   For i = radius To mHeight - 1 - radius
      RaiseEvent Percent((i / (mHeight - 1)) * 100)
      For j = radius To mWidth - 1 - radius
         Pixels = 0
         PointValueMean = 0
         For k = i - radius To i + radius
            For l = j - radius To j + radius
               Pixels += 1
               Try
```

Listing 147: Die Methode für die adaptive Schärfenberechnung

```
                    PointValueMean += CDbl(Matrix(k, l))
                Catch ex As Exception
                    Throw New ApplicationException("Imaging2: i=" & _
                        i.ToString & "; j=" & j.ToString & "; k=" & _
                        k.ToString & "; l=" & l.ToString, ex)
                End Try
            Next
        Next
        PointValueMean /= CDbl(Pixels)
        Difference = CDbl(Matrix(i, j)) - PointValueMean
        Signal = 0
        For k = i - radius To i + radius
            For l = j - radius To j + radius
                Signal += (CDbl(Matrix(k, l)) - PointValueMean) ^ 2
            Next
        Next
        Signal = Math.Sqrt(Signal / CDbl(Pixels - 1))
        If Signal > 0 Then
            Difference *= (PointValueMean / Signal)
        End If
        Dim d As Int64 = Matrix(i, j) + CInt(Difference)
        Try
            If d > 255 Then
                d = 255
            End If
            If d < 0 Then
                d = 0
            End If
            NewMatrix(i, j) = CByte(d)
        Catch eov As System.OverflowException
            Throw New System.ApplicationException("Sharpen-Overflow: " & _
                d.ToString, eov)
        End Try
      Next
    Next

    Copy2BMP()
    Return NewBitmap
End Function
```

Listing 147: Die Methode für die adaptive Schärfenberechnung (Forts.)

In diesem Verfahren wird ein neuer Bildpunkt errechnet, in dem man die quadratischen Abweichungen von dem Mittelwert betrachtet, der sich mit den Bildpunkten des aktuellen Filterfensters ergibt.

Windows Forms

Der Umgang mit Fenstern hat sich mit dem Übergang von VB6 nach Visual Basic 2005 wesentlich geändert. Objektorientierte Programmierung und die Klassen des Frameworks bieten Gestaltungsmöglichkeiten, wie sie noch nie zur Verfügung standen. Unregelmäßige und transparente Fenster sind nur zwei von vielen neuen Varianten. Durch Vererbung lassen sich die Fenster einer Applikation einheitlich gestalten, ohne dass die gemeinsamen Teile (Code und Steuerelemente) für jedes Fenster neu definiert werden müssen.

In diesem Abschnitt finden Sie eine Reihe von Rezepten zum Umgang mit Fenstern, ergänzend dazu in der Kategorie Windows Controls Rezepte zur Programmierung von Steuerelementen.

94 Fenster ohne Titelleiste anzeigen

War es in VB6 immer noch etwas umständlich, ein Fenster ohne Titelleiste zu erzeugen (es mussten mindestens vier Eigenschaften geändert werden), so können Sie das mit Visual Basic 2005 durch Setzen der Eigenschaft `FormBorderStyle` der Klasse `Form` auf den Wert `FormBorderStyle.None` erreichen. Egal, wie die Eigenschaften `Text`, `MaximizeBox`, `MinimizeBox` etc. gesetzt sind, das Fenster wird ohne Titelleiste angezeigt (siehe Abbildung 69).

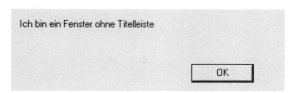

Abbildung 69: Durch Setzen der FormBorderStyle-Eigenschaft auf None wird die Titelleiste unterdrückt

Ein Fenster ohne Titelleiste lässt sich nicht mehr über eine Mausaktion schließen, da mit der Titelleiste natürlich auch die entsprechenden Controls wegfallen. Achten Sie daher darauf, dass Sie dem Anwender andere Möglichkeiten zum Schließen des Fensters (z.B. eine Schaltfläche) zur Verfügung stellen. Nicht jeder kennt die Tastatur-Bedienung (z.B. `Alt` `F4`).

95 Fenster ohne Titelleiste verschieben

Um ein Fenster unter Windows zu verschieben, zieht man für gewöhnlich die Titelleiste mit der Maus, bis das Fenster die gewünschte Position eingenommen hat. Wird die Titelleiste des Fensters unterdrückt, dann entfällt diese Möglichkeit und Sie müssen selbst das Verschieben des Fensters programmieren.

Dazu wird im `MouseDown`-Ereignis die aktuelle Position des Mauszeigers (`StartDragLocation`) sowie des Fensters (`StartLocation`) gespeichert und im `MouseMove`-Ereignis kontinuierlich neu gesetzt (Listing 148). Alle Koordinaten werden in Bildschirmkoordinaten umgerechnet. Die neue Position ergibt sich aus

`NeuePosition = StartLocation + (Mausposition - StartDragLocation).`

Der Anwender kann das Fenster verschieben, indem er den Mauszeiger auf einen beliebigen Punkt des Fensterhintergrunds führt, die linke Maustaste drückt und bei gedrückter Taste das

Fenster zieht. Hervorzuheben ist, dass das Ziehen nur funktioniert, wenn zu Beginn der Mauszeiger über dem Fenster und nicht über einem Steuerelement steht, da sonst die Mausereignisse an das Steuerelement gesendet werden.

Soll das Fenster auch verschoben werden, wenn der Ziehvorgang beispielsweise auf einem Label beginnt, dann müssen Sie die beiden Mausereignisse dieses Steuerelementes ebenfalls an die beiden Handler binden (entweder durch Erweiterung der Handles-Klausel oder über AddHandler).

```vb
' Position des Fensters zu Beginn des Ziehvorgangs
Protected StartLocation As Point

' Mausposition zu Beginn des Ziehvorgangs
Protected StartDragLocation As Point

Private Sub NoTitlebarWindow_MouseDown(ByVal sender As Object, _
  ByVal e As System.Windows.Forms.MouseEventArgs) _
  Handles MyBase.MouseDown

  ' Nur bei gedrückter linker Maustaste
  If e.Button = MouseButtons.Left Then
    ' Aktuelle Position des Fensters speichern
    ' (in Bildschirmkoordinaten)
    StartLocation = Me.Location

    ' Mausposition in Bildschirmkoordinaten speichern
    StartDragLocation = Me.PointToScreen(New Point(e.X, e.Y))
  End If

End Sub

Private Sub NoTitlebarWindow_MouseMove(ByVal sender As Object, _
  ByVal e As System.Windows.Forms.MouseEventArgs) _
  Handles MyBase.MouseMove

  ' Nur bei gedrückter linker Maustaste
  If e.Button = MouseButtons.Left Then

    ' Aktuelle Mausposition in Bildschirmkoordinaten umrechnen
    Dim p As New Point(e.X, e.Y)
    p = Me.PointToScreen(p)

    ' Neue Fensterposition festlegen
    Me.Location = New Point( _
      StartLocation.X + p.X - StartDragLocation.X, _
      StartLocation.Y + p.Y - StartDragLocation.Y)

  End If

End Sub
```

Listing 148: Verschieben eines Fensters ohne Titelleiste mit der Maus ermöglichen

96 Halbtransparente Fenster

Ab Windows 2000 steht Ihnen die Möglichkeit offen, Fenster teilweise transparent zu gestalten. Durch Festlegung der Eigenschaft Opacity setzen Sie die Deckkraft des Fensters. Ein Wert von 1 entspricht 100%, also vollständig deckend, ein Wert von 0 entspricht 0%, also vollständig transparent. Zwischenwerte lassen das Fenster halbtransparent erscheinen, das heißt, die Bildpunkte des Fensters werden mit den Bildpunkten des Hintergrundes gemischt (siehe Abbildung 70).

Abbildung 70: Halbtransparentes Fenster vor Hintergrundbild

Beachten Sie bitte, dass die Zuweisung von Werten an die Eigenschaft im Code im Wertebereich von 0 .. 1 erfolgt, z.B.:

```
Me.Opacity = 0.6
```

während die Einstellung des Wertes im Eigenschaftsfenster des Designers in Prozent vorgenommen wird (Abbildung 71).

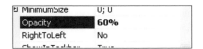

Abbildung 71: Einstellen der Deckkraft des Fensters

97 Unregelmäßige Fenster und andere Transparenzeffekte

Es gibt verschiedene Möglichkeiten, Fenster zu erzeugen, die nicht die üblichen rechteckigen Abmessungen besitzen. Eine Variante, die z.B. auch für die Bildüberblendmechanismen in Rezept 69 verwendet wird, ist Clipping. Hierzu wird ein Region-Objekt festgelegt, das die Flächen, auf denen das Fenster gezeichnet werden kann, beschreibt.

Das in Abbildung 72 gezeigte Fenster ist entstanden, indem im Load-Ereignis eine Ellipse als Clipping-Bereich definiert wurde (siehe Listing 149). Zunächst wird ein GraphicsPath-Objekt angelegt, dem anschließend Bereiche (hier eine Ellipse) hinzugefügt werden. Aus diesem GraphicsPath-Objekt wird ein Region-Objekt generiert und dieses der Eigenschaft Region des Fensters zugewiesen.

Bei dieser Vorgehensweise können Sie den Client-Bereich des Fensters ebenso beschneiden wie die Titelleiste. Die Region bezieht sich auf alle Zeichenoperationen des Fensters.

Abbildung 72: Beschneiden der Fensterfläche durch Setzen des Clipping-Bereiches

```
Private Sub ClippingWindow_Load(ByVal sender As System.Object, _
    ByVal e As System.EventArgs) Handles MyBase.Load

    ' Pfad anlegen
    Dim path As New System.Drawing.Drawing2D.GraphicsPath

    ' Dem Pfad Bereiche hinzufügen, hier eine Ellipse
    path.AddEllipse(New Rectangle(0, 0, 300, 100))

    ' Aus dem Pfad ein neues Region-Objekt erzeugen und dem
    ' Fenster als Clipping-Bereich zuweisen
    Me.Region = New Region(path)

End Sub
```

Listing 149: Festlegen des Clipping-Bereiches auf eine elliptische Fläche

Als Alternative steht Ihnen die Möglichkeit zur Verfügung, eine bestimmte Farbe als transparente Farbe zu definieren. Das erfolgt durch Setzen der Eigenschaft TransparencyKey. Für alle Bildpunkte des Fensters, die diese Farbe besitzen, erscheint das Fenster durchsichtig, d.h. die Bildpunkte werden durch die des Hintergrundes ersetzt. Die Darstellung in Abbildung 73 zeigt ein Fenster, dessen Eigenschaft TransparencyKey auf SystemColors.Control gesetzt wurde, also die Farbe, die der normalen Hintergrundfarbe von Fenstern, Labels und Schaltflächen entspricht.

Abbildung 73: Eine Farbe als Transparenzschlüssel definieren

Diese Vorgehensweise lässt sich nun dazu einsetzen, bestimmte Bereiche des Client-Bereiches auszublenden. Dazu zeichnet man die auszublendenden Bereiche in einer Farbe, die sonst nirgends im Fenster zum Einsatz kommt, und legt anschließend diese Farbe als Transparenzschlüssel fest (siehe Abbildung 74 und Abbildung 75). Im Beispiel werden zwei Kreise mit der Farbe Color.Red gefüllt (Listing 150) und diese Farbe der Eigenschaft TransparencyKey zugewiesen.

Abbildung 74: Zeichnen des auszublendenden Bereiches in einer anderen Farbe

Abbildung 75: Definition des Transparenzschlüssels zum Ausblenden des farbigen Bereiches

```
Protected Overrides Sub OnPaint(ByVal e As _
  System.Windows.Forms.PaintEventArgs)

  ' Zwei überlappende Kreise zeichnen
  Dim m1x As Integer = Me.ClientSize.Width \ 3
  Dim w As Integer = Me.ClientSize.Width * 2 \ 3

  e.Graphics.FillEllipse(Brushes.Red, 0, 0, w, ClientSize.Height)
  e.Graphics.FillEllipse(Brushes.Red, m1x, 0, w, ClientSize.Height)

End Sub
```

Listing 150: Zeichnen zweier Kreise mit roter Füllung, die als Transparenzschablone verwendet werden

Dreht man die Farbgebung um, also im Beispiel die Füllung der Kreise in Grau und die Außenfläche rot, und blendet zusätzlich noch die Titelleiste aus, dann erhält man ein nicht rechteckiges Fenster, ähnlich wie es durch Definition eines Clipping-Bereiches erzeugt werden kann (Abbildung 76).

Abbildung 76: Nicht rechteckiges Fenster durch Setzen eines Transparenzschlüssels

Mit beiden Varianten, Setzen der Clipping-Region oder Festlegen des Transparenzschlüssels, lassen sich ähnliche Effekte erzielen. Das Setzen der Clipping-Region ist in der Regel vorzuziehen, da nicht ungewollt Bereiche transparent werden, die zufällig die als Transparenzschlüssel definierte Farbe aufweisen. Insbesondere, wenn Bilder auf dem Fenster angezeigt werden, ist die Verwendung des Transparenzschlüssels riskant.

Wenn, wie in Abbildung 76, das Fenster nicht mehr über eine Titelleiste verfügt, sollten Sie dem Anwender zusätzliche Möglichkeiten zum Verschieben des Fensters anbieten (siehe Rezept 95, Fenster ohne Titelleiste verschieben).

98   Startbildschirm

Visual Basic 2005 bringt ein fertiges Framework für Windows-Applikationen mit. Dieses unterstützt bereits die auf Multithreading basierende Anzeige eines Startfensters für Ihre Anwendung. Hierzu muss lediglich im Eigenschaftsfenster für die Anwendung jeweils eine Fensterklasse für das Startformular und für den Begrüßungsbildschirm angegeben werden (siehe Abbildung 77). Beim Start der Anwendung wird zunächst das Startfenster angezeigt und nach Ablauf einer fest eingestellten Zeit das Hauptfenster der Anwendung.

In Abbildung 78 ist das Blockdiagramm des Anwendungs-Frameworks zu sehen. Die Pfeile, die vom Block `OnInitialize` ausgehen, deuten schon an, dass hier zwei verschiedene Threads gestartet werden, um Startfenster und Hauptfenster zu erzeugen und anzuzeigen. Eine längere Initialisierungsphase der Anwendung sollte daher im `Load`-Ereignis des Hauptfensters erfolgen bzw. in einer Methode, die in `Form_Load` aufgerufen wird. Da das Startfenster von einem anderen Thread gesteuert wird, kann es Ereignisse empfangen und bleibt bedienbar, auch wenn die Initialisierungsphase mehrere Sekunden andauert. So lässt sich bei Programmstart der Fortschritt der Initialisierung anzeigen, um den Anwender zu beruhigen. Ohne entsprechendes Feedback werden viele Anwender bereits nach wenigen Sekunden der Untätigkeit eines Programms sehr ungeduldig.

Der Fensterwechsel erfolgt, wenn die Initialisierung des Hauptfensters abgeschlossen ist, frühestens jedoch nach Ablauf der minimalen Anzeigezeit des Startfensters. Diese lässt sich einstellen über die Eigenschaft `MinimumSplashScreenDisplayTime`. Allerdings muss die Einstellung dieser Zeit im Code erfolgen, vorzugsweise in der Methode OnCreateSplashScreen (Listing 151). Um den Handler hierfür zu erzeugen, wählt man im Eigenschaftsfenster der Anwendung die Schaltfläche Anwendungsereignisse anzeigen (Abbildung 77 rechts unten) und dann in der rechten Auswahlliste des Code-Fensters von *ApplicationEvents.vb* die betreffende Methode.

```
Protected Overrides Sub OnCreateSplashScreen()
  Me.SplashScreen = Global.SplashScreenDemo.Startwindow
  Me.MinimumSplashScreenDisplayTime = 6000 ' in Millisekunden
End Sub
```

Listing 151: Minimale Anzeigezeit des Startfensters festlegen

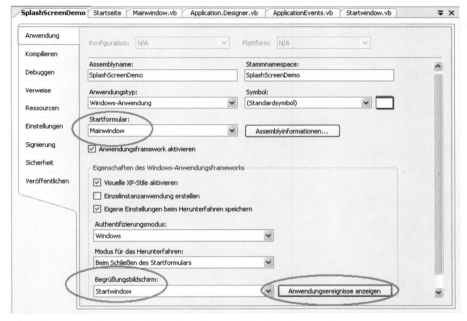

Abbildung 77: Einstellen eines Startfensters für eine Anwendung

Die Aufteilung des Codes in zwei Threads bringt jedoch den Nachteil mit sich, dass die Initialisierungsmethode nicht direkt eine Methode des Startfensters aufrufen kann, die Steuerelemente des Startfensters manipuliert. Was im Framework 1.1 noch verboten war, aber nicht überprüft wurde, führt im Framework 2.0 zu einer Exception: der Zugriff auf ein Steuerelement aus einem Thread heraus, der dieses nicht erstellt hat.

Um dennoch aus der Initialisierungsroutine des Hauptfensters heraus eine Methode des Startfensters aufrufen zu können, muss der Aufruf mittels Control.Invoke erfolgen. Der Aufruf von Invoke kann auch in die betreffende Methode des Startfensters verlegt werden. Listing 152 zeigt ein Beispiel, bei dem die Methode ShowProgressDelegate selbst überprüft, ob sie über Invoke aufgerufen werden muss, und bei Bedarf einen zweiten Aufruf über Invoke vornimmt. Geprüft wird über die Eigenschaft InvokeRequired, die den Wert False besitzt, wenn sie vom GUI-Thread des Fensters abgerufen wird, bzw. True, wenn dies von einem anderen Thread aus erfolgt. Für den Aufruf über Invoke ist eine Delegate-Deklaration erforderlich (ShowProgress-Delegate im Listing).

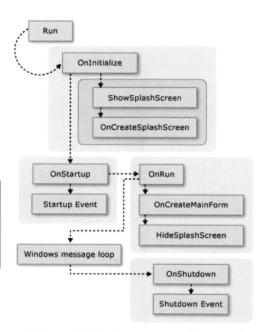

Abbildung 78: Das Anwendungs-Framework von Visual Basic 2005 (Quelle: MSDN-Dokumentation)

```
Public Class Startwindow

  Private Sub Startwindow_Load(…) Handles MyBase.Load
    Me.CenterToScreen()
  End Sub

  Private Delegate Sub ShowProgressDelegate( _
    ByVal percent As Integer)

  Public Sub ShowProgress(ByVal percent As Integer)

    ' Aufruf von anderem Thread?
    If Me.InvokeRequired Then

      ' Ja - nochmaliger Aufruf über Invoke
      Me.Invoke(New ShowProgressDelegate( _
        AddressOf ShowProgress), New Object() {percent})

    Else

      ' Fortschritt visualisieren
      LBLProgress.Text = percent.ToString("0") & " %"
      ProgressBar1.Value = percent

    End If
```

Listing 152: Fortschrittsanzeige im Startfenster

```
    End Sub

End Class
```

Listing 152: Fortschrittsanzeige im Startfenster (Forts.)

Im Load-Ereignis des Hauptfensters muss dann lediglich über die Referenz des Startfensters der Aufruf der Methode erfolgen. Listing 153 zeigt ein Beispiel, bei dem eine längere Initialisierungsphase durch den mehrfachen Aufruf von Thread.Sleep simuliert wird, Abbildung 79 ein Anwendungsbeispiel, bei dem der Fortschritt als Prozentzahl auf einem Label sowie mithilfe einer Progressbar angezeigt wird.

```
Public Class Mainwindow

    Private Sub Mainwindow_Load(…) Handles MyBase.Load

        ' Längere Initialisierungsphase
        ' Angedeutet durch Thread.Sleep

        ' Referenz des SplashScreens für den Aufruf von ShowProgress
        Dim sw As Startwindow = CType( _
          My.Application.SplashScreen, Startwindow)

        For i As Integer = 0 To 100

            ' Fortschrittsanzeige aktualisieren
            sw.ShowProgress(i)

            ' 50 ms dösen...
            System.Threading.Thread.Sleep(50)

        Next

    End Sub

End Class
```

Listing 153: Aufruf der Methode ShowProgress zur Anzeige des Fortschritts der Initialisierungsphase

Abbildung 79: Beispiel für ein Startfenster

> **Tipp**
>
> Falls Sie ein Timer-Control auf dem Startfenster einsetzen möchten, setzen Sie dessen `Enabled`-Eigenschaft im Designer unbedingt auf `False`. Ansonsten werden (vermutlich aufgrund eines Bugs) im Debug-Modus die `TimerTick`-Ereignisse vom falschen Thread ausgelöst. Der Timer sollte frühestens im `Load`-Ereignis des Fensters gestartet werden.

Falls Sie das Anwendungs-Framework nicht verwenden möchten, können Sie die Programmlogik auch selbst aufbauen. Unter

http://www.fuechse-online.de/beruflich/Beispiele/Startbildschirm%20VB.htm

finden Sie ein Beispielprogramm, bei dem nicht zwei GUI-Threads gestartet werden, sondern lediglich die Initialisierung im Hintergrund erfolgt. Dieses Beispiel funktioniert auch mit VS 2003 / Framework 1.1. In Verbindung mit VS 2005 können Sie dieses Beispiel durch Einsatz der BackgroundWorker-Komponente noch etwas vereinfachen. Die Umschaltung der Nachrichtenschleifen für die Fenster erfolgt dort über ein ApplicationContext-Objekt.

99   Dialoge kapseln

War in der MFC-Programmierung von jeher bedingt durch die Document-View-Struktur die Kapselung von Dialogen gang und gäbe, so gab es unter VB keine einheitlichen Vorgehensweisen. Auch in VB4 war es bereits möglich, die Funktionalität eines Dialoges in dessen Fensterklasse unterzubringen und den Dialog über eine einzige Funktion von außen zu steuern. Allerdings wurde von dieser Möglichkeit kaum Gebrauch gemacht. Vielmehr findet man in vielen alten VB-Programmen unstrukturierte Kreuz- und Querverweise, etwa von der rufenden Methode auf Steuerelemente des Dialogs und umgekehrt von Methoden innerhalb der Dialogklasse auf Steuerelemente oder Methoden des Hauptprogramms.

Da es auch in den .NET-Newsgroups oft Fragen gibt, wie man von Methoden des einen Fensters auf Steuerelemente eines anderen zugreifen kann, soll hier die prinzipielle Vorgehensweise anhand von zwei Beispielen erläutert werden. In diesem Rezept wird erklärt, wie man einen einfachen Dialog aufbaut, der die Änderung der vorgegebenen Daten ermöglicht, im nächsten Rezept wird dieser Dialog um eine Rückrufmethode, eine Übernehmen-Schaltfläche, erweitert.

Will man ein universell einsetzbares Dialogfenster programmieren, so ist es wichtig, alle Zuständigkeiten exakt festzulegen. Der Dialog soll über eine Methode angezeigt werden, die übergebenen Daten anzeigen und durch den Anwender ändern lassen und nach dem Schließen eine Information zurückgeben, ob der Anwender seine Zustimmung (OK-Taste) gegeben hat oder seine Änderungen verworfen hat (ABBRECHEN-Taste). Im Dialog selbst darf nicht auf Elemente fremder Objekte, z.B. Steuerelemente anderer Fenster, zugegriffen werden. Sonst könnte man zum einen den Dialog nicht in einem anderen Kontext verwenden und zum anderen ergeben sich oft unerwünschte Seiteneffekte. In der anderen Richtung, also beim Aufruf des Dialogs, darf auch nicht von außen auf Interna des Dialogfensters zugegriffen werden. Stattdessen kann man den Aufruf des Dialoges ganz gezielt über eine einzige statische Methode vornehmen.

Zum Verständnis sollen hier zunächst die Randbedingungen des Beispielprogramms erläutert werden. Eine Datenklasse (`Vehicle`, siehe Listing 154) definiert einige Eigenschaften eines Fahrzeuges. Mehrere Instanzen dieser Klasse werden angelegt und die Informationen in einer ListView im Hauptfenster angezeigt (siehe Listing 155). Die letzte Spalte der ListView zeigt die Farbe zum einen als Text und zum anderen als Hintergrundfarbe. Jeder Zeile der ListView ist somit genau eine Instanz von `Vehicle` zugeordnet, deren Referenz in der `Tag`-Eigenschaft des `ListViewItems` gespeichert wird. Abbildung 80 zeigt das Hauptfenster des Beispiels.

```
Public Class Vehicle

  ' Eigenschaften des Fahrzeugs
  Public Manufacturer As String
  Public VehicleType As String
  Public VehicleColor As Color

  ' Konstruktor
  Public Sub New(ByVal manufacturer As String, _
    ByVal vehicletype As String, _
    ByVal vehiclecolor As Color)

    Me.Manufacturer = manufacturer
    Me.VehicleType = vehicletype
    Me.VehicleColor = vehiclecolor
  End Sub

End Class
```

Listing 154: Beispielklasse Vehicle

```
Private Sub MainWindow_Load(ByVal sender As System.Object, _
  ByVal e As System.EventArgs) Handles MyBase.Load

  ' Ein paar Fahrzeuge hinzufügen
  AddVehicle(New Vehicle("Mercedes", "200D", Color.White))
  AddVehicle(New Vehicle("VW", "Golf", Color.Silver))
  AddVehicle(New Vehicle("Opel", "Astra", Color.LightGreen))
  AddVehicle(New Vehicle("Ford", "Mondeo", Color.LightCyan))

End Sub

' Zeile in der Listview für Vehicle-Objekt anlegen
Public Sub AddVehicle(ByVal v As Vehicle)

  ' Neuer ListView-Eintrag
  Dim lvi As ListViewItem = LVVehicles.Items.Add(v.Manufacturer)

  ' Farbdarstellung für letzte Spalte ermöglichen
  lvi.UseItemStyleForSubItems = False

  ' Referenz des Fahrzeugobjektes speichern
  lvi.Tag = v

  ' Typ eintragen
  lvi.SubItems.Add(v.VehicleType)

  ' Farbe als Text und Hintergrundfarbe eintragen
  Dim lvsi As ListViewItem.ListViewSubItem = _
    lvi.SubItems.Add(v.VehicleColor.ToString())
```

Listing 155: ListView mit Beispieldaten füllen

```
lvsi.BackColor = v.VehicleColor

End Sub
```

Listing 155: ListView mit Beispieldaten füllen (Forts.)

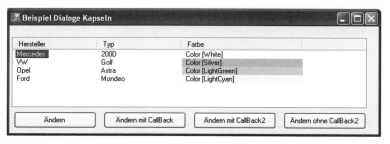

Abbildung 80: Beispielprogramm zur Demonstration gekapselter Dialoge

In der Click-Methode der Schaltfläche BTNChange wird ein Dialog aufgerufen, der die Daten der ausgewählten Zeile anzeigt. Listing 156 zeigt den Aufruf des Dialogs, Abbildung 81 das Dialogfenster.

```
Private Sub BTNChange_Click(ByVal sender As System.Object, _
  ByVal e As System.EventArgs) Handles BTNChange.Click

  ' Referenz des Vehicle-Objektes für die aktuelle Auswahl holen
  Dim v As Vehicle = DirectCast(LVVehicles.FocusedItem.Tag, _
    Vehicle)

  ' Dialog anzeigen
  DialogA.CreateAndShow(v)

  ' Änderungen übernehmen
  ' Hier evtl. Abfrage auf DialogResult.OK
  SetData(v)

End Sub
```

Listing 156: Einzige Schnittstelle zum Dialog: CreateAndShow

Abbildung 81: Beispieldialog mit OK- und Abbrechen-Taste

Dem Dialog wird die Referenz des Datenobjektes, das zu der ausgewählten Zeile gehört, übergeben. Er stellt die Daten dar, lässt Änderungen zu und gibt nach Betätigung der OK-Schaltfläche die geänderten Daten zurück. Diese müssen dann im Hauptfenster in der ListView-Darstellung aktualisiert werden, was durch die Methode SetData des Hauptfensters (Listing 157) realisiert wird.

```
Private Sub SetData(ByVal v As Vehicle)
  ' Aktuelle Auswahl ermitteln
  Dim lvi As ListViewItem = LVVehicles.FocusedItem

  ' Texte eintragen
  lvi.SubItems(0).Text = v.Manufacturer
  lvi.SubItems(1).Text = v.VehicleType
  lvi.SubItems(2).Text = v.VehicleColor.ToString()

  ' Farbe aktualisieren
  lvi.SubItems(2).BackColor = v.VehicleColor

End Sub
```

Listing 157: Aktualisierung des ListViews mit den geänderten Daten

Auf der Seite des Hauptfensters erfolgt somit kein einziger Zugriff auf die Interna des Dialogs. Die einzige Schnittstelle ist die Methode CreateAndShow. Diese ist eine statische Methode der Dialogklasse DialogA (Listing 158). Sie übernimmt die Instanzierung des Dialogfensters, so dass auf der rufenden Seite kein Aufruf von New notwendig ist. Nach Initialisierung der Steuerelemente mit den als Parameter übergebenen Daten zeigt sie mit ShowDialog das Fenster modal an. Die Methode wird erst nach Schließen des Fensters fortgesetzt. Hatte der Anwender durch Betätigung der OK-Schaltfläche seine Zustimmung zu seinen Änderungen bekundet, werden die Werte aus den Steuerelementen zurückgelesen und in die Datenstruktur eingetragen. Die Methode gibt DialogResult.OK bzw. DialogResult.Cancel zurück, je nach Entscheidung des Anwenders.

Für die TextBoxen ist hier kein zusätzlicher Programmieraufwand notwendig, lediglich für die Farbschaltfläche wird ein bisschen Code benötigt, um den Farbauswahl-Dialog anzuzeigen. Dieser Code ist hier aber irrelevant, Sie finden ihn auf der CD.

Wichtig für die Steuerung des Dialoges ist die Festlegung einiger Eigenschaften, so dass auch für die Reaktion auf Betätigen der OK- bzw. ABBRECHEN-Schaltfläche kein zusätzlicher Code benötigt wird. Tabelle 13 zeigt diese Einstellungen.

```
Public Shared Function CreateAndShow(ByVal data As Vehicle) _
  As DialogResult

  ' Instanz der Dialogklasse anlegen
  Dim dlg As New DialogA()

  ' Steuerelemente mit Daten initialisieren
  dlg.TBManufacturer.Text = data.Manufacturer
  dlg.TBType.Text = data.VehicleType
```

Listing 158: Instanzierung und Steuerung des Dialoges in der statischen Methode CreateAndShow

```
dlg.BTNColor.BackColor = data.VehicleColor

' Dialog modal anzeigen
Dim dr As DialogResult = dlg.ShowDialog()

' Prüfen, ob OK oder Abbrechen gedrückt wurde
If dr = System.Windows.Forms.DialogResult.OK Then
  ' Daten zurückübertragen
  data.Manufacturer = dlg.TBManufacturer.Text
  data.VehicleType = dlg.TBType.Text
  data.VehicleColor = dlg.BTNColor.BackColor
End If

' OK oder Cancel zurückgeben
Return dr

End Function
```

Listing 158: Instanzierung und Steuerung des Dialoges in der statischen Methode CreateAndShow (Forts.)

Typ	Name		Eigenschaft	Wert
Button	BTNOK		DialogResult	OK
Button	BTNCancel		DialogResult	Cancel
Button	**alle anderen Schaltflächen**		DialogResult	None
Form	DialogA		AcceptButton	BTNOK
			CancelButton	BTNCancel

Tabelle 13: Diese Eigenschaften steuern das Verhalten des Dialoges

Mit minimalem Aufwand wird so eine strikte Trennung von Hauptfenster und Dialog erreicht. Der Dialog erhält über die Parameterliste der Methode CreateAndShow die Daten und ist selbst für deren Darstellung verantwortlich. Hier wurden die Daten als Referenz eines Vehicle-Objektes übergeben. Selbstverständlich können Sie die Übergabe auch z.B. durch ByRef-Parameter gestalten, ganz so, wie es Ihre Anwendung erfordert. Durch die Belegung der entsprechenden Eigenschaften der Schaltflächen bzw. des Dialogfensters erfolgt das Schließen des Dialoges vollautomatisch durch das Framework. Auch über die Tastatur lässt sich der Dialog steuern (⏎-Taste, Esc-Taste), ohne dass dafür auch nur eine Zeile programmiert werden müsste.

100   Gekapselter Dialog mit Übernehmen-Schaltfläche

Oft möchte man in einem Dialog mithilfe einer Übernehmen-Schaltfläche dem Anwender ermöglichen, die geänderten Daten sofort zu akzeptieren und die Änderungen in den geöffneten Ansichten zu betrachten, ohne den Dialog zu schließen. In der Konstruktion aus dem vorigen Beispiel ist das nicht direkt möglich, da die Daten erst nach Ende von ShowDialog, also erst nach Schließen des Dialogfensters übertragen werden. Über ein Delegate lässt sich die gewünschte Funktionalität jedoch erreichen. Betrachten wir zunächst die Ergänzungen, die im Dialog (Klasse DialogB, Abbildung 82) notwendig sind.

```
' Definition der Delegate-Klasse für Rückrufe
Public Delegate Sub ApplyChangesDelegate(ByVal data As Vehicle)

' Referenz des Rückruf-Delegates
Protected ApplyChangesCallBack As ApplyChangesDelegate

' Referenz der Daten
Protected Data As Vehicle
```

Abbildung 82: Dialog mit Übernehmen-Schaltfläche

Die Delegate-Definition legt den Aufbau einer Rückrufmethode fest. Sie soll als Parameter die Referenz der Daten annehmen. ApplyChangesCallBack speichert die Referenz der Rückruf-methode, Data die der Daten.

Der Aufbau der öffentlichen Methode CreateAndShow (Listing 159) wird etwas umfangreicher. Als zusätzlicher Parameter wird die Rückrufmethode übergeben. Damit später als Reaktion auf die Betätigung der ÜBERNEHMEN-Schaltfläche auf diese Methode und die Daten zurückgegriffen werden kann, werden die Informationen in Data bzw. ApplyChangesCallBack gespeichert. Alles Weitere ist identisch zur Methode in DialogA.

```
Public Shared Function CreateAndShow(ByVal data As Vehicle, _
   ByVal callBack As ApplyChangesDelegate) As DialogResult

  ' Instanz der Dialogklasse anlegen
  Dim dlg As New DialogB()

  ' Daten merken
  dlg.Data = data

  ' Rückrufmethode merken
  dlg.ApplyChangesCallBack = callBack

  ' Steuerelemente mit Daten initialisieren
  dlg.TBManufacturer.Text = data.Manufacturer
  dlg.TBType.Text = data.VehicleType
  dlg.BTNColor.BackColor = data.VehicleColor

  ' Dialog modal anzeigen
  Dim dr As DialogResult = dlg.ShowDialog()
```

Listing 159: CreateAndShow mit Übergabe einer Rückrufmethode für die Übernehmen-
          Schaltfläche

```
' Prüfen, ob OK oder Abbrechen gedrückt wurde
If dr = System.Windows.Forms.DialogResult.OK Then
  ' Daten zurückübertragen
  data.Manufacturer = dlg.TBManufacturer.Text
  data.VehicleType = dlg.TBType.Text
  data.VehicleColor = dlg.BTNColor.BackColor
End If

' OK oder Cancel zurückgeben
Return dr

End Function
```

Listing 159: CreateAndShow mit Übergabe einer Rückrufmethode für die Übernehmen-Schaltfläche (Forts.)

Listing 160 zeigt die Realisierung der Ereignis-Methode der ÜBERNEHMEN-Schaltfläche. Die Daten werden aus den Steuerelementen zurückgelesen und in die Datenstruktur eingetragen. Dann erfolgt der Aufruf der Rückrufmethode. Wie und wo die Methode implementiert ist, ist an dieser Stelle ohne Bedeutung. Der Dialog braucht nichts über die Interna des rufenden Programms zu wissen.

```
Private Sub BTNApply_Click(ByVal sender As System.Object, _
  ByVal e As System.EventArgs) Handles BTNApply.Click

  ' Daten aus Steuerelementen übertragen
  Data.Manufacturer = Me.TBManufacturer.Text
  Data.VehicleType = Me.TBType.Text
  Data.VehicleColor = Me.BTNColor.BackColor

  ' Rückrufmethode aufrufen
  ApplyChangesCallBack(Data)

End Sub
```

Listing 160: Übernehmen-Schaltfläche gedrückt – Rückrufmethode aufrufen

Im Hauptfenster muss der Aufruf des Dialoges entsprechend geändert werden. Der einzige Unterschied zum vorangegangenen Beispiel ohne ÜBERNEHMEN-Schaltfläche ist, dass zusätzlich die Rückrufmethode angegeben werden muss. Da bereits mit SetData eine zur Delegate-Definition passende Methode existiert, ist kein weiterer Programmieraufwand erforderlich. Listing 161 zeigt den Aufruf des Dialoges.

```
Private Sub BTNChangeB_Click(ByVal sender As System.Object, _
  ByVal e As System.EventArgs) Handles BTNChangeB.Click

  ' Referenz des Vehicle-Objektes für die aktuelle Auswahl holen
  Dim v As Vehicle = DirectCast(LVVehicles.FocusedItem.Tag, _
    Vehicle)
```

Listing 161: Aufruf des Dialogs und Übergabe der Rückrufmethode

```
' Dialog anzeigen
DialogB.CreateAndShow(v, _
  New DialogB.ApplyChangesDelegate(AddressOf SetData))

' Änderungen übernehmen
SetData(v)

End Sub
```

Listing 161: Aufruf des Dialogs und Übergabe der Rückrufmethode (Forts.)

Nach wie vor ist der Dialog vom Hauptfenster unabhängig und kann auch in einem anderen Kontext verwendet werden. Für den Rückruf kann eine beliebige Methode bereitgestellt werden. Sie muss lediglich der durch `DialogB.ApplyChangesDelegate` festgelegten Signatur entsprechen. Der Dialog selbst muss nicht wissen, wer die Rückrufmethode wie ausführt. Andererseits muss die rufende Methode keine Kenntnis von z.B. einer ÜBERNEHMEN-Schaltfläche haben. Die Aufgaben sind klar getrennt und die gesamte Funktionalität des Dialoges in der Dialogklasse gekapselt. So erhalten Sie ein klares und robustes Design im Umgang mit Dialogfenstern.

101 Dialog-Basisklasse

In einem Projekt, das viele Dialoge beinhaltet, ist es sinnvoll, für alle Dialoge eine gemeinsame Basisklasse zu definieren. So stellen Sie sicher, dass das Aussehen der Dialogfenster einheitlich ist. Zusätzlich können die gemeinsamen Funktionen zentral in der Basisklasse definiert werden. Abbildung 83 zeigt beispielhaft einen möglichen Aufbau des Basisdialoges.

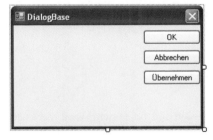

Abbildung 83: Dialog als Basis für alle anderen Dialoge eines Projektes

Positionieren Sie die OK-, ABBRECHEN- und ÜBERNEHMEN-Schaltflächen nach Ihren Wünschen, verwenden Sie dabei möglichst die `Anchor`-Eigenschaften, um die Positionen der Schaltflächen bei abgeleiteten Dialogfenstern anderer Größe an einer einheitlichen Stelle zu fixieren. Ergänzen Sie weitere Elemente wie Hilfe-Tasten etc., die all Ihren Dialogen gemein sein sollen.

Die Methode `CreateAndShow` (Listing 162) hat einen ähnlichen Aufbau wie in den vorangegangenen Beispielen. Damit sie von außen nicht direkt aufgerufen werden kann, wird sie als geschützte Funktion deklariert. Aufgerufen wird später nur die entsprechende Überladung der abgeleiteten Klasse. Als zusätzlicher Parameter wird die Referenz der Dialog-Instanz übergeben. Die Daten können hier nur allgemein als `Object`-Referenz übernommen werden.

Nahe liegend wäre es eigentlich, die Basisklasse als generische Klasse zu definieren und beispielsweise den Typ der Nutzdaten als Parameter vorzusehen. Dann könnte auf die `Object`-

Referenzen und die damit verbundenen notwendigen TypeCasts verzichtet werden. Syntaktisch wäre das auch kein Problem, nur leider kann der Designer nicht mit generischen Basisklassen für Fensterklassen umgehen. Selbst, wenn der Typparameter für die Basisklasse festgelegt wird, weigert sich der Designer, die abgeleitete Klasse darzustellen. Vielleicht wird dieses Problem ja in der nächsten Version behoben. Bis dahin muss man sich weiterhin mit Object-Referenzen zufrieden geben.

```
Protected Shared Function CreateAndShow( _
    ByVal dialog As DialogBase, ByVal data As Object, _
    ByVal callBack As ApplyChangesCallBackDelegate) As DialogResult

    ' Parameterinformationen speichern
    dialog.Data = data
    dialog.ApplyChangesCallBack = callBack

    ' Übernehmen-Schaltfläche freischalten oder sperren
    dialog.BTNApply.Enabled = Not callBack Is Nothing

    ' Daten in Steuerelemente kopieren
    dialog.TransferDataToControls()

    ' Dialog modal anzeigen
    Dim dr As DialogResult = dialog.ShowDialog()

    ' Datentransfer, wenn OK gedrückt wurde
    If dr = System.Windows.Forms.DialogResult.OK Then
        dialog.TransferControlsToData()
    End If

    ' Rückgabe OK oder Cancel
    Return dr

End Function
```

Listing 162: CreateAndShow der Basisklasse

Abhängig davon, ob eine Rückrufmethode verwendet werden soll oder nicht, wird die ÜBERNEHMEN-Schaltfläche freigeschaltet oder gesperrt. Über die Methode TransferDataToControls, die von der abgeleiteten Klasse überschrieben werden muss, werden die Informationen aus dem Datenobjekt in die Steuerelemente kopiert. Anschließend erfolgt die modale Anzeige des Dialogs und, falls der Anwender die OK-Taste gedrückt hat, die Rückübertragung der Daten aus den Steuerelementen in die Datenstruktur.

Aus Gesichtspunkten der Objektorientierten Programmierung müssten die beiden Methoden TransferDataToControls und TransferControlsToData als abstrakte Funktionen (Mustoverride) deklariert werden. Dann wäre auch die Klasse DialogBase abstrakt und niemand könnte versehentlich eine Instanz der Basisklasse erstellen. Doch leider kommt der Designer des Visual Studios nicht mit abstrakten Basisklassen zurecht. Zum einen werden im Dialog der Vererbungsauswahl zum Anlegen abgeleiteter Formulare nur nicht abstrakte Klassen als mögliche Basisklassen angezeigt, zum anderen kann der Formular-Designer nicht mit abstrakten Basisklassen umgehen, da er eine Instanz der Basisklasse anlegen muss.

Es muss daher ein Kompromiss getroffen werden, der auch den Umgang mit dem Designer ermöglicht. Die beiden Methoden werden deshalb als virtuelle Methoden (Overridable) implementiert, die Implementierung besteht aber lediglich aus dem Auslösen einer Exception (Listing 163). So wird zwar erst zur Laufzeit ein Fehler gemeldet, wenn vergessen wurde, die Methoden in der abgeleiteten Klasse zu überschreiben, dafür kann der Designer im vollen Umfang genutzt werden.

```
Protected Overridable Sub TransferDataToControls()
  Throw New Exception( _
    "TransferDataToControls wurde nicht überschrieben")
End Sub
Protected Overridable Sub TransferControlsToData()
  Throw New Exception( _
    "TransferControlsToData wurde nicht überschrieben")
End Sub
```

Listing 163: Kompromisslösung zu Gunsten des Designers: Implementierung als nicht abstrakte Methoden

Da die Daten in der Basisklasse allgemein gehalten werden müssen, tritt an die Stelle des Typs Vehicle aus den vorangegangenen Beispielen der Typ Object. Auch die Ereignis-Methode der ÜBERNEHMEN-Schaltfläche kann hier schon implementiert werden (siehe Listing 164). Die virtuelle Methode TransferControlsToData übernimmt das Kopieren der Daten.

```
' Delegate-Klasse für die Rückrufmethode
Public Delegate Sub ApplyChangesCallBackDelegate(ByVal data _
  As Object)

' Rückrufmethode und Daten
Protected ApplyChangesCallBack As ApplyChangesCallBackDelegate
Protected Data As Object

' Übernehmen-Schaltfläche gedrückt
Private Sub BTNApply_Click(ByVal sender As System.Object, _
  ByVal e As System.EventArgs) Handles BTNApply.Click

  ' Datenobjekt mit Informationen aus den Steuerelementen füllen
  TransferControlsToData()

  ' Rückrufmethode aufrufen
  If Not ApplyChangesCallBack Is Nothing Then _
    ApplyChangesCallBack(Data)
End Sub
```

Listing 164: Event-Routine für Übernehmen-Schaltfläche und Member-Variablen der Basisklasse

Mit dieser Definition der Basisklasse ist der Dialog in seinen Grundfunktionen weitestgehend fertig gestellt. Die speziellen Implementierungen für den Datenfluss zwischen dem Data-Objekt und den Steuerelementen werden in den o.g. Transfer-Methoden durch Überschreibung in der abgeleiteten Klasse vorgenommen. Abbildung 84 zeigt ein Beispiel für eine Anwendung von DialogBase.

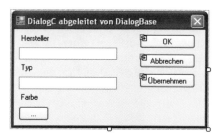

Abbildung 84: DialogC als Ableitung von DialogBase

Zu implementieren ist zunächst die statische Methode CreateAndShow (Listing 165), die hier einen speziellen Datentyp annimmt, damit der Compiler die Überprüfung vornehmen kann. Die Methode delegiert die Aufgabe direkt an die entsprechende Methode der Basisklasse. Sie legt hierfür eine Instanz der abgeleiteten Klasse (DialogC) an und übergibt sie und die anderen Parameter an DialogBase.CreateAndShow.

```
' Überladung der statischen Methode zum Anzeigen des Dialogs
Public Overloads Shared Function CreateAndShow( _
  ByVal data As Vehicle, _
  ByVal applyChangesCallBack As ApplyChangesCallBackDelegate) _
  As DialogResult

  ' Delegation an die statische Methode der Basisklasse
  Return CreateAndShow(New DialogC(), data, applyChangesCallBack)

End Function
```

Listing 165: Die Implementierung der Methode CreateAndShow in der abgeleiteten Klasse delegiert die Aufgaben an die Basisklasse

In den Überschreibungen der Transfer-Methoden werden die Daten zwischen den Steuerelementen und dem Data-Objekt ausgetauscht (Listing 166). Die Methoden werden in der Basisklasse aufgerufen

```
' Datentransfer Daten -> Steuerelemente
Protected Overrides Sub TransferDataToControls()
  Dim data As Vehicle = DirectCast(Me.Data, Vehicle)
  TBManufacturer.Text = data.Manufacturer
  TBType.Text = data.VehicleType
  BTNColor.BackColor = data.VehicleColor
End Sub

' Datentransfer Steuerelemente -> Daten
Protected Overrides Sub TransferControlsToData()
  Dim data As Vehicle = DirectCast(Me.Data, Vehicle)
  data.Manufacturer = TBManufacturer.Text
  data.VehicleType = TBType.Text
  data.VehicleColor = BTNColor.BackColor
End Sub
```

Listing 166: Datentransfer Oberfläche zu Data-Objekt

Das sind alle Ergänzungen, die zur Bereitstellung der Grundfunktionalität notwendig sind. Zusätzliche Funktionen, wie z.B. das Anzeigen des Farbdialoges, können entsprechend hinzugefügt werden.

102 Validierung der Benutzereingaben

Immer dann, wenn Anwender Daten in die Dialoge Ihrer Programme eingeben können, müssen Sie mit Fehlern rechnen. Die Ursachen hierfür können durchaus vielfältig sein. Sei es, dass die geforderten Eingaben unklar oder mehrdeutig sind, dass der Anwender die Daten unvollständig eingibt oder sich schlichtweg verschreibt. Je nach Benutzerkreis müssen Sie auch mit der vorsätzlichen Eingabe falscher Informationen rechnen. Die Liste der Fehlerquellen lässt sich beliebig fortsetzen.

Umso wichtiger ist es daher, den Anwender bei der Eingabe von Daten an einer sehr kurzen Leine zu führen, ihn mit sinnvollen Informationen zu unterstützen und die Daten auf Plausibilität zu prüfen. Erst, wenn alle Datenfelder gültige Werte enthalten, darf ein Dialog mit OK geschlossen werden können. Natürlich muss dem Anwender auch angezeigt werden, was er falsch gemacht hat bzw. welche Daten noch fehlen oder inkorrekt sind.

Oft ist es sinnvoll vorzusehen, dass ein Eingabefeld erst dann verlassen werden kann, wenn es gültige Werte enthält. Vorsicht ist jedoch geboten, wenn sich die Gültigkeitsprüfung über mehrere Steuerelemente gleichzeitig erstreckt. Schnell stellen sich dabei Deadlock-Situationen ein, wenn z.B. ein Feld nicht verlassen werden kann, weil ein anderes Feld ungültige Werte enthält, aber keine Möglichkeit besteht, diese Werte zu ändern.

Bevor Sie damit beginnen, die Validierung der Benutzereingaben bei komplexeren Dialogen umzusetzen, sollten Sie sich daher unbedingt ein Konzept niederschreiben, in dem festgelegt wird, wie die Daten zu prüfen sind, in welcher Reihenfolge der Anwender die Daten eingeben kann oder muss und wie bei fehlerhaften Werte verfahren werden soll.

An einem einfachen Beispiel wird erläutert, welche Möglichkeiten Ihnen unter .NET zur Verfügung stehen. Der Beispieldialog enthält drei Steuerelemente, die mit Werten zu füllen sind. In das erste Feld soll ein Name eingegeben werden. Dieser Name darf nicht aus einer leeren Zeichenkette bestehen. Im zweiten Feld soll das Geburtsdatum eingetragen werden. Die Person muss mindestens 18 Jahre alt sein, Eingaben, die ein Alter über 100 Jahre ergeben, sollen abgewiesen werden. Das dritte Eingabeelement ist eine CheckBox, mit der der Benutzer seine Zustimmung zu etwaigen Bedingungen geben muss. Nur, wenn alle Kriterien erfüllt sind, dürfen die Daten angenommen werden. Abbildung 85 zeigt den Aufbau des Dialogfensters im Ausgangszustand. Namensfeld und CheckBox sind leer, das Feld für die Eingabe des Geburtsdatums zeigt das aktuelle Datum und ist somit ebenfalls ungültig.

Nun müssen Sie entscheiden, wann und wie die Eingaben zu prüfen sind. Folgende Vorgaben werden festgelegt:

▶ Grundsätzlich soll der Anwender die Eingaben in beliebiger Reihenfolge vornehmen können, sofern nicht andere Einschränkungen dagegen sprechen.

▶ Ein Steuerelement, das angewählt wurde (also den Fokus hat), darf nur verlassen werden, wenn es einen zulässigen Wert enthält.

▶ Steuerelemente mit fehlerhaften Eingaben sollen markiert werden, damit direkt ins Auge fällt, wo nachgebessert werden muss.

▶ Der Anwender muss bei unzulässigen Eingaben darüber informiert werden, was falsch ist und welche Werte gültig, richtig und erforderlich sind.

▶ Die Eingabe darf jederzeit, auch wenn Steuerelemente unzulässige Werte enthalten, abgebrochen werden. Mit Betätigen der Schaltfläche ABBRECHEN oder entsprechenden Mechanismen soll das Dialogfenster geschlossen werden und den Abbruch als `DialogResult` weitermelden.

▶ Die Schaltfläche OK darf nur dann zum Schließen des Fensters führen, wenn alle Eingaben für korrekt befunden worden sind.

Abbildung 85: Nur wenn alle Daten korrekt eingegeben wurden, sollen die Werte übernommen werden

Es gibt eine Reihe von Mechanismen, die Ihnen das Framework zur Verfügung stellt, um die Benutzerführung vorzunehmen. Insbesondere zwei Ereignisse dienen zur Überprüfung der Eingaben und können dazu benutzt werden, das Verlassen des Eingabefeldes zu verhindern:

▶ Validating-Event

▶ Validated-Event

Für Steuerelemente, die überprüft werden sollen, werden diese beiden Ereignisse ausgelöst, bevor ein anderes Steuerelement den Eingabefokus erhält. Im `Validating`-Ereignis wird ein Parameter vom Typ `CancelEventArgs` übergeben, mit dessen Hilfe Sie das Verlassen des Steuerelementes verhindern können. Nur wenn die `Cancel`-Eigenschaft dieses Parameters den Ausgangswert `False` aufweist, wird das `Validated`-Ereignis ausgelöst und der Eingabefokus weitergegeben.

Voraussetzung für das Auslösen der beiden Ereignisse ist, dass die Eigenschaft `CausesValidation` sowohl des Steuerelementes, das den Fokus besitzt, als auch des Steuerelementes, das den Fokus erhalten soll, den Wert `True` hat. Um also zu erreichen, dass die Validierung beim Wechsel zwischen den Steuerelementen erfolgt, wird `CausesValidation` für die drei Eingabefelder auf `True` gesetzt. Damit der Dialog jederzeit geschlossen werden kann, erhält die `CausesValidation`-Eigenschaft der ABBRECHEN-Schaltfläche den Wert `False`.

Nun könnte man leicht in Versuchung geraten die `CausesValidation`-Eigenschaft der OK-Schaltfläche auf `True` zu setzen, in der Erwartung, dass das Fenster damit ja nur geschlossen werden kann, wenn die vorherige Validierung nicht verhindert, dass das aktuelle Steuerelement den Fokus verliert. Doch Vorsicht! Die Events werden ja nur beim Verlassen eines Steuerelementes ausgelöst. Es können aber andere Felder ungültig sein, die in diesem Falle nicht überprüft würden.

Besser ist es daher, auch für die OK-Schaltfläche `CausesValidation` auf `False` zu setzen und stattdessen im `Closing`-Ereignis des Fensters alle Steuerelemente auf Gültigkeit zu prüfen. Auch dieses Ereignis stellt einen Parameter bereit, mit dessen Hilfe Sie in diesem Fall das Schließen des Fensters verhindern können.

Bleibt noch zu klären, wie die fehlerhaften Eingaben visualisiert werden können. .NET stellt Ihnen zu diesem Zweck die Klasse ErrorProvider zur Verfügung, eine Komponente, die Sie ganz einfach aus der Toolbox auf Ihr Fenster ziehen können. Durch Aufruf der Methode SetError können Sie für ein bestimmtes Steuerelement einen Fehlertext setzen oder löschen. Handelt es sich bei dem Text nicht um einen leeren String, dann wird neben dem Steuerelement ein roter Kreis mit einem weißen Ausrufezeichen angezeigt. Sie können über die Methode SetIconAlignment vorgeben, an welcher Position die Markierung angezeigt werden soll. Der Standardwert ist rechts neben dem Steuerelement. Auch der Abstand lässt sich mit der Methode SetIconPadding einstellen.

Der zugewiesene Text wird in Form eines TooltTps angezeigt, wenn der Mauszeiger für einen Moment über der Markierung gehalten wird. In Abbildung 86 sehen Sie einen typischen Anwendungsfall.

Bei erstmaligem Auftreten eines Fehlers (identifiziert durch den angegebenen Text) blinkt die Markierung einige Male und wird dann statisch angezeigt. Dieses Verhalten lässt sich über die Eigenschaften BlinkRate und BlinkStyle steuern. Entfernt wird die Markierung, wenn SetError eine leere Zeichenkette übergeben wird.

Achtung	Zeigen Sie Eingabefehler in Dialogen nie mit MessageBoxen an, da diese den Eingabefluss unterbrechen und vom Benutzer gesondert quittiert werden müssen.

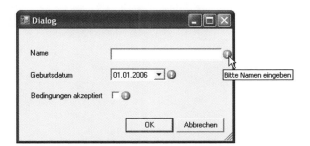

Abbildung 86: Markieren fehlerhafter Eingaben und Anzeigen von Hilfstexten

Typ	Name	Eigenschaft	Wert
Fenster	Dialog	AcceptButton	ButtonOK
		CancelButton	ButtonCancel
Schaltfläche	ButtonOK	CausesValidation	False
		DialogResult	OK
Schaltfläche	ButtonCancel	CausesValidation	False
		DialogResult	Cancel
TextBox	TBName	CausesValidation	True
DateTimePicker	DTPBirthday	CausesValidation	True
CheckBox	CHKAccept	CausesValidation	True

Tabelle 14: Einstellung der wesentlichen Eigenschaften des Dialogfensters und der Steuerelemente

In Tabelle 14 finden Sie die für dieses Beispiel wichtigen Eigenschaften der Steuerelemente und des Fensters. Instanziert und angezeigt wird der Dialog wieder über eine statische Methode CreateAndShow.

Für alle drei Eingabefelder wird in getrennten Methoden das jeweilige Validating-Ereignis abgefangen (Listing 167). Im Fehlerfall wird die SetError-Methode der ErrorProvider-Komponente aufgerufen und verhindert, dass das Steuerelement den Fokus verliert.

```vb
Private Sub TBName_Validating(ByVal sender As Object, _
   ByVal e As System.ComponentModel.CancelEventArgs) _
   Handles TBName.Validating

   ' Der Eingabetext darf nicht leer sein
   If TBName.Text = "" Then

     ' Fehlermarkierung anzeigen
     ErrorProvider1.SetError(TBName, "Bitte Namen eingeben")

     ' Verlassen des Steuerelementes verhindern
     e.Cancel = True
   End If

End Sub

Private Sub DTPBirthday_Validating(ByVal sender As Object, _
   ByVal e As System.ComponentModel.CancelEventArgs) _
   Handles DTPBirthday.Validating

   If DateTime.Now.Subtract(DTPBirthday.Value).TotalDays _
     < 18 * 365 Then
     ' Mindestalter 18 Jahre
     ErrorProvider1.SetError(DTPBirthday, "Sie sind zu jung")
     e.Cancel = True

   ElseIf DateTime.Now.Subtract(DTPBirthday.Value).TotalDays _
     > 36500 Then

     ' Höchstalter für die Eingabe 100 Jahre
     ErrorProvider1.SetError(DTPBirthday, "Sie sehen jünger aus")
     e.Cancel = True

   End If

End Sub

Private Sub CHKAccept_Validating(ByVal sender As Object, _
   ByVal e As System.ComponentModel.CancelEventArgs) _
   Handles CHKAccept.Validating

   ' Der Haken in der CheckBox muss gesetzt sein
   If Not CHKAccept.Checked Then
```

Listing 167: Individuelle Prüfung der Inhalte in den Validating-Eventhandlern

```
      ' Fehlermarkierung anzeigen
      ErrorProvider1.SetError(CHKAccept, _
        "Sie müssen die Bedingungen akzeptieren")
      ' Verlassen des Steuerelementes verhindern
      e.Cancel = True
    End If
  End Sub
```

Listing 167: Individuelle Prüfung der Inhalte in den Validating-Eventhandlern (Forts.)

Wird bei der Validierung eines Steuerelementes kein Fehler festgestellt, muss mit SetError eine eventuell vorhandene Markierung wieder gelöscht werden. Eine günstige Position für diesen Aufruf ist das Validated-Ereignis, das ja nur dann aufgerufen wird, wenn das Validating-Ereignis nicht mit einem Fehler abgebrochen wurde. Da die Vorgehensweise für alle Steuerelemente gleich ist, reicht eine gemeinsame Prozedur aus (Listing 168). Für das im Parameter sender übergebene Steuerelement wird dann die Fehlermeldung zurückgesetzt.

```
Private Sub Control_Validated(ByVal sender As Object, _
  ByVal e As System.EventArgs) Handles CHKAccept.Validated, _
  DTPBirthday.Validated, TBName.Validated

  ' Fehlermeldung löschen
  ErrorProvider1.SetError(DirectCast(sender, Control), "")

End Sub
```

Listing 168: Zurücksetzen der Fehlermeldung im gemeinsamen Validated-Ereignis

Wenn das Fenster geschlossen werden soll, dann wird der Eventhandler Closing aufgerufen (Listing 169). Hier wird zunächst überprüft, ob der Anwender die Eingaben akzeptieren oder verwerfen will. In letzterem Fall, also bei DialogResult = Cancel, soll das Fenster ohne weitere Prüfung geschlossen werden. Sollen die Eingaben übernommen werden, dann muss für jedes Steuerelement eine Gültigkeitsprüfung vorgenommen werden, damit auch die Steuerelemente erfasst werden, die bislang noch nicht den Eingabefokus hatten und somit noch nie überprüft worden sind.

```
Private Sub Dialog_Closing(ByVal sender As Object, _
  ByVal e As System.ComponentModel.CancelEventArgs) _
  Handles MyBase.Closing

  ' Wurde die Abbrechen-Schaltfläche gedrückt, dann
  ' das Schließen des Fensters zulassen
  If Me.DialogResult = DialogResult.Cancel Then Return

  ' Sonst alle Steuerelemente überprüfen
  CHKAccept_Validating(Me, e)
  DTPBirthday_Validating(Me, e)
  TBName_Validating(Me, e)

End Sub
```

Listing 169: Überprüfung aller Steuerelemente beim Schließen des Fensters

Für die Überprüfung können im einfachsten Fall die `Validating`-Methoden der Steuerelemente aufgerufen werden. Sie besitzen, genau wie die `Closing`-Ereignismethode, einen Parameter vom Typ `CancelEventArgs`. Dieser Parameter wird bei allen Aufrufen übergeben. Liegt ein Fehler bei einem oder mehreren Steuerelementen vor, dann hat anschließend die Eigenschaft `Cancel` den Wert `True`, liegt kein Fehler vor, `False`. Im `Closing`-Event führt das Setzen der `Cancel`-Eigenschaft auf `True` dazu, dass das Fenster nicht geschlossen wird.

Beachten sollten Sie ferner noch, wie Sie die Tabulator-Reihenfolge der Steuerelemente festlegen. Zum einen sollte sie natürlich so sein, dass der Anwender bequem mit der Tabulatortaste von links nach rechts und von oben nach unten navigieren kann, zum anderen ist es in Bezug auf die Validierung von großer Bedeutung, welches Steuerelement am Anfang dieser Reihenfolge steht. Denn dieses Steuerelement erhält den Fokus, wenn das Fenster angezeigt wird.

Wichtig ist die Betrachtung deswegen, weil der Anwender bei negativer Validierung dieses Steuerelement erst verlassen kann, wenn er korrekte Werte eingegeben hat. Wird also beispielsweise der TextBox der `TabIndex` 0 zugewiesen, so dass sie automatisch den Fokus erhält, dann kann erst dann das Geburtsdatum geändert werden, wenn in der TextBox der Name eingetragen wurde. Das jedoch widerspricht der ersten Vorgabe, nach der der Anwender die Reihenfolge der Eingabe weitestgehend frei bestimmen können soll.

Daher sollte zu Beginn ein Steuerelement den Fokus erhalten, das entweder initial gültige Werte enthält oder das überhaupt nicht überprüft wird. Im Beispiel wird der Fokus zunächst der OK-Schaltfläche zugewiesen. So hat der Anwender die freie Wahl, bei welchem Steuerelement er die Eingabe beginnen möchte.

103   Screenshots erstellen

Im Framework finden Sie so gut wie keine Unterstützung für Zugriffe auf die Fenster anderer Prozesse. Lediglich die Möglichkeit, eine Kopie des gesamten Desktops zu erstellen, ist im Framework 2.0 neu hinzugekommen. Daher sind ein paar API-Kniffe notwendig, will man den Inhalt anderer Fenster kopieren. Screenshot-Programme gibt es viele auf dem Markt. Eines der bekanntesten, das auch zum Erstellen vieler Bilder in diesem Buch verwendet wurde, ist Paint Shop Pro von Jasc Software. Dessen Umfang wollen wir in diesem Rezept aber nicht erreichen. Vielmehr geht es darum, die grundsätzlichen Vorgehensweisen zu zeigen.

Um mit API-Funktionen auf andere Fenster zugreifen zu können, benötigt man ein Handle. Im ersten Schritt wird daher eine Liste erstellt, die für die interessanten Fenster jeweils den Titel und das zugehörige Handle erstellt. Die Informationen werden in Instanzen der Klasse `Window-Info` (Listing 170) gespeichert. Alle benötigten Methoden sowie die Klasse `WindowInfo` sind innerhalb der Klasse `WindowManagement` gekapselt.

```
' Hilfsklasse mit Window-Informationen
Public Class WindowInfo
  ' Handle
  Public ReadOnly HWnd As IntPtr
  ' Text der Titelzeile
  Public ReadOnly Title As String

  ' Konstruktor nimmt Handle entgegen
  Sub New(ByVal hwnd As IntPtr)
```

Listing 170: Klasse WindowInfo speichert Handle und Titel eines Fensters

```
  Me.HWnd = hwnd

  ' Text ermitteln und speichern
  Dim t As String = New String("x"c, 255)
  Dim i As Integer = API.GetWindowText(hwnd, t, 255)
  Title = t.Substring(0, i)

End Sub

Public Overrides Function ToString() As String
  Return Title
End Function

End Class
```

Listing 170: Klasse WindowInfo speichert Handle und Titel eines Fensters (Forts.)

Das Erstellen der Fensterliste erfolgt in der Methode `GetInfoOfWindows` (Listing 171). Die Methode ruft in einer Schleife so lange `GetWindow` auf, bis Null zurückgegeben wird. Für die Rückgabe wird ein Array mit `WindowInfo`-Objekten erstellt.

```
Public Shared Function GetInfoOfWindows(ByVal hwnd As IntPtr) _
  As WindowInfo()

  ' temporäre ArrayList
  Dim windowList As New ArrayList

  ' Schleife, bis kein Fenster mehr gefunden wird
  Do
    ' Wenn es ein Fenster gibt
    If Not hwnd.Equals(IntPtr.Zero) Then
      If Not API.GetTopWindow(hwnd).Equals(IntPtr.Zero) Then

        ' neues WindowInfo-Objekt anlegen
        Dim wi As New WindowInfo(hwnd)

        ' Wenn es einen Titel hat, der Liste hinzufügen
        If wi.Title <> "" Then
          windowList.Add(wi)
        End If
      End If
    End If

    ' Nächstes Fenster holen
    hwnd = API.GetWindow(hwnd, API.GetWindowConstants.GW_HWNDNEXT)

  Loop While Not hwnd.Equals(IntPtr.Zero) ' Bis hwnd 0 ist

  ' Array zurückgeben
```

Listing 171: Erstellen der Fensterliste

```
   Return windowList.ToArray(GetType(WindowInfo))

End Function
```

Listing 171: Erstellen der Fensterliste (Forts.)

Im Hauptfenster wird das Array einer ListBox hinzugefügt:

```
' Fensterliste füllen
LBWindows.Items.AddRange(WindowManagement.GetInfoOfWindows _
   (Me.Handle))
```

Abbildung 87: Images von Fenstern und Desktop erstellen

Abbildung 87 zeigt ein Abbild des Hauptfensters von sich selbst, das mit dem Programm erzeugt worden ist. Nach Auswahl eines Fensters aus der Liste wird der Capture-Vorgang durch Betätigen der Schaltfläche FENSTER KOPIEREN gestartet (Listing 172). In `WindowManagement.CopyWindowToBitmap` (Listing 173) wird das Bitmap-Objekt generiert. Anschließend wird mit `CopyForm.CreateAndShow` diese Bitmap in einem neuen Fenster angezeigt.

```
Private Sub BTNWindow_Click(ByVal sender As System.Object, _
   ByVal e As System.EventArgs) Handles BTNWindow.Click

   ' Auswahl korrekt?
   If LBWindows.SelectedItem Is Nothing Then Exit Sub

   ' Cast auf WindowInfo
   Dim wi As WindowManagement.WindowInfo = DirectCast( _
      LBWindows.SelectedItem, WindowManagement.WindowInfo)


   ' Bitmap erzeugen
   Dim bmp As Bitmap = WindowManagement.CopyWindowToBitmap(wi.HWnd)

   ' Wenn kein Bitmap erzeugt wurde, abbrechen
   If bmp Is Nothing Then Exit Sub

   ' Fenster anzeigen
   CopyForm.CreateAndShow(bmp, "Kopie von " + wi.ToString())

End Sub
```

Listing 172: Event-Handler für Schaltfläche Fenster kopieren

Die Hauptaufgabe wird von der Methode CopyWindowToBitmap (Listing 173) erledigt. Sie ruft zunächst SetForegroundWindow und ShowWindow auf, um das Fenster im Vordergrund anzuzeigen, so dass es nicht durch andere Fenster verdeckt wird. Mit GetWindowRect werden Position und Größe ermittelt, mit ScreenToClient die Position in die Client-Koordinaten des Fensters umgerechnet. Entsprechend der ermittelten Größe wird ein neues Bitmap-Objekt angelegt. Für Bitmap und Fenster werden dann die Gerätekontexte (DC) angelegt und das Image des Fensters via BitBlt in das Bitmap-Objekt übertragen. Abschließend müssen die Ressourcen wieder freigegeben werden.

```vb
Public Shared Function CopyWindowToBitmap(ByVal hwnd As IntPtr) _
  As Bitmap

  ' Handle gültig?
  If hwnd.Equals(IntPtr.Zero) Then Return Nothing

  ' Das Fenster nach vorne holen
  API.SetForegroundWindow(hwnd)
  ' und anzeigen
  API.ShowWindow(hwnd, API.ShowWindowConstants.SW_SHOW)

  ' Größe und Position des Fensters ermitteln
  Dim rwnd As API.RECT
  API.GetWindowRect(hwnd, rwnd)
  Dim w As Integer = rwnd.Right - rwnd.Left
  Dim h As Integer = rwnd.Bottom - rwnd.Top

  ' Größenangaben plausibel?
  If w <= 0 Or h <= 0 Then Exit Function

  ' Koordinatentransformation
  Dim p As New API.POINTAPI
  p.x = rwnd.Left
  p.y = rwnd.Top
  API.ScreenToClient(hwnd, p)

  ' Bitmap-Objekt in passender Größe anlegen
  Dim bmp As New Bitmap(w, h)

  ' Graphics-Objekt hierzu
  Dim g As Graphics = Graphics.FromImage(bmp)

  ' Gerätekontext hierzu
  Dim hdcBmp As IntPtr = g.GetHdc()

  ' Gerätekontext für Fenster
  Dim hdcWnd As IntPtr = API.GetDC(hwnd)

  ' Fensterinhalt in Gerätekontext des Bitmaps kopieren
  ' Geht alternativ auch mit StretchBlt
  API.BitBlt(hdcBmp, 0, 0, w, h, hdcWnd, p.x, p.y, _
    API.ROPConstants.SRCCOPY)
```

Listing 173: Kopieren eines Fensters in ein Bitmap-Objekt

```
' Aufräumen
API.ReleaseDC(hwnd, hdcWnd)
g.ReleaseHdc(hdcBmp)
g.Dispose()

' Bitmap zurückgeben
Return bmp


End Function
```

Listing 173: Kopieren eines Fensters in ein Bitmap-Objekt (Forts.)

CopyForm ist eine einfache Fensterklasse, die eine statische Methode zum Instanzieren und Anzeigen bereitstellt (CreateAndShow, siehe Listing 174). Auf dem Fenster wird eine PictureBox platziert, die die übergebene Bitmap anzeigt. Die PictureBox füllt den Client-Bereich des Fensters aus und bietet über ein Kontextmenü die Möglichkeit, das Bild zu speichern.

```
Public Shared Function CreateAndShow(ByVal bmp As Bitmap, _
    ByVal title As String) As CopyForm

    ' Neue Fensterinstanz anlegen
    Dim f As New CopyForm

    ' Bitmap der PictureBox zuweisen
    f.PICWindowCopy.Image = bmp

    ' Scroll-Bereich anpassen
    f. AutoScrollMinSize = bmp.Size

    ' und Titel
    f.Text = title

    ' Fenster nichtmodal anzeigen
    f.Show()

    ' und Referenz zurückgeben
    Return f

End Function
```

Listing 174: Anzeige des kopierten Bildes in einem Fenster vom Typ CopyForm

Abbild der gesamten Bildschirmarbeitsfläche

In der ersten Version des Codebooks zeigten wir Ihnen, wie Sie mithilfe der Methode GetDesktopWindow das Handle des Desktops erhalten und für den Aufruf von CopyWindowToBitmap verwenden können. Leider funktioniert diese Konstruktion nicht zuverlässig, wenn sich der Desktop über mehrere Monitore erstreckt.

Im neuen Framework gibt es nun die Methode Graphics.CopyFromScreen. Sie übernimmt das Kopieren des Desktop-Images in ein Graphics-Objekt. Allerdings muss die Größe als Parameter übergeben werden. Listing 175 zeigt den Aufruf zum Anlegen des vollständigen Screenshots.

Hierfür wird zunächst über die Auflistung `AllScreens` die Größe des Desktops ermittelt. Unter der Voraussetzung, dass die Koordinaten aller Bildschirme im positiven Bereich liegen, ergeben sich Breite und Höhe des Desktops aus den maximalen Werten der Eigenschaften `Left` und `Bottom` der verfügbaren Bildschirme.

Für die ermittelte Größe wird ein Bitmap-Objekt erstellt und mittels `CopyFromScreen` mit dem Abbild des Desktops gefüllt. Das fertige Bitmap-Objekt wird zurückgegeben.

```
Public Shared Function GetScreenImage() As Bitmap

  ' Größe des Desktops ermitteln
  Dim width As Integer = 0
  Dim height As Integer = 0

  For Each scr As Screen In Screen.AllScreens
    width = Math.Max(width, scr.Bounds.Right)
    height = Math.Max(height, scr.Bounds.Bottom)
  Next

  ' Bitmap und Graphics-Context anlegen
  Dim bmp As New Bitmap(width, height)
  Dim gr As Graphics = Graphics.FromImage(bmp)

  ' Image kopieren
  gr.CopyFromScreen(New Point(0, 0), New Point(0, 0), bmp.Size)
  gr.Dispose()

  Return bmp

End Function
```

Listing 175: GetScreenImage liefert das Abbild des gesamten Bildbereiches

Mit der gezeigten Vorgehensweise können Sie beliebige Fenster und Bildschirmausschnitte kopieren. Sie können das Beispiel erweitern und eine komfortablere Bedienoberfläche anbieten, die es dem Anwender erleichtert, Fenster und Bereiche auszuwählen. Das Beispielprogramm soll nur die Vorgehensweise demonstrieren und ist nicht für den endgültigen Einsatz geeignet, da das Hauptfenster meist einen Teil des Bildschirms verdeckt. Starten Sie beispielsweise einen Timer, nach dessen Ablauf der gewünschte Screenshot erfolgen soll. In der Zwischenzeit verbergen Sie das Fenster des ScreenShot-Programms, so dass es das Bild nicht stört.

104 TextViewer-Klasse

> Die beschriebene Klasse ist Bestandteil der Klassenbibliothek `WindowsFormsLib`. Sie finden sie dort im Namensraum `VBCodeBook.WindowsForms`.

In vielen Situationen sind Hilfsklassen nützlich, die es erlauben, formatierte oder unformatierte Texte, HTML-Seiten oder Bilder in eigenständigen Fenstern anzuzeigen. Dieses Rezept beschreibt den Aufbau einer Klasse zur Ansicht von unformatierten Texten, die wahlweise als String, zeilenweise oder als `Stream` übergeben werden können. Ein Anwendungsbeispiel sehen Sie in Abbildung 88.

Als Basis dient eine gewöhnliche Windows-Form, auf der eine TextBox flächenfüllend platziert wird. Tabelle 15 zeigt die Werte der wichtigsten Eigenschaften der TextBox. Mehrere Überladungen der Methode CreateAndShow erlauben die Darstellung der Texte aus unterschiedlichen Quellen. Der Aufbau aller Überladungen folgt dem gleichen Muster:

1. Anlegen einer neuen Instanz der Fensterklasse

2. Zuweisung der Daten an das Steuerelement

3. Anzeigen des Fensters

4. Rückgabe der Objektreferenz zur weiteren Steuerung

In Listing 176 sehen Sie die Implementierung für die Anzeige eines als String übergebenen Textes. Dieser Text kann direkt der TextBox zugewiesen werden. Ähnlich verhält es sich mit der in Listing 177 gezeigten Variante, bei der ein übergebenes String-Array die anzuzeigenden Zeilen enthält. Wird dieses Array der Eigenschaft Lines der TextBox zugewiesen, dann wird jedes Array-Element in einer eigenen Zeile angezeigt.

Eigenschaft	Wert
Dock	Fill
Multiline	True
Scrollbars	Both
WordWrap	False
ReadOnly	nach Bedarf

Tabelle 15: Eigenschaften der TextBox in der TextViewer-Klasse

```
Public Shared Function CreateAndShow(ByVal text As String) _
    As Textviewer

    ' Fensterinstanz anlegen
    Dim f As New Textviewer

    ' Text setzen
    f.TBText.Text = text

    ' Fenster anzeigen, Referenz zurückgeben
    f.Show()
    Return f

End Function
```

Listing 176: Anlegen und Anzeigen eines Fensters zur Darstellung unformatierter Texte

```
Public Shared Function CreateAndShow(ByVal lines() As String) _
    As Textviewer

    'Fensterinstanz anlegen
    Dim f As New Textviewer
```

Listing 177: String-Array zeilenweise anzeigen

```vbnet
        ' String-Array als Zeilen setzen
        f.TBText.Lines = lines

        ' Fenster anzeigen, Referenz zurückgeben
        f.Show()
        Return f

End Function
```

Listing 177: String-Array zeilenweise anzeigen (Forts.)

Für die Übergabe eines Streams steht die dritte Variante (Listing 178) zur Verfügung. Sie verwendet ein StreamReader-Objekt zum Lesen des Textes aus dem Stream mithilfe der Methode ReadToEnd. In der letzten Variante (Listing 179) werden die Daten als allgemeine Object-Referenz übergeben und die zum Datentyp passende Methode aufgerufen.

```vbnet
Public Shared Function CreateAndShow(ByVal str As Stream) _
    As Textviewer

    Try
        ' StreamReader zum Lesen des Streams anlegen
        Dim sr As New StreamReader(str)

        ' Stream vollständig lesen
        Dim t As String = sr.ReadToEnd()

        sr.Close()
        str.Close()

        ' Fenster anzeigen, Referenz zurückgeben
        Return CreateAndShow(t)

    Catch ex As Exception
        MessageBox.Show("Fehler beim Öffnen des Streams: " & ex.Message)
    End Try

End Function
```

Listing 178: Anzeigen eines Textes aus einem Stream

```vbnet
Public Shared Function CreateAndShow(ByVal obj As Object) _
    As TextViewer

    ' Passenden Aufruf an Hand des Datentyps ermitteln
    If TypeOf obj Is String Then Return _
        CreateAndShow(DirectCast(obj, String))
    If TypeOf obj Is String() Then Return _
        CreateAndShow(DirectCast(obj, String()))
    If TypeOf obj Is Stream Then Return _
```

Listing 179: Parameterübergabe als Object-Referenz

```
        CreateAndShow(DirectCast(obj, Stream))
      Return Nothing

    End Function
```

Listing 179: Parameterübergabe als Object-Referenz (Forts.)

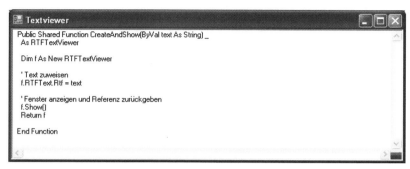

Abbildung 88: TextViewer zum Anzeigen unformatierter Texte

105   RTFTextViewer-Klasse

> Die beschriebene Klasse ist Bestandteil der Klassenbibliothek `WindowsFormsLib`. Sie finden sie dort im Namensraum `VBCodeBook.WindowsForms`.

Zur Darstellung im Rich Text Format (RTF) formatierter Texte eignet sich das `RichTextBox`-Steuerelement. Analog zur `TextViewer`-Klasse wird ein `RichTextBox`-Steuerelement flächendeckend auf dem Fenster platziert. Wieder stehen vier Überladungen der Methode `CreateAndShow` (Listing 180) zur Verfügung, um, je nach Bedarf, den Text aus unterschiedlichen Quellen anzeigen zu können. Abbildung 89 zeigt als Beispiel die Darstellung des als formatierter Text kopierten Listings.

```
Public Shared Function CreateAndShow(ByVal text As String) _
    As RTFTextViewer

    Dim f As New RTFTextViewer

    ' Text zuweisen
    f.RTFText.Rtf = text

    ' Fenster anzeigen und Referenz zurückgeben
    f.Show()
    Return f

End Function

Public Shared Function CreateAndShow(ByVal lines() As String) _
    As RTFTextViewer
```

Listing 180: RTFTextViewer zur Anzeige formatierter Texte

```vbnet
    Dim f As New RTFTextViewer

    ' Zeilen zuweisen
    f.RTFText.Lines = lines

    ' Fenster anzeigen und Referenz zurückgeben
    f.Show()
    Return f

End Function

Public Shared Function CreateAndShow(ByVal str As Stream) _
    As RTFTextViewer

    Try
        ' StreamReader zum Lesen des Streams anlegen
        Dim sr As New StreamReader(str)

        ' Stream vollständig lesen
        Dim t As String = sr.ReadToEnd()

        sr.Close()
        str.Close()

        ' Fenster anzeigen und Referenz zurückgeben
        Return CreateAndShow(t)

    Catch ex As Exception
        MessageBox.Show("Fehler beim Öffnen des Streams: " & ex.Message)
    End Try

End Function

Public Shared Function CreateAndShow(ByVal obj As Object) _
    As RTFTextViewer

    ' Passenden Aufruf an Hand des Datentyps ermitteln
    If TypeOf obj Is String Then Return _
        CreateAndShow(DirectCast(obj, String))
    If TypeOf obj Is String() Then Return _
        CreateAndShow(DirectCast(obj, String()))
    If TypeOf obj Is Stream Then Return _
        CreateAndShow(DirectCast(obj, Stream))
    Return Nothing
End Function
```

Listing 180: RTFTextViewer zur Anzeige formatierter Texte (Forts.)

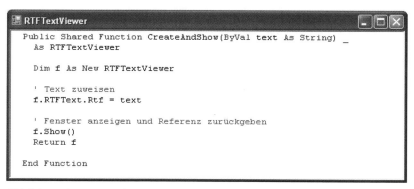

Abbildung 89: Formatierter Text im RTFTextViewer

106   PictureViewer-Klasse

Die beschriebene Klasse ist Bestandteil der Klassenbibliothek `WindowsFormsLib`. Sie finden sie dort im Namensraum `VBCodeBook.WindowsForms`.

Wie der Name erwarten lässt, dient diese Klasse zur Darstellung von Bildern. Auch sie ist ähnlich der Klasse `TextViewer` aufgebaut, verwendet die übergebenen Parameter aber etwas anders. Bei der Übergabe eines Strings (Listing 181) wird dieser als *URI* (Uniform Resource Identifier) interpretiert. Es kann sich dabei wahlweise um einen Dateipfad oder eine Internet-Adresse handeln.

An Hand der Eigenschaft `IsFile` wird unterschieden, wie das angegebene Bild zu öffnen ist. Im Falle einer Datei (lokal oder im Netzwerk) kann der Pfad direkt dem Konstruktor der Bitmap-Klasse übergeben werden. Handelt es sich um eine Internet-Adresse, sind einige Zwischenschritte notwendig. Über ein `WebRequest` wird zunächst die Datei angefordert und anschließend der mit `GetResponse` bzw. `GetResponseStream` zurückgegebene Stream dem Konstruktor der Bitmap-Klasse übergeben.

Analog zu den zuvor beschriebenen Viewer-Klassen wird das Bild auf einer PictureBox dargestellt, die den gesamten Client-Bereich des Fensters ausfüllt. Zusätzlich wird das Fenster so vergrößert, dass das Bild in voller Größe dargestellt wird. Abbildung 90 zeigt eine Beispielanwendung der Klasse.

```
Public Shared Function CreateAndShow(ByVal filename As String) _
    As PictureViewer

    ' URI-Instanz aus Dateinamen bilden
    Dim picUri As New Uri(filename)

    ' Neue Fensterinstanz
    Dim f As New PictureViewer

    Try

        ' Wenn der Parameter eine lokale Datei ist, direkt
```

Listing 181: Als Datenquelle für den PictureViewer kann wahlweise eine Datei oder eine Internet-Adresse angegeben werden

```
        ' als Bitmap laden
      If picUri.IsFile Then
        f.PBPicture.Image = New Bitmap(filename)
      Else
        ' Sonst Datei via WebRequest anfordern
        Dim wr As WebRequest = WebRequest.Create(filename)
        ' Auf Response warten
        Dim ws As WebResponse = wr.GetResponse()
        ' Bitmap aus Stream erstellen
        Dim s As Stream = ws.GetResponseStream()
        f.PBPicture.Image = New Bitmap(s)
      End If

    Catch ex As Exception
      MessageBox.Show(ex.Message)
    End Try

    ' Fenstergröße setzen
    f.ClientSize = f.PBPicture.Image.Size

    ' Fenster anzeigen und Referenz zurückgeben
    f.Show()
    Return f

  End Function
```

Listing 181: Als Datenquelle für den PictureViewer kann wahlweise eine Datei oder eine Internet-Adresse angegeben werden (Forts.)

Abbildung 90: PictureViewer zum Anzeigen von Bildern

Auch ein als Parameter übergebenes String-Array wird anders interpretiert. Für jedes Element wird ein eigenes Fenster geöffnet und das betreffende Bild darin angezeigt (Listing 182).

```
Public Shared Function CreateAndShow(ByVal files As String()) _
  As PictureViewer
```

Listing 182: Anzeigen mehrerer Bilder

```
Dim f As PictureViewer

' String-Array als Liste von Bilddateien betrachten
For Each file As String In files
  ' Jedes Bild in eigenem Fenster öffnen
  f = CreateAndShow(file)
Next

' Referenz des letzten zurückgeben
Return f

End Function
```

Listing 182: Anzeigen mehrerer Bilder (Forts.)

Wiederum besteht die Möglichkeit, einen Stream als Parameter zu übergeben. Wie in Rezept 109 (Analyseprogramm für Drag&Drop-Operationen aus anderen Anwendungen) noch gezeigt wird, liegt oft bei Drag&Drop-Vorgängen in Verbindung mit einem Internet-Browser die Adresse eines Bildes als Stream vor. Daher wird in dieser Überladung nicht das Bild als Stream erwartet, sondern eine Internet-Adresse. Das Einlesen ist etwas aufwändiger, da zusätzliche Control-Zeichen aus dem String entfernt werden müssen. Listing 183 zeigt die vollständige Funktion.

```
Public Shared Function CreateAndShow(ByVal str As Stream) _
  As PictureViewer

  ' Text aus Stream lesen und nachfolgende 0-Zeichen entfernen
  Dim buffer(CInt(str.Length) - 1) As Byte
  str.Read(buffer, 0, buffer.Length)

  Dim t As String = System.Text.Encoding.Default.GetString( _
    buffer).TrimEnd(Chr(0))

  ' Mittels WebClient das Bild laden
  Dim wbcl As New System.Net.WebClient
  Return CreateAndShow(New Bitmap(wbcl.OpenRead(t)))

End Function
```

Listing 183: Interpretation des Streams als Bildadresse

Zusätzlich zu den Überladungen, die die anderen Viewer bieten, implementiert die Picture-Viewer-Klasse noch eine Variante, die eine Bitmap-Referenz als Datentyp entgegennimmt und anzeigt (Listing 184).

```
Public Shared Function CreateAndShow(ByVal pic As Bitmap) _
  As PictureViewer

  ' Neue Fensterinstanz
  Dim f As New PictureViewer
```

Listing 184: Direkte Anzeige eines als Bitmap vorliegenden Bildes

```
' Bild zuweisen
f.PBPicture.Image = pic

' Fenstergröße setzen
f.ClientSize = f.PBPicture.Image.Size

' Fenster anzeigen und Referenz zurückgeben
f.Show()
Return f

End Function
```

Listing 184: Direkte Anzeige eines als Bitmap vorliegenden Bildes (Forts.)

Die fünfte Überladung nimmt wie in den vorangegangenen Beispielen den Parameter als `Object`-Referenz entgegen und nimmt die Verzweigung an Hand des Datentyps vor. Der Code ist nahezu identisch mit dem des `TextViewers` in Listing 179.

107 HTML-Viewer

> Die beschriebene Klasse ist Bestandteil der Klassenbibliothek `WindowsFormsLib`. Sie finden sie dort im Namensraum `VBCodeBook.WindowsForms`.

Abbildung 91: Einsatz des HTML-Viewers

Die letzte Viewer-Klasse in dieser Runde dient zum Anzeigen von HTML-Inhalten. Zur Darstellung wird das neue WebBrowser-Steuerelement eingesetzt. Zusätzlich zur Anzeige von HTML-Texten kann es auch zur weiteren Navigation über angezeigte Links benutzt werden. Es stehen nahezu dieselben Bedienfunktionen zur Verfügung, die der Internet Explorer bietet. Eine praktische Anwendung zeigt Abbildung 91.

Ein als String übergebener Parameter kann wahlweise eine Internet-Adresse oder der HTML-Text selbst sein (siehe Listing 185). Zur Unterscheidung wird untersucht, ob der Text das einleitende html-Tag enthält. In diesem Fall wird der Text der Eigenschaft DocumentText zugewiesen und vom WebBrowser-Control als HTML-Text interpretiert. Ist das Tag nicht enthalten, wird der Text als Adresse interpretiert. Erlaubt sind alle Adressangaben, die auch der Internet Explorer interpretieren kann. Dazu gehören neben HTML-Seiten auch Bilder und FTP-Adressen (zumindest wenn der IE6 installiert ist).

```vbnet
Public Shared Function CreateAndShow(ByVal text As String) _
  As HTMLViewer

  ' Fensterinstanz erstellen
  Dim f As New HTMLViewer

  ' Enthält Text HTML-Tag?
  If text.ToLower().IndexOf("<html") < 0 Then
    ' Nein, Text als URL interpretieren
    f.WebBrowser1.Navigate(text)

    f.Text = "HTMLViewer - " & text

    ' Fenster anzeigen
    f.Show()

  Else
    ' Ja, Text mit WebBrowser öffnen
    f.WebBrowser1.DocumentText = text

    ' Fenster anzeigen
    f.Show()
  End If

  ' Referenz zurückgeben
  Return f

End Function
```

Listing 185: Wahlweise Übergabe eines HTML-Textes oder einer Adresse

Ein String-Array als Parameter wird wie bei der PictureViewer-Klasse als Liste von HTML-Quellen interpretiert (Listing 186). Für jede Quelle wird ein eigenes Fenster geöffnet.

```vbnet
Public Shared Function CreateAndShow(ByVal urls() As String) _
  As HTMLViewer

  Dim f As HTMLViewer
  ' String-Array mit mehreren URLs durchlaufen
  For Each url As String In urls
```

Listing 186: Anzeigen mehrerer HTML-Quellen

```
    ' Jeweils eine Fensterinstanz anlegen
    f = CreateAndShow(url)

  Next

    ' Referenz des letzten zurückgeben
    Return f

End Function
```

Listing 186: Anzeigen mehrerer HTML-Quellen (Forts.)

Ein Stream als Parameter wird analog zur Klasse PictureViewer als Adresse interpretiert (Listing 187). Wiederum müssen Kontrollzeichen entfernt werden, damit das WebBrowser-Steuerelement die Adresse richtig interpretieren kann.

```
Public Shared Function CreateAndShow(ByVal str As Stream) _
  As HTMLViewer

  Try
    ' URL in Memorystream

    Dim buffer(CInt(str.Length) - 1) As Byte
    str.Read(buffer, 0, buffer.Length)

    Dim t As String = System.Text.Encoding.Default.GetString( _
      buffer).TrimEnd(Chr(0))

    ' Neue Fensterinstanz
    Dim f As New HTMLViewer

    ' URL im Browser öffnen und Fenster anzeigen
    f.WebBrowser1.Navigate(t)
    f.Text = "HTMLViewer - " & t
    f.Show()

    ' Referenz zurückgeben
    Return f

  Catch ex As Exception
    MessageBox.Show("Fehler beim Öffnen des Streams: " & ex.Message)
  End Try

  Return Nothing

End Function
```

Listing 187: Adresse einer HTML-Quelle aus einem Stream entgegennehmen

108 Drag&Drop-Operationen aus anderen Anwendungen ermöglichen

Bereits die 16-Bit-Vorgänger der heutigen Windows-Versionen unterstützten den Drag&Drop-Mechanismus, der es erlaubt, auf grafischem Weg komfortabel Objekte von einem Punkt zu einem anderen zu bewegen. Die mit dem Ziehen der Objekte verbundenen Operationen sind vom Kontext abhängig und sollten intuitiv nutzbar sein. So führt beispielsweise das Ziehen einer Textdatei aus dem Explorer auf ein Textverarbeitungsprogramm zum Öffnen der Datei. Ist das Ziel der Papierkorb, wird sie gelöscht.

Selbstverständlich kann auch ein Fenster oder ein Steuerelement einer .NET-Anwendung das Ziel einer Drag&Drop-Operation sein. Die Technik basiert auf dem (ur-)alten *OLE* (Object Linking and Embedding) Verfahren. Verschiedene Ereignisse werden beim Umgang mit Drag&Drop benötigt (siehe Tabelle 16). Jedes Steuerelement kann als Ziel definiert werden, indem die Eigenschaft `AllowDrop` auf `True` gesetzt wird.

Ereignis	Empfänger	Bedeutung
DragEnter	Ziel	Ein Objekt wird in den Bereich eines Steuerelementes gezogen
DragOver	Ziel	Ein Objekt wird innerhalb der Begrenzungen des Steuerelementes gezogen
DragLeave	Ziel	Ein Objekt wird aus dem Bereich eines Steuerelementes herausgezogen
DragDrop	Ziel	Ein Objekt wird auf dem Steuerelement abgelegt
GiveFeedback	Quelle	Ermöglicht der Quelle, während des Drag&Drop-Vorganges ein optisches Feedback, z.B. durch Änderung des Mauszeigers, zu geben

Tabelle 16: Wichtige Ereignisse beim Drag&Drop-Vorgang

Ist ein Fenster oder ein Steuerelement ein Container für andere Steuerelemente, dann empfängt es auch die Drag&Drop-Ereignisse aller untergeordneten Steuerelemente, deren `AllowDrop`-Eigenschaft den Wert `False` aufweist. So gestaltet sich die Handhabung komplexer Fenster recht einfach, da nicht für jedes Steuerelement die entsprechenden Ereignisse berücksichtigt werden müssen.

Das erste Ereignis, das im Zielobjekt des Drag&Drop-Vorganges ausgelöst wird, ist `DragEnter`. Dem Ereignis-Handler wird ein Parameter vom Typ `DragEventArgs` übergeben (siehe Tabelle 17). Von der Quelle wird mit der schreibgeschützten Eigenschaft `AllowedEffect` mitgeteilt, welche Operationen möglich sind. `AllowedEffect` ist eine Oder-Verknüpfung der in Tabelle 18 aufgeführten Operationen. Nur die Operationen, deren Bit gesetzt ist, können verwendet werden. In der Eigenschaft `Effect` kann das Ziel der Drag&Drop-Operation die gewünschten Effekte eintragen (siehe Beispiel in Listing 188). Von der Quelle können dann Maßnahmen zur Visualisierung (z.B. durch Ändern des Mauszeigers) vorgenommen und so dem Anwender ein optisches Feedback für seine Aktion gegeben werden.

```
Protected Overrides Sub OnDragEnter(ByVal drgevent As _
   System.Windows.Forms.DragEventArgs)

   ' Gewünschten Effekt festlegen
   drgevent.Effect = DragDropEffects.Copy
End Sub
```

Listing 188: Im DragEnter-Event wird definiert, welche Drag&Drop-Operationen zulässig sind

Eigenschaft	Bedeutung
AllowedEffect	Gibt die möglichen Drag&Drop-Operationen an (ReadOnly)
Effect	Gibt die vom Ziel gewünschten Operationen an
Data	Referenz der Daten über die IDataObject-Schnittstelle
KeyState	Zustand der Tasten
X, Y	Position des Mauszeigers (in Bildschirmkoordinaten!)

Tabelle 17: Eigenschaften der DragEventArgs-Parameter

Konstante	Wert	Bedeutung
Copy	1	Kopieren (z.B. Datei von Festplatte auf Diskette)
Move	2	Verschieben (z.B. Datei von einem Verzeichnis in ein anderes)
Link	4	Verknüpfung (z.B. bei Office-Anwendungen oder beim Ziehen von Links aus HTML-Seiten)
None	0	Keine Aktion

Tabelle 18: Konstanten der DragDropEffects-Enumeration

Daten der Drag&Drop-Operationen

Die eigentlichen Daten können von der Quelle in verschiedenen Formaten bereitgestellt werden. So kann ein Text beispielsweise als unformatierter Text, als formatierter Text oder als Verknüpfung angeboten werden. Das Ziel der Drag&Drop-Operation kann selbst wählen, welches Format es benutzen möchte. Übergeben wird stets eine Referenz eines Objektes, das die Schnittstelle IDataObject implementiert. Vier Methoden (siehe Tabelle 19) gestatten den Zugriff auf die Daten bzw. Datenformate.

Methode	Bedeutung
GetFormats	Gibt die Liste der verfügbaren Datenformate zurück
GetDataPresent	Gibt an, ob für ein bestimmtes Format Daten vorliegen
GetData	Ruft die Daten zu einem angegebenen Format ab

Tabelle 19: Abfrage von Daten und Datenformaten bei Drag&Drop-Operationen

GetFormats liefert ein String-Array, das die Bezeichnungen aller unterstützten Formate enthält (siehe Beispielcode in Listing 189). Werden beispielsweise Dateien aus dem Windows Explorer über Drag&Drop kopiert oder verschoben, liefert der Beispielcode die folgende Ausgabe:

```
Shell IDList Array
Shell Object Offsets
InShellDragLoop
DragContext
FileDrop
FileNameW
FileName
```

Für diese Formate kann mit GetDataPresent abgefragt werden, ob auch tatsächlich Daten vorhanden sind. Mit GetData können diese Daten abgerufen werden. GetData liefert eine allgemeine Object-Referenz der Daten, deren Datentyp zur Laufzeit analysiert werden muss.

Typische .NET-Datentypen sind `String`, `String-Array`, `MemoryStream` oder `Bitmap`. Wie die Daten aufgebaut sind, ist in keiner Weise festgelegt und wird von unterschiedlichen Programmen auch verschieden gehandhabt.

```
Protected Overrides Sub OnDragDrop(ByVal drgevent As _
  System.Windows.Forms.DragEventArgs)

  For Each frmt As String In drgevent.Data.GetFormats()
    Debug.WriteLine(frmt)
  Next
End Sub
```

Listing 189: Ermitteln der von der Quelle zur Verfügung gestellten Formate

109 Analyseprogramm für Drag&Drop-Operationen aus anderen Anwendungen

Ein kleines Analyseprogramm erweist praktische Dienste, wenn es darum geht, die via Drag&Drop übergebenen Daten aus anderen Anwendungen zu entschlüsseln. Das Hauptfenster des Programms empfängt alle externen Drag&Drop-Ereignisse, zeigt die möglichen Effekte an und listet die übergebenen Datenformate in einem ListView-Steuerelement auf. Die Daten lassen sich mittels der in den vorangegangenen Kapiteln beschriebenen `Viewer`-Klassen einsehen. Abbildung 92 zeigt das Programm im praktischen Einsatz.

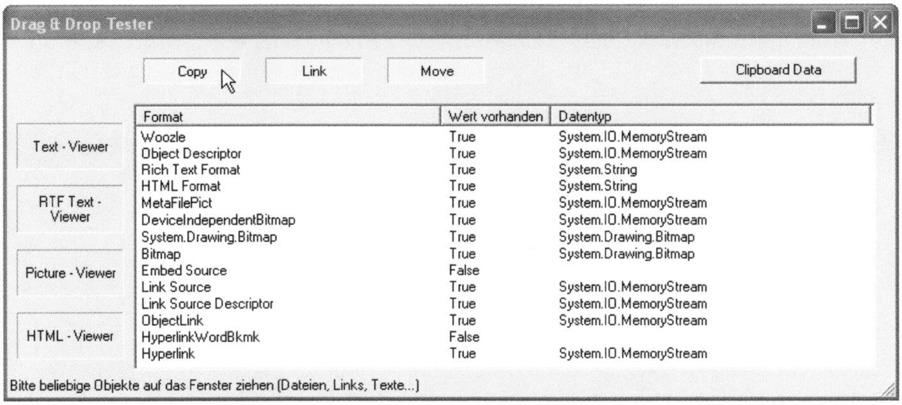

Abbildung 92: Anzeige der Datenformate und erlaubten Effekte im Analyseprogramm

Im `DragEnter`-Ereignis des Fensters werden die drei Labels zur Anzeige der verfügbaren Effekte angezeigt oder verborgen. Für Ziehvorgänge auf das Fenster wird grundsätzlich der Wert der Eigenschaft `AllowedEffect` in die Eigenschaft `Effect` übertragen. Nur Ziehvorgänge von außerhalb werden berücksichtigt. Listing 190 zeigt die Implementierung des Ereignis-Handlers.

```
Private Sub Mainwindow_DragEnter(ByVal sender As Object, _
  ByVal e As System.Windows.Forms.DragEventArgs) _
  Handles MyBase.DragEnter
```

Listing 190: Feedback an Quelle und Anzeigen bzw. Ausblenden der Labels

```
' Wenn der Drag-Vorgang von der ListView selbst ausgelöst worden
' ist, ignorieren
Dim lvi As ListViewItem = e.Data.GetData(GetType(ListViewItem))
If Not lvi Is Nothing Then Exit Sub

' Effekte setzen
e.Effect = e.AllowedEffect

' Labels entsprechend der erlaubten Effekte ein-/ausschalten
LBLCopy.Visible = _
   (e.AllowedEffect And DragDropEffects.Copy) <> 0
LBLLink.Visible = _
   (e.AllowedEffect And DragDropEffects.Link) <> 0
LBLMove.Visible = _
   (e.AllowedEffect And DragDropEffects.Move) <> 0

End Sub
```

Listing 190: Feedback an Quelle und Anzeigen bzw. Ausblenden der Labels (Forts.)

Wird ein Objekt auf dem Fenster abgelegt, dann wird im DragDrop-Ereignis ermittelt, welche Datenformate unterstützt werden (Listing 191). Die angegebenen Formatbezeichnungen werden im ListView-Steuerelement angezeigt. Für alle Formate wird mittels GetData versucht, die Daten abzurufen. Ob dies erfolgreich ist, wird in der zweiten Spalte dargestellt, der Datentyp der Daten, wie er zur Verfügung gestellt wird, in der dritten Spalte. In der Tag-Eigenschaft des jeweiligen ListViewItem-Objektes wird die Referenz auf das Typ-Objekt der Daten für die weitere Verarbeitung gespeichert. Die Referenz auf das Daten-Objekt wird in der Member-Variablen DroppedData festgehalten.

```
Private Sub Mainwindow_DragDrop(ByVal sender As System.Object, _
   ByVal e As System.Windows.Forms.DragEventArgs) _
   Handles MyBase.DragDrop, LBLCopy.DragDrop, LBLLink.DragDrop, _
   LBLMove.DragDrop

   ' Behandlung in SetData
   SetData(e.Data)

End Sub

Protected Sub SetData(ByVal data As IDataObject)

   ' Referenz merken
   DroppedData = data

   ' Unterstützte Formate ermitteln
   Dim formats() As String = data.GetFormats()

   Dim o As Object
```

Listing 191: Reaktion auf das DragDrop-Ereignis und Anzeigen von Informationen zu den verfügbaren Datenformaten

Windows Forms

```
LVDragDropData.Items.Clear()

' Für alle Formate
For Each t As String In formats

  ' Daten lesen
  o = data.GetData(t)

  ' Listview-Eintrag erstellen
  ' 1. Format
  Dim lvi As ListViewItem = LVDragDropData.Items.Add(t)
  ' 2. Daten vorhanden
  lvi.SubItems.Add((Not o Is Nothing).ToString())
  If Not o Is Nothing Then
    ' 3. Datentyp der Daten
    lvi.SubItems.Add(o.GetType().ToString())
    lvi.Tag = o.GetType
  End If

Next

End Sub
```

Listing 191: Reaktion auf das DragDrop-Ereignis und Anzeigen von Informationen zu den
verfügbaren Datenformaten (Forts.)

Auch die drei Labels, die anzeigen, welche der Drag&Drop-Effekte erlaubt sind, können Ziel
der Operation sein. Wie Ihnen vielleicht schon aufgefallen ist, wird das DragDrop-Ereignis der
drei Labels ebenfalls in Mainwindow_DragDrop (siehe Listing 191) abgehandelt. Das DragEnter-
Ereignis behandelt jedoch jedes Label unterschiedlich (Listing 192). Nur die einem Label zugeordnete Operation wird unterstützt. Beim Ziehen von Objekten auf die jeweiligen Labels sehen
Sie daher den von der Quelle im GiveFeedback-Ereignis ausgewählten Maus-Cursor.

> **Achtung**
>
> Zum Zeitpunkt der Drucklegung gibt es ein Problem beim Kopieren in die Zwischenab-
> lage durch Word 2003 SP2 bzw. bei der entsprechenden Drag&Drop-Operation. Das Ein-
> lesen der Clipboard-Daten führte beim Format EnhancedMetafile zum Absturz der
> Common Language Runtime (CLR) L, der sich auch nicht durch Try/Catch abfangen ließ.
> Sofern der Fehler zwischenzeitlich nicht behoben worden ist, sollte der Code in Listing
> 192 so geändert werden, dass für dieses Format GetData(t) nicht aufgerufen wird.

```
Private Sub LBLCopy_DragEnter(ByVal sender As Object, _
  ByVal e As System.Windows.Forms.DragEventArgs) _
  Handles LBLCopy.DragEnter

  ' Ignorieren, wenn die Quelle das ListView ist
  Dim lvi As ListViewItem = DirectCast(e.Data.GetData( _
    GetType(ListViewItem)), ListViewItem)
```

Listing 192: Jedes der drei Labels unterstützt nur genau eine Drag&Drop-Operation

```
  If Not lvi Is Nothing Then Exit Sub

  ' Nur Kopieren erlauben
  e.Effect = DragDropEffects.Copy

End Sub

Private Sub LBLLink_DragEnter(ByVal sender As Object, _
  ByVal e As System.Windows.Forms.DragEventArgs) _
  Handles LBLLink.DragEnter

  ' Nur Link erlauben
  e.Effect = DragDropEffects.Link
End Sub

Private Sub LBLMove_DragEnter(ByVal sender As Object, _
  ByVal e As System.Windows.Forms.DragEventArgs) _
  Handles LBLMove.DragEnter

  ' Nur Verschieben erlauben
  e.Effect = DragDropEffects.Move
End Sub
```

Listing 192: Jedes der drei Labels unterstützt nur genau eine Drag&Drop-Operation (Forts.)

Anzeige der Daten

Links neben der Liste der verfügbaren Formate befinden sich vier Labels, denen jeweils einer der in den vorangegangenen Rezepten beschriebenen TextViewer, RTFTextViewer, Picture-Viewer bzw. HTMLViewer zugeordnet ist. Wiederum mittels Drag&Drop lässt sich ein Eintrag der Liste auf die Label ziehen. Dadurch wird der entsprechende Viewer angezeigt und versucht, die Daten darzustellen. Stellvertretend für alle vier zeigt Listing 193 die Implementierung für das TextViewer-Label. Um den Drag&Drop-Vorgang einzuleiten, wird im ItemDrag-Ereignis des ListView-Controls die Methode DoDragDrop aufgerufen (Listing 194).

```
Private Sub LBLTextViewer_DragEnter(ByVal sender As Object, _
  ByVal e As System.Windows.Forms.DragEventArgs) _
  Handles LBLTextViewer.DragEnter

  ' TextViewer unterstützt String, String[] und Memorystream
  Dim lvi As ListViewItem = e.Data.GetData(GetType(ListViewItem))
  If lvi Is Nothing Then Exit Sub
  If lvi.Tag Is GetType(String) Or lvi.Tag Is GetType(String()) _
    Or lvi.Tag Is GetType(MemoryStream) Then
    e.Effect = DragDropEffects.Copy
  End If

End Sub

Private Sub LBLTextViewer_DragDrop(ByVal sender As Object, _
```

Listing 193: DragEnter- und DragDrop-Ereignis-Handler für das dem TextViewer zugeordnete Label

```
ByVal e As System.Windows.Forms.DragEventArgs) _
Handles LBLTextViewer.DragDrop

  ' Drag&Drop nur von der ListView akzeptieren
Dim lvi As ListViewItem = e.Data.GetData(GetType(ListViewItem))
If lvi Is Nothing Then Exit Sub

  ' TextViewer aufrufen
TextViewer.CreateAndShow(DroppedData.GetData(lvi.Text))

End Sub
```

Listing 193: DragEnter- und DragDrop-Ereignis-Handler für das dem TextViewer zugeordnete Label (Forts.)

```
Private Sub LVDragDropData_ItemDrag(ByVal sender As Object, _
  ByVal e As System.Windows.Forms.ItemDragEventArgs) _
  Handles LVDragDropData.ItemDrag

  ' Drag&Drop einleiten
  LVDragDropData.DoDragDrop(e.Item, DragDropEffects.Copy)

End Sub
```

Listing 194: Einleitung der Drag&Drop-Operation mit DoDragDrop

In DragEnter wird überprüft, ob es sich bei den Daten um ein ListViewItem-Objekt handelt. Nur dann wird die Copy-Operation zugelassen. Ferner wird überprüft, ob das in der Tag-Eigenschaft des ListViewItem-Objektes referenzierte Typ-Objekt einen vom Viewer unterstützten Datentyp repräsentiert. Abbildung 93 bis Abbildung 96 zeigen einige Beispiele für typische Drag&Drop-Operationen.

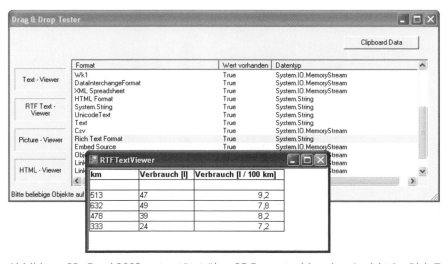

Abbildung 93: Excel 2003 unterstützt über 25 Formate, hier eine Ansicht im Rich Text Format

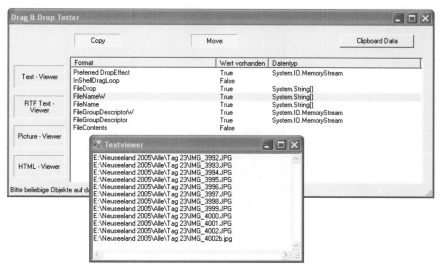

Abbildung 94: Ziehen von Dateien aus dem Explorer und Darstellung der Liste im TextViewer

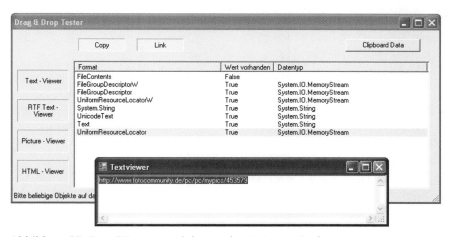

Abbildung 95: Drag&Drop von Links aus dem Internet Explorer

Werden aus dem Windows Explorer Dateien auf ein Zielfenster gezogen, dann kann die Liste der Dateien als String-Array unter dem Format `FileDrop` abgerufen werden (Abbildung 94). Beim Ziehen von Links aus dem Internet Explorer wird die Adresse als Stream unter dem Formatnamen `UniformResourceLocator` angeboten. Viele Programme stellen zahlreiche Alternativen für formatierte Daten zur Verfügung, von denen Sie sich die für Sie günstigste auswählen können. Das Analyseprogramm hilft Ihnen bei der Auswahl der Formate.

Besonderheiten

Einige Programme verhalten sich leider etwas sonderbar und verhindern, dass die Daten vom Analyseprogramm korrekt angezeigt werden können. Das Problem besteht darin, dass manche Programme, wie z.B. Microsoft Word, die Daten nur während des Ziehvorgangs zur Verfügung stellen. Nach Abschluss des `DragDrop`-Events liefert Word 2000 auf Anfrage nicht mehr die gezogenen Daten, sondern die aktuell in der Zwischenablage gespeicherten.

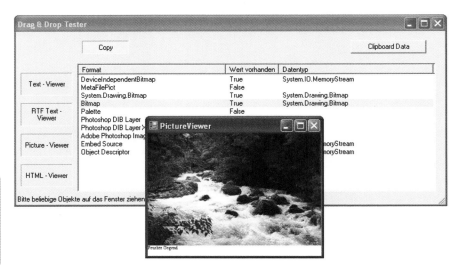

Abbildung 96: Drag&Drop von Bildern aus Photoshop

Die Zwischenspeicherung der Referenz in der Member-Variablen DroppedData ist daher nur für Testzwecke sinnvoll. Im konkreten Anwendungsfall müssen Sie die Daten spätestens im DragDrop-Ereignis abfragen und für die weitere Verarbeitung speichern.

110   Anzeigen von Daten aus der Zwischenablage

Nahezu identisch mit der Vorgehensweise bei Drag&Drop-Operationen ist die Bearbeitung von Daten, die in der Zwischenablage gespeichert sind. Auch sie werden auf Basis von OLE bereitgestellt. Das Analyseprogramm aus dem vorangegangenen Beispiel lässt sich leicht um eine Schaltfläche erweitern, die die verfügbaren Formate der in der Zwischenablage gespeicherten Daten anzeigt.

Für den Zugriff auf die Zwischenablage stellt die Klasse Clipboard die Methoden GetData-Object und SetDataObject zur Verfügung. Mit GetDataObject erhält man die Referenz der Daten analog zur GetData-Methode bei den DragDropEventArgs-Objekten. Listing 195 zeigt die Implementierung des Schaltflächen-Ereignisses zum Anzeigen der Clipboard-Daten. SetData ist dabei die in Listing 191 abgedruckte Methode. In Abbildung 97 sehen Sie ein Anwendungsbeispiel, bei dem der Text eines WordPad-Dokuments aus der Zwischenablage gelesen und dargestellt wurde.

```
Private Sub BTNClipboard_Click(ByVal sender As System.Object, _
    ByVal e As System.EventArgs) Handles BTNClipboard.Click

    ' Daten der Zwischenablage abfragen
    SetData(Clipboard.GetDataObject())

End Sub
```

Listing 195: Abfrage der Daten aus der Zwischenablage und Anzeigen der Formate im Analyseprogramm

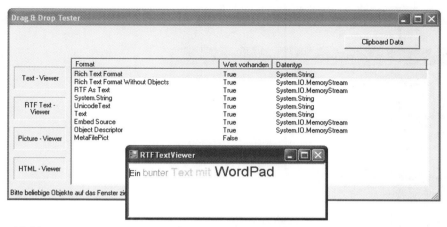

Abbildung 97: Anzeigen von Daten aus der Zwischenablage

111 Exportieren von Daten über die Zwischenablage

Auch die andere Richtung, nämlich das Kopieren von Daten in verschiedenen Formaten in die Zwischenablage, ist denkbar einfach zu programmieren. Der Trick besteht darin, der Methode `SetDataObject` der `Clipboard`-Klasse nicht wie im Beispiel der MSDN-Dokumentation ein beliebiges Objekt wie z.B. einen String zu übergeben, sondern eine Instanz der Klasse `DataObject`. Dieser Instanz lassen sich dann mithilfe der Methode `SetData` beliebige Formate hinzufügen (siehe Listing 196).

```
' Neue Instanz von DataObject mit einem String im Format Text
Dim ClipboardData As New DataObject("Text", "Hello World!")

' Bitmap hinzufügen
ClipboardData.SetData("Bitmap", New Bitmap(Application.StartupPath _
  & "\HibiskusKlein.jpg"))

' Zahl hinzufügen
ClipboardData.SetData("Number", 1234)

' Dateiliste hinzufügen
ClipboardData.SetData("FileDrop", New String() _
  {Application.StartupPath & "\HibiskusKlein.jpg"})

' Kopieren in die Zwischenablage
Clipboard.SetDataObject(ClipboardData, True)
```

Listing 196: Bereitstellen von Daten in verschiedenen Formaten in der Zwischenablage

Nach Abarbeitung des Codes in Listing 196 bietet Word bei Aufruf des Befehls INHALTE EINFÜGEN die in Abbildung 98 gezeigte Auswahl. Der Explorer erlaubt das Einfügen der angegebenen Datei. Eine vollständige Liste der verfügbaren Formate offenbart das Analyseprogramm (Abbildung 99). Zusätzlich zu den vier definierten Formaten werden weitere automatisch erzeugt. Entscheidend für diesen Automatismus ist der eingesetzte Formatname, nicht der tatsächliche Datentyp. Für das Format Bitmap wird automatisch das Format `System.Drawing.`

Bitmap erzeugt, für Text automatisch System.String und Unicode Text und für FileDrop automatisch FileNameW und FileName.

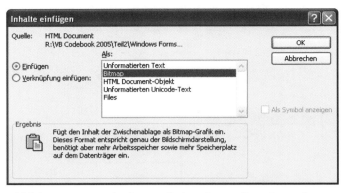

Abbildung 98: Word erkennt die bereitgestellten Datenformate

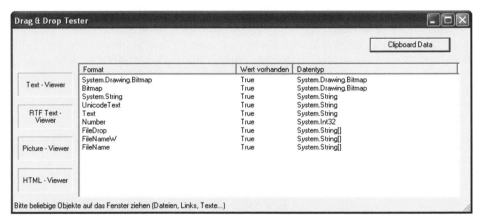

Abbildung 99: Angelegte und automatisch erzeugte Datenformate für die Zwischenablage

112 Exportieren von Daten über Drag&Drop

Wiederum mit den gleichen Mechanismen lassen sich Daten per Drag&Drop von .NET-Anwendungen auf Fenster anderer Anwendungen übertragen. Sie können auch hierbei die Daten in verschiedenen Formaten anbieten, so dass andere Programme flexibel reagieren können.

Eingeleitet wird der Drag&Drop-Vorgang durch Aufruf der Methode DoDragDrop des betreffenden Steuerelementes. Dieser Methode wird als Parameter eine Instanz von DataObject übergeben, die die Daten in den gewünschten Formaten enthalten muss. Die Schwierigkeit besteht hauptsächlich darin, DoDragDrop im passenden Moment aufzurufen. Die Steuerelemente List-View und TreeView besitzen zu diesem Zweck das Ereignis ItemDrag, das ausgelöst wird, wenn der Anwender beginnt, einen Eintrag mit der Maus zu ziehen. Abbildung 100 zeigt eine Beispielanwendung, bei der im oberen Teil ein TreeView-Steuerelement Dateien anzeigt, die via Drag&Drop auf andere Anwendungen gezogen werden können. In Listing 197 sehen Sie, wie der Vorgang eingeleitet wird.

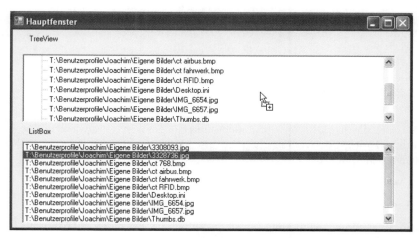

Abbildung 100: Drag&Drop aus einem TreeView und einer ListBox heraus

```
Private Sub TVLinks_ItemDrag(ByVal sender As System.Object, _
  ByVal e As System.Windows.Forms.ItemDragEventArgs) _
  Handles TVFiles.ItemDrag

  ' Knoten ermitteln
  Dim node As TreeNode = DirectCast(e.Item, TreeNode)

  ' Neue DataObject-Instanz mit Text-Format
  Dim data As New DataObject("Text", node.Text)

  ' FileDrop-Format hinzufügen
  Dim strArr() As String = New String() {node.Text}
  data.SetData("FileDrop", strArr)

  ' Drag&Drop-Vorgang beginnen
  TVFiles.DoDragDrop(data, DragDropEffects.Copy Or _
    DragDropEffects.Link Or DragDropEffects.Move)

End Sub
```

Listing 197: Einleiten des Drag&Drop-Vorgangs bei einem TreeView-Steuerelement

Zu beachten ist, dass der Aufruf von DoDragDrop erst dann beendet ist, wenn der Vorgang abgeschlossen ist. D.h., erst wenn die Maustaste wieder losgelassen wurde, wird der nachfolgende Code ausgeführt.

Während des Drag&Drop-Vorgangs wird, wie schon beschrieben, bei der Quelle das Ereignis GiveFeedback ausgelöst (siehe Listing 198). Hier können Sie Aktionen (z.B. Änderung des Mauszeigers) vorsehen, um dem Anwender eine optische Rückmeldung zu geben.

```
Private Sub TVLinks_GiveFeedback(ByVal sender As System.Object, _
  ByVal e As System.Windows.Forms.GiveFeedbackEventArgs) _
```

Listing 198: GiveFeedback wird während des Ziehvorgangs aufgerufen

Windows Forms

```
Handles TVFiles.GiveFeedback

    ' Zur Diagnose
    Debug.WriteLine(e.Effect)
End Sub
```

Listing 198: GiveFeedback wird während des Ziehvorgangs aufgerufen (Forts.)

Für Steuerelemente, die das `ItemDrag`-Ereignis nicht unterstützen, ist es etwas kniffliger, `DoDragDrop` im richtigen Moment aufzurufen. Üblicherweise überprüft man dazu im `MouseMove`-Ereignis die folgenden Bedingungen:

▶ Der Mauszeiger befindet sich über gültigen Daten, die gezogen werden können

▶ Die linke Maustaste (und nur diese) wurde gedrückt

In Listing 199 sehen Sie die Implementierung für die in Abbildung 100 gezeigte ListBox. Leider kollidieren Drag&Drop-Vorgänge oft mit Mausaktionen innerhalb des Steuerelementes. Möchten Sie beispielsweise eine Mehrfachauswahl innerhalb der ListBox erlauben, dann lässt der Code es nicht zu, diese Auswahl mit der Maus aufzuziehen. Es gibt leider keine Möglichkeit zu unterscheiden, ob der Anwender einen bestimmten Eintrag per Drag&Drop ziehen möchte oder ob er die Auswahl erweitern will. Derartige Konfliktsituationen sollten Sie bei Ihren Anwendungen bedenken.

```
Private Sub LBFiles_MouseMove(ByVal sender As Object, _
    ByVal e As System.Windows.Forms.MouseEventArgs) _
    Handles LBFiles.MouseMove

    ' Index des Eintrags an der Mausposition ermitteln
    Dim idx As Integer = LBFiles.IndexFromPoint(e.X, e.Y)

    ' Kein Drag&Drop, wenn dort kein Eintrag existiert
    If idx < 0 Then Exit Sub

    ' Nur bei gedrückter linker Maustaste
    If e.Button <> MouseButtons.Left Then Exit Sub

    ' Eintrag abrufen
    Dim fn As String = LBFiles.Items.Item(idx).ToString()

    ' Datenobjekt anlegen und mit verschiedenen Datenformaten
    ' versorgen
    Dim data As New DataObject("Text", fn)
    Dim strArr() As String = New String() {fn}
    data.SetData("FileDrop", strArr)

    ' Drag&Drop-Vorgang einleiten
    LBFiles.DoDragDrop(data, DragDropEffects.Copy Or _
        DragDropEffects.Link Or DragDropEffects.Move)

End Sub
```

Listing 199: Drag&Drop-Vorgang für eine ListBox einleiten

113   Eingabetaste in TextBox abfangen

Hat ein Dialogfenster eine OK-Schaltfläche, die als `AcceptButton` registriert ist, dann wird das Fenster geschlossen, wenn der Anwender die Eingabetaste auf der Tastatur betätigt. Für manche Benutzer ist dieses Verhalten überraschend und oft nicht erwünscht, z.B. dann, wenn sie gerade in einer TextBox etwas eingegeben haben und eigentlich nur diese Eingabe abschließen möchten. Oft wird daher der Wunsch geäußert, bei Betätigung der Eingabetaste (während eine TextBox den Fokus hat) einfach dem nächsten Steuerelement den Fokus zu geben und das Fenster nicht zu schließen.

Die Realisierung ist etwas kniffeliger, als es zunächst den Anschein hat. Das Problem besteht darin, dass das entsprechende Tastatur-Ereignis weder von der TextBox, die den Fokus hat, noch von deren Container empfangen wird. Auch das Setzen der `KeyPreview`-Eigenschaft hilft nicht weiter. Die Windows-Botschaft wird schon vorher abgefangen und führt zum Schließen des Fensters.

In Rezept 129 werden mehrere Möglichkeiten vorgestellt, die Windows-Nachrichten vor ihrer Verarbeitung abzufangen und zu filtern. Für das beschriebene Problem lässt sich am einfachsten die `IMessageFilter`-Schnittstelle implementieren. Eine zusätzliche Klasse ist hier nicht notwendig. Vielmehr lässt sich die Schnittstelle direkt in der Fensterklasse implementieren (siehe Listing 200). Das An- und Abschalten der Nachrichtenfilterung erfolgt in den überschriebenen Methoden `OnHandleCreated` bzw. `OnHandleDestroyed`.

Jede Nachricht, die Windows an das Fenster oder seine Steuerelemente sendet, führt bei eingeschalteter Filterung zum Aufruf der Methode `PreFilterMessage`. Hier müssen die Parameter ausgewertet werden. Zunächst wird überprüft, ob es sich um eine Tastatureingabe handelt (`WM_KEYDOWN`). Ist das der Fall, dann wird das Steuerelement ermittelt, das diese Nachricht empfangen hat Nur, wenn es sich bei diesem Steuerelement um eine TextBox handelt, wird geprüft, welche Taste betätigt wurde. Der Tasten-Code wird im Parameter `WParam` übergeben.

Wurde die Eingabetaste betätigt, dann wird mittels `SendKeys.Send` die Betätigung der Tabulatortaste simuliert und die weitere Bearbeitung der aktuellen Nachricht abgebrochen. In allen anderen Fällen wird die Bearbeitung ohne Einflussnahme fortgesetzt.

```
Public Class Dialog
   Inherits System.Windows.Forms.Form
   Implements IMessageFilter

   ...

   Protected Overrides Sub OnHandleCreated( _
      ByVal e As System.EventArgs)

      ' Filter einschalten
      Application.AddMessageFilter(Me)

   End Sub

   Protected Overrides Sub OnHandleDestroyed( _
      ByVal e As System.EventArgs)
```

Listing 200: Betätigung der Eingabetaste in einer TextBox abfangen und wandeln

```
    ' Filter ausschalten
    Application.RemoveMessageFilter(Me)

End Sub

Public Function PreFilterMessage(ByRef m As _
    System.Windows.Forms.Message) As Boolean Implements _
    System.Windows.Forms.IMessageFilter.PreFilterMessage

    ' Message = WM_KEYDOWN?
    If m.Msg = &H100 Then

        ' Control-Referenz aus Handle ermitteln
        Dim c As Control = Control.FromChildHandle(m.HWnd)

        ' Ist das Steuerelement eine TextBox?
        If TypeOf c Is TextBox Then

            ' Wurde die Eingabetaste gedrückt?
            If m.WParam.ToInt32 = &HD Then

                ' Tab-Taste senden
                SendKeys.Send("{TAB}")

                ' Nachrichtenbearbeitung abbrechen
                Return True

            End If
        End If
    End If

    ' Nachrichtenbearbeitung fortsetzen
    Return False

End Function

End Class
```

Listing 200: Betätigung der Eingabetaste in einer TextBox abfangen und wandeln (Forts.)

Beachten Sie bei der beschriebenen Vorgehensweise aber bitte, dass sich das Filtern der Botschaften nicht auf das Fenster beschränkt, in dem die Filtermethode definiert ist. Vielmehr werden alle Botschaften, die von dem Thread empfangen werden, der das Fenster erstellt hat, an die Methode weitergereicht. Das heißt, auch Nachrichten anderer Fenster werden bearbeitet. Möchten Sie beispielsweise aus dem Beispieldialog heraus einen weiteren modalen Dialog aufrufen, dessen Nachrichtenverarbeitung unbeeinflusst bleiben soll, dann müssen Sie vor Anzeige dieses Dialogs die Filterung abschalten.

Wenn mehrere nicht modale Fenster gleichzeitig offen sind, dann müssen Sie ggf. an Hand der Handles überprüfen, welchem Fenster das betreffende Steuerelement zuzuordnen ist, und Ihren Code darauf abstimmen.

114 Pfade so kürzen, dass sie in den verfügbaren Bereich passen

Die beschriebenen Klassen sind Bestandteil der Klassenbibliothek `WindowsFormsLib`. Sie finden sie dort im Namensraum `VBCodeBook.WindowsForms`.

Immer, wenn Sie Verzeichnis- oder Dateipfade in einem Menü oder auf einem Steuerelement darstellen wollen, stellt sich das Problem, dass der Text sehr lang und unter Umständen nicht vollständig dargestellt werden kann. Weder in Menüs noch bei Steuerelementen wie Labels stehen Rollbalken zur Verfügung, mit denen sich der vollständige Text einsehen ließe. Abgesehen davon langt in vielen Fällen auch eine gekürzte Version. Betrachten Sie z.B. die Liste der zuletzt geöffneten Dateien im Datei-Menü von Microsoft Word oder Visual Studio. Auch hier werden aus Platzgründen die Dateinamen gekürzt, indem meist in der Mitte ein Teil durch eine Ellipse (...) ersetzt wird. Der gekürzte Pfad ist kein gültiger Pfad, der für weitere Aktionen benutzt werden kann, sondern dient lediglich der Visualisierung.

Der Algorithmus zum Kürzen der Pfade ist bereits in Windows implementiert und lässt sich über die API-Funktion `PathCompactPath` (siehe Listing 201) aufrufen. Die Benutzung dieser Methode ist allerdings ein wenig trickreich. Daher stellen wir Ihnen die Wrapper-Funktion `CompactPath` (Klasse `Utilities`, Listing 202) zur Verfügung, die Sie vor einigen Fallen schützen soll.

```
Public Declare Auto Function PathCompactPath Lib "shlwapi.dll" _
    (ByVal hDC As IntPtr, ByVal pszPath As _
    System.Text.StringBuilder, ByVal dx As Integer) As Boolean
```

Listing 201: PathCompactPath berechnet eine Kurzform eines Pfads

Vorbereitend für den Aufruf von `PathCompactPath` wird mit dem zu kürzenden Pfad ein `String-Builder`-Objekt initialisiert. Um die tatsächliche Ausgabegröße abschätzen zu können, benötigt die Methode Informationen über das Ausgabegerät und die verwendete Schriftart. Im Parameter `ctrl` muss daher die Referenz des Fensters bzw. Steuerelementes, auf das die Ausgabe erfolgt, übergeben werden. Für dieses `Control`-Objekt wird mittels `CreateGraphics` ein temporäres Graphics-Objekt angelegt, das später mit `Dispose` wieder freigegeben werden muss. Die API-Funktion arbeitet jedoch nicht mit dem `Graphics`-Objekt, sondern mit dem zugrunde liegenden Gerätekontext, dessen Handle mit `GetHdc` abgerufen und später mit `ReleaseHdc` wieder freigegeben wird. Auch für das im Parameter `usedFont` übergebene Font-Objekt wird ein Handle abgerufen.

Unter GDI wird eine Schriftart für die Ausgabe selektiert, indem bei einem Aufruf von `Select-Object` das Handle des Gerätekontextes sowie das Handle des Font-Objektes übergeben werden. Nachfolgende Ausgaben auf den Gerätekontext würden mit dieser Schriftart erfolgen. `PathCompactPath` nutzt die Informationen des ausgewählten Fonts für die internen Berechnungen und gibt den geänderten Pfad im `StringBuilder`-Objekt wieder zurück.

```
Public Shared Function CompactPath(ByVal path As String, _
    ByVal width As Integer, ByVal ctrl As Control, _
    ByVal usedFont As Font) As String
```

Listing 202: Wrapper-Funktion für die Nutzung der API-Funktion PathCompactPath

```vbnet
' StringBuilder für Textbearbeitung durch PathCompactPath
Dim sb As New System.Text.StringBuilder(300)
sb.Insert(0, path)

Try
  ' Graphics-Objekt des Controls als Grundlage für die Berechnung
  Dim g As Graphics = ctrl.CreateGraphics()

  ' Gerätekontext abrufen
  Dim hdc As IntPtr = g.GetHdc()

  ' Handle des Font-Objektes
  Dim hfont As IntPtr = usedFont.ToHfont()

  ' Dieses Font-Objekt im Gerätekontext auswählen
  API.SelectObject(hdc, hfont)

  ' String von PathCompactPath berechnen lassen
  Dim res As Boolean = API.PathCompactPath(hdc, sb, width)

  ' Gerätekontext freigeben
  g.ReleaseHdc(hdc)

  ' !!! Font-Handle auch wieder freigeben !!!
  API.DeleteObject(hfont)

  ' Graphics-Objekt freigeben
  g.Dispose()

Catch ex As Exception
  Debug.WriteLine(ex.Message)
End Try

  ' Rückgabe des Strings
  Return sb.ToString()

End Function
```

Listing 202: Wrapper-Funktion für die Nutzung der API-Funktion PathCompactPath (Forts.)

Ein kleines Beispiel soll die Anwendung der Methode näher erläutern. Auf einem Fenster werden sechs Labels unterschiedlicher Breite platziert. Der darzustellende Text ist die gekürzte Pfadangabe des absoluten Pfades des Ordners *Desktop*. Um die in Abbildung 101 gezeigte Ausgabe zu erzielen, wird die Methode CreateLabels (Listing 203) wie folgt aufgerufen:

```vbnet
Dim p As String
p = Environment.GetFolderPath(Environment.SpecialFolder.Desktop)
CreateLabels(p)
```

Der Methode CompactPath wird dabei jeweils die Referenz des Labels sowie des zugeordneten Font-Objektes übergeben. Beachten Sie bei Label-Steuerelementen, dass der für die Schrift zur Verfügung stehende Bereich wegen der Ränder deutlich kleiner ist als der abfragbare Client-Bereich.

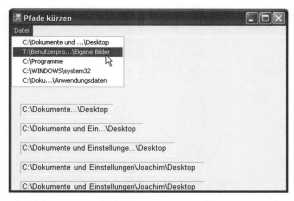

Abbildung 101: Pfade kürzen mit PathCompactPath

```
Public Sub CreateLabels(ByVal path As String)

  ' Hilfsvariablen
  Dim lbl As Label
  Dim y As Integer = 120
  Dim w As Integer = 150

  ' 6 Labels erstellen
  For i As Integer = 0 To 5

    ' Label-Instanz anlegen und Eigenschaften einstellen
    lbl = New Label
    lbl.BorderStyle = System.Windows.Forms.BorderStyle.Fixed3D
    lbl.Font = New System.Drawing.Font("Arial", 10.0!, _
      System.Drawing.FontStyle.Regular, _
      System.Drawing.GraphicsUnit.Point, CType(0, Byte))

    lbl.Location = New System.Drawing.Point(16, y)
    lbl.AutoSize = True

    ' Gekürzten Text ermitteln und auf Label ausgeben
    lbl.Text = ApiVBNet.CompactPath(path, w, lbl, lbl.Font)

    ' Label der Controls-Auflistung hinzufügen und Variablen
    ' für Position und Breite anpassen
    Me.Controls.Add(lbl)
    w = w + 50
    y = y + 10 + 24

  Next

End Sub
```

Listing 203: Gekürzte Pfade auf Label-Steuerelementen anzeigen

Die Ausgabe gekürzter Pfade in Menüs ist etwas aufwändiger. Da bei Auswahl eines Menü-punktes der zugehörige Pfad rekonstruierbar sein soll, muss er zusätzlich zum angezeigten

Text abgespeichert werden. Leider bietet die Klasse MenuItem keine Tag-Eigenschaft oder Ähnliches, um zusätzliche Informationen an einen Menüpunkt anhängen zu können. Es bleibt somit als Lösung nur, eine neue Klasse von MenuItem abzuleiten. Diese Klasse (FileMenuItem, Listing 204) beinhaltet als Erweiterung eine ReadOnly-Member-Variable, die den vollständigen Pfad angibt, sowie eine zusätzliche Referenz-Variable (Tag), die wie bei Steuerelementen für andere Zwecke genutzt werden kann.

```
Public Class FileMenuItem
  Inherits MenuItem

  ' Der vollständige Pfad
  Public ReadOnly Path As String

  ' Zusätzliche Referenz zur freien Verfügung
  Public Tag As Object

  Public Sub New(ByVal path As String, ByVal ctrl As Control, _
    ByVal width As Integer, ByVal tag As Object, _
    ByVal handler As System.EventHandler)

    ' Delegation an Konstruktor der Basisklasse
    MyBase.New(ApiVBNet.CompactPath(path, width, ctrl, _
      SystemInformation.MenuFont), handler)

    ' Zusätzliche Member-Variablen setzen
    Me.Path = path
    Me.Tag = tag

  End Sub

  ' ... weitere Konstruktoren mit Default-Parametern

End Class
```

Listing 204: Die Klasse FileMenuItem erweitert die Basisklasse um gekürzte Pfadangaben

Im Listing ist nur der Konstruktor abgedruckt, der alle Einstellmöglichkeiten als Parameter entgegennimmt. Konstruktoren mit gekürzter Parameterliste finden Sie im Projekt auf der CD.

Das Font-Objekt, das beim Aufruf von CompactPath übergeben werden muss, wird vom Betriebssystem vorgegeben und kann mit SystemInformation.MenuFont abgefragt werden. Im Konstruktor besteht leider keine Möglichkeit, eine Referenz des Control-Objektes zu erhalten, auf dem das Menü später dargestellt werden soll. Daher wird diese Referenz im Parameter ctrl übergeben. Mithilfe des folgenden Codes wird das Menü aufgebaut, wie es in Abbildung 101 zu sehen ist:

```
Dim p As String
p = Environment.GetFolderPath(Environment.SpecialFolder.Personal)

MNUFile.MenuItems.Add(New FileMenuItem(p, Me, 150, Nothing, _
  AddressOf MenuClick))

p = Environment.GetFolderPath( _
```

```
    Environment.SpecialFolder.MyPictures)
MNUFile.MenuItems.Add(New FileMenuItem(p, Me, 150, Nothing, _
    AddressOf MenuClick))

p = Environment.GetFolderPath( _
    Environment.SpecialFolder.ProgramFiles)
MNUFile.MenuItems.Add(New FileMenuItem(p, Me, 150, Nothing, _
    AddressOf MenuClick))

p = Environment.GetFolderPath(Environment.SpecialFolder.System)
MNUFile.MenuItems.Add(New FileMenuItem(p, Me, 150, Nothing, _
    AddressOf MenuClick))

p = Environment.GetFolderPath( _
    Environment.SpecialFolder.ApplicationData)
MNUFile.MenuItems.Add(New FileMenuItem(p, Me, 150, Nothing, _
    AddressOf MenuClick))
```

Übergeben wird jeweils die Referenz des Forms-Objektes, das für die Generierung des Geräte-kontextes herangezogen wird. Die Breite des Menütextes wird auf 150 Pixel festgelegt. Listing 205 zeigt, wie nach Auswahl eines Menüpunktes auf den vollständigen Pfad zurückgegriffen werden kann.

```
Private Sub MenuClick(ByVal sender As Object, ByVal e As EventArgs)

    ' sender verweist auf ein FileMenuItem-Objekt
    Dim mnu As FileMenuItem = DirectCast(sender, FileMenuItem)

    ' Vollständigen Pfad ausgeben
    MessageBox.Show(mnu.Path)

End Sub
```

Listing 205: Nach Auswahl eines Dateimenü-Punktes den vollständigen Pfad anzeigen

Windows Controls

War bereits die Flexibilität und Leistungsfähigkeit von ActiveX-Controls, die Sie mit VB6 erstellen konnten, gewaltig, dann wird sie von den Möglichkeiten, die Ihnen unter .NET zur Verfügung stehen, weit überholt und in den Schatten gestellt. Der geschickte Einsatz von Vererbungsmechanismen, oft auch Subclassing genannt, gibt Ihnen die Freiheit, vorhandene Steuerelemente mit zusätzlichen Funktionalitäten auszustatten, wie es früher nur mühsam mit C++ möglich war. Eigene Steuerelement-Kreationen können mit dem Designer aus vorhandenen Steuerelementen zusammengesetzt oder frei programmiert werden.

Anwender kommen mit Ihren Steuerelementen gewöhnlich zum ersten Mal in Berührung, wenn sie diese im Entwurfsmodus auf einem Fenster platzieren und deren Eigenschaften einstellen. Gerade hier ist es wichtig, dem Anwender möglichst leicht verständliche, aber leistungsfähige Hilfen an die Hand zu geben, um eine größtmögliche Akzeptanz zu erreichen. Auch in diesem Punkt ist .NET den Mitteln der ActiveX-Controls weit überlegen. Viele (leider nicht immer intuitiv erschließbare) Klassen und Attribute unterstützen Sie dabei, die Bedienung Ihrer Steuerelemente im Entwurfsmodus komfortabel zu gestalten. Eng verbunden hiermit ist auch das Eigenschaftsfenster (PropertyGrid), das in der gleichnamigen Kategorie näher betrachtet wird.

In diesem Abschnitt finden Sie eine Reihe von Beispielen für die Programmierung eigener Steuerelemente sowie für die Erweiterung bestehender. Besonderheiten wie Transparenz, unregelmäßige Umrisse, Container-Controls werden hier ebenso erläutert wie Beispiele für die Entwicklung im Framework fehlender Steuerelemente wie `FolderBrowser` oder `PanelGroupPicturebox`.

115   Ersatz für VB6-Control-Arrays

Sehr beliebt bei VB6-Programmierern waren so genannte Control-Arrays. Der VB6-Designer erlaubt es, mehreren Steuerelementen gleichen Typs denselben Namen zu geben und sie durch einen eindeutigen Index zu unterscheiden. Der Zugriff auf ein einzelnes Steuerelement erfolgt über den Namen und seinen Index, also genau wie bei einem Array-Zugriff. Alle Steuerelemente dieses Arrays benutzen gemeinsame Ereignis-Handler. Zur Unterscheidung, welches Control ein Ereignis ausgelöst hat, wird der Index als zusätzlicher Parameter übergeben.

Visual Basic 2005 unterstützt diesen Mechanismus nicht mehr. Steuerelemente, die Sie mithilfe des Designers auf einem Fenster platzieren, müssen einen eindeutigen Namen haben. Mit Arrays kann der Designer nicht umgehen.

Dennoch stehen Ihnen viele Möglichkeiten zur Verfügung, ein ähnliches Verhalten zu implementieren. Möchten Sie lediglich, dass mehrere Steuerelemente die gleichen Event-Handler benutzen, so können Sie die `Handles`-Klausel eines bestehenden Handlers erweitern:

```
Private Sub CBScanner_CheckedChanged( _
  ByVal sender As System.Object, _
  ByVal e As System.EventArgs) _
  Handles CBScanner.CheckedChanged, CBCamera.CheckedChanged, _
  CBMouse.CheckedChanged
```

Diese Variante, bei der Sie die Ereignisse aller Objekte, für die die Methode aufgerufen werden soll, hinter dem Schlüsselwort `Handles` aufführen, lässt sich nur zur Entwurfszeit benutzen. Möchten Sie die Ereignis-Handler dynamisch zur Laufzeit hinzufügen, dann müssen Sie das über `AddHandler` realisieren (s.u.).

Soll der Zugriff auf ein Steuerelement über ein Array erfolgen, dann definieren Sie es selbst und füllen es mit den Referenzen der gewünschten Steuerelemente. In Listing 206 sehen Sie ein Beispiel, bei dem die Referenzen von vier CheckBoxen in einem zusätzlichen Array (EquipmentSelections) gespeichert werden.

> **Achtung**
>
> Ändern Sie nicht den vom Designer angelegten Code in InitializeComponent! Bei Zuwiderhandlungen versagt der Designer seinen Dienst und Sie können das Formular nicht weiter bearbeiten ☺.
>
> Der Designer kann mit Arrays von Steuerelementen nichts anfangen und wird sie im günstigsten Fall aus InitializeComponent wieder entfernen.

```
' Array als Member-Variable der Form-Klasse
Protected EquipmentSelections() As CheckBox

Private Sub MainWindow_Load(ByVal sender As System.Object, _
  ByVal e As System.EventArgs) Handles MyBase.Load

  ' Array anlegen und vorhandene CheckBoxen zuweisen
  EquipmentSelections = New CheckBox() _
    {CBPrinter, CBScanner, CBCamera, CBMouse}

  ' Array durchlaufen und jede CheckBox an gemeinsamen
  ' Click-Event-Handler binden
  For Each cb As CheckBox In EquipmentSelections
    AddHandler cb.Click, _
      New EventHandler(AddressOf SelectionChanged)
  Next

End Sub
```

Listing 206: Definieren eines Arrays für vier CheckBoxen

Das Array wird im Load-Ereignis angelegt. Im Beispiel werden die CheckBox-Referenzen direkt bei der Array-Definition zugewiesen. Anschließend wird das Array in einer For Each-Schleife durchlaufen und die Methode SelectionChanged an das Click-Ereignis jeder CheckBox gebunden.

Diese Methode könnte z.B. so wie in Listing 207 aussehen. In einer For Each-Schleife wird das Array durchlaufen und für jede CheckBox, deren Häkchen gesetzt ist, ein Eintrag bestehend aus Name und Text in der ListBox vorgenommen.

```
Private Sub SelectionChanged(ByVal sender As Object, _
  ByVal e As System.EventArgs)

  ' Liste löschen
  LBSelection.Items.Clear()

  ' Array durchlaufen und Name und Text jeder ausgewählten CheckBox
```

Listing 207: Mit AddHandler gebundene Ereignis-Methode

Windows Controls

```
' in die Liste aufnehmen
For Each cb As CheckBox In EquipmentSelections
  If cb.Checked Then LBSelection.Items.Add( _
    cb.Name & " / " & cb.Text)
Next

End Sub
```

Listing 207: Mit AddHandler gebundene Ereignis-Methode (Forts.)

Wenn Sie innerhalb des Handlers wissen möchten, welches Steuerelement das Ereignis ausgelöst hat, benutzen Sie den Parameter `sender`. Über einen TypeCast (mit `DirectCast` oder `CType`) können Sie direkt auf dessen Eigenschaften zugreifen:

```
Debug.WriteLine("Auslösende CheckBox: " & _
  DirectCast(sender, CheckBox).Name)
```

Ausgabe z.B.:

```
Auslösende CheckBox: CBCamera
```

Letztlich steht Ihnen die gesamte Bandbreite der Objektorientierten Programmierung zur Verfügung. Statt eines Arrays können Sie die Steuerelement-Referenzen auch in einer Liste speichern. Eine Hashtable bietet Ihnen z.B. zusätzlich die Möglichkeit, jedes Steuerelement über einen Schlüssel (beispielsweise seinen Namen) anzusprechen.

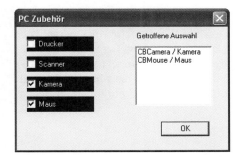

Abbildung 102: Gemeinsamer Ereignis-Handler für vier CheckBoxen

Wenn Sie alle gleichartigen Steuerelemente, die in einem Container (Form, Panel, GroupBox usw.) liegen, gleichermaßen bearbeiten, dann können Sie das `ControlAdyded`-Event auswerten. Für jedes Steuerelement, das dem betreffenden Container hinzugefügt wird, löst dieser das Ereignis aus. Im Beispiel in Listing 208 wird überprüft, ob es sich bei dem Steuerelement um eine CheckBox handelt. Wenn ja, dann werden für diese CheckBox die Vorder- und Hintergrundfarben eingestellt.

```
Private Sub MainWindow_ControlAdded(ByVal sender As Object, _
  ByVal e As System.Windows.Forms.ControlEventArgs) _
  Handles MyBase.ControlAdded

  ' Ist das neue Steuerelement eine CheckBox?
```

Listing 208: Für jedes neue Steuerelement wird ControlAdded aufgerufen

```vbnet
If TypeOf e.Control Is CheckBox Then
  ' Ja, Eigenschaften einstellen
  Dim cb As CheckBox = DirectCast(e.Control, CheckBox)
  cb.BackColor = Color.Black
  cb.ForeColor = Color.Yellow
End If

End Sub
```

Listing 208: Für jedes neue Steuerelement wird ControlAdded aufgerufen (Forts.)

In diesem Ereignis könnten Sie z.B. auch die Steuerelement-Referenzen in eine Liste mit aufnehmen. So erhalten Sie eine generische Lösung, bei der Sie die Steuerelemente nicht einzeln aufführen müssen. Denn bei nachträglichen Änderungen im Designer wird schnell einmal vergessen, ein Array wie das aus Listing 206 auch entsprechend anzupassen.

116 Controls-Auflistung eines Fensters oder Container-Controls durchlaufen

Gelegentlich benötigt man eine Vorgehensweise, um alle Steuerelemente, die auf einem Fenster oder auf Container-Controls abgelegt sind, der Reihe nach zu bearbeiten. Die Klasse Control, von der auch jede Fensterklasse abgeleitet ist, bietet hierfür die Auflistung Controls. Jedes Steuerelement, das dargestellt werden soll, muss der Controls-Auflistung seines Containers hinzugefügt werden.

Diese Auflistung lässt sich auch leicht durchlaufen, um die Eigenschaften der enthaltenen Controls abrufen oder ändern zu können. Allerdings bleibt zu berücksichtigen, dass die ContainerControls wie GroupBox, Panel etc. auch geschachtelt sein können (Abbildung 103). Daher muss die Abarbeitung rekursiv erfolgen. Listing 209 zeigt ein Beispiel, bei dem alle Controls eines Fensters rekursiv abgearbeitet werden und ihr Name, Typ und Inhalt im Debug-Fenster ausgegeben werden.

```vbnet
Private Sub MainWindow_Load(…) Handles MyBase.Load
  ViewControlsInfo(Me.Controls)
End Sub

Public Sub ViewControlsInfo(ByVal controls As _
  System.Windows.Forms.Control.ControlCollection)

  ' Für alle Controls in dieser Auflistung
  For Each ctrl As Control In controls
    ' Informationen ausgeben
    Debug.WriteLine("Name: " & ctrl.Name & _
      ", Typ: " & ctrl.GetType().Name & ", Text: " & ctrl.Text)

    ' Wenn Unterelemente enthalten sind, diese auch auswerten
    If ctrl.HasChildren Then
      Debug.Indent()
      ViewControlsInfo(ctrl.Controls)
```

Listing 209: Rekursive Abarbeitung aller Controls eines Fensters

```
      Debug.Unindent()
    End If

  Next

End Sub
```

Listing 209: Rekursive Abarbeitung aller Controls eines Fensters (Forts.)

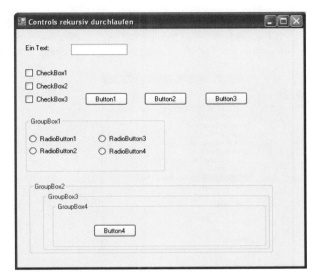

Abbildung 103: Steuerelemente können in anderen gruppiert sein

Der Start des Beispielprogramms führt zu folgender Ausgabe im Ausgabefenster des Debuggers:

```
Name: GroupBox2, Typ: GroupBox, Text: GroupBox2
    Name: GroupBox3, Typ: GroupBox, Text: GroupBox3
        Name: GroupBox4, Typ: GroupBox, Text: GroupBox4
            Name: Button4, Typ: Button, Text: Button4
Name: GroupBox1, Typ: GroupBox, Text: GroupBox1
    Name: RadioButton4, Typ: RadioButton, Text: RadioButton4
    Name: RadioButton3, Typ: RadioButton, Text: RadioButton3
    Name: RadioButton2, Typ: RadioButton, Text: RadioButton2
    Name: RadioButton1, Typ: RadioButton, Text: RadioButton1
Name: Button3, Typ: Button, Text: Button3
Name: Button2, Typ: Button, Text: Button2
Name: Button1, Typ: Button, Text: Button1
Name: CheckBox3, Typ: CheckBox, Text: CheckBox3
Name: CheckBox2, Typ: CheckBox, Text: CheckBox2
Name: CheckBox1, Typ: CheckBox, Text: CheckBox1
Name: TextBox1, Typ: TextBox, Text:
Name: Label1, Typ: Label, Text: Ein Text:
```

117   Ereignisse für Steuerelementgruppen im Designer festlegen

Möchte man die Ereignisse mehrerer gleichartiger Steuerelemente in einer zentralen Behandlungsroutine abarbeiten, kann man die betreffenden Ereignisse der jeweiligen Steuerelemente an ein und dieselbe Methode binden. Das kann entweder von Hand erfolgen, indem man die Handles-Klauseln im Code einträgt, oder mithilfe des Designers in der Design-Ansicht.

Im Designer markiert man hierzu die gewünschten Steuerelemente und öffnet im Eigenschaftsfenster die Ansicht der Ereignisse (Abbildung 104). Für das gewünschte Ereignis gibt man dann den Namen des gemeinsamen Handlers vor. Nach getätigter Eingabe wird der EventHandler automatisch angelegt (Listing 210). Über den Parameter sender kann ermittelt werden, welches Control das Ereignis ausgelöst hat. Im Beispiel wird der Text des auslösenden Controls geändert.

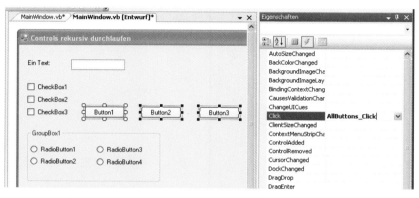

Abbildung 104: Anlegen eines gemeinsamen Ereignis-Handlers

```
Private Sub AllButtons_Click(ByVal sender As System.Object, _
  ByVal e As System.EventArgs) _
  Handles Button3.Click, Button2.Click, Button1.Click

  Dim btn As Button = CType(sender, Button)
  btn.Text = "gedrückt"

End Sub
```

Listing 210: Ein Click-Handler für drei Schaltflächen

118   Steuerelement über seinen Namen auffinden

Die oben beschriebenen Vorgehensweisen sollten eigentlich ausreichen, um allgemein mit Steuerelementen umgehen zu können und diese dynamisch zur Laufzeit hinzuzufügen, zu entfernen oder zu ändern. Selten wird es notwendig sein, ein Steuerelement über seinen Namen ansprechen zu müssen. Für diesen Fall ist dieses Rezept gedacht.

Der Designer vergibt automatisch für jedes Steuerelement einen Namen, der auch verändert werden kann. Dieser Name ist über die Eigenschaft Name abrufbar. Liegt der Name als String vor und möchte man das zugehörige Steuerelement finden, dann kann das wiederum über die Controls-Auflistung des Containers (Fenster oder Steuerelement) erfolgen.

Die `Controls`-Auflistung besitzt einen Indexer, der als Schlüssel den Namen eines Steuerelementes entgegennimmt. So kann beispielsweise direkt auf eine Schaltfläche des vorangegangenen Beispielprogramms zugegriffen werden:

```
Me.Controls("Button1").Text = "Neu"
```

Allerdings funktioniert diese Vorgehensweise nur, wenn die Steuerelemente nicht verschachtelt sind. Für die GroupBox `GroupBox4` würde der Aufruf fehlschlagen, da das Steuerelement nicht in der `Controls`-Auflistung der Form enthalten ist, sondern in der von `GroupBox3`. Besser ist es daher, die Methode `Find` der `Controls`-Auflistung zu bemühen:

```
Me.Controls.Find("GroupBox4", True)(0).Text = "xxx"
```

Dieser Methode kann man mit dem zweiten Parameter mitteilen, dass auch in untergeordneten `Controls`-Auflistungen nach dem vorgegebenen Schlüssel gesucht werden soll.

119   ListBox-Items selber zeichnen

Reicht Ihnen die Darstellung einer gewöhnlichen ListBox nicht aus, weil Sie beispielsweise Symbole oder unterschiedliche Schriftarten anzeigen möchten, dann können Sie das Zeichnen der Listenelemente auch selbst in die Hand nehmen. Die ListBox gehört zu den wenigen Steuerelementen, die durch geeignete Eigenschaften und Ereignisse eine benutzerdefinierte Anzeige wesentlich vereinfachen.

Über die Eigenschaft `DrawMode` steuern Sie das Verhalten der ListBox. Drei Werte sind erlaubt:

1. `Normal`

   Die ListBox übernimmt das Zeichnen selbst. Alle Einträge haben die gleiche Höhe und benutzen den gleichen Font. Die Texte werden durch Aufruf der Methode ToString beim Hinzufügen neuer Elemente ermittelt.

2. `OwnerDrawFixed`

   Alle Einträge haben die in `ItemHeight` eingestellte Höhe. Zum Zeichnen löst die ListBox für jedes Listenelement das Ereignis `DrawItem` aus, in dem Sie selbst die Grafikausgabe vornehmen können.

3. `OwnerDrawVariable`

   Jeder Eintrag kann individuelle Abmessungen besitzen. Bevor die Liste gezeichnet wird, löst die ListBox für jedes Element das Ereignis `MeasureItem` aus, in welchem Sie festlegen müssen, wie viel Platz der jeweilige Eintrag benötigt. Das Zeichnen der Elemente erfolgt wie bei `OwnerDrawFixed` über das Ereignis `DrawItem`.

Die Vorgehensweise soll an einem kleinen Beispiel erläutert werden. In einem Anwendungsprogramm sollen in einer ListBox ausgewählte Schriftarten dargestellt werden. Jede Schriftart soll mit ihrem eigenen Font angezeigt werden (siehe Abbildung 105). Die Liste kann zur Laufzeit durch Hinzufügen neuer Elemente oder Entfernen vorhandener Elemente verändert werden.

Im `Load`-Ereignis des Fensters werden zunächst einige `Font`-Objekte angelegt und der ListBox hinzugefügt (Listing 211). Es genügt, die Referenzen der `Font`-Instanzen der `Add`-Methode zu übergeben, da die ListBox die anzuzeigenden Texte nicht selbst ermitteln muss, sondern hierzu `DrawItem` aufruft (s.u.).

Abbildung 105: Ownerdrawn ListBox mit unterschiedlichen Schriftarten

```
Private Sub Form1_Load(ByVal sender As System.Object, _
    ByVal e As System.EventArgs) Handles MyBase.Load

    ' Zu Beginn einige Schrifarten in die Liste aufnehmen
    LBFonts.Items.Add(New Font("Arial", 10))
    LBFonts.Items.Add(New Font("Arial", 20))
    LBFonts.Items.Add(New Font("Arial", 30))
    LBFonts.Items.Add(New Font("Times", 10))
    LBFonts.Items.Add(New Font("Times", 20))
    LBFonts.Items.Add(New Font("Times", 30))

End Sub
```

Listing 211: Vorbelegen der ListBox mit einigen Font-Objekten

Damit die ListBox den Platz für die Elemente einplanen kann, fragt sie deren Größe über das MeasureItem-Ereignis ab. Listing 212 zeigt die Beispielimplementierung. Übergeben wird der Parameter e vom Typ MeasureItemEventArgs. Die Eigenschaft e.Index gibt an, für welches Item die Größe berechnet werden soll, e.Graphics liefert die Referenz eines Graphics-Objektes, das für die Berechnung herangezogen werden kann.

Über den Index erhält man die Referenz des anzuzeigenden Objektes, die via TypeCast einer lokalen Variablen vom Typ Font zugewiesen wird. Der Text wird zusammengesetzt aus dem Namen und der Größe der Schriftart. Zur Berechnung der Größe wird die Methode MeasureString aufgerufen. Sie liefert die Abmessungen in Form einer SizeF-Struktur. Durch Setzen der Eigenschaften e.ItemHeight und e.ItemWidth wird der ListBox die benötigte Größe mitgeteilt.

```
Private Sub LBFonts_MeasureItem(ByVal sender As System.Object, _
    ByVal e As System.Windows.Forms.MeasureItemEventArgs) _
```

Listing 212: Ermitteln der Größe eines ListBox-Eintrags im Ereignis MeasureItem

```
Handles LBFonts.MeasureItem

' Anzuzeigendes Objekt
Dim font As Font = DirectCast(LBFonts.Items(e.Index), Font)

' Darstellungsgröße berechnen
Dim sz As SizeF = e.Graphics.MeasureString(font.Name & " " & _
    font.SizeInPoints, font)

' Information an ListBox weitergeben
e.ItemHeight = CInt(sz.Height)
e.ItemWidth = CInt(sz.Width)

End Sub
```

Listing 212: Ermitteln der Größe eines ListBox-Eintrags im Ereignis MeasureItem (Forts.)

Ganz ähnlich erfolgt auch das eigentliche Zeichnen der Elemente. Hierzu wird für jedes Listenelement der in Listing 213 gezeigte Ereignis-Handler DrawItem aufgerufen. Hier liefert ein Parameter vom Typ DrawItemEventArgs die benötigten Informationen. Die wichtigsten Eigenschaften und Methoden sind in Tabelle 20 aufgeführt.

Wie in MeasureItem wird auch hier zunächst das Font-Objekt separiert. Der Aufruf von DrawBackground erspart das eigenhändige Zeichnen des Hintergrundes. Danach muss der Text mittels DrawString ausgegeben werden.

Üblicherweise müsste man an dieser Stelle entscheiden, mit welcher Vordergrundfarbe gezeichnet werden soll. Ist das zu zeichnende Element selektiert, dann wird es in der Regel einen dunklen Hintergrund besitzen und die eingestellte Vordergrundfarbe (meistens Schwarz) bietet evtl. zu wenig Kontrast. Aber auch hier wurde mitgedacht J: Die Eigenschaft e.ForeColor berücksichtigt bereits, dass bei selektierten Elementen eine Vordergrundfarbe benötigt wird. So können Sie über diese Eigenschaft direkt das notwendige Brush-Objekt erzeugen. Abschließend vergessen Sie bitte nicht, das angelegte Brush-Objekt wieder mit Dispose freizugeben.

```
Private Sub LBFonts_DrawItem(ByVal sender As System.Object, _
    ByVal e As System.Windows.Forms.DrawItemEventArgs) _
    Handles LBFonts.DrawItem

    ' Anzuzeigendes Objekt
    Dim font As Font = DirectCast(LBFonts.Items(e.Index), Font)

    ' Brush für Darstellung der Schrift
    Dim fbr As Brush = New SolidBrush(e.ForeColor)

    ' Hintergrund zeichnen
    e.DrawBackground()

    ' Textausgabe
    e.Graphics.DrawString(font.Name & " " & font.SizeInPoints, _
        font, fbr, e.Bounds.X, e.Bounds.Y)
```

Listing 213: Zeichnen eines Listenelementes in DrawItem

```
' Ressourcen freigeben
fbr.Dispose( )

End Sub
```

Listing 213: Zeichnen eines Listenelementes in DrawItem (Forts.)

Eigenschaft / Methode	Bedeutung
Index	Index des zu zeichnenden Listenelementes
State	Bitkombination, die den Zustand angibt (z.B. Selected)
Bounds	Rechteck, das den Bereich für die Zeichnung vorgibt
Graphics	Referenz des Graphics-Objektes, auf das gezeichnet werden soll
Font	Eingestellte Schriftart
ForeColor	Farbe, in der die Schrift gezeichnet werden soll
BackColor	Farbe, in der der Hintergrund gezeichnet werden soll
DrawBackground	Methode, die automatisch den Hintergrund zeichnet

Tabelle 20: Wichtige Eigenschaften und Methoden der Klasse DrawItemEventArgs

Nach dem gezeigten Verfahren können Sie Ihre ListBoxen nach eigenen Vorstellungen gestalten. Das Zeichnen des Textes mit verschiedenen Schriftarten ist nur ein Anwendungsfall. Sie können beliebige Graphiken vorsehen und auch Bilder einfügen.

Bei komplexeren Konstruktionen empfiehlt es sich allerdings, eine neue Steuerelementklasse von ListBox abzuleiten und die Zeichenoperationen in dieser Klasse zu kapseln. In dieser Klasse können Sie zusätzliche Eigenschaften bereitstellen, mit denen der Anwender das Aussehen der ListBox parametrieren kann.

120 Mehrspaltige DropDown-Liste (ComboBox)

Besonders von Access-Programmierern wird oft die Frage gestellt, wie man die Anzeigen in einer ComboBox in mehrere Spalten aufteilen kann. Während Access ein eigenes Steuerelement dafür bereithält, unterstützt die ComboBox des .NET Frameworks diese Möglichkeit nicht auf direktem Weg. Sie können aber, genau wie im vorangegangenen Beispiel, auch bei einer ComboBox die Elemente durch eigenen Code selber zeichnen. Auch hierzu eine Demonstration zur Vorgehensweise:

Im Beispiel (Abbildung 106) sollen Kundendaten als DropDown-Auswahlliste angezeigt werden. Der Anwender kann nur aus der Liste wählen, aber keine neuen Texte eingeben. Um das Beispiel auf das Wesentliche zu reduzieren, wird die Spaltenbreite fest eingestellt. Listing 214 zeigt die zugrunde liegende Datenklasse, Listing 215 das Hinzufügen einiger Instanzen im Load-Ereignis.

```
Public Class Customer

    ' Datenfelder
```

Listing 214: Klasse für die anzuzeigenden Informationen

```vbnet
Public Company As String
Public Name As String
Public Phone As String

' Konstruktor
Public Sub New(ByVal company As String, ByVal name As String, _
  ByVal phone As String)

  Me.Company = company
  Me.Name = name
  Me.Phone = phone
End Sub

End Class
```

Listing 214: Klasse für die anzuzeigenden Informationen (Forts.)

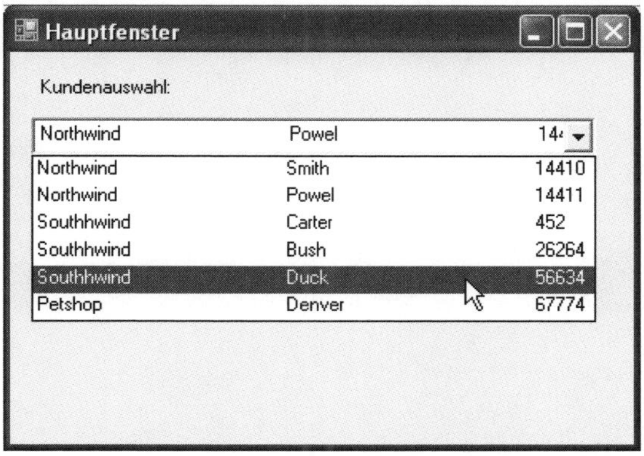

Abbildung 106: Darstellen der Informationen in einer mehrspaltigen ComboBox

```vbnet
Private Sub MainWIndow_Load(ByVal sender As System.Object, _
  ByVal e As System.EventArgs) Handles MyBase.Load

  ' Einige Objekte der ComboBox hinzufügen
  CBCustomers.Items.Add(New Customer("Northwind", "Smith", "14410"))
  CBCustomers.Items.Add(New Customer("Northwind", "Powel", "14411"))
  CBCustomers.Items.Add(New Customer("Southwind", "Carter", "452"))
  CBCustomers.Items.Add(New Customer("Southwind", "Bush", "26264"))
  CBCustomers.Items.Add(New Customer("Southwind", "Duck", "56634"))
  CBCustomers.Items.Add(New Customer("Petshop", "Denver", "67774"))

End Sub
```

Listing 215: Füllen der Liste mit einigen Instanzen

Da die Abmessungen aller Listenelemente gleich sein sollen, wird die Eigenschaft DrawMode auf OwnerDrawFixed gesetzt. Ein Wert von DropDownList für die Eigenschaft DropDownStyle beschränkt die Bedienung der Liste auf eine einfache Auswahl. In Listing 216 sehen Sie die Implementierung des DrawItem-Ereignis-Handlers, der für das Zeichnen zuständig ist.

Wie im Beispiel der ListBox werden zunächst die Daten ermittelt, der Hintergrund gezeichnet und die Farbe für die Textanzeige gewählt. Danach werden die einzelnen Text-Fragmente mit DrawString ausgegeben. Beachten Sie hier den vorletzten Parameter. Er gibt die X-Koordinate für den Text an und legt so die Position der jeweiligen Spalte fest.

```
Private Sub CBCustomers_DrawItem(ByVal sender As Object, _
    ByVal e As System.Windows.Forms.DrawItemEventArgs) _
    Handles CBCustomers.DrawItem

    If e.Index < 0 Then Exit Sub

    ' Customer-Objekt ermitteln
    Dim cust As Customer = DirectCast(CBCustomers.Items(e.Index), _
        Customer)

    ' Brush zum Zeichnen des Textes
    Dim br As New SolidBrush(e.ForeColor)

    ' Hintergrund zeichnen
    e.DrawBackground()

    ' Text für Eigenschaft Company ausgeben
    e.Graphics.DrawString(cust.Company, CBCustomers.Font, br, _
        e.Bounds.X, e.Bounds.Y)

    ' Text für Eigenschaft Name ausgeben
    e.Graphics.DrawString(cust.Name, CBCustomers.Font, br, _
        e.Bounds.X + 150, e.Bounds.Y)

    ' Text für Eigenschaft Phone ausgeben
    e.Graphics.DrawString(cust.Phone, CBCustomers.Font, br, _
        e.Bounds.X + 300, e.Bounds.Y)

    ' Ressourcen freigeben
    br.Dispose()
End Sub
```

Listing 216: Zeichnen der Texte in mehreren Spalten

Dieses kleine Beispiel soll Ihnen lediglich demonstrieren, wie Sie auch in einer ComboBox die angezeigten Texte formatieren können. Für eine gebrauchsfertige Implementierung empfiehlt es sich auch hier, eine eigene ComboBox-Klasse abzuleiten und z.B. Eigenschaften für die Anzahl der Spalten und deren Breiten vorzusehen. Bei allen Möglichkeiten, die Ihnen ListBox und ComboBox anbieten, sollten Sie jedoch nicht die anderen Steuerelemente aus dem Blick verlieren. Statt einer komplizierten Anpassung einer List- oder ComboBox ist vielleicht der Einsatz einer ListView eleganter und passender.

121 Basisklassen für selbst definierte Steuerelemente

Wenn Sie ein neues Steuerelement programmieren möchten, dann müssen Sie sich entscheiden, von welcher Basisklasse Sie es ableiten möchten. Abhängig davon, welches Ziel Sie erreichen wollen, haben Sie die Wahl zwischen vielen Klassen, die von `System.ComponentModel.Component` abgeleitet sind sowie der Klasse `Component` selbst. Abbildung 107 zeigt nur einen kleinen Teil der Klassenhierarchie der Steuerelementeklassen, die Sie als Basisklasse einsetzen können.

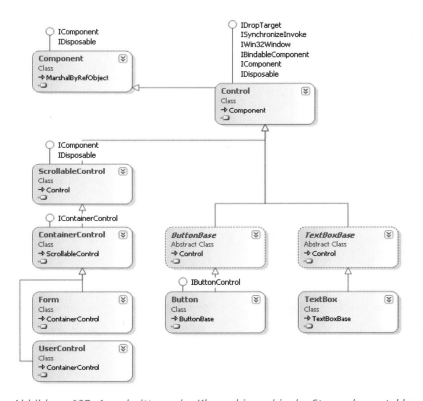

Abbildung 107: Ausschnitt aus der Klassenhierarchie der Steuerelementeklassen

`UserControl` ist die Standardklasse, die Visual Studio einsetzt, wenn Sie in einem Projekt ein neues Control mit PROJEKT / HINZUFÜGEN / BENUTZERSTEUERELEMENT HINZUFÜGEN anlegen. Sie ist die einzige Klasse, für die der Designer Ihnen die Möglichkeit bietet, visuell ein neues Steuerelement aus bestehenden Steuerelementen zusammenzusetzen. Im Entwurfsmodus können Sie beliebige Controls aus der Toolbox auf das Fenster des `UserControls` ziehen und anordnen. Viele Basisfunktionalitäten wie z.B. Scroll-Balken oder oft benötigte Eigenschaften sind bereits vorbereitet.

Benötigen Sie lediglich rudimentäre Basisfunktionen und wollen den Ballast spezialisierter Controls nicht mitführen, dann kommt eine Ableitung von den Klassen `Control`, `Scrollable-Control` oder `ContainerControl` in Frage. Sie erhalten hierbei allerdings keine visuelle Unterstützung der Entwicklungsumgebung und müssen das Steuerelement programmatisch erstellen.

Gibt es bereits ein Steuerelement, das weitestgehend Ihre Wünsche erfüllt, das Sie aber in seinem Funktionsumfang erweitern möchten, dann können Sie auch Ihre Control-Klasse direkt von diesem ableiten. So können Sie beispielsweise eine TextBox erweitern, indem Sie die Klasse `TextBox` als Basisklasse für Ihre Steuerelementklasse verwenden. In der MSDN-Dokumentation finden Sie neben den öffentlichen Mitgliedern einer Klasse auch die geschützten, die Sie in Ihrer abgeleiteten Klasse ebenfalls verwenden können bzw. müssen.

Soll das Steuerelement lediglich für den einfacheren Umgang mit einer Klasse dienen, für die der Anwender bereits zur Entwurfszeit eine Instanz vorsehen und deren Eigenschaften ändern kann, dann können Sie als Basisklasse die Klasse `Component` einsetzen. Derartige Steuerelemente besitzen keine visuelle Oberfläche und sind zur Laufzeit nicht sichtbar. Beispiele hierfür sind die Klassen `System.Windows.Forms.Timer`, `FileSystemWatcher`, `Process` etc., die Sie im Abschnitt KOMPONENTEN der Toolbox finden.

> **Hinweis**
>
> Der Designer der Entwicklungsumgebung muss, wenn Sie ein Steuerelement auf einem Fenster oder einem anderen Steuerelement einsetzen, die betreffende Klasse instanzieren können. Das bedeutet, dass die Klasse nicht abstrakt (`MustInherit`) sein darf und dass ein öffentlicher Standard-Konstruktor (ohne Parameter) existieren muss. Treten bei der Instanzierung Fehler auf (z.B. weil Dateipfade nicht stimmen, Objekte nicht existieren o.Ä.), dann verweigert der Designer das Erstellen des Controls. Wenn Sie die Ursache für ein solches Verhalten nicht aus dem Quelltext ermitteln können, dann sollten Sie mit dem im Anhang beschriebenen Verfahren das Steuerelement zur Entwurfszeit debuggen.

122 Ein Label als Beispiel für die Erweiterungsmöglichkeit vorhandener Controls

Am Beispiel eines Labels soll demonstriert werden, wie sich ein im Framework vorhandenes Steuerelement mit zusätzlichen Funktionalitäten erweitern lässt. Das Label soll zusätzlich über die Eigenschaft Price (Typ Double) verfügen und den eingestellten Betrag in Euro anzeigen.

Damit die Handhabung im Designer einfacher wird und auch das Debuggen des Controls im Entwurfsmodus möglich ist, wird die neue Klasse in einer zusätzlichen Klassenbibliothek angelegt. Die Implementierung dieser Klasse ist recht einfach (Listing 217). Die Klasse `Eurolabel` wird von der Klasse `System.Windows.Forms.Label` abgeleitet und um die Eigenschaft Price ergänzt. Die Attribute `Description` und `DefaultValue` dienen der Anzeige im Eigenschaftsfenster (siehe Kapitel PropertyGrid).

```
Public Class Eurolabel
   Inherits System.Windows.Forms.Label

   Private _price As Double

   <System.ComponentModel.Description("Preis in Euro")> _
   <System.ComponentModel.DefaultValue(0.0)> _
   Public Property Price() As Double
     Get
        Return _price
     End Get
     Set(ByVal value As Double)
```

Listing 217: Implementierung der Klasse Eurolabel als Ableitung von Label

```
      _price = value
      MyBase.Text = Me.Text
    End Set
  End Property

  <System.ComponentModel.Browsable(False)> _
  Public Overrides Property Text() As String
    Get
      ' Text aus Wert der Eigenschaft Price zusammensetzen
      Return _price.ToString("0.00 _")
    End Get
    Set(ByVal value As String)

    End Set
  End Property
End Class
```

Listing 217: Implementierung der Klasse Eurolabel als Ableitung von Label (Forts.)

Im Set-Accessor der Eigenschaft Price wird die Text-Eigenschaft der Basisklasse neu gesetzt und dadurch das Neuzeichnen des Steuerelements erzwungen. Die Text-Eigenschaft wiederum wird überschrieben. Das Attribut Browsable wird eingesetzt, um die Eigenschaft im Eigenschaftsfenster zu verbergen. Die neue Get-Methode liefert den aus Price und Eurozeichen zusammengesetzten Text, während die neue Set-Methode gar nichts tut.

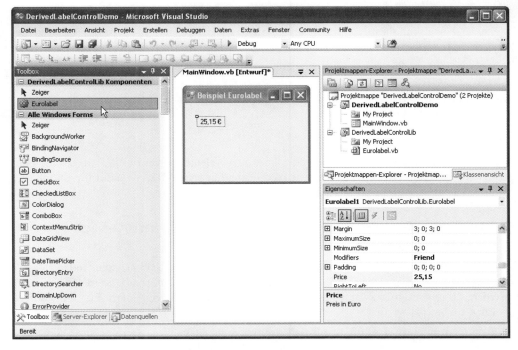

Abbildung 108: In wenigen Schritten zum abgeleiteten Control

Besteht die Projektmappe aus einer Windows-Anwendung und der Klassenbibliothek, in der die neue Klasse definiert worden ist, dann stellt der Designer in der Toolbox für ein Fenster auch die in der Bibliothek veröffentlichten Steuerelemente bereit (Abbildung 108, links oben). Das Eurolabel-Control ist sofort nach Übersetzen des Projektes einsatzbereit und kann auf das Fenster gezogen werden. Die Eigenschaft Price kann geändert werden und führt zur Änderung der Anzeige des Labels.

123 Benutzersteuerelement als Container für andere Steuerelemente

Ein Benutzersteuerelement (UserControl) ist zunächst kein Container-Control, auf das Sie im Designer andere Steuerelemente platzieren können, so, wie Sie es von Steuerelementen wie der GroupBox oder dem Panel kennen. Auch wenn es grundsätzlich von der Klasse Container-Control abgeleitet ist und auch zur Laufzeit andere Steuerelemente aufnehmen kann, lässt der Designer die Ablage anderer Steuerelemente nicht zu. Um dennoch zur Entwurfszeit zu ermöglichen, dass andere Steuerelemente auf dem Benutzersteuerelement liegen und auf ihm verankert werden können, ist ein zusätzlicher Handgriff notwendig: Die Klasse muss mit dem Attribut DesignerAttribute gekennzeichnet werden. Der Aufruf hierfür sieht in etwa so aus:

```
Imports System.Windows.Forms
Imports System.ComponentModel
Imports System.Windows.Forms.Design

<Designer(GetType(ParentControlDesigner))> _
Public Class NameDesSteuerelementes
   Inherits System.Windows.Forms.UserControl
```

Nach der Zuweisung dieses Attributs können Sie das Steuerelement für beliebige Verschachtelungen im Designer verwenden.

Alternativ können Sie das Benutzersteuerelement statt von der Klasse UserControl von der Klasse ContainerControl ableiten:

```
Public Class UserControl1
   Inherits System.Windows.Forms.ContainerControl
   …
End Class
```

Auch so erreichen Sie, dass ein Anwender Ihres Steuerelementes im Designer dieses als Container für andere Steuerelemente nutzen kann. Allerdings verlieren Sie dann die Option, das Steuerelement selbst im Designer bearbeiten zu können.

124 Scroll-Balken eines Benutzersteuerelementes im Design-Mode verfügbar machen

Wenn Sie die Scroll-Balken eines Benutzersteuerelementes sichtbar machen, indem Sie die Eigenschaften AutoScroll auf True und AutoScrollMinSize auf passende Werte setzen, dann werden sie im Designer zwar angezeigt, lassen sich aber nicht verändern. Erst zur Laufzeit können sie bewegt werden.

Wollen Sie erreichen, dass die Scroll-Balken Ihres Steuerelementes, wenn es im Designer auf einer Form oder einem Fenster platziert wird, bereits zur Design-Zeit betätigt werden können, dann brauchen Sie lediglich, wie im vorangegangenen Beispiel, der Klasse ein Attribut zuzuweisen:

```
Imports System.Windows.Forms
Imports System.ComponentModel
Imports System.Windows.Forms.Design

<Designer(GetType(ScrollableControlDesigner))> _
Public Class NameDesSteuerelementes
  Inherits System.Windows.Forms.UserControl
```

Die Klasse `ScrollableControlDesigner` ist von `ParentControlDesigner` abgeleitet, so dass das Steuerelement automatisch auch zum Container wird.

Auch hier können Sie wieder alternativ die Klasse ableiten von der Klasse `ContainerControl` oder deren Basisklasse `ScrollableControl`.

125 Benutzersteuerelemente und die Text-Eigenschaft

Viele Steuerelemente haben eine Eigenschaft zum Einstellen angezeigter Texte. Gab es hierfür früher noch viele verschiedene Namen wie `Caption`, `Text`, `Value` etc., wird in .NET hauptsächlich die Eigenschaft `Text` zu diesem Zweck verwendet. Im Gegensatz zu anderen Eigenschaften gibt es hier aber eine Namenskollision mit der Eigenschaft Text, die bereits in der Klasse Control, von der die Klasse `UserControl` und somit auch Ihr Steuerelement abgeleitet sind, definiert ist. Der erste Schritt besteht daher darin, die Eigenschaft als Überschreibung zu deklarieren. Im Designer wird sie dann aber trotzdem noch nicht angezeigt, da das `Browsable`-Attribut in der Voreinstellung auf `False` steht. Auch dieses müssen Sie ändern.

```
<Browsable(True), _
DesignerSerializationVisibility( _
DesignerSerializationVisibility.Visible)> _
Public Overrides Property Text() As String
  Get
    Return MyBase.Text
  End Get
  Set(ByVal Value As String)
    MyBase.Text = Value
    Refresh()
  End Set
End Property
```

Listing 218: Text-Property für eigenes Benutzersteuerelement definieren

Eine weitere Hürde stellt der Designer auf, indem er nicht automatisch wie bei anderen Eigenschaften den Code für die Wertzuweisung in `InitializeComponent` einträgt. Die Folge ist, dass beim Programmstart der zugewiesene Text verloren geht. Erst durch ein weiteres Attribut (`DesignerSerializationVisibility`) wird er dazu überredet, auch den Code für die Zuweisung an die `Text`-Eigenschaft vorzunehmen.

126 PanelGroupPictureBox – ein Steuerelement für alle Fälle

Die beschriebene Klasse ist Bestandteil der Klassenbibliothek `GuiControls`. Sie finden sie dort im Namensraum `VBCodeBook.GuiControls`.

Vielleicht kennen Sie das Problem: Sie benötigen ein Steuerelement, auf das Sie andere Steuerelemente platzieren können (also ein Container-Control), das zusätzlich eine skalierte Grafik im Hintergrund anzeigt, und Sie möchten den Rahmen individuell einstellen können. Bei Bedarf sollte, wie bei der GroupBox, eine Überschrift angezeigt werden. Im Framework werden Ihnen drei Steuerelemente angeboten, die von jedem etwas implementieren: GroupBox, Panel und PictureBox. Ein Steuerelement, bei dem Sie den Rahmen einstellen können, wie es früher in VB6 möglich war, gibt es leider nicht.

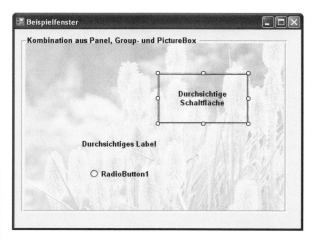

Abbildung 109: Die Eigenbau-Kombination erlaubt 3D-Rahmen, Titel und Hintergrundbild sowie die Ablage anderer Steuerelemente

Die Lösung heißt daher: selber machen! Abbildung 109 zeigt eine mögliche Variante des im Folgenden beschriebenen Steuerelementes. Andere Steuerelemente, wie Labels, Schaltflächen, CheckBoxen etc., lassen sich auf diesem Control ablegen. Definiert man die Hintergrundfarbe der Controls als Transparent, dann ergeben sich Effekte wie die in Abbildung 109 gezeigten durchsichtigen Schaltflächen und Labels.

Benötigt wird zunächst einmal ein Benutzersteuerelement, das hier den Namen PanelGroupPictureBox erhalten soll. Aufbauend auf den vorausgegangenen Rezepten wird es wie folgt definiert:

```
<Designer(GetType(ScrollableControlDesigner)), _
ToolboxBitmapAttribute(GetType(PanelGroupPictureBox))> _
Public Class PanelGroupPictureBox
  Inherits System.Windows.Forms.UserControl
```

Im Konstruktor, nach InitializeComponent, wird der Stil ResizeRedraw auf True gesetzt, damit das Steuerelement automatisch neu gezeichnet wird, wenn sich seine Größe geändert hat.

```
SetStyle(ControlStyles.ResizeRedraw, True)
```

Zur individuellen Parametrierung des Steuerelementes werden die in Tabelle 21 beschriebenen öffentlichen Eigenschaften definiert. Listing 219 zeigt die Implementierung der Property-Methoden, Listing 220 die geschützten Member-Variablen sowie die Enumeration für den Modus der Bilddarstellung.

Name	Bedeutung	Member-Variable
Text	String, der als Titel gezeichnet werden soll	MyBase.Text
Bordersize	Breite des Rahmens	PanelBorderSize
BorderstyleOuter	Rahmenstil des äußeren Rahmens	PanelBorderstyleOuter
BorderstyleInner	Rahmenstil des inneren Rahmens	PanelBorderstyleInner
Image	Das im inneren Rahmen darzustellende Bild. Nothing, wenn kein Bild dargestellt werden soll	PanelImage
ImageMode	Modus zum Zeichnen des Bildes	PanelImageMode

Tabelle 21: Zusätzliche Eigenschaften des PanelGroupPictureBox-Controls

```vb
' Die Text-Eigenschaft
<Browsable(True), _
DesignerSerializationVisibility( _
DesignerSerializationVisibility.Visible)> _
Public Overrides Property Text() As String
  Get
    Return MyBase.Text
  End Get
  Set(ByVal Value As String)
    MyBase.Text = Value
    Refresh()
  End Set
End Property

<Description("Breite des Rahmens")> _
Public Property Bordersize() As Integer
  Get
    Return PanelBordersize
  End Get
  Set(ByVal Value As Integer)
    If Value < 1 Then Throw New ArgumentException( _
      "Wert muss größer sein als 0")
    If Value > Width \ 2 Then Throw New ArgumentException( _
      "Wert darf nich größer sein als Width/2")
    PanelBordersize = Value
    Refresh()
  End Set
End Property

<Description("Darstellung der inneren Rahmenlinien")> _
Public Property BorderstyleInner() As Border3DStyle
  Get
    Return PanelBorderstyleInner
  End Get
  Set(ByVal Value As Border3DStyle)
    PanelBorderstyleInner = Value
    Refresh()
```

Listing 219: Implementierung der Eigenschaften

```
    End Set
  End Property

  <Description("Darstellung der äußeren Rahmenlinien")> _
  Public Property BorderstyleOuter() As Border3DStyle
    Get
      Return PanelBorderstyleOuter
    End Get
    Set(ByVal Value As Border3DStyle)
      PanelBorderstyleOuter = Value
      Refresh()
    End Set
  End Property

  <System.ComponentModel.DefaultValue(GetType(Object), Nothing), _
  Description("Bild, das im inneren Rahmen dargestellt werden soll")> _
  Public Property Image() As Image
    Get
      Return PanelImage
    End Get
    Set(ByVal Value As Image)
      If Not PanelImage Is Nothing Then PanelImage.Dispose()
      PanelImage = Value
      Refresh()
    End Set
  End Property

  <System.ComponentModel.DefaultValue(ImageMode.Stretch), _
  Description("Darstellungsmodus des Bildes")> _
   Public Property ImageStretchMode() As ImageMode
    Get
      Return PanelImageMode
    End Get
    Set(ByVal Value As ImageMode)
      PanelImageMode = Value
      Refresh()
    End Set
  End Property
```

Listing 219: Implementierung der Eigenschaften (Forts.)

```
  ' Modi für Bildskalierungen
  Public Enum ImageMode
    NoScale
    Stretch
    BestFit
  End Enum

  ' Geschützte Variablen für die Einstellungen
  Protected PanelBordersize As Integer = 2
```

Listing 220: Membervariablen und Enumeration für Bilddarstellung

```
Protected PanelBorderstyleOuter As Border3DStyle = _
   Border3DStyle.SunkenOuter
Protected PanelBorderstyleInner As Border3DStyle = _
   Border3DStyle.RaisedInner
Protected PanelImage As Image
Protected PanelImageMode As ImageMode = ImageMode.Stretch
```

Listing 220: Membervariablen und Enumeration für Bilddarstellung (Forts.)

In Rezept 125 wurde bereits der Aufbau der Text-Eigenschaft beschrieben. In der Property-Set-Methode von Bordersize wird der Wert auf Plausibilität geprüft und im Fehlerfall eine Exception ausgelöst. Gibt ein Anwender im Eigenschaftsfenster des Designers einen ungültigen Wert ein, wird eine Fehlermeldung mit dem Text der Exception angezeigt und der Wert abgewiesen. Mit Refresh wird das Neuzeichnen des Steuerelementes erzwungen, so dass die Änderung auch im Designer sofort sichtbar wird. Bordersize bestimmt den Abstand zwischen dem äußeren und dem inneren Rahmen.

BorderstyleInner und BoderstyleOuter nehmen alle Werte der Enumeration System.Windows.Forms.Border3DStyle an. Diese beinhaltet alle Konstanten, die zum Zeichnen von 3D-Steuerelementen mittels ControlPaint verwendet werden können. Somit stehen alle Variationen zur Verfügung, um Anhebungen, Absenkungen usw. darzustellen. Soll ein Rahmen, z.B. der innere Rahmen, nicht dargestellt werden, dann muss der entsprechenden Eigenschaft Border3DStyle.Adjust zugewiesen werden. Abbildung 110 zeigt einige Variationen der Rahmenkombinationen.

Mit der Eigenschaft Image wird die Möglichkeit bereitgestellt, bereits im Designer ein Bild auszuwählen und zuzuweisen. Der Designer zeigt zu diesem Zweck den Standarddialog zum Öffnen von Dateien an und lässt nur Bilddateien zu. Damit der Anwender auch im Eigenschaftsfenster das Bild durch Löschen des Textes wieder entfernen kann, muss der Property-Definition das Attribut DefaultValue zugewiesen werden. Der Wert des Attributes, hier Nothing, wird der Eigenschaft zugewiesen, wenn der Eintrag im Eigenschaftsfenster gelöscht wird.

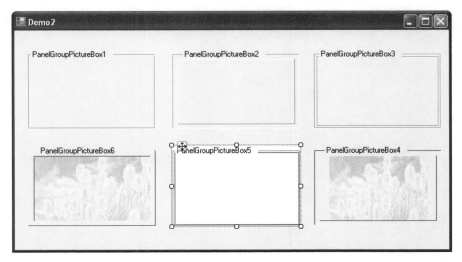

Abbildung 110: Eine Auswahl an Variationen mit verschiedenen Rahmen und Hintergründen

ImageStretchMode **nimmt die Werte der** Enumeration ImageMode **an. Diese können sein:**

▶ NoScale

Das Bild wird nicht skaliert. Es wird innerhalb des inneren Rahmens gezeichnet. Bildteile, die über den Rahmen hinausragen, werden abgeschnitten.

▶ Stretch

Das Bild wird so skaliert, dass es vollständig die Fläche innerhalb des inneren Rahmens ausfüllt. Dabei wird es ggf. verzerrt dargestellt.

▶ BestFit

Das Bild wird unter Beibehaltung der Seitenverhältnisse vergrößert oder verkleinert, so dass es die Fläche des inneren Rahmens optimal ausfüllt. Siehe hierzu auch Rezept 74.

Gezeichnet werden die Bestandteile des Steuerelementes in der Überschreibung von OnPaint-Background (siehe Listing 221) in der folgenden Reihenfolge:

1. Hintergrundfüllung

2. Äußerer Rahmen

3. Innerer Rahmen

4. Hintergrund des Textfeldes

5. Falls zugewiesen, das Bild

6. Der Titeltext

Für Hintergrund und Text werden die Eigenschaften ForeColor und BackColor herangezogen. Der Text wird mit dem eingestellten Font gezeichnet. So können die von der Basisklasse UserControl bereitgestellten Eigenschaften vorteilhaft und ohne zusätzlichen Aufwand genutzt werden.

Das Zeichnen des Bildes erfolgt auf der inneren Fläche des inneren Rahmens (im Listing Variable r3). Bei der Einstellung NoScale wird zusätzlich ein Clipping-Bereich vorgegeben, außerhalb dessen das Bild abgeschnitten wird. Die maximierte Darstellung BestFit erfolgt in der Methode DrawMaximizePicture, die in Rezept 74 näher beschrieben wird.

```
' Zeichnen des Hintergrundes
Protected Overrides Sub OnPaintBackground(ByVal e As _
    System.Windows.Forms.PaintEventArgs)

    Dim g As Graphics = e.Graphics

    ' Koordinaten für Rahmen und Füllung
    Dim ts As SizeF = g.MeasureString(Text, Me.Font)
    Dim x As Integer = PanelBordersize * 2
    Dim y As Integer = CInt(ts.Height) \ 2

    ' Der äußere Rahmen
    Dim r1 As New Rectangle(0, y, Width, Height - y)

    ' Der innere Rahmen
```

Listing 221: Zeichnen der Bestandteile des Steuerelementes in OnPaintBackground

```
Dim r2 As New Rectangle(PanelBordersize, PanelBordersize + y, _
  Width - PanelBordersize * 2 + 1, _
  Height - y - 2 * PanelBordersize + 1)

' Der Bildbereich
Dim r3 As New Rectangle(PanelBordersize + 1, _
  PanelBordersize + y + 1, Width - 2 * PanelBordersize - 1, _
  Height - 2 * PanelBordersize - 1 - y)

' Füllen mit Hintergrundfarbe
g.Clear(Me.BackColor)

' Äußeren Rahmen zeichnen
ControlPaint.DrawBorder3D(g, r1, PanelBorderstyleOuter)

' Inneren Rahmen zeichnen
ControlPaint.DrawBorder3D(g, r2, PanelBorderstyleInner)

' Brush-Objekte für Vorder- und Hintergrundfarbe
Dim brb As Brush = New SolidBrush(Me.BackColor)
Dim brf As Brush = New SolidBrush(Me.ForeColor)

' Textbereich füllen mit Hintergrundfarbe
e.Graphics.FillRectangle(brb, PanelBordersize * 2, 0, _
  ts.Width, ts.Height)

' Bild darstellen, wenn vorhanden
If Not PanelImage Is Nothing Then
  Select Case PanelImageMode
    ' Bild auf inneren Bereich ausdehnen
    Case ImageMode.Stretch
      g.DrawImage(PanelImage, r3)

      ' Keine Skalierung, Bild abschneiden
    Case ImageMode.NoScale
      g.SetClip(r3)
      g.DrawImage(PanelImage, r3.Left, r3.Top, _
        PanelImage.Width, PanelImage.Height)
      g.ResetClip()

      ' Maximale Größe, zentrierte Darstellung
    Case ImageMode.BestFit
      DrawMaximizedPicture(g, PanelImage, r3)

    Case Else
      Throw New ArgumentException( _
        "Unbekannte Wert für ImageStretchMode")
  End Select
End If

' Text zeichnen
```

Listing 221: Zeichnen der Bestandteile des Steuerelementes in OnPaintBackground (Forts.)

```
e.Graphics.DrawString(Text, Me.Font, brf, _
  PanelBordersize * 2, 0)

' Brushes entsorgen
brb.Dispose()
brf.Dispose()

End Sub
```

Listing 221: Zeichnen der Bestandteile des Steuerelementes in OnPaintBackground (Forts.)

Mit dem vorliegenden Sourcecode steht Ihnen die Möglichkeit offen, weitere Features zu implementieren oder vorhandene Ihren Wünschen anzupassen.

127   Einem Benutzersteuerelement ein Icon zuweisen

Um einem selbst definierten Benutzersteuerelement ein eigenes Icon zuzuweisen, das in der Toolbox dargestellt werden kann, gehen Sie folgendermaßen vor:

1. Erstellen Sie das Bild als Bitmap, vorzugsweise 16 x 16 Pixel

2. Geben Sie der Bilddatei den gleichen Namen wie dem Steuerelement und fügen Sie es dem Projekt hinzu

3. Stellen Sie in den Eigenschaften der Bilddatei unter BUILDAKTION EINGEBETTETE RESSOURCE ein (Abbildung 111)

4. Weisen Sie der Klasse des Steuerelementes das Attribut `ToolboxBitmapAttribute` zu.

So wird ein Icon über ein Attribut zugewiesen:

```
<ToolboxBitmapAttribute(GetType(PanelGroupPictureBox))> _
Public Class PanelGroupPictureBox
  Inherits System.Windows.Forms.UserControl
```

Abbildung 111: Icon für Benutzersteuerelement als eingebettete Ressource

> **Hinweis**
>
> Leider hat die vorliegende Version von Visual Studio neue Probleme mit der Anzeige von ToolboxBitmaps in der Toolbox. Änderungen im Code des Controls führen nicht zur Aktualisierung der Anzeige in der Toolbox. Oft hilft nur, den Eintrag aus der Toolbox zu entfernen und wieder neu einzufügen.

> Weitere Probleme gibt es bei der Verwendung unterschiedlicher Namensräume sowie bei der Verwendung von Unterordnern. Einige Tipps hierzu finden Sie unter *http:// www.bobpowell.net/toolboxbitmap.htm.*

128 Transparenz eines Steuerelementes im Designer einstellen

Immer wieder wird die Frage gestellt, wie man denn im Designer beispielsweise für ein Label eine transparente Hintergrundfarbe einstellen kann. Da die Lösung nicht besonders intuitiv ist, soll sie kurz erläutert werden.

Die Transparenz einer Farbe wird über ihren Alpha-Wert gesteuert. Alpha = 0 bedeutet hierbei eine völlige Transparenz. Im Designer werden die Farbwerte aber zunächst als RGB-Wert und nicht als ARGB-Wert angezeigt und die Auswahl an System-, Web- und benutzerdefinierten Farben helfen auch nicht weiter. Es hält Sie aber niemand davon ab, den Farbcode z.B. als Hex-Zahl einzutragen. Möchten Sie einen völlig transparenten Hintergrund, also mit Alpha-Wert = 0, dann spielt die Farbe ohnehin keine Rolle. Markieren Sie mit einem Doppelklick auf die `BackColor`-Eigenschaft den kompletten Zahlenwert, geben Sie »0« ein und betätigen Sie die Eingabetaste. Ein ARGB-Wert von `0;0;0;0` wird eingetragen (siehe Abbildung 112) und der Hintergrund des Steuerelementes wird transparent.

Abbildung 112: So stellen Sie einen transparenten Hintergrund für ein Steuerelement ein

129 Abfangen von Windows-Nachrichten

Manchmal reichen die vom Framework zur Verfügung gestellten Ereignisse eines Steuerelementes nicht aus, da sie meist nicht alle Windows-Nachrichten zur Verfügung stellen. Benötigt man beispielsweise das `Paint`-Ereignis einer ListView oder einer TreeView, dann steht das Ereignis selbst nicht zur Verfügung. Zwar können Sie die `OnPaint`-Methode überschreiben, sie wird aber in der Regel nicht aufgerufen.

Verschiedene Wege erlauben Ihnen, direkt die von Windows an das Steuerelement (oder das Fenster) gesendeten Nachrichten abzufangen.

1. Setzen des Stils `EnableNotifyMessage` mit `SetStyle`

2. Überschreiben der `WndProc`-Methode

3. Bindung eines `NativeWindow`-Objektes an das Steuerelement

4. Eingriff in die Nachrichtenschleife des ausführenden Threads

EnableNotifyMessage

Durch Setzen des Fensterstils `EnableNotifyMessage` auf `True` erreichen Sie, dass für alle Windows-Botschaften automatisch die Methode `OnNotifyMessage` aufgerufen wird (Listing 222). Indem Sie die Methode `OnNotifyMessage` überschreiben, können Sie auf jede Nachricht reagieren, die das Steuerelement erhalten hat. Die Ausgabe des im Listing abgebildeten Codes könnte z.B. so aussehen:

```
msg=0x84 (WM_NCHITTEST) hwnd=0xa079a wparam=0x0 lparam=0x12d01fe
msg=0x200 (WM_MOUSEMOVE) hwnd=0xa079a wparam=0x0 lparam=0x270061
msg=0x84 (WM_NCHITTEST) hwnd=0xa079a wparam=0x0 lparam=0x1270211
msg=0x84 (WM_NCHITTEST) hwnd=0xa079a wparam=0x0 lparam=0x1270211
msg=0x200 (WM_MOUSEMOVE) hwnd=0xa079a wparam=0x0 lparam=0x210074
msg=0x2a3 (WM_MOUSELEAVE) hwnd=0xa079a wparam=0x0 lparam=0x0
msg=0x85 (WM_NCPAINT) hwnd=0xa079a wparam=0x1 lparam=0x0
msg=0x14 (WM_ERASEBKGND) hwnd=0xa079a wparam=0x70104eb lparam=0x0
msg=0x7 (WM_SETFOCUS) hwnd=0xa079a wparam=0x0 lparam=0x0
msg=0xf (WM_PAINT) hwnd=0xa079a wparam=0x0 lparam=0x0
msg=0x4e (WM_NOTIFY) hwnd=0xa079a wparam=0x0 lparam=0x12d8e4
msg=0x100c hwnd=0xa079a wparam=0xffffffffffffffff lparam=0x1
msg=0x84 (WM_NCHITTEST) hwnd=0xa079a wparam=0x0 lparam=0x1300219
```

Der Vorteil dieser Vorgehensweise ist, dass Sie nicht die Methode der Basisklasse aufrufen müssen. Die Implementierung von OnNotifyMessage, die vom Framework vorgesehen wird, ist leer. Sie können somit bedenkenlos diese Methode für weitere Ableitungen Ihres Steuerelementes für spätere Überschreibungen zur Verfügung stellen.

Eine Filterung, um bestimmte Nachrichten dem Steuerelement vorzuenthalten, ist nicht möglich, da die OnNotifyMessage-Methode lediglich mithört, aber nicht in die Nachrichtenverarbeitung eingreifen kann. Ist das erforderlich, müssen Sie auf eine der anderen Varianten zurückgreifen.

```
Public Class SubclassingA
  Inherits ListView

  Public Sub New()
    MyBase.New()
    SetStyle(ControlStyles.EnableNotifyMessage, True)
  End Sub

  Protected Overrides Sub OnNotifyMessage( _
    ByVal m As System.Windows.Forms.Message)

    ' Nachricht bearbeiten
    Debug.WriteLine(m.ToString)

  End Sub

End Class
```

Listing 222: Abfangen der Windows-Nachrichten in OnNotifyMessage

Überschreiben der WndProc-Methode

Statt den NotifyMessage-Stil zu setzen, können Sie auch direkt die Methode WndProc überschreiben (Listing 223). Das Ergebnis ist das gleiche, allerdings ist es hierbei zwingend erforderlich, die WndProc-Methode der Basisklasse aufzurufen. Wird das vergessen, dann sind Laufzeitfehler vorprogrammiert, da die interne Nachrichtenverarbeitung in dieser Methode vorgenommen wird, die Sie ja mit der Überschreibung außer Kraft setzen.

Sie können aber gezielt einzelne Nachrichten abfangen und nicht an das Steuerelement weiterleiten und so eine aktive Filterung programmieren. Auch können Sie die Nachrichten selbst verändern, bevor Sie sie weiterleiten.

```
Public Class SubclassingB
  Inherits ListView

  Protected Overrides Sub WndProc( _
    ByRef m As System.Windows.Forms.Message)

    ' Wichtig! Aufruf der Methode der Basisklasse
    MyBase.WndProc(m)

    ' Bearbeitung der Message
    Debug.WriteLine(m.ToString)

  End Sub

End Class
```

Listing 223: Abfangen der Windows-Nachrichten durch Überschreibung der WndProc-Methode

Abfangen der Nachrichten in einem NativeWindow-Objekt

Besteht keine Möglichkeit, durch Subclassing eine Methode zu überschreiben, dann lässt sich alternativ mithilfe der Klasse NativeWindow die Nachrichtenbearbeitung eines Steuerelementes bzw. Fensters umleiten. Durch Aufruf der Methode AssignHandle binden Sie die Nachrichtenschleife eines Steuerelementes an eine Instanz von NativeWindow. Die Methode lenkt den Nachrichtenstrom an die WndProc-Methode der NativeWindow-Instanz weiter. Diese wiederum ruft die WndProc-Methode des Steuerelementes auf.

Um an die Nachrichten zu gelangen, müssen Sie also lediglich eine eigene Klasse von NativeWindow ableiten und die WndProc-Methode überschreiben. Im Beispiel (siehe Listing 224) wird ein Benutzersteuerelement von UserControl abgeleitet. Es enthält als untergeordnetes Steuerelement eine ListView-Instanz; ListView1 verweist auf dieses Control. NativeWindowLV ist eine von NativeWindow abgeleitete Klasse, NativeWindowForListView verweist auf eine Instanz dieser Klasse. In ihr wird die WndProc-Methode überschrieben. Da hierdurch der Nachrichtenfluss zum Steuerelement unterbrochen wird, muss auch hier unbedingt die WndProc-Methode der Basisklasse aufgerufen werden. Danach oder auch davor können Sie die Bearbeitung der Nachrichten vorsehen.

Die Bindung der NativeWindowLV-Instanz kann erst erfolgen, wenn das Steuerelement existiert und auch tatsächlich ein Handle besitzt. Ein günstiges Ereignis hierfür ist das HandleCreated-Event des zu bindenden Steuerelementes. Hier kann die Methode AssignHandle aufgerufen und das Handle des Steuerelementes übergeben werden.

Leider erfolgt die Freigabe nicht automatisch. Wird das Steuerelement zerstört, dann muss auch das Handle wieder freigegeben werden. Analog zum Anlegen erfolgt die Freigabe üblicherweise im Ereignis HandleDestroyed durch Aufruf der Methode ReleaseHandle.

```
Public Class NativeWindowMessages
    Inherits System.Windows.Forms.UserControl

  ' Referenz der NativeWindow-Instanz
```

Listing 224: Abfangen der Windows-Nachrichten mittels NativeWindow

```
Private NativeWindowForListView As New NativeWindowLV

Private Sub ListView1_HandleCreated(ByVal sender As Object, _
  ByVal e As System.EventArgs) Handles ListView1.HandleCreated

  ' Bindung der NativeWindow-Instanz an das Handle der ListView
  NativeWindowForListView.AssignHandle(ListView1.Handle)

End Sub

Private Sub ListView1_HandleDestroyed(ByVal sender As Object, _
  ByVal e As System.EventArgs) Handles ListView1.handleDestroyed

  ' Handle wieder freigeben
  NativeWindowForListView.ReleaseHandle()
End Sub

' Ableitung von NativeWindow zur Überschreibung von WndProc
Private Class NativeWindowLV
  Inherits NativeWindow

  ' Überschreibung der WndProc-Methode
  Protected Overrides Sub WndProc( _
    ByRef m As System.Windows.Forms.Message)

    ' Wichtig! Delegation an Basisklasse
    MyBase.WndProc(m)

    ' Nachricht bearbeiten
    Debug.WriteLine(m)

  End Sub

End Class

End Class
```

Listing 224: Abfangen der Windows-Nachrichten mittels NativeWindow (Forts.)

Diese Variante bietet Ihnen die gleichen Möglichkeiten wie die vorige (Überschreiben der WndProc-Methode des abgeleiteten Steuerelementes). Auch hier können Sie Nachrichten herausfiltern oder verändern.

> **Hinweis**
>
> Gehen Sie äußerst umsichtig vor, wenn Sie die WndProc-Methode überschreiben. Bedenken Sie, dass der Designer eine Instanz des Steuerelementes anlegt, wenn das Steuerelement auf einem Fenster platziert wird. Die Instanzierung erfolgt im Prozess der Entwicklungsumgebung. Fehlerhafte WndProc-Überschreibungen führen daher schnell zum Absturz derselben, so dass Sie einmal mehr den Task-Manager bemühen müssen ☺.

Eingriff in die Nachrichtenschleife des ausführenden Threads

Diese Variante setzt ein paar Ebenen weiter oben an. Statt gezielt die Nachrichten, die an ein spezielles Steuerelement gesendet werden, abzufangen, werden alle Nachrichten, die die Message-Loop eines Threads empfängt, umgeleitet. Die Application-Klasse stellt hierfür die Methoden AddMessageFilter und RemoveMessageFilter bereit.

Für die Umleitung muss eine Referenz vom Typ IMessageFilter angegeben werden. Benötigt wird also eine Klasse, die diese Schnittstelle implementiert. Als einzige Methode muss PreFilter-Message implementiert werden. Diese Methode wird für jede Nachricht, die an den Thread gesendet wird, aufgerufen. Neben der Message-ID müssen Sie hier zusätzlich das Handle überprüfen, wenn Sie erfahren wollen, welchem Steuerelement oder Fenster die Nachrichten zugeordnet sind.

Der Rückgabewert der Methode PreFilterMessage ist vom Typ Boolean und gibt an, ob die Nachricht weiterverarbeitet (False) oder ob sie herausgefiltert werden soll (True). Listing 218 zeigt die Klasse ThreadMessageFilter, die mithilfe dieser Schnittstelle die Nachrichten verarbeiten kann.

```
Public Class ThreadMessageFilter
   Implements IMessageFilter

   ' Einzige Methode der Schnittstelle IMessageFilter
   Public Function PreFilterMessage( _
      ByRef m As System.Windows.Forms.Message) As Boolean _
      Implements System.Windows.Forms.IMessageFilter.PreFilterMessage

      ' Nachricht bearbeiten
      Debug.WriteLine(m)

      ' Rückgabe False, wenn die Nachricht weiterverarbeitet werden
      ' soll
      Return False

   End Function

End Class
```

Listing 225: Implementierung der Schnittstelle IMessageFilter

Ein Beispielfenster mit zwei Schaltflächen (BTNTHREADMESSAGESTART und BTNTHREADMESSAGE-FILTERSTOP) ermöglicht, die Umleitung der Nachrichten ein- und auszuschalten (Listing 226). Hierzu wird eine Instanz der Klasse ThreadMessageFilter angelegt und deren Referenz an die Methoden AddMessageFilter respektive RemoveMessageFilter übergeben.

```
Public Class MainWindow
   Inherits System.Windows.Forms.Form

   ...

   ' Referenz des Filter-Objektes
   Private MessageFilter As New ThreadMessageFilter
```

Listing 226: Ein- und Ausschalten der Nachrichtenumleitung an das MessageFilter-Objekt

```
Private Sub BTNThreadMessageStart_Click( _
  ByVal sender As System.Object, ByVal e As System.EventArgs) _
  Handles BTNThreadMessageStart.Click

  ' Filter-Objekt hinzufügen
  Application.AddMessageFilter(MessageFilter)

End Sub

Private Sub BTNThreadMessageFilterStop_Click( _
  ByVal sender As System.Object, ByVal e As System.EventArgs) _
  Handles BTNThreadMessageFilterStop.Click

  ' Filter-Objekt wieder entfernen
  Application.RemoveMessageFilter(MessageFilter)

End Sub
End Class
```

Listing 226: Ein- und Ausschalten der Nachrichtenumleitung an das MessageFilter-Objekt (Forts.)

Dieser Eingriff in die Nachrichtenschleife des Threads benötigt mit Abstand die meiste Prozessorzeit, da die Filter-Methode für jede Nachricht, egal für welches Steuerelement oder Fenster, aufgerufen wird. Sie sollten sie deswegen nur einsetzen, wenn die anderen Lösungen nicht geeignet sind.

Bearbeitung der Nachrichten

Um auf spezielle Nachrichten zu reagieren wird gewöhnlich in einer Select Case-Anweisung auf Basis der Nachrichtennummern, hier m.Msg, eine Verzweigung aufgebaut. Die in Frage kommenden Konstanten und ihre Bedeutungen finden Sie in der MSDN-Dokumentation, die zugehörigen Zahlenwerte leider nicht. Diese finden Sie nur in der C-Header-Datei, die in der Dokumentation genannt wird. Beachten Sie hierbei, dass die meisten Werte hexadezimal angegeben sind.

Nachrichten werden unter Windows mit den in Tabelle 22 aufgeführten Werten verschickt. Der Parameter der WndProc- bzw. OnNotifyMessage-Aufrufe ist vom Typ Message, einer Klasse, die lediglich diese Werte kapselt und unter .NET zur Verfügung stellt. Beispiele für den Einsatz der vorgestellten Nachrichtenfilter finden Sie in den nachfolgenden Rezepten.

Eigenschaft	Bedeutung
HWnd	Handle des Fensters bzw. Steuerelementes
Msg	ID-Nummer der Nachricht
Lparam	1. Parameter der Nachricht
Wparam	2. Parameter der Nachricht
Result	Rückgabewert an Windows

Tabelle 22: Eigenschaften der Klasse Message

130 Steuerelement für Verzeichnisauswahl

Die beschriebene Klasse ist Bestandteil der Klassenbibliothek GuiControls. Sie finden sie dort im Namensraum VBCodeBook.GuiControls.

Windows stellt eine Reihe von Standarddialogen für verschiedene Aufgaben bereit. Dazu gehören beispielsweise Dialoge zum Öffnen und Speichern von Dateien. Auch ein Dialog für die Auswahl von Verzeichnissen existiert, ist aber etwas verborgen bzw. nur eingeschränkt nutzbar. Der FolderBrowserDialog wird vom Framework Version 1.1 angeboten, ist allerdings in der Ursprungsversion derart fehlerhaft, dass die meisten Entwickler auf die API-Funktion SHBrowseForFolder zurückgreifen. Diesen Dialog zu erweitern oder in einen eigenen Dialog zu integrieren, ist leider kaum möglich.

Abhilfe schafft die Programmierung eines benutzerdefinierten Steuerelementes, das die Verzeichnisstruktur in einem TreeView-Control abbildet. Der Aufwand für ein solches Steuerelement mit Basisfunktionalitäten (Anzeige der lokalen Laufwerke, keine Aktualisierung bei Änderungen des Dateisystems) ist vergleichsweise gering und wird im Folgenden beschrieben. Ziel ist ein Steuerelement wie in Abbildung 113, das im Designer verwendet und eingestellt werden kann.

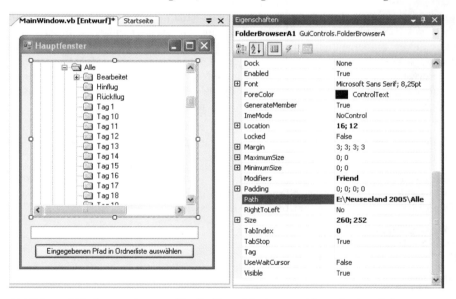

Abbildung 113: Steuerelement für die Verzeichnisauswahl zur Design-Zeit

Zwei Möglichkeiten bieten sich, das Steuerelement zu definieren:

1. Subclassing durch Ableitung von TreeView

2. Definition eines Benutzersteuerelementes, das ein TreeView-Control beinhaltet

Die erste Variante lässt sich recht elegant realisieren, hat jedoch den Nachteil, dass der Anwender auf alle Eigenschaften und Methoden der TreeView-Basisklasse zugreifen kann. Fügt er beispielsweise eigene Knoten hinzu, kann das die Programmlogik des Verzeichnisdialogs empfindlich stören. Besser ist daher die etwas aufwändigere Variante, ein Benutzersteuerelement anzulegen und ein TreeView-Control zu definieren, das dessen Client-Bereich vollständig ausfüllt. So sieht das Steuerelement für den Programmierer, der es im Designer einsetzt, genauso aus wie eine TreeView, nur eben mit vordefinierten Knoten. Eigenschaften und Methoden können gezielt auf das eigentliche TreeView-Control abgestimmt werden.

Im Beispielprogramm wird das Steuerelement in einer Klassenbibliothek (GuiControls) abgelegt, so dass es auch für andere Programme zur Verfügung steht. Das TreeView-Control (TVDirectories) wird auf dem Benutzersteuerelement (FolderBrowserA) platziert. Durch Setzen der Property Docking auf Fill füllt es den gesamten Client-Bereich aus.

Initialisierung des Verzeichnisbaumes mit den Bezeichnungen der lokalen Laufwerke

Mithilfe einer rekursiven Methode könnte man die gesamte Verzeichnisstruktur des lokalen Dateisystems durchlaufen (siehe z.B. Rezept 175) und die TreeView mit den Daten füllen. Heutige PCs haben auf ihren Festplatten aber oft tausende Dateien und Ordner gespeichert. Eine vollständige Durchsicht aller Ordner würde daher viel zu viel Zeit in Anspruch nehmen. Aus diesem Grund wird im ersten Schritt nur die oberste Ebene, nämlich die der lokalen Laufwerke, dargestellt. Die Unterverzeichnisse eines Laufwerks werden erst bei Bedarf ermittelt, also wenn der betreffende Knoten aufgeklappt wird.

Ein günstiger Zeitpunkt für die Initialisierung ist das Load-Ereignis. Der Konstruktor ist zu diesem Zeitpunkt bereits vollständig abgearbeitet, durch den Designer angelegte Zuweisungen an Eigenschaften des Controls sind ausgeführt, das Control ist aber noch nicht sichtbar. Listing 227 zeigt die Implementierung der OnLoad-Überschreibung. Mit einer WMI-Abfrage (siehe auch Kategorie System) werden Informationen zu den verfügbaren Laufwerken abgerufen. Hat ein Laufwerk ein Volume-Label, wird es für die Namensanzeige verwendet. Ansonsten wird die textuelle Beschreibung, die Windows über die Description-Property liefert, angezeigt. In Klammern wird, analog zum Windows-Explorer, der Laufwerksbuchstabe angegeben.

In der geschützten Methode AddNode (siehe Listing 228) wird ein neuer Knoten angelegt und der Nodes-Collection der TreeViews zugeordnet. Als Rückgabewert liefert die Methode die Referenz des neuen Knotens, der noch ergänzt werden muss.

Die WMI-Abfrage liefert ebenfalls eine Angabe zum Laufwerkstyp, auf deren Basis ein passendes Icon ausgewählt wird. Alle Icons befinden sich in einer ImageList (ImageList1), die der TreeView zugeordnet ist, die Auswahl erfolgt über Indices.

Abbildung 114: Ausgangszustand: Nur die Laufwerke werden angezeigt

Wie eingangs erwähnt, ist es an dieser Stelle nicht sinnvoll, für die einzelnen Laufwerke die Verzeichnisstruktur näher zu untersuchen. Insbesondere bei Wechselmedien (Diskette, CD, DVD) kann es zu Verzögerungen kommen, wenn kein oder gar ein defektes Medium eingelegt ist. Ein TreeView-Knoten kann allerdings nur aufgeklappt werden, wenn er mindestens einen Unterknoten hat. Daher wird jedem Laufwerksknoten ein Dummy-Knoten untergeordnet, der als Pfadangabe lediglich einen Punkt enthält. Wird ein solcher Ordner später geöffnet, werden die Informationen für das Verzeichnis nachgeladen.

```
Protected Overrides Sub OnLoad(ByVal e As System.EventArgs)
  ' Treeview mit Laufwerksbuchstaben und Volume-Bezeichnungen
  ' füllen (oberste Ebene des Verzeichnisbaums)

  Dim tn As TreeNode
  Dim dir As String

  ' Mit WMI Informationen über die Laufwerke holen
  Dim query As New ManagementObjectSearcher("SELECT * FROM " _
    & "Win32_LogicalDisk")

  Dim qc As ManagementObjectCollection = query.Get()
  Dim mo As ManagementObject

  ' Für alle gefundenen Laufwerke
  For Each mo In qc
    Try
      ' Laufwerksbezeichnung (A:, C: ...)
      Dim volID As String = mo.Properties("DeviceID" _
        ).Value.ToString

      ' Typ des Laufwerkes (Festplatte, CD, ...)
      Dim drTyp As Integer = Convert.ToInt32( _
        mo.Properties("DriveType").Value)

      ' Label des Laufwerkes
      Dim volName As String = CStr(mo.Properties( _
        "VolumeName").Value)

      ' Textuelle Beschreibung
      Dim volDesc As String = mo.Properties("Description" _
        ).Value.ToString()

      ' Wenn vorhanden das Label verwenden, ansonsten die
      ' Beschreibung einsetzen
      Dim t As String
      If volName Is Nothing Then
        t = volDesc
      Else
        t = volName
      End If

      ' Text zusammensetzen aus Label/Beschreibung und ID
```

Listing 227: Initialisierung der TreeView mit Laufwerksbezeichnungen

```
      t = String.Format("{0} ({1})", t, volID)

      ' Knoten erzeugen und anhängen
      tn = AddNode(TVDirectories.Nodes, t, volID & "\")

      ' Icon anhand des Laufwerkstyps auswählen
      tn.ImageIndex = drTyp
      tn.SelectedImageIndex = drTyp

      ' Dummy-Knoten anhängen
      AddNode(tn.Nodes, ".", ".")

      ' Für alle Fälle
    Catch ex As Exception
      Debug.WriteLine(ex.Message)
    End Try

  Next

  ' TreeView ist initialisiert
  IsInitialized = True

  ' Durch Designer vorgegebenen Pfad setzen
  Path = SelectedPath

End Sub
```

Listing 227: Initialisierung der TreeView mit Laufwerksbezeichnungen (Forts.)

AddNode instanziert einen neuen Knoten, allerdings nicht von der Klasse System.Windows. Forms.TreeNode, sondern von der abgeleiteten, geschützten Klasse TreeNode (Listing 229), die zusätzlich die Path-Angabe implementiert. TreeNode ist eine innere Klasse von FolderBrowserA und somit nur dieser Klasse bzw. deren Ableitungen bekannt. Nach Setzen der Eigenschaften wird der Knoten der als Parameter übergebenen Auflistung hinzugefügt.

```
Protected Overridable Function AddNode(ByVal nodeCollection As _
  TreeNodeCollection, ByVal caption As String, _
  ByVal path As String) As TreeNode

  ' Neuen Knoten anlegen
  Dim tn As New TreeNode()

  ' Eigenschaften setzen
  tn.Text = caption
  tn.Path = path

  ' Knoten der angegebenen Auflistung hinzufügen
  nodeCollection.Add(tn)
```

Listing 228: Anlegen eines neuen Knotens und Hinzufügen zu einer angegebenen Auflistung

```
    ' Referenz des neuen Knotens zurückgeben
    Return tn

End Function
```

Listing 228: Anlegen eines neuen Knotens und Hinzufügen zu einer angegebenen Auflistung (Forts.)

```
Protected Class TreeNode
  Inherits System.Windows.Forms.TreeNode
  Public Path As String
End Class
```

Listing 229: Hilfsklasse zur Erweiterung des TreeNodes um die Variable Path

Wurde im Designer keine Pfadangabe eingetragen, zeigt das Steuerelement die lokalen Laufwerke des Computers ähnlich der Abbildung 114 an. Versucht der Anwender jetzt, einen der Laufwerksknoten zu öffnen (durch eine Maus- oder Tastaturaktion), wird das Ereignis Before-Expand der TreeView (s. Listing 230) ausgelöst. Hier wird überprüft, ob es sich um einen oben beschriebenen Dummy-Knoten handelt. Ist das der Fall, wird mithilfe der Methode CreateSubnodes dieses Unterverzeichnis neu aufgebaut.

```
Private Sub TVDirectories_BeforeExpand(ByVal sender As Object, _
   ByVal e As System.Windows.Forms.TreeViewCancelEventArgs) _
   Handles TVDirectories.BeforeExpand

   ' Prüfen, ob das erste Unterverzeichnis ein Hilfsverzeichnis
   ' ist
   Dim tn As TreeNode = DirectCast(e.Node, TreeNode)
   If DirectCast(tn.Nodes(0), TreeNode).Path = "." Then
     ' Wenn ja, Unterknoten anlegen
     CreateSubnodes(tn)
   End If
End Sub
```

Listing 230: Verzeichnisstruktur untersuchen, wenn der zu öffnende Knoten noch nicht angelegt wurde

In der Methode CreateSubnodes (Listing 231) werden zunächst alle vorhandenen Knoten der angegebenen Auflistung, in diesem Fall der Dummy-Knoten, entfernt. Anschließend wird mithilfe von Directory.GetDirectories das Unterverzeichnis durchlaufen und für jeden Ordner ein neuer Knoten angelegt. Für jeden Ordner wird überprüft, ob er wiederum Unterverzeichnisse besitzt, und ggf. ein Dummy-Knoten angelegt, damit der Knoten in der TreeView geöffnet werden kann.

Die Überprüfung auf Unterverzeichnisse ist allerdings nicht unkritisch. Hier kann es zu Fehlermeldungen des Betriebssystems kommen. Daher müssen alle Zugriffe innerhalb eines Try-Blockes erfolgen und die möglichen Exceptions abgefangen werden. Das Verzeichnis *System Volume Information* wird vollständig von der Untersuchung ausgeschlossen, da Windows bei diesem Verzeichnis erst nach einiger Bedenkzeit einen Fehler meldet.

Allen hinzugefügten Knoten werden die üblichen Symbole für geschlossene bzw. geöffnete Ordner zugewiesen, die ebenfalls in der ImageList enthalten sind. Tritt ein Fehler auf, z.B. weil keine CD eingelegt ist, aber der zugehörige Knoten geöffnet werden sollte, dann wird die Methode beendet, ohne dass neue Knoten hinzugefügt worden sind. Da zuvor die Knotenliste gelöscht worden ist, entfernt die TreeView auch automatisch das Plus-Zeichen, so dass dieser Knoten nicht mehr geöffnet werden kann.

```
Protected Sub CreateSubnodes(ByVal node As TreeNode)

  ' Ggfs. Hilfsordner entfernen
  node.Nodes.Clear()

  Try
    Dim subdir As String
    For Each subdir In Directory.GetDirectories(node.Path)
      Dim tn As TreeNode
      ' Neuen Knoten für dieses Verzeichnis erzeugen
      tn = AddNode(node.Nodes, IO.Path.GetFileName(subdir), _
        subdir)

      If Not IO.Path.GetFileName(subdir) = _
        "System Volume Information" Then

        If Directory.GetDirectories(subdir).Length > 0 Then
          AddNode(tn.Nodes, ".", ".")
        End If
      End If
      tn.ImageIndex = 7
      tn.SelectedImageIndex = 8
    Next
  Catch ioex As IOException
  Catch ex As Exception

  End Try
End Sub
```

Listing 231: Einrichten der Knoten für die Unterverzeichnisse

Auch wenn weitere Unterverzeichnisse ausgewählt werden, wird wieder der gleiche Mechanismus (`BeforeExpand`, `CreateSubnodes`) angestoßen, es sei denn, die Unterknoten bestehen bereits in der TreeView, weil sie schon einmal ausgewählt worden sind.

Die Schnittstelle zur Außenwelt

Das Steuerelement nützt wenig, wenn die Benutzerauswahl nicht abgefragt werden kann. Außerdem soll ja auch per Programm oder Designer ein bestimmter Pfad vorgegeben werden können. Zu diesem Zweck wird das Steuerelement mit der öffentlichen Eigenschaft Path ausgestattet und stellt zusätzlich das Ereignis `FolderSelectionChanged` zur Verfügung (Listing 232). Zwei geschützte Member-Variablen speichern Pfad bzw. Zustand:

```
' Pfadangabe der aktuellen Auswahl
Protected SelectedPath As String

' Merker für die Initialisierung des Pfades über den Designer
Protected IsInitialized As Boolean = False
```

IsInitialized ist bis zum Ende von OnLoad False. Eine Zuweisung an die Path-Eigenschaft zu diesem Zeitpunkt führt lediglich dazu, dass der Wert in SelectedPath gespeichert wird. So wird verhindert, dass Knoten erzeugt werden, bevor das Steuerelement sichtbar wird. Diese Situation tritt auf, wenn vom Designer in InitializeComponent eine Zuweisung vorgesehen wurde.

In allen anderen Fällen wird zunächst sichergestellt, dass das angegebene Verzeichnis auch existiert, und im Fehlerfall eine Exception ausgelöst. Durch den Aufruf von SetSelection wird der Pfad in der TreeView aufgeklappt und sichtbar gemacht. Zum Lesen der Path-Eigenschaft wird lediglich der in SelectedPath gespeicherte Wert zurückgegeben.

```vbnet
' Öffentliches Event, das bei Änderung der Auswahl ausgelöst wird
Public Event FolderSelectionChanged(ByVal sender As Object, _
  ByVal e As EventArgs)

' Öffentliche Eigenschaft Path zum Lesen und Auswählen des
' Verzeichnisses
Public Property Path() As String

  Get
    Return SelectedPath
  End Get

  Set(ByVal Value As String)

    ' Null-Werte ignorieren
    If Value Is Nothing Then Return

    ' Wenn das Control noch nicht angezeigt wird, Pfad nur
    ' speichern, keine weiteren Einstellungen möglich
    If Not IsInitialized Then
      SelectedPath = Value
      Return
    End If

    ' Wenn's das Verzeichnis nicht gibt, böse antworten ;-)
    If Not Directory.Exists(Value) Then Throw New _
      ArgumentException("Path", _
      "Das angegebene Verzeichnis existiert nicht")

    ' Ansonsten Wert speichern
    SelectedPath = Value

    ' und Verzeichnis in der TreeView auswählen
    SetSelection(Value)

  End Set

End Property
```

Listing 232: Öffentliche Member Path und FolderSelectionChanged

Um ein vorgegebenes Verzeichnis in der TreeView darzustellen und auszuwählen, wird der Pfad rekursiv in die einzelnen Verzeichnisebenen zerlegt. Zwei Überladungen von `SetSelection`, eine rekursive und eine nicht rekursive, teilen sich diese Arbeit. Aufgerufen wird die nicht rekursive Methode. Sie verhindert zunächst, dass das TreeView-Control während der Bearbeitung neu gezeichnet wird, ruft die rekursive Variante auf, steuert die Ereignis-Auslösung, gibt das Neuzeichnen wieder frei und setzt abschließend den Fokus auf das Control. Listing 233 zeigt beide Methoden.

In der rekursiven Methode wird als Erstes der Pfad des übergeordneten Verzeichnisses ermittelt. Existiert er, dann erfolgt die Rekursion für dieses Verzeichnis. Danach ist der Knoten des übergeordneten Verzeichnisses aufgeklappt und verfügt über einen Knoten für jedes Unterverzeichnis. In dieser Knotenliste muss dann der im Parameter `path` angegebene Ordner gefunden werden. Der gefundene Knoten wird geöffnet und sichtbar gemacht und die Rekursion ist hier beendet.

Wenn das zu betrachtende Verzeichnis kein übergeordnetes Verzeichnis hat, also ein Knoten der Laufwerksebene ist, dann wird in einer ähnlichen Schleife das Laufwerk gesucht und der zugehörige Knoten aufgeklappt.

```vb
Protected Sub SetSelection(ByVal path As String)

    ' Zeichnen der TreeView unterdrücken
    TVDirectories.BeginUpdate()

    ' Event unterdrücken
    IsSelecting = True

    ' Rekursive Überladung aufrufen, tn ByRef übergeben
    Dim tn As TreeNode
    SetSelection(path, tn)

    ' Zeichnen wieder zulassen
    TVDirectories.EndUpdate()

    ' Event wieder freigeben
    IsSelecting = False

    ' und auslösen
    RaiseEvent FolderSelectionChanged(Me, _
       New EventArgs(SelectedPath))

    ' Fokus auf TreeView setzen
    TVDirectories.Focus()

End Sub

' Rekursive Überladung, die den Verzeichnisbaum durcharbeitet
Protected Sub SetSelection(ByVal path As String, _
   ByRef tn As TreeNode)

    ' Alle Vergleiche in Großbuchstaben
    path = path.ToUpper()
```

Listing 233: Auswahl eines Knotens per Programm

```
' Elternverzeichnis ermitteln
Dim parentDir As String = IO.Path.GetDirectoryName(path)
Dim i As Integer

' Wenn das existiert, den Knoten dieses Verzeichnisses
' ermitteln
If (Not parentDir Is Nothing) Then
  SetSelection(parentDir, tn)

  ' Alle Knoten durchlaufen und mit dem gesuchten Verzeichnis
  ' vergleichen
  For i = 0 To tn.Nodes.Count - 1
    If DirectCast(tn.Nodes(i), TreeNode).Path.ToUpper() _
      = path Then

        ' Der richtige Knoten wurde gefunden
        tn = DirectCast(tn.Nodes(i), TreeNode)

        ' Knoten aufklappen und sichtbar machen
        tn.Expand()
        tn.EnsureVisible()

        ' Diesen als selektierten Knoten merken
        TVDirectories.SelectedNode = tn

        ' Keine weiteren Knoten dieser Ebene durchlaufen
      Return
    End If
  Next

  ' Knoten nicht gefunden
  Debug.Assert(False)
  tn = Nothing

Else
  ' Verzeichnis ist auf Laufwerksebene
  ' Alle zuklappen
  TVDirectories.CollapseAll()

  ' Alle Knoten der Verzeichnisebene durchlaufen
  For i = 0 To TVDirectories.Nodes.Count - 1
    If DirectCast(TVDirectories.Nodes(i), TreeNode _
      ).Path.ToUpper().StartsWith(path) Then

        ' Der richtige Knoten wurde gefunden
        tn = DirectCast(TVDirectories.Nodes(i), TreeNode)

        ' Knoten aufklappen und sichtbar machen
        tn.Expand()
        tn.EnsureVisible()
```

Listing 233: Auswahl eines Knotens per Programm (Forts.)

```
        ' Diesen als selektierten Knoten merken
        TVDirectories.SelectedNode = tn

        ' Keine weiteren Knoten dieser Ebene durchlaufen
        Return
      End If
    Next
  End If
End Sub
```

Listing 233: Auswahl eines Knotens per Programm (Forts.)

Letztlich bleibt noch die Aufgabe, eine Änderung der Auswahl per Event zu signalisieren. Listing 234 zeigt die eigens hierfür definierte EventArgs-Klasse, die den Pfad als Parameter übergibt, Listing 235 die Implementierung des Event-Handlers.

```
Public Class EventArgs
  Inherits System.EventArgs

  ' Öffentlich schreibgeschützt: der selektierte Pfad
  Public ReadOnly Path As String

  ' ctor
  Public Sub New(ByVal path As String)
    Me.Path = path
  End Sub

End Class
```

Listing 234: Eigene Event-Klasse des FolderBrowser-Controls

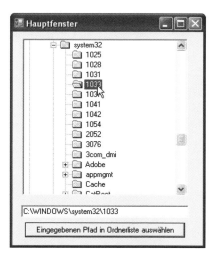

Abbildung 115: Auswahl eines Ordners zur Laufzeit

```
Private Sub TVDirectories_AfterSelect(ByVal sender As Object, _
   ByVal e As System.Windows.Forms.TreeViewEventArgs) _
   Handles TVDirectories.AfterSelect

   ' Event nur auslösen, wenn Knoten nicht durch SetSelection
   ' geöffnet wurde
   If IsSelecting Then Exit Sub

   ' Pfad ermitteln und Event auslösen
   SelectedPath = DirectCast(e.Node, TreeNode).Path
   RaiseEvent FolderSelectionChanged(Me, _
      New EventArgs(SelectedPath))
End Sub
```

Listing 235: Weiterleitung des Select-Ereignisses

Auf der CD finden Sie ein Beispielprogramm, das das FolderBrowser-Steuerelement mit einer TextBox und einer Schaltfläche verknüpft. Ein ausgewähltes Verzeichnis wird direkt in der TextBox angezeigt, ein in der TextBox eingetragener Pfad wird nach Drücken der Schaltfläche in der TreeView dargestellt. Der Programmieraufwand ist minimal (s. Listing 236).

```
Private Sub FolderBrowserA1_FolderSelectionChanged( _
   ByVal sender As Object, ByVal e As _
   GuiControls.FolderBrowserA.EventArgs) _
   Handles FolderBrowserA1.FolderSelectionChanged

   ' Neuen Pfad in TextBox anzeigen
   TBSelection.Text = e.Path

End Sub

Private Sub BTNSelect_Click(ByVal sender As System.Object, _
   ByVal e As System.EventArgs) Handles BTNSelect.Click

   Try
      ' Eingegebenen Pfad im FolderBrowser-Control anzeigen
      FolderBrowserA1.Path = TBSelection.Text

   Catch ex As Exception
      MessageBox.Show(ex.Message)
   End Try
End Sub
```

Listing 236: Einbindung des Steuerelementes auf einem Formular

131   Ein Windows-Explorer-Steuerelement im Eigenbau

> Die beschriebene Klasse ist Bestandteil der Klassenbibliothek `GuiControls`. Sie finden sie dort
> im Namensraum `VBCodeBook.GuiControls`.

Mithilfe des oben beschriebenen Steuerelementes zur Verzeichnisauswahl lässt sich ein neues
Steuerelement definieren, das einen ähnlichen Aufbau aufweist wie der Windows-Explorer:

▶ Ein Verzeichnisbaum auf der linken Seite (TreeView, `FolderBrowserA`)

▶ Eine Dateiliste auf der rechten Seite (ListView)

▶ Ein Splitter dazwischen, um die Fensterbreiten variieren zu können

Die drei Steuerelemente werden auf einem neuen UserControl angelegt und die Docking-Eigen-
schaften entsprechend gesetzt. Schon steht das Grundgerüst bereit (siehe Abbildung 116).

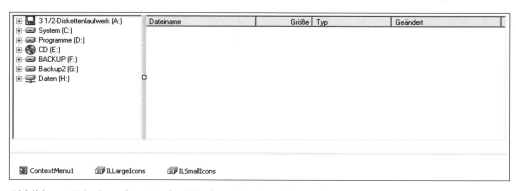

Abbildung 116: Grundgerüst des Windows-Explorer-Steuerelementes

Wenn der Benutzer ein Verzeichnis auswählt, dann sollen in der ListView alle Dateien dieses
Verzeichnisses aufgeführt werden. Auf die Darstellung von Unterordnern, wie sie der richtige
Windows-Explorer vorsieht, soll hier der Übersicht halber verzichtet werden. Als Informa-
tionen zu den Dateien sollen Name, Größe, Typ und Änderungsdatum angezeigt werden.
Selbstverständlich soll auch zu jeder Datei das zugehörige Symbol dargestellt werden.

Ausgangspunkt für das Befüllen der ListView mit den Datei-Informationen ist das Event
`FolderSelectionChanged` des Verzeichnisbaums (Listing 237). In einer Schleife werden alle
Dateien des ausgewählten Verzeichnisses behandelt. Für jede Datei wird eine eigene `ListView`-
`Item`-Instanz angelegt. Der `Tag`-Eigenschaft dieser Instanz wird die Referenz des zugehörigen
`FileInformation`-Objektes zugewiesen, um später auf diese Informationen für Sortier- und
Maus-Aktionen zurückgreifen zu können.

Zur Ermittlung der Dateiinformationen wird die in Rezept 193 beschriebene Klasse `FileInfor-`
`mation` herangezogen. Sie enthält auch die Bitmaps, die zur Darstellung der Dateisymbole
benötigt werden. Zwei Symbole werden bereitgestellt:

1. `SmallIcon` (16 x 16 Pixel)

2. `LargeIcon` (32 x 32 Pixel)

Je nach gewählter Darstellungsart der ListView werden entweder die kleinen oder die großen
Symbole benötigt. Sie werden jedoch nicht direkt einem `ListViewItem`-Objekt zugewiesen,

sondern in ImageList-Objekten, hier `ILSmallIcons` und `ILLargeIcons`, gespeichert. Die Verknüpfung zwischen einem ListView-Eintrag und den zugehörigen Icons erfolgt über einen Index (`ImageIndex`).

Zur Speicherung der Icons werden somit zusätzlich die beiden ImageList-Komponenten benötigt. In Abbildung 116 sind sie bereits mit aufgeführt.

Jedem `ListViewItem`-Objekt, das zunächst nur den Dateiname als Text erhält, werden weitere untergeordnete `ListViewSubItem`-Objekte hinzugefügt, die die zusätzlichen Informationen in Textform enthalten. Die Icons werden den beiden Bilderlisten hinzugefügt und der Index in `ImageIndex` gespeichert.

Vor Abarbeitung der Schleife, also bevor die ListView mit neuen Informationen gefüllt wird, müssen die Listen vollständig gelöscht werden. Beachten Sie hierbei bitte, dass für die `File-Information`-Objekte explizit `Dispose` aufgerufen werden sollte, damit die Ressourcen für die enthaltenen Bitmaps freigegeben werden können. Diese Aufgabe erledigt die erste Schleife im Listing 237. Da in allen `ListViewItem`-Objekten der Tag-Eigenschaft ein `FileInformation`-Objekt zugewiesen wurde und die Klasse `FileInformation` die Schnittstelle `IDisposable` implementiert, kann in einer `For-Each`-Schleife direkt über einen TypeCast auf `IDisposable` die Methode `Dispose` aufgerufen werden.

```
Private Sub FBDirs_FolderSelectionChanged(ByVal sender As Object, _
   ByVal e As FolderBrowserA.EventArgs) _
   Handles FBDirs.FolderSelectionChanged

   ' Alte FileInformation-Objekte entsorgen
   For Each lvi As ListViewItem In LVFiles.Items
      DirectCast(lvi.Tag, IDisposable).Dispose()
   Next

   ' Listen löschen
   LVFiles.Items.Clear()
   ILSmallIcons.Images.Clear()
   ILLargeIcons.Images.Clear()

   ' Fehler bei Dateizugriffen abfangen
   Try
      ' Index für Icons
      Dim i As Integer = 0

      ' Alle Dateien im ausgewählten Verzeichnis
      For Each fn As String In Directory.GetFiles(e.Path)

         ' Dateiinformationen abfragen
         Dim finfo As New FileInformation(fn)

         ' Icons in Listen aufnehmen
         ILSmallIcons.Images.Add(finfo.SmallIcon)
         ILLargeIcons.Images.Add(finfo.LargeIcon)

         ' Neue ListView-Zeile für Datei anlegen
```

Listing 237: Befüllen der ListView mit den Dateiinformationen

```
        Dim lvi As ListViewItem = LVFiles.Items.Add(finfo.Name)

        ' Verweis auf Dateiinformationen in Tag-Eigenschaft speichern
        lvi.Tag = finfo

        ' Dateigröße in Kilobyte
        lvi.SubItems.Add((finfo.Length + 1023) \ 1024 & " KB")

        ' Dateityp
        lvi.SubItems.Add(finfo.Filetype)

        ' Index der Icons
        lvi.ImageIndex = i

        ' Letzte Änderung
        lvi.SubItems.Add(finfo.LastChanged.ToString())

        i += 1

    Next

  Catch ex As Exception
    Debug.WriteLine(ex.Message)
  End Try
End Sub
```

Listing 237: Befüllen der ListView mit den Dateiinformationen (Forts.)

In Abbildung 117 sehen Sie ein Beispielfenster, das nur dieses Steuerelement enthält. Für die Eigenschaft `View` der ListView wurde hier DETAILS gewählt. Diese Ansicht verwendet die kleinen Symbole.

Die Umschaltung der Ansichten erfolgt über ein Kontext-Menü, das der ListView zugeordnet wird. Diese bietet die üblichen vier Ansichtsmodi zur Auswahl an:

1. GROSSE SYMBOLE

2. KLEINE SYMBOLE

3. LISTE

4. DETAILS

Abbildung 118 zeigt die gleiche Liste im Ansichtsmodus `LargeIcon`. Jedes Kontextmenü verfügt über einen eigenen Ereignis-Handler. Stellvertretend für die anderen drei zeigt Listing 238 den Handler für den Menüpunkt `LargeIcon` (GROSSE SYMBOLE) und Listing 239 die gemeinsame Methode, die für das Setzen des Punktes zur Visualisierung der aktuellen Auswahl zuständig ist.

```
Private Sub MenuItem1_Click(ByVal sender As System.Object, _
   ByVal e As System.EventArgs) Handles MenuItem1.Click

   ' Ansicht "Große Symbole" einstellen
   LVFiles.View = View.LargeIcon
```

Listing 238: Umschalten der Ansicht

```
' Menüanzeigen aktualisieren
SetViewMenuCheck(CType(sender, MenuItem))
```

```
End Sub
```

Listing 238: Umschalten der Ansicht (Forts.)

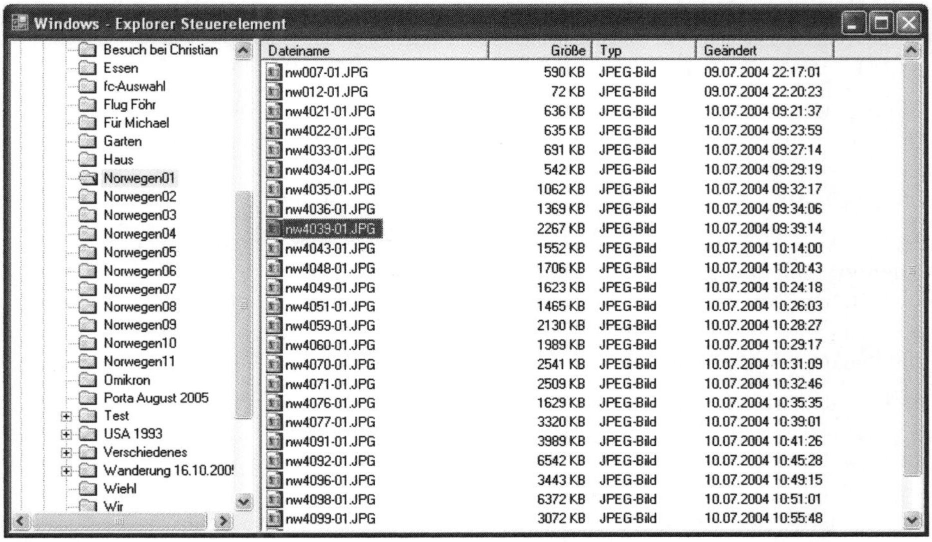

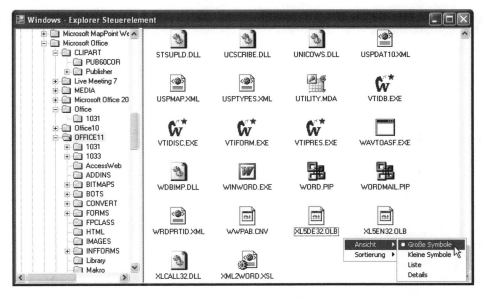

Abbildung 117: Explorer-Steuerelement im Ansichtsmodus Details

Abbildung 118: Der Ansichtsmodus lässt sich über ein Kontext-Menü umschalten

Windows Controls

```
Protected Sub SetViewMenuCheck(ByVal item As MenuItem)
  MenuItem1.Checked = item Is MenuItem1
  MenuItem2.Checked = item Is MenuItem2
  MenuItem3.Checked = item Is MenuItem3
  MenuItem4.Checked = item Is MenuItem4
End Sub
```

Listing 239: Setzen des Auswahlpunktes der Kontext-Menü-Einträge

132   ListView des Explorer-Steuerelementes sortieren

Für den täglichen Umgang mit dem Windows-Explorer sind Sie es sicherlich gewohnt, die angezeigten Informationen nach Dateiname, Typ usw. aufsteigend oder absteigend zu sortieren. In diesem Rezept wird anhand des zuvor beschriebenen Explorer-Steuerelementes erläutert, wie Sie die Informationen, die in einer ListView angezeigt werden, individuell sortieren können.

Meist reichen die eingebauten Sortierfunktionen von Listen-Steuerelementen nicht aus, da sie in der Regel nur alphabetisch sortieren können. Für die Sortierung nach Dateigröße bzw. nach Änderungsdatum ist die alphabetische Reihenfolge aber nicht zu gebrauchen (z.B. kommt 11 in alphabetischer Reihenfolge nach 100). Deswegen muss ein anderer Mechanismus für die Sortierung der Daten vorgesehen werden.

Alle Einträge einer ListView werden in der Auflistung Items gespeichert. Diese ist vom Typ ListViewItemCollection und referenziert Objekte vom Typ ListViewItem. Letztere enthalten die anzuzeigenden Informationen. Im Fall des Explorer-Steuerelementes wurde der Tag-Eigenschaft eines jeden ListViewItem-Objektes die Referenz des zugehörigen FileInformation-Objektes zugewiesen, das seinerseits alle Details der zugehörigen Datei kennt.

Während die angezeigten Informationen in den SubItems der ListView alle im Textformat vorliegen und für die Sortierung wenig geeignet sind, kann über die Tag-Eigenschaft direkt auf die benötigten Daten des FileInformation-Objektes zugegriffen werden. Die Informationen, die für den Sortiervorgang benötigt werden, stehen also bereit.

Die ListView benötigt zum Sortieren aber etwas Hilfe von außen, nämlich ein Objekt, das sie fragen kann, ob ein Eintrag X größer ist als ein Eintrag Y. Ein solches Objekt muss lediglich die Schnittstelle IComparer implementieren (Klasse ExplorerFileSorter, Listing 240). Diese Schnittstelle wiederum erfordert die Implementierung der Methode Compare.

```
Public Class ExplorerFileSorter
  Implements IComparer

    ' Implementierung von IComparer.Compare
    Public Function Compare(ByVal x As Object, ByVal y As Object) _
      As Integer Implements System.Collections.IComparer.Compare
      …
    End Function

End Class
```

Listing 240: Diese Klasse soll der ListView beim Vergleich der Einträge helfen

Da die Dateiliste nach verschiedenen Kriterien sortiert werden soll, werden in der Klasse
ExplorerFileSorter die Eigenschaften Criteria und Ascending vorgesehen (Listing 241). So kann
festgelegt werden, nach welchem Kriterium und ob auf- oder absteigend sortiert werden soll.

```
' Konstanten für Sortierkriterien
Public Enum Criteria
  ByName
  ByType
  BySize
  ByLastChange
End Enum

' Aufsteigende (True) oder absteigende (False) Sortierung
Protected sortAscending As Boolean = True

' Öffentliche Eigenschaft hierzu
Public Property Ascending() As Boolean
  Get
    Return sortAscending
  End Get
  Set(ByVal Value As Boolean)
    sortAscending = Value
  End Set
End Property

' Einstellung des Sortierkriteriums
Protected sortBy As Criteria = Criteria.ByName
Public Property SortCriteria() As Criteria
  Get
    Return sortBy
  End Get

  Set(ByVal Value As Criteria)
    If sortBy = Value Then
      ' Wenn das Kriterium gleich geblieben ist,
      ' aufsteigend/absteigend invertieren
      sortAscending = Not sortAscending
    Else
      ' Wenn das Kriterium gewechselt wurde, zunächst
      ' aufsteigend sortieren
      sortAscending = True
    End If

    ' Neues Kriterium speichern
    sortBy = Value
  End Set
End Property
```

*Listing 241: Mit den Eigenschaften Criteria und Ascending lässt sich die Sortierreihenfolge
festlegen*

Der eigentliche Sortiervorgang erfolgt, indem die ListView paarweise die Einträge vergleicht und nach irgendeinem Sortieralgorithmus aufsteigend sortiert. Für den paarweisen Vergleich bemüht die ListView das bereitgestellte `ExplorerFileSorter`-Objekt und ruft die Methode `Compare` (Listing 242) auf. Als Parameter werden die Referenzen der zu vergleichenden `List-ViewItem`-Objekte (hier `x` und `y`) übergeben, als Rückgabewert wird eine Zahl erwartet:

▶ 0, wenn gilt x = y

▶ < 0, wenn gilt x < y

▶ > 0, wenn gilt x > y

Um den Vergleich übersichtlich zu halten werden im ersten Schritt mittels TypeCast zwei Referenzvariablen vom Typ `ListViewItem` gesetzt. Wieder mittels TypeCast werden zwei Variablen vom Typ `FileInformation` die Objektreferenzen zugewiesen, die in der jeweiligen Tag-Eigenschaft gespeichert ist. Nun stehen über `fi1` und `fi2` die zu vergleichenden Dateiinformationen bereit.

In der folgenden `Select Case`-Anweisung wird anhand des eingestellten Sortierkriteriums unterschieden, welche Eigenschaft für den Vergleich herangezogen werden soll. Der Vergleich selbst wird an die `CompareTo`-Methode der entsprechenden Eigenschaft delegiert. Das ist möglich, da die Datentypen der in Frage kommenden Eigenschaften (`String`, `DateTime`, `Long`) alle das Interface `IComparable` und somit die Methode `CompareTo` implementieren.

```
Public Function Compare(ByVal x As Object, ByVal y As Object) _
   As Integer Implements System.Collections.IComparer.Compare

   ' Typecast auf ListViewItem-Elemente
   Dim lvi1 As ListViewItem = DirectCast(x, ListViewItem)
   Dim lvi2 As ListViewItem = DirectCast(y, ListViewItem)

   ' Dateiinformationen über Tag-Eigenschaft holen
   Dim fi1 As FileInformation = DirectCast(lvi1.Tag, FileInformation)
   Dim fi2 As FileInformation = DirectCast(lvi2.Tag, FileInformation)

   ' Es kann theoretisch vorkommen, dass mit einem leeren
   ' ListViewItem verglichen wird -> ignorieren
   If fi1 Is Nothing Or fi2 Is Nothing Then Return 0

   Dim result As Integer

   ' Vergleich anhand des eingestellten Sortierkriteriums an die
   ' jeweiligen Datenobjekte delegieren
   Select Case sortBy

      ' Stringvergleich der Namen
      Case Criteria.ByName : result = _
         fi1.Name.CompareTo(fi2.Name)

      ' Zahlenwertvergleich der Größen
      Case Criteria.BySize : result = _
         fi1.Length.CompareTo(fi2.Length)
```

Listing 242: Vergleich zweier Dateien nach dem eingestellten Kriterium

```
    ' Stringvergleich der Dateitypen
  Case Criteria.ByType : result = _
    fi1.Filetype.CompareTo(fi2.Filetype)

    ' Datumsvergleich der letzten Änderungen
  Case Criteria.ByLastChange : result = _
    fi1.LastChanged.CompareTo(fi2.LastChanged)

End Select

' Bei absteigender Sortierung Vorzeichen umkehren
If Not sortAscending Then result = - result

' Ergebnis des Vergleichs zurückgeben
Return result

End Function
```

Listing 242: Vergleich zweier Dateien nach dem eingestellten Kriterium (Forts.)

Das Ergebnis des Vergleichs wird in der Variablen `result` gespeichert. Vor der Rückgabe dieses Wertes muss noch überprüft werden, ob die Liste aufsteigend oder absteigend sortiert werden soll. Im Falle der aufsteigenden Sortierung kann der Wert unverändert weitergegeben werden, im Falle der absteigenden Sortierung muss das Vorzeichen des Ergebnisses invertiert werden, da der Sortieralgorithmus selbst ja nur aufsteigend sortieren kann. Der Vergleichsvorgang ist damit abgeschlossen und die ListView kann das Ergebnis für die Sortierung verwenden.

Abhängig von Sortieralgorithmus (fest eingestellt und in der Dokumentation der ListView-Klasse nicht genannt) und Zusammenstellung der Listenelemente wird die Methode `Compare` so oft aufgerufen, bis alle Elemente sortiert worden sind.

Um die Klasse `ExplorerFileSorter` überhaupt für die Sortierung der ListView nutzen zu können, wird eine Instanz angelegt und in der Variablen `ExpFileSorter` der Klasse `FileBrowser` referenziert:

```
Protected ExpFileSorter As New ExplorerFileSorter
```

Die ListView greift auf die Eigenschaft `ListViewItemSorter` zurück, um das `IComparer`-Objekt aufrufen zu können. Um zu verhindern, dass die Sortierung bei jedem Hinzufügen neuer Dateieinträge erfolgt, wird der Event-Handler aus Listing 237 erweitert (Listing 243). Vor Aufbau der Listen wird die Eigenschaft `ListViewItemSorter` auf `Nothing` gesetzt, so dass keine Sortierung erfolgt, danach wird ihr wieder die Referenz der `ExplorerFileSorter`-Instanz zugewiesen. Bereits diese Zuweisung führt zum Sortieren der Liste. Ein zusätzlicher Aufruf der Methode `Sort` ist hier nicht nötig.

```
  ByVal e As FolderBrowserA.EventArgs) _
  Handles FBDirs.FolderSelectionChanged

    ' Keine Sortierung, während die Liste aufgebaut wird
  LVFiles.ListViewItemSorter = Nothing
```

Listing 243: Zuweisen des ExpFileSorter-Objektes

```
... Aufbau der Listen

' Sortierung freigeben und durchführen
LVFiles.ListViewItemSorter = ExpFileSorter

...

End Sub
```

Listing 243: Zuweisen des ExpFileSorter-Objektes (Forts.)

Umschalten der Sortierkriterien

Dem Anwender werden zwei Möglichkeiten angeboten, die Sortierung der Dateiliste nach seinen Wünschen anzupassen:

1. Über ein Kontext-Menü

2. Durch Klick auf den jeweiligen Spaltenkopf (nur in der Ansicht DETAILS)

Über das Kontextmenü lassen sich Sortierkriterium und Richtung festlegen (siehe Abbildung 119). Bei einem Mausklick auf einen Spaltenkopf wird die Liste nach den Werten dieser Spalte sortiert. Wurde zuvor nach einem anderen Kriterium sortiert, dann erfolgt die Sortierung aufsteigend, ansonsten wird zwischen auf- und absteigender Sortierung umgeschaltet.

Wieder stellvertretend für die anderen Kriterien wird in Listing 244 die Implementierung des Ereignis-Handlers für das Kontext-Menü DATEINAME dargestellt. Die Listings der übrigen Handler finden Sie auf der Buch-CD. Die Handler legen das Kriterium fest und rufen die Methode `SetOrderMenuCheckAndSort` auf (Listing 245).

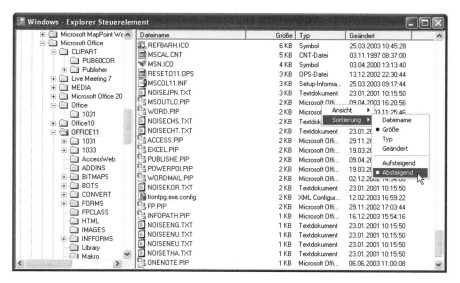

Abbildung 119: Sortieren der Dateiliste

```
Private Sub MNOrderBy1_Click(ByVal sender As System.Object, _
  ByVal e As System.EventArgs) Handles MNOrderBy1.Click

  ' Sortierkriterium setzen
  ExpFileSorter.SortCriteria = ExplorerFileSorter.Criteria.ByName

  ' ListView sortieren und Menüs aktualisieren
  SetOrderMenuCheckAndSort()

End Sub
```

Listing 244: Auswahl des Sortierkriteriums über ein Kontext-Menü

```
Protected Sub SetOrderMenuCheckAndSort()

  ' Sortierung durchführen
  LVFiles.Sort()

  ' Punkte setzen
  MNOrderBy1.Checked = _
    ExpFileSorter.SortCriteria = ExplorerFileSorter.Criteria.ByName
  MNOrderBy2.Checked = _
    ExpFileSorter.SortCriteria = ExplorerFileSorter.Criteria.BySize
  MNOrderBy3.Checked = _
    ExpFileSorter.SortCriteria = ExplorerFileSorter.Criteria.ByType
  MNOrderBy4.Checked = ExpFileSorter.SortCriteria = _
    ExplorerFileSorter.Criteria.ByLastChange

  MNOrderAsc.Checked = ExpFileSorter.Ascending
  MNOrderDesc.Checked = Not ExpFileSorter.Ascending

End Sub
```

Listing 245: Liste sortieren und Menüs aktualisieren

In SetOrderMenuCheckAndSort wird die ListView zum Sortieren der Einträge aufgefordert und die Punkte, die die aktuelle Auswahl im Kontext-Menü markieren, gesetzt.

Etwas aufwändiger ist die Sortierung über Mausklicks auf die Spaltenköpfe. Da die Reihenfolge der Spalten im Designer geändert werden kann und sich so deren Index auch ändern kann, muss eine sichere Zuordnung zwischen Spalte und Sortierkriterium vorgesehen werden. Hierzu wird die Definition der Klasse ColumnHeader um eine Eigenschaft für das Sortierkriterium erweitert (Listing 246). Den vier Member-Variablen vom Typ ColumnHeader müssen Sie von Hand den neuen Typ zuweisen:

```
Friend WithEvents CHName As ExplorerColumnHeader
Friend WithEvents CHSize As ExplorerColumnHeader
Friend WithEvents CHChanged As ExplorerColumnHeader
Friend WithEvents CHType As ExplorerColumnHeader
```

Dann zeigt der Designer die in Abbildung 120 abgebildete Erweiterung. So lässt sich bereits zur Entwurfszeit festlegen, welche Spalte welchem Sortierkriterium zugeordnet wird. Werden die Spalten später verschoben, hat das keinen Einfluss auf diese Zuordnung.

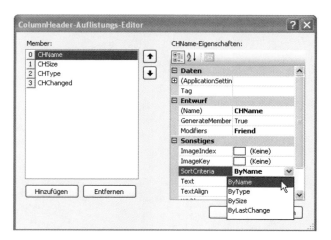

Abbildung 120: Feste Zuordnung des Sortierkriteriums zu einer Spalte im Designer

```
Public Class ExplorerColumnHeader
   Inherits ColumnHeader

   ' Speicherung des zugehörigen Sortierkriteriums
   Protected sortBy As ExplorerFileSorter.Criteria

   ' Öffentliche Eigenschaft hierzu (für Verwendung im PropertyGrid
   Public Property SortCriteria() As ExplorerFileSorter.Criteria
     Get
       Return sortBy
     End Get
     Set(ByVal Value As ExplorerFileSorter.Criteria)
       sortBy = Value
     End Set
   End Property

End Class
```

Listing 246: ExplorerColumnHeader erweitert die Klasse ColumnHeader um das
Sortierkriterium

Bei einem Klick auf einen Spaltenkopf wird der Event-Handler LVFiles_ColumnClick (Listing 247)
aufgerufen. Übergeben wird der Index der Spalte, der zur Ermittlung des ExplorerColumnHeader-
Objektes herangezogen wird. Das Sortierkriterium wird festgelegt und anschließend wiederum
SetOrderMenuCheckAndSort für die Sortierung und Aktualisierung der Kontext-Menüs aufgerufen.

```
Private Sub LVFiles_ColumnClick(ByVal sender As Object, _
   ByVal e As System.Windows.Forms.ColumnClickEventArgs) _
   Handles LVFiles.ColumnClick

   ' Erweitertes ColumnHeader-Objekt ermitteln
```

Listing 247: Sortierung bei Klick auf einen Spaltenkopf

```
Dim ch As ExplorerColumnHeader = _
  DirectCast(LVFiles.Columns(e.Column), ExplorerColumnHeader)

' Sortierkriterium setzen
ExpFileSorter.SortCriteria = ch.SortCriteria

' ListView sortieren und Menüs aktualisieren
SetOrderMenuCheckAndSort()

End Sub
```

Listing 247: Sortierung bei Klick auf einen Spaltenkopf (Forts.)

133 FolderBrowser-Steuerelement mit zusätzlichen CheckBoxen zum Aufbau von Verzeichnislisten

> Die beschriebene Klasse ist Bestandteil der Klassenbibliothek `GuiControls`. Sie finden sie dort im Namensraum `VBCodeBook.GuiControls`.

In Rezept 130 (Steuerelement für Verzeichnisauswahl) wurde beschrieben, wie ein Steuerelement aufgebaut wird, das die Verzeichnisstruktur eines Computers anzeigen kann. Dieses Steuerelement soll nun so erweitert werden, dass der Anwender individuell Verzeichnisse für eine weitere Bearbeitung markieren kann. Hierzu soll für jeden Verzeichniseintrag eine Check-Box angezeigt werden.

Der Anwender kann dann durch Setzen der entsprechenden CheckBoxen Verzeichnisse auswählen, die z.B. kopiert, archiviert, komprimiert oder gelöscht werden sollen oder welche Aufgabe auch immer Sie damit verbinden möchten. Die Auswahllogik wird folgendermaßen definiert (vergleiche Abbildung 121):

1. Durch Setzen eines CheckBox-Häkchens werden das dazugehörige Verzeichnis sowie alle Unterverzeichnisse ausgewählt

2. Durch Entfernen eines CheckBox-Häkchens wird die Auswahl für das dazugehörige Verzeichnis sowie für alle Unterverzeichnisse zurückgenommen

3. Bei Zustandsänderung einer CheckBox wird die CheckBox des übergeordneten Verzeichnisses P wie folgt geändert:

   1. Sind alle Unterverzeichnisse von P ausgewählt, dann erhält P ein schwarzes Häkchen

   2. Ist kein Unterverzeichnis von P ausgewählt, wird das Häkchen entfernt

   3. In allen anderen Fällen wird ein graues Häkchen gesetzt

4. Regel 1, 2 und 3 werden rekursiv angewendet, bis die unterste bzw. oberste Verzeichnisebene erreicht wird

Abbildung 121: Erweiterung der Verzeichnisauswahl mit CheckBoxen

Für die Realisierung der genannten Regeln werden CheckBoxen benötigt, die drei Zustände annehmen können. Daher reicht die vom TreeView-Steuerelement bereitgestellte Möglichkeit, CheckBoxen über die Eigenschaft CheckBoxes anzuzeigen, nicht aus. Die von der TreeView angebotenen CheckBoxen unterstützen nur zwei Zustände.

Platzieren zusätzlicher Steuerelemente auf einem TreeView-Control

Stattdessen wird für jeden Verzeichniseintrag eine gewöhnliche CheckBox auf der TreeView platziert. Ein TreeView-Control kann beliebige Steuerelemente aufnehmen, sie müssen nur der Controls-Auflistung der TreeView zugeordnet werden. Im Paint-Ereignis werden die Check-Boxen positioniert und angezeigt.

Um eine CheckBox fest an einen Verzeichniseintrag binden zu können, wird die Klasse Folder-BrowserA.TreeNode erweitert (Listing 248. Als zusätzliches Element wird die Referenz Bound-Checkbox vorgesehen. Im Konstruktor werden Pfad und Anzeigetext gespeichert. Damit die CheckBox zwischen dem Verzeichnissymbol und dem Text angeordnet werden kann, ohne einen Teil des Textes zu verdecken, werden dem Text einige Leerzeichen vorangestellt.

Der Referenzvariablen BoundCheckbox wird eine neu angelegte CheckBox-Instanz zugewiesen. Die CheckBox selbst soll keinen Text darstellen, sondern lediglich die quadratische Schaltfläche anzeigen. Um später bei gegebener CheckBox den zugehörigen Knoten ermitteln zu können, wird die Referenz des Knotens in der Eigenschaft Tag gespeichert. Letztlich wird die neue CheckBox der Controls-Auflistung des zugrunde liegenden TreeView-Controls hinzugefügt.

```vbnet
Friend Class TreeNodeExt
   Inherits FolderBrowserA.TreeNode

   ' Gebundene CheckBox für diesen Knoten
   Public BoundCheckbox As CheckBox

   ' Konstruktor legt bereits die CheckBox an
   Public Sub New(ByVal tv As TreeView, ByVal text As String, _
      ByVal path As String)

      ' Verzeichnispfad
      Me.Path = path

      ' Etwas Platz (Leerzeichen) für die CheckBox einräumen
      Me.Text = "      " & text

      ' Neue CheckBox anlegen
      ' Die CheckBox zeigt nur die Schaltfläche an und
      ' enthält keinen Text
      BoundCheckbox = New CheckBox
      BoundCheckbox.FlatStyle = FlatStyle.System

      ' Die Tag-Eigenschaft der CheckBox verweist auf den
      ' zugehörigen Knoten
      BoundCheckbox.Tag = Me

      ' CheckBox der Controls-Auflistung der TreeView hinzufügen
```

Listing 248: Erweiterung der Klasse FolderBrowserA.TreeNode um eine gebundene CheckBox

```
    tv.Controls.Add(BoundCheckbox)

  End Sub
End Class
```

*Listing 248: Erweiterung der Klasse FolderBrowserA.TreeNode um eine gebundene
          CheckBox (Forts.)*

Neue Verzeichnisknoten werden mithilfe der Methode `AddNode` hinzugefügt. Diese wird für die
Erweiterung überschrieben (Listing 249). Ein neuer Knoten vom Typ `TreeNodeExt` wird der als
Parameter übergebenen Auflistung hinzugefügt. Das Häkchen der zugehörigen CheckBox wird
abhängig vom Zustand des Elternknotens gesetzt. Zwei Ereignis-Handler (`BoundCheckbox_`
`CheckStateChanged` und `BoundCHeckbox_Click`, siehe unten) werden an die CheckBox gebunden,
um auf Auswahl und Zustandsänderung reagieren zu können.

```
Protected Overrides Function AddNode(ByVal nodeCollection As _
  System.Windows.Forms.TreeNodeCollection, _
  ByVal caption As String, ByVal path As String) As TreeNode

  ' neuen Knoten mit CheckBox anlegen
  Dim tn As New TreeNodeExt(TVDirectories, caption, path)

  ' Knoten an übergebene Liste anhängen
  nodeCollection.Add(tn)

  ' Wenn der Elternknoten einen Haken hat, dann auch bei diesem
  ' Knoten einen setzen
  Dim p As TreeNodeExt = DirectCast(tn.Parent, TreeNodeExt)
  If Not p Is Nothing Then
    tn.BoundCheckbox.Checked = p.BoundCheckbox.Checked
  End If

  ' Ereignis-Handler binden
  AddHandler tn.BoundCheckbox.CheckStateChanged, _
    New EventHandler(AddressOf BoundCheckbox_CheckStateChanged)

  AddHandler tn.BoundCheckbox.Click, New EventHandler( _
    AddressOf BoundCheckbox_Click)

  Return tn

End Function
```

Listing 249: Die überschriebene Methode AddNode berücksichtigt auch die CheckBox

Positionieren und Anzeigen der CheckBoxen

Bislang werden die CheckBoxen zwar angelegt, aber noch nicht angezeigt. Die Anzeige erfolgt
im `Paint`-Ereignis der TreeView. Leider kann dieses Ereignis nur über einen Umweg abgefangen
werden (siehe Rezept 129, Abfangen von Windows-Nachrichten). Hierfür wird eine Instanz der
von `NativeWindow` abgeleiteten Klasse `NAWTreeView` (Listing 251) angelegt (siehe Listing 250),
deren Referenz in der Membervariablen `NAWTV` gespeichert wird.

```
Private Sub TVDirectories_HandleCreated(ByVal sender As Object, _
    ByVal e As System.EventArgs) Handles TVDirectories.HandleCreated

    ' NativeWindow-Instanz anlegen und binden
    NAWTV = New NAWTreeView(TVDirectories)
End Sub

Private Sub TVDirectories_HandleDestroyed(ByVal sender As Object, _
    ByVal e As System.EventArgs) _
    Handles TVDirectories.HandleDestroyed

    ' Handle wieder freigeben
    NAWTV.ReleaseHandle()
End Sub
```

Listing 250: Binden einer NativeWindow-Instanz für den Zugriff auf die WndProc-Methode

```
Protected Class NAWTreeView
    Inherits NativeWindow

    ' Referenz der zugehörigen TreeView
    Private tvDirectories As TreeView

    ' Konstruktor bindet die NativeWindow-Instanz an die TreeView
    Public Sub New(ByVal tvdir As TreeView)
        tvDirectories = tvdir
        AssignHandle(tvdir.Handle)
    End Sub

    Protected Overrides Sub WndProc( _
        ByRef m As System.Windows.Forms.Message)

        ' Methode der Basisklasse aufrufen (wichtig!)
        MyBase.WndProc(m)

        Dim r As Rectangle
        ' WM_PAINT?
        If m.Msg = &HF Then
            For Each c As Control In tvDirectories.Controls
                If TypeOf c Is CheckBox Then
                    Dim cb As CheckBox = DirectCast(c, CheckBox)

                    ' Knoten ermitteln
                    Dim tn As TreeNodeExt = DirectCast(cb.Tag, TreeNodeExt)

                    ' Nur wenn der Knoten sichtbar ist,
                    ' die CheckBox positionieren
                    If tn.IsVisible Then
                        ' Position und Größe berechnen
                        r = tn.Bounds
```

Listing 251: Paint-Ereignis der TreeView über eine NativeWindow-Instanz abfangen

```
          cb.SetBounds(r.X, r.Y + 1, cb.Height, r.Height)
       End If

       ' CheckBox ist nur sichtbar, wenn auch der Knoten
       ' sichtbar ist
       cb.Visible = tn.IsVisible

      End If
    Next
  End If
 End Sub
End Class
```

Listing 251: Paint-Ereignis der TreeView über eine NativeWindow-Instanz abfangen (Forts.)

In der WndProc-Methode von NAWTreeView wird nach Aufruf der gleichnamigen Methode der Basisklasse überprüft, ob es sich um eine WM_PAINT-Nachricht (entspricht dem Paint-Ereignis anderer Steuerelemente) handelt. Ist das der Fall, dann wird in einer Schleife die gesamte Controls-Auflistung der TreeView durchlaufen. Für jede gefundene CheckBox wird der zugeordnete Knoten ermittelt. Ist dieser sichtbar, dann wird über dessen Eigenschaft Bounds das umschließende Rechteck bestimmt und anschließend mit SetBounds Größe und Position der CheckBox gesetzt. Die Visible-Eigenschaft der CheckBox wird entsprechend der Sichtbarkeit des Knotens gesetzt. Diese ergibt sich aus dem Wert der Eigenschaft IsVisible. Wenn der Knoten nicht sichtbar ist, weil er z.B. durch Scrollen aus dem Anzeigebereich der TreeView herausgeschoben wurde, dann muss auch die zugehörige CheckBox nicht sichtbar sein.

Immer wenn die TreeView neu gezeichnet wird, werden auch die CheckBoxen positioniert. So wird sichergestellt, dass eine CheckBox immer neben ihrem zugehörigen Verzeichnisknoten sichtbar ist.

Setzen der Häkchen in über- und untergeordneten Knoten

Der Ereignis-Handler BoundCheckbox_CheckStateChanged wird immer dann aufgerufen, wenn sich der Zustand einer CheckBox geändert hat, auch dann, wenn die Zustandsänderung nicht durch eine Mausaktion, sondern durch programmatisches Setzen der Eigenschaft CheckState erfolgt. Wenn also im Ereignis-Handler die CheckBoxen des übergeordneten bzw. der untergeordneten Verzeichnisse geändert werden, dann wird auch für diese Änderungen jeweils ein Event ausgelöst. Diese Gegebenheit wird genutzt, um rekursiv alle erforderlichen Änderungen vorzunehmen. Zur Steuerung werden zwei Membervariablen definiert:

```
Protected CheckingChildren As Integer = 0
Protected CheckingParents As Integer = 0
```

Betrachten wir zunächst den in Abbildung 122 dargestellten logischen Ablauf der Ereignisbehandlung. Im Bild sehen Sie die verschiedenen Stadien des rekursiven Aufrufs. Die Anwenderaktion besteht darin, in der noch nicht markierten CheckBox des Verzeichnisses *Microsoft Office* ein Häkchen zu setzen. Nachfolgend werden die Schritte gemäß der Nummerierung in der Abbildung durchlaufen. Zunächst erfolgt die Änderung des jeweiligen Eltern-Verzeichnisses. In dieser Richtung wird CheckingParents inkrementiert. Die Rekursion wird beendet, wenn das Root-Verzeichnis (hier das Laufwerk) erreicht wird. Nach Änderung des CheckStates wird CheckingParents wieder dekrementiert. CheckingParents steht wieder auf Null, wenn alle rekursiven Aufrufe abgeschlossen sind und der Programmablauf wieder im ursprünglichen Event angekommen ist.

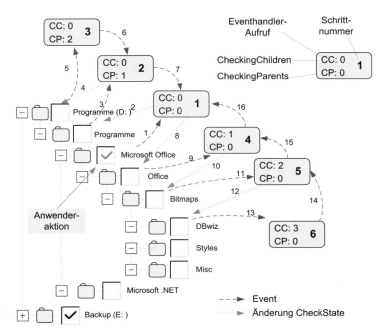

Abbildung 122: Ablauf der rekursiven Aufrufe des Ereignis-Handlers
BoundCheckbox_CheckStateChanged

Danach erfolgt die Änderung der Zustände der Unterverzeichnisse. Nun wird `CheckingChildren` inkrementiert um die durch die Zustandsänderung ausgelöste Rekursion zu steuern. Sind die Häkchen aller angezeigten Unterverzeichnisse korrekt gesetzt, dann endet die Rekursion und `CheckingChildren` wird wieder dekrementiert.

Anhand der beiden Zähler kann somit bestimmt werden, in welchem Zustand sich die Rekursion befindet. Ohne diese Unterscheidung würde es schnell zu Endlosschleifen kommen. Den zugehörigen Code sehen Sie in Listing 252.

Mithilfe zweier TypeCasts werden die auslösende CheckBox und der dazugehörige Knoten ermittelt. Im ersten Schritt (`CheckingChildren = 0`) wird der Elternknoten, sofern er existiert, betrachtet. Es wird überprüft, wie viele Unterverzeichnisse des Elternknotens ein gesetztes Häkchen aufweisen. Ist bei allen Unterverzeichnissen das Häkchen gesetzt, erhält auch der Elternknoten ein schwarzes Häkchen (`CheckState.Checked`). Ist es bei keinem Unterverzeichnis gesetzt, wird auch das Häkchen des Elternknotens gelöscht (`CheckState.Unchecked`). In allen anderen Fällen wird ein graues Häkchen (`CheckState.Indeterminate`) eingetragen. Die Änderung der `CheckState`-Eigenschaft führt zum rekursiven Aufruf des Ereignis-Handlers (s.o.).

Im zweiten Schritt (`CheckingParents = 0`) wird den CheckBoxen der Unterverzeichnisse der gleiche Zustand zugewiesen, wie ihn der Anwender in der aktiven CheckBox eingestellt hat (nur `CheckState.Checked` oder `CheckState.Unchecked` sind möglich). Auch hier führt die Änderung wieder zur Rekursion (s.o.).

Abschließend (alle rekursiven Aufrufe sind beendet, sowohl `CheckingChildren` als auch `CheckingParents` haben den Wert 0) wird ein Ereignis (`DirectoryChecked` oder `DirectoryUnchecked`) ausgelöst, das das Anwendungsprogramm über die Änderung benachrichtigt.

```vbnet
Private Sub BoundCheckbox_CheckStateChanged( _
  ByVal sender As Object, ByVal e As System.EventArgs)

  ' Welche CheckBox hat das Ereignis ausgelöst?
  Dim cb As CheckBox = DirectCast(sender, CheckBox)

  ' Welcher Knoten gehört dazu?
  Dim tn As TreeNodeExt = DirectCast(cb.Tag, TreeNodeExt)

  ' Nicht durchlaufen, wenn gerade Unterverzeichnisse rekursiv
  ' abgearbeitet werden
  If CheckingChildren = 0 Then
    Dim pn As TreeNodeExt = DirectCast(tn.Parent, TreeNodeExt)
    If Not pn Is Nothing Then
      Dim noneChecked As Boolean = True
      Dim allChecked As Boolean = True

      ' Alle Knoten auf der Ebene (Geschwister von tn) durchlaufen
      For Each tnSibbling As TreeNodeExt In pn.Nodes
        Select Case tnSibbling.BoundCheckbox.CheckState
          Case CheckState.Checked
            noneChecked = False
          Case CheckState.Indeterminate
            allChecked = False
            noneChecked = False
          Case CheckState.Unchecked
            allChecked = False
        End Select

        If Not allChecked And Not noneChecked Then Exit For
      Next

      ' Das Setzen des CheckStates löst einen Event aus
      ' Daher wird der Merker inkrementiert, um die Rekursion
      ' einzuschränken
      CheckingParents += 1

      If allChecked Then
        ' Alle Unterverzeichnisse ausgewählt?
        pn.BoundCheckbox.CheckState = CheckState.Checked

      ElseIf noneChecked Then
        ' Kein Unterverzeichnis ausgewählt?
        pn.BoundCheckbox.CheckState = CheckState.Unchecked
      Else
        ' Einige, aber nicht alle ausgewählt
        pn.BoundCheckbox.CheckState = CheckState.Indeterminate
      End If

      ' Merker dekrementieren
      CheckingParents -= 1
```

Listing 252: BoundCheckbox_CheckStateChanged wird rekursiv abgearbeitet

```
      End If
    End If

    ' Nicht durchlaufen, wenn gerade Elternverzeichnisse abgearbeitet
    ' werden
    If CheckingParents = 0 Then
      For Each child As TreeNodeExt In tn.Nodes
        CheckingChildren += 1
        '
        child.BoundCheckbox.CheckState = cb.CheckState
        CheckingChildren -= 1
      Next
    End If

    ' Nur, wenn Sender die CheckBox ist, auf die der Anwender geklickt
    ' hat. Nicht durchlaufen bei rekursiven Aufrufen für Eltern-
    ' oder Unterverzeichnisse

    If CheckingChildren + CheckingParents = 0 Then

      ' Ereignis auslösen
      If cb.Checked Then
        RaiseEvent DirectoryChecked(Me, _
          New SelectionEventArgs(tn.Path))
      Else
        RaiseEvent DirectoryUnchecked(Me, _
          New SelectionEventArgs(tn.Path))
      End If
    End If

End Sub
```

Listing 252: BoundCheckbox_CheckStateChanged wird rekursiv abgearbeitet (Forts.)

Wird eine CheckBox durch eine Benutzeraktion gesetzt, dann soll automatisch der zugehörige Knoten der TreeView aktiviert werden, um eine bessere visuelle Rückmeldung zu erreichen. Hierzu wird im Ereignis-Handler BoundCheckbox_Click (Listing 253) der TreeView der Fokus zugewiesen und der entsprechende Knoten selektiert.

```
Private Sub BoundCheckbox_Click(ByVal sender As Object, _
  ByVal e As System.EventArgs)

  ' Knoten selektieren
  TVDirectories.SelectedNode = DirectCast(DirectCast( _
    sender, CheckBox).Tag, TreeNodeExt)

  ' Fokus auf TreeView setzen
  TVDirectories.Focus()

End Sub
```

Listing 253: Markieren des Verzeichnisses nach Klick auf die CheckBox

Auflisten der ausgewählten Verzeichnisse

Um die ausgewählten Verzeichnisse weiter bearbeiten zu können, kann das Anwendungsprogramm eine Liste in Form eines String-Arrays abfragen. Hierzu steht die Methode GetSelectedDirectories zur Verfügung. Folgende Annahme wird getroffen:

Das Anwendungsprogramm durchläuft die Liste und bearbeitet jedes aufgeführte Verzeichnis und alle seine Unterverzeichnisse. Ein Verzeichnis soll nur einmal bearbeitet werden.

Daraus folgt, dass ein Verzeichnis nur genau dann in die Liste aufgenommen wird, wenn alle seine Unterverzeichnisse ausgewählt sind. Die Unterverzeichnisse selbst werden nicht mit aufgenommen. Der Verzeichnisbaum muss somit beginnend mit der obersten Ebene rekursiv durchlaufen werden.

Die öffentliche parameterlose Methode GetSelectedDirectories (Listing 254 legt eine leere Hilfsliste in Form eines ArrayList-Objektes an und übergibt diese an die geschützte rekursive Überladung, die die Liste entsprechend füllt. Anschließend wird aus der Liste ein String-Array erzeugt und zurückgegeben.

Im rekursiven Zweig wird die übergebene Knotenliste (beim ersten Aufruf ist es die Liste der Stamm-Knoten, also der Verzeichnisse) durchlaufen. Ist die zugehörige CheckBox gesetzt (CheckState.Checked), dann wird der Knoten in die Ergebnisliste aufgenommen. Seine Unterverzeichnisse werden nicht weiter betrachtet. Hat die zugehörige CheckBox den Zustand CheckState.Indeterminate, dann wird zwar der Knoten selbst nicht mit aufgenommen, die Methode aber für die Liste der untergeordneten Verzeichnisknoten rekursiv aufgerufen. Knoten, deren CheckBox kein Häkchen aufweist, sind nicht ausgewählt und werden nicht weiter beachtet.

```
Public Overridable Function GetSelectedDirectories() As String()

  ' Hilfsliste
  Dim list As New ArrayList

  ' Aufruf der rekursiven Überladung
  GetSelectedDirectories(TVDirectories.Nodes, list)

  ' Rückgabe eines String-Arrays
  Return DirectCast(list.ToArray(GetType(String)), String())

End Function

Protected Overridable Sub GetSelectedDirectories( _
  ByVal nodelist As TreeNodeCollection, ByVal list As ArrayList)

  ' Die übergebene Knotenliste durchlaufen
  For Each tn As TreeNodeExt In nodelist
    If tn.BoundCheckbox.CheckState = CheckState.Checked Then
      ' Wenn der Unterknoten ausgewählt ist, nur diesen in die
      ' Liste aufnehmen
      list.Add(tn.Path)
    ElseIf _
      tn.BoundCheckbox.CheckState = CheckState.Indeterminate Then
      ' Wenn nur einige Unterknoten dieses Unterknotens ausgewählt
```

Listing 254: Generieren einer Liste, die die ausgewählten Verzeichnisse aufführt

Windows Controls

```
      ' sind, rekursiver Aufruf für diesen Unterknoten
      GetSelectedDirectories(tn.Nodes, list)
    End If
  Next
End Sub
```

Listing 254: Generieren einer Liste, die die ausgewählten Verzeichnisse aufführt (Forts.)

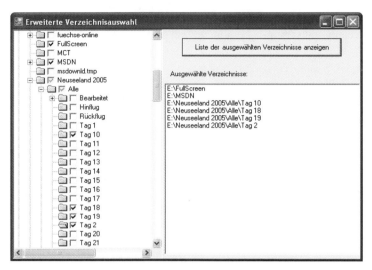

Abbildung 123: Ausgabe der ausgewählten Verzeichnisse im Anwendungsprogramm

Abbildung 123 zeigt eine Beispielanwendung für das Steuerelement in einer Windows-Form. Durch Betätigen der Schaltfläche wird eine ListBox mit den bereitgestellten Informationen gefüllt (Listing 255).

```
' ListBox leeren
LBSelectedDirectories.Items.Clear()

' Array mit ausgewählten Verzeichnissen abfragen
Dim s() As String = FolderBrowserB1.GetSelectedDirectories()

' Verzeichnisse in ListBox anzeigen
LBSelectedDirectories.Items.AddRange(s)
```

Listing 255: Abfrage der ausgewählten Verzeichnisse

134 Benutzerdefinierte Steuerelemente mit nicht rechteckigem Umriss

Benutzerdefinierte Steuerelemente bedecken im Normalfall eine rechteckige Fläche. Alle Bereiche, die nicht durch eigene Zeichenoperationen in OnPaint übermalt oder durch andere Steuerelemente verborgen werden, werden mit der Hintergrundfarbe gefüllt. Um dieses Verhalten zu ändern, sind mehrere Schritte notwendig.

Die naheliegendste Idee wäre, das Zeichnen des Hintergrundes ganz zu unterdrücken. Leider wird dann auch der Hintergrund des Containers, auf dem das Steuerelement liegt, nicht mehr gezeichnet. Daher ist die einfachste Lösung, als Hintergrundfarbe Color.Transparent einzustellen.

Damit eine transparente Hintergrundfarbe überhaupt möglich ist, muss der Stil SupportsTransparentBackColor gesetzt werden. Insgesamt empfehlen sich die folgenden Maßnahmen im Konstruktor des Steuerelementes:

```vbnet
' Zeichnen des Hintergrundes für Transparenzeffekt erzwingen
SetStyle(Windows.Forms.ControlStyles.Opaque, False)

' Transparenz ermöglichen
SetStyle(Windows.Forms.ControlStyles.SupportsTransparentBackColor, _
  True)

' Transparenten Hintergrund einstellen
Me.BackColor = Color.Transparent

' Flackern bei Größenänderung minimieren
SetStyle(Windows.Forms.ControlStyles.UserPaint, True)
SetStyle(Windows.Forms.ControlStyles.AllPaintingInWmPaint, True)
SetStyle(Windows.Forms.ControlStyles.DoubleBuffer, True)
```

Mit dieser Einstellung wird der Hintergrund des Steuerelementes, also alle Flächen, die nicht anderweitig verdeckt werden, transparent. Er wird durch den Hintergrund des Containers ersetzt. Listing 256 zeigt ein Beispiel für ein kreisförmiges Steuerelement. In OnResize werden Mittelpunkt und Radius errechnet, in OnPaint der Kreis gezeichnet. Wie das Steuerelement auf einem Fenster mit Hintergrundbild im Designer dargestellt wird, sehen Sie in Abbildung 124. Zur Laufzeit ist die tatsächliche Größe nicht mehr zu erkennen (Abbildung 125).

```vbnet
Protected Overrides Sub OnPaint(ByVal e As System.Windows.Forms.PaintEventArgs)

  Dim g As Graphics = e.Graphics

  ' Koordinatenursprung in den Mittelpunkt legen
  g.TranslateTransform(Center.X, Center.Y)

  ' Kreis zeichnen
  Dim r As New Rectangle(-Radius, -Radius, Radius * 2, Radius * 2)
  g.FillEllipse(Brushes.White, r)

End Sub

Protected Overrides Sub OnResize(ByVal e As System.EventArgs)

  ' Mittelpunkt berechnen
  Center = New Point(Width \ 2, Height \ 2)

  ' Radius ist kleinster Abstand in x- oder y-Richtung
  Radius = Math.Min(Center.X, Center.Y) - 1

  ' Bild neu zeichnen
```

Listing 256: Zeichnen eines kreisförmigen Steuerelementes

```
    Refresh()

  End Sub
```

Listing 256: Zeichnen eines kreisförmigen Steuerelementes (Forts.)

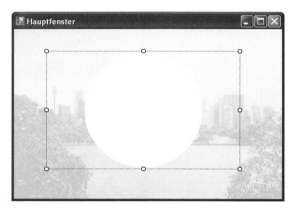

Abbildung 124: Steuerelemente müssen nicht immer rechteckig sein

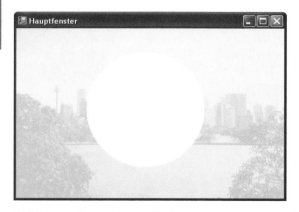

Abbildung 125: Zur Laufzeit sieht man nur die gezeichneten Umrisse

135 Mausposition in kreisförmigen Steuerelementen in Winkel umrechnen

Oft benötigt man für kreisförmige Steuerelemente eine Koordinatentransformation, die die kartesischen Koordinaten, die in den MouseMove-, MouseDown- und MouseUp-Ereignissen übergeben werden, in Winkel und Abstand zum Mittelpunkt umrechnen. Mit etwas Schulmathematik und ein paar Funktionen der Klasse Math lässt sich diese Aufgabe leicht bewältigen.

Bei einem gewöhnlichen Koordinatensystem, bei dem die X-Achse nach rechts und die Y-Achse nach oben zeigt, gilt für den Winkel á zwischen der positiven Y-Achse und einem beliebigen Punkt P(x, y):

tan(α) = x / y

und somit für den Winkel :

α = atan (x / y).

Da der Tangens jedoch über einen Vollkreis nicht eindeutig ist und somit der Arcustangens nur den Winkelbereich eines Halbkreises abdeckt, muss für die einzelnen Quadranten des Koordinatensystems eine Fallunterscheidung vorgenommen werden. Glücklicherweise bietet die Klasse Math bereits eine Methode, die Ihnen diese Arbeit abnimmt. Statt

Math.Atan (x / y)

verwendet man den Ausdruck

Math.Atan2 (x, y)

Das Ergebnis dieses Funktionsaufrufes ist der Winkel in Bogenmaß zwischen der positiven Y-Achse und dem Punkt P(x, y). Er ist positiv für x > 0 und negativ für x < 0. Dieser Winkel muss nun noch auf das Koordinatensystem des Fensters (siehe Abbildung 126) umgerechnet werden. In diesem System zeigt die Y-Achse nach unten und die Bezugsachse für den gesuchten Winkel ist der negative Teil der Y-Achse. Zudem soll der Winkel auf einen Bereich von 0° bis 360° abgebildet werden. Folgende Umrechnungsformel liefert das gewünschte Ergebnis:

α = 180° - atan2 (x, y) * 180° / Π

Der Radius errechnet sich nach Pythagoras :

r = sqrt (x² + y²)

wobei sqrt die Wurzelfunktion darstellt.

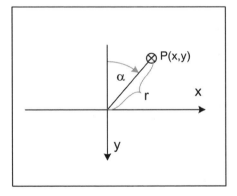

Abbildung 126: Umrechnen der X/Y-Koordinaten in Winkel und Radius

Wendet man die Formeln in der Überschreibung der Methode OnMouseMove für das Steuerelement des vorherigen Rezeptes an, ergibt sich die in Listing 257 gezeigte Implementierung. Die Mausposition wird zunächst auf den Kreismittelpunkt bezogen. dx und dy sind dann die Koordinaten entsprechend des Systems in Abbildung 126. Nach erfolgter Berechnung wird das Steuerelement neu gezeichnet.

```
Protected Overrides Sub OnMouseMove(ByVal e As _
    System.Windows.Forms.MouseEventArgs)
```

Listing 257: Winkel und Radius berechnen und anschließend Neuzeichnen des Fensters initiieren

```
Dim dx As Double = e.X - Center.X
Dim dy As Double = e.Y - Center.Y

' Winkel berechnen
Me.MouseAngle = -Math.Atan2(dx, dy) * 180 / Math.PI + 180

' Aus Performance-Gründen wird hier das Quadrat nicht mit z^2
' berechnet werden
Me.MouseRadius = Math.Sqrt(dx * dx + dy * dy)

Invalidate()

End Sub
```

Listing 257: Winkel und Radius berechnen und anschließend Neuzeichnen des Fensters initiieren (Forts.)

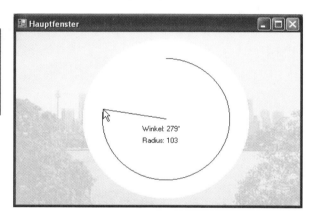

Abbildung 127: Umrechnen der Mausposition in Winkel und Radius

Winkel und Radius werden in zwei Member-Variablen gespeichert:

```
' Winkel zwischen y-Achse und Mausposition
Protected MouseAngle As Double

' Abstand zwischen Kreismittelpunkt und Mausposition
Protected MouseRadius As Double
```

Die `OnPaint`-Methode wird für dieses Beispiel um folgende Ausgaben erweitert (siehe auch Abbildung 127):

1. Ausgabe des Winkels als Text

2. Ausgabe des Radius als Text

3. Zeichnen eines Kreisbogens bis zur Mausposition

4. Zeichnen einer Linie vom Mittelpunkt zur Mausposition

Hierzu werden die beiden berechneten Größen `MouseAngle` und `MouseRadius` herangezogen. Die Methode `DrawArc` zeichnet einen Kreisbogen beginnend mit einem Startwinkel über einen vorgegebenen Winkelbereich. Als Bezugsachse gilt die positive X-Achse, so dass sich als Startwinkel -90° ergibt. Interessanterweise werden die Winkel für `DrawArc` in Grad und nicht, wie sonst in der Mathematik üblich, in Bogenmaß angegeben.

Zum Zeichnen der Linie vom Mittelpunkt zur Mausposition müssen die X/Y-Koordinaten zurückgerechnet werden. Hierbei gilt:

```
x = r * sin (á)
```

und

```
y =-r * cos(α).
```

Die vollständige Implementierung, die auch die notwendigen Typumwandlungen berücksichtigt, sehen Sie in Listing 258.

```
Protected Overrides Sub OnPaint(ByVal e As _
  System.Windows.Forms.PaintEventArgs)

  Dim g As Graphics = e.Graphics

  ' Koordinatenursprung in den Mittelpunkt legen
  g.TranslateTransform(Center.X, Center.Y)

  ' Kreis zeichnen
  Dim r As New Rectangle(-Radius, -Radius, Radius * 2, Radius * 2)
  g.FillEllipse(Brushes.White, r)

  ' Winkel und Radius ausgeben
  g.DrawString("Winkel: " & MouseAngle.ToString("0") & "°", _
    Font, Brushes.Black, -40, 10)
  g.DrawString("Radius: " & MouseRadius.ToString("0"), Font, _
    Brushes.Black, -40, 30)

  ' Zeichnen nur, wenn Radius > 0
  If MouseRadius > 0 Then
    ' Winkel als Kreisbogen zeichnen
    g.DrawArc(Pens.DarkBlue, -CSng(MouseRadius), _
    -CSng(MouseRadius), CSng(MouseRadius * 2), _
    CSng(MouseRadius * 2), -90, CSng(MouseAngle))

    ' Linie vom Mittelpunkt zur Mausposition zeichnen
    g.DrawLine(Pens.DarkBlue, 0, 0, CSng(MouseRadius * _
      Math.Sin(Math.PI / 180 * MouseAngle)), _
      -CSng(MouseRadius * Math.Cos(Math.PI / 180 * MouseAngle)))
  End If

End Sub
```

Listing 258: Darstellen von Winkel und Radius

136   Maus-Ereignisse zur Entwurfszeit abfangen

Im vorherigen Beispiel werden die Mausbewegungen, die das Steuerelement betreffen, in der überschriebenen Methode OnMouseMove abgefangen und auch dort das Neuzeichnen des Steuerelementes eingeleitet. Die Maus-Ereignisse werden allerdings nur zur Laufzeit an das Steuerelement weitergereicht. Zur Entwurfszeit fängt der Designer die Ereignisse ab. Sie werden genutzt, um beispielsweise das Control auf dem Fenster verschieben zu können.

Möchten Sie auch zur Entwurfszeit Maus-Ereignisse nutzen (siehe Abbildung 128), müssen Sie dem Designer dies explizit mitteilen. Hierfür ordnet man der Klasse des Steuerelementes über das Designer-Attribut eine Klasse zu, die die Verteilung der Ereignisse steuert.

```
Imports System.ComponentModel
```

```
<Designer(GetType(CircularUserControl.CircularUserControlDesigner))>
Public Class CircularUserControl
```

CircularUserControlDesigner wird als innere Klasse von CircularUserControl und ist von System.Windows.Forms.Design.ControlDesigner abgeleitet. Überschrieben wird nur die Methode GetHitTest, die der Designer aufruft, um festzustellen, ob das Steuerelement die Mausereignisse an diesem Punkt selbst abhandeln möchte (Rückgabewert True) oder nicht (Rückgabewert False). In der Beispielimplementierung (Listing 259) liefert die Funktion True zurück, wenn der Punkt innerhalb des Kreises liegt. Die Mausaktionen werden also im Entwurfsmodus auf die Kreisfläche beschränkt.

```
Class CircularUserControlDesigner
    Inherits System.Windows.Forms.Design.ControlDesigner

    Protected Overrides Function GetHitTest( _
       ByVal point As System.Drawing.Point) As Boolean

       ' Referenz des Steuerelementes
       Dim cuc As CircularUserControl = _
          DirectCast(Control, CircularUserControl)

       ' Koordinaten des angegebenen Punktes sind
       ' Bildschirmkoordinaten und müssen umgerechnet werden
       Dim p1 As Point = cuc.PointToClient(point)

       ' Mittelpunkt des Kreises
       Dim p2 As Point = cuc.Center

       ' x- und y- Koordinaten in Bezug auf Kreismittelpunkt
       Dim dx As Double = p1.X - p2.X
       Dim dy As Double = p1.Y - p2.Y

       ' Quadrat des Abstands zum Mittelpunkt
       Dim d As Double = dx * dx + dy * dy

       ' Rückgabe True, wenn Punkt innerhalb des Kreises liegt
```

Listing 259: CircularUserControlDesigner steuert die Zuordnung der Mausereignisse zur Entwurfszeit

Windows Controls

```
        Return d < cuc.Radius * cuc.Radius

    End Function

End Class
```

Listing 259: CircularUserControlDesigner steuert die Zuordnung der Mausereignisse zur
*   Entwurfszeit (Forts.)*

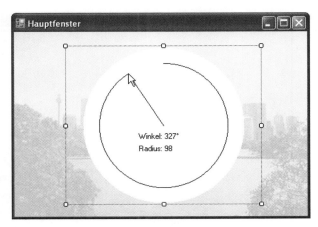

Abbildung 128: Mausaktionen zur Entwurfszeit durchführen

137   Ein Steuerelement zur grafischen Anzeige von Zeitbereichen programmieren

> Die beschriebene Klasse ist Bestandteil der Klassenbibliothek GuiControls. Sie finden sie dort
> im Namensraum VBCodeBook.GuiControls.

Kreisförmige Zeitdiagramme eignen sich hervorragend dazu, Zeitbereiche übersichtlich qualitativ darzustellen. Ordnet man dem Vollkreis eine feste Zeitspanne zu (z.B. 24 Stunden), dann
lassen sich die einzelnen Zeitscheiben visuell leicht erfassen (siehe Abbildung 129). Insbesondere für sich zyklisch wiederholende Aufgaben oder Zustände (hier täglich) lässt sich diese
Diagrammart vorteilhaft einsetzen.

In diesem Rezept werden die Schritte erläutert, die dazu notwendig sind, das Steuerelement
komfortabel bedienen zu können. Dazu gehört unter anderem, dass die Zeitscheiben im Entwurfsmodus über das Eigenschaftsfenster hinzugefügt, entfernt und verändert werden können
und dass beim Überfahren des Steuerelementes mit der Maus Informationen zu Zeitpunkt und
Zeitscheiben angezeigt werden. Die grundsätzlichen Schritte im Umgang mit kreisförmigen
Steuerelementen wurden in den vorangegangenen Rezepten erläutert. Bis zum einsatzfähigen
Control sind aber noch eine Reihe weiterer Aufgaben zu erfüllen.

Die Klasse TimesliceControl bildet den Kern des Steuerelementes. Neben den bereits bekannten Eigenschaften Radius und Center werden die folgenden zusätzlichen Member-Variablen
benötigt:

```
' Auflistung für Zeitscheiben-Objekte
Protected Slices As New TimesliceCollection(Me)

' Gesamtbereich (Vollkreis) als Zeitspanne
Protected tsRange As New TimeSpan(1, 0, 0, 0)

' Anzahl der Skalierungsstriche
Protected nTicks As Integer = 24

' Befindet sich die Maus innerhalb
Protected MouseInside As Boolean = False
Protected TimeAtMouse As TimeSpan
```

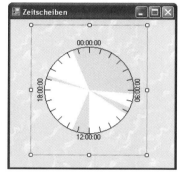

Abbildung 129: Zeitbereiche als Kreissegmente darstellen

Die öffentlichen Eigenschaften Range und Ticks werden direkt auf die geschützten Member-Variablen tsRange und nTicks abgebildet, während die Auflistung der Zeitbereiche über eine öffentliche schreibgeschützte Eigenschaft TimeSlices erfolgt, der noch ein zusätzliches Attribut zugeordnet wird, das weiter unten näher erläutert wird.

```
' Liste der Zeitscheiben-Objekte
<System.ComponentModel.Description( _
"Eingestellte Zeitscheiben"), _
Category("Zeiteinstellungen"), _
DesignerSerializationVisibility( _
DesignerSerializationVisibility.Content)> _
Public ReadOnly Property TimeSlices() As TimesliceCollection
  Get
    Return Slices
  End Get
End Property
```

Listing 260: Öffentliche Eigenschaft TimeSlices erlaubt den Zugriff auf die Auflistung

Ein Zeitbereich wird durch eine Instanz der Klasse Timeslice (Listing 261) definiert. Er beinhaltet Beginn und Ende des Zeitbereichs sowie einen Text für die Aufgabe. Um später einmal das Steuerelement problemlos für Zeitsteuerungen erweitern zu können, werden die Start- und Endzeit nicht als absolute Zeiten vom Typ DateTime gespeichert, sondern als relative Werte vom Typ TimeSpan. So kann man später dem Steuerelement eine Anfangszeit (die sich z.B. täglich um 24 Stunden verschiebt) zuordnen und durch Addition der TimeSpan-Werte direkt den korrekten absoluten Zeitpunkt ermitteln.

```vb
<DesignTimeVisible(False)> _
  Public Class Timeslice
    Inherits System.ComponentModel.Component

    ' Ereignis, das ausgelöst wird, wenn sich die Daten der
    ' Zeitscheibe geändert haben
    Public Event ValueChanged As EventHandler

    ' Anfang und Ende des Bereichs
    Protected PStartTime As TimeSpan
    Protected PEndTime As TimeSpan

    ' Aufgabentext
    Protected PTask As String

    ' Öffentliche Properties
    <Editor(GetType(TimeUIEditor), GetType(UITypeEditor))> _
      Public Property StartTime() As TimeSpan
      Get
        Return PStartTime
      End Get
      Set(ByVal Value As TimeSpan)
        PStartTime = Value
        RaiseEvent ValueChanged(Me, New EventArgs)
      End Set
    End Property

    <Editor(GetType(TimeUIEditor), GetType(UITypeEditor))> _
    Public Property EndTime() As TimeSpan

      …
    End Property

    <Description("Aufgabe")> _
    Public Property Task() As String

      …
    End Property

    ' Konstruktoren
    Public Sub New(ByVal startTime As TimeSpan, _
      ByVal endTime As TimeSpan)

      Me.StartTime = startTime
      Me.EndTime = endTime
    End Sub

    Public Sub New()
    End Sub
```

Listing 261: Klasse Timeslice definiert einen Zeitbereich

```vb
Public Overrides Function ToString() As String
  Return Me.StartTime.ToString() & "-" & Me.EndTime.ToString()
End Function

End Class
```

Listing 261: Klasse Timeslice definiert einen Zeitbereich (Forts.)

Besondere Aufmerksamkeit verdienen Attribut und Basisklasse von `Timeslice`. Die Klasse ist abgeleitet von `System.ComponentModel.Component`, um zu erreichen, dass der Designer automatisch den Code zur Instanzierung der `Timeslice`-Objekte sowie zum Hinzufügen der Objekte zur Auflistung generiert (siehe Listing 262). Ohne diese Basisklasse kann der Designer nur sehr umständlich zur Erzeugung des benötigten Codes veranlasst werden. Das zusätzliche Attribut `DesignTimeVisible` (`False`) verhindert, dass die `Timeslice`-Instanzen im Entwurfsmodus als Komponenten sichtbar gemacht werden.

```vb
'
'Timeslice1
'
Me.Timeslice1.EndTime = System.TimeSpan.Parse("08:15:00")
Me.Timeslice1.StartTime = System.TimeSpan.Parse("07:35:00")
Me.Timeslice1.Task = "Kinder zur Schule bringen"
'
'Timeslice2
'
Me.Timeslice2.EndTime = System.TimeSpan.Parse("19:20:00")
Me.Timeslice2.StartTime = System.TimeSpan.Parse("19:00:00")
Me.Timeslice2.Task = "Aktuelle Nachrichten ansehen"
'
'Timeslice3
'
Me.Timeslice3.EndTime = System.TimeSpan.Parse("13:30:00")
Me.Timeslice3.StartTime = System.TimeSpan.Parse("12:00:00")
Me.Timeslice3.Task = "Mittagspause"

Me.TimesliceControl1.TimeSlices.Add(Me.Timeslice1)
Me.TimesliceControl1.TimeSlices.Add(Me.Timeslice2)
Me.TimesliceControl1.TimeSlices.Add(Me.Timeslice3)
```

Listing 262: Vom Designer automatisch generierter Code für die definierten Zeitbereiche

Damit der Designer überhaupt die Einstellungen der Auflistung in `InitializeComponent` einträgt, muss der öffentlichen Property `TimeSlices` das Attribut `DesignerSerializationVisibility` mit dem Wert `Content` zugeordnet werden (siehe Listing 260). Ohne die Angabe dieses Attributs wird kein Code für den Aufbau der Liste generiert.

Die einzelnen Zeitscheiben werden in einer spezialisierten Auflistung verwaltet (siehe Listing 264). Beim Hinzufügen neuer `Timeslice`-Instanzen wird automatisch eine Ereignis-Routine (Listing 263) der Klasse `TimesliceControl` gebunden, die das Steuerelement informiert, wenn sich die Daten des `Timeslice`-Objektes geändert haben. Damit das auch funktioniert, wenn neue Zeitscheiben über den Auflistungs-Editor des Designers (der leider die `Add`-Methode umgeht) hinzugefügt werden, erfolgt die Bindung auch in der überschriebenen

Methode `OnInsertComplete`. Alternativ ließe sich der Auflistungs-Editor durch Attribute auch dazu bewegen, einen speziellen Konstruktor der Klasse `Timeslice` mit entsprechenden Parametern aufzurufen. Abbildung 130 zeigt den Editor, den der Designer im Entwurfsmodus zur Bearbeitung der Auflistung zur Verfügung stellt.

```
Public Sub TimesliceValueChanged( _
    ByVal sender As Object, ByVal e As EventArgs)

    Me.Invalidate()
End Sub
```

Listing 263: Ereignis-Handler der Klasse TimesliceControl löst das Neuzeichnen des Steuerelementes aus

```
Public Class TimesliceCollection
  Inherits CollectionBase

    ' Das Steuerelement, zu dem die Auflistung gehört
    Protected OwnerControl As TimesliceControl

    ' Konstruktor übernimmt das Parent-Control
    Public Sub New(ByVal owner As TimesliceControl)
      OwnerControl = owner
    End Sub

    ' Zeitscheibe hinzufügen
    Public Sub Add(ByVal slice As Timeslice)
      List.Add(slice)

      ' Ereignis-Handler für Änderungen binden
      AddHandler slice.ValueChanged, AddressOf _
        OwnerControl.TimesliceValueChanged

    End Sub

    ' Indizierter Zugriff auf die Liste
    Public ReadOnly Property Item(ByVal index As Integer) As Timeslice
      Get
        Return DirectCast(List(index), Timeslice)
      End Get
    End Property

    ' Bindung des Ereignis-Handlers, wenn neue Elemente über den
    ' Designer hinzugefügt werden
    Protected Overrides Sub OnInsertComplete( _
      ByVal index As Integer, ByVal value As Object)

      MyBase.OnInsertComplete(index, value)

      AddHandler DirectCast(value, Timeslice).ValueChanged, _
```

Listing 264: Verwaltung der Zeitscheiben in einer typisierten Liste

```
        AddressOf OwnerControl.TimesliceValueChanged

    End Sub

End Class
```

Listing 264: Verwaltung der Zeitscheiben in einer typisierten Liste (Forts.)

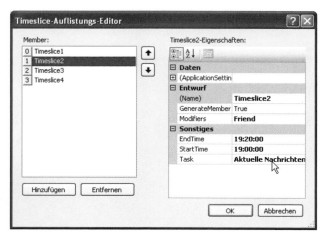

Abbildung 130: Ansicht des speziellen Editors für die Zeitscheibenliste im Entwurfsmodus

Den beiden `TimeSpan`-Eigenschaften der Klasse `Timeslice` wurde per Attribut ein spezieller Editor zugeordnet (vergl. Listing 261):

```
<Editor(GetType(TimeUIEditor), GetType(UITypeEditor))> _
  Public Property StartTime() As TimeSpan
```

Dieser Editor dient zur einfacheren Eingabe der Zeitangaben (siehe Abbildung 131) und wird in Rezept 159 näher erläutert.

Abbildung 131: DropDown-Editor für einfachere Zeiteingabe

Zeichnen der Zeitscheiben

Ähnlich wie in den vorherigen Beispielen wird in der Überschreibung der Methode `OnResize` Mittelpunkt und Radius des Kreises festgelegt (Listing 265). Allerdings wird der Radius etwas kleiner gewählt, um noch Platz für zusätzliche Informationen bereitzustellen.

```
Protected Overrides Sub OnResize(ByVal e As System.EventArgs)
  Center = New Point(Width \ 2, Height \ 2)
```

Listing 265: Neuberechnung der Kreiskoordinaten bei Ändern der Größe des Steuerelementes

```
   Radius = Math.Min(Center.X, Center.Y) - 1 - CInt(Font.Size * 2.5)
   Refresh()
End Sub
```

*Listing 265: Neuberechnung der Kreiskoordinaten bei Ändern der Größe des
             Steuerelementes (Forts.)*

Eine Reihe von Hilfsfunktionen dient zur Umrechnung von Koordinaten (Listing 266). GetTime
ermittelt den Zeitpunkt zu einer gegebenen Position, GetPoint liefert die Koordinaten eines
Punktes für ein angegebenes Zeitverhältnis und GetRadius den Abstand eines gegebenen
Punktes zum Mittelpunkt des Kreises.

```
' Zeitpunkt an X/Y-Koordinate berechnen
Protected Function GetTime(ByVal x As Integer, ByVal y As Integer) _
   As TimeSpan

   Dim angle As Double = Math.PI - _
     Math.Atan2(x - Center.X, y - Center.Y)

   Return New TimeSpan(CLng(10000 * Range.TotalMilliseconds * _
     angle / 2 / Math.PI))

End Function

' Punkt zu vorgegebenem Verhältnis (Zeitpunkt/Gesamtbereich)
' und angegebenen Radius ermitteln
' Wird z.B. zum Zeichnen der Skala benötigt
Protected Function GetPoint(ByVal ratio As Double, _
   ByVal radius As Double) As Point

   ' Winkel ergibt sich aus dem Verhältnis (ratio = 1 = Vollkreis)
   Dim angle As Double = Math.PI * 2 * ratio

   ' Koordinaten berechnen
   Dim x As Integer = CInt(Math.Sin(angle) * radius)
   Dim y As Integer = -CInt(Math.Cos(angle) * radius)

   ' Punkt zurückgeben
   Return New Point(x, y)

End Function

' Abstand zum Mittelpunkt für gegebenen Punkt berechnen
Protected Function GetRadius(ByVal x As Integer, _
   ByVal y As Integer) As Integer

   Return CInt(Math.Sqrt((Center.X - x) * (Center.X - x) + _
     (Center.Y - y) * (Center.Y - y)))

End Function
```

Listing 266: Hilfsfunktionen für die Darstellung des Steuerelementes

Gezeichnet wird das Steuerelement wie üblich in `OnPaint` (Listing 267). Folgende Teilschritte werden abgearbeitet:

1. Zeichnen der Kreisfüllung

2. Zeichnen der Segmente mit semitransparenter Farbe, um Überlappungen sichtbar zu machen

3. Zeichnen der Skalenstriche

4. Ausgabe der zugeordneten Zeiten für die Positionen Oben, Rechts, Unten und Links

```vb
Protected Overrides Sub OnPaint( _
  ByVal e As System.Windows.Forms.PaintEventArgs)

  Dim g As Graphics = e.Graphics
  g.TranslateTransform(Center.X, Center.Y)

  ' Kreis zeichnen
  Dim r As New Rectangle(-Radius, -Radius, Radius * 2, Radius * 2)
  g.FillEllipse(Brushes.White, r)

  Dim angle1, angle2 As Double

  ' Brush zum Zeichnen der Segmente
  Dim b As Brush = New SolidBrush(Color.FromArgb(60, _
    Color.DarkCyan))

  ' Segmente zeichnen
  Dim ms As Double = Range.TotalMilliseconds
  Dim ts As Timeslice
  For Each ts In Slices
    angle1 = -90 + 360 / ms * ts.StartTime.TotalMilliseconds
    angle2 = 360 / ms * _
      ts.EndTime.Subtract(ts.StartTime).TotalMilliseconds
    If ts.EndTime.CompareTo(ts.StartTime) < 0 Then angle2 += 360
    g.FillPie(b, r, CSng(angle1), CSng(angle2))
  Next

  ' Skalenstriche zeichnen
  Dim i As Integer
  For i = 0 To nTicks - 1
    Dim p1 As Point = GetPoint(i / nTicks, Radius)
    Dim p2 As Point = GetPoint(i / nTicks, Radius - 10)
    g.DrawLine(Pens.Black, p1, p2)
  Next

  ' Skalenwert oben
  Dim t As String = "00:00:00"
  Dim sz As SizeF = g.MeasureString(t, Font)
  Dim p As Point = GetPoint(0, Radius)
  g.DrawString(t, Font, Brushes.Black, p.X - sz.Width / 2, _
    p.Y - sz.Height)
```

Listing 267: Zeichnen des gesamten Steuerelementes in OnPaint

```
' Skalenwert unten
t = TimeSpan.FromMilliseconds( _
    Range.TotalMilliseconds / 2).ToString()

sz = g.MeasureString(t, Font)
p = GetPoint(0.5, Radius)
g.DrawString(t, Font, Brushes.Black, p.X - sz.Width / 2, p.Y)

' Skalenwert links
g.RotateTransform( - 90)
t = TimeSpan.FromMilliseconds( _
    Range.TotalMilliseconds * 3 / 4).ToString()

sz = g.MeasureString(t, Font)
p = GetPoint(0, Radius)
g.DrawString(t, Font, Brushes.Black, p.X - sz.Width / 2, _
    p.Y - sz.Height)

' Skalenwert rechts
t = TimeSpan.FromMilliseconds( _
    Range.TotalMilliseconds / 4).ToString()

sz = g.MeasureString(t, Font)
p = GetPoint(0.5, Radius)
g.DrawString(t, Font, Brushes.Black, p.X - sz.Width / 2, p.Y)

' Umriss des Kreises zeichnen
g.DrawEllipse(Pens.Black, r)

b.Dispose()

End Sub
```

Listing 267: Zeichnen des gesamten Steuerelementes in OnPaint (Forts.)

Auf Mausbewegungen reagieren

Führt der Anwender die Maus über den Kreisbereich des Steuerelementes, so werden ihm zusätzliche Informationen angezeigt (Abbildung 132). Grundsätzlich wird rechts unten der Zeitpunkt angezeigt, der der Position unter dem Mauszeiger zugeordnet ist. So lässt sich schnell abschätzen, wann ein Segment beginnt oder endet.

Wird der Mauszeiger über ein Segment bewegt, wird der Text der Task-Eigenschaft eingeblendet. Steht der Mauszeiger außerhalb eines Segmentes, wird der Text wieder ausgeblendet.

Wenn der Mauszeiger den Kreisbereich wieder verlässt, werden alle zusätzlichen Ausgaben wieder gelöscht. Listing 268 zeigt die Implementierung der OnMouseMove-Überschreibung, in der ermittelt wird, ob sich der Cursor innerhalb oder außerhalb des Kreises befindet.

```
Protected Overrides Sub OnMouseMove( _
    ByVal e As System.Windows.Forms.MouseEventArgs)
```

Listing 268: Bei Mausbewegungen auf dem Steuerelement Neuzeichnen veranlassen

```vb
' Position innerhalb des Kreises?
Dim r As Integer = GetRadius(e.X, e.Y)
MouseInside = r <= Radius
If MouseInside Then
  ' Wenn ja, Zeitpunkt feststellen und speichern
  TimeAtMouse = GetTime(e.X, e.Y)
End If

' Neu zeichnen
Refresh()

End Sub
```

Listing 268: Bei Mausbewegungen auf dem Steuerelement Neuzeichnen veranlassen (Forts.)

Abbildung 132: Anzeige zusätzlicher Informationen für den Zeitpunkt unter dem Mauszeiger

Für die Ausgabe der Texte wird die OnPaint-Methode wie folgt erweitert:

```vb
If MouseInside Then
  ' Text für Zeit an Cursor-Position ausgeben
  t = TimeAtMouse.ToString().Substring(0, 8)
  sz = g.MeasureString(t, Font)
  g.DrawString(t, Font, Brushes.Black, Width \ 2 - sz.Width, p.Y)

  ' Liste der Zeitscheiben durchlaufen, bis ein Bereich für
  ' die Position unter dem Cursor gefunden wurde
  For Each tsl As Timeslice In Slices
    If TimeInTimeslice(TimeAtMouse, tsl) Then
      ' Zeitbereich gefunden
      ' Text ausgeben und Suche abbrechen
      sz = g.MeasureString(tsl.Task, Font)
      g.DrawString(tsl.Task, Font, Brushes.Black, -sz.Width / 2, _
        Radius + sz.Height * 1.5F)
      Exit For
    End If
  Next
End If
```

Die Hilfsfunktion `TimeInTimeslice` übernimmt hierbei die Berechnung, ob der Zeitpunkt, der der Cursor-Position zugeordnet ist, innerhalb des untersuchten Zeitbereiches liegt. In einer Fallunterscheidung wird gesondert berücksichtigt, dass sich ein Zeitbereich wie im Bild dargestellt auch über den Zeitpunkt Null hinaus erstrecken kann.

```
Protected Function TimeInTimeslice(ByVal time As TimeSpan, _
  ByVal slice As Timeslice) As Boolean

    ' Bereichsabfrage abhängig davon, ob Zeitscheibe über den
    ' Nullpunkt hinausgeht
    If TimeSpan.op_LessThanOrEqual(slice.StartTime, slice.EndTime) _
    Then
      Return TimeSpan.op_LessThanOrEqual(slice.StartTime, time) _
        And TimeSpan.op_LessThanOrEqual(time, slice.EndTime)
    Else
      Return TimeSpan.op_LessThanOrEqual(slice.StartTime, time) _
        And TimeSpan.op_LessThanOrEqual(time, Me.Range) _
        Or TimeSpan.op_LessThanOrEqual(time, slice.EndTime)
    End If

End Function
```

Listing 269: Überprüfen, ob der Zeitpunkt time im Bereich slice liegt

138 Neue Zeitscheiben zur Laufzeit mit der Maus hinzufügen

> Die beschriebene Klasse ist Bestandteil der Klassenbibliothek `GuiControls`. Sie finden sie dort im Namensraum `VBCodeBook.GuiControls`.

Soll der Anwender die Möglichkeit haben, zur Laufzeit neue Zeitscheiben hinzuzufügen, stehen Ihnen viele Möglichkeiten zur Realisierung offen. Beispielsweise können Sie ein `Property-Grid`-Control bereitstellen, in dem die Eigenschaften genauso bearbeitet werden können wie zur Entwurfszeit (siehe Kategorie PropertyGrid), oder Sie reagieren auf Maus-Ereignisse und erlauben das Aufziehen neuer Zeitscheiben mit der Maus. Letzteres lässt sich in folgende Schritte unterteilen:

1. Beginn des Vorgangs über den Aufruf eines Kontextmenüs

2. Anzeige eines Dialogs zur Eingabe des Aufgabentextes

3. Beginn des Ziehvorgangs im `MouseDown`-Ereignis

4. Visualisierung des Bereiches in `OnMouseMove` / `OnPaint`

5. Abschluss des Ziehvorgangs und Hinzufügen der neuen Zeitscheibe in `OnMouseUp`

Wenn das Kontextmenü nicht im Entwurfsmodus zur Verfügung stehen soll, dann darf es nicht in der Initialisierungsphase hinzugefügt werden. Stattdessen wird es in `OnLoad` an das Steuerelement gebunden (Listing 270). Im Ereignis-Handler des Menüpunktes (Listing 271) wird ein Dialog angezeigt, der dem Anwender die Möglichkeit gibt, den Aufgabentext einzugeben und den Vorgang fortzusetzen oder abzubrechen (siehe Abbildung 133 und Listing 272). Bestätigt der

Anwender die Eingabe mit OK, dann wird eine Instanz von Timeslice angelegt und der Referenzvariablen TemporaryTimeslice zugewiesen.

```
Protected Overrides Sub OnLoad(ByVal e As System.EventArgs)
   ' Kontextmenü nur für Laufzeitmodus
   If Not designmode Then Me.ContextMenu = ContextMenu1
End Sub
```

Listing 270: Kontextmenü nicht im Entwurfsmodus bereitstellen

```
' Verweis auf temporär angelegte Zeitscheibe
Protected TemporaryTimeslice As Timeslice = Nothing

' Linke Maustaste wurde gedrückt, Anwender zieht Zeitscheibe auf
Protected CreateNewSliceStarted As Boolean

Private Sub MenuItem1_Click(ByVal sender As System.Object, _
   ByVal e As System.EventArgs) Handles MenuItem1.Click

   ' Text für Aufgabenstellung einlesen
   Dim text As String = "Aufgabe " & Slices.Count + 1
   If DialogTimesliceTask.CreateAndShow(text) = DialogResult.OK Then
      ' Neuanlegen durch Mausaktion starten
      TemporaryTimeslice = New Timeslice
      TemporaryTimeslice.Task = text
   End If
End Sub
```

Listing 271: Kontextmenü zum Hinzufügen einer neuen Zeitscheibe

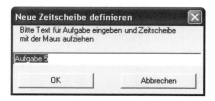

Abbildung 133: Texteingabe vor Definition des Zeitbereichs

```
Public Shared Function CreateAndShow(ByRef text As String) _
   As DialogResult

   ' Dialog-Instanz anlegen
   Dim dialog As New DialogTimesliceTask

   ' Text in Textbox eintragen
   dialog.TXTTask.Text = text
```

Listing 272: Anzeige des Dialoges und Transfer des Textes in der statischen Methode
CreateAndShow

```vb
' Dialog modal anzeigen
Dim dr As DialogResult = dialog.ShowDialog()

' Text zurücklesen
text = dialog.TXTTask.Text
dialog.Dispose()
Return dr

End Function
```

---

*Listing 272: Anzeige des Dialoges und Transfer des Textes in der statischen Methode
CreateAndShow (Forts.)*

Nach Betätigung der OK-Schaltfläche beginnt der Zieh-Vorgang durch Drücken der linken
Maustaste. Im MouseDown-Ereignis (Listing 273) wird ein Flag gesetzt (CreateNewSliceStarted)
und die Anfangszeit in das temporäre Zeitscheiben-Objekt eingetragen.

```vb
Protected Overrides Sub OnMouseDown( _
  ByVal e As System.Windows.Forms.MouseEventArgs)

  ' Ziehen nur mit linker Maustaste
  If e.Button <> MouseButtons.Left Then
    TemporaryTimeslice = Nothing
    CreateNewSliceStarted = False
    Exit Sub
  End If

  ' Modus = Neue Zeitscheibe anlegen?
  If Not TemporaryTimeslice Is Nothing Then
    ' OK, jetzt wird der Bereich mit der Maus aufgezogen
    CreateNewSliceStarted = True
    ' Zeitpunkt merken
    TemporaryTimeslice.StartTime = GetTime(e.X, e.Y)
  End If

End Sub
```

Listing 273: Beginn des Ziehvorgangs in OnMouseDown

Bei jeder Mausbewegung mit gedrückter linker Maustaste muss nun der aufgezogene Bereich
angezeigt werden. Dazu wird in OnMouseMove der bisherige Code erweitert:

```vb
' Zeitpunkt speichern für Aufziehen einer neuen Zeitscheibe
If CreateNewSliceStarted Then
  TemporaryTimeslice.EndTime = TimeAtMouse
End If
```

So wird die Endzeit der Zeitscheibe definiert und kann in OnPaint dargestellt werden:

```vb
' Wenn eine temporäre Zeitscheibe existiert, diese zeichnen
If Not TemporaryTimeslice Is Nothing Then
  ts = TemporaryTimeslice
  angle1 = -90 + 360 / ms * ts.StartTime.TotalMilliseconds
  angle2 = 360 / ms * _
```

```
      ts.EndTime.Subtract(ts.StartTime).TotalMilliseconds
   If ts.EndTime.CompareTo(ts.StartTime) < 0 Then angle2 += 360
      g.FillPie(Brushes.Red, r, CSng(angle1), CSng(angle2))
End If
```

Die Darstellung entspricht der der anderen Zeitscheiben, außer, dass eine andere Füllfarbe gewählt wird, um sie besonders hervorzuheben (siehe Abbildung 134). In `OnMouseUp` (Listing 274) wird der Zieh-Vorgang beendet und das temporäre `Timeslice`-Objekt der `Slices`-Auflistung hinzugefügt.

Abbildung 134: Aufziehen eines neuen Zeitbereiches mit der Maus

```
Protected Overrides Sub OnMouseUp( _
   ByVal e As System.Windows.Forms.MouseEventArgs)

   If Not TemporaryTimeslice Is Nothing Then
      ' Endzeit endgültig festlegen
      TemporaryTimeslice.EndTime = GetTime(e.X, e.Y)

      ' Zeitscheibe der Auflistung hinzufügen
      Slices.Add(TemporaryTimeslice)

      ' Ziehvorgang beendet
      CreateNewSliceStarted = False
      TemporaryTimeslice = Nothing

   End If

End Sub
```

Listing 274: Abschluss des Zieh-Vorgangs

Vorschläge für Erweiterungen

Es gibt viele Möglichkeiten, das vorgestellte Steuerelement für eigene Zwecke zu erweitern. Beispielsweise können Sie einen Timer hinzufügen und Ereignisse auslösen, wenn eine Zeitscheibe beginnt bzw. abläuft. Mit einer dicken farbigen Linie könnten Sie die aktuelle Zeit markieren.

Sollen viele überlappende Segmente dargestellt werden, ist die Wahl der Farbe sowie der Transparenz von entscheidender Bedeutung. Eventuell ist es von Vorteil, die Segmentgrenzen besonders hervorzuheben. Die Segmentfarbe könnte als Bestandteil des `Timeslice`-Objektes dem Anwender zur Änderung angeboten werden. Auch Farbverläufe lassen sich für eine bessere visuelle Anzeige nutzen.

139   Nachrichten verschicken mit SendMessage

Windows arbeitet intern größtenteils mit Nachrichten. Die Aufrufe vieler API-Funktionen zur Manipulation von Fenstern werden umgesetzt, indem via `SendMessage` entsprechende Botschaften an die Fenster geschickt werden. Einige Methoden verschiedener Steuerelemente lassen sich nur auf diesem Wege ausführen.

`SendMessage` ist eine API-Funktion, die im Framework leider nicht direkt zur Verfügung gestellt wird. Zwei Varianten stehen zur Nutzung der Funktion als Überladung zur Verfügung:

1. `wparam` und `lparam` als `IntPtr`

```
Public Declare Function SendMessage Lib "user32.dll" Alias _
   "SendMessageW" (ByVal hwnd As IntPtr, ByVal message As Integer, _
   ByVal wparam As IntPtr, ByVal lparam As IntPtr) As Integer
```

2. `wparam` und `lparam` als `Integer`

```
Public Declare Function SendMessage Lib "user32.dll" Alias _
   "SendMessageW" (ByVal hwnd As IntPtr, ByVal message As Integer, _
   ByVal wparam As Int32, ByVal lparam As Int32) As Integer
```

140   Zeilen ermitteln, wie sie in einer mehrzeiligen TextBox dargestellt werden

Eine TextBox, deren `Multiline`-Eigenschaft auf `True` gestellt ist, kann mehrzeilige Texte darstellen und auch automatisch umbrechen (Abbildung 135). Zeilen werden automatisch umgebrochen, wenn die Eigenschaft `WordWrap` den Wert `True` besitzt und die Breite der TextBox nicht für eine einzeilige Darstellung ausreicht. In diesem und den nachfolgenden Rezepten finden Sie Lösungen für den Umgang mit mehrzeiligen TextBoxen, die die Möglichkeiten des Frameworks ergänzen. Leider wurde nur ein kleiner Teil der für TextBoxen nutzbaren API-Funktionen in die `TextBox`-Klasse aufgenommen. Mit dem Framework 2.0 wurden allerdings einige – aber nicht alle – ergänzt. Die wichtigsten der fehlenden und einige der neuen werden hier beschrieben.

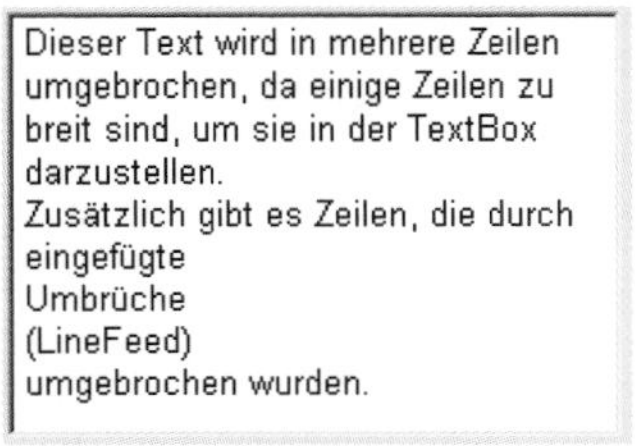

```
Dieser Text wird in mehrere Zeilen
umgebrochen, da einige Zeilen zu
breit sind, um sie in der TextBox
darzustellen.
Zusätzlich gibt es Zeilen, die durch
eingefügte
Umbrüche
(LineFeed)
umgebrochen wurden.
```

Abbildung 135: Automatische und manuelle Zeilenumbrüche in einer mehrzeiligen TextBox

Text in Zeilen zerlegen

Das TextBox-Steuerelement stellt eine Eigenschaft namens Lines zur Verfügung, die ein String-Array zurückgibt, das für jede Zeile ein Element enthält. So ließe sich die Aufgabenstellung einfach erledigen, wäre da nicht das Problem, dass die automatischen Umbrüche nicht berücksichtigt werden. Folgendes Array mit sechs Elementen liefert TextBox.Lines für den im Bild dargestellten Text zurück:

```
0: Dieser Text wird in mehrere Zeilen umgebrochen, da einige Zeilen zu breit sind, um
sie in der TextBox darzustellen.
1: Zusätzlich gibt es Zeilen, die durch
2: eingefügte
3: Umbrüche
4: (LineFeed)
5: umgebrochen wurden.
6:
```

Die erste automatisch umgebrochene Zeile wird in einem einzigen Element gespeichert. Um auch diese mit einzubeziehen, kann man die TextBox via SendMessage anweisen, für jeden automatischen Umbruch ebenfalls ein Zeilenumbruchszeichen einzutragen. Die erforderliche Message heißt EM_FMTLINES und hat den hexadezimalen Wert C8. Während jeder explizite Zeilenumbruch mit der Zeichenfolge CR LF (Carriage-Return Linefeed) gespeichert wird, werden die automatischen Umbrüche mit CR CR LF gekennzeichnet. So kann die TextBox die Herkunft der Umbrüche unterscheiden und bei Bedarf wieder rückgängig machen. TextBox.Lines liefert in diesem Fall aber leider auch ein falsches Ergebnis, diesmal mit zu vielen Zeilen:

```
0: Dieser Text wird in mehrere Zeilen
1:
2: umgebrochen, da einige Zeilen zu breit
3:
4: sind, um sie in der TextBox darzustellen.
5: Zusätzlich gibt es Zeilen, die durch
6: eingefügte
7: Umbrüche
8: (LineFeed)
9: umgebrochen wurden.
10:
```

Die Kombinationen CR CR LF werden jetzt als zwei Zeilen interpretiert. Dadurch ergeben sich für die beiden automatischen Umbrüche insgesamt vier Zeilen mehr. Daher werden erst durch einen Aufruf von Replace alle CRs aus dem String entfernt und anschließend die String-Methode Split aufgerufen, die den Text anhand des Zeichens LF umbrechen kann:

```
0: Dieser Text wird in mehrere Zeilen
1: umgebrochen, da einige Zeilen zu breit
2: sind, um sie in der TextBox darzustellen.
3: Zusätzlich gibt es Zeilen, die durch
4: eingefügte
5: Umbrüche
6: (LineFeed)
7: umgebrochen wurden.
8:
```

Auf diese Weise erfolgt der korrekte Umbruch, wie ihn auch die TextBox vorgenommen hat. Listing 275 zeigt die vollständige Implementierung zur Ermittlung der korrekten Zeilenumbrüche, Abbildung 136 die Ausgabe des Testprogramms.

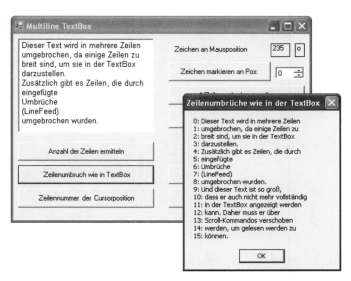

*Abbildung 136: Der Text einer mehrzeiligen TextBox, wie er von der TextBox umgebrochen
wird*

```
Public Shared Function GetLines(ByVal tb As TextBox) As String()

  ' CR CR LF für automatische Umbrüche eintragen
  API.SendMessage(tb.Handle, API.TBMultiline.EM_FMTLINES, 1, 0)

  ' Zeilen ermitteln
  Dim text As String = tb.Text

  ' Eingefügte Umbrüche wieder entfernen
  API.SendMessage(tb.Handle, API.TBMultiline.EM_FMTLINES, 0, 0)

  ' Returns entfernen
  text = text.Replace(vbCr, "")

  ' Text in Zeilen aufspalten
  Dim Lines() As String = text.Split(vbLf)

  Return Lines

End Function
```

Listing 275: Zahl der Zeilen einer mehrzeiligen TextBox ermitteln

141   Anzahl der Zeilen einer mehrzeiligen TextBox ermitteln

Das vorangegangene Rezept hat gezeigt, dass die Lines-Eigenschaft der TextBox wenig geeignet ist, die tatsächliche Anzahl von Zeilen, die eine TextBox anzeigt, zu ermitteln. Natürlich
können Sie die Methode GetLines aufrufen und die Anzahl der Array-Elemente feststellen. Es
geht aber auch einfacher und vor allem schneller.

Eine TextBox gibt die Anzahl der Zeilen beim Zusenden der Message EM_GETLINECOUNT preis. Zusätzliche Parameter sind nicht erforderlich. In Listing 276 ist die Implementierung der Methode GetLineCount aufgeführt, die lediglich SendMessage aufruft und den erhaltenen Funktionswert zurückgibt. Abbildung 137 zeigt den Vergleich zwischen dem Ergebnis von GetLineCount und TextBox.Lines.Length.

```
Public Shared Function GetLineCount(ByVal tb As TextBox) _
   As Integer

   ' Anzahl der Zeilen mit EM_GETLINECOUNT ermitteln
   Return API.SendMessage(tb.Handle, _
     API.TBMultiline.EM_GETLINECOUNT, 0, 0)

End Function
```

Listing 276: Ermitteln der Anzahl der Zeilen einer mehrzeiligen TextBox

Abbildung 137: Anzahl der Zeilen ermitteln

142 Zeilenindex aus Zeichenindex ermitteln (mehrzeilige TextBox)

Wenn Sie den Index eines Zeichens kennen (z.B. der aktuellen Cursor-Position), können Sie über die Nachricht EM_LINEFROMCHAR die zugehörige Zeile ermitteln. Die aktuelle Cursor-Position ergibt sich aus der Summe der Eigenschaften SelectionStart und SelectionLength:

```
CursorPos = TBText.SelectionStart + TBText.SelectionLength
```

Abbildung 138 zeigt den Textausschnitt, wie ihn die TextBox darstellt. Der Cursor steht in der siebten Zeile (Index 6). Abbildung 139 präsentiert das Ergebnis der Abfrage, das durch den Aufruf des in Listing 277 gezeigten Codes berechnet wurde. Die Indizierung der Zeilen beginnt bei Null. GetLineFromCharIndex ist neu im Framework 2.0.

```
Dieser Text wird in mehrere Zeilen
umgebrochen, da einige Zeilen zu
breit sind, um sie in der TextBox
darzustellen.
Zusätzlich gibt es Zeilen, die durch
eingefügte
Umbrüche |
(LineFeed)
umgebrochen wurden.
```

Abbildung 138: In welcher Zeile steht der Cursor?

Abbildung 139: Zeilenindex aus Zeichenindex berechnet

```
MessageBox.Show("Der Cursor steht in Zeile " _
  & TBText.GetLineFromCharIndex(TBText.SelectionStart + _
  TBText.SelectionLength).ToString())
```

Listing 277: Über GetLineFromCharIndex die Zeile zur angegebenen Zeichenposition feststellen

143 Index des ersten Zeichens einer Zeile ermitteln (mehrzeilige TextBox)

Beispielsweise um eine Zeile in einer TextBox markieren zu können, müssen Sie wissen, welches das erste Zeichen der betreffenden Zeile ist. Auch hierzu gibt es zwei neue Methoden im Framework 2.0:

`GetFirstCharIndexFromLine` gibt den Index des ersten Zeichens für die als Parameter übergebene Zeilennummer zurück. `GetFirstCharIndexOfCurrentLine` hingegen gibt den Index des ersten Zeichens der Zeile zurück, in der sich der Cursor gerade befindet.

144 Index der ersten sichtbaren Zeile einer mehrzeiligen TextBox bestimmen

Ist die Anzahl der Zeilen eines Textes größer als die der darstellbaren Zeilen einer TextBox, dann kann die TextBox nur einen Ausschnitt anzeigen. Die oberste sichtbare Zeile, die in Abhängigkeit von der Scrollposition in der TextBox angezeigt wird, lässt sich abermals über `SendMessage` und die Nachricht `EM_GETFIRSTVISIBLELINE` ermitteln. Listing 278 zeigt die Implementierung der Methode `GetFirstVisibleLine`, die diesen Aufruf kapselt.

```
Public Shared Function GetFirstVisibleLine(ByVal tb As TextBox)

  ' Nachricht EM_GETFIRSTVISIBLELINE senden
  Return API.SendMessage(tb.Handle, _
    API.TBMultiline.EM_GETFIRSTVISIBLELINE, 0, 0)

End Function
```

Listing 278: Mit SendMessage die erste sichtbare Zeile einer mehrzeiligen TextBox feststellen

145 Zeichenindex aus Grafikkoordinaten berechnen (mehrzeilige TextBox)

Für diese Aufgabe stellt das neue Framework ebenfalls eine Funktion zur Verfügung: GetChar-IndexFromPosition. Aus der lokalen Position des Mauszeigers wird der Index des Zeichens ermittelt, das unter dem Mauszeiger liegt. GetCharFromPosition liefert alternativ auch direkt das zugehörige Zeichen als Char.

Im Beispielprogramm wird im MouseMove-Ereignis der TextBox die Methode GetCharIndexFrom-Position aufgerufen und das Ergebnis auf einem Label dargestellt (siehe Abbildung 140). Zusätzlich wird das zugehörige Zeichen ausgegeben. Listing 279 zeigt den notwendigen Code als Beispielanwendung für die Methode GetCharIndexFromPosition.

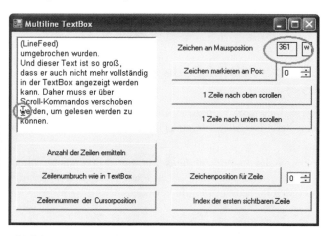

Abbildung 140: Zeichenindex an der Mausposition ermitteln

```
Private Sub TBText_MouseMove(ByVal sender As Object, _
  ByVal e As System.Windows.Forms.MouseEventArgs) _
  Handles TBText.MouseMove

  ' Zeichenindex aus Cursor-Position ermitteln
  Dim n As Integer = TBText.GetCharIndexFromPosition( _
    New Point(e.X, e.Y))

  ' Zeichenindex anzeigen
  LBLCharIndex.Text = n

  ' Wenn der Index gültig ist, das Zeichen an dieser Position
  ' anzeigen
  If n >= 0 And n < TBText.TextLength Then
    LBLChar.Text = TBText.Text.Chars(n)
  End If

End Sub
```

Listing 279: Anzeigen des Zeichens und seiner Position, das sich unter dem Mauszeiger befindet

146 Koordinate eines Zeichens ermitteln (mehrzeilige TextBox)

Auch der umgekehrte Vorgang zum vorangegangenen Beispiel, nämlich zu einem vorgegebenen Zeichen die Koordinate im Koordinatensystem der TextBox zu ermitteln, lässt sich über eine neue Framework-Methode erreichen. In Abbildung 141 sehen Sie eine Anwendung der Methode `GetPositionFromCharIndex`. Über ein NumericUpDown-Feld lässt sich eine Zeichenposition vorgeben und auf Tastendruck das entsprechende Zeichen in der TextBox markieren. Zur Markierung wird temporär eine kleine halbtransparente Ellipse über das Zeichen gezeichnet. Listing 280 zeigt die Implementierung.

```
' Position abrufen
Dim p As Point = TBText.GetPositionFromCharIndex( _
  CInt(NUDCharPos.Value))

' Ellipse zeichnen
TBText.Refresh()
Dim g As Graphics = TBText.CreateGraphics()
Dim br As Brush = New SolidBrush(Color.FromArgb(100, Color.Red))
g.FillEllipse(br, p.X - 2, p.Y, 10, 15)
br.Dispose()
```

Listing 280: Grafikkoordinate eines Zeichens in einer mehrzeiligen TextBox abfragen

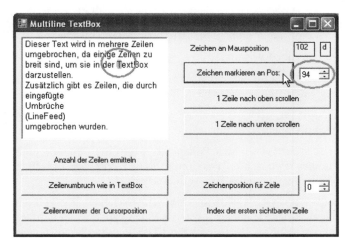

Abbildung 141: Das Zeichen an der ausgewählten Position (rechts) wird im Text mit einer kleinen durchsichtigen Ellipse gekennzeichnet

147 Mehrzeilige TextBox per Code auf- und abwärts scrollen

Sicher kennen Sie die Methode `ScrollToCaret`, um den Inhalt einer TextBox so zu verschieben, dass die Einfügemarke sichtbar wird. Wenn Sie die TextBox aber nur um eine bestimmte Anzahl von Zeilen auf- oder abwärts verschieben wollen, gibt es keine (leicht zugängliche) Methode im Framework. Aber selbstverständlich wieder eine Windows-Nachricht: `EM_LINESCROLL`. Die Methode `LineScroll` (Listing 281) kapselt den `SendMessage`-Aufruf. Ein Aufruf mit dem Wert 1 verschiebt den Text um eine Zeile nach oben, während ein Wert von -1 für eine Verschiebung um eine Zeile nach unten führt.

```
Public Shared Sub LineScroll(ByVal tb As TextBox, _
   ByVal lines As Integer)

   ' Nachricht EM_LINESCROLL senden
   API.SendMessage(tb.Handle, API.TBMultiline.EM_LINESCROLL, _
      0, lines)

End Sub
```

Listing 281: Den Inhalt einer TextBox um eine vorgegebene Zahl von Zeilen nach oben oder unten verschieben

148 Tabulatorpositionen in einer mehrzeiligen TextBox setzen

Nur, wenn die `Multiline`-Eigenschaft einer TextBox auf `True` gesetzt wird, unterstützt sie die tabellarische Schreibweise. Um auch Tabulatorzeichen bei der Eingabe zuzulassen, muss zusätzlich die Eigenschaft `AcceptsTab` auf `True` gesetzt werden. Sonst führt die Betätigung der [⇆]-Taste lediglich dazu, dass das nächste Steuerelement den Fokus erhält.

Die Tabulatorpositionen (Tabstops) ihrerseits lassen sich nicht über die Eigenschaften und Methoden der TextBox einstellen. Hier ist wieder ein Aufruf von `SendMessage` gefragt. Über die Nachricht `EM_SETTABSTOPS` lassen sich die Tabulatorpositionen auf zwei Arten einstellen:

1. Alle Tabulatorpositionen haben denselben Abstand.

   Hierzu wird beim Aufruf von `SendMessage` für den Parameter `wparam` der Wert 1 und für den Parameter `lparam` die Referenz einer `Integer`-Variablen, die den Abstandswert enthält, übergeben.

2. Jede Tabulatorposition hat eine individuelle Position.

   Hierzu wird beim Aufruf von `SendMessage` für den Parameter `lparam` die Referenz eines `Integer`-Arrays übergeben, das die gewünschten Positionen enthält. Für den Parameter `wparam` wird als Wert die Anzahl der Elemente des Arrays übergeben.

Für diese Aufgabe wird die Methode `SendMessageRef` definiert. Sie unterscheidet sich von den `SendMessage`-Überladungen dadurch, dass der Parameter `lparam` als Referenzparameter definiert wird. Leider lässt Visual Basic 2005 es nicht zu, dass sich beim Überladen die Parameter nur durch `ByVal` bzw. `ByRef` unterscheiden. Die Definition sieht folgendermaßen aus:

```
Public Declare Function SendMessageRef Lib "user32.dll" Alias _
   "SendMessageW" (ByVal hwnd As IntPtr, ByVal message As Integer, _
   ByVal wparam As Int32, ByRef lparam As Int32) As Integer
```

Der folgende Aufruf legt den Abstand der Tabulatorpositionen konstant auf 20 Pixel fest:

```
' Alle Tabulatorpositionen haben einen Abstand von 20 Pixel
Dim tabwidth As Integer = 20
API.SendMessageRef(TBTabStop1.Handle, _
   API.TBMultiline.EM_SETTABSTOPS, 1, tabwidth)
```

Mit diesem Aufruf legen Sie Tabulatorpositionen an den Positionen 30, 50, 80 und 120 fest:

```
' Array für Tabulatorpositionen
Dim tabstops() As Integer = {30, 50, 80, 120}
```

```
' Tabulatorpositionen  festlegen
API.SendMessageRef(TBTabStop2.Handle, _
  API.TBMultiline.EM_SETTABSTOPS, tabstops.Length, tabstops(0))
```

Beide Varianten werden in einem Beispiel eingesetzt. Das Ergebnis sehen Sie in Abbildung 142.

Bedenken Sie dabei bitte, dass die Einheit für die Tabulatorpositionen Pixel ist und nicht Zeichen. Bei Änderung der Schriftart bzw. -größe kann sich die Aufteilung des Textes auf die Spalten verschieben.

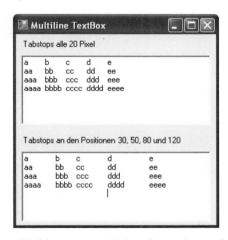

Abbildung 142: Linksbündige Tabstops können in einer mehrzeiligen TextBox frei definiert werden

Eigenschaftsfenster (PropertyGrid)

Wie bereits in der Einleitung erwähnt, kommt man mit dem Eigenschaftsfenster bei der Programmierung mit Visual Studio ständig in Berührung, meist ohne es bewusst wahrzunehmen. Das Eigenschaftsfenster lässt sich zum einen vielfältig für eigene Anwendungen einsetzen, zum anderen muss man die Funktionsweise verstehen, will man eigene Steuerelemente programmieren und dem Anwender auch für diese den gewohnten Komfort bei deren Nutzung in der Entwicklungsumgebung bieten. Dieses Kapitel zeigt Wege auf, wie Sie das PropertyGrid-Steuerelement für eigene Objekte einsetzen können und wie anwendungsspezifische Erweiterungen und Darstellungen vorgesehen werden können.

In den Beispielen werden, bis auf eine Ausnahme, jeweils in einem PropertyGrid-Control, das zur Laufzeit auf einem Fenster angezeigt wird, die Eigenschaften ebenfalls zur Laufzeit erzeugter Objekte dargestellt. Die gezeigten Vorgehensweisen lassen sich aber direkt auf Steuerelemente, deren Eigenschaften im Designer angezeigt werden sollen, übertragen. Da Steuerelemente von der Klasse Control abgeleitet sind, beinhalten sie bereits viele geerbten Eigenschaften, die in den Beispielen vom Wesentlichen ablenken würden.

149   Grundlegende Attribute

Nach der Installation von Visual Studio .NET befindet sich das PropertyGrid-Steuerelement noch nicht in der Toolbox, sondern muss über das Kontextmenü ELEMENTE HINZUFÜGEN / ENTFERNEN... eingebunden werden (s. Abbildung 143). Danach kann es wie jedes andere sichtbare Steuerelement auf eigenen Fenstern und benutzerdefinierten Steuerelementen eingesetzt werden.

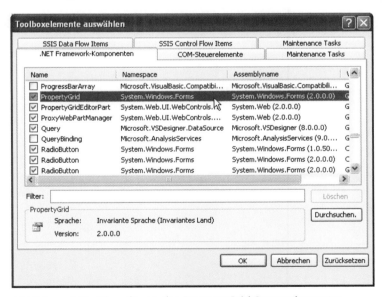

Abbildung 143: Hinzufügen des PropertyGrid-Steuerelementes

Zur Demonstration wird eine Beispielklasse verwendet, die zur Beschreibung der amerikanischen Präsidenten dienen soll. Alle Daten werden in Form von geschützten Feldern angelegt, die durch öffentliche Eigenschaften repräsentiert werden. Die Klasse wird ergänzt um einen Konstruktor und eine ToString-Überschreibung. Listing 282 zeigt die Implementierung.

```vb
Public Class USPresident

  ' Parteizugehörigkeiten
  Public Enum USPartyAffiliation
    Federalist
    Democrat
    DemocraticRepublican
    Republican
  End Enum


  ' Definition der geschützten Felder

  ' Name des Präsidenten
  Protected PName As String
  ' Laufende Nummerierung des Amtes
  Protected PPresidentialNumber As Integer
  ' Geburtsjahr
  Protected PBirthday As DateTime
  ' Beginn und Ende der Amtszeit
  Protected PStartPresidency As Integer
  Protected PEndPresidency As Integer
  ' Parteizugehörigkeit
  Protected PPartyAffiliation As USPartyAffiliation
  ' Bilddatei
  Protected PPicture As String

  Public Sub New(ByVal name As String, _
    ByVal presNumber As Integer, _
    ByVal birthday As DateTime, ByVal startPres As Integer, _
    ByVal endPres As Integer, ByVal party As USPartyAffiliation, _
    ByVal pic As String)

    Me.PName = name
    Me.PPresidentialNumber = presNumber
    Me.PBirthday = birthday
    Me.PStartPresidency = startPres
    Me.PEndPresidency = endPres
    Me.PPartyAffiliation = party
    Me.PPicture = pic
  End Sub

  Public Overrides Function ToString() As String
    Return String.Format("{0} ({1} - {2})", PName, _
      PStartPresidency, PEndPresidency)
  End Function

  ' Definition der öffentlichen Eigenschaften
  Public Property Name() As String
```

Listing 282: Beispielklasse USPresident

```
      Get
        Return PName
      End Get
      Set(ByVal Value As String)
        PName = Value
      End Set
    End Property

    ' Alle weiteren Properties nach dem gleichen Muster
    ' ...
  End Class
```

Listing 282: Beispielklasse USPresident (Forts.)

Im Beispielprogramm werden einer ListBox Instanzen dieser Klasse zugewiesen. Wird ein Eintrag ausgewählt, dann wird das zugehörige Portrait angezeigt und die Eigenschaften des Objektes im Eigenschaftsfenster dargestellt (Abbildung 144). Zum Anzeigen der Eigenschaften ist nur eine einzige Zuweisung erforderlich:

```
PPGPresident.SelectedObject = LBPresidents.SelectedItem
```

Alles andere erledigt das Steuerelement selbst. Via Reflection ermittelt es sämtliche öffentliche Eigenschaften und deren Datentyp und zeigt diese entsprechend an. Alle Eigenschaften werden der Rubrik SONSTIGES zugeordnet.

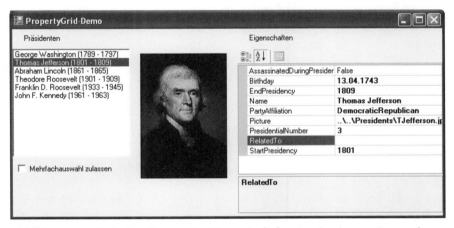

Abbildung 144: Einfacher Einsatz des Eigenschaftsfensters in eigener Anwendung

Die Eigenschaften lassen sich ändern, sofern es die passende Property-Set-Methode gibt. In dieser Methode muss ggf. Code vorgesehen werden, um auf die Änderung der Eigenschaft zu reagieren. Möchten Sie Eigenschaften schreibgeschützt anzeigen, lassen Sie die Property-Set-Methode weg.

Vieles wird bei der Darstellung der Eigenschaften im PropertyGrid über Attribute gesteuert. Ob eine Eigenschaft überhaupt angezeigt wird, legen Sie mit dem Attribut BrowsableAttribute fest. Möchten Sie eine Eigenschaft von der Darstellung im PropertyGrid ausschließen, deklarieren Sie sie, wie in Listing 283 gezeigt.

```
Protected PInternalData As String
<Browsable(False)> _
Public Property InternalData() As String
  Get
    Return PInternalData
  End Get
  Set(ByVal Value As String)
    PInternalData = Value
  End Set
End Property
```

Listing 283: Ausschließen einer Eigenschaft von der Darstellung im PropertyGrid

Sollen die Eigenschaften in andere Kategorien eingeordnet werden als SONSTIGES, dann können Sie das über das Attribut CategoryAttribute steuern. Die Klasse CategoryAttribute kennt bereits einige Standard-Kategorien, die sich hauptsächlich auf Windows-Steuerelemente beziehen. Dazu gehören z.B. Action, Appearance und Layout. Hinweise zu den vordefinierten Kategorien finden Sie in der MSDN-Dokumentation in der Beschreibung der CategoryAttribute-Klasse. Möchten Sie die Standardnamen verwenden, dann benutzen Sie die englischen Bezeichnungen. Sie werden automatisch in die Zielsprache übersetzt.

Eigene Kategorien definieren Sie, indem Sie den frei wählbaren Namen im Konstruktor des Category-Attributs angeben. Listing 284 zeigt exemplarisch die Definition für eine Eigenschaft, Abbildung 146 die Auswirkung im PropertyGrid.

```
<Category("Persönliches")> _
Public Property Birthday() As DateTime
  Get
    Return PBirthday
  End Get
  Set(ByVal Value As DateTime)
    PBirthday = Value
  End Set
End Property
```

Listing 284: Einordnung der Eigenschaften in Kategorien

Bestimmt kennen Sie die Möglichkeit, sich im untersten Feld des Eigenschaftsfensters eine Beschreibung der Eigenschaft anzeigen zu lassen. Auch diese Beschreibung lässt sich über ein Attribut vorgeben. Hierfür ist das Description-Attribut vorgesehen. Listing 285 zeigt die Definition, Abbildung 145 die Anzeige.

```
<Category("Amt"), _
Description("Jahr, in dem die Präsidentschaft endete")> _
Public Property EndPresidency() As Integer
  Get
    Return PEndPresidency
  End Get
  Set(ByVal Value As Integer)
    PEndPresidency = Value
```

Listing 285: Hinzufügen einer Beschreibung mithilfe des Description-Attributs

```
    End Set
  End Property
```

Listing 285: Hinzufügen einer Beschreibung mithilfe des Description-Attributs (Forts.)

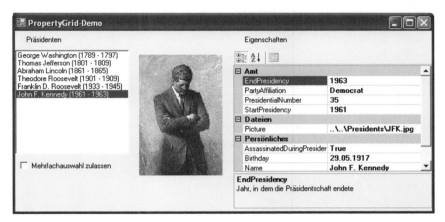

Abbildung 145: Erklären Sie die Eigenschaften, damit der Anwender sie leichter verstehen kann

Abbildung 146: Eigenschaften verschiedenen Kategorien zuordnen

150   Eigenschaften mehrerer Objekte gleichzeitig anzeigen

Im vorangegangenen Beispiel konnte in der ListBox immer nur ein Eintrag zur Zeit gewählt werden. Dieser wurde dann der `SelectedObject`-Eigenschaft des PropertyGrids zugewiesen. Das PropertyGrid verfügt zusätzlich aber auch über die Eigenschaft `SelectedObjects`, der Sie ein beliebiges `Object-Array` zuweisen können. Im Eigenschaftsfenster werden dann nur die Eigenschaften angezeigt, die alle Objekte gemeinsam unterstützen. Werte werden nur angezeigt, wenn sie für alle Objekte gleichermaßen gelten.

In Listing 286 sehen Sie den angepassten Code für die Mehrfachauswahl, Abbildung 147 zeigt das Ergebnis für zwei gleichzeitig ausgewählte Präsidenten.

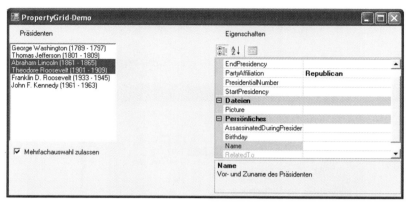

Abbildung 147: Eigenschaften bei gleichzeitiger Auswahl mehrerer Objekte

```
Private Sub LBPresidents_SelectedIndexChanged( _
   ByVal sender As System.Object, ByVal e As System.EventArgs) _
   Handles LBPresidents.SelectedIndexChanged

   ' Präsident ermitteln
   Dim p As USPresident
   p = DirectCast(LBPresidents.SelectedItem, USPresident)

   ' Ressourcen freigeben
   If Not Portrait.Image Is Nothing Then Portrait.Image.Dispose()

   ' Mehrfachauswahl oder nicht?
   If CHKMultiSelect.Checked Then
      ' Kein Bild
      Portrait.Image = Nothing

      ' Object-Array für ausgewählte Präsidenten anlegen
      Dim items(LBPresidents.SelectedItems.Count - 1) As Object
      LBPresidents.SelectedItems.CopyTo(items, 0)

      ' Objekte im PropertyGrid auswählen
      PPGPresident.SelectedObjects = items
   Else

      ' Bild anzeigen
      Portrait.Image = New Bitmap(p.Picture)
      ' Eigenschaften der Auswahl anzeigen
      PPGPresident.SelectedObject = LBPresidents.SelectedItem
   End If

End Sub
```

Listing 286: Mehrfachauswahl über die SelectedObjects-Eigenschaft

151 Abfangen ungültiger Werte

Wie immer, wenn Anwender Daten eingeben können, müssen diese auf Plausibilität und Gültigkeit überprüft und im Fehlerfall zurückgewiesen werden. Die Überprüfung erfolgt nicht im PropertyGrid-Control, sondern in der Set-Methode der jeweiligen Eigenschaft. Ist das eingegebene Datum ungültig, kann die Methode eine Exception auslösen und das PropertyGrid zu einer Fehlermeldung veranlassen (siehe Abbildung 148).

Im Beispiel wird die laufende Nummerierung der Präsidenten auf den Bereich von 1 bis 100 eingeschränkt und im Fehlerfall eine Exception vom Typ ArgumentOutOfRangeException ausgelöst (Listing 287).

```
Public Property PresidentialNumber() As Integer
  Get
    Return PPresidentialNumber
  End Get
  Set(ByVal Value As Integer)
    If Value < 1 Or Value > 100 Then
      Throw New ArgumentOutOfRangeException( _
        "PresidentialNumber", Value, _
        "Wert muss zwischen 1 und 100 liegen")
    End If
    PPresidentialNumber = Value
  End Set
End Property
```

Listing 287: Auslösen einer Exception, um die Annahme ungültiger oder unplausibler Daten zu unterbinden

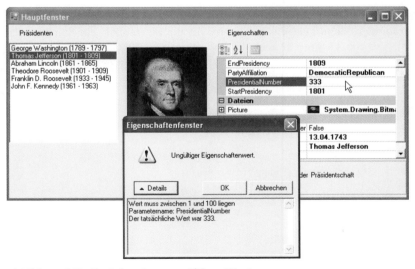

Abbildung 148: Zurückweisen ungültiger Werte

152   Standardwerte für Eigenschaften

Standardwerte lassen sich mithilfe des Attributs DefaultValue definieren. Sie haben zwei Aufgaben. Zum einen zeigen sie durch Normal- oder Fettschrift an, ob die eingestellte Eigenschaft der Standardwert ist. Der Standardwert wird mit Normalschrift angezeigt (siehe Abbildung 149, Eigenschaft AssassinatedDuringPresidency), vom Standardwert abweichende Werte fett.

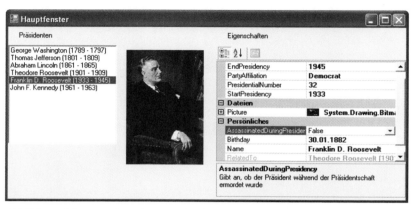

Abbildung 149: Anzeige des Standardwertes in Normalschrift

Der Standardwert hat auch Einfluss auf die Code-Generierung des Designers. Nur für Werte, die vom angegebenen Standardwert abweichen, wird in InitializeComponent Code angelegt.

Außerdem werden Standardwerte für einige Editoren benötigt. Zur Demonstration wurde in der Beispielklasse der Datentyp der Eigenschaft Picture von String in Image umgewandelt. Das PropertyGrid bietet dann für diese Eigenschaft automatisch einen Dateidialog an, um eine passende Bilddatei auswählen zu können. Möchten Sie diesen Eintrag löschen, um dem Objekt keine Bilddatei zuzuordnen, dann geht das nur, wenn für die Eigenschaft ein Standardwert (hier Nothing) definiert wurde. Listing 288 zeigt die Definitionen der Eigenschaften AssassinatedDuringPresidency und Picture.

```
Protected PAssassinatedDuringPresidency As Boolean

<Category("Persönliches"), _
Description("Gibt an, ob der Präsident während der " & _
  "Präsidentschaft ermordet wurde"), _
DefaultValue(False)> _
Public Property AssassinatedDuringPresidency() As Boolean
  Get
    Return PAssassinatedDuringPresidency
  End Get
  Set(ByVal Value As Boolean)
    PAssassinatedDuringPresidency = Value
  End Set
End Property

Protected PPicture As Image
```

Listing 288: Standardwerte für Eigenschaften

```
<Category("Dateien"), _
DefaultValue(GetType(Object), Nothing), _
Description("Pfad der Portrait-Datei")> _
Public Property Picture() As Image
  Get
    Return PPicture
  End Get
  Set(ByVal Value As Image)
    PPicture = Value
  End Set
End Property
```

Listing 288: Standardwerte für Eigenschaften (Forts.)

153 Festlegen einer Standard-Eigenschaft

Sie können festlegen, welche Eigenschaft selektiert werden soll, wenn das PropertyGrid-Control die Eigenschaften eines Objektes neu anzeigt. Dazu brauchen Sie lediglich der betreffenden Klasse das Attribut DefaultProperty zuzuweisen und den Namen der Eigenschaft anzugeben:

```
<DefaultProperty("Address")> _
Public Class Person
  Public Property Address() As String
    ...
  End Property
  Public Property Name() As String
    ...
  End Property
End Class
```

154 Eigenschaften gegen Veränderungen im PropertyGrid-Control schützen

Soll eine Eigenschaft zwar prinzipiell für Schreib- und Lesezugriffe verfügbar sein, aber im PropertyGrid-Control schreibgeschützt dargestellt werden, dann können Sie dieser Eigenschaft das ReadOnly-Attribut zuordnen. In Listing 289 sehen Sie ein Beispiel, bei dem die Eigenschaft Birthday geschützt wird, Abbildung 150 zeigt die Darstellung der schreibgeschützten Eigenschaft im PropertyGrid.

```
<ReadOnlyAttribute(True)> _
Public Property Birthday() As DateTime
  Get
    Return PBirthday
  End Get
  Set(ByVal Value As DateTime)
    PBirthday = Value
  End Set
End Property
```

Listing 289: Schreibschutz einer Eigenschaft, der nur für die Darstellung im PropertyGrid gilt

Eigenschafts-
fenster

Abbildung 150: Die schreibgeschützte Eigenschaft wird grau dargestellt

> **Hinweis**
>
> Beachten Sie bitte, dass Sie bei Verwendung des `ReadOnly`-Attributs entgegen der sonstigen Syntax für Attribute den Klassennamen (`ReadOnlyAttribute`) vollständig ausschreiben müssen, da es sonst zu einer Kollision mit dem Schlüsselwort `ReadOnly` kommt.

155   Enumerationswerte kombinieren

Wie Sie in Rezept 149 (Grundlegende Attribute) bereits gesehen haben, können Sie auch Enumerationen als Eigenschaftstyp verwenden. Das PropertyGrid zeigt einen solchen Wert als Text an, sofern der Zahlenwert in der Enumeration vorkommt. Für Werte aus dem Enum-Datentyp `VehicleManufacturer` (siehe Listing 290) werden die Bezeichnungen der Konstanten angezeigt. Eine Kombination dieser Werte, selbst wenn die zugrunde liegenden Zahlenwerte es zuließen, ist nicht möglich. Das Eigenschaftsfenster bietet nur die Mitglieder der Enumeration zu Auswahl an.

```
Public Enum VehicleManufacturer
  VW
  BMW
  GM
  DaimlerChrysler
End Enum

<Flags()> _
Public Enum VehicleEquipment
  Airconditioner = 1
  Radio = 2
  Telephone = 4
End Enum
```

Listing 290: Enumerationen mit und ohne Flags-Attribut

Sollen mehrere `Enum`-Konstanten miteinander kombiniert werden (z.B. Ausstattungsmerkmale, die sich nicht gegenseitig ausschließen), dann müssen zwei Voraussetzungen erfüllt sein:

1. Die Werte müssen voneinander unabhängige Zweierpotenzen sein, damit die Bits ohne Kollision mit einer Oder-Verknüpfung kombiniert werden können.

2. Der Enumeration muss das `Flags`-Attribut zugewiesen werden, damit das PropertyGrid die Kombinationen anzeigen und zulassen kann.

In Abbildung 151 sehen Sie die Anzeige der kombinierten Ausstattungsmerkmale AIRCONDITIONER und TELEPHONE. Der im Bild angezeigte Eintrag wurde folgendermaßen im Programm eingefügt:

```
LBVehicles.Items.Add( _
  New Vehicle(VehicleManufacturer.DaimlerChrysler, _
  VehicleEquipment.Airconditioner Or VehicleEquipment.Telephone))
```

Während der Compiler das Flags-Attribut ignoriert (die Oder-Verknüpfung im Sourcecode ist davon unabhängig immer zulässig), entscheidet das PropertyGrid anhand dieses Attributs, wie die Werte darzustellen sind. Sind mehrere Bits gesetzt, werden die Namen der betreffenden Konstanten mit Kommas abgetrennt angezeigt.

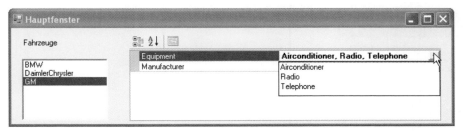

Abbildung 151: Kombinationen von Enum-Werten zulassen mit dem Flags-Attribut

156 Geschachtelte expandierbare Eigenschaften

Im Umgang mit den Eigenschaften von Fenstern und Steuerelementen ist Ihnen bestimmt schon aufgefallen, dass das PropertyGrid die Daten geschachtelter Eigenschaften, die selbst auf einer Klasse oder Struktur basieren (z.B. Size), in einer speziellen Syntax darstellt. In Abbildung 152 sehen Sie eine typische Darstellung solcher Eigenschaften, hier für ein Fenster. Neben dem Eigenschaftsnamen werden die Werte im Beispiel durch ein Semikolon voneinander getrennt. Klappt man die Eigenschaft auf, werden die einzelnen Werte dieser Eigenschaft, hier Width und Height, angezeigt.

Der Anwender kann wahlweise die aufgeklappten Eigenschaften ändern oder den zusammengesetzten Text bearbeiten. Beide Wege führen zum gleichen Ergebnis. Um für eigene Klassen auch ein derartiges Verhalten erreichen zu können, müssen Sie einen eigenen Typ-Converter programmieren. Dieser hat zwei Aufgaben:

1. Umwandlung der Daten in den Anzeigetext

2. Erstellung eines neuen Objektes aus einem eingegebenen oder geänderten Anzeigetext

Abbildung 153 zeigt ein Beispiel für die Eigenschaften eines Angestellten. Neben dem Namen wird der benutzte Computer aufgeführt. Dieser wiederum besitzt die Eigenschaften Operating-System und ProcessorSpeed. Die Definition der Klassen sehen Sie in Listing 291 bzw. Listing 292. Die Eigenschaft Computer wird mit der Syntax [OperatingSystem-Komma-Leerzeichen-Processor-Speed-Leerzeichen-MHZ] angezeigt. Ohne Definition eines geeigneten Typ-Converters wäre die Umwandlung nicht möglich.

```
Public Class Employee
  <Description("Name des Mitarbeiters")> _
```

Listing 291: Ein Mitarbeiter hat einen Namen und einen Computer

```
    Public Property Name() As String
      …
    End Property
    <Description("Benutzter Computer")> _
    Public Property Computer() As PC
      …
    End Property

End Class
```

Listing 291: Ein Mitarbeiter hat einen Namen und einen Computer (Forts.)

Abbildung 152: Expandierte Eigenschaften vom Typ Size

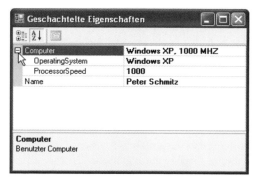

Abbildung 153: Expandieren von Eigenschaften mithilfe eines spezifischen Converters

```
    <TypeConverter(GetType(PCConverter))> _
    Public Class PC
      <Description("Betriebssystem")> _
      Public Property OperatingSystem() As String
```

Listing 292: Definition der Klasse PC mit Angabe des Typ-Converters

```
   …
   End Property

   <Description("Prozessorgeschwindigkeit")> _
   Public Property ProcessorSpeed() As Integer
      …
   End Property
End Class
```

Listing 292: Definition der Klasse PC mit Angabe des Typ-Converters (Forts.)

Die Definition des eigenen Typ-Converters gestaltet sich allerdings recht einfach, da das Framework bereits mit `ExpandableObjectConverter` eine geeignete Basisklasse zur Verfügung stellt. Es reicht aus, die vier in Tabelle 23 beschriebenen Methoden zu überschreiben. Gebunden wird der Typ-Converter an die betreffende Klasse (hier `PC`) mithilfe des `TypeConverter`-Attributs (siehe Listing 292).

Methode	Bedeutung
CanConvertFrom	Gibt an, ob basierend auf dem Anzeigetext ein neues Objekt erzeugt werden kann.
CanConvertTo	Gibt an, ob die Eigenschaft in einen String gewandelt werden kann.
ConvertFrom	Erstellung eines neuen Objektes aus den Daten im Anzeigetext
ConvertTo	Erzeugung des Anzeigetextes

Tabelle 23: Zu überschreibende Methoden der Klasse ExpandableObjectConverter für die expandierbare Ansicht im PropertyGrid

Wie Sie die Syntax der Eigenschaftszeile gestalten, bleibt Ihnen überlassen. Sie können die Daten nach eigenen Wünschen formatieren und zusammenstellen. Allerdings müssen Sie auch selber sicherstellen, dass sich die Daten aus dem erzeugten Text wieder extrahieren lassen. Listing 293 zeigt die Implementierung der Klasse `PCConverter`. Die beiden Methoden `CanConvertTo` und `CanConvertFrom` überprüfen, ob in oder aus einem String gewandelt werden soll. Falls nicht, wird die Abarbeitung an die Basisklasse weitergeleitet. `ConvertTo` formatiert den String in der o.g. Syntax. `ConvertFrom` zerlegt den String und extrahiert wieder die Bezeichung des Betriebssystems und die Prozessorgeschwindigkeit und erzeugt eine neue Instanz der Klasse `PC`.

```
Public Class PCConverter
   Inherits ExpandableObjectConverter

   Public Overloads Overrides Function CanConvertFrom( _
      ByVal context As System.ComponentModel.ITypeDescriptorContext, _
      ByVal sourceType As System.Type) As Boolean

      ' Konvertierung von String zulassen
      If sourceType Is GetType(String) Then Return True

      ' Sonst Delegation an die Basisklasse
      Return MyBase.CanConvertFrom(context, sourceType)
```

Listing 293: Ein speziell für die Klasse PC entwickelter Converter

```
End Function

Public Overloads Overrides Function CanConvertTo( _
  ByVal context As System.ComponentModel.ITypeDescriptorContext, _
  ByVal destinationType As System.Type) As Boolean

  ' Konvertieren in einen String zulassen
  If destinationType Is GetType(String) Then Return True

  ' Sonst Delegation an die Basisklasse
  Return MyBase.CanConvertFrom(context, destinationType)

End Function

' Konvertierung in einen String
Public Overloads Overrides Function ConvertTo( _
  ByVal context As System.ComponentModel.ITypeDescriptorContext, _
  ByVal culture As System.Globalization.CultureInfo, _
  ByVal value As Object, ByVal destinationType As System.Type) _
  As Object

  If destinationType Is GetType(String) Then
    ' PC-Daten in String konvertieren
    Dim comp As PC = DirectCast(value, PC)
    Return String.Format("{0}, {1} MHZ", comp.OperatingSystem, _
      comp.ProcessorSpeed)

  Else

    ' Sonst Delegation an die Basisklasse
    Return MyBase.ConvertTo(context, culture, value, _
      destinationType)
  End If
End Function

Public Overloads Overrides Function ConvertFrom( _
  ByVal context As System.ComponentModel.ITypeDescriptorContext, _
  ByVal culture As System.Globalization.CultureInfo, _
  ByVal value As Object) As Object

  ' Strings konvertieren
  If TypeOf value Is String Then
    ' Trennzeichen suchen und Werte separieren
    Dim t As String = CStr(value)
    Dim pos As Integer = t.IndexOf(",")
    Dim os As String = t.Substring(0, pos)
    Dim tspeed As String = t.Substring(pos + 2)
    pos = tspeed.IndexOf(" ")
    tspeed = tspeed.Substring(0, pos)
```

Listing 293: Ein speziell für die Klasse PC entwickelter Converter (Forts.)

```
    ' Neues Objekt anlegen und initialisieren
    Dim comp As New PC
    comp.OperatingSystem = os
    comp.ProcessorSpeed = Integer.Parse(tspeed)

    ' Das neue Objekt zurückgeben
    Return comp

  End If

  ' Sonst Delegation an die Basisklasse
  Return MyBase.ConvertFrom(context, culture, value)

End Function

End Class
```

Listing 293: Ein speziell für die Klasse PC entwickelter Converter (Forts.)

> **Tipp**
>
> Wenn Sie die betreffenden Klassen (hier die Klasse `PC`) selbst programmiert haben, bietet es sich an, einen Teil der Aufgaben in diese Klassen zu verlagern. Die Umwandlung der Daten in einen String können Sie mit einer Überschreibung der Methode `ToString` realisieren, die Umwandlung in der anderen Richtung durch Anlage eines geeigneten Konstruktors, der den Anzeigetext entgegennimmt und die Felder initialisiert. So können Sie diese Funktionalität auch für andere Aufgaben nutzen.

157 DropDown-Liste mit Standardwerten für Texteigenschaften

Wiederum über ein Attribut kann man einer Texteigenschaft eine `TypeConverter`-Klasse zuweisen, die einen Satz fest definierter Text zur Verfügung stellt. Im Eigenschaftsfenster wird dem Anwender dann eine DropDown-Liste angeboten, aus der er einen der Werte auswählen kann. Wahlweise kann man erlauben, auch andere Texte einzugeben, oder die Auswahl auf die Liste beschränken. In Abbildung 154 sehen Sie ein Beispiel, bei dem für die Eigenschaft `City` mehrere Städtenamen zur Auswahl angeboten werden, aber auch andere Texte eingetragen werden können.

Listing 294 zeigt die Implementierung der Klasse `Location`, deren Instanzeigenschaften im PropertyGrid angezeigt werden, Listing 295 die Implementierung der `TypeConverter`-Klasse. Tabelle 24 führt die zu überschreibenden Methoden auf.

```
Public Class Location

  Protected LCity As String

  ' Eigenschaft City und Angabe des Converters
  <TypeConverter(GetType(CityStringConverter))> _
  Public Property City() As String
    Get
```

Listing 294: Zuweisung eines TypeConverters für eine Textauswahl

```
      Return LCity
    End Get
    Set(ByVal Value As String)
      LCity = Value
    End Set
  End Property
End Class
```

Listing 294: Zuweisung eines TypeConverters für eine Textauswahl (Forts.)

Abbildung 154: Text-Auswahlliste mit vorgegebenen Städtenamen

```
Public Class CityStringConverter
  Inherits StringConverter

  Private Shared defaultCities As New StandardValuesCollection _
    (New String() {"New York", "Tokio", "Berlin", _
    "Canberra", "Buenos Aires"})

  ' Rückgabe der vorgegebenen Standardwerte
  Public Overloads Overrides Function GetStandardValues( _
    ByVal context As System.ComponentModel.ITypeDescriptorContext) _
    As System.ComponentModel.TypeConverter.StandardValuesCollection

    Return defaultCities
  End Function

  Public Overloads Overrides Function GetStandardValuesExclusive( _
    ByVal context As System.ComponentModel.ITypeDescriptorContext) _
    As Boolean

    ' Rückgabe True, wenn nur die in GetStandardValues angegebenen
    ' Werte zulässig sein sollen
```

Listing 295: Implementierung einer TypeConverter-Klasse für die Bereitstellung vordefinierter Städtenamen

```
' Rückgabe False, wenn zusätzlich beliebige Texte eingegeben
' werden dürfen

   Return False

End Function

Public Overloads Overrides Function GetStandardValuesSupported( _
   ByVal context As System.ComponentModel.ITypeDescriptorContext) _
   As Boolean

   ' Rückgabe True, wenn Standardwerte angezeigt werden sollen
   ' False, wenn nicht
   Return True       ·
End Function

End Class
```

Listing 295: Implementierung einer TypeConverter-Klasse für die Bereitstellung vordefinierter Städtenamen (Forts.)

Methode	Bedeutung
GetStandardValuesSupported	True, wenn Standardwerte verwendet werden sollen
GetStandardValues	Rückgabe einer Liste mit den vordefinierten Texten
GetStandardValuesExclusive	True, wenn die Eingabe auf die Standardwerte beschränkt ist, ansonsten False

Tabelle 24: Zu überschreibende Methoden einer Ableitung von der Klasse StringConverter

Wie Sie dem Listing entnehmen können, besteht die Programmierung hauptsächlich daraus, die Liste aufzubauen und zurückzugeben. Die Überschreibungen der Methoden sind mithilfe der Entwicklungsumgebung schnell realisiert.

158 Visualisierung von Eigenschaftswerten mit Miniaturbildern

»Ein Bild sagt mehr als tausend Worte« lautet ein Sprichwort. Auch Eigenschaftswerte lassen sich oft sinnvoll durch eine kleine Grafik visualisieren. In Abbildung 155 sehen Sie die grafische Darstellung einer Zeitangabe in Sekunden, die ein Tortendiagramm (oder vielleicht treffender Törtchendiagramm) zeigt, das den Anteil des Eigenschaftswertes an einer vollen Minute darstellt. Zum Zeichnen können Sie die komplette Palette der Zeichenmethoden von GDI+ verwenden, wenngleich der Raum für diese Zeichnung äußerst eingeschränkt ist und wenig Platz für Details bietet.

Zur Realisierung dieser Darstellung muss der betreffenden Eigenschaft über das Editor-Attribut eine von UITypeEditor abgeleitete Klasse zugewiesen werden. Listing 296 zeigt die Implementierung der Beispielklasse.

Abbildung 155: Grafische Darstellung der Eigenschaft Seconds als Miniaturbild

```
Public Class VisualizedSecond

  ' Eigenschaft Seconds und Angabe des Editors
  <Editor(GetType(VisualizedSecondConverter), _
  GetType(UITypeEditor))> _
  Public Property Seconds() As Integer
    ...
  End Property

End Class
```

Listing 296: Definition eines Editors zur Visualisierung der Eigenschaft Seconds

Der Editor selbst ist eine Ableitung der Klasse UITypeEditor (Listing 297). GetPaintValueSupported gibt True zurück, damit das PropertyGrid erfährt, dass eine Miniaturgrafik zu zeichnen ist. Ähnlich dem Paint-Ereignis wird PaintValue aufgerufen, wenn die Darstellung gezeichnet werden muss. e.Bounds gibt das Rechteck an, das für die Zeichenoperationen zur Verfügung steht. Nur innerhalb dieses Rechtecks sollte gezeichnet werden.

```
Public Class VisualizedSecondConverter
  Inherits UITypeEditor


  Public Overloads Overrides Function GetPaintValueSupported( _
    ByVal context As System.ComponentModel.ITypeDescriptorContext) _
    As Boolean

    ' Rückgabe True, damit das PropertyGrid weiß, dass etwas
    ' gezeichnet werden soll
    Return True

  End Function

  Public Overloads Overrides Sub PaintValue( _
    ByVal e As System.Drawing.Design.PaintValueEventArgs)

    ' Zeichnen innerhalb von e.Bounds
    ' Hintergrund hellblau
```

Listing 297: Implementierung des Editors zum Zeichnen des Tortendiagramms

```
e.Graphics.FillRectangle(Brushes.LightBlue, e.Bounds)

' Hilfsgrößen für Kreis ermitteln
Dim radius As Integer = Math.Min(e.Bounds.Width, _
  e.Bounds.Height) \ 2
Dim mx As Integer = e.Bounds.Width \ 2 + e.Bounds.Left
Dim my As Integer = e.Bounds.Height \ 2 + e.Bounds.Top
Dim r As New Rectangle(mx - radius, my - radius, radius * 2, _
  radius * 2)

' Kreis zeichnen
e.Graphics.DrawEllipse(Pens.Black, r)

' Kreisausschnitt dunkelblau zeichnen
e.Graphics.FillPie(Brushes.DarkBlue, r, -90, CSng(e.Value) _
  * 6.0F)

  End Sub

End Class
```

Listing 297: Implementierung des Editors zum Zeichnen des Tortendiagramms (Forts.)

Im Beispiel wird ein Vollkreis gezeichnet sowie ein gefüllter Ausschnitt. Der Winkel entspricht dem Verhältnis von Eigenschaftswert zu 60 Sekunden.

> **Hinweis**
>
> Zur Ausgabe des Eigenschaftswertes neben der Grafik benutzt das PropertyGrid dasselbe `Graphics`-Objekt. Denken Sie also daran, vor dem Verlassen der `PaintValue`-Methode eventuell vorgenommene Änderungen wie Koordinatentransformationen wieder rückgängig zu machen.

159 Einen eigenen DropDown-Editor anzeigen

Manche Daten lassen sich besser über spezialisierte Steuerelemente manipulieren als über die einfachen Texteingabefelder. So ist es z.B. recht mühsam, die Zeitangaben eines `TimeSpan`-Wertes zu ändern, will man doch nur mal eben ein paar Sekunden oder Minuten hinzufügen oder abziehen. Um beispielsweise für eine Eieruhr eine Zeiteinstellung vorzusehen, drängt sich der Einsatz von `NumericUpDown`-Steuerelementen förmlich auf, bringen sie doch schon alle Voraussetzungen mit, um Zahlenwerte über Pfeiltasten zu verändern.

Im PropertyGrid können Sie eigene (kleine) Editorfenster als DropDown-Fenster anzeigen und so dem Anwender eine komfortable Dateneingabe ermöglichen. Abbildung 156 zeigt als Beispiel eine Zeiteingabe, die mit einem eigenen Editor realisiert wurde.

Auch ein solcher Editor ist schnell erstellt und eingebunden. Zunächst wird ein benutzerdefiniertes Steuerelement benötigt, das die drei `NumericUpDown`-Controls sowie die Labels für die Beschriftung enthält. In Listing 298 sehen Sie den Aufbau, wie er im Designer angezeigt wird. In der Klasse dieses Controls (`TimeEditorControl`, siehe Abbildung 157) wird zusätzlich eine Eigenschaft eingerichtet, um die Alarmzeit des Objektes in die `NumericUpDown`-Felder einzutragen und vice versa.

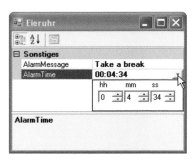

Abbildung 156: DropDown-Editor für die schnelle und komfortable Eingabe von Zeiten

Abbildung 157: Der Editor basiert auf einem Benutzersteuerelement

```
Public Class TimeEditorControl
  Inherits System.Windows.Forms.UserControl

#Region " Vom Windows Form Designer generierter Code "
...

  ' Transfer der Zeiteinstellung <-> Eingabefelder
  Public Property AlarmTime() As TimeSpan
    Get
      ' Wert aus Eingabefeldern zusammensetzen
      Return New TimeSpan(CInt(NUDHour.Value), _
        CInt(NUDMinute.Value), CInt(NUDSecond.Value))
    End Get

    Set(ByVal Value As TimeSpan)
      ' Eingabefelder setzen
      NUDHour.Value = Value.Hours
      NUDMinute.Value = Value.Minutes
      NUDSecond.Value = Value.Seconds
    End Set

  End Property

End Class
```

Listing 298: Ergänzung des Editor-Controls um die Eigenschaft AlarmTime

Um dem PropertyGrid über ein Attribut das Vorhandensein eines DropDown-Editors bekannt machen zu können, muss eine von `UITypeEditor` abgeleitete Klasse (hier `AlarmTimeUIEditor`, siehe Listing 299) angelegt werden. Zwei Methoden werden überschrieben:

1. `GetEditStyle`, um den Editor als DropDown-Editor anzumelden, und

2. `EditValue`, um den ausgewählten Wert im Editor anzuzeigen.

GetEditStyle überprüft lediglich den Datentyp und gibt den Enumerationswert UITypeEditor-EditStyle.DropDown zurück. Das PropertyGrid-Steuerelement erfährt hierüber, dass es den Pfeil zum Aufklappen eines DropDown-Feldes anzeigen soll.

Entscheidet sich der Anwender, auf diesen Pfeil zu klicken, ruft das PropertyGrid-Control die Methode EditValue auf. Der Parameter context enthält Informationen zum Objekt, dessen Eigenschaften dargestellt werden, der Parameter value den aktuellen Wert der zu ändernden Eigenschaft.

Benötigt wird eine Instanz des zuvor beschriebenen Benutzersteuerelementes TimeEditor-Control, die entweder neu angelegt oder wieder verwendet werden kann. Über die o.g. Eigenschaft AlarmTime wird die bislang eingestellte Zeit in die NumericUpDown-Felder übertragen. Anschließend wird über den Parameter provider mithilfe der Methode DropDownControl der Editor angezeigt. Der Aufruf erfolgt modal und ist erst beendet, wenn das Editor-Fenster wieder zugeklappt worden ist. Danach werden die Daten zurückgelesen und als Funktionswert zurückgegeben.

```vb
Imports System.ComponentModel
Imports System.Drawing.Design
Imports System.Windows.Forms.Design

Public Class AlarmTimeUIEditor
  Inherits UITypeEditor

  Private Clock As AlarmClock
  Private TimeEditor As TimeEditorControl

  Public Overloads Overrides Function EditValue( _
    ByVal context As System.ComponentModel.ITypeDescriptorContext, _
    ByVal provider As System.IServiceProvider, _
    ByVal value As Object) As Object

    ' EditorService zum Aufklappen des Editors ermitteln
    Dim wfes As IWindowsFormsEditorService
    wfes = DirectCast(provider.GetService(GetType( _
      IWindowsFormsEditorService)), IWindowsFormsEditorService)

    ' Instanz des Editorcontrols verwenden oder neu anlegen
    If TimeEditor Is Nothing Then
      TimeEditor = New TimeEditorControl
    End If

    ' Zeit in Steuerelemente übertragen
    TimeEditor.AlarmTime = CType(value, TimeSpan)

    ' EditorControl als DropDownControl anzeigen
    wfes.DropDownControl(TimeEditor)

    ' Werte aus Steuerelementen zurücklesen und weiterreichen
    Return TimeEditor.AlarmTime
```

Listing 299: Von UITypeEditor abgeleitete Klasse AlarmTimeUIEditor zur Steuerung der Anzeige des DropDown-Editors

```
End Function

Public Overloads Overrides Function GetEditStyle( _
  ByVal context As System.ComponentModel.ITypeDescriptorContext) _
  As System.Drawing.Design.UITypeEditorEditStyle

    ' DropDownControl nur für unsere AlarmClock
  If context IsNot Nothing AndAlso _
    TypeOf context.Instance Is AlarmClock Then

      Return UITypeEditorEditStyle.DropDown
    Else
      Return MyBase.GetEditStyle(context)
    End If

End Function
```

Listing 299: Von UITypeEditor abgeleitete Klasse AlarmTimeUIEditor zur Steuerung der Anzeige des DropDown-Editors (Forts.)

Im letzten Schritt wird über das `Editor`-Attribut der eigentlichen Datenklasse (`AlarmClock`) der Editor bekannt gemacht. So erfährt das PropertyGrid-Control, dass es für die Eigenschaft `AlarmTime` einen passenden Editor gibt, und kann ihn aufrufen. Listing 300 zeigt die Implementierung.

```
Public Class AlarmClock
  Protected AMessage As String
  Public Property AlarmMessage() As String
    Get
      Return AMessage
    End Get
    Set(ByVal Value As String)
      AMessage = Value
    End Set
  End Property

  Protected ATime As TimeSpan
  <Editor(GetType(AlarmTimeUIEditor), GetType(UITypeEditor))> _
  Public Property AlarmTime() As TimeSpan
    Get
      Return ATime
    End Get
    Set(ByVal Value As TimeSpan)
      ATime = Value
    End Set
  End Property
End Class
```

Listing 300: In der Klasse AlarmClock wird über das Editor-Attribut der eigene DropDown-Editor bekannt gegeben

160 Eigenschaften über einen modalen Dialog bearbeiten

Sind die Informationen einer Eigenschaft zu komplex, um sie im PropertyGrid direkt bearbeiten zu können und ist der Raum für die Darstellung in einem DropDown-Editor nicht ausreichend, dann können Sie auch einen eigenen Dialog zur Verfügung stellen. Der Dialog kann beliebig aufgebaut sein und alle Daten übersichtlich präsentieren. Wählt der Anwender im Eigenschaftsfenster eine Eigenschaft aus, der ein modaler Dialog zugeordnet ist, dann wird in der betreffenden Zeile ganz rechts eine Taste mit drei Punkten angezeigt (siehe Abbildung 158). Sie kennen dieses Verhalten bereits von Eigenschaften wie BackgroundImage oder Font.

Abbildung 158: Für komplexe Eigenschaften wird eine Taste angezeigt, über die ein modaler Dialog geöffnet werden kann

Im Beispiel werden die Eigenschaften eines Containerschiffs dargestellt, bestehend aus Schiffsname, max. Anzahl Container, Kapitän und 1. Offizier. Die Eigenschaften Captain und FirstOfficer sind vom Typ Person, einer Klasse, die nähere Spezifikationen der Seeleute zulässt. Für die Darstellung einer Person wird ein eigener Editor eingesetzt. Klickt der Anwender auf die Taste mit der Ellipse, wird dieser Dialog automatisch geöffnet (Abbildung 159).

Die Vorgehensweise, um anwendungsspezifische modale Dialoge bereitzustellen, ist ähnlich der im vorangegangenen Beispiel. Betrachten wir zunächst die Datenklasse ContainerShip (Listing 301). Sie enthält alle Eigenschaften, die im PropertyGrid angezeigt werden, jeweils versehen mit Beschreibungsattributen. Weitere Attribute sind nicht erforderlich. Beachten Sie, dass die Eigenschaften Captain und FirstOfficer vom Typ Person sind.

```
Public Class ContainerShip

    Public Sub New(ByVal name As String,…)
    …
    End Sub

    <Description("Name des Schiffs")> _
    Public Property Name() As String
    …
    End Property
```

Listing 301: Datenklasse ContainerShip

```
<Description("Anzahl der Containerplätze")> _
Public Property MaxContainerUnits() As Integer
   …
End Property
<Description("Kapitän")> _
Public Property Captain() As Person
   …
End Property
<Description("1. Offizier")> _
Public Property FirstOfficer() As Person
   …
End Property

End Class
```

Listing 301: Datenklasse ContainerShip (Forts.)

*Abbildung 159: Anzeige eines modalen Dialogs zur Einstellung der Eigenschaften des
1. Offiziers*

In der Klasse Person werden die Seeleute näher spezifiziert (Listing 302). Das Editor-Attribut wird hier der Klasse zugeordnet, damit der Mechanismus zum Aufruf des Dialoges für jede Eigenschaft vom Typ Person automatisch zur Verfügung steht.

```
<Editor(GetType(PersonUIEditor), GetType(UITypeEditor))> _
Public Class Person

   Public Sub New(ByVal name As String, …)
   End Sub
```

Listing 302: Klasse Person mit zugewiesenem Editor vom Typ PersonUIEditor

```
    Public Overrides Function ToString() As String
      Return PName & ", " & PStateBorn
    End Function

    Public Property Name() As String

      ...

    End Property

    Public Property Address() As String

      ...

    End Property

    Public Property Birthday() As DateTime

      ...

    End Property

    Public Property StateBorn() As String

      ...

    End Property
End Class
```

Listing 302: Klasse Person mit zugewiesenem Editor vom Typ PersonUIEditor (Forts.)

Der Texteintrag, der für die Personen im Eigenschaftsfenster angezeigt wird, wird durch Aufruf der Methode ToString ermittelt. Die Überschreibung dieser Methode in der Klasse Person generiert den Anzeigetext, bestehend aus Name und Geburtsort. Ohne weitere Maßnahmen ist der Eintrag schreibgeschützt, d.h. die Daten können nur über den zusätzlichen Editor geändert werden, nicht jedoch durch Änderung des Textes.

Wie bereits erwähnt können Sie den Dialog nach eigenen Vorstellungen gestalten. Hier wird ein Dialogfenster erstellt, das die vier Personeneigenschaften in TextBoxen und einem Date-TimePicker darstellen kann (Abbildung 160). Eine Taste SCHLIESSEN steht zum Beenden des Dialogs, verbunden mit der Übernahme der Daten zur Verfügung.

Abbildung 160: Erstellung des Dialogfensters

Auch die Art der Datenübergabe an den Dialog und zurück können Sie frei wählen. Hier wird ein zweiter Konstruktor bereitgestellt, der die Referenz des Personen-Objektes übernimmt, in der Membervariable `Sailor` speichert und die Steuerelemente initialisiert. Denken Sie bei einer solchen Variante unbedingt daran, den parameterlosen Konstruktor oder `InitializeComponent` direkt aufzurufen, damit die Steuerelemente überhaupt angelegt werden.

Wird der Dialog über die SCHLIEẞEN-Taste geschlossen, dann werden die Daten aus den Steuerelementen wieder in das Personen-Objekt übertragen. Im Gegensatz zum vorigen Beispiel werden die Daten des bestehenden Objektes verändert, statt ein neues zu erzeugen. Daher wird auch die ursprüngliche Referenz wieder als Funktionswert zurückgegeben. Schließt der Anwender den Dialog auf andere Weise, werden die ursprünglichen Daten beibehalten.

```vbnet
Public Class SailorEditor
    Inherits System.Windows.Forms.Form

#Region " Vom Windows Form Designer generierter Code "
  ...

  ' Referenz des zu ändernden Datenobjektes
  Protected Sailor As Person

  ' Konstruktor zur Übernahme der Daten
  Public Sub New(ByVal sailor As Person)
    MyClass.New()

    Me.Sailor = sailor
    TBName.Text = sailor.Name
    TBAddress.Text = sailor.Address
    TBStateBorn.Text = sailor.StateBorn
    DTPBirthday.Value = sailor.Birthday
  End Sub

  ' Rückübertragung der Daten und Schließen des Fensters
  Private Sub BTNOK_Click(ByVal sender As System.Object, _
    ByVal e As System.EventArgs) Handles BTNOK.Click

    Sailor.Name = TBName.Text
    Sailor.Address = TBAddress.Text
    Sailor.StateBorn = TBStateBorn.Text
    Sailor.Birthday = DTPBirthday.Value
    Me.Close()
    Me.Dispose()
  End Sub

End Class
```

Listing 303: Zusätzlicher Code zum Instanzieren und Schließen des Editors

Der `UITypeEditor`, der vom PropertyGrid-Control instanziert wird, wenn eine Eigenschaft angezeigt werden soll, der das entsprechende Editor-Attribut zugeordnet worden ist, ist sehr ähnlich aufgebaut, wie der im vorangegangenen Beispiel (siehe Listing 299). Listing 304 zeigt die Implementierung. `GetEditStyle` liefert hier den Enumerationswert `UITypeEditorEditStyle.Modal` zurück, so dass das PropertyGrid veranlasst wird, die Taste mit der Ellipse anzuzeigen.

Klickt der Anwender auf die Taste, wird die Methode `EditValue` aufgerufen. In `EditValue` wird der Dialog instanziert und modal angezeigt. Nach Schließen des Dialogs wird die Referenz der Daten vom Typ `Person` zurückgegeben.

```
Imports System.ComponentModel
Imports System.Drawing.Design
Imports System.Windows.Forms.Design

Public Class PersonUIEditor
  Inherits UITypeEditor

  Public Overloads Overrides Function GetEditStyle( _
    ByVal context As System.ComponentModel.ITypeDescriptorContext) _
    As System.Drawing.Design.UITypeEditorEditStyle

    ' Modaler Dialog verfügbar
    Return UITypeEditorEditStyle.Modal

  End Function

  Public Overloads Overrides Function EditValue( _
    ByVal context As System.ComponentModel.ITypeDescriptorContext, _
    ByVal provider As System.IServiceProvider, _
    ByVal value As Object) As Object

    ' EditorService zum Anzeigen des Editors ermitteln
    Dim wfes As IWindowsFormsEditorService
    wfes = DirectCast(provider.GetService(GetType( _
      IWindowsFormsEditorService)), IWindowsFormsEditorService)

    ' Die Daten sind vom Typ Personenobjekt
    Dim sailor As Person = DirectCast(value, Person)

    ' Dialoginstanz anlegen
    Dim dialog As New SailorEditor(sailor)

    ' Dialog anzeigen
    wfes.ShowDialog(dialog)

    ' Referenz des evtl. geänderten Objektes zurückgeben
    Return sailor

  End Function

End Class
```

Listing 304: Ableitung der Klasse UITypeEditor zur Bereitstellung des spezifischen Dialogs

161   Datei Öffnen-Dialog für Eigenschaften bereitstellen

Während der Datei Öffnen-Dialog für manche Datentypen wie Bitmap und Image automatisch als modaler Dialog (siehe auch Rezept 152, Standardwerte für Eigenschaften) zur Verfügung gestellt wird, müssen Sie für Dateien mit eigenen Dateierweiterungen ein paar Kleinigkeiten ergänzen. Wieder wird auch hier über ein Attribut der betreffenden Eigenschaft ein Editor zugewiesen (Listing 305).

```
<System.ComponentModel.Editor(GetType(XYZFilenameEditor), _
GetType(System.Drawing.Design.UITypeEditor))> _
  Public Property InfoFile() As String
  Get
    Return IInfoFile
  End Get
  Set(ByVal Value As String)
    IInfoFile = Value
  End Set
End Property
```

Listing 305: Bindung der XYZFilenameEditor-Klasse an die Eigenschaft InfoFile

Für den Vorgang gibt es bereits eine passende Basisklasse (FilenameEditor). Prinzipiell könnten Sie diese Klasse direkt verwenden, hätten dann aber keine Möglichkeit, die Dateien nach ihren Typen zu filtern. Stattdessen leiten Sie eine spezialisierte Klasse, hier XYZFilenameEditor, von dieser ab (Listing 306).

```
Public Class XYZFilenameEditor
  Inherits System.Windows.Forms.Design.FileNameEditor

  Protected Overrides Sub InitializeDialog( _
    ByVal openFileDialog As System.Windows.Forms.OpenFileDialog)

    ' Filter für eigene Dateierweiterungen einstellen
    openFileDialog.Filter = "XYZ-Dateien (*.xyz) |*.xyz"

  End Sub

End Class
```

Listing 306: XYZFilenameEditor filtert die Dateien vom Typ XYZ heraus

Der Editor ist voll funktionsfähig, auch ohne dass Sie eine Methode überschreiben. Um den Dateifilter zu konfigurieren, müssen Sie jedoch die Methode InitializeDialog überschreiben. Sie liefert als Parameter eine Referenz des anzuzeigenden Datei Öffnen-Dialogs. Hierüber können Sie Ihre benötigten Einstellungen, im Beispiel die Filterung von XYZ-Dateien, vornehmen. Abbildung 161 zeigt ein Beispiel für das Eigenschaftsfenster und den angezeigten Dialog.

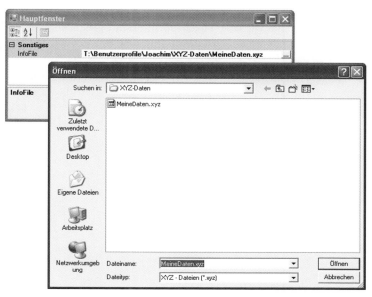

Abbildung 161: OpenFile-Dialog an Eigenschaft koppeln

162 Auflistungen anzeigen und bearbeiten

Wenn Sie die `Items`-Auflistung eines `ListView`-Steuerelementes öffnen, wird ein spezialisierter Editor angezeigt (Abbildung 162), der folgende Bedienelemente enthält:

1. Liste aller Elemente der Auflistung mit der Möglichkeit, ein einzelnes Element auszuwählen

2. Anzeige aller Eigenschaften eines ausgewählten Elements

3. Taste HINZUFÜGEN, um neue Objekte der Auflistung hinzuzufügen

4. Taste ENTFERNEN, um das ausgewählte Element zu löschen

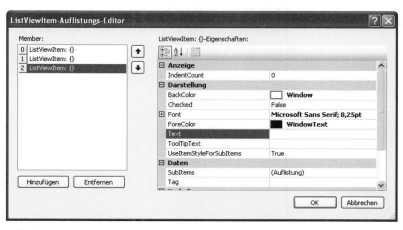

Abbildung 162: Auflistungseditor für ListViewItem-Objekte

In diesem Rezept zeigen wir, wie Sie auch für eigene Auflistungen einen angepassten Editor anzeigen und so dem Anwender eine einfache Möglichkeit an die Hand geben können, die Liste und die enthaltenen Daten zu bearbeiten. Zunächst die Erläuterung der verwendeten Beispielklassen für die Daten:

Die Klasse `Person` definiert einige allgemeine Eigenschaften einer Person (Listing 307, die Implementierung der Methoden wurde ausgelassen). Zwei abgeleitete Klassen (Listing 308), `Controller` und `Developer`, definieren die spezialisierten Eigenschaften `ControlledProject` bzw. `Operatingsystem`.

```
Public Class Person

    Public Sub New()
    End Sub
    Public Sub New(…)
    End Sub

    Public Overrides Function ToString() As String
        Return PName & ", " & PStateBorn
    End Function

    Public Property Address() As String
        …
    End Property
    Public Property FullName() As String
        …
    End Property

    Public Property Birthday() As DateTime
        …
    End Property
    Public Property StateBorn() As String
        …
    End Property
End Class
```

Listing 307: Klasse Person

```
Public Class Controller
    Inherits Person

    Public Sub New()
    End Sub

    Public Sub New(…)
        …
    End Sub

    Public Overrides Function ToString() As String
        Return Me.FullName & "(Controller)"
```

Listing 308: Abgeleitete Klassen Controller und Developer

Eigenschafts-fenster

```
   End Function

   Public Property ControlledProject() As String
     …
   End Property
End Class

Public Class Developer
   Inherits Person

   Public Sub New()
   End Sub

   Public Sub New(…)
     …
   End Sub

   Public Overrides Function ToString() As String
     Return Me.FullName & "(Developer)"
   End Function

   Public Property Operatingsystem() As String
     …
   End Property
End Class
```

Listing 308: Abgeleitete Klassen Controller und Developer (Forts.)

Eine Klasse `Company` definiert als Eigenschaft eine Auflistung (`UntypedEmployeeList1`), der Instanzen der o.g. Klassen hinzugefügt werden (Listing 309). Als Liste kommt ein ArrayList zum Einsatz.

```
Public Class Company

   Protected CUTEmployees1 As New ArrayList

   <System.ComponentModel.Description( _
   "Untypisierte Angestelltenliste")> _
   Public Property UntypedEmployeeList1() As ArrayList
     Get
       Return CUTEmployees1
     End Get
     Set(ByVal Value As ArrayList)
       CUTEmployees1 = Value
     End Set
   End Property

End Class
```

Listing 309: Mitarbeiterliste in Form eines ArrayList-Objektes

Im Hauptprogramm wird eine Instanz der Klasse `Company` erzeugt und der Liste Instanzen von `Person`, `Controller` und `Developer` hinzugefügt. Die Referenz des `Company`-Objektes wird der `SelectedObject`-Eigenschaft des PropertyGrid-Controls zugewiesen:

```
Dim comp As New Company
Dim p As Person
p = New Person("Bill Watson", "Miami", _
  New DateTime(1933, 3, 4), "Florida, USA")
comp.UntypedEmployeeList1.Add(p)
p = New Developer("Karin Meier", "Köln", _
  New DateTime(1973, 7, 30), "München, Deutschland", "XP")
comp.UntypedEmployeeList1.Add(p)
p = New Controller("Pierre Renault", "Paris", _
  New DateTime(1966, 2, 4), "Marseille, France", "Metro 2005")
comp.UntypedEmployeeList1.Add(p)
PGTest.SelectedObject = comp
```

Das Eigenschaftsfenster zeigt die Eigenschaft `UntypedEmployeeList1` als Auflistung an und bietet auch bereits die Möglichkeit, einen Auflistungs-Editor zu öffnen (Abbildung 163). Leider ist dieser erste Ansatz recht unbefriedigend, da dieser Editor nur mit `Object`-Referenzen umgehen kann und weder die Daten anzeigt, noch eine Möglichkeit zum Hinzufügen weiterer Personen-Objekte bietet.

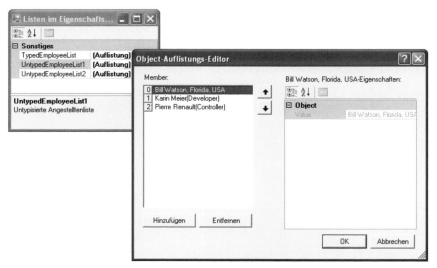

Abbildung 163: Eine ArrayList-Auflistung wird standardmäßig mit dem Object-Auflistungs-Editor angezeigt

Mit den folgenden zwei Lösungsansätzen zeigen wir Ihnen, wie Sie erreichen können, dass der Auflistungs-Editor die Eigenschaften richtig anzeigt und das Hinzufügen neuer Personen unterstützt.

Einsatz einer typisierten Liste

Das zuvor eingesetzte ArrayList als Auflistungstyp verwaltet alle Objekte über `Object`-Referenzen. Somit hat auch der Editor keinerlei Typ-Informationen zu den aufgelisteten Objekten. Setzt man statt des ArrayList-Objektes eine typisierte Liste ein, die nur Objekte vom Typ Person aufnehmen kann, dann hat der Editor alle Informationen, die er für den Umgang mit Instanzen der Klasse Person benötigt. Listing 310 zeigt den exemplarischen Aufbau der typisierten Liste. In der ursprünglichen Version für das Framework 1.1 war dies eine von CollectionBase abgeleitete Klasse, für die Methoden und Eigenschaften zu implementieren waren. Im Framework 2.0 reicht es, die Klasse von einer generischen Liste abzuleiten. Der Code fällt dadurch erheblich kürzer aus.

```
Public Class EmployeeList
   Inherits System.Collections.Generic.List(Of Person)

   ' Keine weitere Implementierung notwendig

End Class
```

Listing 310: Typisierte Liste für die Mitarbeiter-Auflistung

In dieser Klasse wird die Add-Methode so definiert, dass nur Referenzen vom Typ Person hinzugefügt werden können. Zusätzlich müssen die Methode Remove und die Eigenschaft Item implementiert werden. Der Klasse Company wird eine Eigenschaft TypedEmployeeList vom Typ EmployeeList hinzugefügt (Listing 311).

```
Protected CEmployees As New EmployeeList

<System.ComponentModel.Description( _
"Typisierte Angestelltenliste")> _
Public Property TypedEmployeeList() As EmployeeList
   Get
      Return CEmployees
   End Get
   Set(ByVal Value As EmployeeList)
      CEmployees = Value
   End Set
End Property
```

Listing 311: Typisierte Liste als Member-Variable von Company

Dieser Auflistung werden im Hauptprogramm die gleichen Instanzen hinzugefügt wie bereits der anderen Auflistung. In Abbildung 164 sehen Sie das Ergebnis. Der Aufzählungs-Editor zeigt die Objekte korrekt an. Auch die Eigenschaften eines ausgewählten Objektes werden richtig dargestellt und können verändert werden. Einziger Wermutstropfen ist, dass über die Taste HINZUFÜGEN nur Instanzen der Klasse Person, nicht jedoch von Controller oder Developer erzeugt werden können.

Sofern Sie nicht mit Vererbungen arbeiten, sondern nur einen einzigen Datentyp in der Liste führen wollen, ist diese Lösung durchaus eine Überlegung wert, bietet sie doch auch andere Vorteile, wie den typsicheren Umgang mit der Liste beim Hinzufügen von Elementen sowie beim Zugriff über einen Index. Ist es für Sie jedoch wichtig, auch Instanzen anderer Typen hinzufügen zu können oder haben Sie keine Möglichkeit, eine allgemeine durch eine typisierte Liste zu ersetzen, dann bietet sich die nachfolgend beschriebene Lösung an.

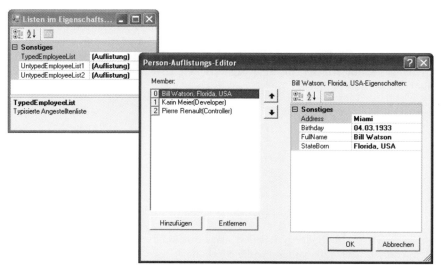

Abbildung 164: Typisierte Liste: Der Auflistungseditor zeigt die Eigenschaften korrekt an,
bietet aber nur die Möglichkeit, Instanzen der Klasse Person hinzuzufügen

Definition eines speziellen UIType-Editors für die eingesetzten Datentypen

Sie hatten es wahrscheinlich nicht anders vermutet: Auch hier kommen wieder Attribute zum
Einsatz. Der Eigenschaft UntypedEmployeeList2 (wieder vom Typ ArrayList) wird über das
Editor-Attribut der spezialisierte Editor vom Typ EmployeeListEditor zugewiesen (Listing 312).

```
<System.ComponentModel.Description( _
"Untypisierte Angestelltenliste mit EmployeeListEditor"), _
System.ComponentModel.Editor(GetType(EmployeeListEditor), _
GetType(System.Drawing.Design.UITypeEditor))> _
Public Property UntypedEmployeeList2() As ArrayList
  Get
    Return CUTEmployees2
  End Get
  Set(ByVal Value As ArrayList)
    CUTEmployees2 = Value
  End Set
End Property
```

Listing 312: Eigenschaft UntypedEmployeeList2 der Klasse Company mit Angabe des zu
verwendenden Editors

Der angegebene Editor ist eine Ableitung der Klasse CollectionEditor, die ihrerseits von der
bereits beschriebenen Klasse UITypeEditor abgeleitet ist (Listing 313). Tabelle 25 zeigt die zu
implementierenden Methoden.

```
Public Class EmployeeListEditor
  Inherits System.ComponentModel.Design.CollectionEditor

  Public Sub New(ByVal type As Type)
    MyBase.New(type)
  End Sub

  Protected Overrides Function CreateNewItemTypes() As System.Type()
    Return New Type() {GetType(Developer), GetType(Controller)}
  End Function

  Protected Overrides Function CreateCollectionItemType() _
    As System.Type

    Return GetType(Person)
  End Function

End Class
```

Listing 313: Die Klasse EmployeeListEditor implementiert die Methoden, die der Editor des PropertyGrids für den Umgang mit unseren Datentypen benötigt

Methode	Bedeutung
New(type)	Konstruktor, der ein Type-Objekt annimmt und an den Konstruktor der Basisklasse weiterleitet.
CreateNewItemTypes As Type()	Rückgabe der Typ-Objekte aller Datentypen, die über die Taste HINZUFÜGEN instanziert werden sollen. Wird diese Methode nicht überschrieben, steht nur der Basistyp zur Verfügung.
CreateCollectionItemType As Type	Zu verwendender Basistyp

Tabelle 25: Zu implementierende Methoden der Klasse CollectionEditor

Diese wenigen Definitionen reichen aus, um das in Abbildung 165 gezeigte gewünschte Ergebnis zu erzielen. Die HINZUFÜGEN-Taste bietet jetzt eine DropDown-Auswahl für die verwendbaren Datentypen. Mit dieser Variante können Sie den Auflistungs-Editor gestalten, ohne die eigentliche Liste verändern zu müssen.

> **Hinweis**
>
> Damit das Hinzufügen neuer Elemente mithilfe der HINZUFÜGEN-Taste überhaupt möglich ist, müssen die Klassen, die instanziert werden sollen, über einen öffentlichen parameterlosen Konstruktor (Standardkonstruktor) verfügen. Ansonsten kann der Editor keine Instanz anlegen und meldet ggf. einen Fehler.

> **Hinweis**
>
> Ein Kuriosum, dem ebenfalls Aufmerksamkeit geschenkt werden sollte, ist die Quelle, aus der die Informationen für die Bezeichnungen der in der linken Liste aufgeführten Elemente bezogen werden. Wie Sie vielleicht bemerkt haben, werden die Texte der obigen Beispiele mithilfe der ToString-Methode abgefragt. Das gilt allerdings nur, solange es keine Eigenschaft mit dem Namen Name gibt. Existiert eine solche Eigenschaft, wird sie zur Textbestimmung herangezogen.

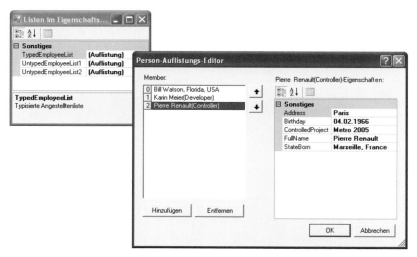

Abbildung 165: Korrekte Anzeige der Eigenschaften und Auswahl des Typs hinzuzufügender Objekte durch Bereitstellung von EmployeeListEditor

163   Aktionen über Smart-Tags anbieten

Sicher sind Ihnen bei vielen der neuen Steuerelemente die Smart-Tag-ähnlichen Pfeile aufge-fallen, über die Sie ein Menü aufrufen und direkt mehr oder weniger komplexe Vorgänge aus-führen können. Solche Menüs sind dann besonders sinnvoll, wenn mehrere Eigenschaften gleichzeitig verändert werden sollen. Die Aktionsmenüs sind nicht an eine einzelne Eigen-schaft gebunden, sondern stehen zur Verfügung, nachdem das Steuerelement ausgewählt wor-den ist. Neu sind sie allerdings nicht, nur neu gestaltet. Denn das, was in Visual Studio 2005 so ähnlich aussieht wie die Smart-Tags in den Office-Anwendungen, wurde in Visual Studio 2003 als Hyperlink im Eigenschaftsfenster dargestellt. Allerdings wurde der Mechanismus nur von wenigen Steuerelementen wie DataGrid und TabControl unterstützt.

Dieses Rezept ist die in der Kapitel-Einleitung erwähnte Ausnahme, was den Aufbau des Beispiel-codes betrifft. Die Darstellung der Smart-Tags funktioniert (zumindest ohne großen Aufwand) leider nur im Design-Modus. Daher wird die Vorgehensweise an einem benutzerdefinierten Steuerelement, das im Designer der Entwicklungsumgebung wird, demonstriert.

Abbildung 166 zeigt die Bearbeitung des Steuerelements im Designer. Das Steuerelement gruppiert mehrere CheckBoxen, über die eine Auswahl für eine gewünschte Fahrzeugausstat-tung getroffen werden kann. Wird das Steuerelement ausgewählt, zeigt der Designer rechts oben einen kleinen Pfeil. Klickt man auf ihn, wird das Aktionsmenü heruntergeklappt. Es ent-hält im Beispiel die Schaltflächen STANDARD, LUXUS und SPECIAL OFFER an. Ein Klick auf eine solche Schaltfläche genügt, um direkt alle CheckBoxen gemäß einer vorgegebenen Kombina-tion zu setzen bzw. zu löschen.

Listing 314 zeigt zunächst den grundlegenden Aufbau des Steuerelementes (`CarOutfitSelec-tor`). Für jede CheckBox werden `Property-Set`- und `-Get`-Methoden definiert, die direkt auf die jeweilige `Checked`-Eigenschaft zugreifen. Diese Eigenschaften werden im Eigenschaftsfenster in der Kategorie AUSSTATTUNG angezeigt.

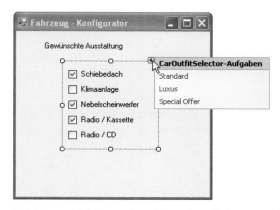

Abbildung 166: Smart-Tag-Menü für Aktionen anbieten

```
Public Class CarOutfitSelector
  Inherits System.Windows.Forms.UserControl

#Region " Vom Windows Form Designer generierter Code "
#End Region

  <Category("Ausstattung"), Description("Klimaanlage")> _
    Public Property AirConditioner() As Boolean
    Get
      Return CHKAirConditioner.Checked
    End Get
    Set(ByVal Value As Boolean)
      CHKAirConditioner.Checked = Value
    End Set
  End Property

  <Category("Ausstattung"), Description("Schiebedach")> _
  Public Property SlidingRoof() As Boolean
    …
  End Property

  <Category("Ausstattung"), Description("Nebelscheinwerfer")> _
  Public Property FogLights() As Boolean
    …
  End Property

  <Category("Ausstattung"), Description( _
  "Radio mit Kassettenrecorder")> _
  Public Property CassetteRadio() As Boolean
    …
  End Property

  <Category("Ausstattung"), Description("Radio mit CD-Player")> _
  Public Property CDRadio() As Boolean
```

Listing 314: Das Steuerelement CarOutfitSelector

```
...
End Property

End Class
```

Listing 314: Das Steuerelement CarOutfitSelector (Forts.)

Um die Aktionstasten im Eigenschaftsfenster anzuzeigen, muss der Klasse CarOutfitSelector ein Designer zugewiesen werden, der die Aktionen bekannt macht:

```
<Designer(GetType(CarOutfitSelector.CarOutfitDesigner))> _
Public Class CarOutfitSelector
  Inherits System.Windows.Forms.UserControl
...
End Class
```

Diese Designer-Klasse (CarOutfitDesigner) wiederum wird als innere Klasse von CarOutfit-Selector implementiert (siehe Listing 315). Sie ist direkt abgeleitet von ControlDesigner und überschreibt lediglich die Get-Methode der Eigenschaft Verbs. Verbs gibt die Auflistung aller verfügbaren Aktionen in Form einer DesignerVerbCollection-Liste zurück und legt diese Liste beim ersten Aufruf an. Ein Element dieser Liste basiert auf dem Typ DesignerVerb und beinhaltet als Informationen den anzuzeigenden Text sowie eine Delegate-Referenz für die Methode, die aufgerufen werden soll, wenn der Benutzer auf die Schaltfläche klickt.

```
Public Class CarOutfitDesigner
  Inherits ControlDesigner

  ' Die Liste der Verben stellt die Befehlstasten im PropertyGrid
  ' bereit. Hier eine Referenz-Variable für Singleton-Pattern
  Private coVerbs As DesignerVerbCollection

  ' Einstellungen für Standard-Ausstattung
  Private Sub OnStandard(ByVal sender As Object, _
    ByVal e As EventArgs)

    Dim co As CarOutfitSelector
    co = DirectCast(Control, CarOutfitSelector)
    ChangeCheckBoxValue(co.CHKAirConditioner, False)
    ChangeCheckBoxValue(co.CHKCassetteRadio, False)
    ChangeCheckBoxValue(co.CHKCDRadio, False)
    ChangeCheckBoxValue(co.CHKFogLights, False)
    ChangeCheckBoxValue(co.CHKSlidingRoof, False)
  End Sub

  ' Einstellungen für Luxus-Ausstattung
  Private Sub OnLuxury(ByVal sender As Object, _
    ByVal e As EventArgs)

    Dim co As CarOutfitSelector
    co = DirectCast(Control, CarOutfitSelector)
```

Listing 315: Control-Designer zur Bereitstellung der Befehlsschaltflächen Standard, Luxus und Special Offer

```
      ChangeCheckBoxValue(co.CHKAirConditioner, True)
      ChangeCheckBoxValue(co.CHKCassetteRadio, False)
      ChangeCheckBoxValue(co.CHKCDRadio, True)
      ChangeCheckBoxValue(co.CHKFogLights, True)
      ChangeCheckBoxValue(co.CHKSlidingRoof, True)
    End Sub

    ' Einstellungen für Sonderangebot
    Private Sub OnSpecialOffer(ByVal sender As Object, _
      ByVal e As EventArgs)

      Dim co As CarOutfitSelector
      co = DirectCast(Control, CarOutfitSelector)
      ChangeCheckBoxValue(co.CHKAirConditioner, False)
      ChangeCheckBoxValue(co.CHKCassetteRadio, True)
      ChangeCheckBoxValue(co.CHKCDRadio, False)
      ChangeCheckBoxValue(co.CHKFogLights, True)
      ChangeCheckBoxValue(co.CHKSlidingRoof, True)
    End Sub

    Private Sub ChangeCheckBoxValue(ByVal cb As CheckBox, _
      ByVal value As Boolean)

      ' ComponentChangeService über Änderung informieren
      RaiseComponentChanged(TypeDescriptor.GetProperties( _
        Control).Find(cb.Name, True), cb.Checked, value)

      ' CheckBox setzen
      cb.Checked = value

    End Sub

    Public Overrides ReadOnly Property Verbs() As _
      System.ComponentModel.Design.DesignerVerbCollection

      Get

        ' Wenn die Liste noch nicht existiert
        If coVerbs Is Nothing Then

          ' Neue Liste erstellen
          coVerbs = New DesignerVerbCollection

          ' Befehlstaste für Standard-Ausstattung
          coVerbs.Add(New DesignerVerb("Standard", _
            New EventHandler(AddressOf OnStandard)))

          ' Befehlstaste für Luxus-Ausstattung
          coVerbs.Add(New DesignerVerb("Luxus", _
            New EventHandler(AddressOf OnLuxury)))
```

Listing 315: Control-Designer zur Bereitstellung der Befehlsschaltflächen Standard, Luxus und Special Offer (Forts.)

```
    ' Befehlstaste für Sonderangebots-Ausstattung
    coVerbs.Add(New DesignerVerb("Special Offer", _
        New EventHandler(AddressOf OnSpecialOffer)))

    End If

        ' Liste zurückgeben
        Return coVerbs

      End Get
    End Property
End Class
```

Listing 315: Control-Designer zur Bereitstellung der Befehlsschaltflächen Standard, Luxus und
*   Special Offer (Forts.)*

Ausgeführt werden bei Klick auf die entsprechenden Schaltflächen die Methoden `OnStandard`,
die alle CheckBoxen löscht, `OnLuxus`, die die CheckBoxen für die Luxus-Ausstattung setzt, sowie
`OnSpecialOffer`, die die Kombination für das Sonderangebot auswählt. Der Zugriff auf die
CheckBoxen erfolgt in der Methode `ChangeCheckBoxValue`. Hier wird zusätzlich `RaiseCompo-`
`nentChanged` aufgerufen, um alle Designer und somit auch das Eigenschaftsfenster über die
Änderung der Eigenschaft zu informieren. Nur so wird sichergestellt, dass nicht nur die Check-
Boxen auf dem Steuerelement richtig gesetzt werden, sondern auch die Anzeige im Eigenschaftsfenster aktualisiert wird.

Innerhalb der `OnXXX`-Methoden können Sie beliebige Aktionen programmieren. Sie können beispielsweise eigene Dialoge anzeigen, die dem Anwender helfen, komplexe Einstellungen vorzunehmen. Gängige Vorgehensweisen, die über die Änderung von Eigenschaften im PropertyGrid
zu umständlich sind, können über derartige Aktionstasten gesteuert werden. Aktionstasten können dazu beitragen, die Konfiguration des Steuerelementes erheblich zu beschleunigen.

164   Eigenschaften dynamisch erstellen und hinzufügen

In den vorangegangenen Beispielen wurde es dem Eigenschaftsfenster überlassen, via Reflection die Eigenschaften der anzuzeigenden Objekte samt ihrer Attribute zu ermitteln. Alle
Angaben zu Name, Beschreibung, Sichtbarkeit etc. wurden statisch über Attribute zur Compile-Zeit festgelegt. Oft stehen aber nicht alle Informationen schon vor Programmstart zur
Verfügung. Dann muss dem PropertyGrid zur Laufzeit mitgeteilt werden, über welche Eigenschaften das Objekt verfügt und wie diese aufgebaut sind. Für den Anwender ist nicht erkennbar, ob die Eigenschaften dynamisch zur Laufzeit definiert oder über Reflection ermittelt
worden sind (Abbildung 167).

Als Beispiel dient eine kleine ToDoList-Klasse, die im Wesentlichen aus einem String-Array
besteht (Listing 316):

```
Public Class ToDoList

    ' Liste der Tätigkeiten
```

Listing 316: Beispielklasse mit Aufgabenliste als String-Array

```
Public ToDoItems() As String

' Konstruktor, der eine Liste übernimmt
Public Sub New(ByVal items() As String)
  ToDoItems = items
End Sub

End Class
```

Listing 316: Beispielklasse mit Aufgabenliste als String-Array (Forts.)

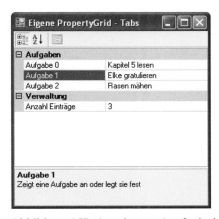

Abbildung 167: Anzeige zur Laufzeit definierter Eigenschaften

Die Klasse besitzt keine öffentlichen Properties, die direkt im Eigenschaftsfenster angezeigt werden könnten. Um dem PropertyGrid-Control dennoch die Möglichkeit zur Ermittlung anzuzeigender Eigenschaften zu geben, muss die Klasse das Interface ICustomTypeDescriptor implementieren (Listing 317). Hierzu müssen eine Reihe von Methoden implementiert werden, von denen die meisten Standardwerte zurückgeben oder die Aufgaben an andere Methoden delegieren.

```
Imports System.ComponentModel

Public Class ToDoList
  Implements ICustomTypeDescriptor

  ' Liste der Tätigkeiten
  Public ToDoItems() As String

  ' Konstruktor, der eine Liste übernimmt
  Public Sub New(ByVal items() As String)
    ToDoItems = items
  End Sub

  ' Notwendige zu implementierende Funktionen,
  ' die Standardwerte zurückgeben
```

Listing 317: Klasse ToDoList implementiert das Interface ICustomTypeDescriptor

```vbnet
Public Function GetAttributes() As _
  System.ComponentModel.AttributeCollection _
  Implements _
  System.ComponentModel.ICustomTypeDescriptor.GetAttributes
  Return TypeDescriptor.GetAttributes(Me, True)
End Function

Public Function GetClassName() As String Implements _
  System.ComponentModel.ICustomTypeDescriptor.GetClassName

  Return TypeDescriptor.GetClassName(Me, True)
End Function

Public Function GetComponentName() As String Implements _
  System.ComponentModel.ICustomTypeDescriptor.GetComponentName

  Return TypeDescriptor.GetComponentName(Me, True)
End Function

Public Function GetConverter() As _
  System.ComponentModel.TypeConverter _
  Implements _
  System.ComponentModel.ICustomTypeDescriptor.GetConverter

  Return TypeDescriptor.GetConverter(Me, True)
End Function

Public Function GetDefaultEvent() As _
  System.ComponentModel.EventDescriptor _
  Implements _
  System.ComponentModel.ICustomTypeDescriptor.GetDefaultEvent

  Return TypeDescriptor.GetDefaultEvent(Me, True)
End Function

Public Function GetDefaultProperty() As _
  System.ComponentModel.PropertyDescriptor Implements _
  System.ComponentModel.ICustomTypeDescriptor.GetDefaultProperty

  Return TypeDescriptor.GetDefaultProperty(Me, True)
End Function

Public Function GetEditor(ByVal editorBaseType As System.Type) _
  As Object Implements _
  System.ComponentModel.ICustomTypeDescriptor.GetEditor

  Return TypeDescriptor.GetEditor(Me, editorBaseType, True)
End Function

Public Overloads Function GetEvents() As _
  System.ComponentModel.EventDescriptorCollection Implements _
```

Listing 317: Klasse ToDoList implementiert das Interface ICustomTypeDescriptor (Forts.)

```
    System.ComponentModel.ICustomTypeDescriptor.GetEvents

    Return TypeDescriptor.GetEvents(Me, True)
  End Function

  Public Overloads Function GetEvents1(ByVal attributes() As _
    System.Attribute) As _
    System.ComponentModel.EventDescriptorCollection Implements _
    System.ComponentModel.ICustomTypeDescriptor.GetEvents

    Return TypeDescriptor.GetEvents(Me, attributes, True)
  End Function

  Public Overloads Function GetProperties() As _
    System.ComponentModel.PropertyDescriptorCollection Implements _
    System.ComponentModel.ICustomTypeDescriptor.GetProperties

    Return GetProperties(Nothing)
  End Function

  Public Function GetPropertyOwner(ByVal pd As _
   System.ComponentModel.PropertyDescriptor) As Object Implements _
   System.ComponentModel.ICustomTypeDescriptor.GetPropertyOwner

    Return Me
  End Function

  ' Definition der Eigenschaften
  Public Overloads Function GetProperties(ByVal attributes() As _
    System.Attribute) As _
    System.ComponentModel.PropertyDescriptorCollection Implements _
    System.ComponentModel.ICustomTypeDescriptor.GetProperties

    ' Neue Beschreibungsliste anlegen
    Dim pdc As New PropertyDescriptorCollection(Nothing)

    ' Descriptor für Anzahl der Einträge hinzufügen
    pdc.Add(New TDLCountPropertyDescriptor)

    ' Für jeden Array-Eintrag eine Eigenschaft hinzufügen
    For i As Integer = 0 To ToDoItems.GetUpperBound(0)
      pdc.Add(New TDLEntryPropertyDescriptor(i))
    Next

    ' Rückgabe der Liste
    Return pdc

  End Function

End Class
```

Listing 317: Klasse ToDoList implementiert das Interface ICustomTypeDescriptor (Forts.)

Lediglich die Methode `GetProperties` muss implementiert werden. Sie erzeugt eine Liste vom Typ `PropertyDescriptorCollection`, fügt Einträge vom Typ `PropertyDescriptor` hinzu und gibt die Liste als Funktionswert zurück. In dieser Methode können Sie selbst die Eigenschaften, die das PropertyGrid darstellen soll, zusammenstellen. Sie sind in keinster Weise an die Properties gebunden, die die Klasse zur Verfügung stellt, sondern können nach eigenem Ermessen neue Eigenschaften definieren.

Da `PropertyDescriptor` eine abstrakte (`MustInherit`) Klasse ist, muss für jeden Eigenschaftstyp, der verwendet werden soll, eine abgeleitete Klasse angelegt werden. Listing 318 zeigt die Ableitung zur Anzeige der Texteinträge (Klasse `TDLEntryPropertyDescriptor`), Listing 319 die Ableitung zur Anzeige der Anzahl der Einträge (Klasse `TDLCountPropertyDescriptor`).

```
' Beschreibung einer ToDoItem-Eigenschaft
Class TDLEntryPropertyDescriptor
   Inherits PropertyDescriptor

   ' Index beim Anlegen merken, damit später auf das Element
   ' zugegriffen werden kann
   Private index As Integer

   ' Konstruktor übernimmt zusätzlich noch den Index
   Public Sub New(ByVal index As Integer)

     MyBase.New("Aufgabe " & index, New Attribute() _
       {CategoryAttribute.Data, _
       New DescriptionAttribute( _
       "Zeigt eine Aufgabe an oder legt sie fest"), _
       New CategoryAttribute("Aufgaben")})

     Me.index = index
   End Sub

   ' Kein Reset möglich
   Public Overrides Function CanResetValue( _
     ByVal component As Object) As Boolean

     Return False
   End Function

   ' Typ der Komponente ist ToDoList
   Public Overrides ReadOnly Property ComponentType() As System.Type
     Get
       Return GetType(ToDoList)
     End Get
   End Property

   ' Wert über gespeicherten Index ermitteln
   Public Overrides Function GetValue(ByVal component As Object) _
     As Object
```

Listing 318: Klasse TDLEntryPropertyDescriptor definiert den Aufbau der Eigenschaften, die die Texteinträge repräsentieren sollen

```
      Return DirectCast(component, ToDoList).ToDoItems(index)
   End Function

   ' Eigenschaft kann auch geändert werden
   Public Overrides ReadOnly Property IsReadOnly() As Boolean
      Get
         Return False
      End Get
   End Property

   ' Typ ist String
   Public Overrides ReadOnly Property PropertyType() As System.Type
      Get
         Return GetType(String)
      End Get
   End Property

   ' Wird hier nicht gebraucht, muss aber überschrieben werden
   Public Overrides Sub ResetValue(ByVal component As Object)
   End Sub

   ' Setzen des Eintrags
   Public Overrides Sub SetValue(ByVal component As Object, _
      ByVal value As Object)

      ' Zugriff über gespeicherten Index
      DirectCast(component, ToDoList).ToDoItems(index) = CStr(value)
   End Sub

   ' Wird hier nicht gebraucht, muss aber überschrieben werden
   Public Overrides Function ShouldSerializeValue( _
      ByVal component As Object) As Boolean

      Return False
   End Function

End Class
```

Listing 318: Klasse TDLEntryPropertyDescriptor definiert den Aufbau der Eigenschaften, die die Texteinträge repräsentieren sollen (Forts.)

Für jeden Eintrag wird eine neue Instanz der Klasse `TDLEntryPropertyDescriptor` erzeugt. Der Konstruktor übernimmt den Index, der die Position des Elementes im Array angibt, und speichert ihn für den späteren Zugriff. Dem Konstruktor der Basisklasse werden der zusammengesetzte Name sowie verschiedene Attribute übergeben. Es handelt sich dabei um die Attribute wie `DescriptionAttribute`, `CategoryAttribute` oder `BrowsableAttribute`, die in den vorherigen Beispielen zur Compile-Zeit direkt der Daten-Klasse zugeordnet worden sind. Hier werden zur Laufzeit dynamisch Instanzen von diesen Attributklassen erzeugt und alle gemeinsam als Array dem Basisklassen-Konstruktor übergeben.

Durch die Ableitung von `PropertyDescriptor` wird die Überschreibung einiger Methoden und Properties erzwungen. Zwei `Property-Get`-Methoden benutzt das PropertyGrid-Control für die Ermittlung der Datentypen:

1. ComponentType

2. PropertyType

Erstere muss den Typ der Komponente, also z.B. des Steuerelementes, zurückgeben (hier ToDo-List), die zweite den Typ der Eigenschaft (hier String für die Texteinträge). GetValue wird aufgerufen, um den Wert der Eigenschaft zu ermitteln. Hier wird der im Konstruktor gespeicherte Index benutzt, um den betreffenden Wert aus dem Array zu lesen. Analog dazu wird in der Methode SetValue ein neuer Wert in das Array eingetragen und somit der alte überschrieben.

TDLCountPropertyDescriptor ist genauso aufgebaut. Die Klasse beschreibt die Eigenschaft Anzahl Einträge, die die Anzahl der Array-Einträge anzeigen soll. Sie ist nicht schreibgeschützt und kann vom Anwender geändert werden. Bei einer Änderung wird ein neues Array der benötigten Größe angelegt und die bisherigen Daten werden kopiert. Dieser Vorgang ist in der Methode SetValue (Listing 319) implementiert. Das zusätzlich im Konstruktor übergebene Attribut RefreshPropertiesAttribute.All führt dazu, dass die Eigenschaftsliste automatisch neu aufgebaut wird, wenn die Anzahl der Listenelemente geändert worden ist (siehe Abbildung 168).

```
' Property-Descriptor für "Anzahl Einträge"
Class TDLCountPropertyDescriptor
  Inherits PropertyDescriptor

  ' Konstruktor muss Konstruktor der Basisklasse aufrufen
  ' und die notwendigen Parameter übergeben
  Public Sub New()
    MyBase.New("Anzahl Einträge", New Attribute() _
      {CategoryAttribute.Data, RefreshPropertiesAttribute.All, _
      New DescriptionAttribute("Zeigt die Anzahl der " & _
      "angelegten Einträge an oder legt sie fest"), _
      New CategoryAttribute("Verwaltung")})

  End Sub

  ' Kein Reset möglich
  Public Overrides Function CanResetValue( _
    ByVal component As Object) As Boolean

    Return False
  End Function

  ' Typ der Komponente ist ToDoList
  Public Overrides ReadOnly Property ComponentType() As System.Type
    Get
      Return GetType(ToDoList)
    End Get
  End Property

  ' Anzahl der Array-Elemente lesen
  Public Overrides Function GetValue(ByVal component As Object) _
    As Object
```

Listing 319: Klasse TDLCountPropertyDescriptor definiert den Aufbau der Eigenschaft »Anzahl Einträge«

Eigenschafts-fenster

```vb
    Return DirectCast(component, ToDoList).ToDoItems.Length
End Function

' Eigenschaft kann auch geändert werden
Public Overrides ReadOnly Property IsReadOnly() As Boolean
  Get
    Return False
  End Get
End Property

' Typ ist Integer
Public Overrides ReadOnly Property PropertyType() As System.Type
  Get
    Return GetType(Integer)
  End Get
End Property

' Wird hier nicht gebraucht, muss aber überschrieben werden
Public Overrides Sub ResetValue(ByVal component As Object)
End Sub

' Setzen des Wertes ändert die Array-Größe
' Vorhandene Elemente werden kopiert
Public Overrides Sub SetValue(ByVal component As Object, _
  ByVal value As Object)

  ' Neue Anzahl
  Dim n As Integer = CType(value, Integer)

  ' Die ToDo-Liste
  Dim tdl As ToDoList = DirectCast(component, ToDoList)

  ' Sicherheitscheck
  If n < 0 Then Throw New ArgumentOutOfRangeException( _
    "Werte kleiner Null sind nicht zulässig")

  ' Neues Array anlegen
  Dim newList(n - 1) As String

  ' Werte kopieren
  Array.Copy(tdl.ToDoItems, newList, _
    Math.Min(tdl.ToDoItems.Length, n))

  ' Ab jetzt neues Array verwenden
  tdl.ToDoItems = newList

End Sub

' Wird hier nicht gebraucht, muss aber überschrieben werden
Public Overrides Function ShouldSerializeValue( _
```

Listing 319: Klasse TDLCountPropertyDescriptor definiert den Aufbau der Eigenschaft »Anzahl Einträge« (Forts.)

```
      ByVal component As Object) As Boolean
      Return False
    End Function


End Class
```

Listing 319: Klasse TDLCountPropertyDescriptor definiert den Aufbau der Eigenschaft »Anzahl Einträge« (Forts.)

Abbildung 168: Bei Änderung der Eigenschaft »Anzahl Einträge« werden neue Eigenschaften in der Aufgabenliste hinzugefügt

165 Eigenschaften in unterschiedlichen Sprachen anzeigen (Lokalisierung)

Im vorangegangenen Rezept haben Sie gesehen, wie die Eigenschaften dynamisch zur Laufzeit generiert werden können. Alle Bezeichnungen, die im PropertyGrid dargestellt werden, werden dynamisch erstellt. Diese Technik können Sie auch dazu einsetzen, die Anzeigen im Eigenschaftsfenster an die im Betriebssystem eingestellte Sprache anzupassen.

Hierfür definieren Sie für die Texte Resource-Dateien in den gewünschten Sprachen und laden diese über `My.Resources` zur Laufzeit. Tabelle 26 zeigt für die für das Beispiel benötigten Bezeichner, Abbildung 169 und Abbildung 170 die Daten-Ansichten der Resource-Dateien in Visual Studio. Im Beispielprogramm lassen sich die Sprachen zur Laufzeit umschalten (siehe Abbildung 171 und Abbildung 172).

Bezeichner	Bedeutung
`EntryCountName`	Bezeichnung des Eintrags für die Anzahl der Einträge
`EntryCountDescription`	Beschreibung zu `EntryCountName`
`EntryName`	Bezeichnung für einen einzelnen Eintrag der Aufgabenliste
`EntryNameDescription`	Beschreibung zu `EntryName`
`Head1`	Kategorienbezeichnung für Aufgabenliste
`Head2`	Kategorienbezeichnung für `EntryCount`

Tabelle 26: Verwendung der Bezeichner für die Text-Ressourcen

Name	▲	Wert	Kommentar
EntryCountDescription		Zeigt die Anzahl der angelegten Aufgaben an oder legt sie fest	
EntryCountName		Anzahl Einträge	
EntryName		Aufgabe	
EntryNameDescription		Zeigt eine Aufgabe an oder legt sie fest	
Head1		Aufgaben	
▶ Head2		Verwaltung	
✳			

Abbildung 169: Deutsche Texte für die Darstellung im Eigenschaftsfenster

Name	▲	Wert	Kommentar
EntryCountDescription		Shows or sets the Number of Tasks	
EntryCountName		Number of Entries	
EntryName		Task	
EntryNameDescription		Shows or sets the Task to do	
Head1		Tasks	
▶ Head2		Administration	
✳			

Abbildung 170: Englische Texte für die Darstellung im Eigenschaftsfenster

Eigenschaftsfenster

Abbildung 171: Aufgabenliste mit Sprachauswahl, hier Deutsch

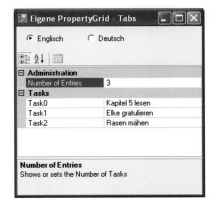

Abbildung 172: Aufgabenliste mit Sprachauswahl, hier Englisch

Da Deutsch die Voreinstellung für die Projekteinstellung des Beispielprojektes ist, werden die Einträge für die deutschen Texte in der Default-Resource-Datei, hier *PropertyStringtable.resx* angelegt, während die englischen Texte in der allgemeinen englischen Resource-Datei, hier *PropertyStringtable.en.resx* platziert werden. Die Entwicklungsumgebung generiert automatisch für die Default-Datei eine Klasse gleichen Namens (hier PropertyStringtable) im Namensraum My.Resources. Für alle Ressourcen werden schreibgeschützte, statische Eigenschaften veröffentlicht, über die direkt auf die Daten zugegriffen werden kann. Beispielsweise sieht für die Eigenschaft EntryName die generierte Property folgendermaßen aus:

```
'''<summary>
'''   Sucht eine lokalisierte Zeichenfolge, die der Aufgabe ähnelt.
'''</summary>
Friend Shared ReadOnly Property EntryName() As String
```

```
      Get
Return ResourceManager.GetString( _
  "EntryName", resourceCulture)
    End Get
End Property
```

Ansonsten ist der Aufbau der Klasse `ToDoList` identisch mit Listing 317. In der Klasse `TDL-CountPropertyDescriptor` (vgl. Listing 319) werden im Konstruktor die Bezeichnungen nicht statisch angelegt, sondern aus der jeweils gültigen Resource-Datei gelesen (siehe Listing 320). Die Auswahl der Resource-Datei, aus welcher die Texte zu lesen sind, erfolgt automatisch über die in der Eigenschaft `CurrentUICulture` eingestellte Kultur des ausführenden Threads.

```
Public Sub New()
  MyBase.New( _
    My.Resources.PropertyStringtable.EntryCountName, New _
      Attribute() _
    {CategoryAttribute.Data, RefreshPropertiesAttribute.All, _
    New DescriptionAttribute( _
    My.Resources.PropertyStringtable.EntryCountDescription), _
    New CategoryAttribute(My.Resources.PropertyStringtable.Head2)})

End Sub
```

Listing 320: Ermitteln der Attributtexte in der Klasse TDLCountPropertyDescriptor

Analog dazu erfolgt die Ermittlung der anzuzeigenden Texte im Konstruktor der Klasse `TDLEntryPropertyDescriptor` (siehe Listing 321).

```
Public Sub New(ByVal index As Integer)

  MyBase.New( _
    My.Resources.PropertyStringtable.EntryName & index, _
    New Attribute() _
    { _
    CategoryAttribute.Data, _
    New DescriptionAttribute( _
    My.Resources.PropertyStringtable.EntryNameDescription), _
    New CategoryAttribute( _
      My.Resources.PropertyStringtable.Head1) _
    } _
  )

  Me.index = index
End Sub
```

Listing 321: Konstruktor der Klasse TDLEntryPropertyDescriptor

Die Methode `GetString` ermittelt den zum angegebenen Schlüssel gehörigen Text aus der Resource-Datei, die der aktuellen Ländereinstellung (`UICulture`) zugeordnet ist. Um die Texte zur Laufzeit austauschen zu können, muss daher lediglich die Ländereinstellung geändert und das Eigenschaftsfenster aufgefrischt werden. In Listing 322 sehen Sie die entsprechenden Aufrufe, die in den `Click`-Ereignissen der beiden RadioButtons ausgeführt werden.

```
Private Sub RBEnglish_CheckedChanged(ByVal sender As _
  System.Object, ByVal e As System.EventArgs) _
  Handles RBEnglish.CheckedChanged

  Thread.CurrentThread.CurrentUICulture = _
    New CultureInfo("en-US")

  PGTest.Refresh()

End Sub

Private Sub RBGerman_CheckedChanged(ByVal sender As _
  System.Object, ByVal e As System.EventArgs) _
  Handles RBGerman.CheckedChanged

  Thread.CurrentThread.CurrentUICulture = _
    New CultureInfo("de")

  PGTest.Refresh()

End Sub
```

Listing 322: Umschalten der Ländereinstellung und Auffrischen der Anzeigentexte im Eigenschaftsfenster

166 Neue Tab-Flächen hinzufügen

Vielleicht ist Ihnen schon einmal aufgefallen, dass die Entwicklungsumgebung (Visual Studio) bei C#-Programmen anders mit den Ereignissen der Steuerelemente umgeht. Alle Ereignisse werden ebenfalls im Eigenschaftsfenster angezeigt. Um eine optische und logische Trennung herzustellen, wird das Eigenschaftsfenster um eine Kartenreiter-Schaltfläche (Tab) erweitert. Sie zeigt einen kleinen Blitz und öffnet ein neues Tab-Fenster, auf dem nur die Ereignisse zu sehen sind (Abbildung 173).

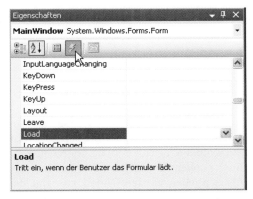

Abbildung 173: Die Entwicklungsumgebung zeigt die verfügbaren Ereignisse eines Objektes auf einer eigenen Tab-Seite an

Diese Technik steht Ihnen selbstverständlich auch zur Verfügung, wenn Sie beispielsweise eine Reihe von Eigenschaften von den Basiseigenschaften eines Steuerelementes getrennt anzeigen möchten, um dem Anwender mehr Übersicht zu bieten. Abbildung 174 zeigt die Eigenschaften der ToDo-Liste auf einer eigenen Tab-Seite.

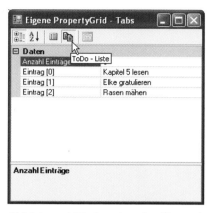

Abbildung 174: Anzeige der Eigenschaften in einem neuen Tab-Fenster

Über das Attribut PropertyTabAttribut, das der Klasse ToDoList zugeordnet wird (Listing 323), erfährt das Eigenschaftsfenster, dass eine zusätzliche Tab-Seite anzuzeigen ist. Dem Attribut wird der Typ einer von PropertyTab abgeleiteten Klasse (ToDoPropertyTab) mitgegeben, die zur Anzeige der neuen Seite instanziert wird.

```
<PropertyTab(GetType(ToDoPropertyTab), _
PropertyTabScope.Component)> _
Public Class ToDoList

  ' Liste der Tätigkeiten
  Public ToDoItems() As String

  ' Konstruktor, der eine Liste übernimmt
  Public Sub New(ByVal items() As String)
    ToDoItems = items
  End Sub

End Class
```

Listing 323: Zuordnung einer zusätzlichen Tab-Seite über das Attribut PropertyTab

Durch die Ableitung von der abstrakten Klasse PropertyTab werden wiederum einige Methoden- und Property-Überschreibungen erzwungen (siehe Listing 324). So wird beispielsweise TabName überschrieben, um dem Tab einen Namen zuzuordnen, der als ToolTip angezeigt werden kann. Auch wenn es syntaktisch nicht unbedingt notwendig wäre, muss dennoch unbedingt die Get-Methode der Eigenschaft Bitmap überschrieben werden. Nur dann zeigt das Eigenschaftsfenster auch tatsächlich die Schaltfläche an. Ohne Angabe eines gültigen Bitmaps bleibt der gesamte Code zur Anzeige der Tab-Seite wirkungslos.

```vbnet
Public Class ToDoPropertyTab
  Inherits PropertyTab

  ' Überschreibung erforderlich
  ' Ruft die Methode mit drei Parametern auf
  Public Overloads Overrides Function GetProperties( _
    ByVal component As Object, _
    ByVal attributes() As System.Attribute) _
    As System.ComponentModel.PropertyDescriptorCollection

    Return GetProperties(Nothing, component, attributes)

  End Function

  ' Text, der als ToolTip angezeigt werden soll
  Public Overrides ReadOnly Property TabName() As String
    Get
      Return "ToDo-Liste"
    End Get
  End Property

  ' Anzuzeigendes Bitmap
  ' Diese Methode muss!!! überschrieben werden, sonst wird gar
  ' nichts angezeigt
  Public Overrides ReadOnly Property Bitmap() _
    As System.Drawing.Bitmap

    Get
      Return New Bitmap("..\copy.bmp")
    End Get

  End Property

  ' Definition der anzuzeigenden Eigenschaften
  Public Overloads Overrides Function GetProperties( _
    ByVal context As System.ComponentModel.ITypeDescriptorContext, _
    ByVal component As Object, _
    ByVal attributes() As System.Attribute) _
    As System.ComponentModel.PropertyDescriptorCollection

    ' Standardrückgabe, wenn es nicht um Objekte vom Typ ToDoList
    ' geht
    If Not TypeOf component Is ToDoList Then
      Dim tc As TypeConverter = _
        TypeDescriptor.GetConverter(component)

      If tc Is Nothing Then
        Return TypeDescriptor.GetProperties(component, attributes)
      Else
        Return tc.GetProperties(context, attributes)
```

Listing 324: Klasse ToDoPropertyTab definiert den Aufbau der zusätzlichen Seite im PropertyGrid

Eigenschafts-
fenster

```
      End If
    End If

    ' Neue Beschreibungsliste anlegen
    Dim pdc As New PropertyDescriptorCollection(Nothing)

    ' Descriptor für Anzahl der Einträge hinzufügen
    pdc.Add(New TDLCountPropertyDescriptor(Me))

    ' Für jeden Array-Eintrag eine Eigenschaft hinzufügen
    Dim tdl As ToDoList = DirectCast(component, ToDoList)
    For i As Integer = 0 To tdl.ToDoItems.GetUpperBound(0)
      pdc.Add(New TDLEntryPropertyDescriptor(Me, i))
    Next

    ' Rückgabe der Liste
    Return pdc

  End Function

End Class
```

Listing 324: Klasse ToDoPropertyTab definiert den Aufbau der zusätzlichen Seite im PropertyGrid (Forts.)

Kern der Klasse ist jedoch die Überschreibung von GetProperties. Hier wird wie in den beiden vorangegangenen Beispielen eine Liste vom Typ PropertyDescriptorCollection erzeugt. Zusätzlich muss aber eine Sicherheitsabfrage vorgesehen werden, damit die benötigten Eigenschaften nicht versehentlich für artfremde Objekte erzeugt werden.

Die beiden Klassen, deren Instanzen der zurückzugebenden Eigenschaftsliste hinzugefügt werden, wurden bereits beschrieben und sollen hier nicht noch einmal erläutert werden (TDLCount-PropertyDescriptor siehe Listing 319, TDLEntryPropertyDescriptor siehe Listing 318).

Für die Darstellung der Eigenschaften auf der neuen Tab-Seite gelten die gleichen Regeln und Vorgehensweisen wie für die Darstellung auf der Hauptseite. Auch hier können Sie wieder Attribute zuordnen, Eigenschaften gruppieren und spezielle Editoren einsetzen.

Dateisystem

Das Dateisystem ist eine der tragenden Säulen des Betriebssystems. Verzeichnisse und Dateien sind die Grundlage jeder Datenorganisation. Auch bei der Programmierung spielen sie eine wichtige Rolle.

Wir zeigen Ihnen typische, oft benötigte Vorgehensweisen für den Umgang mit Dateien und Verzeichnissen. Sie finden hier sowohl Rezepte, die über das Framework realisierbar sind, als auch solche, die Zugriffe über verschiedene Betriebssystemfunktionen benötigen.

Eine Bemerkung möchten wir auch hier machen, falls Sie spontan an diese Stelle des Buches gesprungen sind: Sie finden an der einen oder anderen Stelle Methoden, die in der .NET 2.0 Version durch den My-Namensraum neu abgedeckt werden. Allerdings handelt es sich bei dem My-Namensraum um einen Namensraum, der nur in Visual Basic 2005 existiert. Sollten Sie also .NET-konform programmieren wollen, ist dieser Namensraum absolutes Tabu! Nutzen Sie die Methoden der hier vorgestellten Bibliothek.

167   Die Bibliothek

Um Ihnen die Arbeit im täglichen Leben zu vereinfachen, haben wir die Rezepte zu diesem Kapitel in eine separate Bibliothek gepackt, die Sie Ihrem Projekt nur hinzufügen müssen. Allerdings sind ein paar Rezepte für eine Bibliothek nicht so sehr geeignet, z.B. 188.

In den Rezepten, in denen die Bibliothek benutzt wird, können Sie diese auf zwei verschiedene Arten einbinden.

Sie können die Bibliothek als eigenständiges Projekt Ihrem Projekt zuordnen. Dazu müssen Sie im Solution Explorer auf den Root-Ordner gehen und die rechte Maustaste klicken. Über den Menüpunkt HINZUFÜGEN gelangen Sie zu einem weiteren Untermenü, in dem Sie ein bereits existierendes Projekt auswählen können. Dies sehen Sie in Abbildung 175.

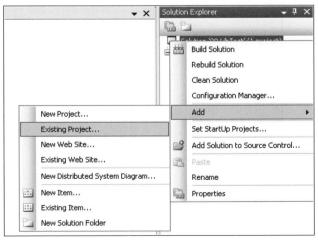

Abbildung 175: Die Bibliothek als eingebettetes Projekt

Dieses zusätzliche Projekt kann irgendwo auf einer Ihrer Festplatten abgespeichert sein. Visual Studio erzeugt in Ihrem neuen Projekt einen Verweis, über den Sie auch den Quelltext der Bibliothek betrachten und verändern können. Es wird keine Kopie des Projekts erzeugt! Wenn Sie also etwas ändern, wird es im Original geändert. Nach dieser Aktion sollte Ihr Solution Explorer ähnlich aussehen, wie in Abbildung 176.

Abbildung 176: Bibliothek als zusätzliches Projekt

Wenn Sie sich dazu entscheiden, einen anderen Weg für die Einbindung der Bibliothek in Ihr Projekt zu gehen, können Sie einen solchen Verweis auch wieder entfernen. Dazu klicken Sie mit der rechten Maustaste auf das zu entfernende Projekt, hier also »CBFILESYSTEM«. In dem aufklappenden Menü können Sie die Entfernung des Projektes anwählen. Die anschließende Frage, ob Sie dieses Projekt auch wirklich entfernen wollen, beantworten Sie mit »ja«. Damit wird der Verweis aus Ihrem Projekt entfernt. Die eigentlichen Dateien bleiben Ihnen dabei erhalten.

Sie können aber auch die DLL-Datei einbinden, wie jede andere DLL auch. Dazu klicken Sie mit der rechten Maustaste auf Ihr Projekt – in Abbildung 176 wäre dies »00 LIBTEST«. In dem nun erscheinenden Fenster können Sie durch Ihre Festplatte browsen und eine beliebige DLL-Datei einbinden. In unserem Fall ist es die *CBFilesystem.dll.*

Wenn Sie sich anschließend die Eigenschaften des Projekts anschauen (rechte Maustaste auf das Projekt und EIGENSCHAFTEN anklicken), so finden Sie dort den Verweis auf die DLL.

Die Bibliothek selber benutzt einige Methoden aus der Microsoft Scripting Engine. Diese muss also auf dem Computer vorhanden sein, der diese Bibliothek nutzt. Zudem wird zu Beginn der Bibliothek die Scripting Runtime über den IMPORTS-Befehl eingebunden.

```
Imports Scripting
```

Listing 325: Einbinden der Scripting Runtime in den Quellcode

Nachdem Sie diese Vorbereitungen getroffen haben, können Sie mit der Programmierung beginnen. Wie dies im Prinzip aussieht, zeigt Ihnen Listing 326. In diesem Testprogramm wurde die Bibliothek als DLL referenziert.

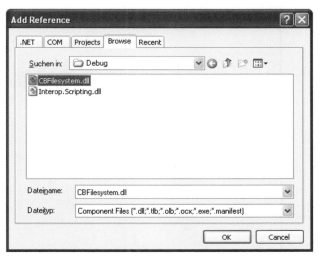

Abbildung 177: Einbinden der DLL in Ihr Projekt

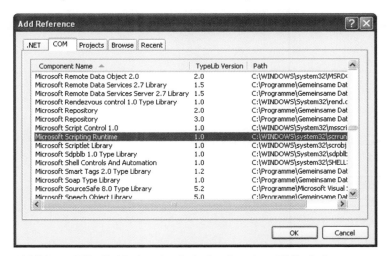

Abbildung 178: Einbinden der Scripting Runtime Bibliothek

```
Imports CBFilesystem.CBFilesystemClass

Public Class LibTest

    Private Sub btnStart_Click(ByVal sender As System.Object, _
        ByVal e As System.EventArgs) Handles btnStart.Click

        Dim Hash As Hashtable = New Hashtable
        Dim CodeBook As CBFilesystem.CBFilesystemClass

        CodeBook = New CBFilesystem.CBFilesystemClass
```

Listing 326: Testprogramm zur Funktionalität der Bibliothek

```
     Hash = CodeBook.DirSize("c:\temp")

   End Sub
End Class
```

Listing 326: Testprogramm zur Funktionalität der Bibliothek (Forts.)

In Abbildung 179 erkennen Sie, wie die Methoden der Bibliothek mittels IntelliSense vorge-schlagen werden. Sie können sich die gewünschte oder benötigte Methode heraussuchen und die eventuell benötigten Parameter der Methode übergeben. Wie diese aussehen müssen und mit welchen Rückgabewerten zu rechnen ist, wird Ihnen ebenfalls per IntelliSense angezeigt – Abbildung 180.

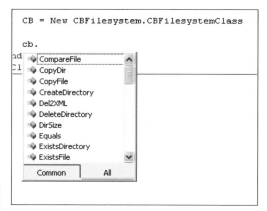

Abbildung 179: IntelliSense mit der Bibliothek

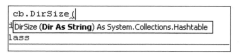

Abbildung 180: Parameter der Methode DirSize()

Sollten Sie sich für die Funktionsweise der Methoden interessieren, was wir hoffen und wovon wir ausgehen, so können Sie die einzelnen Rezepte nun in den folgenden Kapiteln näher unter-suchen.

168 System-Verzeichnisse mit .NET

Eines der vordringlichen Ziele eines Betriebssystems ist die Verwaltung von Dateien, damit der Benutzer eines Computersystems dies möglichst einfach bewerkstelligen kann. Wer die Anfänge zum Beispiel mit den Desktop-Betriebssystemen CP/M und MS DOS 2.0 erlebt hat, weiß die Vorzüge der modernen Betriebssysteme zu schätzen. Um ein wenig Ordnung in die Menge der Dateien zu bringen, gibt es die Möglichkeit, Verzeichnisse/Ordner zu erstellen. Eini-gen dieser Verzeichnisse kommt eine fest definierte Bedeutung zu. Bei diesen Ordnern handelt es sich um vorgegebene Verzeichnisse des Betriebssystems.

Einige der Verzeichnisse sind allerdings auch abhängig von dem Benutzer, der sich gerade am System angemeldet hat. Um einem Programmierer nun die Möglichkeit an die Hand zu geben, diese Verzeichnisse in seinem Programm ermitteln zu können, gibt es im Namensraum System. Environment Unterstützung.

Leider gibt es keine Methode in diesem Namensraum, um das Windows-Verzeichnis zu ermitteln. Dieses hat zwar je nach Windows-Betriebssystem-Version einen Vorgabenamen, aber man sollte sich nicht darauf verlassen, dass der Anwender diesen bei der Installation so belassen hat. Abgesehen davon müsste man die Version des Betriebssystems feststellen (aber auch hierzu gibt es ein Rezept in diesem Buch).

```
Public Function GetWinDir() As String
  Dim TempPath As String
  Dim TempDirInfo As System.IO.DirectoryInfo
  Dim SysPath As String

  ' System32-Verzeichnis
  TempPath = System.Environment.SystemDirectory
  TempDirInfo = New System.IO.DirectoryInfo(TempPath)

  ' Windows-Verzeichnis eine Ebene über System32
  SysPath = TempDirInfo.Parent().ToString
  SysPath = TempDirInfo.Root.ToString + SysPath

  Return SysPath
End Function
```

Listing 327: Funktion GetWinDir() zur Ermittlung des Windows-Verzeichnisses

Um nun das Windows-Verzeichnis zu ermitteln, kann man einen Umweg über die Ermittlung des System-Verzeichnisses nehmen. Dieses Verzeichnis ist unter dem Windows-Betriebssystem unterhalb des Windowsverzeichnisses angesiedelt. Wie dies unter anderen Betriebsystemen sein wird, die .NET in Zukunft unterstützen sollte, steht zurzeit noch nicht fest. Eine Möglichkeit, das Windows-Verzeichnis über diesen Umweg zu ermitteln, ist in Listing 327 zu sehen. Über System.Environment werden das System-Verzeichnis und anschließend das Parent-Verzeichnis ermittelt. Dieses wird dann als Windows-Verzeichnis zurückgegeben.

Eine andere Möglichkeit besteht in der Abfrage des Environments nach der Umgebungsvariablen *WINDIR*. In dieser Umgebungsvariablen wird beim Anmeldevorgang des Benutzers das Windows-Verzeichnis hinterlegt. Eine entsprechende Implementation ist in Listing 328 zu sehen.

```
Public Function GetWinDirEnv() As String
  Return System.Environment.GetEnvironmentVariable("WINDIR")
End Function
```

Listing 328: Das Windows-Verzeichnis aus der Umgebungsvariablen WINDIR

Alle weiteren Pfade kann man mit der Methode GetFolderPath aus dem System.Environment-Namensraum ableiten. Hierfür gibt es die Enumeration SpecialFolder, die alle entsprechenden Systempfade enthält. Wie diese Pfade hiermit ermittelt werden, ist in Listing 329 an einigen Beispielen zu sehen. Einzige Ausnahme in Listing 329 ist der Systempfad, wie er auch in Listing 327 benutzt wurde.

```vb
' Pfad zum Verzeichnis Programme
Public Function GetProgramPath() As String
  Return System.Environment.GetFolderPath( _
    Environment.SpecialFolder.ProgramFiles)
End Function

' Pfad zum System-Verzeichnis
Public Function GetSystemPath() As String
  Return System.Environment.SystemDirectory
End Function

' Pfad zum Verzeichnis der Favoriten
Public Function GetFavoritesPath() As String
  Return System.Environment.GetFolderPath( _
    Environment.SpecialFolder.Favorites)
End Function

'
Public Function GetCommonProgPath() As String
  Return System.Environment.GetFolderPath( _
    Environment.SpecialFolder.CommonProgramFiles)
End Function

'
Public Function GetMyComputerPath() As String
  Return System.Environment.GetFolderPath( _
    Environment.SpecialFolder.MyComputer)
End Function

'
Public Function GetCommonAppPath() As String
  Return System.Environment.GetFolderPath( _
    Environment.SpecialFolder.CommonApplicationData)
End Function

'
Public Function GetIECachePath() As String
  Return System.Environment.GetFolderPath( _
    Environment.SpecialFolder.InternetCache)
End Function

'
Public Function GetApplicationDataPath() As String
  Return System.Environment.GetFolderPath( _
    Environment.SpecialFolder.ApplicationData)
End Function

'
Public Function GetCookiePath() As String
  Return System.Environment.GetFolderPath( _
    Environment.SpecialFolder.Cookies)
```

Listing 329: Ermittlung einiger ausgewählter Pfade mit der .NET-Methode GetFolderPath()

```
End Function

'

Public Function GetDesktopPath() As String
  Return System.Environment.GetFolderPath( _
    Environment.SpecialFolder.Desktop)
End Function

'

Public Function GetLocalAppDataPath() As String
  Return System.Environment.GetFolderPath( _
    Environment.SpecialFolder.LocalApplicationData)
End Function

'

Public Function GetPersonalPath() As String
  Return System.Environment.GetFolderPath( _
    Environment.SpecialFolder.Personal)
End Function
```

Listing 329: Ermittlung einiger ausgewählter Pfade mit der .NET-Methode GetFolderPath()

Das Ergebnis des Beispielprogramms, welches Sie auch auf der CD finden, ist in Abbildung 181 zu sehen. Die Leerzeile in der siebten Zeile resultiert aus einer leeren Zeichenkette, die von der Funktion GetMyComputerPath zurückgegeben wurde.

169 Anwendungs-/Bibliotheksname des laufenden Prozesses

Will man den Namen und/oder den Pfad einer gerade aktiven Anwendung ermitteln, so kann man dies aus der entsprechenden Anwendung, bzw. aus der entsprechenden Bibliothek (DLL) heraus erfragen. Hierzu muss man die Hilfsmittel des Namensraumes System.Reflection in Anspruch nehmen. Innerhalb dieses Namensraumes ist die Klasse Assembly unter anderem für das Laden und Definieren von Assemblies und dem Abfragen von Typen innerhalb dieser Assemblies zuständig. Mithilfe der GetExecutingAssembly-Methode kann man Informationen zur laufenden Assembly holen, hier den Pfad zur Assembly mit der Eigenschaft Location. Diese enthält den Assembly-Namen einschließlich des gesamten Pfades. Will man also den Pfad ermitteln, geht dies am einfachsten über FileInfo des System.IO-Namensraumes. Die so aufgebaute Funktion GetAppDLLPath ist in Listing 330 zu sehen.

```
Public Function GetAppDLLPath() As String
  Dim mFileInfo As System.IO.FileInfo

  ' FileInfo der DLL/Exe holen, die diese Funktion enthält
  mFileInfo = New System.IO.FileInfo( _
    System.Reflection.Assembly.GetExecutingAssembly.Location)

  ' Verzeichnis zurückgeben
  Return mFileInfo.DirectoryName
End Function
```

Listing 330: Pfad der aktiven Anwendung / der aktiven DLL

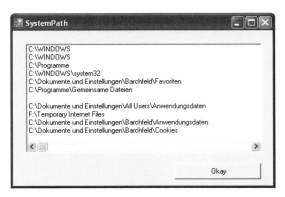

Abbildung 181: Beispiel für die Ausgabe der Systempfade

Analog kann man vorgehen, will man nur den Namen der Anwendung bzw. der Bibliothek (DLL) ermitteln. Die entsprechende Funktion GetAppDLLFileName ist in Listing 331 zu sehen.

```
Public Function GetAppDLLFileName() As String
  Dim mFileInfo As System.IO.FileInfo

  ' FileInfo der DLL/Exe holen, die diese Funktion enthält
  mFileInfo = New System.IO.FileInfo( _
    System.Reflection.Assembly.GetExecutingAssembly.Location)

  ' Dateinamen zurückgeben
  Return mFileInfo.Name
End Function
```

Listing 331: Name der aktiven Anwendung/Bibliothek (DLL)

Der vollständige Name, in der Hilfe auch Anzeigename genannt, enthält neben dem Anwendungsnamen ohne Erweiterung noch zusätzlich die Informationen zur Version, den Kulturkreis und den öffentlichen Schlüssel.

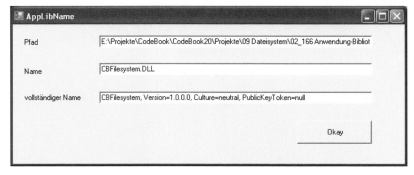

Abbildung 182: Beispiel für die Ermittlung des Anwendungs- bzw. Bibliotheksnamens

Die entsprechende Funktion findet sich in Listing 332.

```
Public Function GetAppDLLFullName() As String

   Return _
     System.Reflection.Assembly.GetExecutingAssembly.FullName
End Function
```

Listing 332: Anzeigename / vollständiger Name der Anwendung / Bibliothek (DLL)

170 Existenz eines Verzeichnisses

Setzt ein Programm das Vorhandensein eines bestimmten Verzeichnisses voraus, tut man gut
daran, die Existenz dieses Verzeichnisses vor Lese- oder Schreibvorgängen zu überprüfen.
Man weiß ja nie, was auf einem Anwender-PC alles installiert wurde und abläuft. Um diese
Abfrage kümmert sich die Funktion ExistsDirectory aus Listing 333.

```
Public Function ExistsDirectory(ByVal dir As String, _
   Optional ByVal Extended As Boolean = False) As Boolean

   Dim DirInfo As System.IO.DirectoryInfo

   Dim Exists As Boolean

   Try
     ' DirInfo kann auch erstellt werden, sollte Verzeichnis
     ' nicht existieren
     DirInfo = New System.IO.DirectoryInfo(dir)
   Catch ex As ArgumentNullException
     Throw New ApplicationException( _
       "ExistsDirectory: Übergabeparameter ist Nothing", ex)
   Catch ex As ArgumentException
     Throw New ApplicationException( _
       "ExistsDirectory: Übergabeparameter ist leer", ex)
   Catch ex As Exception
     Throw New ApplicationException( _
       "ExistsDirectory: Generelle Ausnahme", ex)
   End Try

   ' Rückgabe von DirInfo.Exists kann evtl. nicht reichen
   Exists = DirInfo.Exists

   ' Eine Datei mit diesem Namen vorhanden?
   If Extended Then
     If DirInfo.Attributes >= 0 Then
       Exists = True
     End If
   End If

   Return Exists
End Function
```

Listing 333: Existenz eines Verzeichnisses überprüfen

Der erste Übergabeparameter ist der Name des Verzeichnisses, welches überprüft werden soll. Der zweite, optionale Parameter erweitert die Funktion für den Fall, dass das abgefragte Verzeichnis erstellt werden soll, wenn es noch nicht existiert.

Es wird in der Funktion zuerst versucht, mit dem Verzeichnisparameter ein DirectoryInfo-Objekt zu erstellen. Bei groben Fehlern werden entsprechende Ausnahmen generiert. Ist dies nicht der Fall, kann mit der Exists-Eigenschaft geprüft werden, ob dieses Verzeichnis existiert.

Dieses Ergebnis sagt aber nichts darüber aus, ob man ein entsprechendes Verzeichnis erstellen kann. Sollte eine Datei gleichen Namens existieren, schlägt das Erzeugen eines solchen Unterverzeichnisses fehl. Hier führen aber die Eigenschaften von DirInfo weiter. Sollte es eine Datei gleichen Namens geben, enthält das DirInfo-Objekt die Attribut- und Datumswerte dieser Datei. Gibt es eine solche Datei nicht, ist die Eigenschaft Attributes kleiner Null und die Datumswerte lauten auf das Jahr 1601. Dies wird in der Funktion aus Listing 333 dazu ausgenutzt, festzustellen, ob eine solche Datei existiert. Wird der Funktion im zweiten Parameter der Wert True übergeben, wird zusätzlich die Attributes-Eigenschaft getestet und die Funktion liefert einen entsprechend modifizierten Wert zurück. So kann man sichergehen, auch ein Unterverzeichnis mit dem getesteten Namen erstellen zu können.

Die abgefangenen unterschiedlichen Ausnahmen werden einheitlich als ApplicationException dem aufrufenden Programm übergeben. So spart man sich im aufrufenden Programm mehrere Catch-Zweige.

171   Verzeichnis erstellen

Hat man mit der Funktion ExistsDirectory aus Listing 333 festgestellt, dass man ein Verzeichnis mit dem gewünschten Namen erstellen kann, so kann anschließend mit der Funktion CreateDirectory aus Listing 334 dieses Verzeichnis erstellt werden.

```
Public Function CreateDirectory(ByVal dir As String) As Boolean

   Dim DirInfo As System.IO.DirectoryInfo

   Try
      DirInfo = New System.IO.DirectoryInfo(dir)
   Catch ex As ArgumentNullException
      Throw New ApplicationException( _
         "CreateDirector: Verzeichnisangabe ist Nothing.", ex)
   Catch ex As ArgumentException
      Throw New ApplicationException( _
         "CreateDirectory: Verzeichnisangabe ist falsch.", ex)
   End Try

   Try
      DirInfo.Create()
   Catch ex As IO.IOException
      Throw New ApplicationException( _
         "CreateDirectory: Verzeichnis kann nicht erstellt werden.", _
            ex)
   End Try
```

Listing 334: Erstellen eines Verzeichnisses

```
   Return True
End Function
```

Listing 334: Erstellen eines Verzeichnisses (Forts.)

Der Funktion wird der Name des Verzeichnisses als Zeichenkette übergeben. Hier kann ein beliebiger Pfad angegeben werden. Sollten mehrere Unterverzeichnisse erstellt werden müssen, um das eigentliche Verzeichnis erstellen zu können, wird dies von der Create-Methode mit erledigt. Gibt es also beispielsweise unterhalb von *C:\TEMP* kein weiteres Unterverzeichnis, so kann mit der Funktion CreateDirectory direkt das Verzeichnis *C:\TEMP\t_1\t_t2\t_3* erstellt werden. Man sollte bei der Nutzung dieser Funktion entsprechend Vorsicht walten lassen, da man sonst bei einem kleinen Schreibfehler einen komplett neuen Verzeichnisbaum aufmachen kann.

Die Funktion versucht mit dem übergebenen Pfad ein DirectoryInfo-Objekt zu erstellen. Sollte die Verzeichnisangabe leer sein oder gar nicht existieren, werden entsprechende Ausnahmen ausgelöst. Konnte das Objekt DirInfo erstellt werden, wird mit der Create-Methode versucht, dieses Verzeichnis zu erstellen. Sollte es hierbei zu Problemen kommen, wird eine IOException aufgefangen und mit einem Kommentar versehen an das aufrufende Programm zurückgegeben. Auch hier spart man sich im Hauptprogramm durch die einheitliche Behandlung der unterschiedlichen Ausnahmen in der Funktion mehrere Catch-Zweige im aufrufenden Programm.

172 Verzeichnis löschen

Das Löschen von Verzeichnissen geschieht analog zum Erstellen der Verzeichnisse. Es werden das zu löschende Verzeichnis und ein logischer Wert für die Unterverzeichnisse der Funktion DeleteDirectory aus Listing 335 übergeben.

```
Public Function DeleteDirectory(ByVal dir As String, _
   ByVal SubDirs As Boolean) As Boolean

   Dim DirInfo As System.IO.DirectoryInfo

   Try
      DirInfo = New System.IO.DirectoryInfo(dir)
   Catch ex As ArgumentNullException
      Throw New ApplicationException( _
         "DeleteDirectory: Verzeichnisangabe ist Nothing.", ex)
   Catch ex As ArgumentException
      Throw New ApplicationException( _
         "DeleteDirectory: Verzeichnisangabe ist falsch.", ex)
   End Try

   Try
      DirInfo.Delete(SubDirs)
   Catch ex As IO.IOException
      Throw New ApplicationException( _
         "DeleteDirectory: Verzeichnis kann nicht gelöscht werden.", _
```

Listing 335: Löschen eines Verzeichnisses

```
      ex)
  End Try

  Return True
End Function
```

Listing 335: Löschen eines Verzeichnisses (Forts.)

Der logische Parameter `SubDirs` ist bewusst ohne Default-Wert angegeben, um eine ausdrückliche Entscheidung des Programmierers für diesen Wert zu erzwingen. Neben den Unterverzeichnissen werden auch alle Dateien ohne weitere Nachfrage gelöscht, sollte dieser Wert auf `True` gesetzt sein.

173 Verzeichnis umbenennen/verschieben

Will man ein Verzeichnis umbenennen bzw. ein Verzeichnis einschließlich aller Unterverzeichnisse im Dateisystem verschieben, kann die Funktion `MoveDirectory` aus Listing 336 benutzt werden. Dieser Funktion werden der komplette umzubenennende/zu verschiebende Pfad und der Zielpfad übergeben. Hierbei ist darauf zu achten, dass der Zielpfad nicht schon existiert. Hierzu kann die Funktion aus Listing 333 benutzt werden. Um sicherzustellen, dass die Übergabeparameter nicht vollkommen falsch sind, könnte wieder ein einfacher `Try ... Catch`-Block für diese Aktion angewandt werden. In Listing 336 wird ein etwas anderer Weg eingeschlagen. Statt hierfür ein `DirectoryInfo`-Objekt zu erstellen, werden die Angaben zu den Quell- und Zielverzeichnissen mit klassischen `String`-Operationen auf Gültigkeit getestet und mit der `Shared`-Methode `Move` der Klasse `Directory` aus dem Namensraum `System.IO` verschoben/umbenannt.

```
Public Function MoveDirectory(ByVal Src As String, _
ByVal Dest As String) As Boolean

  ' Hier ginge auch ArgumentNullException im Try-Block
  If Src Is Nothing Then
    Throw New ApplicationException( _
      "Quellverzeichnis fehlt im Aufruf.")
  End If

  ' Hier ginge auch ArgumentException im Try-Block
  If Src.Equals(String.Empty) Then
    Throw New ApplicationException( _
      "Quellverzeichnis ist leer.")
  End If

  If Dest Is Nothing Then
    Throw New ApplicationException( _
      "Zielverzeichnis fehlt im Aufruf.")
  End If

  If Dest.Equals(String.Empty) Then
    Throw New ApplicationException( _
      "Zielverzeichnis ist leer.")
```

Listing 336: Listing umbenennen/verschieben

```
   End If

   Try
      System.IO.Directory.Move(Src, Dest)
   Catch ex As System.Security.SecurityException
      Throw New ApplicationException("Zugriff verweigert.", ex)
   Catch ex As System.IO.IOException
      Throw New ApplicationException( _
         "Anderes Laufwerk oder Verzeichnis existiert schon", ex)
   End Try

   Return True
End Function
```

Listing 336: Listing umbenennen/verschieben (Forts.)

Bei dieser Aktion können unter anderem zwei Ausnahmen auftreten: Das Verzeichnis existiert schon, ein Fehler, der mit den oben genannten Maßnahmen nicht auftreten sollte, oder es liegt keine ausreichende Berechtigung für das Verschieben/Umbenennen vor. Diese Fehler werden abgefangen und dem aufrufenden Programm als ApplicationException übermittelt.

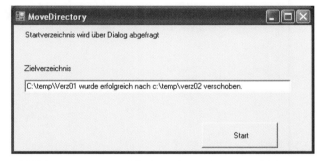

Abbildung 183: Verzeichnis umbenennen/verschieben

In Abbildung 183 sieht man das Ergebnis des Testprogramms. Der Einfachheit halber wird das Ergebnis in die TextBox für das Zielverzeichnis geschrieben.

174 Verzeichnis kopieren

Neben dem Erstellen, dem Verschieben und Umbenennen von Verzeichnissen kann man ebenfalls einen Verzeichnisbaum kopieren. Hierzu gibt es im .NET Framework weder in der Directory- noch in der DirectoryInfo-Klasse entsprechende Methoden. Aber es gibt eine Lösung über die Scripting-Engine von Microsoft.

```
Public Function CopyDir(ByVal src As String, ByVal dest _
   As String, ByVal WriteOver As Boolean) As Boolean

   Dim fso As FileSystemObject = New FileSystemObject
   Dim FSODir As Folder
```

Listing 337: Verzeichnis kopieren

```
    ' Ist src ein Verzeichnis?
    Try
      FSODir = fso.GetFolder(src)
    Catch
      Throw New ApplicationException _
        ("Quellpfad <" + src + "> ist kein Verzeichnis.")
    End Try

    ' Alle Unterverzeichnisse
    src += "\*"

    ' Ist dest ein Verzeichnis?
    Try
      FSODir = fso.GetFolder(dest)
    Catch
      Throw New ApplicationException _
        ("Zielpfad <" + dest + "> ist kein Verzeichnis.")
    End Try

    Try
      fso.CopyFolder(src, dest, WriteOver)
    Catch ex As Exception
      Throw New ApplicationException _
        ("CopyDir: Kopieren schlug fehl.", ex)
    End Try

    ' Okay, verschieben
    'fso.MoveFolder(src, dest)
  End Function
```

Listing 337: Verzeichnis kopieren (Forts.)

Hierzu muss in der Bibliothek CBFilesystem über PROJEKT / VERWEIS EINFÜGEN ... ein Verweis auf die *scrrun.dll* in das Projekt eingefügt werden (siehe Abbildung 178). Ist dieser Verweis vorhanden, muss mit `Imports Scripting` der hiermit erstellte Namensraum dem Programm bekannt gemacht werden.

Damit stehen dem Programm/der Funktion alle Methoden der *Scripting Runtime* zur Verfügung, unter anderem auch die *File System Objects* (FSO).

Die Funktion `CopyDir` aus Listing 337 nutzt diese Methoden. Es wird ein Objekt `fso` der Klasse `FileSystemObject` definiert und ein Objekt `FSODir` der Klasse `Folder` deklariert. Anschließend wird versucht, aus dem Quellpfad das `Folder`-Objekt zu erstellen. Dies wird als Test benutzt, ob der übergebene Quellpfad überhaupt ein Verzeichnis ist. Sollte dies nicht der Fall sein, wird die Funktion mit einer Ausnahme verlassen.

Da auch eventuell vorhandene Unterverzeichnisse kopiert werden sollen, wird der Quellpfad um die Zeichenkette »*« erweitert. Für den Zielpfad wird ebenfalls dieser Test durchgeführt und nötigenfalls mit einer Ausnahme aus der Funktion herausgesprungen. Wie ein Anwendungsprogramm eine solche Ausnahme zu spüren bekommt, ist in Abbildung 184 zu sehen. Sind diese Tests bestanden, wird mit der Methode `CopyFolder` des `FileSystemObject`-Objektes der Verzeichnisbaum kopiert. Hierbei ist der letzte Parameter des Aufrufes interessant, dessen

Wert auch der Funktion CopyDir mit dem Parameter WriteOver übergeben wird. Dieser Parameter gibt an, ob ein bereits vorhandenes Verzeichnis mit diesem Namen überschrieben werden soll (True) oder nicht (False).

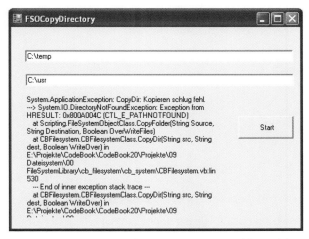

Abbildung 184: Verzeichnis kopieren mit Fehlermeldung

Wie man dem letzten Kommentar aus Listing 337 entnehmen kann, muss nur der Aufruf der Methode CopyFolder in MoveFolder umgeändert werden, um mit dieser Methode einen Verzeichnisbaum auch zu verschieben (siehe auch Kapitel 173).

175 Verzeichnisgröße mit Unterverzeichnissen

In größeren Netzwerken ist es manchmal sehr nützlich, wenn man den verbrauchten Speicherplatz in den einzelnen Verzeichnissen, zum Beispiel auf einem Server, feststellen kann. Leider bietet Windows von Hause aus keine solche Funktion an. Es gibt zwei Möglichkeiten, dieses Problem zu beheben: nachschauen, ob schon jemand anderes dieses Problem für uns gelöst hat, oder selber programmieren. Da es sich hier um ein Buch für Programmierer handelt, bleibt nur noch eine Lösungsmöglichkeit übrig. Das Ergebnis dieser Bemühungen ist in Abbildung 185 zu sehen. Um dieses Ziel zu erreichen, müssen die Verzeichnisse und die jeweiligen Unterverzeichnisse nacheinander abgearbeitet werden. Hierzu bietet sich ein rekursives Aufrufen einer entsprechenden Funktion an.

In Listing 338 ist der Einsprungpunkt für diese Bearbeitung aufgelistet. Der Funktion DirSize wird das Verzeichnis übergeben, ab dem die Größe der Unterverzeichnisse ermittelt werden soll. Zusätzlich wird eine Variable vom Typ Hashtable erzeugt, die das Ergebnis der Berechnungen aufnehmen soll.

Nach einem Check des Verzeichnisnamens wird die eigentliche Routine aufgerufen: Process-Directory. Diesem Unterprogramm wird neben der Verzeichnisangabe die soeben erstellte Hashtable übergeben.

```
Public Function DirSize(ByVal Dir As String) As Hashtable
    Dim path As String
```

Listing 338: Funktion DirSize, Einstiegspunkt in die rekursive Bearbeitung

Dateisystem

```
   Dim Table As Hashtable = New Hashtable

   ' Wo nichts ist, kann man nichts berechnen
   If Dir Is Nothing Then
     Throw New ApplicationException("Verzeichnis = Nothing.")
   End If

   If Dir.Equals(String.Empty) Then
     Throw New ApplicationException("Verzeichnis ist leer.")
   End If

   If Directory.Exists(Dir) Then
     ProcessDirectory(Dir, Table)
   End If
   Return Table
End Function
```

Listing 338: Funktion DirSize, Einstiegspunkt in die rekursive Bearbeitung (Forts.)

Wie man im Listing 339 erkennen kann, wird diese Tabelle als Referenz übergeben. Der Grund liegt in der nicht kalkulierbaren Größe der erstellten Tabelle. Und jeder Aufruf der Routine müsste bei einer Übergabe per Wert die gesamte Tabelle kopieren. Dies kann sehr großen Zeitaufwand bedeuten, abgesehen von den vielen Kopien der Tabelle im Hauptspeicher.

In dieser Routine werden die Dateien innerhalb des aktuellen Verzeichnisses über die Shared-Methode GetFiles der Klasse Directory ermittelt und in ein Zeichenkettenarray abgelegt. Analog werden die Verzeichnisse mithilfe der Methode GetDirectories der gleichen Klasse abgefragt.

```
Public Sub ProcessDirectory _
   (ByVal Dest As String, _
   ByRef Table As Hashtable)

   Dim Subdirectory As String
   Dim FileName As String
   Dim Size As Long = 0

   ' Dateien im aktuellen Verzeichnis
   Dim fileEntries As String() = _
     Directory.GetFiles(Dest)

   ' Verzeichnisse im aktuellen Verzeichnis
   Dim Subdirectories As String() = _
     Directory.GetDirectories(Dest)

   For Each FileName In fileEntries
     Size += ProcessFile(FileName)
   Next FileName

   Table.Add(Dest, Size)

   For Each Subdirectory In Subdirectories
```

Listing 339: Rekursive Verzeichnisbearbeitung

```
      ProcessDirectory(Subdirectory, Table)
   Next Subdirectory

End Sub
```

Listing 339: Rekursive Verzeichnisbearbeitung (Forts.)

Für jede gefundene Datei wird die Funktion ProcessFile aufgerufen, die die aktuelle Datei bearbeitet. Diese Funktion liefert die Größe der Datei in Bytes zurück, siehe Listing 340. Eine ausführlichere Version zur Ermittlung von Dateigrößen ist in Kapitel 181 (Listing 349) erklärt. In der Schleife über alle Dateien wird so die Gesamtgröße des im Verzeichnis verbrauchten Plattenplatzes durch die Dateien errechnet. Das Ergebnis wird mit dem Namen des Verzeichnisses als Schlüssel und der Gesamtgröße des Verzeichnisses in der Hash-Tabelle abgespeichert. Schlussendlich ruft sich die Routine für jedes gefundene Verzeichnis selber auf. Auf diese Weise durchläuft die Funktion jedes Unterverzeichnis und kann so den Verbrauch an Plattenplatz feststellen.

```
Public Function ProcessFile(ByVal FileName As String) As Long

   Dim mFile As FileInfo = New FileInfo(FileName)

   Return mFile.Length

End Function
```

Listing 340: Informationsermittlung für eine Datei

Die Funktion ProcessFile liefert in Listing 340 die Größe der übergebenen Datei in Bytes zurück. Da Hash-Tabellen nicht so bekannt sind wie gewöhnliche Arrays, ist in Listing 341 das Beispielprogramm aufgelistet, welches zur Abbildung 185 führt.

```
Private Sub btnStart_Click(ByVal sender As System.Object, _
   ByVal e As System.EventArgs) Handles btnStart.Click

   ' Nimmt die Verzeichnis-Einträge auf
   Dim Table As Hashtable
   ' Zum Durchlaufen der Hash-Tabelle
   Dim var As IDictionaryEnumerator

   ' Dialog für Verzeichnis öffnen
   If fb.ShowDialog = DialogResult.OK Then
      Table = DirSize(fb.SelectedPath)
   End If

   var = Table.GetEnumerator

   ' Schleife über alle Einträge der Hash-Tabelle
   While var.MoveNext
      lbList.Items.Add(var.Key.ToString + " : " + var.Value.ToString)
```

Listing 341: Beispielprogramm für die Ermittlung von Verzeichnisgrößen

Dateisystem

```
  End While

End Sub
```

Listing 341: Beispielprogramm für die Ermittlung von Verzeichnisgrößen (Forts.)

Durch Auslösen des START-Buttons wird die Routine in Listing 341 ausgelöst, die als Erstes eine Hash-Tabelle deklariert, die das Ergebnis aufnehmen soll. Um diese Tabelle durchlaufen zu können, wird die Variable var vom Typ IdictionaryEnumerator benötigt, die ebenfalls deklariert wird. Das Verzeichnis, ab dem die kumulierte Dateigröße angezeigt werden soll, wird durch einen FolderBrowserDialog ausgewählt und der Funktion DirSize übergeben.

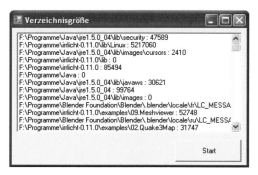

Abbildung 185: Ausgabe der Funktion zur Verzeichnisgröße

Um die Tabelle nun durchlaufen zu können, wird die Variable var mit dem Resultat aus dem Aufruf der GetEnumerator-Methode der Hash-Tabelle belegt. Damit steht die Variable var vor dem ersten gültigen Wert innerhalb der Hash-Tabelle. Eine Schleife über alle Einträge dieser Tabelle muss also mit dem Aufruf von MoveNext der Variablen beginnen. Dieser Aufruf liefert so lange True zurück, bis das Ende der Tabelle erreicht ist. Mit dieser Eigenschaft kann man sehr gut eine Schleife über alle Einträge erstellen, wie dies am Ende von Listing 341 geschieht.

176 Existenz einer bestimmten Datei

Will man das Vorhandensein einer bestimmten Datei überprüfen, so kann dies recht einfach mit den Mitteln des .NET Frameworks getestet werden. Oft wird auch noch die Information benötigt, ob diese Datei eine gewisse Größe unter- oder überschreitet. Dieser Test kann mit der Funktion aus Listing 342 durchgeführt werden.

Der Funktion wird der zu überprüfende Dateiname und optional die erforderliche Dateigröße übergeben. Nach der Variablendeklaration wird versucht, ein Objekt der Klasse FileInfo zu erzeugen. Werden hierbei keine der bekannten Ausnahmen generiert, ist das Objekt vorhanden und kann auf sein Vorhandensein im Dateisystem geprüft werden.

```
Public Function ExistsFile(ByVal FileName As String, _
    Optional ByVal GreaterSize As Long = -1) As Boolean

    ' Datei-Objekt
```

Listing 342: Vorhandensein einer Datei überprüfen

```
Dim mFileInfo As System.IO.FileInfo

' Datei vorhanden
Dim Exists As Boolean

' Erzeugen des Datei-Objektes und grober Test auf Gültigkeit
Try
  mFileInfo = New System.IO.FileInfo(FileName)
Catch ex As ArgumentNullException
  Debug.WriteLine(ex.ToString)
Catch ex As ArgumentException
  Debug.WriteLine(ex.ToString)
End Try

If mFileInfo.Exists Then
  ' Spezialisierte Einschränkung der Existenz
  If mFileInfo.Length > GreaterSize Then
    Exists = True
  End If
Else
  Exists = False
End If

Return Exists
End Function
```

Listing 342: Vorhandensein einer Datei überprüfen (Forts.)

Nach dem Check mit der Methode Exists des Objektes wird überprüft, ob die Datei eine ent-sprechende Größe überschreitet. Wurde keine Dateigröße beim Aufruf der Funktion übergeben, wird als Default-Wert –1 festgelegt, was ein üblicher Defaultwert ist und zudem mit dieser Wahl in der entsprechenden Abfrage (>) eine Dateigröße von null Bytes erlaubt.

177 Dateinamen

Das Format 8.3 für Dateinamen stammt noch aus der Zeit des DOS-Betriebssystems. Aber es gibt noch eine nicht verschwindend kleine Menge an Programmen, die dieses Format nur unterstützen. Diese haben sich aus der DOS/Win 3.11-Zeit bis heute herübergerettet. Zum Erzeugen einer Datei in diesem Format, eventuell auch mit entsprechendem Pfad, dient die Funktion Get83Name aus Listing 343. Dieser Funktion werden vier Parameter übergeben: der lange Dateiname einschließlich Pfad, so wie er in den neueren Betriebssystemen durchaus erlaubt ist, ein logischer Parameter, der darüber entscheidet, ob die Funktion mit oder ohne 8.3-Pfad zurückgegeben wird, ein logischer Parameter, der das Speichern in der Zwischenab-lage regelt, und zu guter Letzt ein logischer Parameter, der darüber entscheidet, ob der Eintrag auch nach Beendigung des Programms in der Zwischenablage verbleibt.

```
Public Function Get83Name(ByVal Filename As String, _
  Optional ByVal CompletePath As Boolean = False, _
  Optional ByVal InClipBoard As Boolean = False, _
```

Listing 343: Erzeugen von 8.3 Dateinamen/Pfaden

```
       Optional ByVal StayInClipBoard As Boolean = False) As String

       Dim FI As System.IO.FileInfo

       ' aus der Scripting Runtime
       Dim fso As Scripting.FileSystemObject
       Dim fsoFile As Scripting.File
       Dim ShortName As String

       Try
         FI = New System.IO.FileInfo(Filename)
       Catch ex As System.IO.IOException
         Throw New ApplicationException("Get83Name IO: ", ex)
       Catch ex As ArgumentNullException
         Throw New ApplicationException("Get83Name: " + _
           Filename + " ist Nothing.", ex)
       Catch ex As ArgumentException
         Throw New ApplicationException("Get83Name: " + _
           Filename + " ist leer.", ex)
       Catch ex As Exception
         Throw New ApplicationException("Get83Name: ", ex)
       End Try

       fso = New Scripting.FileSystemObject
       fsoFile = fso.GetFile(Filename)

       ShortName = ""
       If CompletePath Then
         ShortName = fsoFile.ShortPath
       Else
         ShortName = fsoFile.ShortName
       End If

       ' In die Zwischenablage ?
       If InClipBoard Then
         Clipboard.SetDataObject(ShortName, StayInClipBoard)
       End If

       Return ShortName
     End Function
```

Listing 343: Erzeugen von 8.3 Dateinamen/Pfaden (Forts.)

Um einen 8.3-Dateinamen zu erzeugen muss auf die Scripting Runtime zurückgegriffen werden, da .NET eine solche Namenskonvertierung nicht unterstützt. Zur Einbindung der Scripting Runtime sind einige Anmerkungen in Kapitel 174 zu finden. Zu Beginn der Funktion wird versucht, ein Objekt der Klasse `FileInfo` zu erzeugen. Dies dient einem groben Test auf die Gültigkeit des Dateinamens, indem entsprechende Ausnahmen abgefangen werden und dem aufrufenden Programm einheitlich als `ApplicationException` gemeldet werden.

Mit der Erzeugung des Objektes `fso` der Klasse `FileSystemObject` wird die Grundlage für das `File`-Objekt gelegt. Dieses wird mit der Methode `GetFile` des `fso`-Objektes ermittelt. Soll der komplette Pfad ausgegeben werden, wird dieser nun über die Eigenschaft `ShortPath` abgefragt.

Zum Schluss wird den Übergabeparametern entsprechend dieser Kurzname in die Zwischenablage kopiert. Hierzu wird die `ClipBoard`-Klasse aus dem Namensraum `Systems.Windows.Forms` benutzt, die bei Windows-Forms-Programmen standardmäßig eingeblendet ist. Der zweite Parameter der Routine `SetDataObject` legt fest, ob der Eintrag nach Beendigung des Programms in der Zwischenablage verbleibt. Ein Beispiel für den Aufruf dieser Funktion ist in Abbildung 186 zu sehen.

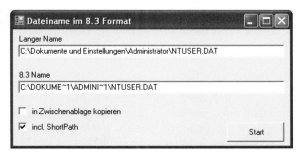

Abbildung 186: Erzeugen eines 8.3-Dateinamens-/Pfads

178 Datei umbenennen/verschieben

Das Umbenennen bzw. das Verschieben einer Datei basiert auf der gleichen Grundlage, da in der Praxis beide Aktionen identisch sind. Eine entsprechende Funktion ist in Listing 344 mit dem Namen `RenMoveFile` realisiert. Dieser Funktion werden alter und neuer Name als Parameter übergeben.

```
Public Function RenMoveFile(ByVal OldName As String, _
  ByVal NewName As String) As Boolean

  If OldName Is Nothing Then
    Throw New ApplicationException(OldName + " ist Nothing.")
  End If

  If OldName.Equals(String.Empty) Then
    Throw New ApplicationException(OldName + " ist leer.")
  End If

  If NewName Is Nothing Then
    Throw New ApplicationException(NewName + " ist Nothing.")
  End If

  If NewName.Equals(String.Empty) Then
    Throw New ApplicationException(NewName + " ist leer.")
  End If

  Try
    System.IO.File.Move(OldName, NewName)
  Catch ex As System.Security.SecurityException
    Throw New ApplicationException("Zugriff verweigert.", ex)
```

Listing 344: Datei umbenennen/verschieben

Dateisystem

```
Catch ex As System.IO.IOException
  Throw New ApplicationException( _
    "Andere Datei existiert schon", ex)
Catch ex As Exception
  Throw New ApplicationException(OldName + " kann nicht in " _
    + NewName + "gewandelt werden.")
End Try


Return True
End Function
```

Listing 344: Datei umbenennen/verschieben (Forts.)

Nach einem Check der Namen wird mit der Move-Methode des File-Objektes aus dem System.IO-Namensraum versucht, diese Datei entsprechend zu verschieben. Ausnahmen, die auftreten könnten, wie zum Beispiel die Ausnahme wegen Berechtigungsproblemen, werden abgefangen und dem aufrufenden Programm einheitlich als ApplicationException gemeldet.

179 Datei kopieren

Für das Kopieren einer Datei existiert eine entsprechende Methode in der Klasse File des System.IO-Namenraumes. Um das Abfangen der unterschiedlichen Ausnahmen zu vereinheitlichen, kann man auch diese Methode in einer eigenen Funktion kapseln. Dies geschieht mit der Funktion CopyFile aus Listing 345. Dieser Funktion werden der Quellname und der Zielname der Datei übergeben. Der dritte optionale Parameter legt fest, ob eine eventuell schon vorhandene Datei überschrieben werden kann oder nicht. Dieser Parameter wird auf False gesetzt, sollte vom aufrufenden Programm dieser Parameter nicht gesetzt werden.

```
Public Function CopyFile(ByVal OldName As String, _
  ByVal NewName As String, Optional ByVal over As Boolean = False) _
  As Boolean

  ' Ist die Zeichenkette für den alten Namen überhaupt initialisiert
  If OldName Is Nothing Then
    Throw New ApplicationException(OldName + " ist Nothing.")
  End If

  ' Ist die Zeichenkette für den alten Namen leer
  If OldName.Equals(String.Empty) Then
    Throw New ApplicationException(OldName + " ist leer.")
  End If

  ' Ist die Zeichenkette für den neuen Namen überhaupt initialisiert
  If NewName Is Nothing Then
    Throw New ApplicationException(NewName + " ist Nothing.")
  End If

  ' Ist die Zeichenkette für den neuen Namen leer
  If NewName.Equals(String.Empty) Then
    Throw New ApplicationException(NewName + " ist leer.")
```

Listing 345: Kopieren einer Datei

```
End If

Try
  ' Kopierversuch
  System.IO.File.Copy(OldName, NewName, over)
Catch ex As System.Security.SecurityException
  Throw New ApplicationException("Zugriff verweigert.", ex)
Catch ex As System.IO.IOException
  ' Man kann zwar überschreiben, aber falls Überschreiben nicht
  ' gewünscht, kann eine Ausnahme auftreten
  Throw New ApplicationException( _
    "Andere Datei existiert schon", ex)
Catch ex As Exception
  Throw New ApplicationException(OldName + " kann nicht nach" _
    + NewName + " kopiert werden.")
End Try

Return True
End Function
```

Listing 345: Kopieren einer Datei (Forts.)

Nach dem Test auf eine verwertbare Zeichenkette für Quell- und Zielname der Datei wird mit der `Shared`-Methode `Copy` der Klasse `File` versucht, die Datei zu kopieren. Auch bei dieser Methode entscheidet der dritte Parameter über das Überschreiben einer bereits mit gleichen Namen vorhandenen Datei. Hierbei auftretende Probleme, wie zum Beispiel Berechtigungsprobleme, werden als `ApplicationException` an das aufrufende Programm gemeldet.

180 Dateiversion feststellen

Jeder .Net-Anwendung werden Informationen zur Version und zu den Eigentümerrechten der Assembly mitgegeben. Auf diese Informationen kann man Einfluss nehmen, wenn man entsprechende Angaben in der Datei *AssemblyInfo.vb* hinterlässt. Diese wird vom VISUAL STUDIO jedem Projekt automatisch beigefügt. Die Assembly-Datei für das Testprogramm zu diesem Kapitel ist in Listing 346 abgedruckt. Die Angaben sind so weit vorbereitet, dass man nur noch die entsprechenden Angaben ausfüllen muss.

```
Imports System
Imports System.Reflection
Imports System.Runtime.InteropServices

' Allgemeine Informationen über eine Assembly werden über die folgende
' Attributgruppe gesteuert. Ändern Sie diese Attributwerte, um Informationen,
' die mit einer Assembly verknüpft sind, zu bearbeiten.

' Die Werte der Assembly-Attribute überprüfen

<Assembly: AssemblyTitle("Killerapplication")>
<Assembly: AssemblyDescription("The best Killerapplication ;-)")>
```

Listing 346: Die Datei AssemblyInfo.vb zum Testprogramm der Funktion GetFileVersionInfo

```vb
<Assembly: AssemblyCompany("Barchfeld")>
<Assembly: AssemblyProduct("Killerfunction")>
<Assembly: AssemblyCopyright("2003 by Barchfeld")>
<Assembly: AssemblyTrademark("no Trademark")>
<Assembly: CLSCompliant(True)>


' Die folgende GUID ist für die ID der Typbibliothek, wenn dieses
' Projekt in COM angezeigt wird
<Assembly: Guid("C31AC426-7B81-40CE-870E-F01F0C8C99E0")>


' Versionsinformationen für eine Assembly bestehen aus den folgenden
' vier Werten:
'
'        Haupversion
'        Nebenversion
'        Buildnummer
'        Revisionsnummer
'
' Sie können alle Werte angeben oder auf die standardmäßigen Build-
' und Revisionsnummern zurückgreifen, indem Sie '*' wie unten
' angezeigt verwenden:

<Assembly: AssemblyVersion("1.0.*")>
```

Listing 346: Die Datei AssemblyInfo.vb zum Testprogramm der Funktion GetFileVersionInfo (Forts.)

Die so abgelegten Informationen können aus der kompilierten Version des Programms oder der Bibliothek wieder extrahiert werden. Die Funktion `GetFileVersionInfo` aus Listing 347 erledigt diese Aufgabe, indem eine `ArrayList` mit den entsprechenden Angaben gefüllt wird.

```vb
Public Function GetFileVersionInfo(ByVal name As String) _
  As ArrayList

  Dim Liste As ArrayList = New ArrayList
  Dim Info As FileVersionInfo

  ' Informationen über FileVersionInfo-Objekt
  Try
    Info = FileVersionInfo.GetVersionInfo(name)
  Catch ex As ArgumentNullException
    Throw New ApplicationException("GetFileVersionInfo: " + _
      name + " ist Nothing.", ex)
  Catch ex As ArgumentException
    Throw New ApplicationException("GetFileVersionInfo: " + _
      name + " ist leer.", ex)
  Catch ex As Exception
    Throw New ApplicationException("GetFileVersionInfo: " + _
      name + " Ausnahme: ", ex)
  End Try
```

Listing 347: Funktion zur Ermittlung von Datei-Versions-Informationen

```
   Liste.Add("Firma = " + Info.CompanyName)
   Liste.Add("Produktversion = " + Info.ProductVersion)
   Liste.Add("Sprache = " + Info.Language)
   Liste.Add("(c) = " + Info.LegalCopyright)
   Liste.Add("Name = " + Info.FileName)
   Liste.Add("Build-Name = " + Info.OriginalFilename)
   Liste.Add("Debug-Version = " + Info.IsDebug.ToString)
   Liste.Add("Dateibeschreibung = " + Info.Comments)
   Liste.Add("Dateiversion = " + Info.FileVersion)

   Return (Liste)
End Function
```

Listing 347: Funktion zur Ermittlung von Datei-Versions-Informationen (Forts.)

Abbildung 187: Ausgabebeispiel zu Datei-Versions-Informationen

Hierzu wird ein Objekt der Klasse `FileVersionInfo` aus dem Namensraum `System.Diagnostics` erstellt. Dem Konstruktor der Klasse wird der Name der Datei übergeben. Sollten hierbei Ausnahmen generiert werden, werden diese dem aufrufenden Programm als `ApplicationException` gemeldet.

Dem so erstellten Objekt `Info` können die Assembly-Informationen über die entsprechenden Eigenschaften des Objektes abgerufen werden. Interessant hierbei ist, dass die in der *Assembly-Info.vb*-Datei in der Eigenschaft `AssemblyDescription` abgespeicherten Daten nicht über die Eigenschaft `FileDescription`, sondern übern `Comments` abgerufen werden müssen.

Das Ergebnis dieses Funktionsaufrufs für das Testprogramm zu dieser Funktion ist in Abbildung 187 zu sehen.

181 Dateigröße

Die Größe einer Datei wird vom .NET in Bytes zurückgeliefert. Ein Beispiel für eine solche Ermittlung ist in Listing 340 zu sehen. Oft benötigt man allerdings die Angabe der Dateigröße in einer anderen Einheit als Byte. Um die Umrechnung in eine Funktion auszulagern, die mehrfach angewandt werden kann, ist die Funktion `GetFileSize` aus Listing 349 bestimmt. Dieser Funktion wird neben dem Dateinamen (einschließlich Pfad) ein Enumerations-Wert für die Einheit übergeben, in der die Dateigröße zurückgeliefert werden soll. Diese Enumeration ist in Listing 348 abgedruckt.

```
Public Enum FileSizeUnit As Integer
  B = 0
  kB
  MB
  GB
End Enum
```

Listing 348: Enumeration zur Festlegung der Dateigrößenangaben

Der optionale Parameter SizeUnit aus Listing 349 wird auf Byte gesetzt, um als Default-Wert die Angabe des .NET Frameworks zu reproduzieren.

```
Public Function GetFileSize(ByVal Filename As String, _
  Optional ByVal SizeUnit As FileSizeUnit = FileSizeUnit.B) As Long

  Dim FI As System.IO.FileInfo
  Dim Length As Long

  Try
    FI = New System.IO.FileInfo(Filename)
    ' Länge in Bytes
    Length = FI.Length
  Catch ex As System.IO.IOException
    Throw New ApplicationException _
      ("GetFileSize IO fehlgeschlagen", ex)
  Catch ex As ArgumentNullException
    Throw New ApplicationException _
      ("GetFileSize: " + Filename + " ist Nothing.", ex)
  Catch ex As ArgumentException
    Throw New ApplicationException _
      ("GetFileSize: " + Filename + " ist leer.", ex)
  End Try

  Select Case SizeUnit
    Case FileSizeUnit.kB
      Length /= 1024
    Case FileSizeUnit.MB
      Length /= (1024 * 1024)
    Case FileSizeUnit.GB
      Length /= (1024 * 1024 * 1024)
  End Select

  Return Length
End Function
```

Listing 349: Ermittlung der Dateigröße

Mit dem Dateinamen wird über die FileInfo-Klasse das Objekt FI erzeugt, über das die Dateigröße mit der Eigenschaft Length abgefragt werden kann. Sollte dies ohne Ausnahmen zu generieren möglich sein, wird entsprechend der gewünschten Einheit die Dateigröße berechnet und dem aufrufenden Programm zurückgeliefert.

182 Dateien vergleichen

Wenn Sie herausfinden möchten, ob zwei Dateien identisch sind, also unabhängig vom Datei-namen denselben Inhalt besitzen, dann können Sie beide Dateien z.B. mit zwei `BinaryReader`-Objekten öffnen, Byte-weise lesen und vergleichen. Geht es jedoch darum, Duplikate in einem oder mehreren Verzeichnissen zu finden, dann muss jede Datei mit jeder anderen verglichen werden. Für viele Dateien wächst der Aufwand, sie Byte für Byte vergleichen zu müssen, schnell ins Unermessliche.

Besser ist es daher, für jede Datei einen möglichst kleinen, aber eindeutigen Schlüsselwert zu ermitteln und dann die Vergleiche nur anhand der berechneten Schlüsselwerte durchzuführen. Dann muss jede Datei nur ein einziges Mal geladen und durchlaufen werden.

Ein solcher Schlüssel wird im Allgemeinen als Hash-Wert bezeichnet. Bestimmte mathematische Algorithmen berechnen aus einer vorgegebenen Byte-Folge einen Zahlenwert. Dieser Zahlen-wert muss nicht zwangsläufig einmalig sein. Vielmehr wird eine Gleichverteilung aller Hash-Werte für einen festgelegten Wertebereich angestrebt. Der Umfang des Wertebereichs hängt vom Algorithmus ab. Beispielsweise liefert die Methode `Object.GetHashCode` einen 32-Bit-Wert, der eine Unterscheidung von max. vier Milliarden Werten zulässt. Andere Algorithmen verwenden andere Wertebereiche. MD5 beispielsweise arbeitet mit 128 Bit, SHA1 mit 160 Bit.

Als Schlüsselwert für Dateivergleiche ist `Object.GetHashCode` wegen des eingeschränkten Wer-tebereichs eher ungeeignet. Zu leicht könnte es passieren, dass für zwei verschiedene Dateien derselbe Schlüssel berechnet wird. Um sicherzugehen, haben wir daher für dieses Beispiel den im .NET Framework implementierten Hash-Generator für `SHA1` eingesetzt. Ein kleines Beispiel-programm (Abbildung 188) demonstriert die Anwendung.

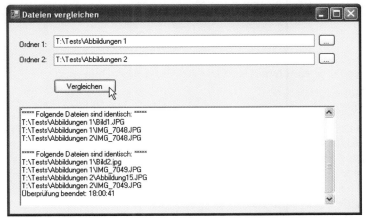

Abbildung 188: Dateivergleich über Hash-Werte

Der Hash-Generator liefert über die Methode `ComputeHash` ein Byte-Array mit einer Länge von 20 Byte (160 Bit). Um diese auf einfache Weise als Wert vergleichen zu können, wird die Struktur `FileHash` definiert (Listing 350). Diese Struktur speichert die 20 Byte in zwei `Int64`- und einem `Int32`-Wert. Werden zwei Instanzen dieser Struktur verglichen, dann werden auto-matisch alle drei Member-Variablen überprüft. Beim Vergleich der Byte-Arrays würden ja nur deren Referenzen verglichen. Der Konstruktor von `FileHash` nimmt das Byte-Array entgegen und nimmt die Umwandlung mithilfe der `BitConverter`-Klasse vor.

```
Structure FileHash

  ' 160 Bit = 20 Byte
  Public h1, h2 As Int64   ' 2 x 8 Byte
  Public h3 As Int32       ' 4 Byte

  ' Konstruktor liest Hash-Wert aus Byte-Array
  Public Sub New(ByVal bytes As Byte())
    h1 = BitConverter.ToInt64(bytes, 0)
    h2 = BitConverter.ToInt64(bytes, 8)
    h3 = BitConverter.ToInt32(bytes, 16)
  End Sub

End Structure
```

Listing 350: Struktur zum Vergleichen der Hash-Werte

Für alle zu prüfenden Dateien wird der Hash-Wert berechnet (Listing 351). Dieser dient als Schlüssel für die Auflistung `Filelist`:

```
' Liste zum Speichern der Dateiinformationen des 1. Ordners
Private filelist As New Dictionary(Of FileHash, List(Of String))
```

`Filelist` ist eine generische Key/Value-Liste. Der Typ des Schlüssels ist die oben definierte Struktur `FileHash`. Der korrespondierende Wert ist vom Typ String-Liste (`List (Of String)`). In der String-Liste werden alle Dateien aufgeführt, die denselben Schlüssel besitzen.

Zur Berechnung der Hash-Werte wird eine Instanz von `System.Security.Cryptography.SHA1` benötigt:

```
' SHA1-Hash-Generator
Dim SH As SHA1 = SHA1.Create()
```

Für die Aufbereitung der Ergebnisse wird ferner ein `StringBuilder`-Objekt eingesetzt:

```
' StringBuilder-Objekt für Report
Private Report As New System.Text.StringBuilder(10000)
```

Für jedes Verzeichnis, dessen Dateien überprüft werden sollen, wird `CheckDirectory` (Listing 351) aufgerufen. Die Methode durchläuft alle Dateien des Verzeichnisses und berechnet für jeden den spezifischen Hash-Wert. Dann wird überprüft, ob dieser Hash-Wert bereits als Schlüssel in `Filelist` existiert. Tut er das nicht, dann ist die Datei bisher einmalig und es wird zu diesem Schlüssel eine neue Auflistung gespeichert. Über den Schlüssel wird dann die neu angelegte oder bereits vorhandene Auflistung abgerufen und der Pfad der aktuell untersuchten Datei hinzugefügt.

```
Public Sub CheckDirectory(ByVal dir As String)

  ' Verzeichnis prüfen
  If Not Directory.Exists(dir) Then
    Report.AppendLine(dir & " existiert nicht")
    Exit Sub
  End If
```

Listing 351: Berechnen und Speichern der Hash-Werte aller Dateien eines Ordners

```
Report.AppendLine("Lesen des Ordners: " & dir)

' 1. Ordner durchlaufen
For Each filepath As String In Directory.GetFiles(dir)
  Try
    ' Datei öffnen
    Dim fs As New FileStream(filepath, FileMode.Open)

    ' Hash-Wert berechnen
    Dim fh As New FileHash(sh.ComputeHash(fs))

    ' Datei wieder schließen
    fs.Close()

    ' Hash-Wert als Schlüssel, Liste der Pfade als Daten
    ' in Dictionary übernehmen
    If Not Filelist.ContainsKey(fh) Then
      Filelist.Add(fh, New List(Of String))
    End If

    Filelist(fh).Add(filepath)

  Catch ex As Exception
    ' Fehler im Report anzeigen
    Report.AppendLine("Fehler bei: " & filepath)
    Report.AppendLine(ex.Message)
  End Try
Next

End Sub
```

Listing 351: Berechnen und Speichern der Hash-Werte aller Dateien eines Ordners (Forts.)

Für die in den beiden TextBoxen eingegebenen Pfade wird die Methode CheckDirectory aufgerufen (Listing 352). Anschließend wird die Values-Auflistung von Filelist durchlaufen. In ihr sind ja alle String-Listen gespeichert, die den Hash-Werten zugeordnet worden sind. Enthält eine dieser Listen nur einen Wert (Dateipfad), dann ist die Datei innerhalb der untersuchten Verzeichnisse einmalig. Enthält sie hingegen mehrere, dann sind alle in dieser Unterliste aufgeführten Dateien identisch und werden in den Report aufgenommen. Auch identische Dateien innerhalb eines Verzeichnisses werden so gefunden.

```
' Beginn der Prüfung ausgeben
Report.AppendLine("Überprüfung gestartet: " & _
  DateTime.Now.ToLongTimeString)

' Verzeichnisse prüfen
CheckDirectory(TBDir1.Text)
CheckDirectory(TBDir2.Text)

' Alle Dateien aller Verzeichnisse geprüft
```

Listing 352: Dateien vergleichen und Report ausgeben

Dateisystem

```vbnet
Report.AppendLine("Dateien gelesen: " & _
  DateTime.Now.ToLongTimeString)

' Identische Dateien finden
' Für alle Dateilisten in der Dictionary-Liste
For Each flist As List(Of String) In Filelist.Values

  ' Gibt es mehrere Dateien zu demselben Schlüssel?
  If flist.Count > 1 Then
    ' Ja, identische Dateien ausgeben
    Report.AppendLine()
    Report.AppendLine( _
      "***** Folgende Dateien sind identisch: *****")

    For Each filepath As String In flist
      Report.AppendLine(filepath)
    Next

  End If

Next

' Überprüfung insgesamt abgeschlossen
Report.AppendLine("Überprüfung beendet: " & _
  DateTime.Now.ToLongTimeString)

' Report ausgeben
RTBReport.Text = Report.ToString()

' Dingdong
My.Computer.Audio.PlaySystemSound( _
  Media.SystemSounds.Exclamation)
```

Listing 352: Dateien vergleichen und Report ausgeben (Forts.)

Die beschriebene Vorgehensweise lässt sich auf beliebig viele Verzeichnisse ausdehnen. Auch ist eine ganz andere Konstruktion denkbar, bei der die Hash-Werte persistent gespeichert werden. Denken Sie beispielsweise an eine Bilddatenbank, in der beliebige Grafikdateien gespeichert werden. Möchten Sie eine neue Bilddatei hinzufügen, andererseits aber sicherstellen, dass kein Bild mehrfach vorhanden ist, dann können Sie in der Datenbank zusätzlich zu jeder Bilddatei den zugehörigen Hash-Wert speichern. Vor dem Hinzufügen berechnen Sie dann den Hash-Wert der neuen Datei und suchen ihn in der Datenbank. Wird er gefunden, ist die Datei bereits enthalten. Anderenfalls fügen Sie die neue Datei und ihren Hash-Wert der Datenbank hinzu.

183   Temporäre Dateinamen

Für jeden Benutzer eines Rechners wird ein Verzeichnis angelegt, in welchem die benutzerspezifischen Einstellungen abgespeichert werden. Hierzu zählt auch das Verzeichnis für temporäre Dateien. Eine kleine Wrapper-Funktion um die Shared-Methode GetTempPath ist in Listing 353 dargestellt. Auf allen getesteten Rechnern lieferte die Funktion den Pfad in der 8.3-Darstellung zurück. Der gleiche Effekt tritt auf, wenn man die Umgebungsvariable %TEMP% abfragt.

```
Public Function GetTempDir() As String

    Return System.IO.Path.GetTempPath

End Function
```

Listing 353: Verzeichnis für temporäre Dateien

Um den Namen einer temporären Datei zu bekommen, kann die Methode `GetTempFileName` der Klasse `System.IO.Path` benutzt werden. Einen entsprechenden Aufruf enthält Listing 354. Das »Problem« der Methode `GetTempFileName` ist, dass diese Methode einen gültigen Dateinamen ausprobiert, indem sie versucht, Dateien mit der Größe null Bytes im temporären Verzeichnis zu erstellen. Gelingt dies, ist der Dateiname gültig und wird zurückgeliefert. Die erzeugte Datei der Größe null existiert damit, ist aber nicht für die weitere Verarbeitung geöffnet. Will man in diese Datei schreiben, darf man dies keinesfalls mit einer Erstellung der Datei verknüpfen. Zudem hat sich in der Praxis gezeigt, dass die Suche wohl nicht immer richtig gelingt. Es werden jedenfalls im temporären Verzeichnis im Laufe der Zeit viele Dateien der Länge null angesammelt.

Einige Programmierer benutzen diese Funktion auch zur Erzeugung eindeutiger Namen, ohne je die Absicht zu haben, in die erstellte Datei zu schreiben. In solchen Fällen kann die Funktion `GetTempFile` aus Listing 354 benutzt werden. Dieser Funktion wird mit einem logischen Parameter mitgeteilt, ob die erzeugte temporäre Datei nach der Erzeugung direkt wieder gelöscht werden soll oder nicht.

```
Public Function GetTempFile(ByVal delete As Boolean) As String

    Dim FileName As String
    Dim FI As System.IO.FileInfo

    ' Temporärer Dateiname aus dem System
    FileName = System.IO.Path.GetTempFileName

    If delete Then
      Try
        ' Löschen über FileInfo-Objekt
        FI = New System.IO.FileInfo(FileName)
        FI.Delete()
      Catch ex As System.IO.IOException
        Throw New ApplicationException _
          ("GetTempFileName: Löschen fehlgeschlagen", ex)
      End Try
    End If

    Return FileName
End Function
```

Listing 354: Temporärer Dateiname mit .NET

Eine andere Möglichkeit besteht darin, sich per Funktion selber einen eindeutigen Dateinamen zu generieren. Der in Listing 355 vorgestellte Weg hat sogar den Vorteil, dass die so erzeugte Datei mit anderen Rechnern austauschbar wäre, da der Name auch dann eindeutig ist. Das

Dateisystem

Hilfsmittel hierfür liegt in den Global Unique Identifiers (GUIDs). Im Namensraum System existiert eine entsprechende Klasse GUID, mit der eine solche eindeutige Kennung erzeugt werden kann.

```
Public Function GetTempFileNameGUID() As String
   Dim mGUID As Guid
   Dim mGUIDString As String

   ' Neue GUID vom Typ GUID erstellen
   mGUID = Guid.NewGuid
   mGUIDString = mGUID.ToString

   ' GUID-Zeichenketten haben Trennstriche
   ' diese werden hier entfernt
   mGUIDString = mGUIDString.Replace("-", "")

   ' Dateinamens-Erweiterung an Dateinamen anhängen
   mGUIDString += ".tmp"

   Return mGUIDString
End Function
```

Listing 355: Eindeutiger temporärer Dateiname

In Listing 355 wird mit der Shared-Methode NewGuid dieser Klasse ein Objekt genau dieser Klasse erzeugt. Mit der bekannten Methode ToString kann diese GUID in eine Zeichenkette umgewandelt werden. Diese Zeichenkette hat noch den Nachteil (aber das ist sicherlich eine Geschmacksfrage), Bindestriche zu enthalten, da eine GUID nach Bildungsgruppen getrennt in der Zeichenkette gespeichert wird. Diese Bindestriche werden mit der String-Methode Replace durch nichts ersetzt. Der so generierten Zeichenkette wird die Endung ».tmp« angehängt und der so gebildete Dateiname dem aufrufenden Programm übermittelt.

Abbildung 189: Temporärer Dateiname und Verzeichnis

Beispiel für die oben geschilderten Funktionen sind in Abbildung 189 zu sehen.

184 Datei in mehreren Verzeichnissen suchen am Beispiel der Verzeichnisse von PATH

Kennt man die Verzeichnisse, in denen eine Datei zu finden sein sollte, die man sucht, ist eine Funktion hilfreich, die eine Liste von Verzeichnissen durchsuchen kann, die man dieser Funktion übergibt. Eine mögliche Realisierung solch einer Funktion ist in Listing 357 abgedruckt.

Ein konkretes Beispiel für eine solche Verzeichnisliste stellt der Inhalt der Umgebungsvariablen PATH dar. In dieser Variablen sind mehrere Verzeichnisse als semikolongetrennte Liste enthalten. Nun bietet sich eine solche Liste nicht unbedingt zum direkten Durchsuchen an. Die Funktion `GetEnvPaths` aus Listing 356 liefert die einzelnen Pfade als Zeichenketten-Array zurück. Über die Methode `GetEnvironmentVariable` der Klasse `Environment` aus dem Namensraum `System` werden die Verzeichnisse aus der Umgebung des Benutzers geholt. Die `Split`-Methode der `String`-Klasse überführt die Zeichenkette in das `String`-Array `Paths`.

```
Public Function GetEnvPaths() As String()

  Dim EnvPath As String
  Dim Paths() As String

  ' Holen der Umgebungsvariablen PATH
  EnvPath = System.Environment.GetEnvironmentVariable("PATH")

  ' Aufteilen der Zeichenkette am <;> In ZK-Array ablegen
  Paths = EnvPath.Split(CType(";", Char))

  Return Paths
End Function
```

Listing 356: PATH-Variable in String-Array überführen

Die so generierte Liste, aber natürlich auch jede andere Verzeichnisliste in Form eines `String`-Arrays kann der Funktion `IsFileInPath` neben dem zu suchenden Dateinamen übergeben werden. Die Funktion überprüft als Erstes, ob der Dateiname und die Verzeichnisliste überhaupt einen Inhalt haben.

```
Public Function IsFileInPath(ByVal FileName As String, _
  ByVal Paths() As String) As String

  Dim FullFilePath As String
  Dim i As Integer

  If FileName Is Nothing Then
    Throw New ApplicationException(FileName + " ist Nothing")
  End If

  If FileName.Equals(String.Empty) Then
    Throw New ApplicationException("FileName ist leer")
  End If
```

Listing 357: Datei in einem Verzeichnis suchen

Dateisystem

```
  If Paths.Length = 0 Then
    Throw New ApplicationException("Verzeichnisarray ist leer")
  End If

  For i = 0 To Paths.Length - 1
    ' Kompletten Dateinamen erzeugen
    FullFilePath = Paths(i) + "\" + FileName
    If System.IO.File.Exists(FullFilePath) Then
      Exit For
    End If
    FullFilePath = ""
  Next

  Return FullFilePath
End Function
```

Listing 357: Datei in einem Verzeichnis suchen (Forts.)

Sind die Übergabeparameter nicht leer, wird in einer Schleife über alle Einträge der Liste der Dateiname an den jeweils aktuellen Pfad angehängt und mit der Exists-Methode der File-Klasse auf das Vorhandensein dieser Datei getestet. Liefert diese Funktion True zurück, kann die Schleife vorzeitig mit Exit For verlassen werden. In der Schleife wird die Variable Full-FilePath am Ende eines Durchlaufs geleert. Damit kann das aufrufende Programm unterscheiden, ob die Datei gefunden wurde (Variable hat einen Inhalt) oder nicht (Variable ist leer). Am Beispiel der Abbildung 190 kann man sehen, dass die gesuchte Datei *feder.bmp* im Verzeichnis *C:\WINDOWS* gefunden wurde. Alle Verzeichnisse der Umgebungsvariablen PATH sind in der darunter angesiedelten ListBox zu erkennen.

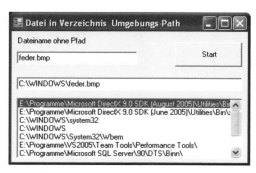

Abbildung 190: Dateisuche in einer Verzeichnisliste

185 Dateiinformationen mit File System Object

Im .NET Framework existiert die Klasse FileInfo, über die man sehr viele Informationen über eine Datei ermitteln kann. Einige Anwendungen dieser Klasse können in den vorhergehenden Kapiteln eingesehen werden. Neben der Anwendung dieser Klasse kann man aus Kompatibilitätsgründen, oder um sanft nach .NET zu konvertieren, die Scripting Runtime einbinden. Dies wurde unter anderem in Listing 343 angewandt.

Welche Informationen zusätzlich noch mit den File System Objects (FSO) der Scripting Runtime erfragt werden können, ist in Listing 359 zu sehen. Die ermittelten Informationen werden
mithilfe einer Strukturvariablen (Listing 358) dem aufrufenden Programm zurückgegeben.

```
Public Structure FSOFileInfoStruc
    Dim Path As String
    Dim LastAccess As Date
    Dim LastModified As Date
    Dim Created As Date
    Dim ShortName As String
    Dim Size As Long
End Structure
```

Listing 358: Strukturvariable für Dateiinformationen

Die Funktion GetFSOFileInfo aus Listing 359 liefert alle Informationen zurück, die mithilfe der
FSO ermittelt werden können. Vergleicht man dies mit den Informationen, die FileInfo zur
Verfügung stellt, fällt die Wahl bei einer Neuprogrammierung nicht schwer.

```
Public Function GetFSOFileInfo(ByVal Name As String) As _
    FSOFileInfoStruc

    Dim fso As FileSystemObject = New FileSystemObject
    Dim FSOFile As File
    Dim FSOInfo As FSOFileInfoStruc

    FSOFile = fso.GetFile(Name)

    ' Pfadangabe per FSO
    FSOInfo.Path = FSOFile.Path

    ' Zeitpunkt des letzten Zugriffs
    FSOInfo.LastAccess = FSOFile.DateLastAccessed

    ' Zeitpunkt der letzten Änderung
    FSOInfo.LastModified = FSOFile.DateLastModified

    Zeitpunkt der Erstellung
    FSOInfo.Created = FSOFile.DateCreated

    ' kurzer Dateiname
    FSOInfo.ShortName = FSOFile.ShortName

    ' Dateigröße
    FSOInfo.Size = CType(FSOFile.Size, Long)

    Return FSOInfo
End Function
```

Listing 359: Dateiinformationen mit FSO

Dateisystem

Damit die Funktion ohne die Bibliothek fehlerfrei in der dargestellten Weise funktioniert, muss die Scripting Runtime referenziert werden. Zusätzlich muss durch die Anweisung Imports Scripting der entsprechende Namensraum der Funktion bekannt gemacht werden. Sollten Sie die Bibliothek nutzen (Kapitel 167), ist dies natürlich nicht notwendig ☺.

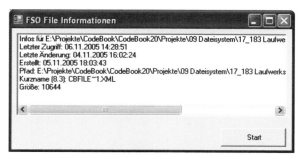

Abbildung 191: Dateiinformationen mittels FSO

Zu Beginn des Programms wird ein Objekt der Klasse FileSystemObject erstellt. Dieses Objekt dient als Ausgangsbasis für das Objekt FSOFile, welches mit dem Namen der zu untersuchenden Datei initialisiert wird. Anschließend werden die einzelnen Dateiinformationen der Struktur übergeben, die schlussendlich dem aufrufenden Programm zurückgegeben wird.

186 Laufwerksinformationen mit FSO

Informationen über Dateisysteme/Laufwerke kann man nicht nur über WMI (bei den System-Rezepten zu finden) in Erfahrung bringen. Begnügt man sich mit etwas weniger Informationen, so geht dies auch über die File System Objects der Scripting Runtime Engine.

Um die Eigenschaften eines Laufwerkes für verschiedene Gerätetypen ermitteln zu können, kann eine Enumeration der verschiedenen Gerätetypen benutzt werden. Die in diesem Kapitel benutzte Enumeration ist in Listing 360 zu sehen.

```
Public Enum DriveType
    Unknown = 0
    Removable
    Fixed
    Network
    CDROM
    RAMDisk
End Enum
```

Listing 360: Enumeration der Datenträgertypen

Die für jedes Laufwerk zurückgegebenen Informationen werden in einer Strukturvariablen gesammelt. Die Typdefinition für diese Strukturvariable ist in Listing 361 abgedruckt. Sie enthält den Namen des Laufwerkes, die Gesamtkapazität in Gigabyte, die noch freie Kapazität in Gigabyte, den Laufwerkstyp und die Seriennummer des Laufwerkes.

```
Public Structure DriveStruc
    Dim Name As String
    Dim TotalGB As Integer
    Dim FreeGB As Integer
    Dim Type As DriveType
    Dim SN As String
End Structure
```

Listing 361: Strukturvariable für die Rückgabe der Ergebnisse

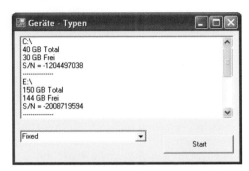

Abbildung 192: Dateisystemeigenschaften von Festplatten eines Testrechners

Mit diesen Vorarbeiten kann die Funktion `GetDriveTypeInfo` aus Listing 362 realisiert werden, die die Ergebnisse für die angeforderten Laufwerkstypen als Hash-Tabelle zurückliefert.

Mit der Methode `GetLogicalDrives` der Klasse `Environment` werden alle logischen Laufwerke des Rechners ermittelt und deren Bezeichnung in dem String-Array `Drives` abgespeichert.

```
Public Function GetDriveTypeInfo(ByVal DrvType As DriveType) _
    As Hashtable

    Dim Table As Hashtable = New Hashtable
    Dim Drives() As String
    Dim Info As DriveStruc
    Dim i As Integer
    Dim fso As FileSystemObject = New FileSystemObject
    Dim fsoType As DriveType
    Dim fsoDrive As Drive

    ' Alle Laufwerke ermitteln, die dem System bekannt sind
    Drives = System.Environment.GetLogicalDrives

    ' Schleife über alle bekannten Laufwerke
    For i = 0 To Drives.GetUpperBound(0) - 1
        fsoDrive = fso.GetDrive(Drives(i))

        ' Bei Wechselplattenmedien /Disks notwendig
        If fsoDrive.IsReady Then
            fsoType = fsoDrive.DriveType
```

Listing 362: Funktion zur Ermittlung von Laufwerkseigenschaften

```
      If fsoType = DrvType Then
        Info.Name = Drives(i)
        Info.TotalGB = fsoDrive.TotalSize / (1024 * 1024 * 1024)
        Info.FreeGB = fsoDrive.FreeSpace / (1024 * 1024 * 1024)
        Info.SN = fsoDrive.SerialNumber.ToString

        Table.Add(Drives(i), Info)
      End If
    End If
  Next
  Return Table
End Function
```

Listing 362: Funktion zur Ermittlung von Laufwerkseigenschaften (Forts.)

In einer Schleife über alle logischen Laufwerke wird dann für das jeweils aktuelle Laufwerk ein Objekt der Klasse Drive erstellt. Für dieses Objekt muss festgestellt werden, ob das dazugehörige Laufwerk bereit ist. Ein Diskettenlaufwerk ohne eingelegte Diskette ist beispielsweise nicht bereit und würde zu einer Ausnahme führen, wenn Informationen über ein solches Laufwerk abgefragt würden. Da nur Angaben über Laufwerke eines bestimmten Typs gewünscht sind, wird die Abfrage mittels einer weiteren if-Abfrage nur für diese Typen durchgeführt. Die so mit Werten gefüllte Strukturvariable wird als Value der Hash-Tabelle angehängt, wobei die Bezeichnung des logischen Laufwerks als Key benutzt wird.

187 Delimited-Dateien nach XML transformieren

Zurzeit werden noch viele Daten als Delimited-Dateien aus Programmen exportiert oder zwischen Anwendern ausgetauscht. Ob die einzelnen Felder der Datensätze dann mit Komma, Semikolon oder einem »|« getrennt werden, spielt dabei eher eine untergeordnete Rolle. Will man die Daten als XML weiterverarbeiten, benötigt man eine entsprechende Konvertierungsfunktion. Eine mögliche Lösung ist in Listing 363 zu sehen. Dieser Funktion werden fünf Parameter übergeben. Die ersten beiden Parameter beziehen sich auf die Quelldatei, die letzten drei auf die zu erstellende XML-Datei. XML wird im Kapitel mit den XML-Rezepten behandelt, daher wird an dieser Stelle nicht näher darauf eingegangen.

```
Public Function Del2XML(ByVal strDel As String, _
    ByVal FileName As String, _
    ByVal XMLDatasetName As String, _
    ByVal XMLNamespace As String, _
    ByVal XMLTableName As String) As String

  Dim TextFileSR As IO.StreamReader
  Dim mDS As DataSet = New DataSet
  Dim mTable As DataTable = New DataTable
  Dim mRow As DataRow
  Dim mField As String
  Dim mKopf As String = "<?xml version=""1.0""?>"
  Dim i As Integer = 0
```

Listing 363: Umwandlung von Delimited-Dateien in XML-Dateien

```
Try
  ' Datei wird mit StreamReader eingelesen
  TextFileSR = New IO.StreamReader(FileName)
Catch ex As ArgumentException
  Throw New ApplicationException _
    ("Del2XML: Dateiname ist leer", ex)
Catch ex As ArgumentNullException
  Throw New ApplicationException _
    ("Del2XML: Dateiname ist Nothing", ex)
Catch ex As System.IO.FileNotFoundException
  Throw New ApplicationException _
    ("Del2XML: Dateiname konnte nicht gefunden werden", ex)
Catch ex As System.IO.IOException
  Throw New ApplicationException _
    ("Del2XML: allgemeine IO-Ausnahme", ex)
Catch ex As Exception
  Throw New ApplicationException _
    ("Del2XML: allgemeine Ausnahme", ex)
End Try

' Dataset mit Inhalt versorgen
mDS.DataSetName = XMLDatasetName
mDS.Namespace = XMLNamespace
mDS.Tables.Add(XMLTableName)

' Tabellenfelder aufbauen
TextFileSR.BaseStream.Seek(0, IO.SeekOrigin.Begin)
For Each mField In TextFileSR.ReadLine.Split(strDel)
  mDS.Tables(0).Columns.Add(mField)
Next

' Alle Zeilen der Datei einlesen
While (TextFileSR.Peek() > -1)
  mRow = mDS.Tables(0).NewRow
  For Each mField In TextFileSR.ReadLine.Split(strDel)

    ' Felder des Dataset mit Werten aus Dateizeile füllen
    mRow(i) = mField
    i += 1
  Next
  i = 0

  ' Zeile der Tabelle hinzufügen
  mDS.Tables(0).Rows.Add(mRow)
End While

TextFileSR.Close()

' XML-Zeichenkette des Dataset erzeugen
mField = mDS.GetXml
```

Dateisystem

Listing 363: Umwandlung von Delimited-Dateien in XML-Dateien (Forts.)

```
    ' fehlenden Kopf hinzufügen, siehe Variablendefinition
    mField = mKopf + ControlChars.CrLf _
       + mField

    Return mField
End Function
```

Listing 363: Umwandlung von Delimited-Dateien in XML-Dateien (Forts.)

Mit dem übergebenen Dateinamen wird ein `StreamReader`-Objekt erzeugt. Sollten dabei Ausnahmen auftreten, so werden diese einheitlich als `ApplicationException` an das aufrufende Programm gemeldet.

Um die XML-Datei zu erstellen, wird zur Hilfe das `Dataset`-Objekt `mDS` erstellt. Diesem Objekt werden der übergebene `Dataset`-Name, der `Dataset`-Namensraum und der Tabellenname übergeben. Damit die Konvertierungsfunktion die Feldnamen kennt, müssen in der ersten Zeile der Delimited-Datei die Feldnamen in der gleichen Reihenfolge wie die anschließenden Daten und ebenfalls mit Trennzeichen getrennt abgespeichert sein.

Mit dieser ersten Zeile werden nun die Felder der Tabelle erstellt. Anschließend wird für jede Zeile ein neuer Datensatz angelegt und mit den entsprechenden Daten der Delimited-Datei gefüllt. Sind alle Datensätze eingelesen, kann mit der `GetXml`-Methode das Dataset in einer Zeichenkette abgelegt werden. Diese Zeichenkette entspricht noch nicht einer wohlgeformten XML-Datei. Um diese Bedingung zu erfüllen muss noch eine Kopfzeile vorangestellt werden. Als Beispiel kann die Datei aus Listing 365 genommen werden. Die umgewandelte Datei im XML-Format ist in Listing 366 abgedruckt.

```
Private Sub btnTransform_Click(ByVal sender As System.Object, _
    ByVal e As System.EventArgs) Handles btnTransform.Click

    ' OpenFileDialog-Objekt erzeugen
    Dim ofd As OpenFileDialog = New OpenFileDialog

    Dim XMLString As String
    Dim FileName As String
    Dim TextFileSR As IO.StreamReader

    ' OpenFileDialog-Eigenschaften festlegen
    ofd.Filter = "Text Files|*.txt"
    ofd.Title = "Auswahl für Datei mit Trennzeichen"

    ' OpenFileDialog anzeigen und Dateinamen übernehmen
    If ofd.ShowDialog = DialogResult.OK Then
        FileName = ofd.FileName
    End If

    TextFileSR = New IO.StreamReader(FileName)
    txtDelFile.Text = TextFileSR.ReadToEnd
    TextFileSR.Close()
```

Listing 364: Aufrufbeispiel der Funktion zur Umwandlung Delimited – XML

```
XMLString = Del2XML(txtDelimiter.Text, FileName, _
    "Patient", "hospital.vbcodebook.com", _
    "PatientAdress")
txtXMLFile.Text = XMLString
End Sub
```

Listing 364: Aufrufbeispiel der Funktion zur Umwandlung Delimited – XML (Forts.)

Um die Umwandlung an Hand des Beispiels besser verfolgen zu können, ist in Listing 364 das Programm abgedruckt, welches die Datei aus Listing 365 der Funktion Del2XML übergeben hat.

```
PatientID;Name;ChrName;Birthday;Street;Zip;City
2300003;Mustermann;Karl;01.01.1978;Beispielstr. 8;22001;Hamburg
2300010;Meier - Mayer;Ute;21.08.1948;Schillerweg 23;46486 Wesel
```

Listing 365: Delimited-Datei

```xml
<?xml version="1.0"?>
<Patient xmlns="hospital.vbcodebook.com">
  <PatientAdress>
    <PatientID>2300003</PatientID>
    <Name>Mustermann</Name>
    <ChrName>Karl</ChrName>
    <Birthday>01.01.1978</Birthday>
    <Street>Beispielstr. 8</Street>
    <Zip>22001</Zip>
    <City>Hamburg</City>
  </PatientAdress>
  <PatientAdress>
    <PatientID>2300010</PatientID>
    <Name>Meier - Mayer</Name>
    <ChrName>Ute</ChrName>
    <Birthday>21.08.1948</Birthday>
    <Street>Schillerweg 23</Street>
    <Zip>46486 Wesel</Zip>
  </PatientAdress>
</Patient>
```

Listing 366: Nach XML umgewandelte Datei

188 Überwachung des Dateisystems

Das .Net Framework bietet mit seinen vielen Klassen Möglichkeiten, die vorher nur mit C/C++ oder Systemaufrufen umsetzbar waren. Manche Dinge gingen unter VISUAL BASIC überhaupt nicht. Eine sehr praktische Möglichkeit ist die Überwachung des Dateisystems. Es ist in heutigen heterogenen Netzwerk- und Rechnerstrukturen durchaus noch gebräuchlich, dass Daten zwischen verschiedenen Systemen durch ASCII-Dateien ausgetauscht werden. Üblich ist dann das Lesen dieser Dateien zu einem fest vorgegebenen Zeitpunkt. Könnte man diese Datei lesen, wenn sie gerade erstellt oder verändert wurde, könnten die Daten schneller zwischen den Systemen ausgetauscht werden.

Wie man eine solche Überwachung für ein Verzeichnis aufbaut, ist in Listing 367 zu sehen. Es handelt sich um ein komplettes Modul einer Konsolen-Anwendung. Die grundlegende Erstellung eines Überwachungsobjektes kann in einer Zeile abgehandelt werden. Im System.IO-Namensraum existiert exakt für diese Aufgabe die Klasse FileSystemWatcher. In Listing 367 wird das Objekt fsw durch Instanzierung erstellt. Dieses Objekt kann allerdings in diesem Zustand noch nicht sehr viel. Es verbraucht nur Speicherplatz. Die Funktionalität muss über Event-Handler zur Verfügung gestellt werden. Zusätzlich muss das Objekt natürlich wissen, was es überwachen soll.

In Listing 367 wird zuerst nach dem zu überwachenden Verzeichnis gefragt und der Variablen Path2Watch zugeordnet. Anschließend wird festgelegt, ob vorhandene Unterverzeichnisse ebenfalls mit überwacht werden sollen. Diese Rahmenbedingungen werden dem FileSystemWatcher-Objekt übergeben.

```vb
Imports System.IO

Module FileSystemWatcherProgram
    Private Path2Watch As String
    Private WithSubDirectories As Boolean
    Private fsw As FileSystemWatcher
    Private mEvt As WaitForChangedResult

    Sub Main()
        fsw = New FileSystemWatcher

        Console.Write("Verzeichnis : ")
        Path2Watch = Console.ReadLine()
        Console.Write("Unterverzeichnisse einschließen (True/False): ")
        WithSubDirectories = CType(Console.ReadLine(), Boolean)

        fsw.Path = Path2Watch
        fsw.IncludeSubdirectories = WithSubDirectories

        AddHandler fsw.Created, _
            New FileSystemEventHandler(AddressOf IsCreated)

        AddHandler fsw.Changed, _
            New FileSystemEventHandler(AddressOf IsChanged)

        AddHandler fsw.Deleted, _
            New FileSystemEventHandler(AddressOf IsDeleted)

        AddHandler fsw.Renamed, _
            New RenamedEventHandler(AddressOf IsRenamed)

        Console.WriteLine("Überwachung wird gestartet!")
        Console.WriteLine()

        While True
            mEvt = fsw.WaitForChanged(WatcherChangeTypes.All)
        End While
```

Listing 367: Programm zur Überwachung des Dateisystems

```
    End Sub

    Private Sub IsCreated(ByVal source As Object, _
      ByVal evt As FileSystemEventArgs)
      If WithSubDirectories Then
        Console.WriteLine(evt.FullPath + " wurde erstellt")
      Else
        Console.WriteLine(evt.Name + " wurde erstellt")
      End If
    End Sub

    Private Sub IsChanged(ByVal source As Object, _
      ByVal evt As FileSystemEventArgs)
      If WithSubDirectories Then
        Console.WriteLine(evt.FullPath + " wurde verändert")
      Else
        Console.WriteLine(evt.Name + " wurde verändert")
      End If
    End Sub

    Private Sub IsDeleted(ByVal source As Object, _
      ByVal evt As FileSystemEventArgs)
      If WithSubDirectories Then
        Console.WriteLine(evt.FullPath + " wurde gelöscht")
      Else
        Console.WriteLine(evt.Name + " wurde gelöscht")
      End If
    End Sub

    Private Sub IsRenamed(ByVal source As Object, _
      ByVal evt As RenamedEventArgs)
      If WithSubDirectories Then
        Console.WriteLine(evt.OldFullPath + " wurde in " + _
        evt.FullPath + " geändert")
      Else
        Console.WriteLine(evt.OldName + " wurde in " + _
        evt.Name + " geändert")
      End If
    End Sub

  End Module
```

Listing 367: Programm zur Überwachung des Dateisystems (Forts.)

Für jede Veränderungsart, die überwacht werden soll, muss ein entsprechender Event-Handler programmiert und dem Objekt mitgeteilt werden. Hierzu zählen das Erstellen einer Datei oder eines Verzeichnisses (Created), das Ändern (Changed), das Umbenennen (Renamed) und das Löschen (Deleted).

Die für diese Ereignisse erstellten Funktionen müssen einer definierten Aufrufsignatur folgen, wobei diese für fast alle Ereignisse identisch ist. Nur die Signatur für Renamed folgt einem anderen Schema. Die Namen der Funktionen spielen dabei keine Rolle. Im Listing 367 wurden die Funktionen nach dem Ereignis benannt und die Vorsilbe Is vorangestellt. Nachdem die Funktionen mit der Methode AddHandler dem FileSystemWatcher-Objekt angefügt wurden, wird in einer Endlosschleife auf Veränderungen geprüft. Je nach erfolgter Veränderung wird dann die entsprechende Funktion aufgerufen.

Ein Beispiel für eine solche Überwachung ist in Abbildung 193 zu sehen. Die ersten sechs Einträge sind durch das Erstellen einer leeren Visio-Datei entstanden! Hieran kann man erkennen, dass man die Eigenarten der Programme berücksichtigen muss, die diejenigen Dateien erstellen, die man überwachen möchte. Nur das Löschen der leeren Visio-Datei erzeugt ein Ereignis ☺. Auch das Erstellen eines Verzeichnisses mit dem Windows-Explorer produziert zwei Ereignisse. Zuerst wird ein neuer Ordner (»new folder« wegen des amerikanischen Windows) angelegt, der dann umbenannt wird. Dies entspricht auch der sichtbaren Vorgehensweise des Windows-Explorers. In der letzten Zeile erkennt man, dass für das Löschen eines Verzeichnisses einschließlich aller Unterverzeichnisse nur ein Ereignis ausgelöst wird. Und nicht, wie man vermuten könnte, für jedes gelöschte Verzeichnis und jede gelöschte Datei ein separates Ereignis.

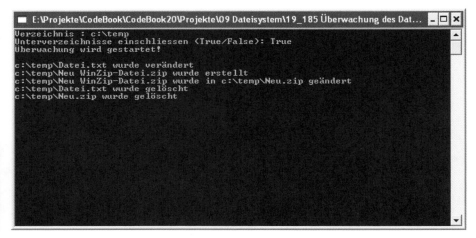

Abbildung 193: Verzeichnisüberwachung

189 Datei-Attribute

Jeder Datei im Dateisystem werden bestimmte Informationen über den Status der Datei mitgegeben. Diese Informationen können natürlich mit dem .NET Framework ausgelesen werden. Aber auch die File System Objects kennen ein Verfahren, diese Attribute einer Datei zu ermitteln. Hierbei zeigen sich Unterschiede im Ergebnis, die unter anderem an den Ergänzungen der Attribute bei neueren Betriebssystemen liegen. Aus diesem Grund werden hier beide Verfahren vorgestellt.

In Listing 368 ist die Ermittlung der Attribute mit FSO abgedruckt. Zur Einbindung der FSO siehe Kapitel 174 Nach der Erstellung eines Objektes der Klasse FileSystemObject wird das Objekt der Klasse File für die zu untersuchende Datei über dieses Objekt erstellt. Die Attribute dieser Datei können dann über die Eigenschaft Attributes dieses Datei-Objektes ermittelt werden. Anschließend wird jedes mögliche Attribut abgefragt und als Klartext einer Zeichenkette zugeordnet. In dieser Zeichenkette werden die Attribute als semikolongetrennte Liste an das aufrufende Programm zurückgeliefert.

```
Public Function GetFSOAttributes(ByVal Name As String) As String
  Dim RetAttribute As String
  Dim Fso As FileSystemObject = New FileSystemObject
  Dim FsoFile As File
  Dim FSOFileAttribute As FileAttribute

  FsoFile = Fso.GetFile(Name)
  FSOFileAttribute = FsoFile.Attributes

  If (FSOFileAttribute And FileAttribute.Alias) = _
    FileAttribute.Alias Then

    RetAttribute += "Alias"
  End If

  If (FSOFileAttribute And FileAttribute.Archive) = _
    FileAttribute.Archive Then

    RetAttribute += ";Archiv"
  End If

  If (FSOFileAttribute And FileAttribute.Compressed) = _
    FileAttribute.Compressed Then

    RetAttribute += ";Komprimiert"
  End If

  If (FSOFileAttribute And FileAttribute.Directory) = _
    FileAttribute.Directory Then

    RetAttribute += ";Verzeichnis"
  End If

  If (FSOFileAttribute And FileAttribute.Hidden) = _
    FileAttribute.Hidden Then

    RetAttribute += ";Versteckt"
  End If

  If (FSOFileAttribute And FileAttribute.Normal) = _
    FileAttribute.Normal Then

    RetAttribute += ";Normal"
  End If

  If (FSOFileAttribute And FileAttribute.ReadOnly) = _
    FileAttribute.ReadOnly Then

    RetAttribute += ";NurLesen"
  End If
```

Listing 368: Dateiattribute mit den File System Objects

```
      If (FSOFileAttribute And FileAttribute.System) = _
        FileAttribute.System Then

        RetAttribute += ";System"
      End If

      If (FSOFileAttribute And FileAttribute.Volume) = _
        FileAttribute.Volume Then

        RetAttribute += ";Volume"
      End If
      Return RetAttribute
   End Function
```

Listing 368: Dateiattribute mit den File System Objects (Forts.)

Ermittelt man die Datei-Attribute direkt mit den Klassen des .NET Frameworks, kann die Klasse `FileInfo` herangezogen werden. Nach der Erstellung eines Objektes für diese Klasse mit dem Namen der zu untersuchenden Datei wird jedes mögliche Attribut ermittelt und mit Semikolon getrennt in einer Zeichenkette abgespeichert. Diese Zeichenkette wird dem aufrufenden Programm zurückgegeben. Gegebenenfalls kann dort die Zeichenkette mit der `Split`-Methode in ein Zeichenketten-Array aufgelöst werden.

```
Public Function GetAttributes(ByVal FileName As String) _
  As String

  Dim FileNameFI As System.IO.FileInfo
  Dim FileNameAttrib As System.IO.FileAttributes
  Dim AttributeString As String

  Try
    FileNameFI = New System.IO.FileInfo(FileName)
  Catch ex As ArgumentNullException
    Throw New ApplicationException _
      ("GetAttributes: Dateiname ist Nothing", ex)
  Catch ex As ArgumentException
    Throw New ApplicationException _
      ("GetAttributes: Dateiname ist leer", ex)
  Catch ex As System.IO.FileNotFoundException
    Throw New ApplicationException _
      ("GetAttributes: Datei konnte nicht gefunden werden", ex)
  Catch ex As System.IO.IOException
    Throw New ApplicationException _
      ("GetAttributes: allg. IO-Ausnahme", ex)
  Catch ex As Exception
    Throw New ApplicationException _
      ("GetAttributes: allg. Ausnahme", ex)
  End Try

  If (FileNameFI.Attributes And FileNameAttrib.Archive) = _
```

Listing 369: Dateiattribute mit .NET

```
    IO.FileAttributes.Archive Then
    AttributeString = "Archiv"
End If

If (FileNameFI.Attributes And FileNameAttrib.Compressed) = _
    IO.FileAttributes.Compressed Then
    AttributeString += ";Komprimiert"
End If

If (FileNameFI.Attributes And FileNameAttrib.Device) = _
    IO.FileAttributes.Device Then
    AttributeString += ";Gerät"
End If

If (FileNameFI.Attributes And FileNameAttrib.Directory) = _
    IO.FileAttributes.Directory Then
    AttributeString += ";Verzeichnis"
End If

If (FileNameFI.Attributes And FileNameAttrib.Encrypted) = _
    IO.FileAttributes.Encrypted Then
    AttributeString += ";Verschlüsselt"
End If

If (FileNameFI.Attributes And FileNameAttrib.Hidden) = _
    IO.FileAttributes.Hidden Then
    AttributeString += ";Versteckt"
End If

If (FileNameFI.Attributes And FileNameAttrib.Normal) = _
    IO.FileAttributes.Normal Then
    AttributeString += ";Normal"
End If

If (FileNameFI.Attributes And FileNameAttrib.NotContentIndexed) = _
    IO.FileAttributes.NotContentIndexed Then
    AttributeString += ";nicht im FileIndex-Verfahren"
Else
    AttributeString += ";im FileIndex-Verfahren"
End If

If (FileNameFI.Attributes And FileNameAttrib.Offline) = _
    IO.FileAttributes.Offline Then
    AttributeString += ";Offline"
End If

If (FileNameFI.Attributes And FileNameAttrib.ReadOnly) = _
    IO.FileAttributes.ReadOnly Then
    AttributeString += ";NurLesen"
End If
```

Listing 369: Dateiattribute mit .NET (Forts.)

```
If (FileNameFI.Attributes And FileNameAttrib.ReparsePoint) = _
   IO.FileAttributes.ReparsePoint Then
   AttributeString += ";Analysepunkt vorhanden"
End If

If (FileNameFI.Attributes And FileNameAttrib.SparseFile) = _
   IO.FileAttributes.SparseFile Then
   AttributeString += ";Dünn besetzt"
End If

If (FileNameFI.Attributes And FileNameAttrib.System) = _
   IO.FileAttributes.System Then
   AttributeString += ";System"
End If

If (FileNameFI.Attributes And FileNameAttrib.Temporary) = _
   IO.FileAttributes.Temporary Then
   AttributeString += ";Temporär"
End If

   Return AttributeString
End Function
```

Listing 369: Dateiattribute mit .NET (Forts.)

Die Unterschiede beider Verfahren kann man in Abbildung 194 sehen. Das FSO-Verfahren erkennt nicht, dass die Datei am FileIndex-Verfahren des Betriebssystems teilnimmt. Dieses Verfahren gab es zur Entstehungszeit der FSO noch nicht. Interessant ist, dass FSO das Attribut Normal feststellt, während das .NET-Verfahren nicht dieser Meinung ist.

Bei der Entwicklung neuer Programme sollten Sie also genau abwägen, ob es sich noch lohnt, alte Verfahren einzusetzen, oder ob Sie doch den Mehraufwand des Lernens »in Kauf« nehmen.

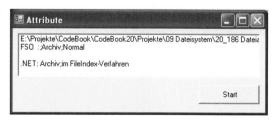

Abbildung 194: Dateiattribute mit FSO und .NET

190   Bestandteile eines Pfads ermitteln

Wenn Sie einen vorgegebenen Pfad in seine Bestandteile zerlegen müssen, dann finden Sie in der Klasse Path wertvolle Hilfestellungen. Eine Reihe statischer Methoden stellt die gewöhnlich benötigten Analysefunktionen bereit.

Mithilfe eines kleinen Testprogramms (Abbildung 195) können Sie schnell nachvollziehen, welche Ergebnisse die verschiedenen Methoden liefern. Listing 370 zeigt, wie die Informationen abgerufen werden. Z.B. gibt Path.GetDirectoryName den Verzeichnis-Teil eines Pfades zurück, während Path.GetFileName den Dateiname inklusive Erweiterung zurückgibt.

```
Private Sub TBPath_TextChanged(ByVal sender As System.Object, _
  ByVal e As System.EventArgs) Handles TBPath.TextChanged

  ' Der zu analysierende Pfad
  Dim p As String = TBPath.Text

  Try
    TBPath.ForeColor = Color.Black

    ' Pfad-Informationen ermitteln
    CBHasExtension.Checked = Path.HasExtension(p)
    CBIsAbsolute.Checked = Path.IsPathRooted(p)
    TBDirectory.Text = Path.GetDirectoryName(p)
    TBFilename1.Text = Path.GetFileName(p)
    TBFilename2.Text = Path.GetFileNameWithoutExtension(p)
    TBExtension.Text = Path.GetExtension(p)
    TBExtension.Text = Path.GetExtension(p)
    TBRootDirectory.Text = Path.GetPathRoot(p)

  Catch ex As Exception
    ' Fehler abfangen, Text rot anzeigen
    TBPath.ForeColor = Color.Red
  End Try

End Sub
```

Listing 370: Ermitteln der Bestandteile eines in einer TextBox eingegebenen Pfades

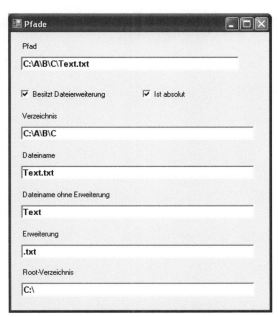

Abbildung 195: Das kleine Testprogramm demonstriert, wie ein Pfad mithilfe der Klasse Path zerlegt werden kann

Beachten Sie jedoch bitte, dass die Methoden sich auf die String-Bearbeitung beschränken. Es wird nicht untersucht, ob die Verzeichnisse oder Dateien tatsächlich existieren. Ferner können die Methoden nicht unterscheiden, ob es sich bei dem Ausgangspfad um ein Verzeichnis oder eine Datei handelt. Bei der Analyse wird angenommen, dass der Text hinter dem letzten Backslash eine Dateiangabe ist.

191 Absolute und gekürzte (kanonische) Pfade ermitteln

> Die beschriebenen Klassen sind Bestandteil der Klassenbibliothek `APILib`. Sie finden sie dort im Namensraum `VBCodeBook.APILib`.

Ein Pfad kann ohne Angabe eines Root-Knotens, also relativ definiert sein. Er bezieht sich dann auf das aktuelle Verzeichnis (`CurrentDirectory`). Für viele Dateioperationen ist es jedoch notwendig, einen absoluten Pfad anzugeben, der unabhängig vom aktuell eingestellten Verzeichnis ist.

Des Weiteren kann ein Pfad auch Verweise auf Elternknoten enthalten. Z.B. ist *X:\A\B\..\C* identisch mit *X:\A\C*. Solche Pfade entstehen oft bei der Zusammensetzung von Verzeichnissen und sollten möglichst in ihre kürzeste (kanonische) Form umgewandelt werden.

Während sich der absolute Pfad eines vorgegebenen Pfades leicht mit `Path.GetFullPath` herausfinden lässt, stellt das Framework zum Kürzen des Pfades bislang nichts zur Verfügung. Hierfür muss auf die API-Funktion `PathCanonicalize` zurückgegriffen werden (Listing 371).

```
Public Class API

    …
    Public Declare Auto Function PathCanonicalize Lib "shlwapi.dll" _
        (ByVal dst As System.Text.StringBuilder, ByVal src As String) _
        As Boolean

End Class

Public Class ApiVBNet

    …
    Public Shared Function GetCanonicalPath( _
        ByVal pathFrom As String) As String

        ' StringBuilder-Instanz als Buffer für die API-Funktion
        Dim sb As New System.Text.StringBuilder(300)

        ' API-Methode aufrufen
        Dim b As Boolean = API.PathCanonicalize(sb, pathFrom)

        ' Bei Erfolg zusammengesetzten String zurückgeben
        If b Then Return sb.ToString()

        ' Ansonsten Leerstring zurückgeben
        Return ""
```

Listing 371: Wrapper-Funktion für den Aufruf der API-Methode PathCanonicalize

```
End Function

End Class
```

Listing 371: Wrapper-Funktion für den Aufruf der API-Methode PathCanonicalize (Forts.)

Auch hierfür steht Ihnen auf der Buch-CD ein kleines Testprogramm zur Verfügung, mit dessen Hilfe Sie das Verhalten der beiden Methoden nachvollziehen können (Abbildung 196). Der in der TextBox `TBPath` eingegebene Pfad wird umgewandelt und in zwei anderen TextBoxen dargestellt:

```
Dim p As String = TBPath.Text

' Pfad-Informationen ermitteln
TBAbsolutePath.Text = Path.GetFullPath(p)
TBCanonicalPath.Text = ApiVBNet.GetCanonicalPath(p)
```

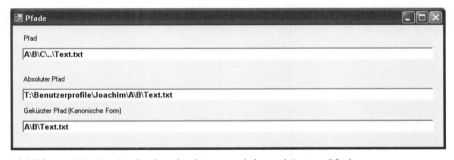

Abbildung 196: Ermitteln des absoluten und des gekürzten Pfads

192 Relativen Pfad ermitteln

Die beschriebenen Klassen sind Bestandteil der Klassenbibliothek `APILib`. Sie finden sie dort m Namensraum `VBCodeBook.APILib`.

Haben Sie z.B. von einem Standard-Dialog (`OpenFileDialog` / `SaveFileDialog`) einen absoluten Pfad erhalten, benötigen aber einen relativen, beispielsweise bezogen auf ein Projektverzeichnis, dann ist auch hier wieder der Aufruf einer API-Funktion (`PathRelativePathTo`) angesagt. Zwar gibt es auch die Möglichkeit, über die Klasse Uri relative Pfade generieren zu lassen, aber bei gewöhnlichen Verzeichnispfaden führt das oft zu unerwünschten Ergebnissen (insbesondere dann, wenn der Pfad Leerzeichen enthält).

Listing 372 zeigt die Implementierung der Wrapper-Funktion `GetRelativePath`. Sie bestimmt für den Parameter `pathTo` den Pfad, der, bezogen auf den Basispfad im Parameter `pathFrom`, den relativen Pfad darstellt (vergleiche auch Abbildung 197). Wird also PFAD 1 (`pathFrom`) als das aktuelle Verzeichnis eingestellt, dann ist der relative Pfad identisch mit PFAD 2 (`PathTo`).

Damit die Methode unterscheiden kann, ob ein Pfad ein Verzeichnis oder eine Datei adressiert, muss sowohl für `pathFrom` als auch für `pathTo` ein Flag angegeben werden (`pathFromIsDirectory` bzw. `pathToIsDirectory`). Nutzen Sie das kleine Testprogramm auf der Buch-CD, um die Auswirkungen verschiedener Einstellungen nachzuvollziehen.

```
Public Class API


  Public Declare Auto Function PathRelativePathTo _
    Lib "shlwapi.dll" (ByVal relPath As System.Text.StringBuilder, _
    ByVal pathFrom As String, ByVal attrFrom As Integer, _
    ByVal pathTo As String, ByVal attrTo As Integer) As Boolean
End Class

Public Class ApiVBNet

  …
  Public Shared Function GetRelativePath(ByVal pathFrom As String, _
    ByVal pathFromIsDirectory As Boolean, ByVal pathTo As String, _
    ByVal pathToIsDirectory As Boolean) As String

    ' StringBuilder für Textbearbeitung durch GetRelativePath
    Dim sb As New System.Text.StringBuilder(300)

    ' Attribute setzen
    Dim attrFrom, attrTo As API.FileAttribute
    If pathFromIsDirectory Then attrFrom = _
      API.FileAttribute.Directory
    If pathToIsDirectory Then attrTo = API.FileAttribute.Directory

    ' Methode aufrufen
    Dim b As Boolean = API.PathRelativePathTo(sb, pathFrom, _
      attrFrom, pathTo, attrTo)

    ' Im Erfolgsfall erzeugten String zurückgeben, sonst Leerstring
    If b Then Return sb.ToString()
    Return ""

  End Function

End Class
```

Listing 372: Wrapper-Funktion für den Aufruf von PathRelativePathTo

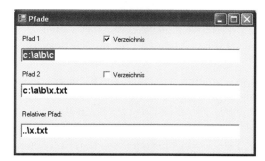

Abbildung 197: Ermitteln des relativen Pfads

193 Icons und Typ einer Datei ermitteln

> Die beschriebene Klasse ist Bestandteil der Klassenbibliothek `GuiControls`. Sie finden sie dort
> im Namensraum `VBCodeBook.GuiControls`.

Spezielle Datei-Informationen, die sehr spezifisch für Windows-Betriebssysteme sind, werden
nicht über die Klasse `System.IO.FileInfo` zur Verfügung gestellt. Dazu gehören unter anderem
der Dateityp, der aus der Dateierweiterung bestimmt und beispielsweise im Explorer angezeigt
wird, sowie die Symbole, die einer Datei zugeordnet sind. Für die Ansicht im Explorer sind
zwei Symbole von Interesse:

▶ `LargeIcon` für die Darstellung »Große Symbole« und

▶ `SmallIcon` für alle anderen Darstellungen.

Da die Informationen bislang nicht im Framework mit managed Code abrufbar sind, muss eine
API-Funktion zu diesem Zweck bemüht werden. Windows stellt hierfür die Methode `SHGet-`
`FileInfo` zur Verfügung (Listing 373). Über den Parameter `uFlags` wird gesteuert, welche
Informationen gewünscht werden, über die `SHFILEINFO`-Struktur, auf die der Parameter `psfi`
zeigt, werden diese Informationen zurückgegeben.

```
Public Declare Auto Function SHGetFileInfo Lib "shell32.dll" ( _
    ByVal pszPath As String, _
    ByVal dwFileAttributes As Integer, _
    ByRef psfi As SHFILEINFO, _
    ByVal cbFileInfo As Integer, _
    ByVal uFlags As Integer) _
    As IntPtr
```

Listing 373: Declare-Statement für die API-Funktion SHGetFileInfo zur Abfrage von
Dateitypen, Icons usw.

Der Parameter `uFlags` kann eine Bitkombination entgegennehmen und so mehrere Abfragen
gleichzeitig ermöglichen (z.B. Dateityp und Icon). Die wichtigsten Werte sind in Listing 374
als Enumeration (`SHGetFileInfoConstants`) definiert. Es gibt aber Bitkombinationen, die sich
gegenseitig ausschließen (siehe MSDN). Listing 375 zeigt die Datenstruktur `SHFILEINFO`. Sie enthält zwei `Char`-Arrays, die über das Attribut `MarshalAs` mit einer festen Länge definiert werden
müssen.

```
Public Enum SHGetFileInfoConstants
    SHGFI_TYPENAME = &H400
    SHGFI_ATTRIBUTES = &H800
    SHGFI_EXETYPE = &H2000
    SHGFI_LARGEICON = 0
    SHGFI_SMALLICON = 1
    SHGFI_ICON = &H100
End Enum
```

Listing 374: Häufig benötigte Konstanten für SHGetFileInfoConstants

Dateisystem

```
<StructLayout(LayoutKind.Sequential, CharSet:=CharSet.Auto)> _
Public Structure SHFILEINFO
  Public hIcon As Int32
  Public iIcon As Int32
  Public dwAttributes As Int32
  <MarshalAs(UnmanagedType.ByValTStr, SizeConst:=260)> _
  Public szDisplayName As String
  <MarshalAs(UnmanagedType.ByValTStr, SizeConst:=80)> _
  Public szTypeName As String
End Structure
```

Listing 375: Datenstruktur für den Aufruf von SHGetFileInfo

Wird ein Icon einer Datei abgefragt, dann erfolgt die Rückgabe über hIcon in Form eines Handles. Der Aufrufer der Methode SHGetFileInfo ist selbst dafür verantwortlich, dieses Handle wieder freizugeben. Geschieht das nicht, gehen Windows-Ressourcen verloren. Für die Freigabe wird die Methode DestroyIcon benötigt (siehe Listing 376).

```
Public Declare Auto Function DestroyIcon _
  Lib "user32.dll" (ByVal hicon As IntPtr) As Boolean
```

Listing 376: Benötigte Methode zur Freigabe eines Icon-Handles

Damit Sie als Programmierer die Dateiinformationen nicht aus verschiedenen Quellen zusammensuchen müssen, soll hier die Klasse FileInformation definiert werden, die die Informationsbeschaffung zentralisiert. Die Klasse soll die folgenden Informationen bereitstellen:

1. Dateinamen

2. Dateityp

3. Größe in Byte

4. Datum der letzten Änderung

5. Großes Symbol

6. Kleines Symbol

Für zusätzliche Informationen können Sie die Klasse leicht erweitern. Orientieren Sie sich dazu an der nachfolgenden Beschreibung.

Da die Klasse FileInfo bereits einen Teil dieser Informationen liefert (siehe auch Rezept 175 ff., Verzeichnisgröße mit Unterverzeichnissen), wäre ein konsequenter Ansatz, die neue Klasse von FileInfo abzuleiten. Leider unterbindet das Framework dieses Vorhaben, da FileInfo versiegelt (NotInheritable) ist. So bleibt nur die Möglichkeit, alle benötigten Eigenschaften als Member-Variablen (oder alternativ als Properties) zu definieren. Listing 377 zeigt die Definition als schreibgeschützte Member-Variablen.

```
Public Class FileInformation
  Implements IDisposable
```

Listing 377: Eigenschaften der Klasse FileInformation

```
    ' Dateiname
    Public ReadOnly Name As String

    ' Dateityp, wie er im Explorer angezeigt wird
    Public ReadOnly Filetype As String

    ' Dateigröße
    Public ReadOnly Length As Long

    ' Datum der letzten Änderung
    Public ReadOnly LastChanged As DateTime

    ' Icons, wie sie im Explorer angezeigt werden
    Public ReadOnly LargeIcon As Bitmap
    Public ReadOnly SmallIcon As Bitmap
...
End Class
```

Listing 377: Eigenschaften der Klasse FileInformation (Forts.)

Beachten Sie bitte, dass die Icons als Bitmap gespeichert werden. Dadurch werden GDI+-Ressourcen belegt, die freigegeben werden müssen. Deswegen implementiert die Klasse die Schnittstelle IDisposable und gibt diese Ressourcen in der Methode Dispose (Listing 378) wieder frei.

```
    ' Entsorgung
    Public Sub Dispose() Implements System.IDisposable.Dispose
      LargeIcon.Dispose()
      SmallIcon.Dispose()
    End Sub
```

Listing 378: Freigabe belegter Ressourcen

Ein einziger öffentlicher Konstruktor, der als Parameter den Dateipfad übernimmt, steht für die Instanzierung zur Verfügung (Listing 379). Zunächst werden die Informationen abgerufen, die über FileInfo verfügbar sind. Anschließend wird SHGetFileInfo aufgerufen, um im ersten Schritt den Dateityp und das kleine Symbol der Datei zu erhalten. Aus dem zurückgegebenen Icon-Handle wird mit Bitmap.FromHicon ein Bitmap-Objekt erstellt. Danach wird das Handle wieder freigegeben.

Mit dem zweiten Aufruf von SHGetFileInfo wird das große Symbol (LargeIcon) der Datei abgerufen. Auch hiervon wird wieder ein Bitmap-Objekt angelegt und das Handle anschließend freigegeben. Nach Beendigung des Konstruktors stehen alle Daten in den schreibgeschützten Member-Variablen bereit.

```
    Public Sub New(ByVal path As String)

      ' Dateiinformationen über FileInfo-Klasse holen
      Dim fi As New System.IO.FileInfo(path)
```

Listing 379: Im Konstruktor der Klasse FileInformation werden die Informationen gesammelt

```
' Informationen übernehmen
Me.Name = fi.Name
Me.Length = fi.Length
Me.LastChanged = fi.LastWriteTime

' Datenstruktur für SHGetFileInfo
Dim shfi As API.SHFILEINFO

' Dateityp und SmallIcon abfragen
API.SHGetFileInfo(path, 0, shfi, Len(shfi), _
  API.SHGetFileInfoConstants.SHGFI_TYPENAME Or _
  API.SHGetFileInfoConstants.SHGFI_SMALLICON Or _
  API.SHGetFileInfoConstants.SHGFI_ICON)

' Dateityp übernehmen
Me.Filetype = shfi.szTypeName

' Icon als Bitmap-Objekt anlegen und übernehmen
Dim ip As New IntPtr(shfi.hIcon)
Me.SmallIcon = Bitmap.FromHicon(ip)
' Handle freigeben!
API.DestroyIcon(ip)

' LargeIcon abfragen
API.SHGetFileInfo(path, 0, shfi, Len(shfi), _
  API.SHGetFileInfoConstants.SHGFI_LARGEICON Or _
  API.SHGetFileInfoConstants.SHGFI_ICON)

' Icon als Bitmap-Objekt anlegen und übernehmen
ip = New IntPtr(shfi.hIcon)
Me.LargeIcon = Bitmap.FromHicon(ip)
' Handle freigeben
API.DestroyIcon(ip)

End Sub
```

Listing 379: Im Konstruktor der Klasse FileInformation werden die Informationen gesammelt (Forts.)

Der Einsatz der Klasse gestaltet sich recht einfach, da lediglich eine Instanz angelegt werden muss und der einzige zu übergebende Parameter der Dateipfad ist. Mit dem folgenden Code

```
' Lesen der Informationen
Dim fi As New FileInformation(TXTFile.Text)

' Setzen der Steuerelemente
TXTName.Text = fi.Name
TXTTyp.Text = fi.Filetype
TXTLength.Text = fi.Length.ToString()
PBSmall.Image = fi.SmallIcon
PBLarge.image = fi.LargeIcon
```

werden die Dateiinformationen abgerufen und die Steuerelemente der Beispielanwendung (Abbildung 198) mit den entsprechenden Werten besetzt.

Abbildung 198: Die Klasse FileInformation stellt auch den Dateityp und die Symbole bereit

194 Dateien kopieren, verschieben, umbenennen und löschen mit SHFileOperation

> Die beschriebene Klasse ist Bestandteil der Klassenbibliothek `GuiControls`. Sie finden sie dort im Namensraum `VBCodeBook.GuiControls`.

Sicher kennen Sie das animierte Dialogfenster mit den fliegenden Blättern, das Windows anzeigt, wenn z.B. eine Reihe von Dateien kopiert werden. Während der Aktion werden die bearbeiteten Dateien und eine geschätzte Ausführungsdauer angezeigt. Beim Löschen von Dateien im Explorer werden diese normalerweise nicht wirklich gelöscht, sondern lediglich in den Papierkorb verschoben.

Die in den anderen Rezepten vorgestellten bzw. genutzten Dateioperationen greifen direkt auf das Dateisystem zu und nutzen nicht die Möglichkeiten der Windows-Shell. Uns ist auch nicht bekannt, dass im Framework eine direkte Unterstützung vorgesehen ist. Sehr verwundert waren wir dagegen, dass in Visual Basic 2005 2005 im `My`-Namensraum Methoden wie z.B. `My.Computer.FileSystem.CopFile` enthalten sind, die diese Animationen verwenden. Bei näherer Betrachtung fiel dann jedoch auf, dass die Implementierung nur in Sonderfällen zu gebrauchen ist. Denn die Methode `CopyFile` erlaubt immer nur das Kopieren einer einzigen Datei. Der in der MSDN vorgeschlagene Lösungsansatz zum Kopieren mehrerer Dateien innerhalb einer Schleife ist auch nicht praktikabel, da der Dialog ständig neu geöffnet würde. Stellen Sie sich vor, Sie müssten für 1000 Dateien bestätigen, dass Sie die alte wirklich mit der neuen überschreiben wollen. Somit bleibt, wenn man die animierten Dialoge in .NET nutzen will, nur der Umweg über das API.

Listing 380 zeigt die Deklaration für die API-Funktion `SHFileOperation`. Die Methode benötigt einen Zeiger auf eine Struktur vom Typ `SHFILEOPSTRUCT`, die die notwendigen Informationen enthält. In `wFunc` wird die auszuführende Aktion angegeben. Hierfür wurden vier Konstanten als Enumeration (`SHFileOpConstants`) definiert. `pFrom` gibt die Datei bzw. die Dateien an, die als Quelle der Operation dienen sollen, `pTo` diejenigen, die als Ziel verwendet werden sollen, sofern die Operation eines benötigt.

Während in `pFrom` Wildcards für Dateien verwendet werden dürfen, ist dies für `pTo` nicht erlaubt. Dateien sollten immer mit absoluten Pfaden angegeben werden. Mehrere Datei-Angaben werden mit einem Null-Character voneinander getrennt. Sowohl `pFrom` als auch `pTo` müssen mit einem doppelten Null-Character terminiert werden!

> **Hinweis**
>
> Der Aufruf von SHFileOperation bringt eine Reihe Besonderheiten und Gefahren mit sich. Beachten Sie bitte unbedingt die Hinweise, die zur Methode und zur Struktur SHFILEOPSTRUCT in der MSDN-Doku gegeben werden.

Über die Eigenschaft fFlags lässt sich das Verhalten der vier Operationen steuern. Die Eigenschaft wurde wiederum als Enumeration definiert, so dass die Konstanten alle als Enum-Werte zur Verfügung stehen. Alle Flags lassen sich bitweise kombinieren.

```
' SHFileOperation für Dateioperationen mit Windows-Shell
Public Declare Auto Function SHFileOperation Lib "shell32.dll" _
  (ByRef lpFileOp As SHFILEOPSTRUCT) As Integer

' Unterstützte Kommandos für SHFileOperation
Public Enum SHFileOpConstants
  Move = 1
  Copy = 2
  Delete = 3
  Rename = 4
End Enum

' Struktur für SHFileOperation
<StructLayout(LayoutKind.Sequential, Pack:=1, _
CharSet:=CharSet.Auto)> _
Public Structure SHFILEOPSTRUCT
  Public hwnd As IntPtr
  Public wFunc As SHFileOpConstants
  Public pFrom As String
  Public pTo As String
  Public fFlags As SHFileOpFlagConstants
  Public fAnyOperationsAborted As Boolean
  Public hNameMappings As IntPtr
  Public lpszProgressTitle As String
End Structure

' Flag-Definitionen für SHFileOperation
<Flags()> Public Enum SHFileOpFlagConstants As Integer
  Multidestfiles = 1
  Confirmmouse = 2
  Silent = 4
  RenameOnCollision = &H8
  NoConfirmation = &H10
  WantMappingHandle = &H20
  AllowUndo = &H40
  FilesOnly = &H80
  SimpleProgress = &H100
  NoConfirmMakeDir = &H200
  NoErrorUI = &H400
  NoCopySecurityAttribs = &H800
End Enum
```

Listing 380: API-Deklarationen für SHFileOperation und die benötigten Strukturen und Flags

Aus Sicherheitsgründen werden die Aufrufe in der Klasse ShellFileOperations (Listing 381) gekapselt. Für die Datei bzw. Verzeichnislisten wird je eine Instanz der Klasse StringCollection angelegt. Die Referenzen der Listen sind über die ReadOnly-Eigenschaften Sourcefiles und Destinationfiles erreichbar.

Alle Flags werden über boolesche Properties gekapselt. In Listing 381 ist aus Platzgründen nur die Eigenschaft NoConfirmation vollständig abgedruckt. Alle anderen sind analog aufgebaut. Das Setzen oder Rücksetzen einer Eigenschaft ändert das zugehörige Bit in der Datenstruktur shFileOpData.

```
Imports System.Collections.Specialized

Public Class ShellFileOperations

  ' Liste der Quelldateien/-verzeichnisse
  Protected source As New StringCollection
  ' Liste der Zieldateien/-verzeichnisse
  Protected destination As New StringCollection

  ' Benötigte Datenstruktur
  Protected shFileOpData As API.SHFILEOPSTRUCT

  ' Handle des übergeordneten Fensters
  Public Property WindowHandle() As IntPtr
    Get
      Return shFileOpData.hwnd
    End Get
    Set(ByVal Value As IntPtr)
      shFileOpData.hwnd = Value
    End Set
  End Property

  ' Abrufen der Quelldatei-Liste
  Public ReadOnly Property Sourcefiles() As StringCollection
    Get
      Return source
    End Get
  End Property

  ' Abrufen der Zieldatei-Liste
  Public ReadOnly Property Destinationfiles() As StringCollection
    Get
      Return destination
    End Get
  End Property

  ' Flag NoConfirmation
  Public Property NoConfirmation() As Boolean
    Get
      ' Flag abfragen
```

Listing 381: Die Eigenschaften der Klasse ShellFileOperations gestatten den Zugriff auf die für SHFileOperation benötigten Daten

Dateisystem

```
      Return (shFileOpData.fFlags And _
        API.SHFileOpFlagConstants.NoConfirmation) <> 0
    End Get

    Set(ByVal Value As Boolean)
      If Value Then
        ' Flag setzen
        shFileOpData.fFlags = shFileOpData.fFlags Or _
          API.SHFileOpFlagConstants.NoConfirmation
      Else
        ' Flag löschen
        shFileOpData.fFlags = shFileOpData.fFlags And Not _
          API.SHFileOpFlagConstants.NoConfirmation
      End If
    End Set
  End Property

  ' Flag Multidestfiles
  Public Property Multidestfiles() As Boolean
    …
  End Property

  ' Flag RenameOnCollision
  Public Property RenameOnCollision() As Boolean
    …
  End Property

  ' Flag AllowUndo
  Public Property AllowUndo() As Boolean
    …
  End Property

  ' Flag FilesOnly
  Public Property FilesOnly() As Boolean
    …
  End Property

  ' Flag SimpleProgress
  Public Property SimpleProgress() As Boolean
    …
  End Property

  ' Flag NoConfirmMakeDir
  Public Property NoConfirmMakeDir() As Boolean
    …
  End Property

  ' Flag NoErrorUI
  Public Property NoErrorUI() As Boolean
    …
```

Listing 381: Die Eigenschaften der Klasse ShellFileOperations gestatten den Zugriff auf die für SHFileOperation benötigten Daten (Forts.)

```
End Property

' Flag NoCopySecurityAttribs
Public Property NoCopySecurityAttribs() As Boolean

   …
End Property


   …

End Class
```

Listing 381: Die Eigenschaften der Klasse ShellFileOperations gestatten den Zugriff auf die für SHFileOperation benötigten Daten (Forts.)

Die vier Operationen (Kopieren, Löschen, Verschieben und Umbenennen) werden über öffentliche Methoden bereitgestellt (Listing 382). In jeder Methode wird das Strukturfeld wFunc gesetzt, die Dateilisten in Null-Character-getrennte Zeichenketten gewandelt und die Methode ShFileOperation aufgerufen. Deren Rückgabewert (0 steht für fehlerfrei) wird als boolescher Wert (hier steht True für fehlerfrei) zurückgegeben.

```
Public Class ShellFileOperations
   …

' Kopieren von Dateien/Verzeichnissen
Public Function Copy() As Boolean

   ' Auszuführende Funktion
   shFileOpData.wFunc = API.SHFileOpConstants.Copy

   ' Quell- und Zielliste zusammensetzen
   shFileOpData.pFrom = CreateStringlist(source)
   shFileOpData.pTo = CreateStringlist(destination)

   ' Operation ausführen
   Return API.SHFileOperation(shFileOpData) = 0

End Function

' Löschen von Dateien/Verzeichnissen
Public Function Delete() As Boolean

   ' Auszuführende Funktion
   shFileOpData.wFunc = API.SHFileOpConstants.Delete

   ' Quellliste zusammensetzen
   shFileOpData.pFrom = CreateStringlist(source)

   ' Operation ausführen
   Return API.SHFileOperation(shFileOpData) = 0
```

Listing 382: Die Methoden der Klasse ShFileOperations führen die gewünschten Datei-Operationen aus

```vbnet
End Function

' Verschieben von Dateien/Ordnern
Public Function Move() As Boolean

  ' Auszuführende Funktion
  shFileOpData.wFunc = API.SHFileOpConstants.Move

  ' Quell- und Zielliste zusammensetzen
  shFileOpData.pFrom = CreateStringlist(source)
  shFileOpData.pTo = CreateStringlist(destination)

  ' Operation ausführen
  Return API.SHFileOperation(shFileOpData) = 0

End Function

' Umbenennen von Dateien und Ordnern
Public Function Rename() As Boolean

  ' Auszuführende Funktion
  shFileOpData.wFunc = API.SHFileOpConstants.Rename

  ' Quell- und Zielliste zusammensetzen
  shFileOpData.pFrom = CreateStringlist(source)
  shFileOpData.pTo = CreateStringlist(destination)

  ' Operation ausführen
  Return API.SHFileOperation(shFileOpData) = 0

End Function

Public Shared Function CreateStringlist(ByVal strings As _
  StringCollection) As String

  Dim list As String = Nothing

  ' Alle Strings der Liste anhängen und mit Null-Char trennen
  For Each s As String In strings
    list &= s & ChrW(0)
  Next

  ' Zusätzlichen Null-Char anhängen
  list &= ChrW(0)
  Return list

End Function

End Class
```

Listing 382: Die Methoden der Klasse ShFileOperations führen die gewünschten Datei-Operationen aus (Forts.)

Zur Konvertierung der String-Listen wird die Methode `CreateStringlist` (Listing 382) eingesetzt. Sie durchläuft eine Liste und hängt alle Einträge getrennt durch einen Null-Character
aneinander. Abschließend wird ein zusätzlicher Null-Character angehängt, damit die API-
Funktion das Listenende erkennen kann.

Kopieren

Um Dateien zu kopieren, müssen die Pfade der Quelldateien der `Sourcefiles`-Auflistung hinzugefügt werden. Die `Destinationfiles`-Auflistung kann z.B. aus einem einzigen Pfad bestehen:

```
Dim FileOP As New ShellFileOperations
FileOP.Sourcefiles.Add("c:\found.000\file0000.chk")
FileOP.Sourcefiles.Add("c:\temp\*.msi")
FileOP.Destinationfiles.Add("c:\temp\test3")

FileOP.Copy()
```

Der Code kopiert die beiden Source-Dateien in das Verzeichnis *c:\temp\test3*. Während des
Kopiervorgangs wird ein animierter Dialog wie in Abbildung 199 angezeigt. Existiert das Ziel-
verzeichnis nicht, wird der Anwender gefragt, ob es angelegt werden soll (Abbildung 200). Die
Abfrage lässt sich über das Flag `NoConfirmMakeDir` unterdrücken.

Abbildung 199: Animierter Dialog beim Kopieren von Dateien

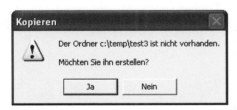

Abbildung 200: Automatische Abfrage, falls der Zielordner nicht existiert

Wenn im Zielordner bereits Dateien existieren, deren Namen mit denen der Quelldateien übereinstimmen, wird der ERSETZEN-Dialog wie in Abbildung 201 angezeigt. Auch dieser lässt sich
unterdrücken, indem das Flag `NoConfirmation` gesetzt wird.

Wenn das Flag `Multidestfiles` gesetzt ist, können Sie für jede Quelldatei in der `Destinationfiles`-
Auflistung einen Zielpfad angeben. So lassen sich z.B. mehrere Dateien unter anderem Namen mit
einem Aufruf kopieren.

Dateisystem

Abbildung 201: Unterdrückbare Abfrage zum Überschreiben von Dateien

> **Hinweis**
> Die animierten Dialoge werden nur angezeigt, wenn die Dateioperation einen längeren Zeitraum in Anspruch nimmt. Bei Operationen, die innerhalb einiger Sekunden ausgeführt werden, unterbleibt die Anzeige des Dialogfensters.

Löschen

Über das Flag `AllowUndo` können Sie steuern, ob die Dateien in den Papierkorb verschoben (`True`) oder sofort gelöscht werden sollen (`False`):

```
Dim FileOP As New ShellFileOperations
FileOP.AllowUndo = True
FileOP.Sourcefiles.Add("c:\temp\test\*")
FileOP.Delete()
```

Auch hier werden wieder Abfrage-Dialoge (Abbildung 202) angezeigt, die über Flags unterdrückt werden können. Während des Löschens wird ein animierter Dialog wie in Abbildung 203 angezeigt. Die Operation benötigt keine Liste von Zieldateien.

Abbildung 202: Sicherheitsabfrage vor dem Löschen der Dateien

Abbildung 203: Animierung während des Löschvorgangs

Verschieben

Das Verschieben von Dateien verläuft analog zum Kopieren:

```
Dim FileOP As New ShellFileOperations
FileOP.AllowUndo = True
FileOP.Sourcefiles.Add("c:\temp\test\*")
FileOP.Destinationfiles.Add("c:\temp\xxx")
FileOP.Move()
```

Während des Verschiebevorgangs (sofern die Zeit reicht) wird ein animierter Dialog wie in Abbildung 204 angezeigt.

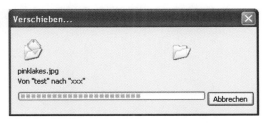

Abbildung 204: Animierter Dialog während des Verschiebens von Dateien

Umbenennen

Als vierte und letzte Operation lassen sich Dateien mit SHFileOperation umbenennen. Aufgrund der geringen Ausführungsgeschwindigkeit wird es aber selten dazu kommen, dass ein animierter Dialog angezeigt wird. Uns jedenfalls ist es nicht gelungen, einen solchen zu provozieren. Das Umbenennen mehrerer Dateien, insbesondere, wenn auch Verzeichnisse umbenannt werden sollen, lässt sich besser mit der Verschieben-Operation (Move) bewerkstelligen.

```
Dim FileOP As New ShellFileOperations
FileOP.Sourcefiles.Add("c:\temp\test.txt")
FileOP.Destinationfiles.Add("c:\temp\test.aaa")

FileOP.Rename()
```

Dateisystem

Netzwerk

In diesem Kapitel sind einige Rezepte zum Thema Intra- und Internet zusammengefasst. Es geht hier beispielsweise um die Bestimmung von IP-Nummern (IPv4 und IPv6) oder die Ermittlung der Domäne. Um zu zeigen, dass Web-Services nicht nur mit ASP.NET genutzt werden können, ist die Nutzung des Google-Web-Services in einem Rezept exemplarisch für diese Art des Netzwerkverkehrs aufgenommen worden.

Wer ein Thema vermisst, sollte sich in den anderen Kapiteln dieses Buches umschauen, da es durchaus sein kann, dass das entsprechende Thema dort behandelt wird. Ein Blick in den Index sollte hier weiter helfen. Wir haben in diesem Buch in den einzelnen Rezepten durchaus Techniken benutzt und beschrieben, die nutzbringend sind, aber keinen Eingang in ein eigenständiges Rezept gefunden haben.

> **Hinweis**
>
> Alle besprochenen Methoden befinden sich in der Klasse `Netzwerk.IP`. Diese wird in einer eigenständigen Assembly `Netzwerk.dll` verwaltet und muss entsprechend zum Programm hinzugefügt werden.

195 IPv4-Adressen nach IPv6 umrechnen

Der Adressraum im Internet wird immer enger. Dieses Problem wurde schon vor Jahren erkannt und durch eine neue Netzwerk-Adressierung gelöst. Nach einem schleppenden Start gehen aber mittlerweile viele Provider und Hersteller von Netzwerk-Geräten dazu über, die neue Adressierung (Internet Protocol Version 6, kurz IPv6) neben der »alten« und mehrheitlich noch benutzten Adressierung der Version 4 (kurz IPv4) zu gestatten bzw. intern nur noch zu nutzen. Diese Adressierung fällt durch anfänglich recht kryptische Netzwerkadressen auf.

Als Hilfestellung kann die Funktion IPv42IPv6 aus Listing 383 benutzt werden. Dieser Funktion wird eine gültige IP-Adresse im alten Format übergeben.

```
Public Shared Function IPv42IPv6(ByVal IPAdress As String) As String

    Dim Parts() As String
    Dim p1 As Integer
    Dim p2 As Integer
    Dim p3 As Integer
    Dim p4 As Integer

    Dim IPv6 As String

    ' IPv4 am . auftrennen
    Try
        Parts = IPAdress.Split(CType(".", Char))
    Catch ex As ArgumentNullException
        Throw New ApplicationException _
            ("Adresse ist Nothing", ex)
    Catch ex As ArgumentException
```

Listing 383: Umrechnung von IPv4- in IPv6-Adressen

```
      Throw New ApplicationException _
        ("Adresse ist leer", ex)
    Catch ex As Exception
      Throw New ApplicationException _
        ("allg. Ausnahme", ex)
    End Try

    ' IPv4-Adressen sind halt so lang
    If Parts.Length <> 4 Then
      Throw New ApplicationException _
        ("keine IPv4-Adresse")
    End If

    p1 = CType(Parts(0), Integer)
    p2 = CType(Parts(1), Integer)
    p3 = CType(Parts(2), Integer)
    p4 = CType(Parts(3), Integer)

    IPv6 = String.Format _
      (":ff:{0:x2}{1:x2}:{2:x2}{3:x2}", p1, p2, p3, p4)

    Return IPv6
  End Function
```

Listing 383: Umrechnung von IPv4- in IPv6-Adressen (Forts.)

Die IP-Adresse wird mithilfe der Split-Funktion aus der String-Klasse an den Punkten aufgebrochen und als entsprechende einzelne Adressteile in den Variablen p_i abgespeichert. Die »Umrechnung« in das neue Format gestaltet sich dadurch recht einfach, man muss diese Teile nur noch richtig ausgeben.

IPv4-Ziffern in der IPv6-Schreibweise sind an dem führenden »:ff« zu erkennen. Dieser Adressraum wurde den alten IP-Nummern zugeordnet. Anschließend folgen der erste und zweite Wert der alten IP-Adresse (von links betrachtet) in hexadezimaler Schreibweise. Der dritte und vierte Wert werden ebenfalls zusammengefasst und durch einen Doppelpunkt getrennt rechts angehängt.

Abbildung 205: Beispiel einer IPv4-Umwandlung nach IPv6

Das Ergebnis einer solchen Umrechnung ist in Abbildung 205 zu sehen. Die gezeigte Schreibweise ist eine Abkürzung. Wäre diese Umrechnung alles an der neuen Adressierung, hätte man nichts gewonnen. Die zusätzlichen Adressen liegen im Bereich links des hier führenden »:ff«. Somit ist auch klar, dass man neue Adressen nur unter bestimmten Bedingungen in die alten (jetzt noch gültigen) Adressen umrechnen kann.

196   IPv6-Adressen nach IPv4 umrechnen

Während die Adressen der Version 4 aus 32 Bit bestanden, ist die Adresslänge der Version auf 128 Bit erweitert worden. Damit stehen jetzt nicht 4.294.967.296 (2^{32}) Adressen zur Verfügung, sondern 2^{128} = 340.282.366.920.938.463.463.374.607.431.768.211.456. Geschrieben werden diese neuen Adressen in 8 Blöcken zu je 16 Bit Breite, durch einen Doppelpunkt getrennt. Die IP-Adressen der Version 4 finden sich in den zwei kleinsten Blöcken wieder. Zusätzlich wird eine alte Adresse mit einem führenden »:ff« gekennzeichnet.

Die Funktion IPv62IPv4 aus Listing 384 führt eine solche Umrechnung von Adressen durch.

```
Public Shared Function IPv62IPv4(ByVal Adress As String) As String
  Dim v6() As String
  Dim p1 As String
  Dim p2 As String
  Dim p3 As String
  Dim p4 As String
  Dim t As Int32

  ' IPv6 am : auftrennen
  Try
    v6 = Adress.Split(CType(":", Char))
  Catch ex As ArgumentNullException
    Throw New ApplicationException _
      ("Adresse ist Nothing", ex)
  Catch ex As ArgumentException
    Throw New ApplicationException _
      ("Adresse ist leer", ex)
  Catch ex As Exception
    Throw New ApplicationException _
      ("allg. Ausnahme", ex)
  End Try

  ' IPv6-Adressen für IPv4 sind halt so lang
  If v6.Length <> 4 Then
    Throw New ApplicationException _
      ("keine IPv6-Adresse, oder IPv6 ist nicht nach v4 " + _
        "zu konvertieren")
  End If

  ' erste Hexzahl für IPv6 konvertierbare Adressen ist immer 0xff
  If v6(1).ToLower <> "ff" Then
    Throw New ApplicationException _
      ("keine IPv6-Adresse")
  End If

  ' Hex nach Int32 des ersten Hex-Words der v6-Adresse
  t = Int32.Parse(v6(2), _
    Globalization.NumberStyles.AllowHexSpecifier)

  ' Adressbytes 1 und 2
  p1 = CType(t \ 256, String)
```

Listing 384: Umwandlung einer IPv6- in eine IPv4-Adresse

```
p2 = CType(t Mod 256, String)

' Hex nach Int32 des zweiten Hex-Words der v6-Adresse
t = Int32.Parse(v6(3), _
  Globalization.NumberStyles.AllowHexSpecifier)

' Adressbytes 3 und 4
p3 = CType(t \Netzwerk_001.bmp"\\Netzwerk_001.bmp"\\ 256, String)
p4 = CType(t Mod 256, String)

' Rückgabe der v4-Adresse
Return p1 + "." + p2 + "." + p3 + "." + p4
End Function
```

Listing 384: Umwandlung einer IPv6- in eine IPv4-Adresse (Forts.)

Nach dem Check auf eine gültigen Adresse wird die Adresse an den Doppelpunkten aufgetrennt und in ein Zeichenkettenarray gespeichert. Da eine gültige IPv6-Adresse einen führenden Doppelpunkt hat, ist der Inhalt des Zeichenkettenarrays mit dem Index 0 leer. An der Position mit Index 1 muss ff stehen. Die eigentliche Adresse beginnt also erst ab dem Indexwert 2. Dort steht eine 16-Bit-Zahl, die für die alte Adressierung in zwei 8-Bit-Zahlen getrennt werden muss.

Hierfür wird die 16-Bit-Hexadezimalzahl in einen dezimalen Wert umgerechnet. Hierzu können Sie die Parse-Methode des Int32-Typs verwenden. Dieser Methode wird zudem mitgeteilt, dass hexadezimale Zahlen für das Parsen erlaubt sind. Die so generierte 16-Bit-Zahl wird durch zwei Divisionen mit der Zahl 256 (Integer-Division und Modulo-Division) in zwei 8-Bit-Zahlen getrennt. Damit sind die erste und zweite Ziffer der v4-Adressierung bestimmt. Für die dritte und vierte Ziffer gehen Sie exakt genauso vor. Die so errechneten Teile werden zusammengefügt und dem aufrufenden Programm übergeben.

Abbildung 206: Beispiel einer IPv6- nach IPv4-Umwandlung

Eine Beispielumrechnung findet sich in Abbildung 206. Die Adresse :ff:a00:1 ist mit führenden Nullen geschrieben :ff:0a00:0001. Aufgeteilt in vier 16-Bit-Zahlen ergibt sich in hexadezimaler Schreibweise 0a.00.00.01, was nichts anderes als die dargestellte Adresse ist.

197 IP-Adresse eines Rechners

Die IP-Adresse eines Rechners zu kennen, kann in einigen Fällen recht nützlich sein. Hat ein Rechner im internen Netz eine feste IP-Adresse, so ist das Problem schnell gelöst. Wird aber DHCP eingesetzt oder man ist mit einer Wählverbindung im Internet, ist die Adresse bei jeder Anmeldung typischerweise eine andere.

Mit .NET ist es aber recht einfach, sich diese Information zu beschaffen. Bindet man mit

```
Imports Netzwerk.IP
```

die hier besprochene Bibliothek in ein Programm ein, kann man die Funktion GetIP aus Listing 385 zu deren Ermittlung einsetzen.

```
Public Shared Function GetIP(Optional ByVal Computer As String = "") _
  As ArrayList

  Dim ComputerName As String = String.Empty
  Dim Host As IPHostEntry
  Dim HostAdresses() As IPAddress
  Dim Num As Integer
  Dim IPs As ArrayList = New ArrayList

  If Computer = String.Empty Then
    ComputerName = Dns.GetHostName
  End If

  ' Dns.GetHostByName() sollte ab .NET 2.0 nicht mehr benutzt werden
  Host = Dns.GetHostEntry(ComputerName)
  HostAdresses = Host.AddressList

  For Num = 0 To HostAdresses.GetLength(0) - 1
    IPs.Add(HostAdresses(Num).ToString)
  Next

  Return IPs
End Function
```

Listing 385: Ermittlung der aktuellen IP-Adresse eines Rechners

Der Funktion wird der Computername übergeben. Hierbei kann es sich auch um den Namen eines anderen Computers handeln. Wird kein Name angegeben, sucht die Funktion den Namen des Rechners, auf dem das Programm läuft, mit der Methode GetHostName der .NET-Klasse Dns. Damit die Methode Erfolg hat, muss ein entsprechender Dienst im Netz laufen. Dies ist in einem Netzwerk aber typischerweise der Fall. Befindet man sich im Internet, ist dies sogar garantiert.

Mit der Methode GetHostEntry wird der Host als Typ IPHostEntry zurückgegeben. Die bis .NET 1.1 gültige Methode GetHostByName sollte ab .NET 2.0 nicht mehr benutzt werden.

Abbildung 207: Aktuelle IP-Adresse eines Rechners

Mit diesem Eintrag kann nun die Liste der IP-Adressen eines Rechners über die Methode AddressList gefunden werden. Ein Rechner kann durchaus mehrere IP-Adressen haben, beispielsweise eine Adresse des lokalen Netzes und eine Adresse aus dem Internet. Dies kann in

Abbildung 207 gesehen werden. Die erste Adresse ist die lokale Adresse des privaten Hausnetzes, während die zweite Adresse durch die Einwahl ins Internet über einen Internet-Provider zustande gekommen ist.

Über eine Schleife werden diese Adressen ermittelt und in ein Zeichenketten-Array gespeichert. Dieses wird anschließend dem aufrufenden Programm zurückgegeben.

198 Netzwerkadapter auflisten

Interessiert man sich für die Netzwerk-Anschlüsse eines Rechners, kann man nicht immer das Handbuch des Motherboards zu Hilfe nehmen. Und im Zeitalter der OnBoard-Anschlüsse wundert man sich manches Mal über die Vielfalt der Netzwerkanschlüsse, die der eigene PC so hat ☺.

Die Funktion `GetAllNetworkAdapter` aus Listing 386 schafft hier Abhilfe. Wie der Name schon vermuten lässt, werden alle durch das Betriebssystem erkennbaren Netzwerkanschlüsse ermittelt und einige Informationen für jeden Anschluss dem aufrufenden Programm gemeldet.

```
Public Shared Function GetAllNetworkAdapter() As ArrayList
  Dim MgmtSearch As ManagementObjectSearcher
  Dim MgmtObject As ManagementObject
  Dim List As ArrayList = New ArrayList
  Dim str As String
  Dim Adapter As String
  Dim SearchSQL As String = _
    "select * from Win32_NetworkAdapter"

  MgmtSearch = New
ManagementObjectSearcher("root\Netzwerk_001.bmp"\\Netzwerk_001.bmp"\\cimv2",
SearchSQL)

  For Each MgmtObject In MgmtSearch.Get()

    str = MgmtObject("Description")
    If str <> Nothing Then
      List.Add(str)
    Else
      List.Add("N/A")
    End If

    str = MgmtObject("DeviceID")
    If str <> Nothing Then
      List.Add(str)
    Else
      List.Add("N/A")
    End If

    str = MgmtObject("ServiceName")
    If str <> Nothing Then
      List.Add(str)
    Else
      List.Add("N/A")
```

Listing 386: Auflistung aller Netzwerkadapter

```
        End If

        Adapter = MgmtObject("AdapterType")
        If Adapter <> Nothing Then
          List.Add(Adapter)
        Else
          List.Add("N/A")
        End If

        str = MgmtObject("MACAddress")
        If str <> Nothing Then
          List.Add(str)
        Else
          List.Add("N/A")
        End If

        str = MgmtObject("Status")
        If str <> Nothing Then
          List.Add(MgmtObject("Status"))
        Else
          List.Add("N/A")
        End If

        List.Add("---------------------------")
    Next

    Return List
End Function
```

Listing 386: Auflistung aller Netzwerkadapter (Forts.)

Um an die Informationen zu gelangen, wird WMI eingesetzt. Näheres hierzu finden Sie im System-Kapitel und im Anhang. Die Informationen werden mit einer WQL-Abfrage über den Namensraum `Win32_NetworkAdapter` zusammengestellt.

Die Eigenschaft `Device-ID` ist eine eindeutige Nummer innerhalb des Rechners, in dem das Device eingebaut ist. Eine Auswahl an erkennbaren Adaptern ist in Tabelle 27 gelistet.

Wie man sowohl dem Listing 386 als auch der Abbildung 208 entnehmen kann, ist man mit dieser Abfrage auch in der Lage, die `MAC-Adresse` zu ermitteln. Mit einer kleinen Datenbank im Hintergrund ließe sich damit auch der Hersteller der jeweiligen Karte feststellen, da jedem Hersteller ein gesonderter MAC-Adressraum zugeordnet ist.

Adaptertypen im Win32_NetworkAdapter-Namensraum (Auswahl)
Ethernet 802.3
Token Ring 802.5
Fiber Distributed Data Interface (FDDI)
Wide Area Network (WAN)
LocalTalk
ARCNET (878.2)

Tabelle 27: Auswahl an ermittelbaren Adaptertypen

Adaptertypen im Win32_NetworkAdapter-Namensraum (Auswahl)
ATM
Wireless
Infrared Wireless

Tabelle 27: Auswahl an ermittelbaren Adaptertypen (Forts.)

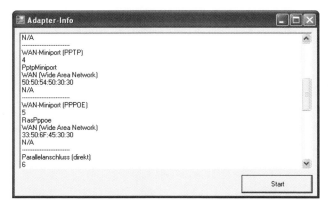

Abbildung 208: Netzwerkadapter eines Rechners

Da MAC-Adressen (z.B. 50:50:54:50:30:30) eindeutig sind, lässt sich somit auch feststellen, ob es neue Netzwerkadapter im Hausnetz gibt, die dort eigentlich nichts verloren haben.

199 Freigegebene Laufwerke anzeigen

Benötigt man die für das Netz freigegebenen Laufwerke auf einem Rechner, so kann man sich diese Informationen mittels WMI beschaffen. Da die Funktion aus Listing 387 auf WMI beruht, kann man sie auch bei Bedarf auf die Ermittlung der freigegebenen Laufwerke eines beliebigen Netzwerk-PCs erweitern.

```
Public Shared Function GetSharedInfo() As ArrayList
  Dim mQuery As WqlObjectQuery
  Dim mSearch As ManagementObjectSearcher
  Dim mCol As ManagementObject
  Dim mStrSQL As String
  Dim mListe As ArrayList = New ArrayList

  mStrSQL = "select * from win32_share"

  ' WMI-Abfrage erstellen
  mQuery = New WqlObjectQuery(mStrSQL)
  mSearch = New ManagementObjectSearcher(mQuery)

  ' Schleife über jedes freigegebene Laufwerk
  For Each mCol In mSearch.Get()
    mListe.Add("Name = " + mCol("Name").ToString)
```

Listing 387: Ermittlung der freigegebenen Laufwerke eines Rechners

```
    mListe.Add("Caption = " + _
      mCol("Caption").ToString)
    mListe.Add("Beschreibung = " + mCol("description"))
    mListe.Add("Path = " + mCol("path").ToString)
    mListe.Add("Status = " + mCol("Status").ToString)
    mListe.Add("Typ = " + mCol("Type").ToString)
    mListe.Add("---------------------------")
  Next
  Return mListe

End Function
```

Listing 387: Ermittlung der freigegebenen Laufwerke eines Rechners (Forts.)

Näheres zu WMI finden Sie im System-Kapitel und im Anhang. Um die freigegebenen Laufwerke feststellen zu können, wird eine WQL-Abfrage im Win32_Share-Namensraum von WMI durchgeführt. Sollte mindestens ein Laufwerk oder ein Verzeichnis eine Freigabe besitzen, werden in der Schleife Informationen zu dieser Freigabe gesammelt und in einer `ArrayList` gespeichert. Das Ergebnis dieser Funktion für einen PC mit mehreren freigegebenen Laufwerken ist in Listing 387 zu sehen.

Abbildung 209: Freigegebene Laufwerke eines Rechners

Wert	Bedeutung
0	Laufwerk
1	Drucker Warteschlange
2	Device
3	IPC
2147483648	Laufwerk (Verwaltung)
2147483649	Drucker Warteschlange (Verwaltung)
2147483650	Device (Verwaltung)
2147483651	IPC (Verwaltung)

Tabelle 28: Freigabetypen des Betriebssystems in Win32_Share

Die einzelnen abgefragten Eigenschaften dürften bis auf eine Ausnahme selbsterklärend sein. Die Ausnahme bezieht sich auf den Typ der Freigabe. In Tabelle 28 sind die verschiedenen Freigabetypen aufgeführt. Wie man sieht, können nicht nur Laufwerke freigegeben werden ☺.

Für Anwendungen sind die Freigabetypen 0 – 3 interessant, da die anderen vom Betriebssystem für die Verwaltung des Rechners benutzt werden. Will man allerdings einen Rechner vor Angriffen schützen, sollten diese Freigaben nicht übersehen werden.

200   Web-Service

Web-Services sind nicht die alleinige Domäne von Web-Programmiersprachen. Sie dienen allgemein dem Austausch von Informationen und können daher auch in lokalen Netzen und mit »klassischen« Programmiersprachen eingesetzt werden.

Der Austausch von Daten geschieht bei den Web-Services mit dem WSDL-Protokoll. Diese Abkürzung steht für *Web Services Description Language.* Dieses Protokoll gilt plattformübergreifend. Sie können also mit einem Windows-basierten System ohne weiteres auf die Dienste eines Unix-Rechners zugreifen.

Da die Programmierung eines Web-Servers mit WSDL-Protokoll kein Thema für ein Codebook sein kann, sollten Sie sich bei Interesse ein spezielles Werk zu diesem Thema besorgen. Die Programmierung eines Clients ist allerdings angenehm einfach. Wie ein solcher Client erstellt wird, soll am Web-Service von Google demonstriert werden.

Bevor Sie eine Abfrage über diesen Client verschicken können, müssen Sie sich bei Google für diesen Service kostenlos registrieren lassen. Die Web-Seite hierzu ist *http://www.google.com/apis/.* Über diese Seite können Sie auch das SDK herunterladen.

> **Hinweis** Für diese Funktionalität haben wir eine eigene Klasse implementiert. Sie befindet sich ebenfalls in der Assembly `Netzwerk.dll` und kann über `Imports Netzwerk.Services` in ein Projekt eingebunden werden.

Bestandteil des SDK ist die WSDL-Datei, die Sie auf jeden Fall benötigen. Wenn Sie sich registriert haben, wird Ihnen ein Registrierschlüssel per E-Mail zugeschickt, den Sie für die Abfragen brauchen. Zurzeit dürfen Sie »nur« 1000 Abfragen pro Tag durchführen.

Da Visual Basic 2005 mit WSDL direkt nichts anfangen kann, muss diese Datei erst in ein für VB lesbares Format umgewandelt werden. Dazu geben Sie auf der Befehlszeile

```
wsdl /l:vb /protocol:HttpPost .\GoogleSearch.wsdl
```

ein. Hierdurch wird eine neue Datei erstellt, *GoogleSearchService.vb.* Diese muss in das Projekt eingebunden werden, da in der Datei die Klassen für den Zugriff auf den Web-Service enthalten sind.

Die anderen Verweise sind defaultmäßig dem Projekt schon zugeordnet. Mit der Funktion `GetGoogle` aus Listing Listing 388 wird die Abfrage realisiert.

Der Funktion wird der suchende Ausdruck als Zeichenkette übergeben. Ein zweiter Übergabeparameter wird per Referenz übergeben, da er die Anzahl der gefundenen Treffer an das aufrufende Programm zurückgibt. Als Erstes wird ein Objekt der Klasse `GoogleSearchService` erstellt. Diese Klasse befindet sich in der gerade erstellten Datei *GoogleSearchService.vb.* Die Variable, die das Suchergebnis aufnehmen soll, ist vom Typ `GoogleSearchResult`, einer Klasse, die sich ebenfalls in der erwähnten Datei befindet. Um die Abfrage zu starten benötigen Sie noch Ihren Identifikationsschlüssel, da dieser bei jeder Abfrage mit übermittelt werden muss.

Die Abfrage geschieht dann mit der Methode doGoogleSearch, der neben den erwähnten Parametern noch einige weitere Einstellungen übergeben werden. So wird in Listing 388 die Anzahl der darzustellenden Antworten auf 10 Stück begrenzt. In vielen Fällen reicht ein hier dargestellter Standardaufruf. Insgesamt sind die Möglichkeiten sehr mannigfaltig und in der Dokumentation recht gut dargestellt.

```vbnet
Public Shared Function GetGoogle(ByVal SearchString As String, _
  ByRef ResultCount As Integer) As String

  ' Objekt aus der mit WSDL erstellten Klasse (.vb)
  Dim GoogleSearch As GoogleSearchService = New GoogleSearchService

  ' Ergebnisobjekt aus der mit WSDL erstellten Klasse
  Dim SearchResult As GoogleSearchResult

  ' Laufvariable für die Ergebnismenge
  Dim i As Integer

  ' Nimmt die aufbereiteten Ergebnisse auf
  Dim ResString As String = String.Empty


  ' Identifikationsschlüssel von Google (personalisiert)
  'Dim GoogleKey As String = "diesisteingeheimerschlüssel"
  Dim GoogleKey As String = "Ihre Google-ID"

  Try
    ' Die Methode zum Suchen aufrufen
    SearchResult = GoogleSearch.doGoogleSearch(GoogleKey, _
      SearchString, 0, 10, False, "", True, "", "", "")
  Catch ex As System.Web.Services.Protocols.SoapException
    Throw New ApplicationException _
      ("GetGoogle bei SOAP fehlgeschlagen.", ex)
  End Try

  ' Ergebnisse insgesamt, die zur Verfügung stehen
  ResultCount = SearchResult.estimatedTotalResultsCount

  ' Array-Variable mit richtigen Grenzen für das Ergebnis
  ' bereitstellen, Klasse mit WSDL generiert
  Dim Res(SearchResult.endIndex) As ResultElement

  ' Ergebnis abspeichern
  Res = SearchResult.resultElements

  ' RTF- - Header
  ResString = "{\rtf1\ansi\ "
```

Listing 388: WebService am Beispiel Google

```
For i = SearchResult.startIndex - 1 To SearchResult.endIndex - 1
  ResString += Res(i).title
  ' \par steht fuer Absatz (RTF)
  ResString += " \par "
  ResString += Res(i).snippet
  ResString += " \par "
  ResString += Res(i).URL
  ResString += " \par ----------------------- \par \par "
Next

' RTF - Abschluss
ResString += "}"

' Ersetze HTML-tags
ResString = ResString.Replace("<b>",
"{\Netzwerk_001.bmp"\\Netzwerk_001.bmp"\\Netzwerk_001.bmp"\\b")
ResString = ResString.Replace("</b>", "}")

Return ResString
End Function
```

Listing 388: WebService am Beispiel Google (Forts.)

Aus dem Objekt `SearchResult` kann die geschätzte Zahl an Treffern ermittelt werden. Diese
wird über die Variable `ResultCount` dem aufrufenden Programm zurückgeliefert. Für die einzelnen Ergebnisse der Abfrage wird eine passende Variable deklariert. Die Abfrage liefert zwar
nur zehn Antworten zurück, da sie so gestellt wurde, doch soll es noch vorkommen, dass die
Ergebnismenge kleiner ist. Über die Eigenschaft `endIndex` kann die richtige Dimension festgelegt werden.

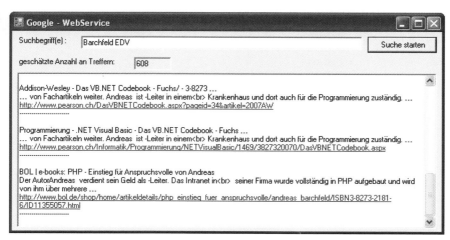

Abbildung 210: Ergebnis einer Google-Abfrage

Die Ergebnisse der Abfrage sollen als RTF-Zeichenkette zurückgegeben werden. Der Grund
hierfür liegt einfach darin, dass RTF-Zeichenketten in Formularen dargestellt werden und
Hyperlinks benutzt werden können. Hierzu wird der Zeichenkette eine Präambel vorgesetzt,

die diese Zeichenkette als RTF-Zeichenkette definiert. In der folgenden Schleife werden einige Informationen aus der Ergebnismenge in der Zeichenkette abgespeichert.

Zum Schluss werden die HTML-Tags für die Fett-Darstellung durch die entsprechenden RTF-Tags ersetzt. Ein Beispiel ist in Abbildung 210 zu sehen. Die Abfrage nach den drei Begriffen »visual basic 2005« liefert ca. 1.45 Mio Treffer. Durch die Darstellung als RTF-Text ist ein Anklicken auf den Hyperlink möglich. Wie man dieses Ereignis in der RichTextBox abfängt, ist in Kapitel 201 gezeigt. Wie man in Abbildung 210 sieht, sind nicht alle HTML-Tags umgesetzt. So lassen sich noch
-Tags im Text finden.

201   Internet Explorer starten

Dieses Rezept könnte auch im System-Kapitel stehen. Da aber ein direkter Zusammenhang mit dem vorhergehenden Rezept besteht, haben wir dieses Rezept an dieser Stelle belassen. Zumal man es auf Grund des Steuerelementes RichTextBox auch noch an einer anderen Stelle hätte unterbringen können.

Hat man in einer RichTextBox einen Text, der URLs enthält, so kann man diese mit

```
rtxtResult.DetectUrls = True
```

scharf schalten, d.h. sie werden als Hyperlinks angezeigt. Was noch fehlt, ist eine Funktion, die beim Klicken auf eine URL den Internet Explorer mit der entsprechenden Seite startet. Diese Funktionalität wird durch ein Ereignis in der RichTextBox zur Verfügung gestellt: LinkClicked.

```
Private Shared Sub rtxtResult_LinkClicked _
   (ByVal sender As Object, ByVal e As _
   System.Windows.Forms.LinkClickedEventArgs) _
   Handles rtxtResult.LinkClicked

   ' Prozess-Variable zum Starten des Internet Explorers
   Dim proc As New System.Diagnostics.Process

   ' Starte Internet Explorer mit angeklickter Seite
   proc = System.Diagnostics.Process.Start("IExplore.exe", e.LinkText)

   ' Warten, bis IE beendet
   proc.WaitForExit()

   ' Entsorgung
   proc.Dispose()
End Sub
```

Listing 389: Interner Explorer innerhalb eines Programms starten und Seite anzeigen

Der Ereignisroutine wird neben dem immer auftauchenden Sender ein Parameter vom Typ System.Windows.Forms.LinkClickedEventArgs übergeben. Diese Variable hat eine Eigenschaft LinkText, die die aktivierte URL enthält. Damit kann dann über die Methode Start der Klasse Process aus dem Namensraum System.Diagnostics der Internet Explorer mit der entsprechenden Seite aufgerufen werden.

Die Funktion wartet so lange, bis der Internet Explorer beendet wird, und verlässt erst dann die Ereignisroutine. Wenn dies nicht gewünscht wird, muss die Zeile proc.WaitForExit auskommentiert oder gelöscht werden.

Netzwerk

202 FTP-Verbindungen per Programm

Die hier besprochenen Methoden der FTP-Klasse finden Sie im Namensraum `Netzwerk.Ftp-Services` der Assembly `Netzwerk.dll`.

Eine der bekanntesten und bewährtesten Methoden, um Dateien von einem Internet-Server downzuloaden oder in umgekehrter Richtung auf dem Server abzuspeichern, ist das *File Transfer Protocol*, kurz FTP. Die erste Definition dieses Protokolls wurde im Oktober 1985 veröffentlicht! Sie können mit diesem Protokoll sowohl Text als auch binäre Daten transportieren. Klassischerweise geschieht dies über den ftp-Befehl, den es auch unter Windows gibt. Wenn Sie in einem Konsolenfenster den Befehl `ftp` eingeben, können Sie sich mit »?« alle Kommandos anzeigen lassen, die die Microsoft-Version dieses Protokolls versteht.

Nun kann es sicherlich Situationen geben, in denen Sie Dateien per Programm auf einen Internet-Server stellen wollen, respektive sich von dort eine Datei downloaden wollen. Für diese Zwecke haben wir eine Klasse `FtpServices` erstellt, die Ihnen dies ermöglicht.

Es gibt zwar im `My`-Namensraum von .NET 2.0 die beiden Möglichkeiten für Up- und Download von Dateien. Diese beiden Methoden finden Sie unter `My.Computer.Network.Download-File()` und `My.Computer.Network.UploadFile()`. Diese waren in der Beta-Phase eher mit dem Begriff Instabil zu bezeichnen. Zum `My`-Namensraum haben wir an anderer Stelle in diesem Buch schon unsere Ansicht dargelegt. Zudem können Sie nur diese beiden Methoden anwenden. Alle anderen Möglichkeiten des FTP-Protokolls bleiben Ihnen vorenthalten. Standardmäßig benutzen diese beiden Methoden auch die `POST`-Methode des http-Protokolls!

Um mit der Klasse `FtpServices` arbeiten zu können, muss von dieser Klasse ein Objekt erzeugt werden. Der hierfür zuständige Konstruktor ist in Listing 391 zu sehen.

```
Private FtpReq As FtpWebRequest
Private FtpUri As Uri
Private Server As String
Private Username As String
Private Pwd As String
Private Cred As NetworkCredential
```

Listing 390: Die privaten Member der Klasse FtpServices

Vorher müssen in der Klasse natürlich die privaten Membervariablen definiert werden. In Listing 390 werden diese Variablen aufgeführt.

```
Public Sub New(ByVal FtpServer As String, _
  ByVal User As String, ByVal Password As String)

  Server = FtpServer
  Username = User
  Pwd = Password

  Try
    FtpUri = New Uri(Server)
    If (FtpUri.Scheme <> Uri.UriSchemeFtp) Then
```

Listing 391: Konstruktor der FtpServices-Klasse

```
      Throw New Exception("FtpServices: Kein FTP-URI-Schema!")
   End If

   Cred = New NetworkCredential(Username, Pwd)
   FtpReq = FtpWebRequest.Create(Server)
   FtpReq.Credentials = Cred
 Catch ex As Exception
   Throw New Exception("FtpServices-Exception", ex)
 End Try
End Sub
```

Listing 391: Konstruktor der FtpServices-Klasse (Forts.)

Diesem Konstruktor werden die drei grundlegenden Angaben zu einer FTP-Verbindung übergeben, die Serverbezeichnung, der Benutzer und sein Passwort. Der Server muss in der Schreibweise `ftp://...` angegeben werden. Dies entspricht auch der üblichen URI-Konvention. Aus diesem Servernamen wird als Erstes ein entsprechendes URI-Objekt erzeugt. Hierzu wird die Klasse `Uri` aus dem `System`-Namensraum genutzt. Anschließend wird geprüft, ob es sich auch um ein FTP-Schema handelt. Man kann mit der hier genutzten `Uri`-Klasse auch entsprechend andere Objekte erzeugen. Die einzelnen Möglichkeiten sind in Tabelle 29 aufgeführt.

Um Daten mit einem FTP-Server auszutauschen muss man sich üblicherweise bei diesem Server anmelden. Um dies per Programm zu können, wird ein Objekt der Klasse `NetworkCredential()` erzeugt. Diese Klasse stammt aus dem Namensraum `System.Net`.

Um eine Anfrage an den Server zu stellen, wird das Objekt `FtpReq` der Klasse `FtpWebRequest` erstellt. Die Methode `Create()` dieser Klasse garantiert dies. Diesem neuen Objekt werden dann die Daten für die Anmeldung am Server übergeben.

URI-Methoden / Schemas	Beschreibung
ftp	File Transfer Protocol
file	Locale Datei
gopher	Gopher-Protokoll (veraltet)
http	HyperText Transfer Protocol
https	HyperText Transfer Protocol Secure
mailto	eMail-Protokoll
nntp	Network News Transport Protocol (Newsgroups)

Tabelle 29: URI-Methoden der Klasse System.Uri

Damit ist alles bereit, um sich weiter mit dem Server zu unterhalten.

Eine der ersten Handlungen auf einem Server ist natürlich die Auflistung aller Dateien und Unterverzeichnisse eines Verzeichnisses. Da der entsprechende FTP-Befehl auf der Kommandozeilen-Ebene »Dir« lautet, hat die entsprechende Methode unserer Klasse ebenfalls diesen Namen bekommen.

In Listing 392 sehen Sie diese Methode abgedruckt. Nach der Definition einiger lokaler Variablen wird die Bearbeitungsmethode der erstellten FTP-Anforderung auf die Auflistung eines Verzeichnisinhaltes gesetzt.

Die Klasse `FtpServices` benutzt die synchronen Methoden des .NET 2.0. Bei großen Dateien und /oder sehr langsamen Verbindungen kann dies zu Wartezeiten führen. Um dies zu umgehen existieren in der .NET Klassenbibliothek auch asynchrone Methoden. Diese sind allerdings komplizierter in der Anwendung und bei den heute üblichen Up- und Downloadraten eher was für Spezialfälle.

Damit die Antwort des Servers, also sein Verzeichnislisting, vom Programm entgegengenommen werden kann, muss eine entsprechende »Empfangsstation« – auch Datensenke genannt – eingerichtet werden. Dazu dient im Listing 392 die Variable `FtpResponse`.

Die Daten des Servers werden in einen `Stream` geleitet, von dem aus sie anschließend in einem Stück gelesen werden. Die so generierte Zeichenkette `RetArr` wird nicht aufgesplittet, da in dieser Zeichenkette bereits Zeilentrenner enthalten sind und an dieser Stelle nur eine Liste benötigt wird.

```
Public Function Dir() As String
   Dim RetArr As String = String.Empty
   Dim FtpResponseStream As Stream
   Dim FtpReadStream As StreamReader

   FtpReq.Method = WebRequestMethods.Ftp.ListDirectory

   Dim FtpResponse As FtpWebResponse = FtpReq.GetResponse

   Try
     FtpResponseStream = FtpResponse.GetResponseStream

     FtpReadStream = _
       New StreamReader(FtpResponseStream,_
         System.Text.Encoding.UTF8)

     RetArr = FtpReadStream.ReadToEnd
   Catch ex As Exception
     Throw New Exception("FtpServices (DIR)", ex)
   Finally
     FtpResponse.Close()
   End Try

   Return RetArr

End Function
```

Listing 392: Verzeichnisliste auf dem FTP-Server

Wie einfach damit das Auflisten eines Verzeichnisses ist, sieht man an Listing 393.

```
Private Sub btnDir_Click(ByVal sender As System.Object, _
   ByVal e As System.EventArgs) Handles btnDir.Click

   Dim FTP As Netzwerk.FtpServices = _
```

Listing 393: Aufruf der Methode Dir() der Klasse FtpServices

```
    New Netzwerk.FtpServices(txtServer.Text, txtUser.Text, txtPwd.Text)

  Dim FtpDirectory As String = FTP.Dir

  txtRes.Clear()
  txtRes.Text = FtpDirectory

End Sub
```

Listing 393: Aufruf der Methode Dir() der Klasse FtpServices (Forts.)

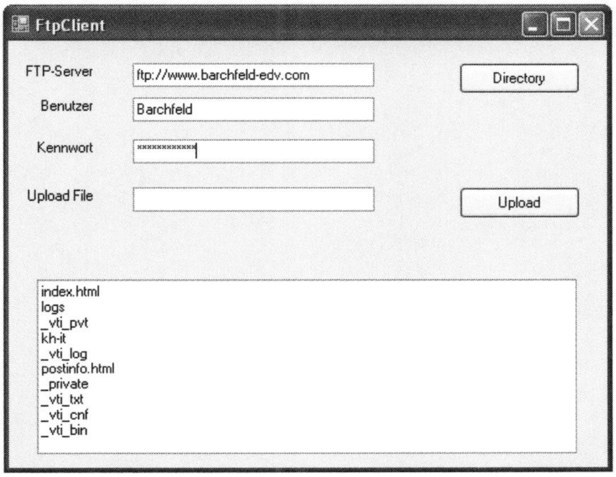

Abbildung 211: Auflistung eines FTP-Server-Verzeichnisses

Die entsprechende Bildschirmmaske ist in Abbildung 211 zu sehen.

Wenn man auf diese Art und Weise festgestellt hat, dass eine Datei auf dem Server fehlt, benötigt man eine Funktion für das Hochladen dieser Datei.

Diese Methode namens Upload() findet sich in Listing 394. Dieser Methode wird der Name der lokalen Datei übergeben, die man auf den Server hochladen möchte. Der Dateiname auf dem Server entspricht dem lokalen Dateinamen. Es wird bei der Deklaration der entsprechenden Variablen ServerFileName dafür Sorge getragen, dass auch wirklich nur ein Dateiname mit Extension hierfür zur Verfügung steht.

Anschließend wird aus dem Servernamen und dem Dateinamen eine neue URI zusammengestellt. Diese wird für das Hochladen der Datei benötigt, wie im Folgenden zu sehen sein wird.

```
Public Function Upload(ByVal LocalFileName As String) As String

  Dim FileContent As String = String.Empty
  Dim ServerFile As String
  Dim ServerFileName As String = _
    System.IO.Path.GetFileName(LocalFileName)

  ServerFile = Server + "/" + ServerFileName
```

Listing 394: Upload-Methode der Klasse FtpServices

```vb
Dim FtpFileUri = New Uri(ServerFile)
If (FtpFileUri.Scheme <> Uri.UriSchemeFtp) Then
  Throw New Exception _
    ("FtpServices (Upload): Kein FTP-URI-Schema!")
End If

Dim FtpFileReq As FtpWebRequest = _
  FtpWebRequest.Create(FtpFileUri)

FtpFileReq.Credentials = Cred
FtpFileReq.Method = WebRequestMethods.Ftp.UploadFile
FtpFileReq.UseBinary = False

Try
  Dim FtpReader As StreamReader = _
    New StreamReader(LocalFileName, System.Text.Encoding.UTF8)

  FileContent = FtpReader.ReadToEnd
  FtpFileReq.ContentLength = FileContent.Length
  FtpReader.Close()
Catch ex As Exception
  Throw New Exception("FtpServices (Upload)", ex)
End Try

Dim FtpRequestStream As Stream = FtpFileReq.GetRequestStream

FtpRequestStream.Write( _
  System.Text.Encoding.Unicode.GetBytes(FileContent), _
  0, FtpFileReq.ContentLength)

FtpRequestStream.Close()

Dim FtpResponse As FtpWebResponse = FtpFileReq.GetResponse

Return FtpResponse.StatusDescription

End Function
```

Listing 394: Upload-Methode der Klasse FtpServices (Forts.)

Für die Anforderung an den FTP-Server wird nun ein neues Objekt der Klasse `FtpWebRequest` erzeugt. Da es sich um eine neue URI mit einer neuen Instanz der Klasse `FtpWebRequest` handelt, werden die Authorisierungsdaten nochmals gesetzt.

Auch hier wird anschließend die Methode gesetzt, mit der diese Anfrage arbeiten soll – `WebRequestMethods.Ftp.UploadFile`.

Die Methode `Upload()` kann in dieser Form nur Textdateien (also auch HTML-, PHP- etc. Dateien) verarbeiten. Daher wird die Art des Dateitransports auf Text eingestellt. Dies erreicht man, indem man die Eigenschaft `UseBinary` des Objekts `FtpFileReq` auf `False` setzt.

Über das Objekt `FtpReader` der Klasse `StreamReader` wird nun die lokale Datei in die Zeichenkettenvariable `FileContent` eingeladen. Das `StreamReader`-Objekt kann anschließend direkt wieder geschlossen werden.

Der eigentliche Transfer geschieht nun in den folgenden drei Zeilen. Aus der FTP-Anfrage `FtpFileReq` holt sich das Programm ein `Stream`-Objekt für den Upload. In diesen `Stream` wird dann Byte für Byte die Datei auf den Server hochgeladen. Dies geschieht ab dem nullten Byte für die gesamte Länge der Zeichenkette.

Nach dem Schließen dieses Datenstroms wird die Statusmeldung des FTP-Servers abgeholt und an das aufrufende Programm zurückgegeben.

Wie einfach und schnell man mit dieser Methode mittels Programm eine Datei hochladen kann, zeigt Listing 395. Die entsprechende Bildschirmmaske finden Sie in Abbildung 212.

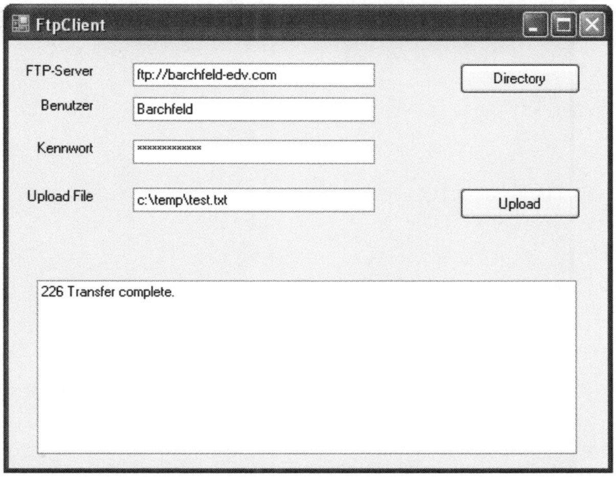

Abbildung 212: Upload einer Datei mit FtpServices

```
Private Sub btnUpload_Click(ByVal sender As System.Object, _
  ByVal e As System.EventArgs) Handles btnUpload.Click

  Dim FTP As Netzwerk.FtpServices = _
    New Netzwerk.FtpServices(txtServer.Text, txtUser.Text, txtPwd.Text)

  Dim FtpAnswer As String = FTP.Upload(txtFileName.Text)

  txtRes.Clear()
  txtRes.Text = FtpAnswer

End Sub
```

Listing 395: Testprogramm zum Dateiupload

Um die Vorgehensweise noch etwas klarer darzustellen, wird in Listing 396 das Löschen einer Datei auf dem FTP-Server gezeigt.

Die zu löschende Datei wird auch hier zu einem URI zusammengestellt und die `FtpWebRequest`-Methode wird auf `DeleteFile` gesetzt. Wie im Upload-Beispiel werden hier die Authorisierungsdaten nochmals angegeben.

Nachdem der Server die Datei gelöscht hat, kann der Status-Code des Servers abgeholt und an das aufrufende Programm zurückgegeben werden.

```
Public Function Del(ByVal FileName As String) As String

    Dim File As String = String.Empty
    Dim Ret As String = String.Empty

    File = Server + "/" + FileName
    Dim FtpFileUri = New Uri(File)
    If (FtpFileUri.Scheme <> Uri.UriSchemeFtp) Then
        Throw New Exception("FtpServices (DEL): Kein FTP-URI-Schema!")
    End If

    Dim FtpFileReq As FtpWebRequest = _
        FtpWebRequest.Create(FtpFileUri)
    FtpFileReq.Method = WebRequestMethods.Ftp.DeleteFile
    FtpFileReq.Credentials = Cred

    Dim FtpResponse As FtpWebResponse = FtpFileReq.GetResponse

    Ret = FtpResponse.StatusDescription
    FtpResponse.Close()

    Return Ret

End Function
```

Listing 396: Löschen einer Datei auf dem FTP-Server

Neben den hier gezeigten Methoden ListDirectory, UploadFile und DeleteFile existieren noch weitere Methoden, um mit einem FTP-Server zu kommunizieren.

Diese finden Sie in Tabelle 30. Alle diese Methoden werden nach den Vorgehensweisen realisiert, wie Sie sie in den vorhergehenden Beispielen gesehen haben.

WebRequestMethods.Ftp Methode	FTP-Befehl
AppenFile	APPE
Deletefile	DELE
DownloadFile	RETR
GetDateTimestamp	**Nicht vorhanden**
GetFileSize	SIZE
ListDirectory	NLIST
ListDirectoryDetails	LIST
MakeDirectory	MKD
PrintWorkingDirectory	PWD
RemoveDirectory	RMD
Rename	RENAME
UploadFile	STOR
UploadFileWithUniqueName	STOU

Tabelle 30: Methoden der Klasse WebRequestMethods

System/WMI

203 Vorbemerkung

Einige Funktionen geben eine Liste vom Typ ArrayList zurück. Dies ist an manchen Stellen nicht typsicher, kann also unter .NET 2.0 geändert werden. Ein Beispiel ist die Funktion Get-BIOS() aus Listing 401.

Unter .NET 2.0 kann diese Funktion mit Generic-Collections wie in Listing 397 realisiert werden.

```
Public Function GetBiosDic() As Dictionary(Of String, String)
  Dim mQuery As WqlObjectQuery
  Dim mSearch As ManagementObjectSearcher
  Dim mCol As ManagementObject
  Dim mStrSQL As String
  'Dim BiosChar As UInt16()

  Dim Liste As Dictionary(Of String, String) = _
    New Dictionary(Of String, String)

  mStrSQL = "select * from win32_bios"
  mQuery = New WqlObjectQuery(mStrSQL)
  mSearch = New ManagementObjectSearcher(mQuery)


  For Each mCol In mSearch.Get()
    If mCol("Name") = Nothing Then
      Liste.Add("Name", "N/A")
    Else
      Liste.Add("Name", mCol("Name"))
    End If
  Next


End Function
```

Listing 397: Dictionary-Variante der Funktion GetBIOS()

Statt eines ArrayList wird eine Variable vom Typ Dictionary erzeugt. Dieser Datentyp kennt für jeden Eintrag einen Schlüssel und einen Wert. Diese beiden Einträge müssen mit einem Datentyp versehen werden. Auf diese Art und Weise können sich keine Fehler einschleichen, die später zu Problemen bei der Programmausführung führen können.

In Listing 397 wurde zur Verdeutlichung nur der erste Eintrag aus Listing 401 der Liste realisiert. Wie Sie bei einem Vergleich sehen können, ist der Unterschied in der Programmierung für dieses Beispiel nicht sehr groß.

Da Sie mit Dictionaries aber auch wesentlich mehr machen können, ist der Verwaltungsanteil dieser Methoden entscheiden umfangreicher, was sich auf die Performance auswirken kann. Wir haben es in den Beispielen zu diesem Kapitel deshalb bei den ArrayLists belassen.

Wenn Sie mehr über Generics erfahren wollen, schauen Sie sich das entsprechende Kapitel im Anhang an.

204 WMI-Namensräume

Um zu ermitteln, welche WMI-Namensräume auf dem Rechner zur Verfügung stehen, muss im Programm als Erstes der entsprechende .NET-Namensraum importiert werden.

```
Imports System.Management
```

Da in diesem Bereich mit Namen gearbeitet wird, empfiehlt sich eine Funktion, die alle Namensräume als Liste zurückliefert.

```
Public Function GetNameSpaces() As ArrayList
  Dim mScope As ManagementScope = New ManagementScope("root")
  Dim mPath As ManagementPath = New ManagementPath("__Namespace")
  Dim mClass As ManagementClass = _
    New ManagementClass(mScope, mPath, Nothing)
  Dim mObject As ManagementObject
  Dim mList As ArrayList = New ArrayList

  ' Schleife über alle Namensräume
  For Each mObject In mClass.GetInstances
    mList.Add(mObject("Name").ToString)
  Next
  Return mList
End Function
```

Listing 398: Die Funktion GetNameSpaces()

Zuerst werden drei Variable definiert, die einem im Kontext von WMI immer wieder begegnen können:

Standardmäßig wird der Namensraum »root\cimv2« vorgegeben. Da wir aber alle Namensräume betrachten wollen, muss WMI mitgeteilt werden, dass wir diesen Standard-Namensraum nicht nutzen wollen, sondern den Namensraum »root«. Dies geschieht mit der Klasse ManagementScope. Bei der Definition wird der zu betrachtende Namensraum angegeben. Mit ManagementPath wird anschließend innerhalb dieses Namensraumes der Weg zur Basisklasse angegeben. Der Pfad »__namespace« besagt, dass wir uns mit Namensräumen beschäftigen wollen. Hat man beides definiert, kann man die eigentlich gewünschte Klasse mit Management-Class definieren. Wer sich diese drei Klassen in der Online-Hilfe anschaut, wird feststellen, dass es zahlreiche Überladungen dieser Klassen gibt. Es existieren auch Varianten, in denen nur ein Objekt der Klasse ManagementClass benutzt wird, um mit dem WMI-Provider in Verbindung zu treten. Im Interesse der späteren Erweiterungen (z.B. auf mehrere Rechner) sollte man sich aber diesen Dreisprung zur Gewohnheit machen.

Um nun auf eine konkrete Instanz einer Klasse zugreifen zu können, wird eine Variable vom Typ ManagementObject benötigt.

Viele Eigenschaften von WMI-Objekten kommen als Liste daher, auch wenn es nur einen sinnvollen Wert geben sollte. Diese Listen können wie gewohnt durchlaufen werden. In der Schleife von Listing 398 wird dabei auf die Eigenschaft »Name« des jeweiligen Objektes zugegriffen. Hierüber erhält man den Namen des jeweiligen Namenraumes, der einer ArrayList angehängt wird.

205 WMI-Klassen

Hat man die Namensräume ermittelt, interessieren die darin enthaltenen Klassen. Ein anderer Fall kann sein, dass man von einem bestimmten Rechner die Klassen eines Namensraumes ermitteln möchte. Diese können von Rechner zu Rechner unterschiedlich vorhanden sein. Die

```
Public Function GetClasses(ByVal NameSpaceString As String) As ArrayList
  Dim mScope As ManagementScope = _
    New ManagementScope("ROOT\" + NameSpaceString)
  Dim mQuery As WqlObjectQuery
  Dim mSearchString As String
  Dim mSearch As ManagementObjectSearcher
  Dim mClass As ManagementClass
  Dim mList As ArrayList = New ArrayList

  mSearchString = "Select * from meta_Class"
  mQuery = New WqlObjectQuery(mSearchString)

  mSearch = New ManagementObjectSearcher(mScope, mQuery, Nothing)

  For Each mClass In mSearch.Get
    mList.Add(mClass("__CLASS").ToString)
  Next
  Return mList
End Function
```

Listing 399: Die Funktion GetClasses()

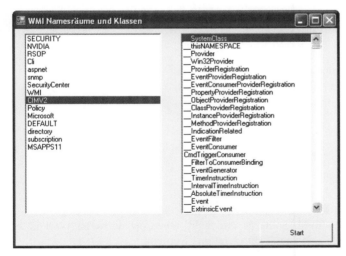

Abbildung 213: Anwendung von GetClasses() / GetNameSpaces()

Der Funktion wird der Namensraum als Parameter übergeben und ein entsprechendes ManagementmentScope-Objekt erzeugt. In diesem Rezept wird eine WQL-Abfrage zur Ermittlung der entsprechenden Werte eingesetzt. Der Einfachheit halber wird eine Abfrage benutzt, die alle Spalten einer Tabelle zurückliefert. Wie in SQL können die gewünschten Eigenschaften als Spalten in der Abfrage angegeben werden. Der dritte Parameter im Konstruktor von ManagementObjectSearcher ist eine Instanz der Klasse EnumerationOptions. Mittels dieses Parameters können zum Beispiel Angaben zum Timeout der Abfrage angegeben oder abgefragt werden. Ein weiterer Ansatzpunkt ist die Festlegung, ob die Abfrage die Ergebnisse für eine Auflistung in einem Rutsch oder für jede Position einzeln ermittelt werden sollen. Letzteres bedingt einen erhöhten Netzwerkverkehr, sollte man die Eigenschaften eines anderen Rechners abfragen. Bei der Eigenschaft __CLASS handelt es sich um eine so genannte Meta-Eigenschaft von WMI. Sie liefert nicht nur die Eigenschaften der aktuellen Klasse, hier der Namespace-Klasse, sondern auch die Eigenschaften der davon abgeleiteten Klassen.

In Abbildung 213 ist das Abfrageergebnis für einen Rechner mit installiertem Windows 2000 zu sehen. Auf der linken Seite sind die Namensräume, auf der rechten die dazugehörenden Klassen aufgelistet. Am Rollbalken der rechten Auflistung kann man den Umfang der Klassen für den Standardnamensraum »root\cimv2« erahnen.

206   Ist WMI installiert?

WMI wird erst ab Windows 2000 standardmäßig mit dem Betriebssystem installiert. Für ältere Betriebssysteme kann WMI nachinstalliert werden – sofern es eine Version für dieses Betriebssystem gibt. Naturbedingt ist nicht damit zu rechnen, dass es eine Version für Windows 3.11 gibt oder geben wird. Dies liegt an den grundlegenden Eigenschaften der alten Betriebssysteme. Das Betriebssystem sollte schon COM unterstützen ☺. Es wird ab Windows 9x unterstützt, wobei die Netzwerkfunktionalität erst ab NT möglich ist. Für diese Systeme kann man sich das entsprechende Setup-Programm von den Microsoft-Web-Seiten downloaden.

Will man feststellen, ob nun WMI auf dem zu betrachtenden Rechner installiert ist, kann man in der Registry nach einem entsprechenden Eintrag suchen. Dies erledigt die Funktion HasWMI() in Listing 400.

```
Public Function HasWMI() As Boolean
  Dim WMIKey As RegistryKey

  WMIKey = Registry.LocalMachine.OpenSubKey("Software\Microsoft\Wbem")
  If WMIKey.Equals(Nothing) Then
    Return False
  Else
    Return True
  End If
End Function
```

Listing 400: Die Funktion HasWMI

Ist WMI auf dem abzufragenden Rechner installiert, existiert der Schlüssel HKEY_LOCAL_-MACHINE\SOFTWARE\Microsoft\WBEM. Sollte es ihn nicht geben, ist entweder WMI nicht installiert oder die Installation sollte nochmals durchgeführt werden.

207   BIOS-Informationen

Es gibt Situationen oder Programmvorgaben, die Informationen aus dem BIOS des Rechners erfordern. Auch hier kann man auf WMI zurückgreifen und sich die entsprechenden Angaben auslesen. Die Funktion GetBIOS() führt genau dies an einigen BIOS-Werten durch. Hierfür wird die WMI-Klasse Win32_Bios ausgenutzt.

```
Public Function GetBIOS() As ArrayList
  Dim mQuery As WqlObjectQuery
  Dim mSearch As ManagementObjectSearcher
  Dim mCol As ManagementObject
  Dim mStrSQL As String
  Dim Liste As ArrayList = New ArrayList
  Dim BiosChar As UInt16()

  mStrSQL = "Select * from win32_bios"
  mQuery = New WqlObjectQuery(mStrSQL)
  mSearch = New ManagementObjectSearcher(mQuery)

  For Each mCol In mSearch.Get()
    If mCol("Name") = Nothing Then
      Liste.Add("Name = N/A")
    Else
      Liste.Add("Name = " + mCol("Name"))
    End If

    If mCol("Version") = Nothing Then
      Liste.Add("Version = N/A")
    Else
      Liste.Add("Version = " + mCol("Version"))
    End If

    If mCol("BuildNumber") = Nothing Then
      Liste.Add("BuildNumber = N/A")
    Else
      Liste.Add("BuildNumber = " + mCol("BuildNumber"))
    End If

    If mCol("Description") = Nothing Then
      Liste.Add("Beschreibung = N/A")
    Else
      Liste.Add("Beschreibung = " + mCol("Description"))
    End If

    If mCol("SerialNumber") = Nothing Then
      Liste.Add("S/N = N/A")
    Else
      Liste.Add("S/N = " + mCol("SerialNumber"))
    End If

    If mCol("TargetOperatingSystem").ToString = Nothing Then
      Liste.Add("Für Betriebssystem = N/A")
    Else
      Liste.Add("Für Betriebssystem = " + _
        Convert.ToString(mCol("TargetOperatingSystem")))
    End If

    If mCol("ReleaseDate") = Nothing Then
```

Listing 401: GetBIOS()-Funktion

```
        Liste.Add("Release Datum = N/A")
      Else
        Liste.Add("Release Datum = " + mCol("ReleaseDate").ToString)
      End If

      If mCol("IdentificationCode") = Nothing Then
        Liste.Add("Identifikation = N/A")
      Else
        Liste.Add("Identifikation = " + mCol("IdentificationCode"))
      End If

      If mCol("BiosCharacteristics").Equals(Nothing) Then
        Liste.Add("BIOS Eigenschaften = N/A")
      Else
        Dim i As Integer
        Dim Temp As String
        BiosChar = mCol("BiosCharacteristics")
        For i = 0 To BiosChar.GetUpperBound(0) - 1
          Temp += (BiosChar(i).ToString + "; ")
        Next
        Temp += BiosChar(i).ToString
        Liste.Add("BIOS Eigenschaften = " + Temp)
      End If
    Next

    Return Liste
  End Function
```

Listing 401: GetBIOS()-Funktion (Forts.)

In diesem Rezept wird nicht der »Dreisprung« benutzt, um an die Klasseninstanz zu gelangen. Da es mehrere Wege innerhalb WMI gibt, um an die benötigten Informationen zu gelangen, wird hier der Weg über das Abfrage-Objekt gewählt. Mit einer Instanz der Klasse WqlObject-Query wird die WQL-Abfrage generiert, die dann dem Konstruktor der Klasse Management-ObjectSearcher übergeben wird. Damit stehen die Informationen zur Verfügung und können mit einer Schleife über alle BIOS-Versionen eines Rechners ausgelesen werden. Zurzeit gibt es im Intel-PC-Bereich allerdings nur Rechner, die mit einem BIOS (soweit uns bekannt) starten. Die Hardware-Hersteller müssen also noch aufrüsten, um dieses Feature zu unterstützen ☺.

Nicht jedes BIOS kann Informationen zu den einzelnen Feldern dieser Abfrage liefern. Daher wird mit dem Test auf Nothing geprüft, ob die entsprechenden Werte überhaupt vorhanden sind. Die hier vorgestellten BIOS-Werte stehen repräsentativ für eine umfangreiche Liste weiterer Werte. Diese können in der Online-Hilfe unter dem Stichwort »Win32_Bios« nachgeschlagen werden.

Ein Wert erfordert aber noch ein wenig Beachtung: BiosChar. Er ist als Array von Uint16-Werten definiert. Dieses Array enthält eine Aufzählung der Features, die das BIOS unterstützt. Hätte das Array beispielsweise nur zwei Einträge BiosChar(0) = 4 und BiosChar(1) = 7, so würde das BIOS nur die Schnittstellen ISA und PCI unterstützen. Würde das BIOS nur PCI unterstützen, so wäre BiosChar(0) = 7. Eine Auflistung der gültigen Schlüssel ist in Listing 402 als Enum codiert.

```
Enum BIOS_CHAR
  NotSupported = 3
  ISA
  MCA
  EISA
  PCI
  PCMCIA
  PlugPlay
  APM
  BIOSUpgradable
  BIOSshadowing
  VLVESA
  ESCD
  BootCD
  SelectableBoot
  BIOSsocketed
  BootPCMCIA
  EDD
  NEC_9800_1_2mb
  Toshiba_1_2mb
  KB360Floppy
  MB1_2Floppy
  KB720Floppy
  MB2_88Floppy
  PrintScreenService
  Keyboard8042
  SerialServices
  PrinterServices
  CGA_Mono_Video
  NEC_PC98
  ACPI
  USB
  AGP
  I20_boot
  LS_120_boot
  ZIP_Drive_boot
  boot_1394
  Smart_Battery
End Enum
```

Listing 402: Enumeration für GetBIOS

Da die Inhalte von `BiosCharacteristics` etwas unhandlich sind – entweder muss man die oben gezeigte Komma-separierte Zeichenkette aufsplitten und die einzelnen Werte abfragen oder ein Uint16-Array durchtesten –, empfiehlt sich die Bereitstellung einer entsprechenden Funktion `GetBIOSCharacteristics()` mit einem Parameter vom Typ `BIOS_CHAR`. Diese Funktion ist in Listing 403 zu sehen.

```
Public Function GetBIOSCharacteristics(ByVal ToCheck As BIOS_CHAR) _
  As Boolean
```

Listing 403: GetBIOSCharacteristics()-Funktion

```
Public Function GetBIOSCharacteristics(ByVal ToCheck As BIOS_CHAR) _
  Dim mQuery As WqlObjectQuery
  Dim mSearch As ManagementObjectSearcher
  Dim mCol As ManagementObject
  Dim mStrSQL As String
  Dim BiosChar As UInt16()
  Dim Result As Boolean = False
  Dim QueryResult As UInt16

  ' Abfrage für nur einen Parameter
  mStrSQL = "Select BiosCharacteristics from win32_bios"
  mQuery = New WqlObjectQuery(mStrSQL)
  mSearch = New ManagementObjectSearcher(mQuery)

  ' Get() liefert immer eine Collection
  For Each mCol In mSearch.Get
    If mCol("BiosCharacteristics").Equals(Nothing) Then
      Result = False
    Else
      Dim i As Integer
      Dim Temp As String
      BiosChar = mCol("BiosCharacteristics")
      For i = 0 To BiosChar.GetUpperBound(0) - 1
        ' Andere If-Konstruktionen lieferten kein
        ' richtiges Ergebnis
        QueryResult = BiosChar(i)
        If Convert.ToInt32(QueryResult) = ToCheck Then
          Result = True
        End If
      Next
    End If
  Next

  Return Result
End Function
```

Listing 403: GetBIOSCharacteristics()-Funktion (Forts.)

In dieser Funktion wird analog zu der schon gezeigten Funktion aus Listing 401 die Information über eine WQL-Abfrage ermittelt. In diesem Fall werden aber nicht alle Spalten der Pseudo-tabelle Win32_Bios abgefragt, sondern nur die uns interessierende: "select BiosCharacteristics from win32_bios".

Da die Methode Get() immer nur eine Liste von Werten zurückliefert, muss auch hier eine Schleife über diese Liste gebildet werden. Die Eigenschaft BiosCharacteristics sollte zwar immer vorhanden sein, aber Vorsicht ist in diesem Bereich auf jeden Fall geboten. Daher wird getestet, ob es überhaupt ein zu testendes Ergebnis gibt. Kann die Eigenschaft nicht gefunden werden, wird False zurückgeliefert. Das Ergebnis entspricht also der Aussage: »Die abgefragte Eigenschaft ist nicht vorhanden«.

Testet man diese Funktionen auf einem Laptop, so erhält man die Ergebnisse aus Abbildung 214.

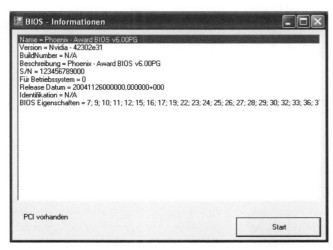

Abbildung 214: BIOS-Information aus Win32_Bios

Wie man erkennt, ist das Datum in einem recht eigenwilligen Format angegeben. Diese Form der Zeitdarstellung nennt sich DMTF-Format und ist ein spezielles Datumsformat, auf das sich die Desktop Management Task Force geeinigt hat (s.o.).

Um dieses Zeitformat in ein für Anwendungsprogrammierer nutzbares Format zu konvertieren kann man lange suchen oder sich der Hilfe des Tools mgmtclassgen bedienen. Öffnet man ein Kommandofenster und führt den Befehl

mgmtclassgen win32_bios /L VB /P C:\temp\win32_bios.txt

aus, so findet man in der Datei win32_bios.txt die Funktion

Shared Function ToDateTime(ByVal dmtfDate As String) As Date

die diese Umrechnung durchführt. Jede auf diese Art und Weise generierte Datei aus dem Win32_-Klassenraum enthält eine solche Funktion, sobald in der entsprechenden Klasse mit Datum und Zeit operiert wird. Die umgekehrte Konvertierung kann man mittels der Funktion

Shared Function ToDmtfDateTime(ByVal [date] As Date) As String

durchführen.

208 Computer-Modell

Will man sich zum Beispiel für eine Bestandsliste der eingesetzten Hardware, respektive zur Kontrolle, welche Hardware sich denn hinter welchem Rechner versteckt, die Bezeichnung des Computer-Modells haben, kann man ebenfalls WMI einsetzen.

```
Public Function GetSystemModel() As String
    Dim mQuery As WqlObjectQuery
    Dim mSearch As ManagementObjectSearcher
    Dim mCol As ManagementObject
    Dim mStrSQL As String
    Dim mStr As String
```

Listing 404: GetSystemModel()-Funktion

```
mStrSQL = "Select * from Win32_ComputerSystem"
mQuery = New WqlObjectQuery(mStrSQL)
mSearch = New ManagementObjectSearcher(mQuery)
For Each mCol In mSearch.Get()
  mStr = mCol("Manufacturer") + " "
  mStr += mCol("Model").ToString
Next
Return mStr
End Function
```

Listing 404: GetSystemModel()-Funktion (Forts.)

Auch in dieser Funktion wird über eine WQL-Abfrage die benötigte Information abgerufen. Will man die Menge an Information begrenzen, die von dieser Abfrage geliefert wird (zum Beispiel auf Grund der höheren Netzlast), so kann man die WQL-Abfrage auf "*select Manufacturer from Win32_ComputerSystem*" beschränken.

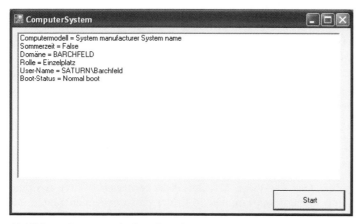

Abbildung 215: Ergebnisse für Klasse Win32_Computersystem

Das Ergebnis einer Abfrage mit dieser Funktion ist in der ersten Zeile von Abbildung 215 zu sehen.

209   Letzter Boot-Status

Interessiert man sich für das Ergebnis des letzten Boot-Vorganges, so kann man diese Information ebenfalls über WMI abfragen. Die hierfür notwendige Funktion ist in Listing 405 zu sehen.

```
Public Function GetBootUpState() As String
  Dim mQuery As WqlObjectQuery
  Dim mSearch As ManagementObjectSearcher
  Dim mCol As ManagementObject
  Dim mStrSQL As String
  Dim mStr As String
```

Listing 405: Die Funktion GetBootUpState()

```
   mStrSQL = "Select * from Win32_ComputerSystem"
   mQuery = New WqlObjectQuery(mStrSQL)
   mSearch = New ManagementObjectSearcher(mQuery)
   For Each mCol In mSearch.Get()
     mStr = mCol("BootupState")
   Next
   Return mStr
End Function
```

Listing 405: Die Funktion GetBootUpState() (Forts.)

Das Ergebnis dieser Funktion kann zurzeit drei Werte annehmen, die als Zeichenkette zurück-geliefert werden, wie sie in Tabelle 31 aufgeführt sind.

Ergebnisse von GetBootUpState
Normal
Fail-safe
Fail-safe with network

Tabelle 31: GetBootUpState-Ergebnisse

210 Sommer-/Winterzeit

Wenn Sie sich davon überzeugen wollen, ob zurzeit die Sommerzeit auf einem Rechner aktiv geschaltet ist, können Sie dies mit der Funktion GetDayLight() erreichen.

```
Public Function GetDayLight() As Boolean
   Dim mQuery As WqlObjectQuery
   Dim mSearch As ManagementObjectSearcher
   Dim mCol As ManagementObject
   Dim mStrSQL As String
   Dim mErg As Boolean

   mStrSQL = "Select * from Win32_ComputerSystem"
   mQuery = New WqlObjectQuery(mStrSQL)
   mSearch = New ManagementObjectSearcher(mQuery)
   For Each mCol In mSearch.Get()
     mErg = mCol("DaylightInEffect")
   Next
   Return mErg
End Function
```

Listing 406: Die Funktion GetDayLight()

Liefert die Funktion True zurück, so ist die Sommerzeit aktiv geschaltet. Ein Beispiel sehen Sie in Abbildung 215 in der untersten Zeile.

System/WMI

211   Computerdomäne

Auch die Domäne, in der der entsprechende Computer integriert ist, kann über Win32_ ComputerSystem ermittelt werden. Die entsprechende Funktion GetDomain finden Sie im Listing 407.

```
Public Function GetDomain() As String
  Dim mQuery As WqlObjectQuery
  Dim mSearch As ManagementObjectSearcher
  Dim mCol As ManagementObject
  Dim mStrSQL As String
  Dim mStr As String

  mStrSQL = "Select * from Win32_ComputerSystem"
  mQuery = New WqlObjectQuery(mStrSQL)
  mSearch = New ManagementObjectSearcher(mQuery)
  For Each mCol In mSearch.Get()
    mStr = mCol("Domain")
  Next
  Return mStr
End Function
```

Listing 407: Die Funktion GetDomain()

Auch hier finden Sie ein Beispielergebnis in Abbildung 215.

212   Domänenrolle

Die Funktion des Rechners innerhalb einer Domäne – handelt es sich um ein Domänenmitglied oder ist es eventuell sogar der primäre Domänenkontroller – kann mit der Funktion Get- DomainRole() ermittelt werden. Die Eigenschaft DomainRole der Win32_ComputerSystem-Klasse liefert einen Uint16-Wert zurück, der über diese »Rolle im Spiel der Computer« Rückschlüsse zulässt. Nun gibt es diverse Einschränkungen, will man diesen Uint16-Wert weiter verarbeiten. Diese Einschränkungen basieren auf dem Typ Uint16. Also muss man ihn in einen Typ konvertieren, der eine vernünftige Weiterverarbeitung zulässt. So kann beispielsweise die Select Case-Anweisung keinen Uint16-Wert auswerten. Die Typkonvertierung nach Int32 ist allerdings nicht CLS-konform. Da die WQL-Abfrage nur Werte zwischen 0 und 5 zurückliefert, kann man dies an dieser Stelle aber vertreten.

```
Public Function GetDomainRole() As String
  Dim mQuery As WqlObjectQuery
  Dim mSearch As ManagementObjectSearcher
  Dim mCol As ManagementObject
  Dim mStrSQL As String
  Dim mErg As Integer
  Dim mStr As String

  mStrSQL = "Select * from Win32_ComputerSystem"
  mQuery = New WqlObjectQuery(mStrSQL)
  mSearch = New ManagementObjectSearcher(mQuery)
```

Listing 408: Die Funktion GetDomainRole()

```
For Each mCol In mSearch.Get()
  ' nicht CLS-kompatibel
  mErg = Convert.ToInt32(mCol("DomainRole"))
Next

Select Case mErg
  Case 0
    mStr = "Einzelplatz"
  Case 1
    mStr = "Domänenmitglied"
  Case 2
    mStr = "Server"
  Case 3
    mStr = "Server in Domäne"
  Case 4
    mStr = "Backup Domänenkontroller"
  Case 5
    mStr = "Primärer Domänenkontroller"
End Select

  Return mStr
End Function
```

Listing 408: Die Funktion GetDomainRole() (Forts.)

Von der Funktion wird eine dem WQL-Wert entsprechende Klartext-Zeichenkette zurückgegeben. Eine Anwendung ist in Abbildung 215 zu sehen.

213   Benutzername

Wollten Sie nicht schon immer mal wissen, wer mit Ihrem Programm arbeitet? Dieses Feature kann man aber auch dazu nutzen, in Bildschirmmasken den Benutzernamen vorzublenden, so dass die Eingabe für den Benutzer erleichtert wird. Zu beachten ist, dass der Benutzername mit dem Domänennamen/Rechnernamen des entsprechenden Accounts geliefert wird. Auf diese Weise kann man auch erkennen, ob in einer Domäne jemand lokal angemeldet ist.

```
Public Function GetUserName() As String
  Dim mQuery As WqlObjectQuery
  Dim mSearch As ManagementObjectSearcher
  Dim mCol As ManagementObject
  Dim mStrSQL As String
  Dim mStr As String

  mStrSQL = "Select * from Win32_ComputerSystem"
  mQuery = New WqlObjectQuery(mStrSQL)
  mSearch = New ManagementObjectSearcher(mQuery)

  For Each mCol In mSearch.Get()
    mStr = mCol("UserName")
```

Listing 409: Die Funktion GetUserName()

```
   Next

   Return mStr
End Function
```

Listing 409: Die Funktion GetUserName() (Forts.)

Auch hier kann man in Abbildung 215 das Ergebnis dieser Funktion sehen. In diesem Beispiel ist zu erkennen, dass der lokale Administrator angemeldet ist.

Die Klasse `Win32_Computersystem` ist sehr umfangreich. Die einzelnen Eigenschaften der Klasse kann man sich in der Online-Hilfe anschauen. Zum Vergleich und zum Verständnis ist diese Klasse in Listing 410 in Visual Basic 2005 Nomenklatur zu sehen.

```
Public Class Win32_ComputerSystem
   Inherits CIM_UnitaryComputerSystem

   Dim AdminPasswordStatus As UInt16
   Dim AutomaticResetBootOption As Boolean
   Dim AutomaticResetCapability As Boolean
   Dim BootOptionOnLimit As UInt16
   Dim BootOptionOnWatchDog As UInt16
   Dim BootROMSupported As Boolean
   Dim BootupState As String
   Dim Caption As String
   Dim ChassisBootupState As UInt16
   Dim CreationClassName As String
   Dim CurrentTimeZone As Int16
   Dim DaylightInEffect As Boolean
   Dim Description As String
   Dim DNSHostName As String
   Dim Domain As String
   Dim DomainRole As UInt16
   Dim EnableDaylightSavingsTime As Boolean
   Dim FrontPanelResetStatus As UInt16
   Dim InfraredSupported As Boolean
   Dim InitialLoadInfo As String
   Dim InstallDate As DateTime
   Dim KeyboardPasswordStatus As UInt16
   Dim LastLoadInfo As String
   Dim Manufacturer As String
   Dim Model As String
   Dim Name As String
   Dim NameFormat As String
   Dim NetworkServerModeEnabled As Boolean
   Dim NumberOfProcessors As UInt32
   Dim OEMLogoBitmap() As Byte
   Dim OEMStringArray() As String
   Dim PartOfDomain As Boolean
   Dim PauseAfterReset As Int64
   Dim PowerManagementCapabilities() As UInt16
```

Listing 410: Die Pseudoklasse Win32_ComputerSystem

```
  Dim PowerManagementSupported As Boolean
  Dim PowerOnPasswordStatus As UInt16
  Dim PowerState As UInt16
  Dim PowerSupplyState As UInt16
  Dim PrimaryOwnerContact As String
  Dim PrimaryOwnerName As String
  Dim ResetCapability As UInt16
  Dim ResetCount As Int16
  Dim ResetLimit As Int16
  Dim Roles() As String
  Dim Status As String
  Dim SupportContactDescription() As String
  Dim SystemStartupDelay As UInt16
  Dim SystemStartupOptions() As String
  Dim SystemStartupSetting As Byte
  Dim SystemType As String
  Dim ThermalState As UInt16
  Dim TotalPhysicalMemory As UInt64
  Dim UserName As String
  Dim WakeUpType As UInt16
  Dim Workgroup As String
End Class
```

Listing 410: Die Pseudoklasse Win32_ComputerSystem (Forts.)

Die in Listing 410 gezeigte Pseudoklasse existiert so nicht im WMI. Sie kann aber als Übersicht über diese Klasse sehr gut genutzt werden.

214 Monitorauflösung

Für bestimmte Anwendungen ist es von Vorteil, wenn man die aktuelle Auflösung des Monitors kennt. Dies per Programm abzufragen, ist mittels der Klasse Win32_DesktopMonitor kein großes Problem mehr. Die entsprechende Funktion GetResolution ist in Listing 411 zu sehen. Mit den Eigenschaften ScreenWidth und ScreenHeight wird die klassische Auflösungsangabe Breite x Höhe zusammengebaut.

```
Public Function GetResolution() As String
  Dim mQuery As WqlObjectQuery
  Dim mSearch As ManagementObjectSearcher
  Dim mCol As ManagementObject
  Dim mStrSQL As String
  Dim mErg As Integer
  Dim mStr As String

  mStrSQL = "Select * from Win32_DesktopMonitor"
  mQuery = New WqlObjectQuery(mStrSQL)
  mSearch = New ManagementObjectSearcher(mQuery)
  For Each mCol In mSearch.Get()
    mStr = Convert.ToString(mCol("ScreenWidth"))
    mStr += " x "
```

Listing 411: Die Funktion GetResolution()

```
    mStr += Convert.ToString(mCol("ScreenHeight"))
  Next
  Return mStr
End Function
```

Listing 411: Die Funktion GetResolution() (Forts.)

Ein Ergebnis dieser Abfrage können Sie ebenfalls in Abbildung 216 sehen.

215 Der Monitortyp

Bei neueren Bildschirmen kann man zusätzliche Informationen über den angeschlossenen Monitor ermitteln. So kann man unter anderem auch den Typ des Monitors herausfinden. Wie man dies mittels WMI durchführt, ist in Listing 412 zu sehen. Da der Monitortyp über eine Schleife ermittelt wird, können auf diese Weise alle an diesem PC angeschlossenen Monitore ermittelt werden.

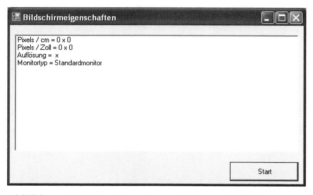

Abbildung 216: Monitoreigenschaften mit WMI

```
Public Function GetMonitorType() As String
  Dim mQuery As WqlObjectQuery
  Dim mSearch As ManagementObjectSearcher
  Dim mCol As ManagementObject
  Dim mStrSQL As String
  Dim mStr As String

  mStrSQL = "Select * from Win32_DesktopMonitor"
  mQuery = New WqlObjectQuery(mStrSQL)
  mSearch = New ManagementObjectSearcher(mQuery)

  For Each mCol In mSearch.Get()
    mStr = mCol("MonitorType")
  Next

  Return mStr
End Function
```

Listing 412: Die Funktion GetMonitorType()

Nach der Erstellung der bekannten Objekte wird die Eigenschaft MonitorType für den Monitor abgefragt und dem aufrufenden Programm zurückgeliefert. Ist nichts Besonderes bekannt, wird *Default Monitor* zurückgeliefert. Auch hier ist als Beispiel die Abbildung 216 zu betrachten.

216 Auflösung in Zoll

In einigen Fällen ist es nicht nur wichtig, die Auflösung in Pixel, sondern auch die Skalierung in »Pixel / Zoll« oder »Pixel / cm« in Erfahrung zu bringen. Die erste Skalierung lässt sich mit WMI ermitteln. Die Umrechnung in »Pixel / cm« kann dann durch die Division mit 2,54 sehr leicht berechnet werden. Die nachfolgende Funktion GetLogicalPixels() erledigt diese Arbeit.

```
Public Function GetLogicalPixels(Optional ByVal cm As Boolean _
  = False) As String

  Dim mQuery As WqlObjectQuery
  Dim mSearch As ManagementObjectSearcher
  Dim mCol As ManagementObject
  Dim mStrSQL As String
  Dim mStr As String

  mStrSQL = "Select * from Win32_DesktopMonitor"
  mQuery = New WqlObjectQuery(mStrSQL)
  mSearch = New ManagementObjectSearcher(mQuery)

  For Each mCol In mSearch.Get()
    Dim Band As UInt32
    Band = mCol("PixelsPerXLogicalInch")

    If cm = True Then
      Band = Convert.ToUInt32(Convert.ToDouble(Band) / 2.54)
    End If

    mStr = Band.ToString
    Band = mCol("PixelsPerYLogicalInch")

    If cm = True Then
      Band = Convert.ToUInt32(Convert.ToDouble(Band) / 2.54)
    End If
    mStr += (" x " + Band.ToString)
  Next

  Return mStr
End Function
```

Listing 413: Die Funktion GetLogicalPixels()

Der Funktion wird ein logischer Parameter übergeben, der im Zustand True dafür sorgt, dass die Angaben in »Pixel / cm« zurückgegeben werden. Da in vielen Fällen die Angabe in Zoll relevant ist, wird der Parameter per Default-Wert auf diese Einstellung gesetzt.

Da eine automatische Konvertierung von UInt32 nach Double und auch von Double nach UInt32 nicht möglich ist (auch nicht bei strict off), wird diese durch den Aufruf der Shared Klasse Convert aus dem System-Namensraum erzwungen. Dies ist hier ohne Probleme auf

Grund der zu erwartenden Zahlenwerte möglich. In solchen Fällen sollte man sich genau überlegen, was man da konvertiert und wie die möglichen Zahlenwerte sein können. So mancher sehr schwer zu findende Fehler basiert auf falschen Konvertierungen. In Abbildung 216 können Sie das Ergebnis für beide Varianten sehen.

217 Logische Laufwerke mit WMI

Um sich Informationen über ein Laufwerk zu holen, können Sie ebenfalls WMI einsetzen. Um die Programmierung etwas abwechslungsreicher zu machen, wird hier eine weitere Methode zur Informationsgewinnung benutzt.

Öffnet man nach der Installation der WMI-Erweiterung im Server-Explorer (siehe *Anhang*) den Menübaum von *Management Classes*, so erscheint eine Auflistung aller möglichen WMI-Klassen. Mit der rechten Maustaste über einem Eintrag kann ein Kontextmenü geöffnet werden, welches den Eintrag *Generate Managed Class* enthält. Dieser Eintrag ist auch in der deutschen Version auf Englisch, da es diese Erweiterung nur in englischer Sprache gibt. Führt man diesen Befehl für den Eintrag *Disk Volumes* aus, erscheint im Projektmappen-Explorer eine neue Datei: `Win32_LogicalDisk.vb` (siehe Abbildung 217). Diese Datei ist 78 Kilobyte groß, entsprechend umfangreich ist der darin enthaltene Quellcode. Einige Teile werden hier besprochen, da sie allgemein gültig sind und auch für andere Klassen ein nützliches Hintergrundwissen darstellen.

Einen ersten Überblick über die Klassen kann man sich mit der Klassenansicht verschaffen. Auch hier überzeugt die Menge der Methoden und Eigenschaften ☺.

Zu diesen Methoden und Eigenschaften gibt es keine Erklärungen in Handbüchern oder Hilfetexten. Da aber alles im Quelltext vorliegt, kann man sich die fragliche Methode/Eigenschaft in diesen Quelltext anschauen (und dabei vielleicht etwas lernen).

Ein Problem des klassischen WMI-Zugriffs ist die Frage, ob die WMI-Eigenschaft überhaupt etwas zurückliefert. Einige Eigenschaften liefern immer ein Ergebnis zurück, während andere durchaus auch ein `Nothing` zurückliefern können, was unweigerlich zu einer Ausnahme im Programm führen kann. Hier stellen die auf diese Weise erstellten Klassen ein komfortables Hilfsmittel zur Verfügung. Für jede Eigenschaft oder Methode, die `Nothing` zurückliefern könnte, wird eine Funktion nach dem Schema `Is<Eigenschaft>Null` zur Verfügung gestellt.

```
<Browsable(false), _
DesignerSerializationVisibility _
  (DesignerSerializationVisibility.Hidden)> _
Public ReadOnly Property IsFreeSpaceNull As Boolean
  Get
    Return curObj("FreeSpace") Is Nothing
  End Get
End Property
```

Listing 414: IsFreeSpaceNull der Win32_LogicalDisk-Klasse

Als Beispiel sei hier die Funktion `IsFreeSpaceNull()` genannt, mit der getestet werden kann, ob ein entsprechender Wert vorhanden ist oder nicht.

Da man sich in diesem Kontext für ein bestimmtes Laufwerk interessiert, muss man mit dieser Klasse auch keine WQL-Abfrage mit `where`-Klausel generieren. Die Klasse enthält eine entsprechende `New()`-Methode:

```
Public Sub New(ByVal keyDeviceID As String)
  Me.New(CType(Nothing,System.Management.ManagementScope), _
  CType(New System.Management.ManagementPath _
  (LogicalDisk.ConstructPath(keyDeviceID)), _
  System.Management.ManagementPath), _
  CType(Nothing,System.Management.ObjectGetOptions))
End Sub
```

Listing 415: Die Methode New(keyDeviceID) der Win32_LogicalDisk-Klasse

Dies ist eine von insgesamt neun New-Methoden, die angeboten werden.

Abbildung 217:
Projektmappen-Explorer nach
Generierung der WMI-Klasse

Abbildung 218:
Klassenansicht von
Win32_LogicalDisk

Mit diesem Vorwissen kann die Abfrage nach den Laufwerksinformationen in Angriff genommen werden. Eine Lösung des Problems ist in Listing 417 zu sehen. Die in der Datei *Win32_Logical-Disk.vb* enthaltene Klasse muss importiert werden, da zwar die Datei vom Server-Explorer erstellt und in das Projekt kopiert, aber eine entsprechende Imports-Zeile nicht generiert wurde.

```
Imports System
Imports System.Management

' strict = on geht mit dem folgenden Import nicht
Imports DiskInfo2.ROOT.CIMV2
```

Listing 416: Imports-Anweisungen zur Nutzung der WMI-Klasse

Leider erkauft man sich durch den Import dieser Klasse einen Nachteil: Die Einstellung strict = on ist nicht mehr nutzbar, da in der generierten Klasse viele implizite Typkonvertierungen durchgeführt werden.

```
Private Sub btnStart_Click(ByVal sender As System.Object, _
  ByVal e As System.EventArgs) Handles btnStart.Click

  Dim mDiskFreeSpace As String
  Dim mDiskID As String
  Dim mDiskName As String
  Dim mDiskCaption As String
  Dim mPath As String
  Dim mDiskVolumeName As String
  Dim mDriveType As String
  Dim mMediaType As String
  Dim mSize As String
  Dim mSerialNo As String

  mDiskID = txtDisk.Text.ToString

  ' Klassische Variante auch hier möglich
  'mPath = "win32_LogicalDisk.DeviceId=" + """" + mDiskID + """"
  'Dim Disk As New LogicalDisk(New ManagementPath(mPath))

  Dim disk As New LogicalDisk(mDiskID)

  If Disk.IsFreeSpaceNull = False Then
    mDiskFreeSpace = "Freier Speicherplatz = " + _
      disk.FreeSpace.ToString
  Else
    mDiskFreeSpace = "Freier Speicherplatz = N/A"
  End If

  mDiskName = "Name = " + disk.Name.ToString

  mDiskCaption = "Caption = " + disk.Caption.ToString()

  mDiskVolumeName = "Laufwerksbezeichnung = " + _
    disk.VolumeName.ToString()

  If disk.IsDriveTypeNull = False Then
    mDriveType = "Laufwerkstyp = " + disk.DriveType.ToString()
  Else
    mDriveType = "Laufwerkstyp = N/A"
  End If

  If disk.IsMediaTypeNull = False Then
    mMediaType = "Medientypus = " + disk.MediaType.ToString()
  Else
    mMediaType = "Medientypus = N/A"
  End If
```

Listing 417: Laufwerksinformationen mittels WMI-Klassen

```
If disk.IsSizeNull = False Then
  mSize = "Größe = " + disk.Size.ToString()
Else
  mSize = "Größe = N/A"
End If

mSerialNo = "S/N = " + disk.VolumeSerialNumber.ToString

lbList.Items.Add(mDiskName)
lbList.Items.Add(mDiskFreeSpace)
lbList.Items.Add(mDiskCaption)
lbList.Items.Add(mDiskVolumeName)
lbList.Items.Add(mDriveType)
lbList.Items.Add(mMediaType)
lbList.Items.Add(mSize)
lbList.Items.Add(mSerialNo)

End Sub
```

Listing 417: Laufwerksinformationen mittels WMI-Klassen (Forts.)

Da die Klasse recht einfach eingesetzt werden kann, wurde auf die Erstellung einer separaten Funktion für Cut&Paste verzichtet und ein Konsolenprogramm erstellt.

Nach der Deklaration einiger Zeichenketten-Variablen wird die Laufwerksbezeichnung aus der Bildschirmmaske entnommen und der New-Methode der Klasse LogicalDisk übergeben. In den dazwischen liegenden Kommentarzeilen ist eine andere Verfahrensweise zur Erstellung der Klasse aufgeführt. Diese entspricht mehr dem klassischen Vorgehen. Im Anschluss daran werden einzelne Eigenschaften der WMI-Klasse abgefragt. Hierbei werden die generierten Funktionen zur Nothing-Ermittlung für die Eigenschaften benutzt, die für dieses Problem auftauchen können. Diese Werte werden anschließend einer TextBox übergeben.

Wie man Abbildung 219 entnimmt, wurde der START-Button zweimal betätigt. Das erste Mal wurde die lokale Platte C: abgefragt. Zu erkennen ist dies am Laufwerkstyp. Es handelt sich um eine lokale Platte. Bei Laufwerk F: ist an dieser Stelle ein Netzwerklaufwerk vermerkt.

Während FreeSpace den noch freien Platz des Laufwerkes in Bytes angibt, zeigt Size die Gesamtkapazität des Laufwerkes an.

218 Physikalische Platten

Bei logischen Laufwerken handelt es sich im Prinzip um Partitionen auf einer eventuell größeren physikalischen Platte, die noch weitere Partitionen (Laufwerke) beinhalten kann. Will man also neben den logischen Laufwerken auch wissen, wie viele und welche Festplatten eingebaut sind, kommt man mit der in 217 gezeigten Methode nicht weiter. Leider bietet auch die WMI-Erweiterung des Server-Explorers keine zu generierende Klasse, so dass man auf eine der klassische Methoden zurückgreifen muss.

```
Public Structure PhysicalHardDrive
  Public Name As String
  Public Systemname As String
  Public DeviceID As String
  Public Manufacturer As String
  Public Typ As String
  Public IndexNumber As String
  Public Partitions As String
  Public Model As String
  Public Cylinder As String
  Public Sectors As String
  Public Heads As String
  Public Tracks As String
  Public TracksPerCylinder As String
  Public SectorsPerTrack As String
  Public Size As String
End Structure
```

Listing 418: Struktur für physikalische Festplatten

Da durchaus mehrere Platten in einem Rechner Platz finden, bietet sich eine Struktur an, die eine Festplatte symbolisiert. Eine Möglichkeit der Definition einer solchen Struktur ist in Listing 418 dargestellt. Es sind alle relevanten Daten einer Festplatte aufgeführt.

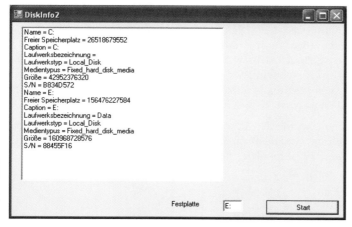

Abbildung 219: Beispielausgabe zur Ermittlung von Laufwerksinformationen

Die Angabe von Size ist redundant, da sie aus der Multiplikation der Angaben zur Anzahl der Zylinder, der Anzahl der Spuren pro Zylinder, der Anzahl der Sektoren pro Spur und der Anzahl der Bytes pro Sektor ermittelt werden kann und intern durch WMI auch so errechnet wird.

Während die DeviceID dieser Struktur eine eindeutige Nummer, bezogen auf alle Geräte des Computers, darstellt, bezieht sich der Index auf eine eindeutige Nummerierung der Festplatten innerhalb des Systems.

Die Strukturgröße Partitions gibt die Anzahl der Partitionen der Festplatte an. Dies können logische Festplatten (C:, D:, etc.) sein. Unter den Partitionen können auch solche Partitionen aufgeführt werden, die von anderen Betriebssystemen genutzt werden. So werden zum Beispiel von der in Abbildung 220 gezeigten Platte mit der ID \\.*PHYSICALDRIVE0* drei der vier Partitionen von Linux genutzt.

Abbildung 220: Angaben zu physikalischen Platten

USB-Sticks werden von WMI als Festplatte erkannt und mit entsprechenden Werten gemeldet. Während die Kapazitätsberechnung bei den Festplatten einwandfrei ist, errechnet das System für einen 128 MB USB-Stick eine Gesamtkapazität von 123 MB. Woran dies liegt, konnte aber noch nicht festgestellt werden.

Ermittelt werden die Größenangaben durch die Funktion GetHFInfo(), wie sie in Listing 419 zu sehen ist.

```
Public Function GetHDInfo() As ArrayList
    Dim mQuery As WqlObjectQuery
    Dim mSearch As ManagementObjectSearcher
    Dim mCol As ManagementObject
    Dim mStrSQL As String
    Dim HDs As ArrayList = New ArrayList
    Dim HDInfo As PhysicalHardDrive

    mStrSQL = "Select * from win32_DiskDrive"
    mQuery = New WqlObjectQuery(mStrSQL)
    mSearch = New ManagementObjectSearcher(mQuery)

    For Each mCol In mSearch.Get()
        HDInfo.Systemname = mCol("SystemName").ToString
        HDInfo.Name = mCol("Name").ToString
        HDInfo.DeviceID = mCol("DeviceID").ToString
        HDInfo.Manufacturer = mCol("Manufacturer").ToString
        HDInfo.Model = mCol("Model").ToString
        HDInfo.IndexNumber = mCol("Index").ToString
        HDInfo.Partitions = mCol("Partitions").ToString
```

Listing 419: Die Funktion GetHDInfo()

```
      HDInfo.Cylinder = mCol("TotalCylinders").ToString
      HDInfo.Sectors = mCol("TotalSectors").ToString
      HDInfo.Heads = mCol("TotalHeads").ToString
      HDInfo.Tracks = mCol("TotalTracks").ToString
      HDInfo.TracksPerCylinder = mCol("TracksPerCylinder").ToString
      HDInfo.SectorsPerTrack = mCol("SectorsPerTrack").ToString
      HDInfo.BytesPerSector = mCol("BytesPerSector").ToString
      HDInfo.Size = mCol("Size").ToString

      HDs.Add(HDInfo)
    Next
    Return HDs
  End Function
```

Listing 419: Die Funktion GetHDInfo() (Forts.)

Neben den üblichen Deklarationen zur WMI-Verbindung werden zwei zusätzliche Variable definiert: HDs für die Rückmeldung an das aufrufende Programm und HDInfo zur Speicherung der Informationen für die jeweils betrachtete Festplatte. Nach der erfolgreichen Verbindung zu WMI werden die einzelnen Strukturfelder mit Werten gefüllt und diese Struktur in die Array-List kopiert. Dies wird für jede Festplatte des Systems durchgeführt. Zum Schluss wird die gefüllte ArrayList an das aufrufende Programm zurückgegeben.

Da das Durchlaufen einer ArrayList von Strukturen nicht unbedingt jeden Tag vorkommt, ist hier zur Erinnerung auch das aufrufende Programm für das in Abbildung 220 gezeigte Beispiel abgedruckt.

```
Private Sub btnStart_Click(ByVal sender As System.Object, _
  ByVal e As System.EventArgs) Handles btnStart.Click

  ' Struktur deklarieren
  Dim PhysHD As PhysicalHardDrive

  ' ArrayList für diese Struktur
  Dim HDArr As ArrayList

  HDArr = GetHDInfo()

  For Each PhysHD In HDArr
    lbList.Items.Add("Systemname = " + PhysHD.Systemname)
    lbList.Items.Add("Name = " + PhysHD.Name)
    lbList.Items.Add("Device-ID = " + PhysHD.DeviceID)
    lbList.Items.Add("Hersteller = " + PhysHD.Manufacturer)
    lbList.Items.Add("Typ = " + PhysHD.Typ)
    lbList.Items.Add("Physikalische Nummer = " + _
      PhysHD.IndexNumber)
    lbList.Items.Add("Partitionen = " + PhysHD.Partitions)
    lbList.Items.Add("Zylinder = " + PhysHD.Cylinder)
    lbList.Items.Add("Sektoren = " + PhysHD.Sectors)
    lbList.Items.Add("Köpfe = " + PhysHD.Heads)
    lbList.Items.Add("Spuren = " + PhysHD.Tracks)
```

Listing 420: Beispielprogramm zum Aufruf von GetHDInfo

```
      lbList.Items.Add("Spuren / Zylinder = " + _
        PhysHD.TracksPerCylinder)
      lbList.Items.Add("Sektoren / Spur = " + _
        PhysHD.SectorsPerTrack)
      lbList.Items.Add("Bytes / Sektor = " + _
        PhysHD.BytesPerSector)
      lbList.Items.Add("Plattenkapazität = " + PhysHD.Size)
      lbList.Items.Add("--------------------")
      lbList.Items.Add("")
      lbList.Refresh()
    Next

  End Sub
```

Listing 420: Beispielprogramm zum Aufruf von GetHDInfo (Forts.)

Die lokal definierte `ArrayList HDArr` wird über den Aufruf der Funktion gefüllt. Im Schleifendurchlauf wird die Strukturvariable `PhysHD` jedes Mal neu mit den Werten der aktuellen Platte überschrieben und kann somit für die Ausgabe benutzt werden.

219 Installierte Programme

Eine Liste der installierten Programme auf einem Rechner kann auf zwei Arten erzeugt werden: über Einträge in der Registry des betreffenden Rechners und über die WMI-Klasse `Win32_Product`. Kann man über die Registry auch Programme finden, die nicht mit dem Microsoft System Installer (MSI) installiert wurden, findet WMI leider nur solche Programme. Betrachtet man aber die Installation von .NET-Programmen, so tauchen neue Probleme auf, da solche Programme in vielen Fällen nur noch mit der »xcopy-Methode« installiert werden müssen. Programme, die ihre Einstellungen über .*ini*-Dateien absichern, fehlen in den genannten Listen ohnehin. Und es gibt einige größere 32-Bit-Programmsysteme, die mit .*ini*-Dateien arbeiten, da man Textdateien sowohl per Programm als auch per Hand besser bearbeiten kann. Diese Einsicht hat Microsoft wohl auch dazu bewegt, Textdateien zur Konfiguration von Programmen mit .NET wieder einzuführen.

Mit der Kenntnis, nicht alle Programme zu erwischen, kann die Implementierung einer solchen Funktion wie in Listing 423 aussehen. Um die ermittelten Informationen übersichtlicher zu gestalten, werden noch eine Struktur und eine Enumeration eingeführt.

```
  Public Structure ProductStruc
    Public Name As String
    Public Version As String
    Public InstallDate As String
    Public InstallState As String
    Public SN As String
  End Structure
```

Listing 421: Struktur zum Austausch der Produktdaten

Die Struktur aus Listing 421 ermöglicht den Austausch der Programminformationen über eine einfache `ArrayList`, in der jeder Eintrag eine Produktstruktur darstellt. Das Programm wird dadurch übersichtlicher.

```
Public Enum InstState
  Bad = -6
  Invalid = -2
  Unknown = -1
  Advertised = 1
  Absent = 2
  Installed = 5
End Enum
```

Listing 422: Enumeration des Installationsstatus

Der Status der Installation wird über die Eigenschaft InstallState ermittelt, die den Status als vorzeichenbehaftete Integerzahl zurückliefert. Um sowohl das Programm als auch die Ausgabe lesbarer zu gestalten, wird die Enumeration aus Listing 422 eingeführt.

```
Public Function GetProd() As ArrayList
  ' Typ Product aus Win32_Product
  Dim pr As New Product

  ' Collection aus Win32_Product
  Dim prEnum As Product.ProductCollection

  Dim mArr As ArrayList = New ArrayList
  Dim str As String

  ' einzelnes Produkt in Struktur speichern
  Dim mProduct As ProductStruc

  ' Sammeln aller Programme in einer Collection
  prEnum = pr.GetInstances

  ' alle mit MSI installierten Programme durchlaufen
  For Each pr In prEnum
    mProduct.Name = pr.Name
    mProduct.Version = pr.Version
    mProduct.InstallDate = pr.InstallDate

    ' Status der Installation über Enum in Klartext umwandeln
    Select Case CType(pr.InstallState, InstState)
      Case InstState.Installed
        mProduct.InstallState = "Installed"
      Case InstState.Absent
        mProduct.InstallState = "Absent"
      Case InstState.Advertised
        mProduct.InstallState = "Advertised"
      Case InstState.Bad
        mProduct.InstallState = "Bad"
      Case InstState.Invalid
        mProduct.InstallState = "Invalid"
      Case InstState.Unknown
```

Listing 423: Die Funktion GetProd()

System/WMI

```
              mProduct.InstallState = "Unknown"
         Case Else
              mProduct.InstallState = "New Number?"
       End Select

       mProduct.SN = pr.IdentifyingNumber
       mArr.Add(mProduct)
    Next
    Return mArr
End Function
```

Listing 423: Die Funktion GetProd() (Forts.)

Vor der ersten selbst programmierten Zeile wird aus dem Server-Explorer eine .Net-Klasse aus der WMI-Klasse *Software Products (WMI)* generiert. Im Projektmappen-Explorer erscheint die neue Datei *Win32_Products.vb*.

Mit diesen Voraussetzungen kann nun die Variable eine Instanz der Klasse `Product` erzeugt werden. Die Auflistung der Programmobjekte geschieht in der Variablen `prEnum`.

Da die Eigenschaft `InstallState` als Zeichenkette geliefert wird, wird eine Konvertierung zu Beginn des `Select Case`-Zweiges durchgeführt.

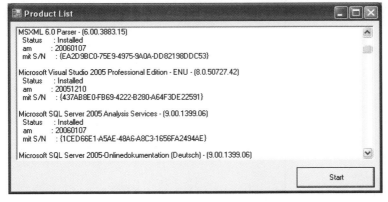

Abbildung 221: Liste der installierten Programme

Wie eine solche Liste beispielhaft aussieht, sehen Sie in Abbildung 221. Interessant ist hier das Feature der Seriennummer. Mit der Funktion `GetProd()` ist es ein Leichtes, sich innerhalb eines Netzes alle mittels MSI installierten Programme auflisten zu lassen.

220 Programm über Namen starten

Möchte man aus seinem Programm heraus ein anderes Programm starten, so hat man die Wahl zwischen zwei Methoden. Einmal kann man ein Programm über den Namen der ausführbaren Datei starten. Diese Methode wird hier gezeigt. Die zweite Art startet ein Programm indirekt über den Dateinamen. Dies wird in Rezept 221 gezeigt.

```
Public Function StartProgram(ByVal PrgName As String, _
   Optional ByVal FileName As String = Nothing) As Boolean

   Dim Program As ProcessStartInfo = New ProcessStartInfo
   Dim ProgramProcess As Process = New Process

   ' Wir starten ein Programm
   Program.UseShellExecute = False

   ' Es soll ein Fenster angezeigt werden
   Program.CreateNoWindow = False

   ' Der Name des auszuführenden Programms
   Program.FileName = PrgName

   ' Normales Fenster
   Program.WindowStyle = ProcessWindowStyle.Normal

   ' Das Arbeitsverzeichnis des Programmes
   Program.WorkingDirectory = "C:\TEMP"

   If FileName <> Nothing Then
      Program.Arguments = FileName
   Else
      Program.Arguments = ""
   End If

   Try
      ProgramProcess.Start(Program)
   Catch ex As SystemException
      Throw New ApplicationException("StartProgram", ex)
   End Try

   Return True
End Sub
```

Listing 424: Programmstart über Programmname

Der Funktion StartProgram werden der Name der ausführbaren Datei und ein optionaler Start-parameter für dieses Programm übergeben. Die Eigenschaft UseShellExecute legt fest, ob zum Starten des Programms die Shell des Betriebssystems benutzt werden soll. Ist diese Eigenschaft auf False gesetzt, können dem zu startenden Prozess nur ausführbare Dateien übergeben werden.

Das Programmfenster soll nach dem Start Normal erscheinen. Insgesamt gibt es vier Fenster-variationen, mit denen ein Fenster erstellt werden kann (siehe Tabelle 32).

Fensterstil	Beschreibung
Hidden	Das Fenster wird versteckt angezeigt. Es ist zwar vorhanden und kann Meldungen empfangen und selber Meldungen schicken. Es ist aber nicht möglich, Anwendereingaben zu verarbeiten.
Maximized	Das Fenster wird in der Größe des Bildschirms dargestellt. Benutzereingaben sind möglich. Sollte das Fenster ein Clientfenster eines Programmes sein, so wird der Bereich des hierarchisch übergeordneten Fensters gefüllt.
Minimized	Das Fenster wird auf der Taskleiste abgelegt.
Normal	Das Fenster wird mit seiner Standardgröße auf dem Bildschirm oder im Clientbereich des übergeordneten Programmes angezeigt.

Tabelle 32: Mögliche Fensterstile

Es wird ein Arbeitsverzeichnis benötigt, da das Programm zum Beispiel wissen muss, wo es Dateien abzulegen hat, sollte man keine speziellen Angaben während des Programmlaufes des gestarteten Programms zum Speicherort machen.

Da der Dateiname optional mit Nothing vorbelegt wurde, muss bei den Übergabe-Argumenten für das Programm nötigenfalls eine leere Zeichenkette angegeben werden. Eine leere Zeichenkette ist eine Zeichenkette mit all dem »Ballast«, den eine Zeichenkette mit sich herumträgt. Der Wert Nothing steht für Nichts, noch nicht einmal eine leere Zeichenkette.

Hat der Übergabeparameter FileName einen Wert, wird dieser dem Programm als Argument mitgegeben. Dies entspricht der Vorgehensweise bei der Übergabe von Argumenten auf der Befehlszeile.

221 Programm über Datei starten

Hat man eine Datei, benötigt man nicht unbedingt die Kenntnis über das Programm, welches diese Datei anzeigen kann. Kennt das Betriebssystem die Dateiendung (zum Beispiel *.txt*), so kann es sich das dazugehörige Programm aus der Registry des Rechners holen und anschließend zusammen mit der Datei starten. Die Funktion StartShell aus Listing 425 erledigt diese Aufgabe.

```
Public Function StartShell(ByVal FileName As String) As Boolean

    Dim Program As ProcessStartInfo = New ProcessStartInfo
    Dim ProgramProcess As Process = New Process

    Program.Arguments = FileName

    ' Dateiname als Startkriterium
    Program.UseShellExecute = True

    ' Fenster soll angezeigt werden
    Program.CreateNoWindow = False

    ' Normales Fenster
    Program.WindowStyle = ProcessWindowStyle.Normal
```

Listing 425: Programmstart über einen Dateinamen

```
' Arbeitsverzeichnis
Program.WorkingDirectory = "C:\TEMP"

Try
  ProgramProcess.Start(FileName)
Catch ex As SystemException
  Throw New ApplicationException("StartShell", ex)
End Try

  Return True
End Sub
```

Listing 425: Programmstart über einen Dateinamen (Forts.)

Der Funktion wird der Dateiname übergeben, für den ein gesonderter Prozess gestartet werden soll. Die Eigenschaft `UseShellExecute` wird auf `True` gesetzt. Damit wird die Shell des Betriebssystems genutzt, die nach dem registrierten Programm für die übergebene Dateiart sucht. So werden *.txt*-Dateien typischerweise mit dem Notepad gestartet, während *.doc*-Dateien durch *Word* bearbeitet werden.

222   Parameterübergabe per Befehlszeile

Bestimmte Programme gewinnen durch die Tatsache, dass man ihnen Dateien, Einstellungen oder Ähnliches beim Programmstart über die Befehlszeile übergeben kann. Nach Programmstart kann man diese Übergabeparameter mit der Methode `GetCommandLineArgs` aus dem Namensraum `System.Environment` auslesen. Wie dies geschieht, kann man dem Listing 426 entnehmen.

```
Sub Main()
  Dim i As Integer

  Console.WriteLine()
  Dim Arguments As String()
  Dim Argument As String
  Dim FileName As String
  Dim User As String

  arguments = Environment.GetCommandLineArgs()

  For i = 0 To arguments.Length - 1
    Console.WriteLine("Übergabeparameter {0}: {1}", i, arguments(i))

    Argument = Arguments(i).ToLower
    Select Case Argument
      Case "file"
        i += 1
        FileName = Arguments(i)
      Case "user"
        i += 1
        User = Arguments(i)
```

Listing 426: Parameterübergabe per Befehlszeile

```
    End Select
  Next

  Console.WriteLine()
  Console.WriteLine("Dateiname = {0}", FileName)
  Console.WriteLine("User = {0}", User)

  Console.WriteLine("Weiter mit <CR>")
  Console.ReadLine()
End Sub
```

Listing 426: Parameterübergabe per Befehlszeile (Forts.)

Die einzelnen Übergabewerte werden als Zeichenketten-Array zur Verfügung gestellt. In Listing 426 wird die Übergabe von zwei Parametern realisiert, einem Dateinamen und einem Benutzer. Nachdem die Übergabeparameter mit `GetCommandLineArgs()` dem Programm bekannt gemacht sind, werden diese in einer Schleife über alle Parameter ausgewertet. Um die Reihenfolge der Angabe von Datei und Benutzer variabel zu halten, wird erst getestet, ob es sich um den Parameter `file` handelt. Ist dies der Fall, so muss der nächste Parameter die übergebene Datei sein. Analog verhält es sich mit dem Benutzer. Daher wird jeweils nach der positiven Feststellung die Schleifenvariable innerhalb der Schleife um 1 erhöht und der entsprechende Wert zugewiesen.

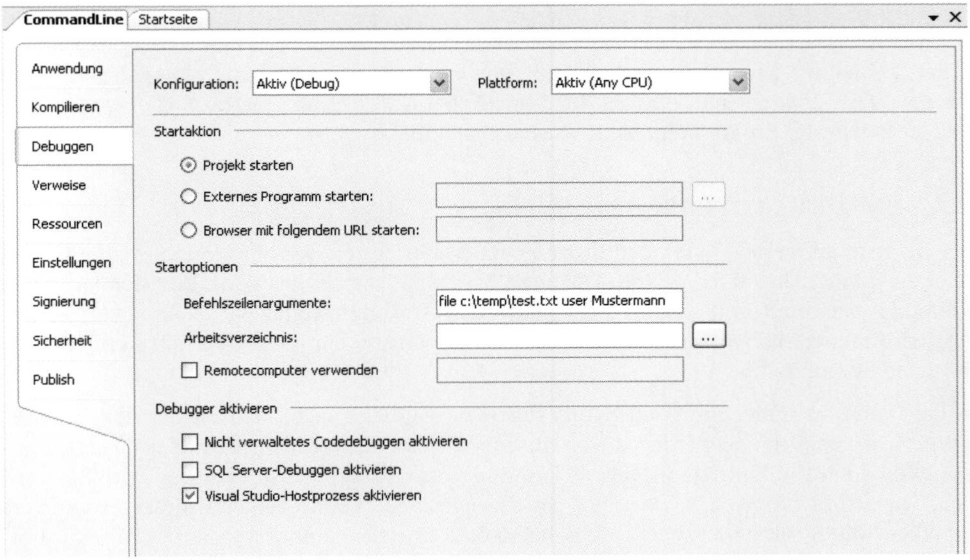

Abbildung 222: Einstellungen zum Testen von Kommandozeilen-Parametern

Die Auswertung der Übergabeparameter in diesem Beispiel ist recht einfach gehalten. Man kann sich beliebig viele Fehler vorstellen, die ein Anwender an dieser Stelle begehen kann. Eine fehlertolerante Implementierung einer solchen Funktion würde den Rahmen sprengen. Zudem ist sie für jede Situation anders. Wenn man aber die Möglichkeit der Parameterübergabe nur für interne Zwecke (also nicht zur freien Verfügung des Programmbenutzers) benutzt, stellen sie eine deutliche Erleichterung in einigen Situationen dar.

System/WMI

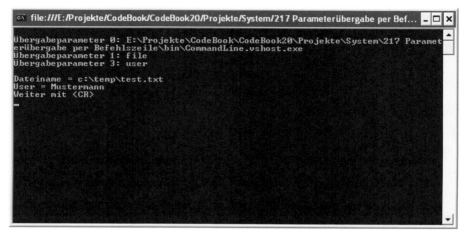

Abbildung 223: Ausgabe des Programmes CommandLine.exe

Starten Sie ein Programm wie aus Listing 426 in der Entwicklungsumgebung, ergibt sich zwangsläufig die Frage, wo denn die Übergabeparameter bei Programmstart hergenommen werden. Für diese Zwecke können im Eigenschaften-Dialog des Projektes unter dem Eintrag KONFIGURATIONSEIGENSCHAFTEN è DEBUGGEN im Bereich STARTOPTIONEN die einzelnen Parameter hinterlegt werden (Abbildung 222).

Die Ausgabe des Programmes aus Listing 426 ist in Abbildung 223 zu sehen.

An der Abbildung 223 erkennt man auch sehr deutlich, dass der erste Übergabeparameter auch den Array-Index 1 hat, obwohl die Schleife bei Null beginnt. Der nullte Übergabeparameter ist immer der Programmname inklusive des Pfades.

223 Systemprozesse mit WMI

Um eine Liste der gerade laufenden Prozesse innerhalb des eigenen Programmes zu erhalten, gibt es zwei Möglichkeiten. Variante 1 benutzt die Möglichkeiten des WMI. Wer sich mit dieser Technologie auskennt und schon in der »Vor-.NET-Ära« angewandt hat (siehe dazu die hier gezeigten Rezepte), kommt recht schnell an erste Ergebnisse. Für die reine Implementierung in .NET siehe Rezept 224.

Um die Daten aus einer Funktion zurückzugeben, empfiehlt sich auch wieder der Datentyp ArrayList, da man mit Sicherheit davon ausgehen kann, dass auf dem System mehrere Prozesse aktiv sind. Die Einträge in dieser Liste sind vom Typ ProcessStruc, einer Struktur-Variablen, wie sie in Listing 427 zu sehen ist. Zwei Besonderheiten sind an dieser Struktur zu vermerken. Die Strukturvariable Threads beinhaltet eine Semikolon-separierte Liste von Prozesskennungen der zum betrachteten Prozess gehörenden, aktiven Threads. Benötigt man die einzelnen Werte dieser Liste, so kann man eine Trennung mit String.Split durchführen. Hier kann man sich allerdings auch als Programmerweiterung eine Liste vorstellen, falls man weitere Informationen zu diesen Threads benötigt.

```
Public Structure ProcessStruc
    Dim Name As String
```

Listing 427: Struktur zur Übermittlung der Prozessdaten

```
   Dim Starttime As String
   Dim PageMemoryMax As String
   Dim NonPagedMemory As String
   Dim ProcessID As String
   Dim TotalProcTime As String
   Dim TotalUserTime As String
   Dim WorkingMemory As String
   Dim Threads As String
   Dim StartInfo As System.Diagnostics.ProcessStartInfo
End Structure
```

Listing 427: Struktur zur Übermittlung der Prozessdaten (Forts.)

Die Strukturvariable StartInfo ist deklariert als Typ System.Diagnostics.ProcessStartInfo. Über sie kann man sich die entsprechenden Informationen zu den Startbedingungen des Prozesses holen. Zu beachten ist hier allerdings, dass nicht alle Member von StartInfo mit Werten gefüllt werden.

Die Funktion GetProcessInfo aus Listing 428 liefert die geschilderte Liste der ProzessInformationen. Um mit den WMI-Klassen in der dargestellten Form arbeiten zu können, muss aus dem SERVER-EXPLORER eine neue Datei für MANAGEMENT CLASSES è PROCESSES erstellt werden. Die erstellte Datei heißt *Win32_Process.vb* und wird dem Projekt automatisch hinzugefügt. Diese Datei enthält unter anderem die Definition der Klasse Process.

```
Public Function GetProcessInfo() As ArrayList
   Dim Struc As ProcessStruc
   Dim mProcess As Process
   Dim mZeile As String
   Dim mThreadCollection As ProcessThreadCollection
   Dim mThread As ProcessThread
   Dim mProcArray As ArrayList = New ArrayList

   For Each mProcess In Process.GetProcesses

      ' Bezeichnung des Prozesses
      Struc.Name = mProcess.ProcessName

      ' Maximale ausgelagerte Speicherseiten
      Struc.PageMemoryMax = mProcess.PeakPagedMemorySize.ToString

      ' Nicht ausgelagerte Seiten
      Struc.NonPagedMemory = _
        mProcess.NonpagedSystemMemorySize.ToString

      ' Prozess-Kennung
      Struc.ProcessID = mProcess.Id.ToString

      ' Zeitpunkt des Prozessstarts
      Struc.Starttime = mProcess.StartTime.ToShortDateString + _
        " " + mProcess.StartTime.ToShortTimeString
```

Listing 428: Die Funktion GetProcessInfo

```
    ' Auflistung der zu diesem Prozess gehörigen Threads
    mThreadCollection = mProcess.Threads
    For Each mThread In mThreadCollection
      mZeile += (mThread.Id.ToString + "; ")
    Next
    Struc.Threads = mZeile

    ' Gesamt-Prozessorzeit in Sekunden
    Struc.TotalProcTime = mProcess.TotalProcessorTime.TotalSeconds

    ' Gesamt-Userzeit in Sekunden
    Struc.TotalUserTime = mProcess.UserProcessorTime.TotalSeconds

    ' aktuell benötigter Speicher
    Struc.WorkingMemory = mProcess.WorkingSet

    ' Informationen vom Typ System.Diagnostics.ProcessStartInfo
    Struc.StartInfo = mProcess.StartInfo

    mProcArray.Add(Struc)
  Next

  Return mProcArray
End Function
```

Listing 428: Die Funktion GetProcessInfo (Forts.)

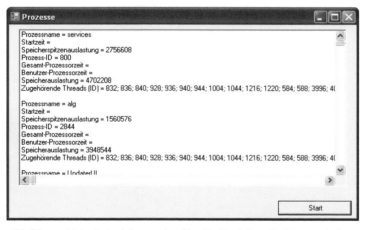

Abbildung 224: Beispielausgabe für die Funktion GetProcessInfo

Um die Liste der Prozesse durchlaufen zu können, wird die Variable `mProcess` deklariert, die den jeweils aktuellen Prozess aus der Liste `Process.GetProcesses` enthält.

Die vom Prozess gestarteten Threads werden von der Methode `Threads` des Prozesses als `Collection` zurückgeliefert. Aus dieser `Collection` wird anschließend durch eine `for each`-Schleife eine Semikolon-getrennte Liste erstellt und in einem `String` gespeichert. Die Zusammenstellung des Strings nutzt die neuen Möglichkeiten des *.NET* und entspricht in seiner Knappheit mehr dem C/C++ als dem klassischen Basic.

Die Klassenmitglieder, die einen Datumseintrag und/oder einen Zeitpunkt darstellen, sind vom Typ DateTime oder TimeSpan, so dass man die entsprechenden Konvertierungsfunktionen dieser Typen anwenden kann. So wird mit TotalSeconds zum Beispiel die im User-Modus verbrachte Zeit eines Prozesses umgerechnet.

Ein Ausgabebeispiel ist in Abbildung 224 zu sehen.

224 Systemprozesse mit System.Diagnostics

Eine etwas anders geartete Informationsstruktur bekommt man über die Methoden von *.NET*. Im recht umfangreichen Namensraum System.Diagnostics finden sich Klassen und Methoden, die die Verwaltung von Prozessen behandeln. Es handelt sich um die Process-Klasse an sich und die Klassen ProcessThread und ProcessModul. Hinzu kommt die schon erwähnte Klasse ProcessStartInfo, die in den letzten Kapiteln schon aufgetaucht ist.

Einen Ausschnitt der gelesenen Möglichkeiten können Sie in Abbildung 225 sehen. Man erkennt die Prozess-ID, den Prozessnamen und als nächste Information, dass dieser Prozess kein sichtbares Fenster hat.

Seit dem Start des Rechners hat der Prozess 0,66 Sekunden Prozessorzeit und 0,3 Sekunden Benutzerzeit beansprucht.

Nach den ausgelagerten Seiten ist zu sehen, auf welchem Prozessor der Prozess zurzeit ausgeführt wird. Bei Computern mit nur einem Prozessor ist diese Information dann aber sicherlich nicht überraschend.

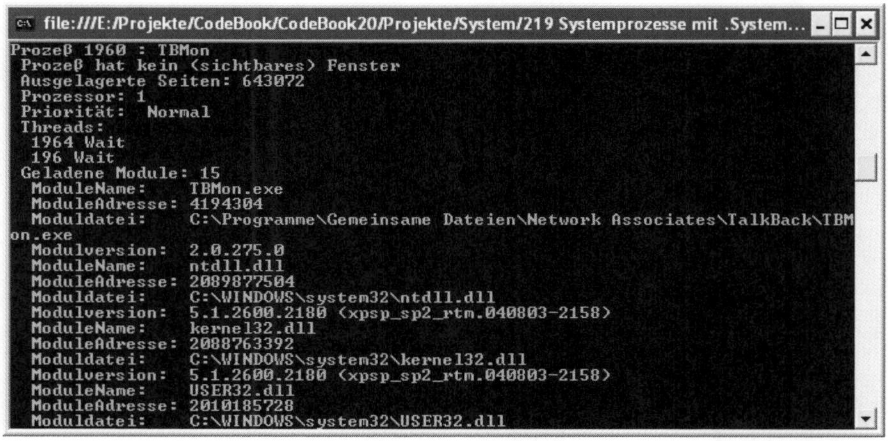

Abbildung 225: Prozessinformationen mit ReadProcess

Das entsprechende Programmlisting ist in Listing 429 abgedruckt. Die Bedeutung der einzelnen Variablen ist den Kommentaren zu entnehmen. Um an die Prozesse des Computers zu gelangen, muss eine Klasse vom Typ Process erstellt werden. Über dieses Objekt kann dann mit der Methode GetProcesses eine Prozessliste abgerufen werden. Daher die Bezeichnung mProcessRoot für die entsprechende Variable.

Eine Reminiszenz an alte Windows-Zeiten ist die Definition einer Variablen für ein Windows-Handle! Auch mit *.NET* ist man noch nicht vor solchen »Überbleibseln« geschützt. Mit dem Windows-Handle lässt sich feststellen, ob der Prozess ein Fenster hat. Nur wenn das der Fall ist, existiert ein solches Windows-Handle. Um das unerwünschte Erzeugen einer Ausnahme zu verhindern, sollte man vor der Abfrage nach dem Fenstertitel erst mal auf das Vorhandensein eines Fensters testen. Auch unter Windows ist nicht alles ein Window ☺.

Ein Window-Handle ist ein Zeiger auf einen Integer-Wert (C lässt grüßen). Dieser kann für die hier benötigten Zwecke durch einen `IntPtr` dargestellt werden. Bei 32-Bit-Systemen ist die Bitbreite von `IntPtr` 32 Bit, bei 64 Bit entsprechend ebenfalls 64 Bit.

```
Public Function ReadProcesses() As String
  ' Die Wurzel unserer Prozessbetrachtung
  Dim mProcessRoot As Process = New Process

  ' Laufvariable für Schleife über alle Prozesse
  Dim mProcess As Process

  ' Array aller Prozesse
  Dim mProcesses As Process()

  ' Thread-Collection zu mProcess
  Dim mProcessThreads As ProcessThreadCollection

  ' Laufvariable für die Thread-Collection
  Dim mThread As ProcessThread

  ' Handle des Prozessfensters
  Dim mHandleZero As IntPtr

  Dim mPriority As ProcessPriorityClass
  Dim StrB As StringBuilder
  Dim vbCrLf As String

  StrB = New StringBuilder(1000)

  ' Abkürzung...
  vbCrLf = ControlChars.CrLf

  ' Ermitteln aller laufenden Prozesse
  mProcesses = mProcessRoot.GetProcesses

  ' Verarbeitung über jeden ermittelten Prozess
  For Each mProcess In mProcesses
    ' Initialisierung des Window-Handle mi NULL-Pointer
    mHandleZero = New IntPtr(0)
    StrB.Append("------------------------------------------------")
    StrB.Append(vbCrLf)

    StrB.Append("Prozess " + mProcess.Id.ToString + " : " + _
      mProcess.ProcessName)
    StrB.Append(vbCrLf)

    If mProcess.MainWindowHandle.Equals(mHandleZero) Then
```

Listing 429: Die Funktion ReadProcess

```
      StrB.Append(" Prozess hat kein (sichtbares) Fenster")
    Else
      StrB.Append(" FensterTitel: " + mProcess.MainWindowTitle)
    End If
    StrB.Append(vbCrLf)

    StrB.Append(" Startzeit:            " + _
      mProcess.StartTime.ToString)
    StrB.Append(vbCrLf)

    StrB.Append(" Prozessorzeit:        " + _
      mProcess.TotalProcessorTime.ToString)
    StrB.Append(vbCrLf)

    StrB.Append(" Userzeit:             " + _
      mProcess.UserProcessorTime.ToString)
    StrB.Append(vbCrLf)

    StrB.Append(" Ausgelagerte Seiten: " + _
      mProcess.PagedMemorySize64.ToString)
    StrB.Append(vbCrLf)

    ' Wenn's nicht der Leerlaufprozess ist
    If Not mProcess.Id.Equals(0) Then
      StrB.Append(" Prozessor: " + _
        mProcess.ProcessorAffinity.ToString())
      StrB.Append(vbCrLf)
      StrB.Append(" Priorität: ")
      mPriority = mProcess.PriorityClass

      Select Case mPriority
        Case ProcessPriorityClass.AboveNormal
          StrB.Append(" über normal")
        Case ProcessPriorityClass.BelowNormal
          StrB.Append(" unter Normal")
        Case ProcessPriorityClass.High
          StrB.Append(" hoch")
        Case ProcessPriorityClass.Idle
          StrB.Append(" Wartend")
        Case ProcessPriorityClass.Normal
          StrB.Append(" Normal")
        Case ProcessPriorityClass.RealTime
          StrB.Append(" Echtzeit")
      End Select
      StrB.Append(vbCrLf)
    End If

    mProcessThreads = mProcess.Threads()
    StrB.Append(" Threads:")
    StrB.Append(vbCrLf)
```

Listing 429: Die Funktion ReadProcess (Forts.)

```
    For Each mThread In mProcessThreads
       StrB.Append("   " + mThread.Id.ToString + " " + _
         mThread.ThreadState.ToString)
       StrB.Append(vbCrLf)
    Next

    ' ID = 0 : Leerlaufprozess
    ' ID = 8 : Systemprozess
    If Not ((mProcess.Id.Equals(0)) Or (mProcess.Id.Equals(8))) Then

       Try
          StrB.Append(" Geladene Module: " + _
            mProcess.Modules.Count.ToString)
          StrB.Append(vbCrLf)
          If mProcess.Modules.Count > 0 Then
            Dim i As Integer

            For i = 0 To mProcess.Modules.Count - 1
               StrB.Append("   ModuleName:       " + _
                 mProcess.Modules.Item(i).ModuleName)
               StrB.Append(vbCrLf)

               StrB.Append("   ModuleAdresse: " + _
                 mProcess.Modules.Item(i).BaseAddress.ToString)
               StrB.Append(vbCrLf)

               StrB.Append("   Moduldatei:       " + _
                 mProcess.Modules.Item(i).FileName)
               StrB.Append(vbCrLf)

               StrB.Append("   Modulversion:  " + _
                 mProcess.Modules.Item(i).FileVersionInfo.FileVersion)
               StrB.Append(vbCrLf)
            Next
          End If

       Catch ex As Exception
          StrB.Append(ex.ToString)
          StrB.Append(vbCrLf)
       End Try
    End If
  Next

  Return StrB.ToString
End Function
```

Listing 429: Die Funktion ReadProcess (Forts.)

Der weitere Ablauf der Funktion ist wohl weitestgehend selbsterklärend. Nur an zwei Stellen könnte man stutzig werden. An der ersten Stelle wird auf die Prozess-ID = 0, an der zweiten Stelle auf die Prozess-ID = 8 geprüft.

Der Prozess mit der ID 0 ist auf allen Rechnern der Leerlaufprozess. Für diesen Prozess sind einige Angaben einfach unsinnig oder erst gar nicht zu bekommen (Ausnahme-Aufruf). Der

Prozess mit der ID 8 ist der System-Prozess. Für ihn gilt Ähnliches. Auf allen getesteten Rechnern hat dieser Prozess die ID 8. Informationen zu den Prozessen 2 bis 7 haben wir nicht gefunden.

Bei der Anzeige von Modulinformationen wird `FileVersionInfo` eingesetzt. Näheres zu dieser Klasse ist im Kapitel *Dateisysteme* zu finden.

Da alle Informationen in einem `String` abgelegt werden, wird innerhalb mit einem `StringBuilder`-Objekt gearbeitet. Am Ende wird dieses Objekt in einen normalen `String` konvertiert und zurückgeliefert. Diesen String können Sie dann zum Beispiel mit Mitteln der RegEx-Klasse analysieren.

225 Liste aller Dienste

Benötigt man Informationen zu Diensten auf einem Computer, so kann man sich der Hilfsmittel, die im Namensraum `System.ServiceProcess` angesiedelt sind, bedienen. Dieser Namensraum ist allerdings nicht standardmäßig eingeblendet. Man muss sich erst über PROJEKT / VERWEIS HINZUFÜGEN einen Verweis auf *System.ServiceProcess.DLL* in das Projekt integrieren und über `Imports System.ServiceProcess` dem Programm bekannt machen. Die `Service-Controller`-Klasse in diesem Namensraum repräsentiert einen Dienst und über ein entsprechendes Objekt lassen sich die entsprechenden Informationen holen.

```
Public Function GetServiceList() As ArrayList
  Dim Services() As ServiceController
  Dim Service As ServiceController
  Dim Liste As ArrayList = New ArrayList

  Services = _
    ServiceController.GetServices()

  For Each Service In Services
    Liste.Add(Service.ServiceName + " = " + _
      Service.Status.ToString)
  Next

  Return Liste
End Function
```

Listing 430: Die Funktion GetServiceList

Mit der Methode `GetServices()` werden die Namen der Dienste in ein `ServiceController`-Array abgelegt. Hierbei werden aber alle Dienste, die etwas mit Gerätetreibern zu tun haben, außen vor gelassen. Benötigt man Informationen zu solchen Gerätetreiber-Diensten, muss man `GetDevices` aus dem gleichen Namensraum anwenden.

Sowohl `GetServices()` als auch `GetDevices()` können als Parameter den Namen des Computers erhalten, für den die Liste ermittelt werden soll, entsprechende Rechte vorausgesetzt. Eine Funktion, die eine entsprechende Liste liefert, ist in Listing 430 zu sehen.

Diese Liste beinhaltet auch den Status des Dienstes, also Aktiv, Angehalten, Gestoppt. In Abbildung 226 ist die Anwendung dieser Funktion zu sehen. Sie wurde auf einem Computer mit amerikanischem Windows 2000 und deutscher Kultureinstellung ausgeführt.

Abbildung 226: Anwendung der Funktion GetServiceList()

226   Dienst starten

Neben der Auflistung der installierten Dienste ermöglichen die Klassen im Namensraum ServiceProcess auch das Starten, Anhalten, Weiterlaufen lassen und Stoppen (Start, Pause, Continue, Stop) einzelner Dienste. Hierzu muss ein Verweis auf System.ServiceProcess.DLL in das Projekt aufgenommen werden und mittels

```
Imports System
Imports System.ServiceProcess
```

importiert werden. Um eine Ausnahme zu verhindern, muss man auf den aktuellen Status des jeweiligen Dienstes achten. Dienste arbeiten nach dem Prinzip der »State-Machine«, d.h. von einem Status sind nur einige wenige, manchmal nur ein Ausgang möglich. Alle anderen sind verboten. Wie diese Übergänge miteinander verbunden sind, ist in Abbildung 227 als UML-Status-Diagramm näher erläutert.

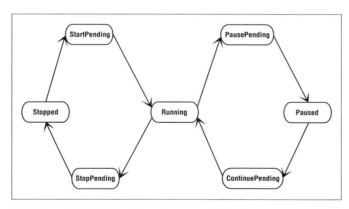

Abbildung 227: Statusübergänge von Diensten

Da die Zwischenzustände (...Pending) nur eine relativ kurze Zeit in Anspruch nehmen, geht man normalerweise das Risiko ein und lässt bei der Programmierung diese Zustände außen vor und behandelt sie als Fehler.

Eine mögliche Implementierung einer Funktion zum Starten eines Dienstes ist in Listing 432 zu sehen. Dieser Funktion werden der zu startende Dienst, der Computer, auf dem dieser Dienst gestartet werden soll, die Wartezeit in Sekunden und beliebig viele Startparameter des Dienstes übergeben. Die Wartezeit dient der Funktion dazu, nach Ablauf dieser Zeit nach dem Status zu schauen und damit festzustellen, ob die Aktion auch durchgeführt wurde.

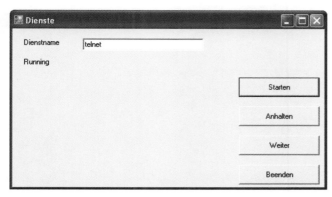

Abbildung 228: Dienste Beispiel

Da Dienste eine unbestimmte Anzahl an Startparametern haben können, wurde dies durch ein ParamArray realisiert, in dem die Startparameter als Zeichenkette hinterlegt werden.

Als Dienstnamen können die aus Listing 430 ermittelten Namen genommen werden. Sie entsprechen den Namen, die man auch über die SYSTEMSTEUERUNG einsehen kann.

```
Public Function StartService(ByVal Name As String, _
   ByVal Computer As String, ByVal Wait As Integer, _
   ByVal ParamArray Parameter() As String) _
   As ServiceControllerStatus

   Dim ts As TimeSpan

   If Name = String.Empty Or Name = Nothing Then
     Throw New ApplicationException("Dienstname fehlt")
   End If

   If Computer = String.Empty Or Computer = Nothing Then
     Computer = "."
   End If

   ' Verweis auf System.ServiceProcess.DLL
   Dim mService As ServiceController = _
     New ServiceController(Name, Computer)

   If (mService.Status = ServiceControllerStatus.Running Or _
     mService.Status = ServiceControllerStatus.ContinuePending Or _
     mService.Status = ServiceControllerStatus.StartPending) Then
```

Listing 431: Dienst starten mit StartService()

```
    Throw New ApplicationException _
      ("Dienst kann nicht gestartet werden.")
  Else
    If Not (Parameter Is Nothing) Then
      mService.Start(Parameter)
    Else
      mService.Start()
    End If
  End If

  ' Man könnte auch auf StartPending warten, Event senden und dann
  ' auf Running warten
  ' Wait ist Wartezeit in Sekunden
  ts = New TimeSpan(0, 0, Wait)
  mService.WaitForStatus(ServiceControllerStatus.Running, ts)

  Return mService.Status
End Function
```

Listing 431: Dienst starten mit StartService() (Forts.)

Nach der Deklaration der Variablen ts für die Wartezeit wird neben dem Check auf den Dienstnamen eine Überprüfung des Rechnernamens durchgeführt. Durch den Einsatz des ParamArrays kann man den Rechnernamen nicht mit einem optionalen Wert für den lokalen Rechner an die Funktion übergeben. Optional und ParamArray schließen einander aus. Sollte der Funktion kein Rechnername übergeben werden, wird hier der lokale Rechner eingestellt.

Befindet sich der Prozess in einem ungültigen Status, wird eine Ausnahme ausgelöst, ansonsten wird der Dienst gestartet. Da die Methode WaitForStatus eine Zeitangabe vom Typ TimeSpan benötigt, wird die übergebene Zeit in Sekunden in den entsprechenden TimeSpan-Wert überführt. Die Funktion liefert anschließend den aktuellen Status als Typ ServiceController-Status zurück. Erforderlich ist dieses Vorgehen, da ansonsten die Funktion sofort beendet wird und der Status des Dienstes nicht bekannt ist.

```
Private Sub btnStart_Click(ByVal sender As System.Object, _
  ByVal e As System.EventArgs) Handles btnStart.Click

  Dim Status As ServiceControllerStatus

  Try
    Status = StartService(txtName.Text, ".", 2)
  Catch ex As ApplicationException
    lblStatus.Text = ex.Message
  End Try

  lblStatus.Text = Status.ToString

End Sub
```

Listing 432: Aufrufbeispiel von StartService

Wie diese Funktion eingesetzt werden kann, ist beispielhaft im Listing 432 zu sehen. In Abbildung 228 können Sie die Bildschirmausgabe dieses Versuches sehen.

227 Dienst anhalten

Einen Dienst anhalten bedeutet, den entsprechenden Prozess aktiv zu halten und nur seine Ausführung zu unterbinden. Damit bleiben die mit diesem Prozess zusammenhängenden Parameter wie beispielsweise die Prozess-ID erhalten. Eine entsprechende Funktion, die dies zur Verfügung stellt, ist in Listing 433 zu sehen.

```vbnet
Public Function PauseService(ByVal Name As String, _
  ByVal Computer As String, ByVal Wait As Integer) _
  As ServiceControllerStatus

  Dim ts As TimeSpan

  If Name = String.Empty Or Name = Nothing Then
    Throw New ApplicationException("Dienstname fehlt")
  End If

  If Computer = String.Empty Or Computer = Nothing Then
    Computer = "."
  End If

  ' Verweis auf System.ServiceProcess.DLL
  Dim mService As ServiceController = _
    New ServiceController(Name, Computer)

  ' Kann der Dienst pausieren?
  If mService.CanPauseAndContinue = False Then
    Throw New ApplicationException("Dienst kann nicht pausieren.")
  End If

  ' Wenn der Dienst im richtigen Status zum Pausieren ist
  If (mService.Status = ServiceControllerStatus.Paused Or _
    mService.Status = ServiceControllerStatus.PausePending Or _
    mService.Status = ServiceControllerStatus.Stopped Or _
    mService.Status = ServiceControllerStatus.Stopped) Then

    Throw New ApplicationException _
      ("Dienst kann nicht angehalten werden.")
  Else
    mService.Pause()
  End If

  ts = New TimeSpan(0, 0, Wait)

  mService.WaitForStatus(ServiceControllerStatus.Paused, ts)

  Return mService.Status

End Function
```

Listing 433: Dienst anhalten

Der Ablauf der Funktion ist weitestgehend identisch mit dem Code zum Starten eines Dienstes. Einen Unterschied gibt es aber zu erwähnen. Nicht jeder Dienst kann in den Status Paused versetzt werden. Diese Möglichkeit wird mit der Abfrage auf die Eigenschaft CanPauseAndContinue gesichert. Sollte der Dienst nicht über diese Möglichkeit verfügen, wird eine Ausnahme generiert.

Nach dem Aufruf der Pause-Methode muss auch hier wieder eine Wartezeit eingefügt werden, da die Methode sofort an den Aufrufer zurückgibt ohne auf das Ergebnis zu warten.

Mit dieser Funktion sollte man vorsichtig umgehen, da es andere Dienste geben kann, die von dem gerade zu pausierenden Dienst abhängig sind! Welche Dienste dies sind, kann im Vorfeld mit der Methode ServiceController.DependentServices() festgestellt werden. Diese Funktionalität wurde hier nicht implementiert, da der Einsatz einer solchen Abfrage sehr problemspezifisch ist. Mit den Kenntnissen aus diesem Rezept dürfte eine eigene Implementierung aber keine Schwierigkeiten bereiten.

228   Dienst fortsetzen

Das Fortsetzen eines Dienstes setzt den Status Paused voraus. Auch hier muss wie in 227 darauf getestet werden, ob der Dienst diese Möglichkeit überhaupt vorsieht. Eine entsprechende Implementierung finden Sie in Listing 434.

```
Public Function ContinueService(ByVal Name As String, _
  ByVal Computer As String, ByVal Wait As Integer) _
  As ServiceControllerStatus

  Dim ts As TimeSpan

  If Name = String.Empty Or Name = Nothing Then
    Throw New ApplicationException("Dienstname fehlt")
  End If

  If Computer = String.Empty Or Computer = Nothing Then
    Computer = "."
  End If

  ' Verweis auf System.ServiceProcess.DLL
  Dim mService As ServiceController = _
    New ServiceController(Name, Computer)

  If mService.CanPauseAndContinue = False Then
    Throw New ApplicationException("Dienst kann nicht fortsetzen.")
  End If

  If (mService.Status = ServiceControllerStatus.Paused) Then
    mService.Continue()
  End If

  ts = New TimeSpan(0, 0, Wait)

  ' Auch möglich servicecontrollerstatus.StartPending,
```

Listing 434: Dienst fortsetzen

```
' dann Event, anschließend
mService.WaitForStatus(ServiceControllerStatus.Running, ts)

    Return mService.Status
End Function
```

Listing 434: Dienst fortsetzen (Forts.)

Die Funktion hat eine leicht abgeänderte Logik im Bereich der Status-Kontrolle. Es wird nur abgefragt, ob der Dienst im Status Paused ist. Sollte dies der Fall sein, wird die Fortsetzung des Dienstes gestartet und für die übergebene Zeitspanne auf den Status Running gewartet. Sollte sich der Dienst nicht im Status Paused befinden, wartet er für die übergebene Zeitspanne auf den Status Running. Die Methode WaitForStatus() ist als Sub implementiert, liefert also keinen Statuswert zurück. Ist die Zeitspanne abgelaufen, beendet sich die Methode WaitForStatus automatisch und es wird der aktuelle Status mit der Return-Anweisung an das aufrufende Programm zurückgeliefert.

229 Dienst stoppen

Das Stoppen eines Dienstes hat zur Folge, dass alle Ressourcen des entsprechenden Prozesses wieder freigegeben wurden. Auch hier muss man auf eventuell abhängige Dienste achten (siehe auch Kapitel 227. Ob für den Dienst überhaupt das Stoppen erlaubt ist, muss mit der Eigenschaft CanStop abgefragt werden. So hätte es sicherlich die eine oder andere kleine Auswirkung, würde man den Systemdienst stoppen.

```
Public Function StopService(ByVal Name As String, _
   ByVal Computer As String, ByVal Wait As Integer) _
   As ServiceControllerStatus

   Dim ts As TimeSpan

   If Name = String.Empty Or Name = Nothing Then
     Throw New Exception("Dienstname fehlt")
   End If

   If Computer = String.Empty Or Computer = Nothing Then
     Computer = "."
   End If

   ' Verweis auf System.ServiceProcess.DLL
   Dim mService As ServiceController = _
     New ServiceController(Name, Computer)

   If mService.CanStop = False Then
     Throw New ApplicationException _
       ("Dienst kann nicht gestoppt werden.")
   End If

   If (mService.Status = ServiceControllerStatus.StopPending Or _
```

Listing 435: Dienst stoppen

```
    mService.Status = ServiceControllerStatus.Stopped) Then
    Throw New ApplicationException _
      ("Dienst kann nicht gestoppt werden.")
  Else
    mService.Stop()
  End If

  ts = New TimeSpan(0, 0, Wait)
  mService.WaitForStatus(ServiceControllerStatus.Stopped, ts)

  Return mService.Status

End Function
```

Listing 435: Dienst stoppen (Forts.)

Das Listing 435 bringt hier nichts Überraschendes. Man darf die Abfrage nach `CanStop` allerdings nicht mit einer möglichen Abfrage nach `CanShutdown` verwechseln. Die Eigenschaft `CanShutdown` signalisiert, dass dieser Dienst beim Shutdown des Rechners benachrichtigt werden soll.

230 Prozess abbrechen (»killen«)

Das unbedingte Abbrechen eines Prozesses kann schwerwiegende Folgen für die Stabilität des laufenden Systems haben. Man sollte diese Möglichkeit nur als letzte Wahl betrachten. Alle Daten des Prozesses gehen verloren, es wird nichts gesichert. Eine sanftere Möglichkeit, einen Prozess zu beenden, ist die Methode `CloseMainWindow`. Sie beendet alle Prozesse ordnungsgemäß und versucht auch, offene Dateien zu speichern und zu schließen. Unter Umständen fragt `CloseMainWindow` den Benutzer über ein Fenster nach anstehenden Aktionen.

Die Funktion `KillProcess` aus Listing 436 zeigt das typische Vorgehen für das »Killen« eines Prozesses. Für die Methode `CloseMainWindow` ist das Vorgehen analog.

Jeder Prozess ist zwar eindeutig durch seine Prozess-ID bestimmt, doch kann ein Programm schlecht im TASKMANAGER nachschauen, welche ID das zu schließende Programm hat. Der Prozessname ist nicht eindeutig, da ein Prozess/Programm mehrmals gestartet werden kann. Alle Instanzen haben denselben Namen. Nun haben viele Prozesse durchaus ein Fenster, auch wenn dieses nicht immer zu sehen ist. Daher ist die Standardvorgehensweise in einem solchen Fall, sich den Titel des Fensters als Kriterium zu nehmen. So führen viele Programme den Dateinamen der geöffneten Datei im Titel, oder der Name des Benutzers wird im Fenstertitel eingeblendet.

Daher wird der Funktion `KillProcess` der Fenstertitel des abzubrechenden Prozesses übergeben.

```
Public Function KillProcess(ByVal Title As String) As ArrayList

  ' Der zu killende Hauptprozess
  Dim MainProcess As Process
```

Listing 436: Prozess abbrechen: KillProcess()

```
' Ausgangsprozess
Dim RootProcess As Process = New Process

' Die Liste aller Prozesse
Dim Processes() As Process

' Laufvariable
Dim Proc As Process

' Der Fenstertitel des gerade betrachteten Prozesses
Dim RunTitle As String

' Die Threadliste eines Prozesses
Dim ProcThreads As ProcessThreadCollection

' Einzelner Thread eines Prozesses
Dim ProcThread As ProcessThread

' Für die Rückgabe an das aufrufende Programm
Dim ThreadList As ArrayList = New ArrayList

' Prozessliste aller Prozesse holen
Processes = RootProcess.GetProcesses

' Schleife über alle Prozesse
For Each Proc In Processes
  ' Windowstitel des Prozesses
  RunTitle = Proc.MainWindowTitle()
  If RunTitle = Title Then
    ' gesuchten Prozess gefunden
    MainProcess = Proc
    Exit For
  End If
Next

Try
  ' Liste der Prozess-Threads holen
  ProcThreads = MainProcess.Threads

  ' Wenn es Threads gibt, in die ArrayList aufnehmen
  If ProcThreads.Count > 0 Then
    For Each ProcThread In ProcThreads
      ThreadList.Add(ProcThread.Id.ToString)
    Next
  Else
    ThreadList.Add("Keine Threads gestartet.")
  End If

  ' Prozess killen
  MainProcess.Kill()
Catch ex As System.Exception
```

Listing 436: Prozess abbrechen: KillProcess() (Forts.)

```
   Throw New ApplicationException _
      ("Prozess kann nicht gekillt werden." + ControlChars.CrLf + _
      ex.ToString)
   End Try

   Return ThreadList

End Function
```

Listing 436: Prozess abbrechen: KillProcess() (Forts.)

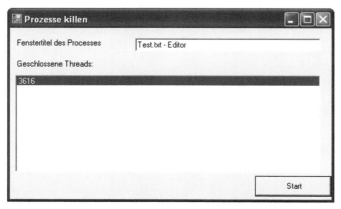

Abbildung 229: Abbruch eines Notepad-Prozesses

Nach der Deklaration und Definition einiger Variabler wird über die Variable RootProcess die Liste der Prozesse mittels der Methode GetProcesses() ermittelt. Diese Liste wird anschließend Eintrag für Eintrag nach einem Fenstertitel abgefragt. Bei Übereinstimmung hat man den gesuchten Prozess gefunden. Über diesen Prozess werden dann die dazugehörigen Threads ermittelt. Jeder Prozess hat mindestens einen Thread, den so genannten Haupt-Thread. Nach dem Abbruch des Prozesses wird die Liste der Threads an das aufrufende Programm zurückgeliefert. Mit Abbruch des Prozesses werden automatisch alle zu diesem Prozess gehörenden Threads ebenfalls unsanft beendet. Sollte das Abbrechen nicht möglich sein, wird eine Ausnahme ausgelöst, die vom aufrufenden Programm angefangen werden muss.

Ein Beispiel ist in Abbildung 229 zu sehen. Das dazugehörende Programm finden Sie in Listing 437.

Das Beispielprogramm übernimmt den Fenstertitel aus einem Textfeld des Formulars und übergibt dieses der Funktion KillProcess(). Bei einer Ausnahme wird der entsprechende Fehlertext in die ListBox eingetragen, anderenfalls wird die Liste der Threads der Eigenschaft Datasource zugeordnet.

```
Private Sub btnStart_Click(ByVal sender As System.Object, _
ByVal e As System.EventArgs) Handles btnStart.Click

   Dim ExitThreads As ArrayList
```

Listing 437: Aufruf der Funktion KillProcess()

```
    Try
        ExitThreads = KillProcess(txtName.Text)
    Catch ex As Exception
        ' Statt Fehlerfenster
        lblist.Items.Clear()
        lblist.Items.Add(ex.ToString)
    End Try

        ' Wenn ArrayList nicht Nichts ist (also was hat)
    If Not (ExitThreads Is Nothing) Then
        lblist.DataSource = ExitThreads
    End If

End Sub
```

Listing 437: Aufruf der Funktion KillProcess() (Forts.)

231 Leistungsüberwachung/Performance Counter

Für die Überwachung der Leistungsgrößen (Performance Counter) eines Rechners bietet das Betriebssystem einen gewissen Umfang an Tools an, zum Beispiel den Systemmonitor. Es gibt aber durchaus Situationen, in denen man die Leistungswerte in einem eigenen Programm verarbeiten möchte. Dies ist relativ einfach mit *.NET*-Mitteln zu erreichen.

Zwei Möglichkeiten stehen prinzipiell zur Auswahl, die Integration im VISUAL STUDIO mit dem SERVER-EXPLORER und die Programmierung der *.NET*-Klassen direkt. Da nicht allen ein entsprechendes VISUAL STUDIO zur Verfügung steht (siehe dazu Einleitung und Anhang), sind hier beide Verfahrensweisen aufgezeigt. Zumal die erste Variante nur noch unter .NET 1.0 und .NET 1.1 funktioniert. Unter .NET 2.0 wurden die Klassennamen etwas geändert. Wer also gerne mit Drag&Drop (wie z.B. auch mit den ADO.NET-Klassen) bei Formularen arbeitet, ist zuzeit bei .NET 2.0 noch etwas benachteiligt.

Die Verfahrensweise mit VISUAL STUDIO 2002/2003 setzt ein Formular voraus. Dieses Formular muss im lauffähigen Programm nicht unbedingt zu sehen sein. Über den SERVER-EXPLORER sucht man sich unter LEISTUNGSINDIKATOREN den Performancewert, der überwacht werden soll. In Abbildung 230 ist ein Ausschnitt aus dem Bereich Hauptspeicher zu sehen. Mit der linken Maustaste zieht man den gewünschten Überwachungswert in das Formularfenster und benennt ihn um. Letzteres dient der Verständlichkeit des Programmes.

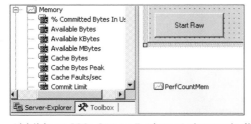

Abbildung 230: Server-Explorer Leistungsindikatoren

Die Bearbeitung geschieht im EIGENSCHAFTEN-Fenster von VISUAL STUDIO. In diesem Beispiel wurde der Name PerfCountMem gewählt. In Abbildung 231 ist das entsprechende Fenster zu sehen. Man erkennt, dass der Leistungsmesser den Hauptspeicher überwacht, und zwar die zur Verfügung stehenden Kilobytes. Der vergebene Name wird in Listing 438 benötigt. Die dort dargestellte Funktion GetPerfCountRAMkB ermittelt die im Hauptspeicher noch freie Anzahl von Kilobytes in einem mit dem Parameter Wait angegebenen Zeittakt in Sekunden. Dies führt die Funktion Count-mal durch und liefert dann die Liste der Werte an das aufrufende Programm zurück.

```
Public Function GetPerfCountRAMkB(ByVal Wait As Integer, _
   ByVal Count As Integer) As ArrayList

   Dim Arr As ArrayList = New ArrayList
   Dim i As Integer

   For i = 0 To Count
     Arr.Add(PerfCountMem.NextValue)
     Thread.Sleep(Wait * 1000)
   Next
   Return Arr
End Function
```

Listing 438: Die Funktion GetPerfCountRAMkB

Erreicht wird dies durch den Aufruf der Methode NextValue des soeben erstellten PerfCount-Mem-Objektes. NextValue liefert den nächsten berechneten Leistungswert ab. Neben dieser Möglichkeit existieren noch RawValue, welches einen unbehandelten Rohwert zurückliefert, und NextSample, welches einen statistisch ermittelten Wert vom Typ CounterSample zurückliefert. Mit diesem Wert kann dann weitere Statistik betrieben werden. Um das Beispiel nicht ausufern zu lassen, beschränkt es sich auf das erwähnte NextValue.

Nach der Ermittlung des aktuellen Wertes legt sich der Prozess für die in Wait angegebene Anzahl von Sekunden schlafen.

Abbildung 231: Eigenschaften-Fenster

Für die Lauffähigkeit sind zwei Import-Anweisungen von Nöten:

```
Imports System.Threading
Imports System.Diagnostics
```

Hat man die Möglichkeiten des VISUAL STUDIO nicht zur Verfügung, kann man sich die benötigten Leistungsmesser auf eine leicht abgewandelte Form besorgen. Wie, kann man in Listing 439 sehen. Die Bezeichnung Raw im Namen der Funktion deutet nicht auf einen entsprechenden Leistungsermittler hin, wie er oben geschildert wurde. Vielmehr ist hier mit Raw das »reine« *.NET* gemeint.

```
Public Function GetRawPerfCountRAMkB(ByVal Wait As Integer, _
   ByVal Count As Integer) As ArrayList

   Dim PerfCountMem As System.Diagnostics.PerformanceCounter
   Dim Arr As ArrayList = New ArrayList
   Dim i As Integer

   PerfCountMem = New System.Diagnostics.PerformanceCounter

   PerfCountMem.CategoryName = "Memory"
   PerfCountMem.CounterName = "Available KBytes"
   PerfCountMem.MachineName = "jupiter"

   For i = 0 To Count
      Arr.Add(PerfCountMem.NextValue)
      Thread.Sleep(Wait * 1000)
   Next
   Return Arr
End Function
```

Listing 439: Leistungswerte mit purem .NET: GetRawPerfCountRAMkB

Die Funktionalität entspricht der aus Listing 438. Einziger Unterschied ist hier die reine *.NET*-Programmierung. Benötigt wird eine Variable vom Typ `PerformanceCounter` aus dem Namensraum `System.Diagnostics`. In diesem Objekt werden die gewünschte Kategorie, der gewünschte Leistungszähler und der zu überwachende Rechner hinterlegt. In einer Schleife werden dann die Leistungswerte gesammelt und anschließend dem aufrufenden Programm übergeben.

Beide Funktionen arbeiten synchron, was zwangsläufig zur Folge hat, dass das aufrufende Programm die entsprechende Zeit bis zur Beendigung der Funktion wartet. Längere Überwachungen sollte man also asynchron starten.

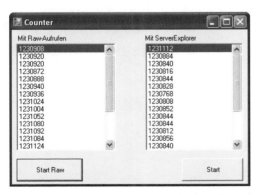

Abbildung 232: Leistungsermittler bei der Arbeit

In Abbildung 232 kann man beide Varianten bei der Arbeit beobachten. Im linken Fenster sieht man die Auswirkungen eines startenden Programmes.

232 Registry-Einträge abfragen

Die Registry kann bis zu 7 HKEY_-Einträge haben, von denen eine Unmenge von Untereinträgen abzweigen. Diese sind in .NET als direkter Zugriff in der `Registry`-Klasse implementiert. So kann man auf den Eintrag `HKEY_LOCAL_MACHINE` mittels `Registry.LocalMachine` zugreifen. Welche Schlüssel möglich sind, ist in Tabelle 33 aufgeführt.

Schlüssel	Bedeutung
CurrentUser	Informationen zu Benutzereinstellungen
LocalMachine	Einstellungen des lokalen Computers
ClassesRoot	Informationen zu Typen und Klassen
Users	Informationen zur Standardkonfiguration des Benutzers
PerformanceData	Leistungsinformationen zu Softwarekomponenten
CurrentConfig	Benutzerunabhängige Hardwareeinstellungen
DynData	Dynamische Daten

Tabelle 33: Die Registry-Schlüssel

Um an die Informationen der Registry zu gelangen, muss der Namensraum `System.Win32.Registry` in das Programm eingebunden werden. Die Informationen des Teilbaumes `LocalMachine` erhalten Siedurch die implementierte Funktion `GetLMRegistry`, siehe Listing 440. Diese Funktion übernimmt den kompletten Pfad zum Registry-Schlüssel und liefert eine Liste der Einträge als Hash-Tabelle zurück.

```
' LocalMachine
Public Function GetLMRegistry(ByVal RegKeyString As String) _
  As Hashtable

  Dim RegList As Hashtable
  Dim RegArr() As String
  Dim RegStr As String

  ' Registry hat noch mehr Unterschlüssel, siehe Text
  Dim RegKey As RegistryKey = Registry.LocalMachine

  RegList = New Hashtable

  ' Öffnen des zu untersuchenden Schlüssels, nur Lesen
  RegKey = RegKey.OpenSubKey(RegKeyString, False)

  ' Abruf der Schlüsseleinträge
  RegArr = RegKey.GetValueNames()

  ' Eintragen der Schlüsselwerte in Hashtable
  For Each RegStr In RegArr
    RegList.Add(RegStr.ToString, RegKey.GetValue(RegStr))
  Next
```

Listing 440: Die Funktion GetLMRegistry()

```
    Return RegList
End Function
```

Listing 440: Die Funktion GetLMRegistry() (Forts.)

In der Funktion wird eine Variable vom Typ RegistryKey definiert, die mit dem Startwert Registry.LocalMachine initialisiert wird. Der zu durchsuchende SubKey wird mit der Methode OpenSubKey geöffnet, wobei der Zugriff nur lesend erfolgt. Diese Einstellung wird durch den zweiten logischen Parameter erreicht, die angibt, ob auf den Schlüssel schreibend zugegriffen werden darf. Anschließend werden mit der Methode GetValueNames() die Namen der Einträge ermittelt und in einer Schleife der Hashtable zugeführt.

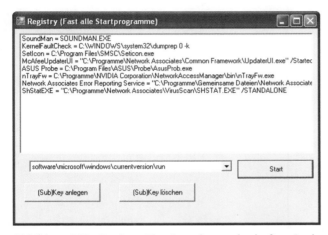

Abbildung 233: Registry-Einträge eines unbedarften Rechners

Das Ergebnis für einen unbedarften Rechner ist in Abbildung 233 zu sehen. Im angezeigten Registry-Schlüssel finden sich alle die Programme, die beim Start des Rechners ausgeführt werden. Ähnliche Einträge finden sich in *RunOnce* und *RunOnceEx*, welche man über die ComboBox des Beispielprogrammes auswählen kann.

Übrigens: In diesen Schlüsseln sammeln sich gerne Viren und Trojaner. Ein Blick könnte nicht schaden.

233   Registry-Key anlegen

Eine Funktion zum Anlegen eines Registry-Keys im Bereich CurrentUser ist in Listing 442 dargestellt. Dieser Funktion wird der Schlüsselpfad unterhalb von CurrentUser als Zeichenkette übergeben. Ebenso der Schlüssel selbst und der dazugehörige Wert. Ruft man diese Funktion beispielsweise wie in Listing 441 auf, so wird unterhalb von CurrentUser\Software der Eintrag »VB CodeBook« erzeugt (falls nicht schon vorhanden) und darunter der Schlüssel Test mit dem Wert 0 erzeugt.

```
erg = CreateCURegistry("Software\VB CodeBook", "Test", "0")
```

Listing 441: Beispielaufruf der Funktion CreateCURegistry

In der Funktion wird wie in 232 eine entsprechende Variable vom Typ RegistryKey angelegt. Anschließend wird der Pfad mit Schreibrechten geöffnet, welches durch den zweiten Parameter der Methode OpenSubKey garantiert wird. Damit die Funktion fehlerfrei abläuft, muss der Namensraum System.Win32.Registry eingebunden werden.

```
Public Function CreateCURegistry(ByVal RegSubKey As String, _
   ByVal RegkeyString As String, ByVal Regvalue As String) _
   As Boolean

   Dim RegKey As RegistryKey = Registry.CurrentUser

   RegKey = RegKey.OpenSubKey(RegSubKey, True)

   If RegKey Is Nothing Then
      RegKey = Registry.CurrentUser.CreateSubKey(RegSubKey)
   End If

   If Not (RegKey Is Nothing) Then
      RegKey.SetValue(RegkeyString, Regvalue)
   Else
      Return False
   End If

   RegKey.Close()

   Return True
End Function
```

Listing 442: Die Funktion CreateCURegistry()

Ist der SubKey nicht vorhanden, wird er mittels CreateSubKey erstellt, worauf dann Schlüsselname und Schlüsselwert unterhalb des neuen SubKeys angelegt werden. Ob die Funktion beim Erstellen des Registry-Eintrages Erfolg hatte, wird über einen logischen Rückgabewert dem aufrufenden Programm mitgeteilt.

Diese Funktion erstellt nur einen fehlenden SubKey. Sollten mehrere SubKeys im Schlüsselbaum bis zum eigentlichen Eintrag fehlen (fehlende Äste), schlägt die Funktion fehl. Hier bietet sich noch Erweiterungspotential für diese Funktion.

234 Registry-Key löschen

Das Löschen eines Registry-Keys erfolgt im Prinzip analog zur Erstellung desselben. Ein Beispiel für den Zweig HKEY_CURRENT_USER ist in der Funktion DeleteCURegistry() aus Listing 443 realisiert. Auch hier muss der Namensraum System.Win32.Registry in das Programm eingebunden werden.

```
Public Function DeleteCURegistry(ByVal RegSubKey As String, _
   ByVal RegkeyString As String) As Boolean

   Dim RegKey As RegistryKey = Registry.CurrentUser
```

Listing 443: Die Funktion DeleteCURegistry()

```
RegKey = RegKey.OpenSubKey(RegSubKey, True)

If RegKey Is Nothing Then
  Return False
End If

If Not (RegKey Is Nothing) Then
  Try
    RegKey.DeleteValue(RegkeyString)
  Catch ex As Exception
    Throw New ApplicationException("DeleteCURegistry:", ex)
  End Try
End If

RegKey.Close()

Return True
End Function
```

Listing 443: Die Funktion DeleteCURegistry() (Forts.)

Als Abwandlung wird eine Ausnahme ausgelöst, wenn der zu löschende Eintrag nicht gefunden werden konnte. Die Unterscheidung resultiert aus der Bedeutung der Fehler. Kann man einen Eintrag nicht hinzufügen, ist dies zwar unschön, aber auch noch anderweitig machbar. Geht das Löschen eines Eintrages schief, hat man es wahrscheinlich mit einem größeren Problem zu tun.

235 Informationen zum installierten Betriebssystem

Informationen zum installierten Betriebssystem kann man sich über verschiedene Wege besorgen. Die einfachste und schnellste Methode geht sicherlich über das Environment. Um aber an detailliertere Informationen zu kommen, muss man wieder das WMI zu Rate ziehen.

Die einzelnen Funktionen wurden in eine separate Klasse OpSys ausgelagert, die als DLL in jedes Programm eingebunden werden kann. Um an die Informationen zu kommen muss eine Instanz dieser Klasse erzeugt werden. Ein Beispiel für die Anwendung dieser Klasse ist in Abbildung 234 zu sehen. Da Sie Seriennummern nicht frei zur Verfügung stellen sollten, wurde der entsprechende Bereich geschwärzt.

Die Klasse arbeitet mit einigen privaten Variablen, wie sie in Listing 444 aufgeführt sind.

```
Public Class OpSys
  Private mOSVersion As String
  Private mOS As OperatingSystem
  Private mVersion As Version
  Private mPlatform As PlatformID
  Private mPlain As New ArrayList
  Dim Searcher As ManagementObjectSearcher
  Dim Query As String
  Dim Computer2Look As String
  Dim ResultCollection As ManagementObjectCollection
```

Listing 444: Private Member der Klasse OpSys

Wie diese Variablen mit Werten versehen werden, wird im weiteren Verlauf geschildert. Im Vorfeld müssen die Namensräume gemäß Listing 445 bekannt gemacht werden.

```
Imports System
Imports System.Management
Imports System.Environment
Imports System.Version
```

Listing 445: Imports-Anweisungen von OpSys

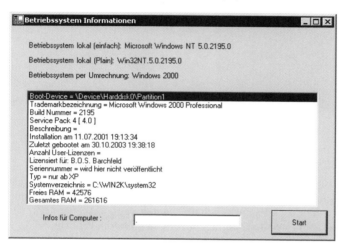

Abbildung 234: Informationen zum installierten Betriebssystem, Beispiel

Die Klasse kennt zwei New()-Methoden zur Erzeugung einer Instanz dieser Klasse. Der Default-New-Operator legt als Computer den lokalen Rechner fest, während die zweite New-Methode mit dem Namen eines Rechners aufgerufen wird (siehe Listing 446).

```
Public Sub New()
    mOS = Environment.OSVersion
    mOSVersion = mOS.ToString()
    mVersion = mOS.Version()
    mPlatform = mOS.Platform()
    Computer2Look = "."
End Sub

Public Sub New(ByVal ComputerName As String)
    mOS = Environment.OSVersion
    mOSVersion = mOS.ToString()
    mVersion = mOS.Version()
    mPlatform = mOS.Platform()
    Computer2Look = ComputerName
End Sub
```

Listing 446: New()-Methoden von OpSys

Aus dem Environment werden die entsprechenden Informationen geholt. In der Variablen mOS wird ein Objekt der Klasse OperatingSystem abgespeichert. Der Einfachheit halber wird die Zeichenkettendarstellung dieser Variablen in der Variablen mOSVersion abgelegt. Mit diesen Werten kann die erste Variante einer Betriebssystem-Ermittlung durchgeführt werden. Sie ist in Listing 447 zu sehen. Es wird nur die ermittelte Zeichenkette des Environments als Eigenschaft zur Verfügung gestellt. Das Ergebnis ist in Abbildung 234 als erstes Label hinter »Betriebssystem lokal (einfach):« dargestellt.

```
ReadOnly Property OS() As String
  Get
    Return mOSVersion
  End Get
End Property
```

Listing 447: Die Eigenschaft OS von OpSys

In der Variablen mOS sind die einzelnen Teile der Betriebssystemkennung versteckt. Diese können zusammen mit den Informationen über die Plattform mittels der Eigenschaft OPPlain abgerufen werden. Die Realisierung dieser Eigenschaft ist Listing 448 zu entnehmen.

```
ReadOnly Property OSPlain() As ArrayList
  Get
    mPlain.Add(mPlatform.ToString())
    mPlain.Add(mVersion.Major.ToString())
    mPlain.Add(mVersion.Minor.ToString())
    mPlain.Add(mVersion.Build.ToString())
    mPlain.Add(mVersion.Revision.ToString())
    Return mPlain
  End Get
End Property
```

Listing 448: Die Eigenschaft OSPlain von OpSys

Das vom Beispiel-Programm zusammengesetzte Ergebnis findet sich im zweiten Label aus Abbildung 234.

Alle diese Informationen enthalten zwar auch den Namen des Betriebssystems (also beispielsweise Windows 2000 oder XP), aber für den ungeübten Benutzer eher nicht erkennbar. Um aus diesem Zahlenkonglomerat den Namen des Betriebssystems zu generieren wurde die Eigenschaft GetOSEnv programmiert. Sie basiert auf einer Tabelle, die im MSDN veröffentlicht wurde, und ist recht aktuell. Der letzte Eintrag sollte unter .NET allerdings nicht auftreten.

```
ReadOnly Property GetOSEnv() As String
  Get
    Select Case mPlatform
      Case PlatformID.Win32NT
        If mVersion.Major = 4 Then
          Return "NT 4.0"
        End If
```

Listing 449: Die Eigenschaft GetOSEnv von OpSys

```
        Select Case mVersion.Minor
          Case 0
            Return "2000"
          Case 1
            Return "XP"
          Case 2
            Return "Server 2003"
        End Select

      Case PlatformID.Win32Windows
        If mVersion.Minor = 10 Then
          Return "98"
        Else
          Return "Me"
        End If

      Case PlatformID.WinCE
        Return "CE"
      Case PlatformID.Win32S
        Return "Windows 16 Bit ????"
    End Select
  End Get
End Property
```

Listing 449: Die Eigenschaft GetOSEnv von OpSys (Forts.)

Die Funktion liefert die Windows-Version ohne den Vorsatz »Windows«. Das Ergebnis für das Beispielprogramm ist in der dritten Label-Zeile von Abbildung 234 zu erkennen.

Alle bis hierher vorgestellten Methoden liefern nur das Ergebnis für den lokalen Rechner. Benötigt man Angaben zu anderen Rechnern im Netz, führen diese Methoden nicht zu einem Ergebnis. Hier muss in die Trickkiste des WMI gegriffen werden.

Dies kann mit der Eigenschaft GetOSInformation durchgeführt werden. Sollten die Informationen eines entfernten Rechners abgefragt werden, muss das Objekt der Klasse OpSys selbstverständlich mit der entsprechenden New-Methode initialisiert worden sein.

```
ReadOnly Property GetOSInformation() As ArrayList
  Get
    Return OSInformation(Computer2Look)
  End Get
End Property
```

Listing 450: Die Eigenschaft GetOSInformation

Die Eigenschaft GetOSInformation reicht den zwischengespeicherten Namen des zu untersuchenden Rechners an die private Funktiostn OSInformation() durch, die Sie in Listing 451 abgedruckt finden.

```
Private Function OSInformation(ByVal Computer As String) _
  As ArrayList
```

Listing 451: Die private Funktion OSInformation()

```
Dim Obj As ManagementObject
Dim List As ArrayList = New ArrayList
Dim Scope As String
Dim OSTyp As Integer
Dim OSTypString As String


' Für welchen Computer werden Informationen benötigt
If Computer = "." Then
  Scope = "root\cimv2"
Else
  Scope = "\\" + Computer + "\root\cimv2"
End If

' Abfragestring
Query = "Select * from Win32_OperatingSystem"

' Abfrageobjekt für den Computer generieren
Searcher = New ManagementObjectSearcher(Scope, Query)

' Informationen in Collection holen
ResultCollection = Searcher.Get()

' Gewünschte Informationen in ArrayList abspeichern
For Each Obj In ResultCollection
  List.Add("Boot-Device = " + Obj("BootDevice"))
  List.Add("Trademarkbezeichnung = " + Obj("Caption"))
  List.Add("Build Nummer = " + Obj("BuildNumber"))
  ' Service Pack Version
  List.Add(Obj("CSDVersion") + " [ " + _
    Obj("ServicePackMajorVersion").ToString + "." + _
    Obj("ServicePackMinorVersion").ToString + " ]")

  List.Add("Beschreibung = " + Obj("Description"))
  List.Add("Installation am " + _
    ToDateTime(Obj("InstallDate")).ToString)
  List.Add("Zuletzt gebootet am " + _
    ToDateTime(Obj("LastBootUpTime")).ToString)
  List.Add("Anzahl User-Lizenzen = " + _
    Obj("NumberOfLicensedUsers"))
  List.Add("Lizenziert für: " + Obj("Organization"))
  List.Add("Seriennummer = " + Obj("SerialNumber"))

  ' Ab XP möglich
  Dim ver As String = Obj("Version")
  If Obj("Version") >= "5.1" Then
    OSTyp = Obj("ProductType")
    Select Case OSTyp
      Case 1
        OSTypString = "Work Station"
```

Listing 451: Die private Funktion OSInformation() (Forts.)

```
        Case 2
          OSTypString = "Domänen Controller"
        Case 3
          OSTypString = "Server"
      End Select
      List.Add("Typ (XP / Server 2003) = " + OSTypString)
    Else
      List.Add("Typ = " + "nur ab XP")
    End If

    List.Add("Systemverzeichnis = " + Obj("SystemDirectory"))
    List.Add("Freies RAM = " + Obj("FreePhysicalMemory").ToString)

    ' Für das Betriebssystem sichtbares RAM
    List.Add("Gesamtes RAM = " + _
      Obj("TotalVisibleMemorySize").ToString)
  Next
  Return List
End Function
```

Listing 451: Die private Funktion OSInformation() (Forts.)

In der Funktion wird zuerst festgelegt, welcher Computer analysiert werden soll. Dies kann mit einem ManagementScope-Objekt durchgeführt werden. Da eine WQL-Abfrage gestellt werden soll, ergibt sich eine Abkürzung. In einem der Konstruktoren der ManagementObjectSearcher-Klasse können Abfrage und Bereich (Scope) als Zeichenketten übergeben werden. Mit der Get()-Methode des erstellten Objektes wird die Klassen-Variable ResultCollection gefüllt. In der anschließenden Schleife werden die gewünschten Informationen in ein ArrayList verpackt, welches zum Schluss der aufrufenden Funktion zurückgegeben wird.

In der Schleife wird die Funktion ToDateTime angewandt, die man in der Dokumentation zu .NET nicht finden wird. Diese Funktion wird bereitgestellt, wenn man mit dem SERVER–EXPLORER eine Klasse aus MANAGEMENT CLASSES / OPERATING SYSTEM generiert. Sie wandelt das interne Datumsformat in den Datentyp DateTime um. In Abbildung 214 kann man die Darstellung dieses internen Datumsformates sehen. In dem dazugehörigen Kapitel wird auch eine alternative Möglichkeit aufgezeigt, um an diese Funktion zu gelangen.

Die Eigenschaft TotalVisibleMemorySize trägt mit Absicht nicht den Namen *TotalMemorySize*, da es Windows-Betriebssysteme gibt, die nicht den gesamten eingebauten Hauptspeicher erkennen können. Diese Größe stellt aber den für das Betriebssystem nutzbaren Hauptspeicher dar, ist also auch in einem solchen Fall eine nutzbare Information.

Ab Betriebssystemversion 5.1 (XP, Server 2003) können weitere Informationen abgerufen werden. Dies wird in der if-Abfrage der Funktion berücksichtigt.

Ein Beispiel für diese Abfrage ist in der ListBox von Abbildung 234 zu sehen.

236 Prozessorgeschwindigkeit

Neben den bisher bereits ermittelten Informationen zu einem Rechner fehlt noch der zentrale Teil, die CPU. Dies soll nun nachgeholt werden. Die benötigten Angaben werden wieder mittels WMI ermittelt. Dazu wird mit dem SERVER-EXPLORER eine Klasse aus MANAGEMENT CLASSES

/ PROCESSORS generiert und zusammen mit weiteren Namensräumen in das Projekt importiert, siehe Listing 452. Die so generierte Klasse trägt den Namen `Processor`.

```
Imports System
Imports System.Management
Imports ProcessorSpeed.ROOT.CIMV2
```

Listing 452: Imports-Anweisungen

Welche Angaben zum Prozessor beispielhaft möglich sind, kann der Abbildung 235 entnommen werden. In der Abbildung sind auch die Informationen aus den Kapiteln 237 - 239 zu sehen.

Die Taktfrequenz des Prozessors wird mit der Funktion `GetProcessorSpeed` aus Listing 453 ermittelt.

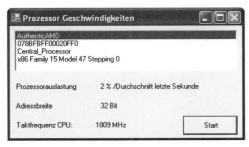

Abbildung 235: Prozessor-Informationen

In der Funktion wird eine Variable vom Typ `Processor` deklariert, die anschließend mit den Werten des ersten Prozessors im Rechner definiert wird. Ist ein zweiter Prozessor auf dem Motherboard, kann man zumindest davon ausgehen, dass dieser die gleiche Taktfrequenz und Bitbreite hat.

Mit der Abfrage auf `IsCurrentClockSpeedNull` wird sichergestellt, dass die benötigte Information ermittelt werden kann. Es handelt sich hier um eine Methode der Klasse `Processor`. Die ermittelte Taktfrequenz wird zur einfacheren Weiterverarbeitung in den Typ `Integer` konvertiert. Da die Taktfrequenz in MHz ermittelt wird, dürfte in nächster Zeit kein Problem mit dieser Konvertierung auftreten.

```
Public Function GetProcessorSpeed() As Integer
  Dim proc As Processor
  Dim Speed As UInt32
  Dim SpeedInt As Integer

  ' Instanz für den 1. Prozessor
  proc = New Processor("CPU0")
  If proc.IsCurrentClockSpeedNull = False Then
    ' CurrentClockSpeed ist UInt32
    Speed = proc.CurrentClockSpeed()
    '
    SpeedInt = Convert.ToInt32(Speed)
  Else
```

Listing 453: Die Funktion GetProcessorSpeed()

```
      SpeedInt = -1
   End If


   Return SpeedInt
End Function
```

Listing 453: Die Funktion GetProcessorSpeed() (Forts.)

Sollte die Taktfrequenz nicht abrufbar sein, liefert die Funktion den Wert −1 zurück. Durch Überladung des New-Konstruktors können auch die Werte für andere Computer abgefragt werden.

237 Prozessorauslastung

Die Ermittlung der Prozessorauslastung geschieht analog zu Kapitel 236. Die Eigenschaft LoadPercentage der Klasse Processor liefert die gemittelte Auslastung des Prozessors in der letzten Sekunde zurück. Der Zeitrahmen kann nicht verändert werden.

```
Public Function GetProcessorLoad() As Integer
   Dim proc As Processor
   Dim Load As Integer

   proc = New Processor("CPU0")

   If proc.IsLoadPercentageNull = False Then
     Load = Convert.ToInt32(proc.LoadPercentage)
   Else
     Load = -1
   End If

   Return Load
End Function
```

Listing 454: Die Funktion GetProcessorLoad

Auch liefert die Funktion −1 zurück, sollte die Angabe der Prozessorauslastung nicht ermittelt werden können. Eine Beispielanwendung dieser Funktion ist in Abbildung 235 zu sehen.

Durch Überladung des New-Konstruktors können auch hier die Angaben von anderen Computern abgefragt werden.

238 Bitbreite des Prozessors

Das Vorgehen in dieser Funktion entspricht exakt dem der beiden letzten Kapitel, so dass hier nicht näher darauf eingegangen werden muss.

```
Public Function GetProcessorWidth() As Integer
   Dim proc As Processor
   Dim ProcWidth As Integer
```

Listing 455: Die Funktion GetProcessorWidth

```
    proc = New Processor("CPU0")

    If proc.IsAddressWidthNull = False Then
      ProcWidth = Convert.ToInt32(proc.AddressWidth)
    Else
      ProcWidth = -1
    End If

    Return ProcWidth
End Function
```

Listing 455: Die Funktion GetProcessorWidth (Forts.)

239   Prozessor-Informationen

Die Klasse `Processor` umfasst über 40 Eigenschaften. Einige wurden schon in den vorherigen Kapiteln als eigenständige Funktionen abgefragt. Einige Angaben von mehr allgemeinem Interesse sind in der Funktion `GetProcessorInfos` zusammengefasst, die eine `ArrayList` von Zeichenkettenwerten zurückliefert.

```
Public Function GetProcessorInfos() As ArrayList
    Dim proc As Processor
    Dim ProcList As ArrayList = New ArrayList
    Dim tmp As UInt16

    proc = New Processor("CPU0")

    ProcList.Add(proc.Manufacturer)
    ProcList.Add(proc.ProcessorId)
    ProcList.Add(proc.ProcessorType)
    ProcList.Add(proc.Description)

    Return ProcList
End Function
```

Listing 456: Die Funktion GetProcessorInfos

Für die in Listing 456 ermittelten Werte existieren in der Klasse `Processor` keine Methoden der Form `Is...Null`, so dass davon ausgegangen werden kann, dass diese Eigenschaften immer einen Wert zurückliefern. Ein Beispiel für die so ermittelten Werte ist in Abbildung 235 zu sehen.

240   SMTP – E-Mail

Unter gewissen Umständen erweist es sich als sehr praktisch, wenn man aus dem eigenen Programm E-Mails verschicken kann. Auch dieses Problem lässt sich mit *.NET* recht übersichtlich lösen. Die hier vorgestellte Methode hat allerdings einen Nachteil. Es reicht nicht, auf dem eigenen Rechner oder irgendwo im Netz einen SMTP-Server zu haben. Es muss der INTERNET INFORMATION SERVER von Microsoft sein. Zusätzlich muss im IIS der virtuelle SMTP-Server aktiviert sein. Hier ist zwischen dem SMTP-Dienst des Rechners und dem genannten virtuellen

SMTP-Servers des IIS zu unterscheiden. Ist der Dienst gestartet, der virtuelle SMTP-Server des IIS aber nicht, können mit dieser Funktion keine E-Mails verschickt werden. Dienst und Server müssen aktiv sein.

Zusätzlich müssen die Rechte des IIS–SMTP-Servers richtig eingestellt sein. Dies können Sie über den EIGENSCHAFTEN-Dialog des virtuellen SMTP-Servers vornehmen.

Sind diese Voraussetzungen erfüllt, steht dem Versenden von E-Mails mit der Funktion Send-EMail aus Listing 457 nichts mehr im Wege.

```
Private Sub SendEMail(ByVal ToAdress As String, _
  ByVal FromAdress As String, _
  ByVal CCAdress As String, _
  ByVal BCCAdress As String, _
  ByVal SMTPServer As String, _
  ByVal AppendFile As String, _
  ByVal MessageText As String, _
  ByVal SubjectText As String,
  ByVal Benutzername As String,
  ByVal Kennwort As String)

  Dim Attach As Attachment

  Dim Message As MailMessage = _
      New MailMessage(FromAdress, ToAdress, SubjectText, MessageText)

  'Message.To = ToAdress
  Message.From = New MailAddress(FromAdress)

  Message.Subject = SubjectText
  If CCAdress <> Nothing Then
    Message.CC.Add(CCAdress)
  End If

  If BCCAdress <> Nothing Then
    Message.Bcc.Add(BCCAdress)
  End If

  Message.Body = MessageText

  If AppendFile.Trim <> String.Empty Then
    Attach = New Attachment(AppendFile)
    Message.Attachments.Add(Attach)
  End If

  Try
    Dim Client As SmtpClient = New SmtpClient(SMTPServer)
    Dim Cred As CredentialCache = New CredentialCache()

    Cred.Add(New Uri("http://webserver.de"), "Basic", _
      New NetworkCredential(Benutzername, Kennwort))
    Client.Credentials = Cred
```

Listing 457: Die Funktion SendEMail

```
      Client.Send(Message)
    Catch ex As Exception
      txtText.Text = ex.Message
    End Try
  End Sub
```

Listing 457: Die Funktion SendEMail (Forts.)

Die Funktion benötigt den Namensraum `System.Web.Mail`, der mittels `Imports` eingebunden werden muss. Der Funktion werden die benötigten Informationen zum Versenden einer Mail als Zeichenketten übergeben. Die Funktion unterstützt in der dargestellten Form nur eine Datei als Anhang. Will man mehrere Dateien versenden, bietet sich hier die Möglichkeit, diese Funktion zu erweitern.

Nach dem Erstellen einer Variablen `Message` vom Typ `MailMessage` werden die zum Versand erforderlichen Angaben diesem Objekt übergeben. Die Eigenschaften entsprechen den typischen E-Mail-Angaben und dürften damit selbsterklärend sein.

Ein möglicher Anhang wird der Funktion als Dateiname übergeben. Mit diesem Dateinamen wird ein Objekt vom Typ `MailAttachment` erzeugt, welches dann dem Objekt `Message` mit der `Add`-Methode der `Attachments`-Eigenschaft angehängt wird.

Die Eigenschaft `SmtpServer` der Klasse `SmtpMail` aus `System.Web.Mail` ist `Shared`, so dass keine eigenständige Instanz erzeugt werden muss. Dieser wird der SMTP-Server übergeben. Die Angabe des Servers kann eine IP-Adresse sein, kann aber auch der Domain-Angabe im virtuellen SMTP-Server entsprechen. Diese Domain hat nichts mit der Domäne eines Windows-Netzwerkes zu tun.

Die in der Funktion zusammengestellte `Message` wird dann mit der `Send`-Methode von SmtpMail verschickt. Die so erzeugte Mail wird als *.eml*-Datei im Verzeichnis *Inetpub\mailroot\Drop* des IIS zwischengespeichert.

241 Logon-Sessions mit XP

Unter den neueren Windows-Versionen sind die Möglichkeiten des WMI nochmals erweitert worden. So kann man sich detaillierte Informationen über eingeloggte Benutzer zusammenstellen. Auf der Client-Seite wird Windows XP, auf der Serverseite Windows Server 2003 vorausgesetzt.

Eine Möglichkeit, diese neuen Features abzufragen, wird in Listing 458 mittels einer WQL-Abfrage gelöst. Es handelt sich um eine klassische WQL-Abfrage, wie sie in den vorhergehenden Kapiteln schon eingesetzt wurde. Eine nähere Erklärung kann deshalb an dieser Stelle entfallen.

```
  Private Sub btnStart_Click(ByVal sender As System.Object, _
    ByVal e As System.EventArgs) Handles btnStart.Click

    Dim mQuery As WqlObjectQuery
    Dim mSearch As ManagementObjectSearcher
    Dim mCol As ManagementObject
    Dim mStrSQL As String
```

Listing 458: LogonSessions unter XP, Server 2003 abfragen

System/WMI

```
mStrSQL = "select * from Win32_LogonSession"
mQuery = New WqlObjectQuery(mStrSQL)
mSearch = New ManagementObjectSearcher(mQuery)
For Each mCol In mSearch.Get()
  If Not (mCol("Caption") Is Nothing) Then
    lbList.Items.Add(mCol("Caption"))
  End If
  If Not (mCol("Description") Is Nothing) Then
    lbList.Items.Add(mCol("Description"))
  End If
  If Not (mCol("LogonId") Is Nothing) Then
    lbList.Items.Add(mCol("LogonId"))
  End If
  If Not (mCol("LogonType") Is Nothing) Then
    lbList.Items.Add(mCol("LogonType"))
  End If
  If Not (mCol("Name") Is Nothing) Then
    lbList.Items.Add(mCol("Name"))
  End If
  If Not (mCol("AuthenticationPackage") Is Nothing) Then
    lbList.Items.Add(mCol("AuthenticationPackage"))
  End If
Next

End Sub
```

Listing 458: LogonSessions unter XP, Server 2003 abfragen (Forts.)

Die Eigenschaft LogonType kennt zwölf verschiedene Varianten, wie eine LogonSession angemeldet sein kann. Näheres kann man in der Online-Hilfe von VISUAL STUDIO unter dem Stichwort Win32_LogonSession erfahren.

System/WMI

Datenbanken

In den folgenden Rezepten geht es um die Verwaltung des Microsoft SQL-Servers bzw. um die kostenfrei verteilbare Version, die Microsoft Database Engine, MSDE. Alle Rezepte sind in einer DLL implementiert, so dass man die hier vorgestellten Rezepte sofort in den eigenen Programmen einsetzen kann. Sie dienen zugleich als eine Einführung in die Thematik der Database Management Objects (DMO), die in beiden Versionen der Datenbank mitgeliefert werden und so in eigenen Programmen verwendet werden können. Dies hat vor allem bei der MSDE einen großen Vorteil, da diese Version ohne jegliche Verwaltungssoftware ausgeliefert wird. Die Möglichkeiten sind so aber auch so umfassend, dass sie den Rahmen dieser Sammlung sprengen würden.

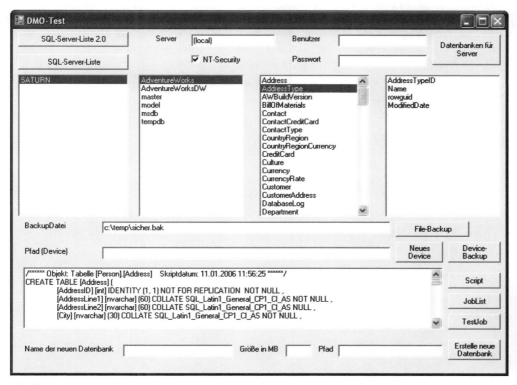

Abbildung 236: Beispielprogramm zu den Möglichkeiten der DMO-DLL

Das Beispielprogramm auf der CD zeigt exemplarisch den Aufruf der einzelnen Methoden der hier vorgestellten Klassen. Die DMO-Funktionen stammen alle aus einer Zeit vor .NET. Die hier entwickelte verwaltete DLL stellt im Wesentlichen Wrapper-Klassen für die SQLDMO.DLL zur Verfügung, die sich im Detail von der klassischen Einbindung unterscheiden.

Die SQLDMO befindet sich für den SQL-Server 2000 typischerweise unter C:\Programme\ Microsoft SQL Server\80\Tools\binn\sqldmo.dll\. Beim SQL-Server 2005 müssen Sie die »80« durch eine »90« ersetzen.

Datenbanken

> Die hier dargestellten Methoden sind in der Klasse DMO.NET.

Nach dem Hinzufügen eines entsprechenden COM-Verweises werden diese Funktionen über

```
Imports SQLDMO
```

eingebunden.

Die Rezepte 242 bis 257 beziehen sich auf die Benutzung der Database Management Objects. In den darauf folgenden Kapiteln wird auf die Thematik der Datenbanken mit der Zielrichtung ADO.NET eingegangen. Mit Rezepten über ADO.NET könnte man ebenfalls ein Buch füllen, und da es mittlerweile auch gute Literatur für Anfänger und Fortgeschrittene über dieses Thema gibt, haben wir nur ein paar Rezepte in dieses Buch genommen. So war uns das Kapitel Indizierung wichtig, da es dort immer noch viel Le(e|h)rmaterial aus der Theorie gibt. Auch der Zugriff auf Excel-Tabellen spielt im täglichen DV-Betrieb eine große Rolle, doch findet man den Zugriff auf Excel mit OleDb recht selten in der Literatur.

242 Erreichbare SQL-Server

Die Frage nach den überhaupt zur Verfügung stehenden Datenbanken kann nicht nur bei der Sicherung von Datenbanken eine wichtige Rolle spielen. Diese Fragestellung kann mit den Hilfsmitteln der DMO recht zügig beantwortet werden:

```
' Ermittelt die erreichbaren SQL-Server
Public Function ListSQLServers() As ArrayList

    Dim sqlServers As SQLDMO.NameList
    Dim sqlServer As String

    ' Get a SQL-Server List
    ' all .NET versions
    Try
      sqlServers = New SQLDMO.Application().ListAvailableSQLServers
    Catch ex As Exception
      Throw New System.ArgumentException( _
        "DMO: Server nicht erreichbar.", ex)
    End Try

    mServerList = New ArrayList
    For Each sqlServer In sqlServers
      Debug.WriteLine(sqlServer)
      mServerList.Add(sqlServer.ToString)
    Next

    Return mServerList

End Function
```

Listing 459: Ermittlung der erreichbaren SQL-Server, auch für .NET 1.0

Um die registrierten Server zu ermitteln, wird kein Benutzer zum Login auf dem SQL-Server benötigt. Da die weiteren Methoden dies voraussetzen (s.u.), wird diese Methode `Shared` definiert. Für die weitere Verwendung sind nur die Namen der Datenbanken von Interesse, so dass die Methode `ListSQLServers()` eine `ArrayList` aus Zeichenketten zurückliefert.

In der Version .NET 2.0 ist eine Möglichkeit hinzugekommen, die erreichbaren SQL-Server abzufragen. Im Namensraum `System.Data.Sql` ist die Methode `SqlDataSourceEnumerator` neu hinzugekommen. Wie man mit dieser neuen Methode arbeitet, kann in Listing 460 gesehen werden.

```
Public Function ListSQLServers20() As ArrayList

  Dim RetArr As ArrayList = New ArrayList

  Dim instance As System.Data.Sql.SqlDataSourceEnumerator = _
    System.Data.Sql.SqlDataSourceEnumerator.Instance

  Dim table As System.Data.DataTable = instance.GetDataSources()

  For Each row As DataRow In table.Rows
    For Each col As DataColumn In table.Columns
      If col.ColumnName = "ServerName" Then
        RetArr.Add(row(col))
      End If
    Next
  Next

  Return RetArr
End Function
```

Listing 460: Ermittlung der erreichbaren SQL-Server ab .NET 2.0

Die Methode der Klasse `DMOServer` hat treffender

Um Informationen über die Server zu bekommen, muss eine Instanz des DMO-Anwendungsobjektes vorhanden sein. Diese wird in der zweiten Zeile nach dem Funktionskopf für die Behandlung des Server-Buttons aus dem Beispielprogramm erstellt. Nach einem Check der Usereinstellung werden die registrierten Servergruppen durchlaufen und für jede Datenbank der Name in der `ArrayList` eingetragen und schlussendlich dem aufrufenden Programm zurückgeliefert.

Im Beispielprogramm befindet sich der Button für den Aufruf oberhalb der linken `ListBox`:

```
Private Sub btnServer_Click(ByVal sender As System.Object, _
  ByVal e As System.EventArgs) Handles btnServer.Click

  Dim mServerList As ArrayList = New ArrayList()
  Dim Search As DMO.NET.DMOServer = New DMO.NET.DMOServer()

  mServerList = Search.ListSQLServers
  lbServer.Items.Clear()
  lbServer.Items.AddRange(mServerList.ToArray)
End Sub
```

Listing 461: Aufruf der Serverliste im Beispielprogramm

243 Default-Anmeldung am SQL-Server

Um die Datenbank verwalten zu können, muss man sich mit den entsprechenden Rechten in der ausgewählten Datenbank anmelden. Dafür gibt es zwei unterschiedliche Methoden: das Anmelden mit der Berechtigungsverwaltung des SQL-Servers oder mit den Rechten des Betriebssystem-Benutzers, der so genannten NT-Security.

Die Anmeldung wird über verschiedene Überladungen der New-Prozedur erreicht. Die einfachste, gefährlichste und sehr häufig funktionierende Variante ist die Anmeldung mittels des Standardbenutzers auf der lokalen Datenbank:

```
Public Sub New()
  ' Default-Einstellungen des SQL-Servers (Sicherheitsrisiko)
  'mUser = "sa"
  'mPWD = ""
  mSecurity = True
  Create("(localhost)")
End Sub
```

Listing 462: Anmeldung mittels Standarduser

Die Variablen mUser, mPWD und mSecurity sind als private Variable der Klasse deklariert. mSecurity spiegelt das oben geschilderte Anmeldeverfahren wider, wobei mSecurity = True für das NT−Security-Anmeldeverfahren steht. Der Benutzer »sa« ohne Kennwort wird standardmäßig bei der Installation des SQL--Servers 2000 angelegt. Wird dies nicht geändert, kann jede Person als Administrator der Datenbank aktiv werden, der diesen Zugang kennt! Daher auch die Anmerkung, dass die Möglichkeit dieses Anmeldeverfahrens mit Gefahren verbunden ist, nicht nur im hier betrachteten Kontext.

Anschließend werden die weiteren Schritte der Anmeldung einer Prozedur create übergeben, da sich diese Schritte in den verschiedenen Verfahren nicht unterscheiden.

```
Private Sub Create(ByVal srv As String)
  Try
    mServerString = srv
    mApp = New SQLDMO.Application()
    mServer = New SQLDMO.SQLServer()
    mDB = New SQLDMO.Database()
    mDBList = New ArrayList()
    mTableList = New ArrayList()
    mFieldList = New ArrayList()
  Catch e As System.Exception
    Throw New System.ArgumentException("DMO.NET.create: ", e)
  End Try
End Sub
```

Listing 463: create()-Prozedur der Anmeldung

Die in dieser Prozedur gesetzten Variablen sind private Variable der Klasse und werden im späteren Verlauf in den verschiedenen Methoden benötigt. Der Servername wird dieser Prozedur übergeben und in einer String-Variablen gespeichert. Für den Zugriff auf die Datenbank wird für jede SQLDMO-Hierarchiestufe eine Variable definiert. mDBList nimmt die Namen der

Datenbanken des betrachteten Servers auf, `mTableList` die Tabellen der Datenbank und `mField-List` die Feldnamen der entsprechenden Tabelle.

Damit sind alle Angaben bekannt, um sich mit dem Datenbankserver zu verbinden. Dies geschieht mittels der Methode `ConnectSQL()`. Die Funktionalität wurde in zwei Methoden aufgeteilt.

```
' Verbindet zum Server mit SQL-Berechtigung
Public Sub ConnectSQL()
  mServer.LoginSecure = False
  Try
    mServer.Connect(mServerString, mUser, mPWD)
  Catch e As System.Exception
    Throw New System.ApplicationException( _
      "DMO: Keine Verbindung möglich.", e)
  End Try
End Sub
```

Listing 464: ConnectSQL-Methode für die Verbindung zum Server

Nach der Festlegung einer SQL–Server-eigenen Authentifizierung (`Loginsecure = False`) wird die Verbindung über die DMO-Prozedur `Connect()` hergestellt. Dieser Prozedur werden der Name des Servers `mServerString`, der SQL-Server-Benutzer `mUser` und das für diesen Benutzer gültige Kennwort `mPWD` übergeben.

Wird diese Methode ohne Fehler ausgeführt, haben Sie eine aktive Verbindung zum Datenbankserver und die »richtige« Arbeit kann durchgeführt werden.

244 NT-Security-Anmeldung am SQL-Server

Bei diesem Anmeldeverfahren wird der angemeldete Benutzer des Betriebssystems für die Anmeldung am SQL-Server benutzt.

```
' Server mit NT-Security-Zugriff
Public Sub New(ByVal srv As String)
  mSecurity = True
  Create(srv)
End Sub
```

Listing 465: NT-Security-Anmeldung

Näheres zu den Anmeldeverfahren finden Sie im Kapitel »Verwalten der Sicherheit« des SQL-Server-Handbuches.

Auch an dieser Stelle wird die Verbindung zum Datenbankserver mit einer separaten Connect-Methode durchgeführt. Diese Methode unterscheidet sich in Feinheiten von der entsprechenden Methode in 243, da es sich hier auch um eine andere Authentifizierung handelt:

```
' Verbindet zum Server mit NT-Berechtigung
Public Sub ConnectNT()
  mServer.LoginSecure = True
  mServer.Name = mServerString
```

Listing 466: ConnectNT-Methode für die Verbindung zum Server

Datenbanken

```
Try
  mServer.Connect()
Catch e As System.Exception
  Throw New System.ApplicationException( _
    "DMO: Keine Verbindung möglich.", e)
End Try
End Sub
```

Listing 466: ConnectNT-Methode für die Verbindung zum Server (Forts.)

Dem Serverobjekt `mServer` wird in der ersten Zeile der Methode mitgeteilt, dass eine Anmeldung mit dem Verfahren der NT-Authentifizierung durchgeführt werden soll. Anschließend wird der Name des Servers festgelegt, mit dem das Programm eine Verbindung aufnehmen will. Die Verbindung wird dann mit der DMO-Prozedur `Connect()` hergestellt.

Auch hier gilt: Nach der fehlerfreien Rückkehr aus dieser Methode können Sie mit der eigentlichen Arbeit am SQL-Server beginnen.

SQL-Server-Anmeldung

Bei diesem Verfahren wird auf die im Server verwalteten Benutzer und Gruppen zurückgegriffen. Diese müssen mit den Benutzern und Gruppen des Betriebsystems nicht identisch sein. Dadurch kann man eine angepasstere Form der Sicherheit für die Datenbankanwendung realisieren. Benötigt werden für dieses Verfahren die gültige Benutzerkennung und das dazugehörige Passwort. Vom Prinzip her ist es mit der Default-Anmeldung (Rezept 243) identisch:

```
' Server mit SQL-Sicherheits-Zugriff
Public Sub New( _
  ByVal srv As String, ByVal usr As String, _
  ByVal pwd As String)

  mUser = usr
  mPWD = pwd
  mSecurity = False
  create(srv)
End Sub
```

Listing 467: Anmeldung mittels SQL-Server-Authentifizierung

Dem Konstruktor werden der Name des SQL-Servers, der Benutzer und das entsprechende Kennwort übergeben.

Für die Verbindung zum Datenbank-Server wird wie in 243 die Methode `ConnectSQL()` benutzt.

Um bei diesem Anmeldeverfahren den Weg bis zur nutzbaren Datenbank zu verkürzen, gibt es noch eine weitere überladene `New`-Prozedur, die direkt eine übergebene Datenbank öffnet:

```
' Server mit SQL-Sicherheitszugriff und Datenbank-Auswahl
Public Sub New( _
  ByVal srv As String, ByVal db As String, _
  ByVal usr As String, ByVal pwd As String)
```

Listing 468: Anmeldung mit Öffnen einer Datenbank

```
    mUser = usr
    mPWD = pwd
    mSecurity = False
    create(srv)
    ConnectSQL()
    Use(db)
  End Sub
```

Listing 468: Anmeldung mit Öffnen einer Datenbank (Forts.)

Das Öffnen der Datenbank geschieht mittels der Prozedur use (siehe Rezept 246). Der Name dieser Prozedur wurde aus nostalgischen Gründen gewählt.

245 Datenbanken eines Servers

Hat man sich am Server angemeldet, kann man sich mit der folgenden Methode alle von diesem Server verwalteten Datenbanken anzeigen lassen. Zur Ermittlung wird eine Variable vom Typ SQLDMO.Database benötigt. Mit dieser Variablen kann man über die Eigenschaft mServer iterieren und sich die Namen der Datenbanken holen. Diese werden in einer ArrayList abgespeichert und zurückgegeben.

```
Public Function Databases() As ArrayList
  Dim db As SQLDMO.Database
  mDBList.Clear()
  For Each db In mServer.Databases
    mDBList.Add(db.Name)
  Next
  Return mDBList
End Function
```

Listing 469: Alle Datenbanken eines Servers ermitteln

246 Datenbank festlegen

Zur Auswahl einer Datenbank stellt die Klasse eine Methode Use() zur Verfügung, deren Name sowohl die Absicht dieser Methode her- als auch einen historischen Bezug darstellt. In dieser Methode werden sowohl der Datenbankname als String als auch die Variable mDB vom Typ SQLDMO.Database gesetzt. Dies geschieht durch den Zugriff auf die Databases-Auflistung der SQLDMO.DLL. In dieser Auflistung kann man über den Namen der Datenbank ein entsprechendes Objekt abrufen, welches den Zugriff auf alle Datenbank-relevanten Informationen erlaubt.

```
Public Sub Use(ByVal db As String)
  If db = String.Empty Then
    Throw New System.ApplicationException( _
      "DMO: Datenbankname wird benötigt")
  End If
  mDBString = db
  mDB = mServer.Databases.Item(db)
End Sub
```

Listing 470: Auswahl einer Datenbank

Tabellen einer Datenbank

Nach Auswahl einer Datenbank (siehe Use()Rezept 246) ist die aktuelle Datenbank in der Klassenvariablen mDB abgespeichert. Wie bei der Ermittlung der Datenbanken (siehe 245), kann hier über die Tabellen iteriert werden und die Namen können als ArrayList an das aufrufende Programm zurückgeliefert werden.

```
Public Function TableList() As ArrayList
   Dim tbl As SQLDMO.Table
   mTableList.Clear()
   For Each tbl In mDB.Tables
     mTableList.Add(tbl.Name)
   Next
   Return mTableList
End Function
```

Listing 471: Tabellen einer Datenbank

Die Variable mTableList ist innerhalb der Klasse definiert. In Folge dieser Methode wird diese Liste mit Werten gefüllt und anschließend dem aufrufenden Programm übergeben. Dabei bleibt die Liste innerhalb der Klasse naturgemäß mit den ermittelten Daten gefüllt. Auf diese Art muss man die Tabellen nicht jedes Mal neu ermitteln, sondern kann auf die bestehende Liste zurückgreifen.

247   Felder einer Tabelle

Die Klasse ist so gestaltet, dass Server und Datenbank, aber nicht die aktuelle Tabelle als Variable gespeichert werden. Daher wird der Methode für die Ermittlung der Felder einer Tabelle der benötigte Tabellenname übergeben. Damit diese Methode auch sinnvolle Ergebnisse liefert, wird zumindest sichergestellt, dass der Tabellenname kein Leerstring oder Empty ist. Für die Iteration über alle Felder der Tabelle wird vorher eine SQLDMO.Column-Variable lokal definiert.

```
Public Function FieldList(ByVal Table As String) As ArrayList
   Dim fld As SQLDMO.Column

   If Table = String.Empty Then
     Throw New System.ApplicationException( _
       "DMO: Tabelle muss angegeben werden.")
   End If
   mFieldList.Clear()
   mTableString = Table

   For Each fld In mDB.Tables.Item(mTableString).Columns()
     mFieldList.Add(fld.Name)
   Next
   Return mFieldList
End Function
```

Listing 472: Felder einer Tabelle

Wie bei der Ermittlung der Tabellen einer Datenbank (siehe) wird eine Variable zur Speicherung der Werte benutzt. Alternativ hätte man hier sicherlich eine methodenlokale ArrayList anlegen können, die dann dem aufrufenden Programm übergeben wird. Man hätte so ein paar (k)Bytes an Hauptspeicher sparen können, je nach Umfang der Felderliste.

Ob das an dieser Stelle also genauso sinnvoll ist wie bei der Tabellenermittlung, kann sicherlich diskutiert werden. Aus Konformitätsgründen wurde dieses Verfahren benutzt (*die* Begründung sticht immer ☺)

248 Einfaches Backup einer Datenbank

Um eine einfache Datensicherung der Datenbank durchzuführen, stellen die Database Management Objects eine Funktion zur Verfügung, die, mit einigen Informationen versorgt, ein Backup einer Datenbank in eine Datei durchführt. Für zeitgesteuerte und regelmäßige Datensicherungen stellen die DMOs umfangreichere Funktionen zur Verfügung, die denen des SQL-Explorers durchaus ebenbürtig sind (siehe z.B. 251).

```
Public Sub BackupDB(ByVal Database As String, _
   ByVal BackupFile As String)

   Dim mBackup As SQLDMO.Backup
   mBackup = New SQLDMO.Backup
   mBackup.Action = SQLDMO_BACKUP_TYPE.SQLDMOBackup_Database
   mBackup.Database = Database
   mBackup.DatabaseFiles = Database & "File"
   mBackup.Files = BackupFile
   mBackup.MediaName = Database & "Media." & DateTime.Now.ToString
   mBackup.BackupSetName = Database & "_bs"
   mBackup.BackupSetDescription = "Backup of " & Database
   mBackup.SQLBackup(mServer)
End Sub
```

Listing 473: Backup einer Datenbank

Der Methode werden der Name der zu sichernden Datenbank und der Dateiname der Datensicherung übergeben. Um die Datensicherung gezielt in einem Verzeichnis zu sichern, kann der komplette Pfad übergeben werden, also zum Beispiel *D:\Sicherungen\DBSicherung.bak*.

Nach dem Anlegen der Instanz mBackup von SQLDMO.Backup wird die Aktion festgelegt, die diese Instanz durchführen soll. Hierfür gibt es vier Möglichkeiten, die in Tabelle 35 aufgelistet und im darauf folgenden Text näher erläutert sind.

249 Einfaches Zurücksichern einer Datenbank

Leider kommt es vereinzelt dazu, dass die Datensicherung nicht umsonst war, sondern zurückgespeichert werden muss ...

Die entsprechende Methode ist in der Klasse als RestoreDB() realisiert. Dieser Methode werden die zu restaurierende Datenbank, die Datensicherungsdatei und der Medienname übergeben.

```
Public Sub RestoreDB(ByVal Database As String, _
   ByVal BackupFile As String, ByVal MediaName As String)
```

```
  Dim mRestore As SQLDMO.Restore
  mRestore = New SQLDMO.Restore
  mRestore.Action = SQLDMO_RESTORE_TYPE.SQLDMORestore_Database
  mRestore.Database = Database
  mRestore.DatabaseFiles = Database & "File"
  mRestore.Files = BackupFile
  mRestore.MediaName = MediaName
  mRestore.BackupSetName = Database & "_bs"
  mRestore.SQLRestore(mServer)
End Sub
```

Listing 474: Einfaches Zurücksichern einer Datenbank

Analog zur Datensicherung wird ein Restore-Objekt erstellt und diesem mitgeteilt, was zurückgesichert werden soll. Hier gibt es aber nur drei Möglichkeiten (siehe auch 253).

Die Datenbank wird abschließend mit `SQLRestore()` wieder eingespielt. Will man die Datensicherungsintegrität testen, so kann man stattdessen `SQLVerify()`-Methode aufrufen.

Will man sichergehen, dass die Datenbank zurückgespielt wird, gleichgültig ob es schon eine Datenbank mit diesem Namen gibt oder nicht, kann man dies dadurch erzwingen, indem man vor `SQLRestore()` die Zeile

`mRestore.ReplaceDatabase = True`

einfügt.

250 Erstellen eines Backup-Devices

Für mehr Flexibilität und erweiterte Möglichkeiten bietet es sich an, mit so genannten »Backup-Devices« zu arbeiten. Hiermit sind aber keineswegs nur Bandgeräte gemeint. Unter diese Kategorie fallen auch normale Dateien und Netzwerk-Pipes (Named Pipes). Hierbei werden die Sicherungen im MSTF-Format gespeichert, dem Microsoft Tape Format. Bei jeder Sicherung wird ein so genanntes Backup-Set in einer MSFT-Einheit (Unit) erstellt. Diese wird auch als Sicherungsmedium bezeichnet. Je nach Typ des Devices müssen unterschiedliche Angaben an das entsprechende Objekt übergeben werden. Wir beschränken uns hier auf die Sicherung in ein Datei-Device. Die anschließende Sicherung auf einem Magnetband kann dann mit den üblichen Verfahren durchgeführt werden. Diese Vorgehensweise ist in vielen Fällen auch schneller als eine Sicherung auf Magnetband mit diesem Verfahren. Um ein solches Device nutzen zu können, muss dieses erst erstellt werden. Hierfür gibt es die Methode `CreateBackupDevice`:

```
 Public Sub CreateBackupDevice(ByVal DevName As String, _
   ByVal UNCPath As String)
   Dim mBackupDev As SQLDMO.BackupDevice

   If DevName = String.Empty Then
     Throw New System.ApplicationException( _
       "DMO: Devicename ist leer")
```

Listing 475: Erstellen eines Backup-Devices

```
  End If

  If UNCPath = String.Empty Then
    Throw New System.ApplicationException( _
      "DMO: UNC-Pfad ist leer")
  End If

  If mServer.Status <> SQLDMO_SVCSTATUS_TYPE.SQLDMOSvc_Running Then
    Throw New System.ApplicationException("DMO: " & _
      "Nicht verbunden zum Server oder Server nicht aktiv.")
  End If

  Try
    mBackupDev = New BackupDevice
    mBackupDev.Name = DevName
    mBackupDev.PhysicalLocation = UNCPath
    mBackupDev.Type = SQLDMO_DEVICE_TYPE.SQLDMODevice_DiskDump
    mServer.BackupDevices.Add(mBackupDev)
  Catch e As Exception
    Throw New System.ApplicationException( _
      "DMO: CreateBackupDevice", e)
  End Try
End Sub
```

Listing 475: Erstellen eines Backup-Devices (Forts.)

Der Methode werden der Device-Name und der Datei-Pfad übergeben. Der Name des Devices ist im Falle der Festplattensicherung frei wählbar. Ebenso die komplette Pfadangabe der zu erstellenden Datei.

Nach der Deklaration der Variablen `mBackupDev` vom Typ `SQLDMO.BackupDevice` und dem groben Test auf die Verwendbarkeit der übergebenen Werte wird mittels der vorher erstellten Variablen `mServer` getestet, ob der Dienst noch läuft (zwischen Definition der Variablen `mServer` und dem Aufruf dieser Methode könnte jemand den Dienst beendet haben ...). Ist dies der Fall, wird die Variable `mBackupDev` definiert. Dieser wird anschließend die Bezeichnung des Backup-Devices übergeben. Im Falle der Dateisicherung ist die Eigenschaft `PhysicalLocation` festzulegen, was mit der übergebenen Pfadangabe geschieht.

Die Art des Sicherungsmediums wird mit der Eigenschaft `Type` festgelegt. Diese hat zurzeit die folgenden Ausprägungen:

Typ	Wert	Beschreibung
SQLDMODevice_DiskDump	2	Festplattensicherung
SQLDMODevice_FloppyADump	3	Sicherung auf Laufwerk A:
SQLDMODevice_FloppyBDump	4	Sicherung auf Laufwerk B:
SQLDMODevice_TapeDump	5	Sicherung auf Magnetband
SQLDMODevice_PipeDump	6	Sicherung über Named Pipes
SQLDMODevice_CDROM	7	Nicht benutzt (für die Zukunft)
SQLDMODevice_Unknown	100	Fehler: Gerät ungültig oder nicht ansprechbar

Tabelle 34: Typus von Sicherungsmedien

Schlussendlich wird das so erstellte Device der Liste der dem Server bekannten Devices hinzu-gefügt.

Nach dem Anlegen eines solchen Sicherungsmediums wird die Datei noch nicht physikalisch auf der Festplatte erstellt. Dies geschieht erst bei der ersten Sicherung. Im Enterprise Manager des SQL-Servers kann man allerdings das Device finden:

Abbildung 237: Backup-Device im Enterprise Manager

Wie man in Abbildung 237 erkennt, wurde als Name die Bezeichnung der in diesem Medium zu sichernden Datenbank gewählt. In der Spalte »Physischer Speicherort« wird der Name der Datei angezeigt.

251 Datensicherung auf ein Backup-Device

Hat man auf die oben geschilderte Weise ein Backup-Device erstellt oder ist dies manuell mit-tels des Enterprise Managers des SQL-Servers geschehen, kann man eine Datensicherung auf dieses Device durchführen.

Die DMO.NET-Klasse bietet hierfür mit der Methode DeviceBackup() eine entsprechende pro-grammtechnische Umsetzung. Diese Methode nutzt nicht alle Möglichkeiten, die dieses Verfahren bietet, eine Erweiterung ist aber ohne Schwierigkeiten möglich, wenn man die Vorgehensweise dieser Methode verstanden hat.

```
Public Sub DeviceBackup(Optional ByVal log As Boolean = False)
  Dim mBackup As SQLDMO.Backup = New SQLDMO.Backup
  Dim devs As SQLDMO.BackupDevices
  Dim dev As SQLDMO.BackupDevice
```

Die Methode wird mit einem optionalen Parameter aufgerufen, der darüber entscheidet, ob die Transaktionslogs mitgesichert werden sollen oder nicht.

Um die eigentliche Backup-Methode aufzurufen, wird ein Objekt vom Typ SQLDMO.Backup erstellt. Diesem Objekt werden die Anforderungen der Datensicherung im weiteren Verlauf der Methode übergeben. Hier bieten sich auch entsprechende Erweiterungen der Methode an.

Zusätzlich werden zwei Variable benötigt. Eine, die die Auflistung der Devices übernimmt, die andere um ein einzelnes Device ansprechen zu können.

```
If mDBString = String.Empty Then
  Throw New System.ApplicationException( _
    "DMO: Datenbank erforderlich.")
End If
```

Zuerst wird überprüft, ob die Eigenschaft `mDBString` der Klasse nicht leer ist. Dies sollte hier nicht möglich sein, aber bei dieser Methode sollten Sie Vorsicht walten lassen. Es ist auch denkbar, den Test dieser Eigenschaft zu erweitern. Ein nichtleerer String stellt erst mal noch keine Datenbank dar. Analog zu Listing 475 kann man hier auch noch einen Test auf den Status des Servers einfügen. Welche Sicherheit man hier einbaut, hängt im Wesentlichen auch davon ab, ob man diesen Server auf einem Einzelplatz oder im Netz betreibt.

```
Try
   mBackup.Action = SQLDMO_BACKUP_TYPE.SQLDMOBackup_Database
   mBackup.Database = mDBString
```

Die eigentliche Aktion wird in einem `Try-Catch`-Block eingeklammert. Die durchzuführende Aktion wird mit `SQLDMOBackup_Database` festgelegt. Die möglichen Aktionen:

Typ	Wert	Beschreibung
SQLDMOBackup_Database	0	Sicherung einer kompletten Datenbank
SQLDMOBackup_Differential	1	Inkrementelle Datensicherung; Sicherung der Daten nach dem letzten kompletten Backup
SQLDMOBackup_Files	2	Sicherung einzelner physikalischer Dateien einer Datenbank
SQLDMOBackup_Log	3	Sicherung der Transaktionslogs der Datenbank

Tabelle 35: Mögliche Backup-Aktionen

Bei `SQLDMOBackup_Database` wird die gesamte Datenbank gesichert. Existieren für die Datenbank mehrere Dateien, so kann man mittels `SQLDMOBackup_Files` einzelne Dateien der Datenbank sichern (Datendateien, Indexdateien). Dies empfiehlt sich bei großen Datenbanken. Dabei sollte allerdings auf die Konsistenz der Datensicherung geachtet werden. Um die Dauer der Datensicherung zu minimieren kann man auch eine Differenzsicherung zur letzten Gesamtsicherung durchführen. Dies geschieht mittels `SQLDMOBackup_Incremental`. Hierbei muss man einen Kompromiss zwischen Gesamt- und Differenzsicherung finden, da bei einer Rücksicherung alle Differenzsicherungen auch wieder eingespielt werden müssen. Arbeitet die Datenbank mit Transaktions-Logdateien, so können diese mit `SQLDMOBackup_Log` gesichert werden.

```
devs = mServer.BackupDevices()
dev = devs.Item(1)
```

Anschließend wird die Liste der Devices ermittelt. Um die Methode übersichtlich zu halten, wird hier automatisch als Sicherung das erste gefundene Device für das Backup genommen. Über die Reihenfolge der Device-Erstellung können Sie darauf Einfluss nehmen, wohin dieses Backup geht (siehe Tabelle 34). Alternativ können Sie sich im Vorfeld eine Liste der Devices holen (siehe 252) und diese Methode um den entsprechenden Übergabeparameter erweitern. Wie man hier auch erkennt, ist die Auflistung 1-basiert.

```
mBackup.Devices = "[" & dev.Name & "]"
mBackup.BackupSetDescription = "Komplett-Backup von " & _
   mDBString & " vom " & DateTime.Now.ToString
mBackup.BackupSetName = mDBString & "-Komplett"
mBackup.SQLBackup(mServer)
```

Dem Backup-Objekt wird der Name des Devices in eckigen Klammern übergeben. Die Beschreibung des Backups ist frei wählbar, hier werden der Datenbankname und der aktuelle Zeitpunkt als Beschreibung gewählt. Nachdem man dem Backup auch noch einen Namen gegeben hat, wird das Backup der Datenbank für das Serverobjekt durchgeführt.

Datenbanken

```
  If log Then ' bei Backup = Simple geht Log nicht
    mBackup.Action = SQLDMO_BACKUP_TYPE.SQLDMOBackup_Log
    mBackup.BackupSetDescription = "Backup TransactionLog von " _
      & mDBString & " vom " & DateTime.Now.ToString
    mBackup.BackupSetName = mDBString & "-Transaktionslog"
    mBackup.SQLBackup(mServer)
  End If
  Catch e As Exception
    Throw New System.ApplicationException("DMO: Backup", e)
  End Try
End Sub
```

Wurde der Methode beim Aufruf mitgeteilt, dass die Transaktionslogs ebenfalls gesichert werden sollen (log = True), werden die entsprechenden Aktionseinstellungen neu gesetzt und die Transaktionslogs ebenfalls auf diesem Device gesichert.

Nach erfolgreicher Sicherung findet sich im entsprechenden Verzeichnis der Festplatte eine entsprechende Datei. Mit den Einstellungen, wie sie in Abbildung 236 angegeben sind, findet man im Verzeichnis *C:\Temp* die Datei *nw_dev_bak.bak* für die Device-Sicherung.

Abbildung 238: Festplattenverzeichnis nach Datensicherung

Man sieht hier auch, dass die Dateigröße bei der Default-Device-Sicherung mit der der einfachen Datensicherung (siehe 248) übereinstimmt.

252 Liste der Backup-Devices

Wie in 251 erwähnt, kann man sich eine Liste der Backup-Devices holen, um anschließend entscheiden zu können, auf welches Device die Datensicherung gehen soll. Diese Liste wird mit der folgenden Methode als ArrayList ermittelt.

```
Public Function GetBackupDevices() As ArrayList
  Dim devs As SQLDMO.BackupDevices
  Dim dev As SQLDMO.BackupDevice
```

Wie in 251 werden zwei Variable für die Liste der Devices und den Zugriff auf ein einzelnes Device benötigt und zu Beginn der Methode deklariert.

```
If mBackupDevList.Count > 0 Then
  Return mBackupDevList
End If
```

Sollte diese Methode schon einmal aufgerufen worden sein, ist die Liste der DMO.NET-Klasse bereits gefüllt und muss nicht noch einmal gefüllt werden. Daher wird zu Beginn hierauf geprüft und gegebenenfalls direkt zurückgesprungen. Dies ist auch eindeutig, da sich eine Instanz der Klasse nur mit einem SQL-Server verbindet und dieser auch nur eine Device-Liste führt. Sollten die Umstände allerdings so sein, dass sich während der Existenz des DMO.NET-Objektes die Device-Liste des Servers ändern kann, sollte dieser Check deaktiviert werden.

```
  devs = mServer.BackupDevices()
  For Each dev In devs
    mBackupDevList.Add(dev.Name)
  Next
  Return mBackupDevList
End Function
```

Sind in der Variablen `devs` die einzelnen Device-Objekte hinterlegt, kann die `ArrayList` in einer Schleife gefüllt und anschließend zurückgegeben werden.

253 Rücksicherung von einem Backup-Device

Um eine Datensicherung auf ein Device wieder einzuspielen, ist in der DMO.NET-Klasse die Methode `DeviceRestore()` realisiert. Die Logik wurde zur Backup-Methode etwas abgewandelt:

```
Public Sub DeviceRestore(ByVal DeviceName As String, _
  ByVal BackupNumber As Integer, ByVal LOG As Boolean, _
  ByVal Last As Boolean)
```

Der Device-Name entspricht dem der Backup-Methode. Das Kennzeichen für eine Rücksicherung der Transaktionslogs (`LOG`) hat keinen Standardwert und ist nicht optional. Zusätzlich wird der Methode die Nummer des Backups und ein Parameter `Last` übergeben. Zu Letzterem finden sich einige Anmerkungen weiter unten im Text. Damit ist diese Methode auch in der Lage, Sicherungen zurückzuspeichern, die mittels des Enterprise Managers oder mit einer erweiterten Fassung der Backup-Methode durchgeführt wurden.

```
  Dim mRestore As SQLDMO.Restore = New SQLDMO.Restore
```

Für die Rücksicherung wird analog zum Backup ein Objekt vom Typ `SQLDMO.Restore` angelegt

```
  If DeviceName = String.Empty Then
    Throw New System.ApplicationException( _
      "DMO: Device_name für Restore erforderlich.")
  End If
```

Die Überprüfung, ob ein Device-Name übergeben wurde, ist an dieser Stelle sehr einfach gehalten. Es wird zum Beispiel nicht geprüft, ob in diesem String bereits »[« und »]« enthalten sind.

```
  If mDBString = String.Empty Then
    Throw New System.ApplicationException( _
      "DMO: Datenbank erforderlich.")
  End If
```

Es sollte schon feststehen, welche Datenbank zurückgesichert werden soll ...

```
  Try
    If LOG Then
      mRestore.Action = SQLDMO_RESTORE_TYPE.SQLDMORestore_Log
    Else
      mRestore.Action = SQLDMO_RESTORE_TYPE.SQLDMORestore_Database
    End If
```

Hier unterscheidet sich die Logik von der Backup-Methode. Mit dem Übergabeparameter LOG wird nicht entschieden, ob nach Rücksicherung der reinen Datenbank auch die Transaktionslogs wieder hergestellt werden sollen, sondern hier ist eine »entweder – oder«-Logik realisiert. Für die Restore-Aktionen sind die folgenden Werte möglich:

Datenbanken

Typ	Wert	Beschreibung
SQLDMORestore_Database	0	Rücksicherung der Datenbank
SQLDMORestore_Files	1	Rücksicherung einzelner Sicherungsdateien
SQLDMORestore_Log	2	Rücksicherung der Transaktionslog- Dateien

Tabelle 36: Mögliche Restore-Werte

Damit ist geklärt, was zurückgesichert werden soll, und die weiteren Eigenschaften für das Objekt können gesetzt werden:

```
mRestore.Database = mDBString
mRestore.Devices = "[" & DeviceName & "]"
mRestore.FileNumber = BackupNumber
```

Auf einem Device können mehrere so genannte Backup-Sets gespeichert werden. Diese werden mit einer laufenden Nummer versehen. In der Backup-Methode haben wir diese Eigenschaft implizit gesetzt, da diese Zahl für jede Sicherung auf einem Device automatisch gesetzt wird.

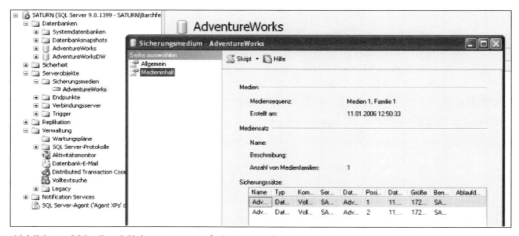

Abbildung 239: Zwei Sicherungen auf einem Device

Führt man mit der oben beschriebenen `DeviceBackup`-Methode zwei Sicherungen durch, so kann man sich im Enterprise Manger ansehen, dass die Sicherung nicht überschrieben, sondern als eigenständige Sicherung auf dem Device gespeichert wurde (siehe Abbildung 239).

```
        mRestore.ReplaceDatabase = True
        mRestore.LastRestore = Last
        mRestore.SQLRestore(mServer)
    Catch e As System.Exception
        Throw New System.ApplicationException("DMO: Restore", e)
    End Try
End Sub
```

Die Erläuterungen zum Thema Devices und Medien würden den Rahmen an dieser Stelle sprengen. Einen Einstieg finden Sie im Kapitel »Verwenden von Mediensätzen und Medienfamilien« im Handbuch des SQL-Servers.

254   Erstellen einer Datenbank

Will man innerhalb eines Programmes eine neue Datenbank erstellen, so kann man dies sicherlich mit der T-SQL-Anweisung *CREATE DATABASE* durchführen. Es geht aber auch mit der hier gezeigten Methode CreateDatabase().

```
Public Sub CreateDatabase(ByVal Name As String, _
  ByVal Path As String, ByVal InitialSize As Integer)
```

Der Methode werden drei Parameter übergeben. Der Name der Datenbank ist eine Selbstverständlichkeit. Der Parameter Path enthält den Dateipfad der physikalischen Datei für diese Datenbank. Dieser ist standardmäßig *C:\Programme\Microsoft SQL Server\MSSQL\Data*. Hat man mehrere Datenbanken im Produktivbetrieb, empfiehlt sich hier, pro Datenbank eine physikalische Platte vorzuhalten. Das kann die Geschwindigkeit der Zugriffe beträchtlich erhöhen, da sich die Datenbanken bei den Schreib-/Lese-Aktionen nicht mehr gegenseitig stören können. In dieser Methode wird der Dateiname der physikalischen Datei aus dem übergebenen Namen der Datenbank und der Endung *.mdf* generiert. Will man den Namen frei vergeben, so muss diese Methode um den entsprechenden Dateinamens-Parameter erweitert werden oder die Logik für den Parameter Path wird geändert. Die Datenbank wird mit Transaktions-Loging erstellt. Die Datei hierfür wird analog gebildet, hat aber die Dateierweiterung *.ldf*. In Einzelfällen kann man auch darüber nachdenken, diese physikalische Datei auf eine gesonderte Festplatte zu legen.

Der Parameter InitialSize stellt die Größe der Datenbankdatei in Megabyte dar, mit der sie zum Zeitpunkt der Datenbankerstellung kreiert wird.

```
Dim mPath As String
Dim mDB As SQLDMO.Database = New SQLDMO.Database
Dim mDBFile As SQLDMO.DBFile = New SQLDMO.DBFile
Dim mDBLog As SQLDMO.LogFile = New SQLDMO.LogFile
```

Zu Beginn werden die benötigten SQLDMO-Objekte definiert.

```
If Name = String.Empty Then
  Throw New System.ApplicationException( _
    "DMO: Datenbankname wird benötigt.")
End If
```

Wie bei anderen Methoden schon erwähnt, findet eine einfache Prüfung auf den Inhalt des Parameters Name statt.

```
If InitialSize <= 0 Then
  Throw New System.ApplicationException( _
    "DMO: Erstellungsgröße der DB sollte > 0 sein.")
End If
```

Die Größe der Datenbankdatei ist frei wählbar und sollte den Startbedingungen der Datenbank angepasst werden, muss aber auf jeden Fall größer als null Megabyte sein.

```
If mServer.Status <> SQLDMO_SVCSTATUS_TYPE.SQLDMOSvc_Running Then
  Throw New System.ApplicationException( _
    "DMO: Server muss aktiv sein")
End If
```

Damit eine Datenbank erstellt werden kann, muss naturgemäß der Server aktiv sein. Dies sollte an dieser Stelle zwar der Fall sein, aber man weiß ja nie, wer oder was gerade den Server heruntergefahren hat ☺.

```
Try
  mPath = IO.Path.GetDirectoryName(Path)
Catch e As Exception
  Throw New System.ApplicationException( _
    "DMO: Pfadangaben falsch", e)
End Try
```

Die Existenz des Dateipfades wird in dieser Methode vorausgesetzt. Es ist eine Geschmacksfrage, ob man hier die Erstellung eines Pfades erlaubt.

```
Try
  mDBFile.PrimaryFile = True
  mDBFile.Name = Name
  mDBFile.PhysicalName = Path & "\" & Name & ".mdf"
  mDBFile.Size = InitialSize
  mDBFile.FileGrowthType = SQLDMO_GROWTH_TYPE.SQLDMOGrowth_Percent
  mDBFile.FileGrowth = 5
  mDB.Name = Name
  mDB.FileGroups.Item("PRIMARY").DBFiles.Add(mDBFile)
```

Jede Datenbank kann auf mehrere physikalische Dateien verteilt werden, die über eine Dateigruppe (FileGroup) verwaltet werden. Zusätzlich werden die Dateigruppen über eine Auflistung FileGroups verwaltet. An dieser Stelle wird nur eine Datei erstellt, die über das Objekt mDBFile mit entsprechenden Eigenschaften versorgt wird. Auch hier sei der Hinweis auf große Datenbanken gestattet. Man kann so für die Indizes der Tabellen eine eigene Datei erstellen, die dann eventuell auf einer anderen Festplatte liegt. Dies kann man bei der Erstellung eines Index in der T-SQL-Anweisung angeben: *CREATE ... INDEX ... ON filegroup ...*

Analog kann man auch für eine Tabelle mit *CREATE ... TABLE ... ON filegroup ...* den physikalischen Ort der Tabellenspeicherung festlegen. Auf diese Art und Weise ist eine feine Granulierung der Datenbank möglich. Weitere Informationen und den Einstiegspunkt in diese Thematik bietet das Kapitel »Physische Datenbankdateien und Dateigruppen« des SQL-Server Handbuches.

Da eine Datenbank typischerweise immer mehr Daten verwaltet, wird die bei der Erstellung der Datenbank angegebene Größe über kurz oder lang erreicht. Hier kommt die Eigenschaft FileGrowthType des SQLDMO-Objektes zum Tragen.

Name	Wert	Beschreibung
SQLDMOGrowth_MB	0	Die Datenbank wird um den in FileGrowth angegebenen Wert Megabyte vergrößert
SQLDMOGrowth_Percent	1	Die Datenbank wird um den in FileGrowth angegebenen Wert in Prozent vergrößert

Tabelle 37: FileGrowthType-Werte für das Anwachsen der Datenbank

Die hier vorgestellte Methode vergrößert die Datenbankdatei jeweils um 5 Prozent, da der Vergrößerungsfaktor FileGrowth mit 5 belegt wird. Sollten diese 5 Prozent aber kleiner als 1 Megabyte sein, so wird die Datenbank um 1 Megabyte vergrößert. Dies ist die kleinste Vergrößerungseinheit des SQLServers. Wer gerne experimentiert, kann den Fall austesten, wenn die Vergrößerungsart auf SQLDMO_Groth_MB gesetzt ist und der Vergrößerungsfaktor auf 0 gesetzt wird.

Anschließend wird der Datenbank der Name gegeben und der primären FileGroup zugeordnet.

```
    mDBLog.Name = Name & "Log"
    mDBLog.PhysicalName = Path & "\" & Name & ".ldf"
    mDBLog.Size = Math.Max(CInt(InitialSize / 10), 1)
    mDB.TransactionLog.LogFiles.Add(mDBLog)
    mServer.Databases.Add(mDB)
  Catch e As Exception
    Throw New System.ApplicationException( _
      "DMO: " & e.Message & e.Source & e.StackTrace, e)
  End Try
End Sub
```

Abschließend werden die Transaktionlog–Eigenschaften festgelegt. Der Name wird aus dem Datenbanknamen und dem Anhang »Log« gebildet. Die Datei selber hat den Namen der Datenbank und die Endung ».ldf« (s.o.). Die anfängliche Größe wird auf 10 Prozent der Datenbankgröße festgelegt, aber mindestens auf 1 Megabyte. Dies geschieht mit dem Math.Max-Operator. Nachdem die Log-Dateien der neuen Datenbank zugeordnet wurden, wird diese Datenbank dem Server zugeordnet.

Wie man den einzelnen Anmerkungen in diesem Kapitel entnehmen kann, wird hier nur eine recht einfache Form der Datenbankerstellung realisiert. Es gibt vielfältige Erweiterungsmöglichkeiten, die aber entscheidend von den individuellen Anforderungen anhängen. Die hier vorgestellte Methode stellt jedoch einen guten Ausgangspunkt für eigene Erweiterungen dar.

255   Erstellen eines T-SQL-Datenbank-Skriptes

Die Möglichkeiten der T-SQL-Skripte sind sehr umfangreich. Sie können an dieser Stelle nicht erschöpfend dargestellt werden. Über dieses Thema gibt es eigene Literatur. Hier sollen nur die Möglichkeiten der SQLDMOs in dieser Richtung dargestellt werden. Eine Möglichkeit ist die Generierung von Skripten für die Struktur einer Datenbank. In Listing 476 ist ein kleiner Auszug aus dem generierten Skript dargestellt, welches mit der Methode CreateSkript() für die Datenbank Northwind erstellt wurde.

```
/****** Objekt: Tabelle [Person].[Address]    Skriptdatum: 11.01.2006 12:59:10 ******/
CREATE TABLE [Address] (
  [AddressID] [int] IDENTITY (1, 1) NOT FOR REPLICATION  NOT NULL ,
  [AddressLine1] [nvarchar] (60) COLLATE
    SQL_Latin1_General_CP1_CI_AS NOT NULL ,
  [AddressLine2] [nvarchar] (60) COLLATE
    SQL_Latin1_General_CP1_CI_AS NULL ,
  [City] [nvarchar] (30) COLLATE SQL_Latin1_General_CP1_CI_AS
    NOT NULL ,
  [StateProvinceID] [int] NOT NULL ,
  [PostalCode] [nvarchar] (15) COLLATE SQL_Latin1_General_CP1_CI_AS
    NOT NULL ,
  [rowguid]  uniqueidentifier ROWGUIDCOL  NOT NULL CONSTRAINT
    [DF_Address_rowguid] DEFAULT (newid()),
  [ModifiedDate] [datetime] NOT NULL CONSTRAINT
    [DF_Address_ModifiedDate] DEFAULT (getdate()),
  CONSTRAINT [PK_Address_AddressID] PRIMARY KEY  CLUSTERED
```

Listing 476: T-SQL Auszug, erstellt mit CreateScript()

```
  (
    [AddressID]
  )  ON [PRIMARY] ,
  CONSTRAINT [FK_Address_StateProvince_StateProvinceID] FOREIGN KEY
  (
    [StateProvinceID]
  ) REFERENCES [StateProvince] (
    [StateProvinceID]
  )
) ON [PRIMARY]
GO


/****** Objekt: Tabelle [Person].[AddressType]     Skriptdatum: 11.01.2006 12:59:11
******/
CREATE TABLE [AddressType] (
  [AddressTypeID] [int] IDENTITY (1, 1) NOT NULL ,
  [Name] [Name] NOT NULL ,
  [rowguid]  uniqueidentifier ROWGUIDCOL  NOT NULL CONSTRAINT
    [DF_AddressType_rowguid] DEFAULT (newid()),
  [ModifiedDate] [datetime] NOT NULL CONSTRAINT
    [DF_AddressType_ModifiedDate] DEFAULT (getdate()),
  CONSTRAINT [PK_AddressType_AddressTypeID] PRIMARY KEY  CLUSTERED
  (
    [AddressTypeID]
  )  ON [PRIMARY]
) ON [PRIMARY]
GO
```

Listing 476: T-SQL Auszug, erstellt mit CreateScript() (Forts.)

In Listing Listing 476 ist die CREATE TABLE-Anweisung für die Tabelle Orders dargestellt. Man erkennt die Erstellung aller Spalten, aller Einschränkungen (Constraints) und die FileGroup, auf der die Tabelle erstellt werden soll.

Das durch diese Methode erstellte Skript wird als String an das aufrufende Programm zurückgegeben. Abgespeichert kann es in den SQL–Server–Query-Analyzer eingelesen werden. Auf diese Art und Weise kann man schnell eine leere Datenbank erstellen, um zum Beispiel die Produktivdatenbank nicht für Testzwecke zu missbrauchen oder um dem Kunden eine saubere Datenbank zu liefern. Was, nebenbei bemerkt, keine Selbstverständlichkeit ist.

```
Public Function CreateScript() As String
  Dim mParam As SQLDMO.SQLDMO_SCRIPT_TYPE = _
    SQLDMO_SCRIPT_TYPE.SQLDMOScript_Default Or _
    SQLDMO_SCRIPT_TYPE.SQLDMOScript_DRI_All Or _
    SQLDMO_SCRIPT_TYPE.SQLDMOScript_IncludeHeaders
  Dim mScript As String
  Dim tbl As SQLDMO.Table
```

Zur Steuerung des Umfanges der Skript-Datei wird ein Parameter vom Typ SQLDMO_SCRIPT_TYPE benötigt, dessen Inhalt über eine Oder-verknüpfte Liste von Eigenschaften erzeugt wird. Eine komplette Liste aller möglichen Werte erhalten Sie, wenn Sie im Index des elektronischen Handbuchs SQLDMO_SCRIPT_TYPE nachschlagen. Die dort gezeigte Tabelle enthält 39 Einträge, von denen in Tabelle Tabelle 38 nur ein Auszug der am häufigsten gebrauchten Werte enthält.

Name	Beschreibung
SQLDMOScript_IncludeHeaders	Das erzeugte Skript enthält Informationen u.a. über Erstellungsdatum und Zeit
SQLDMOScript_Default	Muss angegeben werden, sonst wird das Skript nicht erstellt
SQLDMOScript_DRI_All	Sammelbezeichnung für alle Werte, die mit SQLDMOScript_DRI_ beginnen
SQLDMOScript_DRI_ForeignKeys	Skript enthält die Constraints für die Fremdschlüssel der betrachteten Tabelle
SQLDMOScript_Triggers	Skript enthält Anweisungen zur Definition der Trigger der jeweiligen Tabelle oder View
SQLDMOScript_ToFileOnly	Ein Großteil der SQLDMO-Skript-Objekte liefert sowohl einen Rückgabewert als auch eine optionale Datei zurück. Hiermit wird eingestellt, dass nur die Datei beschrieben wird
SQLDMOScript_Indexes	Eine Kombination verschiedener Werte, die zusammen dafür sorgen, dass das Skript alle Informationen bzgl. der Indizes von Tabelle/View enthält
SQLDMOScript_AppendToFile	Normalerweise wird bei der Angabe einer Datei diese überschrieben. Mittels dieses Wertes wird an eine vorhandene Datei angehängt

Tabelle 38: Auswahl von SQLDMO_SCRIPT_TYPE-Werten

Nach der Deklaration der Variablen für das Skript und einer Laufvariablen für die Schleife über alle Tabellen wird wieder getestet, ob der Server noch aktiv ist:

```
If mServer.Status <> SQLDMO_SVCSTATUS_TYPE.SQLDMOSvc_Running Then
  Throw New System.ApplicationException( _
    "DMO: Server muss aktiv sein")
End If
```

In der Schleife wird für jede Tabelle der aktuell gewählten Datenbank das Skript generiert und an das Ende der Zeichenkette angehängt.

```
For Each tbl In mDB.Tables
  mScript &= tbl.Script(mParam)
Next
Return mScript
End Function
```

Abschließend wird die Zeichenkette zurückgegeben. Will man das Ergebnis gleichzeitig in eine Datei kopieren, so muss die Variable mParam um den Wert SQLDMOScript_AppendToFile erweitert und die Zeile innerhalb der Schleife durch

```
mScript &= tbl.Script(mParam, "c:\temp\skript.sql")
```

ersetzt werden.

256   Erstellen eines Jobauftrages

Will man die Datenbank in regelmäßigen Abständen warten, so empfiehlt sich, dies automatisch vom Computer durchführen zu lassen. Zu diesem Zweck kann der SQL-Server unterschiedliche Aufgaben automatisch ausführen. Die Planung und die durchzuführenden Tätigkeiten kann man sowohl mittels des SQL-Server-Explorers als auch per Programm festlegen. Hat man die MSDE im Einsatz, bleibt nur die eigenprogrammierte Lösung. Die Tätigkeiten werden in einem so genannten Job gesammelt. Dieser Job kann dann zu einem beliebigen Zeitpunkt durchgeführt und wiederholt werden. Die Bezeichnung Job kommt im Übrigen aus der »Frühzeit« der EDV, als noch alle Computerprogramme per Batch-Jobs erledigt wurden.

Als Beispiel wird hier eine Methode vorgestellt, die einen Datensicherungsjob erstellt.

```
Public Sub CreateJob(ByVal JobName As String, ByVal StartPoint As _
  DateTime, Optional ByVal BackupFile As String = _
  "c:\temp\backup.bak")
```

Jeder Job muss einen Namen haben, der dieser Methode mit dem Parameter `JobName` übergeben wird. Der Zeitpunkt der Datensicherung wird als `StartPoint` übergeben. Wird der Methode kein Dateiname für die Sicherung übergeben, wird per Default-Wert die Datei *backup.bak* im Verzeichnis *C:\TEMP* erzeugt.

```
Dim mJob As SQLDMO.Job = New SQLDMO.Job
Dim mSchedule As SQLDMO.JobSchedule = New SQLDMO.JobSchedule
Dim mStep As SQLDMO.JobStep = New SQLDMO.JobStep
Dim mDate As String
Dim mTime As String
```

Zur Erzeugung eines entsprechenden Jobs werden Variable vom Typ `SQLDMO.Job` und `SQLDMO.JobSchedule` definiert. Da Jobs sehr umfangreich werden können, kann man die Abarbeitung solcher Jobs in mehrere Schritte aufteilen. Zum Beispiel können im ersten Schritt die Datenbank, im zweiten die Transaktionslogs gesichert werden, um dann in einem dritten Schritt ein externes Programm aufzurufen. Für diese Zwecke muss dem Server mitgeteilt werden, welcher Schritt welche Aktionen durchführt. Zur Steuerung dieser Information wird die Variable `mStep` definiert.

```
If mServer.Status <> SQLDMO_SVCSTATUS_TYPE.SQLDMOSvc_Running Then
  Throw New System.ApplicationException( _
    "DMO: Server muss aktiv sein")
End If

mTime = StartPoint.ToString("HHmmss")
mDate = StartPoint.ToString("yyyyMMdd")
mJob.Name = JobName
mJob.Description = JobName & "-Scheduler"
mJob.Category = "Datenbankwartung"
mSchedule.Name = JobName
```

Nach dem Test auf den Status des Servers wird der Übergabeparameter `StartPoint` in Zeit- und Datumstrings aufgesplittet, da diese Informationen später in diesem Format benötigt werden. Jeder Job läuft im Kontext einer Kategorie ab. Bei Installation des Servers werden einige Kategorien automatisch erzeugt. Zu diesen zählt auch die Kategorie »Datenbankwartung«. Anzeigen und/oder erzeugen kann man solche Kategorien im Enterprise Manager im Kontextmenü ALLE TASKS unter VERWALTUNG -> AUFTRÄGE. Die Verwaltung von Kategorien ist auch programmtechnisch mit den Mitteln der SQLDMO machbar.

```
mServer.JobServer.BeginAlter()
mServer.JobServer.Jobs.Add(mJob)
mServer.JobServer.DoAlter()
```

Werden Änderungen an SQLDMOs durchgeführt, führt dies zu einer sofortigen Änderung des entsprechenden Objektes. Will man mehrere Objekte ändern, kann dies zu ungewünschten Nebeneffekten führen. Um solche »Fehler« zu vermeiden, werden diese Änderungen in einen Block `BeginAlter` ... `DoAlter` eingeschlossen. An dieser Stelle wäre diese Klammerung nicht unbedingt notwendig, aber fügt man zu einem späteren Zeitpunkt etwas ein, vergisst man schnell solche Kleinigkeiten. Will man eine Änderung abbrechen, kann man dies mit `Cancel-Alter` erreichen.

```
mStep = New SQLDMO.JobStep
mStep.Name = "1st Step"
mStep.StepID = 1
mStep.DatabaseName = mDBString
mStep.SubSystem = "TSQL"
mStep.Command = "backup database [" & mDBString & _
  "] To disk = '" & _
  BackupFile & "' With retaindays = 30"
mStep.OnSuccessAction = _
  SQLDMO_JOBSTEPACTION_TYPE.SQLDMOJobStepAction_QuitWithSuccess
mStep.OnFailAction = _
  SQLDMO_JOBSTEPACTION_TYPE.SQLDMOJobStepAction_QuitWithFailure
mJob.JobSteps.Add(mStep)
```

Nachdem der eigentliche Job erstellt ist, kann man an die Ausführungsschritte gehen. In diesem Beispiel ist es nur ein Schritt, aber auch der muss explizit als solcher definiert werden. Dazu dient die Variable `mStep`, die als Typ `SQLDMO.JobStep` angelegt wird. Der Name kann frei vergeben werden und wird hier mit »1st step« belegt. Die `StepID` ist eine 32 Bit Integerzahl, die nicht zwangsweise mit 1 beginnen muss. Hat man mehrere Schritte zu absolvieren, kann man mit den Eigenschaften `OnFailStep` und `OnSuccessStep` die nächsten Schritte angeben.

Die Aktion, die in diesem Schritt ausgeführt werden soll, wird über die Kombination `SubSystem`/`Command` gesteuert. Neben `TSQL` kann man unter anderem auch `CmdExec` und `ActiveScripting` angeben. Mit `CmdExec` sind beliebige externe Programme gemeint, die einen Exitcode zurückgeben. Mit dem Exitcode kann dann über das weitere Vorgehen entschieden werden. Wird `ActiveScripting` gewählt, so muss in der Eigenschaft `Command` das gesamte Skript abgelegt werden. Ähnliches gilt für die Wahl von `TSQL`: Hierbei muss die `TSQL`-Anweisung in `Command` gespeichert werden. In dieser Methode wird der Befehl `BACKUP DATABASE ...` abgesetzt.

Danach ist die Aktion für diesen Schritt festgelegt und der Job kann verlassen werden, da es sich ja um den einzigen Schritt handelt. Die möglichen Aktionen sind in Tabelle Tabelle 39 aufgeführt.

Name	Beschreibung
SQLDMOJobStepAction_Unknown	Die Schrittlogik hat keine Bedeutung für den aktuellen Schritt
SQLDMOJobStepAction_QuitWithSuccess	Erfolgreiches Beenden
SQLDMOJobStepAction_QuitWithFailure	Beenden mit Fehler
SQLDMOJobStepAction_GotoNextStep	Zum nächsten Schritt in Reihenfolge gehen
SQLDMOJobStepAction_GotoStep	Zu einem bestimmten Schritt gehen

Tabelle 39: Schrittaktionen für JobStepAction

```
mSchedule.Schedule.FrequencyType = _
  SQLDMO_FREQUENCY_TYPE.SQLDMOFreq_Daily
mSchedule.Schedule.FrequencyInterval = 1
mSchedule.Schedule.ActiveStartDate = CLng(mDate)
mSchedule.Schedule.ActiveStartTimeOfDay = CLng(mTime)
```

An dieser Stelle wird dem Scheduler mitgeteilt, wann er diesen Job auszuführen hat. In diesem Beispiel ist dies täglich zum angegebenen Zeitpunkt. Dieser wird als Long übergeben, daher wurde weiter oben der Zeitpunkt in zwei Strings mit speziellem Format zerlegt. Welche Wiederholungsfrequenzen möglich sind, kann man der Tabelle Tabelle 40 entnehmen.

Name	Beschreibung
SQLDMOFreq_Unknown	Es gibt keine Wiederholung.
SQLDMOFreq_OneTime	Der Job wird nur einmal zum angegebenen Zeitpunkt ausgeführt.
SQLDMOFreq_Daily	Der Job wird täglich zum angegebenen Zeitpunkt ausgeführt.
SQLDMOFreq_Weekly	Wöchentlich
SQLDMOFreq_Monthly	Monatlich
SQLDMOFreq_MonthlyRelative	Relativer Wert innerhalb eines Monats. Siehe auch SQLDMO_MONTHDAY_TYPE
SQLDMOFreq_Autostart	Job wird automatisch beim Start des SQL-Server-Agents durchgeführt.
SQLDMOFreq_OnIdle	Job wird durchgeführt, wenn der Rechner nicht so viel zu tun hat.
SQLDMOFreq_Valid	Für Abfragen auf die Gültigkeit der obigen Werte nutzbar

Tabelle 40: Wiederholungszeiträume für Datenbank-Jobs

Dieser Methode wird kein Zeitpunkt übergeben, wann der Job zum letzten Mal durchgeführt werden soll. Dieser Zeitpunkt wird durch

```
mSchedule.Schedule.ActiveEndDate = 20991231
mSchedule.Schedule.ActiveEndTimeOfDay = 235959
```

auf ein Datum gelegt, welches man für die Zwecke dieser Methode als »immer« übersetzen kann.

```
mJob.ApplyToTargetServer(mServerString)
mJob.BeginAlter()
mJob.JobSchedules.Add(mSchedule)
mJob.DoAlter()
mJob.Start()
End Sub
```

Abschließend werden die Angaben über die Wiederholung der Schedulingliste übergeben und der Auftrag gestartet. Der Job steht damit in der Warteschlange und wird beim nächsten zutreffenden Termin das erste Mal ausgeführt.

In Abbildung 240 kann man einen mit dieser Methode erstellten Job sehen. Er wurde mithilfe des Testprogrammes erstellt, welches Sie auch auf der CD finden. Dieses Programm ruft die oben geschilderte Methode über eine Ereignismethode für den Button TESTJOB auf.

```
Try
  mServer.CreateJob("TestJob", DateTime.Now)
Catch ex As Exception
  MessageBox.Show(ex.ToString, "Fehler", MessageBoxButtons.OK, _
    MessageBoxIcon.Error)
End Try
```

In den Abbildungen Abbildung 241-Abbildung 243 kann man erkennen, was man mit einer Zeile Programmcode und der hier entwickelten Klasse erreichen kann.

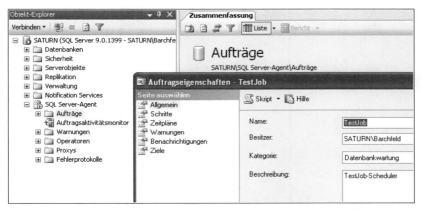

Abbildung 240: Per Programm eingefügter Job im Enterprise Manager

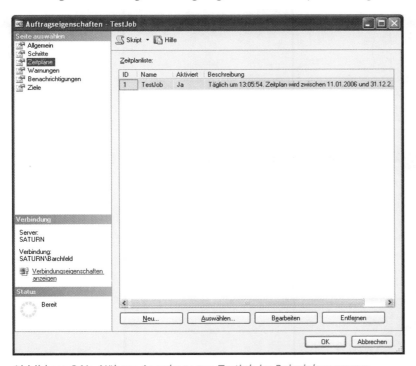

Abbildung 241: Nähere Angaben zum Testjob im Beispielprogramm

In Abbildung 242 ist der einzige Schritt, den dieser Job hat, so zu sehen, wie ihn der Enterprise Manager wahrnimmt.

Wie man deutlich an diesem Beispiel erkennt, kann man die Dinge, die man sich im SQLServer-Enterprise-Manager »zusammenklickt«, auch gut mittels eines Programmes durchführen und so den Personen, die mit der MSDE arbeiten, effektiv unter die Arme greifen.

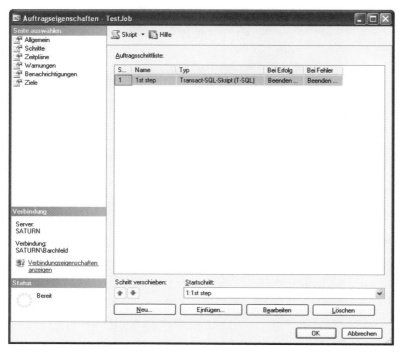

Abbildung 242: Schrittdefinition des Programmes im Enterprise Manager

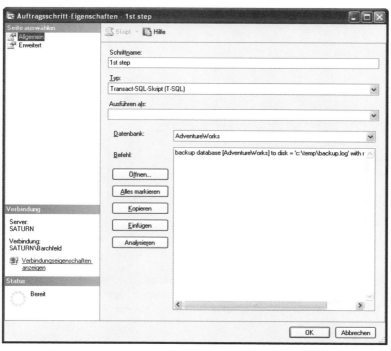

Abbildung 243: TSQL-Anweisung des Jobs

257 Auflistung der vorhandenen Jobaufträge

Hat man mehrere Aufträge dem SQL-Server übergeben, will man sich irgendwann einmal die Liste der Server-Jobs anzeigen lassen. Man weiß ja auch nicht, was die Kollegen während des Urlaubs so gemacht haben ☺.

```
Public Function JobList() As ArrayList
   Dim mJob As SQLDMO.Job = New SQLDMO.Job
   Dim mCount As Integer
   Dim i As Integer
   Dim mJobList As ArrayList = New ArrayList

   If mServer.Status <> SQLDMO_SVCSTATUS_TYPE.SQLDMOSvc_Running Then
     Throw New System.ApplicationException( _
       "DMO: Server muss aktiv sein")
   End If

   mCount = mServer.JobServer.Jobs.Count
   For i = 1 To mCount
     mJob = mServer.JobServer.Jobs.Item(i)
     mJobList.Add(mJob.Name)
   Next
   Return mJobList
End Function
```

Listing 477: Liste der Server-Jobs

Die Liste wird über eine `ArrayList` dem aufrufenden Programm zurückgegeben. Die Programmlogik dürfte mittlerweile geläufig sein. Interessiert man sich für einen konkreten Job, kann man sich mit ähnlichen Methoden wie in Kapitel 256 die Angaben über die entsprechenden Database Management Objects holen.

258 Tabellenindizes

In ADO.NET hat sich in der Verarbeitung von Datensätzen einiges grundlegend geändert. So gibt es keine serverseitigen Cursor mehr. Alles liegt beim Client. Eine Verbindung zum Server findet nur noch beim Lesen und Schreiben statt – nachdem typischerweise mehrere Datensätze bearbeitet wurden. Die Situation entspricht mehr dem Batch-Update des »alten« ADO.

Dies hat direkte Auswirkungen auf das Erstellen neuer Datensätze. Da ein Ausschnitt der Datenbank im Hauptspeicher des Clients vorgehalten wird (`DataSet`), werden neue Datensätze in diesem `Daatset` erstellt. Die eigentliche Datenbank bekommt von diesen Aktionen nichts mit. Erst wenn alle neuen und geänderten Datensätze beispielsweise mit der `Update`-Methode des `SqlDataAdapter`s der Datenbank mitgeteilt werden, können diese abgespeichert werden. Da zwischenzeitlich eine andere Person ebenfalls einen von Ihnen bearbeiteten Datensatz geändert haben kann, wird das `Update` der Datensätze aufwändiger als bei den synchronen serverseitigen Cursorn des ADO.

Kompliziert wird es, setzt man die beliebten Auto-Felder einer Datenbank ein. Jede größere Datenbank kennt solche speziellen Felder einer Tabelle, deren Wert sich automatisch um einen festgelegten Betrag erhöht, wenn eine neue Zeile in die Tabelle eingefügt wird. Mit diesen Feldern wurden gerne Hauptschlüssel(Primary Key)-Felder definiert. Durch die synchrone Bearbeitung ergaben sich keine Probleme. Wenn Sie aber Datensätze ohne Verbindung zur Datenbank neu anlegen, fehlen Ihnen diese automatisch erzeugten Werte. Nun kann man sich beim SQL-Server von Microsoft diese Werte mit @@IDENTITY, IDENT_CURRENT oder SCOPE_IDENTITY holen, doch liefern diese nur die letzte vergebene Nummer. Ein Ausweg liegt in der Benutzung des OUT-PUT-Parameters in einer Stored-Procedure. Ein Beispiel ist in Listing 478 aufgeführt. Wird dem zuständigen SqlCommand der Parameter-Abfrage für den Parameter NewID mitgeteilt, dass die Eigenschaft .Direction = ParameterDirection.Output ist, erhält man die von der Datenbank erzeugte ID zurück. In einfachen Konstellationen mag dies noch praktikabel sein, aber schauen Sie mal auf die Abbildung 244. Wenn Sie jetzt alle automatischen Schlüssel haben wollen, die bei einem neuen Patienten erzeugt werden müssen, ahnen Sie, dass die automatischen Schlüssel bei ADO.NET nicht der Weisheit letzter Schluss sind. Wird der Patient auf einer Station aufgenommen (keine zentrale Patientenaufnahme), ergibt sich folgendes Bild: Da der Patient zum ersten Mal kommt, muss ein neuer Eintrag in die Tabelle Patient erfolgen. Es handelt sich gleichzeitig um einen Aufenthalt, also auch dort ein neuer Eintrag, wobei der Schlüssel für die Tabelle Patient bekannt sein muss. Der Patient wird auf eine Station gelegt, also ein Eintrag in die Tabelle Verlegung, wobei der ... Idealerweise hat der Patient auch die Einweisungsdiagnose des Hausarztes dabei, also ein Eintrag in die Tabelle Diagnosen, wobei ...

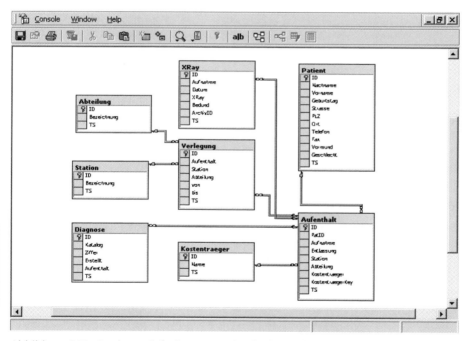

Abbildung 244: Stark vereinfachtes Datenbankschema für Patienten

Warum also nicht eindeutige Schlüssel auf der Client-Seite erzeugen, die anschließend problemlos in der Datenbank abgelegt werden können. Diese Schlüssel sollten so erstellt werden, dass sie mit keinem weiteren Schlüssel kollidieren können. Diese Möglichkeit gibt es, und Microsoft hat sogar einen eigenen Feldtyp in der Datenbank dafür hinterlegt: den GUID – Global Unique Identifier.

```
CREATE PROCEDURE InsertStation
(
@BezeichnungIn Varchar(20)
@NewID Integer OUTPUT
)

AS

INSERT INTO Station (Bezeichnung)
Values (@BezeichnungIn)

SET @NewID = SCOPE_IDENTITY()
```

Listing 478: Nutzung von SCOPE_IDENTITY für einen Index

Wie eine solche Tabelle mithilfe von T-SQL erstestllt wird, zeigt Listing 480. Das Feld ID wird mit dem Typ uniqueidentifier erstellt, einem 16 Byte langen Feld, welches einen GUID aufnehmen kann.

```
CREATE TABLE [dbo].[XRay] (
    [ID] [uniqueidentifier] NOT NULL ,
    [Aufnahme] [uniqueidentifier] NULL ,
    [Datum] [datetime] NULL ,
    [XRay] [image] NULL ,
    [Befund] [varchar] (2000)
        COLLATE SQL_Latin1_General_CP1_CI_AS NULL ,
    [ArchivID] [varchar] (20)
        COLLATE SQL_Latin1_General_CP1_CI_AS NULL ,
    [TS] [timestamp] NULL
) ON [PRIMARY] TEXTIMAGE_ON [PRIMARY]
GO
```

Listing 479: Tabelle mit GUID-Feld erstellen

Wie ein solcher Wert erzeugt und abgespeichert wird, ist in Listing 480 zu sehen. Verfolgen Sie dafür den Weg der Variablen DSGUID durch die Funktion. Auf diese Weise ist man aller Probleme, die durch die automatischen Schlüssel entstehen können, enthoben, und dies bei einfacherer Handhabung.

259 Bilder in Tabellen abspeichern

Will man Bilder in einer Datenbank abspeichern, so ging dies lange Zeit nicht. Seit einiger Zeit hat der SQL-Server einen Datentyp, um diese Funktionalität zu realisieren. In Listing 479 wird das Tabellenfeld Xray mit diesem Datentyp image erstellt. Wie ein Bild in diesem Tabellenfeld abgespeichert wird, ist dem Listing 480 zu entnehmen.

```
Protected Sub btnCreate_Click(ByVal sender As System.Object, _
    ByVal e As System.EventArgs) Handles btnCreate.Click

    Dim SQLQuery As String
```

Listing 480: Datensatz mit GUID und Bild erstellen

```vb
Dim DT As DataTable
Dim DA As SqlDataAdapter
Dim DR As DataRow
Dim CB As SqlCommandBuilder
Dim DSGUID As New Guid
Dim PictureStream As FileStream
Dim RAMFile As MemoryStream

SQLQuery = "Select id, aufnahme, datum, xray, befund, archivid" _
  + " from xray  where aufnahme = '" + PatID + "'"

' DataAdapter mit Command erstellen
DA = New SqlDataAdapter(SQLQuery, Conn)

' CommandBuilder-Objekt erzeugen, setzt PK voraus
CB = New SqlCommandBuilder(DA)

' Tabelle zur Verarbeitung
DT = New DataTable

' DataAdapter mit dem Schema der SQL-Tabelle füllen
' Daten werden hier nicht benötigt
DA.FillSchema(DT, SchemaType.Source)

' Neue Zeile erzeugen
DR = DT.NewRow()

' GUID als PK erzeugen
DSGUID = Guid.NewGuid

' Datei im Speicher anlegen
RAMFile = New MemoryStream

' Zugriff auf Bilddatei mittels Stream
PictureStream = New FileStream(PicName, FileMode.Open, _
  FileAccess.Read, FileShare.Read)

' Zwecks Lesen der Datei
'PictureReader = New StreamReader(PictureStream)
Dim PictureBuffer(CType(PictureStream.Length, Integer)) As Byte

' Abspeichern des Dateiinhalts in einem Byte-Array
' Größe der Datei darf den Maximalwert von Integer
' nicht überschreiten
PictureStream.Read(PictureBuffer, 0, _
  CType(PictureStream.Length, Integer))

' Zeile füllen
DR("id") = DSGUID
DR("aufnahme") = PatID
DR("datum") = dtPicture.Value
```

Listing 480: Datensatz mit GUID und Bild erstellen (Forts.)

```
DR("befund") = txtBefund.Text
DR("archivid") = txtArchiv.Text
DR("xray") = PictureBuffer

' Zeile der Tabelle hinzufügen
DT.Rows.Add(DR)

' Den Insert-Befehl des CommandBuilders anzeigen
txtCB.Text = CB.GetInsertCommand.CommandText

' Im Server abspeichern
Try
  DA.Update(DT)
  DA.Dispose()
Catch ex As Exception
  Debug.WriteLine(ex.Message)
  Stop
End Try

End Sub
```

Listing 480: Datensatz mit GUID und Bild erstellen (Forts.)

Der Klasse werden die Patientennummer PatID und der Verzeichnispfad des Bildes PicName übergeben. Die Funktion dient dem Hinzufügen eines Eintrages in die Tabelle XRay, so dass der Datenadapter nur die Tabellenstruktur von der Datenbank holen muss. Nach der Erzeugung eines neuen Primärschlüssels mit der Methode GUID.NewGuid wird ein FileStream auf die Bilddatei erstellt. Da der SQL-Server Bilder als Byte-Feld abspeichert, wird ein entsprechend dimensioniertes Byte-Array erzeugt und anschließend das Bild in diesem Byte-Array abgelegt. Dieses Array wird mit den anderen Feldern der Tabelle in der neuen Zeile gespeichert.

Der mit CommandBuilder erzeugte SQL-Befehl zum Abspeichern des Datensatzes wird in einem Textfeld dargestellt. Wie der Name der Methode GetInsertCommand vermuten lässt, existieren für die anderen Befehle ähnlich lautende Methoden:

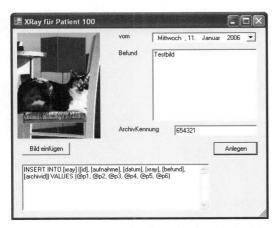

Abbildung 245: Datenbankmaske für das Speichern von Bildern

Die Abbildung 245 zeigt die Eingabemaske für die Bilddaten der Datenbank.

260 Datagrid füllen

Der Vollständigkeit halber ist hier noch die Funktion aufgeführt, die es der Maske aus Abbildung 245 ermöglicht, die Patientennummer zu übernehmen. Hierzu wird in Listing 481 die Verbindung zur Datenbank aufgenommen und eine SQL-Abfrage durchgeführt.

```
Private Sub btnLoad_Click(ByVal sender As System.Object, _
  ByVal e As System.EventArgs) Handles btnLoad.Click

  Dim SQLQuery As String
  Dim DA As SqlDataAdapter
  Dim DS As DataSet
  Dim DT As DataTable

  ' Verbindung zur lokalen Datenbank
  Conn = New _
    SqlConnection("Server=(local); Database=Southwind; " + _
    "Trusted_Connection=Yes")

  Conn.Open()

  ' Für Demo-Zwecke reicht *, sonst ungünstig
  SQLQuery = "Select * from aufenthalt"

  ' Datenbankbefehl erstellen
  Dim Command As SqlCommand = New SqlCommand(SQLQuery, Conn)

  ' benanntes DataSet erstellen
  DS = New DataSet("PatientenInfo")

  ' DataAdapter mit Command erstellen
  DA = New SqlDataAdapter(Command)

  ' DataSet mit Daten des Adapters füllen, Tables(0) wird
  ' automatisch erstellt
  DA.Fill(DS)

  ' DataGrid mit DataSet verbinden
  dgCurrentPatient.DataSource = DS.Tables(0)

End Sub
```

Listing 481: DataGrid mit dem Ergebnis einer Abfrage füllen

Das DataSet wird über den SqlDataAdapter mit dem Ergebnis der Abfrage gefüllt. Dabei wird automatisch eine Tabelle erstellt, die über den Index 0 in der Tables-Auflistung des DataSet adressiert werden kann.

Diese Tabelle wird dem DataGrid als Quelle (DataSource) zugeordnet. Das Ergebnis ist in Abbildung 246 zu sehen. Zusätzlich ist der Menüeintrag zu erkennen, über den man zu der Bildschirmmaske in Abbildung 245 kommt.

Datenbanken

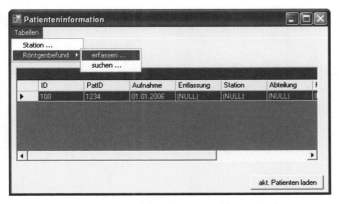

Abbildung 246: DataGrid für die Auswahl von Patienten

261 MDAC-Version ermitteln

Arbeitet man in einem Programm mit Datenbanken, sollte man sich vergewissern, ob beim Kunden die entsprechenden Voraussetzungen gegeben sind. Zu diesen Voraussetzungen gehört auch die richtige MDAC-Version. Diese kann man aus der Registry erhalten. Sie steht unter dem Registry-Schlüssel HKLM\Software\Microsoft\DataAccess. Die Funktion GetMDACVersion aus Listing 482 ermittelt diese Version und gibt sie als Typ Version dem aufrufenden Programm zurück.

```
Function GetMDACVersion() As Version
    Dim mKey As RegistryKey
    Dim mVersion As String
    Dim mObj As Object
    Dim mParts As String()
    Dim mVer As Version

    mKey = Registry.LocalMachine.OpenSubKey _
        ("software\microsoft\dataaccess")

    mObj = mKey.GetValue("fullinstallver", "0.0.0.0")
    mVersion = CType(mObj, String)
    mKey.Close()

    mParts = mVersion.Split(Convert.ToChar("."))

    mVer = New Version(Convert.ToInt32(mParts(0)), _
        Convert.ToInt32(mParts(1)), Convert.ToInt32(mParts(2)), _
        Convert.ToInt32(mParts(3)))

    Return mVer
End Function
```

Listing 482: Ermittlung der MDAC-Version

Hierzu wird der Registry-Schlüssel über die Methode OpenSubKey der Registry-Klasse geöffnet und dem Objekt mKey zugeordnet. Über die Methode GetValue wird dann die Versionsangabe ermittelt. Sollte der Registry-Schlüssel nicht vorhanden sein, wird der Wert »0.0.0.0« zurück-geliefert, die Voreinstellung der Methode GetValue. Der Inhalt des Objektes mObj ist in jedem Fall eine Zeichenkette, obwohl das Objekt vom Typ Object ist. Dieser Typ wird von der Methode verlangt. In der Einstellung strict on führen alle anderen Angaben zu einem Fehler. Daher wird mithilfe der Methode CType die Version wieder in eine Zeichenkette umgewandelt.

Diese Zeichenkette wird am ».« aufgetrennt und in den Typ Version transformiert, der dann als Rückgabewert für die Funktion benutzt wird.

Ein Beispiel für eine solche Versionsermittlung ist in Abbildung 247 zu sehen. Die Konsolen-ausgabe erfolgte mithilfe der Funktion Main aus Listing 483.

```vb
Sub Main()

  Dim mVersion As Version

  mVersion = GetMDACVersion()

  Console.WriteLine("MDAC - Version = {0}", mVersion.ToString)
  Console.WriteLine()
  Console.WriteLine("Major - Number = {0}", mVersion.Major.ToString)
  Console.WriteLine("Minor - Number = {0}", mVersion.Minor.ToString)
  Console.WriteLine("Build - Number = {0}", mVersion.Build.ToString)
  Console.WriteLine("Revision - Number = {0}", mVersion.Revision)

  Console.ReadLine()

End Sub
```

Listing 483: Ausgabe der MDAC-Version auf der Konsole

Abbildung 247: Beispiel für die Ermittlung der MDAC-Version

Datenbanken

262   Excel als Datenbank abfragen

In der Praxis kommt es sehr häufig vor, dass Daten über Excel-Datenblätter erfasst werden und später ausgewertet werden müssen. Kann und will man sich den Weg über einen Import in eine Datenbank sparen, kann Excel auch als Datenbank angesprochen werden. Die Datenbank wird durch die Arbeitsmappe repräsentiert, während die Tabellen durch die einzelnen Arbeitsblätter dargestellt werden. Die Zeilen und Spalten einer Datenbanktabelle in Excel wieder zu finden dürfte damit logisch nachvollziehbar sein.

Die Verbindung nach Excel wird in Listing 484 über eine OleDbConnection und ein OleDbData-Adapter realisiert. Bei der SQL-Abfrage ist zu beachten, dass die Tabelle, also das Excel-Arbeitsblatt, in eckigen Klammern eingeschlossen sein muss. Zusätzlich ist dem Namen des Arbeitsblattes ein »$« anzuhängen. In der Excel-Tabelle stellt die erste Zeile die Feldnamen der Tabelle zur Verfügung.

```
Private Sub btnStart_Click(ByVal sender As System.Object, _
   ByVal e As System.EventArgs) Handles btnStart.Click

   Dim DS As System.Data.DataSet
   Dim mComm As System.Data.OleDb.OleDbDataAdapter
   Dim mConn As System.Data.OleDb.OleDbConnection
   Dim mTable As DataTable
   Dim mRow As DataRow
   Dim mCol As DataColumn

   ' Verbindung nach Excel aufnehmen
   mConn = New System.Data.OleDb.OleDbConnection( _
      "provider=Microsoft.Jet.OLEDB.4.0; " & _
      "data source=" & _
      "…\küche.xls; " & _
      "Extended Properties=Excel 8.0;")

   ' Tabellen entsprechen Arbeitsblättern.
   mComm = New System.Data.OleDb.OleDbDataAdapter( _
         "Select * from [patient$]", mConn)

   ' DataSet für Tabelle erstellen
   DS = New System.Data.DataSet

   DataGrid1.ReadOnly = True

   Try
      mComm.Fill(DS, "KuechenBestellungen")
   Catch ex As Exception
      Throw New ApplicationException("Excel-VB.", ex)
   End Try

   ' DataGrid füllen
   DataGrid1.DataSource = DS.Tables("KuechenBestellungen")
   DataGrid1.Refresh()
```

Listing 484: Excel-Arbeitsmappe als Datenbank abfragen

```
    mConn.Close()

End Sub
```

Listing 484: Excel-Arbeitsmappe als Datenbank abfragen (Forts.)

Alles weitere verläuft nach dem bekannten Schema für das Füllen eines `DataSets`. In Abbildung 248 kann man das Ergebnis einer solchen Abfrage sehen.

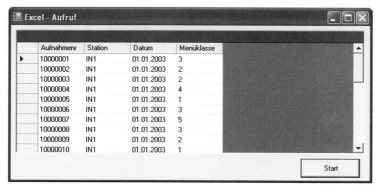

Abbildung 248: Excel-Tabelle in einem DataGrid

XML

XML-Strukturen, wie sie vom *W3C* (World Wide Web Consortium, *http://www.w3.org/*) standardisiert werden, bilden einen wichtigen Stützpfeiler der .NET-Architektur. Dementsprechend finden sich im Framework viele Klassen, die den Umgang mit XML unterstützen und vereinfachen. Dabei ist die Bearbeitung nicht auf XML-Dateien beschränkt, sondern erstreckt sich auch z.B. auf Streams und Strings.

Anhand einiger praktischer Beispiele wird in diesem Kapitel der Umgang mit den wichtigsten XML-Klassen erläutert.

263 Schreiben von XML-Dateien mit dem XmlTextWriter

Mit der Klasse `XmlTextWriter` stellt Ihnen das Framework einen schnellen Mechanismus zur Verfügung, um XML-Strukturen in Streams oder Dateien zu speichern. Die Klasse arbeitet auf dem untersten Level und gestattet nur ein vorwärts gerichtetes Schreiben von Knoten. Elemente und Attribute werden mit verschiedenen Methoden geschrieben. Der Aufbau erfolgt meist nach folgendem Muster:

```
Dim xw As New XmlTextWriter(…)

' Versionsinformation schreiben
xw.WriteStartDocument()

' Root-Element beginnen
xw.WriteStartElement("Rootname")

… Elemente schreiben

' Root-Element abschließen
xw.WriteEndElement()

' Abschließender Aufruf für XmlWriter
xw.WriteEndDocument()

' Xml-Datei schließen
xw.Close()
```

`WriteStartDocument` und `WriteEndDocument` sichern einen syntaktisch korrekten Rahmen für die XML-Datei. Sowohl die XML-Version als auch das Encoding werden eingetragen. Ein aus `WriteStartElement` und `WriteEndElement` bestehendes Aufrufpaar bildet das Root-Element und umschließt die Methodenaufrufe für alle anderen Elemente und Attribute.

Beinhaltet ein Element weder Attribute noch Unterelemente, sondern lediglich Text, dann genügt ein Aufruf von `WriteElementString`. Andernfalls müssen Elemente mit einem Aufrufpaar von `WriteStartElement` und `WriteEndElement` angelegt werden. Nach dem Aufruf von `WriteStartElement` können Attribute und untergeordnete Elemente geschrieben werden.

Leere Elemente, die mit `WriteStartElement` und `WriteEndElement` geschrieben werden, werden in der verkürzten Syntax dargestellt:

```
<EinLeeresElement />
```

Wenn das nicht erwünscht ist, können Sie durch den Aufruf von `WriteFullEndElement` statt des abschließenden `WriteEndElement` die Ausgabe eines vollständigen End-Tags erzwingen:

```
<EinLeeresElement>
</EinLeeresElement>
```

Attribute werden meist mittels `WriteAttributeString` geschrieben. Alternativ können Sie auch hier ein Methodenpaar, bestehend aus `WriteStartAttribute` und `WriteEndAttribute` aufrufen und die Daten getrennt ausgeben.

Text-Daten werden in der Regel mit `WriteString` ausgegeben. Zusätzlich werden andere Methoden für die Ausgabe von Base64-, BinHex- oder CData-kodierten binären Daten angeboten.

Eine Reihe von Eigenschaften (siehe Tabelle 41) gestattet Eingriffe in die Formatierung und gibt Auskunft über den Status des Writers.

Eigenschaft	Bedeutung
Formatting	Gibt an, ob die Ausgabe mit oder ohne Einrückungen formatiert werden soll
IndentChar	Zeichen, das für die Einrückung verwendet werden soll. Sinnvoll sind hier Leerzeichen und Tabulator.
Indentation	Anzahl der IndentChar-Zeichen für die Einrückung
WriteState	Zustand des Writers

Tabelle 41: Typische, oft verwendete Eigenschaften der XmlTextWriter-Klasse

Wandeln einer CSV-Datei in eine XML-Datei

Ein kleines Beispiel soll den Umgang mit der `XmlTextWriter`-Klasse verdeutlichen. Mithilfe eines Tabellenverarbeitungsprogramms wurde eine Textdatei mit Quizfragen erstellt. Jede Aufgabe wird in einer eigenen Zeile dargestellt, die folgende Struktur aufweist:

```
Schwierigkeitsgrad;Frage;Antwort1;Antwort2;Antwort3;Antwort4;Lösung
```

Alle Spalten werden mit Semikolons voneinander getrennt. Falls vorhanden, kann eine zusätzliche Spalte mit einer Erläuterung folgen. Zwei Beispiele für den Aufbau der Datei (die Zeilen sind hier wegen der eingeschränkten Seitenbreite umgebrochen worden):

```
9;Wem gehörte nie die Insel Kuba;Spanien;England;Frankreich;USA;C 12;Wo ist das
nördlichste Vorkommen von Pinguinen;südl. Polarkreis;südl. Wendekreis;Äquator;nördl.
Polarkreis;C;Galapagos Inseln
```

Diese Textdatei wird zeilenweise gelesen und jede Zeile mittels der String-Funktion Split in ihre Bestandteile zerlegt (Array Felder, siehe Listing 485). Nach den einleitenden Methodenaufrufen (s.o.) wird für jedes Aufgaben-Element mit `WriteStartElement` das entsprechende XML-Element eingeleitet. Es folgen die Ausgaben von Schwierigkeitsgrad und Lösung als Attribut. Die Frage wird mit `WriteElementString` ohne Attribute gespeichert, während die vier Antwortmöglichkeiten jeweils mit der Folge `WriteStartElement`, `WriteAttributeString`, `WriteString` und `WriteEndElement` erzeugt werden.

Sofern vorhanden, wird eine Erläuterung mit `WriteElementString` angehängt. Nach Abschluss des Root-Elements und des Dokuments steht die XML-Datei zur Verfügung. Einen Ausschnitt aus dieser Datei, der den Inhalt der beiden Beispielzeilen wiedergibt, sehen Sie in Listing 486.

```
Public Sub CSVtoXML(ByVal csv As String, ByVal xml As String)

  ' XML-Datei mit XmlWriter zum Schreiben öffnen
  Dim xw As New XmlTextWriter(xml, _
    System.Text.Encoding.Default)

  ' Einrückung einschalten
  xw.Formatting = Formatting.Indented

  ' Versionsdeklaration schreiben
  xw.WriteStartDocument()

  ' Root-Element beginnen
  xw.WriteStartElement("Aufgaben")

  ' Kommentar
  xw.WriteComment("Liste der Aufgaben")

  ' Öffnen der CSV-Datei
  Dim sr As New StreamReader(csv, _
    System.Text.Encoding.Default)

  Dim zeile As String

  ' Datei zeilenweise bearbeiten
  Do
    ' Zeile lesen
    zeile = sr.ReadLine()

    ' auf Dateiende prüfen
    If zeile Is Nothing Then Exit Do

    ' Zeile in Spalten zerlegen, Trennzeichen ist das Semikolon
    Dim Felder() As String = zeile.Split(";"c)

    ' Neues Aufgabenelement einleiten
    xw.WriteStartElement("Aufgabe")

    ' Attribut 'Schwierigkeitsgrad'
    xw.WriteAttributeString("Schwierigkeitsgrad", Felder(0))

    ' Attribut 'Lösung'
    xw.WriteAttributeString("Lösung", Felder(6))

    ' Fragenelement schreiben
    xw.WriteElementString("Frage", Felder(1))

    ' Vier Antwortmöglichkeiten
    For i As Integer = 0 To 3
      ' Antwortelement einleiten
      xw.WriteStartElement("Antwort")
```

Listing 485: Schreiben einer XML-Datei mit Quizaufgaben aus einer CSV-Datei

```
    ' Attribut 'ID'
    xw.WriteAttributeString("ID", "ABCD".Substring(i, 1))
    ' Text des Elements schreiben
    xw.WriteString(Felder(2 + i))
    ' Antwortelement abschließen
    xw.WriteEndElement()
  Next

  ' Optionales Erläuterungselement
  If Felder.Length > 7 Then
    If Felder(7) <> "" Then
      ' Erläuterungselement schreiben
      xw.WriteElementString("Erläuterung", Felder(7))
    End If
  End If

  ' Aufgabenelement abschließen
  xw.WriteEndElement()
Loop

' CSV-Datei schließen
sr.Close()

' Aufgabenelement abschließen
xw.WriteEndElement()

' Abschließender Aufruf für XmlWriter
xw.WriteEndDocument()

' Xml-Datei schließen
xw.Close()

End Sub
```

Listing 485: Schreiben einer XML-Datei mit Quizaufgaben aus einer CSV-Datei (Forts.)

```
<?xml version="1.0" encoding="Windows-1252"?>
<Aufgaben>
  <!--Liste der Aufgaben-->

...

  <Aufgabe Schwierigkeitsgrad="9" Lösung="C">
    <Frage>Wem gehörte nie die Insel Kuba</Frage>
    <Antwort ID="A">Spanien</Antwort>
    <Antwort ID="B">England</Antwort>
    <Antwort ID="C">Frankreich</Antwort>
    <Antwort ID="D">USA</Antwort>
  </Aufgabe>
  <Aufgabe Schwierigkeitsgrad="12" Lösung="C">
```

Listing 486: Ausschnitt aus der erzeugten XML-Datei

```
      <Frage>Wo ist das nördlichste Vorkommen von Pinguinen</Frage>
      <Antwort ID="A">südl. Polarkreis</Antwort>
      <Antwort ID="B">südl. Wendekreis</Antwort>
      <Antwort ID="C">Äquator</Antwort>
      <Antwort ID="D">nördl. Polarkreis</Antwort>
      <Erläuterung>Galapagos Inseln</Erläuterung>
    </Aufgabe>


  ...


  </Aufgaben>
```

Listing 486: Ausschnitt aus der erzeugten XML-Datei (Forts.)

264   Lesen von XML-Dateien mit dem XmlTextReader

Analog zum `XmlTextWriter` stellt Ihnen das Framework mit der Klasse `XmlTextReader` die Basis-Funktionalität für das Lesen von XML-Strukturen zur Verfügung. Auch hier ist wieder nur eine vorwärts gerichtete Abarbeitung möglich. Einmal gelesene Knoten können nicht erneut durchlaufen werden, ohne den Reader neu zu starten.

Mit der unter dem Namen »depth first« bekannten Vorgehensweise wird ein Knoten zuerst in der Tiefe durchsucht, bevor die Geschwisterknoten bearbeitet werden. Das Lesen erfolgt nach dem Konzept des »aktuellen Knotens«. Ein Knoten muss dabei nicht zwangsläufig ein Element sein. Tabelle 42 zeigt die Liste der Knotentypen, nach denen differenziert wird.

Knotentyp	Bedeutung
Attribute	Ein Attribut (z.B. ID= "A")
CDATA	Ein CDATA-Abschnitt
Comment	Kommentar
Document	Das Stamm-Objekt
Text	Der Textinhalt eines Knotens
Whitespace	Leerraum (Leerzeichen, Zeilenumbruch, Tabulator)
XmlDeclaration	Die XML-Deklaration (z.B. <?xml version="1.0"...>

Tabelle 42: Die wichtigsten Knotentypen beim Lesen mit dem XmlTextReader

Ein typischer Aufbau zum Lesen einer XML-Datei mithilfe des `XmlTextReaders` sieht so aus:

```
' Neue Instanz anlegen
Dim xr As New XmlTextReader(...)

' Alle Knoten der Datei lesen
Do While xr.Read()

  ' Typ des Knotens prüfen
  Select Case xr.NodeType
    Case XmlNodeType.Element
      ' Bearbeitung Element...
    Case XmlNodeType.Attribute
      ' Bearbeitung Attribut ...
```

XML

```
  End Select
Loop
```

```
' Reader wieder schließen
xr.Close()
```

Mit dem Aufruf der Methode `Read` wird jeweils der nächste Knoten eingelesen. Der Rückgabewert ist `True`, bis kein Knoten mehr gefunden wird. Die Eigenschaft `NodeType` gibt Auskunft über den Knotentyp (vergleiche Tabelle 42). Auf Basis dieser Information kann die Bearbeitung des Knotens erfolgen.

Eine Vielzahl von Lese-Methoden wie `GetAttribute`, `ReadElementString`, `ReadString` usw. bieten komfortable Zugriffsmöglichkeiten auf die untergeordneten Elemente eines Knotens. Eigenschaften wie `Name`, `Value`, `AttributeCount`, `HasAttributes`, `HasValue` sowie `NodeType` geben Auskunft über den Aufbau des Knotens. Die Namen der Eigenschaften und Methoden sind weitestgehend selbsterklärend und werden daher hier nicht weiter erläutert.

Anhand eines kleinen Beispiels soll erläutert werden, wie eine XML-Datei nach bestimmten Daten mithilfe eines `XmlTextReaders` durchsucht werden kann. Hierbei sollen aus der in Listing 486 gezeigten XML-Datei alle Aufgabensätze zu einem vorgegebenen Schwierigkeitsgrad ausgewählt und gespeichert werden. Anschließend wird per Zufallsgenerator eine Aufgabe ausgelost und zur Beantwortung angezeigt. Listing 487 zeigt die Implementierung.

Nach Öffnen der Datei wird diese in einer `Do`-Schleife Knoten für Knoten abgearbeitet. Handelt es sich bei dem Knoten um ein Element, dann muss untersucht werden, um welche Art von Element es sich handelt. In Frage kommen die Elemente `Aufgaben`, `Aufgabe`, `Frage`, `Antwort` und `Erläuterung`.

Hat das Element den Namen `Aufgabe`, dann wird eine neue Instanz der Hilfsklasse `Task` angelegt, die die Daten der Aufgabe speichern soll. Mit `GetAttribute` wird der Schwierigkeitsgrad ermittelt. Entspricht er nicht dem gesuchten Schwierigkeitsgrad, dann wird die Abarbeitung des aktuellen Elementes durch den Aufruf von `Skip` abgebrochen. Ansonsten wird auch das Attribut `Lösung` eingelesen und in einen Zahlenwert gewandelt.

Bei den Elementnamen `Frage`, `Antwort` und `Erläuterung` werden die jeweiligen Daten mit `GetAttribute` aus den Attributen bzw. mit `ReadString` aus dem Textinhalt des Knotens gelesen und in der `Task`-Instanz gespeichert.

Wird ein Knoten vom Typ `EndElement` mit dem Namen `Aufgabe` gefunden, dann wurde der Aufgaben-Knoten vollständig abgearbeitet bzw. übersprungen. Bei korrektem Schwierigkeitsgrad wird das `Task`-Objekt an die Liste `Tasks` (Instanz von `ArrayList`) angehängt.

Abschließend wird die Datei geschlossen und ein Datensatz zufällig ausgewählt und angezeigt (Abbildung 249).

```
' XML-Datei öffnen
Dim xr As New XmlTextReader("Aufgaben.xml")

Dim ts As Task

' Schwierigkeitsgrad
Dim degree As Integer = CInt(NUDDegree.Value)
```

Listing 487: Lesen der Datensätze zu einem bestimmten Schwierigkeitsgrad mithilfe des XmlTextReaders

```
' Aufgabenliste zum Schwierigkeitsgrad
Dim Tasks As New ArrayList

' Alle Knoten der Datei lesen
Do While xr.Read()

  ' Typ des Knotens prüfen
  Select Case xr.NodeType

    ' Element
    Case XmlNodeType.Element

      ' Elementnamen prüfen
      Select Case xr.Name

        ' Aufgabe: leitet eine neue Aufgabe ein
        Case "Aufgabe"
          ' Neue Aufgabeninstanz
          ts = New Task

          ' Schwierigkeitsgrad einlesen
          ts.Degree = XmlConvert.ToInt32( _
            xr.GetAttribute("Schwierigkeitsgrad"))

          ' Ist es der gesuchte?
          If ts.Degree <> degree Then
            ' Nein, weiter zur nächsten Aufgabe
            xr.Skip()
          Else
            ' Lösung abfragen A->0 ... D->3
            ts.CorrectAnswer = "ABCD".IndexOf( _
              xr.GetAttribute("Lösung"))
          End If

        ' Fragestellung
        Case "Frage"
          ' Frage lesen
          ts.Question = xr.ReadString()

        ' Eine der vier Antworten
        Case "Antwort"
          ' Antwort lesen und Index ermitteln
          Dim i As Integer = "ABCD".IndexOf( _
            xr.GetAttribute("ID"))

          ts.Answers(i) = xr.ReadString()

        ' Optionale Erläuterung
        Case "Erläuterung"
```

Listing 487: Lesen der Datensätze zu einem bestimmten Schwierigkeitsgrad mithilfe des XmlTextReaders (Forts.)

```
                ts.Description = xr.ReadString()

          End Select

          ' Ende-Tag eines Elementes
        Case XmlNodeType.EndElement
          ' Aufgabe vollständig eingelesen
          If xr.Name = "Aufgabe" Then
            ' Bei korrektem Schwierigkeitsgrad Aufgabe in Liste
            ' übernehmen
            If ts.Degree = degree Then Tasks.Add(ts)
          End If

      End Select

  Loop

  ' Datei wieder schließen
  xr.Close()

  ' Aufgabe zufällig auswählen und anzeigen
  Dim n As Integer = New Random().Next(0, Tasks.Count)
  CurrentTask = DirectCast(Tasks(n), Task)
  LBQuestion.Text = CurrentTask.Question
  ...
  Public Class Task
    Public Degree As Integer
    Public Question As String
    Public Answers(3) As String
    Public CorrectAnswer As Integer
    Public Description As String
  End Class
```

Listing 487: Lesen der Datensätze zu einem bestimmten Schwierigkeitsgrad mithilfe des XmlTextReaders (Forts.)

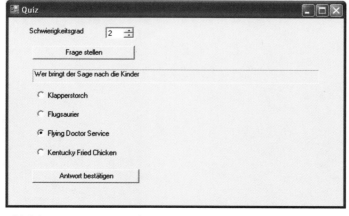

Abbildung 249: Quiz-Aufgabe aus XML-Datei lesen und anzeigen

265 Bilder und andere Binärdaten in XML-Dateien speichern

Da XML alle Informationen in Textform abspeichert, müssen binäre Daten grundsätzlich gewandelt werden. Für die Darstellung binärer Daten stehen unter XML die Formate CDATA, BinHex und Base64 zur Verfügung. Base64 wird häufig für die Speicherung von Bildern verwendet. Da das Prinzip für alle Formate gleich ist, soll hier nur der Umgang mit dem Base64-Format erläutert werden. Ferner spielt es keine Rolle, welche Art von Daten gespeichert werden sollen. Exemplarisch für beliebige binäre Daten wird daher hier ein Bild im JPeg-Format gespeichert.

Die Vorgehensweise zum Speichern binärer Daten erfolgt meist nach diesem Muster:

1. Speichern der Informationen in einem Stream

2. Wandeln des Streams in ein Byte-Array

3. Wandeln des Byte-Array in z.B. einen Base64-String

Im Beispiel in Listing 488 wird auf Basis einer Bilddatei ein Bitmap-Objekt angelegt. Das Bild wird durch den Aufruf von Save in einem angegebenen Format (hier Jpeg) in einen Memory-Stream geschrieben. Die MemoryStream-Instanz lässt sich mittels ToArray in ein Byte-Array wandeln. Durch den Aufruf von WriteBase64 kann dann dieses Byte-Array an der gewünschten Position in der XML-Datei als Base64-String gespeichert werden.

```
' XML-Datei mit XmlWriter zum Schreiben öffnen
Dim xw As New XmlTextWriter("Bilder.xml", _
  System.Text.Encoding.Default)

' Einrückung einschalten
xw.Formatting = Formatting.Indented

' Versionsdeklaration schreiben
xw.WriteStartDocument()

' Root-Element beginnen
xw.WriteStartElement("Bilder")

' Kommentar
xw.WriteComment("Bilder als Base64")

' Bitmap lesen
Dim bm As New Bitmap("..\Farn.jpg")

' MemoryStream anlegen
Dim ms As New MemoryStream

' Bitmap in MemoryStream speichern
bm.Save(ms, System.Drawing.Imaging.ImageFormat.Jpeg)

' In Byte-Array konvertieren
Dim bytes() As Byte = ms.ToArray()

' Element für Bild anlegen
```

Listing 488: Speichern eines Bildes in einer XML-Datei

```
xw.WriteStartElement("Bild1")

' Als Base64-String speichern
xw.WriteBase64(bytes, 0, bytes.Length)

' Element abschließen
xw.WriteEndElement()

' Aufgabenelement abschließen
xw.WriteEndElement()

' Abschließender Aufruf für XmlWriter
xw.WriteEndDocument()

' Xml-Datei schließen
xw.Close()
```

Listing 488: Speichern eines Bildes in einer XML-Datei (Forts.)

In Listing 489 sehen Sie die erzeugte XML-Datei (der Code für das Bild wurde abgeschnitten). Ein Bild wird so als Text-Element gespeichert und kann in gleicher Form wieder eingelesen werden (siehe nächstes Rezept).

```
<?xml version="1.0" encoding="Windows-1252"?>
<Bilder>
  <!--Bilder als Base64-->
  <Bild1>/9j/4AAQSkZJRgABAgEAlgCWAAD/4QE2RXhpZgAATUOAKgAAAg...
  </Bild1>
</Bilder>
```

Listing 489: XML-Datei mit gespeichertem Bild

Da die Binärinformationen in einen lesbaren Text konvertiert werden müssen, wird der benötigte Speicherplatz stets erheblich größer sein als der für die binäre Darstellung. Binärinformationen sollten daher nur in geringem Umfang in XML-Dateien aufgenommen werden.

Auch kümmert sich der `XmlTextWriter` nicht um die Formatierung der Base64-Zeichenketten. Die gesamte Zeichenfolge wird als eine einzige Zeile abgespeichert. Möchten Sie aus Gründen der Lesbarkeit die Daten ab einer bestimmten Spalte umbrechen, dann können sie eine leicht veränderte Variante des obigen Codes verwenden (Listing 490).

Hier wird zunächst das Byte-Array in einen Base64-String gewandelt. Zu diesem Zweck wird die Methode `Convert.ToBase64String` aufgerufen. Dem generierten String werden im Abstand von 68 Zeichen Zeilenumbrüche hinzugefügt. Der so umgebrochene Text wird dann mittels `WriteString` im Element gespeichert.

```
...
' In Byte-Array konvertieren
Dim bytes() As Byte = ms.ToArray()
```

Listing 490: Variante von Listing 489, bei der der Base64-String in mehrere Zeilen umgebrochen wird

```
' In Base64-String konvertieren
Dim t As String = Convert.ToBase64String(bytes)
Dim wrapped As String
' Zeilenumbrüche vorsehen
Do
  wrapped = wrapped & Environment.NewLine & t.Substring(0, 68)
  t = t.Substring(68)
Loop While t.Length > 68
wrapped = wrapped & Environment.NewLine & t & Environment.NewLine

' Element für Bild anlegen
xw.WriteStartElement("Bild1")

' Umgebrochenen Base64-String speichern
xw.WriteString(wrapped)
...
```

Listing 490: Variante von Listing 489, bei der der Base64-String in mehrere Zeilen umgebrochen wird (Forts.)

Die XML-Datei erhält dann das in Listing 491 gezeigte Aussehen. Umgebrochen wurde hier nach der 68. Spalte. Leerzeichen und Zeilenumbrüche werden später beim Einlesen und Dekodieren des Base64-Strings ignoriert.

```
<?xml version="1.0" encoding="Windows-1252"?>
<Bilder>
  <!--Bilder als Base64-->
  <Bild1>
/9j/4AAQSkZJRgABAgEAlgCWAAD/4QE2RXhpZgAATUOAKgAAAAgABwESAAMAAAABAAEA
AAEaAAUAAAABAAAAYgEbAAUAAAABAAAAagEoAAMAAAABAAIAAAExAAIAAAAdAAAAcgEy
AAIAAAAUAAAAj4dpAAQAAAABAAAApAAAANAAAACWAAAAAQAAAJYAAAABQWRvYmUgUGhv
...
tDZARx96jmoorRfEIgNA6UUVYxB98fUUUUUDP//Z
  </Bild1>
</Bilder>
```

Listing 491: XML-Datei mit umgebrochenen Base64-Informationen

266 Bilder und andere Binärdaten aus XML-Dateien lesen

Wurden binäre Daten, wie im vorangegangenen Rezept beschrieben, z.B. im Base64-Format gespeichert, dann können sie beim Lesen aus einer XML-Datei wieder in ihre Ursprungsform zurückgewandelt werden. Das Bearbeitungsmuster entspricht in umgekehrter Reihenfolge dem des Schreibens binärer Daten:

1. Lesen des Base64-Strings aus einem Text-Element

2. Konvertierung in ein Byte-Array

3. eventuell Konvertierung in einen Stream

4. Konvertierung in das ursprüngliche Format

XML

Listing 492 zeigt den benötigten Code, um die XML-Datei des vorherigen Beispiels (Listing 491) zu lesen und das enthaltene Bild in einer PictureBox anzuzeigen.

```
' XML-Datei öffnen
Dim xr As New XmlTextReader("Bilder.xml")

' Knoten auswählen
xr.ReadStartElement("Bilder")
xr.ReadStartElement("Bild1")

' Inhalt als String lesen
Dim b64 As String = xr.ReadString()

' Konvertierung in Byte-Array
Dim bytes() As Byte = Convert.FromBase64String(b64)

' Konvertierung in MemoryStream
Dim ms As New MemoryStream(bytes)

' Bitmap aus MemoryStream erstellen
Dim bm As New Bitmap(ms)

' Bitmap in PictureBox anzeigen
PictureBox1.Width = PictureBox1.Height * bm.Width \ bm.Height
PictureBox1.Image = bm

' XML-Datei schließen
xr.Close()
```

Listing 492: Lesen eines im Base64-Format gespeicherten Bildes aus einer XML-Datei

Nach Positionierung des Readers auf das gewünschte Element wird dessen Inhalt als String gelesen. Durch Aufruf von Convert.FromBase64String wird dieser Text dekodiert und die binären Daten in einem Byte-Array zurückgegeben. Die Wandlung in ein Bitmap-Objekt erfolgt hier wieder über einen MemoryStream. Bei anderen Datentypen können Sie diesen Schritt gegebenenfalls überspringen, wenn die Daten direkt aus dem Byte-Array extrahiert werden können.

Abschließend wird das Bild in einer PictureBox angezeigt (Abbildung 250) und die XML-Datei geschlossen.

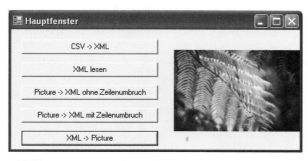

Abbildung 250: Anzeigen eines aus einer XML-Datei gelesenen Fotos

Zwar bietet die Klasse `XmlTextReader` auch die Methode `ReadBase64` zum direkten Einlesen Base64-kodierter Daten an, jedoch erwartet die Methode die Angabe der Größe des Ziel-Arrays. Meist ist die Größe der Binärdaten wie in diesem Fall aber nicht bekannt, es sei denn, Sie haben diese Information zusätzlich in der XML-Datei gespeichert. Dann können Sie alternativ durch wiederholtes Aufrufen von `ReadBase64` die Daten häppchenweise in einer Schleife einlesen. Der Aufwand ist jedoch wesentlich größer als der Umweg über die Klasse `Convert`. Daher wurde dem Aufruf von `Convert.FromBase64String` im Beispiel der Vorzug gegeben.

267 XML-Dateien lesen mit XmlDocument

Wesentlich komfortabler als mit dem `XmlTextReader` lassen sich XML-Dateien mit einer Instanz der Klasse `XmlDocument` bearbeiten. `XmlDocument` bietet den strukturierten und wahlfreien Zugriff über das Document Object Model, kurz DOM, siehe auch Erläuterungen im Anhang. Durch Aufruf der Methode `Load` kann eine XML-Datei in einem einzigen Schritt geladen werden:

```
Private PresidentDoc As XmlDocument
PresidentDoc = New XmlDocument
PresidentDoc.Load("..\presidents.xml")
```

Die `Load`-Methode verfügt über mehrere Überladungen, so dass Sie wahlweise aus einer Datei, einem Stream, einem TextReader oder aber auch einem XmlReader, wie z.B. dem oben beschriebenen `XmlTextReader`, lesen können. Nach dem Laden stehen die Daten in einem Cache zur Verfügung. Zur Bearbeitung kann innerhalb der baumförmigen Datenstruktur beliebig navigiert werden. Ein Beispiel hierfür ist die in Listing 493 gezeigte Methode `ProcessXmlElement`, die ein beliebiges XML-Element rekursiv analysiert und die Inhalte im Debug-Fenster ausgibt.

```
Public Sub ProcessXmlElement(ByVal element As XmlNode)

  ' Ausgabe des Elementnamens
  Debug.WriteLine("Element: " & element.Name)
  Debug.Indent()

  ' Attribute ausgeben
  For Each att As XmlAttribute In element.Attributes
    Debug.WriteLine("Attribut: " & att.Name & _
      ", Value: " & att.Value)
  Next

  ' Untergeordnete Knoten durchlaufen
  For Each nd As XmlNode In element.ChildNodes
    ' Untergeordnete Elemente durchlaufen
    If TypeOf nd Is XmlElement Then _
      ProcessXmlElement(nd)

    ' Text-Knoten ausgeben
    If nd.NodeType = XmlNodeType.Text Then _
      Debug.WriteLine("Value: " & nd.Value)
  Next
  Debug.Unindent()

End Sub
```

Listing 493: Rekursive Navigation durch den Unterbaum eines Elementes

XML

```xml
<?xml version="1.0" encoding="Windows-1252"?>
<Presidents>
  <President ID="25">
    <Name>William McKinley</Name>
    <Birthday>29.1.1843</Birthday>
    <Birthplace> Niles, Ohio</Birthplace>
    <YearsServed> 1897-1901</YearsServed>
    <Terms> Republican</Terms>
    <SpecialText>aa <br>1</br>bb<bx/></SpecialText>
  </President>
  <President ID="26">
    <Name>Theodore Roosevelt</Name>
    <Birthday>27.10.1858</Birthday>
    <Birthplace> New York, New York</Birthplace>
    <YearsServed> 1901-1909</YearsServed>
    <Terms> Republican</Terms>
  </President>
  …
</Presidents>
```

Listing 494: Ausschnitt aus der XML-Datei Presidents.xml

Um die gesamte XML-Struktur zu durchlaufen, wird die Methode `ProcessXmlElement` mit der Referenz des Root-Knotens aufgerufen:

```
ProcessXmlElement(PresidentDoc.DocumentElement)
```

Dieser Aufruf erzeugt etwa folgende Ausgabe:

```
Element: Presidents
    Element: President
        Attribut: ID, Value: 25
        Element: Name
            Value: William McKinley
        Element: Birthday
            Value: 29.1.1843
        Element: Birthplace
            Value: Niles, Ohio
        Element: YearsServed
            Value: 1897-1901
        Element: Party
            Value: Republican
        Element: Terms
            Value: 1
    Element: President
        Attribut: ID, Value: 26
…
```

Die Debug-Ausgaben werden hier nur zur Demonstration eingesetzt. Statt der Ausgaben können Sie natürlich beliebige andere Aktionen ausführen.

`ProcessXmlElement` ist allgemein formuliert und arbeitet mit beliebigen Inhalten. Als Aufrufparameter können Sie die Referenz eines beliebigen Elementes übergeben. Das muss nicht unbedingt das Stamm-Element des Baumes sein. Der folgende Aufruf

```
ProcessXmlElement(DirectCast( _
  PresidentDoc.DocumentElement.ChildNodes(11), XmlElement))
```

liefert dieses Ergebnis:

```
Element: President
    Attribut: ID, Value: 36
    Element: Name
        Value: Lyndon B. Johnson
    Element: Birthday
        Value: 27.08.1908
    Element: Birthplace
        Value: Stonewall, Texas
    Element: YearsServed
        Value: 1963-1969
    Element: Party
        Value: Democratic
    Element: Terms
        Value: 1-took over For Kennedy
```

Den ersten bzw. letzten Knoten einer Knotenliste finden Sie mithilfe der Eigenschaften First-Child bzw. LastChild. Möchten Sie die Geschwisterknoten eines vorgegebenen Knotens durchlaufen, benutzen Sie die Eigenschaften NextSibling oder PreviousSibling. In einer Do While-Schleife können Sie dann alle Geschwisterknoten vorwärts oder rückwärts (Listing 495) durchlaufen und bearbeiten. Die Ausgabe des Beispielcodes sieht dann etwa so aus:

```
43 George W. Bush
42 William Jefferson Clinton
41 George Bush
40 Ronald Reagan
39 Jimmy Carter
```

Sie wählen einen Unterknoten mit seinem Namen aus, indem Sie den Namen als Index übergeben. In Listing 485 wird beispielsweise der Knoten Name über nd("Name") abgerufen.

```
' Mit dem letzten Präsidenten-Element beginnen
Dim nd As XmlNode = PresidentDoc.DocumentElement.LastChild

' Solange Knoten gefunden werden
Do While Not nd Is Nothing
  ' Attribut ID ausgeben
  Debug.Write(nd.Attributes("ID").Value)
  ' Namen ausgeben
  Dim nel As XmlElement = nd("Name")
  Debug.WriteLine(" " & nel.FirstChild.Value)

  ' weiter mit dem Vorgänger
  nd = nd.PreviousSibling
Loop
```

Listing 495: Geschwisterknoten rückwärts durchlaufen

XML

268   Hinzufügen, Entfernen und Ändern von Knoten mit XmlDocument

Die Klasse `XmlElement` besitzt keinen öffentlichen Konstruktor, kann also nicht mit New instanziert werden. Stattdessen werden neue Elemente über die Methode `CreateElement` der Klasse `XmlDocument` erzeugt. Textknoten lassen sich mit `CreateTextNode` anlegen. Listing 496 zeigt ein Unterprogramm, das eine neue `XmlElement`-Instanz bereitstellt und diesem einen neuen Textknoten zuordnet.

```
Public Function CreateElement(ByVal doc As XmlDocument, _
  ByVal nodename As String, ByVal value As String) As XmlElement

  ' Neues Element anlegen
  Dim el As XmlElement = doc.CreateElement(nodename)

  ' Textknoten anhängen
  el.AppendChild(doc.CreateTextNode(value))

  ' Referenz des neuen Elementes zurückgeben
  Return el

End Function
```

Listing 496: Anlegen eines neuen Elementes mit einem untergeordneten Textknoten

Mittels `AppendChild` und `PrependChild` werden Knoten an eine Knotenliste am Ende bzw. am Anfang eingefügt. Alternativ stehen zum Einfügen de Methoden `InsertAfter` und `Insert-Before` zur Verfügung, um auch in der Listenmitte Elemente hinzufügen zu können. In Listing 497 wird demonstriert, wie die Präsidentenliste aus dem vorherigen Beispiel erweitert werden kann. Zunächst wird ein neues Element angelegt und mit `SetAttribute` das Attribut `ID` angelegt. Danach werden durch wiederholten Aufruf die Kindknoten `Name`, `Birthday` usw. angelegt und mit `AppendChild` dem Präsidenten-Knoten zugeordnet. Zuletzt wird mit `Prepend-Child` dieser Knoten an den Anfang der Präsidentenliste gestellt.

Die Methode Save kann die XML-Struktur wahlweise in einer Datei, einem String, einem Stream oder in einem XmlWriter (z.B. `XmlTextWriter`) speichern. Im Beispiel erfolgt die Speicherung in einer neuen Datei.

```
' Neuen Präsidentenknoten anlegen
Dim newPres As XmlElement = PresidentDoc.CreateElement("President")

' Attribut ID setzen
newPres.SetAttribute("ID", "24")

' Element Name
newPres.AppendChild(CreateElement(PresidentDoc, "Name", _
  "Grover Cleveland"))

' Element Birthday
newPres.AppendChild(CreateElement(PresidentDoc, "Birthday", _
```

Listing 497: Hinzufügen eines neuen Präsidenten-Elementes am Anfang der Liste

```
  "18.3.1837"))

  ' Element Birthplace
  newPres.AppendChild(CreateElement(PresidentDoc, _
    "Birthplace", "Caldwell, New Jersey"))

  ' Element YearsServed
  newPres.AppendChild(CreateElement(PresidentDoc, "YearsServed", _
    "1885-1889, 1893-1897"))

  ' Element Party
  newPres.AppendChild(CreateElement(PresidentDoc, "Party", _
    "Democratic"))

  ' Element Terms
  newPres.AppendChild(CreateElement(PresidentDoc, "Terms", "2"))

  ' Neuen Präsidentenknoten als ersten in die Liste aufnehmen
  PresidentDoc.DocumentElement.PrependChild(newPres)

  ' XML-Datei speichern
  PresidentDoc.Save("Presidents2.xml")
```

Listing 497: Hinzufügen eines neuen Präsidenten-Elementes am Anfang der Liste (Forts.)

Änderungen am Inhalt eines Textknotens können Sie über die Eigenschaft Value vornehmen:

```
' Knoten suchen (siehe XPath)
Dim fdr As XmlNode
fdr = PresidentDoc.SelectSingleNode("//President[@ID=32]")

' Text des untergeordneten Textknotens ändern
fdr("Name").FirstChild.Value = "Franklin Delano Roosevelt"
```

Alternativ kann der untergeordnete Knoten auch vollständig ersetzt werden:

```
' Das Element "Name"
Dim fdrn As XmlNode = fdr("Name")
' Der neue Knoten
Dim newName As XmlNode = PresidentDoc.CreateTextNode( _
  "Franklin Delano Roosevelt")

' Alten Knoten durch neuen ersetzen
fdrn.ReplaceChild(newname, fdrn.FirstChild)
```

Diese Variante ist vor allem dann sinnvoll, wenn ein Knoten durch einen neuen mit einer anderen Struktur ersetzt werden soll.

Löschen können Sie einen Knoten, über dessen Referenz Sie verfügen, durch den Aufruf der Methode RemoveChild:

```
PresidentDoc.DocumentElement.RemoveChild(fdr)
```

Hier wird der Knoten, auf den fdr verweist, gelöscht. Voraussetzung bei diesem Aufruf ist, dass der Knoten ein Unterknoten des Stamm-Elementes ist.

Durch den Aufruf von RemoveAll können Sie alle untergeordneten Knoten gleichzeitig entfernen.

269 XmlDocument mit XPath-Ausdrücken durchsuchen

Natürlich können Sie mithilfe der vielen Navigations-Methoden, die die Klassen `XmlNode`, `XmlDocument` und `XmlElement` zur Verfügung stellen, eine `XmlDocument`-Instanz beliebig durchlaufen und die Knoten auf Erfüllung selbst definierter Kriterien überprüfen. Einfacher geht es jedoch, wenn Sie eine spezielle Abfrage-Syntax verwenden, z.B. XPath.

Unter dem Titel »XML Path Language«, kurz XPath, definiert das W3C eine allgemeingültige Abfragesprache für XML-Strukturen. Die Definition finden Sie unter

http://www.w3.org/TR/xpath.

Auch das .NET Framework unterstützt XPath-Abfragen. Microsoft hält sich bei der Implementierung weitestgehend an die W3C-Empfehlung XPath 1.0. An dieser Stelle soll und kann hier nicht die komplexe XPath-Syntax erläutert werden. Hierzu gibt es neben der Definition zahlreiche Tutorials, z.B. von W3School unter *http://www.w3schools.com/xpath/default.asp*. Stattdessen wollen wir anhand einiger Beispiele zeigen, wie Sie XPath-Ausdrücke nutzen können, um ein `XmlDocument`-Objekt zu durchsuchen.

Die Klasse `XmlNode`, von der `XmlDocument` und in zweiter Generation auch `XmlElement` abgeleitet sind, definiert zwei Methoden für Abfragen mit XPath-Ausdrücken:

▶ `SelectSingleNode`

▶ `SelectNodes`

Beiden Methoden gemein ist, dass der XPath-Ausdruck eine Knotenliste zum Ergebnis haben muss. `SelectSingleNode` gibt, wie der Name vermuten lässt, genau einen Knoten zurück. Enthält die Knotenliste einen oder mehrere Knoten, wird stets der erste Knoten zurückgegeben. Ist die Liste leer, dann ist das Ergebnis `Nothing`.

`SelectedNodes` liefert hingegen immer ein Objekt vom Typ `XmlNode`, auch, wenn die Ergebnisliste leer ist. `XmlNodeList` ist eine Auflistungsklasse für `XmlNode`-Referenzen. Sie implementiert `IEnumerable` und kann somit in einer `For Each`-Schleife durchlaufen werden.

Anwendung zum Testen von XPath-Ausdrücken

Erfahrungsgemäß ist der Umgang mit XPath-Ausdrücken innerhalb eines Programms nicht besonders einfach. Knotenlisten, die als Ergebnis zurückgegeben werden, lassen sich aufgrund ihrer teils stark verschachtelten Baumstruktur nur mühsam mit dem Debugger untersuchen und analysieren. Insbesondere für diejenigen, die gerne sehen möchten, welches Ergebnis ihre XPath-Abfrage liefert, ist das nachfolgend beschriebene Programm gedacht.

Das Programm ermöglicht die Auswahl einer beliebigen XML-Datei oder einer der beiden Beispieldateien *Presidents.xml* oder *Aufgaben.xml*. Für die geladene Datei können in einer ComboBox vorbereitete Abfragen ausgewählt oder eigene eingegeben werden. Zwei Schaltflächen, SELECTSINGLENODE und SELECTNODES, rufen die betreffenden Methoden auf und zeigen das Ergebnis in einer TextBox an. Abbildung 251 zeigt ein Beispiel für die Datei *Aufgaben.xml*.

Um die tatsächliche Knotenstruktur genauer untersuchen zu können, wird eine Variante der oben beschriebenen Methode `ProcessXmlElement` vorgesehen. Die neue Methode, `ProcessXmlNode`, siehe Listing 498, nimmt einen beliebigen Knoten als Parameter entgegen und gibt als Erstes dessen Typ und Namen aus. Anschließend werden alle Attribute ausgegeben, sofern der Knoten über Attribute verfügt. Existiert die Eigenschaft `Value` (z.B. bei Text- und Kommentarknoten), dann wird der zugehörige Wert ausgegeben. Letztlich erfolgt der rekursive Aufruf der Methode für alle existierenden Kindknoten.

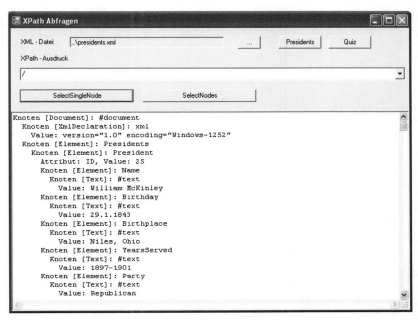

Abbildung 251: Analyse der Datei Aufgaben.xml

```
Public Sub ProcessXmlNode(ByVal node As XmlNode)

  ' Ausgabe von Knotentyp und Knotenname
  Trace.WriteLine("Knoten [" & node.NodeType.ToString() & "]: " _
    & node.Name)

  ' Nachfolgende Ausgaben einrücken
  Trace.Indent()

  ' Attribute ausgeben
  If Not node.Attributes Is Nothing Then
    For Each att As XmlAttribute In node.Attributes
      Trace.WriteLine("Attribut: " & att.Name & _
        ", Value: " & att.Value)
    Next
  End If

  ' Value ausgeben, sofern vorhanden
  If Not node.Value Is Nothing Then Trace.WriteLine _
    ("Value: " & node.Value)

  ' Untergeordnete Knoten durchlaufen
  For Each nd As XmlNode In node.ChildNodes
    ' Untergeordnete Elemente durchlaufen
    ProcessXmlNode(nd)
```

Listing 498: ProcessXmlNode gibt ausführlich Auskunft über die Struktur des übergebenen Knotens

XML

```
    Next

    ' Einrückungsstufe dekrementieren
    Trace.Unindent()

End Sub
```

Listing 498: ProcessXmlNode gibt ausführlich Auskunft über die Struktur des übergebenen
Knotens (Forts.)

Anders als im vorherigen Beispiel werden hier auch Stamm-, Deklarations- und Kommentarknoten berücksichtigt und Textknoten explizit als Unterknoten kenntlich gemacht. So können
Sie leichter ermitteln, wie Sie nach einer XPath-Abfrage gezielt auf die benötigten Informationen zugreifen können.

Die Ausgabe erfolgt wie zuvor mithilfe verschiedener statischer Methoden der Klasse Trace.
Über ein Listener-Objekt (siehe Rezept 339) vom Typ TraceToTextBox wird die Ausgabe
zusätzlich in einer TextBox sichtbar gemacht.

In den Click-Ereignis-Handlern der beiden Select-Schaltflächen (Listing 499) werden die
jeweiligen Select-Methoden aufgerufen und das Ergebnis durch (wiederholtes) Aufrufen von
ProcessXmlNode angezeigt. Im Falle von SelectNodes werden in der Ausgabe die einzelnen
Knoten durch eine Reihe von Sternchen voneinander getrennt. Abbildung 252 zeigt eine
Abfrage, bei der die Aufgabenliste nach Aufgaben-Elementen durchsucht wird, deren Attribut
Schwierigkeitsgrad den Wert 15 hat. Als Ergebnis wird für jeden Treffer das Element Fragen
zurückgegeben.

```
Private Sub BTNSelectSingleNode_Click(ByVal sender As _
    System.Object, ByVal e As System.EventArgs) Handles _
    BTNSelectSingleNode.Click

    ' Fenster löschen
    TBTrace.Clear()

    Try
      ' Abfrage mit SelectSingleNode
      Dim xn As XmlNode = xdoc.SelectSingleNode(CBOXPath.Text)

      ' Ausgabe des Ergebnisknotens
      ProcessXmlNode(xn)

    Catch ex As Exception
      ' Laufzeitfehler z.B., wenn Ergebnisknoten leer ist oder
      ' der XPath-Ausdruck fehlerhaft ist
      MessageBox.Show("Fehler: " & ex.Message)
    End Try

End Sub

Private Sub BTNSelectNodes_Click(ByVal sender As _
```

Listing 499: XML-Struktur mit eingegebenem XPath-Ausdruck durchsuchen und Ergebnisse
anzeigen

```
   System.Object, ByVal e As System.EventArgs) Handles _
   BTNSelectNodes.Click

   ' Fenster löschen
   TBTrace.Clear()

   Try
     ' Abfrage mit SelectNodes
     Dim xnl As XmlNodeList = xdoc.SelectNodes(CBOXPath.Text)

     ' Ausgabe aller Knoten der Ergebnisliste
     For Each xn As XmlNode In xnl
       Debug.WriteLine("**********************************")
       ProcessXmlNode(xn)
     Next

   Catch ex As Exception
     ' Laufzeitfehler, wenn der XPath-Ausdruck fehlerhaft ist
     MessageBox.Show("Fehler: " & ex.Message)
   End Try

End Sub
```

Listing 499: XML-Struktur mit eingegebenem XPath-Ausdruck durchsuchen und Ergebnisse anzeigen (Forts.)

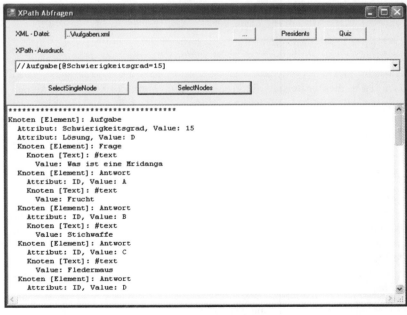

Abbildung 252: Die Ergebnisliste enthält fünf Knoten

Auch die im vorherigen Beispiel benutzte Abfrage

```
//President[@ID=32]
```

können Sie hier austesten. Sie liefert den Elementknoten vom Typ President zurück, dessen Attribut ID den Wert 32 hat. Die Abfrage

```
//President[contains(Birthplace,"New York")]
```

generiert eine Liste aller Präsidenten, bei denen der Geburtsort (Element Birthplace) die Zeichenkette „New York" enthält (siehe Abbildung 253).

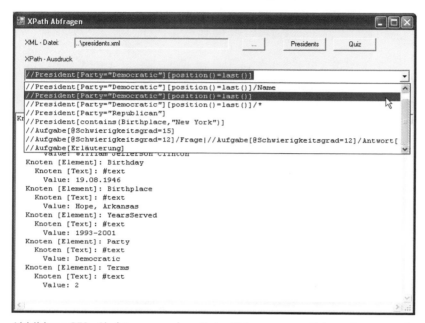

Abbildung 253: Sie können vorbereitete Abfragen auswählen oder neue eingeben

> **Hinweis** Die XPath-Abfragen in diesem Beispiel funktionieren nur, wenn die XML-Datei keinen Namespace definiert. Für XPath-Ausdrücke mit Namespace-Angaben siehe Rezept 270.

270 XPath-Abfragen und XML-Namespaces

Da die Namen von Elementen innerhalb einer XML-Struktur nicht unbedingt eindeutig sind, können sie Namensräumen zugeordnet werden. Insbesondere dann, wenn Daten aus verschiedenen Quellen zusammengefügt werden, sind Namensräume unerlässlich, um Mehrdeutigkeiten zu vermeiden. Beispielsweise wurde die Datei *Quiz.xml* (Listing 500) zusammengesetzt aus Kandidaten-Informationen und der Datei *Aufgaben.xml*. Das Element Aufgabe existiert in verschiedenen Kontexten: zum einen innerhalb eines Elementes vom Typ Person, zum anderen innerhalb des Elementes Aufgaben.

Zur Unterscheidung werden zwei Namensräume definiert:

▶ Addison-Wesley/VBCodeBook/XML/Aufgaben

▶ Addison-Wesley/VBCodeBook/XML/Kandidat

Während der erste der Standard-Namensraum ist, wird der zweite explizit zugewiesen. Um die Texte innerhalb der XML-Struktur kurz zu halten, werden statt der Namensräume Platzhalter, auch Prefix genannt, verwendet. Für den zweiten Namensraum wurde hier der Prefix `Kandidat` definiert und eingesetzt.

```
<?xml version="1.0" encoding="utf-8" ?>
<Quiz xmlns="Addison-Wesley/VBCodeBook/XML/Aufgaben" xmlns:Kandidat="Addison-Wesley/
VBCodeBook/XML/Kandidat">
  <Kandidat:Person Name="Peter Müller">
    <Kandidat:Aufgabe Schwierigkeitsgrad="10">
      <Kandidat:Status>Korrekte Antwort gegeben</Kandidat:Status>
    </Kandidat:Aufgabe>
  </Kandidat:Person>
  <Aufgaben>
    <!--Liste der Aufgaben-->
    <Aufgabe Schwierigkeitsgrad="1" Lösung="C">
      <Frage>Welcher dieser Begriffe steht für Haftanstalt</Frage>
      <Antwort ID="A">Spanische Vorhänge</Antwort>
      <Antwort ID="B">Englische Türen</Antwort>
      <Antwort ID="C">Schwedische Gardinen</Antwort>
      <Antwort ID="D">Sächsische Rollos</Antwort>
    </Aufgabe>

...

    <Aufgabe Schwierigkeitsgrad="12" Lösung="C">
      <Frage>Wo ist das nördlichste Vorkommen von Pinguinen</Frage>
      <Antwort ID="A">südl. Polarkreis</Antwort>
      <Antwort ID="B">südl. Wendekreis</Antwort>
      <Antwort ID="C">Äquator</Antwort>
      <Antwort ID="D">nördl. Polarkreis</Antwort>
      <Erläuterung>Galapagos Inseln</Erläuterung>
    </Aufgabe>
  </Aufgaben>
</Quiz>
```

Listing 500: XML-Datei Quiz.xml definiert und benutzt Namensräume

Beim Laden der XML-Datei mit `XmlDocument.Load` werden alle Prefixe aufgelöst und durch die zugeordneten Namensräume ersetzt. Der Namensraum jedes Elementes kann über die Eigenschaft `NamespaceURI` abgefragt werden. Die ursprünglichen Prefixe stehen jedoch für Abfragen nicht mehr zur Verfügung.

Sollten Sie schon einmal versucht haben, mit XPath-Abfragen in XML-Dateien zu suchen, in denen ein oder mehrere Namensräume definiert sind, ohne im XPath-Ausdruck den Namensraum anzugeben, dann wissen Sie, dass Sie als Ergebnis eine leere Knotenliste zurückerhalten. Beispielsweise der Ausdruck

`//Aufgabe`

gab für die XML-Datei *Aufgaben.xml* die Liste aller Elemente vom Typ `Aufgabe` zurück. Für die Datei *Quiz.xml* ist die Rückgabeliste jedoch leer. Und das, obwohl die Elemente `Aufgabe` innerhalb der Aufgabenliste zum Standard-Namensraum gehören.

Die Ursache hierfür ist in der Konformität zur XPath 1.0 Definition zu suchen. Diese Version kennt keinen Standard-Namensraum. Wird ein Element einem Namensraum zugeordnet, dann muss dieser bei der Suche mittels XPath auch angegeben werden, auch wenn es der Standard-Namensraum ist. Nur, wenn der Standard-Namensraum nicht existiert (wie in den Beispielen im vorangegangenen Rezept), dann funktionieren die XPath-Abfragen ohne Angabe von Namensräumen.

Mit der XPath Version 2.0 soll das Problem behoben werden. Ob, wann und wie Microsoft diese Version implementieren wird, ist zurzeit noch unklar.

Damit die XPath-Ausdrücke nicht zu lang werden, definiert man in der Regel auch hier wieder Prefixe für die einzelnen Namensräume. Diese müssen mit denen in der XML-Datei nichts mehr zu tun haben und können frei festgelegt werden. Zur Definition sowie zur Auflösung bei XPath-Abfragen wird ein Objekt vom Typ XmlNamespaceManager benötigt.

In Listing 501 sehen Sie eine typische Konstruktion, um bei XPath-Abfragen Namensräume zu berücksichtigen. Nach Anlegen einer Instanz vom Typ XmlNamespaceManager werden die benötigten Namensräume unter Angabe der gewünschten Prefixe (hier A und B) hinzugefügt. Beim Aufruf von SelectSingleNode oder SelectNodes wird die Referenz des Namespace-Managers als zusätzlicher Parameter übergeben.

```
' Namespace-Manager anlegen
Dim nsmgr As New XmlNamespaceManager(xdoc.NameTable)
' Namensräume hinzufügen
nsmgr.AddNamespace("A", "Addison-Wesley/VBCodeBook/XML/Aufgaben")
nsmgr.AddNamespace("B", "Addison-Wesley/VBCodeBook/XML/Kandidat")
' XPath-Abfrage mit Prefix
Dim node As XmlNode = xdoc.SelectSingleNode("//B:Aufgabe", nsmgr)
ProcessXmlNode(node)
```

Listing 501: XPath-Abfrage mit Namespace-Definitionen

Der Code aus Listing 501 erzeugt die folgende Ausgabe:

```
Knoten [Element]: Kandidat:Aufgabe
    Attribut: Schwierigkeitsgrad, Value: 10
    Knoten [Element]: Kandidat:Status
        Knoten [Text]: #text
            Value: Korrekte Antwort gegeben
```

Um das XPath-Testprogramm auch für XML-Dateien mit Namensräumen einsetzen zu können, sind ein paar Erweiterungen notwendig. Das Laden der Dateien geschieht über die zentrale Methode LoadXmlDocument (Listing 502). Hier wird ein XmlNamespaceManager-Objekt angelegt und initialisiert. Die Referenz dieses Objektes wird als Membervariable der Fensterklasse allen anderen Methoden zur Verfügung gestellt und bei den Aufrufen von SelectNodes und SelectSingleNode übergeben.

Bei der Ermittlung der Namensräume wird davon ausgegangen, dass alle verwendeten Namensräume als Attribute des Stammknotens definiert werden. Diese Annahme ist nicht allgemeingültig, trifft aber auf die meisten Fälle zu. Namensräume, die an anderer Stelle definiert werden, werden vom Testprogramm nicht berücksichtigt.

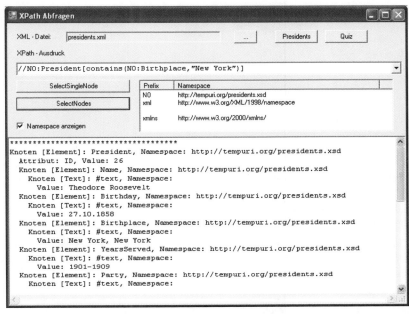

Abbildung 254: XPath-Suche mit Namespace-Definitionen

```vb
Private Sub LoadXmlDocument(ByVal path As String)
  ' XML-Datei laden
  xdoc.Load(path)

  ' Pfad anzeigen
  Dim relpath As New Uri(Application.StartupPath)
  TBPath.Text = relpath.MakeRelative(New Uri(path))
  TBTrace.Text = "XML-Datei geladen: " & path

  ' Namespaceliste löschen
  LVNamespaces.Items.Clear()

  ' Namespacemanager anlegen
  nsMngr = New XmlNamespaceManager(xdoc.NameTable)

  Dim i As Integer = 0

  ' Attribute nach Namensraumdefinitionen durchsuchen
  For Each att As XmlAttribute In xdoc.DocumentElement.Attributes
    ' Ist das Attribut eine Namespace-Deklaration?
    If att.Name.StartsWith("xmlns") Then
      ' Namespace hinzufügen, Prefix Ni (i=lfd. Nummer)
      nsMngr.AddNamespace("N" & i.ToString(), att.Value)
      i += 1
    End If
  Next
```

Listing 502: Laden einer XML-Datei und Initialisieren des Namespace-Managers

```
' ListView mit Namensräumen und Prefixen füllen
For Each nspc As String In nsMngr
  Dim lvi As ListViewItem = _
    LVNamespaces.Items.Add(nspc)
  lvi.SubItems.Add(nsMngr.LookupNamespace(nspc))
Next

End Sub
```

Listing 502: Laden einer XML-Datei und Initialisieren des Namespace-Managers (Forts.)

Alle Namensraumdefinitionen, die für den Stammknoten gefunden werden, werden dem Namespace-Manager bekannt gemacht. Jedem Namensraum wird ein Prefix, bestehend aus dem Buchstaben N und einer laufenden Nummer, zugeordnet. In einem ListView-Steuerelement werden abschließend alle Namensräume aufgeführt (siehe Abbildung 254).

Über das Kontrollkästchen NAMESPACE ANZEIGEN kann die Ausgabe des Namensraums für jeden Knoten ein- bzw. ausgeschaltet werden. Die Information wird bei Bedarf über die Eigenschaft NamespaceURI des jeweiligen Knotens ermittelt.

271 Schnellere Suche mit XPathDocument und XPathNavigator

Wollen Sie eine XML-Struktur nicht verändern, sondern nur durchlaufen oder durchsuchen, dann steht Ihnen mit der Klassenkombination XPathDocument und XPathNavigator eine wesentlich schnellere Variante zur Verfügung als mit der universelleren Klasse XmlDocument. XPath-Document und XPathNavigator sind für schnelle Lesezugriffe optimiert und bieten eine Vielzahl an Navigationsmöglichkeiten.

Bei der Instanzierung von XPathDocument-Objekten muss bereits die Datenquelle angegeben werden. Verschiedene Konstruktor-Überladungen ermöglichen das Laden aus Dateien, Streams und TextReader-Instanzen. Die Klasse XPathNavigator kennt als einzige öffentliche, nicht von Object geerbte Methode CreateNavigator. Diese Methode legt eine neue XPathNavigator-Instanz an und gibt deren Referenz zurück. Eine typische Aufruffolge zum Anlegen eines XPathNavigator-Objektes sieht so aus:

```
Private xpDoc As XPathDocument
Private xpNav As XPathNavigator
...
xpDoc = New XPathDocument("..\Presidents.xml")
xpNav = xpDoc.CreateNavigator()
```

Auch mehrere unabhängige Navigator-Objekte können Sie mit CreateNavigator erzeugen. Ein Navigator-Objekt bietet eine Vielzahl an Möglichkeiten, Knoten zu selektieren. Mit 14 verschiedenen, teilweise überladenen MoveTo-Methoden stehen Ihnen zahlreiche Varianten für die Navigation von Knoten zu Knoten zur Verfügung. Mehrere Eigenschaften wie Value und Name geben Auskunft über den aktuellen Knoten.

Wesentlich interessanter ist allerdings die Suche mit XPath-Ausdrücken, wie Sie sie bereits von der XmlDocument-Klasse kennen. XPathNavigator stellt hierzu die Methode Select mit zwei Überladungen bereit. In der ersten Variante übergeben Sie den Ausdruck als String (Listing 503).

```
Dim xni As XPathNodeIterator
' XPath-Suche gibt NodeIterator zurück
xni = xpNav.Select("//President[@ID>35]/Name")

' Liste der gefundenen Knoten durchlaufen
Do While xni.MoveNext()
  Debug.WriteLine(xni.Current.Value)
Loop
```

Listing 503: Suche mit XPathNavigator.Select und einem als String übergebenen XPath-Ausdruck

Abfragen beziehen sich immer auf den aktuellen Knoten, auf den der Navigator verweist. Der Rückgabewert der Select-Methode ist vom Typ XPathNodeIterator und erlaubt, die Knotenliste in einer While-Schleife zu durchlaufen. MoveNext positioniert auf das nächste (beim ersten Aufruf auf das erste) Element und liefert einen booleschen Wert, der angibt, ob noch weitere Knoten existieren. Die Eigenschaft Current gibt die Referenz des jeweils aktuellen Knotens an, so dass die Ausgabe aus Listing 503 in etwa so aussieht:

```
Lyndon B. Johnson
Richard M. Nixon
Gerald R. Ford
Jimmy Carter
Ronald Reagan
George Bush
William Jefferson Clinton
George W. Bush
```

Für komplexe XPath-Ausdrücke lässt der XPathNavigator noch eine schnellere Abfragevariante zu: die Kompilierung des XPath-Ausdrucks (Listing 504).

```
' Definition und Kompilierung eines XPath-Ausdrucks
Dim xpExp As XPathExpression
xpExp = xpNav.Compile("//President[@ID>35]/Name")

' Abfrage mit kompiliertem Ausdruck
Dim xni As XPathNodeIterator
xni = xpNav.Select(xpExp)

' Liste der gefundenen Knoten durchlaufen
Do While xni.MoveNext()
  Debug.WriteLine(xni.Current.Value)
Loop
```

Listing 504: Suche mit XPathNavigator.Select und einem kompilierten XPath-Ausdruck

XML

Das Ergebnis dieser Variante ist identisch mit dem des vorigen Beispiels. Auch die Ausführungsgeschwindigkeit wird sich kaum messbar unterscheiden. Erst bei großen XML-Dateien und komplexen, oft benötigten Ausdrücken kann die Vorkompilierung ihre Vorteile ausspielen.

XPathNavigator und Namensräume

Die in Rezept 270 (XPath-Abfragen und XML-Namespaces) dargestellte Problematik der Namensräume bei XPath-Abfragen in XmlDocument-Instanzen trifft gleichermaßen auf die XPathNavigator-Klasse zu. Auch hier müssen Sie, sobald in der XML-Datei ein Namensraum angegeben wird, eine XmlNamespaceManager-Instanz anlegen, die Namensräume hinzufügen und im XPath-Ausdruck (durch Prefixe) angeben. XPathNavigator.Select lässt allerdings nicht die zusätzliche Angabe eines Namespace-Managers zu. Stattdessen müssen Sie hier den Ausdruck kompilieren und mittels SetContext dem XPathExpression-Objekt die XmlNamespaceManager-Instanz zuordnen (Listing 505).

```
' Dokument laden
Dim xpd As New XPathDocument("..\Quiz.xml")

' Navigator anlegen
Dim xpnav As XPathNavigator = xpd.CreateNavigator()

' Namespace-Manager anlegen
Dim nsmgr As New XmlNamespaceManager(xpnav.NameTable)

' Namensräume und Prefixe hinzufügen
nsmgr.AddNamespace("A", "Addison-Wesley/VBCodeBook/XML/Aufgaben")
nsmgr.AddNamespace("K", "Addison-Wesley/VBCodeBook/XML/Kandidat")

' XPath-Ausdruck kompilieren
Dim xpExp As XPathExpression
xpExp = xpnav.Compile("//K:Person/@Name")

' Namespace-Manager zuweisen
xpExp.SetContext(nsmgr)

' Abfrage ausführen
Dim xni As XPathNodeIterator
xni = xpnav.Select(xpExp)

' Liste der gefundenen Knoten durchlaufen
Do While xni.MoveNext()
  Debug.WriteLine(xni.Current.Value)
Loop
```

Listing 505: Vorkompilierte XPath-Abfrage unter Angabe von Namensräumen

Vorgefertigte Knotenlisten

Für einige typische Knotenlisten benötigen Sie keine XPath-Abfrage, sondern können sie mithilfe der jeweiligen Select-Methode direkt abrufen. Die folgenden drei Methoden geben eine Knotenliste als XPathNodeIterator-Referenz zurück:

▶ SelectChildren generiert die Liste der Kindknoten

▶ SelectAncestors generiert die Liste der Vorgänger

▶ SelectDescendants generiert die Liste der Nachfolger

Jede dieser Methoden erwartet einen Parameter vom Typ XPathNodeType, mit dem Sie (als Bitkombination) die Auswahl auf bestimmte Knotentypen einschränken können.

XPath-Ausdrücke auswerten, die keine Knotenliste zurückgeben

Die `Select`-Methode erlaubt nur `XPath`-Ausdrücke, die eine Knotenliste zum Ergebnis haben, denn schließlich ist der Rückgabewert vom Typ `XPathNodelistIterator`. XPath-Ausdrücke müssen aber nicht zwangsläufig eine Knotenliste generieren, sondern können auch andere Ergebnisse liefern. In der W3C-Dokumentation sind eine Reihe von XPath-Funktionen definiert, die z.B. für Berechnungen genutzt werden können. Ein Ausdruck wie

```
count(//President[contains(Birthplace,'New York')])
```

berechnet die Anzahl der Knoten und würde für unsere Beispieldatei *Presidents.xml* den Wert 2 zurückgeben. Für derartige Auswertungen können Sie die Methode `Evaluate` einsetzen:

```
' Wie viele Präsidenten wurden in New York geboren?
Dim result As Object = xpNav.Evaluate( _
  "count(//President[contains(Birthplace,'New York')])")
```

`Evaluate` gibt eine allgemeine `Object`-Referenz zurück. Sie müssen selbst die notwendigen Typ-Umwandlungen vornehmen. Alle gültigen XPath-Ausdrücke können Sie mit `Evaluate` verwenden. Auch Ausdrücke, die eine Knotenliste zurückgeben, wie beim Aufruf von `Select`:

```
result = xpNav.Evaluate("//President/Name")
```

Als Ergebnis erhalten Sie hier wieder eine Referenz eines `XPathNodelistIterator`-Objektes.

272 XmlView-Steuerelement zur strukturierten Darstellung von XML-Dateien

Die Baumstruktur einer XML-Datei legt es nahe, die enthaltenen Informationen in einem Tree-View-Steuerelement darzustellen. Attribute eines Knotens können dann beispielsweise in einem verbundenen ListView-Control dargestellt werden. Mithilfe der oben vorgestellten Navigationsmöglichkeiten können Sie ein solches Vorhaben leicht realisieren.

In diesem Rezept wollen wir den Aufbau eines UserControls vorstellen, das zusätzlich zu den genannten Fähigkeiten den Knoten im TreeView-Control Icons und ToolTips zuordnet. Für die Daten der in Listing 506 abgedruckten XML-Datei soll eine Darstellung wie in Abbildung 255 realisiert werden. Die Zuordnung von Icons und Hilfetexten erfolgt durch eine zweite XML-Datei (Listing 507). Dort wird auch mithilfe des Attributs `DefaultAttribute` festgelegt, welches Attribut eines Datenknotens für die Textanzeige in der TreeView herangezogen werden soll.

Eine beliebige XML-Datei, die die Daten in Form von Attributen bereithält, kann so in einer ansprechenden Form mit der TreeView/ListView-Kombination dargestellt werden. Lediglich die Definitionsdatei und die Icon-Dateien müssen zusätzlich bereitgestellt werden. Das Steuerelement lässt sich in Fenstern und anderen Steuerelementen einsetzen.

```
<?xml version="1.0" encoding="utf-8" ?>
<Firma xmlns="http://tempuri.org/Firma.xsd" Name="Meier GmbH">
  <Abteilung Bezeichnung="Software Entwicklung" ...
  <Abteilungsleiter Geburtsdatum="1.1.1950" Nachname="Meier" ...
    <Mitarbeiter Geburtsdatum="2.2.1965" Nachname="Schmitz" ...
    <Mitarbeiter Geburtsdatum="3.3.1966" Nachname="Hase" ...
    <Computer ID="Entwicklungsserver" Betriebssystem="NT4 Server" />
```

Listing 506: FirmaMeier.xml beschreibt die Firmenstruktur mit Abteilungen, Mitarbeitern und Computern

```
    <Unterabteilung Bezeichnung="Xml-Design" Kurzbezeichnung=...
      <Abteilungsleiter Nachname="Bär" Vorname="Yogi" Telefon=...
      <Mitarbeiter Geburtsdatum="4.4.1973" Nachname="Bacher" ...
      <Computer ID="XmlTest PC" Betriebssystem="WinXP"/>
    </Unterabteilung>
  </Abteilung>
  <Abteilung Bezeichnung="Vertrieb" Kurzbezeichnung="V">
    <Abteilungsleiter Geburtsdatum="5.5.1962" Nachname= ...
    <Mitarbeiter Nachname="Stenz" Vorname="Julius" Telefon="201" />
    <Computer ID="KundenDB" Betriebssystem="Win2003 Server"/>
  </Abteilung>
</Firma>
```

Listing 506: FirmaMeier.xml beschreibt die Firmenstruktur mit Abteilungen, Mitarbeitern und Computern (Forts.)

```
<?xml version="1.0" encoding="utf-8" ?>
<Definitions xmlns="http://tempuri.org/XmlTreeViewDef.xsd">
  <EntryDefinition Tagname="Firma" Icon="factory.ico"
    DefaultAttribute="Name"/>
  <EntryDefinition Tagname="Abteilung" Icon="grouph.ico"
    DefaultAttribute="Bezeichnung"/>
  <EntryDefinition Tagname="Unterabteilung" Icon="group.ico"
    DefaultAttribute="Bezeichnung"/>
  <EntryDefinition Tagname="Abteilungsleiter" Icon="userh.ico"
    DefaultAttribute="Nachname"/>
  <EntryDefinition Tagname="Mitarbeiter" Icon="user.ico"
    DefaultAttribute="Nachname"/>
  <EntryDefinition Tagname="Computer" Icon="computer.ico"
    DefaultAttribute="ID"/>
</Definitions>
```

Listing 507: MeierTreeViewDef.xml ordnet den Elementen Icons und Hilfetexte zu

Das UserControl besteht im Wesentlichen aus der TreeView (`DataTree`), der ListView (`DataDetail`) und einem Splitter zur dynamischen Größenanpassung. Einige private Member-Variablen halten die für die Navigation und die visuelle Darstellung benötigten Informationen bereit:

```
' Pfad der XML-Datei, die die Daten enthält
Private source As String
' Pfad der XML-Datei, die die Zuordnungen enthält
Private entryDefinition As String
' XmlDocument-Instanz für die Navigation in den Daten
Private doc As XmlDocument = New XmlDocument
' XmlDocument für die Navigation in der Definitionsdatei
Private edDoc As XmlDocument
' Namespace-Manager hierzu
Private edDocNsmgr As XmlNamespaceManager
' Stammknoten der Daten in der TreeView
Private treeRoot As TreeNode
' Hashtable als Zuordnungstabelle
Private imageIndex As New Hashtable
```

XML

Zwei öffentliche Eigenschaften, XmlSource und XmlEntryDefinition (Listing 508), definieren die Schnittstelle nach außen. Ihnen wird ein eigener UITypeEditor zugeordnet, damit bereits im Eigenschaftsfenster die Dateien über der FileOpen-Dialog zugeordnet werden können.

```
<Description("Anzuzeigende XML-Datei"), _
  Editor(GetType(XMLFilenameEditor), _
  GetType(System.Drawing.Design.UITypeEditor))> _
 Public Property XmlSource() As String
  Get
    Return source
  End Get
  Set(ByVal Value As String)
    source = Value
    Me.Reload()
  End Set
End Property


…
Public Property XmlEntryDefinition() As String

…
End Property

Public Class XMLFilenameEditor
  Inherits System.Windows.Forms.Design.FileNameEditor

  Protected Overrides Sub InitializeDialog(ByVal openFileDialog _
    As System.Windows.Forms.OpenFileDialog)
    ' Filter für XML-Dateien verwenden
    openFileDialog.Filter = "XML-Dateien (*.xml) |*.xml"
  End Sub
End Class
```

Listing 508: Eigenschaften XmlSource und XmlEntryDefinition zur Auswahl der XML-Dateien

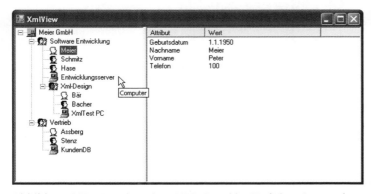

Abbildung 255: Anzeige einer XML-Datei im XmlView-Steuerelement

Bei Änderung der Eigenschaft XmlSource wird die Methode Reload aufgerufen (Listing 509). Sie lädt das XML-Dokument und liest die Informationen aus der Definitionsdatei, sofern diese vorhanden ist. Alle Icon-Dateien werden eingelesen und die Bilder der Liste TreeViewImages hinzugefügt. imageIndex verweist auf ein Hashtable-Objekt, über das der Index eines Bildes in der Liste aus dem Elementnamen ermittelt werden kann. Dem TreeView-Control wird die Bilderliste zugeordnet, so dass den Knoten nur noch ein Bildindex zugeordnet werden muss, um das zugehörige Symbol anzeigen zu können.

```
Public Sub Reload()
  Try
    ' Datendokument laden
    doc.Load(source)

    ' Pfad für Icon-Dateien ermitteln
    Dim basePath As String = _
      Directory.GetParent(entryDefinition).FullName & "\"

    ' Wenn die Definitionsdatei existiert
    If entryDefinition.Length > 0 Then
      ' Hashtable leeren
      imageIndex.Clear()
      ' Definitionsdatei laden, Namensraum berücksichtigen
      edDoc = New XmlDocument
      edDoc.Load(entryDefinition)
      edDocNsmgr = New XmlNamespaceManager(edDoc.NameTable)
      edDocNsmgr.AddNamespace("x", _
        "http://tempuri.org/XmlTreeViewDef.xsd")

      ' Bilderliste leeren
      TreeViewImages.Images.Clear()

      ' Definitionsdatei durchlaufen
      For Each element As XmlElement _
        In edDoc.DocumentElement.ChildNodes

        ' Bild auswählenund laden
        TreeViewImages.Images.Add(New Drawing.Icon(basePath & _
          element.Attributes("Icon").Value))

        ' Verweis in Hashtable aufnehmen. Key = Elementname,
        ' Value = Index
        imageIndex(element.Attributes("Tagname").Value) = _
          TreeViewImages.Images.Count-1

      Next

      ' Imageliste zuordnen
      DataTree.ImageList = TreeViewImages

    Else
      ' Keine Imageliste, wenn keine Definitionsdatei angegeben ist
      DataTree.ImageList = Nothing

    End If
```

Listing 509: Reload initialisiert das Steuerelement

```
     ' Neu zeichnen
     Refresh()

   Catch ex As Exception
     ' Im Fehlerfall Exception abfangen und TreeView leeren
     Debug.WriteLine(ex.Message)
     DataTree.Nodes.Clear()
   End Try

 End Sub
```

Listing 509: Reload initialisiert das Steuerelement (Forts.)

In der überschriebenen Methode Refresh (Listing 510) wird das TreeView-Control neu aufgebaut. Zunächst wird der Stammknoten neu angelegt und das Symbol zugeordnet, dann werden
dessen Kindknoten aufgebaut. Die Ermittlung der anzuzeigenden Texte, die ja aus einem festgelegten Attribut entnommen werden sollen, übernimmt die Methode GetXmlValue (Listing 511),
den Aufbau der Kindknoten FillSubTree (Listing 512).

```
 Public Overrides Sub Refresh()
   Try
     ' Knotenliste leeren
     DataTree.Nodes.Clear()

     ' Stammknoten hinzufügen
     treeRoot = DataTree.Nodes.Add(GetXmlValue(doc.DocumentElement))

     ' Bildindex ermitteln
     treeRoot.ImageIndex = CInt(imageIndex(doc.DocumentElement.Name))
     treeRoot.SelectedImageIndex = treeRoot.ImageIndex

     ' Tag verweist auf das Element
     treeRoot.Tag = doc.DocumentElement

     ' Kindknoten anzeigen und öffnen
     FillSubTree(treeRoot)
     treeRoot.Expand()

   Catch ex As Exception
     Debug.WriteLine(ex.Message)
   End Try

 End Sub
```

Listing 510: Neuorganisation des TreeView-Steuerelementes

GetXmlValue ermittelt für das angegebene Element, welches Attribut angezeigt werden soll. Der
Wert dieses Attributes wird gelesen und als Funktionswert zurückgegeben. FillSubTree legt
für jeden Unterknoten einen TreeView-Knoten an und weist die Texte und Symbole zu. Die
Tag-Eigenschaft eines jeden Knotens verweist auf das zugehörige XmlElement-Objekt. So kann
bei Auswahl eines Knotens direkt auf die untergeordneten Daten zugegriffen werden.

XML

```
Private Function GetXmlValue(ByVal element As XmlElement) As String

  ' Elementname ermitteln
  Dim tn As String = element.Name
  ' Eintrag in Definitionsliste suchen
  Dim xp As String = "x:EntryDefinition[@Tagname='" & tn & "']"
  Dim el As XmlNode = edDoc.DocumentElement.SelectSingleNode(xp, _
    edDocNsmgr)
  ' Ermitteln, welches Attribut den Text liefern soll
  Dim att As String = el.Attributes("DefaultAttribute").Value
  ' Dieses Attribut lesen
  Return element.Attributes(att).Value

End Function
```

Listing 511: Attributwert ermitteln, der in der TreeView angezeigt werden soll

```
Private Sub FillSubTree(ByVal treeRoot As TreeNode)

  ' Elternknoten aus Tag-Referenz lesen
  Dim rootElement As XmlElement = _
    DirectCast(treeRoot.Tag, XmlElement)

  ' Aktuellen Zweig löschen
  treeRoot.Nodes.Clear()

  ' Alle unmittelbaren Nachfolger in der XML-Datendatei durchlaufen
  For Each element As XmlElement In rootElement.ChildNodes
    ' TreeView-Knoten anlegen und Bild zuordnen
    Dim node As TreeNode = treeRoot.Nodes.Add(GetXmlValue(element))
    node.Tag = element
    node.ImageIndex = CInt(imageIndex(element.Name))
    node.SelectedImageIndex = node.ImageIndex
  Next

End Sub
```

Listing 512: Anlegen untergeordneter Knoten in FillSubTree

Wählt der Anwender einen Eintrag in der TreeView aus, dann wird im AfterSelect-Ereignis (Listing 513) dieser Knoten erweitert und aufgeklappt, sofern er Unterknoten besitzt. Alle zugehörigen Attribute werden mittels ShowDetails (Listing 514) in der ListView angezeigt.

```
Private Sub Datatree_AfterSelect(ByVal sender As System.Object, _
  ByVal e As System.Windows.Forms.TreeViewEventArgs) _
  Handles DataTree.AfterSelect

  ' Unterknoten anlegen und aufklappen
  FillSubTree(e.Node)
```

Listing 513: Erweitern eines Knotens und Anzeigen der Eigenschaften nach Auswahl durch den Anwender

```
   e.Node.Expand()

   ' Details zu ausgewähltem Knoten in der ListView anzeigen
   ShowDetails(DirectCast(e.Node.Tag, XmlElement))

End Sub
```

Listing 513: Erweitern eines Knotens und Anzeigen der Eigenschaften nach Auswahl durch den Anwender (Forts.)

```
Private Sub ShowDetails(ByVal element As XmlElement)

   ' ListView leeren
   DataDetail.Items.Clear()

   ' Alle Attribute des ausgewählten Knotens durchlaufen
   For Each att As XmlAttribute In element.Attributes
     ' Attributnamen und -wert in ListView darstellen
     Dim lvi As ListViewItem = DataDetail.Items.Add(att.Name)
     lvi.SubItems.Add(att.Value)
   Next

End Sub
```

Listing 514: Auflisten aller zum ausgewählten Knoten gehörenden Attribute

Damit zu jedem Knoten die Elementnamen als ToolTip angezeigt werden können, muss bei jeder Mausbewegung über dem TreeView-Steuerelement ermittelt werden, über welchem Knoten sich der Mauszeiger befindet (Listing 515). Der Elementname dieses Knotens wird dann durch den Aufruf von SetToolTip dem ToolTip-Control, das der ListView zugeordnet ist, zugewiesen.

```
Private Sub DataTree_NodeMouseHover(…) Handles DataTree.NodeMouseHover

   ' Knoten der TreeView aus den Mauskoordinaten ermitteln
   Dim node As TreeNode = e.Node

   ' Ignorieren, wenn der Cursor nicht über einem Knoten steht
   If node Is Nothing Then Exit Sub

   ' ToolTip-Text festlegen
   ToolTipTag.SetToolTip(DataTree, DirectCast(node.Tag, _
     XmlElement).Name)

End Sub
```

Listing 515: Kontinuierliche Festlegung des ToolTip-Textes bei Mausbewegungen

273   Nachrichten aus RSS-Kanälen aufbereiten

Viele Nachrichtenagenturen und Website-Betreiber bieten Kurzfassungen ihrer Informationen in speziellen XML-Dateien an. Weit verbreitet ist das *RSS*-Format. RSS steht für *RDF* SiteSummary, eine einfache Variante der *RDF*-Spezifikation. *RDF* wiederum steht für Resource Description Framework und beschreibt den Aufbau solcher Dateien. Die Definition des W3C finden Sie unter:

http://www.w3.org/RDF

RSS gibt es in verschiedenen Versionen. Aktuell ist die Version 2.0, zu der Sie unter *http:// blogs.law.harvard.edu/tech/rss* eine Beschreibung finden können. Ein Beispiel, wie eine solche Datei aufgebaut ist, sehen Sie in Listing 516. Innerhalb des <channel>-Elementes werden weitere Detailinformationen zur Quelle wie Titel, Beschreibung und Sprache definiert. Artikel, auf die verwiesen wird, werden in <item>-Elementen näher beschrieben. Üblich sind hier das Datum der Veröffentlichung, der Titel, eine Kurzbeschreibung sowie der Link zur HTML-Seite des Artikels. Weitere optionale Angaben sind möglich. In der o.g. Beschreibung finden Sie weitere Angaben über erlaubte XML-Elemente.

```
<rss version="2.0">
  <channel>
    <title>MSDN: Visual Basic</title>
    <link>http://msdn.microsoft.com/vbasic/</link>
    <description>The latest technical information On Visual Basic...
    <language>en-us</language>
    <ttl>1440</ttl>
    <item>
      <title>Blogging: Design Your Own Weblog Application from Sc...
      <pubDate>Fri, 26 Sep 2003 07:00:00 GMT</pubDate>
      <description>In this article the author builds a full-featu...
      <link>http://msdn.microsoft.com/msdnmag/issues/03/10/Bloggi...
    </item>
    ...
  </channel>
</rss>
```

Listing 516: Beispiel einer RSS-Datei mit Artikeln zu Visual Basic 2005

Inzwischen gibt es zahlreiche Programme, die einen komfortablen Umgang mit diesen Informationsquellen, auch Newsfeeder genannt, ermöglichen. In diesem Rezept wollen wir Ihnen zeigen, wie Sie selbst die Informationen in Ihren Windows-Applikationen nutzen können.

Zunächst wird eine Liste der verfügbaren RSS-Quellen benötigt. Diese wird in Form einer XML-Datei (*RSS.xml*, siehe Listing 517) bereitgestellt. Für jeden Channel werden der Titel und der zugehörige URL gespeichert. Beim Start des Programms wird diese Liste gelesen und die Titel in einer ListBox angezeigt (Listing 518).

```
<?xml version="1.0" encoding="utf-8" ?>
<Channels>
  <Channel>
    <Title>MSDN: Visual Basic</Title>
```

Listing 517: RSS.xml hält die Liste der RSS-Kanäle bereit

```
    <Link>http://msdn.microsoft.com/vbasic/rss.xml</Link>
  </Channel>
  <Channel>
    <Title>MSDN Just Published</Title>
    <Link>http://msdn.microsoft.com/rss.xml</Link>
  </Channel>
  <Channel>
    <Title>MSDN: Visual C#</Title>
    <Link>http://msdn.microsoft.com/vcsharp/rss.xml</Link>
  </Channel>
  ...
  <Channel>
    <Title>dotnetpro News Feed</Title>
    <Link>http://www.dotnetpro.de/rss/newstopten.ashx</Link>
  </Channel>
</Channels>
```

Listing 517: RSS.xml hält die Liste der RSS-Kanäle bereit (Forts.)

```
Imports System.Xml
Imports System.Xml.XPath

...

' Dokument und Navigator für Quellenliste
Protected RssSourcesDoc As XPathDocument
Protected RssSourcesNav As XPathNavigator

...

' XML-Datei mit Channelliste laden und Navigator erzeugen
RssSourcesDoc = New XPathDocument( _
  Application.StartupPath & "\..\rss.xml")
RssSourcesNav = RssSourcesDoc.CreateNavigator()

' Titel der Channels suchen
Dim ni As XPathNodeIterator = _
  RssSourcesNav.Select("//Channel/Title")

' und in ListBox anzeigen
Do While ni.MoveNext()
  LBFeeder.Items.Add(ni.Current.Value)
Loop
```

Listing 518: Lesen und Anzeigen der Kanalliste im Load-Ereignis

Aus der Liste der RSS-Quellen kann der Anwender eine Quelle wählen. Zu dieser Quelle wird der Link ermittelt und die Datei geladen. Abbildung 256 zeigt die Registerkarte QUELLEN mit der Liste der Channels und der Detailbeschreibung des Channels MSDN VISUAL BASIC.

Ein einfacher Klick auf einen der Listeneinträge ruft die Methode LoadFeeder (Listing 519) auf. Aus dem angezeigten Text des ausgewählten Eintrags wird über eine XPath-Abfrage mit

Evaluate der Link zur Quelldatei bestimmt. Diese Datei wird dann geöffnet und ein XPathNavigator-Objekt dazu angelegt. Die Referenzen der beiden Objekte werden für spätere Zugriffe in den Membervariablen RssChannelDoc und RssChannelNav gespeichert.

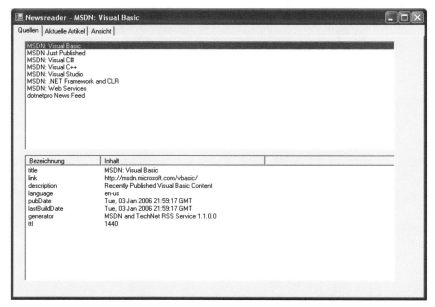

Abbildung 256: Der Newsreader zeigt die Liste der RSS-Quellen und Details zur ausgewählten Quelle an

Um die Detailinformationen zur ausgewählten Nachrichtenquelle zu erhalten, werden im nächsten Schritt alle Elemente gesucht, die nicht vom Typ <item> sind. Hierzu wird der XPath-Ausdruck //channel/*[local-name()!='item'] verwendet. Alle gefundenen Elemente werden mit Namen und Wert in die Detailliste eingetragen (siehe Abbildung 256, untere ListView).

```
Protected Sub LoadFeeder()

    If LBFeeder.SelectedItem Is Nothing Then Return

    ' Cursor merken und umschalten
    Dim cur As Cursor = Me.Cursor
    Cursor = Cursors.WaitCursor

    ' Liste leeren
    LVDetails.Items.Clear()

    ' Titelzeile setzen
    Me.Text = "Newsreader-" & LBFeeder.SelectedItem.ToString()

    ' Link zum Channel ermitteln
    Dim link As String = CStr(RssSourcesNav.Evaluate( _
        "String(//Channel[Title='" & LBFeeder.SelectedItem.ToString() _
```

Listing 519: LoadFeeder lädt Detailinformationen zur Quelle und die Artikelliste

```
        & "']/Link)")
'
'  ' XML-Dokument laden, Navigator anlegen
RssChannelDoc = New XPathDocument(link)
RssChannelNav = RssChannelDoc.CreateNavigator()

  ' Alle Einträge ungleich <item> suchen
Dim ni As XPathNodeIterator = RssChannelNav.Select( _
    "//channel/*[local-name()!='item']")

  ' und mit Name und Wert in Detailliste anzeigen
Do While ni.MoveNext()
    Dim lvi As ListViewItem = LVDetails.Items.Add(ni.Current.Name)
    lvi.SubItems.Add(ni.Current.Value)
Loop

  ' Titelliste leeren
LVTitles.Items.Clear()

  ' XPath-Ausdrücke kompilieren
expTitle = RssChannelNav.Compile("String(title)")
expLink = RssChannelNav.Compile("String(link)")
expDescription = RssChannelNav.Compile("String(description)")
expDate = RssChannelNav.Compile("String(pubDate)")

  ' Nun die <item>-Einträge suchen
ni = RssChannelNav.Select("//channel/item")

  ' und jeweils Datum der Veröffentlichung und Titel in die Liste
  ' eintragen
Do While ni.MoveNext()
    Try
      Dim day As DateTime = _
        DateTime.Parse(CStr(ni.Current.Evaluate(expDate)))
      Dim lvi As ListViewItem = LVTitles.Items.Add( _
        day.ToShortDateString())
      lvi.SubItems.Add(CStr(ni.Current.Evaluate(expTitle)))
      lvi.Tag = ni.Current.Clone()
    Catch
    End Try

Loop

  ' Cursor zurücksetzen
Me.Cursor = cur

End Sub
```

Listing 519: LoadFeeder lädt Detailinformationen zur Quelle und die Artikelliste (Forts.)

Für die spätere Suche werden einige XPath-Ausdrücke kompiliert und gespeichert (Membervariablen `expTitle`, `expLink`, `expDescription` und `expDate`). Dann erfolgt der Aufbau der Artikelliste, einer ListView auf der zweiten Registerkarte. Hierfür werden alle <item>-Elemente ermittelt und für jedes Element mithilfe der vorkompilierten Ausdrücke das Datum der Veröffentlichung sowie der Titel des Artikels gelesen und in die Liste aufgenommen. Bei jedem ListView-Eintrag wird der Tag-Eigenschaft eine Kopie des zum Knoten gehörenden `XPathNavigator`-Objektes zugewiesen. So kann später schnell auf die gespeicherten Informationen zugegriffen werden, ohne erneut das `<item>`-Element suchen zu müssen.

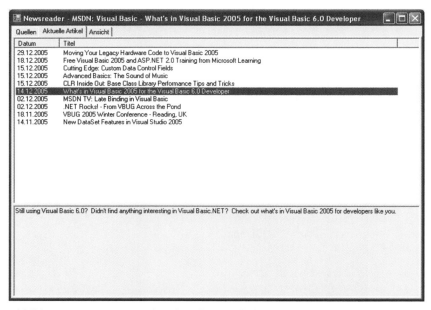

Abbildung 257: Anzeigen der aktuellen Artikel eines Channels und der Kurzbeschreibung zum ausgewählten Artikel

Zusätzlich wird das `DoubleClick`-Ereignis der ListBox abgefangen und dort mit

`TabControl1.SelectedIndex = 1`

auf die nächste Registerkarte weitergeschaltet. So kann der Anwender schnell zum nächsten Register navigieren, ohne selbst auf die Kartenreiter klicken zu müssen.

Abbildung 257 zeigt die zweite Registerkarte, die alle in der Quelldatei aufgeführten Artikel auflistet. Bei Auswahl eines Eintrags wird im unteren Bereich des Fensters die zum Artikel gehörende Kurzbeschreibung ausgegeben. Im `SelectedIndexChanged`-Ereignis-Handler der List-View `LVTitles` (Listing 520) wird über die in der Tag-Eigenschaft gespeicherte Referenz das Navigator-Objekt abgerufen, das auf den zugehörigen Knoten verweist. Über dieses wird mit einer gespeicherten Abfrage die Beschreibung des Artikels geladen und in der schreibge-schützten TextBox angezeigt.

```
Private Sub LVTitles_SelectedIndexChanged(ByVal sender As _
    System.Object, ByVal e As System.EventArgs) _
    Handles LVTitles.SelectedIndexChanged

    If LVTitles.SelectedItems.Count < 1 Then Return
```

Listing 520: Bei Auswahl eines Artikels wird dessen Kurzbeschreibung angezeigt

```
' Tag verweist auf den Navigator für das <item>-Element
Dim nav As XPathNavigator = DirectCast( _
  LVTitles.SelectedItems(0).Tag, XPathNavigator)

' Beschreibung des Artikels laden und anzeigen
TBDescription.Text = CStr(nav.Evaluate(expDescription))

End Sub
```

Listing 520: Bei Auswahl eines Artikels wird dessen Kurzbeschreibung angezeigt (Forts.)

Ein Doppelklick auf einen Artikel soll diesen Artikel im WebBrowser-Steuerelement auf der dritten Registerkarte laden und darstellen. Listing 521 zeigt die dafür notwendige Implementierung. Wieder wird über die Tag-Eigenschaft des ListView-Eintrags der Navigator abgerufen und mittels Evaluate eine XPath-Abfrage, hier zum Link der HTML-Seite, abgesetzt. Der erhaltene Link wird dem WebBrowser-Steuerelement zur Navigation übergeben.

Abbildung 258: Der letzte Schritt: Laden des Artikels im WebBrowser-Control

```
Private Sub LVTitles_DoubleClick(ByVal sender As Object, _
  ByVal e As System.EventArgs) Handles LVTitles.DoubleClick

  If LVTitles.SelectedItems.Count < 1 Then Return

  ' Tag verweist auf den Navigator für das <item>-Element
  Dim nav As XPathNavigator = DirectCast( _
    LVTitles.SelectedItems(0).Tag, XPathNavigator)

  ' Link laden und im Browser-Steuerelement anzeigen
```

Listing 521: Bei Doppelklick Artikel auswählen und auf Browser-Ansicht umschalten

```
Dim link As String = CStr(nav.Evaluate(expLink))
WebBrowser1.Navigate(link)

' Tabseite umschalten
TabControl1.SelectedIndex = 2

' Titelzeile setzen
Me.Text = "Newsreader-" & LBFeeder.SelectedItem.ToString() _
  & "-" & LVTitles.SelectedItems(0).SubItems(1).Text

End Sub
```

Listing 521: Bei Doppelklick Artikel auswählen und auf Browser-Ansicht umschalten (Forts.)

Abschließend wird auf die dritte Registerkarte umgeschaltet. So kommt der Benutzer mit nur zwei Doppelklicks von der Liste der Datenquellen bis zur HTML-Darstellung des gesuchten Artikels. In Abbildung 258 sehen Sie die dritte Registerkarte, auf der der gewählte Artikel in der HTML-Ansicht angezeigt wird.

274 Das Wichtigste der Tagesschau im UserControl

Auch in Ihren Windos-Anwendungen können Sie die neuesten Nachrichten präsentieren. Ein Benutzersteuerelement lädt die aktuellen Schlagzeilen von einem Newsfeeder (z.B. von der Tagesschau unter *http://www.tagesschau.de/xml/tagesschau-meldungen*) und zeigt sie in Form von LinkLabel-Steuerelementen an (siehe Abbildung 259). Über die ToolTip-Anzeige kann der Anwender schnell eine Kurzfassung des Artikels lesen. Durch Klick auf die LinkLabel-Schaltfläche wird die zugehörige Nachricht im Browser angezeigt.

Als Nachrichtenquelle sind alle RDF-und RSS-Anbieter geeignet (siehe vorheriges Rezept). Der Anbieter tagesschau.de steht hier nur stellvertretend für viele andere. Achten Sie auch auf den Aufbau der XML-Dateien, der recht unterschiedlich ausfallen kann. Viele optionale Elemente und Namensräume erschweren einen allgemeingültigen Ansatz. Hinzu kommt, dass die Anbieter gelegentlich Url und Aufbau ihrer Dateien ändern. So funktioniert das im alten Visual Basic 2005 Codebook gezeigte Beispiel nicht mehr, weil die Tagesschau inzwischen das Format gewechselt hat.

Voraussetzung für die Nutzbarkeit des UserControls ist natürlich, dass eine Verbindung zum Internet besteht. Für Anwender, die nicht über eine ständige Internetverbindung verfügen, sondern die Verbindung immer von Hand auf- und abbauen müssen, ist das Tool weniger geeignet. Beachten Sie auch bitte die Nutzungsbestimmungen des Newsfeed-Betreibers (siehe Kasten).

> **Hinweis**
>
> Wenn Sie Inhalte fremder Datenquellen in Ihren Programmen nutzen wollen, beachten Sie bitte die Bestimmungen des Anbieters, die meist als Kommentar in den XML-Dateien enthalten sind. tagesschau.de z.B. lässt ausschließlich nicht-kommerzielle Nutzungen zu und verlangt, dass die Schlagzeilen mit den hinterlegten Meldungen verlinkt werden. Auch müssen Sie in der Regel die Quelle angeben, entweder, wie im Beispiel, durch ein Logo oder durch explizite Nennung des Anbieters.

Die öffentliche Methode Reload (Listing 522) wird beim Laden des Steuerelementes bzw. bei Bedarf (z.B. über einen Timer) aufgerufen. Zunächst werden eventuell von einem früheren Aufruf bereits vorhandene LinkLabel-Steuerelemente entfernt (siehe RemoveLinkLabels, Listing 523). Anschließend wird die XML-Datei geladen und ein Navigator-Objekt angelegt.

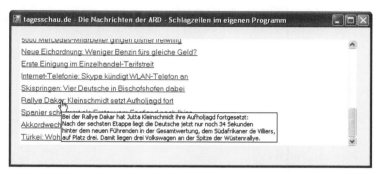

Abbildung 259: Aktuelle Schlagzeilen mit Link und Kurzbeschreibung

Beachten Sie bei Verwendung der XML-Nachrichtendateien insbesondere die definierten Namensräume, da Sie diese bei XPath-Abfragen berücksichtigen müssen. Hier wird der Namespace *http://my.netscape.com/rdf/simple/0.9/* als Standard-Namensraum dem Namespace-Manager hinzugefügt (Prefix: x). Eine Reihe kompilierter XPath-Ausdrücke, die den definierten Prefix verwenden, erleichtern den Zugriff auf die benötigten Elemente.

Das Logo des Anbieters wird in einer PictureBox angezeigt, die im Steuerelement links oben angeordnet ist. Die Sizemode-Eigenschaft dieser PictureBox wird auf AutoSize eingestellt, so dass die Größe automatisch angepasst wird. Der Pfad der Bilddatei wird aus *image/url* ermittelt und das Bild über Webrequest/Webresponse geladen.

```
Public Sub Reload()

  RemoveLinkLabels()

  ' RSS-Datei laden
  Dim NewsDoc As New XPathDocument( _
    "http://www.tagesschau.de/xml/tagesschau-meldungen/")

  ' Navigator anlegen
  Dim NewsNav As XPathNavigator = NewsDoc.CreateNavigator()

  ' Namespace-Manager und Standardnamespace anlegen
  Dim nsmgr As New XmlNamespaceManager(NewsNav.NameTable)
  nsmgr.AddNamespace("x", _
    "http://my.netscape.com/rdf/simple/0.9/")
  nsmgr.AddNamespace("rdf", _
    "http://www.w3.org/1999/02/22-rdf-syntax-ns#")

  ' XPath-Suchausdrücke kompilieren
  ' <link>
  Dim expLink As XPathExpression = _
    NewsNav.Compile("string(x:link)")
  expLink.SetContext(nsmgr)

  ' Der Verweis auf das Logo liegt (wenn überhaupt vorhanden) hier
  Dim expImgUrl As XPathExpression = NewsNav.Compile( _
```

Listing 522: Laden der XML-Nachrichtendatei und Aufbauen der Links

```
    "string(//x:image/@rdf:resource)")
expImgUrl.SetContext(nsmgr)

 ' <title>
Dim expTitle As XPathExpression = _
  NewsNav.Compile("string(x:title)")
expTitle.SetContext(nsmgr)

 ' <description>
Dim expDescription As XPathExpression = _
  NewsNav.Compile("string(x:description)")
expDescription.SetContext(nsmgr)

 ' <item>
Dim expItem As XPathExpression = NewsNav.Compile("//x:item")
expItem.SetContext(nsmgr)

 ' Bilddatei für Logo ermitteln
Dim imgPath As String = CStr(NewsNav.Evaluate(expImgUrl))

 ' Channel-Titel lesen
Dim expCTitle As XPathExpression = _
NewsNav.Compile("string(//x:channel/x:title)")
expCTitle.SetContext(nsmgr)
ctitle = CStr(NewsNav.Evaluate(expCTitle))

 ' Nur Image laden, wenn es angegeben wurde
 ' Größe berücksichtigen

If imgPath <> "" Then

  ' Datei laden
  Dim wr As WebRequest = WebRequest.Create(imgPath)
  ' Auf Response warten
  Dim ws As WebResponse = wr.GetResponse()
  ' Bitmap aus Stream erstellen
  Dim s As Stream = ws.GetResponseStream()

  ' Logo anzeigen (Autosize passt Größe der PictureBox an)
  PBLogo.Image = New Bitmap(s)
  PBLogo.Height = PBLogo.Image.Height
Else
  PBLogo.Height = 0
End If

 ' Position für nächstes LinkLabel
Dim pos As Integer = PBLogo.Top + PBLogo.Height + 10

 ' Tabindex für nächstes LinkLabel
Dim ti As Integer = 1
```

Listing 522: Laden der XML-Nachrichtendatei und Aufbauen der Links (Forts.)

```
' Liste der <item>-Elemente durchlaufen
Dim ni As XPathNodeIterator = NewsNav.Select(expItem)

Do While ni.MoveNext()

  ' neues LinkLabel anlegen
  Dim lnkLbl As New LinkLabel

  ' Position setzen
  lnkLbl.Location = New System.Drawing.Point(0, pos)

  ' Maximale Breite
  lnkLbl.Width = Me.ClientSize.Width

  ' Tab-Eigenschaften
  lnkLbl.TabIndex = ti
  lnkLbl.TabStop = True

  ' Text des LinkLabels = Titel der Nachricht
  lnkLbl.Text = CStr(ni.Current.Evaluate(expTitle))

  ' ToolTip-Text des LinkLabels = umgebrochener Text der
  ' Beschreibung (<description>)
  Me.ToolTip1.SetToolTip(lnkLbl, _
    BreakString(CStr(ni.Current.Evaluate(expDescription))))

  ' Tag-Eigenschaft verweist auf Link zur Nachricht
  lnkLbl.Tag = CStr(ni.Current.Evaluate(expLink))

  ' Organisatorisches
  Me.Controls.Add(lnkLbl)
  AddHandler lnkLbl.Click, AddressOf LLClick
  pos += lnkLbl.Height
  ti += 1

Loop

' Einstellung für vertikale Bildlaufleiste
Me.AutoScrollMinSize = New Size(0, pos)

' Fertigmeldung
RaiseEvent LoadCompleted(Me, EventArgs.Empty)

End Sub
```

Listing 522: Laden der XML-Nachrichtendatei und Aufbauen der Links (Forts.)

In einer Schleife über alle <item>-Objekte werden die LinkLabel-Steuerelemente erzeugt und positioniert. Der Schlagzeilentitel wird der Text-Eigenschaft zugewiesen, der Link auf die verbundene HTML-Seite der Tag-Eigenschaft. Eine Kurzfassung der Nachricht aus dem Element <description> wird als ToolTip-Text hinterlegt. Das Click-Ereignis eines jeden LinkLabels wird an den gemeinsamen Ereignis-Handler LLClick (siehe Listing 525) gebunden.

```
Private Sub RemoveLinkLabels()

  ' Vorhandene LinkLabels entfernen
  Dim c As Control
  For i As Integer = Controls.Count - 1 To 0 Step -1
    If TypeOf Controls(i) Is LinkLabel Then Controls.RemoveAt(i)
  Next

End Sub
```

Listing 523: Entfernen vorhandener LinkLabels

Nachdem die XML-Datei komplett geladen wurde und alle Labels aufgebaut sind, löst das NewsControl das Event LoadCompleted aus. Im Hauptfenster der Beispielanwendung wird dann der gelesene Channel-Titel in den Titel des Fensters mit einbezogen (Listing 524).

```
Private Sub NewsControl1_LoadCompleted(…) Handles _
  NewsControl1.LoadCompleted

  Me.Text = NewsControl1.ChannelTitle & _
    " - Schlagzeilen im eigenen Programm"

End Sub
```

Listing 524: Nach vollständigem Laden den Fenstertitel anpassen

Bei Klick auf eines der LinkLabel-Steuerelemente wird der Handler LLClick aufgerufen. sender verweist auf das auslösende Steuerelement und kann auf LinkLabel gecastet werden. Der Tag-Eigenschaft wurde zuvor der URL der Nachrichtenseite zugeordnet, so dass dieser als String gelesen werden kann. Um ein ähnliches Verhalten wie im Browser zu simulieren, wird das LinkLabel als »besucht« gekennzeichnet und erhält dadurch eine andere Textfarbe. Im letzten Schritt wird über Process.Start die Nachrichtenseite im Standard-Browser angezeigt.

```
Private Sub LLClick(ByVal sender As Object, ByVal e As EventArgs)

  ' sender ist ein LinkLabel
  Dim lknlbl As LinkLabel = DirectCast(sender, LinkLabel)

  ' Tag verweist auf HTML-Seite
  Dim link As String = CStr(lknlbl.Tag)

  ' LinkLabel als "besucht" kennzeichnen
  lknlbl.LinkVisited = True

  ' Seite im Browser öffnen
  Process.Start(link)

End Sub
```

XML

Listing 525: Bei Mausklick auf Label die Nachricht im Browser anzeigen

275 XML-Dateien validieren

Als Grundvoraussetzung für die Bearbeitung von XML-Dateien mit `XmlTextReader`, `XmlDocument`, `XPathDocument` usw. gilt, dass es sich um wohlgeformte, also syntaktisch richtige XML-Notationen handelt. Stellen die Framework-Methoden einen Fehler fest, lehnen sie die weitere Bearbeitung ab und lösen eine Exception aus. Weitere Überprüfungen finden nicht automatisch statt.

Oft ist es aber notwendig, dass eine XML-Datei nach einem vorgegebenen Bauplan aufgebaut ist, damit sich verarbeitende Programme auf die Einhaltung einer Struktur verlassen können. Auch die Einhaltung von Datentypen ist oft relevant, damit sich Elementwerte schnell und sicher umwandeln lassen.

Um den Aufbau einer XML-Datei definieren zu können, verwendet man ein Schema. Zwei Arten von Schemata sind heute gebräuchlich: zum einen die inzwischen veraltete, aber immer noch häufig anzutreffende *DTD* (Document Type Definition), zum anderen die *XSD* (XML Schema Definition), die zukünftig DTDs ersetzen soll. Näheres dazu finden Sie beim W3C unter

http://www.w3.org/TR/xmlschema-0/

http://www.w3.org/TR/xmlschema-1/

http://www.w3.org/TR/xmlschema-2/

Microsoft unterstützt in den XML-Klassen beide Arten von Schemata. Im Umgang mit der Entwicklungsumgebung erkennt man allerdings sehr bald, dass der Schwerpunkt bei XSD-Schemadateien liegt, die auch für andere Zwecke (Datenbankdesign) zum Einsatz kommen. Bei zukünftigen Entwicklungen sollte man daher XSD den Vorzug gegenüber DTD geben.

Auch XSD-Dateien sind gültige XML-Dateien, gehorchen also der XML-Syntax. Sie beschreiben den Aufbau einer XML-Datei und legen somit die Richtlinien fest, die eine XML-Datei erfüllen muss, damit sie im Sinne des Schemas gültig ist. Den Aufbau von XSD-Dateien im Detail zu erklären würde den Rahmen dieses Buches bei weitem sprengen. Stattdessen soll anhand eines Beispieles die Validierung vorhandener XML-Dateien mit vorhandenen Schemata erklärt werden.

Für die bereits in mehreren Rezepten verwendete XML-Datei *Presidents.xml* wurde ein Schema definiert. Die XML-Notation dieses Schemas sehen Sie in Listing 526. Visual Studio unterstützt noch eine andere Ansicht, die die Sichtweise eines Schemas als Datenbankstruktur grafisch aufbereitet. Ein Beispiel hierfür sehen Sie in Abbildung 260. In den vorangegangenen Beispielen wurden alle Element- und Attribute grundsätzlich als String verarbeitet. In der Schemadefinition wurde nun abweichend davon für das Attribut `ID` der Typ `integer` und für das Element `Birthplace` der Typ `date` verwendet. Die bisher verwendete deutsche Notation für das Datum wurde ersetzt durch die ISO-Notation. Listing 527 zeigt einen Ausschnitt der geänderten Datei. Als Namensraum wird die Schemadefinition angegeben.

```
<?xml version="1.0" ?>
<xs:schema id="Presidents"
   targetNamespace="http://tempuri.org/presidents.xsd"
   xmlns:mstns=http://tempuri.org/presidents.xsd
   xmlns="http://tempuri.org/presidents.xsd"
   xmlns:xs="http://www.w3.org/2001/XMLSchema"
```

Listing 526: XSD-Schema für Presidents.xml

```
xmlns:msdata="urn:schemas-microsoft-com:xml-msdata"
attributeFormDefault="qualified" elementFormDefault="qualified">

<xs:element name="Presidents" msdata:IsDataSet="True"
  msdata:Locale="de-DE" msdata:EnforceConstraints="False">
  <xs:complexType>
    <xs:choice maxOccurs="unbounded">
      <xs:element name="President">
        <xs:complexType>
          <xs:sequence>
            <xs:element name="Name" type="xs:String" minOccurs="0"
              msdata:Ordinal="0" />
            <xs:element name="Birthday" type="xs:Date"
              minOccurs="0" msdata:Ordinal="1" />
            <xs:element name="Birthplace" type="xs:String"
              minOccurs="0" msdata:Ordinal="2" />
            <xs:element name="YearsServed" type="xs:String"
              minOccurs="0" msdata:Ordinal="3" />
            <xs:element name="Party" type="xs:String"
              minOccurs="0" msdata:Ordinal="4" />
            <xs:element name="Terms" type="xs:String"
              minOccurs="0" msdata:Ordinal="5" />
          </xs:sequence>
          <xs:attribute name="ID" form="unqualified"
            type="xs:Integer" />
        </xs:complexType>
      </xs:element>
    </xs:choice>
  </xs:complexType>
</xs:element>
</xs:schema>
```

Listing 526: XSD-Schema für Presidents.xml (Forts.)

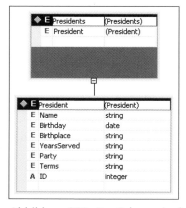

Abbildung 260: Das Schema in der DataSet-Ansicht

```
<?xml version="1.0" encoding="Windows-1252"?>
<Presidents xmlns="http://tempuri.org/presidents.xsd">
    <President ID="25">
        <Name>William McKinley</Name>
        <Birthday>1843-01-29</Birthday>
        <Birthplace>Niles, Ohio</Birthplace>
        <YearsServed>1897-1901</YearsServed>
        <Party>Republican</Party>
        <Terms>1</Terms>
    </President>

    ...

</Presidents>
```

Listing 527: Presidents.xml mit Angabe der Schemadatei und Element <Birthday> im ISO-Format

Eine so aufgebaute XML-Datei lässt sich mithilfe der Entwicklungsumgebung bereits ohne eigene Software auf Gültigkeit überprüfen. Wird die XML-Datei im Visual Studio ausgewählt und angezeigt, dann steht im Menü XML der Unterpunkt XML-Daten überprüfen zur Verfügung. Ein Beispiel für das Ergebnis einer solchen Überprüfung zeigt Abbildung 261. In der Aufgabenliste finden Sie die festgestellten Fehler und können mit einem Doppelklick auf eine Fehlermeldung direkt zu der betreffenden Zeile navigieren.

Programmatisch lässt sich die gleiche Überprüfung mithilfe der Klassen XmlReader und XmlReaderSettings durchführen. Im Beispiel in Listing 528 wird die XML-Datei mit einer XmlReader-Instanz geöffnet. Diese wird nicht über den New-Operator, sondern mithilfe der statischen Methode Create angelegt. Zuvor wird eine Instanz von XmlReaderSettings angelegt und eingerichtet. Ihr wird mitgeteilt, dass die Validierung über Schemata erfolgen soll. Alle benötigten Schemata werden der Schemas-Auflistung hinzugefügt. Ein zusätzlich eingerichteter Event-Handler behandelt die gemeldeten Validierungsfehler.

Die Validierung der XML-Datei erfolgt knotenweise beim Einlesen. Das heißt, die Validierung findet erst statt, wenn das Dokument geladen wird, und nicht bereits beim Anlegen des Readers. Vor dem Laden des Dokumentes muss das Schema zugewiesen werden. Dieser Vorgang geschieht nicht automatisch!

Syntaktische Fehler werden beim Laden direkt mit einer Exception quittiert und müssen im Catch-Block abgefangen werden. Verstöße gegen das Schema werden hingegen von einem Ereignis-Handler (ValidationResult, siehe Listing 529) bearbeitet. Der Handler wird mit Add-Handler an das ValidationEventHandler-Ereignis gebunden. Alle Fehlermeldungen werden als Tabellenzeile, die Ursache und Position näher beschreibt, in ein DataGridView-Control eingetragen. Liegt kein Fehler vor, wird dies ebenfalls in der Tabelle vermerkt (Abbildung 262).

```
Imports System.Xml
Imports System.Xml.Schema

...

Private ErrorFound As Boolean
```

Listing 528: XML-Datei gegen ein XSD-Schema

```vb
Sub ToolStripButton1_Click(…) Handles ToolStripButton1.Click

  ' XmlReaderSettings-Objekt für Validierung einrichten
  Dim xrsettings As New XmlReaderSettings()
  xrsettings.ValidationType = ValidationType.Schema
  xrsettings.ValidationFlags = _
    XmlSchemaValidationFlags.ReportValidationWarnings
  xrsettings.CloseInput = True

  xrsettings.Schemas.Add("http://tempuri.org/presidents.xsd", _
      Application.StartupPath & "\..\presidents.xsd")

  AddHandler xrsettings.ValidationEventHandler, _
    AddressOf ValidationResult

  ErrorFound = False
  DataGridView1.Rows.Clear()

  ' Datei öffnen
  Dim xr As XmlReader = XmlReader.Create(Application.StartupPath _
    & "\..\presidents.xml", xrsettings)

  ' Validierung durchführen
  Dim nodesavailable As Boolean = True
  Try
    Do While nodesavailable
      ' Knoten lesen
      nodesavailable = xr.Read()
    Loop

  Catch ex As Exception
    ' XML-Syntaxfehler
    DataGridView1.Rows.Add("Syntax", "", "", ex.Message)
    ErrorFound = True

  End Try

  ' Abschließende Behandlung
  If Not ErrorFound Then DataGridView1.Rows.Add( _
    "Pass", "", "", "Keine Fehler")

  xr.Close()

  RemoveHandler xrsettings.ValidationEventHandler, _
    AddressOf ValidationResult

End Sub
```

Listing 528: XML-Datei gegen ein XSD-Schema (Forts.)

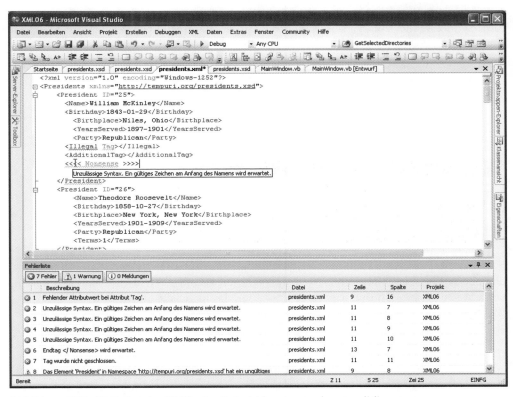

Abbildung 261: XML-Datei mithilfe der Entwicklungsumgebung validieren

```
Sub ValidationResult(ByVal sender As Object, _
  ByVal e As ValidationEventArgs)

  ' Fehler bei Schema-Validierung in Tabelle eintragen
  DataGridView1.Rows.Add(e.Severity.ToString(), _
    e.Exception.LineNumber, e.Exception.LinePosition, e.Message)
  ErrorFound = True

End Sub
```

Listing 529: Validierungsfehler abfangen

Abbildung 262: Die XML-Datei ist fehlerfrei

Nachfolgend finden Sie einige Beispiele für Fehler und deren Erkennung. Verstöße gegen die XML-Syntax führen zum Auslösen einer Exception. Die ungültigen Zeichen im folgenden Ausdruck

```
<?xml version="1.0" encoding="Windows-1252"?>
<Presidents xmlns="http://tempuri.org/presidents.xsd">
    <President ID="25">
    <<<<<
        <Name>William McKinley</Name>
```

führen zur Ausgabe der in Abbildung 263 gezeigten Fehlermeldung.

Abbildung 263: Keine korrekte XML-Syntax

Im nächsten Beispiel ist die XML-Datei wohlgeformt, also syntaxfehlerfrei, definiert aber im Element `<President>` ein Unterelement `<NameOfPet>`, das im Schema nicht definiert ist:

```
<?xml version="1.0" encoding="Windows-1252"?>
<Presidents xmlns="http://tempuri.org/presidents.xsd">
    <President ID="25">
        <Name>William McKinley</Name>
        <Birthday>1843-01-29</Birthday>
        <Birthplace>Niles, Ohio</Birthplace>
        <YearsServed>1897-1901</YearsServed>
        <Party>Republican</Party>
        <Terms>1</Terms>
        <NameOfPet>Pluto</NameOfPet>
    </President>
```

Die Meldung für diesen Fehler sehen Sie in Abbildung 264.

Das nachfolgende Beispiel enthält drei Fehler:

```
<?xml version="1.0" encoding="Windows-1252"?>
<Presidents xmlns="http://tempuri.org/presidents.xsd">
    <President ID="25XXX">
        <Name>William McKinley</Name>
        <Birthday>1843-01-290</Birthday>
        <Birthplace>Niles, Ohio</Birthplace>
        <YearsServed>1897-1901</YearsServed>
        <Party>Republican</Party>
        <Terms>1</Terms>
        <NameOfPet>Pluto</NameOfPet>
    </President>
```

Erstens enthält das Element `<Birthday>` einen Wert, der nicht in ein Datum gewandelt werden kann, zweitens wurde für das Element `<President>` ein zusätzlicher Knoten angegeben, der im Schema nicht definiert ist, und drittens ist der Wert für `ID` keine Integer-Zahl. Die Fehlermeldungen hierzu zeigt Abbildung 265.

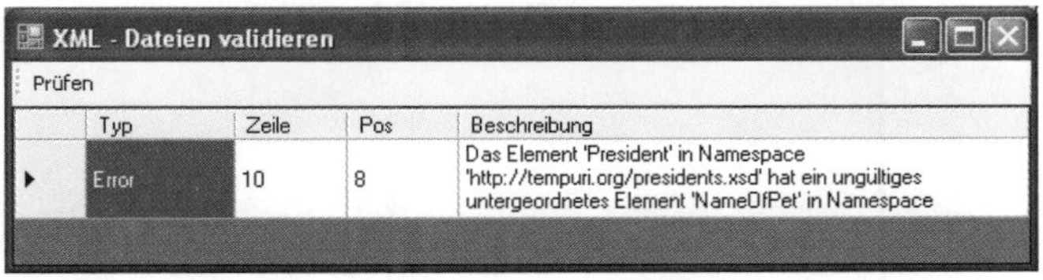

Abbildung 264: <NameOfPet> ist nicht im Schema definiert

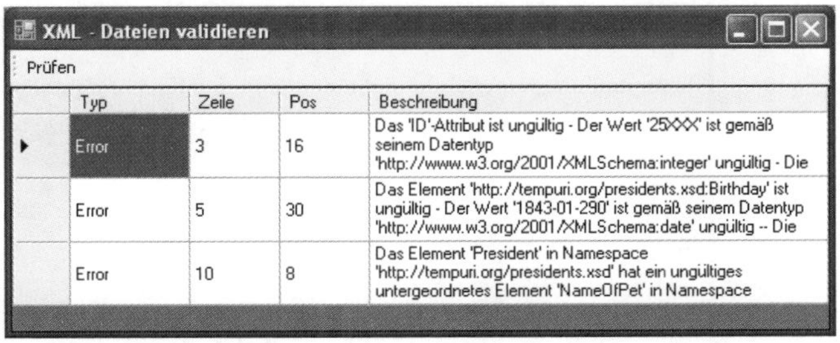

Abbildung 265: Das Dokument enthält mehrere Fehler

276   XSL-Transformationen

XSL (Extensible Stylesheet Language)-Transformationen dienen der Umwandlung einer XML-Datei in ein beliebiges Format. Sie sind nicht nur für Web-Anwendungen, wo man sie häufig antrifft, sondern auch für Windows-Programme interessant. So lassen sich über eine XSLT-Datei die Daten aus XML-Dateien für beliebige Zwecke formatieren. Eine typische Transformation ist die Ausgabe in HTML, um sie für WebBrowser darstellbar zu machen. Aber auch andere Formate (RTF, PDF etc.) sind möglich. Ein weiteres Einsatzgebiet ist die Konvertierung in eine XML-Datei mit einer anderen Struktur.

Auch XSLT ist ein bücherfüllendes Thema, das hier nicht näher behandelt werden kann. Einzelheiten finden Sie unter:

http://www.w3.org/TR/xslt

Mit einem kleinen Beispiel wollen wir demonstrieren, wie Sie mithilfe einer XSL-Transformation aus der Präsidentenliste eine HTML-Datei generieren können. Eine einfache Transformationsdatei sehen Sie in Listing 530. Sie besteht aus zwei Match-Knoten. Der erste wird aufgerufen für das Stammelement der XML-Datei (<Presidents>), der zweite für jeden enthaltenen <President>-Knoten. Um die Namen eindeutig zuordnen zu können, wird dem Standard-Namensraum der XML-Datei hier das Prefix pres zugeordnet.

```
<?xml version="1.0" encoding="UTF-8" ?>
<xsl:stylesheet version="1.0"
  xmlns:xsl="http://www.w3.org/1999/XSL/Transform"
  xmlns:pres="http://tempuri.org/presidents.xsd">

  <!-- Match für Stammknoten -->
  <xsl:template match="/">
    <!-- Kopf der HTML-Datei mit Tabellenbeginn-->
    <html>
```

Listing 530: XSL-Transformation für President.xml nach President.html

```
    <head>
      <title>Präsidententabelle </title>
    </head>
    <body>
      <h1>US-Präsidenten des 20. Jahrhunderts</h1>
      <TABLE id="Table1" style="Z-INDEX: 101" cellSpacing="1"
        cellPadding="1" width="600" border="1">
        <TR style="FONT-SIZE: 12pt; FONT-FAMILY: 'Arial Black'">
          <td align="center" width="30">Nr
          </td>
          <TD width="200">Name</TD>
          <TD>Amtszeit</TD>
          <TD>Partei</TD>
        </TR>

        <!-- Präsidentendaten hier einfügen -->
        <xsl:apply-templates Select="pres:Presidents"/>

      </TABLE>
    </body>
  </html>
</xsl:template>

<!-- Match für Präsidenten-Knoten -->
<xsl:template match="pres:President">
  <!-- Tabellenzeile zusammensetzen -->
  <TR style="FONT-SIZE: 10pt; FONT-FAMILY: Arial">
    <TD align="center"><xsl:value-of Select="@ID"/></TD>
    <TD ><xsl:value-of Select="pres:Name"/></TD>
    <TD><xsl:value-of Select="pres:YearsServed"/></TD>
    <TD><xsl:value-of Select="pres:Party"/></TD>
  </TR>
</xsl:template>

</xsl:stylesheet>
```

Listing 530: XSL-Transformation für President.xml nach President.html (Forts.)

Visual Studio 2005 bietet nun auch einen Debugger für XSL-Transformationen. Dieser erlaubt es, eine XSLT-Datei zu testen wie eine .NET-Anwendung. Sie können die Anweisungen im Einzelschrittmodus ausführen, Breakpoints setzen und Variablen und Ausdrücke einsehen. Hierzu öffnen Sie die XSLT-Datei und wählen im Menü XML / XSLT DEBUGGEN. Falls noch nicht geschehen, müssen Sie anschließend die XML-Datei angeben, die transformiert werden soll. Abbildung 266 zeigt ein Beispiel für die mit Visual Studio im Debugger angezeigte XSLT-Datei aus Listing 530.

Aber auch im Programm lässt sich die Transformation durchführen. Listing 531 zeigt die für die Ausführung notwendigen Aktionen. Benötigt wird eine Instanz der Klasse `XslCompiledTransform`. Der boolesche Parameter, der dem Konstruktor mitgegeben werden kann, entscheidet darüber, ob die Transformation mit dem Debugger bearbeitet werden kann oder nicht. Über die Instanz von `XslCompiledTransform` wird das Stylesheet geladen und anschließend die Transformation ausgeführt. Die verwendete Überladung der Methode `Transform` benötigt den Pfad der XML-Quelldatei und den Pfad der Zieldatei.

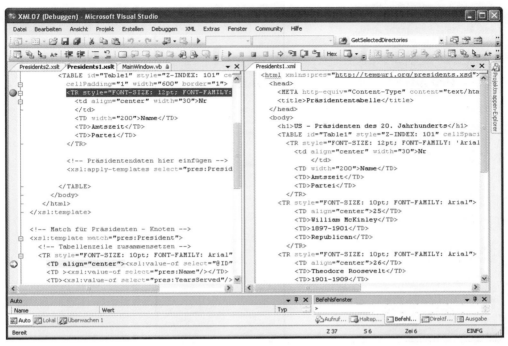

Abbildung 266: Debuggen einer XSL-Transformation mit Visual Studio

Das Ergebnis der Transformation, interpretiert vom Internet Explorer, zeigt Abbildung 267. Die Formatierung der Tabelle lässt sich leicht durch Änderung der HTML-Tags in der XSLT-Datei anpassen.

```vb
Imports System.Xml
Imports System.Xml.Xsl


...

' Neues Transformationsobjekt
Dim xslt As New XslCompiledTransform(True)

Try
  ' Transformationsdatei laden
  xslt.Load(Application.StartupPath & "\..\Presidents1.xslt")

  ' Transformation ausführen
  xslt.Transform(Application.StartupPath & "\..\Presidents.xml", _
    "Presidents1.html")

Catch ex As Exception
  MessageBox.Show(ex.Message)
End Try
```

Listing 531: Ausführen der XSL-Transformation

Abbildung 267: Mithilfe einer XSL-Transformation erzeugte Tabelle

Fehler, die bei der Ausführung der Transformation bzw. beim Laden der Transformationsdatei festgestellt werden, lösen eine Exception aus, die abgefangen werden sollte. Unter Umständen ist es sinnvoll, die XML-Datei wie oben gezeigt vorher zu validieren. Wurden in der XSLT-Datei Breakpoints gesetzt, das Debugging bei der Instanzierung von `XslCompiledTransform` eingeschaltet und das Programm im Debug-Modus gestartet, dann kann wiederum der Debugger genutzt werden, um die Ausführung an einem der Breakpoints zu unterbrechen.

277 XSL-Transformation mit Parametern

Im vorangegangenen Beispiel wird auf die eigentliche Transformation kein Einfluss genommen. Die gesamte Abbildung ist in der XSLT-Datei festgeschrieben. Oft muss man jedoch der Transformation zusätzliche Parameter mit auf den Weg geben. Sei es, dass diese für zusätzliche Ausgaben benötigt werden, oder dass sie zur Steuerung des Transformationsablaufs Verwendung finden sollen.

Eine mögliche Aufrufvariante für eine XSL-Transformation mit Parametern zeigt Listing 532. Hier wird die XML-Datei über eine `XPathDocument`-Instanz geladen. Das Anlegen des `XslCompiledTransform`-Objektes und das Laden der XSLT-Datei erfolgt wie zuvor.

Zur späteren Übergabe der Parameter wird eine Instanz von `XsltArgumentList` angelegt. Mit `AddParam` wird ein Parameter festgelegt. Hier wird unter dem Parameternamen `Party` der in einer ComboBox ausgewählte Parteienname (`Democratic` oder `Republican`) hinzugefügt. Diese Parameterliste wird beim Aufruf von `Transform` zusätzlich übergeben.

```
' XML-Datei laden und Navigator erzeugen
Dim xPDoc As New XPathDocument( _
  Application.StartupPath & "\..\Presidents.xml")
Dim xPNav As XPathNavigator = xPDoc.CreateNavigator()

' Neues Transformationsobjekt
Dim xslt As New XslCompiledTransform(True)

' Neue Parameterliste
Dim params As New XsltArgumentList

' Writer für Zieldatei
Dim writer As New XmlTextWriter("Presidents2.html", _
  System.Text.Encoding.Default)

' Ausgewählte Partei als Parameter hinzufügen
params.AddParam("Party", "", CBOParty.SelectedItem)

Try
  ' Transformationsdatei laden
  xslt.Load(Application.StartupPath & "\..\Presidents2.xslt")

  ' Transformation ausführen
  xslt.Transform(xPDoc, params, writer)

Catch ex As Exception
  MessageBox.Show (ex.Message)
End Try

' Zieldatei schließen
writer.Close()
```

Listing 532: XSL-Transformation mit Parameterübergabe

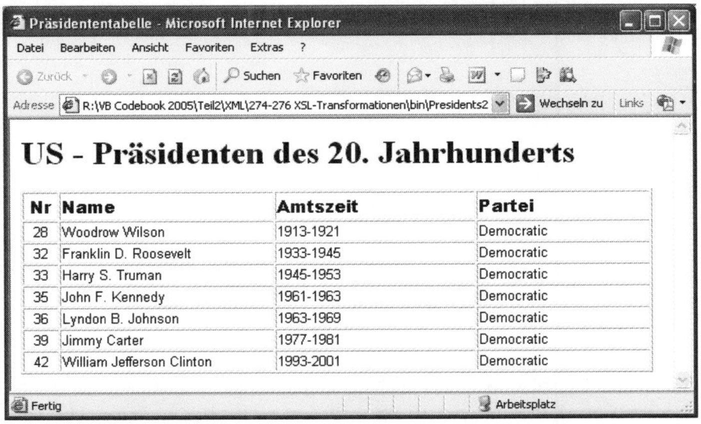

Nr	Name	Amtszeit	Partei
28	Woodrow Wilson	1913-1921	Democratic
32	Franklin D. Roosevelt	1933-1945	Democratic
33	Harry S. Truman	1945-1953	Democratic
35	John F. Kennedy	1961-1963	Democratic
36	Lyndon B. Johnson	1963-1969	Democratic
39	Jimmy Carter	1977-1981	Democratic
42	William Jefferson Clinton	1993-2001	Democratic

Abbildung 268: Über einen Parameter wurde der Aufbau der Liste auf eine Partei eingeschränkt

Im Stylesheet müssen die Parameter definiert werden. Das geschieht mit dem Tag `<xsl:param>`. Unter dem dort angegebenen Namen kann dann im Dokument mit einem vorangestellten $-Zeichen auf den Parameter zugegriffen werden (z.B. $Party). Listing 533 zeigt die erforderlichen Änderungen der XSLT-Datei.

Mit einem `<xsl:if>`-Knoten wird die Ausgabe gesteuert. Nur die Daten der Präsidenten, die der vorgegebenen Partei angehören, werden in die Liste aufgenommen. Das Ergebnis der Transformation sehen Sie in Abbildung 268.

```xml
<?xml version="1.0" encoding="UTF-8" ?>
<xsl:stylesheet version="1.0"
  xmlns:xsl="http://www.w3.org/1999/XSL/Transform"
  xmlns:pres="http://tempuri.org/presidents.xsd">

  <!-- Parameter zur Auswahl der Partei -->
  <xsl:param name="Party"/>

  <!-- Match für Stammknoten -->
  <xsl:template match="/">
  …
  </xsl:template>

  <!-- Match für Präsidenten-Knoten -->
  <xsl:template match="pres:President">

    <!-- Nur Präsidenten mit der vorgegebenen Parteizugehörigkeit
         berücksichtigen -->
    <xsl:If test="pres:Party=$Party">

      <!-- Tabellenzeile zusammensetzen -->
      <TR style="FONT-SIZE: 10pt; FONT-FAMILY: Arial">
        <TD align="center"><xsl:value-of Select="@ID"/></TD>
        <TD ><xsl:value-of Select="pres:Name"/></TD>
        <TD><xsl:value-of Select="pres:YearsServed"/></TD>
        <TD><xsl:value-of Select="pres:Party"/></TD>
      </TR>

    </xsl:If>
  </xsl:template>

</xsl:stylesheet>
```

Listing 533: Auswertung eines übergebenen Parameters im Stylesheet

278 Einer XSL-Transformation zusätzliche Funktionen bereitstellen

Neben den XPath-Funktionen können Sie in einer XSLT-Datei eine Reihe von Funktionen verwenden, die XSL von Hause aus mitliefert. Viele Operationen lassen sich aber mit den zur Verfügung stehenden Funktionen nicht oder nur sehr umständlich durchführen. Beispiele hierfür sind Berechnungen von Bildgrößen oder Kalenderinformationen.

.NET hält eine verblüffend einfache Lösung für dieses Problem bereit: Programmieren Sie die benötigten Funktionen doch in Visual Basic 2005!

Alles, was Sie hierfür benötigen, ist eine Klasse, die die gewünschten Funktionen als öffentliche Methoden bereitstellt. Innerhalb dieser Methoden haben Sie die volle .NET-Funktionalität zur Verfügung. Sie arbeiten mit der gewohnten Syntax und können die Funktionen auch noch debuggen.

Als Beispiel soll die Präsidententabelle um eine fünfte Spalte erweitert werden, in der der Name des Wochentags aufgeführt wird, an dem der jeweilige Präsident geboren wurde. Zur Bestimmung des Wochentags wird eine Methode im Visual Basic 2005-Programm bereitgestellt. Hierfür wird die benötigte Methode (`GetNameOfDay`) innerhalb einer neuen Klasse implementiert (Listing 534). Mit folgendem Code werden die öffentlichen Methoden der Klasse in der Transformation verfügbar gemacht:

```
' DayComputation-Objekt für Berechnungen übergeben
Dim dayComp As New DayComputation
params.AddExtensionObject("urn:DayComputation", dayComp)
```

`AddExtensionObject` übergibt die Referenz einer Instanz von `DayComputation` und definiert einen Namensraum für die Verwendung. Dieser Namensraum kann frei gewählt werden und dient dazu, Namensgleichheiten zu vermeiden. Üblich ist eine Notation wie `urn:Klassenname`.

```
Public Class DayComputation

    Public Function GetNameOfDay(ByVal day As String) As String

        ' In DateTime-Struktur umwandeln
        Dim d As DateTime = DateTime.Parse(day)

        ' Wochentag als Text zurückgeben
        Return d.ToString("dddd")

    End Function

End Class
```

Listing 534: Die Klasse DayComputation stellt die Methode GetNameOfDay für den Gebrauch innerhalb einer XSL-Transformation zur Verfügung

Das geänderte Stylesheet sehen Sie in Listing 535. Die Namensraumdefinition wird um einen Namespace für die verfügbaren Methoden erweitert (`DayComputation`), und zwar so, wie er bei `AddExtensionObject` übergeben wird. Der Klassenname wird hier als Prefix definiert. Um die Funktion aufzurufen, muss der Prefix angegeben werden (z.B. `DayComputation:GetNameOfDay` `(pres:Birthday)`).

Für jeden `<President>`-Knoten wird `GetNameOfDay` aufgerufen und das Geburtsdatum als String-Parameter übergeben. In der Visual Basic 2005-Methode wird der String umgewandelt, der Name des Wochentags bestimmt und als String zurückgegeben. Das Ergebnis wird als Wert in der Tabelle eingefügt. Abbildung 269 zeigt die HTML-Ansicht der erzeugten Datei.

```xml
<?xml version="1.0" encoding="UTF-8" ?>

<!-- Zusätzlich wird ein Namespace für die Funktionen definiert -->
<xsl:stylesheet version="1.0"
  xmlns:xsl="http://www.w3.org/1999/XSL/Transform"
  xmlns:pres="http://tempuri.org/presidents.xsd"
  xmlns:DayComputation="urn:DayComputation">

  <!-- Parameter zur Auswahl der Partei -->
  <xsl:param name="Party"/>

  <!-- Match für Stammknoten -->
  <xsl:template match="/">
  ...
  </xsl:template>

  <!-- Match für Präsidenten-Knoten -->
  <xsl:template match="pres:President">

    ...
      <!-- Tabellenzeile zusammensetzen -->
      <TR style="FONT-SIZE: 10pt; FONT-FAMILY: Arial">
        <TD align="center"><xsl:value-of Select="@ID"/></TD>
        <TD ><xsl:value-of Select="pres:Name"/></TD>
        <TD><xsl:value-of Select="pres:YearsServed"/></TD>
        <TD><xsl:value-of Select="pres:Party"/></TD>

        <!-- VB-Methode aufrufen, um den Wochentag abzufragen -->
        <TD><xsl:value-of Select=
          "DayComputation:GetNameOfDay(pres:Birthday)"/></TD>
      </TR>

    ...
  </xsl:template>

</xsl:stylesheet>
```

Listing 535: Nutzung von Methoden, die in Visual Basic 2005 programmiert wurden, in einem
          Stylesheet

Abbildung 269: Die Wochentage wurden durch Rückruf einer Visual Basic 2005-Methode
          ermittelt

279 Parallelbetrieb von XmlDataDocument und DataSet

Vorausgesetzt, für die zu bearbeitende XML-Datei existiert ein gültiges Schema und dieses Schema lässt eine Sicht der Daten in Form von Tabellen zu, dann können die Daten auch in ein DataSet geladen werden. Der Vorteil besteht darin, dass Sie mit den Daten in einer anderen Sichtweise umgehen könne. Statt der Baumstruktur einer XML-Datei arbeiten Sie mit der Tabellenstruktur einer Datenbank. Somit stehen Ihnen alle Methoden der Klasse DataSet zur Verfügung, um Abfragen oder Manipulationen an den Daten vorzunehmen. Insbesondere, wenn es um die Bearbeitung relationaler Strukturen geht, kann ein DataSet seine Vorteile ausspielen.

Der Clou besteht nun darin, dass sich die beiden Sichtweisen nicht gegenseitig ausschließen, sondern dass Ihnen das Framework einen Synchronisationsmechanismus zur Verfügung stellt, der es Ihnen erlaubt, wechselweise die XML-Baum-Ansicht und die Tabellen-Ansicht zu verwenden. Änderungen in der einen Sicht werden automatisch in der anderen nachgeführt. So können Sie beliebig zwischen Baum- und Tabellensicht hin- und herwechseln, je nachdem, welche für eine bestimmte Aufgabenstellung besser geeignet ist.

Für diese parallele Bearbeitung sieht das Framework die Klasse DataSet für die Tabellensicht und die Klasse XmlDataDocument für die XML-Sicht vor. Um die Synchronisation einer DataSet und einer XmlDataDocument-Instanz sicherzustellen, haben Sie zwei Vorgehensweisen zur Auswahl.

1. Erst das DataSet-Objekt anlegen und laden, dann mit diesem eine XmlDataDocument-Instanz generieren.

2. Erst das XmlDataDocument-Objekt anlegen und laden und anschließend mit diesem die DataSet-Instanz anlegen.

Beide Wege führen zum gleichen Ziel. Betrachten wir zunächst die erste Variante. Basis für das Beispiel sind die bereits vorgestellten Dateien *Presidents.xml* (Listing 527) und *Presidents.xsd* (Listing 526). Um XML-Dateien in ein DataSet-Objekt zu laden, stehen Ihnen die Methoden ReadXmlSchema und ReadXml zur Verfügung. In jedem Fall muss das Schema geladen werden, damit die Zuordnung der Daten aus den XML-Elementen in die Tabellen des DataSets vorgenommen werden kann. Danach kann die XML-Datei geladen werden:

```
' Anlegen einer leeren DataSet-Instanz
Dim dsDoc As New DataSet

' Lesen des XML-Schemas
dsDoc.ReadXmlSchema(Application.StartupPath & "\..\Presidents.xsd")

' Laden der Daten in die Tabellenstruktur
dsDoc.ReadXml(Application.StartupPath & "\..\Presidents.xml")

' Anlegen und synchronisieren einer XmlDataDocument-Instanz
Dim xdDoc As New XmlDataDocument(dsDoc)
```

Die Synchronisation einer neuen XmlDataDocument-Instanz wird vom Framework vorgenommen, wenn Sie dem Konstruktor die Referenz des DataSets als Parameter übergeben. Über dsDoc und xdDoc stehen Ihnen dann die Tabellensicht bzw. die XML-Struktursicht zur Verfügung.

In der anderen Variante wird zuerst ein leeres XmlDataDocument-Objekt angelegt. Danach wird über die Eigenschaft DataSet das synchronisierte DataSet-Objekt abgerufen. Für dieses muss auch in dieser Variante das Schema der XML-Datei geladen werden. Erst dann kann die XML-Datei geladen werden.

```
' Leeres XmlDataDocument-Objekt anlegen
Dim xdDoc As New XmlDataDocument

' DataSet abrufen
Dim dsDoc As DataSet = xdDoc.DataSet

' Schema für die Zuordnung laden
dsDoc.ReadXmlSchema(Application.StartupPath & "\..\Presidents.xsd")

' XML-Datei laden
xdDoc.Load(Application.StartupPath & "\..\Presidents.xml")
```

Für das so erhaltene DataSet können Sie die enthaltenen Tabellen abfragen. Der Code

```
' Tabellen anzeigen
Debug.WriteLine("Tabellen des DataSets: ")
For Each dt As DataTable In dsDoc.Tables
  Debug.WriteLine(dt.TableName)
Next
```

führt zur Ausgabe von

```
Tabellen des DataSets:
President
```

Mithilfe der `Select`-Methode können Sie ein Array von `DataRow`-Objekten generieren, die einer angegebenen Bedingung genügen. Mit

```
' Alle Tabellenzeilen der "demokratischen" Präsidenten selektieren
Dim rows() As DataRow = dsDoc.Tables("President").Select( _
  "Party='Democratic'")

' Array durchlaufen und ID und Name des Präsidenten ausgeben
For Each row As DataRow In rows
  Debug.WriteLine(row("ID").ToString() & " " & _
    row("Name").ToString())
Next
```

werden alle Tabellenzeilen ausgewählt, für die in der Spalte `Party` der Wert `Democratic` eingetragen ist. Die Ausgabe sieht dann so aus:

```
28 Woodrow Wilson
32 Franklin D. Roosevelt
33 Harry S. Truman
35 John F. Kennedy
36 Lyndon B. Johnson
39 Jimmy Carter
42 William Jefferson Clinton
```

Exakt die gleiche Ausgabe können Sie auch über das `XmlDataDocument`-Objekt erreichen. Eine XPath-Abfrage liefert eine Liste vom Typ `XmlNodeList`. Diese wird durchlaufen und die Texte für das Attribut `ID` sowie für das Element `Name` abgerufen und ausgegeben:

```
' Namensraum verwalten
Dim nsMngr As New XmlNamespaceManager(xdDoc.NameTable)
nsMngr.AddNamespace("pres", "http://tempuri.org/presidents.xsd")

' XPath-Abfrage
```

```
Dim liste As XmlNodeList = xdDoc.SelectNodes( _
  "//pres:President[pres:Party='Democratic']", nsMngr)

' Ergebnisliste durchlaufen und ID und Name des Präsidenten
' ausgeben
For Each nd As XmlNode In liste
  Debug.WriteLine(nd.Attributes("ID").Value & " " & _
    nd("Name").InnerText)
Next
```

Während in diesem Beispiel der Aufwand für beide Lösungen vergleichbar ist, gibt es Situationen, in denen Sie entweder über XmlDataDocument oder über DataSet wesentlich schneller zum Ziel kommen. Beide Sichten haben einen anderen Ursprung und verfolgen einen anderen Ansatz.

280 Klassenhierarchie aus XML-Schema erzeugen

Vielleicht kennen Sie bereits die Möglichkeit, mithilfe von Visual Studio aus einem Schema ein typisiertes DataSet zu generieren. Die Entwicklungsumgebung benutzt dazu ein kleines Helferlein namens *xsd.exe*. Mithilfe dieses Tools können Sie auch eine Klassenhierarchie erzeugen, die sich über den XmlSerializer serialisieren und deserialisieren lässt.

Wenn Sie die EINGABEAUFFORDERUNG über VISUAL STUDIO .NET 2003 COMMAND PROMPT starten, ist der Pfad für *xsd.exe* bereits verfügbar und Sie können das Programm direkt aufrufen:

```
xsd presidents.xsd /c /l:VB
```

Der Parameter /c weist *xsd.exe* an, aus der angegebenen XSD-Datei Klassen zu generieren, /l:VB gibt an, dass diese in VB-Syntax kodiert werden sollen. Die generierte Datei heißt in diesem Beispiel *presidents.vb* und hat den in Listing 536 dargestellten Aufbau (gekürzt und formatiert).

```
Imports System.Xml.Serialization

'
'Der Quellcode wurde von xsd automatisch generiert.
'Version=1.1.4322.573.
'

<System.Xml.Serialization.XmlTypeAttribute([Namespace]:= _
  "http://tempuri.org/presidents.xsd"), _
System.Xml.Serialization.XmlRootAttribute([Namespace]:= _
  "http://tempuri.org/presidents.xsd", IsNullable:=False)> _
Public Class Presidents

  <System.Xml.Serialization.XmlElementAttribute("President")> _
  Public Items() As PresidentsPresident
End Class

<System.Xml.Serialization.XmlTypeAttribute([Namespace]:= _
"http://tempuri.org/presidents.xsd")> _
Public Class PresidentsPresident
```

Listing 536: Mit xsd.exe erzeugte Klassen auf Basis der Schemadatei Presidents.xsd

```
   Public Name As String

   <System.Xml.Serialization.XmlElementAttribute(DataType:="Date")> _
   Public Birthday As Date

   <System.Xml.Serialization.XmlIgnoreAttribute()> _
   Public BirthdaySpecified As Boolean

   Public Birthplace As String

   Public YearsServed As String

   Public Party As String

   Public Terms As String

   <System.Xml.Serialization.XmlAttributeAttribute( _
     DataType:="Integer")> _
   Public ID As String

 End Class
```

Listing 536: Mit xsd.exe erzeugte Klassen auf Basis der Schemadatei Presidents.xsd (Forts.)

In den generierten Klassen sind bereits zahlreiche Attribute zur Steuerung der Serialisierung eingetragen. Mit `XmlAttributeAttribute` wird beispielsweise gesteuert, dass die Member-Variable ID als Attribut gespeichert wird. Auch die Namensräume werden berücksichtigt.

Interessant ist die Umsetzung des Elementes `Birthday`. Verwendet wird hier der Datentyp Date (identisch mit `DateTime`). Da es sich um einen Wertetyp handelt und somit `Birthday` nicht den Wert `Nothing` annehmen kann, wird ein zusätzlicher Mechanismus vorgesehen, um angeben zu können, ob das Element vorhanden ist oder nicht. Hierzu wird automatisch die Member-Variable `BirthdaySpecified` eingefügt. Sie ist mit einem `XmlIgnore`-Attribut gekennzeichnet, so dass sie bei der Serialisierung nicht berücksichtigt wird.

xsd.exe unterstützt noch eine Reihe weiterer Operationen, z.B. den umgekehrten Weg, nämlich die Generierung eines Schemas aus einer Klassenstruktur. Einzelheiten dazu finden Sie in der MSDN-Dokumentation.

281 Serialisierung mithilfe der Klasse XmlSerializer

Das Framework stellt mehrere Klassen zur Verfügung, die es erlauben, Objekte zu *serialisieren* und zu *deserialisieren*. Unter Serialisieren versteht man, den Inhalt eines Objektes in einen Byte-Strom (Stream) zu wandeln. Deserialisieren ist der umgekehrte Vorgang, der die Bytes aus einem Stream wieder zu einem Objekt zusammenfügt.

Eine der Klassen, die Objekte serialisieren können, ist `XmlSerializer`. Die `Serialize`-Methode dieser Klasse erzeugt eine XML-Struktur der Objektdaten und gibt diese auf einen Stream aus. Serialisiert werden alle öffentlichen Member-Variablen und alle öffentlichen Eigenschaften. Private und geschützte Member einer Klasse werden nicht berücksichtigt.

Da der Serialisierer die Klassen, deren Instanzen serialisiert werden sollen, nicht kennt, sondern via Reflection die Struktur der Klasse untersucht, müssen einige Voraussetzungen erfüllt sein, damit der `XmlSerializer` eine Klasse serialisieren und wieder deserialisieren kann.

XML

Jede Klasse, deren Objekte serialisiert werden sollen, muss einen Standard-(parameterlosen) Konstruktor besitzen. Bei der Deserialisierung wird unter Verwendung des Standard-Konstruktors eine Instanz der Klasse angelegt und anschließend den öffentlichen Membern Werte zugewiesen. Eine Reihe von Frameworkklassen (z.B. Bitmap, Hashtable etc.) sind nicht serialisierbar. Die Typen aller zu serialisierenden Bestandteile einer Klasse müssen selbst auch serialisierbar sein.

Ist wenigstens eine der Bedingungen nicht erfüllt, führt der Versuch, mit XmlSerializer Objekte zu (de-)serialisieren zu Laufzeitfehlern. In jedem Fall sollten die Serialisierungsoperationen in Try/Catch-Blöcken abgesichert werden.

Den typischen Ablauf einer Serialisierung sehen Sie in Listing 537. Im Beispiel wird die automatisch generierte Klasse Presidents (s. Listing 536) aus dem vorangegangenen Beispiel verwendet. Als Ausgabe-Stream wird zuerst eine Instanz der Klasse StreamWriter angelegt. Anschließend wird eine Instanz von XmlSerializer erzeugt. Dem Konstruktor wird dabei das Typ-Objekt des zu serialisierenden Typs übergeben. Die eigentliche Serialisierung erfolgt durch den Aufruf der Methode Serialize. Übergeben werden die Referenz des Streams und des zu serialisierenden Objektes. Da die Ausgabe in eine Datei erfolgt, muss der Stream geschlossen werden. Dies geschieht im Beispiel im Finally-Block, damit die Datei sowohl im Fehler- als auch im Erfolgsfall geschlossen wird.

```
Imports System.Xml
Imports System.Xml.Serialization
Imports System.IO

…

Protected USPresidents As Presidents

…

Dim sw As StreamWriter
Try

  ' StreamWriter für die Ausgabe mit XmlSerializer anlegen
  sw = New StreamWriter( _
    Application.StartupPath & "\..\Presidents.xml")

  ' XmlSerializer-Instanz für Klasse Presidents
  Dim xs As New XmlSerializer(GetType(Presidents))

  ' Instanz von Presidents serialisieren
  xs.Serialize(sw, USPresidents)

Catch ex As Exception
  Debug.WriteLine(ex.Message)
Finally
  'Streamwriter wieder schließen
  If Not sw Is Nothing Then sw.Close()
End Try
```

Listing 537: Serialisieren der Präsidentenliste mit der XmlSerializer-Klasse

XML

Das Gegenstück dazu, die Deserialisierung, sehen Sie in Listing 538. Analog zum `StreamWriter` aus Listing 537 wird hier ein `StreamReader` eingesetzt, da die Daten aus einer Datei gelesen werden sollen. Die Instanzierung des `XmlSerializer`-Objektes erfolgt genauso wie bei der Serialisierung. Wieder wird dem Konstruktor mitgegeben, um welchen Typ es sich handeln wird.

Nach Öffnen der Datei mithilfe des `StreamReaders` erfolgt die Deserialisierung durch den Aufruf der Methode `Deserialize`. Diese instanziert ein neues Objekt von der Klasse `Presidents`, überträgt die Werte und gibt die Referenz des Objektes zurück. Aus syntaktischen Gründen ist hier eine Typ-Umwandlung erforderlich.

```
' XmlSerializer-Instanz für Typ Presidents anlegen
Dim xs As New XmlSerializer(GetType(Presidents))
Dim sr As StreamReader
Try
  ' StreamReader-Instanz zum Lesen der Datei anlegen
  sr = New StreamReader( _
    Application.StartupPath & "\..\Presidents.xml")

  ' Deserialisieren
  USPresidents = DirectCast(xs.Deserialize(sr), Presidents)

Catch ex As Exception
  Debug.WriteLine(ex.Message)

Finally
  ' StreamReader wieder schließen
  If Not sr Is Nothing Then sr.Close()
End Try
```

Listing 538: Deserialisieren der Präsidentenliste mit der XmlSerializer-Klasse

Prinzipiell können Sie jede Ihrer eigenen Klassen serialisieren, vorausgesetzt, sie erfüllt die oben genannten Bedingungen. Über Attribute lässt sich die Serialisierung im Detail steuern. Nachfolgend werden die wichtigsten Attribute beschrieben.

XmlIgnore

Member-Variablen oder Eigenschaften, die mit diesem Attribut gekennzeichnet werden, werden von der Serialisierung ausgeschlossen. Sie können dieses Attribut verwenden, um gezielt Elemente nicht zu serialisieren, die aus anderen Gründen öffentlich sein müssen. Beispiel:

```
<XmlIgnore()> Public Password As String
```

Die Membervariable `Password` ist öffentlich, wird aber nicht in die Serialisierung einbezogen.

XmlRoot

Mit diesem Attribut können Sie Name und Namensraum des Stammelementes vorgeben. Beispiel:

```
XmlRoot("Personendaten", Namespace:="urn:PersonalData")> _
Public Class Person
…
End Class
```

beginnt eine XML-Datei mit

```
<?xml version="1.0" encoding="utf-8"?>
<Personendaten xmlns:xsd="http://www.w3.org/2001/XMLSchema" xmlns:xsi="http://
www.w3.org/2001/XMLSchema-instance" xmlns="urn:PersonalData">
...
```

XmlElement

Mit `XmlElement` können Sie den Namen und den Namensraum eines Elementes bei der Serialisierung vorgeben. Die öffentliche Member-Variable `Number`

```
<XmlElement("Nummer")> Public Number As Integer
```

wird in der XML-Darstellung durch das Element `Nummer` repräsentiert:

```
<Nummer>123</Nummer>
```

XmlAttribute

Wenn ein Wert nicht als XML-Element, sondern als Attribut serialisiert werden soll, verwenden Sie `XmlAttribute`:

```
<XmlAttributeAttribute("Nummer")> Public Number As Integer
```

führt öffentliche Member-Variable `Number` als Attribut `Nummer` im Stammelement auf:

```
<Personendaten xmlns:xsd="http://www.w3.org/2001/XMLSchema" xmlns:xsi="http://
www.w3.org/2001/XMLSchema-instance" Nummer="123">
```

XmlEnum

`XmlEnum` können Sie verwenden, um andere Bezeichnungen für Enum-Konstanten zu definieren. Beispiel:

```
Public Enum SpecialColor
  <XmlEnum("Rot")> Red
  <XmlEnum("Gelb")> Yellow
  <XmlEnum("Grün")> Green
End Enum

...

<XmlElement("Ampel")> Public Trafficlight As SpecialColor = _
  SpecialColor.Red
```

wird serialisiert zu:

```
<Ampel>Rot</Ampel>
```

XmlText

Jeweils ein Element einer Klasse kann als Textknoten definiert werden.

```
<XmlText()> Public NickName As String = "Teddy"
```

wird z.B. so serialisiert:

```
<Personendaten xmlns:xsd="http://www.w3.org/2001/XMLSchema" xmlns:xsi="http://
www.w3.org/2001/XMLSchema-instance">
Teddy
</Personendaten>
```

XML

XmlArray und XmlElement

Arrays und Auflistungen, sofern sie nicht `IDictionary` implementieren, werden automatisch mitsamt ihrer Elemente serialisiert. Sie können mit den beiden Attributen steuern, wie die Abbildung erfolgen soll. Im Beispiel wird eine Liste einmal mit dem Attribut `XmlArray`, das andere Mal mit dem Attribut `XmlElement` markiert:

```
<XmlArray("ListeAlsArray")> Public Liste As New ArrayList
<XmlElement("ListeAlsElement")> Public Liste2 As ArrayList


...

Liste.Add("Erstes Element")
Liste.Add("Zweites Element")
Liste.Add("Drittes Element")
Liste2 = Liste
```

Beide Referenzvariablen verweisen auf dieselbe Liste. Die Serialisierung ergibt:

```
<ListeAlsArray>
  <anyType xsi:type="xsd:String">Erstes Element</anyType>
  <anyType xsi:type="xsd:String">Zweites Element</anyType>
  <anyType xsi:type="xsd:String">Drittes Element</anyType>
</ListeAlsArray>

<ListeAlsElement xsi:type="xsd:String">Erstes
  Element</ListeAlsElement>
<ListeAlsElement xsi:type="xsd:String">Zweites
  Element</ListeAlsElement>
<ListeAlsElement xsi:type="xsd:String">Drittes
  Element</ListeAlsElement>
```

Im ersten Fall werden alle Elemente als Kind-Elemente von `ListeAlsArray` gekapselt, im zweiten Fall wird für jedes Array-Element ein XML-Element `ListeAlsElement` angelegt.

XmlInclude

Findet der `XmlSerializer` beim Serialisieren statt eines Objektes vom Typ A ein Objekt vom Typ B, wobei B von A mittelbar oder unmittelbar abgeleitet ist, dann wird ein Laufzeitfehler ausgelöst. Beispiel: Gegeben seien die Klassen `Address` und `OfficeAddress`:

```
Public Class Address

  Public City As String

  Public Sub New(ByVal city As String)
    Me.City = city
  End Sub
  Public Sub New()
  End Sub

End Class

Public Class Officeaddress
  Inherits Address

  Public Company As String
```

```
Public Sub New()
End Sub
Public Sub New(ByVal company As String, ByVal city As String)
  MyBase.New(city)
  Me.Company = company
End Sub
```

```
End Class
```

Die Klasse `Person` definiert eine Member-Variable vom Typ `Address`

```
Public Class Person
…
Public Address1, Address2 As Address
…
```

und weist ihr eine Instanz von `Officeaddress` zu:

```
Address1 = New Officeaddress("Microsoft", "Redmont")
```

Die syntaktisch und semantisch richtige Zuweisung kann der `XmlSerializer` nicht auflösen. Damit die Serialisierung möglich ist, müssen bei der Definition der übergeordneten Klasse alle Klassen, die für die Serialisierung in Frage kommen, bekannt gemacht werden:

```
<XmlInclude(GetType(Officeaddress))> _
Public Class Person
…
```

Falls Sie Namensräume verwenden, achten Sie darauf, dass die Definitionen zusammenpassen.

Die Serialisierung ergibt z.B. folgende XML-Struktur:

```
<Person …>
  <Address1 xsi:type="Officeaddress">
    <City>Redmont</City>
    <Company>Microsoft</Company>
  </Address1>
  …
</Person>
```

Grenzen des XmlSerializer

Der `XmlSerializer` wurde konzipiert, um Daten in Web-Services serialisieren zu können. Wie Sie bereits gesehen haben, werden nur öffentliche Daten serialisiert. Ebenfalls gibt es eine Reihe von zu erfüllenden Bedingungen und Einschränkungen. Mit dem `XmlSerializer` können Sie nur Daten, aber keine Referenzen serialisieren. Betrachten Sie folgendes Beispiel:

```
Public P1 As New Person
Public P2 As Person = P1
```

Vor der Serialisierung verweisen beide Referenzvariablen P1 und P2 auf dasselbe Objekt. Nach einer Deserialisierung wird jedoch sowohl für P1 als auch für P2 eine neue Instanz von Person angelegt. Die Werte sind zwar identisch, P1 und P2 verweisen aber dann auf unterschiedliche Objekte.

Wenn die korrekte Auflösung von Referenzen für Sie wichtig ist, dann müssen Sie auf einen anderen Serialisierer (z.B. `SoapFormatter`) ausweichen.

XML

Auch die Serialisierung einiger Wertetypen ist problematisch. Während `DateTime` automatisch im ISO-Format ausgegeben wird, lässt sich ein `TimeSpan`-Wert nicht serialisieren. Wenn Sie im Zweifel sind, ob der `XmlSerializer` für Ihre Zwecke geeignet ist, prüfen Sie an einem Testprogramm, ob alle Ihre benötigten Datentypen richtig serialisiert und wieder deserialisiert werden.

282 Unbekannte XML-Inhalte bei der Deserialisierung mit dem XmlSerializer

Bei der Deserialisierung behandelt der `XmlSerializer` nur die Elemente, die er für die Wiederherstellung der Objekte benötigt. Existieren zusätzliche Knoten, z.B. zusätzliche Attribute oder untergeordnete Elemente, dann werden diese für die Deserialisierung nicht berücksichtigt.

Im Normalfall werden Sie die zusätzlichen Knoten ignorieren können. Sie können sich bei Bedarf aber vom `XmlSerializer` informieren lassen, wenn unbekannte Knoten gefunden werden. Hierzu stehen drei Ereignisse zur Verfügung, die Sie mit eigenen Handlern verknüpfen können:

▶ `UnknownNode`

▶ `UnknownAttribute`

▶ `UnknownElement`

Als Beispiel dient noch einmal die Präsidentenliste. Zusätzlich wurden ein Attribut und zwei Elemente zur Angabe der Haustiere eingeführt:

```
<President ID="42" NumberOfPets="2">
  <Name>William Jefferson Clinton</Name>
  <Birthday>1946-08-19</Birthday>
  <Birthplace>Hope, Arkansas</Birthplace>
  <YearsServed>1993-2001</YearsServed>
  <Party>Democratic</Party>
  <Terms>2</Terms>
  <Pet Name="Socks" Type="Cat"/>
  <Pet Name="Buddy" Type="Golden Retriever">xxx</Pet>
</President>
```

Vor der Deserialisierung werden zwei Ereignis-Handler (Listing 539) an die `XmlSerializer`-Instanz gebunden:

```
' XmlSerializer-Instanz für Typ Presidents anlegen
Dim xs As New XmlSerializer(GetType(Presidents))

' Handler für unbekannte Attribute und Elemente anbinden
AddHandler xs.UnknownAttribute, AddressOf UnknownAttribute
AddHandler xs.UnknownElement, AddressOf UnknownElement
```

Bei der Deserialisierung werden die Ereignis-Handler aufgerufen und erzeugen die folgende Ausgabe:

```
Unbekanntes Attribut: NumberOfPets (2)
Unbekanntes Element: Pet
Unbekanntes Element: Pet
```

XML

```
Private Sub UnknownAttribute(ByVal sender As Object, _
  ByVal e As XmlAttributeEventArgs)

  Debug.WriteLine("Unbekanntes Attribut: " & e.Attr.Name & _
    " (" & e.Attr.Value & ")")

End Sub
Private Sub UnknownElement(ByVal sender As Object, _
  ByVal e As XmlElementEventArgs)

  Debug.WriteLine("Unbekanntes Element: " & e.Element.Name)

End Sub
```

Listing 539: Reagieren auf unbekannte Attribute und Knoten beim Deserialisieren mit dem XmlSerializer

283 Serialisierung mithilfe der Klasse SoapFormatter

Der SoapFormatter, zu Deutsch Seifenformatierer, ist ein Werkzeug, mit dem man langweilige quaderförmige oder runde Seifen in niedliche kleine Maulwürfe, Mäuse, Bärchen usw. verwandeln kann (siehe Abbildung 270)... oh, falscher Film ☺

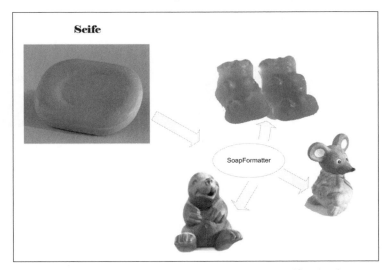

Abbildung 270: Mit dem SoapFormatter erzeugte Seifentierchen

Also noch mal von vorn: *Soap* steht für Simple Object Access Protocol und ist, wie die Bezeichnung vermuten lässt, eher für die Datenübertragung als für die Speicherung in Dateien gedacht. Es dient als Grundlage für die Kommunikation mit Web-Diensten sowie für Kommunikationskanäle bei .NET Remoting. Grundsätzlich ist es ein XML-Format, das zum Serialisieren beliebiger Objekte verwendet werden kann.

Die Klasse, die die Serialierung mit Soap unterstützt, heißt SoapFormatter. Ähnlich XmlSerializer implementiert sie die Methoden Serialize und Deserialize. Als Ziel bzw. Quelle werden

XML

hier allerdings keine `StreamReader`- oder `StreamWriter`-Objekte, sondern ein `Stream`-Objekt angegeben. Eine Serialisierung in eine Datei kann dann z.B. so aussehen:

```
Dim B As New Bank
…

' Instanz des SoapFormatters anlegen
Dim sf As New SoapFormatter

' Filestream für Dateiausgaben öffnen
Dim fs As New FileStream("Bank.xml", FileMode.Create)

' Serialisieren
sf.Serialize(fs, B)

' Filestream schließen
fs.Close()
```

Die Klasse Bank hat je eine Liste von Kunden und Konten. In Listing 540 sehen Sie einen Ausschnitt der Implementierung der verwendeten Klassen `Bank`, `Person` und `Account`. Abbildung 271 zeigt einen Ausschnitt der erzeugten XML-Datei, dargestellt im Internet Explorer.

Bei der Serialisierung der Objekte geht der `SoapFormatter` allerdings grundlegend anders vor als der `XmlSerializer`. Damit Objekte serialisiert werden können, müssen die betreffenden Klassen entsprechend vorbereitet werden. Grundsätzlich reicht es aus, sie mit dem Attribut `Serializable` zu kennzeichnen. Sie können aber auch selbst in die Serialisierung eingreifen und die Schnittstelle `ISerializable` implementieren oder die Klasse von speziellen Basisklassen (z.B. `MarshalByRefObject`) ableiten.

```
<Serializable()> _
Public Class Bank

    Public Customers As New ArrayList
    Public Accounts As New ArrayList

    Public Function AddCustomer …
    Public Function AddAccount …
End Class

<Serializable()> _
Public Class Person

    Public Accounts As New ArrayList
    Public Name As String

End Class

<Serializable()> _
Public Class Account

    Public Owner As Person
    Public ReadOnly Number As Integer
```

Listing 540: Die Beispielklassen sind über Referenzen miteinander verknüpft

```
Private accBalance As Double

Public Property Balance() As Double …

End Class
```

Listing 540: Die Beispielklassen sind über Referenzen miteinander verknüpft (Forts.)

Serialisiert werden nur Felder, also die Member-Variablen eines Objektes. Eigenschaften werden nicht berücksichtigt. Im Gegensatz zum `XmlSerializer` werden nicht nur öffentliche, sondern auch private und geschützte Felder serialisiert. In der Abbildung sehen Sie z.B. einen Eintrag für das geschützte Feld `accBalance`.

Referenzen werden auch als solche behandelt. Ein Objektbaum kann beliebig tief geschachtelt und strukturiert sein. Auf der XML-Seite wird das durch Attribute wie id="ref-7" und href="ref-14" realisiert. Anders als beim `XmlSerializer` werden hier bei der Deserialisierung diese Referenzen wieder aufgelöst. Mehrfache Verweise auf ein Objekt führen daher nicht zur Objektvervielfältigung, wie es beim Aufruf von `XmlSerializer.Deserialize` der Fall ist.

Auch eine andere Einschränkung des `XmlSerializers` gibt es beim `SoapFormatter` nicht: den Zwang, einen Standardkonstruktor für jede serialisierbare Klasse bereitzustellen. `SoapFormatter.Deserialize` ruft die Methode `GetSafeUninitializedObject` der Klasse `FormatterServices` auf, um eine nicht initialisierte Instanz einer Klasse anzulegen. Hierbei wird kein Konstruktor aufgerufen. Die Initialisierung erfolgt sofort danach. Möglich ist das deswegen, weil ja auch alle privaten und geschützten Member-Variablen deserialisiert werden und ein Objekt somit nach der Deserialisierung den gleichen Zustand hat wie vor der Serialisierung.

Die Deserialisierung verläuft nach dem gleichen Muster wie die Serialisierung:

```
' Instanz des SoapFormatters anlegen
Dim sf As New SoapFormatter

' Filestream zum Lesen aus der Datei öffnen
Dim fs As New FileStream("Bank.xml", FileMode.Open)

' Deserialisieren
Dim B As Bank = DirectCast(sf.Deserialize(fs), Bank)

' Filestream schließen
fs.Close()
```

Wie das Beispiel zeigt, muss dem `SoapFormatter` nicht der zu behandelnde Typ bekannt gemacht werden. Bei der Serialisierung werden Informationen zu den verwendeten Typen abgespeichert, die bei der Deserialisierung wieder gelesen werden. Vermerkt werden hier insbesondere der Name und die Version der Assembly. So kann die Methode `Deserialize` eine Instanz vom Typ `Bank` anlegen, ohne die Klasse kennen zu müssen.

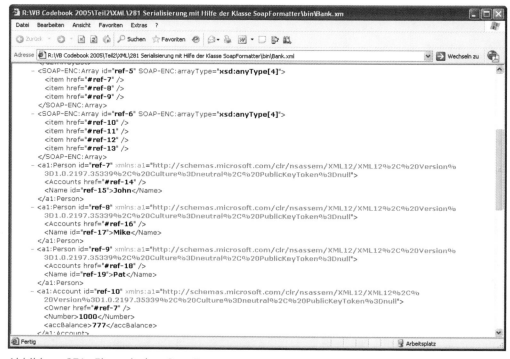

Abbildung 271: Eine mit dem SoapFormatter erzeugte XML-Datei im Internet Explorer

Wissenschaftliche Berechnungen und Darstellungen

Visual Basic 2005 bietet mit Operatorüberladungen und generischen Klassen und Methoden viele neue Möglichkeiten, die in den folgenden Rezepten intensiv genutzt werden.

Der Umgang mit physikalischen Größen in der Programmierung erfordert besondere Sorgfalt. Zu leicht werden Messwerte, Ergebnisse von Simulationen oder sonstige berechnete Daten in anonymen Wertetypen, meist Integer oder Double, gespeichert. Daraus resultieren oft vermeidbare Fehler, sei es bedingt durch den unsachgemäßen Umgang mit Gleitkommazahlen, durch Vermischung unterschiedlicher Einheiten oder die unzulässige Verknüpfung physikalischer Größen.

In diesem Kapitel werden einige Rezepte für den sicheren Umgang mit physikalisch-technischen Größen vorgestellt. Abgerundet wird das Kapitel durch Rezepte für die Darstellung derartiger Größen in Kurvendiagrammen.

Weitere Themen in diesem Kapitel sind Lösungen von Gleichungssystemen sowie eine Klassenbibliothek zur Vektorrechnung. Die Bibliothek deckt grundlegende Geometrieoperationen zu Geraden, Linien, Polygonen und Kreisen ab. Definition, Berechnungen, Schnittpunktermittlungen sowie Darstellung sind Bestandteil der Klassenbibliothek.

284   Gleitkommazahlen vergleichen

> Die beschriebene Klasse ist Bestandteil der Klassenbibliothek `ScientificLib`. Sie finden sie dort unter `VBCodeBook.ScientificLib.Common.DoubleComparer`.

Nicht nur in wissenschaftlichen Anwendungen wird oft mit Gleitkommazahlen vom Typ Single oder Double gearbeitet. Die interne Zahlendarstellung besteht aus Mantisse und Exponent und ist so über viele Zehnerpotenzen hinweg einsetzbar. Bei Rechenoperationen ergeben sich aber zwangsweise Rundungsfehler, da die Mantisse auf drei bzw. sieben Byte begrenzt ist. Selbst wenn eine formatierte Ausgabe zweier Zahlenwerte gleich ist, heißt das nicht, dass der Vergleich auf Identität, also Zahl1 = Zahl2, `True` ergibt. Unabhängig von der Programmiersprache ist es deswegen ratsam, auf Vergleiche mit den Operatoren der Sprache zu verzichten.

Um zwei Gleitkommazahlen vergleichen zu können definiert man üblicherweise einen Toleranzbereich `Epsilon` für die Differenz der Zahlen. Wenn der Absolutwert der Differenz zweier Zahlen kleiner oder gleich diesem Epsilon ist, dann werden die Zahlen als gleich betrachtet:

```
wert1 ist gleich wert2, wenn | wert1 - wert2 | <= Epsilon
```

Werden derartige Vergleiche des Öfteren benötigt, bietet sich die Kapselung in einer Klasse an. Listing 541 zeigt die Implementierung einer solchen Klasse. `Epsilon` und die Vergleichsmethoden sind absichtlich nicht statisch (`Shared`) definiert, damit es möglich ist, mehrere Vergleiche mit unterschiedlichen Toleranzen zu instanzieren. Zahlenwerte um 10.000 wird man üblicherweise mit einer anderen Toleranz vergleichen wollen als Zahlenwerte um 0,001. Der Konstruktor der Klasse `DoubleComparer` nimmt den Toleranzwert `Epsilon` als Parameter entgegen.

```
Public Class DoubleComparer

    ' Erlaubter Differenzwert für Vergleich auf Identität
    Public Epsilon As Double

    ' Konstruktor mit vorgegebenem Epsilon
    Public Sub New(ByVal epsilon As Double)
        Me.Epsilon = epsilon
    End Sub

    ' Vergleich auf Identität
    Public Function IsEqual(ByVal value1 As Double, _
        ByVal value2 As Double) As Boolean

        Return Math.Abs(value1 - value2) <= Epsilon
    End Function

    ' Vergleich auf Ungleichheit
    Public Function IsNotEqual(ByVal value1 As Double, _
        ByVal value2 As Double) As Boolean

        Return Not IsEqual(value1, value2)
    End Function

    ' Vergleich auf Null
    Public Function IsZeroe(ByVal value As Double) As Boolean
        Return Math.Abs(value) <= Epsilon
    End Function

    ' Vergleich auf ungleich Null
    Public Function IsNotZeroe(ByVal value As Double) As Boolean
        Return Math.Abs(value) > Epsilon
    End Function

    ' Größer gleich
    Public Function IsGreaterOrEqual(ByVal value1 As Double, _
        ByVal value2 As Double) As Boolean

        Return IsEqual(value1, value2) OrElse (value1 > value2)
    End Function

    ' Kleiner gleich
    Public Function IsLessOrEqual(ByVal value1 As Double, _
        ByVal value2 As Double) As Boolean

        Return IsEqual(value1, value2) OrElse (value1 < value2)
    End Function

    ' Größer
    Public Function IsGreater(ByVal value1 As Double, _
        ByVal value2 As Double) As Boolean
```

Listing 541: Klasse zum Vergleichen von Double-Zahlen

```
      Return Not IsGreaterOrEqual(value1, value2)
   End Function

   ' Kleiner
   Public Function IsLess(ByVal value1 As Double, _
      ByVal value2 As Double) As Boolean

      Return Not IsLessOrEqual(value1, value2)
   End Function

End Class
```

Listing 541: Klasse zum Vergleichen von Double-Zahlen (Forts.)

In der Klasse werden die Ersatzmethoden aller Vergleichsoperatoren zur Verfügung gestellt. Auch Operatoren wie >, >= etc. müssen umgesetzt werden.

Die Methoden lassen sich leicht anstelle der Vergleichsoperatoren nutzen:

```
Dim Comparer As New DoubleComparer(CDbl(NUDEpsilon.Value))
If (Comparer.IsEqual(Value1, 1.234)) Then …
If (Comparer.IsZeroe(Value2)) Then …
```

Auf der CD finden Sie das in Abbildung 272 dargestellte Beispiel zum Testen der Vergleichsfunktionen.

Abbildung 272: Testprogramm für die Klasse zum Vergleich von Gleitkommazahlen

> **Hinweis**
>
> Trotz der Hilfestellung durch die Klassenmethoden ist Vorsicht und Umsicht beim Vergleich von Gleitkommazahlen geboten. Wenn z.B. IsEqual(A,B) und IsEqual(B,C) jeweils True ergibt, folgt daraus nicht zwangsläufig, dass auch IsEqual(A,C) True zurückgibt. Es könnte sein, dass A geringfügig größer ist als B und B geringfügig größer als C, aber die Differenz von A und C außerhalb der Toleranz liegt.

Nahe liegend wäre die Definition einer Klasse ComparableDouble, die einen Verweis auf ein DoubleComparer-Objekt sowie den Zahlenwert kapselt. Operatorüberladungen für die Vergleichsoperatoren erlaubten dann den direkten Vergleich, ohne Methoden wie IsEqual etc. aufrufen zu müssen.

Der Haken ist leider der, dass man z.B. bei der Definition des Identitätsoperators zwei Instanzen dieser Klasse vergleichen muss, die nicht zwangsläufig auf dasselbe `ComparableDouble`-Objekt verweisen. In einem solchen Fall könnte man nicht automatisch entscheiden, welcher Toleranzwert berücksichtigt werden muss. Eine willkürliche Festlegung könnte dazu führen, dass

```
a = b
```

ein anderes Ergebnis liefert als

```
b = a
```

Aus diesem Grund haben wir die Überlegung wieder aufgegeben und keine entsprechende Klasse im Buch vorgesehen.

285   Typsichere Maßeinheiten

> Die beschriebenen Klassen sind Bestandteil der Klassenbibliothek `ScientificLib`. Sie finden sie dort im Namensraum `VBCodeBook.ScientificLib.PhysicalMeasurement`.

Die Typsicherheit von Variablen wird in .NET besonders sorgfältig überprüft. Bei allen Operationen wird möglichst schon zur Compilezeit getestet, ob die verwendeten Datentypen auch wirklich miteinander verknüpft werden können. Zuweisungen, die z.B. zu Datenverlusten führen können (Double-Wert in Integer-Wert), werden ebenso zurückgewiesen wie Typumwandlungen, für die der Compiler keine Lösung kennt.

In technisch-wissenschaftlichen Anwendungen werden oft physikalische Größen miteinander verknüpft. Diese Größen müssen auf die verfügbaren Datentypen abgebildet werden. Meist werden hierzu Ganzzahl- oder Gleitkomma-Variablen verwendet. Einmal als Zahlenwert abgelegt, kann der Compiler aber den eigentlichen Typ nicht mehr feststellen. Folgendes ist z.B. syntaktisch korrekt:

```
Dim Apples As Double = 5
Dim Pears As Double = 4
Dim Sum As Double = Apples + Pears
```

Aber was ist das Ergebnis? Multivitaminsaft? Oder Obstsalat? Die Weisheit, dass man Äpfel und Birnen nicht addieren kann, ist noch nicht bis zum Compiler vorgedrungen. Beim Umgang mit Zahlenwerten geht für den Compiler der Typ verloren. Für ihn sind alle Größen vom Typ Double.

Bei physikalisch-technischen Größen kommt noch hinzu, dass ein und dieselbe Größe in unterschiedlichen Maßeinheiten definiert werden kann. Längenmaße können beispielsweise in Meter, Zentimeter, Zoll, Meilen usw. angegeben werden. Liegen die Maße in unterschiedlichen Einheiten vor, kommt es schnell zu Fehlern, wenn sie nicht sorgfältig umgerechnet werden.

Um dennoch sicher mit wissenschaftlichen Größen umgehen zu können, muss man selbst ein wenig Hand anlegen. Ausgehend von einem Basisgerüst, das in diesem Rezept vorgestellt wird, muss für jede physikalische Größe eine eigene Klasse angelegt werden. In den folgenden Rezepten werden exemplarisch die Klassen für Längen- und Flächenmaße, für Zeit, Geschwindigkeit und für Temperaturen vorgestellt. Instanzen dieser Klassen können nicht miteinander vermischt werden. So wird es unmöglich, einer Funktion, die ein Längenmaß als Parameter erwartet, stattdessen eine Temperatur oder ein Flächenmaß zu übergeben. Die Typsicherheit kann vom Compiler gewährleistet werden.

Zusätzlich bieten die Klassen die Möglichkeit, die Werte in beliebigen Einheiten zu definieren bzw. abzufragen. Eine Variable vom Typ Flächenmaß kann z.B. mit einem Wert in Quadratmeter vorbelegt und ihr Inhalt später in Quadratzentimeter abgefragt werden. Intern rechnet jede Klasse mit einer Basiseinheit. Das ist sinnvollerweise eine *SI-Einheit*. Das Internationale Einheitensystem SI (Système International d'Unités) besteht aus sieben Basiseinheiten (Tabelle 43).

Basisgröße	Name	Symbol
Länge	Meter	m
Masse	Kilogramm	kg
Zeit	Sekunde	s
elektrische Stromstärke	Ampere	A
Temperatur	Kelvin	K
Stoffmenge	Mol	mol
Lichtstärke	Candela	cd

Tabelle 43: Die sieben SI-Einheiten

Alle anderen Maßeinheiten können von diesen abgeleitet werden (z.B. Geschwindigkeit in m/s). In Deutschland wird zusätzlich noch unterschieden, ob es sich um gesetzliche Einheiten handelt oder nicht. Eine Übersicht über die Einheiten und ihre Definitionen stellt die Physikalisch-Technische Bundesanstalt (PTB) zur Verfügung:

http://www.ptb.de/de/publikationen/download/einheiten.pdf

Zur typsicheren Handhabung von Maßeinheiten bietet es sich an, für jeden Einheitstyp eine eigene Klasse zu definieren. Einmal angelegt können Instanzen einer Maßeinheitsklasse beliebig miteinander verrechnet werden, da sie die gleiche Basiseinheit benutzen. Versehentliche Verknüpfungen mit anderen Einheitstypen werden schon zur Compilezeit erkannt, da der Compiler z.B. keine Operatorüberladung für die Addition von Längen und Flächen findet.

Das Grundgerüst

Die neuen Erweiterungen von Visual Basic 2005 erlauben es, einen großen Teil der Funktionalität bereits in den Basisklassen zu implementieren, so dass abgeleitete Klassen für spezifische Maßeinheiten nur geringfügig erweitert werden müssen. Das komplexe Grundgerüst deckt einen großen Teil der Aufgaben ab. Die Instanzierung, die Umrechnungen zwischen den Einheiten, Vergleichsoperatoren, einige der Arithmetikoperatoren sowie Ein- und Ausgaben können zentral in den Basisklassen implementiert werden. Dadurch wird die Definition einer Klasse für eine bestimmte physikalische Größe erheblich vereinfacht und der Kodierungsaufwand auf ein Minimum reduziert.

Ziele des Grundgerüstes sind:

1. Typsicherheit

2. Einfache Implementierung zusätzlicher Klassen für andere physikalische Größen

3. Einfache, intuitive Anwendung

Vielleicht ist Ihnen beim Blättern schon aufgefallen, dass das Grundgerüst recht umfangreich ist, die spezifischen Klassen für Längenmaße, Temperaturen usw. jedoch recht kompakt sind. Da das Buch unmöglich alle denkbaren physikalischen Größen berücksichtigen kann, war es unser Ziel, die Behandlung zusätzlicher Größen so einfach wie möglich zu gestalten. Ein kom-

Wissenschaftliche Anwendungen

plexes Grundgerüst muss nur ein einziges Mal aufgebaut werden, so dass dessen Umfang für die Erweiterungen keinen Nachteil darstellt. Auf den folgenden Seiten werden die grundlegenden Klassen näher erläutert.

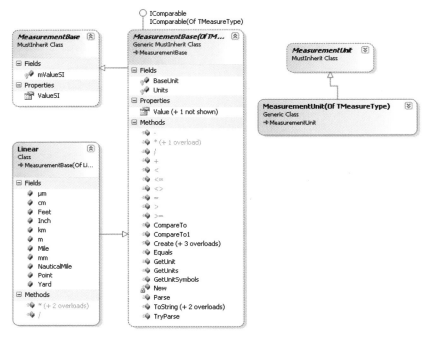

Abbildung 273: Architektur der Einheitenbibliothek

Die abstrakte Basisklasse `MeasurementBase` stellt die Grundlage zur Speicherung eines Wertes in der Basiseinheit (Abbildung 273, Listing 542). Abgeleitet von ihr ist die generische Klasse `MeasurementBase (Of TMeasureType As {MeasurementBase, New}, TMeasureUnit As Measurement-Unit)` (siehe Listing 543).

```
Public MustInherit Class MeasurementBase

    Protected mValueSI As Double

    Public Property ValueSI() As Double
      Get
        Return mValueSI
      End Get
      Set(ByVal value As Double)
        mValueSI = value
      End Set
    End Property

End Class
```

Listing 542: Die Basisklasse zur Speicherung von Werten in der Basiseinheit

```
Public MustInherit Class MeasurementBase( _
   Of TMeasureType As {MeasurementBase, New}, _
   TMeasureUnit As MeasurementUnit)

   Inherits MeasurementBase
   Implements IComparable, IComparable(Of TMeasureType)

   Protected Shared Units As New _
      Dictionary(Of String, TMeasureUnit)

   Protected Shared BaseUnit As TMeasureUnit

   ...
End Class
```

Listing 543: Grundgerüst der generischen Basisklasse für den Umgang mit physikalischen
Größen

Der erste generische Parameter von `MeasurementBase` ist die eigentliche Klasse zur Speicherung
einer physikalischen Größe. Durch Constraints wird festgelegt, dass eine solche Klasse von der
nicht generischen Klasse `MeasurementBase` abgeleitet sein und über einen Standardkonstruktor
verfügen muss. Als zweiter Parameter muss eine Klasse angegeben werden, die für die möglichen
Einheiten und deren Umrechnung zuständig ist. Anders als in der Vorgängerversion wird eine
Einheit nicht als Enumeration angegeben, sondern als Referenz auf eine Klasseninstanz. So entfallen verschiedene Typumwandlungen (`Enum` nach `Integer` und vice versa). Auch die Typsicherheit wird weiter erhöht, da nicht versehentlich °C einer Längeneinheit zugeordnet werden kann.

Listing 544 zeigt die abstrakte Basisklasse für alle definierbaren Einheiten. Sie beinhaltet
schreibgeschützte Felder für Namen und Symbol der Einheit sowie Parameter für die Umrechnung in die Basiseinheit und zurück (`Factor` und `Offset`). Mithilfe der Methoden `ToBaseunit`
und `FromBaseunit` lassen sich Werte von beliebigen Einheiten in die Basiseinheit umrechnen
und umgekehrt. Die Methoden sind überschreibbar, falls Einheiten zu berücksichtigen sind, für
deren Umrechnung `Factor` und `Offset` nicht hinreichend sind.

```
Public MustInherit Class MeasurementUnit

   Public ReadOnly Factor As Double
   Public ReadOnly Offset As Double
   Public ReadOnly Name As String
   Public ReadOnly Symbol As String

   ' Umrechnung in Basiseinheit (SI)
   Public Overridable Function ToBaseunit _
      (ByVal value As Double) As Double

      Return (value - Offset) / Factor

   End Function

   ' Umrechnung von der Basiseinheit (SI)
   Public Overridable Function FromBaseunit _
```

Listing 544: Die Basisklasse für alle Einheiten

```
    (ByVal value As Double) As Double

    Return value * Factor + Offset

  End Function

  Protected Sub New(ByVal symbol As String, _
    ByVal localName As String, ByVal factor As Double)

    Me.New(symbol, localName, factor, 0)

  End Sub

  Protected Sub New(ByVal symbol As String, _
    ByVal localName As String, ByVal factor As Double, _
    ByVal offset As Double)

    Me.Symbol = symbol
    Me.Name = localName
    Me.Factor = factor
    Me.Offset = offset
  End Sub

End Class
```

Listing 544: Die Basisklasse für alle Einheiten (Forts.)

Die Zuordnung eines physikalischen Typs zu einer Einheit erfolgt über die abgeleitete generische Klasse MeasurementUnit(Of TMeasureType) (siehe Listing 545). Sie implementiert lediglich die Konstruktoren. Die generische Bindung an TMeasureType verhindert unzulässige Zuordnungen von Messwert und Einheit.

```
Public Class MeasurementUnit(Of TMeasureType)
  Inherits MeasurementUnit

  Public Sub New(ByVal symbol As String, _
    ByVal localName As String, ByVal factor As Double)

    MyBase.New(symbol, localName, factor)

  End Sub

  Public Sub New(ByVal symbol As String, _
    ByVal localName As String, ByVal factor As Double, _
    ByVal offset As Double)

    MyBase.New(symbol, localName, factor, offset)

  End Sub

End Class
```

Listing 545: Generische Basisklasse für physikalische Einheiten

Der Umgang mit den Einheiten

Eine typische spezifische Klasse für eine physikalische Größe implementiert eine Reihe von schreibgeschützten statischen Feldern, die auf verschiedene Instanzen von MeasurementUnit-Instanzen verweisen. Beispiele hierfür finden Sie in den nachfolgenden Rezepten. Für jede Einheit (z.B. Meter, Kilometer und Inch) wird einmalig eine Instanz generiert, die die notwendigen Informationen für die Umrechnung enthält. Über den Namen der Measurement-Klasse kann so direkt auf eine bestimmte Einheit zugegriffen werden.

Im statischen Konstruktor von MeasurementBase (Listing 546) werden mittels Reflection alle statischen Felder der betreffenden Klasse ermittelt und die Referenzen der MeasurementUnit-Instanzen in der Auflistung Units gespeichert. Units ist als Dictionary angelegt und kann nur Einheiten des für die Klasse spezifischen Typs speichern. Als Schlüssel wird das Symbol der Einheit verwendet.

Zusätzlich wird die erste gefundene Instanz, die einen Faktor von 1 sowie einen Offset von 0 aufweist, als Basiseinheit angenommen und gespeichert. So werden zentral alle Einheiten erfasst, ohne dass in der eigentlichen MeasurementBase-Ableitung eine Liste aufgebaut werden muss.

Der statische Konstruktor wird durchlaufen, bevor die betreffende Klasse zum ersten Mal benutzt wird. Da er Bestandteil der generischen Klasse ist, erhält jede spezifische Measurement-Klasse automatisch einen eigenen statischen Konstruktor, der auch nur auf die Felder dieses Typs zugreifen kann.

```
' Statischer Konstruktor zur Initialisierung der Einheitenliste
Shared Sub New()

  ' Abfragen aller öffentlichen statischen Felder der
  ' abgeleiteten(Klasse)
  Dim fis() As System.Reflection.FieldInfo = _
    GetType(TMeasureType).GetFields( _
    System.Reflection.BindingFlags.Public Or _
    Reflection.BindingFlags.Static)

  ' Alle gefundenen Felder betrachten
  For Each fi As System.Reflection.FieldInfo In fis
    ' Nur Felder berücksichtigen, deren Typ eine Einheit
    ' darstellt
    If fi.FieldType Is GetType(TMeasureUnit) Then
      Dim unit As TMeasureUnit = _
        DirectCast(fi.GetValue(Nothing), TMeasureUnit)

      ' Diese Einheit in die Liste aufnehmen
      Units.Add(unit.Symbol, unit)

      ' Basiseinheit ermitteln
      If BaseUnit Is Nothing And unit.Factor = 1 _
        And unit.Offset = 0 Then

        BaseUnit = unit
      End If
```

Listing 546: Ermitteln aller verfügbaren Einheiten für einen Typ

```
      End If
   Next
End Sub
```

Listing 546: Ermitteln aller verfügbaren Einheiten für einen Typ (Forts.)

Instanzierung

Die Instanzierung von Objekten erfolgt meist mithilfe des Operators New. Allerdings erfordert das, dass die gewünschte Konstruktorüberladung in der betreffenden Klasse auch implementiert worden ist. Damit nun nicht für jede Measurement-Klasse eine Reihe von Konstruktoren definiert werden müssen, bietet es sich an, einige Factory-Methoden bereit stellen. Die statische Methode Create bietet eine Reihe von Überladungen, um einen spezifischen Typ zu instanzieren (Listing 547).

Beim Anlegen eines Measurement-Objektes kann optional der Wert direkt vorgegeben werden. Wird nur ein Wert übergeben, wird angenommen, dass die Wertangabe in der Basiseinheit, z.B. Meter, erfolgt. Alternativ kann auch die Referenz eines TMeasureUnit-Objektes übergeben werden, so dass eine Umrechnung aus der angegebenen Einheit vorgenommen wird.

Alternativ kann die Einheit auch als String angegeben werden. Die betreffende Create-Überladung bedient sich der Methode GetUnit, um die Referenz des TMeasureUnit-Objektes zu erhalten (siehe Listing 548). GetUnit nutzt die im statischen Konstruktor angelegte Auflistung Units, um anhand des textuellen Symbols die Einheit zu finden.

```
' Öffentliche statische Methoden zum Anlegen von
' Measurement-Objekten
' Diese Methoden können zur Instanzierung verwendet werden,
' ohne dass in den betreffenden Klassen Konstruktoren definiert
' werden müssen

' Instanz mit 0-Wert
Public Shared Function Create() As TMeasureType
   Return New TMeasureType()
End Function

' Instanz mit Wert in Basiseinheit anlegen
Public Shared Function Create(ByVal value As Double) _
   As TMeasureType

   Dim m As New TMeasureType()
   m.ValueSI = value
   Return m

End Function

' Instanz mit Wert in einer vorgegebenen Einheit anlegen
' Übergabe der Einheit als Referenz des TMeasureUnit-Objektes
Public Shared Function Create(ByVal value As Double, _
   ByVal unit As TMeasureUnit) As TMeasureType
```

Listing 547: Statische Methoden zur Instanzierung von Measurement-Objekten

```
Dim m As New TMeasureType()
m.ValueSI = unit.ToBaseunit(value)
Return m

End Function


' Instanz mit Wert in einer vorgegebenen Einheit anlegen
' Übergabe der Einheit als String
Public Shared Function Create(ByVal value As Double, _
  ByVal unit As String) As TMeasureType

    Dim m As New TMeasureType()

    ' Einheit ermitteln
    Dim u As TMeasureUnit = GetUnit(unit)
    m.ValueSI = u.ToBaseunit(value)
    Return m

End Function
```

Listing 547: Statische Methoden zur Instanzierung von Measurement-Objekten (Forts.)

```
' Ermitteln des TMeasureUnit-Objektes für eine als String
' vorgegebene Einheit
Public Shared Function GetUnit(ByVal unit As String) _
  As TMeasureUnit

    ' Prüfen, ob die Einheit in der Auflistung enthalten ist
    If Not Units.ContainsKey(unit) Then
      ' Wenn nicht, abbrechen mit Exception
      Throw New ApplicationException("Einheit "" " + unit + _
        " "" ist für " + GetType(TMeasureUnit).Name + _
        " nicht erlaubt")
    End If

    ' Einheit der Liste entnehmen und zurückgeben
    Return Units(unit)

End Function
```

Listing 548: Suchen der als String angegebenen Einheit in der Liste der bekannten Einheiten

Werte umrechnen und speichern

Die generische Basisklasse ist auch für den Zugriff auf den gespeicherten Wert zuständig. Hierfür steht die Eigenschaft Value zur Verfügung, die als Standardeigenschaft definiert wird (Listing 549). Sie ist indiziert, um die gewünschte Einheit angeben zu können. Die Einheit kann wieder wahlweise als Referenz des betreffenden MeasurementUnit-Objektes oder als Text angegeben werden.

```
' Indizierte Value-Eigenschaft zum Lesen und Schreiben
' der Werte unter Angabe der Einheit
' Übergabe der Einheit als Referenz des TMeasureUnit-Objektes
Default Public Property Value(ByVal unit As TMeasureUnit) _
  As Double

  Get
    ' Umrechnen von der Basiseinheit in die Zieleinheit
    Return unit.FromBaseunit(ValueSI)
  End Get

  Set(ByVal value As Double)
    ' Umrechnen des zugewiesenen Wertes in die Basiseinheit
    ValueSI = unit.ToBaseunit(value)
  End Set
End Property

' Indizierte Value-Eigenschaft zum Lesen und Schreiben
' der Werte unter Angabe der Einheit
' Übergabe der Einheit als String
Default Public Property Value(ByVal unit As String) As Double

  Get
    ' Umrechnen von der Basiseinheit in die Zieleinheit
    Return GetUnit(unit).FromBaseunit(ValueSI)
  End Get

  Set(ByVal value As Double)
    ' Umrechnen des zugewiesenen Wertes in die Basiseinheit
    ValueSI = GetUnit(unit).ToBaseunit(value)
  End Set
End Property
```

Listing 549: Wert in vorgegebener Einheit abrufen oder setzen

Einheiten abrufen

Gelegentlich ist es nützlich, alle verfügbaren Einheiten einer Klasse abrufen zu können. Hierzu stehen die Methoden GetUnits und GetUnitSymbols zur Verfügung. Die Rückgabe erfolgt jeweils als Array, im ersten Fall vom Typ TMeasureUnit, im zweiten vom Typ String (siehe Listing 550).

```
' Erstellen eines Arrays mit Referenzen aller
' TMeasureUnit-Objekte
' der betreffenden TMeasurement-Klasse
Public Shared Function GetUnits() As TMeasureUnit()

  ' Array anlegen
  Dim allUnits(Units.Values.Count - 1) As TMeasureUnit

  ' Array mit Werten aus der Einheitenliste füllen
```

Listing 550: Abrufen aller verfügbaren Einheiten

```
    Units.Values.CopyTo(allUnits, 0)

    ' Referenz des Arrays zurückgeben
    Return allUnits

End Function

' Erstellen eines Arrays mit allen Symbolen der
' betreffenden TMeasurement-Klasse
Public Shared Function GetUnitSymbols() As String()

    ' Array anlegen
    Dim allUnits(Units.Values.Count - 1) As String

    ' Einheitenliste durchlaufen und Symbole in Array übernehmen
    Dim i As Integer = 0
    For Each unit As TMeasureUnit In Units.Values
      allUnits(i) = unit.Symbol
      i += 1
    Next

    ' Referenz des Arrays zurückgeben
    Return allUnits

End Function
```

Listing 550: Abrufen aller verfügbaren Einheiten (Forts.)

Vergleichsoperatoren

Geht man mit physikalischen Größen um, will man sie oft auch miteinander vergleichen. VB 2005 erlaubt es, die betreffenden Operatoren zu überladen, so dass die Objekte mit den Operatoren =, <= usw. verglichen werden können. Diese Operatorüberladungen wie auch die Überschreibung der für den Vergleich oft benötigten Methode Equals können ebenfalls in der generischen Basisklasse MeasurementBase erfolgen (Listing 551). Auch sie sind an einen bestimmten Typ gebunden, so dass ein Längenmaß nicht mit einem Flächenmaß verglichen werden kann.

```
' Vergleich auf Identität
Overrides Function Equals(ByVal obj As Object) As Boolean
    ' Vergleich der Werte in Basiseinheit
    ' Achtung: hier werden Double-Zahlen verglichen
    Return Me.mValueSI = DirectCast(obj, TMeasureType).ValueSI
End Function

' Identitätsoperator TM1 = TM2
Public Shared Operator =( _
    ByVal op1 As MeasurementBase(Of TMeasureType, TMeasureUnit), _
    ByVal op2 As MeasurementBase(Of TMeasureType, TMeasureUnit)) _
    As Boolean

    Return op1.Equals(op2)
```

Listing 551: Zentrale Implementierung der Vergleichsoperatoren

```
End Operator

' Ungleich-Operator TM1 <> TM2
Public Shared Operator <>( _
  ByVal op1 As MeasurementBase(Of TMeasureType, TMeasureUnit), _
  ByVal op2 As MeasurementBase(Of TMeasureType, TMeasureUnit)) _
  As Boolean

  Return Not op1.Equals(op2)
End Operator

' Größer-Operator  TM1 > TM2
Public Shared Operator >( _
  ByVal op1 As MeasurementBase(Of TMeasureType, TMeasureUnit), _
  ByVal op2 As MeasurementBase(Of TMeasureType, TMeasureUnit)) _
  As Boolean

  Return op1.mValueSI > op2.mValueSI
End Operator

' Kleiner-Operator TM1 < TM2
Public Shared Operator <( _
  ByVal op1 As MeasurementBase(Of TMeasureType, TMeasureUnit), _
  ByVal op2 As MeasurementBase(Of TMeasureType, TMeasureUnit)) _
  As Boolean

  Return op1.mValueSI < op2.mValueSI
End Operator

' Größer-Gleich-Operator TM1 >= TM2
Public Shared Operator >=( _
  ByVal op1 As MeasurementBase(Of TMeasureType, TMeasureUnit), _
  ByVal op2 As MeasurementBase(Of TMeasureType, TMeasureUnit)) _
  As Boolean

  ' Achtung: Vergleich von Double-Werten mit >=
  Return op1.mValueSI >= op2.mValueSI
End Operator

' Kleiner-Gleich-Operator TM1 <= TM2
Public Shared Operator <=( _
  ByVal op1 As MeasurementBase(Of TMeasureType, TMeasureUnit), _
  ByVal op2 As MeasurementBase(Of TMeasureType, TMeasureUnit)) _
  As Boolean

  ' Achtung: Vergleich von Double-Werten mit <=
  Return op1.mValueSI <= op2.mValueSI
End Operator
```

Listing 551: Zentrale Implementierung der Vergleichsoperatoren (Forts.)

Ebenfalls zentral können die Schnittstellen IComparable und IComparable (Of T) implementiert werden (Listing 552). Wie die Vergleichsoperatoren berechnen sie ihr Ergebnis mithilfe der Werte in der Basiseinheit.

```
' Implementierung von IComparable
Public Function CompareTo(ByVal obj As Object) As Integer _
   Implements System.IComparable.CompareTo

   ' Vergleich auf Basis der Double-Werte
   Return _
     Me.mValueSI.CompareTo(DirectCast(obj, TMeasureType).ValueSI)

End Function

' Implementierung von IComparable(Of T)
Public Function CompareTo1(ByVal other As TMeasureType) _
   As Integer _
   Implements System.IComparable(Of TMeasureType).CompareTo

   ' Vergleich auf Basis der Double-Werte
   Return Me.mValueSI.CompareTo(other.ValueSI)
End Function
```

Listing 552: Implementierung der Schnittstellen IComparable und IComparable(Of T)

Ausgabeformatierung

Auch für die Ausgabe von Wert und Einheit werden in der Basisklasse Überschreibungen und Überladungen der Methode ToString bereitgestellt (Listing 553). Die Standardausgabe erfolgt in der Basiseinheit durch Ausgabe des Zahlenwertes, gefolgt vom Symbol der Einheit. Alternativ kann auch die gewünschte Einheit vorgegeben werden.

```
' Überschreibung und Überladungen von ToString
Public Overloads Overrides Function ToString() As String
   ' Normale Ausgabe: Zahlenwert Einheit
   Return String.Format("{0} {1}", mValueSI, BaseUnit.Symbol)
End Function

' Ausgabe mit vorgegebener Einheit
Public Overridable Overloads Function ToString( _
   ByVal unit As TMeasureUnit) As String

   Return String.Format("{0} {1}", Value(unit), unit.Symbol)
End Function

' Ausgabe mit vorgegebener Einheit
Public Overridable Overloads Function ToString( _
   ByVal unit As String) As String

   Return String.Format("{0} {1}", Value(unit), unit)
End Function
```

Listing 553: Formatierung der Ausgabe mittels ToString

Um beispielsweise Nachkommastellen zu begrenzen, werden noch zwei weitere Überladungen von ToString bereitgestellt, die einen String für die Formatierung des Zahlenwertes entgegennehmen (Listing 554).

```
' Ausgabe mit vorgegebener Einheit und Zahlenformat
Public Overridable Overloads Function ToString( _
  ByVal unit As TMeasureUnit, _
  ByVal numberformat As String) As String

  Return String.Format("{0:" & numberformat & "} {1}", _
    Value(unit), unit.Symbol)

End Function

' Ausgabe mit vorgegebener Einheit und Zahlenformat
Public Overridable Overloads Function ToString( _
  ByVal unit As String, _
  ByVal numberformat As String) As String

  Return String.Format("{0:" & numberformat & "} {1}", _
    Value(unit), unit)
End Function
```

Listing 554: ToString-Überladung mit zusätzlichem Formatparameter

Einlesen und Analysieren

Analog zu den Basistypen im Framework wie Integer oder Double stellt auch die Klasse MeasurementBase die Methoden Parse und TryParse zur Verfügung, um aus einem vorgegebenen String den Wert und die Einheit zu ermitteln und das entsprechende Measurement-Objekt anzulegen (Listing 555). Leerzeichen werden automatisch entfernt. Mittels RegEx wird versucht, den Text aufzuteilen. Gelingt das, dann wird die Einheit ermittelt und das Measurement-Objekt angelegt.

```
' Einlesen eines Wertes aus einem String
' Syntax: Zahlenwert Einheit
' Ist die Umwandlung nicht möglich, wird eine Exception ausgelöst
Public Shared Function Parse(ByVal text As String) As TMeasureType

  Try
    ' Einfacher Regex-Ausdruck zur Analyse des Strings
    Dim rg As New Regex("\d+(,|\.)?\d*")

    ' Leerzeichen an den Enden entfernen
    text = text.Trim()

    ' Übereinstimmungen suchen
    Dim rm As Match = rg.Match(text)

    ' Wert und Symbol extrahieren
    Dim value As String = rm.Value
```

Listing 555: Einlesen von Werten als String

```
      Dim symbol As String = text.Substring(rm.Length).Trim()

      ' TMeasure-Objekt anlegen und initialisieren
      Dim m As New TMeasureType()
      m.ValueSI = GetUnit(symbol).ToBaseunit(Double.Parse(value))

      Return m

    Catch ex As Exception
      Throw New ApplicationException("Umwandlung des Strings " + _
        text + " in den Typ " + GetType(TMeasureType).Name + _
        " ist nicht möglich", ex)
    End Try

  End Function

  ' Implementierung von TryParse
  ' Rückgabe True, wenn Umwandlung möglich, sonst False
  ' Anlegen eines TMeasure-Objektes wie bei Parse, wenn Umwandlung
  ' möglich. Rückgabe über ByRef-Parameter
  ' Ist keine Umwandlung möglich, kommt es nicht zu
  ' einer Exception
  Public Shared Function TryParse(ByVal text As String, _
    ByRef result As TMeasureType) As Boolean

    Try
      ' Versuchen, Text mittels Parse zu analysieren
      result = Parse(text)

      ' Kein Fehler: Rückgabe True, result verweist auf das
      ' erstellte TMeasure-Objekt
      Return True

    Catch ex As Exception
      ' Parse hat eine Exception generiert
      ' Rückgabe False, kein neuer Wert für result
      Return False

    End Try

  End Function
```

Listing 555: Einlesen von Werten als String (Forts.)

Typische Eingaben, die umgewandelt werden können, sind:

```
5 m
45,3 m²
67cm
```

Kann der übergebene Text nicht umgewandelt werden, erzeugt Parse eine Exception. TryParse hingegen liefert als Ergebnis True, wenn die Umwandlung erfolgreich war, anderenfalls False. Eine Exception wird nicht generiert. Im Erfolgsfall wird über den Parameter result die Referenz des generierten Measurement-Objektes zurückgegeben.

Wissenschaftliche
Anwendungen

Arithmetische Operatoren

Natürlich will man physikalische Größen auch addieren oder subtrahieren können. Auch hier ist die Typsicherheit wieder oberstes Gebot, damit nicht doch Äpfel und Birnen addiert werden können. Daher werden wiederum in der generischen Basisklasse MeasurementBase die betreffenden Operatoren für generische Typen überladen, so dass sie jeweils nur für Instanzen eines bestimmten Typs eingesetzt werden können.

Allerdings lassen sich nicht alle Operatoren überladen. Addition und Subtraktion sind unproblematisch, da das Ergebnis vom selben Typ ist wie die beiden Operanden:

Länge = 5 m + 3 cm – 3 inch

ist kein Problem, da alle Operanden Längenmaße sind wie auch das Ziel der Zuweisung. Multiplikationen mit einem skalaren einheitslosen Zahlenwert oder Divisionen durch einen solchen sind ebenfalls unproblematisch:

Länge = 4 * 5 m / 7

ändert nichts am Typ der physikalischen Größe. Multiplikationen oder Divisionen zweier physikalischer Größen hingegen ändern sehr wohl den Charakter des Ergebnisses:

Fläche = 4 m * 3 cm

Bei der obigen Multiplikation zweier Längenmaße ergibt sich eine andere physikalische Größe, hier eine Fläche. Diese Fälle können nicht allgemein berücksichtigt werden, sondern müssen bei Bedarf in den betreffenden Klassen abgebildet werden. Etwas anders verhält es sich bei der Division. Der Quotient zweier Längenmaße beschreibt ihr Verhältnis als neutralen Zahlenwert. Daher kann auch der Divisionsoperator für zwei Operanden gleichen Typs implementiert werden.

In der Basisklasse werden daher nur die Additions- und Subtraktionsoperatoren und der Divisionsoperator für Größen gleichen Typs sowie die Multiplikations- und Divisionsoperatoren für die Verknüpfung mit skalaren Werten implementiert (Listing 556).

```
' Allgemein definierbare Operatoren, die für alle Maßeinheiten
' gültig sind. Die Typsicherheit wird durch Angabe der
' eingesetzten generischen Typen sichergestellt

' Addition TM1 + TM2
Public Shared Operator +( _
  ByVal op1 As MeasurementBase(Of TMeasureType, TMeasureUnit), _
  ByVal op2 As MeasurementBase(Of TMeasureType, TMeasureUnit)) _
  As TMeasureType

  Dim m As New TMeasureType()
  m.ValueSI = op1.mValueSI + op2.mValueSI
  Return m
End Operator

' Subtraktion TM1 - TM2
Public Shared Operator -( _
  ByVal op1 As MeasurementBase(Of TMeasureType, TMeasureUnit), _
  ByVal op2 As MeasurementBase(Of TMeasureType, TMeasureUnit)) _
```

Listing 556: Allgemeingültige arithmetische Operatoren

```
      As TMeasureType

      Dim m As New TMeasureType()
      m.ValueSI = op1.mValueSI - op2.mValueSI
      Return m
End Operator

' Skalarmultiplikation TM * k
Public Overloads Shared Operator *( _
      ByVal op1 As MeasurementBase(Of TMeasureType, TMeasureUnit), _
      ByVal op2 As Double) As TMeasureType

      Dim m As New TMeasureType()
      m.ValueSI = op1.mValueSI * op2
      Return m
End Operator

' Skalarmultiplikation k * TM
Public Overloads Shared Operator *( _
      ByVal op1 As Double, _
      ByVal op2 As MeasurementBase(Of TMeasureType, TMeasureUnit)) _
      As TMeasureType

      Dim m As New TMeasureType()
      m.ValueSI = op2.mValueSI * op1
      Return m
End Operator

' Division durch Skalarwert TM / k
Public Overloads Shared Operator /( _
      ByVal op1 As MeasurementBase(Of TMeasureType, TMeasureUnit), _
      ByVal op2 As Double) As TMeasureType

      Dim m As New TMeasureType()
      m.ValueSI = op1.mValueSI / op2
      Return m
End Operator

' Verhältnis TM1 / TM2
Public Overloads Shared Operator /( _
      ByVal op1 As MeasurementBase(Of TMeasureType, TMeasureUnit), _
      ByVal op2 As MeasurementBase(Of TMeasureType, TMeasureUnit)) _
      As Double

      Return op1.mValueSI / op2.mValueSI
End Operator
```

Listing 556: Allgemeingültige arithmetische Operatoren (Forts.)

286   Definition von Längenmaßen

> Die beschriebene Klasse ist Bestandteil der Klassenbibliothek `ScientificLib`. Sie finden sie dort unter `VBCodeBook.ScientificLib.PhysicalMeasurement.Linear`.

In wissenschaftlichen Berechnungen und Dokumentationen wird vorzugsweise mit dem metrischen System gearbeitet, das auch in Europa (außer auf den britischen Inseln) der Standard ist. In den USA sowie im Flug- und Schiffsverkehr kommen aber auch die alten britischen Maße zum Einsatz. Ferner gibt es noch Einheiten im Bereich der Drucktechnik (z.B. Punkt). Eine Klasse für Längenmaße sollte die gängigen Einheiten unterstützen. Listing 557 zeigt die Implementierung der Klasse `Linear`, die die wichtigsten Einheiten berücksichtigt.

```
Public Class Linear
   Inherits MeasurementBase(Of Linear, MeasurementUnit(Of Linear))

   ' Basiseinheit ist Meter
   Public Shared ReadOnly m As New MeasurementUnit _
      (Of Linear)("m", "Meter", 1)

   Public Shared ReadOnly cm As New MeasurementUnit _
      (Of Linear)("cm", "Zentimeter", 100)

   Public Shared ReadOnly mm As New MeasurementUnit _
      (Of Linear)("mm", "Millimeter", 1000)

   Public Shared ReadOnly km As New MeasurementUnit _
      (Of Linear)("km", "Kilometer", 1 / 1000)

   Public Shared ReadOnly ηm As New MeasurementUnit _
      (Of Linear)("ηm", "Mikrometer", 1000000.0)

   Public Shared ReadOnly Inch As New MeasurementUnit _
      (Of Linear)("Inch", "Zoll", 100 / 2.54)

   Public Shared ReadOnly Feet As New MeasurementUnit _
      (Of Linear)("ft", "Fuß", 100 / 30.48)

   Public Shared ReadOnly Yard As New MeasurementUnit _
      (Of Linear)("yard", "Yard", 100 / 91.44)

   Public Shared ReadOnly Mile As New MeasurementUnit _
      (Of Linear)("mi", "Landmeile", 1 / 1609)

   Public Shared ReadOnly NauticalMile As New MeasurementUnit _
      (Of Linear)("nm", "Nautische Meile", 1 / 1852.1)

   Public Shared ReadOnly Point As New MeasurementUnit _
      (Of Linear)("pt", "Punkt", 100 / 2.54 * 72)


End Class
```

Listing 557: Die Klasse Linear erlaubt den Umgang mit Längenmaßen

Wie bereits erwähnt fällt die Implementierung der Klasse recht einfach aus. Der Typ der physikalischen Größe, der als generischer Parameter angegeben werden muss, ist die Klasse selbst. Der Typ der Klasse für die zugeordneten physikalischen Einheiten ist `MeasurementUnit(Of Linear)`. Für jede unterstützte Einheit wird eine Instanz dieser Klasse angelegt und in je einem statischen Feld entsprechenden Namens referenziert. Dem Konstruktor werden Symbol, Bezeichnung und Umrechnungsfaktor übergeben. Der Umrechnungsfaktor ist der Zahlenwert, mit dem der Wert der Größe in ihrer Basiseinheit (hier Meter) multipliziert werden muss, um die Zieleinheit zu erhalten.

Interessant ist nun, wie sich mit dieser Klasse arbeiten lässt. Dazu an dieser Stelle eine Reihe von Beispielen, die sich auch auf die Klassen in den folgenden Rezepten übertragen lassen.

Instanzierung

Da der Standardkonstruktor zur Verfügung steht, lässt sich eine Instanz anlegen mit

```
Dim L1 As New VBCodeBook.ScientificLib.PhysicalMeasurement.Linear
```

L1 hat damit automatisch den Wert 0 (m).

Um nicht ständig den vollständigen Namensraum mit angeben zu müssen, empfiehlt sich die Definition eines Import-Statements:

```
Imports VBCodeBook.ScientificLib.PhysicalMeasurement
```

Dann lässt sich eine Instanzierung auch kürzer formulieren. Möchte man direkt einen Wert zuordnen, kann man auf die Create-Methoden der Basisklasse zurückgreifen:

```
Dim L2 As Linear = Linear.Create(100)
```

L2 hat einen Wert von 100 Metern. Auch die Einheit eines Wertes kann bei der Instanzierung angegeben werden:

```
Dim L3 As Linear = Linear.Create(100, Linear.Inch)
```

So wird ein Wert von 100 Zoll definiert. Visual Basic lässt mittels Import eine weitere Vereinfachung zu:

```
Imports VBCodeBook.ScientificLib.PhysicalMeasurement.Linear
...
Dim L4 As Linear = Linear.Create(10, m)
```

Voraussetzung ist hier natürlich, dass der Name der Einheit im vorliegenden Kontext eindeutig ist. Dieselbe Funktionalität können Sie auch durch Überladen des Konstruktors erreichen. Die betreffenden Konstruktoren wie auch der Standardkonstruktor müssen dann aber in der Klasse Linear implementiert werden.

Benötigen Sie die Imports-Anweisung in mehreren Dateien, fügen Sie einfach einen projektweiten Import hinzu (*My Project / References / Imported namespaces / Add*).

Ausgabe mit ToString

Die Methode `ToString` erlaubt es, den Wert eines Objektes als Text darzustellen. In vielen Fällen wird die Methode automatisch aufgerufen, beispielsweise beim Aufruf von `Console.WriteLine`:

```
Console.WriteLine(L1)
Console.WriteLine(L2)
Console.WriteLine(L3)
Console.WriteLine(L4)
```

erzeugt eine Ausgabe wie in Abbildung 274.

Abbildung 274: Umwandlung in Meter mittels ToString

Wird beim Aufruf von `ToString` kein Parameter übergeben, wie es ja bei der ursprünglichen Definition von `Object.ToString` vorgesehen ist, dann erfolgt die Ausgabe in der Basiseinheit. Alle Werte werden somit in Meter umgerechnet und dem Zahlenwert das entsprechende Symbol angehängt. Möchten Sie die Ausgabe in anderen Einheiten vornehmen, können Sie wieder auf verschiedene Varianten zurückgreifen. `ToString` gibt es in der Basisklasse in zwei weiteren Versionen:

```
Console.WriteLine(L1.ToString(Linear.km))
Console.WriteLine(L2.ToString(cm))
Console.WriteLine(L3.ToString("mi"))
Console.WriteLine(L4.ToString("Inch"))
```

führt zur Ausgabe wie in Abbildung 275.

Abbildung 275: Umwandlung in gewünschte Einheit

Zu beachten ist allerdings, dass bei Angabe der Einheit als String keine Prüfung durch den Compiler erfolgen kann. Ist die Einheit falsch geschrieben (Groß- und Kleinschreibung muss beachtet werden), dann kommt es zu einem Laufzeitfehler. Daher sollte der anderen Variante, bei der explizit eine Instanz der entsprechenden Einheitenklasse (wie in den ersten beiden Anweisungen) angeben wird, der Vorzug gegeben werden.

Zwei weitere Überladungen von `ToString` erlauben die Formatierung des Zahlenwertes. Die Ausgaben in Meilen und Inch sind im vorangegangenen Beispiel mit vielen Nachkommastellen versehen. Durch Übergabe eines Formatstrings lässt sich das Zahlenformat vorgeben:

```
Console.WriteLine(L3.ToString("mi", "0.0000"))
Console.WriteLine(L4.ToString(Linear.Inch, "0.00"))
```

Die angepasste Ausgabe sieht dann so aus:

```
0,0016 mi
393,70 Inch
```

Wertzuweisungen

Die Eigenschaft `Value` lässt das Abfragen und das Zuweisen von Werten zu. Möchten Sie einer Instanz von Linear einen neuen Wert zuweisen, kann das wie folgt geschehen:

```
L1.Value(Linear.cm) = 3
L2.Value(m) = 4
L3.Value("km") = 5
```

oder kürzer

```
L1(Linear.cm) = 3
L2(m) = 4
L3("km") = 5
```

Eine Ausgabe der drei Werte in Meter zeigt Abbildung 276.

Abbildung 276: Werte nach Zuweisung

Die Zuweisung eines Zahlenwertes hingegen ist nicht erlaubt:

```
L1 = 3
```

wird vom Compiler abgelehnt. Auch die Zuweisung eines anderen Typs wie Speed oder Tempe-rature ist nicht zulässig. Eine Zuweisung in der Standardeinheit kann über die Eigenschaft ValueSI erfolgen:

```
L2.ValueSI = 4
```

Die Umwandlung in einen Double-Wert erfolgt gleichermaßen. Zum Beispiel erzeugt der fol-gende Code

```
Dim d1 As Double = L1.ValueSI
Dim d2 As Double = L2.Value(Linear.km)
Dim d3 As Double = L3.Value(cm)
Dim d4 As Double = L4.Value("ηm")

Console.WriteLine(d1)
Console.WriteLine(d2)
Console.WriteLine(d3)
Console.WriteLine(d4)
```

diese Ausgabe:

```
0,03
0,004
500000
10000000
```

Da Value die indizierte Standardeigenschaft ist, kann der Zugriff hier ebenfalls direkt über die Indizierung erfolgen:

```
Dim d2 As Double = L2(Linear.km)
Dim d3 As Double = L3(cm)
Dim d4 As Double = L4("ηm")
```

Auch hier gibt es wieder aus Gründen der Typsicherheit keinen impliziten Operator für die Typumwandlung. Eine Anweisung wie

```
Dim d1 As Double = L1
```

wird vom Compiler abgewiesen.

Vergleichen von Längenmaßen

Dank der Überladungen der Vergleichsoperatoren in der Basisklasse können Längenmaße wie Double-Werte verglichen werden. Bei der Überprüfung von Identität bzw. Nichtidentität muss allerdings die Problematik der Gleitkommazahlen beachtet werden. Hier ein Beispiel für den Vergleich dreier Längenmaße:

```
L1(m) = 10
L2(cm) = 1000
L3(Inch) = 200

Console.WriteLine(L1 = L2)
Console.WriteLine(L1 = L3)
Console.WriteLine(L1 > L3)
```

führt zur Ausgabe von

```
True
False
True
```

Die Operatoren erlauben nur den Vergleich von Längenmaßen untereinander. Beide Operanden müssen vom Typ Linear sein. Ein Vergleich mit einem skalaren Wert oder einer Fläche wird vom Compiler abgewiesen.

Sortieren von Längenmaßen

Listen oder Arrays von Längenmaßen können dank der Implementierungen von IComparable und IComparable (Of T) einfach über den Aufruf der entsprechenden Sort-Methode vorgenommen werden.

Im ersten Beispiel wird ein Array von Längenmaßen sortiert:

```
Dim Distances() As Linear = _
{ _
  Linear.Create(3, m), _
  Linear.Create(66, cm), _
  Linear.Create(1, NauticalMile), _
  Linear.Create(6262, ηm) _
}

For Each dist As Linear In Distances
  Console.WriteLine(dist)
Next

Console.WriteLine("***************")

Array.Sort(Distances)

For Each dist As Linear In Distances
  Console.WriteLine(dist)
Next
```

erzeugt die Ausgabe:

```
3 m
0,66 m
1852,1 m
```

```
0,006262 m
***************
0,006262 m
0,66 m
3 m
1852,1 m
```

Der Aufruf von `Sort` für das Array vom Typ `Linear` ruft die generische Variante der `IComparable`-Implementierung auf. Wird stattdessen ein Array vom Typ `Object` verwendet, wird die nicht generische Implementierung verwendet.

```
Dim Distances() As Object = _
{ _
  Linear.Create(3, m), _
  Linear.Create(66, cm), _
  Linear.Create(1, NauticalMile), _
  Linear.Create(6262, ηm) _
}

Array.Sort(Distances)
```

Das Ergebnis ist in beiden Fällen identisch.

Auch generische Listen lassen sich sortieren. Hier kommt wieder die generische Variante von `IComparable` zum Einsatz.

```
Dim values As New List(Of Linear)
values.Add(Linear.Create(4, m))
values.Add(Linear.Create(77, cm))
values.Add(Linear.Create(88, NauticalMile))
values.Add(Linear.Create(123, mm))

values.Sort()

For Each Value As Linear In values
  Console.WriteLine(Value)
Next
```

erzeugt die Ausgabe

```
0,123 m
0,77 m
4 m
162984,8 m
```

Arithmetische Operatoren verwenden

Die Überladung der Additions- und Subtraktionsoperatoren in `MeasurementBase` ermöglicht die Addition oder Subtraktion von Längenmaßen:

```
L1 = L2 + L3 - L4
```

Hier wird zunächst der Additionsoperator für L2 und L3 aufgerufen und anschließend das Zwischenergebnis und L4 an den Subtraktionsoperator übergeben. Dieser berechnet das Gesamtergebnis, welches L1 zugewiesen wird.

Wissenschaftliche Anwendungen

So lassen sich intuitiv Längenmaße typsicher addieren oder subtrahieren. Eine Verknüpfung mit falschen Typen wird verhindert. Der folgende Code erzeugt einen Syntaxfehler:

```
L1 = L2 + 16
```

Die Multiplikation eines Längenmaßes mit einem Zahlenwert ist erlaubt und ergibt wiederum ein Längenmaß. Ebenso ist die Division durch einen Zahlenwert möglich. Nachfolgend sind einige Beispiele gültiger Operationen aufgeführt:

```
L1 = L2 * 100
L1 *= 5
L2 = 300 * L4
L2 /= 7
L3 = L4 / 3
```

Möglich ist auch, mithilfe der Division das Verhältnis zweier Längenmaße zu ermitteln:

```
Dim d As Double = L1 / L2
```

Nicht erlaubt ist hingegen die Multiplikation zweier Längenmaße:

```
L1 = L2 * L3
```

führt zu einem Syntaxfehler.

Allerdings macht die Multiplikation zweier Längenmaße durchaus Sinn. Der Ergebnistyp ist dann aber kein Längen-, sondern ein Flächenmaß. Aus diesem Grund haben wir die Klasse `Linear` um einige Operatorüberladungen erweitert (Listing 558). Sie greifen vor auf die Beispiele in den nachfolgenden Rezepten zu Flächenmaßen, Volumen und Geschwindigkeiten.

```
' Strecke * Strecke = Fläche
Public Overloads Shared Operator *(ByVal op1 As Linear, _
   ByVal op2 As Linear) As Surface

   Return Surface.Create(op1.mValueSI * op2.mValueSI)

End Operator

' Strecke * Fläche = Volumen
Public Overloads Shared Operator *(ByVal op1 As Linear, _
   ByVal op2 As Surface) As Cubic

   Return Cubic.Create(op1.mValueSI * op2.ValueSI)

End Operator

' Fläche * Strecke = Volumen
Public Overloads Shared Operator *(ByVal op1 As Surface, _
   ByVal op2 As Linear) As Cubic

   Return Cubic.Create(op1.ValueSI * op2.ValueSI)

End Operator
```

Listing 558: Zusätzliche Operatoren erlauben die Verknüpfung mit anderen physikalischen Größen

```
' Strecke / Zeit = Geschwindigkeit
Public Overloads Shared Operator /(ByVal op1 As Linear, _
  ByVal op2 As Time) As Speed

  Return Speed.Create(op1.ValueSI / op2.ValueSI)

End Operator
```

Listing 558: Zusätzliche Operatoren erlauben die Verknüpfung mit anderen physikalischen Größen (Forts.)

Das Produkt zweier Längen ist eine Fläche. Das Produkt einer Länge mit einer Fläche ergibt ein Volumen. Hierfür sind zwei Operatorüberladungen notwendig, da die Reihenfolge der Operatortypen sonst festgelegt wäre. Die Division einer Strecke durch eine Zeit ergibt eine Geschwindigkeit. Die entsprechenden Klassen werden in den nachfolgenden Rezepten beschrieben.

Abrufen der verfügbaren Einheiten für Längenmaße

Die Implementierungen in der Basisklasse machen es möglich, abzufragen, welche Einheiten in der Klasse Linear vorgesehen wurden. Zwei Varianten stehen zur Verfügung. Die erste liefert ein String-Array mit den Symbolen der jeweiligen Einheiten:

```
For Each symbol As String In Linear.GetUnitSymbols()
  Console.WriteLine(symbol)
Next
```

erzeugt die Ausgabe:

```
m
cm
mm
km
ηm
Inch
ft
yard
mi
nm
pt
```

Die zweite Variante gibt die Referenzen der betreffenden Einheitenobjekte zurück:

```
For Each unit As MeasurementUnit In Linear.GetUnits()
  Console.WriteLine("{0} [{1}], Faktor: {2}, Offset: {3}", _
    unit.Name, unit.Symbol, unit.Factor, unit.Offset)
Next
```

führt zur Ausgabe von:

```
Meter [m], Faktor: 1, Offset: 0
Zentimeter [cm], Faktor: 100, Offset: 0
Millimeter [mm], Faktor: 1000, Offset: 0
Kilometer [km], Faktor: 0,001, Offset: 0
Mikrometer [ηm], Faktor: 1000000, Offset: 0
Zoll [Inch], Faktor: 39,3700787401575, Offset: 0
```

```
Fuß [ft], Faktor: 3,28083989501312, Offset: 0
Yard [yard], Faktor: 1,09361329833771, Offset: 0
Landmeile [mi], Faktor: 0,000621504039776259, Offset: 0
Nautische Meile [nm], Faktor: 0,000539927649694941, Offset: 0
Punkt [pt], Faktor: 2834,64566929134, Offset: 0
```

So lassen sich alle relevanten Informationen zu allen Einheiten abfragen. Eine andere Möglichkeit besteht darin, ein Längenmaß automatisch in allen verfügbaren Einheiten auszugeben:

```
L1 = Linear.Create(100, m)
For Each unit As MeasurementUnit(Of Linear) In Linear.GetUnits()
  Console.WriteLine(L1.ToString(unit))
Next
```

generiert die folgende Ausgabe:

```
100 m
10000 cm
100000 mm
0,1 km
100000000 ηm
3937,00787401575 Inch
328,083989501312 ft
109,361329833771 yard
0,0621504039776258 mi
0,0539927649694941 nm
283464,566929134 pt
```

Zu beachten ist hier, dass der Typ für die Schleifenvariable MeasurementUnit (Of Linear) sein muss. Die nicht generische Basisklasse MeasurementUnit reicht im Gegensatz zum vorangegangenen Beispiel hier nicht aus, da ToString nur die typsichere Variante zulässt.

Alternativ, aber eben nicht typsicher, lässt sich dasselbe wiederum über die Angabe der Einheit als String erreichen:

```
For Each symbol As String In Linear.GetUnitSymbols()
  Console.WriteLine(L1.ToString(symbol))
Next
```

Die Schleife führt zur selben Ausgabe wie die typsichere Variante im vorangegangenen Beispiel.

Texte analysieren

Durch die Implementierung der Methode Parse wird das Umwandeln von Texten in ein Objekt vom Typ Linear vereinfacht. Woher die Texte kommen, ob Datei, Textkonstante oder Benutzereingabe, spielt keine Rolle. Wichtig ist lediglich, dass das korrekte Format eingehalten wird. Folgende gültige Umwandlung:

```
Dim t As String = "53 cm"
L1 = Linear.Parse(t)
Console.WriteLine(L1)
```

führt zur Ausgabe von:

```
0,53 m
```

Leerzeichen werden entfernt und spielen keine Rolle. Strings wie

```
Dim t As String = "53cm"
Dim t As String = " 53cm"
Dim t As String = "  53  cm  "
```

führen beim Aufruf von `Parse` alle zum gleichen Ergebnis. Dezimalkomma bzw. -punkt werden gemäß der aktuellen länderspezifischen Einstellungen behandelt. In der deutschen Einstellung führt

```
Dim t As String = "123,456 cm"
L1 = Linear.Parse(t)
Console.WriteLine(L1)
```

zur Ausgabe von:

```
1,23456 m
```

Ist die Umwandlung nicht möglich, weil das Eingabeformat nicht passt oder eine falsche Einheit angegeben wurde, wird eine Exception ausgelöst.

```
L2 = Linear.Parse("m 45")
```

führt zu einem Ausnahmefehler mit folgender Meldung:

```
Umwandlung des Strings m 45 in den Typ Linear ist nicht möglich
```

Dasselbe gilt für den Aufruf mit einer falschen Maßeinheit:

```
L2 = Linear.Parse("45 qm")
```

Sollen Exceptions vermieden werden, auch wenn nicht sicher ist, dass eine Umwandlung Gültigkeit besitzt, dann kann alternativ auf die Methode `TryParse` zurückgegriffen werden:

```
t = "1,2 mm"
If Linear.TryParse(t, L1) Then
  Console.WriteLine(L1)
Else
  Console.WriteLine("Umwandlung nicht möglich")
End If
```

Der String lässt sich fehlerfrei umsetzen. Als Ausgabe erhält man:

```
0,0012 m
```

Für

```
t = "1,2 qm"
```

wird hingegen die Ausgabe

```
Umwandlung nicht möglich
```

generiert. Exceptions, die innerhalb von `TryParse` auftreten, werden dort abgefangen. Eine Fehlerbehandlung im rufenden Code ist nicht erforderlich.

287 Entfernungen und Höhen differenzieren

> Die beschriebene Klasse ist Bestandteil der Klassenbibliothek ScientificLib. Sie finden sie dort im Namensraum VBCodeBook.ScientificLib.PhysicalMeasurement.

Auch wenn Entfernungen und Höhen auf derselben physikalischen Größe, nämlich dem Längenmaß, basieren, ist es beispielsweise bei Programmen für den Luftverkehr sinnvoll, die Verwechslungsgefahr einzudämmen. Im internationalen Flugverkehr werden Entfernungen daher immer in nautischen Meilen und Höhen immer in Fuß angegeben. Im nationalen Bereich kann davon allerdings abgewichen werden.

In der Software wäre es hilfreich, wenn versehentliche Zuweisungen oder Rechenoperationen von Entfernungs- und Höhenangaben als Fehler bereits zur Compilezeit erkannt würden. Der folgende Code stellt eine solche fehlerhafte Programmierung dar, die der Compiler aber nicht erkennen kann:

```
Dim dist1 As Linear = Linear.Create(100, km)
Dim alt1 As Linear = Linear.Create(1000, Feet)
Console.WriteLine(dist1 + alt1)
```

Beide Variablen sind vom Typ Linear, so dass eine Addition erlaubt ist. Ein möglicher Ausweg besteht darin, zwei zusätzliche Klassen für Längenmaße zu definieren: Distance (Listing 559) für Entfernungs- und Altitude (Listing 560) für Höhenangaben.

```
Public Class Distance
  Inherits MeasurementBase(Of Distance, _
  MeasurementUnit(Of Linear))

  ' Basiseinheit ist Meter
  Public Shared ReadOnly m As MeasurementUnit(Of Linear) _
    = Linear.m

  Public Shared ReadOnly km As MeasurementUnit(Of Linear) _
    = Linear.km

  Public Shared ReadOnly Mile As MeasurementUnit(Of Linear) _
    = Linear.Mile

  Public Shared ReadOnly NauticalMile As MeasurementUnit _
    (Of Linear) = Linear.NauticalMile

  Public Shared Narrowing Operator CType(ByVal op As Distance) _
    As Linear

    Return Linear.Create(op.mValueSI)

  End Operator

  Public Shared Narrowing Operator CType(ByVal op As Linear) _
    As Distance
```

Listing 559: Distance dient zur Berechnung von Entfernungen

```
      Return Distance.Create(op.ValueSI)

   End Operator

End Class
```

Listing 559: Distance dient zur Berechnung von Entfernungen (Forts.)

```
Public Class Altitude
   Inherits MeasurementBase(Of Altitude, _
   MeasurementUnit(Of Linear))

   ' Basiseinheit ist Meter
   Public Shared ReadOnly m As MeasurementUnit(Of Linear) _
      = Linear.m

   Public Shared ReadOnly Feet As MeasurementUnit(Of Linear) _
      = Linear.Feet

   Public Shared Narrowing Operator CType(ByVal op As Altitude) _
      As Linear

      Return Linear.Create(op.mValueSI)

   End Operator

   Public Shared Narrowing Operator CType(ByVal op As Linear) _
      As Altitude

      Return Altitude.Create(op.ValueSI)

   End Operator

End Class
```

Listing 560: Altitude dient zur Berechnung von Höhen

Interessant sind bei diesen beiden Klassen ein paar Besonderheiten. Während die generische Typangabe für MeasurementBase Distance bzw. Altitude ist, basieren beide auf demselben Einheitentyp, nämlich MeasurementUnit (Of Linear). Dadurch wird erreicht, dass die in der Klasse Linear definierten Einheiten verwendet werden können.

Die Definition der statischen Felder für die Einheiten weicht dann auch von der in anderen Klassen ab. Es werden keine neuen Instanzen angelegt, sondern die bereits existierenden der Klasse Linear verwendet. Nur die Einheiten, die für die jeweiligen Angaben sinnvoll sind, werden berücksichtigt. Für Entfernungsangaben sind das Meter, Kilometer, Meilen und Seemeilen, für Höhenangaben nur Meter und Fuß.

Das Eingangsbeispiel entsprechend abgewandelt:

```
Dim dist2 As Distance = Distance.Create(100, km)
Dim alt2 As Altitude = Altitude.Create(300, Feet)
Console.WriteLine(dist2 + alt2) ' geht nicht!
```

Wissenschaftliche Anwendungen

führt nun zu einem Syntaxfehler, da Entfernungen und Höhen nicht addiert werden können.

Damit es möglich ist, per Typecast Objekte vom Typ Distance oder Altitude in den Typ Linear zu überführen und vice versa, werden beide Klassen mit entsprechenden Typecast-Operatoren ausgerüstet. Alle Operatoren werden als explizite (Narrowing) Operatoren definiert, da implizite Operatoren an dieser Stelle die Typsicherheit wieder zunichte machen würden. Eine Typumwandlung muss daher mittels CType erfolgen:

```
Dim L As Linear
L = CType(dist2, Linear)
L = CType(alt2, Linear)

dist2 = CType(L, Distance)
alt2 = CType(L, Altitude)
```

Versucht man, einer Variablen vom Typ Altitude einen Wert vom Typ Linear zuzuweisen, zeigt bereits die Entwicklungsumgebung einen Fehler an und schlägt die explizite Typumwandlung als Lösung vor (Abbildung 277).

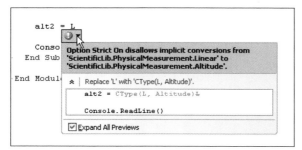

Abbildung 277: Es erfolgt keine implizite Typumwandlung von Linear nach Altitude

Weitere Operatoren müssen bei Bedarf zusätzlich implementiert werden, da ohne Typecast die der Klasse Linear nicht benutzt werden können. Während Flächen- und Volumenberechnungen bei Höhen- und Entfernungsangaben vermutlich eher uninteressant sind, kommen Geschwindigkeitsberechnungen sehr wohl infrage. In diesem Zusammenhang wäre es eine Überlegung wert, auch zwischen Horizontal- und Vertikalgeschwindigkeiten zu unterscheiden. In den nachfolgenden Rezepten haben wir allerdings darauf verzichtet und nur eine Klasse (Speed) für den Umgang mit Geschwindigkeiten definiert.

288 Definition von Flächenmaßen

> Die beschriebene Klasse ist Bestandteil der Klassenbibliothek ScientificLib. Sie finden sie dort im Namensraum VBCodeBook.ScientificLib.PhysicalMeasurement.

Analog zur Klasse Linear stellt die Klasse Surface alles bereit, um mit Flächenmaßen zu arbeiten. Der Aufbau ist ganz ähnlich (Listing 561). Eine kleine Besonderheit stellen einige Einheiten dar, die doppelt definiert wurden. Während µm bei den Längeneinheiten auch als Bezeichner verwendet werden kann, ist m² oder cm² nicht als Name in einem Visual Basic Programm erlaubt. Daher wurde für Quadratmeter der Name Squaremeter vorgesehen. Allerdings ist dann die Angabe der Einheit etwas länglich. Im deutschsprachigen Raum ist für Quadratmeter auch die Abkürzung qm geläufig. Deswegen wurde ein zweiter Bezeichner mit diesem Namen vorgesehen. Gleiches gilt für qcm (Quadratzentimeter).

```vbnet
Public Class Surface
  Inherits MeasurementBase(Of Surface, _
  MeasurementUnit(Of Surface))

  ' Basiseinheit ist Quadratmeter
  Public Shared ReadOnly Squaremeter As New MeasurementUnit _
    (Of Surface)("m²", "Quadratmeter", 1)

  Public Shared ReadOnly Squarecentimeter As New MeasurementUnit _
    (Of Surface)("cm²", "Quadratzentimeter", 10000)

  Public Shared ReadOnly Squaremillimeter As New MeasurementUnit _
    (Of Surface)("mm²", "Quadratmillimeter", 1000000.0)

  Public Shared ReadOnly Squarekilometer As New MeasurementUnit _
    (Of Surface)("km²", "Quadratkilometer", 1 / 1000000)

  Public Shared ReadOnly Hektar As New MeasurementUnit _
    (Of Surface)("ha", "Hektar", 1 / 10000)

  Public Shared ReadOnly Ar As New MeasurementUnit _
    (Of Surface)("ar", "Ar", 1 / 100)

  Public Shared ReadOnly Squareinch As New MeasurementUnit _
    (Of Surface)("inch²", "Quadratzoll", 10000 / 6.452)

  Public Shared ReadOnly Squarefoot As New MeasurementUnit _
    (Of Surface)("ft²", "Quadratfuß", 10000 / 929.029)

  Public Shared ReadOnly Squareyard As New MeasurementUnit _
    (Of Surface)("yard²", "Quadratyard", 10000 / 8361.26)

  Public Shared ReadOnly Squaremile As New MeasurementUnit _
    (Of Surface)("mile²", "Quadratmeile", 1 / 2590000)

  Public Shared ReadOnly Acre As New MeasurementUnit _
    (Of Surface)("acre²", "Acre", 1 / 4046.8)

  ' Alternativen mit kurzen Bezeichnern
  Public Shared ReadOnly qm As New MeasurementUnit _
    (Of Surface)("qm", "Quadratmeter", 1)

  Public Shared ReadOnly qcm As New MeasurementUnit _
    (Of Surface)("qcm", "Quadratzentimeter", 10000)

  ' Fläche / Strecke = Strecke
  Public Overloads Shared Operator /(ByVal op1 As Surface, _
    ByVal op2 As Linear) As Linear

    Return Linear.Create(op1.mValueSI / op2.ValueSI)
```

Listing 561: Die Klasse Surface hilft beim Umgang mit Flächen

```
   End Operator

End Class
```

Listing 561: Die Klasse Surface hilft beim Umgang mit Flächen (Forts.)

Der folgende Beispielcode erzeugt die in Abbildung 278 gezeigte Ausgabe.

```
' Definitionen
Dim F1 As Surface = Surface.Create(20, Surface.qm)
Dim F2 As Surface = Surface.Create(30, qcm)
Dim F3 As Surface = Surface.Create(40, "ha")

' Operationen
F1 += F3 / 25 - F2

' Ausgaben in allen Einheiten
For Each unit As MeasurementUnit(Of Surface) In Surface.GetUnits()
   Console.WriteLine(F1.ToString(unit))
Next
```

Abbildung 278: Berechnen von Flächenmaßen

Erwähnenswert ist auch der zusätzliche Divisionsoperator, der es erlaubt, eine Fläche durch eine Längeneinheit zu dividieren. Eine Berechnung wie

```
Dim Wandlänge1 As Linear = Linear.Create(455, cm)
Dim Wohnfläche As Surface = Surface.Create(50, qm)
Dim Wandlänge2 As Linear = Wohnfläche / Wandlänge1
Console.WriteLine(Wandlänge2)
```

ergibt dann die Ausgabe:

```
10,989010989011 m
```

Auch aus zwei Längenmaßen lässt sich eine Fläche berechnen:

```
Wandlänge1 = Linear.Create(3.4, m)
Wandlänge2 = Linear.Create(337, cm)
Wohnfläche = Wandlänge1 * Wandlänge2
Console.WriteLine(Wohnfläche)
```

führt zur Ausgabe von

```
11,458 m²
```

289 Definition von Volumen

Die beschriebene Klasse ist Bestandteil der Klassenbibliothek `ScientificLib`. Sie finden sie dort im Namensraum `VBCodeBook.ScientificLib.PhysicalMeasurement`.

Ähnlich aufgebaut wie die Klasse `Surface` bietet die Klasse `Cubic` Unterstützung für den Umgang mit Raummaßen. Zwei Überladungen des Divisionsoperators ermöglichen die Division eines Volumens durch eine Fläche bzw. ein Längenmaß. Listing 562 zeigt die Implementierung der Klasse `Cubic`.

```
Public Class Cubic
    Inherits MeasurementBase(Of Cubic, MeasurementUnit(Of Cubic))

    ' Basiseinheit ist Kubikmeter
    Public Shared ReadOnly Cubicmeter As New MeasurementUnit _
        (Of Cubic)("m³", "Kubikmeter", 1)

    Public Shared ReadOnly Cubiccentimeter As New MeasurementUnit _
        (Of Cubic)("cm³", "Kubikzentimeter", 100000)

    Public Shared ReadOnly Cubicmillimeter As New MeasurementUnit _
        (Of Cubic)("mm³", "Kubikmillimeter", 1000000000.0)

    Public Shared ReadOnly Cubickilometer As New MeasurementUnit _
        (Of Cubic)("km³", "Kubikkilometer", 1 / 1000000000.0)

    Public Shared ReadOnly Liter As New MeasurementUnit _
        (Of Cubic)("l", "Liter", 1000)

    Public Shared ReadOnly Gallon As New MeasurementUnit _
        (Of Cubic)("gallon", "Gallone", 1000 / 3.7853)

    Public Shared ReadOnly Pint As New MeasurementUnit _
        (Of Cubic)("pint", "Pint", 1000 / 0.568)

    Public Shared ReadOnly Barrel As New MeasurementUnit _
        (Of Cubic)("barrel", "Barrel", 1000 / 119.228)

    Public Shared ReadOnly BarrelPetroleum As New MeasurementUnit _
        (Of Cubic)("barrelPetroleum", _
        "BarrelPetroleum", 1000 / 158.97)

    Public Shared ReadOnly CubicInch As New MeasurementUnit _
        (Of Cubic)("CubicInch", "CubicInch", 100000 / 16.387)

    Public Shared ReadOnly CubicFoot As New MeasurementUnit _
        (Of Cubic)("CubicFoot", "CubicFoot", 1 / 0.02832)


    ' Raum / Strecke = Fläche
    Public Overloads Shared Operator /(ByVal op1 As Cubic, _
```

Listing 562: Die Klasse Cubic vereinfacht den Umgang mit Raummaßen

```
        ByVal op2 As Linear) As Surface

        Return Surface.Create(op1.ValueSI / op2.ValueSI)

    End Operator

    ' Raum / Fläche = Strecke
    Public Overloads Shared Operator /(ByVal op1 As Cubic, _
     ByVal op2 As Surface) As Linear

        Return Linear.Create(op1.ValueSI / op2.ValueSI)

    End Operator

End Class
```

Listing 562: Die Klasse Cubic vereinfacht den Umgang mit Raummaßen (Forts.)

Etwas kritisch sind die nicht metrischen Maße wie Gallon, Pint oder Barrel. Für sie gibt es unterschiedliche Definitionen in Großbritannien und den USA. Bei Bedarf sollten daher die Umrechnungsfaktoren kontrolliert werden.

Ein paar Beispiele zum Umgang mit der Klasse Cubic:

```
Dim V1 As Cubic = Cubic.Create(1.5, Cubic.Cubicmeter)
Dim V2 As Cubic = Cubic.Create(456, "cm³")
Dim L As Linear = Linear.Create(10, cm)
Dim Cube As Cubic = L * L * L
Console.WriteLine(V1)
Console.WriteLine(V2)
Console.WriteLine(Cube)
Dim V3 As Cubic = V1 + V2 - Cube
Console.WriteLine(V3)
```

Und die Augabe hierzu:

```
1,5 m³
0,00456 m³
0,001 m³
1,50356 m³
```

290 Definition von Zeiten

> Die beschriebene Klasse ist Bestandteil der Klassenbibliothek ScientificLib. Sie finden sie dort im Namensraum VBCodeBook.ScientificLib.PhysicalMeasurement.

In wissenschaftlichen Berechnungen werden Zeitangaben meist als relative Zeiten, also Zeitspannen verstanden. Um beispielsweise eine Geschwindigkeit zu berechnen, dividiert man eine Strecke durch die Zeitspanne, die man für das Zurücklegen dieser Strecke benötigt hat. Das Framework stellt zu diesem Zweck die Struktur TimeSpan zur Verfügung, die bereits über eine Fülle von Eigenschaften und Methoden für verschiedenartige Umrechnungen verfügt.

Da sich TimeSpan aber nicht direkt in das vorgestellte Konzept der Klassen für physikalische Größen einpasst, wird auch für die Zeit eine eigene Klasse definiert (Klasse Time, Listing 563).

Sie wird ergänzt um zusätzliche Konstruktoren und Überladungen von Create, um aus einer vorhandenen TimeSpan-Struktur ein Time-Objekt zu generieren. Ein zusätzlicher impliziter Typecast-Operator erlaubt die Umwandlung eines Time-Objekts in eine TimeSpan-Struktur. So lassen sich die im Framework vorhandenen TimeSpan-Funktionalitäten zusätzlich nutzen.

```vbnet
Public Class Time
  Inherits MeasurementBase(Of Time, MeasurementUnit(Of Time))

    ' Basiseinheit ist Sekunde
    Public Shared ReadOnly Second As New MeasurementUnit _
      (Of Time)("s", "Sekunde", 1)

    Public Shared ReadOnly Minute As New MeasurementUnit _
      (Of Time)("min", "Minute", 1 / 60)

    Public Shared ReadOnly Hour As New MeasurementUnit _
      (Of Time)("h", "Stunde", 1 / 3600)

    Public Shared ReadOnly Day As New MeasurementUnit _
      (Of Time)("d", "Tag", 1 / 3600 / 24)

    Public Shared ReadOnly Millisecond As New MeasurementUnit _
      (Of Time)("ms", "Millisekunde", 1000)

    ' Implizite Umrechnung in Timespan
    Public Shared Widening Operator CType(ByVal op As Time) _
      As TimeSpan

      Return New TimeSpan(CLng(op.mValueSI * 10000000))

    End Operator

    ' Leerer Standardkonstruktor muss angelegt werden
    Public Sub New()
    End Sub

    ' Erzeugung aus TimeSpan
    Public Sub New(ByVal value As TimeSpan)
      mValueSI = value.TotalSeconds
    End Sub

    ' Implizite Umrechnung aus TimeSpan
    Public Shared Widening Operator CType(ByVal op As TimeSpan) _
      As Time

      Return Time.Create(op.TotalSeconds)

    End Operator

    ' Überladung von Create für TimeSpan-Parameter
    Public Overloads Shared Function Create(ByVal op As TimeSpan) _
      As Time
```

Listing 563: Zusammenspiel der Klasse Time und der Struktur TimeSpan

```
    Return Time.Create(op.TotalSeconds)

  End Function

End Class
```
_____

Listing 563: Zusammenspiel der Klasse Time und der Struktur TimeSpan (Forts.)

Ein Beispiel zum Umgang mit Time-Objekten:

```
Dim Zeiten As New List(Of Time)

' Create aus Wert + Einheit
Zeiten.Add(Time.Create(3.4, Hour))
Zeiten.Add(Time.Create(45, "min"))

' Addition
Zeiten.Add(Zeiten(0) + Zeiten(1))

' Konstruktion aus Timespan
Dim ts As New TimeSpan(4, 3, 2)
Zeiten.Add(New Time(ts))
Zeiten.Add(Time.Create(ts))

' Für eine Strecke S benötigte Zeit bei einer
' Geschwindigkeit V
Dim s As Linear = Linear.Create(74.5, km)
Dim v As Speed = Speed.Create(50, "km/h")
Zeiten.Add(S / V)

' Ausgabe in Stunden
For Each T As Time In Zeiten
  Console.WriteLine(T.ToString(Time.Hour, "0.00"))
Next
```

führt zu dieser Ausgabe:

```
3,40 h
0,75 h
4,15 h
4,05 h
4,05 h
1,49 h
```

Aus den Time-Objekten kann mittels impliziten oder expliziten Typecast eine TimeSpan-Struktur gewonnen werden:

```
ts = Zeiten(5)
Console.WriteLine(ts.TotalSeconds)

Console.WriteLine(CType(Zeiten(0), TimeSpan).Minutes)
```

Ausgabe des Codes:

```
5364
24
```

291 Definition von Geschwindigkeiten

Die beschriebene Klasse ist Bestandteil der Klassenbibliothek `ScientificLib`. Sie finden sie dort im Namensraum `VBCodeBook.ScientificLib.PhysicalMeasurement`.

Im Rezept 290 Definition von Zeiten wurde die Klasse `Speed` bereits eingesetzt. Sie definiert Geschwindigkeiten. Auch sie ist von `MeasurementBase` abgeleitet und erlaubt typsichere Berechnungen. Listing 564 zeigt die Implementierung.

```
Public Class Speed
  Inherits MeasurementBase(Of Speed, MeasurementUnit(Of Speed))

  ' Basiseinheit ist Meter / Sekunde
  Public Shared ReadOnly MeterPerSecond As New MeasurementUnit _
    (Of Speed)("m/s", "Meter pro Sekunde", 1)

  Public Shared ReadOnly KilometerPerHour As New MeasurementUnit _
    (Of Speed)("km/h", "Kilometer pro Stunde", 3.6)

  Public Shared ReadOnly MilesPerHour As New MeasurementUnit _
    (Of Speed)("mph", "Meilen pro Stunde", 3.6 / 1.609)

  Public Shared ReadOnly Knots As New MeasurementUnit _
    (Of Speed)("kt", "Meter pro Sekunde", 3.6 / 1.8521)

  ' Geschwindigkeit * Zeit = Entfernung
  Public Overloads Shared Operator *(ByVal op1 As Speed, _
    ByVal op2 As Time) As Linear

    Return Linear.Create(op1.ValueSI * op2.ValueSI)

  End Operator

  ' Zeit * Geschwindigkeit = Entfernung
  Public Overloads Shared Operator *(ByVal op1 As Time, _
    ByVal op2 As Speed) As Linear

    Return Linear.Create(op1.ValueSI * op2.ValueSI)

  End Operator

  ' Entfernung / Geschwindigkeit = Zeit
  Public Overloads Shared Operator /(ByVal op1 As Linear, _
    ByVal op2 As Speed) As Time

    Return Time.Create(op1.ValueSI / op2.ValueSI)

  End Operator

End Class
```

Listing 564: Die Klasse Speed vereinfacht Berechnungen von Geschwindigkeiten

Ein Beispiel hierzu:

```
Dim v1 As Speed = Speed.Create(30)
Dim v2 As Speed = Speed.Create(50, Speed.KilometerPerHour)
Dim v3 As Speed = Speed.Create(30, "mph")
Dim v4 As New Speed
v4("kt") = 30

Console.WriteLine(v1.ToString("km/h", "0.0"))
Console.WriteLine(v2.ToString("km/h", "0.0"))
Console.WriteLine(v3.ToString("km/h", "0.0"))
Console.WriteLine(v4.ToString("km/h", "0.0"))

' Berechnungen
Dim v As Speed
Dim s As Linear = Linear.Create(35, km)
Dim t As Time = Time.Create(20, Time.Minute)
v = s / t
Console.WriteLine("Durchschnittsgeschwindigkeit: " _
  & v.ToString(Speed.KilometerPerHour, "0"))

Console.WriteLine("Das Verhältnis von v1 [" & v1.ToString() _
  & "] zu v2 [" & v2.ToString(Speed.KilometerPerHour) _
  & "] beträgt " & (v1 / v2))
```

und die zugehörige Ausgabe:

```
108,0 km/h
50,0 km/h
48,3 km/h
55,6 km/h
Durchschnittsgeschwindigkeit: 105 km/h
Das Verhältnis von v1 [30 m/s] zu v2 [50 km/h] beträgt 2,16
```

Die Operatorüberladungen für die Multiplikation mit einer Zeit und die Division einer Strecke durch eine Zeit (Listing 564) erlauben gültige Verknüpfungen mit anderen physikalischen Größen.

292   Definition von Temperaturen

> Die beschriebene Klasse ist Bestandteil der Klassenbibliothek `ScientificLib`. Sie finden sie dort im Namensraum `VBCodeBook.ScientificLib.PhysicalMeasurement`.

In der Physik werden Temperaturen meist in Kelvin angegeben. 0 Kelvin ist die tiefste mögliche Temperatur – der absolute Nullpunkt.

Im täglichen Umgang hingegen sind die Einheiten °C (Grad Celsius) und °F (Grad Fahrenheit) üblich. Sie berechnen sich aus der Temperatur in Kelvin aus einem Faktor (1 bei Celsius) und einem additiven Wert. 0 °C sind beispielsweise 273,16 Kelvin.

Die in Listing 565 abgebildete Klasse `Temperature` benutzt daher für die Definition der Einheiten den Konstruktor, der sowohl einen Faktor als auch einen Offset entgegennimmt. Zusätzliche Operatoren können implementiert werden, wenn andere physikalische Größen es erfordern (z.B. Temperaturgradient in K/m).

```
Public Class Temperature
  Inherits MeasurementBase(Of Temperature, _
    MeasurementUnit(Of Temperature))

  ' Basiseinheit ist Kelvin
  Public Shared ReadOnly Kelvin As New MeasurementUnit _
    (Of Temperature)("K", "Kelvin", 1)

  Public Shared ReadOnly Celsius As New MeasurementUnit _
    (Of Temperature)("°C", "Grad Celsius", 1, -273.16)

  Public Shared ReadOnly Fahrenheit As New MeasurementUnit _
    (Of Temperature)("°F", "Grad Fahrenheit", 1.8, -459.67)

End Class
```

Listing 565: Umrechnung von Temperatureinheiten

Instanzen von `Temperature` lassen sich analog zu den bereits vorgestellten Klassen generieren:

```
Dim T1 As Temperature = Temperature.Create(40, _
  Temperature.Celsius)
Dim T2 As Temperature = Temperature.Create(100, "°F")
Dim T3 As Temperature = Temperature.Parse("300 K")

Console.WriteLine(T1.ToString(Temperature.Celsius, "0.00"))
Console.WriteLine(T2.ToString(Temperature.Celsius, "0.00"))
Console.WriteLine(T3.ToString(Temperature.Celsius, "0.00"))
```

Ausgabe:

```
40,00 °C
37,77 °C
26,84 °C
```

Wegen der additiven Komponente muss bei der Addition zweier Temperaturen immer bedacht werden, dass sich die Addition auf den Basistyp Kelvin bezieht. 10 °C + 20 °C sind eben nicht 30 °C. Ein Beispiel hierzu:

```
' Addition von 40 °C + 100 °F
T1 = T2 + T3
Console.WriteLine(T1.ToString(Temperature.Celsius, "0.00"))
```

führt zu einem Ergebnis von

```
337,77 °C
```

293 Definition von Winkeln

Die beschriebene Klasse ist Bestandteil der Klassenbibliothek `ScientificLib`. Sie finden sie dort im Namensraum `VBCodeBook.ScientificLib.PhysicalMeasurement`.

Winkel werden üblicherweise in Bogenmaß (Radiant) oder in Grad angegeben. Ein Vollkreis entspricht 2 Π bzw. 360°. Zur Implementierung der Klasse `Angle` als weitere Ableitung von `MeasurementBase` reichte die Definition dieser beiden Einheiten eigentlich aus (Listing 566).

```
Public Class Angle
  Inherits MeasurementBase(Of Angle, MeasurementUnit(Of Angle))

  ' Standardeinheit Bogenmaß
  Public Shared ReadOnly Rad As _
    New MeasurementUnit(Of Angle)("rad", "Radiant", 1)
  Public Shared ReadOnly Degree As _
    New MeasurementUnit(Of Angle)("°", "Grad", 180 / Math.PI)

  ...

End Class
```

Listing 566: Die Klasse Angle und die beiden Einheiten Radiant und Grad

Um später jedoch spezifische Klassen für Längen- und Breitengrade ableiten zu können, ohne auf die Funktionalitäten der Basisklasse verzichten zu müssen, muss zunächst eine Zwischenstufe eingefügt werden. Eine generische Klasse Angle (Of TMeasureType As {MeasurementBase, New}, TMeasureUnit As MeasurementUnit) bildet die Basis (Listing 567). Sie enthält alle benötigten Funktionen für den Umgang mit Winkeln.

```
' Winkel in Bogenmaß und Grad
Public Class Angle( _
  Of TMeasureType As {MeasurementBase, New}, _
  TMeasureUnit As MeasurementUnit)
  Inherits MeasurementBase(Of TMeasureType, TMeasureUnit)

  Public Function ToDegree() As Double
    Return ValueSI * 180 / Math.PI
  End Function

  Public Sub FromDegree(ByVal value As Double)
    ValueSI = value * Math.PI / 180
  End Sub

  ...

End Class
```

Listing 567: Basisklasse für Winkelberechnungen

Für einfache Winkelberechnungen wird von der generischen Klasse eine konkrete Klasse abgeleitet, die auch die benötigten Einheiten definiert (Listing 568).

```
Public Class Angle
  Inherits Angle(Of Angle, MeasurementUnit(Of Angle))

  ' Standardeinheit Bogenmaß
  Public Shared ReadOnly Rad As _
    New MeasurementUnit(Of Angle)("rad", "Radiant", 1)
```

Listing 568: Die konkrete Klasse Angle für die Arbeit mit Winkeln

```
Public Shared ReadOnly Degree As _
  New MeasurementUnit(Of Angle)("°", "Grad", 180 / Math.PI)

...

End Class
```

Listing 568: Die konkrete Klasse Angle für die Arbeit mit Winkeln (Forts.)

Ein Anwendungsbeispiel kann so aussehen:

```
Dim alpha As Angle = Angle.Create(45, Angle.Degree)
Dim beta As Angle = Angle.Create(Math.PI / 2)

Console.WriteLine(alpha.ToString(Angle.Rad))
Console.WriteLine(beta.ToString(Angle.Degree))
```

Und die zugehörige Ausgabe:

```
0,785398163397448 rad
90 °
```

Allerdings kann die Darstellung von Winkeln in Grad in verschiedener Weise vorgenommen werden:

1. In Grad mit Nachkommastellen (z.B. 41,3453°)

2. In Grad (Ganzzahl) und Minuten mit Nachkommastellen (z.B. 33° 55,234')

3. In Grad, Minuten und Sekunden als Ganzzahl (z.B. 22° 32' 44")

Zum Zerlegen eines Winkelwertes in die verschiedenen Bestandteile werden daher zusätzliche Methoden in der generischen Klasse Angle bereitgestellt (Listing 569).

```
' Wert in Grad ohne Nachkommastellen
Public Function GetDegree() As Integer
  Return CInt(Math.Round(Math.Abs(ToDegree() * 3600))) \ 3600
End Function

' Anteil der Minuten
Public Function GetMinute() As Integer
  Return (CInt(Math.Round(Math.Abs(ToDegree() * 3600))) _
    - GetDegree() * 3600) \ 60
End Function

' Anteil der Sekunden
Public Function GetSecond() As Integer
  Return (CInt(Math.Round(Math.Abs(ToDegree() * 3600))) _
    - GetDegree() * 3600 - GetMinute() * 60)
End Function

' Vorzeichen (+1 oder -1)
Public Function GetSign() As Integer
  Return Math.Sign(mValueSI)
End Function
```

Listing 569: Funktionen zum Zerlegen in Grad, Minuten und Sekunden

Auch für die Konstruktion ist es ganz praktisch, auf Konstruktoren zurückgreifen zu können, die einen Winkel aus Grad, Minuten und eventuell Sekunden zusammensetzen können (Listing 570). Auch das Vorzeichen muss berücksichtigt werden.

```
' Muss wg. Constraint definiert werden
Public Sub New()
End Sub


' Anlegen einer Instanz mit Grad, Minuten, Sekunden und Vorzeichen
Public Sub New(ByVal deg As Integer, ByVal min As Integer, _
  ByVal sec As Long, ByVal positive As Boolean)

  Dim sign As Integer = 1
  If Not positive Then sign = -1
  FromDegree(sign * (deg + min / 60 + sec / 3600))

End Sub


' Anlegen einer Instanz aus Grad, Minuten und Vorzeichen
' Minutenwert mit Nachkommastellen
Public Sub New(ByVal deg As Integer, ByVal min As Double, _
  ByVal positive As Boolean)

  Dim sign As Integer = 1
  If Not positive Then sign = -1
  FromDegree(sign * (deg + min / 60))

End Sub
```

Listing 570: Zusätzliche Konstruktoren in der generischen Klasse Angle nehmen Angaben in Grad, Minuten und Sekunden entgegen

Listing 571 zeigt die Definition der entsprechenden Konstruktoren in der konkreten Klasse Angle. Sie greifen direkt auf die entsprechenden Konstruktoren der generischen Basisklasse zu und lassen diese die Initialisierung durchführen.

```
' Muss wg. Constraint definiert werden
Public Sub New()
End Sub


' Anlegen einer Instanz mit Grad, Minuten, Sekunden und Vorzeichen
Public Sub New(ByVal deg As Integer, ByVal min As Integer, _
  ByVal sec As Long, ByVal positive As Boolean)

  MyBase.New(deg, min, sec, positive)

End Sub


' Anlegen einer Instanz aus Grad, Minuten und Vorzeichen
' Minutenwert mit Nachkommastellen
```

Listing 571: Die Konstruktoren müssen in der abgeleiteten Klasse neu definiert werden und delegieren ihre Aufgaben an die der Basisklasse

```
Public Sub New(ByVal deg As Integer, ByVal min As Double, _
  ByVal positive As Boolean)

  MyBase.New(deg, min, positive)

End Sub
```

Listing 571: Die Konstruktoren müssen in der abgeleiteten Klasse neu definiert werden und delegieren ihre Aufgaben an die der Basisklasse (Forts.)

Die gezeigten Methoden und Konstruktoren erlauben einen Umgang mit Winkeln wie in folgendem Beispiel:

```
Dim gamma As New Angle(40, 30, 1, True)
Console.WriteLine(gamma.ToString(Angle.Degree))
Console.WriteLine("Grad: " & gamma.GetDegree())
Console.WriteLine("Minuten: " & gamma.GetMinute())
Console.WriteLine("Sekunden: " & gamma.GetSecond())
Console.WriteLine("Vorzeichen: " & gamma.GetSign())

Console.WriteLine()

Dim teta As New Angle(30, 20.33, False)
Console.WriteLine(teta.ToString(Angle.Degree))
Console.WriteLine("Grad: " & teta.GetDegree())
Console.WriteLine("Minuten: " & teta.GetMinute())
Console.WriteLine("Sekunden: " & teta.GetSecond())
Console.WriteLine("Vorzeichen: " & teta.GetSign())
```

Die Ausgabe des Beispiels ist:

```
40,5002777777778 °
Grad: 40
Minuten: 30
Sekunden: 1
Vorzeichen: 1

-30,3388333333333 °
Grad: 30
Minuten: 20
Sekunden: 20
Vorzeichen: -1
```

Zur Ausgabe von Winkeln in Grad, Minuten und Sekunden als String werden zusätzliche Methoden benötigt (Listing 572). DegreeMinute erzeugt eine Ausgabe in Grad und Minuten, während DegreeMinuteSecond für die Ausgabe in Grad, Minuten und Sekunden zuständig ist. Optional kann DegreeMinute als zusätzlicher Parameter die Anzahl der darzustellenden Nachkommastellen übergeben werden.

```
' Darstellung in Grad, Minuten als String
' Format 00° 00,000'
' Angabe der Dezimalstellen in decimals
```

Listing 572: Ausgabe von Winkeln in verschiedenen Formaten

```
Public Overridable Function DegreeMinute(ByVal decimals _
  As Integer) As String

  ' Eine "0" für jede Dezimalstelle
  Dim fmt As New String("0"c, decimals)

  ' Wert in Grad
  Dim dvalue As Double = ToDegree()

  ' Vorzeichen ermitteln
  Dim sign As Integer = Math.Sign(dvalue)

  '  Um die Anzahl der Dezimalstellen nach links schieben
  ' (dezimal)
  Dim n As Long = CLng(10 ^ decimals)

  ' Vorzeichen entfernen
  dvalue = Math.Abs(dvalue)

  ' Grad, Minutenvor- und nachkommastellen berechnen
  Dim lvalue As Long = CLng(Math.Round(dvalue * n * 60))
  Dim deg As Long = lvalue \ (n * 60)
  Dim min As Long = (lvalue - n * 60 * deg)
  Dim mindec As Long = min - (min \ n) * n
  min = min \ n

  ' Vorzeichen wieder berücksichtigen (nur Grad)
  deg *= sign

  ' Formatierungsstring zusammensetzen
  fmt = "{0}° {1:00}" + _
    My.Application.Culture.NumberFormat.NumberDecimalSeparator _
    + "{2:" + fmt + "}'"

  ' String formatieren und zurückgeben
  Return String.Format(fmt, deg, min, mindec)

End Function

' Umrechnung mit fester Anzahl von Nachkommastellen
Public Overridable Function DegreeMinute() As String
  Return DegreeMinute(5)
End Function

' Umrechnung in Grad, Minute und Sekunde
' Format 00° 00' 00"
Public Overridable Function DegreeMinuteSecond() As String

  ' Wert in Grad
  Dim dvalue As Double = ToDegree()
```

Listing 572: Ausgabe von Winkeln in verschiedenen Formaten (Forts.)

```
' Vorzeichen ermitteln und entfernen
Dim sign As Integer = Math.Sign(dvalue)
dvalue = Math.Abs(dvalue)

' Werte für Grad, Minuten und Sekunden berechnen
Dim lvalue As Long = CLng(Math.Round(dvalue * 3600))
Dim deg As Long = lvalue \ 3600
Dim min As Long = (lvalue - deg * 3600) \ 60
Dim sec As Long = lvalue - deg * 3600 - min * 60

' Vorzeichen wieder berücksichtigen (nur Grad)
deg *= sign

' String formatieren und zurückgeben
Return String.Format("{0}° {1:00}' {2:00}""", deg, min, sec)

End Function
```

Listing 572: Ausgabe von Winkeln in verschiedenen Formaten (Forts.)

So lassen sich die beiden Winkel aus dem vorhergehenden Beispiel auch anders formatiert ausgeben:

```
Console.WriteLine(gamma.DegreeMinuteSecond())
Console.WriteLine(teta.DegreeMinute())
```

und die Ausgabe:

```
40° 30' 01"
-30° 20,33000'
```

Die Zahl der Nachkommastellen lässt sich auch ändern:

```
Console.WriteLine(teta.DegreeMinute(2))
```

ergibt

```
-30° 20,33'
```

Während `Angle.Create(wert As Double)` einen `Double`-Wert als Radiant bereits entgegennehmen kann, ist die Umwandlung eines `Angle`-Objektes in einen `Double`-Wert nur über die `ValueSI`-Eigenschaft möglich. Zur Vereinfachung von typischen mathematischen Formeln wird daher, wie in Listing 573 gezeigt, zusätzlich ein impliziter Typecast-Operator definiert.

```
' Typecast in Double
' Rückgabe im Bogenmaß
Public Shared Widening Operator CType(ByVal op As _
   Angle(Of TMeasureType, TMeasureUnit)) As Double

   Return op.ValueSI

End Operator
```

Listing 573: Umwandlung eines Winkels in einen Double-Wert

So sind Operationen wie

```
Dim t As Double = Math.Sin(gamma)
gamma = Angle.Create(Math.Atan2(40, 30))
```

syntaktisch und semantisch korrekt.

294 Universeller Umrechner für Maßeinheiten

> Die beschriebene Klasse ist Bestandteil der Klassenbibliothek `ScientificLib`. Sie finden sie
> dort im Namensraum `VBCodeBook.ScientificLib.PhysicalMeasurement`.

Neben dem eigentlichen Ziel der vorangegangenen Rezepte, nämlich der typsicheren Definition
physikalischer Größen, lässt sich mit den vorgestellten Klassen ganz einfach ein universeller
Umrechner für Einheiten programmieren. Dieser braucht keinerlei Kenntnisse von Längen und
Temperaturen, sondern nutzt die in den entsprechenden Klassen implementierte Funktionalität.

Folgende Anforderungen sollen erfüllt werden:

▶ Der Anwender kann die physikalische Größe aus einer Liste der verfügbaren auswählen.

▶ Für alle unterstützten Einheiten dieser Größe werden Eingabefelder mit den zugehörigen
  Symbolen angezeigt.

▶ Wird der Zahlenwert eines (beliebigen) Eingabefeldes geändert, werden alle anderen Felder
  mit den neuen umgerechneten Werten aufgefrischt.

▶ Das Fenster wird in der ScientificLib integriert und steht so allen Anwendungen zur Verfügung.

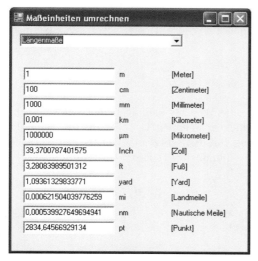

Abbildung 279: Umrechnen von Längenmaßen

Abbildung 279 zeigt ein Beispiel für das Umrechnen von Längenmaßen. Über die ComboBox
lassen sich die unterschiedlichen Größen auswählen.

Zur Lösung der Aufgabenstellung gibt es eine Reihe von Ansätzen. So ließe sich beispielsweise
von jeder `Measurement`-Klasse eine Instanz anlegen und mittels entsprechender Verzweigungen

die jeweils benötigte für die Umrechnungen heranziehen. Da die Fensterklasse Bestandteil der Bibliothek sein soll, wurde jedoch auf einen Ansatz mit Reflection zurückgegriffen. Listing 574 zeigt, wie die Auswahlliste mit den benötigten Inhalten versorgt wird. Die Hilfsklasse MTypeInfo sorgt für die Beschriftung und hält den jeweiligen Datentyp bereit.

```
Public Class Calculator

  ' Wert in Basiseinheit
  Private currentSIValue As Double

  ' Rekursionsindikator für Änderung der TextBoxen
  Private TBChanging As Boolean = False

  ' Liste aller TextBoxen
  Private TextBoxes As New List(Of TextBox)

  Private Sub Calculator_Load(…) Handles MyBase.Load

    ' Auswahlliste anlegen
    CBOMeasurementTypes.Items.Add( _
      New MTypeInfo(GetType(Linear), "Längenmaße"))
    CBOMeasurementTypes.Items.Add( _
      New MTypeInfo(GetType(Surface), "Flächenmaße"))
    CBOMeasurementTypes.Items.Add( _
      New MTypeInfo(GetType(Cubic), "Raummaße"))
    CBOMeasurementTypes.Items.Add( _
      New MTypeInfo(GetType(Time), "Zeiten"))
    CBOMeasurementTypes.Items.Add( _
      New MTypeInfo(GetType(Speed), "Geschwindigkeiten"))
    CBOMeasurementTypes.Items.Add( _
      New MTypeInfo(GetType(Temperature), "Temperatur"))
    CBOMeasurementTypes.Items.Add( _
      New MTypeInfo(GetType(Angle), "Winkel"))

    ' Längenmaße auswählen
    CBOMeasurementTypes.SelectedIndex = 0

  End Sub

  …

End Class

' Hilfsklasse für die Anzeige in der ComboBox
Public Class MTypeInfo
  ' Typ der physikalischen Größe
  Public ReadOnly MType As Type
  ' Bezeichnung der physikalischen Größe
  Public ReadOnly Name As String
```

Listing 574: Füllen der ComboBox mit den benötigten Informationen zu den verfügbaren physikalischen Größen

```
' Konstruktor zur einfachen Instanzierung
Public Sub New(ByVal mType As Type, ByVal name As String)
  Me.MType = mType
  Me.Name = name
End Sub

' ToString gibt die Bezeichnung zurück
Public Overrides Function ToString() As String
  Return Name
End Function

End Class
```

Listing 574: Füllen der ComboBox mit den benötigten Informationen zu den verfügbaren physikalischen Größen (Forts.)

Im `SelectedIndexChanged`-Event der ComboBox wird auf die Änderung der Auswahl reagiert (Listing 575). Zunächst werden durch Aufruf von `RemoveControls` alle bislang auf dem Panel `PNLUnits` hinzugefügten Steuerelemente entfernt. Aus dem selektierten Eintrag wird dann der Typ der `Measurement`-Klasse ermittelt. Für diesen Typ werden wiederum die statischen Felder, die die Einheiten repräsentieren, extrahiert.

Für jede Einheit wird eine TextBox und zwei Labels eingerichtet. Die TextBox wird an den Eventhandler `TBTextChanged` (Listing 576) gebunden, die Labels mit Symbol und Bezeichnung der Einheit beschriftet. Jeder TextBox wird in ihrer Tag-Eigenschaft die Referenz des zugehörigen `MeasurementUnit`-Objektes mitgegeben. Anschließend werden die Steuerelemente auf dem Panel platziert und ausgerichtet. Nachdem für jede Einheit ein entsprechender Satz Controls angelegt worden ist, wird die erste TextBox mit dem Wert »1« gefüllt. Dadurch wird der Mechanismus zum Füllen aller anderen TextBoxen angestoßen (Listing 576).

```
Private Sub CBOMeasurementTypes_SelectedIndexChanged(…) _
  Handles CBOMeasurementTypes.SelectedIndexChanged

  ' Bisherige Steuerelemente entfernen
  RemoveControls()

  ' Ausgewählten Typ ermitteln
  Dim mtinfo As MTypeInfo = _
    CType(CBOMeasurementTypes.SelectedItem, MTypeInfo)

  ' Abfragen aller öffentlichen statischen Felder der
  ' abgeleiteten(Klasse)
  Dim fis() As System.Reflection.FieldInfo = _
    mtinfo.MType.GetFields( _
    System.Reflection.BindingFlags.Public Or _
    Reflection.BindingFlags.Static)

  ' Y-Position der Steuerelemente
  Dim ypos As Integer = 10

  ' Alle gefundenen Felder betrachten
```

Listing 575: Aufbereiten der Steuerelemente nach Änderung der Auswahl

```
For Each fi As System.Reflection.FieldInfo In fis
  ' Nur Felder berücksichtigen, deren Typ eine Einheit
  ' darstellt
  If fi.FieldType.IsSubclassOf(GetType(MeasurementUnit)) Then
    Dim unit As MeasurementUnit = _
      DirectCast(fi.GetValue(Nothing), MeasurementUnit)

    ' Für diese Einheit TextBox und Label anlegen
    Dim tb As New TextBox()
    tb.Location = New Point(5, ypos)
    tb.Width = 140

    ' Referenz des Unit-Objektes in der Tag-Eigenschaft
    ' ablegen
    tb.Tag = unit

    ' Eventhandler für TextBox
    AddHandler tb.TextChanged, AddressOf TBTextChanged

    ' In Controls-Auflistung aufnehmen
    PNLUnits.Controls.Add(tb)
    TextBoxes.Add(tb)

    Dim lbl As New Label()
    lbl.Text = unit.Symbol
    lbl.Width = 75
    lbl.Location = New Point(150, ypos + 3)

    ' In Controls-Auflistung aufnehmen
    PNLUnits.Controls.Add(lbl)

    lbl = New Label()
    lbl.Width = 200
    lbl.Text = "[" & unit.Name & "]"
    lbl.Location = New Point(230, ypos + 3)

    ' In Controls-Auflistung aufnehmen
    PNLUnits.Controls.Add(lbl)

    ' Nächste Zeile
    ypos += 24
  End If

Next

' Basiseinheit mit Wert belegen
TextBoxes(0).Text = "1"

End Sub

Sub RemoveControls()
```

Listing 575: Aufbereiten der Steuerelemente nach Änderung der Auswahl (Forts.)

```
' TextBoxliste leeren
TextBoxes.Clear()

' Für alle Controls auf dem Panel
Do While PNLUnits.Controls.Count > 0
  Dim ctrl As Control = PNLUnits.Controls(0)
  ' Panel aus Controls-Auflistung entfernen
  PNLUnits.Controls.RemoveAt(0)
  ' Dispose nicht vergessen
  ctrl.Dispose()
Loop

End Sub
```

Listing 575: Aufbereiten der Steuerelemente nach Änderung der Auswahl (Forts.)

Ändert sich der Wert einer TextBox, muss dieser Wert eingelesen und in die Basiseinheit umgerechnet werden. Anschließend werden alle anderen TextBoxen mit dem neu berechneten Wert entsprechend ihrer zugeordneten Einheit gefüllt. Da das programmatische Ändern des Textes einer TextBox ebenfalls das TBTextChanged-Ereignis auslöst, müssen zunächst rekursive Aufrufe abgefangen werden.

Mittels Double.TryParse wird dann versucht, den vom Anwender eingetragenen Text als Gleitkommazahl zu interpretieren. Gelingt das nicht, weil die Eingabe fehlerhaft ist, wird der Text rot dargestellt und die weitere Bearbeitung unterbunden. Ist die Eingabe korrekt, wird über das MeasurementUnit-Objekt, welches an das Tag-Feld der TextBox gebunden ist, der Wert in die Basiseinheit zurückgerechnet.

Danach wird in einer Schleife über alle TextBoxen (Auflistung TextBoxes) für jede TextBox, außer derjenigen, die das Event auslöste, der Wert in der betreffenden Einheit berechnet und eingetragen.

```
Sub TBTextChanged(ByVal sender As Object, ByVal e As EventArgs)

  ' Rekursion überwachen
  If TBChanging Then Return

  TBChanging = True

  ' Auslösende TextBox ermitteln
  Dim changedTB As TextBox = CType(sender, TextBox)

  ' MeasurementUnit-Objekt extrahieren
  Dim unit As MeasurementUnit = _
    CType(changedTB.Tag, MeasurementUnit)

  ' Neuen Wert einlesen
  Dim newValue As Double
  If Double.TryParse(changedTB.Text, newValue) Then
    ' Eingabe korrekt, Wert in Basiseinheit umrechnen
    currentSIValue = unit.ToBaseunit(newValue)
```

Listing 576: Umrechnen des Ausgangswertes und Eintragen in die übrigen TextBoxen

```
Else
  ' Eingabefehler. Vordergrundfarbe auf Rot setzen
  changedTB.ForeColor = Color.Red

  ' Bearbeitung abbrechen
  TBChanging = False
  Return
End If

' Für alle TextBoxen der Auflistung
For Each tb As TextBox In Textboxes
  ' Vordergrundfarbe wieder auf Schwarz setzen
  tb.ForeColor = Color.Black

  ' Wenn es nicht die auslösende TextBox ist
  If tb IsNot changedTB Then
    ' Wert für Einheit berechnen und eintragen
    tb.Text = CType(tb.Tag, _
      MeasurementUnit).FromBaseunit(currentSIValue).ToString()
  End If
Next

TBChanging = False
End Sub
```

Listing 576: Umrechnen des Ausgangswertes und Eintragen in die übrigen TextBoxen (Forts.)

Abbildung 280 bis Abbildung 285 zeigen das Umrechnungsfenster für Flächenmaße, Raummaße, Zeiten, Temperaturen, Geschwindigkeiten und Winkel.

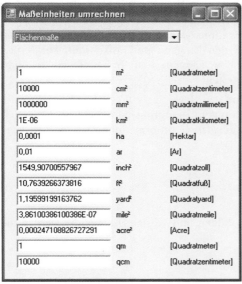

Abbildung 280: Umrechnen von Flächenmaßen

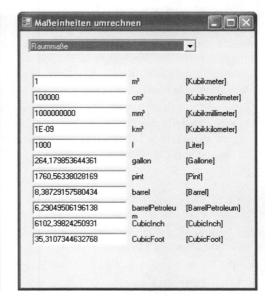

Abbildung 281: Umrechnen von Raummaßen

Abbildung 282: Umrechnen von Zeiten

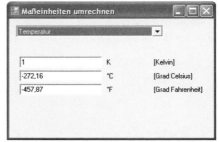

Abbildung 283: Umrechnen von Temperaturen

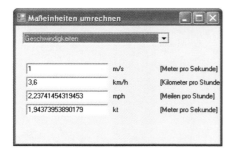

Abbildung 284: Umrechnen von
Geschwindigkeiten

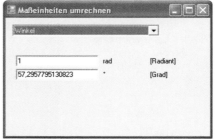

Abbildung 285: Umrechnen von Winkeln

295   Längen- und Breitengrade

> Die beschriebene Klasse ist Bestandteil der Klassenbibliothek `ScientificLib`. Sie finden sie
> dort im Namensraum `VBCodeBook.ScientificLib.PhysicalMeasurement`.

Mit der zunehmenden Verbreitung von GPS-Navigationssystemen nimmt auch der Bedarf an
Software rund um Navigationsaufgaben zu. Für den Umgang mit Erdkoordinaten werden
Basisfunktionalitäten für die Ein- und Ausgabe von Längen- und Breitengraden benötigt.
Auch diese haben wir in der `ScientificLib` bereitgestellt.

Aufbauend auf den Winkelangaben, die bereits von der Klasse `Angle` (Rezept <AbsatzNummer
ZF>Wissenschaftliche Berechnungen und Darstellungen, Definition von Winkeln) behandelt
werden, müssen den Längen- und Breitengraden zusätzliche Informationen mitgegeben werden. Beispiele für typische Angaben:

```
51°10'22" N
7°4'10"E
20°34.55' S
5°10.22' W
```

N, E, S und W stehen hierbei für Norden, Osten, Süden und Westen. Abgebildet werden die
Winkelangaben wie folgt:

▶ 0°N bis 90°N: Breitengrad, positiver Wert

▶ 0°S bis 90°S: Breitengrad, negativer Wert

▶ 0°E bis 180°E: Längengrad, positiver Wert

▶ 0°W bis 180°W: Längengrad, negativer Wert

Wissenschaftliche
Anwendungen

Ähnlich wie beim Umgang mit Höhen- und Entfernungsangaben ist es auch hier sinnvoll, Längen- und Breitengrade typsicher unterscheiden zu können. So können die Werte nie versehentlich verwechselt werden, was insbesondere bei Übergaben an Funktionen schnell durch Vertauschen der Parameter passieren könnte. Zum Erreichen dieser Typsicherheit werden Längen- und Breitengrade von zwei verschiedenen Klassen behandelt, die beide von der generischen Variante der Klasse `Angle` abgeleitet sind (siehe Abbildung 286).

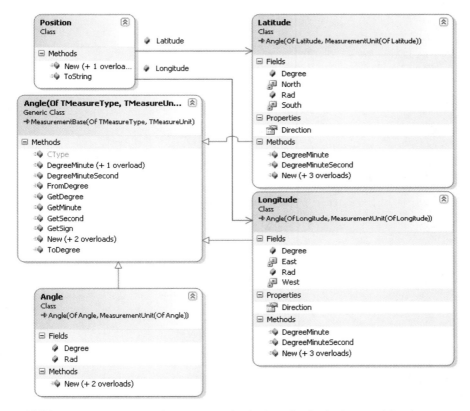

Abbildung 286: Zusammenhang von Latitude, Longitude, LatLon und Angle

Beide Klassen unterstützen verschiedene Formate für Winkelangaben. Zwei zusätzliche Konstruktoren erlauben die Initialisierung über Grad / Minuten bzw. Grad / Minuten / Sekunden. Beiden muss zusätzlich ein boolescher Wert übergeben werden, der angibt, ob der Winkel positiv (`E` für Ost bzw. `N` für North) oder negativ (`W` für West bzw. `S` für Süd) angenommen werden soll.

Die von den abgeleiteten Klassen zu überschreibende Eigenschaft `Direction` gibt die Kennung für die Himmelsrichtung an. Sie wird genutzt in den beiden Funktionen `DegreeMinute` und `DegreeMinuteSecond`, die für die entsprechende Ausgabeformatierung zuständig sind. Die beiden Klassen sind analog aufgebaut, sind jedoch nicht zueinander kompatibel, so dass beispielsweise eine Längen- und eine Breitenangabe nicht miteinander addiert werden können. Listing 577 und Listing 578 zeigen den Aufbau der Klassen.

```
Public Class Latitude
  Inherits Angle(Of Latitude, MeasurementUnit(Of Latitude))

  ' Standardeinheit Bogenmaß
  Public Shared ReadOnly Rad As _
    New MeasurementUnit(Of Latitude)("rad", "Radiant", 1)
  Public Shared ReadOnly Degree As _
    New MeasurementUnit(Of Latitude)("°", "Grad", 180 / Math.PI)

  ' Zeichen für Nord und Süd
  Const North As Char = "N"c
  Const South As Char = "S"c

  Public Sub New()
    MyBase.New()
  End Sub

  ' Konstruktor für Grad, Minuten, Sekunden und Richtung
  Public Sub New(ByVal deg As Integer, ByVal min As Integer, _
    ByVal sec As Long, ByVal dir As Char)

    MyBase.New(deg, min, sec, Char.ToUpper(dir) = North)

  End Sub

  ' Konstruktor für Grad, Minuten und Richtung
  Public Sub New(ByVal deg As Integer, ByVal min As Double, _
    ByVal dir As Char)

    MyBase.New(deg, min, Char.ToUpper(dir) = North)

  End Sub

  Public Sub New(ByVal lat As Double)
    FromDegree(lat)
  End Sub

  ' Nord ist positiv, Süd negativ
  Public ReadOnly Property Direction() As Char
    Get
      If mValueSI >= 0 Then
        Return North
      Else
        Return South
      End If
    End Get
  End Property

  ' Ausgabe als String
  ' Format Grad Minuten Richtung
  Public Overrides Function DegreeMinute() As String
```

Listing 577: Die Klasse Latitude kapselt Berechnungen von Breitengraden

```
      ' Kopie anlegen
      Dim ang As Angle = Angle.Create(mValueSI)
      ' Vorzeichen entfernen
      If mValueSI < 0 Then ang *= -1
      ' String zusammensetzen und zurückgeben
      Return ang.DegreeMinute(2) + " " + Direction

   End Function

   ' Ausgabe als String
   ' Format Grad Minuten Sekunden Richtung
   Public Overrides Function DegreeMinuteSecond() As String

      ' Kopie anlegen
      Dim ang As Angle = Angle.Create(mValueSI)
      ' Vorzeichen entfernen
      If mValueSI < 0 Then ang *= -1
      ' String zusammensetzen und zurückgeben
      Return ang.DegreeMinuteSecond() + " " + Direction

   End Function

End Class
```

Listing 577: Die Klasse Latitude kapselt Berechnungen von Breitengraden (Forts.)

```
Public Class Longitude
   Inherits Angle(Of Longitude, MeasurementUnit(Of Longitude))

   ' Standardeinheit Bogenmaß
   Public Shared ReadOnly Rad As _
     New MeasurementUnit(Of Longitude)("rad", "Radiant", 1)
   Public Shared ReadOnly Degree As _
     New MeasurementUnit(Of Longitude)("°", "Grad", 180 / Math.PI)

   ' Zeichen für Ost und West
   Const East As Char = "E"c
   Const West As Char = "W"c

   Public Sub New()
     MyBase.New()
   End Sub

   ' Konstruktor für Grad, Minuten, Sekunden und Richtung
   Public Sub New(ByVal deg As Integer, ByVal min As Integer, _
     ByVal sec As Long, ByVal dir As Char)

     MyBase.New(deg, min, sec, Char.ToUpper(dir) = East)

   End Sub
```

Listing 578: Die Klasse Longitude ist für Längengrade zuständig

```vb
' Konstruktor für Grad, Minuten und Richtung
Public Sub New(ByVal deg As Integer, ByVal min As Double, _
  ByVal dir As Char)

  MyBase.New(deg, min, Char.ToUpper(dir) = East)

End Sub

Public Sub New(ByVal lon As Double)
  FromDegree(lon)
End Sub

' Ost ist positiv, West negativ
Public ReadOnly Property Direction() As Char
  Get
    If mValueSI >= 0 Then
      Return East
    Else
      Return West
    End If
  End Get
End Property

' Ausgabe als String
' Format Grad Minuten Richtung
Public Overrides Function DegreeMinute() As String

  ' Kopie anlegen
  Dim ang As Angle = Angle.Create(mValueSI)
  ' Vorzeichen entfernen
  If mValueSI < 0 Then ang *= -1
  ' String zusammensetzen und zurückgeben
  Return ang.DegreeMinute(2) + " " + Direction

End Function

' Ausgabe als String
' Format Grad Minuten Sekunden Richtung
Public Overrides Function DegreeMinuteSecond() As String

  ' Kopie anlegen
  Dim ang As Angle = Angle.Create(mValueSI)
  ' Vorzeichen entfernen
  If mValueSI < 0 Then ang *= -1
  ' String zusammensetzen und zurückgeben
  Return ang.DegreeMinuteSecond() + " " + Direction

End Function

End Class
```

Listing 578: Die Klasse Longitude ist für Längengrade zuständig (Forts.)

Beide Klassen definieren Character-Konstanten für die vier Himmelsrichtungen. Sie stellen die entsprechenden Konstruktoren bereit, um einen Winkel zu initialisieren. Die Initialisierung selbst wird an den Konstruktor von LatLon delegiert. Der boolesche Parameter für die Richtung wird gebildet aus dem Vergleich des übergebenen Zeichens und der Konstanten für die positive Richtung.

Die Eigenschaft Direction wird überschrieben und gibt, je nach Vorzeichen, die jeweilige Konstante North / South bzw. East / West zurück.

Ein Anwendungsbeispiel hierzu:

```
Dim lat As New Latitude(51, 7, 11, "N"c)
Dim lon As New Longitude(7, 30, 15, "E"c)
Console.WriteLine(lat.DegreeMinute())
Console.WriteLine(lat.DegreeMinuteSecond())
Console.WriteLine(lon.DegreeMinute())
Console.WriteLine(lon.DegreeMinuteSecond())
```

ergibt die Ausgabe:

```
51° 07,18' N
51° 07' 11" N
7° 30,25' E
7° 30' 15" E
```

In der Klasse Position werden nunmehr beide Angaben (Längen- und Breitengrad) vereint. Eine Koordinate auf der Erdoberfläche lässt sich eindeutig aus einem Längen- und einem Breitengrad bestimmen. Diese Klasse unterstützt verschiedene Konstruktoren für die Initialisierung der Winkelangaben sowie eine zusätzliche Überschreibung von ToString, um die vollständigen Koordinaten einer beliebigen Position zusammenzusetzen. Listing 579 zeigt die Implementierung der Klasse.

Eine Änderung der Eigenschaften Latitude oder Longitude löst das ValueChanged-Ereignis aus. So können Nutzer der Klasse informiert werden, wenn sich Längen- oder Breitengrad geändert hat.

```
' Position in Längen- und Breitengrad
Public Class Position

  Public Event ValueChanged(ByVal sender As Object, _
    ByVal e As EventArgs)

  Private _latitude As Latitude

  ' Breite
  Public Property Latitude() As Latitude
    Get
      Return _latitude
    End Get
    Set(ByVal value As Latitude)
      _latitude = value
      RaiseEvent ValueChanged(Me, EventArgs.Empty)
    End Set
  End Property
```

Listing 579: Komposition einer Position aus Längen- und Breitengrad

Wissenschaftliche Anwendungen

```vb
    Private _longitude As Longitude

    ' Länge
    Public Property Longitude() As Longitude
      Get
        Return _longitude
      End Get
      Set(ByVal value As Longitude)
        _longitude = value
        RaiseEvent ValueChanged(Me, EventArgs.Empty)
      End Set
    End Property

    Public Sub New(ByVal latitude As Latitude, _
      ByVal longitude As Longitude)

      Me.Latitude = latitude
      Me.Longitude = longitude

    End Sub

    Public Sub New(ByVal lat As Double, ByVal lon As Double)
      Me.Latitude = New Latitude(lat)
      Me.Longitude = New Longitude(lon)
    End Sub

    ' ToString gibt Position zurück
    ' z.B. 53° 23' 12" N 10° 33' 12" E
    Public Overrides Function ToString() As String
      Return Latitude.DegreeMinuteSecond() + " " + _
        Longitude.DegreeMinuteSecond()
    End Function

  End Class
```

Listing 579: Komposition einer Position aus Längen- und Breitengrad (Forts.)

Aufbauend auf obigem Beispiel lässt sich eine Instanz der Klasse wie folgt anlegen:

```vb
Dim pos1 As New Position(lat, lon)
Console.WriteLine(pos1)
```

Console.WriteLine ruft implizit ToString auf und führt zu folgender Ausgabe:

```
51° 07' 11" N 7° 30' 15" E
```

Auch eine Initialisierung mit Double-Werten ist möglich. Zu beachten ist hier aber insbesondere, dass die Nachkommastellen dezimal sind und nicht die Winkelminuten repräsentieren. Der Beispielcode

```vb
Dim pos2 As New Position(47.1, 8.3)
Console.WriteLine(pos2)
```

führt zur Ausgabe von:

```
47° 06' 00" N 8° 18' 00" E
```

Wissenschaftliche
Anwendungen

296 Abstand zwischen zwei Punkten auf der Erdkugel berechnen

Die beschriebene Klasse ist Bestandteil der Klassenbibliothek ScientificLib. Sie finden sie dort im Namensraum VBCodeBook.ScientificLib.PhysicalMeasurement.

Kennt man Längen- und Breitengrade zweier Punkte auf der Erdoberfläche, lässt sich mathematisch der Abstand dieser Punkte berechnen. Von Bedeutung ist hier nicht die geradlinige Verbindung, die ja mitten durch die Erdkugel führen würde, sondern die kürzeste Verbindung auf der Oberfläche.

Zur Berechnung des Abstandes wird zunächst der Raumwinkel zwischen beiden Punkten ermittelt:

```
θ1 = Winkel zwischen P1 und dem Nordpol
è2 = Winkel zwischen P2 und dem Nordpol
ö = Differenz der Längengrade von P1 und P2

á = Raumwinkel zwischen P1 und P2
  = arccos(sin(è1) * cos(ö) * sin(è2) + cos(è1) * cos(è2))
```

Der erhaltene Raumwinkel multipliziert mit dem Erdradius ergibt dann den gesuchten Abstand. Listing 580 zeigt die Berechnung in Visual Basic 2005, wie sie als Ergänzung der Klasse Position implementiert wurde.

```vb
Public Shared EarthRadius As Linear = _
  Linear.Create(6367, Linear.km)

' Abstand zweier Punkte auf der Erdoberfläche berechnen
Public Function Distance(ByVal destination As Position) As Linear

  Dim theta1 As Angle = _
    angle.Create(90 - Me.Latitude.ToDegree(), Angle.Degree)

  Dim theta2 As Angle = angle.Create(90 - _
    destination.Latitude.ToDegree(), Angle.Degree)

  Dim phi As Angle = _
    angle.Create(Me.Longitude - destination.Longitude)

  Dim alpha As Angle = Angle.Create( _
    Math.Acos( _
    Math.Sin(theta1) * Math.Cos(phi) * Math.Sin(theta2) + _
    Math.Cos(theta1) * Math.Cos(theta2)))

  Return EarthRadius * alpha

End Function
```

Listing 580: Die kürzeste Verbindung zweier Punkte auf der Erdoberfläche

Einige Beispiele hierzu. Der Abstand zweier Breitengrade ist konstant und beträgt ca. 111 km.

Die Ausgabe von

```
Dim pos1 As New Position(51, 7)
Dim pos2 As New Position(52, 7)
Console.WriteLine(pos1.Distance(pos2).ToString(Linear.km))

pos1 = New Position(0, 0)
pos2 = New Position(1, 0)
Console.WriteLine(pos1.Distance(pos2).ToString(Linear.km))
```

ist demzufolge:

```
111,125113474468 km
111,125113474468 km
```

Der Abstand zweier Längengrade ist abhängig vom Breitengrad. Am Äquator beträgt er auch ca. 111 km, während er in unseren Breiten geringer ist und zum Nordpol hin kontinuierlich abnimmt:

```
Dim pos1 As New Position(0, 0)
Dim pos2 As New Position(0, 1)
Console.WriteLine(pos1.Distance(pos2).ToString(Linear.km))

pos1 = New Position(51, 0)
pos2 = New Position(51, 1)
Console.WriteLine(pos1.Distance(pos2).ToString(Linear.km))
```

ergibt

```
111,125113474468 km
69,9327637781784 km
```

Auch der Abstand zweier Städte lässt sich ermitteln. Z.B. die Entfernung zwischen München und Los Angeles:

```
Dim Munich As New Position( _
  New Latitude(48, 8, "N"c), _
  New Longitude(11, 34, "E"c))

Dim LosAngeles As New Position( _
  New Latitude(34, 11, "N"c), _
  New Longitude(118, 41, "W"c))

Console.WriteLine( _
  Munich.Distance(LosAngeles).ToString(Linear.km, "0"))
```

ergibt als Distanz:

```
9608 km
```

Oder die Entfernung zwischen München und Kapstadt:

```
Dim Capetown As New Position( _
  New Latitude(33, 55, "S"c), _
  New Longitude(18, 27, "E"c))

Console.WriteLine( _
  Munich.Distance(Capetown).ToString(Linear.km, "0"))
```

ergibt:

```
9143 km
```

297   Bestimmung der Marschrichtung

Die beschriebene Klasse ist Bestandteil der Klassenbibliothek `ScientificLib`. Sie finden sie
dort im Namensraum `VBCodeBook.ScientificLib.PhysicalMeasurement`.

Will man von Punkt A nach Punkt B wandern, fliegen oder fahren, ist es wichtig zu wissen, welche Kompassrichtung man einschlagen muss. Auch das lässt sich mathematisch berechnen und
wird als Erweiterung der Klasse `Position` implementiert. Die Formel hierzu lautet wie folgt:

```
lat1 = Längengrad Start
lat2 = Längengrad Ziel
B2 = Breitengrad Ziel
Distanz = Entfernung Ziel - Start in Seemeilen * Ï/ 180° / 60
Kurs = arcsin( sin( lat2 - lat1 ) * cos(B2) / sin(Distanz)
```

Interessant ist, dass hier scheinbar der Sinus einer Entfernung berechnet wird. Tatsächlich ist
die berechnete Distanz in Seemeilen aber ungefähr der Raumwinkel in Bogenminuten. Die
ursprüngliche Definition der nautischen Meile hat hier ihre Wurzeln (siehe Anmerkung und
http://de.wikipedia.org/wiki/Seemeile).

Auch die Funktion zur Berechnung des Marschwinkels wird in die Klasse `Position` integriert
(Listing 581). Die Umrechnung der Distanz in Bogenminuten erfolgt hier allerdings nicht über
die nautischen Meilen, sondern durch Division durch den Erdradius, wie er bei der Berechnung der Distanz verwendet worden ist. So werden die Ungenauigkeiten, die besonders in
Äquatornähe zu Problemen führen können, umgangen.

Hinweis

Nautische Meilen, Raumwinkel und Knoten

Die nautische Meile (Seemeile) wurde ursprünglich als die Länge einer Bogenminute
auf der Äquatorlinie festgelegt. Ausgehend von einem Erdumfang von 40.000 km
ergibt sich so eine theoretische Länge der Seemeile von 1,851852 km. Aus praktischen
Erwägungen und um verschiedenen Maßen wie der englischen Admiralty Mile oder der
U.S. nautical mile aus dem Weg zu gehen, wurde 1929 die International Nautical Mile
mit einer Länge von 1,852 km festgelegt.

Der Raumwinkel von einer Bogenminute wird damit nicht exakt eingehalten. Für navi-
gatorische Berechnungen, zum Beispiel zur Ermittlung des Kurswinkels, spielt die
Abweichung meist keine Rolle.

Die in der See- und Luftfahrt häufig verwendete Geschwindigkeitseinheit Knoten ist
definiert als Seemeile pro Stunde. 1 Knoten (kt) entspricht somit 1,852 km/h.

```
Public Function Bearing(ByVal destination As Position) As Double

  ' Entfernung berechnen
  Dim dist As Linear = Me.Distance(destination)

  ' Kurswinkel berechnen
  Dim v As Double = _
    Math.Sin(destination.Longitude - Me.Longitude) * _
    Math.Cos(destination.Latitude) / _
```

*Listing 581: Berechnen der Kompassrichtung, um vom Ausgangspunkt zum Ziel
zu gelangen*

```
    Math.Sin(dist / EarthRadius)

    ' Rechenungenauigkeiten berücksichtigen
    If v < -1 Then v = -1
    If v > 1 Then v = 1

    ' Winkel berechnen
    Dim angleBearing As Double = Math.Asin(v) * 180 / Math.PI

    ' Quadranten berücksichtigen
    If (Me.Latitude <= destination.Latitude) Then
      If angleBearing > 0 Then
        Return angleBearing
      Else
        Return 360 + angleBearing
      End If
    Else
      Return 180 - angleBearing
    End If

  End Function
```

Listing 581: Berechnen der Kompassrichtung, um vom Ausgangspunkt zum Ziel zu gelangen (Forts.)

Auch einige Rechenungenauigkeiten, wie sie sich im Umgang mit Winkelfunktionen schnell einschleichen, müssen berücksichtigt werden. Das Ergebnis der Funktion wird nicht als Instanz von Angle, sondern als Double-Wert zurückgegeben. Der Grund dafür ist, dass die Marschrichtung typischerweise in Grad mit einem Wertebereich von 0° (Norden) über 90° (Osten), 180° (Süden), 270° (Westen) bis 360° (= 0°) angegeben wird. Der Rückgabewert ist somit der Winkel in Grad. Meist kann auf die Nachkommastellen verzichtet werden, da die Messung der Marschrichtung in der Navigation (z.B. mit Kompass) mit größeren Fehlern behaftet ist.

> **Achtung**
>
> Der berechnete Winkel ist der Startwinkel, der einzuschlagen ist, um das Ziel auf dem kürzesten Weg zu erreichen. In den meisten Fällen ist er entlang der Strecke nicht konstant, sondern muss kontinuierlich berechnet werden. Befinden sich Start und Ziel beispielsweise auf demselben Breitengrad, dann ist die kürzeste Stecke nicht nach Westen oder Osten entlang dieses Breitengrades. Vielmehr weicht die kürzeste Verbindung vom Breitengrad ab und bewegt sich auf den nächstgelegenen Pol zu.
>
> Der Startwinkel, um von A nach B zu gelangen, ist daher auch nicht der komplementäre Winkel für die Gegenrichtung.

Ein Beispiel hierzu, diesmal für die Städte Wien und Genf:

```
Dim Vienna As New Position( _
  New Latitude(48, 13, "N"c), _
  New Longitude(16, 22, "E"c))

Dim Geneva As New Position( _
  New Latitude(46, 12, "N"c), _
  New Longitude(6, 9, "E"c))
```

```
Console.WriteLine(Vienna.Bearing(Geneva).ToString("0°"))
Console.WriteLine(Geneva.Bearing(Vienna).ToString("0°"))
Console.WriteLine( _
  Vienna.Distance(Geneva).ToString(Linear.km, "0"))
```

Und die zugehörige Ausgabe:

```
258°
70°
802 km
```

298 UserControl zur Eingabe von Koordinaten

Die beschriebene Klasse ist Bestandteil der Klassenbibliothek `ScientificLib`. Sie finden sie dort im Namensraum `VBCodeBook.ScientificLib.PhysicalMeasurement`.

In Navigationsprogrammen ist es auch meist erforderlich, dass Anwender Koordinaten eingeben können. Die Eingabe erfolgt getrennt nach Längen- und Breitengrad, jeweils in Grad / Minuten und Sekunden oder Grad / Minuten, wobei die Minuten mit Nachkommastellen angegeben werden. Eine vorgefertigte Eingabemaske hilft dem Anwender bei der schnellen Eingabe. Zwecks Wiederverwendung bietet es sich an, ein UserControl zu programmieren (Abbildung 287).

Das UserControl stellt über die Eigenschaft `PositionValue` die eingegebenen Koordinaten in Form einer Instanz der Klasse `Position` bereit. Wird dieser Eigenschaft ein `Position`-Objekt zugewiesen, dann werden die Koordinaten in die Eingabefelder übernommen. Die Darstellung der Eingabe in Grad / Minuten / Sekunden oder Grad / Minuten kann über zwei Optionsschaltflächen umgeschaltet werden. Sie korrespondieren mit der Eigenschaft `Inputmode`, die auch die Standardeigenschaft des UserControls ist. Ändert der Anwender einen Eintrag in den Eingabefeldern, wird das Event `PositionChanged` ausgelöst. Es enthält selbst keine zusätzlichen Informationen. Die aktuellen Koordinaten müssen über die Eigenschaft `Position` abgerufen werden. Listing 582 zeigt den grundsätzlichen Aufbau der UserControl-Klasse.

Abbildung 287: Ein UserControl zur Eingabe von Koordinaten

```
Imports ScientificLib.PhysicalMeasurement
Imports System.Windows.Forms
Imports System.ComponentModel

Namespace PhysicalMeasurement

  <DefaultEvent("PositionChanged")> _
  <DefaultProperty("Inputmode")> _
  Public Class PositionUC

    <Description( _
      "Zeigt an, dass die Eingabewerte geändert worden sind")> _
```

Listing 582: Das Grundgerüst des UserControls PositionUC

```vb
<Category("Property Changed")> _
Public Event PositionChanged(ByVal sender As Object, _
  ByVal e As EventArgs)

Private WithEvents _positionValue As Position
Public Property PositionValue() As Position
  Get
    Return _positionValue
  End Get
  Set(ByVal value As Position)
    _positionValue = value
    SetControlValues()
    RaiseEvent PositionChanged(Me, EventArgs.Empty)
  End Set
End Property

' Darstellungsmodus
' Grad - Minuten - Sekunden (default)
' oder Grad - Minuten - Minutennachkommastellen
Private _inputmode As Inputmodeselection = _
  Inputmodeselection.DegreeMinuteSecond

<Description("Wahl der Eingabe: Grad - Minuten - Sekunden " & _
            "oder Grad - Minuten - Minutennachkommastellen")> _
<Category("Behavior")> _
<DefaultValue(GetType(Inputmodeselection), _
                     "DegreeMinuteSecond")> _
Public Property Inputmode() As Inputmodeselection
  Get
    Return _inputmode
  End Get
  Set(ByVal value As Inputmodeselection)
    ' Entsprechenden Radio-Button setzen
    ' Löst Ereignisbehandlung aus und aktualisiert die
    ' TextBoxen
    If value = Inputmodeselection.DegreeMinuteSecond Then
      DegMinSec.Checked = True
    Else
      DegMinDec.Checked = True
    End If
  End Set
End Property

' Merker zur Verhinderung rekursiver Eventschleifen
Private IgnoreChanges As Boolean = False

...

End Class

Public Enum Inputmodeselection
```

Listing 582: Das Grundgerüst des UserControls PositionUC (Forts.)

```
      DegreeMinute
      DegreeMinuteSecond
   End Enum

End Namespace
```

Listing 582: Das Grundgerüst des UserControls PositionUC (Forts.)

Mithilfe der Methode `SetControlValues` werden die Daten des `Position`-Objektes in die Eingabefelder übertragen (Listing 583). Hierbei muss der Eingabemodus berücksichtigt werden.

```
' Steuerelemente aktualisieren
Sub SetControlValues()

   ' Rekursion verhindern
   If IgnoreChanges Then Exit Sub

   IgnoreChanges = True

   ' Grad- und Minutenwerte aktualisieren
   DegreeLat.Value = _positionValue.Latitude.GetDegree()
   DegreeLon.Value = _positionValue.Longitude.GetDegree()
   MinuteLat.Value = _positionValue.Latitude.GetMinute()
   MinuteLon.Value = _positionValue.Longitude.GetMinute()

   ' 3. Eingabefeld als Sekunden oder Minutennachkommastellen
   If _inputmode = Inputmodeselection.DegreeMinuteSecond Then
      SecondLat.Value = _positionValue.Latitude.GetSecond()
      SecondLon.Value = _positionValue.Longitude.GetSecond()
   Else
      SecondLat.Value = _
         _positionValue.Latitude.GetSecond() * 100 \ 60
      SecondLon.Value = _
         _positionValue.Longitude.GetSecond() * 100 \ 60
   End If

   ' N/S - E/W setzen
   DirectionLat.Text = _positionValue.Latitude.Direction
   DirectionLon.Text = _positionValue.Longitude.Direction

   IgnoreChanges = False

End Sub
```

Listing 583: Übertragung der Koordinaten in die Eingabefelder

Änderungen der `NumericUpDown`-Eingabefelder werden von einem zentralen EventHandler abgearbeitet (`LatLon_ValueChanged`, Listing 584). Dieser wird immer dann aufgerufen, wenn das jeweilige `NumericUpDownControl` eine Änderung festgestellt hat. Das ist immer dann der Fall, wenn entweder eine der Pfeiltasten betätigt wurde oder das Control nach einer Textänderung den Fokus verloren hat.

```
' Änderung der Eingabefelder
Private Sub LatLon_ValueChanged(ByVal sender As System.Object, _
  ByVal e As System.EventArgs) Handles SecondLon.ValueChanged, _
  SecondLat.ValueChanged, MinuteLon.ValueChanged, _
  MinuteLat.ValueChanged, DegreeLon.ValueChanged, _
  DegreeLat.ValueChanged

  ' Änderung behandeln
  ProcessUserInput()

End Sub
```

Listing 584: Zentrale Behandlung der ValueChanged-Events

Um auch auf Textänderungen zu reagieren, ohne dass das aktuelle NumericUpDownControl verlassen werden muss, wird ein zusätzlicher EventHandler bereitgestellt, der auf Tastaturereignisse reagiert (LatLon_KeyUp, Listing 585). Das Einlesen der Eingabefelder erfolgt zentral in der Methode ProcessUserInput (Listing 588).

```
' Auf Tastatureingabe reagieren
Private Sub LatLon_KeyUp(ByVal sender As System.Object, _
  ByVal e As System.Windows.Forms.KeyEventArgs) Handles _
  SecondLat.KeyUp, SecondLon.KeyUp, MinuteLat.KeyUp, _
  MinuteLon.KeyUp, DegreeLat.KeyUp, DegreeLon.KeyUp

  ' Rekursion verhindern
  If IgnoreChanges Then Exit Sub

  ' Eingaben auswerten
  ProcessUserInput()

End Sub
```

Listing 585: Zusätzliche Überwachung von Tastatureingaben

Über die Eigenschaft PositionValue kann ganz gezielt der Wert für Länge und Breite geändert werden. Auch hierauf muss reagiert werden. Dies geschieht im Ereignis-Handler _positionValue_ValueChanged (Listing 586).

```
Private Sub _positionValue_ValueChanged(ByVal sender As Object, _
  ByVal e As System.EventArgs) _
  Handles _positionValue.ValueChanged

  ' Steuerelemente aktualisieren
  SetControlValues()
  RaiseEvent PositionChanged(Me, EventArgs.Empty)

End Sub
```

Listing 586: Auf Änderungen der Eigenschaften des Position-Objektes reagieren

Zusätzlich müssen auch die Eingabefelder für Nord / Süd bzw. Ost / West berücksichtigt werden (Listing 587).

```
' Änderung Nord / Süd
Private Sub DirectionLat_TextChanged(ByVal sender As _
    System.Object, ByVal e As System.EventArgs) Handles _
    DirectionLon.TextChanged, DirectionLat.TextChanged

    ' Werte aktualisieren
    ProcessUserInput()

End Sub
```

Listing 587: Überwachung der Auswahlfelder für die Himmelsrichtungen

Die Methode `ProcessUserInput` liest die Eingabefelder aus und erstellt ein neues `Position`-Objekt. Auch hier muss wieder berücksichtigt werden, ob die Minuten mit Nachkommastellen angegeben werden oder ob die Eingabe von Minuten und Sekunden gewünscht ist. Abschließend wird das Ereignis `PositionChanged` ausgelöst (Listing 588).

```
' Änderung der Eingabefelder behandeln
Sub ProcessUserInput()

    ' Rekursion verhindern
    If IgnoreChanges Then Exit Sub

    ' Neue Position-Instanz generieren
    If _inputmode = Inputmodeselection.DegreeMinuteSecond Then
      _positionValue = New Position( _
        New Latitude(CInt(DegreeLat.Value), _
        CInt(MinuteLat.Value), CInt(SecondLat.Value), _
        CChar(DirectionLat.Text)), _
        New Longitude(CInt(DegreeLon.Value), _
        CInt(MinuteLon.Value), CInt(SecondLon.Value), _
        CChar(DirectionLon.Text)))
    Else
      _positionValue = New Position( _
        New Latitude(CInt(DegreeLat.Value), _
        CDbl(MinuteLat.Value + SecondLat.Value / 100), _
        CChar(DirectionLat.Text)), _
        New Longitude(CInt(DegreeLon.Value), _
        CDbl(MinuteLon.Value + SecondLon.Value / 100), _
        CChar(DirectionLon.Text)))
    End If

    ' Änderung per Event melden
    RaiseEvent PositionChanged(Me, EventArgs.Empty)

End Sub
```

Listing 588: Aufarbeitung der Werte aus den Eingabefeldern

Wissenschaftliche Anwendungen

Die EventHandler für die Einstellung des Eingabemodus zeigt Listing 589. Sie ändern zum einen die Darstellung der Labels für die Minuten- und Sekundenfelder, zum anderen speichern sie den Modus und berechnen die Werte der Eingabefelder erneut. Ferner muss der Maximalwert für das Sekundenfeld angepasst werden. Bei der Eingabe von Sekunden beträgt der höchste Wert 59, bei der Eingabe von Minutennachkommastellen 99.

Kritisch ist die Reihenfolge, in der das Setzen der Maximalwerte und die Aktualisierungen der Felder erfolgen. Wird von Nachkommastellen auf Sekunden umgeschaltet, darf der Maximalwert erst eingetragen werden, nachdem die Werte umgerechnet worden sind. Sonst würden Einträge für Nachkommastellen, die größer sind als 59, falsch behandelt.

Dasselbe gilt für die Umschaltung von Sekunden nach Nachkommastellen. Hier darf die Aktualisierung der NumericUpDownControls erst erfolgen, nachdem das Maximum auf 99 gesetzt worden ist. Sonst kommt es auch hier zu einem Fehler.

```
Private Sub DegMinSec_CheckedChanged( _
    ByVal sender As System.Object, ByVal e As System.EventArgs) _
    Handles DegMinSec.CheckedChanged

    ' Nur die ausgewählte Checkbox berücksichtigen
    If Not DegMinSec.Checked Then Exit Sub

    ' Labelbeschriftung anpassen
    LBLMinDecLat.Text = "'"
    LBLMinDecLon.Text = "'"
    LBLSecDecLat.Text = """"
    LBLSecDecLon.Text = """"

    ' Zustand speichern und Textfelder aktualisieren
    _inputmode = Inputmodeselection.DegreeMinuteSecond
    SetControlValues()

    ' Nur Werte von 0 bis 59 für Sekundenfeld zulassen
    SecondLat.Maximum = 59
    SecondLon.Maximum = 59

End Sub

Private Sub DegMinDec_CheckedChanged( _
    ByVal sender As System.Object, ByVal e As System.EventArgs) _
    Handles DegMinDec.CheckedChanged

    ' Nur die ausgewählte CheckBox berücksichtigen
    If Not DegMinDec.Checked Then Exit Sub

    ' Labelbeschriftung anpassen
    LBLMinDecLat.Text = ","
    LBLMinDecLon.Text = ","
    LBLSecDecLat.Text = "'"
    LBLSecDecLon.Text = "'"
```

Listing 589: Umschalten der Eingabemodi

```
' Nur Werte von 0 bis 99 für Nachkommastellen zulassen
SecondLat.Maximum = 99
SecondLon.Maximum = 99

' Zustand speichern und Textfelder aktualisieren
_inputmode = Inputmodeselection.DegreeMinute
SetControlValues()

End Sub
```

Listing 589: Umschalten der Eingabemodi (Forts.)

Eine kleine Beispielanwendung soll den Einsatz des UserControls demonstrieren. Ein Fenster mit zwei Instanzen des Controls nimmt Werte für zwei Koordinaten entgegen und zeigt die Entfernung zwischen den Positionen an (Abbildung 288). Die Initialisierung der Steuerelemente erfolgt im `FormLoad`-Event (Listing 590). Hier werden feste Koordinaten als Beispiel vorgegeben.

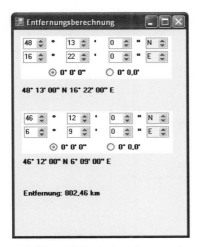

Abbildung 288: Beispielanwendung zum Berechnen von Entfernungen

In den jeweiligen `PositionChanged`-Events der UserControls werden die Koordinaten ausgelesen, auf Labels dargestellt und die Distanz zwischen den angegebenen Koordinaten berechnet. Die Ausgabe der Distanz erfolgt ebenfalls auf einem Label.

```
Private Sub Form1_Load(…) Handles MyBase.Load
  PositionUC1.PositionValue = _
    New VBCodeBook.ScientificLib.PhysicalMeasurement. _
      Position(50, 7)
  PositionUC2.PositionValue = _
    New VBCodeBook.ScientificLib.PhysicalMeasurement. _
      Position(51, 7)
End Sub

Private Sub PositionUC1_PositionChanged(…) Handles …
```

Listing 590: Einfache Anwendung des UserControls PositionUC

```
   Label1.Text = PositionUC1.PositionValue.ToString()
   Label3.Text = "Entfernung: " + _
      PositionUC1.PositionValue.Distance( _
      PositionUC2.PositionValue).ToString("km", "0.00")
End Sub

Private Sub PositionUC2_PositionChanged(…) Handles …
   Label2.Text = PositionUC2.PositionValue.ToString()
   Label3.Text = "Entfernung: " + _
      PositionUC1.PositionValue.Distance( _
      PositionUC2.PositionValue).ToString("km", "0.00")
End Sub
```

Listing 590: Einfache Anwendung des UserControls PositionUC (Forts.)

299   Erweiterung des UserControls PositionUC

> Die beschriebene Klasse ist Bestandteil der Klassenbibliothek ScientificLib. Sie finden sie
> dort im Namensraum VBCodeBook.ScientificLib.PhysicalMeasurement.

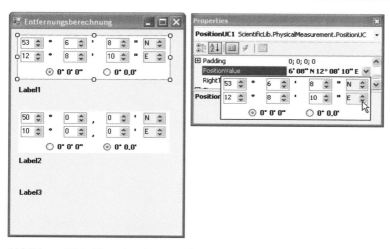

Abbildung 289: Eingabe der Koordinaten im Designer

In der im vorangegangenen Rezept vorgestellten Version des PositionUC-Controls lässt sich die
Eigenschaft PositionValue nicht im PropertyGrid einstellen. Durch ein paar Modifikationen
lässt sich jedoch erreichen, dass das Control selbst als DropDown-Fenster für die Eingabe
genutzt werden kann (Abbildung 289). So wird es dem Anwender des Controls ermöglicht,
mithilfe des Designers bereits die Koordinaten festzulegen.

Um das zu erreichen, muss zunächst die Definition der Eigenschaft PositionValue um zwei
Attribute erweitert werden (Listing 591). Das Editor-Attribut verweist auf die Klasse Position-
UIEditor (Listing 592), die für das Aufklappen des DropDown-Fensters verantwortlich ist.
Durch das DesignerSerializationVisibility-Attribut wird erreicht, dass die eingetragenen
Werte auch in den vom Designer generierten Code eingetragen werden.

```
<Editor(GetType(PositionUIEditor), GetType(UITypeEditor))> _
<DesignerSerializationVisibility(_
  DesignerSerializationVisibility.Content)> _
Public Property PositionValue() As Position
  Get
    Return _positionValue
  End Get
  Set(ByVal value As Position)
    _positionValue = value
    SetControlValues()
    RaiseEvent PositionChanged(Me, EventArgs.Empty)
  End Set
End Property
```

Listing 591: Erweiterung der Eigenschaft PositionValue um zusätzliche Attribute

Die Klasse `PositionUIEditor` benutzt die Controlklasse `PositionUC` selbst, um eine Instanz des Controls als Eingabefeld im Eigenschaftsfenster darzustellen. Der nach dem Schließen des Fensters zurückgegebene Wert wird der Methode `EditValue` als Funktionswert weitergegeben.

```
Public Class PositionUIEditor
  Inherits UITypeEditor

  ' Anzeigen des UserControls als DropDown-Fenster erzwingen
  Public Overrides Function EditValue(ByVal context As _
    System.ComponentModel.ITypeDescriptorContext, _
    ByVal provider As System.IServiceProvider, _
    ByVal value As Object) As Object

    Dim wfes As IWindowsFormsEditorService
    wfes = DirectCast(provider.GetService( _
      GetType(IWindowsFormsEditorService)), _
      IWindowsFormsEditorService)

    ' Neue Instanz des Controls anlegen
    Dim posCtrl As PositionUC = New PositionUC()

    ' Wert übernehmen
    posCtrl.PositionValue = CType(value, Position)

    ' Als DropDown-Fenster anzeigen
    wfes.DropDownControl(posCtrl)

    ' Neue Position übernehmen und Control entfernen
    Dim pos As Position = posCtrl.PositionValue
    posCtrl.Dispose()

    Return pos
```

Listing 592: UITypeEditor zur Anzeige des PositionUC-Controls als DropDown-Fenster im Eigenschaftsfenster

```
    End Function


    Public Overrides Function GetEditStyle(…) As …
        Return UITypeEditorEditStyle.DropDown
    End Function

End Class
```

Listing 592: UITypeEditor zur Anzeige des PositionUC-Controls als DropDown-Fenster im Eigenschaftsfenster (Forts.)

300   SRTM-Höhendaten

> Die beschriebene Klasse ist Bestandteil der Klassenbibliothek `ScientificLib`. Sie finden sie dort im Namensraum `VBCodeBook.ScientificLib.PhysicalMeasurement`.

Aufgabe der Spaceshuttle-Mission STS 99 im Februar 2000 war die Vermessung der Erdoberfläche mittels Radarinterferometrie. Dabei wurden ca. 80% der gesamten Landmasse vermessen. Die gewonnenen Daten wurden aufbereitet und stehen unter der Bezeichnung »Space Shuttle Radar Topography«, kurz SRTM zur Verfügung:

Weblinks auf *http://de.wikipedia.org/wiki/SRTM*

http://netgis.geo.uw.edu.pl/srtm/Europe/

Zwei verschiedene Auflösungen kamen bei der Mission zum Einsatz. Während große Teile Nordamerikas mit einer Auflösung von einer Bogensekunde (ca. 30 m) abgetastet wurden, beträgt die Auflösung für Europa ca. drei Bogensekunden (ca. 90 m). Die Messungen sind auch fehlerbehaftet und können durchaus von den tatsächlichen Gegebenheiten deutlich abweichen. Geländeerhebungen wie Gebäude oder Bäume führen genauso zu Messfehlern wie steile Bergflanken oder Wasser- und Schneeflächen. Bei einer Auflösung von 90 Metern ist auch nicht zu erwarten, dass man in den Höhendateien die exakten Höhendaten markanter Bergspitzen findet. Trotzdem sind die Daten oft eine wertvolle Hilfe bei typischen Navigationsaufgaben oder topographischen Analysen. Nähere Informationen zur Mission und zu den gewonnenen Messwerten finden Sie z. B. unter *http://srtm.usgs.gov/Mission/quickfacts.html*, *http://de.wikipedia.org/wiki/SRTM-Daten* und *http://srtm.usgs.gov/Mission/missionsummary.html*.

Die aufbereiteten Daten sind auf einzelne Dateien, aufgeteilt nach Längen- und Breitengrad, verteilt worden. Für Europa besteht eine solche Datei aus 1201 x 1201 Messwerten. Die Dateinamen geben die Koordinaten wieder. So beinhaltet beispielsweise die Datei N45E006.hgt die Daten für die Koordinaten 45° Nord 6° Ost bis 46° Nord 7° Ost. Der 1201. Wert einer Datei ist jeweils identisch mit dem 1. Wert der Folgedatei. Effektiv stehen somit 1200 x 1200 Höhendaten pro Datei zur Verfügung.

Allerdings ist die Auflösung hochgerechnet worden, um den Dateiaufbau zu vereinfachen. Da der Abstand der Längengrade zu den Polen hin abnimmt, täuscht der Dateiaufbau eine höhere Genauigkeit in Ost-West-Richtung vor, als tatsächlich vorhanden ist.

Jeder Messwert besteht aus zwei Bytes, die die Höhe in Metern repräsentieren. Die Reihenfolge der Bytes ist im Motorola-Format, entspricht also nicht der üblichen Reihenfolge in PC-Programmen. Ein Wert von 8000 Hex kennzeichnet einen ungültigen Messwert (void). Angeordnet sind die Messwerte von West nach Ost und von Nord nach Süd. Der erste Wert (Position 0) der Datei N45E006.hgt korrespondiert somit zur Koordinate 46°N 6°E, der Wert an Position 1 zur Koordinate 46°N 6° 0' 3"E und der Wert an Position 1201 zur Koordinate 46°N 1' 6°E.

Zur Ermittlung von Höhenwerten aus vorgegebenen Koordinaten dient die Klasse SRTMHeight. Auch sie ist Bestandteil der ScientificLib-DLL. Der Konstruktor nimmt den Pfad des Verzeichnisses entgegen, in dem die Dateien abgelegt sind. Dieser wird für nachfolgende Zugriffe gespeichert. Da meist benachbarte Werte gelesen werden, wird der für das Lesen benötigte BinaryReader so lange offen gehalten, bis eine andere Datei geöffnet werden muss. Um ein sauberes Schließen einer geöffneten Datei zu erreichen, wenn das SRTMHeight-Objekt zerstört werden soll, wird die Schnittstelle IDisposable implementiert. Listing 593 zeigt den grundlegenden Aufbau der Klasse.

```vbnet
Imports System.IO

Namespace PhysicalMeasurement

  Public Class SRTMHeight
    Implements IDisposable

    ' Verzeichnis der SRTM-Daten
    Private _sRTMDirectory As String
    Public Property SRTMDirectory() As String
      Get
        Return _sRTMDirectory
      End Get
      Set(ByVal value As String)
        _sRTMDirectory = value
      End Set
    End Property

    ' BinaryReader für aktuelle Datei
    Private BRCurrentData As BinaryReader

    ' Pfad der zuletzt verwendeten Datei
    Private PathCurrentData As String

    ' Konstruktor, Verzeichnispfad der Daten speichern
    Public Sub New(ByVal srtmDirectory As String)
      Me._sRTMDirectory = srtmDirectory
    End Sub

    Private disposed As Boolean = False

    ...

    ' IDisposable
    Private Overloads Sub Dispose(ByVal disposing As Boolean)
      If Not Me.disposed Then
        If disposing Then
          If BRCurrentData IsNot Nothing Then
```

Listing 593: Grundgerüst der Klasse SRTMHeight zur Ermittlung der SRTM-Höhendaten

```
          BRCurrentData.Close()
        End If
      End If
    End If
    Me.disposed = True
  End Sub

#Region " IDisposable Support "
…
#End Region

  End Class

End Namespace
```

Listing 593: Grundgerüst der Klasse SRTMHeight zur Ermittlung der SRTM-Höhendaten (Forts.)

Mithilfe der Methode `GetHeight` (Listing 594) wird zu einer vorgegebenen Koordinate die Höhe ermittelt. Zunächst wird anhand der ganzzahligen Werte von Längen- und Breitengrad der Dateiname ermittelt. Der Pfad wird verglichen mit dem der zuletzt geöffneten Datei. Ist er identisch, wird das bereits angelegte `BinaryReader`-Objekt verwendet. Anderenfalls wird überprüft, ob die Datei verfügbar ist. Wenn nicht, wird die weitere Bearbeitung abgebrochen und `Nothing` zurückgegeben. Existiert die Datei, wird sie mithilfe eines neuen `BinaryReader`-Objektes geöffnet.

Anschließend wird die Byte-Position innerhalb der Datei berechnet. Hierfür sind nur noch die Minuten- und Sekundenwerte von Längen- und Breitengrad relevant. Für europäische SRTM-Dateien steht nur für jede dritte Bogensekunde ein Wert zur Verfügung (1200 statt 3600 pro Grad). Steht die Position innerhalb der Datei fest, werden die beiden Bytes gelesen. Diese müssen auf den Wert 8000 Hex überprüft werden, mit dem ungültige Messwerte markiert sind. Ist der Wert gültig, wird er mithilfe der `BitConverter`-Klasse zu einem `Short`-Wert (mit Vorzeichen) zusammengefasst. Daraus wird eine Instanz der Klasse `Altitude` generiert, die den Wert als `Measurement`-Objekt beinhaltet. Die Referenz dieses Objektes wird als Funktionswert zurückgegeben.

```
Public Function GetHeight(ByVal pos As Position) As Altitude

  ' Dateiname der betreffenden Höhendaten aus Position
  ' ermitteln
  Dim filename As String = pos.Latitude.Direction & _
    pos.Latitude.GetDegree().ToString("00") & _
    pos.Longitude.Direction & _
    pos.Longitude.GetDegree().ToString("000") & ".hgt"

  ' Vollständiger Dateipfad
  Dim filepath As String = _
    Path.Combine(_sRTMDirectory, filename)

  ' Handelt es sich um die zuletzt gelesene Datei?
  If PathCurrentData <> filepath Then
```

Listing 594: Höhe an vorgegebener Koordinate ermitteln

```
    ' Nein, prüfen, ob Datei vorhanden ist
  If File.Exists(filepath) Then
    ' Ja, Datei vorhanden, Pfad merken
    PathCurrentData = filepath

    ' BinaryReader für vorherige Datei ggfs. schließen
    If BRCurrentData IsNot Nothing Then BRCurrentData.Close()

    ' BinaryReader für diese Datei öffnen
    BRCurrentData = New BinaryReader(New FileStream(filepath, _
      FileMode.Open, FileAccess.Read))
  Else
    ' Nein, Datei ist nicht vorhanden. Anfrage abbrechen
    PathCurrentData = ""
    Return Nothing
  End If

End If

' Breite in Sekunden abzüglich des Grad-Anteils
' (Minuten * 60 + Sekunden)
Dim posLat As Integer = pos.Latitude.GetMinute() * 60 + _
  pos.Latitude.GetSecond()

' Länge in Sekunden abzüglich des Grad-Anteils
' (Minuten * 60 + Sekunden)
Dim posLon As Integer = pos.Longitude.GetMinute() * 60 + _
  pos.Longitude.GetSecond()

' Position der Höhenangabe in der Datei berechnen
' Auflösung 3 Bogensekunden in jede Richtung
Dim filepos As Integer = _
  2 * ((1200 - (posLat \ 3)) * 1201 + posLon \ 3)

' 2 Bytes an der berechneten Position lesen
BRCurrentData.BaseStream.Seek(filepos, SeekOrigin.Begin)
Dim ByteH As Byte = BRCurrentData.ReadByte() ' HighByte
Dim ByteL As Byte = BRCurrentData.ReadByte() ' LowByte

' Datum gültig?
If ByteH = &H80 AndAlso ByteL = 0 Then
  ' Nein, void
  Return Nothing
Else
  ' Ja, Short-Wert zusammensetzen. Angabe in Meter
  Dim bytes(1) As Byte
  bytes(0) = ByteL
  bytes(1) = ByteH
  Return Altitude.Create(BitConverter.ToInt16(bytes, 0), _
    Altitude.m)
```

Listing 594: Höhe an vorgegebener Koordinate ermitteln (Forts.)

```
   End If

End Function
```

Listing 594: Höhe an vorgegebener Koordinate ermitteln (Forts.)

Die Klasse lässt sich leicht mit dem UserControl zur Koordinateneingabe koordinieren. Abbildung 290 zeigt eine Beispielanwendung, die zu der eingegebenen Koordinate den zugehörigen Höhenwert darstellt.

Abbildung 290: Anzeige der Geländehöhe zu einer vorgegebenen Koordinate (hier der Wasserkuppe)

Bei jeder Wertänderung im UserControl wird die zugehörige Geländehöhe ermittelt. Abgebildet sind die Position und die Höhe des Gipfels der Wasserkuppe (Rhön). Der Aufbau des Programms ist vergleichsweise einfach. Im PositionChanged-Event des UserControls wird eine Instanz von SRTMData benutzt, um die Geländehöhe zur eingegebenen Koordinate zu ermitteln (Listing 595). Die Instanzierung im Beispielprojekt erfolgt unter Angabe eines absoluten Pfads für das Verzeichnis der Höhendaten. Dieser muss auf dem Zielsystem angepasst werden.

```
Imports VBCodeBook.ScientificLib.PhysicalMeasurement
Public Class HeightDemo

  ' Pfad muss angepasst werden
  Private SRTMData As New SRTMHeight("r:\SRTM Höhendaten")

  Private Sub PositionUC1_PositionChanged(…) Handles _
    PositionUC1.PositionChanged

    Dim height As Altitude = _
      SRTMData.GetHeight(PositionUC1.PositionValue)

    If height Is Nothing Then
      LBLHeight.Text = "-"
    Else
      LBLHeight.Text = height.ToString(Altitude.m, "0")
    End If
```

Listing 595: Anzeige der zur eingegebenen Koordinate korrespondierenden Geländehöhe

```
    End Sub

  End Class
```

---

*Listing 595: Anzeige der zur eingegebenen Koordinate korrespondierenden
            Geländehöhe (Forts.)*

301 Daten von GPS-Empfängern auswerten

> Die beschriebenen Klassen und das UserControl sind Bestandteil der Klassenbibliothek `ScientificLib`. Sie finden sie dort im Namensraum `VBCodeBook.ScientificLib.PhysicalMeasurement`.

Navigationsempfänger für das Global Positioning System, kurz GPS, sind inzwischen weit verbreitet. Sie empfangen Signale spezieller Satelliten, aus denen sie die eigene Position berechnen können. So können sie bei der derzeit möglichen Genauigkeit den eigenen Standort auf einige 10 m genau ermitteln. Auch eine Höhenberechnung ist möglich. Allerdings ist deren Genauigkeit geringer und die Messungenauigkeiten, die durch die Empfangsbedingungen beeinflusst werden, wirken sich stärker aus.

Aus den Positionsdaten berechnen die meisten Empfänger auch weitere Informationen, wie z. B. die aktuelle Geschwindigkeit und die eingeschlagene Himmelsrichtung. Typischerweise stellt ein GPS-Empfänger die folgenden Daten zur Verfügung:

▶ Uhrzeit (Standardzeit UTC)

▶ Koordinaten der aktuellen Position

▶ Angenäherte Höhe über Geoid

▶ Geschwindigkeit

▶ Bewegungsrichtung

▶ Anzahl der empfangenen Satelliten

▶ Informationen zur Empfangsqualität und Gültigkeit der Daten

Die berechneten Daten werden aufbereitet und über adäquate Schnittstellen an andere Geräte übertragen. Unabhängig vom Übertragungsweg (USB, Bluetooth, serielle Schnittstelle usw.) werden die Informationen in Textform weitergereicht. Unter der Bezeichnung NMEA data werden verschiedene Telegrammtypen zusammengefasst, die den Aufbau der Übertragungsdaten definieren. Eine genauere Beschreibung der verschiedenen Formate finden Sie unter *http://www.gpsinformation.org/dale/nmea.htm*.

Aufbau der Datensätze

Nicht jeder Empfänger unterstützt alle Datenformate. Die wichtigsten NMEA-Formate, die die oben genannten Daten beinhalten, tragen die Namen RMC und GGA. Sie werden von den meisten Empfängern ausgegeben.

Ein Datensatz besteht grundsätzlich aus ASCII-Text. Typischerweise beginnen die Datensätze mit $GPxxx und enden mit einem Stern und der Prüfsumme. xxx steht hier für den Formatnamen. Die einzelnen Informationsfelder sind mit Kommata voneinander getrennt. In Tabelle 44 ist der Aufbau des RMC- und in Tabelle 45 der des GGA-Datensatzes wiedergegeben.

$GPRMC,182749.00,A,5116.7930,N,00645.1530,E,0.0,52.7,161005,1.9,W*7E	
Wert	Bedeutung
RMC	Recommended Minimum sentence C
,182749.00	Zeitpunkt der Messung (UTC), Format hhmmss.nn
A	Gültigkeit (A: gültig, V: ungültig)
5116.7930	Breitengrad, Format ggmm.nnnn (siehe Text)
N	N für nördliche Breite, S für südliche Breite
00645.1530	Längengrad, Format gggmm.nnnn (siehe Text)
E	E für östliche Länge, W für westliche Länge
0.0	Geschwindigkeit über Grund in Knoten
52.7	Bewegungsrichtung in Grad (Kompass)
161005	Datum der Messung, Format ddmmyy
1.9,W	Abweichung des magnetischen Kompasses
*7E	Prüfsumme

Tabelle 44: Aufbau eines RMC-Datensatzes

$GPGGA,182748.00,5116.7930,N,00645.1530,E,1,05,0.0,45.9,M,,,,*0C	
Wert	Bedeutung
GGA	Global Positioning System Fix Data
182748.00	Zeitpunkt der Messung (UTC), Format hhmmss.nn
5116.7930	Breitengrad, Format ggmm.nnnn (siehe Text)
N	N für nördliche Breite, S für südliche Breite
00645.1530	Längengrad, Format gggmm.nnnn (siehe Text)
E	E für östliche Länge, W für westliche Länge
1	Qualitätskategorie der Messung
05	Anzahl der empfangenen Satelliten
0.0	Mögliche Abweichung der Positionsmessung
45.9	Berechnete Höhe über Meeresspiegel (siehe Text)
M	Einheit der Höhe (Meter)
...	Leerfelder, keine Funktion oder nicht berechnet
*0C	Prüfsumme

Tabelle 45: Aufbau eines GGA-Datensatzes

Die Zeitangaben erfolgen immer in Standardzeit (UTC) und müssen bei Bedarf in die Lokalzeit umgerechnet werden. Längen- und Breitengrade werden in Grad und Minuten mit Nachkommastellen angegeben. Zusätzlich wird die Himmelsrichtung mit dem entsprechenden Buchstaben gekennzeichnet. Kann ein Empfänger bestimmte Informationen nicht liefern, lässt er die betreffenden Feldeinträge einfach leer. So kann es vorkommen, dass mehrere Kommata aufeinander folgen.

Tipp Das Testen von Navigationsprogrammen mit realen Empfängern ist meist etwas schwierig, da man die gesamte Entwicklungsumgebung transportieren muss. Sinnvoll ist daher die Simulation eines GPS-Empfängers durch ein entsprechendes Programm. Großer Beliebtheit erfreut sich schon seit Jahren der Microsoft Flugsimulator, der längst auch die Flugnavigation in Europa unterstützt. Für den MS Flugsimulator wird unter *http://www.schiratti.com/dowson.html* das kostenlose PlugIn GPSout angeboten. Dieses ermöglicht die kontinuierliche Ausgabe der gängigen NMEA-Datensätze auf eine serielle Schnittstelle. So können Sie mit dem Flugsimulator auf einem zusätzlichen PC eine Bewegung im Raum simulieren und die GPS-Daten an das zu entwickelnde Programm übertragen. Die Beispiele in diesem Buch sind mithilfe dieses PlugIns getestet worden.

Übertragungswege

Durchgesetzt hat sich auch die Übertragungsart, mit der die Daten anderen Programmen bereitgestellt werden. Anfangs wurden hauptsächlich serielle Schnittstellen für die Kopplung von GPS-Empfänger und PC verwendet. Heute werden üblicherweise USB, PCMCIA oder Bluetooth-Schnittstellen genutzt. In den meisten Fällen werden aber entsprechende Treiber eingesetzt, die eine serielle Schnittstelle simulieren. So können in einem Programm die GPS-Daten über einen COM-Port entgegengenommen werden, auch wenn auf Hardwareebene gar keine serielle Schnittstelle zum Einsatz kommt.

Allerdings hat das Konzept der Übertragung über eine serielle Schnittstelle auch einen gravierenden Nachteil. Es ist nämlich nicht möglich, dass mehrere Programme gleichzeitig auf ein und dieselbe Schnittstelle zugreifen. Daher muss gegebenenfalls ein Programm den Zugriff realisieren und andere Programme mit den Informationen versorgen. In der neuen Windows Mobile Edition 5.0 können deswegen die GPS-Daten vom Betriebssystem empfangen und ausgewertet werden. Über eine entsprechende API werden die aufbereiteten Informationen zur Verfügung gestellt. Dieses Rezept zeigt aber die grundsätzliche Vorgehensweise zum Empfang der Daten über eine serielle Schnittstelle.

Zur einfachen Handhabung stellen wir Ihnen ein UserControl zur Verfügung, das einerseits die GPS-Daten anzeigt (Abbildung 291) und sie andererseits auch über Eigenschaften und Events zur weiteren Verarbeitung bereithält. Die GPS-Daten werden nicht vom Control direkt abgerufen, sondern über ein `SerialPort`-Control, welches das Anwendungsfenster zusätzlich bereitstellen muss (Abbildung 292). Hierfür steht die Eigenschaft `ComPort` zur Verfügung, der über den Designer eine beliebige Instanz der `SerialPort`-Komponente zugewiesen werden kann. Diese Komponente ist neu im Framework 2.0. Durch die Lösung mit der externen Komponente besteht die einfache Möglichkeit, zur Design-Zeit alle Parameter der seriellen Schnittstelle einstellen zu können, ohne dass die betreffenden Eigenschaften im UserControl nachgebildet werden müssten.

Wird der Eigenschaft `PathSRTMData` der Pfad eines Verzeichnisses zugewiesen, das die im vorangegangenen Rezept beschriebenen SRTM-Höhendaten enthält, dann werden die GPS-Daten um die Terrainhöhe sowie die Höhe über Grund erweitert. Bleibt die Eigenschaft leer, werden keine Höhendaten ermittelt. Während die Terrainhöhe den SRTM-Dateien entnommen werden kann, wird die Höhe über Grund aus der Differenz zwischen der GPS-Höhe (über NN) und der Terrainhöhe berechnet.

Über die Eigenschaft `Data` kann ein Objekt vom Typ `GPSData` (Listing 596) abgerufen werden, das die aktuellen GPS- und Höhendaten enthält. Der Konstruktor dieser Klasse übernimmt die aufbereiteten RMC- und GGA-Daten sowie die ermittelte Terrainhöhe. Über eine Reihe von

Wissenschaftliche Anwendungen

schreibgeschützten Eigenschaften können die einzelnen Informationen im Programm abgefragt werden. Waren einzelne Felder in den Datensätzen nicht enthalten, dann geben die betreffenden Eigenschaften den Wert Nothing zurück. Allerdings werden für die Daten nicht ausschließlich Referenztypen wie Position, Altitude oder Speed eingesetzt, sondern auch Wertetypen wie DateTime, Double oder Integer. Damit auch für diese der Wert Nothing zurückgegeben werden kann und der Aufrufer somit in der Lage ist, festzustellen, ob ein Wert gültig ist oder nicht, werden sie mit dem generischen Typ Nullable (Of T) definiert. Im Listing sind diese Definitionen farblich hervorgehoben.

Abbildung 291: Das UserControl stellt die empfangenen GPS-Daten dar

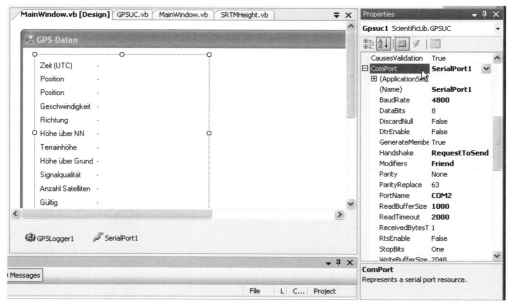

Abbildung 292: Die serielle Schnittstelle wird über ein zusätzliches Control angebunden

```
Public Class GPSData

  Private RMC As GPSRMCInfo
  Private GGA As GPSGGAInfo
  Private _terrainheight As Altitude

  Public Sub New(ByVal rmc As GPSRMCInfo, _
    ByVal gga As GPSGGAInfo, ByVal terrainheight As Altitude)
    Me.RMC = rmc
    Me.GGA = gga
    Me._terrainheight = terrainheight
  End Sub

  <Description("Zeitpunkt der Erfassung (UTC)")> _
  Public ReadOnly Property Timestamp() As Nullable(Of DateTime)
    Get
      Return RMC.Timestamp
    End Get
  End Property

  <Description("Aktuelle Koordinaten")> _
  Public ReadOnly Property Position() As _
    VBCodeBook.ScientificLib.PhysicalMeasurement.Position
    Get
      Return RMC.Position
    End Get
  End Property

  <Description("Geschwindigkeit über Grund")> _
  Public ReadOnly Property Groundspeed() As _
    VBCodeBook.ScientificLib.PhysicalMeasurement.Speed
    Get
      Return RMC.Groundspeed
    End Get
  End Property

  <Description("Datensatz gültig")> _
  Public ReadOnly Property IsValid() As Nullable(Of Boolean)
    Get
      Return RMC.Valid
    End Get
  End Property

  <Description("Bewegungsrichtung")> _
  Public ReadOnly Property Heading() As Nullable(Of Double)
    Get
      Return RMC.Heading
    End Get
  End Property

  <Description("Höhe über NN")> _
```

Listing 596: Die Klasse GPSData kapselt alle GPS- und Höhendaten

```
Public ReadOnly Property AltitudeMSL() As Altitude
  Get
    If GGA Is Nothing Then Return Nothing
    Return GGA.Altitude
  End Get
End Property

<Description("Anzahl der empfangenen Satelliten")> _
Public ReadOnly Property Satellites() As Nullable(Of Integer)
  Get
    If GGA Is Nothing Then Return Nothing
    Return GGA.Satellites
  End Get
End Property

<Description("Empfangsqualität")> _
Public ReadOnly Property Quality() As Nullable(Of Integer)
  Get
    If GGA Is Nothing Then Return Nothing
    Return GGA.Quality
  End Get
End Property

<Description("Geländehöhe (sofern vorhanden)")> _
Public ReadOnly Property TerrainHeight() As Altitude
  Get
    If GGA Is Nothing Then Return Nothing
    Return _terrainheight
  End Get
End Property

<Description("Höhe über Grund (sofern vorhanden)")> _
Public ReadOnly Property AltitudeGround() As Altitude
  Get
    If GGA Is Nothing Then Return Nothing
    If GGA.Altitude IsNot Nothing And _
      TerrainHeight IsNot Nothing Then
      Return GGA.Altitude - TerrainHeight
    Else
      Return Nothing
    End If
  End Get
End Property

End Class
```

Listing 596: Die Klasse GPSData kapselt alle GPS- und Höhendaten (Forts.)

Für die beiden NMEA-Formate RMC und GGA werden die beiden Klassen GPSRMCInfo bzw. GPSGGAInfo definiert. Sie stellen öffentliche schreibgeschützte Eigenschaften bereit, um die Daten abzufragen. Die Konstruktoren nehmen einen Datensatz in Textform entgegen, zerlegen ihn in die einzelnen Datenfelder und dekodieren die textuellen Daten. Listing 597 zeigt die Realisierung der Klasse GPSRMCInfo.

```
Imports System.Globalization

Namespace PhysicalMeasurement

  Public Class GPSRMCInfo

    ' Öffentliche schreibgeschützte Felder für die empfangenen
    ' Daten Gültigkeit der Daten
    Public ReadOnly Valid As Nullable(Of Boolean)

    ' Zeitpunkt des Empfangs
    Public ReadOnly Timestamp As Nullable(Of DateTime)

    ' Koordinaten der aktuellen Position
    Public ReadOnly Position As _
      VBCodeBook.ScientificLib.PhysicalMeasurement.Position

    ' Geschwindigkeit über Grund
    Public ReadOnly Groundspeed As _
      VBCodeBook.ScientificLib.PhysicalMeasurement.Speed

    ' Fahrt-/Flugrichtung
    Public ReadOnly Heading As Nullable(Of Double)

    ' Konstruktor nimmt Telegrammstring entgegen
    Public Sub New(ByVal rmcString As String)

      ' Zerlegen in die einzelnen Felder
      Dim fields() As String = rmcString.Split(","c)

      ' Feldlängen auf Plausibilität prüfen
      If fields(3).Length > 6 And fields(4).Length = 1 And _
        fields(5).Length > 7 And fields(6).Length = 1 Then

        ' Grad Breite
        Dim degreeLat As Integer = _
          Integer.Parse(fields(3).Substring(0, 2))

        ' Minuten Breite
        Dim minuteLat As Double = Double.Parse(fields(3). _
          Substring(2), CultureInfo.InvariantCulture)

        ' Breite
        Dim lat As New Latitude(degreeLat, minuteLat, _
          CChar(fields(4)))

        ' Grad Länge
        Dim degreeLon As Integer = _
          Integer.Parse(fields(5).Substring(0, 3))

        ' Minuten Länge
```

Listing 597: Aufbereitung der RMC-Datensätze

```vbnet
        Dim minuteLon As Double = Double.Parse(fields(5). _
          Substring(3), CultureInfo.InvariantCulture)

        ' Länge
        Dim lon As New Longitude(degreeLon, minuteLon, _
          CChar(fields(6)))

        ' Koordinate
        Me.Position = New _
          VBCodeBook.ScientificLib.PhysicalMeasurement.Position(lat, lon)

      End If

      If fields(9).Length > 5 And fields(1).Length > 8 Then
        ' Datum und Uhrzeit
        Me.Timestamp = New DateTime( _
          2000 + Integer.Parse(fields(9).Substring(4, 2)), _
          Integer.Parse(fields(9).Substring(2, 2)), _
          Integer.Parse(fields(9).Substring(0, 2)), _
          Integer.Parse(fields(1).Substring(0, 2)), _
          Integer.Parse(fields(1).Substring(2, 2)), _
          Integer.Parse(fields(1).Substring(4, 2)), _
          Integer.Parse(fields(1).Substring(7, 2)) * 10)
      End If

      If fields(2).Length = 1 Then
        ' Gültigkeit
        Me.Valid = fields(2) = "A"

      End If

      If fields(7).Length > 0 Then
        ' Geschwindigkeit
        Me.Groundspeed = Speed.Create(Double.Parse(fields(7), _
          CultureInfo.InvariantCulture), Speed.Knots)

      End If

      If fields(8).Length > 0 Then
        ' Richtung
        Me.Heading = Double.Parse(fields(8), _
          CultureInfo.InvariantCulture)
      End If

    End Sub

  End Class
End Namespace
```

Listing 597: Aufbereitung der RMC-Datensätze (Forts.)

Auch hier werden die Wertetypen wieder mithilfe des generischen Typs Nullable (Of T) imple-mentiert. Im Konstruktor werden zunächst die einzelnen Datenfelder separiert. Da diese durch

Kommata voneinander getrennt sind, reicht hier ein Aufruf von `String.Split`, um die Felder in ein String-Array zu überführen. Anschließend kann über den Index auf ein bestimmtes Datenfeld zugegriffen werden. Der Aufbau der Datensätze ist festgelegt, so dass es eine eindeutige Zuordnung zwischen Datenfeld und Index gibt. Gemäß der in den Tabellen festgehaltenen Datenformate werden die einzelnen Felder entschlüsselt und in die benötigten Datentypen überführt.

Für jedes Feld erfolgt über die String-Länge eine Plausibilitätsprüfung. Liegen keine Daten vor, wird der betreffenden Eigenschaft der Wert `Nothing` zugewiesen. Beim Einlesen von Gleitkommazahlen wird explizit die Kultur `InvariantCulture` angegeben, damit je nach landesspezifischer Systemeinstellung der Punkt immer als Dezimalpunkt interpretiert wird. Nach Abarbeitung des Konstruktors stehen die Daten vollständig zur Verfügung.

Analog aufgebaut zur Klasse `GPSRMCInfo` ist die in Listing 598 gezeigte Klasse `GPSGGAInfo`. Sie enthält ebenfalls die Koordinaten der aktuellen Position. Zusätzlich stellt sie die Höhe über NN, die Signalqualität und die Anzahl der empfangenen Satelliten zur Verfügung.

```vbnet
Imports System.Globalization
Namespace PhysicalMeasurement

  Public Class GPSGGAInfo

    ' Öffentliche schreibgeschützte Eigenschaften zur Rückgabe
    ' der erfassten Messwerte
    Public ReadOnly Position As _
      VBCodeBook.ScientificLib.PhysicalMeasurement.Position
    Public ReadOnly Quality As Nullable(Of Integer)
    Public ReadOnly Satellites As Nullable(Of Integer)
    Public ReadOnly Altitude As _
      VBCodeBook.ScientificLib.PhysicalMeasurement.Altitude

    ' Der Konstruktor nimmt die Datenzeile entgegen
    Public Sub New(ByVal ggaString As String)

      ' Aufspaltung der durch Kommata separierten Datenfelder
      Dim fields() As String = ggaString.Split(","c)

      ' Koordinaten der Position ermitteln, Feldlängen auf
      ' Plausibilität prüfen
      If fields(2).Length > 6 And fields(3).Length = 1 And _
        fields(4).Length > 7 And fields(5).Length = 1 Then

        ' Breite ermitteln
        ' Grad
        Dim degreeLat As Integer = _
          Integer.Parse(fields(2).Substring(0, 2))

        ' Minuten mit Nachkommastellen
        Dim minuteLat As Double = Double.Parse( _
          fields(2).Substring(2), CultureInfo.InvariantCulture)
```

Listing 598: GPSGGAInfo stellt neben der Position auch die Höhe und Qualitätsinformationen bereit

```
  ' Vollständiger Breitengrad inkl. Nord/Süd
  Dim lat As New Latitude(degreeLat, minuteLat, _
    CChar(fields(3)))

  ' Länge ermitteln
  ' Grad
  Dim degreeLon As Integer = _
    Integer.Parse(fields(4).Substring(0, 3))

  ' Minuten mit Nachkommastellen
  Dim minuteLon As Double = Double.Parse( _
    fields(4).Substring(3, CultureInfo.InvariantCulture)

  ' Vollständiger Längengrad inkl. Ost/West
  Dim lon As New Longitude(degreeLon, minuteLon, _
    CChar(fields(5)))

  ' Komplette Koordinaten aus Längen- und Breitengrad
  Me.Position = New _
    VBCodeBook.ScientificLib.PhysicalMeasurement.Position(lat, lon)

End If

' Qualität des Empfangssignals
If fields(6).Length > 0 Then
  Me.Quality = Integer.Parse(fields(6))
End If

' Anzahl der Satelliten
If fields(7).Length > 0 Then
  Me.Satellites = Integer.Parse(fields(7))
End If

' Höhe über NN
If fields(9).Length > 0 Then
  Me.Altitude = VBCodeBook.ScientificLib. _
  PhysicalMeasurement.Altitude.Create(Double.Parse( _
  fields(9), CultureInfo.InvariantCulture), Linear.m)
End If

End Sub

End Class

End Namespace
```

Listing 598: GPSGGAInfo stellt neben der Position auch die Höhe und Qualitätsinformationen bereit (Forts.)

Basierend auf den beschriebenen Klassen werden für die Events des UserControls drei Event-
Args-Klassen definiert, über die in den jeweiligen Ereignis-Handlern die Daten abgerufen werden können (Listing 599).

```
Public Class GPSRMCEventArgs
  Inherits EventArgs

  Public ReadOnly RMCInfo As GPSRMCInfo
  Public Sub New(ByVal rmcinfo As GPSRMCInfo)
    Me.RMCInfo = rmcinfo
  End Sub

End Class

Public Class GPSGGAEventArgs
  Inherits EventArgs

  Public ReadOnly GGAInfo As GPSGGAInfo
  Public Sub New(ByVal ggainfo As GPSGGAInfo)
    Me.GGAInfo = ggainfo
  End Sub

End Class

Public Class GPSDataEventargs
  Inherits EventArgs

  Public ReadOnly Data As GPSData
  Public Sub New(ByVal data As GPSData)
    Me.Data = data
  End Sub

End Class
```

Listing 599: Spezifische EventArgs-Ableitungen für die verschiedenen Events des UserControls

Der grundlegende Aufbau der GPSUC-UserControl-Klasse wird in Listing 600 gezeigt. Im Load-Event werden eine Reihe von Initialisierungen vorgenommen. Damit es im Entwurfsmodus nicht zu Problemen kommt, werden diese Initialisierungen nur zur Laufzeit durchgeführt. Eine BackgroundWorker-Komponente (neu im Framework 2.0) wird vorbereitet und gestartet. Sie liest in der Event-Prozedur DoWork kontinuierlich die GPS-Daten ein und verarbeitet sie. Abschließend wird im Load-Event die serielle Schnittstelle geöffnet.

```
Imports VBCodeBook.ScientificLib.PhysicalMeasurement
Imports System.IO
Imports System.Globalization
Imports System.ComponentModel

<DefaultEvent("DataReceived")> _
Public Class GPSUC

  Private Sub GPSUC_Load(…) Handles MyBase.Load

    ' Im Designmodus serielle Schnittstelle nicht öffnen
    ' und Backgroundworker nicht starten
```

Listing 600: Der Rahmen des UserControls GPSUC

```vb
If DesignMode Then Exit Sub

' EventHandler anbinden
AddHandler BGWGPS.ProgressChanged, New _
  ProgressChangedEventHandler(AddressOf BGWGPS_ProgressChanged)
AddHandler BGWGPS.DoWork, New _
  DoWorkEventHandler(AddressOf BGWGPS_DoWork)

' Pfad für SRTM-Höhendaten überprüfen
If PathSRTMData IsNot Nothing And PathSRTMData <> "" Then
  _SRTMHeightData = New SRTMHeight(PathSRTMData)
End If

' Serielle Schnittstelle öffnen und Hintergrundthread starten
If ConnectedSerialPort Is Nothing Then
  Throw New ApplicationException( _
    "Keine serielle Schnittstelle zugewiesen" & _
    Environment.NewLine & "Der Eigenschaft ComPort muss ein " & _
    "SerialPort-Control zugewiesen werden")
End If
ConnectedSerialPort.Open()
BGWGPS.RunWorkerAsync()

End Sub

Private ConnectedSerialPort As System.IO.Ports.SerialPort

' Eigenschaft ComPort zum Einstellen der Schnittstellenparameter
<DefaultValue(GetType(System.IO.Ports.SerialPort), "Nothing")> _
Public Property ComPort() As System.IO.Ports.SerialPort
  Get
    Return ConnectedSerialPort
  End Get
  Set(ByVal value As System.IO.Ports.SerialPort)
    ConnectedSerialPort = value
  End Set
End Property

' Events für den Telegrammempfang
Public Event RMCDataReceived(ByVal sender As Object, _
  ByVal e As GPSRMCEventArgs)
Public Event GGADataReceived(ByVal sender As Object, _
  ByVal e As GPSGGAEventArgs)

' Event mit vollständigen Daten
Public Event DataReceived(ByVal sender As Object, _
  ByVal e As GPSData)

' Beim Schließen der Komponente Thread abbrechen
Protected Overrides Sub Finalize()
  BGWGPS.CancelAsync()
```

Listing 600: Der Rahmen des UserControls GPSUC (Forts.)

```
    System.Threading.Thread.Sleep(1000)
    MyBase.Finalize()
End Sub

' Interne Datensätze
Private RMC As GPSRMCInfo
Private GGA As GPSGGAInfo
Private GPSCompleteData As GPSData

' Abrufen des aktuellen kompletten Datensatzes
Public ReadOnly Property Data() As GPSData
  Get
    Return GPSCompleteData
  End Get
End Property

' Verzeichnispfad der SRTM-Höhendaten
Private _pathSRTMData As String
Public Property PathSRTMData() As String
  Get
    Return _pathSRTMData
  End Get
  Set(ByVal value As String)
    _pathSRTMData = value
  End Set
End Property

' Objekt zur Abfrage der Höhendaten
Private _SRTMHeightData As SRTMHeight
Public ReadOnly Property SRTMHeightData() As SRTMHeight
  Get
    Return _SRTMHeightData
  End Get
End Property

' Hintergrundthread empfängt kontinuierlich die GPS-Daten
Private Sub BGWGPS_DoWork(ByVal sender As System.Object, _
    ByVal e As System.ComponentModel.DoWorkEventArgs)
...

End Sub

' Anzeige der GPS-Daten auf den Steuerelementen
Private Sub BGWGPS_ProgressChanged(ByVal sender As Object, _
  ByVal e As System.ComponentModel.ProgressChangedEventArgs)
...

End Sub


End Class
```

Listing 600: Der Rahmen des UserControls GPSUC (Forts.)

Die Eigenschaften `ComPort`, `Data` und `PathSRTMData` wurden bereits oben beschrieben. Über `SRTMHeightData` kann die `SRTMHeight`-Instanz abgefragt werden, die für die Ermittlung der Terrainhöhe eingesetzt wird. Bei jedem Empfang eines RMC- bzw. GGA-Datensatzes werden die Ereignisse `RMCDataReceived` respektive `GGADataReceived` ausgelöst. Zusätzlich wird das Ereignis `DataReceived` in Verbindung mit `RMCDataReceived` ausgelöst und stellt die vollständigen GPS-Daten zur Verfügung. Da die Datensätze in unbekannter Reihenfolge nacheinander gesendet werden, wurde die Auslösung von `DataReceived` willkürlich mit der von `RMCDataReceived` verknüpft. Zu Beginn der Übertragung kann es daher vorkommen, dass im `DataReceived`-Event noch keine Daten des GGA-Telegramms enthalten sind.

Das zyklische Einlesen der seriellen Daten erfolgt in `BGWGPS_DoWork` (Listing 601).

```
Private Sub BGWGPS_DoWork(ByVal sender As System.Object, _
    ByVal e As System.ComponentModel.DoWorkEventArgs)

  ' Kontinuierlicher Empfang
  Do Until e.Cancel

    Dim inputline As String = ""
    Try
      ' Vollständige Zeile lesen
      inputline = ConnectedSerialPort.ReadLine()
    Catch ex As Exception
    End Try

    Try
      ' Telegramme auswerten und über ReportProgress-Mechanismus
      ' an GUI-Thread weiterleiten

      ' RMC-Datensatz
      If inputline.StartsWith("$GPRMC") Then
        If ChecksumCheck(inputline) Then
          RMC = New GPSRMCInfo(inputline)
          BGWGPS.ReportProgress(0, RMC)

        End If

        ' GGA-Datensatz
      ElseIf inputline.StartsWith("$GPGGA") Then
        If ChecksumCheck(inputline) Then
          GGA = New GPSGGAInfo(inputline)
          BGWGPS.ReportProgress(1, GGA)
        End If

        ' Andere reguläre Datensätze ignorieren
      ElseIf Not inputline.StartsWith("$") Then
        ' Nicht erkannte Daten in Debug-Fenster ausgeben
        Debug.WriteLine(inputline)
      End If

    Catch ex As Exception
```

Listing 601: Hintergrundthread empfängt kontinuierlich die GPS-Daten

Wissenschaftliche Anwendungen

```
      Debug.WriteLine("Fehler: " & ex.Message)
    End Try
  Loop

End Sub
```

Listing 601: Hintergrundthread empfängt kontinuierlich die GPS-Daten (Forts.)

Mittels ReadLine wird eine vollständige Zeile vom SerialPort-Control entgegengenommen. Damit dies nicht zu einer Blockade führt, empfiehlt es sich, der Eigenschaft ReadTimeout des SerialPort-Controls einen geeigneten Wert (z.B. 1000) zuzuweisen. Liegt eine Zeile vollständig vor, wird überprüft, welcher NMEA-Datensatztyp vorliegt. Nur RMC- und GGA-Datensätze werden ausgewertet. Zuvor wird jedoch die enthaltene Prüfsumme getestet. So können Übertragungsfehler zwischen GPS-Empfänger und PC erkannt werden. Ursachen hierfür können gestörte (Funk-)Verbindungen oder falsche Schnittstellenparameter sein. Die Überprüfung erfolgt in der Methode ChecksumCheck (Listing 602).

```
Function ChecksumCheck(ByVal inputline As String) As Boolean

  ' Die gesamte Zeile als Byte-Array
  Dim bytes() As Byte = _
    System.Text.Encoding.ASCII.GetBytes(inputline)

  ' Position des Sterns ermitteln, der die Prüfsumme einleitet
  Dim pos As Integer = inputline.LastIndexOf("*")

  ' Prüfsumme zwischen "$" und "*" berechnen
  Dim checksum1 As Byte = 0
  For i As Integer = 1 To pos - 1
    checksum1 = checksum1 Xor bytes(i)
  Next

  ' Prüfsumme aus Datenzeile extrahieren
  Dim checksum2 As Byte = Byte.Parse(inputline.Substring( _
    pos + 1, 2), NumberStyles.HexNumber)

  ' Prüfsummen vergleichen und Ergebnis zurückgeben
  Return checksum1 = checksum2

End Function
```

Listing 602: Prüfsumme einer GPS-Datenzeile berechnen und vergleichen

Zur Ermittlung der Prüfsumme werden alle Bytes zwischen dem einleitenden $-Zeichen und dem abschließenden *-Zeichen mittels Exklusiv-Oder verknüpft. Das Ergebnis muss mit dem nach dem *-Zeichen folgenden Hex-Wert identisch sein.

Nach der Bearbeitung eines Datensatzes wird ReportProgress aufgerufen, um im GUI-Thread das Ereignis ProgressChanged auszulösen (Listing 603). Hier darf auf die Steuerelemente des UserControls zugegriffen werden. Die enthaltenen Labels werden mit den Informationen aus den GPS-Daten gefüllt. Das Event GPSDataReceived signalisiert dem Nutzer des Controls den Empfang neuer GPS-Daten. Als Integer-Wert für den Fortschritt werden die Werte 0 (für einen

RMC-Datenempfang) sowie 1 (für einen GGA-Datenempfang) übergeben. Sie dienen im Pro-gressChanged-EventHandler zur Unterscheidung der Datensätze.

```vb
Private Sub BGWGPS_ProgressChanged(ByVal sender As Object, _
   ByVal e As System.ComponentModel.ProgressChangedEventArgs)

   Try

     Select Case e.ProgressPercentage

       Case 0

           ' RMC-Telegramm anzeigen
           Dim rmcinfo As GPSRMCInfo = CType(e.UserState, GPSRMCInfo)

           Label1.Text = rmcinfo.Timestamp.ToString()
           Label2.Text = rmcinfo.Position.ToString()
           Label3.Text = rmcinfo.Valid.ToString()
           Label4.Text = rmcinfo.Groundspeed.ToString( _
             Speed.KilometerPerHour, "0")
           Label5.Text = String.Format("{0:000}°", rmcinfo.Heading)

           ' RMC-Datenempfang melden
           RaiseEvent RMCDataReceived(Me, _
             New GPSRMCEventArgs(rmcinfo))

           ' Geländehöhe ermitteln (falls Daten vorhanden)
           Dim terrainheight As Altitude = Nothing

           If _SRTMHeightData IsNot Nothing Then
             terrainheight = _SRTMHeightData.GetHeight(RMC.Position)
           End If

           ' Kompletten GPS-Datensatz mit optionalen Geländehöhen
           ' anlegen
           GPSCompleteData = New GPSData(RMC, GGA, terrainheight)

           ' Soweit vorhanden, Geländehöhe und Höhe über Grund
           ' anzeigen
           If terrainheight IsNot Nothing Then
             Label10.Text = terrainheight.ToString("m")
           Else
             Label10.Text = ""
           End If
           If GPSCompleteData.AltitudeGround IsNot Nothing Then
             Label11.Text = _
               GPSCompleteData.AltitudeGround.ToString("m")
           Else
             Label11.Text = ""

           End If
```

Listing 603: Anzeige der GPS-Daten auf den Steuerelementen

```
        ' Event für vollständigen GPS-Datensatz auslösen
        RaiseEvent DataReceived(Me, GPSCompleteData)

      Case 1

        ' GGA-Telegramm anzeigen
        Dim ggainfo As GPSGGAInfo = CType(e.UserState, GPSGGAInfo)
        Label6.Text = ggainfo.Position.Latitude.DegreeMinute() & _
          " " & ggainfo.Position.Longitude.DegreeMinute()
        Label7.Text = ggainfo.Altitude.ToString(Linear.m, "0")
        Label8.Text = ggainfo.Quality.ToString()
        Label9.Text = ggainfo.Satellites.ToString()

        ' Datenempfang melden
        RaiseEvent GGADataReceived(Me, New GPSGGAEventArgs(ggainfo))

    End Select

  Catch ex As Exception
    Debug.WriteLine(ex.Message)
  End Try

End Sub
```

Listing 603: Anzeige der GPS-Daten auf den Steuerelementen (Forts.)

Die Nutzung des UserControls erfordert keinerlei zusätzlichen Programmcode. Bei Bedarf kann auf die drei Ereignisse zurückgegriffen werden. In Listing 604 wird ein Beispiel gezeigt, das die in den Ereignissen erhaltenen Informationen im Debug-Fenster ausgibt.

```
Private Sub Gpsuc1_RMCDataReceived(ByVal sender As _
   System.Object, ByVal e As VBCodeBook.ScientificLib.GPSRMCEventArgs) _
   Handles Gpsuc1.RMCDataReceived

   Debug.WriteLine(e.RMCInfo.Position.ToString())
End Sub

Private Sub Gpsuc1_GGADataReceived(ByVal sender As _
   System.Object, ByVal e As VBCodeBook.ScientificLib.GPSGGAEventArgs) _
   Handles Gpsuc1.GGADataReceived

   Debug.WriteLine(e.GGAInfo.Altitude.ToString(Linear.Feet))
End Sub


Private Sub Gpsuc1_DataReceived(ByVal sender As System.Object, _
   ByVal e As VBCodeBook.ScientificLib.PhysicalMeasurement. _
   GPSData) Handles Gpsuc1.DataReceived

   If e.AltitudeMSL IsNot Nothing Then
```

Listing 604: Nutzung der Events des UserControls GPSUC

```
      Debug.Write(e.AltitudeMSL.ToString("m"))
    End If
    If e.TerrainHeight IsNot Nothing Then
      Debug.Write("  " & e.TerrainHeight.ToString("m"))
    End If
    Debug.WriteLine("")

End Sub
```

Listing 604: Nutzung der Events des UserControls GPSUC (Forts.)

302 Logger für GPS-Daten

Die beschriebene Komponente ist Bestandteil der Klassenbibliothek `ScientificLib`. Sie finden sie dort im Namensraum `VBCodeBook.ScientificLib.PhysicalMeasurement`.

Um nachträglich die zurückgelegte Route nachvollziehen zu können, müssen die GPS-Daten aufgezeichnet werden. Vielleicht soll auch für eine aktuelle Darstellung die bereits zurückgelegte Strecke visualisiert werden. Eine weitere Komponente soll behilflich sein, die mithilfe des GPSUC-UserControls aufbereiteten Daten in einem `DataTable`-Objekt zur weiteren Verarbeitung zu speichern.

Listing 605 zeigt die Implementierung der hierzu definierten Klasse `GPSLogger`. Sie ist von `DataSet` abgeleitet und instanziert ein `DataTable`-Objekt, auf das die private Variable `GPSTable` verweist. Im Konstruktor wird dieses `DataTable`-Objekt initialisiert. Für jedes zu speichernde Datum wird ein `DataColumn`-Objekt mit dem entsprechenden Datentyp angelegt und der `Columns`-Auflistung des `DataTable`-Objektes hinzugefügt.

Damit die Komponente im Designer angezeigt wird, muss der Klassendefinition das Attribut ToolboxItem zugeordnet werden. Die schreibgeschützte Eigenschaft `GPSData` gibt eine Referenz des internen `DataTable`-Objektes zurück. Die beiden Eigenschaften `SampleInterval` und `MaxSampleCount` ermöglichen die Festlegung, in welchen Zeitabständen (Wert in Millisekunden) die Daten in die Tabelle eingetragen werden und wie viele Zeilen die Tabelle maximal umfassen darf.

```
<System.ComponentModel.ToolboxItem(True)> _
Public Class GPSLogger
  Inherits DataSet

  ' Zeitpunkt der letzten Speicherung
  Private TimeLastSaves As DateTime

  ' DataTable-Objekt für die Speicherung der GPS-Daten
  Private GPSTable As New DataTable

  Public Sub New()

    ' Spaltendefinitionen des DataTable-Objektes
    GPSTable.Columns.Add("Timestamp", _
      GetType(Object))
```

Listing 605: GPSLogger speichert die GPS-Informationen in einem DataTable-Objekt

```
GPSTable.Columns.Add("Position", GetType(Position))
GPSTable.Columns.Add("Groundspeed", GetType(Speed))
GPSTable.Columns.Add("AltitudeMSL", GetType(Altitude))
GPSTable.Columns.Add("Terrainheight", GetType(Altitude))
GPSTable.Columns.Add("Heading", _
  GetType(Object))

End Sub

' Lesezugriff für das interne DataTable-Objekt
Public ReadOnly Property GPSData() As DataTable
  Get
    Return GPSTable
  End Get
End Property

' Intervallzeit zur Datenspeicherung in Millisekunden
Private _sampleIntervall As Integer = 1000
<System.ComponentModel.DefaultValue( _
GetType(Integer), "1000")> _
Public Property SampleInterval() As Integer
  Get
    Return _sampleIntervall
  End Get
  Set(ByVal value As Integer)
    _sampleInterval = value
  End Set
End Property

' Max. Anzahl zu speichernder Datensätze
Private _maxSampleCount As Integer = 1000
<System.ComponentModel.DefaultValue( _
GetType(Integer), "1000")> _
Public Property MaxSampleCount() As Integer
  Get
    Return _maxSampleCount
  End Get
  Set(ByVal value As Integer)
    _maxSampleCount = value
  End Set
End Property

...

End Class
```

Listing 605: GPSLogger speichert die GPS-Informationen in einem DataTable-Objekt (Forts.)

Ähnlich der Zuordnung einer SerialPort-Komponente zum GPSUC-UserControl erfolgt auch hier die Bindung an die GPS-Datenquelle. Hierzu dient die Definition der Eigenschaft GPS (Listing 606).

```
' Angekoppeltes GPS-UserControl
Private WithEvents _gps As GPSUC
Public Property GPS() As GPSUC
  Get
    Return _gps
  End Get
  Set(ByVal value As GPSUC)
    _gps = value
  End Set
End Property
```

Listing 606: Die Eigenschaft GPS erlaubt die Bindung an ein vorhandenes GPSUC-UserControl

Der kontinuierliche GPS-Datenempfang des UserControls löst fortlaufend Aufrufe des verknüpften EventHandlers (Listing 607) aus. Hier wird überprüft, ob seit der letzten Speicherung bereits die vorgegebene Intervallzeit abgelaufen ist. Ist dies der Fall, dann wird dem Data-Table-Objekt eine neue Zeile mit den aktuellen GPS-Daten hinzugefügt.

```
' GPS-Datensatz empfangen
Private Sub _gps_DataReceived(ByVal sender As Object, _
  ByVal e As GPSData) Handles _gps.DataReceived

  ' Zeitintervall seit der letzten Speicherung erreicht?
  If (DateTime.Now - TimeLastSaves).TotalMilliseconds < _
    _sampleInterval Then Return

  ' Zeit merken
  TimeLastSaves = DateTime.Now

  ' Neuer Tabelleneintrag mit aktuellen Daten
  GPSTable.Rows.Add(New Object() { _
    e.Timestamp, e.Position, e.Groundspeed, e.AltitudeMSL, _
    e.TerrainHeight, e.Heading})

  ' Anzahl der Tabelleneinträge auf Maximalzahl beschränken
  Do While Me.GPSTable.Rows.Count > _maxSampleCount
    Me.GPSTable.Rows(0).Delete()
  Loop

  ' DataTable-Objekt bereinigen
  GPSTable.AcceptChanges()

End Sub
```

Listing 607: Kontinuierliche Speicherung der GPS-Daten in einem DataTable-Objekt

Anschließend wird überprüft, ob die Tabelle bereits die maximal vorgegebene Anzahl von Zeilen erreicht hat. Ist die Tabelle größer als gewünscht, werden entsprechend viele Zeilen am Tabellenanfang gelöscht.

In Abbildung 293 sehen Sie ein Anwendungsbeispiel. Einer GPSLogger-Komponente (links unten) wurde ein GPSUC-Control zugeordnet (links oben). Ein DataGridView-Control dient zur

Darstellung der aufgezeichneten Daten. Im `Load`-Ereignis des Fensters erfolgt die Datenbindung der `GPSLogger`-Komponente als Datenquelle an das `DataGridView`-Control:

```
DataGridView1.DataSource = GPSLogger1.GPSData
```

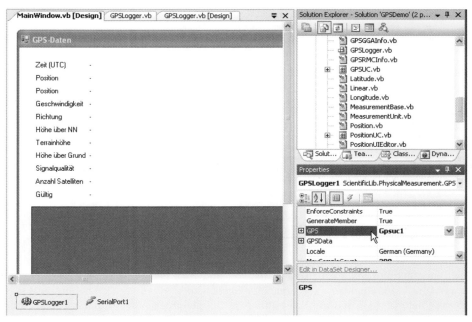

Abbildung 293: Das GPSLogger-Control im Einsatz

Abbildung 294: Der Microsoft Flugsimulator dient als Quelle für GPS-Daten

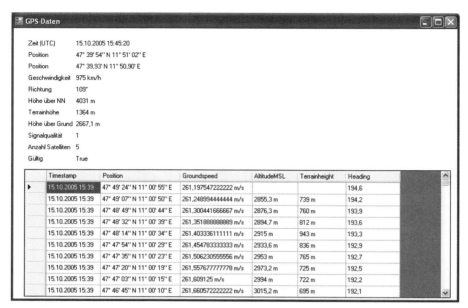

Abbildung 295: Darstellung der Daten durch Datenbindung eines DataGridView-Controls

Durch die Datenbindung werden die GPS-Daten kontinuierlich im `DataGridView`-Control visualisiert. Zwei kurz hintereinander aufgenommene Screenshots zeigen die Darstellung im Flugsimulator (Abbildung 294) und die Darstellung im Beispielprogramm (Abbildung 295). Eine Formatierung der Daten in eine spezielle Darstellung wird nicht vorgenommen. Vielmehr nutzt das Control die implementierten `ToString`-Überschreibungen der zugrunde liegenden Klassen wie `Position`, `Speed` oder `Altitude`, die die Werte in der jeweiligen Basiseinheit anzeigen.

Die beschriebene Komponente nimmt keine automatische Speicherung der Daten in einer Datei oder Datenbank vor. Sie können dies jedoch leicht durch die üblichen Techniken ergänzen. So lässt sich das `DataSet` von Zeit zu Zeit beispielsweise durch

```
GPSLogger1.WriteXml (...)
```

in Form einer XML-Datei speichern. Alternativ kann auch über ein `DataAdapter`-Objekt der Inhalt des `DataTable`-Objektes in einer Datenbank gespeichert werden. Hierbei ist es eventuell sinnvoll, den Aufruf von `AcceptChanges` (letzte Anweisung in Listing 607) zu entfernen, damit nur neue Datenzeilen in die Datenbank übernommen werden müssen.

303 Zweidimensionale Gleichungssysteme

Lineare Gleichungssysteme lassen sich formal lösen. In der Mathematik werden zur Lösung üblicherweise Determinanten eingesetzt. Ein zweidimensionales lineares Gleichungssystem in der Form

$$a1\ x + b1\ y = c1$$

$$a2\ x + b2\ y = c2$$

lässt sich wie in Abbildung 296 gezeigt auflösen.

$$X = \frac{\begin{vmatrix} c1 & b1 \\ c2 & b2 \end{vmatrix}}{\begin{vmatrix} a1 & b1 \\ a2 & b2 \end{vmatrix}} \qquad y = \frac{\begin{vmatrix} a1 & c1 \\ a2 & c2 \end{vmatrix}}{\begin{vmatrix} a1 & b1 \\ a2 & b2 \end{vmatrix}}$$

Abbildung 296: Lösung eines zweidimensionalen Gleichungssystems mit Determinanten

Für die Berechnung von x und y wird jeweils dieselbe Nennerdeterminante eingesetzt. Ihr kommt eine entscheidende Bedeutung bezüglich der Lösbarkeit des Gleichungssystems zu. Ist sie ungleich Null, dann ist das Gleichungssystem lösbar (Abbildung 297). Ist sie hingegen gleich Null, dann ist das Gleichungssystem nicht lösbar. In diesem Fall müssen zwei Varianten unterschieden werden:

▶ Die Zählerdeterminanten sind ebenfalls Null. Dann sind die Gleichungen linear abhängig (Beispiel Abbildung 298).

▶ Die Zählerdeterminanten sind nicht Null. Dann ist das Gleichungssystem nicht lösbar. (Beispiel Abbildung 299).

Zur Lösung des Gleichungssystems wird die Klasse `Equation2D` verwendet (Listing 608). Dem Konstruktor werden die Koeffizienten des Gleichungssystems übergeben. Er berechnet die Lösbarkeit und gegebenenfalls die Lösungen für X und Y. Das Ergebnis wird in Form schreibgeschützter Felder bereitgestellt. Die Enumeration `Status` beschreibt die drei möglichen Lösungszustände.

```
' Gleichungssystem in folgender Form:
' a1 x + b1 y = c1
' a2 x + b2 y = c2
Public Class Equation2D

    Public Enum Status
        Solved
        Unsolvable
        Infinite
    End Enum

    ' Ergebnisvariablen
    Public ReadOnly X As Double
    Public ReadOnly Y As Double
    Public ReadOnly Solutionstatus As Status

    Public Sub New(ByVal a1 As Double, ByVal b1 As Double, _
        ByVal c1 As Double, ByVal a2 As Double, ByVal b2 As Double, _
        ByVal c2 As Double)

        ' Nennerdeterminante berechnen
        Dim nd As Double = a1 * b2 - a2 * b1
```

Listing 608: Lösen eines zweidimensionalen linearen Gleichungssystems

```
        ' Zählerdeterminanten berechnen
        Dim zdx As Double = c1 * b2 - c2 * b1
        Dim zdy As Double = a1 * c2 - a2 * c1

        Dim epsilon As Double = 0.0000000001
        If (Math.Abs(nd) < epsilon) Then
          ' Nennerdeterminante ist 0
          If (Math.Abs(zdx) < epsilon) Then
            ' Zählerdeterminante ist auch 0
            ' Gleichungen sind linear abhängig
            Solutionstatus = Status.Infinite
            Return
          Else
            ' Gleichungssystem nicht lösbar
            Solutionstatus = Status.Unsolvable
            Return
          End If
        Else

          ' Gleichungssystem ist lösbar
          X = zdx / nd
          Y = zdy / nd
          Solutionstatus = Status.Solved
          Return
        End If

      End Sub

    End Class
```

Listing 608: Lösen eines zweidimensionalen linearen Gleichungssystems (Forts.)

Eine kleine Windows-Anwendung demonstriert die Nutzung der Klasse `Equation2D`. Die Parameterwerte können über TextBoxen eingegeben werden, das Ergebnis wird auf einem Label angezeigt (Listing 609).

```
Private Sub BNCompute_Click(…) Handles BNCompute.Click
  Try

    ' Gleichungssystem lösen
    ' Parameter aus TextBoxen
    Dim eq As New VBCodeBook.ScientificLib.Mathematics. _
      Equation2D( _
      Double.Parse(TBA1.Text), _
      Double.Parse(TBB1.Text), _
      Double.Parse(TBC1.Text), _
      Double.Parse(TBA2.Text), _
      Double.Parse(TBB2.Text), _
      Double.Parse(TBC2.Text))
```

Listing 609: Beispielanwendung zur Lösung zweidimensionaler GLS

```
    ' Lösungsstatus ermitteln
    Select Case eq.Solutionstatus
      Case VBCodeBook.ScientificLib.Mathematics.Equation2D. _
        Status.Infinite
        LBLSolution.Text = "Gleichungen sind linear abhängig"

      Case VBCodeBook.ScientificLib.Mathematics.Equation2D. _
        Status.Unsolvable

        LBLSolution.Text = "Gleichungssystem nicht lösbar"

      Case VBCodeBook.ScientificLib.Mathematics.Equation2D. _
        Status.Solved

        LBLSolution.Text = "X = " & eq.X & Environment.NewLine _
        & "Y = " & eq.Y

    End Select

  Catch ex As Exception
    MessageBox.Show(ex.Message)
  End Try

End Sub
```

Listing 609: Beispielanwendung zur Lösung zweidimensionaler GLS (Forts.)

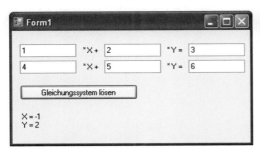

Abbildung 297: Lösbares Gleichungssystem

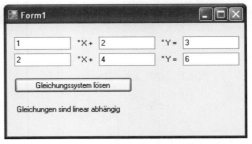

Abbildung 298: Unlösbar wegen linearer Abhängigkeit

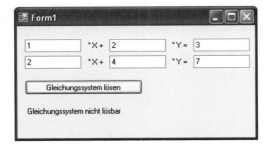

Abbildung 299: Unlösbar wegen widersprüchlicher Gleichungen

304   Mehrdimensionale Gleichungssysteme

> Die beschriebenen Klassen sind Bestandteil der Klassenbibliothek `ScientificLib`. Sie finden
> sie dort im Namensraum `VBCodeBook.ScientificLib.Mathematics`.

Solange die Anzahl der Dimensionen nicht zu groß wird, lassen sich auch mehrdimensionale
lineare Gleichungssysteme mithilfe von Determinanten lösen. Eine allgemein formulierte Gleichung in folgender Form lässt sich wie in Abbildung 300 gezeigt in Matrizenschreibweise
umsetzen:

```
c11 * v1 + c12 * v2 + … + c1n * vn = sv1
c21 * v1 + c22 * v2 + … + c2n * vn = sv2

…

cn1 * v1 + cn2 * v2 + … + cnn = vn = svn
```

$$\begin{pmatrix} c11 & c12 & \dots & c1n \\ c21 & c22 & \dots & c2n \\ \dots & \dots & \dots & \dots \\ cn1 & cn2 & \dots & cnn \end{pmatrix} (v1, v2, \dots, vn) = \begin{pmatrix} sv1 \\ sv2 \\ \dots \\ svn \end{pmatrix}$$

Abbildung 300: n-dimensionales lineares Gleichungssystem

Auch hier wird wieder für die Berechnung der Lösung eine Nennerdeterminante benötigt
(Abbildung 301). Ist sie Null, dann ist das Gleichungssystem nicht oder nicht eindeutig lösbar.
Da einzelne Gleichungen z.B. linear abhängig sein können, andere sich widersprechen können, wird hier nur überprüft, ob es überhaupt eine eindeutige Lösung gibt. Die Nennerdeterminante berechnet sich aus der Koeffizientenmatrix wie in Abbildung 301 gezeigt.

$$ND = \begin{vmatrix} c11 & c12 & \dots & c1n \\ c21 & c22 & \dots & c2n \\ \dots & \dots & \dots & \dots \\ cn1 & cn2 & \dots & cnn \end{vmatrix}$$

Abbildung 301: Nennerdeterminante eines n-dimensionalen Gleichungssystems

Den Wert für die Variable n erhält man, indem man die zugehörige Zählerdeterminante durch
die Nennerdeterminante teilt (Abbildung 302). Hierbei wird die Spalte n in der Zählerdeterminante durch den Lösungsvektor ersetzt.

$$v1 = \frac{\begin{vmatrix} sv1 & c12 & \dots & c1n \\ sv2 & c22 & \dots & c2n \\ \dots & \dots & \dots & \dots \\ svn & cn2 & \dots & cnn \end{vmatrix}}{ND}$$

Abbildung 302: Berechnung einer Variablen des Gleichungssystems

Eine n x n Determinante lässt sich schrittweise auf ihre Unterdeterminanten zurückführen (Abbildung 303). Hierbei werden alle Koeffizienten der ersten Reihe mit ihren Unterdeterminanten multipliziert. Die Ergebnisse werden mit wechselndem Vorzeichen aufaddiert. So ergibt sich eine rekursive Rechenvorschrift, die bei der Dimension 1 bzw. 2 aufgelöst werden kann.

$$
\begin{vmatrix} c11 & c12 & ... & c1n \\ c21 & c22 & ... & c2n \\ ... & ... & ... & ... \\ cn1 & cn2 & ... & cnn \end{vmatrix} = c11 * \begin{vmatrix} c22 & ... & c2n \\ ... & ... & ... \\ cn2 & ... & cnn \end{vmatrix} - c12 * \begin{vmatrix} c21 & ... & c2n \\ ... & ... & ... \\ cn1 & ... & cnn \end{vmatrix} + ...
$$

Abbildung 303: Zerlegung einer n x n Determinante in Unterdeterminanten der Größe (n-1) x (n-1)

Listing 610 zeigt die Methode `ComputeDeterminant`, die eine n-dimensionale Determinante nach dem beschriebenen Verfahren berechnet. `value` dient hierbei als Zwischenspeicher für die Unterergebnisse, während `factor` das Vorzeichen der Addition steuert.

```
Public Shared Function ComputeDeterminant _
  (ByVal matrix As Double(,)) As Double

  ' Dimension bestimmen
  Dim n As Integer = matrix.GetLength(0)

  ' Bei der Dimension 2 Ergebnis direkt berechnen
  If n = 2 Then
    Return matrix(0, 0) * matrix(1, 1) - matrix(0, 1) * matrix(1, 0)
  End If

  ' Sonst Ergebnis aus Unterdeterminanten berechnen
  Dim value As Double = 0    ' Zwischensumme
  Dim factor As Double = 1   ' Alternierender Faktor 1 / -1

  ' Für alle Koeffizienten in der obersten Reihe
  For i As Integer = 0 To n - 1

    ' Unterdeterminante anlegen
    Dim subdeterminant(n - 2, n - 2) As Double
    For row As Integer = 1 To n - 1
      Dim targetcol As Integer = 0
      For col As Integer = 0 To n - 1
        If col <> i Then
          subdeterminant(row - 1, targetcol) = matrix(row, col)
          targetcol += 1
        End If
      Next
    Next

    ' Wert rekursiv berechnen
    value += factor * matrix(0, i) * _
      ComputeDeterminant(subdeterminant)
```

Listing 610: Berechnung einer Determinante der Dimension 2 oder höher

Wissenschaftliche Anwendungen

```
    ' Vorzeichen wechseln
    factor *= -1
  Next

    ' Determinante vollständig berechnet
  Return value

End Function
```

Listing 610: Berechnung einer Determinante der Dimension 2 oder höher (Forts.)

Der Gesamtaufbau der Klasse EquationND ist in Listing 611 dargestellt. Wiederum wird im Konstruktor die Lösung des Gleichungssystems berechnet. Das öffentliche schreibgeschützte Feld Solutionstatus gibt an, ob das Gleichungssystem eindeutig lösbar ist oder nicht. Im positiven Fall werden die Ergebnisse im eindimensionalen Feld Solutionvariables gespeichert.

```
Public Class EquationND

  Public Enum Status
    Solved
    Unsolvable
  End Enum

  ' Ergebnisvariablen
  Public ReadOnly Solutionvariables() As Double
  Public ReadOnly Solutionstatus As Status

  Public Sub New(ByVal coefficientmatrix As Double(,), _
    ByVal solutionvector As Double())

    Dim dimension As Integer = coefficientmatrix.GetLength(0)
    If dimension <> coefficientmatrix.GetLength(1) Or _
      dimension <> solutionvector.Length Then

      Throw New ArgumentException("Matrix oder Ergebnisvektor" & _
        " haben unterschiedliche Dimensionen: nxn=n")
    End If

    ' Nennerdeterminante berechnen
    Dim nd As Double = ComputeDeterminant(coefficientmatrix)

    ' Lösbarkeit prüfen
    Dim epsilon As Double = 0.0000000001
    If (Math.Abs(nd) < epsilon) Then
      Solutionstatus = Status.Unsolvable
      Return
    End If

    ' Zählerdeterminanten bestimmen
```

Listing 611: Die Klasse EquationND berechnet die Lösung für ein n-dimensionales lineares Gleichungssystem

```
Dim subdeterminant(dimension - 1, dimension - 1) As Double
Dim determinants(dimension - 1) As Double

For m As Integer = 0 To dimension - 1
  For row As Integer = 0 To dimension - 1
    For col As Integer = 0 To dimension - 1
      If col <> m Then
        subdeterminant(row, col) = coefficientmatrix(row, col)
      Else
        subdeterminant(row, col) = solutionvector(row)
      End If
    Next
  Next

  determinants(m) += ComputeDeterminant(subdeterminant)
Next

' Lösung berechnen
ReDim Solutionvariables(dimension - 1)
For i As Integer = 0 To dimension - 1
  Solutionvariables(i) = determinants(i) / nd
Next

End Sub

...

End Class
```

Listing 611: Die Klasse EquationND berechnet die Lösung für ein n-dimensionales lineares Gleichungssystem (Forts.)

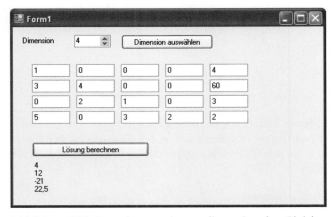

Abbildung 304: Berechnung eines n-dimensionalen Gleichungssystems

Ein kleines Anwendungsbeispiel demonstriert den Umgang mit der gezeigten Klasse. In dynamisch erstellte TextBoxen, deren Anzahl über die Dimension vorgegeben wird, können Koeffizienten und Ergebnisvektor eingegeben werden (Abbildung 304). Die Zusammenstellung der TextBox-Controls erfolgt in `CreateTextBoxes` (Listing 612). Bereits vorhandene TextBoxen werden vorab entfernt.

```
Private textboxes(,) As TextBox

Private Sub CreateTextBoxes()
  Dim n As Integer = CInt(NUDDimension.Value)

  ' Vorhandene TextBoxen entfernen
  For i As Integer = Me.Controls.Count - 1 To 0 Step -1
    If TypeOf Me.Controls(i) Is TextBox Then
      Dim ctrl As Control = Me.Controls(i)
      Me.Controls.RemoveAt(i)
      ctrl.Dispose()
    End If
  Next

  ' Neue TextBoxen anlegen
  ReDim textboxes(n - 1, n)
  For row As Integer = 0 To n - 1
    For col As Integer = 0 To n
      ' TextBox anlegen und positionieren
      Dim tb As New TextBox()
      textboxes(row, col) = tb
      tb.Text = "0"
      tb.Size = New Size(60, 20)
      tb.Location = New Point(30 + col * (tb.Width + 10), _
        60 + row * (tb.Height + 5))
      Me.Controls.Add(tb)
    Next
  Next

  ' Fixe Schaltflächen positionieren
  BNComputeSolution.Location = New Point(30, _
    textboxes(n - 1, 0).Location.Y + 50)
  LBLSolution.Location = New Point(30, _
    textboxes(n - 1, 0).Location.Y + 80)

End Sub
```

Listing 612: Dynamische Zusammenstellung der benötigten Steuerelemente

Die Lösung des Gleichungssystems besteht lediglich darin, Koeffizientenmatrix und Ergebnisvektor aus den Eingaben in den TextBoxen zu erstellen und an den Konstruktor der Klasse EquationND zu übergeben (Listing 613). Ist das Gleichungssystem eindeutig lösbar, werden die Lösungswerte auf einem Label angezeigt.

```
Private Sub BNComputeSolution_Click(…) Handles …

  ' Dimension bestimmen
  Dim n As Integer = textboxes.GetLength(0)

  ' Koeffizientenmatrix anlegen
```

Listing 613: Lösen des eingegebenen Gleichungssystems

```
Dim coeffmat(n - 1, n - 1) As Double

' Ergebnisvektor anlegen
Dim solvec(n - 1) As Double

' Matrix und Ergebnisvektor mit Daten aus TextBoxen füllen
For row As Integer = 0 To n - 1
  For col As Integer = 0 To n - 1
    coeffmat(row, col) = Double.Parse(textboxes(row, col).Text)
  Next
  solvec(row) = Double.Parse(textboxes(row, n).Text)
Next

' Gleichungssystem lösen
Dim solution As New _
  VBCodeBook.ScientificLib.Mathematics.EquationND( _
    coeffmat, solvec)

If solution.Solutionstatus = _
  VBCodeBook.ScientificLib.Mathematics.EquationND.Status. _
    Unsolvable Then

  ' Keine eindeutige Lösung
  LBLSolution.Text = "Unlösbar"

Else

  ' Lösung zusammenstellen und anzeigen
  LBLSolution.Text = ""
  For row As Integer = 0 To n - 1
    LBLSolution.Text += solution.Solutionvariables _
      (row).ToString() & Environment.NewLine
  Next

End If

End Sub
```

Listing 613: Lösen des eingegebenen Gleichungssystems (Forts.)

305   Vektorrechnung im 2D

> Die beschriebenen Klassen sind Bestandteil der Klassenbibliothek `ScientificLib`. Sie finden
> sie dort im Namensraum `VBCodeBook.ScientificLib.Mathematics`.

Viele geometrische Berechnungen im zweidimensionalen Raum lassen sich mithilfe von Vektoroperationen durchführen. Ein Vektor ist eine gerichtete Größe, die durch eine Koordinate, ausgehend vom Ursprung eines kartesischen Koordinatensystems, beschrieben werden kann (Abbildung 305). Allerdings besitzt ein Vektor keinen festen Ausgangspunkt, sondern kann beliebig im Raum verschoben werden. Alternativ lässt sich ein Vektor auch über einen Winkel sowie eine Länge (Betrag) definieren.

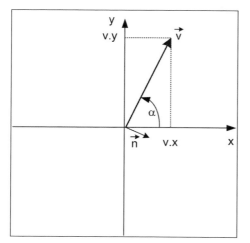

Abbildung 305: Vektor v und Normalenvektor n

Konstruktion und grundlegende Eigenschaften

Die Klasse Vector stellt die grundlegenden Eigenschaften und Funktionen bereit (Listing 614). X- und Y-Komponente werden über öffentliche Eigenschaften bereitgestellt. Verschiedene Konstruktoren erlauben die Instanzierung mit und ohne Wertvorgabe. Zur einfacheren Handhabung in Grafikanwendungen stehen auch zwei Konstruktoren bereit, die eine Point- bzw. PointF-Struktur als Parameter übernehmen. Auch eine Rückumwandlung ist möglich über die Methoden ToPoint und ToPointF.

```
Public Class Vector

    ' Die X- und Y-Komponente des Vektors
    Private vx, vy As Double

    ' X-Komponente als Property
    Public Property X() As Double
      Get
         Return vx
      End Get
      Set(ByVal value As Double)
         vx = value
      End Set
    End Property

    ' Y-Komponente als Property
    Public Property Y() As Double
      Get
         Return vy
      End Get
      Set(ByVal value As Double)
         vy = value
      End Set
```

Listing 614: Grundgerüst der Klasse Vector

```
    End Property

    ' Konstruktor, Vektor -> (0,0)
    Public Sub New()
    End Sub

    ' Konstruktor, Vektor -> (x,y)
    Public Sub New(ByVal x As Double, ByVal y As Double)
      vx = x
      vy = y
    End Sub

    ' Konstruktor (Vektor -> (point.x, point.y)
    Public Sub New(ByVal point As System.Drawing.Point)
      Me.vx = point.X
      Me.vy = point.Y
    End Sub

    ' Konstruktor (Vektor -> (point.x, point.y)
    Public Sub New(ByVal point As System.Drawing.PointF)
      Me.vx = point.X
      Me.vy = point.Y
    End Sub

    ' Überschreibung von ToString, Format (vx,vy)
    Public Overrides Function ToString() As String
      Return String.Format("({0}, {1})", X, Y)
    End Function


    ' Vektor -> Drawing.Point
    Public Function ToPoint() As System.Drawing.Point
      Return New System.Drawing.Point(CInt(Math.Round(vx)), _
        CInt(Math.Round(vy)))
    End Function

    ' Vektor -> Drawing.PointF
    Public Function ToPointF() As System.Drawing.PointF
      Return New System.Drawing.PointF(CSng(vx), CSng(vy))
    End Function

    ...

End Class
```

─────────────────────────────

Listing 614: Grundgerüst der Klasse Vector (Forts.)

Die Überladung der Methode `ToString` gibt die Komponenten geklammert aus. Der Code

```
Dim v1 As New Vector()
v1.X = 100
v1.Y = 150

Debug.WriteLine("Vektor: " & v1.ToString())
```

führt zur Ausgabe von

```
Vektor: (100, 150)
```

Die Länge eines Vektors (Betrag) lässt sich über die Eigenschaft Abs abrufen:

```
Debug.WriteLine("Asolutwert: " & v1.Abs)
```

Ausgabe:

```
Asolutwert: 180,277563773199
```

Analog hierzu der Winkel vom Typ PhysicalMeasurement.Angle:

```
Debug.WriteLine("Winkel: " & v1.Angle.ToDegree() & "°")
```

Ausgabe:

```
Winkel: 56,3099324740202°
```

Die Implementierung der beiden Eigenschaften Abs und Angle sehen Sie in Listing 615.

```
' Betrag des Vektors (Länge)
Public ReadOnly Property Abs() As Double
  Get
    Return Math.Sqrt(vx * vx + vy * vy)
  End Get
End Property

' Winkel des Vektors
' Winkel = 0 für X > 0 und Y = 0
Public Function Angle() As PhysicalMeasurement.Angle
  Return PhysicalMeasurement.Angle.Create(Math.Atan2(vy, vx))
End Function
```

Listing 615: Betrag und Winkel eines Vektors berechnen

Multiplikation mit skalaren Werten

Vektoren können mit skalaren Werten multipliziert werden. Dabei ändert sich lediglich ihr Betrag. Die Richtung bleibt erhalten (Abbildung 306). Die Multiplikation wird mithilfe der Operatoren * und / implementiert (Listing 616).

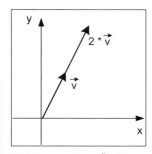

Abbildung 306: Änderung des Betrags bei einer Skalarmultiplikation

```
' Multiplikation mit Skalarwert
Public Shared Operator *(ByVal op1 As Vector, _
    ByVal op2 As Double) As Vector

    Return New Vector(op1.vx * op2, op1.vy * op2)

End Operator

' Multiplikation mit Skalarwert
Public Shared Operator *(ByVal op1 As Double, _
    ByVal op2 As Vector) As Vector

    Return New Vector(op1 * op2.vx, op1 * op2.vy)

End Operator

' Division durch Skalarwert
Public Shared Operator /(ByVal op1 As Vector, _
    ByVal op2 As Double) As Vector

    Return New Vector(op1.vx / op2, op1.vy / op2)

End Operator
```

Listing 616: Multiplikation mit und Division durch skalare Werte

Beispiel:

```
Dim v2 As Vector = v1 * 4
Debug.WriteLine(v2)
Debug.WriteLine(v2 / 3)
```

Ergebnis:

```
(400, 600)
(133,333333333333, 200)
```

Einheitsvektoren

Unter einem Einheitsvektor wird ein Vektor verstanden, dessen Betrag 1 beträgt. Er lässt sich so leicht mittels Skalarmultiplikation auf eine gewünschte Länge transformieren. Die Klasse UnitVector als Sonderform der Klasse Vector definiert einen solchen Einheitsvektor. Den Einheitsvektor eines beliebigen Vektors erhält man durch Division durch seinen Betrag (Listing 617).

```
Public Class UnitVector
    Inherits Vector

    ' Konstruktor, Setzen der Länge auf 1
    Public Sub New(ByVal v As Vector)
        Dim abs As Double = v.Abs
        Me.X = v.X / abs
        Me.Y = v.Y / abs
```

Wissenschaftliche Anwendungen

Listing 617: Einheitsvektoren berechnen

```
    End Sub

    ' Konstruktor, Setzen der Länge auf 1
    Public Sub New(ByVal x As Double, ByVal y As Double)
        Dim abs As Double = Math.Sqrt(x * x + y * y)
        Me.X = x / abs
        Me.Y = y / abs
    End Sub

End Class
```

Listing 617: Einheitsvektoren berechnen (Forts.)

Der Einheitsvektor eines Vektors wird auch Richtungsvektor genannt, da er lediglich die Richtung spezifiziert. Die Klasse `Vector` stellt zur Berechnung die Eigenschaft `Direction` zur Verfügung (Listing 618).

```
    ' Richtung des Vektors als Einheitsvektor
    Public ReadOnly Property Direction() As UnitVector
        Get
            Return New UnitVector(vx, vy)
        End Get
    End Property
```

Listing 618: Die Eigenschaft Direction berechnet den Richtungsvektor

Beispiel:

```
Debug.WriteLine("Richtungsvektor: " & v1.Direction.ToString())
```

ergibt:

```
Richtungsvektor: (0,554700196225229, 0,832050294337844)
```

Ebenfalls ein Einheitsvektor ist der Normalenvektor (n, siehe Listing 619). Er steht senkrecht auf dem vorgegebenen Vektor. Zur Berechnung vertauscht man die X- und Y-Komponenten des Vektors und ändert bei einer Komponente das Vorzeichen.

```
    Public ReadOnly Property Normal() As UnitVector
        Get
            Return New UnitVector(vy, -vx)
        End Get
    End Property
```

Listing 619: Normalenvektor (senkrecht zum Vektor, Länge = 1).

Rotation

Ein Vektor lässt sich um einen beliebigen Winkel drehen, ohne dass sich sein Betrag ändert. Listing 620 zeigt die Implementierung der Methode `Rotate`, die einen Winkel vom Typ `PhysicalMeasurement.Angle` entgegennimmt.

```
Public Function Rotate(ByVal rotationangle As Angle) _
      As Vector

  Dim sin As Double = Math.Sin(rotationangle)
  Dim cos As Double = Math.Cos(rotationangle)
  Return New Vector(vx * cos + vy * sin, vy * cos - vx * sin)

End Function
```

Listing 620: Drehung eines Vektors

Beispiel:

```
Debug.WriteLine(v1.Rotate(New Angle(90, 0, True)))
```

ergibt die Ausgabe:

```
(150, -100)
```

Vergleichsoperationen

Zwei Vektoren sind identisch, wenn ihre X- und Y-Komponenten übereinstimmen. Die in Listing 621 gezeigte Überschreibung von Equals sowie die Überladungen der Vergleichsoperatoren erlauben den direkten Vergleich zweier Vector-Objekte.

Anwendungsbeispiel:

```
Dim v4 As New Vector(100, 150)
Debug.WriteLine(v1 = v2)
Debug.WriteLine(v1 = v4)
```

Ergibt mit den obigen Werten:

```
False
True
' Vergleich zweier Vektoren auf Identität
 Overrides Function Equals(ByVal obj As Object) As Boolean
   Dim v As Vector = CType(obj, Vector)
   Dim epsilon As Double = 0.0000000001

   Return Math.Abs(Me.X - v.X) < epsilon And _
          Math.Abs(Me.Y - v.Y) < epsilon

 End Function

 ' Vergleich zweier Vektoren auf Identität
 Public Shared Operator =(ByVal op1 As Vector, _
   ByVal op2 As Vector) As Boolean

   Return op1.Equals(op2)

 End Operator

 ' Vergleich zweier Vektoren auf Verschiedenheit
```

Listing 621: Vergleich von Vektoren anhand der X- und Y-Komponenten

Wissenschaftliche Anwendungen

```
Public Shared Operator <>(ByVal op1 As Vector, _
    ByVal op2 As Vector) As Boolean

    Return Not op1.Equals(op2)

End Operator
```

Listing 621: Vergleich von Vektoren anhand der X- und Y-Komponenten (Forts.)

Addition und Subtraktion zweier Vektoren

Zwei Vektoren lassen sich addieren und subtrahieren. Das Ergebnis ist ein neuer Vektor, dessen Komponenten sich aus der Summe bzw. der Differenz der jeweiligen X- und Y-Komponenten der Operanden ergeben. Abbildung 307 zeigt die grafischen Zusammenhänge, Listing 622 die Implementierung innerhalb der Klasse Vector.

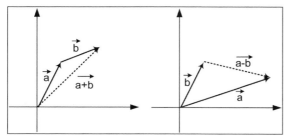

Abbildung 307: Addition und Subtraktion der Vektoren a und b

```
' Addition zweier Vektoren
Public Shared Operator +(ByVal op1 As Vector, _
    ByVal op2 As Vector) As Vector

    Return New Vector(op1.vx + op2.vx, op1.vy + op2.vy)

End Operator

' Subtraktion zweier Vektoren
Public Shared Operator -(ByVal op1 As Vector, _
    ByVal op2 As Vector) As Vector

    Return New Vector(op1.vx - op2.vx, op1.vy - op2.vy)

End Operator
```

Listing 622: Die Operatorüberladungen erlauben das Addieren und Subtrahieren zweier Vektoren.

Anwendungsbeispiel:

```
Dim a As New Vector(100, 100)
Dim b As New Vector(20, 30)
Dim c As New Vector(50, 15)
Debug.WriteLine(a + b - c)
```

und die Ausgabe:

```
(70, 115)
```

Skalarprodukt

Das Skalarprodukt zweier Vektoren gibt eine Information über die relativen Längen zweier Vektoren zueinander in Bezug auf ihren Winkel an. Stehen zwei Vektoren senkrecht aufeinander, ist ihr Skalarprodukt 0. Haben sie hingegen dieselbe oder die entgegengesetzte Richtung, berechnet sich das Skalarprodukt aus der Multiplikation der Betragswerte. Listing 623 zeigt die Implementierung.

```
Public Shared Operator *(ByVal op1 As Vector, _
   ByVal op2 As Vector) As Double

   Return op1.vx * op2.vx + op1.vy * op2.vy

End Operator
```

Listing 623: Skalarprodukt zweier Vektoren

Beispiel:

```
Debug.WriteLine(a * b)
Debug.WriteLine(a * a.Normal)
```

Ergebnis:

```
5000
0
```

306 Schnittstelle für darstellbare geometrische Formen

> Die beschriebenen Klassen sind Bestandteil der Klassenbibliothek `ScientificLib`. Sie finden sie dort im Namensraum `VBCodeBook.ScientificLib.Mathematics`.

Die in den folgenden Rezepten vorgestellten Klassen für geometrische Formen wie Geraden, Strecken, Kreise oder Polygone werden mit Funktionen ausgestattet, die das Zeichnen der Figuren erlauben. Ferner werden Methoden bereitgestellt, die eine Überprüfung ermöglichen, ob sich ein vorgegebener Punkt innerhalb des Objektes oder auf der Umrandungslinie befindet.

Damit ein einheitlicher Umgang mit den verschiedenen Klassen möglich ist, implementieren alle diese Klassen das Interface `IDrawableObject` (Listing 624). Die Implementierung obliegt der jeweiligen Klasse. Zwei Überladungen der Methode `Draw` erlauben es, wahlweise nur den Rahmen oder auch die Füllung eines Objektes zu zeichnen. `IsPointInsideObject` und `IsPoint-OnLine` ermöglichen die Überprüfung von Koordinaten. Mithilfe der Methode `Move` kann das Objekt verschoben werden.

```
Public Interface IVectorizedObject

   ' Umriss zeichnen
   Sub Draw(ByVal g As System.Drawing.Graphics, _
```

Listing 624: Schnittstelle für Geometrieobjekte

```
    ByVal pen As System.Drawing.Pen)

  ' Füllung und Rahmen zeichnen
  Sub Draw(ByVal g As System.Drawing.Graphics, _
    ByVal pen As System.Drawing.Pen, _
    ByVal brush As System.Drawing.Brush)

  ' Ist Punkt in Objekt?
  Function IsPointInsideObject(ByVal point As Vector) As Boolean
  Function IsPointOnLine(ByVal point As Vector) As Boolean

  ' Verschieben des Objektes
  Sub Move(ByVal delta As Vector)

End Interface
```

Listing 624: Schnittstelle für Geometrieobjekte (Forts.)

Geraden

> Die beschriebenen Klassen sind Bestandteil der Klassenbibliothek `ScientificLib`. Sie finden
> sie dort im Namensraum `VBCodeBook.ScientificLib.Mathematics`.

Eine Gerade ist eine Linie mit unendlicher Ausdehnung. Sie lässt sich wie folgt beschrieben:

▶ durch einen Punkt auf der Geraden und einen Richtungsvektor

▶ durch zwei Punkte auf der Geraden

▶ durch einen Punkt auf der Geraden und den Normalenvektor der Geraden.

Abbildung 308 zeigt die erste Variante. Diese wird auch als Definitionsbasis für die Klasse
`StraightLine` gewählt (Listing 625). `StraightLine` stellt eine Reihe von Funktionen für die
Definition von und den Umgang mit Geraden zur Verfügung.

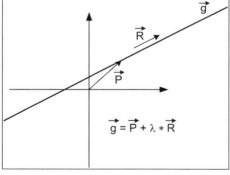

Abbildung 308: Definition einer Geraden mit Ankerpunkt und Richtungsvektor

```
Public Class StraightLine
  Implements IVectorizedObject
```

Listing 625: Grundgerüst der Klasse StraightLine für die Geradendefinition

```
' Gerade = Anchor + lambda * Direction

' Ein Punkt auf der Geraden
Public Anchor As Vector

' Richtungsvektor
Public Direction As Vector

' Konstruktor mit Punkt und Richtung
Public Sub New(ByVal anchor As Vector, ByVal direction As Vector)
  Me.Anchor = anchor
  Me.Direction = direction
End Sub

' Konstruktion aus Linie
Public Sub New(ByVal li As Line)
  Me.Anchor = li.Point1
  Me.Direction = li.Point2 - li.Point1
End Sub

' Konstruktion aus zwei Punkten
Public Shared Function CreateFromPoints( _
  ByVal point1 As Vector, ByVal point2 As Vector) _
  As StraightLine

  Return New StraightLine(point1, point2 - point1)

End Function

' Punkt auf Gerade zu vorgegebenem Lambda
Public Function VPoint(ByVal lambda As Double) As Vector
  Return Anchor + lambda * Direction
End Function

' Lambda für Punkt auf der Geraden
Public Function LambdaFromPoint(ByVal point As Vector) As Double
  If Direction.X <> 0 Then
    Return (point.X - Anchor.X) / Direction.X
  Else
    Return (point.Y - Anchor.Y) / Direction.Y
  End If
End Function

...

End Class
```

Listing 625: Grundgerüst der Klasse StraightLine für die Geradendefinition (Forts.)

StraightLine stellt verschiedene Varianten für die Konstruktion in Form von Konstruktorüberladungen bereit. Dabei ist auch ein Konstruktor, der eine Strecke des in Rezept 308 beschriebenen Typs entgegennimmt. Intern arbeitet die Klasse mit einem Ankerpunkt, der sich auf der

Geraden befindet, und einem Richtungsvektor. Über die in Abbildung 308 genannte Formel lässt sich so durch Variation von λ jeder Punkt auf der Geraden ermitteln (siehe auch Methode VPoint in Listing 625).

Die Implementierung der Schnittstelle IVectorizedObject zeigt Listing 626. Gezeichnet wird die Gerade in den Grenzen des Zeichengerätes, die über VisibleClipBounds angefragt werden. Da eine Gerade keine Füllung besitzt, wird grundsätzlich nur die Linie mit dem angegebenen Pen-Objekt gezeichnet.

```vbnet
' Zeichnen der Geraden
Public Sub Draw(ByVal g As System.Drawing.Graphics, _
  ByVal pen As System.Drawing.Pen) _
  Implements IVectorizedObject.Draw

  ' Gesamten Zeichenbereich nutzen
  Dim x1 As Single = g.VisibleClipBounds.Left
  Dim x2 As Single = g.VisibleClipBounds.Right
  Dim y1 As Single = _
    CSng((x1 - Anchor.X) / Direction.X * Direction.Y + Anchor.Y)
  Dim y2 As Single = _
    CSng((x2 - Anchor.X) / Direction.X * Direction.Y + Anchor.Y)

  g.DrawLine(pen, x1, y1, x2, y2)

End Sub

' Zeichnen der Geraden, Füllung ignorieren
Public Sub Draw(ByVal g As System.Drawing.Graphics, _
  ByVal pen As System.Drawing.Pen, _
  ByVal brush As System.Drawing.Brush) _
  Implements IVectorizedObject.Draw

  Draw(g, pen)

End Sub

' Ist Punkt auf der Geraden?
Public Function IsPointOnObject(ByVal point As Vector) _
  As Boolean Implements IVectorizedObject.IsPointInsideObject

  ' Toleranz von 1 für Grafikbearbeitung
  Return Distance(point) <= 1

End Function

' Verschieben der Geraden in X- und Y-Richtung
Public Sub TranslateTransform(ByVal delta As Vector) _
  Implements IVectorizedObject.Move

  ' Nur Ankerpunkt verschieben, Richtung bleibt erhalten
  Anchor = Anchor + delta
```

Listing 626: Implementierung von IVectorizedObject für eine Gerade

```
End Sub

Public Function IsPointOnLine(ByVal point As Vector) _
    As Boolean Implements IVectorizedObject.IsPointOnLine

    Return Distance(point) <= 0.000000001
End Function
```

Listing 626: Implementierung von IVectorizedObject für eine Gerade (Forts.)

Eine Translation der Geraden erfolgt durch Verschiebung des Ankerpunktes. Zur Feststellung, ob ein Punkt auf der Geraden liegt oder nicht, muss die Distanz zwischen Punkt und Gerade berechnet werden. Diese lässt sich mithilfe der Hesse'schen Normalenform berechnen:

Multipliziert man die Differenz des Ankerpunktes und eines beliebigen anderen Punktes mit dem Normalenvektor der Geraden, dann ist das Ergebnis der Abstand dieses Punktes zur Geraden. Die Implementierung zeigt Listing 627.

```
Public Function Distance(ByVal point As Vector) As Double
    Return Math.Abs(Direction.Normal * (point - Anchor))
End Function
```

*Listing 627: Abstand eines Punktes zur Geraden, berechnet mit der Hesse'schen
            Normalenform*

Beispielanwendung

Das in Abbildung 309 gezeigte Beispielprogramm stellt ein Koordinatensystem dar, dessen Ursprung sich in der Mitte des Fensters befindet. Für die Koordinatenumrechnungen werden die Transformationsmethoden von GDI+ eingesetzt. Die darzustellende Gerade kann über Eingabefelder parametriert werden. Bei jeder Änderung der Parameter wird das Fenster neu gezeichnet. Die Implementierung zeigt Listing 628.

```
Public Class StraightLineDemo

    ' Gerade
    Private SL As StraightLine

    ' Transformationen für die Darstellung im Fenster
    Private Trafo As New System.Drawing.Drawing2D.Matrix()
    Private InvTrafo As System.Drawing.Drawing2D.Matrix

    Private Sub MainWindow_Paint…) Handles MyBase.Paint

        If SL Is Nothing Then Exit Sub

        ' Transformation für Koordinatensystem anwenden
        e.Graphics.Transform = Trafo

        ' Achsen zeichnen
```

Listing 628: Anwendung der Klasse StraightLine im Beispielprogramm

```vbnet
    e.Graphics.DrawLine(Pens.LightGray, -1000, 0, 1000, 0)
    e.Graphics.DrawLine(Pens.LightGray, 0, -1000, 0, 1000)

    ' Gerade zeichnen
    Dim p As New Pen(Color.Black, 3)
    SL.Draw(e.Graphics, p)
    p.Dispose()

    ' Ankerpunkt der Geraden darstellen
    e.Graphics.DrawEllipse(Pens.Blue, CSng(SL.Anchor.X - 10), _
      CSng(SL.Anchor.Y - 10), 20, 20)

End Sub

Private Sub ParamsChanged(…) Handles TBDirectionY.TextChanged, _
  TBDirectionX.TextChanged, TBAnchorY.TextChanged, _
  TBAnchorX.TextChanged

  Try
    ' Geradendefinition aus TextBox-Einträgen
    SL = New StraightLine(New Vector( _
      Double.Parse(TBAnchorX.Text), _
      Double.Parse(TBAnchorY.Text)), _
      New Vector(Double.Parse(TBDirectionX.Text), _
      Double.Parse(TBDirectionY.Text)))

    ' Fenster neu zeichnen
    Me.Refresh()

  Catch ex As Exception
  End Try

End Sub

Private Sub LBLDistance_MouseMove(…) Handles MyBase.MouseMove

  ' Mauskoordinaten in Koordinatensystem der Zeichnung umrechnen
  Dim points As Point() = New Point() {New Point(e.X, e.Y)}
  Dim m As System.Drawing.Drawing2D.Matrix = Trafo.Clone()
  InvTrafo.TransformPoints(points)

  ' Koordinaten anzeigen
  LBLPosition.Text = "x: " & points(0).X.ToString() & ", y: " & _
    points(0).Y.ToString()

  ' Distanz der Mausposition zur Geraden anzeigen
  LBLDistance.Text = "Abstand: " & SL.Distance( _
    New Vector(points(0).X, points(0).Y)).ToString("0")

End Sub
```

Listing 628: Anwendung der Klasse StraightLine im Beispielprogramm (Forts.)

```
Private Sub StraightLineDemo_Resize(…) Handles MyBase.Resize

  ' Transformation neu berechnen
  Trafo.Reset()
  Trafo.Scale(1, -1)
  Trafo.Translate(Me.ClientSize.Width \ 2, -Me.ClientSize.Height \ 2)
  If InvTrafo IsNot Nothing Then InvTrafo.Dispose()
  InvTrafo = Trafo.Clone()
  InvTrafo.Invert()

  ' Fenster neu zeichnen
  Refresh()

End Sub

End Class
```

Listing 628: Anwendung der Klasse StraightLine im Beispielprogramm (Forts.)

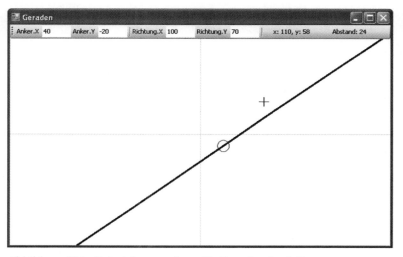

Abbildung 309: Beispielanwendung für Geradendarstellung

Bei jeder Mausbewegung werden die Mauskoordinaten in das Koordinatensystem der Zeichnung umgerechnet und dargestellt. Der Abstand der Mausposition zur Geraden wird kontinuierlich berechnet und angezeigt.

307 Schnittpunkt zweier Geraden berechnen

Die beschriebenen Klassen sind Bestandteil der Klassenbibliothek ScientificLib. Sie finden sie dort im Namensraum VBCodeBook.ScientificLib.Mathematics.

Sind zwei Geraden weder parallel noch identisch, dann schneiden sie sich im R2 in genau einem Punkt. Dieser Schnittpunkt lässt sich berechnen, indem man die beiden Geradengleichungen in Parameterform gleichsetzt:

$$P_1x + \lambda * R_1x = P_2x + \mu * R_2x$$
$$P_1y + \lambda * R_1y = P_2y + \mu * R_2y$$

Es ergibt sich ein Gleichungssystem mit den beiden Unbekannten λ und μ, das sich mit dem im Rezept »Zweidimensionale Gleichungssysteme« vorgestellten Verfahren lösen lässt.

Vorbereitend für die Schnittpunktberechnung weiterer geometrischer Figuren wird die Klasse IntersectionInfo definiert (Listing 629). Sie umfasst eine Enumerationsdefinition, die die möglichen Ergebnisvarianten beschreibt. Beim Schnitt zweier Geraden sind die Varianten IntersectionExists (die Geraden schneiden sich in einem Punkt), LinesParallel (die Geraden verlaufen parallel) sowie Infinite (die Geraden sind identisch) möglich.

Die Instanzierung der Klasse IntersectionInfo erfolgt über Konstruktoren, die als Parameter die Referenzen der Objekte entgegennehmen, deren Schnittpunkte berechnet werden sollen. Im vorliegenden Fall sind das die Referenzen zweier StraightLine-Objekte. Die Ergebnisse der Berechnungen werden in öffentlichen schreibgeschützten Feldern abgelegt. Dazu gehören der Schnittpunkt Intersection bzw. die Schnittpunktliste Intersectionlist sowie der Status der Berechnung. Ferner werden beim Schnitt zweier Geraden die berechneten Multiplikatoren Lambda1 und Lambda2 zur Verfügung gestellt.

```
Public Class IntersectionInfo

    ' Mögliche Zustände
    Public Enum IntersectionStatus
        IntersectionExists          ' genau 1 Schnittpunkt
        MultipleIntersections       ' mehrere Schnittpunkte
        NoIntersection              ' kein Schnittpunkt
        Infinite                    ' Objekte haben endlos viele
                                    ' Schnittpunkte
        LinesParallel               ' parallele Linien, kein SP
        IntersectionBeyondLineboundaries ' Keine Überlappung
    End Enum

    ' Zustand der Schnittpunktberechnung
    Public ReadOnly Status As IntersectionStatus

    ' Gefundener Schnittpunkt (1. aus Liste bei mehreren)
    Public ReadOnly Intersection As Vector

    ' Hilfsgrößen für Geradenschnitte
    Public ReadOnly Lambda1, Lambda2 As Double

    ' Liste der gefundenen Schnittpunkte
    Public ReadOnly Intersectionlist As New List(Of Vector)

    ' Schnitt Gerade - Gerade
    Public Sub New(ByVal g1 As StraightLine, ByVal g2 As StraightLine)

        ' Schnittgleichung lösen
        Dim eq As New Equation2D(g1.Direction.X, -g2.Direction.X, _
            g2.Anchor.X - g1.Anchor.X, g1.Direction.Y, -g2.Direction.Y, _
            g2.Anchor.Y - g1.Anchor.Y)
```

Listing 629: Berechnung von Schnittpunkten, hier zweier Geraden

```
    ' Lösung des Gleichungssystems auswerten
    If eq.Solutionstatus = Equation2D.Status.Solved Then

      ' Ein Schnittpunkt gefunden
      Status = IntersectionStatus.IntersectionExists

      ' Lösung speichern (für Linienschnitte benötigt)
      Lambda1 = eq.X
      Lambda2 = eq.Y

      ' Schnittpunkt berechnen und speichern
      Intersection = g1.VPoint(Lambda1)
      Intersectionlist.Add(Intersection)

    Else

      ' Kein Schnittpunkt
      If eq.Solutionstatus = Equation2D.Status.Infinite Then
        ' Geraden liegen aufeinander
        Status = IntersectionStatus.Infinite
      Else
        ' Geraden sind parallel
        Status = IntersectionStatus.LinesParallel
      End If
    End If

  End Sub
End Class
```

Listing 629: Berechnung von Schnittpunkten, hier zweier Geraden (Forts.)

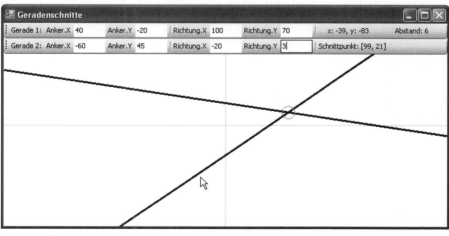

Abbildung 310: Schnitt zweier Geraden

Aus den Parametern der Geradendefinitionen wird das Gleichungssystem erstellt. Dieses wird mithilfe der Klasse `Equation2D` gelöst und die Ergebnisse ausgewertet. Ist das Gleichungssystem lösbar, gibt es genau einen Schnittpunkt. Sind die Gleichungen linear abhängig, dann beschreiben beide Geradendefinitionen dieselbe Gerade. Gibt es keine Lösung des Gleichungssystems, verlaufen die Geraden parallel und schneiden sich nirgends.

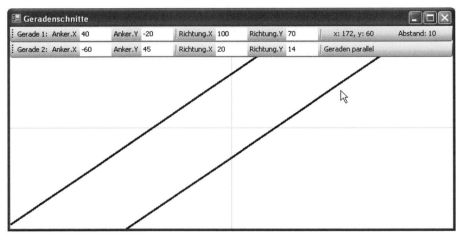

Abbildung 311: Kein Schnittpunkt, da Geraden parallel verlaufen

Die Beispielanwendung (Abbildung 310) erlaubt die Definition zweier Geraden. Bei jeder Änderung wird automatisch der Schnittpunkt neu berechnet und sowohl in der Grafik als auch auf einem Label angezeigt. Auch der Fall, dass die Geraden parallel verlaufen oder identisch sind, wird berücksichtigt (Abbildung 311). Die wesentlichen Implementierungsbestandteile zeigt Listing 630.

```
' Gerade
Private SL1 As StraightLine
Private SL2 As StraightLine

' Schnittpunktinformationen
Private IsInfo As IntersectionInfo

…

Private Sub ComputeIntersection()

  ' Schnittpunkt berechnen
  IsInfo = New IntersectionInfo(SL1, SL2)

  Select Case IsInfo.Status

    Case IntersectionInfo.IntersectionStatus.IntersectionExists
      LBLIntersection.Text = "Schnittpunkt: [" & _
        IsInfo.Intersection.X.ToString("0") & ", " & _
```

Listing 630: Schnittpunkte der Geraden berechnen und Informationen darstellen

```
            IsInfo.Intersection.Y.ToString("0") & "]"

     Case IntersectionInfo.IntersectionStatus.LinesParallel
       LBLIntersection.Text = "Geraden parallel"

     Case IntersectionInfo.IntersectionStatus.Infinite
       LBLIntersection.Text = "Geraden identisch"

   End Select

 End Sub

 Private Sub MainWindow_Paint…) Handles MyBase.Paint

   …

   ' Schnittpunkt zeichnen
   If IsInfo.Status = _
     IntersectionInfo.IntersectionStatus.IntersectionExists Then

     Dim ip As New Point(CInt(IsInfo.Intersection.X), _
       CInt(IsInfo.Intersection.Y))

     e.Graphics.DrawEllipse(Pens.Red, ip.X - 10, ip.Y - 10, 20, 20)
   End If

 End Sub
```

Listing 630: Schnittpunkte der Geraden berechnen und Informationen darstellen (Forts.)

308 Strecken

Die beschriebenen Klassen sind Bestandteil der Klassenbibliothek `ScientificLib`. Sie finden sie dort im Namensraum `VBCodeBook.ScientificLib.Mathematics`.

Eine Strecke wird beschrieben durch zwei Vektoren, die die Endpunkte des Segmentes festlegen (Klasse `Line`, Listing 631). Die Konstruktion erfolgt demzufolge wahlweise über zwei Objekte vom Typ `Vector` oder über zwei `Point`-Strukturen. Wie Geraden werden auch Strecken ohne Füllung mittels `DrawLine` gezeichnet. Abbildung 312 zeigt ein Anwendungsbeispiel.

```
 Public Class Line
   Implements IVectorizedObject

   ' Die beiden Punkte als Vektor
   Public Point1, Point2 As Vector

   ' Konstruktion aus zwei Vektoren
   Public Sub New(ByVal point1 As Vector, ByVal point2 As Vector)
     Me.Point1 = point1
```

Listing 631: Definition von Strecken

```vb
    Me.Point2 = point2
  End Sub

  ' Konstruktion aus zwei Point-Strukturen
  Public Sub New(ByVal point1 As System.Drawing.Point, _
    ByVal point2 As System.Drawing.Point)

    Me.Point1 = New Vector(point1)
    Me.Point2 = New Vector(point2)

  End Sub

  ' Zeichnen der Linie
  Public Sub Draw(ByVal g As System.Drawing.Graphics, _
    ByVal pen As System.Drawing.Pen) _
    Implements IVectorizedObject.Draw

    g.DrawLine(pen, CSng(Point1.X), CSng(Point1.Y), _
      CSng(Point2.X), CSng(Point2.Y))

  End Sub

  ' Zeichnen der Linie, Füllung ignorieren
  Public Sub Draw(ByVal g As System.Drawing.Graphics, _
    ByVal pen As System.Drawing.Pen, _
    ByVal brush As System.Drawing.Brush) _
    Implements IVectorizedObject.Draw

    Draw(g, pen)

  End Sub

  ...

  ' Ist ein Punkt auf der Linie?
  Public Function IsPointOnObject(ByVal point As Vector) _
    As Boolean Implements IVectorizedObject.IsPointInsideObject

    Return Distance(point) <= 1

  End Function

  ' Verschieben der Linie
  Public Sub TranslateTransform(ByVal delta As Vector) _
    Implements IVectorizedObject.Move

    ' Beide Punkte verschieben
    Me.Point1 += delta
    Me.Point2 += delta
  End Sub
```

Listing 631: Definition von Strecken (Forts.)

```
Public Function IsPointOnLine(ByVal point As Vector) _
   As Boolean Implements IVectorizedObject.IsPointOnLine

   Return Distance(point) <= 0.000000001

End Function

End Class
```

Listing 631: Definition von Strecken (Forts.)

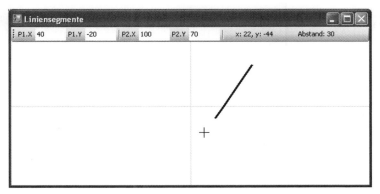

Abbildung 312: Beim Abstand eines Punktes zur Strecke müssen die Endpunkte berücksichtigt werden

Abweichend von der Geradenberechnung verhält sich die Berechnung des Abstands eines beliebigen Punktes P zur Strecke. Durch den vorgegebenen Punkt P wird eine Gerade gelegt, deren Richtungsvektor senkrecht zur Strecke legt. Von Gerade und Linie wird anschließend der Schnittpunkt berechnet (Rezept 307 Schnittpunkt zweier Geraden berechnen). Existiert der Schnittpunkt, dann ist der Abstand zum Schnittpunkt auch der Abstand des Punktes P zur Linie. Existiert er nicht, dann ist der Abstand der kleinere Wert der Abstände zwischen P und den Endpunkten der Strecke (siehe Listing 632).

```
Public Function Distance(ByVal point As Vector) As Double

   ' Abstand zur Gerade durch die Linie berechnen
   Dim ii As New IntersectionInfo( _
     New StraightLine(point, (Me.Point1 - Me.Point2).Normal), Me)

   ' Testen, ob Schnittpunkt vom Punkt senkrecht auf die Gerade
   ' auf der Strecke liegt
   If ii.Status = _
     IntersectionInfo.IntersectionStatus.IntersectionExists Then

     ' Ja -> Abstand zur Gerade ist Abstand zur Linie
     Return (point - ii.Intersection).Abs
   Else
```

Listing 632: Berechnen des Abstands eines Punktes zur Linie

```
' Nein, minimalen Abstand zu einem der beiden Endpunkte
' als Wert zurückgeben
Return Math.Min((point - Me.Point1).Abs, _
   (point - Me.Point2).Abs)

   End If

End Function
```

Listing 632: Berechnen des Abstands eines Punktes zur Linie (Forts.)

309 Schnittpunkt einer Geraden mit einer Strecke berechnen

Die beschriebenen Klassen sind Bestandteil der Klassenbibliothek `ScientificLib`. Sie finden sie dort im Namensraum `VBCodeBook.ScientificLib.Mathematics`.

Der Schnittpunkt einer Geraden mit einer begrenzten Strecke berechnet sich ähnlich wie der Schnittpunkt zweier Geraden. Daher wird zunächst auf Basis der Strecke ein Geradenobjekt generiert und der Schnittpunkt mit der vorgegebenen Gerade berechnet (Listing 633). Hierzu wird innerhalb der Klasse `IntersectionInfo` die Aufgabe an den oben beschriebenen Konstruktor delegiert.

```
Public Sub New(ByVal sl As StraightLine, ByVal li As Line)

   ' Schnitt Gerade - Gerade berechnen
   Me.New(sl, New StraightLine(li))

   ' Berechnung auswerten
   If Status = IntersectionStatus.IntersectionExists Then
      ' Wenn sich Geraden schneiden, prüfen, ob Schnittpunkt
      ' auf der Strecke liegt
      If (Lambda2 >= 0 And Lambda2 <= 1) Then
         ' Ja, Schnittpunkt ist o.k.
         Status = IntersectionStatus.IntersectionExists
      Else
         ' Nein, Schnittpunkt liegt außerhalb der Linie
         Status = IntersectionStatus.IntersectionBeyondLineboundaries
      End If

   End If

End Sub

' Schnitt Linie - Gerade
Public Sub New(ByVal li As Line, ByVal sl As StraightLine)
   ' Konstruktor mit anderer Parameterreihenfolge
   Me.New(sl, li)
End Sub
```

Listing 633: Schnittpunktberechnung zwischen Gerade und Strecke

Wird kein eindeutiger Schnittpunkt gefunden, ist die Berechnung abgeschlossen. Gibt es einen Schnittpunkt, muss überprüft werden, ob er tatsächlich auf der Strecke und somit zwischen den beiden Endpunkten liegt. Dies geschieht durch Auswertung des berechneten Lambda2-Wertes, der bei der Schnittpunktberechnung mit abgespeichert worden ist. Lambda2 = 0 bedeutet, dass der Schnittpunkt mit dem ersten Punkt der Linie identisch ist, Lambda2 = 1, dass der Schnittpunkt mit dem zweiten Punkt der Linie identisch ist. Für alle Punkte auf dem Linienabschnitt gilt somit, dass Lambda2 zwischen 0 und 1 liegen muss. Abbildung 313 zeigt diesen Fall. Ist der Wert größer als 1 oder negativ, dann liegt der Schnittpunkt außerhalb der Strecke. Gerade und Linie schneiden sich dann nicht, obwohl sie nicht parallel verlaufen. Ein Beispiel hierfür ist in Abbildung 314 zu sehen.

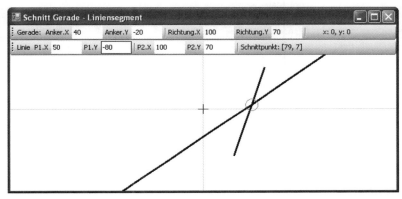

Abbildung 313: Schnittpunkt zwischen Gerade und Strecke

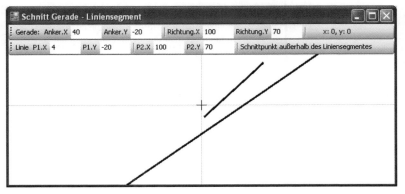

Abbildung 314: Der Schnittpunkt liegt außerhalb der Linienbegrenzung

Die Auswertung der Schnittpunktberechnung im Beispielprogramm erfolgt wiederum analog zu der bei der Berechnung der Geradenschnitte (Listing 634). Es muss lediglich der zusätzliche Fall berücksichtigt werden, dass der Schnittpunkt außerhalb der Strecke liegt.

```
Private Sub ComputeIntersection()
  ' Schnittpunkt berechnen
  IsInfo = New IntersectionInfo(SL, L)
```

Listing 634: Auswertung der Schnittpunktinformationen

```
Select Case IsInfo.Status

    Case IntersectionInfo.IntersectionStatus.IntersectionExists
        LBLIntersection.Text = "Schnittpunkt: [" & _
            IsInfo.Intersection.X.ToString("0") & ", " & _
            IsInfo.Intersection.Y.ToString("0") & "]"

    Case IntersectionInfo.IntersectionStatus.LinesParallel
        LBLIntersection.Text = "Geraden parallel"

    Case IntersectionInfo.IntersectionStatus.Infinite
        LBLIntersection.Text = "Geraden identisch"

    Case IntersectionInfo.IntersectionStatus. _
        IntersectionBeyondLineboundaries

        LBLIntersection.Text = _
            "Schnittpunkt außerhalb der Strecke"

    Case Else
        LBLIntersection.Text = IsInfo.Status.ToString()

End Select

End Sub
```

Listing 634: Auswertung der Schnittpunktinformationen (Forts.)

310   Schnittpunkt zweier Strecken

Die beschriebenen Klassen sind Bestandteil der Klassenbibliothek ScientificLib. Sie finden
sie dort im Namensraum VBCodeBook.ScientificLib.Mathematics.

Ähnlich wie im vorherigen Fall verhält sich die Schnittpunktberechnung zweier Strecken.
Durch beide Linien werden Geraden gelegt und deren Schnittpunkt ermittelt. Existiert dieser,
muss überprüft werden, ob er auf beiden Strecken liegt, ob also beide berechneten Lambda-
Werte zwischen 0 und 1 liegen (Listing 635). Ein Sonderfall liegt vor, wenn beide Linien auf
derselben Geraden liegen. Dann muss überprüft werden, ob sie sich überlappen oder berühren.

```
Public Sub New(ByVal line1 As Line, ByVal line2 As Line)

    ' Schnitt Gerade - Gerade berechnen
    Me.New(New StraightLine(line1), New StraightLine(line2))

    ' Wenn Schnittpunkt gefunden wurde
    If Status = IntersectionStatus.IntersectionExists Then

        ' Prüfen, ob er auf beiden Strecken liegt
        If (Lambda1 >= 0 And Lambda1 <= 1 _
            And Lambda2 >= 0 And Lambda2 <= 1) Then
```

Listing 635: Berechnung des Schnittpunktes zweier Strecken

```
      ' Ja, Schnittpunkt o.k.
      Status = IntersectionStatus.IntersectionExists
    Else
      ' Nein, Schnittpunkt liegt nicht auf beiden Linien
      Status = IntersectionStatus.IntersectionBeyondLineboundaries
    End If

  End If

  ' Wenn Linie auf der Geraden liegt
  If Status = IntersectionStatus.Infinite Then

    ' Gerade und Lambda-Werte bestimmen
    Dim g As New StraightLine(line1)
    Dim lambda11 As Double = 0
    Dim lambda12 As Double = 1
    Dim lambda21 As Double = g.LambdaFromPoint(line2.Point1)
    Dim lambda22 As Double = g.LambdaFromPoint(line2.Point2)

    ' X-Werte für Überschneidungsbetrachtung auswerten
    Dim l1min As Double = Math.Min(lambda11, lambda12)
    Dim l1max As Double = Math.Max(lambda11, lambda12)
    Dim l2min As Double = Math.Min(lambda21, lambda22)
    Dim l2max As Double = Math.Max(lambda21, lambda22)

    If l1max < l2min Or l1min > l2max Then
      ' Keine Berührung oder Überlappung
      Status = IntersectionStatus.IntersectionBeyondLineboundaries

    ElseIf l1max = l2min Then

      Status = IntersectionStatus.IntersectionExists
      Intersection = g.VPoint(l1max)
      Intersectionlist.Add(Intersection)

    ElseIf l2max = l1min Then

      Status = IntersectionStatus.IntersectionExists
      Intersection = g.VPoint(l2max)
      Intersectionlist.Add(Intersection)
    End If

  End If
End Sub
```

Listing 635: Berechnung des Schnittpunktes zweier Strecken (Forts.)

Ein Anwendungsbeispiel zeigt Abbildung 315. Die Implementierung erfolgt analog der des vorherigen Beispiels. Da der Code nur unwesentlich abweicht, wird er an dieser Stelle nicht wiederholt. Sie finden das Beispielprojekt aber wie auch die anderen auf der CD. Den beschriebenen Sonderfall, bei dem beide Linien auf derselben Gerade liegen, sehen Sie in Abbildung 316.

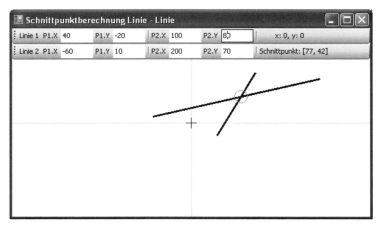

Abbildung 315: Schnitt zweier Strecken

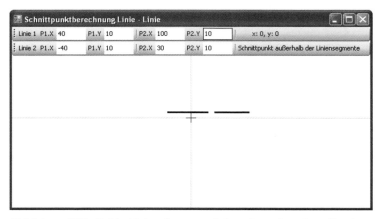

Abbildung 316: Beide Linien liegen auf derselben Geraden, überlappen sich jedoch nicht

311 Definition von Kreisen

Die beschriebenen Klassen sind Bestandteil der Klassenbibliothek `ScientificLib`. Sie finden sie dort im Namensraum `VBCodeBook.ScientificLib.Mathematics`.

Zur Definition von Kreisen dient die Klasse `Circle` (Listing 636). Ein Kreis wird eindeutig beschrieben durch Angabe seines Mittelpunktes und seines Radius. Der Abstand eines Punktes zum Kreis ergibt sich aus dem Abstand zum Mittelpunkt abzüglich Radius. Ist dieser berechnete Abstand 0, liegt der Punkt auf dem Kreis. Ist er positiv, liegt der Punkt außerhalb des Kreises. Ansonsten liegt der Punkt im Kreisinneren.

Im Gegensatz zu den anderen bisher vorgestellten Geometrieobjekten kann der Kreis auch mit einer Füllung gezeichnet werden (siehe Beispiel in Abbildung 317).

```
Public Class Circle
  Implements IVectorizedObject

  ' Mittelpunkt
  Public Center As Vector

  ' Radius
  Public Radius As Double

  ' Konstruktor
  Public Sub New(ByVal center As Vector, ByVal radius As Double)
    Me.Center = center
    Me.Radius = radius
  End Sub

  ' Abstand
  Public Function Distance(ByVal point As Vector) As Double
    Return (point - Me.Center).Abs - Me.Radius
  End Function

  ' Zeichnen des Umrisses
  Public Sub Draw(ByVal g As System.Drawing.Graphics, _
    ByVal pen As System.Drawing.Pen) _
    Implements IVectorizedObject.Draw

    g.DrawEllipse(pen, CSng(Center.X - Radius), _
      CSng(Center.Y - Radius), CSng(Radius * 2), CSng(Radius * 2))
  End Sub

  ' Zeichnen von Umriss und Füllung
  Public Sub Draw(ByVal g As System.Drawing.Graphics, _
    ByVal pen As System.Drawing.Pen, _
    ByVal brush As System.Drawing.Brush) _
    Implements IVectorizedObject.Draw

    ' Füllung zeichnen
    g.FillEllipse(brush, CSng(Center.X - Radius), _
      CSng(Center.Y - Radius), CSng(Radius * 2), CSng(Radius * 2))

    ' Umriss zeichnen
    Draw(g, pen)

  End Sub

  ' Punkt im Kreis?
  Public Function IsPointOnObject(ByVal point As Vector) _
    As Boolean Implements IVectorizedObject.IsPointInsideObject

    ' Ja, wenn der Abstand zum Mittelpunkt nicht größer
    ' ist als der Radius
    Return (point - Center).Abs <= Radius
```

Listing 636: Kreisdefinition mithilfe der Klasse Circle

```
End Function

' Verschieben des Kreises
Public Sub TranslateTransform(ByVal delta As Vector) _
  Implements IVectorizedObject.Move

  ' Nur der Mittelpunkt muss verschoben werden
  Center = Center + delta

End Sub

Public Function IsPointOnLine(ByVal point As Vector) _
  As Boolean Implements IVectorizedObject.IsPointOnLine

  ' Ja, wenn der Abstand zum Mittelpunkt gleich dem Radius ist
  Return Math.Abs((point - Center).Abs - Radius) < 0.000000001

  End Function
End Class
```

Listing 636: Kreisdefinition mithilfe der Klasse Circle (Forts.)

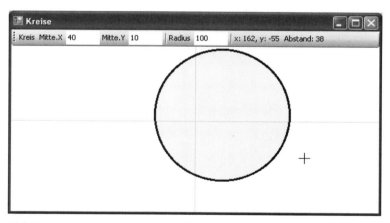

Abbildung 317: Berechnung und Darstellung eines Kreises

312   Schnittpunkte zweier Kreise

Die beschriebenen Klassen sind Bestandteil der Klassenbibliothek `ScientificLib`. Sie finden sie dort im Namensraum `VBCodeBook.ScientificLib.Mathematics`.

Die Schnittpunktberechnung zweier Kreise gestaltet sich etwas komplexer. Folgende Möglichkeiten sind zu unterscheiden:

▶ Die Kreise sind identisch.

▶ Ein Kreis liegt vollständig im anderen. Es gibt keine Berührungspunkte.

▶ Ein Kreis liegt vollständig im anderen. Es gibt genau einen Berührungspunkt.

▶ Die Kreise schneiden sich in zwei Punkten.

▶ Die Kreise liegen nicht ineinander, berühren sich aber in einem Punkt.

▶ Die Kreise liegen nicht ineinander, berühren und schneiden sich nicht.

Wie bereits in den anderen Rezepten wird auch hier die Schnittberechnung in einem Konstruktor der Klasse `IntersectionInfo` vorgenommen (Listing 637). Zunächst wird überprüft, ob die Kreise identisch sind. Dies ist der Fall, wenn Mittelpunkt und Radius übereinstimmen. Trifft dies zu, ist die Berechnung abgeschlossen.

Anderenfalls wird der Abstand der beiden Mittelpunkte berechnet. Ist dieser Abstand größer als die Summe der Radien, dann liegen die Kreise so weit voneinander entfernt, dass sie sich weder schneiden noch berühren. Ist der Betrag der Differenz beider Radien kleiner als der Abstand der Mittelpunkte, dann liegt einer der Kreise vollständig innerhalb des anderen, so dass es auch in diesem Fall keine Schnittpunkte gibt.

Beide Kreise berühren sich, wenn entweder die Summe der Radien mit dem Abstand der Mittelpunkte übereinstimmt oder wenn der Betrag der Differenz beider Radien diesem Abstand entspricht. Der Berührungspunkt berechnet sich dann wie in Listing 637 hervorgehoben.

Anderenfalls schneiden sich die Kreise in zwei Punkten. Diese lassen sich wie in der Hervorhebung gezeigt berechnen. Beide Schnittpunkte werden der Auflistung `Intersectionlist` hinzugefügt und können später abgerufen werden.

Abbildung 319 zeigt ein Beispiel für zwei Kreise, die sich schneiden, Abbildung 318 eines für zwei Kreise, die sich in einem Punkt berühren.

```
Public Sub New(ByVal circ1 As Circle, ByVal circ2 As Circle)

  If circ1.Radius = circ2.Radius _
    And circ1.Center = circ2.Center Then

    ' Die Kreise sind identisch
    Status = IntersectionStatus.Infinite
    Return

  End If

  ' Vektor Mittelpunkt2 - Mittelpunkt1
  Dim M2M1 As Vector = circ2.Center - circ1.Center

  ' Abstand der Mittelpunkte
  Dim distance As Double = M2M1.Abs

  If distance > circ1.Radius + circ2.Radius Or _
    distance < Math.Abs(circ1.Radius - circ2.Radius) Then

    ' Kreise haben keine Berührungs-/Schnittpunkte
    Status = IntersectionStatus.NoIntersection

  ElseIf _
    Math.Abs(distance - circ1.Radius - circ2.Radius) _
```

Listing 637: Schnittpunkte zweier Kreise berechnen

```
         < 0.000000001 _
  Or Math.Abs(distance - Math.Abs(circ1.Radius - circ2.Radius)) _
         < 0.000000001 _
  Then

    ' Die Kreise berühren sich in einem Punkt
    Status = IntersectionStatus.IntersectionExists
    Intersection = circ1.Center + circ1.Radius * M2M1.Direction
    Intersectionlist.Add(Intersection)

  Else

    ' Die Kreise schneiden sich
    Status = IntersectionStatus.MultipleIntersections
    Dim a As Double = (distance * distance + circ1.Radius * _
      circ1.Radius - circ2.Radius * circ2.Radius) / 2 / distance

    Dim h As Double = _
      Math.Sqrt(circ1.Radius * circ1.Radius - a * a)

    ' Schnittpunkte berechnen und speichern
    Intersectionlist.Add(circ1.Center + _
      a * M2M1.Direction + h * M2M1.Normal)

    Intersectionlist.Add(circ1.Center + _
      a * M2M1.Direction - h * M2M1.Normal)

    Intersection = Intersectionlist(0)

  End If

End Sub
```

Listing 637: Schnittpunkte zweier Kreise berechnen (Forts.)

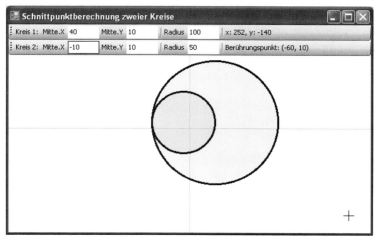

Abbildung 318: Zwei Kreise berühren sich

> **Achtung**
>
> Die Berechnungen gehen von der mathematischen Definition eines Kreises aus, der mit einer unendlich dünnen Linie gezeichnet wird. Die Darstellung auf dem Bildschirm erfolgt aber mit einer endlichen Dicke. Es kann daher vorkommen, dass sich die gezeichneten Linien berühren, obwohl die Berechnung keine Schnittpunkte ergibt. Bei Bedarf muss mit einem größeren Radius gerechnet werden, der die tatsächliche Liniendicke berücksichtigt.

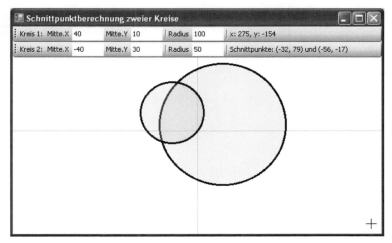

Abbildung 319: Zwei Kreise schneiden sich

313 Schnittpunkte eines Kreises mit einer Geraden berechnen

> Die beschriebenen Klassen sind Bestandteil der Klassenbibliothek `ScientificLib`. Sie finden sie dort im Namensraum `VBCodeBook.ScientificLib.Mathematics`.

Um die Schnittpunkte eines Kreises mit einer Geraden zu berechnen, setzt man die Geradengleichung in die Kreisgleichung (Abbildung 320) ein. Daraus ergibt sich die folgende Formel:

$$(A_x + \lambda * R_x - M_x)^2 + (A_y + \lambda * R_y - M_y)^2 = r^2$$

Diese quadratische Gleichung kann nach λ aufgelöst werden. Drei Lösungsvarianten kommen infrage:

▶ Die Gerade schneidet den Kreis in zwei Punkten.

▶ Die Gerade berührt den Kreis in einem Punkt.

▶ Kreis und Gerade besitzen keine gemeinsamen Punkte.

Die Implementierung der Berechnung erfolgt wiederum in der Klasse `IntersectionInfo` (Listing 638). Eine Plausibilitätsprüfung sondiert vorab, ob es Schnittpunkte gibt oder nicht. Nur wenn es zwei Schnittpunkte geben kann, der Abstand des Kreismittelpunktes zur Geraden also geringer ist als der Radius des Kreises, dann wird die quadratische Gleichung gelöst. Gibt es nur einen Berührungspunkt, dann lässt sich dieser auch berechnen, indem man eine zweite

Gerade, die durch den Mittelpunkt des Kreises verläuft und senkrecht auf der ersten Gerade steht, mit dieser schneidet.

Ein Anwendungsbeispiel, bei dem zwei Schnittpunkte vorliegen, sehen Sie in Abbildung 321, ein anderes, bei dem es nur einen Berührungspunkt gibt, in Abbildung 322. Listing 639 zeigt die abweichende Implementierung für das Anwendungsprogramm.

> **Achtung**
>
> Die Berechnungen gehen von der mathematischen Definition eines Kreises aus, der mit einer unendlich dünnen Linie gezeichnet wird. Die Darstellung auf dem Bildschirm erfolgt aber mit einer endlichen Dicke. Es kann daher vorkommen, dass sich die gezeichneten Linien berühren, obwohl die Berechnung keine Schnittpunkte ergibt. Bei Bedarf muss mit einem größeren Radius gerechnet werden, der die tatsächliche Liniendicke berücksichtigt.

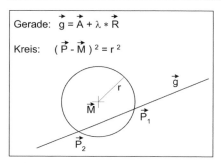

Gerade: $\vec{g} = \vec{A} + \lambda * \vec{R}$

Kreis: $(\vec{P} - \vec{M})^2 = r^2$

Abbildung 320: Kreis- und Geradengleichung werden für die Berechnung der Schnittpunkte benötigt

```
Public Sub New(ByVal circ As Circle, ByVal sl As StraightLine)

    ' Abstand zwischen Kreismittelpunkt und Gerade bestimmen
    Dim dist As Double = sl.Distance(circ.Center)

    ' Ist der Abstand größer als der Radius?
    If dist > circ.Radius Then

        ' Ja, kein Schnittpunkt vorhanden
        Status = IntersectionStatus.NoIntersection

    Else

        ' Berührt die Gerade den Kreis
        If Math.Abs(dist - circ.Radius) < 0.00000001 Then

            ' Ja, 1 Schnittpunkt vorhanden

            ' Zweite Gerade, die senkrecht zur ersten steht und
            ' durch den Mittelpunkt des Kreises geht, bestimmen
            Dim sl2 As New StraightLine(circ.Center, sl.Direction.Normal)
```

Listing 638: Schnitt Gerade – Kreis

```
    ' Schnittpunkt der Geraden ist Berührungspunkt mit dem Kreis
    Dim ii As New IntersectionInfo(sl, sl2)
    Status = IntersectionStatus.IntersectionExists

    ' Schnittpunkt speichern
    Intersection = ii.Intersection
    Intersectionlist.Add(Intersection)

  Else

    ' Gerade schneidet Kreis in zwei Punkten

    ' Geradengleichung in Kreisgleichung einsetzen
    ' und auflösen
    Dim n As Double = sl.Direction.X * sl.Direction.X + _
      sl.Direction.Y * sl.Direction.Y
    Dim ax As Double = sl.Anchor.X - circ.Center.X
    Dim ay As Double = sl.Anchor.Y - circ.Center.Y

    ' Quadratische Gleichung liefert zwei Ergebnisse
    Dim p As Double = (2 * sl.Direction.X * ax _
      + 2 * sl.Direction.Y * ay) / n
    Dim q As Double = _
      (ax * ax + ay * ay - circ.Radius * circ.Radius) / n

    Lambda1 = -p / 2 + Math.Sqrt(p * p / 4 - q)
    Lambda2 = -p / 2 - Math.Sqrt(p * p / 4 - q)

    ' Vektoren für die beiden Ergebnisse ermitteln
    Dim s1 As Vector = sl.VPoint(Lambda1)
    Dim s2 As Vector = sl.VPoint(Lambda2)

    ' Status und Werte speichern
    Status = IntersectionStatus.MultipleIntersections
    Intersection = s1
    Intersectionlist.Add(s1)
    Intersectionlist.Add(s2)
  End If
 End If

End Sub
```

Listing 638: Schnitt Gerade – Kreis (Forts.)

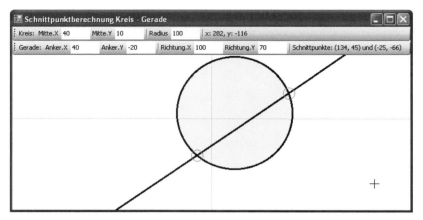

Abbildung 321: Die Gerade schneidet den Kreis in zwei Punkten

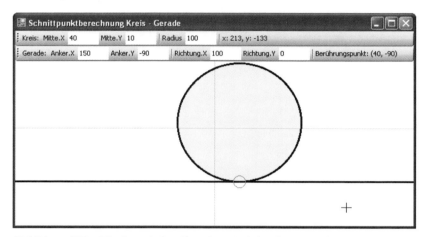

Abbildung 322: Die Gerade berührt den Kreis in einem Punkt

```
Public Class Mainwindow

    ' Kreis und Gerade
    Private C As Circle
    Private SL As StraightLine

    ' Schnittpunktinformationen
    Private IsInfo As IntersectionInfo

    …

    Private Sub MainWindow_Paint(…) Handles MyBase.Paint

        …
```

Listing 639: Anzeige der Schnittpunkte eines Kreises mit einer Geraden

```
' Kreis und Gerade zeichnen
Dim p As New Pen(Color.Black, 3)
Dim br As New SolidBrush(Color.FromArgb(100, Color.LightBlue))
C.Draw(e.Graphics, p, br)
SL.Draw(e.Graphics, p, br)
p.Dispose()
br.Dispose()

' Schnittpunkte zeichnen
For Each pt As Vector In IsInfo.Intersectionlist
  e.Graphics.DrawEllipse(Pens.Red, _
    CInt(pt.X) - 10, CInt(pt.Y) - 10, 20, 20)
Next

End Sub

Private Sub ComputeIntersection()

  IsInfo = New IntersectionInfo(C, SL)

  Select Case IsInfo.Status

    Case IntersectionInfo.IntersectionStatus.IntersectionExists
      LBLIntersectionInfo.Text = "Berührungspunkt: " & _
        IsInfo.Intersection.ToString("0")

    Case IntersectionInfo.IntersectionStatus. _
          MultipleIntersections
      LBLIntersectionInfo.Text = "Schnittpunkte: " & _
        IsInfo.Intersectionlist(0).ToString("0") & " und " & _
        IsInfo.Intersectionlist(1).ToString("0")

    Case IntersectionInfo.IntersectionStatus.NoIntersection
      LBLIntersectionInfo.Text = "Kein Schnittpunkt vorhanden"

    Case Else
      LBLIntersectionInfo.Text = IsInfo.Status.ToString()

  End Select
End Sub

...
End Class
```

Listing 639: Anzeige der Schnittpunkte eines Kreises mit einer Geraden (Forts.)

314   Schnitt eines Kreises und einer Strecke

Die beschriebenen Klassen sind Bestandteil der Klassenbibliothek `ScientificLib`. Sie finden sie dort im Namensraum `VBCodeBook.ScientificLib.Mathematics`.

Analog zur Berechnung der Schnittpunkte eines Kreises mit einer Geraden kann auch die Berechnung der Schnittpunkte eines Kreises mit einer abgeschlossenen Linie erfolgen. Die Vorgehensweise ist fast identisch, außer, dass wiederum überprüft werden muss, ob die gefundenen Schnittpunkte tatsächlich auf der Strecke liegen. Listing 640 zeigt die Implementierung der Berechnung, Abbildung 323 ein Anwendungsbeispiel.

```vbnet
Public Sub New(ByVal circ As Circle, ByVal li As Line)

  ' Gerade bestimmen
  Dim sl As New StraightLine(li)

  ' Abstand zwischen Kreismittelpunkt und Gerade
  Dim dist As Double = sl.Distance(circ.Center)

  ' Wenn Abstand größer ist als Radius, kein Schnittpunkt vorhanden
  If dist > circ.Radius Then
    Status = IntersectionStatus.NoIntersection
  Else
    ' Berührung in einem Punkt?
    If Math.Abs(dist - circ.Radius) < 0.00000001 Then
      ' Ja, Gerade senkrecht zur Gerade durch den Kreismittelpunkt
      Dim sl2 As New StraightLine(circ.Center, sl.Direction.Normal)

      ' Schnittpunkt mit vorgegebener Linie berechnen
      Dim ii As New IntersectionInfo(li, sl2)

      ' Ergebnis speichern
      Status = ii.Status
      If Status = IntersectionStatus.IntersectionExists Then
        Intersection = ii.Intersection
        If Intersection IsNot Nothing Then _
          Intersectionlist.Add(Intersection)
      End If

    Else
      ' 2 Schnittpunkte zwischen Gerade und Kreis

      ' Schnittpunkte berechnen wie bei Gerade - Kreis
      Dim n As Double = sl.Direction.X * sl.Direction.X _
        + sl.Direction.Y * sl.Direction.Y
      Dim ax As Double = sl.Anchor.X - circ.Center.X
      Dim ay As Double = sl.Anchor.Y - circ.Center.Y

      ' Quadratische Gleichung lösen
      Dim p As Double = (2 * sl.Direction.X * ax + _
        2 * sl.Direction.Y * ay) / n
```

Listing 640: Schnittpunktberechnung Kreis – Linie

```
    Dim q As Double = (ax * ax + ay * ay - circ.Radius * _
      circ.Radius) / n

    Lambda1 = -p / 2 + Math.Sqrt(p * p / 4 - q)
    Lambda2 = -p / 2 - Math.Sqrt(p * p / 4 - q)

    ' Prüfen, ob 1. Schnittpunkt auf der Strecke liegt
    If Lambda1 >= 0 And Lambda1 <= 1 Then
      Intersectionlist.Add(sl.VPoint(Lambda1))
    End If

    ' Prüfen, ob 2. Schnittpunkt auf der Strecke liegt
    If Lambda2 >= 0 And Lambda2 <= 1 Then
      Intersectionlist.Add(sl.VPoint(Lambda2))
    End If

    ' Zustand ermitteln und speichern
    Select Case Intersectionlist.Count
      Case 0
        Status = IntersectionStatus.NoIntersection
      Case 1
        Status = IntersectionStatus.IntersectionExists
        Intersection = Intersectionlist(0)
      Case 2
        Status = IntersectionStatus.MultipleIntersections
        Intersection = Intersectionlist(0)
    End Select
  End If
End If

End Sub
```

Listing 640: Schnittpunktberechnung Kreis – Linie (Forts.)

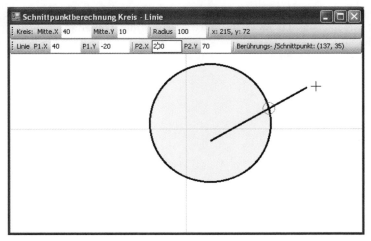

Abbildung 323: Schnittpunktberechnung eines Kreises mit einer Strecke

315   Geschlossene Polygone

> Die beschriebenen Klassen sind Bestandteil der Klassenbibliothek `ScientificLib`. Sie finden
> sie dort im Namensraum `VBCodeBook.ScientificLib.Mathematics`.

Ein geschlossenes Polygon setzt sich aus Strecken zusammen, die nahtlos aneinander
anschließen. Der Startpunkt der ersten Linie ist dabei identisch mit dem Endpunkt der letzten
Linie. Die einzelnen Linien dürfen sich auch überschneiden.

Repräsentiert wird ein geschlossenes Polygon mithilfe der Klasse `ClosedPolygon`, deren Basisgerüst in Listing 641 zu sehen ist. Nicht die Strecken werden gespeichert, sondern die Eckpunkte in Form eines Arrays von `Vector`-Objekts. Dem Konstruktor können wahlweise
beliebig viele `Vector`-Objekte als Parameter übergeben werden oder eine beliebige Auflistung
von Vektoren (z.B. `Array` oder `List (Of Vector)`). Nachfolgend drei verschiedene Varianten mit
demselben Ergebnis:

```
' Vektoren als Parameter
Dim CP1 As New ClosedPolygon( _
  New Vector(0, 0), _
  New Vector(100, 100), _
  New Vector(0, 100))

' Vektoren als Array
Dim points2() As Vector = {New Vector(0, 0), _
  New Vector(100, 100), New Vector(0, 100)}

Dim CP2 As New ClosedPolygon(points2)

' Vektoren in einer generischen Liste
Dim points3 As New List(Of Vector)
points3.Add(New Vector(0, 0))
points3.Add(New Vector(100, 100))
points3.Add(New Vector(0, 100))
Dim CP3 As New ClosedPolygon(points3)
```

Die Konstruktoren stellen sicher, dass der letzte Punkt der Vektorliste mit dem ersten übereinstimmt. Bei Bedarf wird eine Kopie des Anfangspunktes an die Liste angehängt. Die Methode
`GetLines` kann verwendet werden, um ein Array mit allen Strecken des Polygons abzurufen.
`IsPointOnLine` prüft für alle Strecken, ob sich ein vorgegebener Punkt auf dem Segment befindet, und gibt `True` zurück, wenn der Punkt auf wenigstens einem Segment liegt.

```
Public Class ClosedPolygon
  Implements IVectorizedObject

  ' Punkte als Array von Vektoren
  ' 1. Punkt = letzter Punkt
  Dim Points() As Vector

  ' Events für zusätzliche Zeichenoperationen
  Public Event BeforeLinesegmentDraw(ByVal sender As Object, _
    ByVal e As DrawLineEventArgs)
```

Listing 641: Grundgerüst der Klasse ClosedPolygon

```
Public Event AfterLinesegmentDraw(ByVal sender As Object, _
  ByVal e As DrawLineEventArgs)

' Konstruktor mit beliebig vielen Vektoren als Parameter
Public Sub New(ByVal ParamArray points() As Vector)

  ' Anzahl der Parameter
  Dim n As Integer = points.Length

  ' Prüfung, ob letzter Vektor = erster Vektor
  If points(0) <> points(n - 1) Then
    ' Nein, einen Punkt zusätzlich speichern
    ReDim Me.Points(n)
    points.CopyTo(Me.Points, 0)
    Me.Points(n) = points(0)
  Else
    ' Ja, Punkte übernehmen
    ReDim Me.Points(n - 1)
    points.CopyTo(Me.Points, 0)
  End If
End Sub

' Konstruktor für beliebige Vektorlisten
' Übergabe z.B. Vector() oder List (Of Vector)
Public Sub New(ByVal points As IList(Of Vector))

  ' Anzahl der Punkte
  Dim n As Integer = points.Count
  Dim i As Integer = 0

  ' Prüfung, ob letzter Vektor = erster Vektor
  If points(0) <> points(n - 1) Then
    ' Nein, einen Punkt zusätzlich speichern
    ReDim Me.Points(n)
    For Each point As Vector In points
      Me.Points(i) = point
      i += 1
    Next
    Me.Points(n) = points(0)

  Else
    ' Ja, Punkte übernehmen
    ReDim Me.Points(n - 1)
    For Each point As Vector In points
      Me.Points(i) = point
      i += 1
    Next
  End If

End Sub
```

Listing 641: Grundgerüst der Klasse ClosedPolygon (Forts.)

```
...

    ' Array mit sämtlichen Linien generieren
    Public Function GetLines() As Line()

      ' Array anlegen
      Dim lines(Points.Length - 2) As Line

      ' Werte kopieren
      For i As Integer = 0 To Points.Length - 2
        lines(i) = New Line(Points(i), Points(i + 1))
      Next

      Return lines

    End Function

    ' Verschieben des Polygons
    Public Sub TranslateTransform(ByVal delta As Vector) _
      Implements IVectorizedObject.Move

      ' Alle Punkte verschieben
      For i As Integer = 0 To Points.Length - 1
        Points(i) = Points(i) + delta
      Next
    End Sub

    Public Function IsPointOnLine(ByVal point As Vector) _
      As Boolean Implements IVectorizedObject.IsPointOnLine

      ' Alle Strecken überprüfen
      For Each li As Line In Me.GetLines
        ' Fertig, wenn eine Linie gefunden wurde, auf der der
        ' Punkt liegt
        If li.IsPointOnLine(point) Then Return True
      Next

      ' Punkt liegt nicht auf der Linie
      Return False

    End Function
End Class
```

Listing 641: Grundgerüst der Klasse ClosedPolygon (Forts.)

```
Public Class DrawLineEventArgs
    Inherits EventArgs

      ' Die zu zeichnende Linie
      Public ReadOnly LineToDraw As Line
```

Listing 642: EventArgs-Klasse mit Infos zum Verzieren von Linien

```
' Der Ausgabekontext
Public ReadOnly Graphics As System.Drawing.Graphics

' Konstruktor
Public Sub New(ByVal Graphics As System.Drawing.Graphics, _
  ByVal lineToDraw As Line)

    Me.Graphics = Graphics
    Me.LineToDraw = lineToDraw

End Sub

End Class
```

Listing 642: EventArgs-Klasse mit Infos zum Verzieren von Linien (Forts.)

Zeichnen des Polygons

Das Zeichnen des Umrisses des Polygons erfolgt einfach durch Zeichnen der Strecken. Die von GetLines angelegten Linien werden in einer Schleife der Reihe nach dargestellt (Listing 643). Für spätere Ergänzungen wird jeweils vor und nach dem Zeichnen einer Strecke das Event BeforeLinesegmentDraw bzw. AfterLinesegmentDraw ausgelöst. Jede einzelne Linie kann so zusätzlich dekoriert werden (siehe Rezept 323 Linien von Polygonzügen dekorieren). Beide Ereignisse verwenden einen Parameter vom Typ DrawLineEventArgs (Listing 642).

```
Public Sub Draw(ByVal g As System.Drawing.Graphics, _
  ByVal pen As System.Drawing.Pen) _
  Implements IVectorizedObject.Draw

  ' Für alle Linien
  For Each li As Line In Me.GetLines()

    ' Eventargss vorbereiten
    Dim e As New DrawLineEventArgs(g, li)

    ' Event vor dem Zeichnen
    RaiseEvent BeforeLinesegmentDraw(Me, e)

    ' Linie zeichnen
    li.Draw(g, pen)

    ' Event nach dem Zeichnen
    RaiseEvent AfterLinesegmentDraw(Me, e)

  Next

End Sub
```

Listing 643: Zeichnen des Polygonumrisses

Um das Innere eines Polygons zu füllen, wird die Graphics-Methode FillPolygon aufgerufen (Listing 644). Sie erwartet als Parameter ein Point-Array, das aus den Informationen des

Vector-Arrays gewonnen wird. Nach dem Zeichnen der Füllung wird der Umriss durch Aufruf der in Listing 643 beschriebenen Methode gezeichnet.

```
Public Sub Draw(ByVal g As System.Drawing.Graphics, _
    ByVal pen As System.Drawing.Pen, _
    ByVal brush As System.Drawing.Brush) _
    Implements IVectorizedObject.Draw

    ' Array von PointF-Strukturen anlegen
    Dim drawingpoints(Points.Length - 1) As System.Drawing.PointF

    ' Werte eintragen
    For i As Integer = 0 To Points.Length - 1
        drawingpoints(i) = Points(i).ToPointF()
    Next

    ' Polygonfüllung zeichnen
    g.FillPolygon(brush, drawingpoints)

    ' Umriss zeichnen
    Draw(g, pen)

End Sub
```

Listing 644: Füllung und Umriss des Polygons zeichnen

Befindet sich ein Punkt innerhalb des Polygons?

Die Implementierung von IsPointInsideObject gestaltet sich etwas schwieriger als bei einem Kreis. In der Literatur finden sich zwei Verfahren zur Lösung dieser Aufgabe. Relativ einfach geht es im ersten Ansatz mithilfe eines Strahls, der vom vorgegebenen Punkt in einer beliebigen Richtung ins Unendliche führt. Für diesen Strahl berechnet man sämtliche Schnittpunkte, die dieser mit den Strecken des Polygons besitzt. Ist die Anzahl der Schnittpunkte gerade, dann befindet sich der Punkt innerhalb des Polygons. Ist sie ungerade, liegt der Punkt außerhalb. Legt man einen solchen Strahl beispielsweise so an, dass er vom Ausgangspunkt horizontal nach rechts weist, gestaltet sich die Schnittpunktberechnung recht einfach.

Die Strahl-Methode versagt jedoch in einigen Fällen, nämlich dann, wenn beispielsweise eine Strecke auf dem Strahl liegt oder der Strahl exakt durch einen oder mehrere Eckpunkte des Polygons läuft. Zwar gibt es für diese Sonderfälle Ausweichstrategien, jedoch sind sie nur mit vielen Verzweigungen zu implementieren. In Situationen, in denen die Sonderfälle nicht auftreten können oder irrelevant sind (z.B. bei der Luftraumüberwachung bei der Flugnavigation), kann das Verfahren eingesetzt werden. In anderen Fällen ist die hier angewandte Methode der Winkelsummen vorteilhafter. Nähere Infos zu beiden Methoden finden Sie beispielsweise unter

http://rw7.de/ralf/inffaq/polygon.html

Bei dieser Methode wird für jede Strecke der Winkel berechnet, der von zwei Linien, die vom Ausgangspunkt zu Anfangs- und Endpunkt der Strecke führen, eingeschlossen wird. Die Winkel werden aufsummiert. Befindet sich der Ausgangspunkt innerhalb des Polygons, dann ist die Winkelsumme +360° oder -360°, je nach Drehrichtung der Polygonpunkte. Befindet sich der Ausgangspunkt außerhalb des Polygons, dann ist die Winkelsumme 0°. Die Implementierung der Winkelsummenberechnung sehen Sie in Listing 645.

```
Public Function IsPointInside(ByVal point As Vector) _
   As Boolean Implements IVectorizedObject.IsPointInsideObject

    ' Berechnung nach Winkelverfahren
    ' Gesamtwinkel
    Dim alphaTotal As Double = 0

    ' Für alle Strecken
    For i As Integer = 0 To Points.Length - 2
      ' Winkel berechnen und aufaddieren
      Dim v1 As Vector = Points(i) - point
      Dim v2 As Vector = Points(i + 1) - point
      alphaTotal += Math.Atan2(v2.Y * v1.X - v2.X * v1.Y, _
        v2.X * v1.X + v2.Y * v1.Y)

    Next

    ' Winkel ist 0, wenn Punkt außerhalb, sonst +- 2 * Pi
    Return Math.Abs(alphaTotal) > Math.PI

End Function
```

Listing 645: Prüfen, ob ein Punkt innerhalb des Polygons liegt

Abbildung 324 zeigt ein Anwendungsbeispiel für ein Polygon mit vier Eckpunkten, bei dem sich zwei Strecken überschneiden. Im MouseMove-Ereignis wird kontinuierlich überprüft, ob sich der Mauszeiger innerhalb oder außerhalb des Polygons befindet (Listing 646).

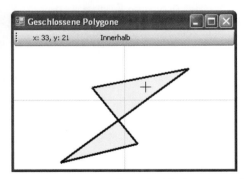

Abbildung 324: Prüfen, ob sich der Mauszeiger im Inneren des Polygons befindet

```
Public Class Mainwindow

    ' Strecke
    Private PL1 As ClosedPolygon

    ...

    Private Sub MainWindow_Paint(…) Handles MyBase.Paint
```

Listing 646: Anwendungsbeispiel für ClosedPolygon

```
…

' Polygon zeichnen
Dim p As New Pen(Color.Black, 3)
Dim br As New SolidBrush(Color.FromArgb(100, Color.LightBlue))
PL1.Draw(e.Graphics, p, br)
p.Dispose()
br.Dispose()

End Sub

Private Sub LBLDistance_MouseMove(…) Handles MyBase.MouseMove

  …

  If PL1.IsPointInside(New Vector(points(0))) Then
    LBLInsideOutside.Text = "Innerhalb"
  Else
    LBLInsideOutside.Text = "Außerhalb"
  End If

End Sub

Private Sub Mainwindow_Load(…) Handles MyBase.Load

  Dim points As New List(Of Vector)
  points.Add(New Vector(-50, 20))
  points.Add(New Vector(100, 50))
  points.Add(New Vector(-100, -100))
  points.Add(New Vector(20, -70))

  PL1 = New ClosedPolygon(points)

End Sub

End Class
```

Listing 646: Anwendungsbeispiel für ClosedPolygon (Forts.)

316 Annäherung eines Kreises durch ein Polygon

Die beschriebenen Klassen sind Bestandteil der Klassenbibliothek `ScientificLib`. Sie finden sie dort im Namensraum `VBCodeBook.ScientificLib.Mathematics`.

Ein zusätzlicher Konstruktor der Klasse `ClosedPolygon` erlaubt das Anlegen eines Polygons als Annäherung eines Kreises (Listing 647). Hierbei wird der Kreismittelpunkt als Vektor übergeben, gefolgt vom Radius und einer Angabe, aus wie vielen Segmenten das Polygon gebildet werden soll. Abbildung 325 zeigt ein Anwendungsbeispiel für die folgende `ClosedPolygon`-Definition:

```
PL1 = New ClosedPolygon(New Vector(20, -10), 60, 10)
```

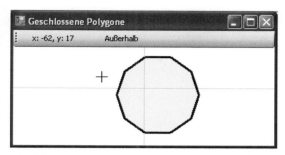

Abbildung 325: Kreisannäherung mit zehn Strecken

```
Public Sub New(ByVal center As Vector, ByVal radius As Double, _
  ByVal nPoints As Integer)

  ' Array mit nPoints + 1 Vektoren
  ReDim Me.Points(nPoints)

  ' Vektoren anlegen, 1. = letzter
  For i As Integer = 0 To nPoints
    Dim alpha As Double = Math.PI * 2 * i / nPoints
    Points(i) = New Vector(center.X + Math.Cos(alpha) * radius, _
      center.Y + Math.Sin(alpha) * radius)
  Next

End Sub
```

Listing 647: Ein Kreis kann durch ein Polygon angenähert werden

317 Schnittpunkte eines geschlossenen Polygons mit einer Geraden berechnen

Die beschriebenen Klassen sind Bestandteil der Klassenbibliothek ScientificLib. Sie finden sie dort im Namensraum VBCodeBook.ScientificLib.Mathematics.

Ein weiterer Konstruktor der Klasse IntersectionInfo ermöglicht die Berechnung von Schnittpunkten zwischen einem geschlossenen Polygon und einer Geraden (Listing 648). Hierzu wird die Liste aller Strecken durchlaufen und deren Schnittpunkte mit der Geraden berechnet. Die kombinierte Schnittpunktliste aller Schnittpunktberechnungen wird als Ergebnis über Intersectionlist zur Verfügung gestellt. Der Status ergibt sich aus der Anzahl der gefundenen Schnittpunkte.

```
Public Sub New(ByVal polygon As ClosedPolygon, _
  ByVal sl As StraightLine)

  ' Für alle Linien des Polygons
  For Each l As Line In polygon.GetLines()
    ' Schnitt der Linie mit der Geraden berechnen
```

Listing 648: Polygon und Gerade können viele Schnittpunkte haben

```
Dim ii As New IntersectionInfo(sl, l)

' Wenn Schnittpunkt existiert, der Liste hinzufügen
If ii.Status = IntersectionStatus.IntersectionExists Then
  Intersectionlist.Add(ii.Intersection)
End If

' Wenn Linie auf Gerade liegt, abbrechen
If ii.Status = IntersectionStatus.Infinite Then
  Status = IntersectionStatus.Infinite
  Return
End If

Next

' Schnittpunkt(e) gefunden?
' Status bestimmen
If Intersectionlist.Count > 0 Then
  Intersection = Intersectionlist(0)
  If Intersectionlist.Count = 1 Then
    Status = IntersectionStatus.IntersectionExists
  Else
    Status = IntersectionStatus.MultipleIntersections
  End If
Else
  Status = IntersectionStatus.NoIntersection
End If

End Sub
```

Listing 648: Polygon und Gerade können viele Schnittpunkte haben (Forts.)

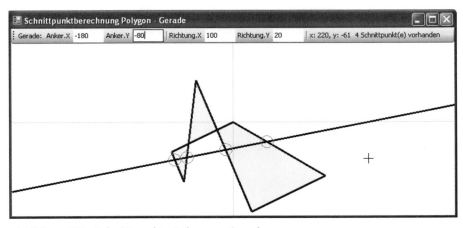

Abbildung 326: Schnittpunkte Polygon – Gerade

Abbildung 326 zeigt eine Beispielanwendung, bei der die Schnittpunkte einer einstellbaren Geraden mit einem Polygon, das mit

```
PL = New ClosedPolygon( _
New Vector(-100, -50), _
New Vector(0, 0), _
New Vector(150, -90), _
New Vector(30, -150), _
New Vector(-60, 70), _
New Vector(-80, -100))
```

aufgebaut ist, markiert werden.

318   Schnittpunkte eines Polygons mit einer Strecke

Die beschriebenen Klassen sind Bestandteil der Klassenbibliothek `ScientificLib`. Sie finden sie dort im Namensraum `VBCodeBook.ScientificLib.Mathematics`.

Nach gleichem Muster wie im vorangegangenen Beispiel werden die Schnittpunkte von einem Polygon und einer Strecke berechnet. Die Liste aller Strecken des Polygons wird durchlaufen und alle Schnittpunkte mit der vorgegebenen Linie ermittelt. Listing 649 zeigt die Implementierung als Konstruktor innerhalb der Klasse `IntersectionInfo`, Abbildung 327 das zugehörige Anwendungsbeispiel.

```
Public Sub New(ByVal polygon As ClosedPolygon, ByVal li As Line)

    ' Für alle Linien des Polygons
    For Each l As Line In polygon.GetLines()

        ' Schnittpunkt mit Linie berechnen
        Dim ii As New IntersectionInfo(li, l)

        ' Wenn gefunden, der Liste hinzufügen
        If ii.Status = IntersectionStatus.IntersectionExists Then
            Intersectionlist.Add(ii.Intersection)
        End If

        ' Wenn Linie auf Gerade liegt, abbrechen
        If ii.Status = IntersectionStatus.Infinite Then
            Status = IntersectionStatus.Infinite
            Return
        End If

    Next

    ' Status bestimmen
    If Intersectionlist.Count > 0 Then
        Intersection = Intersectionlist(0)
        If Intersectionlist.Count = 1 Then
            Status = IntersectionStatus.IntersectionExists
        Else
            Status = IntersectionStatus.MultipleIntersections
        End If
```

Listing 649: Schnittpunktberechnung Polygon – Linie

```
    Else
      Status = IntersectionStatus.NoIntersection
    End If

  End Sub
```

Listing 649: Schnittpunktberechnung Polygon – Linie (Forts.)

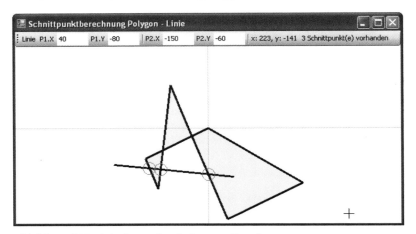

Abbildung 327: Schnittpunkte Polygon – Strecke

319   Schnittpunkte eines Polygons mit einem Kreis

Die beschriebenen Klassen sind Bestandteil der Klassenbibliothek ScientificLib. Sie finden sie dort im Namensraum VBCodeBook.ScientificLib.Mathematics.

Auch hierzu wird die Klasse IntersectionInfo um einen weiteren Konstruktor ergänzt (Listing 650). Für alle Strecken des Polygons werden die Schnittpunkte mit dem vorgegebenen Kreis mit den bereits vorgestellten Verfahren berechnet. Die Liste aller gefundenen Schnittpunkte wird wiederum über Intersectionlist bereitgestellt. Abbildung 328 zeigt ein Implementierungsbeispiel.

```
Public Sub New(ByVal circ As Circle, _
  ByVal polygon As ClosedPolygon)

  ' Für alle Linien im Polygon
  For Each li As Line In polygon.GetLines()
    ' Schnittpunkte mit Kreis berechnen
    Dim ii As New IntersectionInfo(circ, li)
    ' und der Auflistung hinzufügen
    Intersectionlist.AddRange(ii.Intersectionlist)
  Next

  ' Zustand ermitteln und speichern
```

Listing 650: Schnittpunktberechnung für Polygon und Kreis

```
Select Case Intersectionlist.Count
  Case 0
    Status = IntersectionStatus.NoIntersection
  Case 1
    Status = IntersectionStatus.IntersectionExists
    Intersection = Intersectionlist(0)
  Case 2
    Status = IntersectionStatus.MultipleIntersections
    Intersection = Intersectionlist(0)
End Select

End Sub
```

Listing 650: Schnittpunktberechnung für Polygon und Kreis (Forts.)

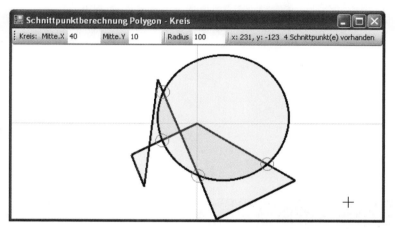

Abbildung 328: Auch die Schnittpunkte eines Kreises und eines Polygons lassen sich berechnen

320 Schnittpunkte zweier Polygone

Die beschriebenen Klassen sind Bestandteil der Klassenbibliothek `ScientificLib`. Sie finden sie dort im Namensraum `VBCodeBook.ScientificLib.Mathematics`.

Die letzte Variante der Schnittpunktberechnungen betrifft die Schnittpunkte zweier Polygone. Nach bekanntem Muster, hier aber mit zwei ineinander geschachtelten Schleifen, werden die Schnittpunkte aller Strecken ermittelt. Hierbei werden für jede Linie des ersten Polygons die Schnittpunkte mit allen Linien des zweiten Polygons berechnet (Listing 651). Abbildung 329 zeigt das entsprechende Anwendungsbeispiel.

```
Public Sub New(ByVal polygon1 As ClosedPolygon, ByVal polygon2 As ClosedPolygon)

  ' Für alle Linien des Polygons
  For Each l1 As Line In polygon1.GetLines()
    For Each l2 As Line In polygon2.GetLines()
```

Listing 651: Beim Schnitt zweier Polygone müssen n x m Linienschnitte überprüft werden

```
    ' Schnittpunkt mit Linie berechnen
    Dim ii As New IntersectionInfo(l1, l2)

    ' Wenn gefunden, der Liste hinzufügen
    If ii.Status = IntersectionStatus.IntersectionExists Then
      Intersectionlist.Add(ii.Intersection)
    End If

  Next

Next

' Status bestimmen
If Intersectionlist.Count > 0 Then
  Intersection = Intersectionlist(0)
  If Intersectionlist.Count = 1 Then
    Status = IntersectionStatus.IntersectionExists
  Else
    Status = IntersectionStatus.MultipleIntersections
  End If
Else
  Status = IntersectionStatus.NoIntersection
End If

End Sub
```

Listing 651: Beim Schnitt zweier Polygone müssen n x m Linienschnitte überprüft werden (Forts.)

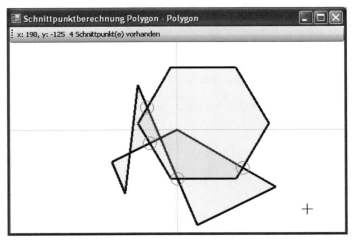

Abbildung 329: Reine Fleißarbeit: Schnitt zweier Polygone

321 Formen per Vektorrechnung generieren

> Die beschriebenen Klassen sind Bestandteil der Klassenbibliothek `ScientificLib`. Sie finden
> sie dort im Namensraum `VBCodeBook.ScientificLib.Mathematics`.

Mithilfe der beschriebenen Vektoroperationen lassen sich auch komplexere Figuren relativ
einfach aus einzelnen Linien konstruieren und zu einem Polygon zusammensetzen. Als Beispiel dient ein füllbarer Pfeil, dessen Position und Länge durch einen Start- und einen Endpunkt im Koordinatensystem definiert wird (Abbildung 330). Drei skalare Parameter (`L1-L3`)
beschreiben die Abmessungen der Spitze und die Breite des Pfeils.

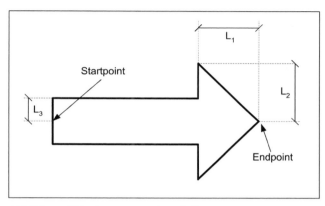

Abbildung 330: Parameter des Pfeils

Zur Realisierung einer derartigen Form reicht es aus, eine neue Klasse (hier `Arrow`, Listing 652) von
`ClosedPolygon` abzuleiten. Der Konstruktor ruft eine statische Methode auf, die aus den beiden
Vektoren für Start- und Endpunkt und den Parametern alle Eckpunkte des Polygons berechnet.

```vb
Public Class Arrow
  Inherits ClosedPolygon

  Public ReadOnly L1, L2, L3 As Double
  Public ReadOnly Startpoint, Endpoint As Vector

  ''' <summary>
  ''' Initialisierung eines Polygonzuges für einen Pfeil
  ''' </summary>
  ''' <param name="startpoint">Startpunkt des Pfeils</param>
  ''' <param name="endpoint">Endpunkt des Pfeils</param>
  ''' <param name="l1">Länge der Pfeilspitze</param>
  ''' <param name="l2">Breite der Pfeilspitze</param>
  ''' <param name="l3">Breite des Schaftes</param>
  ''' <remarks></remarks>
  Public Sub New( _
    ByVal startpoint As Vector, _
    ByVal endpoint As Vector, _
    ByVal l1 As Double, _
```

Listing 652: Aus wenigen Parametern lassen sich Pfeile konstruieren

```
        ByVal l2 As Double, _
        ByVal l3 As Double)

        ' Polygon initialisieren
        MyBase.New(CreatePoints(startpoint, endpoint, l1, l2, l3))

        ' Parameter speichern
        Me.L1 = l1
        Me.L2 = l2
        Me.L3 = l3
        Me.Startpoint = startpoint
        Me.Endpoint = endpoint

    End Sub

    Private Shared Function CreatePoints( _
        ByVal startpoint As Vector, ByVal endpoint As Vector, _
        ByVal l1 As Double, ByVal l2 As Double, ByVal l3 As Double) _
        As List(Of Vector)

        ' Punktliste anlegen
        Dim points As New List(Of Vector)

        ' Richtungsvektor in Pfeilrichtung
        Dim dv As Vector = (endpoint - startpoint).Direction

        ' Normalenvektor hierzu
        Dim nv As Vector = (endpoint - startpoint).Normal

        ' 1. Punkt = Pfeilspitze
        points.Add(endpoint)

        ' 2. Punkt = 1. Seite der Pfeilspitze
        Dim v As Vector = endpoint - dv * l1 + nv * l2
        points.Add(v)

        ' 3. Punkt = Übergang Spitze - Schaft
        v = v - nv * (l2 - l3)
        points.Add(v)

        ' 4. Punkt = Anfang des Schaftes
        v = startpoint + nv * l3
        points.Add(v)

        ' Nachfolgend die drei Punkte auf der anderen Seite
        v -= nv * l3 * 2
        points.Add(v)
        v = endpoint - dv * l1 - nv * l3
        points.Add(v)
        v = v - nv * (l2 - l3)
        points.Add(v)
```

Listing 652: Aus wenigen Parametern lassen sich Pfeile konstruieren (Forts.)

```
    ' Fertig. Das Polygon wird automatisch geschlossen.
    Return points

  End Function

End Class
```

Listing 652: Aus wenigen Parametern lassen sich Pfeile konstruieren (Forts.)

Die Pfeile lassen sich zeichnen, wie die weiter oben beschriebenen Polyngone. Verändert man die Parameter für die Spitzen nicht, erhält man Pfeile, die unterschiedliche Längen aufweisen können, deren Spitzen aber immer gleich aussehen (Abbildung 331). Aber auch unterschiedliche Spitzen lassen sich durch Variation der Parameter leicht generieren.

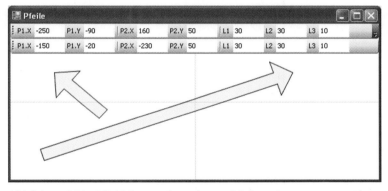

Abbildung 331: Mit Vektoren berechnete Pfeile

322 Pfeile mit Verlauf zeichnen

Die beschriebenen Klassen sind Bestandteil der Klassenbibliothek ScientificLib. Sie finden sie dort im Namensraum VBCodeBook.ScientificLib.Mathematics.

Um einen Pfeil mit einem Verlauf füllen zu können, dessen Gradient vom Pfeilbeginn ausgeht und an der Pfeilspitze endet, benötigt man eine Instanz der Klasse LinearGradientBrush, die speziell auf die Abmessungen des Pfeils zugeschnitten ist. Sie muss für jeden Pfeil neu berechnet werden. Daher bietet es sich an, die Berechnung in der Klasse Arrow vorzunehmen.

Listing 653 zeigt eine Überladung der Methode Draw, die als Parameter Anfangs- und Endfarbe für den Verlauf entgegennimmt. Mithilfe des Richtungsvektors werden die Endpunkte für das Brush-Objekt berechnet, wobei es in jeder Richtung um zwei Pixel über die Abmessungen des Pfeils hinausgeht. Dadurch wird verhindert, dass bei Rundungsfehlern beispielsweise die Endfarbe am Pfeilbeginn wiederholt wird.

```
Public Overloads Sub Draw( _
  ByVal g As Graphics, _
  ByVal startColor As Color, _
```

Listing 653: Zeichnen eine Pfeils mit Verlaufsmuster

```
  ByVal endColor As Color)

  ' Richtungsvektor berechnen
  Dim dv As Vector = (Me.Endpoint - Me.Startpoint).Direction

  ' Gradientbrush etwas größer als Abmessungen des Pfeils wählen
  Dim br As New LinearGradientBrush( _
    (Me.Startpoint - dv * 2).ToPointF(), _
    (Me.Endpoint + dv * 2).ToPointF(), _
    startColor, endColor)

  ' Pfeil ohne Umriss zeichnen
  Me.Draw(g, Pens.Transparent, br)

  br.Dispose()

End Sub
```

Listing 653: Zeichnen eine Pfeils mit Verlaufsmuster (Forts.)

Der Aufruf der Methode erfolgt in der Beispielanwendung (Abbildung 332) innerhalb des Paint-EventHandlers, ohne Vorgabe eines Pen- oder Brush-Objektes:

```
' Pfeile zeichnen
Dim startcolor As Color = Color.FromArgb(50, Color.White)
Dim endcolor As Color = Color.FromArgb(250, Color.Black)
A.Draw(e.Graphics, startcolor, endcolor)
A2.Draw(e.Graphics, startcolor, endcolor)
```

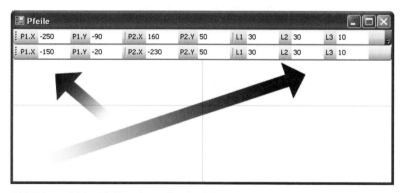

Abbildung 332: Pfeile mit Verlauf zeichnen

323 Linien von Polygonzügen dekorieren

Die beschriebenen Klassen sind Bestandteil der Klassenbibliothek `ScientificLib`. Sie finden sie dort im Namensraum `VBCodeBook.ScientificLib.Mathematics`.

In 315 Geschlossene Polygone wurden bereits Vorkehrungen getroffen, jede Linie eines Polygonzugs durch zusätzliche Zeichenoperationen zu verzieren. Hierfür wurden die Ereignisse `Before-LinesegmentDraw` und `AfterLinesegmentDraw` eingerichtet. Ersteres wird ausgelöst, bevor eine Linie gezeichnet wird, Letzteres danach. Möchte man beispielsweise Pfeile über die Linien des Polygonzugs malen, kann dies im AfterLinesegmentDraw-EventHandler vorgenommen werden.

Eine Beispielanwendung zeigt die Vorgehensweise. Wie in Abbildung 333 dargestellt, werden zwei Polygone gezeichnet. Die Linien des linken werden mit Pfeilen, die des rechten mit Kreisen dekoriert. In Listing 654 sind die wesentlichen Elemente zur Definition und zum Zeichnen des Polygons zu sehen. Für beide Polygone wird je ein EventHandler (AfterLinesegmentDrawL1 und AfterLinesegmentDrawL2) angebunden.

```
Public Class Mainwindow

    ' Strecke
    Private PL1 As ClosedPolygon
    Private PL2 As ClosedPolygon

    …
    Private Sub MainWindow_Paint(…) Handles MyBase.Paint

        If PL1 Is Nothing Then Exit Sub
        If PL2 Is Nothing Then Exit Sub

        …

        ' Polygon zeichnen
        Dim p As New Pen(Color.Black, 3)
        Dim br As New SolidBrush(Color.FromArgb(100, Color.LightBlue))
        PL1.Draw(e.Graphics, p, br)
        PL2.Draw(e.Graphics, p, br)
        p.Dispose()
        br.Dispose()

    End Sub

    Private Sub Mainwindow_Load(…) Handles MyBase.Load

        ' Polygon 1 konstruieren
        Dim points As New List(Of Vector)
        points.Add(New Vector(-50, 20))
        points.Add(New Vector(70, 100))
        points.Add(New Vector(150, 100))
        points.Add(New Vector(-100, -100))
        points.Add(New Vector(10, -35))

        PL1 = New ClosedPolygon(points)
        PL1.TranslateTransform(New Vector(-200, -10))

        ' Polygon 2 konstruieren
        PL2 = New ClosedPolygon(New Vector(100, 0), 100, 7)

        ' EventHandler anbinden
        AddHandler PL1.AfterLinesegmentDraw, _
```

Listing 654: Vorbereitungen zum Zeichnen dekorierter Polygonzüge

```
        AddressOf AfterLinesegmentDrawL1
    AddHandler PL2.AfterLinesegmentDraw, _
        AddressOf AfterLinesegmentDrawL2

End Sub

...

End Class
```

Listing 654: Vorbereitungen zum Zeichnen dekorierter Polygonzüge (Forts.)

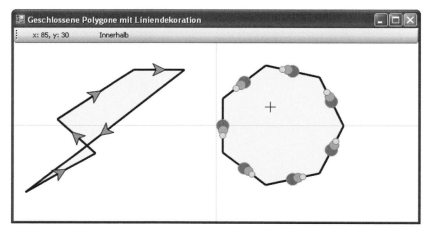

Abbildung 333: Dekorieren von Polygonzügen

Zum Zeichnen von Pfeilen auf den Strecken werden zunächst einige Hilfsgrößen berechnet (Listing 655). Hierzu zählen Richtungs- und Normalenvektor sowie die Länge der Linie. Aus diesen Informationen wird der Mittelpunkt berechnet, der als Ausgangspunkt für die Position des Pfeils benötigt wird. Mithilfe des Richtungsvektors erfolgt eine relative Positionierung in Richtung der Linie, mithilfe des Normalenvektors senkrecht hierzu. Durch wenige Vektoroperationen lassen sich die benötigten Punkte des Pfeils ermitteln. Aus ihnen wird ein Closed-Polygon-Objekt konstruiert und abschließend gezeichnet.

```
Private Sub AfterLinesegmentDrawL1(ByVal sender As Object, _
    ByVal e As DrawLineEventArgs)

    ' Richtungsvektor
    Dim dv As Vector = _
        (e.LineToDraw.Point2 - e.LineToDraw.Point1).Direction

    ' Länge
    Dim length As Double = _
        (e.LineToDraw.Point2 - e.LineToDraw.Point1).Abs

    ' Normalenvektor
```

Listing 655: Dekorieren eines Polygons mit Richtungspfeilen

```
Dim nv As Vector = _
  (e.LineToDraw.Point2 - e.LineToDraw.Point1).Normal

' Mittelpunkt der Strecke
Dim center As Vector = e.LineToDraw.Point1 + length / 2 * dv

' Punktliste anlegen
Dim points As New List(Of Vector)

points.Add(center + dv * 10)
points.Add(center - dv * 10 + nv * 10)
points.Add(center - dv * 5)
points.Add(center - dv * 10 - nv * 10)

' Geschlossenes Polygon daraus konstruieren
Dim arrow As New ClosedPolygon(points)

' Polygon zeichnen
arrow.Draw(e.Graphics, Pens.Black, Brushes.OrangeRed)

End Sub
```

Listing 655: Dekorieren eines Polygons mit Richtungspfeilen (Forts.)

Nicht nur Polygonzüge in Form von Pfeilen lassen sich auf die Strecken zeichnen. Prinzipiell können Sie beliebige Grafikoperationen einsetzen. Ein weiteres Beispiel zeigt Listing 656. Hier werden auf jede Strecke drei Kreise unterschiedlicher Größe gezeichnet (rechtes Polygon in Abbildung 333). Wieder werden zunächst einige allgemein benötigte Größen berechnet. Die Mittelpunkte der Kreise liegen nebeneinander auf der Linie.

```
Private Sub AfterLinesegmentDrawL2(ByVal sender As Object, _
  ByVal e As DrawLineEventArgs)

  ' Richtungsvektor
  Dim dv As Vector = _
    (e.LineToDraw.Point2 - e.LineToDraw.Point1).Direction

  ' Länge
  Dim length As Double = _
    (e.LineToDraw.Point2 - e.LineToDraw.Point1).Abs

  ' Mittelpunkt der Strecke
  Dim center As Vector = e.LineToDraw.Point1 + length / 2 * dv

  ' Großen Kreis berechnen und zeichnen
  Dim width As Integer = 20
  Dim r As New Rectangle(CInt(center.X) - width \ 2, _
    CInt(center.Y) - width \ 2, width, width)

  e.Graphics.FillEllipse(New SolidBrush(Color.Gray), r)
  e.Graphics.DrawEllipse(Pens.DarkGray, r)
```

Listing 656: Dekorieren eines geschlossenen Polygons mit drei kleinen Kreisen

```
' Mittleren Kreis berechnen und zeichnen
width = 15
center += dv * 8
r = New Rectangle(CInt(center.X) - width \ 2, _
  CInt(center.Y) - width \ 2, width, width)

e.Graphics.FillEllipse(New SolidBrush(Color.DarkGray), r)
e.Graphics.DrawEllipse(Pens.Gray, r)

' Kleinen Kreis berechnen und zeichnen
width = 10
center += dv * 8
r = New Rectangle(CInt(center.X) - width \ 2, _
  CInt(center.Y) - width \ 2, width, width)

e.Graphics.FillEllipse(New SolidBrush(Color.LightGray), r)
e.Graphics.DrawEllipse(Pens.Gray, r)

End Sub
```

Listing 656: Dekorieren eines geschlossenen Polygons mit drei kleinen Kreisen (Forts.)

324 Skalierung für Diagramme berechnen

Die beschriebene Klasse ist Bestandteil der Klassenbibliothek `ScientificLib`. Sie finden sie dort im Namensraum `VBCodeBook.ScientificLib.PhysicalMeasurement`.

Sollen Messwerte oder errechnete Größen in Diagrammen dargestellt werden, müssen die Achsen des Koordinatensystems mit Zahlenwerten und ggf. Einheiten beschriftet werden. Selten können dabei die Einteilungen vorab festgelegt werden, da die benötigten Informationen für die Skalierung oft erst zur Laufzeit zur Verfügung stehen und sich dynamisch ändern können.

Als Anwendungsbeispiel sei das im nächsten Rezept vorgestellte f(t)-Diagramm genannt. Für eine auswählbare Datenquelle wird ermittelt, mit welcher physikalischen Einheit die Daten dargestellt werden sollen und an Hand dieser Daten die Skalierung der Y-Achse vorgenommen.

Bei der Einteilung des Bereiches verwendet man üblicherweise glatte Zahlen. Aufgabe der Berechnungsmethode ist es daher, einen Bereich zu ermitteln, der in eine überschaubare Menge glatter Zahlen unterteilt werden kann. Zusätzlich muss das Zahlenformat bestimmt werden, damit nicht unnötig Nachkommastellen dargestellt werden.

Die wesentlichen Rückgabeinformationen einer solchen Berechnung bestehen aus dem Intervall und dem untersten Skalenwert. Es bietet sich daher an, Werte und Berechnung in einer Klasse zu verpacken. Listing 657 zeigt die Implementierung der Klasse `ScaleInfo`, die die Berechnungen ausführt.

`ScaleInfo` selbst verwendet nicht die `Measurement`-Klassen, so dass die Klasse auch in anderen Applikationen, die nur mit Zahlenwerten arbeiten, eingesetzt werden kann. Im Konstruktor werden alle benötigten Informationen übergeben. Da intern eine Instanz von `DoubleComparer` (siehe 284, Gleitkommazahlen vergleichen) für Zahlenvergleiche benötigt wird, ist der Konstruktor überladen worden, so dass wahlweise ein vorhandener Vergleicher übergeben werden kann oder automatisch ein neuer angelegt wird.

Die Berechnung erfolgt in mehreren Schritten:

1. Nach Ermittlung des Bereiches wird die Dekade mithilfe des Zehnerlogarithmus bestimmt. Sie ist maßgeblich für die Anzahl der darzustellenden Stellen.

2. Bei glatten Zehnerpotenzen liefert der Logarithmus bereits die nächste Dekade. Da aber beispielsweise 100 in der gleichen Dekade liegen soll wie 99 und 11, wird dieser Fall gesondert berücksichtigt.

3. Die Aufteilung in Unterbereiche ist abhängig davon, wie groß der belegte Wertebereich innerhalb der ermittelten Dekade ist. Anhand der Abweichung von der Dekade werden die folgenden Bereiche festgelegt:

   1. 0 < Abweichung <= 2

      Die Aufteilung erfolgt in Schritten von 20% der Dekade, also z.B.
      -4 • -2 • 0 • 2 • 4

   2. 2 < Abweichung <= 5

      Die Aufteilung erfolgt in Schritten von 50% der Dekade, also z.B.
      -150 • -100 • -50 • 0 • 50 • 100 • 150

   3. Ansonsten in Schritten der Dekade, also z.B. -4 • -3 • -2 • -1 • 0 • 1 • 2 • 3 • 4 • 5

4. Nach Festlegung des Intervalls wird der Wert der kleinsten Skalierung berechnet. Ausgehend von diesem Wert muss in einem Diagramm die Skala aufgebaut werden.

5. Zuletzt wird das Zahlenformat ermittelt. Hier ist insbesondere die Bestimmung der Nachkommastellen von Bedeutung.

> **Hinweis**
>
> Der unterste Skalenwert muss nicht zwangsläufig das Minimum des Wertebereiches und somit die kleinste Koordinate sein. Wenn der Wertebereich mit einer »krummen« Zahl beginnt, wird der unterste Skalenwert größer sein.

```
Public Class ScaleInfo

    ' Unterster Skalenwert
    Public ScaleStart As Double

    ' Intervall der Skalierung
    Public ScaleInterval As Double

    ' Zahlenformat für Skalenwerte
    Public FormatString As String

    ' Vergleicher für Double
    Public Comparer As DoubleComparer

    ' Wertebereich
    Public Range As Double
```

Listing 657: Berechnung der Skalenwerte für Diagramme

```vbnet
' Konstruktor, der selbst eine Instanz von DoubleComparer anlegt
Public Sub New(ByVal min As Double, ByVal max As Double, _
   ByVal unit As String)

   ' Comparer anlegen und anderen Konstruktor aufrufen
   MyClass.New(min, max, unit, _
      New DoubleComparer((max - min) / 10000000000.0))

End Sub

' Hier erfolgt die Berechnung
Public Sub New(ByVal min As Double, ByVal max As Double, _
   ByVal unit As String, ByVal comparer As DoubleComparer)

   Me.Comparer = comparer

   ' Der gesamte Bereich
   Me.Range = max - min
   Debug.Assert(Me.Range > 0)

   ' Dekade und Teilbereich innerhalb der Dekade feststellen
   Dim z As Double = Math.Log10(Range)
   Dim iDecade As Double = Math.Floor(z)

   ' Sonderfall: glatte Zehnerpotenz berücksichtigen
   ' Z.B. 100 wird behandelt wie 99
   If (comparer.IsEqual(iDecade, z)) Then iDecade -= 1

   ' Dekade als glatte Zehnerpotenz
   Dim Decade As Double = 10 ^ iDecade

   ' Abweichung von der Dekade
   z = 10 ^ (z - iDecade)

   ' Teilung bestimmen
   If z > 0 And z <= 2 Then
      ScaleInterval = 0.2 * Decade
   ElseIf z > 2 And z <= 5 Then
      ScaleInterval = 0.5 * Decade
   Else
      ScaleInterval = 1 * Decade
   End If

   ' Unterste Skalierung berechnen
   If comparer.IsEqual(Math.Floor(min / ScaleInterval) * _
      ScaleInterval, min) Then

      ScaleStart = min
   Else
      ScaleStart = (Math.Floor(min / ScaleInterval) + 1) * _
         ScaleInterval
```

Listing 657: Berechnung der Skalenwerte für Diagramme (Forts.)

```
      End If

      ' Zahlenformat bestimmen (insbesondere für Nachkommastellen)
      Dim frmt As String
      Dim offs As Double
      If z >= 5 Then
          offs = 0
      Else
          offs = 1
      End If

      If iDecade < 0 Then
          frmt = "0." & New String("0"c, CInt(-iDecade + offs))
      ElseIf comparer.IsZeroe(iDecade) Then
          If z >= 5 Then
              frmt = "0"
          Else
              frmt = "0.0"
          End If
      Else
          frmt = "0"
      End If

      ' Einheit anhängen
      FormatString = "{0:" & frmt & "} " & unit

   End Sub
End Class
```

Listing 657: Berechnung der Skalenwerte für Diagramme (Forts.)

Eine Beispielanwendung, mit der das Verhalten der Skalenberechnungen ausprobiert werden kann, nutzt die vorgestellte Klasse. Minimum und Maximum des Wertebereichs können über NumericUpDown-Controls vorgegeben werden. Bei Änderung der Werte wird die Methode ShowScale aufgerufen (Listing 658). Sie berechnet die Skalierung und trägt die Skalenwerte in eine ListBox ein (Abbildung 334). Praktische Anwendung findet die Klasse ScaleInfo in den nachfolgenden Rezepten zur grafischen Darstellung von Messwerten.

```
Private Sub ShowScale()
   Dim min As Double = CDbl(NUDMin.Value)
   Dim max As Double = CDbl(NUDMax.Value)

   If max <= min Then Exit Sub

   Dim SI As New ScaleInfo(min, max, "")
   Dim s As Double = SI.ScaleStart

   LBSkalWerte.Items.Clear()

   Do While SI.Comparer.IsLessOrEqual(s, max)
```

Listing 658: Skalenberechnung im Demo-Programm

```
    LBSkalWerte.Items.Add(String.Format(SI.FormatString, s))
    s += SI.ScaleInterval
  Loop

End Sub
```

Listing 658: Skalenberechnung im Demo-Programm (Forts.)

Abbildung 334: Berechnen von Skalenwerten zu einem vorgegebenen Wertebereich

325 Schnittstelle für Datenquellen mit typsicheren physikalischen Werten

> Das beschriebene Interface ist Bestandteil der Klassenbibliothek ScientificLib. Sie finden es
> dort im Namensraum VBCodeBook.ScientificLib.PhysicalMeasurement.

Oft werden physikalische Werte in Tabellen- oder Diagrammform dargestellt. Um Diagramme
und Tabellen leichter und unabhängig von den tatsächlichen Daten erstellen zu können bietet es
sich an, eine virtuelle Datenquelle zu definieren. Eine Schnittstelle legt die benötigten Funktionen fest, die implementiert werden müssen. Die in Listing 659 gezeigte Schnittstelle IDataProvider definiert die benötigten Funktionen, um z.B. Diagramme zeichnen zu können, die für einen
vorgegebenen Wert x einen eindeutigen Funktionswert y (y = f(x)) in Kurvenform darstellen.

```
Public Interface IDataProvider
  ' Lesen eines Wertes y=f(x)
  Function GetValue(ByVal x As MeasurementBase) As MeasurementBase

  ' Einheitenliste des (unabhängigen) x-Wertes
  ReadOnly Property UnitsX() As MeasurementUnit()

  ' Einheitenliste des (abhängigen) y-Wertes
  ReadOnly Property UnitsY() As MeasurementUnit()

  ' Bezeichnung der Datenquelle
```

Listing 659: Schnittstelle für Datenquellen zur Verwendung in Diagrammen

```
    ReadOnly Property Name() As String

  End Interface
```

Listing 659: Schnittstelle für Datenquellen zur Verwendung in Diagrammen (Forts.)

Die Eigenschaften `UnitsX` und `UnitsY` geben jeweils ein Array der zulässigen `MeasurementUnit`-Objekte zurück, die die Einheiten der unabhängigen Größe (x) bzw. der abhängigen Größe (y) widerspiegeln.

`GetValue` liefert für einen vorgegebenen x-Wert den zugehörigen y-Wert, `Name` die Bezeichnung der Datenquelle.

Als Beispiel für eine Klasse, die diese Schnittstelle implementiert, dient die in Listing 660 dargestellte Klasse `SinusSample`. Sie definiert eine einfache Sinus-Funktion. Die unabhängige Größe wie auch die abhängige Größe haben frei wählbare Typen.

```
Public Class SinusSample
  Implements IDataProvider

  ' y(t) = Amplitude * sin(2 * Pi * Frequency * t) + Offset
  ' Parameter zur Berechnung der Sinusfunktion
  Private Frequency As Double = 1
  Private Amplitude As MeasurementBase
  Private Offset As MeasurementBase
  Private pName As String

  ' Einheiten für X und Y
  Private allUnitsX() As MeasurementUnit
  Private allUnitsY() As MeasurementUnit

  Public Sub New(ByVal name As String, _
    ByVal frequency As Double, _
    ByVal amplitude As MeasurementBase, _
    ByVal offset As MeasurementBase, _
    ByVal unitsY() As MeasurementUnit)

    Me.pName = name
    Me.Frequency = frequency
    Me.Amplitude = amplitude
    Me.Offset = offset
    allUnitsX = Time.GetUnits()
    allUnitsY = UnitsY
  End Sub

  Public Function GetValue(ByVal x As _
    MeasurementBase) As MeasurementBase _
    Implements IDataProvider.GetValue

    ' Neue Instanz durch Klonen erzeugen
    Dim v As MeasurementBase = DirectCast(Amplitude.Clone(), _
```

Listing 660: Beispiel-Implementierung von IDataProvider

```
      MeasurementBase)

    ' Wert berechnen (hier Sinusfunktion)
    v.ValueSI = Math.Sin(x.ValueSI * 2 * Math.PI * Frequency) * _
        Amplitude.ValueSI + Offset.ValueSI

    Return v

End Function

Public ReadOnly Property Name() As String Implements _
    VBCodeBook.ScientificLib.PhysicalMeasurement.IDataProvider.Name
    Get
        Return pName
    End Get
End Property

Public ReadOnly Property UnitsX() As _
    VBCodeBook.ScientificLib.PhysicalMeasurement.MeasurementUnit() _
    Implements _
    VBCodeBook.ScientificLib.PhysicalMeasurement. _
    IDataProvider.UnitsX
    Get
        Return allUnitsX
    End Get
End Property

Public ReadOnly Property UnitsY() As _
    VBCodeBook.ScientificLib.PhysicalMeasurement.MeasurementUnit() _
    Implements _
    VBCodeBook.ScientificLib.PhysicalMeasurement. _
    IDataProvider.UnitsY
    Get
        Return allUnitsY
    End Get
End Property

End Class
```

Listing 660: Beispiel-Implementierung von IDataProvider (Forts.)

Eine Instanzierung nach folgendem Muster wird in den nachfolgenden Tipps als Datenquelle für Diagramme verwendet:

```
Dim ssmp As SinusSample
' Sinusfunktion vom Typ Linear (s(t))
ssmp = New SinusSample("Distanz(t)", 0.1, Linear.Create(4), _
  Linear.Create(0), Linear.GetUnits())
```

Diese Datenquelle dient nur Demonstrationszwecken. In der Realität werden Sie eine Klasse konstruieren, die z.B. Werte aus einer Datenbank liest oder über Treiberaufrufe Geräteschnittstellen abfragt. Auch der gemischte Betrieb, also historische Daten aus einer Datenbank und aktuelle Daten von Messgeräten, ist oft von großem Nutzen.

326   Einfaches T-Y-Diagramm mit statischen Werten

> Das beschriebene UserControl ist Bestandteil der Klassenbibliothek `ScientificLib`. Sie finden es dort im Namensraum `VBCodeBook.ScientificLib.PhysicalMeasurement`.

Unter Einbeziehung der vorangegangenen Rezepte wird nun ein Diagramm-Steuerelement vorgestellt, das für einen festgelegten Bereich von Zeitwerten die zugehörigen Y-Werte der ausgewählten Datenquellen in Linienform darstellt. Das Diagramm besteht aus drei Bereichen. Oben wird die Skalierung der Zeitachse angezeigt, links die der Y-Achse. Der restliche Bereich dient der Kurvendarstellung.

Dem Steuerelement können beliebige Datenquellen hinzugefügt werden, sofern sie die Schnittstelle `IDataProvider` implementieren. Über ein Kontextmenü lässt sich einstellen, für welche Datenquelle die Skalierung der Y-Achse vorgenommen werden soll und in welcher Maßeinheit die Skalenwerte darzustellen sind.

Um Aufbau und Funktion demonstrieren zu können, werden als Datenquellen zwei Instanzen der in Kapitel 325 vorgestellten `SinusSample-Klasse` verwendet:

1. Distanz mit einem Wertebereich von +/- 4 m, Farbe Rot

2. Geschwindigkeit mit einem Wertebereich von 0 bis 100 km/h, Farbe Blau

Abbildung 335 zeigt den Ausgangszustand des Diagramms. Leider geht in der Schwarz/Weiß-Darstellung naturgemäß die Farbinformation verloren. Die aktive Kurve, für die die Skalierung der Y-Achse angezeigt wird, wird daher mit einer dicken Linie gezeichnet.

Im Beispielprogramm wird das Diagramm-Steuerelement auf einem Fenster platziert und die `Dock`-Eigenschaft auf `Fill` gesetzt, so dass das Steuerelement die gesamte Fensterfläche einnimmt. Die Initialisierung besteht lediglich aus der Bereitstellung der beiden Datenquellen, dem Hinzufügen dieser Datenquellen und der Einstellung einiger Parameter:

```vbnet
Dim ssmp As SinusSample
' Sinusfunktion vom Typ Linear (s(t))
ssmp = New SinusSample("Distanz(t)", 0.1, Linear.Create(4), _
  Linear.Create(0), Linear.GetUnits())

TyPlot1.AddDataProvider(ssmp, Linear.Create(-5), _
  Linear.Create(5), Color.Red)

' Sinusfunktion vom Typ Geschwindigkeit (v(t))
ssmp = New SinusSample("Geschwindigkeit(t)", 0.33, _
  Speed.Create(50), Speed.Create(50), Speed.GetUnits())

TyPlot1.AddDataProvider(ssmp, Speed.Create(0), _
  Speed.Create(100), Color.Blue)

' Anfangs- und Endzeit für Kurvendarstellung
TyPlot1.StartTime = Time.Create(0)
TyPlot1.EndTime = Time.Create(27)

' Anzahl darzustellender Bildpunkte
TyPlot1.NumberOfPoints = 200

' Diagramm zeichnen
TyPlot1.ShowDiagram()
```

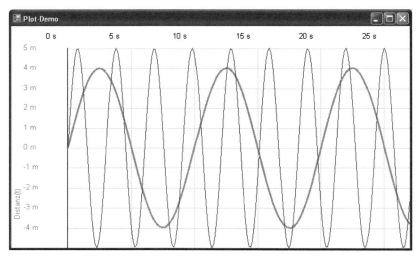

Abbildung 335: Ausgangszustand des Beispieldiagramms

Mehr ist hier nicht zu tun. Das Steuerelement untersucht selbst, welchen Datentyp die Datenquellen liefern, und passt die Skalierung der Y-Achse automatisch an.

Aufbau des Diagramm-Steuerelementes TYPlot

Alle Member-Variablen und Methoden der Klasse TYPlot sind geschützt, damit die Klasse durch Ableitung erweitert werden kann. Diese Variablen werden für die Kurvendarstellung benötigt:

```
' Anfangs- und Endzeit
Protected T0, Tn As TimeMeasures

' Anzahl der darzustellenden Punktepaare
Protected nPoints As Integer

' Liste der Datenquellen
Protected DataProviderList As New List(Of TYPlotInfo)

' Array mit den zuletzt gezeichneten Werten
Protected LastValues() As MeasurementBase

' Array mit den neu zu zeichnenden Werten
Protected NewValues() As MeasurementBase

' Bildpuffer
Protected PicBuf As Bitmap

' Offsets für den Zeichenbereich
Protected OffsetX As Integer = 100
Protected OffsetY As Integer = 40

' Größe des Zeichenbereichs
Protected DrawWidth As Integer
Protected DrawHeight As Integer
```

```
' Stringformate für die Achsenbeschriftungen
Protected StringFormatTAxis As New StringFormat()
Protected StringFormatYAxis As New StringFormat()

' Font für die Achsenbeschriftungen
Protected ScaleFont As New Font("Arial", 10)

' Index der ausgewählten Datenquelle
Public DPIdxSkala As Integer = 0

' Index der ausgewählten Einheit für die Y-Achse
Public DPUnitIdxSkala As Integer = 0
```

Sie dienen größtenteils zur Speicherung der Einstellungen, die das Erscheinungsbild festlegen. Lediglich drei Variablen stehen über öffentliche Property-Methoden nach außen zur Verfügung:

```
Public Property StartTime() As TimeMeasures   ' T0
Public Property EndTime() As TimeMeasures     ' Tn
Public Property NumberOfPoints() As Integer   ' nPoints
```

Die Grafikausgabe erfolgt nicht direkt in das Graphics-Objekt des Steuerelementes, sondern in eine Bitmap gleicher Größe, deren Referenz in PicBuf gespeichert wird. Um das Flackern der Ausgabe zu vermeiden, werden im Konstruktor von TYPlot einige ControlStyles gesetzt:

```
InitializeComponent()

SetStyle(ControlStyles.AllPaintingInWmPaint, True)
SetStyle(ControlStyles.UserPaint, True)
SetStyle(ControlStyles.DoubleBuffer, True)

StringFormatYAxis.Alignment = StringAlignment.Far
StringFormatYAxis.LineAlignment = StringAlignment.Center
StringFormatTAxis.Alignment = StringAlignment.Center
StringFormatTAxis.LineAlignment = StringAlignment.Center
```

StringFormatYAxis und StringFormatTAxis werden für die Ausrichtung der Skalentexte benötigt.

Die ebenfalls öffentliche Methode AddDataProvider (s. Listing 661) ermöglicht das Hinzufügen der Datenquellen. Sie legt eine Instanz der Hilfsklasse TYPlotInfo (s. Listing 662) an, die als interne Klasse von TYPlot definiert ist. Die zum Zeichnen benötigten Objekte (Pen, Brush, Font) werden angelegt und die Referenzen in der Info-Klasse gespeichert.

```
Public Sub AddDataProvider(ByVal dataProvider As IDataProvider, _
    ByVal minValue As MeasurementBase, ByVal maxValue As _
    MeasurementBase, ByVal LineColor As Color)

    ' Info-Objekt für diese Datenquelle anlegen
    Dim pinfo As New TYPlotInfo()
    pinfo.Max = maxValue
    pinfo.Min = minValue
    pinfo.LineColor = LineColor

    ' Erste Datenquelle hat eine dicke Linie
    If DataProviderList.Count = 0 Then
```

Listing 661: Hinzufügen von Datenquellen mit AddDataProvider

Wissenschaftliche Anwendungen

```
      pinfo.LinePen = New Pen(LineColor, 3)
   Else
      pinfo.LinePen = New Pen(LineColor)
   End If

   pinfo.FontBrush = New SolidBrush(LineColor)

   ' Referenz der Datenquelle
   pinfo.DP = dataProvider

   ' Info an Liste anhängen
   DataProviderList.Add(pinfo)

   ' Array-Größen anpassen
   ReDim LastValues(DataProviderList.Count)
   ReDim NewValues(DataProviderList.Count)

End Sub
```

Listing 661: Hinzufügen von Datenquellen mit AddDataProvider (Forts.)

```
Protected Class TYPlotInfo
   ' Die Datenquelle
   Public DP As IDataProvider

   ' Verwendete Farbe für Darstellung
   Public LineColor As Color

   ' Größter und kleinster Wert für Y-Achse
   Public Min, Max As MeasurementBase

   ' Stift zum Zeichnen der Linie
   Public LinePen As Pen

   ' Brush zum Zeichnen der Skalenbeschriftung
   Public FontBrush As Brush

End Class
```

Listing 662: Hilfsklasse TYPlotInfo mit Informationen zur Datenquelle

Aufgebaut wird das Diagramm in der geschützten Methode Plot. Hier werden alle grafischen Ausgaben vorgenommen und auf dem Graphics-Objekt des Bildpuffers (PicBuf) ausgeführt. Zunächst wird der gesamte Bildbereich gelöscht. Das Zeichnen der Achsen-Skalierungen und des Skalierungsgitters übernehmen die Funktionen DrawYAxis und DrawTAxis.

In einer Schleife wird das Array LastValues mit den Werten der Datenquellen für den Zeitpunkt T0 gefüllt. Sie dienen als Startpunkt für die jeweils erste Linie der Kurvendarstellung.

Letztlich erfolgt das Zeichnen der Segmente. Für die angegebene Auflösung (nPoints) werden in einer Schleife alle Datenpunkte durchlaufen. Zu jedem Punkt wird die zugehörige Zeit (t) sowie die Position im Diagramm (x2) ermittelt. Danach wird für jede Datenquelle der Wert für diesen Zeitpunkt abgefragt und die y-Koordinaten für diesen und den vorhergehenden Punkt

(Array `LastValues`) errechnet. x1, x2, y1 und y2 sind dann die Koordinaten des zu zeichnenden Linienelementes, das mit dem im `TYPlotInfo`-Objekt gespeicherten Stift gezeichnet wird.

Nach Abschluss der Schleifen sind alle Liniensegmente für alle Datenquellen gezeichnet. Mit `Refresh` wird abschließend das Neuzeichnen des Fensters in der überschriebenen `OnPaint`-Methode erzwungen. Listing 663 zeigt die Implementierung der Methode `Plot`.

```
Protected Sub Plot()

  ' Hilfsvariablen
  Dim i As Integer
  Dim pinfo As TYPlotInfo
  Dim dpidx As Integer
  Dim t As Time
  Dim x1, x2 As Integer

  ' Graphics-Objekt des Puffers holen
  Dim g As Graphics = Graphics.FromImage(PicBuf)

  ' Gesamten Bereich löschen
  g.Clear(Color.White)

  ' Info-Objekt für ausgewählte Datenquelle ermitteln
  pinfo = DataProviderList(DPIdxSkala)

  ' Y-Achse zeichnen
  DrawYAxis(g, pinfo)

  ' X-Achse zeichnen
  DrawTAxis(g)

  ' Für alle Datenquellen
  For dpidx = 0 To DataProviderList.Count - 1
    ' Info ermitteln
    pinfo = DataProviderList(dpidx)

    ' Anfangswerte der Kurven ermitteln
    LastValues(dpidx) = pinfo.DP.GetValue(T0)
  Next

  ' Kurven zeichnen
  ' (Zeichnen von x1 nach x2)

  ' Ausgangsposition
  x1 = OffsetX

  ' Für alle darzustellenden Punktepaare
  For i = 1 To nPoints

    ' Zeitwert für Position ermitteln
    t = Time.Create(T0.ValueSI + (Tn.ValueSI - T0.ValueSI) / _
      nPoints * i)
```

Listing 663: Zeichnen des Diagramms in der Methode Plot

```
' Position für zweiten Punkt
x2 = OffsetX + CInt(DrawWidth * (t.ValueSI - T0.ValueSI) / _
   (Tn.ValueSI - T0.ValueSI))

' Für alle Datenquellen
For dpidx = 0 To DataProviderList.Count - 1

  ' Info holen
  pinfo = DataProviderList(dpidx)

  ' Wert ermitteln
  NewValues(dpidx) = pinfo.DP.GetValue(t)

  ' y-Koordinaten berechnen
  Dim h As Double = pinfo.Max.ValueSI - pinfo.Min.ValueSI
  Dim y1 As Integer = DrawHeight + OffsetY - _
    CInt((-pinfo.Min.ValueSI + LastValues(dpidx).ValueSI) _
    / h * DrawHeight)

  Dim y2 As Integer = DrawHeight + OffsetY - _
    CInt((-pinfo.Min.ValueSI + NewValues(dpidx).ValueSI) _
    / h * DrawHeight)

  ' Strecke zeichnen
  g.DrawLine(pinfo.LinePen, x1, y1, x2, y2)

  ' Array der letzten Werte auffrischen
  LastValues(dpidx) = NewValues(dpidx)
Next

x1 = x2
Next

' Neu zeichnen
Refresh()

End Sub
```

Listing 663: Zeichnen des Diagramms in der Methode Plot (Forts.)

Listing 664 zeigt die überschriebene `OnPaint`-Methode, in der lediglich das im Puffer gespeicherte Abbild gezeichnet wird. So kann das Neuzeichnen des Steuerelementes erfolgen, ohne dass das Diagramm neu berechnet werden muss.

```
Protected Overrides Sub OnPaint(ByVal e As _
   System.Windows.Forms.PaintEventArgs)

  If PicBuf Is Nothing Then
    e.Graphics.DrawEllipse(Pens.Azure, Me.ClientRectangle)
  Else
```

Listing 664: Zeichnen des Bildpuffers in OnPaint

```
  ' Gespeichertes Bild zeichnen
  e.Graphics.DrawImageUnscaled(PicBuf, 0, 0, Width, Height)

End If

End Sub
```

Listing 664: Zeichnen des Bildpuffers in OnPaint (Forts.)

Wird die Größe des Steuerelementes geändert (im Beispiel durch Änderung der Fenstergröße), dann muss das Diagramm neu aufgebaut werden. In der Überschreibung der Methode `OnResize` (s. Listing 665) wird daher der Bildpuffer neu eingerichtet, die Größe des Zeichenbereiches neu bestimmt und, sofern Datenquellen existieren, durch den Aufruf von `Plot` das Diagramm neu gezeichnet.

```
Protected Overrides Sub OnResize(ByVal e As System.EventArgs)

  ' Wenn der Puffer schon existiert, entsorgen
  If Not PicBuf Is Nothing Then PicBuf.Dispose()

  ' Neuen Puffer mit passender Größe anlegen
  PicBuf = New Bitmap(Width, Height)

  ' Zeichenbereich ermitteln
  DrawWidth = ClientSize.Width - OffsetX - 1
  DrawHeight = ClientSize.Height - OffsetY - 1

  ' Neu zeichnen
  If DataProviderList.Count <> 0 Then Plot()

End Sub
```

Listing 665: Bei Größenänderung Ausgabe neu aufbauen in OnResize

Zum Zeichnen der Skalierungen wird auf die Klasse `ScaleInfo` zurückgegriffen. Listing 666 zeigt die Implementierung der Methode `DrawTAxis`, die die Skalierung der Zeitachse vornimmt, Listing 667 die Implementierung der Methode `DrawYAxis`, die für die Skalierung des Wertebereiches zuständig ist.

Der Bereich der Zeitachse ergibt sich aus dem Wert der Member-Variablen `T0` und `Tn`. Mit Instanzierung der `ScaleInfo`-Klasse werden die benötigten Informationen zum Zeichnen der Skalierung bereitgestellt. In einer Schleife wird dann beginnend mit der kleinsten Skalenzeit für jede Skaleneinteilung eine senkrechte Linie und, sofern der Platz ausreicht, die Zeit in Sekunden gezeichnet. Im Listing befindet sich auch Code für eine kontinuierliche Variante des Diagramms, die im nächsten Rezept beschrieben wird.

```
Protected Sub DrawTAxis(ByVal g As Graphics)

  ' Bereich für Achsenbeschriftung löschen
  g.FillRectangle(Brushes.White, OffsetX, 0, DrawWidth, OffsetY)
```

Listing 666: Zeitachse zeichnen in DrawTAxis

```
' Skalierungsinformation ermitteln
Dim SI As New ScaleInfo(T0.ValueSI, Tn.ValueSI, "s")

' Erste Zeit für Zeitachsenbeschriftung
Dim t As Double = SI.ScaleStart

' Für alle Skalenbeschriftungen
Do While SI.Comparer.IsLessOrEqual(t, Tn.ValueSI)

  ' x-Position berechnen
  Dim x As Integer = CInt(OffsetX + (t - T0.ValueSI) / _
    (Tn.ValueSI - T0.ValueSI) * DrawWidth)

  ' Umschließendes Rechteck für Beschriftung festlegen
  Dim r As New RectangleF(x - 40, 10, 80, 20)

  ' Ausgabe nur, wenn das Rechteck vollständig sichtbar ist
  If (x + 40 < OffsetX + DrawWidth) Then

    ' Wert formatieren
    Dim s As String = String.Format(SI.FormatString, t)

    ' Text formatiert ausgeben
    g.DrawString(s, ScaleFont, Brushes.Black, r, _
      StringFormatTAxis)

    ' Für kontinuierlichen Betrieb Skalierungszeit merken
    LastScaleTime = t

  End If

  ' Senkrechte Linie zeichnen
  g.DrawLine(Pens.LightGray, x, OffsetY, x, Height)


  ' Nächstes Zeitinterval
  t += SI.ScaleInterval

Loop

' Für kontinuierlichen Betrieb
TScaleInfo = SI

End Sub
```

Listing 666: Zeitachse zeichnen in DrawTAxis (Forts.)

```
Protected Sub DrawYAxis(ByVal g As Graphics, _
    ByVal pinfo As TYPlotInfo)
```

Listing 667: Skalierung des Wertebereiches in DrawYAxis

```
' Bereich löschen
g.FillRectangle(Brushes.White, 0, 0, OffsetX - 1, Height)

' Senkrechte Linie für die Abgrenzung zeichnen
g.DrawLine(Pens.Black, OffsetX - 1, OffsetY, OffsetX - 1, _
  Height)

' Temporäre Koordinatentransformation zur gedrehten Ausgabe
' der Datenquellenbezeichnung
Dim gc As Drawing2D.GraphicsContainer = g.BeginContainer()
g.TranslateTransform(2, Height)
g.RotateTransform(-90)
g.DrawString(pinfo.DP.Name, ScaleFont, pinfo.FontBrush, _
  50, 0)

g.EndContainer(gc)

Dim unit As MeasurementUnit = DPUnitSkala

' Größe des Wertebereichs
Dim Max As Double = unit.FromBaseunit(pinfo.Max.ValueSI)
Dim Min As Double = unit.FromBaseunit(pinfo.Min.ValueSI)
Dim Range As Double = Max - Min

' Skalierungsinformationen berechnen
Dim SI As New ScaleInfo(Min, Max, _
  DPUnitSkala.Symbol)

' Für kontinuierlichen Betrieb merken
YScaleInfo = SI

' Erster Skalenwert
Dim y As Double = SI.ScaleStart

' Skalenwerte ausgeben und horizontale Linien zeichnen
Do While SI.Comparer.IsLessOrEqual(y, Max)
  ' Wert formatieren
  Dim s As String = String.Format(SI.FormatString, y)

  ' Position für Textausgabe errechnen
  Dim ys As Integer = CInt(DrawHeight * (y - Min) / Range)
  Dim r As New RectangleF(20, Height - ys - 10, _
    OffsetX - 20, 20)

  ' Ausgabe nur, wenn Text vollständig gezeichnet werden kann
  If ys >= 10 Then
    g.DrawString(s, ScaleFont, pinfo.FontBrush, r, _
      StringFormatYAxis)
  End If
```

Listing 667: Skalierung des Wertebereiches in DrawYAxis (Forts.)

```
     ' Waagerechte Linien zeichnen
     g.DrawLine(Pens.LightGray, OffsetX, Height - ys, Width, _
        Height - ys)

     ' Nächstes Skaleninterval1
     y += SI.ScaleInterval

   Loop
 End Sub
```

Listing 667: Skalierung des Wertebereiches in DrawYAxis (Forts.)

Bevor die Skalierung der Y-Achse vorgenommen werden kann, muss ermittelt werden, für welche Datenquelle und in welcher Einheit die Werte angezeigt werden sollen. Die Bezeichnung der Datenquelle wird, um 90° gedreht, links neben den Skalenwerten ausgegeben. Für die Drehung der Schrift wird das Koordinatensystem mit TranslateTransform und RotateTransform vorübergehend verschoben und gedreht. Durch den Aufruf von g.BeginContainer wird der vorherige Zustand des Koordinatensystems gespeichert und durch den Aufruf von g.EndContainer wieder hergestellt.

Minimum und Maximum des Wertebereichs werden auf Basis der ausgewählten Einheit berechnet. Dadurch ergeben sich unterschiedliche Zahlenwerte, wenn z.B. Meter oder Meilen ausgewählt werden. Beide Werte sowie das Symbol der ausgewählten Einheit werden dem Konstruktor von ScaleInfo übergeben, der die Skalierung berechnet.

Analog zur Implementierung von DrawTAxis werden dann die Skalenwerte und Gitternetzlinien für die Y-Achse gezeichnet. Abbildung 336 und Abbildung 337 zeigen Ausschnitte des Diagramms mit verschiedenen Einstellungen.

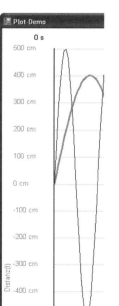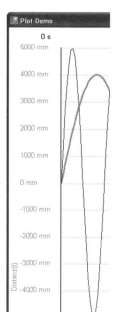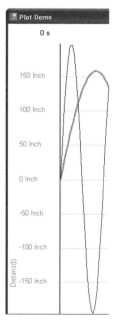

Abbildung 336: Skalierung der Distanz in Zentimeter, Millimeter und Inch

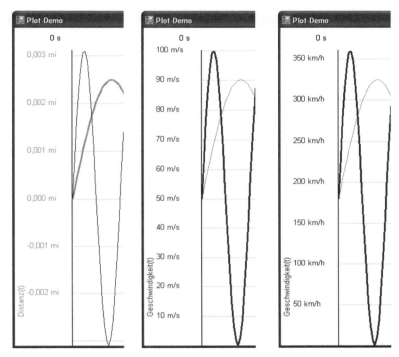

*Abbildung 337: Skalierungen in Meilen, Geschwindigkeit in Meter pro Sekunde und Kilometer
pro Stunde*

Zwar stellt das Diagramm gleichzeitig die Kurven aller Datenquelle dar, doch die Skalierung der Y-Achse erfolgt immer nur für eine ausgewählte Datenquelle. Die Auswahl läuft über ein Kontextmenü. Für die ausgewählte Datenquelle kann dann eine beliebige Einheit gewählt werden, sofern sie die physikalische Größe der Datenquelle repräsentiert (s. Abbildung 338).

Dem Anwender wird eine öffentliche Methode zum Zeichnen des Diagramms zur Verfügung gestellt: ShowDiagram.

In dieser Methode (Listing 668) wird zunächst für jede hinzugefügte Datenquelle ein Eintrag in einem Kontextmenü angelegt. Die Reihenfolge ist identisch mit der Ablage im ArrayList DataProviderList, damit die Indizierung 1:1 erfolgen kann. Anschließend wird mit

```
MISource.MenuItems(0).PerformClick()
```

die Auswahl der ersten Datenquelle simuliert und dadurch das Diagramm gezeichnet.

```
Public Sub ShowDiagram()

    ' Kontextmenü neu aufbauen
    Dim pinfo As TYPlotInfo
    Dim dpidx As Integer

    ' Kontextmenü löschen
    MISource.DropDownItems.Clear()
```

Listing 668: ShowDiagram legt das Kontextmenü an und initiiert den Zeichenvorgang

```
  ' Für alle Datenquellen
  For dpidx = 0 To DataProviderList.Count - 1
    ' Info ermitteln
    pinfo = DataProviderList(dpidx)

    ' Neuen Menüeintrag hinzufügen und an Handler binden
    Dim mnu As ToolStripMenuItem = New ToolStripMenuItem()
    mnu.Text = pinfo.DP.Name
    mnu.Tag = dpidx
    AddHandler mnu.Click, AddressOf MenuSourceClick
    MISource.DropDownItems.Add(mnu)

  Next

  ' Erste Datenquelle auswählen
  ' Dadurch wird das Diagramm gezeichnet
  MISource.DropDownItems(0).PerformClick()

End Sub
```

Listing 668: ShowDiagram legt das Kontextmenü an und initiiert den Zeichenvorgang (Forts.)

Den Handler für die Auswahl der Datenquelle zeigt Listing 669. Hier werden die Stiftbreiten für aktive und inaktive Kurven eingestellt und das Menü für die Auswahl der verfügbaren Einheiten aufgebaut. Anschließend wird das Diagramm neu gezeichnet.

```
Private Sub MenuSourceClick(ByVal sender As Object, _
    ByVal e As System.EventArgs)

  ' Linienbreite der zuvor ausgewählten Datenquelle zurücksetzen
  Dim pinfo As TYPlotInfo = DataProviderList(DPIdxSkala)

  pinfo.LinePen.Dispose()
  pinfo.LinePen = New Pen(pinfo.LineColor)

  ' Index feststellen
  Dim mnu As ToolStripMenuItem = DirectCast(sender, ToolStripMenuItem)
  DPIdxSkala = CInt(mnu.Tag)

  ' Informationen hierzu ermitteln
  pinfo = DataProviderList(DPIdxSkala)
  pinfo.LinePen.Dispose()
  pinfo.LinePen = New Pen(pinfo.LineColor, 3)

  ' Einheit ist zunächst die Standard-Einheit
  DPUnitSkala = pinfo.DP.UnitsY(0)

  ' Für alle verfügbaren Symbole neue Kontext-Submenüs anlegen
  MIUnit.DropDownItems.Clear()
  For Each unit As MeasurementUnit In pinfo.DP.UnitsY
```

Listing 669: Auswahl einer Datenquelle über Kontextmenü bearbeiten

```
  MIUnit.DropDownItems.Add(unit.Symbol, Nothing, _
    AddressOf MenuUnitClick).Tag = unit
Next

' Diagramm neu zeichnen
Plot()

End Sub
```

Listing 669: Auswahl einer Datenquelle über Kontextmenü bearbeiten (Forts.)

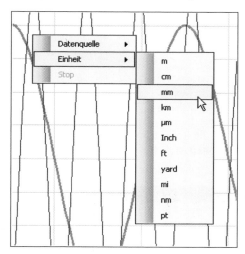

Abbildung 338: Auswahl von Datenquelle und Einheit für die Skalierung der Y-Achse

Auch nach Auswahl einer Einheit muss das Diagramm neu gezeichnet werden, da sich auch die Gitternetzlinien ändern können. Der Aufruf erfolgt im Ereignis-Handler MenuUnitClick (Listing 670). Nach Speicherung des Auswahlindexes wird erneut Plot aufgerufen.

```
Private Sub MenuUnitClick(ByVal sender As Object, _
    ByVal e As System.EventArgs)

  ' Index der Einheit ermitteln
  Dim mnu As ToolStripMenuItem = _
    DirectCast(sender, ToolStripMenuItem)
  DPUnitSkala = DirectCast(mnu.Tag, MeasurementUnit)

  ' Diagramm neu zeichnen
  Plot()
End Sub
```

Listing 670: Auf Auswahl einer Einheit reagieren

> **Tipp**
>
> Aus Gründen der Performance kann es sinnvoll sein, die Typsicherheit der Daten für die Kurvendarstellung etwas einzuschränken. Schließlich muss die Datenquelle für jeden abgefragten Wert eine Instanz der entsprechenden `Measurement`-Klasse erzeugen, die vom Garbage-Collector später wieder entsorgt werden muss. Für das Zeichnen der Kurven sind die zusätzlichen Informationen aber nicht notwendig.
>
> Sie können daher das Interface `IDataProvider` erweitern und eine Methode vorsehen, die die Werte als bloßen Double-Wert zurückgibt, den Sie auch mit `Measurement-Base.Value` erhalten würden. Im Diagramm müssen Sie die Typ-Informationen der Datenquellen nur einmal einlesen und darauf basierend die Skalierung vornehmen.

327 Kontinuierliches T/Y-Diagramm mit dynamischen Werten

> Das beschriebene UserControl ist Bestandteil der Klassenbibliothek `ScientificLib`. Sie finden es dort im Namensraum `VBCodeBook.ScientificLib.PhysicalMeasurement`.

Klassische Linienschreiber zeichnen Kurven auf kontinuierlich transportiertem Endlospapier. Übersetzt auf eine Fensterdarstellung bedeutet dies, dass die Zeitachse schrittweise verschoben wird. Das T/Y-Diagramm aus dem vorherigen Beispiel lässt sich für eine solche Darstellung erweitern.

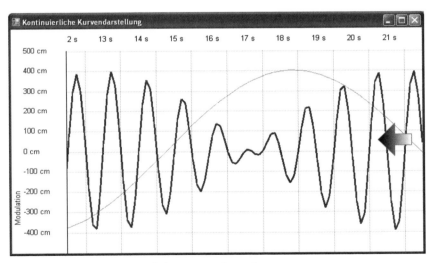

Abbildung 339: Kontinuierliche Kurvendarstellung

Im kontinuierlichen Betrieb muss der Zeichenbereich zyklisch aktualisiert werden. Die Zeitachse verschiebt sich dadurch nach links, so dass die zuvor gezeichneten Kurven auch allesamt nach links verschoben werden müssen. Auf der rechten Seite des Diagramms müssen die Kurven mit den neuen Werten ergänzt werden. Abbildung 339 zeigt das Diagramm im kontinuierlichen Betrieb. Als zusätzliche Datenquelle wurde eine leicht modifizierte Sinusfunktion (SinusSample2) definiert, die durch Multiplikation zweier Sinuskurven unterschiedlicher Frequenz eine Modulationskurve erzeugt. Konstruktion und Berechnung weichen etwas ab (Listing 671).

```vb.net
Public Class SinusSample2
  Implements IDataProvider

  ' y(t) = Amplitude * sin(2 * Pi * Frequency1 * t)
  ' * sin(2 * Pi * Frequency2 * t) + Offset
  ' Parameter zur Berechnung der Sinusfunktion
  Private Frequency1, Frequency2 As Double
  Private Amplitude As MeasurementBase
  Private Offset As MeasurementBase
  Private pName As String

  ' Einheiten für X und Y
  Private allUnitsX() As MeasurementUnit
  Private allUnitsY() As MeasurementUnit

  Public Sub New(ByVal name As String, _
    ByVal frequency1 As Double, _
    ByVal frequency2 As Double, _
    ByVal amplitude As MeasurementBase, _
    ByVal offset As MeasurementBase, _
    ByVal unitsY() As MeasurementUnit)

    Me.pName = name
    Me.Frequency1 = frequency1
    Me.Frequency2 = frequency2
    Me.Amplitude = amplitude
    Me.Offset = offset
    allUnitsX = Time.GetUnits()
    allUnitsY = unitsY
  End Sub

  Public Function GetValue(ByVal x As _
    MeasurementBase) As MeasurementBase _
    Implements IDataProvider.GetValue

    ' Neue Instanz durch Klonen erzeugen
    Dim v As MeasurementBase = DirectCast(Amplitude.Clone(), _
      MeasurementBase)

    ' Wert berechnen (hier Sinusfunktion)
    v.ValueSI = Math.Sin(x.ValueSI * 2 * Math.PI * Frequency1) * _
      Math.Sin(x.ValueSI * 2 * Math.PI * Frequency2) * _
      Amplitude.ValueSI + Offset.ValueSI

    Return v

  End Function

  ...

End Class
```

Listing 671: Modulierte Sinusfunktion für Plot-Beispiel

Betrachten wir zunächst die Initialisierung des Diagramms. Für den kontinuierlichen Betrieb werden einige Member-Variablen dem Steuerelement hinzugefügt:

```
' Zeitpunkt, ab dem neu gezeichnet werden muss
Protected TS As Time

' Startzeit
Protected PlotStarttime As DateTime

' Zeitauflösung pro Datenpunkt
Protected DeltaT As Double

' Abweichung durch Rundungsfehler
Protected ShiftingError As Double = 0

' Skalierung Zeitachse
Protected TScaleInfo As ScaleInfo

' Skalierung y-Achse
Protected YScaleInfo As ScaleInfo

' Zeit der letzten Zeitskalierung
Protected LastScaleTime As Double
```

Die öffentliche Methode ShowContinuousDiagram ist der Einstiegspunkt für den Start der Darstellung. Sie zeigt den bislang verborgenen Menüpunkt MIStartStop des Kontextmenüs an, über den die kontinuierliche Darstellung angehalten und fortgeführt werden kann. Anschließend wird die geschützte Methode PlotConinuously aufgerufen. Listing 672 zeigt beide Methoden.

In PlotConinuously wird je nach Parameterwert der für den zyklischen Betrieb verwendete Time TMCont gestartet oder gestoppt. Die Zeitdifferenz aus T0 und Tn ergibt die Gesamtzeit DeltaT, die die Breite der Zeitachse ausmacht. Alle Zeiten werden neu berechnet. Hinzu kommt die Zeit TS, die den Zeitpunkt markiert, ab dem die Kurven neu gezeichnet werden müssen (siehe auch Abbildung 340). Zunächst ist TS jedoch gleich Tn.

ShowDiagram wird aufgerufen, um den Anfangszustand des Diagramms herzustellen. Die Datenquelle muss hierfür so beschaffen sein, dass sie auch historische Werte (z.B. aus einer Datenbank) bereitstellen kann.

Zuletzt wird das erforderliche Timer-Intervall eingestellt und der Timer gestartet. Alle weiteren Zeichenoperationen finden dann im EventHandler des Timers (TMCont_Tick) statt.

```
Public Sub ShowContinuousDiagram()

    ' Kontextmenü "Start/Stop" sichtbar machen
    MIStartStop.Visible = True

    ' Diagrammdarstellung starten
    PlotContinuously(True)

End Sub
```

Listing 672: Öffentliche und geschützte Methoden zur Einleitung der kontinuierlichen Diagrammdarstellung

```
Protected Sub PlotContinuously(ByVal start As Boolean)

  ' Bei "Stop" Timer anhalten
  If Not start Then
    TMCont.Enabled = False
    Exit Sub
  End If

  ' Zeitdifferenz zu Beginn bleibt konstant für alle
  ' folgenden Darstellungen
  DeltaT = Tn.ValueSI - T0.ValueSI

  ' Anfangszeiten für Ausgangssituation
  ' Rechts (Tn) ist die aktuelle Zeit
  ' Links (T0) ist die aktuelle Zeit - DeltaT
  PlotStarttime = DateTime.Now

  Tn = Time.Create((DateTime.Now - PlotStarttime).TotalSeconds)
  TS = Tn
  T0 = Time.Create(Tn.ValueSI - DeltaT)

  ' Grafik löschen
  Graphics.FromImage(PicBuf).Clear(Color.White)

  ' Diagramm mit historischen Daten anzeigen
  ShowDiagram()

  ' Timer-Intervall berechnen und Timer starten
  TMCont.Interval = CInt(DeltaT / nPoints * 1000)
  TMCont.Enabled = True

End Sub
```

Listing 672: Öffentliche und geschützte Methoden zur Einleitung der kontinuierlichen Diagrammdarstellung (Forts.)

Im ersten Schritt im Timer-Event müssen die Zeiten und Koordinaten berechnet werden. Listing 673 zeigt die Implementierung, in Abbildung 340 werden die wichtigsten Variablen erläutert. Bekanntermaßen kann man sich nicht auf die Einhaltung des Timer-Intervalls verlassen, so dass die neuen Zeiten mithilfe der Systemzeit ermittelt werden müssen. Nach Berechnung der Zeitpunkte werden die zugehörigen x-Koordinaten ermittelt. Da die Zeit, um die das Diagramm verschoben wird, auf die Bildpunkte des Graphics-Objektes abgebildet werden muss, ergeben sich zwangsläufig Rundungsfehler. Diese Fehler werden in der Variable ShiftingError aufaddiert und laufend bei der Berechnung von x2 berücksichtigt und ausgeglichen.

Engpass in Hinblick auf Performance ist bei einer kontinuierlichen Kurvendarstellung die Art und Weise, wie in jedem Zyklus das Diagramm neu gezeichnet wird. Eine einfach zu realisierende Lösung besteht darin, die Zeiten T0 und Tn neu zu setzen und ShowDiagram aufzurufen. Dann würde das gesamte Diagramm neu gezeichnet. U.U. ist das auch die schnellste Lösung, vorausgesetzt die Datenquellen liefern schnell die zu den jeweiligen Zeitpunkten angefragten Daten. Optimieren lässt sich die Darstellung dadurch, dass man die einmal ermittelten Daten in einer Liste oder einem Array ablegt und auf diese gespeicherten Daten zurückgreift. In jedem Zyklus müssen dann die alten, nicht mehr benötigten Daten aus der Liste entfernt und neu am Ende angehängt werden. Es bleibt jedoch der Aufwand zum Zeichnen der einzelnen Liniensegmente.

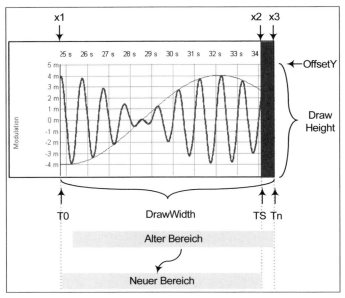

Abbildung 340: Variablen in TMCont_Tick

Hier soll eine andere Lösung vorgestellt werden, nämlich das Verschieben des bereits gezeichneten Bildes. Die zu einem Zeitpunkt t erstellten Kurven sind ja bereits in einem Bitmap (`PicBuf`) gespeichert. Es muss lediglich der Ausschnitt, der bestehen bleiben soll, nach links verschoben werden. Hierfür gibt es wiederum verschiedene Möglichkeiten. Benutzt man API-Funktionen, dann lässt sich eine sehr schnelle Variante mithilfe der GDI-Funktion `ScrollDC` programmieren. Leider verlässt man damit den sicheren Bereich des verwalteten .NET-Codes. Insbesondere die Vermischung von GDI- und GDI+-Code birgt viele Gefahren und sollte nach Möglichkeit vermieden werden.

Gefragt ist daher eine reine GDI+-Lösung. GDI+ bietet leider keine direkte Möglichkeit zum Verschieben eines Bitmap-Bereiches an. Stattdessen muss ein zweites temporäres Bitmap angelegt werden, das die Kopie des zu verschiebenden Bereiches aufnimmt (`bmp`). Das Übertragen der Bilddaten mit `DrawImage` ist leider recht zeitintensiv und kostet bei üblichen Fenstergrößen leicht einige zehn Millisekunden. Es kann etwas beschleunigt werden, indem die Eigenschaft `CompositingMode` des `Graphics`-Objektes auf `SourceCopy` gestellt wird. In der Voreinstellung (`SourceOver`) wird mit Alpha-Blending gearbeitet, was die Ausführungszeit unnötig verlängert. Zukünftig werden aber wahrscheinlich die GDI+-Befehle durch Hardware-Beschleunigung wesentlich schneller abgearbeitet, so dass der Zeitaufwand entsprechend geringer ausfallen wird.

```
Private Sub TMCont_Tick(ByVal sender As System.Object, _
    ByVal e As System.EventArgs) Handles TMCont.Tick

    ' Zeiten berechnen
    Tn = TS
    TS = Time.Create((DateTime.Now - PlotStarttime).TotalSeconds)
```

Listing 673: Zeichnen der kontinuierlichen Darstellung im Timer-Ereignis

```
T0 = Time.Create(-DeltaT + TS.ValueSI)

' Graphics-Objekt ermitteln
Dim g As Graphics = Graphics.FromImage(PicBuf)

' Neue Zeitskalierung zeichnen, falls erforderlich
DrawTAxisNewOnly(g)

' Positionen berechnen
Dim x1 As Integer = OffsetX
Dim dx As Double = DrawWidth * (Tn.ValueSI - T0.ValueSI) / DeltaT

' Rundungsfehler berechnen
ShiftingError += dx - CInt(dx)

' x2 berechnen
' Rundungsfehler berücksichtigen und korrigieren
Dim sherr As Integer
Dim x2 As Integer = OffsetX + CInt(dx)
If Math.Abs(ShiftingError) >= 1 Then
  sherr = CInt(ShiftingError)
  ShiftingError -= sherr
  x2 += sherr
End If

' x3 ist ganz rechts
Dim x3 As Integer = x1 + DrawWidth

' Hilfsrechtecke für Zeichenmethoden
Dim r1 As New Rectangle(x1, 0, x2 - x1 + 1, Height)
Dim r2 As New Rectangle(x1 + x3 - x2, 0, x2 - x1 + 1, Height)

' Temporäres Bitmap
Dim bmp As New Bitmap(x2 - x1 + 1, Height)

' Und das Graphics-Objekt dazu
Dim g2 As Graphics = Graphics.FromImage(bmp)

' Zur Beschleunigung der DrawImage-Methode
g.CompositingMode = _
  Drawing.Drawing2D.CompositingMode.SourceCopy
g2.CompositingMode = _
  Drawing.Drawing2D.CompositingMode.SourceCopy

' Bereich löschen
g2.FillRectangle(Brushes.White, New Rectangle(0, 0, _
  bmp.Width, bmp.Height))

' Temporäres Bitmap mit zu verschiebendem Bereich füllen
g2.DrawImage(PicBuf, New Rectangle(0, 0, bmp.Width, _
  bmp.Height), r2, GraphicsUnit.Pixel)
```

Listing 673: Zeichnen der kontinuierlichen Darstellung im Timer-Ereignis (Forts.)

```vb
' Hinteren Zeichenbereich löschen
g.FillRectangle(Brushes.White, x2, 0, x3 - x2 + 1, Height)

' Verschobenen Bereich neu zeichnen
'g.DrawImage(bmp, x1, 0)
g.DrawImageUnscaled(bmp, x1, 0)

' Erster Skalenwert
Dim y As Double = YScaleInfo.ScaleStart

Dim pinfo As TYPlotInfo
pinfo = DataProviderList(DPIdxSkala)
Dim unit As MeasurementUnit = DPUnitSkala

' Min/Max bestimmen
Dim max As Double = unit.FromBaseunit(pinfo.Max.ValueSI)
Dim min As Double = unit.FromBaseunit(pinfo.Min.ValueSI)

' Horizontale Linien zeichnen
Do While YScaleInfo.Comparer.IsLessOrEqual(y, max)
  Dim ys As Integer = CInt(DrawHeight * (y - min) / _
    YScaleInfo.Range)
  ' Waagerechte Linien zeichnen
  g.DrawLine(Pens.LightGray, x2, Height - ys, x3, _
    Height - ys)

  ' Nächstes Skalenintervall
  y += YScaleInfo.ScaleInterval
Loop

Dim dpidx As Integer

' Für alle Datenquellen
For dpidx = 0 To DataProviderList.Count - 1
  ' Info holen
  pinfo = DataProviderList(dpidx)

  ' Neue Werte ermitteln
  NewValues(dpidx) = pinfo.DP.GetValue(TS)

  ' Koordinaten für neues Liniensegment ermitteln
  Dim h As Double = pinfo.Max.ValueSI - pinfo.Min.ValueSI
  Dim y1 As Integer = CInt(DrawHeight + OffsetY - _
    CSng((-pinfo.Min.ValueSI + LastValues(dpidx).ValueSI) _
    / h * DrawHeight))

  Dim y2 As Integer = CInt(DrawHeight + OffsetY - _
    CSng((-pinfo.Min.ValueSI + NewValues(dpidx).ValueSI) _
    / h * DrawHeight))
```

Listing 673: Zeichnen der kontinuierlichen Darstellung im Timer-Ereignis (Forts.)

```
    ' Linie zeichnen
    g.DrawLine(pinfo.LinePen, x2, y1, x3, y2)

    ' Letzte Werte für nächsten Zyklus speichern
    LastValues(dpidx) = NewValues(dpidx)
  Next

  ' Wichtig! Ressourcen freigeben
  g.Dispose()
  g2.Dispose()
  bmp.Dispose()

  ' Steuerelement neu zeichnen
  Invalidate()

End Sub
```

Listing 673: Zeichnen der kontinuierlichen Darstellung im Timer-Ereignis (Forts.)

Nachdem die notwendigen Koordinaten errechnet worden sind, wird der Teil des bestehenden Bildes, der erhalten werden soll, in das temporäre Bitmap kopiert. Der zu erneuernde Bereich wird im alten Bild gelöscht und das temporäre Bitmap an Position x1 (T0) kopiert. Die Verschiebung ist damit abgeschlossen. Jetzt werden in einer Schleife die Skalierungslinien für den neuen Bereich gezeichnet. Anschließend werden die neuen Kurvensegmente ergänzt.

Das Diagramm ist nun fertig gestellt und steht im Bildpuffer (PicBuf) bereit. Invalidate leitet das Zeichnen des Steuerelementes ein. Wichtig ist an dieser Stelle noch, dass die Ressourcen, die für das temporäre Bitmap und dessen Graphics-Objekt belegt wurden, mit Dispose wieder freigegeben werden.

Abweichend von DrawTAxis wird in DrawTAxisNewOnly (Listing 674) die Zeitskalierung nur ergänzt, wenn sie bislang fehlt. Da zyklisch das existierende Bild nach links geschoben wird, wandern bereits vorhandene Skalierungen mit. Nur wenn die Lücke des neuen Bereiches breit genug für einen neuen Zeitskalenwert ist, wird dieser einmalig gezeichnet. Da im Gegensatz zu DrawTAxis hier die senkrechten Zeitlinien über die bestehenden Kurven gezeichnet werden müssen, werden sie mit einer halbtransparenten Farbe aufgetragen.

```
Protected Sub DrawTAxisNewOnly(ByVal g As Graphics)

  ' Linken Bereich löschen
  g.FillRectangle(Brushes.White, OffsetX - 40, 0, 40, 30)

  ' Erste Zeit für Zeitachsenbeschriftung
  Dim t As Double = LastScaleTime + TScaleInfo.ScaleInterval

  ' Für alle Skalenbeschriftungen
  Do While TScaleInfo.Comparer.IsLessOrEqual(t, Tn.ValueSI)

    ' x-Position berechnen
    Dim x As Integer = CInt(OffsetX + (t - T0.ValueSI) / _
      (Tn.ValueSI - T0.ValueSI) * DrawWidth)
```

Listing 674: Ergänzen der Skalierung der Zeitachse

```
    ' Umschließendes Rechteck für Beschriftung festlegen
    Dim r As New RectangleF(x - 40, 10, 80, 20)

    ' Wert formatieren
    Dim s As String = String.Format(TScaleInfo.FormatString, t)

    ' Ausgabe nur, wenn das Rechteck vollständig sichtbar ist
    If (x + g.MeasureString(s, ScaleFont).Width / 2 < _
        OffsetX + DrawWidth) Then

      ' Text formatiert ausgeben
      g.DrawString(s, ScaleFont, Brushes.Black, r, _
        StringFormatTAxis)
      ' Senkrechte Linie zeichnen
      g.DrawLine(New Pen(Color.FromArgb(&H40000000), 0), x, _
        OffsetY, x, Height)

      ' Letzte Skalierungszeit merken
      LastScaleTime = t
    End If

    ' Nächstes Zeitinterval
    t += TScaleInfo.ScaleInterval

  Loop

End Sub
```

Listing 674: Ergänzen der Skalierung der Zeitachse (Forts.)

Erweiterungen der Diagramme

Sicher erfüllen die beiden vorgestellten Diagramm-Steuerelemente nicht alle Wünsche und Bedürfnisse. Sie sollen als Beispiel dienen und einige Techniken der Diagrammerstellung aufzeigen. Ein Diagrammpaket, das wie z.B. Microsoft Excel eine Vielzahl von Diagrammtypen beinhaltet, würde ganz sicher den Rahmen dieses Buches sprengen.

Viele Erweiterungen der beiden T/Y-Diagramme sind aber relativ leicht möglich. Beispielsweise eine logarithmische Skalierung der Y-Achse oder eine vertikale Trennung der verschiedenen Kurven lassen sich mit wenig Aufwand realisieren.

328   Die Zahl Pi

Eine der geheimnisvollsten Zahlen in der Mathematik kommt indirekt jeden Tag in unserem Leben vor, die Zahl π (griechischer Buchstabe, gesprochen »pi«). Immer wenn es um Kreise, Kugeln, Zylinder, Kegel und Ähnliches geht, spielt diese Zahl eine Rolle, auch wenn wir es nicht merken. Die Zahl π kann als das Verhältnis von Umfang zu Durchmesser eines Kreises definiert werden. Wenn Sie den Durchmesser eines Baumes bestimmen wollen, brauchen Sie diesen Baum wegen der Zahl π nicht zu zersägen, es reicht, wenn Sie den Umfang mit einem Zentimetermaß bestimmen. Teilen Sie den Umfang durch die Zahl π und Sie haben den Durchmesser des Baumes. Nun dauert die Division unendlich lange, da die Zahl unendlich lang ist. Eine gewisse Ungenauigkeit in der millionsten Stelle nach dem Komma müssen Sie schon hinnehmen ☺

Visual Basic 2005 bringt zwei Möglichkeiten mit, für solche Berechnungen π in ausreichender Genauigkeit zu bestimmen. Im Namensraum `Math` ist die Konstante als Eigenschaft `PI` hinterlegt. Eine andere Möglichkeit ist die Berechnung mit der trigonometrischen Funktion Arcus Tangens (`Atan`). Diese Möglichkeiten sind in Listing 675 und Abbildung 341 zu sehen.

Eine sehr schnelle, aber nicht so genaue Berechnung mit Integer-Werten liefert die Division $355/113 = 3,1415929...$ Der »richtige« Wert lautet $3,1415926...$

```
Private Sub btnStart_Click(ByVal sender As System.Object, _
    ByVal e As System.EventArgs) Handles btnStart.Click

    txtATAN.Text = 4 * Atan(1)
    txtPINet.Text = Math.PI.ToString
    txtPI.Text = CreatePI()

End Sub
```

Listing 675: Startbutton des Beispielprogramms

Eine Methode, π auf mehr Stellen hinter dem Komma zu berechnen, findet sich in Listing 676. Die dort vorgestellte Funktion `CreatePI` berechnet diese Zahl auf 2400 Stellen hinter dem Komma genau. Das Originalprogramm ist in C geschrieben und findet sich unter anderem auf *http://www.mathematik.uni-bielefeld.de/infoboerse/wwwboard/messages/115.html.* Eine Suche bei Google liefert aber etwas mehr als 700 Verweise auf dieses C-Programm.

```
Public Shared Function CreatePI() As String
    Dim Pi As String = ""
    Dim TmpString As String
    Dim Tmp1 As String
    Dim Tmp2 As String
    Dim a As Long = 10000
    Dim b As Long = 0
    Dim c As Long = 8400
    Dim d As Long
    Dim e As Long
    Dim f(8401) As Long
    Dim g As Long
    Dim mLen As Integer

    While (b <> c)
        f(b) = a \ 5
        b += 1
    End While

    While (c > 0)
        g = 2 * c
        d = 0
        b = c

        While (b > 0)
            d += (f(b) * a)
```

Listing 676: Die Berechnung von Pi

```
    g -= 1
    f(b) = d Mod g
    d \= g
    g -= 1
    b -= 1

    If b <> 0 Then
        d *= b
    End If

End While
c -= 14

TmpString = Convert.ToString(e + d \ a)
mLen = TmpString.Length

If mLen < 4 Then
    TmpString += ("0000" + TmpString)
End If

Tmp1 = Microsoft.VisualBasic.Left(TmpString, 5 - mLen)
Tmp2 = Microsoft.VisualBasic.Right(TmpString, mLen - 1)
Pi += (Tmp1 + Tmp2)
e = d Mod a
End While

Pi = Microsoft.VisualBasic.Left(Pi, 1) + "." _
    + Microsoft.VisualBasic.Mid(Pi, 2)

Return Pi
End Function
```

Listing 676: Die Berechnung von Pi (Forts.)

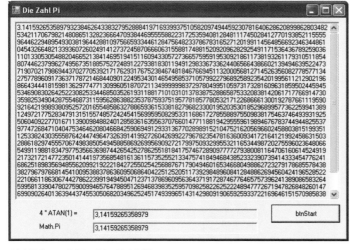

Abbildung 341: Die Zahl Pi

DirectX

Obwohl es zum Beispiel mit GDI+ bereits eine Grafikschnittstelle gibt, entschloss sich Microsoft, einen neuen Zugang zu schaffen, der auf Performance ausgelegt ist. Damit sollte und soll der Markt für Spiele besser bedient werden. Diese Schnittstelle nennt sich DirectX und wurde lange Zeit nur durch C++ angesteuert. Auch heute findet man die meisten Beispiele für diese Grafikschnittstelle als C++-Dateien, die mit Visual C++ 6.0 geschrieben sind.

Durch die Einführung von .NET gibt es aber auch die Möglichkeit, DirectX mit Managed Code zu programmieren. Die Ansicht, dass es mit Managed Code nicht möglich sei, performante Programme zu erzeugen, ist durch einige kommerzielle Spiele bereits widerlegt. Der Unterschied ist zwar messbar, aber für den Spieler in fast allen Situationen nicht spürbar.

> **Hinweis**
>
> Dieses Kapitel kann die Möglichkeiten des DirectX natürlich nicht abdecken. Es versteht sich als eine kleine Einführung. Dies resultiert aus einigen zugetragenen Bemerkungen, dass DirectX ja ganz schön sein kann, aber viel zu kompliziert zu programmieren ist. Leider herrscht in der Literatur zu diesem Thema für Anfänger wirklich das Prinzip vom »Friss die Routine – oder stirb« vor. Manchmal hat man das Gefühl, die Bedeutung der einzelnen Routinen ist den Autoren selber nicht ganz klar, also wird die Erklärung beiseite gelassen. Die Beispiele lehnen sich an denen des SDK an, die Zusammenstellung und Erklärung ist allerdings eine andere.

Um unter Visual Basic 2005 Programme für DirectX zu schreiben benötigt man auf jeden Fall das DirectX SDK. Dies kann man sich von der Microsoft Website *http://msdn.microsoft.com/directx/*kostenlos herunterladen. Wenn man keinen schnellen Internetzugang hat, sollte man sich etwas Zeit lassen. Die Version vom Dezember 2005 kommt auf rund 350 Megabyte – in einer großen Datei. Alle drei bis vier Monate kommt eine neue Version heraus, wobei die Releasebezeichnung seit etwas über einem Jahr unverändert geblieben ist: 9.0c. Trotzdem ändert sich schon einmal der Aufruf einer Methode! DirectX 9.0c ist eben noch lange nicht DirectX 9.0c!

Die hier vorgestellten Programme laufen z.B. nicht alle unter der Version vom Dezember 2005. Gott sei Dank bietet Microsoft aber die Möglichkeit, sich auch ältere Versionen noch herunterzuladen.

Die Programme wurden unter den Bibliotheksversionen getestet, die Sie in Abbildung 342 sehen. Diese Verweise müssen Sie in Ihr Projekt mit aufnehmen.

Reference Name	Type	Version	Copy Local	Path
Microsoft.DirectX	.NET	1.0.2902.0	False	C:\WINDOWS\Microsoft.NET\Managed DirectX\v9.02.3900\Mic
Microsoft.DirectX.Direct3D	.NET	1.0.2902.0	False	C:\WINDOWS\Microsoft.NET\Managed DirectX\v9.02.3900\Mic
Microsoft.DirectX.Direct3DX	.NET	1.0.2902.0	False	C:\WINDOWS\Microsoft.NET\Managed DirectX\v9.02.3900\Mic
System	.NET	2.0.0.0	False	C:\WINDOWS\Microsoft.NET\Framework\v2.0.50727\System.c
System.Drawing	.NET	2.0.0.0	False	C:\WINDOWS\Microsoft.NET\Framework\v2.0.50727\System.D
System.Windows.Forms	.NET	2.0.0.0	False	C:\WINDOWS\Microsoft.NET\Framework\v2.0.50727\System.\

Abbildung 342: Benutzte Bibliotheken in Visual Studio

Die Referenz auf `Microsoft.DirectX.Direct3DX` wird für einfache Grafiken nicht benötigt. Für den Raumgleiter ist diese Referenz allerdings notwendig.

In allen Programmen müssen Sie die `Imports`-Anweisungen aus Listing 677 einfügen. Dies reicht auch für den Raumgleiter. Die dort hinterlegten Methoden befinden sich ebenfalls im Namensraum von `Microsoft.DirectX`.

```
Imports Microsoft.DirectX
Imports Microsoft.DirectX.Direct3D
```

Listing 677: Notwendige Imports für DirectX

Damit DirectX schnelle Grafiken erzeugen kann, umgeht es die in Windows üblichen Softwareschichten, die den »normalen« Programmierer vor den Unbillen der Hardware schützt. Man muss sich also zum Teil selbst darum kümmern, welche Hardware vorhanden ist und welche Funktionen diese Hardware zur Verfügung stellt. Notfalls muss man die Ausführung des Programms unterbinden, da ansonsten der Aufbau einer Grafik entweder gar nicht möglich ist oder der Benutzer zu der Meinung gelangen kann, der Rechner würde »stehen«.

Aber dies klingt schwieriger, als es in der Realität ist. DirectX bietet einige Methoden, um an die Daten der Hardware zu gelangen.

Dabei unterstützt DirectX auch den Anschluss mehrerer Grafikkarten an einem Rechner.

> **Hinweis**
>
> Die Methoden zur Ermittlung der Hardware-Eigenschaften sind in der Klasse `D9AdapterInfo` gekapselt.

329   Eigenschaften einer Grafikkarte

Um überhaupt erst einmal feststellen zu können, welche Grafiken auf einem Rechner möglich sind, muss man herausfinden, ob überhaupt eine Grafikkarte eingebaut ist J, respektive wie viele Grafikkarten zur Verfügung stehen.

Hierzu gibt es in DirectX die statische Klasse `Manager`. Sie dient sozusagen als Einstieg in die Hardware des Rechners. In Listing 678 wird die Funktion `AdapterCount()` gezeigt, die eigentlich nichts anderes macht, als eine Eigenschaft der Klasse `Adapters` aus dem DirectX aufzurufen.

```
Shared ReadOnly Property AdapterCount() As Integer
   Get
      Return Direct3D.Manager.Adapters.Count
   End Get
End Property
```

Listing 678: Anzahl der Grafikadapter im Rechner

Hat man einmal die Anzahl der Adapter ermittelt, kann man sich für jeden Adapter die Eigenschaften anzeigen lassen. Hierbei ist zu beachten, dass die Zählung der Adapter nullbasierend ist. Der erste Adapter hat also die Nummer 0.

Damit können Sie in die Methode `AdapterInfo()` einsteigen, die in Listing 679 abgedruckt ist.

Dieser Methode wird die Index-Nummer des Adapters übergeben. Sie liefert die Daten zur entsprechenden Grafikkarte als Einträge einer `Dictionary`-Liste zurück. Dieses Dictionary wird zu Beginn der Methode erzeugt. Schlüssel- und Wert-Eintrag sind in diesem Fall vom Datentyp `String`.

Allgemeine Angaben zum jeweiligen Adapter können wieder über die Klasse Adapters ermittelt werden, indem man die Methode Item() mit dem entsprechenden Index des Adapters aufruft. Zurückgeliefert wird ein Objekt der Klasse AdapterInformation.

Mit diesem Objekt kann man sich anschließend weitere Details des Adapters besorgen. Hierzu ruft man die Methode Information() auf, die wiederum ein Objekt der Klasse AdapterDetails zurückliefert. Dieses Vorgehen ist am Beginn von Listing 679 realisiert.

```
Public Shared Function AdapterInfo(ByVal Adapter As Integer) _
  As Dictionary(Of String, String)

  Dim Dict As Dictionary(Of String, String) = _
    New Dictionary(Of String, String)

  Dim Info As Direct3D.AdapterInformation
  Dim Details As Direct3D.AdapterDetails

  Info = Direct3D.Manager.Adapters.Item(Adapter)
  Details = Info.Information

  Dict.Add("Adapter", Info.Adapter.ToString())
  Dict.Add("Modeanzahl", Info.SupportedDisplayModes.Count.ToString)
  Dict.Add("AktMode", Info.CurrentDisplayMode.ToString)

  Dict.Add("Beschreibung", Details.Description)
  Dict.Add("DeviceID", Details.DeviceId.ToString)
  Dict.Add("Identifier", Details.DeviceIdentifier.ToString)
  Dict.Add("DeviceName", Details.DeviceName)
  Dict.Add("DriverName", Details.DriverName)
  Dict.Add("DriverVersion", Details.DriverVersion.ToString)
  Dict.Add("Revision", Details.Revision.ToString)
  Dict.Add("SubsystemID", Details.SubSystemId.ToString)
  Dict.Add("VendorID", Details.VendorId.ToString)
  Dict.Add("WHQL-Level", Details.WhqlLevel.ToString)

  Return Dict
End Function
```

Listing 679: Genaue Informationen über eine Grafikkarte

Die einzelnen Einträge in das Dictionary werden mit der Add()-Methode durchgeführt. Nähere Informationen zum Dictionary finden Sie auch im Kapitel über Generics in diesem Buch. Bis auf den Eintrag zum WHQL-Level dürften die einzelnen Bezeichnungen für sich sprechen.

WHQL ist die Abkürzung zu *Windows Hardware Quality Level*. Dabei handelt es sich um eine Zertifizierung von Gerätetreibern durch Microsoft. Durch diese Zertifizierung sollen Probleme durch fehlerhafte Treiber ausgeschlossen werden.

Eine Grafikkarte ist naturgemäß in der Lage, unterschiedliche Farbtiefen darzustellen. So kann man zum Beispiel die Farbe Rot mit 256 verschiedenen Nuancen darstellen. Hierfür werden dann 8 Bit = 1 Byte benötigt. In der R(ot)-G(rün)-B(lau)-Darstellung sind also 256 * 256 * 256 = 16.777.216 Farben möglich. Für diese Darstellung müssen 32 Bit reserviert werden, wobei nur 24 Bit benötigt werden. Die restlichen 8 Bit bleiben entweder ungenutzt oder können für

Effekte eingesetzt werden. Zum Beispiel für Alpha-Blending. Damit kann die Transparenz eines Pixels angegeben werden. Dadurch ist man in der Lage, durchscheinende Fenster oder Ähnliches zu erzeugen. Man spricht in einem solchen Fall oft auch von ARGB oder RGBA. Nutzt man diesen Effekt, kann man 256 verschiedene Transparenzstufen erzeugen: von Undurchsichtig bis zur vollkommene Durchsicht.

Eine solche Berechnung ist naturgemäß zeitaufwändig. Sollte die Grafikkarte also in der Lage sein, diese Rechenschritte auf der Hardware durchzuführen, kann man einiges an Performance gewinnen.

Die Methode `ModeFormate()` aus Listing 680 listet alle Darstellungsmodi eines bestimmten Adapters auf, die die Grafikkarte unterstützt. Das Format der Darstellung ist einfach gehalten. Nach jedem Buchstaben kommt die Zahl der Bits, die zur Verfügung stehen. Die beste Variante ist zurzeit also A8R8G8B8. Es werden alle 32 Bit ausgenutzt. Steht an der ersten Stelle statt A ein X, so wird dieses Byte nicht genutzt.

Der Buchstabe »D« steht für »Tiefe«. Damit ist die »Bit-Tiefe« des so genannten z-Puffers gemeint. Dieser wird benötigt, um sich verdeckende Objekte in der Tiefe des Raums zu ordnen.

Die einzelnen Formate werden als `ArrayList` von Zeichenketten zurückgeliefert. Über `ModeFormat` kann man sich die einzelnen Modi als 1-dimensionales Array abholen. In der folgenden Schleife werden die Eintragungen dieses Arrays in eine Zeichenkette umgewandelt.

```
Public Shared Function ModeFormate(ByVal adapter As Integer) _
  As ArrayList

  Dim ModeFormat As Format
  Dim ModeformatList As Array
  Dim i As Integer

  Dim RetArr As ArrayList = New ArrayList

  ModeformatList = ModeFormat.GetValues(ModeFormat.GetType)

  For i = ModeformatList.GetLowerBound(0) To _
    ModeformatList.GetUpperBound(0)

    ModeFormat = CType(ModeformatList.GetValue(i), Direct3D.Format)
    RetArr.Add(ModeFormat.ToString())
  Next

  Return RetArr

End Function
```

Listing 680: Die verschiedenen Darstellungsarten einer Grafikkarte

Die Anwendung der dargestellten Methoden ist in Listing 681 zu sehen. Die Anzahl der eingebauten Adapter wird ermittelt und im Label `lblAdapter` der Bildschirmmaske hinterlegt. Nach Aufruf der beiden weiteren Methoden werden die Ergebnisse durch zwei `For Each`-Schleifen im `ListView` des Fensters ausgegeben.

Das Ergebnis eines entsprechenden Aufrufs sehen Sie in Abbildung 343.

Abbildung 343: Infos über eine Grafikkarte

```
Private Sub btnAdapter_Click(ByVal sender As System.Object, _
  ByVal e As System.EventArgs) Handles btnAdapter.Click

  Dim dict As Dictionary(Of String, String)
  Dim Runner As _
    Collections.Generic.KeyValuePair(Of String, String)
  Dim Mode As String
  Dim Modes As ArrayList

  lblAdapter.Text = lblAdapter.Text + "   " + _
    D9AdapterInfo.AdapterCount.ToString

  ' Der Einfachheit halber den ersten Adapter
  dict = D9AdapterInfo.AdapterInfo(0)
  Modes = D9AdapterInfo.ModeFormate(0)

  For Each Runner In dict
    lstAdapter.Items.Add(Runner.Key + " : " + Runner.Value)
  Next

  lstAdapter.Items.Add("---------------------------")

  For Each Mode In Modes
    lstAdapter.Items.Add(Mode)
  Next
```

Listing 681: Aufruf der statischen Methoden für die Grafikkarteneigenschaften

```
End Sub
End Class
```

Listing 681: Aufruf der statischen Methoden für die Grafikkarteneigenschaften (Forts.)

Der für dieses Beispiel eingesetzte Computer hat also einen Grafikadapter mit dem Index 0 und unterstützt 86 verschiedene Grafikmodi.

330 Check auf Display-Format

Nicht immer will man eine Liste aller möglichen Grafikformate haben. Für eine entsprechende Grafikanwendung kann es notwendig sein, dass die Grafikkarte nur ein paar Modi unterstützen muss. Für diesen Fall gibt es die Methode Check() aus Listing 682.

Dieser Methode wird das gewünschte Format mit dem entsprechenden Datentyp übergeben. Man könnte hier das Format als Zeichenkette übergeben und innerhalb der Funktion in das entsprechende Format konvertieren. Durch Intellisense ist die Eingabe eines Formats allerdings extrem einfach geworden, so dass hier auf diese Art verzichtet wurde.

Die Methode liefert True oder False zurück, je nach Ergebnis des Tests.

```
Public Class CheckDevice

    Public Shared Function Check(ByVal form As Format) As Boolean

        Return _
        Manager.CheckDeviceType(0, _
          DeviceType.Hardware, _
          form, _
          form, _
          True)

    End Function

End Class
```

Listing 682: Test auf ein bestimmtes Display-Format

Der Aufruf dieser einfachen Methode ist in Listing 683 zu sehen. Je nach Unterstützung wird im Fenster eine CheckBox aktiviert oder nicht. Dieses Fenster sehen Sie in Abbildung 344.

```
Private Sub btnX8_Click(ByVal sender As System.Object, _
    ByVal e As System.EventArgs) Handles btnX8.Click

    If CheckDevice.Check(Format.X8R8G8B8) Then
      chkX8.Checked = True
    End If

    If CheckDevice.Check(Format.A8R8G8B8) Then
      chkA8.Checked = True
```

Listing 683: Aufruf der Testroutine für Display-Format

```
  End If

End Sub
```

Listing 683: Aufruf der Testroutine für Display-Format (Forts.)

Abbildung 344: Ergebnis des Display-Formate-Tests

331 DirectX-Matrizen

Will man mit DirectX (oder irgendeinem anderen System) Grafiken berechnen, kommt man um die Matrizenrechnung nicht herum. In der Kategorie »Wissenschaft« dieses Buches wird darauf ausführlich eingegangen. Wie Sie dort recht leicht erkennen können, ist diese Art der Berechnung sehr rechenintensiv. Daher hat es schon früh Versuche gegeben, diese Art der Berechnung in den Grafikprozessoren der Grafikkarte ablaufen zu lassen. Zumal man für Grafiken nur Matrizen vom Rang 4 benötigt, also 4 Zeilen mit 4 Spalten.

Sollte die Grafikkarte diese mathematischen Operationen verstehen, verlagert DirectX die gesamte Berechnung auf die Grafikkarte! Der Geschwindigkeitsgewinn ist enorm. Die heutigen Grafikkarten unterstützen fast alle mathematischen Operationen, die man für Grafikanwendungen benötigt. Man muss sich aber an die besondere Schreibweise von Matrizen und deren Operationen gewöhnen, wenn man mit DirectX arbeitet.

In DirectX wird immer mit 4x4-Matrizen gearbeitet. Sollten Sie eine 3x3-Matrix benötigen, belegen Sie einfach die unterste Zeile und die rechte Spalte mit `0.0F`. Die unterste rechte Spalte muss allerdings mit `1.0F` belegt werden.

Die DirectX-Matrizen arbeiten prinzipiell im Datenformat `Single`, erwarten Sie also nicht höchste Genauigkeit bei der Berechnung. Sie werden gleich ein entsprechendes Beispiel sehen. Aber bei den auf PCs üblichen Grafikanwendungen ist dies auch nicht notwendig.

Die einfachste Form einer Matrix, mit der man auch etwas anfangen kann, ist die Einheitsmatrix. Sie hat auf der Diagonalen von links oben nach rechts unten eine 1.0F stehen, während alle anderen Zellen mit 0.0F belegt sind.

Eine Matrix wird unter DirectX einfach mit der Anweisung

```
Dim A As Matrix
```

definiert. Um diese Matrix nun zur Einheitsmatrix zu machen, kann die Eigenschaft `Identity` der statischen Klasse `Matrix` genutzt werden, siehe Listing 684. Im Anschluss an diese Zuordnung wird die Funktion `ShowMatrix()` aufgerufen, die Sie in Listing 684 finden.

```
Private Sub btnIdentity_Click(ByVal sender As System.Object, _
  ByVal e As System.EventArgs) Handles btnIdentity.Click
Dim A As Matrix
  A = Matrix.Identity
  ShowMatrix(A)

End Sub
```

Listing 684: Identitätsmatrix erzeugen

Um die in Listing 684 gemachten Zuordnungen zu verstehen, muss man wissen, dass in DirectX jedes Element einer Matrix einen eigenen Namen (Eigenschaft) hat. Der Aufbau einer DirectX-Matrix sieht folgendermaßen aus:

$$\begin{bmatrix} M11 & M12 & M13 & M14 \\ M21 & M22 & M23 & M24 \\ M31 & M32 & M33 & M34 \\ M41 & M42 & M43 & M44 \end{bmatrix}$$

Die einzelnen TextBoxen aus Abbildung 345 haben exakt die gleichen Namen bekommen wie die Matrix-Elemente. Da diese Matrix-Elemente vom Datentyp Single sind, werden Sie der Einfachheit halber in eine Zeichenkette umgewandelt und der Text-Eigenschaft der entsprechenden TextBox zugeordnet.

```
Public Sub ShowMatrix(ByVal m As Matrix)

  Me.M11.Text = m.M11.ToString
  Me.M12.Text = m.M12.ToString
  Me.M13.Text = m.M13.ToString
  Me.M14.Text = m.M14.ToString

  Me.M21.Text = m.M21.ToString
  Me.M22.Text = m.M22.ToString
  Me.M23.Text = m.M23.ToString
  Me.M24.Text = m.M24.ToString

  Me.M31.Text = m.M31.ToString
  Me.M32.Text = m.M32.ToString
  Me.M33.Text = m.M33.ToString
  Me.M34.Text = m.M34.ToString

  Me.M41.Text = m.M41.ToString
  Me.M42.Text = m.M42.ToString
  Me.M43.Text = m.M43.ToString
  Me.M44.Text = m.M44.ToString

  Me.Refresh()
End Sub
```

Listing 685: Darstellung einer Matrix in Bildschirmmaske Abbildung 345

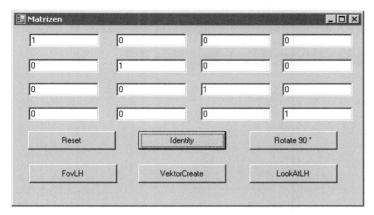

Abbildung 345: Matrix-Identität

Da man bei Grafikanwendungen sehr viel mit Rotation, Translation und Skalierung zu tun hat, werden diese Operationen durch durch DirectX abgebildet. Die einfachste Form einer Rotation ist die Drehung um eine der drei Achsen x, y, oder z. Ganz besonders einfach ist die Drehung um 90°. In der Computertechnik rechnet man allerdings nicht in Grad, sondern in Radian. Dabei wird der Vollkreis von 360° auf den Kreis mit Radius 1 abgebildet. Da der Umfang eines Kreises 2 * π ist, kann zur Umrechnung eine konstante Zahl benutzt werden, die in Listing 686 berechnet wird.

Mit dieser Konstanten Radian kann nun die Drehung um 90° um die x-Achse so durchgeführt werden, wie in Listing 687 gezeigt.

```
Dim Radian As Single = 180.0F / System.Convert.ToSingle(Math.PI)
```

Listing 686: Radian-Berechnung

Das Ergebnis dieser Berechnung währe mathematisch genau die Matrix.

$$
\begin{bmatrix}
1 & 0 & 0 & 0 \\
0 & 0 & 1 & 0 \\
0 & 1 & 0 & 0 \\
0 & 0 & 0 & 1
\end{bmatrix}
$$

Die Berechnung von DirectX ist nahe dran (Abbildung 346), aber doch knapp vorbei. Aber, wie gesagt, bei Spielen ist eine hohe Genauigkeit auch nicht notwendig. Geschwindigkeit macht's.

```
Private Sub btnRot90_Click(ByVal sender As System.Object, _
  ByVal e As System.EventArgs) Handles btnRot90.Click

  A = Matrix.Identity
  A.RotateX(90.0F / Radian)
  ShowMatrix(A)

End Sub
```

Listing 687: Matrix-Rotation um die X-Achse

Der dargestellte Wert ist schon nahe an Null. Wer sich nicht mehr so sicher ist, was diese Schreibweise aussagt, es handelt sich um den Wert 0,0000000437....

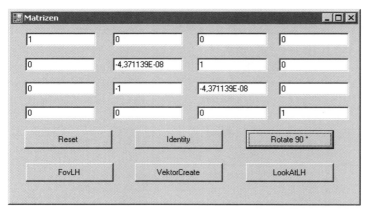

Abbildung 346: Identity um 90° gedreht

Natürliche Objekte drehen sich aber typischerweise nicht nur um eine Achse, sondern im Extremfall um alle drei möglichen Achsen.

Diese drei Achsen werden in der Aeronautic als Yaw, Pitch und Roll bezeichnet. Roll bezeichnet die Drehung um die Längsachse eines Objekts. Bei einem Flugzeug geht die Längsachse zum Beispiel von der Pilotenkanzel zum Heck. Mit Pitch ist die Drehung um die Querachse gemeint. Im Beispiel des Flugzeugs wäre dies eine Drehung um die Achse der Tragflächen. Letztendlich wird mit Yaw eine Drehung um die Normale zu diesen beiden Achsen bezeichnet. Sie steht also senkrecht zu den beiden anderen Achsen. Wer sich näher mit diesem Thema beschäftigen möchte, findet unter

http://de.wikipedia.org/wiki/Flugzeug#Achsen

weitere Angaben.

DirectX unterstützt diese Art der Drehung durch eine spezielle Methode der Matrix-Klasse. Diese Methode heißt treffenderweise RotateYawPitchRoll(). In Listing 688 wird diese Methode genutzt, um die Einheitsmatrix ebenfalls um 90° zu drehen. Es sollte also das gleiche Ergebnis herauskommen wie in Listing 687, respektive das richtige Ergebnis aus der Mathematik.

```
Private Sub btnYawPitchRoll_Click(ByVal sender As System.Object, _
    ByVal e As System.EventArgs) Handles btnFovLH.Click

    A = Matrix.Identity
    A.RotateYawPitchRoll(0.0F / Radian, 90.0F / Radian, 0.0F / Radian)
    ShowMatrix(A)

End Sub
```

Listing 688: Rotation mittels Yaw, Pitch und Roll

Wie man in Abbildung 347 erkennt, ist diese Version der Matrix-Berechnung noch etwas ungenauer. Dies ist auch nicht weiter verwunderlich, da es sich um drei Matrix-Operationen handelt, die hintereinander ausgeführt werden.

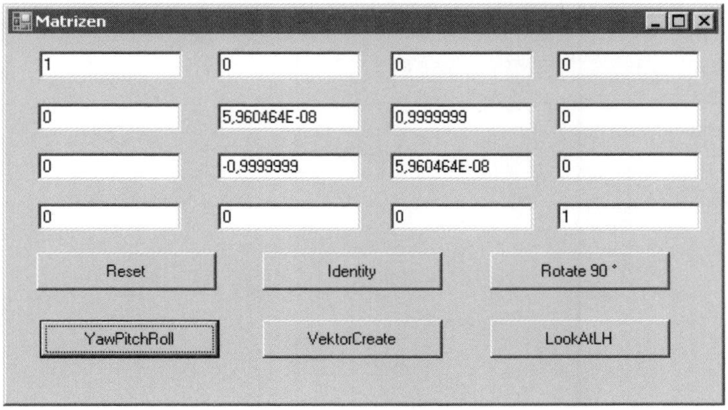

Abbildung 347: Identity-Rotation um 90°

Es gibt im Grafikbereich aber nicht nur Matrizen, sondern auch Vektoren. Näheres ist ebenfalls in der Kategorie »Wissenschaft« zu finden.

Auch diese mathematischen Operatoren werden durch DirectX unterstützt. In Listing 689 sehen Sie, wie Vektoren definiert und deklariert werden. Neben der Klasse Vector4 gibt es noch die Klassen Vector3 und Vector2. Aufbau und Nutzung dieser Klassen geschieht analog zur Vector4-Klasse.

In Listing 689 wird das Kreuzprodukt dreier Vektoren berechnet und als Spalte 4 in Abbildung 348 dargestellt.

Vor der Zuordnung der einzelnen Vektorelemente an die Matrix-Spalte werden alle Elemente der Matrix auf 0.0F gesetzt.

```
Private Sub btnVector_Click(ByVal sender As System.Object, _
   ByVal e As System.EventArgs) Handles btnVector.Click

   Dim u As Vector4 = New Vector4(1.0F, 2.0F, 3.0F, 4.0F)
   Dim v As Vector4 = New Vector4(2.0F, 1.0F, 3.0F, 4.0F)
   Dim w As Vector4 = New Vector4(5.0F, 1.0F, 3.0F, 2.0F)
   Dim x As Vector4 = New Vector4(1.0F, 2.0F, 2.0F, 1.0F)

   x = Vector4.Cross(u, v, w)

   A = Matrix.Zero

   A.M14 = x.X
   A.M24 = x.Y
   A.M34 = x.Z
   A.M44 = x.W

   ShowMatrix(A)

End Sub
```

Listing 689: Kreuzprodukt im 4-dimensionalen Raum

Das Ergebnis dieses Kreuzproduktes ist wieder ein vierdimensionaler Vektor.

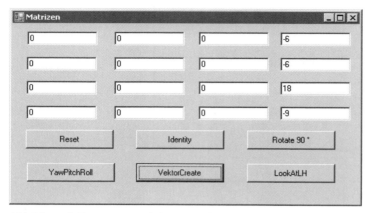

Abbildung 348: Kreuzprodukt von Vektoren

Bisher haben Sie nur Berechnungen gesehen, die sich mit den Objekten im Raum beschäftigen. Um sich diese Objekte aber auch ansehen zu können, benötigt man so etwas wie eine Kamera.

Wenn Sie sich einmal an das Fotografieren/Filmen im Urlaub erinnern, kommt es beim Betrachten immer auf die Perspektive und den Standpunkt an. Sie haben mit Ihrer Kamera einen Standpunkt (Standort) im Raum und schauen in eine bestimmte Richtung, also auf einen bestimmten Koordinatenpunkt. Zugleich gibt es für Sie eine Definition der Richtung »Oben«.

Alle diese Elemente benötigen Sie auch, wenn Sie eine Szene mit DirectX darstellen wollen. Das heißt konkret, dass Sie drei Vektoren der Klasse Vector3 benötigen, da wir ja in einem dreidimensionalen Raum leben. Auch wenn Sie ein Sciencefiction-Spiel mit Hyperraum programmieren wollen.

Um es den Programmierern möglichst einfach zu machen, eine solche Transformationsmatrix zu berechnen, existiert in DirectX die Methode LookAtLH() innerhalb der Matrix-Klasse.

In Listing 690 wird gezeigt, wie Sie diese Methode anwenden können. Sie benötigen eine Kameraposition, die in diesem Beispiel an den Koordinaten x=1, y=1 und z=1 ist.

Sie schauen mit Ihrer Kamera auf einen bestimmten Punkt, hier den Koordinatenursprung an der Position x=0, y=0 und z=0. Sie schauen also mit einem Winkel von 45° nach unten.

Als Letztes müssen Sie noch festlegen, wo bei Ihnen »Oben« ist. Dies können Sie festlegen, wie Sie wollen. Standardmäßig wird unter DirectX die y-Achse angegeben. Denken Sie daran, wenn Sie sich andere Listings ansehen und Sie diese Richtung nicht nutzen.

Nachdem diese drei Vektoren festgelegt sind, kann die entsprechende Transformationsmatrix berechnet werden.

```
Private Sub btnLookAtLH_Click(ByVal sender As System.Object, _
    ByVal e As System.EventArgs) Handles btnLoakkAtLH.Click

    Dim CameraPosition As Vector3 = New Vector3(1.0F, 1.0F, 1.0F)
    Dim CameraTarget As Vector3 = New Vector3(0.0F, 0.0F, 0.0F)
```

Listing 690: Kamerasteuerung

```
Dim CameraUp As Vector3 = New Vector3(0.0F, 1.0F, 0.0F)

A = Matrix.LookAtLH(CameraPosition, CameraTarget, CameraUp)
ShowMatrix(A)

End Sub
```

Listing 690: Kamerasteuerung (Forts.)

Das Ergebnis dieser Berechnung sehen Sie in Abbildung 349.

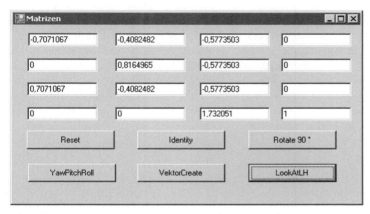

Abbildung 349: Kamerasichtsmatrix auf den Koordinatenursprung

Wer aus seiner Schulzeit noch einige Zahlenwerte im Kopf hat J, erkennt an der Position M11 den Sinus von -45°.

332   Ein einfacher Torus

Normalerweise findet man als einführenden Schritt die Berechnung vieler Drei- und/oder Vierecke im zwei- und dreidimensionalen Fall vor. Dies kann in einem ersten Zugang zu dieser Technik aber eher zu Verwirrung führen, da heute keiner mehr ein Objekt aus 50.000 Dreiecken per Hand zusammenstrickt. Dafür gibt es entsprechende Tools.

Für den allerersten Schritt in die dritte Dimension hat Microsoft sogar einige Körper direkt mitgeliefert. Unter anderem den Torus, der in diesem Beispiel Anwendung findet. Es handelt sich bei diesen Körpern um einen Kasten, einen Zylinder, den Torus und eine Teekanne.

Um ein neues Projekt für eine DirectX-Anwendung zu erzeugen, sollte man nicht eine normale Windows-Anwendung als Projektvorlage nehmen, sondern die Vorlage für ein leeres Projekt! Diesem leeren Projekt wird dann eine Form hinzugefügt. Auf den ersten Blick ist damit zwar exakt Identisches passiert, allerdings gab es unter VS 2005 Probleme mit der Lauffähigkeit, wenn man eine normale Windowsanwendung als Projektvorlage genommen hat.

Die zu erzeugende neue Form bekam den Namen TorusClass, worauf VS die entsprechende Visual Basic-Datei mit der Klasse TorusClass erzeugt hat. Den Beginn dieser Klasse sehen Sie in Listing 691. Für den weiteren Verlauf werden drei Objekte benötigt, die an dieser Stelle definiert werden.

Die Klasse `Device` dürfte nach den bisherigen Erläuterungen einigermaßen klar sein. Da das Objekt gedreht werden soll, ist es von Vorteil einen Drehwinkel bereitzuhalten.

Mit dem Objekt `TorusMesh` tritt eine neue Klasse auf den Plan, `Mesh`. Unter einem Mesh versteht man das »Drahtgittermodell« eines Objektes. Also die geordnete Aneinanderreihung vieler Dreiecke zu einem zusammenhängenden Gebilde. Diese Drahtgittermodelle werden unter DirectX in so genannten X-Dateien erwartet (*.x). Solche X-Dateien werden mit externen Tools erzeugt, die speziell für diese Zwecke programmiert worden sind. Ein Tool, welches Open Source ist und sich vor den kommerziellen Tools nicht zu verstecken braucht, ist das Programm Blender (*www.blender3d.org*).

Diesem Drahtgittermodell kann eine Oberfläche zugeordnet sein. Diese Oberfläche kann aus einer Grafikdatei (BMP) oder dem speziellen DDS-Format bestehen. Der Inhalt der Grafik muss natürlich zu dem Objekt passen, welches dargestellt werden soll. Da eine Grafik aber zwei-dimensional ist, können recht eigentümliche Bilder dabei entstehen. Stellen Sie sich vor, Sie müssen aus einer Stoffbahn einen körperengen Anzug schneidern. Dieser Schnittbogen muss dann bemalt werden. Ein noch recht einfaches, aber schönes Beispiel finden Sie im Verzeichnis *Samples\Media\Tiger* unter dem Installationsverzeichnis Ihrer DirectX-Installation. Wer nicht gerade neben der Programmierung ein begnadeter Grafiker ist, hat mit der Erstellung solcher Bilder seine Probleme.

```
Public Class TorusClass

    Private GraphicDevice As Device = Nothing
    Private TorusMesh As Mesh = Nothing
    Private RotationAngle As Single = 0.0F
```

Listing 691: Start der Klasse TorusClass

Wenn man mit .NET eine Windows-Anwendung erzeugt, wird intern immer eine spezielle Methode in der Hauptfensterklasse erzeugt, die den Namen `Main` trägt – außer Sie erstellen selber diese Methode oder überschreiben diese. In diesem Fall müssen Sie diese Methode selber erzeugen, da .NET ansonsten nicht unbedingt weiß, welche Klasse Ihre Hauptklasse ist. Zudem soll diese Methode angepasst werden. Die für dieses Beispiel benötigte Methode finden Sie im Listing 692.

Die Klasse erzeugt sich direkt nach dem Methodenstart selbst. Anschließend wird das Fenster mit der Methode `Show` angezeigt. Es folgt die Methode `InitializeGraphics()`, die von Ihnen realisiert werden muss. Mehr dazu gleich.

In der letzten Zeile des `Try`-Blocks wird das Programm in die klassische Ereignisbehandlungs-schleife von Windows geschickt. Damit ist das Programm aktiv und kann auf Eingaben etc. reagieren.

Wird das Programm normal oder durch eine Ausnahme beendet, sollte noch etwas aufgeräumt werden. Dies geschieht in der Methode `Dispose` der Fensterklasse.

```
Shared Sub Main()
    Dim MainFrm As New TorusClass

    Try
```

Listing 692: Hauptroutine Main der Fensterklasse

```
    MainFrm.Show()
    MainFrm.InitializeGraphics()
    Application.Run(MainFrm)
  Finally
    MainFrm.Dispose()
  End Try
End Sub
```

Listing 692: Hauptroutine Main der Fensterklasse (Forts.)

Bei der Erzeugung der Klasse wird der Konstruktor New() aufgerufen. Diese Methode finden Sie in Listing 693.

Mit der Methode SetStyle(), welche jedes Control anbietet, wird u.a. festgelegt, wie sich das Fenster verhält. Mit der Eigenschaft UserPaint wird bestimmt, dass alle Ereignisse, die das Zeichnen im Fenster betreffen, durch die eigene Paint-Ereignisroutine erledigt werden sollen. Nun kann es sein, dass die Routine bei dieser Aktion durch ein Ereignis namens WM_ERASEBKGND unterbrochen wird. Dadurch entsteht ein Flimmern auf dem Bildschirm. Dies kann durch die Angabe von AllPaintingInWmPaint unterbunden werden.

Mit der Angabe von Opaque wird zudem festgelegt, dass das Fenster undurchsichtig ist, also keine Pixel aus dem Hintergrund des Fenstern (z.B. dem Desktop) beachtet werden müssen.

Anschließend werden die Größe und der Titel des Fensters festgelegt.

```
Public Sub New()

  Me.SetStyle( _
    ControlStyles.AllPaintingInWmPaint Or _
    ControlStyles.UserPaint Or _
    ControlStyles.Opaque, _
    True)

  Me.Size = New Size(640, 480)
  Me.Text = "Torus"

End Sub
```

Listing 693: Konstruktor der Fensterklasse

Wie schon erwähnt, muss man sich bei DirectX zu einem Teil auch um die Hardware kümmern. Dies geschieht am besten in einer separaten Methode, siehe Listing 694. Das hat auch den Vorteil, dass man diese Methode im Laufe des Programms noch mal gebrauchen kann. DirectX verliert manchmal den Kontakt zur Hardware. Dann ist es gut, eine entsprechende Routine parat zu haben. Auf dieses Thema wird an dieser Stelle aber nicht weiter eingegangen.

Um die Grafiken darzustellen, benötigt man einige Parameter zur Präsentation dieser Grafiken. Treffenderweise heißt die Klasse hierfür PresentParameters.

Für die Darstellung wird in diesem Beispiel die Standardgrafikkarte des PCs benutzt. Hierfür wird die Variable DefaultAdapter festgelegt.

DirectX

Die Grafikkarte hat verschiedene Möglichkeiten der Darstellung. Um die Darstellung der Grafik über diese Möglichkeiten zu steuern, kann die Klasse `Caps` benutzt werden, wobei die Klasse `CreateFlags` die einzelnen Eigenschaften bereitstellt.

Da die Grafik in einem Fenster dargestellt werden soll, wird die Eigenschaft `Windowed` des Objekts `PParameter` auf `True` gesetzt.

Die Berechnung der Grafik geschieht immer im Hintergrund. Ist die Grafik fertig berechnet und der richtige Zeitpunkt für die Darstellung erreicht, wird dieser Bereich angezeigt, während der bisherige Grafikbereich in den Hintergrund geschickt wird, um dort die nächste Grafik zu berechnen. Diese Vorgehensweise kann durch das Programm beeinflusst werden. Standardmäßig nutzt DirectX aber schon ein recht gutes Verfahren. Durch die Einstellung `Swap-Effect.Discard` wird dieses Verfahren eingestellt.

Wie bereits erwähnt, nutzt DirectX einen Tiefenpuffer. Die Größe dieses Tiefenpuffers wird über die Angabe `DepthFormat` festgelegt. Hierzu muss auch die Eigenschaft `EnableAutoDepthStencil` auf `True` gesetzt sein.

Wenn der PC mehrere Grafikkarten hat, kann der Benutzer eine davon zum Standard erklären. Um mit dieser Karte zu arbeiten wird über die `Manager`-Klasse dieser Standard-Adapter ermittelt und der Variablen zugeordnet.

Für die Berechnung ist es interessant, ob die Grafikkarte zum Beispiel die mathematischen Berechnungen übernehmen kann. Sollte dies nicht der Fall sein, übernimmt DirectX die Berechnung, was naturgemäß langsamer ist. Als Fallback wird `SoftwareVertexProcessing` festgelegt, da dies mit jeder einigermaßen neuen Grafikkarte funktioniert. Sollte das Alter aber den 2-stelligen Bereich erreichen, könnte es Probleme geben.

Um die Fähigkeiten des Adapters zu bestimmen, werden sie über die `Manager`-Methode `GetDeviceCaps()` ermittelt. Anschließend werden einige wenige Fähigkeiten abgefragt und bei Vorhandensein der jeweiligen Fähigkeit in den `Flags` vermerkt. An dieser Stelle könnte eine recht lange Liste von `if`-Abfragen stehen, die hier aber weggelassen werden.

An diesem Punkt kann jetzt das Gerät »erstellt« werden, auf dem DirectX dann die Grafiken darstellt. Dazu wird die Klasse `Device` instanziert.

Dem Konstruktor wird als erster Parameter die Adapternummer übergeben. Der Gerätetyp sollte auf jeden Fall `DeviceType.Hardware` sein. Es gibt zwar auch die Angabe `DeviceType.Software`, allerdings wird dann alles prinzipiell über die Software realisiert. Zwischen der Darstellung einzelner Grafiken können Sie einen Kaffee oder Tee trinken bzw. ein gutes Abendessen zu sich nehmen. Dieser Typus ist definitiv nur für Debugging-Zwecke geeignet.

Der dritte Parameter gibt das Fenster an (genauer Window-Handle), auf dem die Grafik erzeugt werden soll. Da in diesem Beispiel die Grafik im eigenen Fenster angezeigt wird, wird hier `Me` übergeben.

Anschließend werden die `CreateFlags` und `PresentParameters` mit übergeben.

Jetzt fehlt nur noch etwas, was dargestellt werden soll. In diesem einfach gehaltenen Beispiel wird schlicht der `Torus` benutzt, den die Klasse `Mesh` bereitstellt. Dieser Methode wird das `Device` übergeben, mit dem dieser Mesh dargestellt werden soll. Die Angaben zum Torus bestehen dann aus dem inneren Radius des Rings (`1.0F`), dem äußeren Radius (`2.0F`), der Anzahl der »Seiten« (60) und der Anzahl der Ringe (60). Die beiden letzten Parameter müssen mindestens den Wert 3 haben. Je kleiner diese Werte sind, desto »eckiger« wird der Torus. Das liegt an der Tatsache, dass Meshes ja aus vielen kleinen Dreiecken generiert werden.

```
Public Sub InitializeGraphics()

   Dim PParameter As New PresentParameters()
   Dim DefaultAdapter As Integer
   Dim Flags As CreateFlags
   Dim Capabilities As Caps

   PParameter.Windowed = True
   PParameter.SwapEffect = SwapEffect.Discard
   PParameter.AutoDepthStencilFormat = DepthFormat.D16
   PParameter.EnableAutoDepthStencil = True

   DefaultAdapter = Manager.Adapters.Default.Adapter

   Flags = CreateFlags.SoftwareVertexProcessing

   Capabilities = Manager.GetDeviceCaps(DefaultAdapter, _
      DeviceType.Hardware)

   If Capabilities.DeviceCaps.SupportsHardwareTransformAndLight Then
      Flags = CreateFlags.HardwareVertexProcessing
   End If

   If Capabilities.DeviceCaps.SupportsPureDevice Then
      Flags = Flags Or CreateFlags.PureDevice
   End If

   GraphicDevice = New Device(DefaultAdapter, DeviceType.Hardware, _
      Me, _
      Flags, _
      PParameter)

   TorusMesh = TorusMesh.Torus(GraphicDevice, 1.0, 2.0, 60, 60)

End Sub
```

Listing 694: Initialisierung der Grafik

Was noch fehlt, ist eine Kamera, mit der wir die Szene beobachten können. Diese wird auch in einer eigenen Methode CameraInit() erstellt. Für dieses Beispiel finden Sie diese Methode in Listing 695.

Dazu wird eine Matrix benötigt, die uns den Sucher/Bildschirm liefert, durch den wir auf die Szene schauen. Hierfür kann die Methode PerspectiveFovLH der Matrix-Klasse benutzt werden. Der Namensteil Fov steht für »Field of View«, also das Sichtfeld, und der Namensteil LH steht für »Left Handed«. Koordinatensysteme können – ähnlich wie Yoghurt-Kulturen – rechts- und linksdrehend sein. Es gibt also auch Methoden mit der Kennung RH. Üblicherweise wird bei Grafikanwendungen aber mit linksdrehenden Koordinatensystemen gearbeitet.

Der Übergabeparameter für diese Methode ist an erster Stelle der Sichtwinkel, hier 45° (denken Sie an Radian weiter oben). Jeder Sucher einer Kamera, respektive jedes Bild hat ein Seitenverhältnis von Weite zu Höhe. Beim Kleinbildfilm ist dies beispielsweise 36/24, also 3/2. Damit ist nicht das Seitenverhältnis der Bildschirmmaske gemeint, sondern das Seitenverhältnis, in dem die virtuelle Kamera auf die Szene schaut!

Jede Kamera hat auch einen Schärfebereich, in dem Bilder scharf dargestellt werden. Außerhalb dieses Bereiches werden die Gegenstände unscharf dargestellt. Dieser Bereich wird mit den nächsten beiden Parametern festgelegt. Im Unterschied zu einer realen Kamera werden allerdings Objekte außerhalb dieses Bereiches nicht unscharf, sondern gar nicht dargestellt. In diesem Beispiel liegt der Bereich also im Entfernungsbereich von `1.0F` bis `100.0F`. Diese Entfernungsangaben sind fiktiv. Ob Sie sie mit Meter, Kilometer oder Nanometer übersetzen, bleibt Ihnen überlassen.

Damit steht die Projektionsmatrix fest und wird dem `Device` übergeben.

```
Private Sub CameraInit()

  GraphicDevice.Transform.Projection = _
    Matrix.PerspectiveFovLH( _
      System.Convert.ToSingle(Math.PI) / 4.0F, _
      CSng(Me.Width / Me.Height), _
      1.0F, _
      100.0F)

  GraphicDevice.Transform.View = _
    Matrix.LookAtLH( _
      New Vector3(0.0F, 0.0F, 18.0F), _
      New Vector3(), _
      New Vector3(0.0F, 1.0F, 0.0F) _
    )

  GraphicDevice.RenderState.Ambient = Color.DarkBlue

  GraphicDevice.Lights(0).Type = LightType.Directional
  GraphicDevice.Lights(0).Diffuse = Color.DarkBlue
  GraphicDevice.Lights(0).Direction = _
    New Vector3(0.0F, -1.0F, -1.0F)
  GraphicDevice.Lights(0).Enabled = True

End Sub
```

Listing 695: Erstellen des Kamerastandpunktes

Neben dieser Angabe benötigen Sie natürlich noch den Standort und die Blickrichtung der Kamera. Dazu nutzen Sie die Methode `LookAtLH`, die schon weiter oben besprochen wurde (Listing 690).

Was fehlt noch? Licht! Ohne Licht können wir auch in der realen Welt relativ wenig sehen. Um diese Szene zu beleuchten nutzen wir an dieser Stelle gerichtetes Licht. Dabei handelt es sich um eine Beleuchtungsart, die einer Taschenlampe ähnelt. Die Art und Weise, wie das Licht wirkt, kann mit den Angaben von `Diffuse` beeinflusst werden. Die Richtung, in die die »Taschenlampe« zeigt, sollte natürlich die des Objektes sein. Das heißt, Sie nehmen im einfachsten Fall die Angaben aus `LookAtLH()` und setzen an den Vektorkoordinaten ungleich Null eine `1.0F` mit umgekehrten Vorzeichen. Schließlich schalten Sie das Licht an!

Bei der Erstellung des Fensters wurde bestimmt, dass dieses Programm alle Zeichenoperationen für sich alleine durchführt. Daher muss die Methode OnPaint() aus Listing 696 überschrieben werden.

Zuerst wird der Wert für Radian festgelegt. Anschließend wird das Darstellungsfenster gelöscht und mit einer Hintergrundfarbe gefüllt. Zusätzlich wird der zu leerende z-Puffer-Bereich angegeben (1.0F = gesamter Bereich) und der Pufferbereich für die Pixelfarben zurückgesetzt.

Als Nächstes wird die Methode für die Kamera aufgerufen. Es könnte ja sein, dass sich die Kamera seit dem letzten Mal bewegt hat. Denken Sie an das Filmen aus fahrenden Autos.

Die Berechnung der eigentlichen Szene wird durch die Methoden BeginScene() und EndScene() eingeschlossen. Dazwischen wird alles berechnet, was in der Szene zu sehen sein soll. In diesem Beispiel handelt es sich einfach nur um den Torus, der mit der Methode aus Listing 697 berechnet wird.

Um die so berechnete Grafik anzuzeigen, muss sie präsentiert werden und Windows muss das Forms-Fenster neu zeichnen.

```
Protected Overrides Sub OnPaint(ByVal e As _
   System.Windows.Forms.PaintEventArgs)

  Dim Radian As Single = 180.0F / System.Convert.ToSingle(Math.PI)

  GraphicDevice.Clear(ClearFlags.Target Or ClearFlags.ZBuffer, _
    Color.CornflowerBlue, 1.0F, 0)

  CameraInit()

  GraphicDevice.BeginScene()

  PaintTorus(RotationAngle / Radian, _
    RotationAngle / Radian * 2.0F, _
    RotationAngle / Radian / 4.0F, _
    0.0F, 0.0F, 0.0F)

  GraphicDevice.EndScene()

  GraphicDevice.Present()

  Me.Invalidate()

End Sub
```

Listing 696: Überschriebene Methode OnPaint()

In der Methode zum Zeichnen des Torus wird der Torus in Rotation versetzt. Dies geschieht einfach durch die stete Addition von 0,5 Grad zum aktuellen Darstellungswinkel. Da dieser beim Aufruf der Methode in Listing 696 für alle drei Raumwinkel übergeben wird, dreht sich der Torus auch entsprechend in alle Richtungen. Dabei wird der Torus um den Koordinatenursprung gedreht. Will man ihn um einen anderen Punkt drehen, so müssen die Werte von x, y und z ungleich 0 sein.

Die Farbeigenschaften des Torusmaterials für das Raum- und das diffuse Licht werden jeweils auf die Farbe Weiß gesetzt. Das Material wird hierfür zu Beginn der Methode als Objekt der Klasse Material erzeugt.

Diese Materialeigenschaften werden an das Device übergeben und der Torus wird über die Methode DrawSubset() gemalt. Da das Torusmesh nur aus einem Stück besteht, wird er komplett über den ersten Eintrag erzeugt (Index 0).

```
Private Sub PaintTorus(ByVal yaw As Single, _
    ByVal pitch As Single, _
    ByVal roll As Single, _
    ByVal x As Single, _
    ByVal y As Single, _
    ByVal z As Single)

    Dim TorusMaterial As New Material()

    RotationAngle += 0.5F

    GraphicDevice.Transform.World = _
      Matrix.Multiply( _
        Matrix.RotationYawPitchRoll(yaw, pitch, roll), _
        Matrix.Translation(x, y, z))

    TorusMaterial.Ambient = Color.White
    TorusMaterial.Diffuse = Color.White

    GraphicDevice.Material = TorusMaterial
    TorusMesh.DrawSubset(0)

End Sub
```

Listing 697: Berechnen der Torusdarstellung

Damit man das Fenster nicht nur mit der Maus schließen kann, wird die ESC -Taste abgefangen, siehe Listing 698. Dies geschieht mit den üblichen Methoden der Fensterverarbeitung und bedarf sicherlich keiner näheren Erläuterung.

```
Protected Overrides Sub OnKeyDown(ByVal e As _
    System.Windows.Forms.KeyEventArgs)

    If e.KeyCode = Keys.Escape Then
      Me.Close()
    End If

    MyBase.OnKeyDown(e)

End Sub
```

Listing 698: Abfangen der ESC -Taste

Damit ist das erste DirectX-Programm fertig, welches auch einen sich drehenden Körper im dreidimensionalen Raum darstellt. Diesen sich drehenden Torus können Sie in Abbildung 350 sehen.

Abbildung 350: Ein sich drehender Torus im dreidimensionalen Raum

333 Komplexe Grafiken

Ein sich drehender Torus ist zwar schon recht schön. Aber was ist mit »richtigen« Körpern? Wie schon erwähnt benötigen Sie hierzu eine X-Datei. Für das folgende Beispiel wird die Datei *bigship1.x* aus dem DirectX SDK genutzt. Sie finden Sie im Unterverzeichnis *Samples\Media\ Misc* Ihrer DirectX SDK Installation.

Sie können die Klasse aus 332 kopieren und ihr einen neuen Namen geben, wie in Listing 699 gezeigt. Um mit dem Mesh arbeiten zu können, werden noch zwei zusätzliche Objekte benötigt. Zudem wurde in Listing 699 der Name des Meshes in FighterMesh geändert.

Mit dem Array MeshMaterial werden die unterschiedlichen Materialien, aus denen ein Kampfgleiter bestehen kann, im Programm abgelegt. Gleiches gilt für die Oberflächenbeschaffenheit des Körpers. Hierfür wird das Array MeshTexture genutzt. Unter einer Textur versteht man die Oberflächenbeschaffenheit eines Körpers. Dies kann im einfachsten Fall nur eine Farbe sein.

```
Public Class MeshClass

    Private GraphicDevice As Device = Nothing
    Private FighterMesh As Mesh = Nothing
    Private MeshMaterial() As Material
```

Listing 699: Zusätzliche private Klasseneigenschaften zum Mesh

```
Private MeshTexture() As Texture
Private RotationAngle As Single = 0.0F
```

Listing 699: Zusätzliche private Klasseneigenschaften zum Mesh (Forts.)

Bei der Initialisierung der Grafik ergibt sich ein Unterschied zum vorhergehenden Programm. Am Ende dieser Methode (Listing 700) wird die X-Datei geladen. Dazu muss natürlich der Pfad zu dieser Datei stimmen.

Die hierzu notwendige Methode MeshLoad() finden Sie in Listing 701.

```
Private Sub InitializeGraphics()

  Dim PParameter As New PresentParameters()
  Dim DefaultAdapter As Integer
  Dim Flags As CreateFlags
  Dim Capabilities As Caps

  PParameter.Windowed = True
  PParameter.SwapEffect = SwapEffect.Discard
  PParameter.AutoDepthStencilFormat = DepthFormat.D16
  PParameter.EnableAutoDepthStencil = True

  DefaultAdapter = Manager.Adapters.Default.Adapter

  Flags = CreateFlags.SoftwareVertexProcessing

  Capabilities = Manager.GetDeviceCaps(DefaultAdapter, _
    DeviceType.Hardware)

  If Capabilities.DeviceCaps.SupportsHardwareTransformAndLight Then
    Flags = CreateFlags.HardwareVertexProcessing
  End If

  If Capabilities.DeviceCaps.SupportsPureDevice Then
    Flags = Flags Or CreateFlags.PureDevice
  End If

  GraphicDevice = New Device(0, DeviceType.Hardware, _
    Me, _
    Flags, _
    PParameter)

  MeshLoad("..\..\..\..\bigship1.x")

End Sub
```

Listing 700: Initialisierung der Grafik

Um die Daten aus der X-Datei zu übernehmen, wird ein Objektarray der Klasse ExtendedMaterial benötigt. Diese Klasse dient ausschließlich der Verwaltung der Daten aus einer X-Datei.

DirectX

Um nun diese Daten zu laden, wird die Methode FromFile() der Mesh-Klasse genutzt. Dieser Methode wird der komplette Pfad zur Datei (absolut oder relativ) übergeben. Der zweite Parameter bestimmt, dass die Daten für das Gittermodell im Managed-Bereich des Hauptspeichers verwaltet werden. Die Klasse MeshFlags hält noch eine Menge Einstellungen mehr vor, mit denen Sie das Verhalten beeinflussen können. Der dritte Parameter dient dazu, der Methode mitzuteilen, für welches Device dieser Ladevorgang gilt.

Der letzte Parameter für die Materialdaten wird als Referenz übergeben, da die Methode From-File() dieses Array füllt und der Rückgabewert der Methode schon für das Mesh benutzt wird.

Sollte es als Resultat dieser Methode »kein Material nicht geben«, wird die Anzahl der Materialien ermittelt und der Variablen length übergeben. Diese logische Formulierung ist etwas gewöhnungsbedürftig. Dieses Verhalten liegt aber nicht am DirectX, sondern an der Art und Weise, wie Visual Basic 2005 an dieser Stelle mit NULL-Objekten umgeht.

Die so gefundene Anzahl an Materialien wird dazu genutzt, die beiden Arrays MeshMaterial und MeshTexture zu initialisieren.

In einer Schleife über alle Materialien wird dann mit der Methode Material3D() der Klasse ExtendedMaterial das jeweilige Baumaterial eingeladen. Sollte es einen Verweis auf eine Texturdatei für das gerade aktuell abgearbeitete Gitter geben, wird die jeweilige Textur über die Methode FromFile der Klasse TextureLoader eingeladen. Auch hier muss die Pfadangabe zu diesen Dateien stimmen, da nur der Dateiname in der X-Datei hinterlegt ist.

```
Private Sub MeshLoad(ByVal fileName As String)

  Dim Materials() As ExtendedMaterial
  Dim i As Integer

  FighterMesh = Mesh.FromFile(fileName, MeshFlags.Managed, _
    GraphicDevice, Materials)

  If Not ((Materials Is Nothing) AndAlso _
    Materials.Length > 0) Then

    Dim length As Integer

    length = Materials.Length
    MeshMaterial = New Material(length) {}
    MeshTexture = New Texture(length) {}

    For i = 0 To length - 1
      MeshMaterial(i) = Materials(i).Material3D

      If Not (Materials(i).TextureFilename Is Nothing) And _
        (Materials(i).TextureFilename <> String.Empty) Then

        MeshTexture(i) = TextureLoader.FromFile(GraphicDevice, _
          "..\..\..\..\" + Materials(i).TextureFilename)
      End If
    Next
```

Listing 701: Methode MeshLoad()

DirectX

```
      End If

   End Sub
```

Listing 701: Methode MeshLoad() (Forts.)

Da das Gittermodell des Fighters etwas größer als der Torus ist, muss die Kamera etwas weiter vom Koordinatenursprung aufgebaut werden. Daher wird der erste Vektor für die Methode LookAtLH() aus Listing 702 geändert. Die Kamera wird nun 12.0F Längeneinheiten weiter auf der z-Achse angesiedelt, also in einem Abstand von 30.0F vom Ursprung.

Zusätzlich werden die Farben für das Raum- und das diffuse Licht geändert, damit der Raumgleiter besser zur Geltung kommt.

```
   Private Sub CameraInit()

      GraphicDevice.Transform.Projection = _
         Matrix.PerspectiveFovLH( _
            System.Convert.ToSingle(Math.PI) / 4, _
            CSng(Me.Width / Me.Height), _
            1.0F, _
            100.0F)

      GraphicDevice.Transform.View = _
         Matrix.LookAtLH( _
            New Vector3(0, 0, 30.0F), _
            New Vector3(), _
            New Vector3(0, 1, 0) _
         )

      GraphicDevice.RenderState.Ambient = Color.AntiqueWhite

      GraphicDevice.Lights(0).Type = LightType.Directional
      GraphicDevice.Lights(0).Diffuse = Color.LightBlue
      GraphicDevice.Lights(0).Direction = New Vector3(0, -1, -1)
      GraphicDevice.Lights(0).Enabled = True

   End Sub
```

Listing 702: Methode CameraInit() für den Gleiter

In der zu überladenden Methode OnPaint() wird ebenfalls eine Farbe geändert, und zwar die für den Hintergrund beim Löschen des Grafik-Puffers (Listing 703).

Da die Methode zum Zeichnen des Objektes nun PaintMesh() heißt, ändert sich auch diese Zeile im Listing.

```
   Protected Overrides Sub OnPaint(ByVal e As _
      System.Windows.Forms.PaintEventArgs)
```

Listing 703: Änderungen an der Methode OnPaint()

```
    Dim Radian As Single = 180 / System.Convert.ToSingle(Math.PI)

    GraphicDevice.Clear(ClearFlags.Target Or ClearFlags.ZBuffer, _
      Color.CornflowerBlue, 1.0F, 0)

    CameraInit()

    GraphicDevice.BeginScene()

    PaintMesh(RotationAngle / Radian, _
      RotationAngle / Radian * 2.0F, _
      RotationAngle / Radian / 4.0F, _
      0.0F, 0.0F, 0.0F)

    GraphicDevice.EndScene()

    GraphicDevice.Present()

    Me.Invalidate()

End Sub
```

Listing 703: Änderungen an der Methode OnPaint() (Forts.)

Da es jetzt um die Darstellung eines komplexen Objektes geht, kann die Methode zur Grafik-erzeugung dieses Meshes nicht so bleiben. Die Übergabeparameter bleiben so, wie Sie sie schon kennen. Auch die Transformation für die Drehung ändert sich nicht.

Die mit der Methode MeshLoad() eingelesenen Materialien und Texturen werden nun in einer zählergesteuerten Schleife dem Device bekannt gegeben. Dazu wird auf der einen Seite der Eigenschaft Material der jeweilige Eintrag aus dem Array Meshmaterial zugewiesen. Anderer-seits muss für die jeweiligen Texturen die Methode SetTexture() aufgerufen werden. Dieser Methode wird als erster Parameter eine 0 übergeben. Es handelt sich um eine Abstufung inner-halb der Geräteklasse, die Sie erst einmal getrost beiseite lassen können.

Sind alle Daten des jeweiligen Materials eingeladen, wird dieses Material über die Methode DrawSubset() dargestellt.

```
  Private Sub PaintMesh(ByVal yaw As Single, _
    ByVal pitch As Single, _
    ByVal roll As Single, _
    ByVal x As Single, _
    ByVal y As Single, _
    ByVal z As Single)

    Dim i As Integer

    RotationAngle += 0.5F

    GraphicDevice.Transform.World = _
      Matrix.Multiply( _
```

Listing 704: Methode PaintMesh zur Darstellung des Gleiters

```
        Matrix.RotationYawPitchRoll(yaw, pitch, roll), _
        Matrix.Translation(x, y, z))

  For i = 0 To MeshMaterial.Length - 1
    GraphicDevice.Material = MeshMaterial(i)
    GraphicDevice.SetTexture(0, MeshTexture(i))

    FighterMesh.DrawSubset(i)
  Next

End Sub
```

Listing 704: Methode PaintMesh zur Darstellung des Gleiters (Forts.)

Wenn alles richtig geändert wurde, können Sie jetzt auf [F5] drücken. Es sollte sich ein rotierender Gleiter wie in Abbildung 351 zeigen.

Abbildung 351: Raumgleiter in der 3D-Darstellung

Verschiedenes

Hier finden Sie all die Rezepte, die uns für die Kategorie Basics zu komplex erscheinen, sich nicht den anderen Kategorien zuordnen lassen und für eine eigene Kategorie nicht umfangreich genug sind. Dazu gehören beispielsweise die Rezepte zu Sound-Ausgaben und zu diversen Debugging-Vorgehensweisen sowie Fehlerbehandlungen.

334   Sound abspielen

Nahezu jeder moderne PC besitzt heute eine Sound-Karte, um Geräusche beliebiger Art über die angeschlossenen Lautsprecher von sich geben zu können. Oft wird daher nach einer Möglichkeit gefragt, gezielt vom Programm aus Sound-Dateien abspielen zu können. Im Framework wurde hierfür bislang nichts vorgesehen. Die heute üblichen Varianten für die Ausgabe von Geräuschen sind:

▶ API-Funktionen `PlaySound` und `sndPlaySound`

▶ DirectX / DirectSound

▶ Klasse SoundPlayer aus dem Framework 2.0

▶ My.Computer.Audio-Methoden

Dieses Rezept beschäftigt sich mit der letzten Variante. Für den typischen Fall, dass man mal eben eine Sound-Datei oder eines der Standard-Windows-Geräusche zu den Lautsprechern bringen will, hat Microsoft den VB-Programmierern mit `My.Computer.Audio` einen einfachen Zugang eingerichtet. Mit `My.Computer.Audio.Play` kann direkt eine Sound-Datei abgespielt werden. Dabei sind drei verschiedene Betriebsarten möglich:

1. Synchrones Abspielen: Der Methodenaufruf kehrt erst nach Abspielen der Sound-Datei zurück.

2. Asynchrones Abspielen: Der Methodenaufruf kehrt sofort zurück.

3. Asynchron mit Wiederholung: Der Methodenaufruf kehrt sofort zurück, die Geräusche werden wiederholt, bis explizit Stop aufgerufen wird.

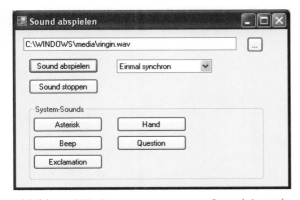

Abbildung 352: Demoprogramm zur Sound-Ausgabe

Ein kleines Demo-Programm stellt die verschiedenen Varianten vor (Abbildung 352). Bei den beiden asynchronen Betriebsarten kann das Abspielen jederzeit durch den Aufruf von `My.Computer.Stop` unterbrochen werden. Listing 705 zeigt die Implementierung.

```
Private Sub BTNSoundAPI_Click(…) Handles BTNSoundAPI.Click
  Dim playmode As AudioPlayMode = AudioPlayMode.WaitToComplete
  Select Case CBOPlaymode.SelectedIndex
    Case 1
      playmode = AudioPlayMode.Background
    Case 2
      playmode = AudioPlayMode.BackgroundLoop
  End Select
  My.Computer.Audio.Play(TBSoundFile.Text, playmode)
End Sub

Private Sub BTNStopSound_Click(…) Handles BTNStopSound.Click
  My.Computer.Audio.Stop()
End Sub
```

Listing 705: Sound-Ausgabe in verschiedenen Variationen

Auch die Pling- und Bong-Geräusche, die Windows von sich gibt, wenn Messageboxen angezeigt werden, lassen sich aufrufen. Die Methode `PlaySystemSound` erwartet als Parameter lediglich einen der fünf Enumerationswerte (Listing 706).

```
Private Sub BTNSysSndAsterisk_Click(…) …
My.Computer.Audio.PlaySystemSound(Media.SystemSounds.Asterisk)
End Sub

Private Sub BTNSysSndBeep_Click(…) …
  My.Computer.Audio.PlaySystemSound(Media.SystemSounds.Beep)
End Sub

Private Sub BTNSysSndExclamation_Click(…)…
  My.Computer.Audio.PlaySystemSound(Media.SystemSounds.Exclamation)
End Sub

Private Sub BTNSysSndHand_Click(…) …
  My.Computer.Audio.PlaySystemSound(Media.SystemSounds.Hand)
End Sub

Private Sub BTNSysSndQuestion_Click(…) …
  My.Computer.Audio.PlaySystemSound(Media.SystemSounds.Question)
End Sub
```

Listing 706: Ausgabe der Windows-Geräusche

335 Sinustöne erzeugen und abspielen

Die beschriebene Klasse ist Bestandteil der Klassenbibliothek `MiscUtilitiesLib`. Sie finden sie dort im Namensraum `VBCodeBook.MiscUtilitiesLib`.

Statt vorliegender Sounddateien sollen manchmal einfache Töne abgespielt werden, deren Dauer und Frequenz vorgegeben werden. Dabei ist es wünschenswert, dass diese Töne nicht durch den Rechteckgenerator des Mainboards generiert und über den Systemlautsprecher des PCs ausgegeben werden, sondern als sinusförmige Schwingungen über die Soundkarte und die angeschlossenen Lautsprecher. Zwar gibt es hierzu keine vorgefertigte Lösung im Framework, eine passende Wave-Datei lässt sich jedoch relativ einfach generieren und als Memorystream abspielen (Listing 707).

```vb
Dim frequency As Double = 800    ' in Hertz
Dim duration As Integer = 1000   ' in Millisekunden

' Stream und BinaryWriter für die Erzeugung der Wave-Struktur
Dim ms As New MemoryStream()
Dim bw As New System.IO.BinaryWriter(ms)

' Abtastrate
Dim smpsec As Integer = 44100

' Anzahl der Audiowerte
Dim nsmp As Integer = smpsec * duration \ 1000

' Header generieren
bw.Write(&H46464952) ' RIFF
bw.Write(nsmp * 2 + 38)
bw.Write(&H45564157) ' WAVE
bw.Write(&H20746D66) ' fmt
bw.Write(16)
bw.Write(CShort(1)) ' Format Tag Wave
bw.Write(CShort(1)) ' 1 Channel
bw.Write(smpsec)        ' Samples per second
bw.Write(2 * smpsec)      ' Bytes per second
bw.Write(CShort(2)) ' Block-Alignment WORD
bw.Write(CShort(16)) ' Bits per Sample

bw.Write(&H61746164) ' data
bw.Write(nsmp * 2)

Dim sstep As Double = frequency * 2 * Math.PI / smpsec
Dim rad As Double = 0
For i As Integer = 1 To nsmp

  Dim value As Double = Short.MaxValue * Math.Sin(rad)
  bw.Write(CShort(value))
  rad += sstep
Next
```

Listing 707: Audio-Sample mit einem Sinuston erzeugen und abspielen

```
' Stream zurückspulen
ms.Seek(0, IO.SeekOrigin.Begin)

' und abspielen
My.Computer.Audio.Play(ms, AudioPlayMode.WaitToComplete)

' Stream schließen
ms.Close()
```

Listing 707: Audio-Sample mit einem Sinuston erzeugen und abspielen (Forts.)

Ein MemoryStream dient zum Erzeugen der benötigten Daten. Die Wave-Datei beginnt mit der einleitenden ASCII-Sequenz »RIFF«, gefolgt von der Angabe, wie viele Bytes insgesamt noch folgen. Mit der Kennung »WAVEfmt« wird die Formatbeschreibung eingeleitet. Vorgesehen ist hier der Wert 1 für PCM, dann die Angabe der Kanäle (1 für Mono), gefolgt von der Anzahl der Werte pro Sekunde und der Anzahl der Bytes pro Sekunde. Das letzte Datum gibt an, wie viele Bits ein Audiowert beinhaltet. Die Sektion mit den eigentlichen Audiodaten wird von »data« und der Anzahl der folgenden Bytes eingeleitet.

Als Samplingrate wurde ein praxisüblicher Wert von 44.100 Samples pro Sekunde vorgesehen. Damit wird das Nyquist-Shannon'sche Abtasttheorem für alle Frequenzen des hörbaren Bereichs erfüllt (für Fledermäuse müssen Sie u. U. eine höhere Rate wählen und andere Hardware einsetzen). In einer Schleife werden dann die Sinus-Werte mit der maximalen Amplitude (Short.MaxValue) multipliziert und in den Stream geschrieben. Abschließend wird der Stream wieder auf den Anfang positioniert und als Audio-Datei abgespielt.

Der erzeugte Ton klingt wesentlich reiner als die der typischen Rechteck-Piepser, die einen hohen Anteil an Oberwellen aufweisen. Als Nachteil dieser Vorgehensweise ist jedoch zu nennen, dass es sowohl beim Start der Ausgabe als auch bei deren Ende zu Nebengeräuschen kommt (Klicken). Das liegt daran, dass der Amplitudenverlauf mit einem Knick beginnt und meist sogar mit einem Sprung endet, beides verbunden mit einem großen Oberwellenanteil. Das lässt sich vermeiden, wenn man den Amplitudenverlauf sanft mit einer kosinusförmigen Hüllkurve beginnt und ebenso wieder beendet. Für zwei festgelegte Zeitintervalle wird dazu die entsprechende Kosinusfunktion berechnet und als Amplitudenmodulation mit dem berechneten Sinuston multipliziert.

Listing 708 zeigt die Methode CreateSinusWave, die in den ersten und letzten 30 Millisekunden der Tonausgabe die Amplitude mit einer angepassten Kosinusfunktion multipliziert. Die Funktion beginnt mit einem Amplitudenwert von 0 und erreicht nach 30 Millisekunden den Wert 1. Dieser wird bis 30 Millisekunden vor dem Ende der Wave-Daten wieder bis auf 0 reduziert. Das generierte Audio-Sample wird hier jedoch nicht ausgegeben, sondern der generierte MemoryStream als Funktionswert zurückgegeben.

```
Function CreateSinusWave(ByVal frequency As Double, _
    ByVal duration As Integer) As MemoryStream

    ' Zeiten für Kosinus-Hüllkurve am Anfang und am Ende
    ' in Millisekunden
    Dim leadInTime As Integer = 30
    Dim leadOutTime As Integer = 30
```

Listing 708: Sinusgenerator mit Hüllkurve für sanftes An- und Abklingen

```vb
' Stream und BinaryWriter für die Erzeugung der Wave-Struktur
Dim ms As New System.IO.MemoryStream
Dim bw As New System.IO.BinaryWriter(ms)

' Abtastrate
Dim smpsec As Integer = 44100

' Anzahl der Audiowerte
Dim nsmp As Integer = smpsec * duration \ 1000

bw.Write(&H46464952)     ' "RIFF"
bw.Write(nsmp * 2 + 38)
bw.Write(&H45564157)     ' "WAVE"
bw.Write(&H20746D66)     ' "fmt "
bw.Write(16)             ' Strukturlänge
bw.Write(CShort(1))      ' Format Tag Wave
bw.Write(CShort(1))      ' 1 Channel
bw.Write(smpsec)         ' Samples per second
bw.Write(2 * smpsec)     ' Bytes per second
bw.Write(CShort(2))      ' Block-Alignment WORD
bw.Write(CShort(16))     ' Bits per Sample

bw.Write(&H61746164)     ' "data"
bw.Write(nsmp * 2)

Dim sstep As Double = frequency * 2 * Math.PI / smpsec
Dim rad As Double = 0

Dim amplitude As Double
For i As Integer = 1 To nsmp
  ' Standardwert für Hüllkurve
  amplitude = 1

  ' Vergangene Anzahl von Microsekunden seit Beginn
  Dim microsec As Integer = CInt(i * 1000000.0 / smpsec)

  ' Einleitungsphase?
  If microsec \ 1000 < leadInTime Then
    ' Amplitude berechnen
    amplitude = (1 - Math.Cos(microsec / 1000 / _
      leadInTime * Math.PI)) / 2
  End If

  ' Ausleitungsphase?
  If microsec \ 1000 > duration - leadOutTime Then
    ' Amplitude berechnen
    amplitude = (1 - Math.Cos((duration - microsec / 1000) _
      / leadOutTime * Math.PI)) / 2
  End If
```

Listing 708: Sinusgenerator mit Hüllkurve für sanftes An- und Abklingen (Forts.)

```
    ' Sinuskurve mit Amplitudenwert multiplizieren
    Dim value As Double = Short.MaxValue * Math.Sin(rad) _
      * amplitude

    ' Wert speichern
    bw.Write(CShort(value))

    ' Nächster Winkel
    rad += sstep

  Next

  ' zurückspulen
  ms.Seek(0, IO.SeekOrigin.Begin)

  Return ms

End Function
```

Listing 708: Sinusgenerator mit Hüllkurve für sanftes An- und Abklingen (Forts.)

```
Sub PlaySinusWave(ByVal frequency As Double, _
  ByVal duration As Integer)

  ' Wave anlegen
  Dim ms As MemoryStream = CreateSinusWave(frequency, duration)

  ' abspielen
  My.Computer.Audio.Play(ms, AudioPlayMode.WaitToComplete)

  ' freigeben
  ms.Close()

End Sub
```

Listing 709: Tongenerierung nach Wunsch

Die Methode `CreateSinusWave` befindet sich gemeinsam mit der Methode `PlaySinusWave` (Listing 709) in der Klasse Player, die wir mit der Bibliothek `MiscUtilitiesLib` zur Verfügung stellen. Mit ihr lassen sich leicht die beschriebenen Töne erzeugen. Sie können Frequenz und Dauer vorgeben:

```
' Instanz von Player für Tonausgabe erzeugen
Dim pl As New Player()

' Frequenz und Dauer einlesen
Dim frequency As Integer = Integer.Parse(TXTFrequency.Text)
Dim duration As Integer = Integer.Parse(TXTDuration.Text)

' Wave anlegen und abspielen
pl.PlaySinusWave(frequency, duration)
```

336 Noten spielen

Die beschriebene Klasse ist Bestandteil der Klassenbibliothek `MiscUtilitiesLib`. Sie finden sie dort im Namensraum `VBCodeBook.MiscUtilitiesLib`.

In der Musik kommt heute fast ausschließlich die gleichstufige (auch gleichtemperierte) Stimmung zum Einsatz. Eine Oktave besteht hierbei aus 12 Halbtonschritten und entspricht einer exakten Frequenzverdoppelung. Daraus ergibt sich, dass zwei beliebige aufeinander folgende Halbtonschritte ein festes Frequenzverhältnis besitzen, nämlich der zwölften Wurzel aus Zwei:

$$\frac{f_2}{f_1} = \sqrt[12]{2}$$

Vergleiche hierzu auch:

http://de.wikipedia.org/wiki/Gleichstufige_Stimmung

und

http://de.wikipedia.org/wiki/Wohltemperierte_Stimmung.

Als Referenzfrequenz wurde der Kammerton a festgelegt. Dessen Frequenz wird meist mit 440 Hz angegeben, kann aber unter Umständen davon abweichen. Für einen Ton, der i Halbtonstufen vom Referenzton entfernt ist, ergibt sich somit eine Frequenz nach folgender Formel:

$$f(i) = f_0 \cdot 2^{i/12}$$

Für die einzelnen Noten wird eine Enumeration vorgesehen, die alle Halbtöne von c bis h definiert (Listing 710). Leider sind hier einige syntaktische Einschränkungen zu beachten. Das #-Zeichen lässt sich nicht verwenden, ein As steht auch im Konflikt mit dem gleichnamigen Schlüsselwort. Daher mussten bei den Namen Kompromisse eingegangen werden. Definiert sind nur die Noten innerhalb einer Oktave.

```
Public Enum Notes
  C = 0
  Cis
  D
  Dis
  E
  F
  Fis
  G
  Gis
  A
  Ais
  H
  Ces = H
  Des = Cis
  Es = Dis
```

Listing 710: Die Noten als Enumeration

```
   Ges = Fis
   Aes = Gis
   B = Ais
End Enum
```

Listing 710: Die Noten als Enumeration (Forts.)

Jedem Namen der Enumeration ist ein Zahlenwert zugeordnet, der den Abstand zum tiefen c in Halbtönen angibt. Dieses c wird in der Klasse Player als Basiston eingesetzt. Seine Frequenz errechnet sich aus dem Abstand von neun Halbtönen zum Kammerton a:

```
' Basisfrequenz ist das tiefe c
Public ReadOnly Basefrequency As Double = 440 / (2 ^ (9 / 12))
```

Ein beliebiger Ton lässt sich somit aus der Angabe der Note, der Oktave und der Dauer generieren. Die Methode PlayNote (Listing 711) berechnet die Frequenz und spielt den Ton ab. Hiermit lässt sich leicht ein Musikinstrument bauen (Abbildung 353), wenngleich die Spielbarkeit noch etwas zu wünschen übrig lässt.

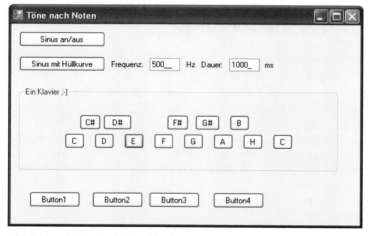

Abbildung 353: Ein Mäuseklavier

```
Public Sub PlayNote(ByVal note As Notes, _
   ByVal octave As Integer, ByVal duration As Integer)

   Dim frequency As Double = _
      Basefrequency * 2 ^ (CInt(note) / 12 + octave)

   PlaySinusWave(frequency, duration)

End Sub
```

Listing 711: Tonerzeugung nach Notenvorgabe

337 Melodien abspielen

> Die beschriebene Klasse ist Bestandteil der Klassenbibliothek `MiscUtilitiesLib`. Sie finden
> sie dort im Namensraum `VBCodeBook.MiscUtilitiesLib`.

Mit dem vorherigen Rezept lassen sich schon ganze Melodien abspielen. Durch den wiederholten Aufruf von PlayNote können aufeinander folgende Töne per Programm ausgegeben werden:

```
Dim durationBase As Integer = 300
Dim pl As New Player

pl.PlayNote(Notes.C, 0, 3 * durationBase)
pl.PlayNote(Notes.D, 0, 1 * durationBase)
pl.PlayNote(Notes.E, 0, 2 * durationBase)
pl.PlayNote(Notes.D, 0, 2 * durationBase)
pl.PlayNote(Notes.F, 0, 2 * durationBase)
pl.PlayNote(Notes.E, 0, 2 * durationBase)
pl.PlayNote(Notes.D, 0, 1 * durationBase)
pl.PlayNote(Notes.H, -1, 1 * durationBase)
pl.PlayNote(Notes.C, 0, 2 * durationBase)
pl.PlayNote(Notes.A, 0, 2 * durationBase)
pl.PlayNote(Notes.G, 0, 2 * durationBase)
pl.PlayNote(Notes.F, 0, 2 * durationBase)
pl.PlayNote(Notes.E, 0, 2 * durationBase)
pl.PlayNote(Notes.D, 0, 2 * durationBase)
pl.PlayNote(Notes.E, 0, 1 * durationBase)
pl.PlayNote(Notes.C, 0, 1 * durationBase)
pl.PlayNote(Notes.G, 0, 2 * durationBase)
```

Leider lässt sich diese Melodie nicht einfach über die Ländereinstellungen von Windows von de-DE nach de-AT (Land der Berge, Land am Strome) oder de-CH (Schweizerpsalm) übersetzen. Sicher arbeitet Microsoft daran. Bis dahin müssen Sie die Melodie Ihrer Nationalhymne leider selbst nach obigem Muster programmieren.

Aber das ist nicht das einzige Problem. Musiker werden sofort bemerken, dass etwas nicht stimmt. Der Abstand der Töne ist nämlich beim Abspielen recht unregelmäßig. Das liegt zum einen daran, dass die Wave-Struktur vor Abspielen eines Tons erst berechnet werden muss, zum anderen daran, dass vom Aufruf der Methode zum Abspielen des Sounds bis zur tatsächlichen Wiedergabe durch den Lautsprecher auch noch bis zu 100 Millisekunden verstreichen. Die Wiedergabe der gesamten Tonfolge kann daher je nach System recht holprig ausfallen.

Die nahe liegende Lösung ist, erst einmal alle Töne zu sammeln und daraus eine gemeinsame Wave-Datei zu generieren. Unregelmäßige Ladezeiten zwischen den Tönen entfallen dann. Für das automatische Abspielen beliebiger Notenfolgen erfolgt die Definition der Noten mit einer zusätzlichen Klasse. Eine musikalische Note lässt sich mithilfe der Klasse Note darstellen (Listing 712). Sie definiert den Ton, die Oktave und die Dauer.

```
Public Class Note

    Public ReadOnly Tone As Notes       ' Die Note als Enumeration
    Public ReadOnly Octave As Integer   ' Die Oktave
```

Listing 712: Definition musikalischer Noten

```
Public ReadOnly Duration As Integer ' Die Dauer in ms

  ' Konstruktor
  Public Sub New(ByVal tone As Notes, ByVal octave As Integer, _
    ByVal duration As Integer)

    Me.Tone = tone
    Me.Octave = octave
    Me.Duration = duration

  End Sub
End Class
```

Listing 712: Definition musikalischer Noten (Forts.)

Die Klasse Player wird wie in Listing 713 gezeigt erweitert. Sie beinhaltet eine generische Auflistung für den Typ Note. Die Methode Add erlaubt das Hinzufügen neuer Noten, die Methode PlaySong das Abspielen der gesamten Tonfolge als zusammenhängende Wave-Datei. Zusätzlich werden mehrere Konstruktoren bereitgestellt, über die der Basiston sowie die Zeiten für das An- und Abklingverhalten geändert werden können.

```
Public Class Player

  ' Basisfrequenz ist das tiefe c
  Public ReadOnly Basefrequency As Double = 440 / (2 ^ (9 / 12))

  ' Vorgabe für An- und Abklingzeiten
  Public ReadOnly LeadInTime As Integer = 30
  Public ReadOnly LeadOutTime As Integer = 30

  ' Auflistung der Noten
  Private song As New List(Of Note)()

  ' Eine Note hinzufügen
  Public Sub Add(ByVal aNote As Note)
    song.Add(aNote)
  End Sub

  Public Sub New()
  End Sub

  Public Sub New(ByVal frequencyForA As Double)
    Basefrequency = frequencyForA / (2 ^ (9 / 12))
  End Sub

  Public Sub New(ByVal frequencyForA As Double, _
    ByVal leadInTime As Integer, ByVal leadOutTime As Integer)

    Basefrequency = frequencyForA / (2 ^ (9 / 12))
    Me.LeadInTime = leadInTime
    Me.LeadOutTime = leadOutTime
```

Listing 713: Erweiterung der Klasse Player zur Definition von Tonfolgen

```
End Sub

Public Sub PlaySong()

  ' MemoryStream anlegen
  Dim ms As New MemoryStream

  ' Wave-Datei erzeugen
  CreateSong(ms)

  ' und abspielen
  ms.Seek(0, SeekOrigin.Begin)
  My.Computer.Audio.Play(ms, AudioPlayMode.WaitToComplete)
  ms.Close()

End Sub
...
End Class
```

Listing 713: Erweiterung der Klasse Player zur Definition von Tonfolgen (Forts.)

Die Methode PlaySong legt ein MemoryStream-Objekt an, ruft CreateSong auf und spielt anschließend die generierte Wave-Datei ab. CreateSong (Listing 714) nimmt einen beliebigen Stream als Parameter entgegen. So kann beispielsweise auch ein FileStream übergeben werden, wenn die gesamte Melodie als Wave-Datei auf einem Datenträger abgelegt werden soll.

```
Public Sub CreateSong(ByVal strSong As Stream)

  ' Gesamtdauer ermitteln
  Dim duration As Integer = 0
  For Each nt As Note In song
    duration += nt.Duration
  Next

  ' Header für Wave-Datei erzeugen
  CreateSinusWave(strSong, duration)

  ' Töne generieren
  For Each nt As Note In song
    Dim frequency As Double = _
      Basefrequency * 2 ^ (CInt(nt.Tone) / 12 + nt.Octave)

    AddNoteToSinusWave(strSong, frequency, nt.Duration)
  Next

End Sub
```

Listing 714: CreateSong speichert die Wave-Daten in einem beliebigen Stream

Innerhalb von CreateSong wird zunächst die Liste der Noten durchlaufen, um die Gesamtdauer zu ermitteln. Der anschließende Aufruf von CreateSinusWave schreibt die Header-Informationen für das Wave-Format in den Stream (Listing 715). Nach dem Aufruf werden die Samples für die Töne angehängt. Diese Aufgabe übernimmt die Methode AddNoteToSinusWave (Listing 716).

```
Sub CreateSinusWave(ByVal strSong As Stream, _
  ByVal duration As Integer)

  Dim bw As New System.IO.BinaryWriter(strSong)

  ' Abtastrate
  Dim smpsec As Integer = 44100
  ' Anzahl der Audiowerte
  Dim nsmp As Integer = smpsec * duration \ 1000

  bw.Write(&H46464952) ' RIFF
  bw.Write(nsmp * 2 + 38)
  bw.Write(&H45564157) ' WAVE
  bw.Write(&H20746D66) ' fmt
  bw.Write(16)
  bw.Write(CShort(1)) ' Format Tag Wave
  bw.Write(CShort(1)) ' 1 Channel
  bw.Write(smpsec)       ' Samples per second
  bw.Write(2 * smpsec)     ' Bytes per second
  bw.Write(CShort(2)) ' Block-Alignment WORD
  bw.Write(CShort(16)) ' Bits per Sample

  bw.Write(&H61746164) ' data
  bw.Write(nsmp * 2)

End Sub
```

Listing 715: Schreiben des Headers für die Wave-Datei

```
Sub AddNoteToSinusWave(ByVal strSong As Stream, _
  ByVal frequency As Double, ByVal duration As Integer)

  ' Abtastrate
  Dim smpsec As Integer = 44100
  ' Anzahl der Audiowerte
  Dim nsmp As Integer = smpsec * duration \ 1000

  Dim sstep As Double = frequency * 2 * Math.PI / smpsec
  Dim rad As Double = 0

  Dim bw As New System.IO.BinaryWriter(strSong)

  Dim amplitude As Double
  For i As Integer = 1 To nsmp
    ' Standardwert für Hüllkurve
    amplitude = 1

    ' Vergangene Anzahl von Microsekunden seit Beginn
```

Listing 716: Speichern eines Samples im Stream

```
Dim microsec As Integer = CInt(i * 1000000.0 / smpsec)

' Einklingphase?
If microsec \ 1000 < LeadInTime Then
  ' Amplitude berechnen
  amplitude = (1 - Math.Cos(microsec / 1000 / _
    LeadInTime * Math.PI)) / 2
End If

' Abklingphase?
If microsec \ 1000 > duration - LeadOutTime Then
  ' Amplitude berechnen
  amplitude = (1 - Math.Cos((duration - microsec / 1000) _
    / LeadOutTime * Math.PI)) / 2
End If

' Sinuskurve mit Amplitudenwert multiplizieren
Dim value As Double = Short.MaxValue * Math.Sin(rad) _
  * amplitude

' Wert speichern
bw.Write(CShort(value))

' Nächster Winkel
rad += sstep

  Next

End Sub
```

Listing 716: Speichern eines Samples im Stream (Forts.)

Dieselbe Tonfolge, nun in anderer Aufbereitung, klingt anders, da es nicht mehr zu unregelmäßigen Pausenzeiten zwischen den Tönen kommt. Hier die Implementierung für den Aufruf von PlaySong:

```
Dim durationBase As Integer = 300
Dim pl As New Player()

pl.add(New Note(Notes.C, 0, 3 * durationBase))
pl.add(New Note(Notes.D, 0, 1 * durationBase))
pl.add(New Note(Notes.E, 0, 2 * durationBase))
pl.add(New Note(Notes.D, 0, 2 * durationBase))
pl.add(New Note(Notes.F, 0, 2 * durationBase))
pl.add(New Note(Notes.E, 0, 2 * durationBase))
pl.add(New Note(Notes.D, 0, 1 * durationBase))
pl.add(New Note(Notes.H, -1, 1 * durationBase))
pl.add(New Note(Notes.C, 0, 2 * durationBase))
pl.add(New Note(Notes.A, 0, 2 * durationBase))
pl.add(New Note(Notes.G, 0, 2 * durationBase))
pl.add(New Note(Notes.F, 0, 2 * durationBase))
pl.add(New Note(Notes.E, 0, 2 * durationBase))
pl.add(New Note(Notes.D, 0, 2 * durationBase))
```

```
pl.add(New Note(Notes.E, 0, 1 * durationBase))
pl.add(New Note(Notes.C, 0, 1 * durationBase))
pl.add(New Note(Notes.G, 0, 2 * durationBase))
```

```
pl.PlaySong()
```

Da der Methode CreateSong ein beliebiger Stream übergeben werden muss, kann sie auch dazu genutzt werden, direkt eine Datei anzulegen. Diese kann dann wiederum über die beschriebenen Methoden abgespielt werden. Hier einmal eine andere Melodie:

```
Dim durationBase As Integer = 250
Dim pl As New Player

pl.add(New Note(Notes.G, 0, 1 * durationBase))
pl.add(New Note(Notes.G, 0, 1 * durationBase))
pl.add(New Note(Notes.G, 0, 1 * durationBase))
pl.add(New Note(Notes.C, 1, 2 * durationBase))
pl.add(New Note(Notes.C, 1, 2 * durationBase))
pl.add(New Note(Notes.D, 1, 2 * durationBase))
pl.add(New Note(Notes.D, 1, 2 * durationBase))
pl.add(New Note(Notes.G, 1, 3 * durationBase))
pl.add(New Note(Notes.E, 1, 1 * durationBase))
pl.add(New Note(Notes.C, 1, 1 * durationBase))

pl.add(New Note(Notes.C, 1, 1 * durationBase))
pl.add(New Note(Notes.E, 1, 1 * durationBase))
pl.add(New Note(Notes.C, 1, 1 * durationBase))
pl.add(New Note(Notes.A, 0, 2 * durationBase))
pl.add(New Note(Notes.F, 1, 4 * durationBase))
pl.add(New Note(Notes.D, 1, 1 * durationBase))
pl.add(New Note(Notes.H, 0, 1 * durationBase))
pl.add(New Note(Notes.C, 1, 4 * durationBase))

Dim datei As String = My.Computer.FileSystem. _
  SpecialDirectories.MyMusic & "\Marseillaise.wav"

Dim fs As New System.IO.FileStream(datei, _
  IO.FileMode.Create)

pl.CreateSong(fs)
fs.Close()
```

```
My.Computer.Audio.Play(datei)
```

Möchten Sie die Wiedergabe auf ein Instrument abstimmen, das nicht auf den Kammerton a gestimmt worden ist, dann verwenden Sie einen der anderen Konstruktoren der Klasse Player. Über ein NumericUpDown-Control lässt sich dann leicht die Tonlage anpassen:

```
Dim referenzfrequenz As Double = CDbl(NUDReferenz.Value)
Dim pl As New Player(referenzfrequenz)
```

Diese Vorgehensweise kann auch einfach dazu benutzt werden, um die ganze Melodie in eine andere Tonart zu transponieren, ohne die Noten anpassen zu müssen.

338 Trace- und Debug-Ausgaben über Config-Datei steuern

Kontrollausgaben mit `Trace.WriteLine` oder `Debug.WriteLine` erleichtern oft immens die Fehlersuche, gestatten sie doch nachzuverfolgen, welche Programmzweige in welcher Reihenfolge durchlaufen worden sind und welche Werte dabei die wichtigsten Variablen gehabt haben. Spätestens jedoch, wenn die erste Version beim Kunden installiert wird und nicht mehr in der Entwicklungsumgebung läuft und deshalb die Trace-Ausgaben umgeleitet werden müssen, entsteht der Wunsch, diese je nach Wichtigkeit an- oder abschalten zu können. .NET bietet hierfür einen Ansatz, über die Konfigurationsdatei der Anwendung einen Level vorzugeben und diesen bei der Ausgabe von Trace-Meldungen zu berücksichtigen.

In einer *.config*-Datei wie in Listing 717 können Sie innerhalb des `<switches>`-Knotens Schalter definieren und diesen einen Level zuordnen. Bedeutung und Enumerationskonstanten hierfür zeigt Tabelle 46.

TraceLevel-Konstante	Wert	Bedeutung
Off	0	keine Ausgaben
Error	1	nur Fehlermeldungen
Warning	2	zusätzlich Warnungen
Info	3	zusätzliche Informationen
Verbose	4	alle Meldungen

Tabelle 46: Level zur Steuerung von Trace-Ausgaben

```xml
<?xml version="1.0" encoding="utf-8" ?>
<configuration>

    <system.diagnostics>
      <switches>
         <add name="MainSwitch" value="4" />
      </switches>
    </system.diagnostics>


</configuration>
```

Listing 717: Konfigurationsdatei mit Schalter für die Trace-Ausgaben

Um die Einstellung des Schalters aus der Konfigurationsdatei berücksichtigen zu können, benötigen Sie eine Instanz der Klasse `TraceSwitch`. Der erste Parameter, der dem Konstruktor übergeben wird, ist der Name des Schalters. Für die angegebene Konfigurationsdatei wird die Instanz mit der folgenden Anweisung angelegt:

```
Public TSW As New TraceSwitch("MainSwitch", "Wichtige Meldungen")
```

Den vorgegebenen Trace-Level können Sie dann über die Eigenschaft `Level` abfragen. Zur Vereinfachung stellt `TraceSwitch` die schreibgeschützten Eigenschaften `TraceError`, `TraceWarning`, `TraceInfo` und `TraceVerbose` bereit, so dass Sie ohne Zahlenvergleiche direkt entscheiden können, ob eine Trace-Ausgabe erfolgen soll oder nicht. Auch eine If-Abfrage ist nicht notwendig, da Sie statt `Trace.WriteLine` die Methode `Trace.WriteLineIf` verwenden können, die diese Abfrage bereits vorsieht. Folgender Beispiel-Code soll die Zusammenhänge erläutern:

```
Trace.WriteLine("TraceLevel: " & TSW.Level.ToString())
Trace.WriteLineIf(TSW.TraceError, "Fehler")
Trace.WriteLineIf(TSW.TraceInfo, "Info")
Trace.WriteLineIf(TSW.TraceVerbose, "Ausführlich")
Trace.WriteLineIf(TSW.TraceWarning, "Warnung")
```

Die erste Zeile gibt den eingestellten Level aus und die nachfolgenden Zeilen jeweils eine Meldung, sofern der entsprechende Level eingeschaltet ist. Das Ergebnis für den Level 4, wie er in Listing 717 definiert ist, sieht dann so aus:

```
TraceLevel: Verbose
Fehler
Info
Ausführlich
Warnung
```

Wird der Level in der Konfigurationsdatei vor Programmstart auf 1 gestellt, ergibt sich diese Ausgabe:

```
TraceLevel: Error
Fehler
```

So kann ein Anwender steuern, ob und wenn ja, welche Informationen ausgegeben werden sollen. Im Normalfall würde z.B. der Wert 0 alle Fehlermeldungen unterdrücken. Kommt es zu abnormalem Programmverhalten, kann zur Fehlersuche der Level entsprechend hochgesetzt werden. Zur Laufzeit können Sie den Trace-Level nur ändern, indem Sie der Eigenschaft Level einen anderen Wert zuweisen. Änderungen in der Konfigurationsdatei werden erst beim nächsten Start berücksichtigt.

339   Debug- und Trace-Ausgaben an eine TextBox weiterleiten

Steht die Entwicklungsumgebung nicht zur Verfügung oder läuft das Programm nicht im Debug-Modus, dann entfällt die Möglichkeit, Meldungen in das Ausgabe-Fenster der IDE auszugeben. Ausgaben z.B. mit Trace.WriteLine laufen dann ins Leere, es sei denn, man leitet sie an einen anderen Zuhörer weiter. Das Framework sieht hierfür das Konzept des TraceListeners vor. Eine TraceListener-Instanz kann alle Debug- und Trace-Ausgaben empfangen, wenn sie der Listeners-Auflistung der Trace-Klasse zugeordnet wird. Die Klassen Debug und Trace teilen sich eine gemeinsame Listeners-Auflistung. TraceListener ist eine abstrakte (MustInherit) Basisklasse, von der Sie eine neue Klasse ableiten müssen oder eine der existierenden Ableitungen (EventLogTraceListener oder TextWriterTraceListener, siehe nachfolgende Rezepte) verwenden können.

Um die Ausgaben in eine TextBox umleiten zu können, wird die Klasse TraceToTextBox definiert (Listing 718). Die Ableitung von TraceListener erfordert das Überschreiben der Methoden Write und WriteLine. Diese Methoden nehmen als Parameter den auszugebenden Text entgegen und fügen ihn an den Inhalt der TextBox an.

Im Falle von WriteLine werden zusätzliche Leerzeichen zu Beginn der Zeile eingefügt, falls der Ausgabetext eingerückt werden muss. Me.IndentLevel gibt in diesem Fall an, um wie viele Stufen eingerückt werden soll, während Me.IndentSize die Anzahl der Leerzeichen pro Stufe vorgibt.

Nach jeder Write- oder WriteLine-Operation wird die Einfügemarke an das Ende des Textes gesetzt und mit ScrollToCaret der gesamte Inhalt so verschoben, dass die letzte Zeile sichtbar ist. Abbildung 354 zeigt ein Beispiel für eine Trace-Ausgabe in eine TextBox, die mehrere Einrückungsstufen verwendet.

```vb
Public Class TraceToTextBox
  Inherits TraceListener

  ' Verknüpfte TextBox
  Protected TraceTextBox As TextBox

  ' Konstruktor übernimmt Referenz der Ausgabe-TextBox
  Public Sub New(ByVal traceTextBox As TextBox)
    Me.TraceTextBox = traceTextBox
    traceTextBox.Text = ""
  End Sub

  ' Ausgabe mit Debug.Write bzw. Trace.Write
  Public Overloads Overrides Sub Write(ByVal message As String)

    ' Text anhängen
    Me.TraceTextBox.Text &= message

    ' Cursor hinter Textende setzen
    Me.TraceTextBox.Select(Me.TraceTextBox.Text.Length, 0)

    ' Letzte Zeile sichtbar machen
    Me.TraceTextBox.ScrollToCaret()

  End Sub

  ' Ausgabe mit Debug.WriteLine bzw. Trace.WriteLine
  Public Overloads Overrides Sub WriteLine(ByVal message As String)

    ' Leerzeichen für Einrückung berechnen
    Dim spaces As New String(" "c, Me.IndentLevel * Me.IndentSize)

    ' Text mit Einrückung anhängen
    Me.TraceTextBox.Text &= spaces & message & Environment.NewLine

    ' Cursor hinter Textende setzen
    Me.TraceTextBox.Select(Me.TraceTextBox.Text.Length, 0)

    ' Letzte Zeile sichtbar machen
    Me.TraceTextBox.ScrollToCaret()

  End Sub

End Class
```

Listing 718: TraceToTextBox erlaubt die Umleitung der Trace-Ausgaben in eine TextBox

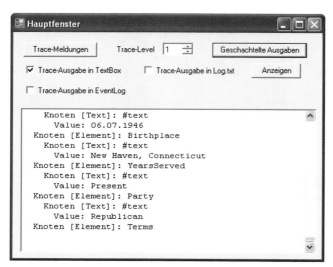

Abbildung 354: Eingerückte Trace-Ausgabe in einer TextBox

Die Anzahl der Leerzeichen für eine Einrückungsstufe lässt sich übrigens auch über die Konfigurationsdatei einstellen. Hierfür wird innerhalb des `<system.diagnostics>`-Knotens ein `<trace>`-Knoten definiert und die Anzahl der Leerzeichen im Attribut `indentsize` festgelegt:

```
<trace indentsize="2"></trace>
```

Für die TextBox selbst muss die `MultiLine`-Eigenschaft auf `True` gesetzt und zumindest die vertikale Bildlaufleiste eingeschaltet werden. Als Schriftart empfiehlt sich eine nicht proportionale Schrift, damit die Einrückungen richtig dargestellt werden. In der abgebildeten TextBox wurde die Schriftart Courier eingestellt.

Im Beispielprogramm wird eine Member-Variable der Fensterklasse für die Referenz der `Trace`-`Listener`-Instanz definiert:

```
Public TBListener As TraceToTextBox
```

Im `Load`-Ereignis wird die Instanz angelegt und an die TextBox gebunden:

```
TBListener = New TraceToTextBox(TBTraceOutput)
```

Ein- und ausgeschaltet wird die Ausgabe in die TextBox im `CheckedChanged`-Ereignis der CheckBox `CBTraceInTB`:

```
If CBTraceInTB.Checked Then
  Trace.Listeners.Add(TBListener)
Else
  Trace.Listeners.Remove(TBListener)
End If
```

Mit dieser Vorgehensweise können Sie die Trace-Ausgaben auch auf andere Steuerelemente umleiten (z.B. ListBoxen, ListViews etc.). Bei einer dauerhaften Verwendung für Trace-Ausgaben sollten Sie jedoch berücksichtigen, dass die Steuerelemente nicht beliebig viele Textzeilen verarbeiten können. Insbesondere die TextBox hat eine Beschränkung auf ca. 32.000 Zeichen. Die Methoden der `Listener`-Klasse müssen ggf. derart erweitert werden, dass alte Textzeilen wieder entfernt werden.

340 Debug- und Trace-Ausgaben in einer Datei speichern

Möchten Sie die Trace-Ausgaben für den Anwender unsichtbar in einer Log-Datei speichern, können Sie eine TraceListener-Ableitung verwenden, die alle Trace.Write- und Trace.Write-Line-Ausgaben in eine Textdatei schreibt. Hierzu müssen Sie selbst keine neue Klasse anlegen, sondern können sich der vom Framework bereitgestellten Klasse TextWriterTraceListener bedienen.

Ein Beispiel hierzu: Wieder wird eine Member-Variable definiert, die während der Laufzeit des Programms die Referenz des Listener-Objektes hält:

```
Public LogfileListener As TextWriterTraceListener
```

Im CheckedChanged-Ereignis der CheckBox TRACE-AUSGABE IN LOG.TXT wird eine Instanz der Klasse angelegt und an die Listeners-Auflistung angehängt bzw. wieder entfernt.

```
If CBLogListener.Checked Then
  File.Delete("log.txt")
  LogfileListener = New TextWriterTraceListener("Log.txt")
  Trace.Listeners.Add(LogfileListener)
Else
  Trace.Listeners.Remove(LogfileListener)
  LogfileListener.Dispose()
End If
```

Die Ausgabe in die Datei kann parallel zu anderen Ausgaben erfolgen. In Abbildung 355 sehen Sie das Fenster des Beispielprogramms mit den Trace-Ausgaben in der TextBox und in Abbildung 356 die Ansicht der Textdatei, die gleichzeitig geschrieben wurde. Während der Ausgabe in die Log-Datei ist diese allerdings gesperrt. Um die Ausgaben im Editor sehen zu können, muss zuvor das Häkchen für Log.txt wieder entfernt werden.

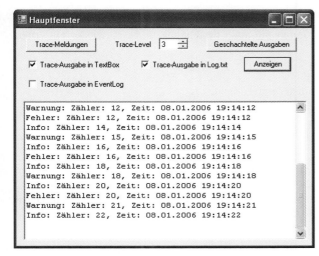

Abbildung 355: Laufende Trace-Ausgaben in der TextBox

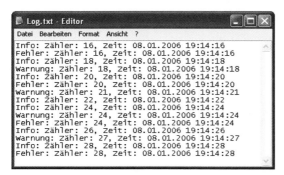

Abbildung 356: Laufende Trace-Ausgaben in einer Textdatei

Die Trace-Ausgaben in eine Datei lassen sich auch ganz ohne Code erzeugen. Ein Eintrag in der *.config*-Datei genügt:

```
<trace autoflush="false" indentsize="2">
  <listeners>
    <add name="myListener2"
         type="System.Diagnostics.TextWriterTraceListener"
         initializeData="c:\temp\Log2.txt" />
  </listeners>
</trace>
```

Im <add>-Knoten innerhalb des <listeners>-Knotens wird ein neuer Listener definiert. Dazu wird im type-Attribut der vollqualifizierte Typname der Klasse TextWriterTraceListener angegeben. Das Attribut initializeData legt den Dateipfad fest. Hier muss offenbar ein absoluter Pfad angegeben werden. Bei Angabe eines relativen Pfades wurde bei unseren Tests die Datei zwar angelegt, blieb jedoch leer.

Innerhalb des <listeners>-Knotens können Sie auch bestehende Listener wieder entfernen. Mit

```
<remove name="Default" />
```

wird z.B. die Ausgabe in das Debug-Fenster unterdrückt.

341   Debug- und Trace-Ausgaben an das Eventlog weiterleiten

Mit einem einzigen Handgriff lassen sich die Trace-Ausgaben auch an ein Eventlog weiterleiten. Das Framework bietet hierfür die von TraceListener abgeleitete Klasse EventLogTraceListener an. Sie können eine Instanz dieser Klasse genauso der Listeners-Auflistung hinzufügen, wie in den beiden vorangegangenen Beispielen beschrieben:

```
Public EvLogTL As New EventLogTraceListener(Application.ProductName)
…
If CBEventlog.Checked Then
  Trace.Listeners.Add(EvLogTL)
Else
  Trace.Listeners.Remove(EvLogTL)
End If
```

CBEventlog ist dabei die in Abbildung 355 sichtbare CheckBox mit der Beschriftung TRACE-AUS-
GABE IN EVENTLOG. Im Konstruktor von EventLogTraceListener können Sie wahlweise die Referenz eines EventLog-Objektes angeben, das genau festlegt, in welches EventLog die Ausgaben
umgeleitet werden sollen, oder Sie geben lediglich einen eindeutigen Namen (z.B. den Namen
der Anwendung) an. Dann erfolgt die Ausgabe unter diesem Namen im EventLog für Anwendungen (siehe Abbildung 357).

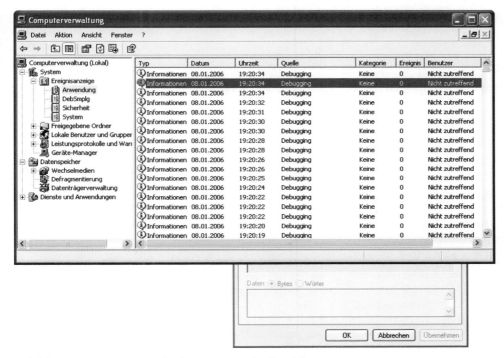

Abbildung 357: Trace-Ausgabe im EventLog des Betriebssystems

Wie bei der Umleitung in eine Datei lässt sich auch die Trace-Ausgabe in ein EventLog über die
Konfigurationsdatei der Anwendung steuern, so dass sie ohne zusätzliche Programmierung
ein- oder ausgeschaltet werden kann:

```
<trace autoflush="false" indentsize="2">
  <listeners>
    <add name="myListener3"
         type="System.Diagnostics.EventLogTraceListener"
         initializeData="Debuggin-Project" />
  </listeners>
</trace>
```

Im Attribut initializeData legen Sie den Namen fest, der im EventLog angezeigt werden soll.

Wenn Sie die Ausgaben, wie in unserem Beispiel, in das Standard-EventLog für Anwendungen
schreiben, berücksichtigen Sie bitte, dass sich alle Anwendungen dieses EventLog teilen.
Umfangreiche Meldungen Ihrer Anwendung kaschieren vielleicht wichtige Fehlermeldungen
anderer Programme. Eventuell ist es daher besser, für die Umleitung der Trace-Ausgaben ein
neues Eventlog anzulegen.

342 Eigene EventLogs für die Ereignisanzeige anlegen und beschreiben

Wenn Sie sich dafür entschieden haben, Informationen und Fehlermeldungen in ein EventLog auszugeben, das Sie mit der Ereignisanzeige der Computerverwaltung analysieren möchten, dann können Sie zur besseren Übersicht ein separates EventLog verwenden. So vermeiden Sie die Überfrachtung des Standard-EventLogs für Anwendungen.

Mit folgendem Code wird ein neues EventLog angelegt, sofern es noch nicht existiert:

```
If Not EventLog.Exists("DebSmplg") Then
  EventLog.CreateEventSource("DebSmp", "DebSmplg")
End If
```

Um dieses EventLog zu nutzen, definieren Sie eine Instanz der Klasse EventLog und legen die Log- und die Source-Eigenschaften fest:

```
Public SampleEventlog As EventLog
...
SampleEventlog = New EventLog
SampleEventlog.Log = "DebSmplg"
SampleEventlog.Source = "DebSmp"
```

Ausgaben in dieses EventLog nehmen Sie am besten mithilfe einer der zehn Überladungen der Methode WriteEntry vor. Beachten Sie hierbei jedoch, dass Sie keine Überladung verwenden, die im ersten Parameter die Quelle (Source) annimmt, da die Ausgaben sonst bei abweichender Angabe in einem anderen EventLog landen können.

Listing 719 zeigt exemplarisch, wie innerhalb eines Timer-Events Meldungen in das EventLog DebSmplg geschrieben werden. Es wurde bewusst die WriteEntry-Methode mit den meisten Überladungen gewählt, um zu zeigen, welche Informationen übergeben werden können und wie sie in der Ereignisanzeige dargestellt werden. Die Meldungen werden mit verschiedenen Kategorietypen versehen (EventLogEntryType.Information, -Warning und -Error), denen in der Ereignisanzeige unterschiedliche Icons zugeordnet werden (siehe Abbildung 358).

```
Public Counter As Integer = 0

Private Sub Timer1_Tick(ByVal sender As System.Object, _
  ByVal e As System.EventArgs) Handles Timer1.Tick

  Counter += 1

  Dim t As String = String.Format("Zähler: {0}, Zeit: {1}", _
    Counter, DateTime.Now)

  ' Jede zweite Sekunde
  If (Counter Mod 2) = 0 Then SampleEventlog.WriteEntry( _
    "Info: " & t, EventLogEntryType.Information, 4711, 55, _
    BitConverter.GetBytes(Counter))

  ' Jede dritte Sekunde
  If (Counter Mod 3) = 0 Then SampleEventlog.WriteEntry( _
```

Listing 719: Gezielte Ausgabe von Meldungen in eine separate Log-Datei

```
   "Warnung: " & t, EventLogEntryType.Warning, 4712, 73, _
   BitConverter.GetBytes(Counter))

 ' Jede vierte Sekunde
 If (Counter Mod 4) = 0 Then SampleEventlog.WriteEntry( _
    "Error: " & t, EventLogEntryType.Error, 4713, 33, _
    BitConverter.GetBytes(Counter))

End Sub
```

Listing 719: Gezielte Ausgabe von Meldungen in eine separate Log-Datei (Forts.)

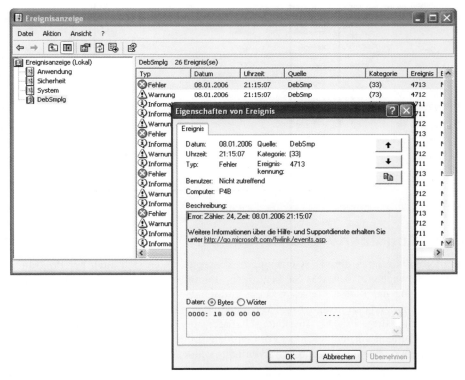

Abbildung 358: Ereignisanzeige für separat erstellte Log-Datei

In der abgebildeten Eigenschaftsseite eines Ereignisses finden Sie die verschiedenen Informationen, die beim Aufruf von WriteEntry übergeben wurden, wieder. Neben den Zahlenwerten für Kategorie und Ereignis-ID sehen Sie im Datenbereich den Wert des als Byte-Array übergebenen Zählers.

Durch gezieltes Setzen dieser Informationen können Sie Ihre Einträge in ein EventLog aussagekräftig gestalten und ggf. die Fehlersuche erleichtern. Einige der Daten können Sie in der Ereignisanzeige zum Filtern der Nachrichten nutzen. Abbildung 359 zeigt für das genannte Beispiel, wie nur Fehlermeldungen mit der ID 4713 ausgewählt und alle anderen unterdrückt werden können.

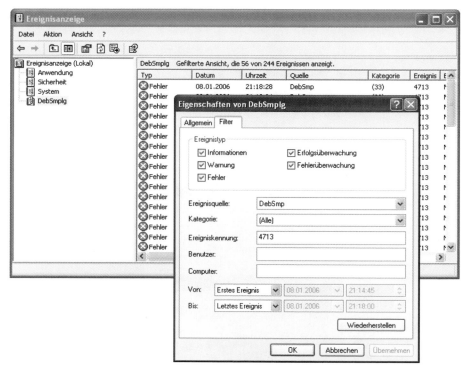

Abbildung 359: Filtern der erzeugten EventLog-Meldungen

343   EventLog überwachen und lesen

Die vordefinierten wie auch die selbst erzeugten EventLogs lassen sich auch per Programm abfragen und überwachen. Alles, was Sie benötigen, um auf ein EventLog zugreifen zu können, ist eine Instanz der Klasse `EventLog`. Diese können Sie wie im vorigen Beispiel selbst erzeugen, oder Sie nutzen den Designer und verwenden die in der Toolbox unter KOMPONENTEN aufgeführte Komponente `EventLog`. Im Eigenschaftsfenster können Sie dann bequem alle benötigten Einstellungen vornehmen. Dort können Sie z.B. für die Eigenschaft `Log` einen Wert aus der vorgegebenen Liste der verfügbaren EventLogs wählen (s. Abbildung 360).

Programmatisch können Sie die Liste der EventLogs abfragen über die statische Methode `EventLog.GetEventLogs`. Mit dem erhaltenen Array können Sie dem Anwender die verfügbaren Protokolle zur Auswahl anbieten.

Wenn Sie informiert werden möchten, sobald neue Meldungen in das EventLog eingetragen worden sind, dann müssen Sie die Eigenschaft `EnableRaisingEvents` des `EventLog`-Objektes auf `True` setzen. Bei jeder eintreffenden Meldung wird dann das Ereignis `EntryWritten` ausgelöst, auf das Sie reagieren können. Das Feld LETZTE MELDUNG im oberen Teil der Abbildung 361 wird in diesem Ereignis beschriftet:

```
Private Sub EventLog1_EntryWritten(...
  LBLMessage.Text = e.Entry.Message
End Sub
```

Abbildung 360: Einstellen einer EventLog-Komponente

Über die Eigenschaft `Entries` eines `EventLog`-Objektes erhalten Sie Zugriff auf alle Einträge, die bislang archiviert wurden. In einer Schleife über diese Liste können Sie für jeden Eintrag auf alle Informationen zugreifen. Listing 720 zeigt den Code, mit dessen Hilfe die ListView in Abbildung 361 mit den Informationen aus dem EventLog gefüllt wird.

> **Achtung**
>
> Wenn eine EventLog-Komponente für ein bestimmtes Log eingerichtet worden ist, lässt sich das Fenster nur noch dann im Designer öffnen, wenn das Log auch tatsächlich existiert. Wird es gelöscht oder das Projekt auf einem Rechner geöffnet, der kein Log mit dem eingetragenen Namen besitzt, verweigert der Designer die Zusammenarbeit.

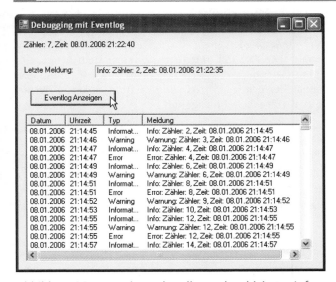

Abbildung 361: Anzeigen aktueller und archivierter Informationen eines EventLogs

```vbnet
' Alle Einträge des EventGogs durchlaufen
For Each entry As EventLogEntry In EventLog1.Entries
  ' Eine ListView-Zeile für jeden Eintrag anlegen
  Dim lvi As ListViewItem = LVEventlog.Items.Add( _
    entry.TimeGenerated.ToShortDateString())
  lvi.SubItems.Add(entry.TimeGenerated.ToLongTimeString())
  lvi.SubItems.Add(entry.EntryType.ToString())
  lvi.SubItems.Add(entry.Message)
Next
```

Listing 720: Ausgabe der EventLog-Einträge in eine ListView

344 Leistungsindikatoren anlegen und mit Daten versorgen

In Rezept 231 wurde bereits vorgestellt, wie Sie Leistungsindikatoren (PerformanceCounter) in Ihren Programmen abfragen können. Nicht nur zu Debug-Zwecken ist es aber oft sinnvoll, auch eigene Leistungsindikatoren anzulegen und kontinuierlich mit Informationen zu versorgen. Auch hierfür hält das Framework die notwendige Funktionalität bereit.

Bevor Sie eine neue PerformanceCounter-Kategorie anlegen, sollten Sie mit PerformanceCounter-Category.Exists prüfen, ob diese bereits existiert. Gibt es sie noch nicht, können Sie sie anlegen und beliebige Counter hinzufügen. Für das Anlegen einer neuen PerformanceCounter-Liste wird eine Instanz der Klasse CounterCreationDataCollection benötigt, für jeden Counter eine Instanz von CounterCreationData. Jeder Counter erhält seine individuellen Einstellungen und wird in die CounterCreationDataCollection-Auflistung aufgenommen. Abschließend wird durch den Aufruf von PerformanceCounterCategory.Create eine neue Kategorie angelegt und die Counter-CreationDataCollection-Auflistung übergeben.

Im Beispielcode in Listing 721 werden vier PerformanceCounter angelegt. Der erste (ClickFrequency) soll die Anzahl der Klicks pro Sekunde auf eine Schaltfläche angeben, die anderen drei (Zero, One, Two) sollen absolute Zählerstände wiedergeben. Mit der Eigenschaft CounterType wird festgelegt, wie der Counter verwaltet werden soll. Das Betriebssystem stellt hierzu eine Reihe von Möglichkeiten zur Verfügung (Average..., CounterDelta..., CounterTimer... und viele mehr), deren ausführliche Beschreibung Sie in der MSDN-Dokumentation finden. Alle vier Counter werden der Kategorie NeueBeispielkategorie hinzugefügt.

Der Member-Variable FreqCounter und dem Array Counters werden die Referenzen der jeweiligen PerformanceCounter-Objekte zugewiesen, um sie später verwenden zu können. Beachten Sie hierbei, dass dem Konstruktor als dritter Parameter der Wert False übergeben wird. Er legt fest, dass die PerformanceCounter nicht schreibgeschützt sind. Nur dann können Sie auch Werte zuweisen.

Die absoluten Zähler werden zum Abschluss zurückgesetzt. Das geschieht hier durch Zuweisung eines Wertes an die RawValue-Eigenschaft.

```vbnet
Public Counters(2) As PerformanceCounter
Public FreqCounter As PerformanceCounter

Private Sub MainWindow_Load(ByVal sender ...

  If Not PerformanceCounterCategory.Exists( _
```

Listing 721: Anlegen einer neuen PerformanceCounter-Kategorie mit vier Countern

```
    "NeueBeispielkategorie") Then

    ' Counter-Liste vorbereiten
    Dim CCDCol As New CounterCreationDataCollection
    Dim CCData As CounterCreationData

    ' Neuen Counter definieren und parametrieren
    CCData = New CounterCreationData
    CCData.CounterName = "ClickFrequency"
    CCData.CounterHelp = "Anzahl der Klicks pro Sekunde"
    CCData.CounterType = _
      PerformanceCounterType.RateOfCountsPerSecond32

    ' Counter der Liste hinzufügen
    CCDCol.Add(CCData)

    ' Neuen Counter definieren und parametrieren
    CCData = New CounterCreationData
    CCData.CounterName = "Zero"
    CCData.CounterHelp = "Anzahl der Klicks bei Wert 0"
    CCData.CounterType = PerformanceCounterType.NumberOfItems32

    ' Counter der Liste hinzufügen
    CCDCol.Add(CCData)

    ' Neuen Counter definieren und parametrieren
    CCData = New CounterCreationData
    CCData.CounterName = "One"
    CCData.CounterHelp = "Anzahl der Klicks bei Wert 1"
    CCData.CounterType = PerformanceCounterType.NumberOfItems32

    ' Counter der Liste hinzufügen
    CCDCol.Add(CCData)

    ' Neuen Counter definieren und parametrieren
    CCData = New CounterCreationData
    CCData.CounterName = "Two"
    CCData.CounterHelp = "Anzahl der Klicks bei Wert 2"
    CCData.CounterType = PerformanceCounterType.NumberOfItems32

    ' Counter der Liste hinzufügen
    CCDCol.Add(CCData)

    ' Kategorie mit neuen Countern anlegen
    PerformanceCounterCategory.Create("NeueBeispielkategorie", _
      "Beispiel-Counter für Visual Basic 2005 Codebook", CCDCol)

  End If

  ' Counter-Objekte anlegen
  Counters(0) = New PerformanceCounter("NeueBeispielkategorie", _
```

Listing 721: Anlegen einer neuen PerformanceCounter-Kategorie mit vier Countern (Forts.)

```
      "Zero", False)
    Counters(1) = New PerformanceCounter("NeueBeispielkategorie", _
      "One", False)
    Counters(2) = New PerformanceCounter("NeueBeispielkategorie", _
      "Two", False)
    FreqCounter = New PerformanceCounter("NeueBeispielkategorie", _
      "ClickFrequency", False)

    ' Absolute Zähler zurücksetzen
    Counters(0).RawValue = 0
    Counters(1).RawValue = 0
    Counters(2).RawValue = 0

End Sub
```

Listing 721: Anlegen einer neuen PerformanceCounter-Kategorie mit vier Countern (Forts.)

Das kleine Beispielprogramm (Abbildung 362) zeigt auf einem Label Zufallszahlen zwischen Null und Zwei an, die von einem Timer kontinuierlich erzeugt werden. Bei jedem Klick auf die Schaltfläche PUSH ME wird der Zähler ClickFrequency und der zur aktuell gezogenen Zufallszahl zugeordnete Zähler (Zero, One oder Two) inkrementiert (Listing 722).

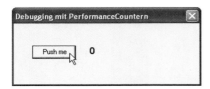

Abbildung 362: Testen Sie Ihre Reaktion und die Beweglichkeit Ihrer Finger

```
    Private Sub BTNPushMe_Click(ByVal sender As System.Object, …
      FreqCounter.Increment()
      Counters(Number).Increment()
    End Sub
```

Listing 722: Inkrementieren der PerformanceCounter im Programm

Die im Beispielprogramm erzeugten Daten können dann mit externen Programmen ausgewertet werden. Unter START / PROGRAMME / VERWALTUNG / SYSTEMMONITOR (Windows 2000) bzw. in der Verwaltungskonsole unter LEISTUNG (Windows XP) finden Sie das zu Windows gehörende Anzeige- und Auswerte-Programm. Auch die mit dem Beispielprogramm erzeugten PerformanceCounter können damit angezeigt werden (Abbildung 364 und Abbildung 365). Zuvor muss die Ereignisanzeige jedoch eingerichtet werden. Durch Klick auf das Pluszeichen in der Symbolleiste wird ein Dialog zur Auswahl der Datenquellen angezeigt (Abbildung 363). Dort finden Sie auch die Leistungsindikatoren, die das Programm gerade bereitgestellt hat.

Eigene PerformanceCounter können Sie in vielen Fällen einsetzen, um z.B. Datenraten oder Zykluszeiten zu überwachen. Sie können einerseits ein hilfreiches Mittel beim Debuggen sein und andererseits dem Endanwender wertvolle Informationen über Ablauf und Auslastung der Prozesse und der Maschine geben.

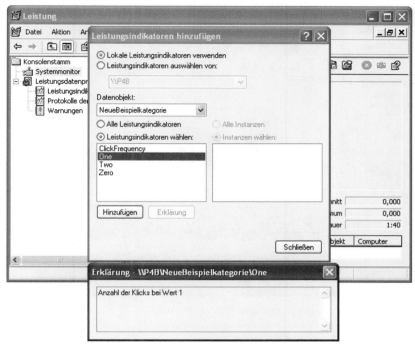

Abbildung 363: Auswahl der Leistungsindikatoren für die Diagrammdarstellung

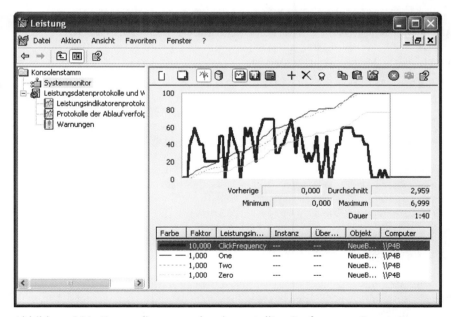

Abbildung 364: Kurvendiagramm der vier erstellten PerformanceCounter

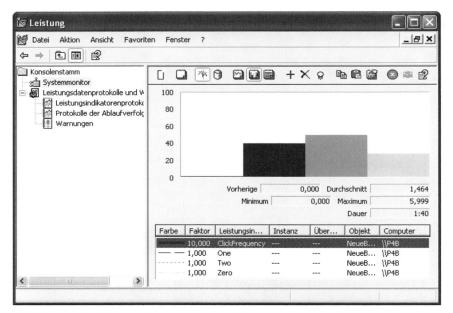

Abbildung 365: Die vier Counter in einer Histogramm-Darstellung

345 Zeiten mit hoher Auflösung messen

Zeitmessungen in Windows-Anwendungen bedürfen besonderer Sorgfalt, wenn es um Auflösungen im Millisekundenbereich geht. In der neuen Version stehen mit `My.Computer.Clock` und `System.Stopwatch` zwei neue virtuelle Uhren zur Verfügung. Gemeinsam mit den bereits bekannten Möglichkeiten der Zeitmessung mit `QueryPerformanceCounter` und `DateTime.Now` zeigen wir in diesem Rezept, welche Messweise brauchbar ist.

Die API-Funktion `QueryPerformanceCounter` (Listing 723) ist für die Abfrage des absoluten Zählerstandes (Hardware) zuständig, während mit der API-Funktion `QueryPerformanceFrequency` die Frequenz, mit der der Zähler hochgezählt wird, abgefragt werden kann. Für eine Zeitmessung benötigt man den Zählerstand zu Beginn und den Zählerstand am Ende des Zeitintervalls. Die Differenz, geteilt durch die Frequenz, gibt dann die Zeitspanne in Sekunden an.

```
Public Declare Auto Function QueryPerformanceCounter Lib _
   "Kernel32.dll" (ByRef performanceCount As Long) As Boolean

Public Declare Auto Function QueryPerformanceFrequency Lib _
   "Kernel32.dll" (ByRef frequency As Long) As Boolean
```

Listing 723: Abfragen von Zählerstand und Frequenz des Hardware-Counters

Ähnlich erfolgt die Zeitmessung über `DateTime.Now`. Zu Beginn wird der Startwert ermittelt und von jeder Messung abgezogen. Gleiches gilt für `My.Computer.Clock.TickCount`. Die neue Klasse `Stopwatch` hingegen stellt die statische Methode `StartNew` zur Verfügung, die eine neue Instanz der Klasse, initialisiert mit der aktuellen Startzeit, bereitstellt. Über `Stopwatch.Elapsed` und weitere Methoden kann die abgelaufene Zeit abgerufen werden.

Das in Listing 724 gezeigte Programm füllt eine Tabelle mit gemessenen Zeiten. In jedem Schleifendurchlauf wird die Zeit mit den vier beschriebenen Verfahren gemessen. Nach erfolgter Messung werden die Werte in eine Tabellenzeile eingetragen. Gemessen wird somit die Zeit zum Füllen der Tabelle. Die einzelnen Messwerte können leicht voneinander abweichen, da die Zeiten nicht gleichzeitig, sondern nacheinander ermittelt werden müssen. Das in Abbildung 366 dargestellte Resultat zeigt jedoch, dass nur zwei Messverfahren Sinn machen.

```
' Startzeit für DateTime
Dim starttime As DateTime = DateTime.Now

' Startzeit für Clock
Dim starttick As Integer = My.Computer.Clock.TickCount

' Startzeit und Frequenz für QueryPerformanceCounter
' Frequenz abfragen
Dim qpcFreq As Long
API.QueryPerformanceFrequency(qpcFreq)
' Zählerstand speichern
Dim qpcStart As Long
API.QueryPerformanceCounter(qpcStart)

' Initialisierung für Stopwatch
Dim sw As Stopwatch = Stopwatch.StartNew()

For i As Integer = 0 To 100

  ' PerformanceCounter abfragen
  Dim qpcCurrent As Long
  API.QueryPerformanceCounter(qpcCurrent)

  ' Stopwatch abfragen
  Dim tsStopWatch As TimeSpan = sw.Elapsed

  ' Ausgabe in der Tabelle
  DataGridView1.Rows.Add( _
    tsStopWatch.TotalMilliseconds.ToString("0.00"), _
    ((qpcCurrent - qpcStart) * 1000 / qpcFreq).ToString("0.00"), _
    My.Computer.Clock.TickCount - starttick, _
    (DateTime.Now - starttime).TotalMilliseconds)

Next
```

Listing 724: Zeitmessung mit verschiedenen Werkzeugen

Stopwatch verwendet intern vermutlich die API-Methode QueryPerformanceCounter. Laut Doku ersetzt sie die Anwendung der API-Methoden. Allerdings steht sie nicht im Compact Framework zur Verfügung. Sowohl My.Computer.Clock.TickCount als auch DateTime.Now basieren aber auf Windows-Ticks und besitzen lediglich eine Auflösung von ca. 16 Millisekunden. Für genaue Zeitmessungen sind sie daher völlig unbrauchbar.

Hinweis Auch wenn die Abfragen mit `Stopwatch` und `QueryPerformanceCounter` eine wesentlich höhere Zeitauflösung bieten als z.B. `DateTime.Now`, sollten Sie bei Zeitmessungen einkalkulieren, dass eine Reihe von Störfaktoren die Messung beeinflussen können. Windows ist kein Echtzeit-Betriebssystem. Ihr Prozess ist nicht der einzige, der auf der Maschine ausgeführt wird. Durch das Multitasking/Multithreading-Verfahren kann Ihr Prozess bzw. der zu messende Thread jederzeit unterbrochen werden. Sie können also nie sicher sein, dass Sie tatsächlich nur die Ausführungszeit Ihres Programms messen.

Zeiten messen

Start

	Stopwatch	PerfCount	Clock	DateTime
▶	0,02	0,10	0	0
	0,88	0,95	0	0
	1,37	1,44	0	0
	2,02	2,09	15	15,625
	2,81	2,88	15	15,625
	3,27	3,34	15	15,625
	3,68	3,75	15	15,625
	4,09	4,17	15	15,625
	4,50	4,57	15	15,625
	4,90	4,98	15	15,625
	5,31	5,38	15	15,625
	5,72	5,79	15	15,625
	6,13	6,20	15	15,625
	6,53	6,61	15	15,625
	6,94	7,01	15	15,625
	7,35	7,42	15	15,625
	7,76	7,84	15	15,625
	11,37	11,44	15	15,625

Abbildung 366: Verschiedene Zeitmessungen mit unterschiedlichen Ergebnissen

346 API-Fehlermeldungen aufbereiten

Fehler in API-Funktionen führen meist nicht zu einer Exception, sondern entweder (wenn sie von der API-Funktion erkannt werden) zum Setzen einer globalen Fehlernummer oder (wenn sie eben nicht erkannt werden) zu unvorhersehbarem Verhalten des Programms.

Letztere Situation lässt sich leider nicht abfangen, da die Ursachen vielfältig sein können (falsche Zeiger, zu kleine Buffer-Arrays usw.). Wenn die API-Funktion jedoch einen Fehler erkennt, dann lässt sich dieser auch abfragen. Die Methode `System.Runtime.InteropServices.Marshal.` `GetLastWin32Error` gibt die besagte Fehlernummer zurück. Viele API-Funktionen geben als Funktionswert zurück, ob sie einen Fehler erkannt haben oder nicht. Liegt kein Fehler vor, gibt `GetLastWin32Error` den Wert 0 zurück, ansonsten die zugeordnete Fehlernummer.

Nun ist die Angabe der Fehlernummer meist nicht besonders hilfreich. Eine Meldung im Klartext ist in jedem Fall sinnvoller. Zur Abfrage des Meldungstextes stellt das Windows-API die Methode `FormatMessage` zur Verfügung (Listing 725). Da die Methode eine Reihe von Parametern benötigt, haben wir sie in der Klasse `ApiVBNet` in zwei anderen Methoden gekapselt (Listing 726).

```
Public Declare Auto Function FormatMessage Lib "kernel32.dll" _
  (ByVal dwFlags As Integer, ByVal lpSource As IntPtr, _
  ByVal dwMessageId As Integer, ByVal dwLanguageId As Integer, _
  ByVal lpBuffer As System.Text.StringBuilder, _
  ByVal nSize As Integer, ByVal Arguments() As String) As Integer
```

Listing 725: Die API-Funktion FormatMessage gibt die Meldungstexte zu Fehlernummern zurück

```
Public Shared Sub ThrowAPIError(ByVal errorNumber As Integer)

  ' Kein Fehler bei dem Wert 0
  If errorNumber = 0 Then Return

  ' Buffer für Text anlegen
  Dim sb As New System.Text.StringBuilder(2000)

  ' Meldungstext abrufen
  API.FormatMessage(&H1000, IntPtr.Zero, errorNumber, 0, sb, _
    sb.Capacity, Nothing)

  ' Exception auslösen
  Throw New Exception(sb.ToString())

End Sub

Public Shared Sub ThrowAPIError()
  ' Fehlernummer abfragen und bearbeiten
  ThrowAPIError( _
    System.Runtime.InteropServices.Marshal.GetLastWin32Error())
End Sub
```

Listing 726: Hilfsfunktionen zum Prüfen von API-Fehlern

ThrowAPIError legt einen Buffer für die Textabfrage an und ruft FormatMessage auf. Der erhaltene Meldungstext wird zum Auslösen einer Exception verwendet. Sie können wahlweise ThrowAPIError ohne Parameter aufrufen oder eine bekannte Fehlernummer übergeben. Im ersten Fall wird die Fehlernummer mit GetLastWin32Error ermittelt.

Ein Aufruf wie

ApiVBNet.ThrowAPIError(2)

erzeugt eine Exception wie z.B.:

Eine nicht behandelte Ausnahme des Typs 'System.Exception' ist in TimeMeasurement.exe aufgetreten.

Zusätzliche Informationen: Das System kann die angegebene Datei nicht finden.

Teil III Anhang

Visual Basic 2005

Visual Studio

Internetquellen

Grundlagen weiterer
Technologien

API-Funktionen

Visual Basic 2005

Wenngleich wir an dieser Stelle auch keine vollständige Einführung in die Objektorientierte Programmierung mit Visual Basic 2005 geben können, wollen wir doch zumindest die wichtigsten und im Buch oft benötigten Grundlagen ansprechen. Aber bitte beachten Sie, dass dies kein Ersatz für das Erlernen der Objektorientierten Programmierung ist, sondern nur als Kurzreferenz zur Klärung einiger weit verbreiteter Unklarheiten dienen soll.

Klassen – Referenzen – Objekte

Eine Klasse ist ein Bauplan für Objekte. Sie beschreibt, wie ein Objekt aussehen soll. Ein Objekt wiederum ist eine Instanz einer Klasse. Für jedes Objekt wird Speicherplatz auf dem Heap reserviert. Auf ein Objekt kann man nur über Referenzen zugreifen. Referenzen sind verwaltete Zeiger, die auf genau ein Objekt oder auf nichts (Nothing) zeigen. Ein Beispiel für eine Klasse sehen Sie in Listing 727.

```vbnet
Public Class Vehicle

    ' Member-Variablen
    Public Manufacturer As String
    Public VehicleType As String
    Public MaxSpeed As Double
    Public LicenceNumber As String

    ' Konstruktor
    Public Sub New(ByVal manufacturer As String, ByVal vtype As _
       String, ByVal maxspeed As Double, ByVal licenceNumber As String)

      Me.Manufacturer = manufacturer
      Me.VehicleType = vtype
      Me.MaxSpeed = maxspeed
      Me.LicenceNumber = licenceNumber

    End Sub

    ' Methode
    Public Function Move(ByVal speed As Double) As Boolean

      If speed > MaxSpeed Then Return False

      Debug.WriteLine(String.Format( _
        "Fahrzeug [{0}] fährt mit {1} km/h über die Autobahn", _
        Me.LicenceNumber, speed))

      Return True
    End Function

End Class
```

Listing 727: Klasse Vehicle definiert Member-Variablen, einen Konstruktor und eine Methode

Um Instanzen einer Klasse anzulegen, wird das Schlüsselwort `New` verwendet. `New` führt drei Schritte aus:

1. Reservierung des Speicherplatzes für das Objekt auf dem Heap

2. Aufruf eines Konstruktors zur Initialisierung

3. Rückgabe der Referenz auf das neue Objekt

Eine Instanz der beschriebenen Klasse könnte also so angelegt werden:

```
Dim v As Vehicle = New Vehicle("Audi", "A8", 220, "QQ-C1234")
```

v ist eine Referenzvariable, die nach Ausführung der Zuweisung auf das Objekt zeigt. In Visual Basic 2005 ist auch eine verkürzte Schreibweise erlaubt, die zum gleichen Ziel führt:

```
Dim v As New Vehicle("Audi", "A8", 220, "QQ-C1234")
```

Sie können beliebig viele Objekte erzeugen, aber auch beliebig viele Referenzen auf ein Objekt anlegen:

```
Dim myCar As Vehicle = v
```

`myCar` ist eine neue Referenzvariable, die ebenfalls auf das zuvor angelegte Objekt verweist. `v` und `myCar` haben somit denselben Wert. Das Beispiel zeigt sehr deutlich, dass eine gebräuchliche Ausdrucksweise, bei der man umgangssprachlich ein Objekt so nennt wie die Referenzvariable, die darauf verweist, irreführend und falsch ist, denn sonst hätte das Objekt jetzt schon zwei Namen. Objekte sind anonym und haben keinen Namen.

Der Konstruktor ist eine Methode, die keinen Rückgabewert hat und die nur im Zusammenhang mit der Instanzierung (hier mit New) aufgerufen wird. Er soll zur Initialisierung der zum Objekt gehörenden Werte dienen. Die Implementierung ist jedoch Sache des Programmierers. Im Beispiel werden die als Parameter übergebenen Werte in die Member-Variablen des Objektes eingetragen.

Über eine Referenz können Sie auf das Objekt zugreifen:

```
myCar.MaxSpeed = 200
```

setzt die Member-Variablen `MaxSpeed` des Objektes auf `200`. Analog zu diesem schreibenden Zugriff können Sie auch lesend darauf zugreifen:

```
Dim speed As Double = myCar.MaxSpeed
```

Methoden eines Objektes rufen Sie ebenfalls über die Referenz auf:

```
myCar.Move(150)
```

führt zur Ausgabe von:

```
Fahrzeug [QQ-C1234] fährt mit 150 km/h über die Autobahn
```

oder mit Auswertung des Funktionswertes:

```
Debug.WriteLine(myCar.Move(300))
```

erzeugt die Ausgabe:

```
False
```

Strukturen (Wertetypen)

Strukturen, zu denen auch Datentypen wie `Integer`, `Double`, `Boolean`, `DateTime` usw. gehören, sind abgeleitet von der Klasse `System.ValueType` und unterliegen gesonderten Regeln:

▶ Eine Struktur kann nicht von einer anderen Struktur oder einer Klasse erben

▶ Eine Struktur kann nicht als Basisklasse für eine andere Klasse dienen

▶ Lokale Variablen und Methoden-Parameter, deren Typ eine Struktur ist, werden auf dem Stack abgelegt

▶ Wird eine Referenz auf eine Struktur benötigt, erfolgt automatisch »Boxing«

Der letzte Punkt ist ganz wesentlich. Bei folgendem Code:

```
Dim obj As Object = 123
```

wird auf dem Heap ein Objekt angelegt, das den Wert (123) verpackt (also quasi in eine Schachtel steckt, daher der Begriff »Boxing«). Der Wert des Objektes kann nicht geändert werden. Wenn Sie wieder einen Wertetyp benötigen, müssen Sie einen Typecast mit `CType` vornehmen:

```
Dim obj As Object = 123
Dim i As Integer = CType(obj, Integer)
```

oder vereinfacht bei Integer:

```
Dim k As Integer = CInt(obj)
```

Dieser Vorgang wird auch »Unboxing« genannt.

»Boxing« erfolgt natürlich auch dann, wenn Sie einen Wertetyp an eine Methode übergeben, die eine `Object`-Referenz erwartet. Ein typischer Anwendungsfall ist z.B. `ArrayList.Add` (siehe Beschreibung der Listen weiter unten).

(Instanz-)Methoden

In einer Klasse können Sie beliebig viele Methoden definieren, die zu einem Objekt gehören (Instanzmethoden). Die Parameterliste können Sie frei vorgeben, ähnlich, wie es in VB6 der Fall ist. Im Gegensatz zu VB6 ist die Voreinstellung für die Übergabeart allerdings jetzt `ByVal` statt vorher `ByRef`. Optionale Parameter sind zwar noch möglich, sind aber nicht .NET-konform und sollten daher vermieden werden.

Überladen

Neu ist, dass Methoden überladen werden können. D.h. dass Sie unter einem Methodennamen mehrere Implementierungen vornehmen können, die sich in den Typen der Parameter unterscheiden. Für das obige Beispiel ließe sich daher zusätzlich eine Methode wie in Listing 728 definieren.

```
Public Sub Move(ByVal destination As String, ByVal speed As Double)
  If speed > MaxSpeed Then Return

  Debug.WriteLine(String.Format( _
    "Fahrzeug [{0}] fährt mit {1} km/h nach {2}", _
```

Listing 728: Überladene Methode Move mit anderen Parametern

```
    LicenceNumber, speed, destination))

  End Sub
```

Listing 728: Überladene Methode Move mit anderen Parametern (Forts.)

Beim Aufruf erkennt der Compiler anhand der Parameter, welche Methode aufzurufen ist:

```
myCar.Move("Frankfurt", 140)
myCar.Move(150)
```

Hier wird erst die Methode mit zwei Parametern aufgerufen, danach die Methode mit einem Parameter. Überladungen werden immer zur Compile-Zeit aufgelöst.

Visual Studio zeigt Ihnen beim Aufruf einer überladenen Methode die möglichen Parameter in einer einzeiligen Liste an (Abbildung 367). Über die Schaltflächen oder die Pfeiltasten können Sie die Liste durchblättern.

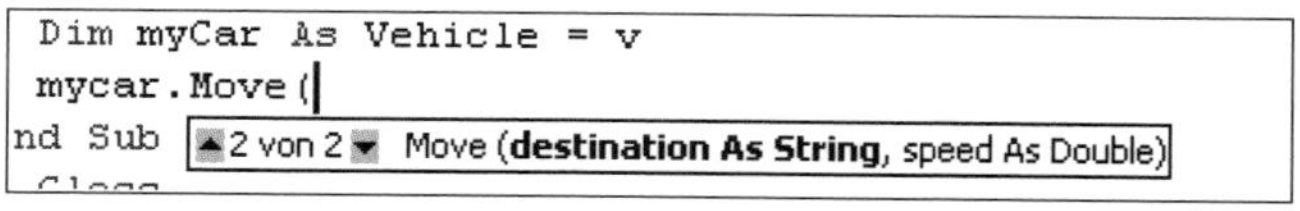

Abbildung 367: Liste der verfügbaren Methodenüberladungen in Visual Studio

Parameter können als Wert (ByVal) oder als Referenz (ByRef) übergeben werden. Die Art der Übergabe legt fest, was auf den Stack gelegt wird. Im ersten Fall wird der Wert eines Ausdrucks übergeben, im zweiten Fall die Adresse einer Variablen.

> **Achtung**
>
> Verwechseln Sie ByVal und ByRef auf keinen Fall mit Werte- und Referenztypen. Beides hat nichts miteinander zu tun. Sie können sowohl Werte- als auch Referenztypen als Parameter übergeben und in beiden Fällen festlegen, ob die Übergabe ByVal oder ByRef erfolgen soll.

Eine Übergabe von Variablen als Referenz wird relativ selten benötigt (daher die geänderte Voreinstellung). Ein Beispiel hierfür ist das Austauschen von Variablen-Inhalten:

```
Public Sub Exchange(ByRef v1 As Double, ByRef v2 As Double)
  Dim v As Double = v1
  v1 = v2
  v2 = v
End Sub
```

und der Aufruf:

```
Dim s1 As Double = 100
Dim s2 As Double = 150
Exchange(s1, s2)
```

führt dazu, dass anschließend s1 den Wert 150 und s2 den Wert 100 hat. Bei einer Übergabe ByVal hätte sich an den Variablen-Inhalten nichts geändert.

Me

Bei einem Aufruf wie myCar.Move(...) wird die Referenz des Objektes, für das die Methode aufgerufen wird, als »unsichtbarer Parameter« übergeben und steht innerhalb der Methode mit dem Schlüsselwort Me zur Verfügung (siehe Beispiele). Über Me können Sie also innerhalb einer

Instanz-Methode auf das Objekt zugreifen. Me kann weggelassen werden, wenn der Bezeichner dahinter eindeutig ist. Der Compiler setzt es dann bei der Kompilierung automatisch ein.

Der Typ von Me ist nicht zwangsläufig identisch mit der Klasse, in der die Methode definiert ist. Me kann ja auch auf eine Instanz einer abgeleiteten Klasse verweisen (siehe weiter unten).

Statische Methoden und statische Variablen

Eine statische Methode gehört zur Klasse und nicht zum Objekt. D.h. man kann die Methode aufrufen, ohne dass Instanzen einer Klasse vorhanden sein müssen. Demzufolge benötigen Sie auf keine Referenz, um die Methode aufrufen zu können. Stattdessen wird eine statische Methode über den Namen ihrer Klasse aufgerufen:

```
Vehicle.BuildCar(...)
```

und mit dem Schlüsselwort Shared implementiert:

```
Public Shared Function BuildCar() As Vehicle
    ' Return ...
End Function
```

Leider lässt Visual Basic 2005 bislang auch den Aufruf einer statischen Methode über eine Referenz zu. An der Ausführung ändert sich dadurch jedoch nichts. Es führt auch nicht zu Vereinfachungen, sondern allenfalls zu Verwirrungen. Sie sollten daher statische Methoden immer ausschließlich über den Klassennamen aufrufen.

Genauso verhält es sich mit statischen Variablen. Sie gehören zur Klasse, nicht zum Objekt. Auf eine statische Variable können Sie jederzeit über den Klassennamen zugreifen.

Module

VB Classic-Module gehören zu den Dingen, die in .NET nichts mehr zu suchen haben. Leider werden sie von Visual Basic 2005 weiterhin unterstützt und täuschen die Existenz globaler Variablen und Methoden vor.

In Wirklichkeit sind Module unter Visual Basic 2005 aber nur Klassen, deren Methoden und Member-Variablen automatisch als statisch (Shared) deklariert werden. Um Verwirrungen zu vermeiden sollten Sie daher grundsätzlich statt Modulen Klassen verwenden.

Auch im Framework wird so vorgegangen. Eine typische Klasse, die nur statische Elemente enthält, ist die Klasse Math. Funktionen wie Sin oder Round benötigen keine Instanz der Klasse, sondern können wie globale Methoden über den Klassennamen aufgerufen werden:

```
x = Math.Sin(5)
```

Die in Listing 729 abgebildeten Funktionen hätte man in VB Classic sicher innerhalb eines Moduls definiert. Unter .NET ist es jedoch üblich, stattdessen statische Methoden (Shared) explizit als solche anzulegen.

```
Public Class TrigDeg

    ' Trigonometrische Funktionen mit Winkelangaben in Grad
```

Listing 729: Statt eines Moduls ist es besser, eine Klasse anzulegen und die enthaltenen Methoden mit »Shared« als statisch zu definieren

```
Public Shared Function DegreeToRadiant(ByVal angle As Double) _
  As Double

    Return angle * Math.PI / 180
End Function

Public Shared Function RadiantToDegree(ByVal radiant As Double) _
  As Double

    Return radiant * 180 / Math.PI
End Function

Public Shared Function Sin(ByVal angle As Double) As Double
  Return Math.Sin(DegreeToRadiant(angle))
End Function

Public Shared Function Cos(ByVal angle As Double) As Double
  Return Math.Cos(DegreeToRadiant(angle))
End Function

Public Shared Function Atan(ByVal value As Double) As Double
  Return RadiantToDegree(Math.Atan(value))
End Function

End Class
```

Listing 729: Statt eines Moduls ist es besser, eine Klasse anzulegen und die enthaltenen Methoden mit »Shared« als statisch zu definieren (Forts.)

Beispiel für Aufrufe:

```
Debug.WriteLine(TrigDeg.Sin(45))
Debug.WriteLine(TrigDeg.Atan(1))
```

Eigenschaften (Properties)

Die Eigenschaften kennen Sie schon aus VB Classic. Sie dienen einer syntaktischen Vereinfachung, indem zwei Methoden (Get und Set) zusammengefasst und im rufenden Programm wie eine Member-Variable behandelt werden. Definiert werden sie über das Schlüsselwort Property:

```
Public Property SpeedInKMH() As Double
  Get
    Return kmh
  End Get
  Set(ByVal Value As Double)
    kmh = Value
  End Set
End Property
```

Meist greifen sie, wie in diesem Beispiel, auf Private oder geschützte Member-Variablen zu:

```
Private kmh As Double
```

Die Implementierung kann aber beliebig vorgenommen werden. Z.B. für Umrechnungen könnte eine zweite Eigenschaft definiert werden:

```vbnet
Public Property SpeedInMPH() As Double
  Get
    Return kmh / 1.6
  End Get
  Set(ByVal Value As Double)
    kmh = Value * 1.6
  End Set
End Property
```

Auch diese Eigenschaft greift auf die Member-Variable kmh zu, rechnet die Werte jedoch in Meilen pro Stunde um. Aufgerufen werden die Eigenschaften z.B. so:

```vbnet
myCar.SpeedInKMH = 150
Debug.WriteLine(myCar.SpeedInMPH & " miles/h")
myCar.SpeedInMPH = 100
Debug.WriteLine(myCar.SpeedInKMH & " km/h")
```

wodurch die Ausgaben

```
93,75 miles/h
160 km/h
```

erzeugt werden.

Auch Properties können statisch definiert werden und gehören dann, wie statische Methoden, zur Klasse und nicht zu einer Instanz.

Vererbung

Eine Klasse kann von einer bestehenden abgeleitet werden und erbt dann, bis auf die Konstruktoren, alles, was in der Basisklasse definiert ist. Listing 730 zeigt ein Beispiel für eine abgeleitete Klasse.

```vbnet
Public Class VWGolf
  Inherits Vehicle

  Public NumberOfVersion As Integer

  Public Sub New(ByVal licenceNumber As String, _
    ByVal versionNr As Integer)

    MyBase.New("VW", "Golf", 170, licenceNumber)
    NumberOfVersion = versionNr

  End Sub
End Class
```

Listing 730: Die von Vehicle abgeleitete Klasse VWGolf

Eine Instanz von VWGolf kennt dieselben Methoden wie eine Instanz von Vehicle. Somit funktioniert folgender Code:

```vbnet
Dim golf As New VWGolf("ZZ-X999", 2)
golf.Move(120)
```

Da eine Instanz von VWGolf ja auch ein Vehicle ist, ist es auch zulässig, einer Referenz-Variablen vom Typ Vehicle die Referenz eines VWGolf-Objektes zuzuweisen:

```
Dim v As Vehicle = golf
```

und so allgemeiner mit der spezialisierten Klasse umzugehen. Eine Klasse, für die keine Basisklasse definiert wird, erbt automatisch von der Klasse System.Object. Object steht daher immer an der Spitze einer Klassenhierarchie. Also gilt auch diese Zuweisung:

```
Dim o As Object = golf
```

Viele Framework-Methoden machen sich diese Möglichkeit zunutze, indem sie Algorithmen ganz allgemein mit Object-Referenzen implementieren und so universell einsetzbar sind.

In der anderen Richtung, wenn Sie also eine Referenz vom Typ Object haben, die auf ein Objekt einer spezielleren Klasse verweist, und Sie z.B. auf eine Member-Variable dieser Klasse zugreifen wollen, dann müssen Sie etwas mehr Aufwand treiben. Ein Aufruf wie o.Move(...) kann nicht funktionieren, da der Compiler nicht weiß, auf welchen Objekttyp o verweist. Das müssen Sie ihm mithilfe eines TypeCasts bekannt geben. Zwei Möglichkeiten gibt es in Visual Basic 2005:

```
Dim v1 As Vehicle = CType(o, Vehicle)
Dim v2 As Vehicle = DirectCast(o, Vehicle)
```

DirectCast ist schneller, aber nur in Zusammenhang mit Klassen (wie hier) erlaubt.

Methoden überschreiben

Methoden, die in der Klasse, in der sie zuerst definiert worden sind, als überschreibbar (Overridable) markiert worden sind, können in abgeleiteten Klassen überschrieben werden. Dabei setzt die Methodenimplementierung der abgeleiteten Klasse die der Basisklasse außer Kraft. Im Sprachgebrauch der Objektorientierten Programmierung werden überschreibbare Methoden auch »virtuelle« Methoden genannt. Eine Definition der Methode Move wird in der Basisklasse Vehicle wie folgt als virtuelle Methode definiert:

```
Public Class Vehicle
  …

  Public Overridable Sub Move(ByVal start As String, _
    ByVal destination As String)

    Debug.WriteLine(String.Format( _
      "Fahrzeug [{0}] fährt von {1} nach {1}", Me.LicenceNumber, _
      start, destination))
  End Sub

End Class
```

In der abgeleiteten Klasse VWGolf kann sie dann mit neuem Inhalt definiert werden:

```
Public Class VWGolf
  Inherits Vehicle

  ...
  Public Overloads Overrides Sub Move(ByVal start As String, _
    ByVal destination As String)

    Debug.WriteLine(String.Format( _
      "Ein Golf {0} fährt von {1} nach {2}", _
```

```
      Me.NumberOfVersion, start, destination))
   End Sub
End Class
```

Wird die Methode `Move` nun für eine Instanz von `Vehicle` und eine Instanz von `VWGolf` aufgerufen, offenbart sich der Unterschied:

```
Dim v1 As New Vehicle("Audi", "A8", 220, "QQ-C1234")
Dim v2 As Vehicle = New VWGolf("ZZ-X999", 2)
v1.Move("A", "B")
v2.Move("A", "B")
```

führt zur Ausgabe von:

```
Fahrzeug [QQ-C1234] fährt von A nach A
Ein Golf 2 fährt von A nach B
```

Obwohl beide Referenz-Variablen vom Typ `Vehicle` sind, wird im zweiten Fall die Methode `Move` der abgeleiteten Klasse `VWGolf` aufgerufen. Erst zur Laufzeit wird anhand des Objekttyps entschieden, welche Methode aufgerufen werden muss.

Überschreibungen werden also immer zur Laufzeit aufgelöst, Überladungen immer zur Compile-Zeit.

Die Entwicklungsumgebung nimmt Ihnen die Arbeit ab, für eine Überschreibung die Methodendeklaration einzugeben. Wenn Sie im Code-Fenster der abgeleiteten Klasse in der linken oberen ComboBox »(Überschreibungen)« auswählen, dann können Sie in der rechten Combo-Box eine Methode auswählen, für die automatisch der Code generiert wird (Abbildung 368).

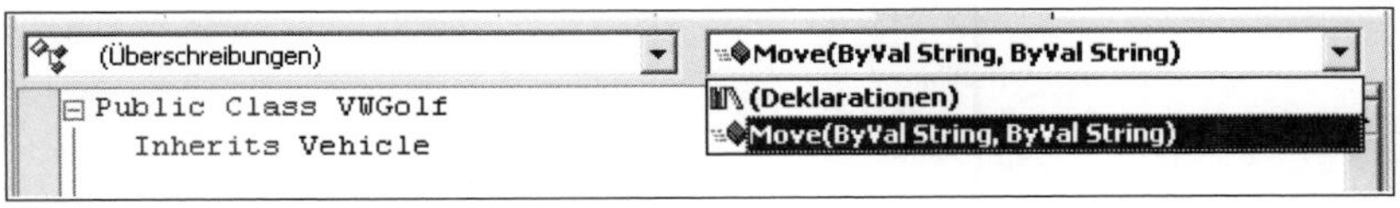

Abbildung 368: Automatische Code-Generierung zum Überschreiben von Methoden

Zugriffsmodifizierer

Über fünf verschiedene Zugriffsmodifizierer lässt sich steuern, wie auf Klassen-Member zugegriffen werden kann. Tabelle 47 erklärt deren Bedeutung.

Zugriffsmodifizierer	Bedeutung
Public	Öffentlich. Alle Zugriffe erlaubt
Protected	Geschützt. Zugriff nur innerhalb der Vererbungshierarchie möglich
Private	Privat: Zugriff nur innerhalb derselben Klasse möglich
Friend	Projekt: Zugriff nur innerhalb desselben Projektes erlaubt
Protected Friend	Vereinigungsmenge (nicht Schnittmenge) von Protected und Friend

Tabelle 47: Zugriffsmodifizierer in Visual Basic 2005

Abstrakte Klassen

Klassen können als »abstrakt« (Schlüsselwort `MustInherit`) gekennzeichnet werden, um zu verhindern, dass sie instanziert werden können. Sie können dann nur für Ableitungen verwendet werden (wie das VB-Schlüsselwort schon andeutet).

Im Gegensatz zu C++ muss eine abstrakte Klasse nicht zwangsläufig abstrakte Methoden enthalten.

Abstrakte Methoden

Methoden, die In einer Basisklasse nicht implementiert werden sollen, können als abstrakte Methoden deklariert werden (Schlüsselwort `MustOverride`). Das hat folgende Auswirkungen:

▶ Da die Methode über eine Referenz des Typs der Klasse, in der sie abstrakt definiert wurde, aufrufbar ist, darf es keine Instanzen dieser Klasse geben. Sonst würde zur Laufzeit eine nicht existierende Methode aufgerufen. Als Konsequenz ergibt sich daraus, dass die Klasse selbst auch abstrakt ist.

▶ Eine Klasse, die von einer abstrakten Klasse abgeleitet wird, muss entweder alle abstrakten Methoden der Basisklasse implementieren oder sie ist selbst abstrakt.

Listing 731 zeigt ein Beispiel für eine abstrakte Basisklasse und eine nicht abstrakte Ableitung.

```
Public MustInherit Class Animal

  Public MustOverride Sub Move()

End Class

Public Class Fish
  Inherits Animal

  Public Overrides Sub Move()
    Debug.WriteLine("Der Fisch schwimmt...")
  End Sub

End Class
```

Listing 731: Definition einer abstrakten Methode in einer abstrakten Klasse und Implementierung der Methode in einer abgeleiteten Klasse

Eine Deklaration wie

```
Dim a As New Animal
```

ist dann nicht mehr möglich, da `Animal` abstrakt ist und keine Instanzen zulässt. Erlaubt ist:

```
Dim f As New Fish
f.Move()
Dim a As Animal = f
a.Move()
```

Schnittstellen (Interfaces)

Eine Schnittstelle ist eine abstrakte Klasse, die nur aus abstrakten Methoden, abstrakten Eigenschaften, Typdefinitionen oder Ereignissen besteht. Es dürfen keine Implementierungen vorgenommen werden. Member-Variablen sind nicht erlaubt.

Der Name einer Schnittstelle beginnt meist mit einem großen »I«. Z.B.:

```
Public Interface ICanSwim
  Sub Swim()
End Interface
```

Implementiert wird eine Schnittstelle von einer Klasse durch Verwendung des Schlüsselworts Implements:

```
Public Class Fish
  Inherits Animal
  Implements ICanSwim

  …

  Public Sub Swim() Implements ICanSwim.Swim
    Debug.WriteLine("Der Fisch schwimmt im Teich")
  End Sub

End Class
```

Bei einer Implementierung dieser Art ist der direkte Aufruf der Methode Swim über eine Referenz vom Typ Fish möglich:

```
f.Swim()
```

Es lässt sich aber auch, ohne Kenntnis der Klassen Animal oder Fish, die Methode Swim für ein Fish-Objekt aufrufen:

```
Dim swimmableObject As ICanSwim = f
swimmableObject.Swim()
```

Über eine Referenz vom Typ der Schnittstelle lassen sich alle Schnittstellenmethoden aufrufen. Der Aufrufer benötigt dazu keine Informationen über das Objekt. Diese Konstruktion wird oft im Framework verwendet (siehe z.B. die Schnittstellen IComparable und IComparer).

Eine Klasse kann beliebig viele Schnittstellen implementieren. Für jede implementierte Schnittstelle müssen alle definierten Methoden und Eigenschaften implementiert werden. Anderenfalls muss die Klasse als abstrakt gekennzeichnet werden.

Generische Datentypen

Generische Datentypen (nicht zu verwechseln mit Generika, *http://de.wikipedia.org/wiki/Generika*) werden immer dann eingesetzt, wenn man allgemeine Algorithmen programmieren möchte, ohne sich auf bestimmte Datentypen festlegen zu wollen. Typische Beispiele sind generische Auflistungen (s.u.), die allgemeine Auflistungsmechanismen zur Verfügung stellen, den grundlegenden Datentyp aber offen lassen. Erst bei der Anwendung der Liste wird der Datentyp festgelegt. Ein anderes Anwendungsbeispiel finden Sie in diesem Buch. Die Klassen zu den physikalischen Maßeinheiten wurden generisch aufgebaut, um beim späteren Einsatz Tipparbeit zu sparen und Typsicherheit gewährleisten zu können.

Generics sind keine neue Erfindung von .NET oder Visual Basic. Vielmehr gibt es sie schon seit langer Zeit unter dem Namen Templates in C++. Aber erst mit .NET 2.0 sind sie Bestandteil des Frameworks und können von allen Sprachen gleichermaßen genutzt werden.

Definitionen und Anwendungen

Ein einfaches Beispiel soll die Definition und den Einsatz generischer Klassen erläutern. Die Klasse Truck spezifiziert ein Nutzfahrzeug, bei dem nicht vorab festgelegt wird, welche Art von Lasten es transportieren soll:

```
Public Class Truck(Of T)

  Public storage As New List(Of T)
```

```
Public Sub Load(ByVal item As T)
  storage.Add(item)
End Sub

Public Function UnloadOneItem() As T
  Dim item As T = storage(0)
  storage.RemoveAt(0)
  Return item
End Function

End Class
```

Überall dort, wo eigentlich ein bestimmter Typ notwendig wäre, wird ein Platzhalter vorgesehen. Dieser Platzhalter wird in der Klassendefinition deklariert (Of T). Im Beispiel heißt dieser Platzhalter T, grundsätzlich können Sie aber beliebige Namen vergeben. storage ist dann eine Auflistung für diesen allgemeinen Typ. Die Methode Load erwartet einen Parameter dieses Typs, während die Funktion Unload einen Wert dieses Typs zurückgibt. Die allgemeine Truck-Klasse lässt sich nun für verschiedene Datentypen verwenden. Für

```
Class BarrelOfPetrol
  Public OctaneNumber As Double
End Class
```

kann ein Laster angelegt werden, der nur Ölfässer transportiert:

```
Dim Petroltruck As New Truck(Of BarrelOfPetrol)
Petroltruck.Load(New BarrelOfPetrol())
Dim bp As BarrelOfPetrol
bp = Petroltruck.UnloadOneItem()
```

Alternativ kann auch ein Weintransporter angelegt werden:

```
Class BarrelOfWine
  Public Vintage As Integer
  Public Region As String
End Class
...
Dim Winetruck As New Truck(Of BarrelOfWine)
Winetruck.Load(New BarrelOfWine())
Dim bw As BarrelOfWine
bw = Winetruck.UnloadOneItem()
```

Der Compiler stellt sicher, dass der Öllaster keinen Wein transportiert und der Weinlaster kein Öl, so dass nicht versehentlich gegen geltendes Lebensmittelrecht verstoßen werden kann. In den Beispielen wird der Typparameter T bei der Instanzierung der Klasse aufgelöst. Aber auch Vererbungsmechanismen sind möglich:

```
Class BiggerTruck(Of T)
  Inherits Truck(Of T)

End Class
```

Diese Klasse erbt von der generischen Klasse Truck, lässt den Typparameter jedoch weiterhin offen. Es lassen sich aber auch spezifische Klassen ableiten:

```
Class Bedford2000Petrol
  Inherits Truck(Of BarrelOfPetrol)

End Class
```

`Bedford2000Petrol` ist nicht von `Truck`, sondern vom spezifischen Typ `Truck Of BarrelOfPetrol)` abgeleitet. Bei der Instanzierung kann der Typ dann nicht mehr verändert werden:

```
Dim bf As New Bedford2000Petrol()
bf.Load(New BarrelOfPetrol)
```

Constraints (Einschränkungen)

Gelegentlich ist es notwendig, für die möglichen Datentypen, die für einen Typparameter eingesetzt werden können, einzuhaltende Bedingungen (Constraints) vorzugeben. Solche Bedingungen können sein, dass der Typ ein Referenztyp oder ein Wertetyp ist, dass er von einer bestimmten Basisklasse erbt, bestimmte Interfaces implementiert oder einen öffentlichen Standardkonstruktor implementiert. Auch kombinierte Bedingungen sind möglich.

Sollen beispielsweise Postartikel vom Typ

```
Class PostItem
  Public Sender As String
  Public Recipient As String
End Class
```

versendet werden, dann kann man eine generische Klasse definieren, die nur `PostItem` oder davon abgeleitete Typen als generischen Parameter akzeptiert:

```
Class GenericPostTruck(Of T As PostItem)
  Inherits Truck(Of T)
End Class
```

Benötigt man einen Brieftransporter, dann ist dieser schnell erstellt:

```
Class Letter
  Inherits PostItem

End Class
…
```

```
Dim lt As New GenericPostTruck(Of Letter)
```

Eine Instanzierung für den Typ `BarrelOfPetrol` würde vom Compiler abgelehnt:

```
Dim lt2 As New GenericPostTruck(Of BarrelOfPetrol) ' -> Fehler
```

Sollen mehrere Bedingungen erfüllt werden, müssen diese in geschweifte Klammern gefasst werden:

```
Class Car(Of T As {IComparable, IMovable, ITowable, Class, New})

End Class
```

Hier muss `T` die drei angegebenen Schnittstellen implementieren, ein Referenztyp sein und einen öffentlichen Standardkonstruktor bereitstellen.

Nullable (Of T)

Wertetypen haben oftmals den Nachteil, dass alle möglichen Bitkombinationen auch gültige Werte repräsentieren. Denken Sie beispielsweise an Integer-Zahlen. Jede Bitkombination steht für eine bestimmte Zahl, es gibt keine ungültigen Kombinationen.

Aus diesem Grund ist es nicht möglich, festzustellen, ob einer Variablen vom Typ Integer zuvor ein gültiger Wert zugewiesen worden ist oder ob sie noch nicht initialisiert wurde. Um

Visual Basic 2005

hier Abhilfe schaffen zu können, wurde mit der Framework-Version 2.0 der generische Typ `Nullable(Of T)` eingeführt. `T` selbst muss einen Wertetypen repräsentieren. Deklariert man eine Variable wie folgt:

```
Dim NullableNumber As Nullable(Of Integer)
```

dann kann man ihr Zahlenwerte zuweisen:

```
NullableNumber = 1234
```

aber auch den Wert `Nothing`:

```
NullableNumber = Nothing
```

Über die Eigenschaft `HasValue` lässt sich abfragen, ob die Variable einen gültigen Wert beinhaltet oder nicht. Ist der Wert gültig, gibt die Eigenschaft `Value` diesen Wert zurück. Anderenfalls wird beim Lesen der Eigenschaft `Value` eine Exception ausgelöst.

```
If NullableNumber.HasValue Then
   Dim i As Integer = NullableNumber.Value
End If
```

Alternativ lässt sich auch mithilfe der Methode `GetValueOrDefault` ohne Gefahr einer Exception der Wert abfragen. Ist ein Wert gespeichert (`HasValue = True`), dann wird dieser zurückgegeben, anderenfalls der Standardwert des Datentyps:

```
Dim k As Integer = NullableNumber.GetValueOrDefault()
```

`Nullable (Of T)` lässt sich auf alle Wertetypen anwenden, also auf jede Art von Strukturen, nicht nur auf Zahlenwerte.

Nutzung im Framework und sonstige Anwendungen

Auch das neue .NET Framework nutzt generische Klassen. Haupteinsatzgebiet sind generische Auflistungen (s.u.). In diesem Zusammenhang gibt es auch etliche generische Interfaces wie `IComparer (Of T)` oder `IComparable (Of T)`.

Aber auch andere Einsatzgebiete sind möglich. Die Rezepte zu den physikalischen Maßeinheiten machen ausgiebig von Generics Gebrauch. Neben den oben beschriebenen Möglichkeiten gibt es noch weitere. Beispielsweise lassen sich auch generische Methoden definieren. Ausführliche Informationen zu diesem Thema finden Sie in der Online-Hilfe.

Arrays

Häufig benötigt man Konstruktionen, um gleichartige Daten zusammenhängend zu speichern und zu bearbeiten. Fast alle Programmiersprachen und Visual Basic 2005 natürlich auch bieten hierfür die Möglichkeit, Arrays zu definieren. Ein Array ist ein zusammenhängender Speicherbereich, der aus einer vorgegebenen Anzahl von Elementen gleichen Typs besteht. Der Zugriff auf einzelne Elemente erfolgt über Indizes. Indizes sind ganze Zahlen, die größer oder gleich Null sind.

Während Sprachen wie C++ die Möglichkeit bieten, Stack-basierte Arrays anzulegen, werden unter .NET Arrays grundsätzlich dynamisch auf dem Heap angelegt. Das heißt: Arrays sind Objekte! Array-Variablen sind also immer Referenzvariablen und verhalten sich teilweise etwas anders, als Sie es von den VB6-Arrays gewohnt sind. Daher wollen wir den Umgang mit Arrays etwas genauer beschreiben.

Eindimensionale Arrays definieren

Nach wie vor funktioniert eine Arraydefinition, wie Sie sie aus VB6 kennen:

```
Dim Numbers(10) As Integer
```

Diese Anweisung legt ein Array mit 11 Integer-Zellen an. `Feld` ist ein Verweis auf das Array und nicht das Array selbst. Der Zugriff erfolgt über einen Index. So weisen Sie dem Element mit dem Index 5 einen Wert zu bzw. geben es in das Debug-Fenster aus:

```
Numbers (5) = 123
Debug.WriteLine(Numbers (5))
```

Die Indizierung eines Arrays lässt sich nicht mehr steuern wie in VB6. Sie beginnt immer bei Null! Das Array hat also 11 Elemente mit den Indizes 0 bis 10. Ein Array hat somit immer ein Element mehr, als Sie bei der Definition angegeben haben.

Die aus den alten VB-Dialekten übernommene Syntax für die Array-Definition verbirgt leider, was alles im Hintergrund passiert. Betrachten Sie einmal die analoge C#-Syntax:

```
Int []Numbers = New int[11];
```

Links steht der Typ der zu definierenden Variablen: ein Array von Integer-Werten. `New int[11]` legt auf dem Heap ein neues Objekt an, das die 11 Integer-Werte aufnehmen kann. Als Ergebnis liefert New die Referenz dieses Objektes.

Versucht man, diese Schreibweise in die Syntax von VB umzusetzen, stößt man auf ein Problem:

```
Dim Numbers As Integer() = New Integer(10)
```

Der Compiler interpretiert die 10 in den runden Klammern bei Integer(10) als Parameter für einen Konstruktor und erzeugt eine Fehlermeldung. Hier zeigt sich der Nachteil von VB, auch für die Array-Indizierung die runden Klammern einzusetzen. Durch einen Kniff lässt sich dennoch die Syntax verwenden:

```
Dim Numbers As Integer() = New Integer(10) {}
```

Die geschweiften Klammern deuten dem Compiler an, dass hier Daten für die Initialisierung des Arrays übergeben werden sollen. In diesem Fall interpretiert der Compiler die 10 in der Klammer als Größenangabe für das Array.

In dieser Definition wird deutlich, dass die Array-Definition Speicherplatz auf dem Heap anlegt. Sie ist identisch mit der ersten Definition, die Sie aus VB6 kennen. Letztlich bleibt es Ihnen überlassen, welche Variante Sie vorziehen. Folgende Varianten haben die gleiche Wirkung:

```
Dim Numbers(10) As Integer
Dim Numbers As Integer() = New Integer(10) {}
Dim Numbers() As Integer = New Integer(10) {}
```

Der Datentyp der Array-Elemente kann beliebig gewählt werden. D.h. Sie können sowohl Wertetypen als auch Referenztypen einsetzen. Existiert beispielsweise eine Klasse `Vehicle`, dann legt folgende Definition ein Array von `Vehicle`-Referenzen an:

```
Dim Vehicles(5) As Vehicle
```

Hier wird ein Array mit sechs Elementen angelegt, die auf ein `Vehicle`-Objekt verweisen können.

> **Hinweis**
>
> Wenn Sie ein Array eines Referenztyps definieren, dann sind alle Array-Elemente Referenzen. Sie werden mit `Nothing` vorbelegt. Instanzen des Referenztyps werden dabei nicht angelegt! Das müssen Sie zusätzlich vornehmen.
>
> Arrays enthalten niemals Objekte, sondern nur Verweise auf Objekte! Vermeiden Sie daher möglichst Formulierungen wie »Fünf Fahrzeuge in einem Array speichern«.

Arrays mit Werten vorbelegen

Wie schon angedeutet, können in Visual Basic 2005 einem Array bereits bei der Definition Werte zugewiesen werden. Eine Zuweisung von Konstanten sieht beispielsweise so aus:

```
Dim Numbers As Integer() = New Integer() {1, 4, 6, 83}
```

Hier wird ein eindimensionales Array mit vier Elementen angelegt, denen die in den geschweiften Klammern angegebenen Werte zugewiesen werden. Die einzelnen Werte werden mit Kommas voneinander getrennt.

Wenn Sie das Array mit Werten vorbelegen, können Sie auf die Angabe der Array-Größe verzichten. Sie ergibt sich ja aus der Anzahl der Werte. Geben Sie sie jedoch an, dann müssen Sie genauso viele Werte definieren, wie das Array Elemente hat.

Sie sind hier nicht auf Konstanten beschränkt. Vielmehr können Sie beliebige Werte, auch Referenzen, vorgeben. Das folgende Beispiel zeigt eine Vorbelegung für ein Array von Fahrzeugen mit neuen Fahrzeug-Instanzen:

```
Dim Vehicles As Vehicle() = New Vehicle() _
{                                          _
  New Vehicle("VW", "Golf"),               _
  New Vehicle("Opel", "Astra"),            _
  New Vehicle("Mercedes", "500S")          _
}
```

Vorausgesetzt, es gibt eine Klasse Vehicle, die etwa folgendermaßen definiert ist, werden drei Instanzen von Vehicle angelegt und deren Referenzen in ein neues Array mit drei Vehicle-Referenzen eingetragen. Die Variable Vehicles verweist anschließend auf dieses Array.

```
Class Vehicle
  Public Sub New(ByVal company As String, ByVal vtype As String)
    …
  End Sub
End Class
```

So lassen sich Arrays zur Laufzeit mit beliebigen Daten initialisieren. Die beschriebene Form ist allerdings nur in Verbindung mit der Array-Definition zulässig. Ist das Array bereits angelegt, können Sie die vereinfachte Schreibweise mit den geschweiften Klammern nicht mehr verwenden, sondern müssen über die Indizierung jedem Element einzeln die Werte zuweisen.

Arrays und der Zuweisungsoperator

Zuweisungen verhalten sich etwas anders, als Sie es vielleicht von VB6 gewohnt sind:

```
Dim NumbersA As Integer() = New Integer() {1, 4, 6, 83}
Dim NumbersB As Integer() = NumbersA
```

Sie müssen sich hier darüber bewusst sein, dass wie bei anderen Objekten die Referenzen und nicht die Daten kopiert werden. NumbersB verweist daher nach der Zuweisung auf dasselbe Objekt wie NumbersA. Das Array existiert nur einmal.

```
NumbersB(0) = 999
Debug.WriteLine(NumbersA(0))
Debug.WriteLine(NumbersB(0))
```

Dieser Code gibt zweimal 999 aus, das beide Variablen auf dasselbe Array verweisen.

Vermeiden Sie daher möglichst, von einem Array namens *NumbersA* zu sprechen, nur weil Sie die Variable so genannt haben. Objekte haben keinen Namen und es können beliebig viele Referenzvariablen auf ein Objekt verweisen.

Arrays als Funktionsparameter übergeben

Sie können Funktionen programmieren, die Arrays als Parameter entgegennehmen. Wie bereits erwähnt, können Sie nur eine Referenz eines Arrays übergeben, aber niemals dessen Werte. Das Array-Objekt seinerseits kennt dafür einige nützliche Eigenschaften, die es Ihnen erleichtern, Methoden zu programmieren, die mit beliebigen Array-Größen umgehen können. Betrachten Sie die Funktion in Listing 732.

```
Public Function GetSumOfArray(ByVal numbers As Integer()) _
    As Integer

    'Schleifenvariable
    Dim i As Integer
    'Summenvariable
    Dim sum As Integer = 0

    'Feld durchlaufen und Elemente aufaddieren
    For i = 0 To numbers.GetUpperBound(0)
        sum += numbers(i)
    Next

    'Ermittelte Summe zurückgeben
    Return sum

End Function
```

Listing 732: Ermittlung der Summe aller Elemente in einem Array beliebiger Größe

Die Funktion nimmt ein beliebiges Integer-Array als Parameter entgegen und berechnet die Summe der Elemente. Mit der Funktion GetUpperBound wird der höchstzulässige Index ermittelt. So kann die Funktion ein unbekanntes Array vollständig durchlaufen, ohne zusätzlich über dessen Größe informiert zu werden, wie es beispielsweise in C++ erfolgen müsste.

Der Parameter, der bei GetUpperBound übergeben werden muss, ist die Nummer der Dimension, für die Sie den höchsten Index ermitteln wollen. Mehrdimensionale Arrays werden weiter unten beschrieben.

Mithilfe der Eigenschaft Length lässt sich die Gesamtgröße eines Arrays bestimmen. Im vorliegenden Fall des eindimensionalen Arrays ist das GetUpperBound(0) + 1. Bei mehrdimensionalen Arrays gibt Length die Anzahl aller Elemente an.

In der Parameterliste sehen Sie, dass numbers als Typ Array von Integer übergeben wird. ByVal bedeutet in diesem Fall, dass eine Kopie der Referenz übergeben wird, nicht eine Kopie der Daten!

Änderungen, die Sie innerhalb der Funktion am Array vornehmen, wirken sich daher auch auf die rufende Methode aus. Wollen Sie das nicht, müssen Sie selbst eine Kopie des Arrays anlegen.

Array-Dimensionen nachträglich ändern

Gelegentlich kommt es vor, dass die Größe eines Arrays nachträglich verändert werden muss. Solche Situationen treten beispielsweise auf, wenn zum Zeitpunkt der Array-Definition noch nicht festgestellt werden kann, wie viele Elemente gespeichert werden müssen.

Die Frage ist nur, ob man ein Array nachträglich vergrößern kann. Da es als geschlossener Speicherbereich auf dem Heap angelegt wird, muss die Antwort lauten:

Nein!

Der auf dem Heap reservierte Speicherbereich kann nicht vergrößert oder verkleinert werden. Arrays sind, einmal angelegt, unveränderlich.

Der einzige Ausweg besteht darin, ein neues Array mit der gewünschten Größe anzulegen und die Daten in dieses neue Array zu kopieren. Dazu bietet die Klasse `System.Array` die Methode `Copy`.

```
'ursprüngliches Array
Dim Numbers As Integer() = New Integer() {1, 4, 6, 83}
'neues Array mit 6 Elementen
Dim NumbersNew(5) As Integer
'Kopieren der alten Werte
Array.Copy(Numbers, NumbersNew, Numbers.Length)
'Weiter mit dem neuen Array arbeiten
Numbers = NumbersNew
```

Nun werden Sie sich vielleicht daran erinnern, dass Sie dieses Problem in VB6 doch mit `ReDim` lösen konnten. Auch das können Sie in Visual Basic 2005 weiter verwenden:

```
ReDim Preserve Numbers(5)
```

Diese Anweisung führt zum gleichen Ergebnis wie der vorherige Code. Sicher ist die Anweisung syntaktisch kürzer, aber machen Sie sich bewusst, dass hinter `ReDim Preserve` der gleiche Algorithmus steckt. Es müssen ein neues Array angelegt und die Werte kopiert werden. Das kostet Prozessorzeit und wird bei leichtfertigem Einsatz von `ReDim Preserve` leicht übersehen.

In den meisten Fällen, in denen Sie nachträglich ein Array vergrößern müssen, ist das Array als Datenstruktur die falsche Wahl. Hier können die Listen ihre Vorzüge ausspielen. Mehr dazu lesen Sie weiter unten.

Mehrdimensionale Arrays

Es gibt zwei Möglichkeiten, Arrays mit mehreren Dimensionen anzulegen:

1. Wirkliche mehrdimensionale Arrays (rechteckige Arrays)

   Das sind Arrays mit beispielsweise 5 • 7 • 10 Dimensionen. Die Anzahl der Elemente eines solchen Arrays ergibt sich aus dem Produkt der einzelnen Größen der Dimensionen. Sie werden rechteckig genannt, weil man sie sich als eine rechteckige geometrische Figur (in diesem Fall einen Quader) vorstellen kann.

2. Jagged (unregelmäßige, ungleichförmige oder verzweigte)-Arrays

   Hierbei handelt es sich nicht wirklich um mehrdimensionale Arrays. Vielmehr definiert man eindimensionale Arrays, die als Elemente Verweise auf weitere eindimensionale Arrays haben.

Mehrdimensionale Arrays können Sie definieren, wie Sie es aus VB6 gewohnt sind. Alternativ können Sie die an C# angelehnte Schreibweise verwenden:

```
Dim Numbers(2, 3) As Integer
Dim Numbers As Integer(,) = New Integer(2, 3) {}
```

Beide Anweisungen haben die gleiche Wirkung. Es wird ein Array mit 3 • 4 Elementen angelegt. Auch hier können Sie wieder Vorbelegungen vornehmen:

```
Dim Numbers(,) As Integer = {{10, 11}, {20, 21}, {30, 31}}
```

Diese Anweisung legt ein Array mit der Dimension 3 • 2 an. Innerhalb der äußeren geschweiften Klammern befinden sich die Werte für die erste Dimension (der linke Index). Sie sehen drei Werte, nämlich drei Arrays, bestehend aus jeweils zwei Zahlen. Für die zweite Dimension sind dann die Werte innerhalb der inneren Klammern vorgesehen. Insgesamt ergibt sich folgende Zuordnung:

```
Numbers(0, 0) = 10
Numbers(0, 1) = 11
Numbers(1, 0) = 20
Numbers(1, 1) = 21
Numbers(2, 0) = 30
Numbers(2, 1) = 31
```

Sie können beliebig viele Dimensionen definieren. Für die Syntax gilt, dass Sie für n Dimensionen n-1 Kommas vorsehen müssen. Möchten Sie größeren Arrays bei der Definition Werte mitgeben, empfiehlt es sich, die Definition auf mehrere Zeilen umzubrechen. Hier ein Beispiel mit drei Dimensionen:

```
Dim Numbers3D(,,) As Integer = {{ _
                            {1000, 1001}, _
                            {1010, 1011}, _
                            {1020, 1021}}, _
                        { _
                            {1100, 1101}, _
                            {1110, 1111}, _
                            {1120, 1121}}, _
                        { _
                            {1200, 1201}, _
                            {1210, 1211}, _
                            {1220, 1221}}}
```

Hier erkennen Sie drei Blöcke, bestehend jeweils aus drei Zweierblöcken. Die Dimensionierung ist somit 3 • 3 • 2. Selbstverständlich können Sie für jede Dimension die Anzahl der Elemente ermitteln:

```
Debug.WriteLine("1. Dimension: " & Numbers3D.GetUpperBound(0) + 1)
Debug.WriteLine("2. Dimension: " & Numbers3D.GetUpperBound(1) + 1)
Debug.WriteLine("3. Dimension: " & Numbers3D.GetUpperBound(2) + 1)
```

Denken Sie daran, dass GetUpperBound nicht die Anzahl der Elemente, sondern den höchstzulässigen Index zurückgibt. Und der ist immer um eins kleiner als die Anzahl. Die Ausgabe aus vorstehendem Beispiel ergibt:

```
1. Dimension: 3
2. Dimension: 3
3. Dimension: 2
```

Alternativ können Sie auch die Member-Funktion GetLength verwenden. Diese gibt Ihnen direkt die Größe einer Dimension an. Die Eigenschaft Length hingegen gibt die Anzahl aller Elemente des Arrays an:

```
Debug.WriteLine("1. Dimension: " & Numbers3D.GetLength(0))
Debug.WriteLine("2. Dimension: " & Numbers3D.GetLength(1))
```

```
Debug.WriteLine("3. Dimension: " & Numbers3D.GetLength(2))
Debug.WriteLine("Gesamtlänge: " & Numbers3D.Length)
```

Ausgabe:

```
1. Dimension: 3
2. Dimension: 3
3. Dimension: 2
Gesamtlänge: 18
```

Möchten Sie eine Funktion schreiben, die ein mehrdimensionales Array als Parameter annimmt, müssen Sie bei der Parameter-Definition die Anzahl der Dimensionen, nicht jedoch deren Größe festlegen. Listing 733 zeigt ein Beispiel einer Funktion, die ermittelt, wie viele Zahlen eines Arrays durch 3 teilbar sind.

```
'Als Parameter muss ein dreidimensionales Array übergeben werden
'Das wird durch (,,) kenntlich gemacht

Public Function CountDiv3(ByVal numbers(,,) As Integer) As Integer


   Dim i, j, k As Integer
   Dim counter As Integer = 0

   'Verschachtelte Schleifen für jede Dimension
   For i = 0 To numbers.GetUpperBound(0)
     For j = 0 To numbers.GetUpperBound(1)
       For k = 0 To numbers.GetUpperBound(2)
          'Testen, ob Zahl durch drei teilbar ist
          If (numbers(i, j, k) Mod 3) = 0 Then counter += 1
       Next
     Next
   Next
   Return counter
End Function
```

Listing 733: Funktion zur Bearbeitung eines dreidimensionalen Arrays, dessen Dimensionen zur Compilezeit nicht bekannt sind

Ausgabe:

```
Anzahl durch drei teilbare Zahlen: 6
```

Bei mehrdimensionalen Arrays ist die Anzahl der Elemente eines Unterelementes innerhalb einer Dimension immer gleich. Im obigen Beispiel hat jedes Element der ersten Dimension genau drei Elemente. Jedes Element der zweiten Dimension hat genau zwei Elemente.

Soll die Anzahl variabel gestaltet werden, greift man auf die o.g. *Jagged-Arrays* zurück. Hierzu wird zunächst ein eindimensionales Array definiert. Dieses Array enthält selbst keine Werte, sondern nur Referenzen auf Unter-Arrays. Im nächsten Schritt werden die Unter-Arrays angelegt und die Referenzen im Haupt-Array eingetragen. Die Unterarrays können beliebige Größen haben, müssen allerdings vom gleichen Typ sein. In Listing 734 sehen Sie ein Beispiel für ein Jagged-Array mit Integer-Zahlen.

```
'Array mit vier Referenzen auf Integer-Arrays anlegen
Dim Jagged(3)() As Integer
'nun die Unter-Arrays anlegen und die Referenzen setzen
Jagged(0) = New Integer(8) {}
Jagged(1) = New Integer() {1, 2, 3, 4}
Jagged(2) = New Integer() {123}
Jagged(3) = New Integer() {10, 20, 30, 40, 50}

'Array durchlaufen und ausgeben
Dim i, j As Integer
'Äußeres Array durchlaufen
For i = 0 To Jagged.GetUpperBound(0)
  'Inneres Array durchlaufen
  For j = 0 To Jagged(i).GetUpperBound(0)
    Debug.Write(Jagged(i)(j) & "  ")
  Next
  Debug.WriteLine("")
Next
```

Listing 734: Anlegen und Durchlaufen eines Jagged-Arrays

An der Ausgabe des Beispielcodes erkennt man den Ursprung der Bezeichnung *Jagged* (*Unregelmäßig*):

```
0  0  0  0  0  0  0  0  0
1  2  3  4
123
10  20  30  40  50
```

Beachten Sie in der inneren Schleife, dass die obere Indexgrenze hier für jedes Element des äußeren Arrays neu ermittelt werden muss. Das geschieht mit

```
Jagged(i).GetUpperBound(0)
```

Sie ermitteln hier also die Indexgrenze des Elementes Jagged(i) und nicht die Indexgrenze der zweiten Dimension! Das ist der Unterschied zu mehrdimensionalen Arrays.

Wichtig in diesem Zusammenhang ist auch, dass Sie sich klarmachen, dass der Code aus Listing 734 nicht ein Array, sondern insgesamt fünf erzeugt. Neben dem Array, auf das die Variable Jagged verweist, gibt es vier Integer-Arrays, die von Jagged(0) etc. referenziert werden.

Ein Nachteil dieser Konstruktion gegenüber mehrdimensionalen Arrays ist die geringere Zugriffsgeschwindigkeit. Bei einem mehrdimensionalen Array kann direkt aus der Dimensionierung und der Größe des enthaltenen Datentyps zu jedem vorgegebenen Index die Adresse des Elementes schnell und einfach errechnet werden. Die Prozessoren stellen hierfür optimierte Befehle zur Verfügung. Bei der *Jagged*-Variante muss bei jedem Zugriff die gesamte Verweiskette durchlaufen werden. Das dauert deutlich länger und kann bei sehr großen Arrays ein wesentlicher Performance-Nachteil sein.

Es gibt allerdings noch einen praktischen Vorteil der Jagged-Arrays. Im Gegensatz zu mehrdimensionalen Arrays können Sie Referenzen kompletter Unter-Arrays z.B. an Funktionen weitergeben. Aus dem Array aus Listing 734 können Sie beispielsweise das letzte Unter-Array an die Summenfunktion aus Listing 732 übergeben:

```
Dim sum As Integer = GetSumOfArray(Jagged(3))
```

Wie Sie schon gesehen haben, ist die Vorbelegung eines Jagged-Arrays etwas aufwändiger. Auch diese können Sie natürlich wieder in einer Anweisung zusammenfassen. Die obige Definition können Sie auch so schreiben:

```
Dim Jagged()() As Integer = New Integer()() { _
  New Integer(8) {}, _
  New Integer() {1, 2, 3, 4}, _
  New Integer() {123}, _
  New Integer() {10, 20, 30, 40, 50} _
}
```

Visual Basic 2005 bietet Ihnen mehrere syntaktische Varianten für die Definition von Arrays. Wählen Sie die, die Ihnen am meisten zusagt.

Arrays und For Each-Schleifen

Arrays bringen die Voraussetzungen mit, um sie mit einer For Each-Schleife durchlaufen zu können. Einsetzbar sind solche Schleifen dann, wenn jedes Element eines Arrays gleichermaßen behandelt werden muss und die Reihenfolge der Abarbeitung keine Rolle spielt. Denn die Reihenfolge können Sie nicht vorgeben. Sie ist fest verdrahtet:

```
Dim Numbers(,) As Integer = {{1, 2}, {3, 4}, {5, 6}}
Dim i As Integer
For Each i In Numbers
   Debug.Write(i & "  ")
Next
```

Der Code erzeugt die folgende Ausgabe:

```
1  2  3  4  5  6
```

Müssen die Dimensionen in einer anderen Reihenfolge durchlaufen werden, können Sie For Each nicht einsetzen und müssen stattdessen auf verschachtelte Index-gesteuerte Schleifen zurückgreifen.

Bei Jagged-Arrays durchläuft eine For Each-Schleife nur das eindimensionale Feld. Für alle Unter-Arrays müssen Sie weitere Schleifen bilden.

Listen (Object-basiert)

Immer dann, wenn die endgültige Anzahl zu speichernder Elemente nicht festgelegt werden kann, sollten Sie statt Arrays Auflistungen verwenden. Eine allerdings nicht mehr: Die gute alte Collection-Klasse aus VB6 sollten Sie nicht mehr einsetzen, da sie VB-spezifisch ist.

Das Framework stellt eine ganze Reihe von Auflistungsklassen zur Verfügung, die für die unterschiedlichsten Einsatzzwecke vorgesehen sind. Die wichtigsten davon wollen wir Ihnen kurz vorstellen.

ArrayList

Nahe verwandt mit Arrays ist die Klasse ArrayList. Sie benutzt intern ein Object-Array zur Speicherung. Über Methoden wie Add, AddRange, Insert und InsertRange können nach Belieben Object-Referenzen hinzugefügt werden. Reicht die Größe des internen Arrays nicht aus, wird es automatisch durch ein größeres ersetzt und die Inhalte kopiert. Als Benutzer eines ArrayList bemerken Sie davon nichts.

Über eine indizierte Default-Eigenschaft lässt sich ein `ArrayList`-Objekt ansprechen, als wäre es ein Array:

```
Dim list As New ArrayList
list.Add("One")
list.Add("Two")
Debug.WriteLine(list(1))
```

Denken Sie immer daran, dass intern Referenzen vom Typ `Object` gespeichert werden. Möchten Sie mit einer Referenz weiterarbeiten, benötigen Sie einen Typecast:

```
Dim t As String
t = DirectCast(list(1), String)
```

oder:

```
t = CStr(list(1))
```

Natürlich lassen sich auch Wertetypen der Liste hinzufügen. Diese werden automatisch »geboxt« und müssen beim Rücklesen ebenfalls gecastet werden:

```
list.Add(123)
Dim k As Integer = CInt(list(2))
```

Die Methode `Add` liefert beim Hinzufügen eines Elementes als Rückgabewert dessen Index. Über diesen Index können Sie das gerade hinzugefügte Element in der Liste erreichen. Allerdings funktioniert das nur, solange keine Elemente vor dieser Position gelöscht oder hinzugefügt werden, da sich die Indizierung dadurch ändern würde.

Durchlaufen können Sie ein ArrayList wahlweise mit einer Iterationsschleife, bei der die Eigenschaft `Count` die Anzahl der Elemente wiedergibt:

```
For i As Integer = 0 To list.Count - 1
  Debug.WriteLine(list(i))
Next
```

oder mit einer `For Each`-Schleife, bei der wahlweise eine allgemeine `Object`-Referenz oder, wenn nur Referenzen eines bestimmten Typs gespeichert sind, eine speziellere Referenz als Schleifenvariable vorgesehen wird:

```
For Each obj As Object In list
  Debug.WriteLine(obj)
Next
```

Während Sie mit `Add` oder `Insert` nur jeweils ein einziges Element hinzufügen können, können Sie mit `AddRange` oder `InsertRange` eine Liste oder ein Array einflechten:

```
Dim strings() As String = {"aaa", "bbb", "ccc"}
list.AddRange(strings)
list.InsertRange(3, New String() {"Three", "Four", "Five"})
```

| Hinweis | Wenn Sie Strukturen in einem ArrayList speichern wollen, bedenken Sie, dass diese via Boxing in Objekte gewandelt und die Referenzen dieser Objekte im ArrayList gespeichert werden. Sie haben dann keine Möglichkeit, einzelne Member einer solchen Struktur zu ändern! |

Mit RemoveAt oder RemoveRange können Sie analog ein Element oder eine Teilliste aus der Auflistung entfernen:

```
list.RemoveAt(3)
list.RemoveRange(2, 4)
```

Mit der Methode Clear löschen Sie den gesamten Inhalt der Liste. Die Methoden Sort und BinarySearch werden zum Sortieren bzw. binären Suchen in einer sortierten Liste verwendet. Sie arbeiten genauso wie Array.Sort bzw. Array.BinarySearch und werden im Rezepteteil beschrieben.

Eine besonders nützliche Methode ist ToArray, mit deren Hilfe der gesamte Inhalt der Liste in ein Array kopiert werden kann. Die erste Überladung erzeugt ein Object-Array:

```
Dim elements() As Object = list.ToArray()
```

Die andere Überladung kann ein spezialisiertes Array anlegen und füllen. Hierzu muss dem Aufruf von ToArray das entsprechende Typ-Objekt übergeben werden:

```
Dim vlist As New ArrayList
vlist.Add(New VWGolf("ZZ-X999", 2))
vlist.Add(New VWGolf("ZZ-Z001", 1))
vlist.Add(New VWGolf("ZZ-X997", 2))
vlist.Add(New VWGolf("ZZ-X337", 3))

Dim golfList() As VWGolf
golfList = DirectCast(vlist.ToArray(GetType(VWGolf)), VWGolf())
```

So können Sie die Liste zunächst mit einer unbekannten Anzahl von Elementen aufbauen und abschließend ein Array vom gewünschten Typ generieren.

Ein ArrayList-Objekt lässt sich auch gegen Löschen und Hinzufügen von Elementen sichern. Die statische Methode ArrayList.ReadOnly erzeugt einen Wrapper (Hülle) um ein ArrayList-Objekt, der weder das Hinzufügen noch das Entfernen von Elementen erlaubt. So erstellen Sie ein schreibgeschütztes ArrayList-Objekt:

```
'Wrapper aus vorhandener Liste Vehicles erstellen
Dim ReadOnlyVehicles As ArrayList = ArrayList.ReadOnly(Vehicles)

'Die folgenden beiden Zeilen führen zu einem Laufzeitfehler
ReadOnlyVehicles.Add(New Vehicle("Mercedes", "600S", 220))
ReadOnlyVehicles.RemoveAt(0)
```

Wenn die Add- oder die RemoveAt-Methode aufgerufen wird, wird ein Laufzeitfehler generiert. So wird sichergestellt, dass die Liste nicht verändert wird.

Der Schutz erstreckt sich aber nicht auf die referenzierten Objekte:

```
'Die Objekte selbst sind nicht geschützt
CType(ReadOnlyVehicles(0), Vehicle).Manufacturer = "xxx"
```

Da die Liste ja lediglich die Referenzen der Objekte beinhaltet, lassen sich die Klasseninstanzen selbst beliebig ändern und können nicht geschützt werden.

Hashtable

Bei einer Hashtable handelt es sich um eine Key/Value-Auflistung. Hinzugefügt werden jeweils die Referenz eines beliebigen Daten-Objektes in Verbindung mit der Referenz eines

Schlüssel-Objektes. Der Schlüssel kann prinzipiell beliebig aufgebaut sein, meist werden aber Zeichenketten verwendet:

```
Dim list As New Hashtable
list.Add("eins", New VWGolf("A-A001", 2))
list.Add("zwei", New VWGolf("A-A002", 1))
list.Add("drei", New VWGolf("A-A003", 3))
```

Über eine indizierte Standard-Eigenschaft kann ein Element in der Liste gesucht werden. Hierzu wird als Index der Schlüssel übergeben:

```
Dim golf As VWGolf = DirectCast(list("zwei"), VWGolf)
Debug.WriteLine(golf.LicenceNumber)
```

führt zur Ausgabe von:

```
A-A002
```

Mit Remove kann unter Angabe des Schlüssels ein Element wieder aus der Liste entfernt werden:

```
list.Remove("drei")
```

Schlüssel- und Werteliste können auch getrennt voneinander abgefragt und durchlaufen werden:

```
For Each car As VWGolf In list.Values
   Debug.WriteLine(car.LicenceNumber)
Next

Debug.WriteLine("****************")

For Each key As String In list.Keys
   Debug.WriteLine("Schlüssel: " & key)
Next
```

erzeugen die Ausgabe:

```
A-A002
A-A001
A-A003
****************
Schlüssel: zwei
Schlüssel: eins
Schlüssel: drei
```

SortedList

Eine SortedList verhält sich wie eine Mischung aus Array und Hashtable. Einerseits arbeitet sie genau wie eine Hashtable mit Key/Value-Paaren, andererseits kann über die Methode GetByIndex auch über einen Index auf ein Element zugegriffen werden. Das Hinzufügen von Elementen und Durchlaufen der Liste erfolgt genauso wie bei der Hashtable:

```
Dim list As New SortedList
list.Add("eins", New VWGolf("A-A001", 2))
list.Add("zwei", New VWGolf("A-A002", 1))
list.Add("drei", New VWGolf("A-A003", 3))

For Each car As VWGolf In list.Values
   Debug.WriteLine(car.LicenceNumber)
Next
```

Allerdings wird hier die Ausgabe nach den Schlüsseln aufsteigend sortiert:

```
A-A003 - Schlüssel: drei
A-A001 - Schlüssel: eins
A-A002 - Schlüssel: zwei
```

Da im Beispiel die Schlüssel String-Objekte sind, wird alphabetisch sortiert. Die Schlüssel müssen entweder IComparable implementieren oder der Liste muss ein IComparer-implementierendes Objekt zugewiesen werden.

Die SortedList ist meist langsamer als eine Hashtable, bietet aber mehr Funktionalität und Flexibilität.

StringDictionary

Eine Sonderform einer Hashtable bildet die Klasse StringDictionary. Grundsätzlich handelt es sich dabei um eine Hashtable, bei der sowohl der Typ für die Schlüssel als auch für die Werte auf den Datentyp String festgelegt wurde. So könnte z.B. eine Anwendung eines StringDictionary-Objektes aussehen:

```
Dim list As New System.Collections.Specialized.StringDictionary
list.Add("AW", "www.Addison-Wesley.de")
list.Add("MS", "www.microsoft.com")
list.Add("T", "www.tagesschau.de")

Debug.WriteLine(list("AW"))
```

Durch die Spezialisierung auf Strings ist StringDictionary in der Regel schneller als eine Hashtable.

Weitere Auflistungen

In den Namensräumen System.Collection und System.Collections.Specialized finden Sie noch eine Reihe weiterer Auflistungsklassen, die alle für spezielle Anwendungsfälle gedacht sind. Lesen Sie in der MSDN-Doku nach, wie diese Klassen eingesetzt werden können.

Sie können auch eigene typsichere Auflistungen programmieren. Hierzu dienen die Klassen CollectionBase und DictionaryBase als Basisklassen.

Generische Listen

Die wohl häufigste Anwendung für generische Datentypen sind Listen. Die oben beschriebenen allgemeinen Listen sind zur Compile-Zeit nicht typgebunden. Einer ArrayList können beliebige Referenzen hinzugefügt werden, ohne dass der Compiler sicherstellen kann, dass sie von einem spezifischen Typ sind. In der Vergangenheit wurden daher typisierte Auflistungen, basierend auf CollectionBase und DictionaryBase, programmiert, um diesen Nachteil auszugleichen. Der Aufwand ist aber verhältnismäßig hoch und führte zu einer Unmenge von Auflistungsklassen im Framework.

Mit der Version 2.0 stehen nun im Namensraum System.Collections.Generic die typischen Auflistungsklassen in generischer Form zur Verfügung. Einige haben neue Namen erhalten. So heißt eine generische ArrayList jetzt List, eine generische Hashtable Dictionary. Andere wie z. B. Queue oder Stack haben ihren Namen behalten. Einige Beispiele zu generischen Listen:

```
Dim numbers As New List(Of Integer)
numbers.Add(10)
```

Visual Basic 2005

```
numbers.Add(40)
numbers(0) = 123
```

Das Beispiel legt eine Liste von Integer-Zahlen an. Der Compiler lässt nur das Hinzufügen von Zahlen dieses Typs zu. Auch der Zugriff auf ein bestimmtes Element ist dadurch typsicher. numbers(i) ist immer ein Integer. Im nächsten Beispiel ist der zugrunde liegende Datentyp System.Drawing.Point:

```
Dim points As New List(Of Point)
points.Add(New Point(100, 200))
Dim x As Integer = points(0).X
```

Die Key/Value-Liste Dictionary benötigt zwei Typangaben, eine für den Schlüssel und eine für die Daten. Sind die Daten beispielsweise von folgendem Typ:

```
Class Account
    Public Owner As String
    Public Balance As Double
End Class
```

dann können Sie beispielsweise eine Auflistung aufbauen, die als Schlüssel die Kontonummer als Integer-Zahl einsetzt:

```
Dim accounts As New Dictionary(Of Integer, Account)
accounts.Add(1000, New Account())
accounts.Add(1001, New Account())
accounts(1000).Balance = 4560
Debug.WriteLine(accounts(1001).Owner)
```

Der Compiler stellt sicher, dass in allen Situationen, in denen ein Schlüssel angegeben werden muss, für diese Auflistung nur Integer-Zahlen zum Einsatz kommen. Ferner achtet er darauf, dass die zugehörigen Daten immer vom Typ Account (oder einem abgeleiteten Typ) sind. Alle Zugriffe kommen ohne zusätzliche Typecasts aus.

Wann immer es geht, sollten Sie die generischen Listen ihren nicht generischen Pendants vorziehen. Sie gewinnen dadurch ein hohes Maß an Typsicherheit, das sich vor allem zur Entwicklungszeit bemerkbar macht. Da der Compiler den jeweiligen Datentyp kennt und nicht mehr mit allgemeinen Object-Referenzen arbeiten muss, entfallen viele explizite Typumwandlungen. Auch das Intellisense der Entwicklungsumgebung nutzt die Typinformationen. Greifen Sie auf ein Element einer Auflistung zu, zeigt Ihnen Visual Studio alle verfügbaren Methoden und Eigenschaften des vorgegebenen Typs an.

Unter Umständen können generische Listen auch zu einem Performance-Gewinn führen. Denken Sie beispielsweise daran, dass beim Hinzufügen von Wertetypen zu einer ArrayList-Auflistung immer ein implizites Boxing stattfindet. Beim Lesen der Werte muss durch einen Typecast sogar ein explizites Unboxing erfolgen, wodurch gelegentlich mehrere Typumwandlungen aufeinander folgen müssen. Bei generischen Listen entfällt in vielen Fällen das Boxing und Unboxing. Eine List (Of Integer) wird intern ein Array von Integer-Werten verwalten. Jeder einzelne Wert liegt innerhalb dieses Arrays und nicht separiert auf dem Heap.

Multithreading

Immer dann, wenn mehrere Abläufe innerhalb eines Prozesses parallel erfolgen sollen und sich nicht gegenseitig blockieren dürfen, kommt Multithreading ins Spiel. Die Grundlagen können hier nicht ausführlich erläutert werden. Dennoch soll an dieser Stelle auf einige Besonderheiten im Umgang mit Windows-Forms und -Controls eingegangen werden.

Auf ein Form-Objekt oder auf Control-Objekte darf nur der Thread zugreifen, der das betreffende Objekt auch erstellt hat. Das war auch schon im Framework 1.0 nicht anders. Allerdings wird ab der Version 2.0 zur Laufzeit überprüft, ob diese Regel verletzt wird und gegebenenfalls eine Exception ausgelöst.

Ein anderer als der GUI-Thread darf nicht auf Member eines Control-Objektes zugreifen. Bedenken Sie auch, dass z.B. Events synchron abgearbeitet werden, dass also der Thread, in dem das Event ausgelöst wird, auch alle Handler abarbeitet. Es ist daher meist keine gute Idee, innerhalb eines zusätzlichen Threads Events auszulösen, wenn es sein kann, dass abonnierende Handler auf Oberflächenelemente zugreifen.

Abhilfe schafft der Aufruf einer Methode über `Control.Invoke`. Die aufzurufende Methode wird dann vom GUI-Thread ausgeführt und darf auf Control-Objekte zugreifen. Über `Control.Invoke-Required` kann zur Laufzeit abgefragt werden, ob auf Oberflächenelemente zugegriffen werden darf oder ob der Aufruf einer Methode über `Control.Invoke` erforderlich ist. `Control.Invoke` unterstützt verschiedene Aufrufvarianten (s.a. `Control.BeginInvoke`). Der Aufruf kann synchron (warten auf Abarbeitung) oder asynchron erfolgen. Für den asynchronen Aufruf gibt es verschiedene Synchronisationsmechanismen.

Um in Windows typische Multithreading-Aufgaben zu vereinfachen, bringt Visual Studio 2005 die Komponente `BackgroungWorker` mit. Sie wird auf einem Fenster platziert und führt selbst die notwendigen Schritte zum Start des Threads sowie zur Synchronisation einiger Ereignisse durch. Nur ein einziges Ereignis (nämlich `DoWork`) läuft in einem Hintergrundthread. Im angeschlossenen Handler kann die Hintergrundaufgabe bearbeitet werden. Innerhalb dieses Handlers gilt natürlich wieder die Regel, dass nicht auf GUI-Objekte zugegriffen werden darf. Der BackgroundWorker bietet eine threadsichere Möglichkeit, den GUI-Thread über den Fortschritt sowie die Beendung des Hintergrundthreads zu informieren.

Multithreading stellt hohe Anforderungen an die Sorgfalt der Programmierung. Sehr schnell schleichen sich Synchronisationsfehler ein, die nur sehr schlecht lokalisiert werden können. Oftmals fallen sie in der Entwicklungsphase gar nicht auf. Setzen Sie Multithreading daher immer mit Bedacht ein, verwenden Sie wo es geht die `BackgroungWorker`-Komponente oder andere Mechanismen.

CLS-Kompatibilität

Die Common Language Specification (CLS) definiert, was eine Programmiersprache unterstützen muss und wie die Umsetzung zu erfolgen hat. Viele Programmiersprachen gehen aber über diese Spezifikation hinaus und lassen Deklarationen zu, die unter Umständen in anderen Programmiersprachen nicht genutzt werden können. Einige Konstruktionen, die die Syntax von Visual Basic 2005 zulässt und die auch innerhalb vom Visual Basic 2005 genutzt werden können, sind nicht CLS-konform. Auch das .NET Framework enthält eine Reihe nicht CLS-konformer Datentypen. So sind beispielsweise alle Unsigned-Integer-Typen nicht CLS-konform:

```
Public NotConform As UInteger = 1
```

Um sicherstellen zu können, dass eine Assembly oder eine Klassendefinition CLS-konform ist und ohne Einschränkung in anderen Sprachen genutzt werden kann, ist das Attribut `CLSCompliant` vorgesehen, das Sie jeder Definition voranstellen und auch global in der Assembly setzen können. Verstöße gegen die CLS-Kompatibilität werden dann beim Kompilieren gemeldet.

```
<Assembly: CLSCompliant(True)>
```

Visual Studio

Visual Studio bietet allerlei, teilweise versteckte nützliche Features. Einige der etwas weniger bekannten wollen wir Ihnen hier kurz vorstellen.

Texte in der Toolbox zwischenspeichern

Wenn Sie einen Textblock in mehreren Code-Fenstern wieder verwenden wollen, können Sie ihn einfach zur Zwischenspeicherung auf die Toolbox ziehen (siehe Abbildung 369). Wollen Sie den Text über einen längeren Zeitraum dort ablegen, sollten Sie ihm über das Kontextmenü einen sinnvollen Namen geben. Zur Wiederverwendung ziehen Sie den Eintrag aus der Toolbox einfach an die gewünschte Stelle im Code-Fenster.

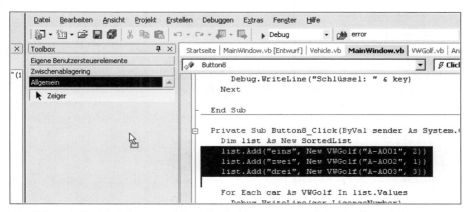

Abbildung 369: Mehrfach benötigte Texte können Sie auf die Toolbox ziehen

Falls Sie viel mit Copy&Paste arbeiten, werfen Sie einmal einen Blick in die Registerkarte »Zwischenablagering« der Toolbox. Dort werden in derselben Weise die mit »Kopieren« in die Zwischenablage gelegten Textblöcke in der Toolbox aufgeführt. Auch diese können Sie wieder in ein Code-Fenster ziehen.

Standard-Einstellungen für Option Strict

Um nicht in jeder Datei die Einstellungen für Option Strict, Option Explicit und Option Compare wiederholen zu müssen, können Sie sie auch projektweit einstellen. Rufen Sie hierzu den Menüpunkt PROJEKT/EIGENSCHAFTEN auf und wählen Sie dann in der linken Navigationsleiste den Eintrag KOMPILIEREN. Es wird der in Abbildung 370 gezeigte Einstellungsdialog angezigt.

Die Einstellungen lassen sich auch in der Entwicklungsumgebung vornehmen, so dass sie für jedes neu angelegte Projekt gelten. Über EXTRAS / OPTIONEN / PROJEKTE UND PROJEKTMAPPEN / VB-STANDARD erreicht man den in Abbildung 371 gezeigten Dialog.

Projektweite Imports-Einstellungen

Benötigen Sie bestimmte Namensräume im gesamten Projekt und wollen Sie sie nicht in jeder Datei mit Imports aufführen müssen, dann können Sie auch diese projektweit hinzufügen bzw. wieder entfernen. Wiederum über die Projekteigenschaften wählen Sie hierzu den Eintrag IMPORTE aus. In dem in Abbildung 372 gezeigten Dialog können Sie neue Namensräume hinzufügen oder vorhandene löschen. Die entsprechenden Imports-Anweisungen können dann entfallen.

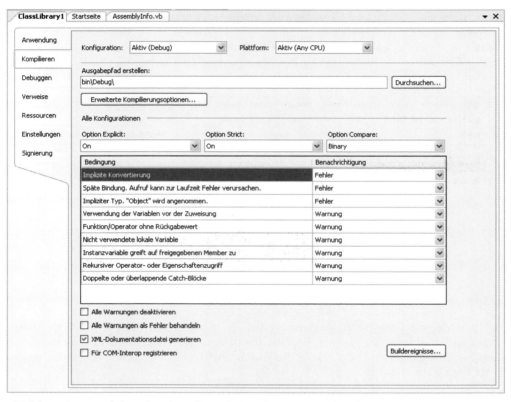

Abbildung 370: Projektweite Einstellung für Option Strict und andere Optionen

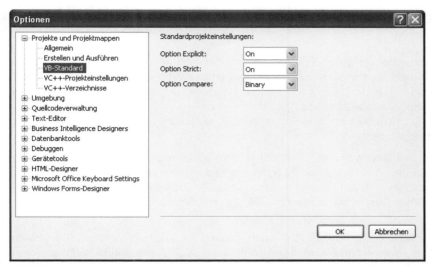

Abbildung 371: Systemweite Einstellungen für neue Projekte

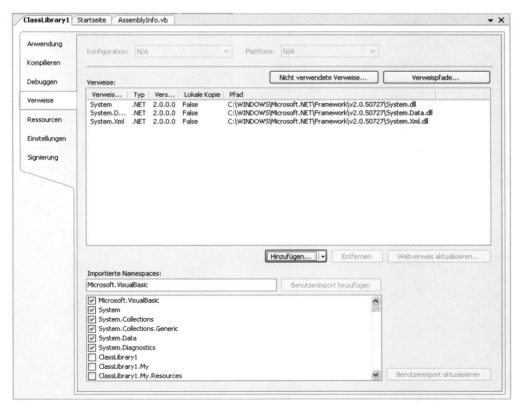

Abbildung 372: Namensräume können allen Dateien eines Projektes automatisch hinzugefügt werden

Steuerelemente und Fensterklasse im Entwurfsmodus debuggen

Verhalten sich die selbst programmierten Steuerelemente oder abgeleiteten Fensterklassen im Designer einmal nicht so, wie sie sollten, dann wird schnell der Ruf nach Debug-Möglichkeiten laut. Während Ihnen zur Laufzeit alle Möglichkeiten des Debuggers offen stehen, werden im Entwurfsmodus Ausgaben mit `Debug.WriteLine` oder `MessageBox.Show` sowie Breakpoints ignoriert. Wäre das nicht so, hätte man wahrscheinlich ein rekursives Debug-Problem, das nur Verwirrung stiften würde.

Trotzdem lassen sich Steuerelemente und Fenster auch im Entwurfsmodus mit dem Debugger testen. Voraussetzung ist, dass sich die zu testenden Klassen in einer Klassenbibliothek befinden, die von dem Projekt, in dem sie eingesetzt werden sollen, referenziert wird. Als Beispiel soll die Klassenbibliothek *GuiControls.dll* dienen, die die oben beschriebenen Steuerelemente enthält.

Um eine Klassenbibliothek debuggen zu können, müssen Sie in den Projekteinstellungen ein Programm wählen, das gestartet werden soll (Abbildung 373). Zweckmäßigerweise gibt man hier den Pfad der Entwicklungsumgebung an. Wenn bereits ein Projekt existiert, das die Bibliothek verwendet, können Sie dessen Pfad unter STARTOPTIONEN / BEFEHLSZEILENARGUMENTE eingeben. Beim Start des Debuggers wird nun eine zweite Instanz der Entwicklungsumgebung gestartet. Sie können wie gewohnt ein Projekt laden, ein neues anlegen oder mit dem ggf. automatisch geöffneten Projekt arbeiten.

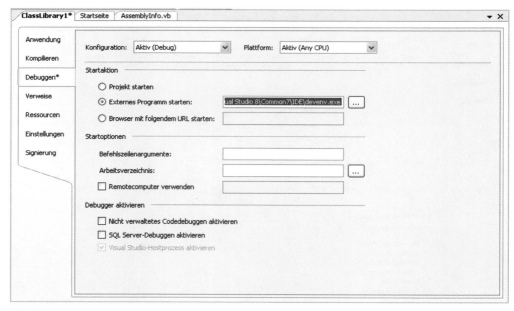

Abbildung 373: Der Debugger soll eine zweite Instanz des Visual Studios starten

In der ersten Instanz der Entwicklungsumgebung, die ja die zu testenden Klassen enthält, können Sie nach Belieben Breakpoints setzen, Einzelschritte ausführen, Variablen-Inhalte einsehen und ändern und so weiter. Es steht Ihnen die ganze Palette der Debugger-Funktionen zur Verfügung. Setzen Sie z.B. einen Haltepunkt auf die Wertezuweisung in der Eigenschaft

`Ticks` des `TimeSliceControls`. Wenn Sie im anderen Projekt dieses Steuerelement einsetzen und im Eigenschaftsfenster des Designers der Eigenschaft einen anderen Wert zuweisen, wird der Ablauf an diesem Haltepunkt unterbrochen (siehe Abbildung 374 und Abbildung 375). Es wird automatisch die andere Instanz der Entwicklungsumgebung in den Vordergrund geholt, so dass Sie direkt den Debugger nutzen können.

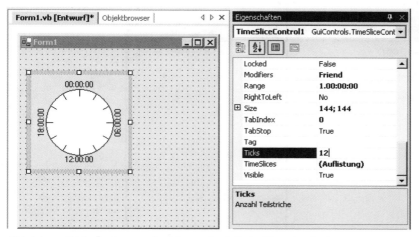

Abbildung 374: Änderung der Eigenschaft Ticks lässt den Debugger stoppen

```
<Category("Zeiteinstellungen"), Description("Anza
 Public Property Ticks() As Integer
   Get
     Return nTicks
   End Get
   Set(ByVal Value As Integer)
     nTicks = Value
   End Set          Value = 12
 End Property

<System.ComponentModel.Description( _
 "Eingestellte Zeitscheiben"), _
 DesignerSerializationVisibility(
```

Abbildung 375: Reaktion auf die Wertänderung der Eigenschaft Ticks im Designmodus

Um im zweiten Projekt weiterarbeiten zu können, müssen Sie die erste Instanz wieder in den Run-Modus versetzen. Vergessen Sie nicht, dass der Prozess, der mit einem Breakpoint unterbrochen ist, die zweite Instanz der Entwicklungsumgebung ist. Ihre Klassenmethode, in der der Haltepunkt angelaufen wird, ist Bestandteil dieses Prozesses!

> **Achtung**
>
> Nutzen Sie die beschriebene Vorgehensweise wirklich nur zur Fehlersuche in der Klasse des Basisfensters bzw. des Steuerelementes. Seien Sie besonders achtsam, wenn Sie in der zweiten Instanz der Entwicklungsumgebung Änderungen vornehmen, die nicht sofort gespeichert werden. Wird der Programmablauf in der zu untersuchenden Klassenbibliothek abgebrochen, sei es durch einen Laufzeitfehler oder durch eine Benutzeraktion, dann wird damit die zweite Instanz der Entwicklungsumgebung (schlagartig) beendet. Eine Abfrage, ob Änderungen gespeichert werden sollen, kann nicht mehr erfolgen. Alle Änderungen sind dann verloren.

Verknüpfung einer Datei einem Projekt hinzufügen

Wenn Sie über PROJEKT / VORHANDENES ELEMENT HINZUFÜGEN... eine Datei dem Projekt hinzufügen, dann wird eine Kopie der Datei im Projektverzeichnis angelegt. Möchten Sie aber mit der Originaldatei arbeiten, dann benötigen Sie eine Verknüpfung. Hierzu klicken Sie auf den kleinen Pfeil rechts neben der ÖFFNEN-Schaltfläche im Dialog (siehe Abbildung 376).

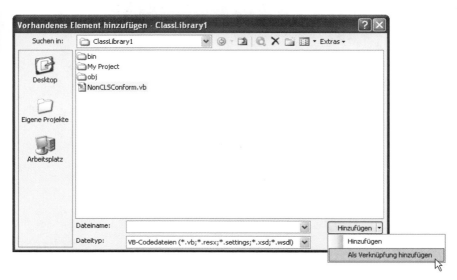

Abbildung 376: Datei nicht kopieren, sondern verknüpfen

Tabellenansicht einer XML-Datei

Sofern die Struktur einer XML-Datei es erlaubt, können Sie die Daten auch in Tabellenform ansehen und ändern. Zur Darstellung öffnen Sie über den Projektmappen-Explorer das Kontextmenü der gewünschten XML-Datei, wählen Öffnen mit... und dann wie in Abbildung 377 gezeigt den Eintrag XML_DATEN-EDITOR. Ein Beispiel für die Tabellenansicht sehen Sie in Abbildung 378.

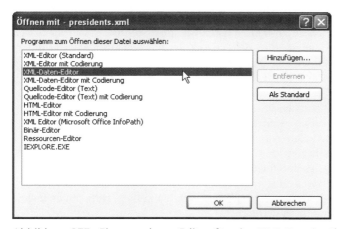

Abbildung 377: Einen anderen Editor für eine XML-Datei wählen

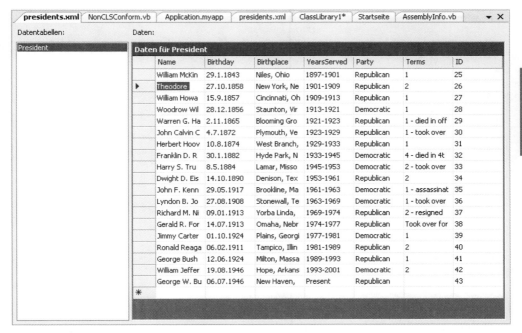

Abbildung 378: Tabellenansicht einer XML-Datei

XML-Schema für vorhandene XML-Datei erstellen und bearbeiten

Wird eine XML-Datei im Editor von Visual Studio angezeigt, dann können Sie über das Menü XML / SCHEMA ERSTELLEN ein Schema automatisch generieren lassen. In der XML-Datei wird dann der Namensraum hinzugefügt, z.B. so:

```
<Presidents xmlns="http://tempuri.org/presidents.xsd">
```

Die erzeugte Schema-Datei können Sie dann entweder in der DataSet-Ansicht (Abbildung 379) oder in der XML-Ansicht (Abbildung 380) bearbeiten. Beachten Sie allerdings, dass automatisch generierte Schema-Dateien relativ simpel aufgebaut sind und nur eine von unendlich vielen Lösungen darstellen.

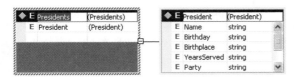

Abbildung 379: XML-Schema in der DataSet-Ansicht

Über die DataSet-Ansicht können Sie ein Schema bequem anlegen oder erweitern.

```
presidents.xsd                                                            ▾ ✕
      <?xml version="1.0" encoding="Windows-1252"?>
 ⊟ <xs:schema attributeFormDefault="unqualified" elementFormDefault="qualified" xr
 ⊟   <xs:element name="Presidents">
 ⊟     <xs:complexType>
 ⊟       <xs:sequence>
 ⊟         <xs:element maxOccurs="unbounded" name="President">
 ⊟           <xs:complexType>
 ⊟             <xs:sequence>
                 <xs:element name="Name" type="xs:string" />
                 <xs:element name="Birthday" type="xs:string" />
                 <xs:element name="Birthplace" type="xs:string" />
                 <xs:element name="YearsServed" type="xs:string" />
                 <xs:element name="Party" type="xs:string" />
                 <xs:element name="Terms" type="xs:string" />
               </xs:sequence>
               <xs:attribute name="ID" type="xs:unsignedByte" use="required" />
             </xs:complexType>
           </xs:element>
         </xs:sequence>
       </xs:complexType>
     </xs:element>
   </xs:schema>
```

Abbildung 380: XML-Schema in der XML-Ansicht

Navigation über die Klassenansicht

Bei komplexeren Klassenstrukturen ist es manchmal einfacher, über die baumförmige Klassenansicht zu navigieren, als über den Projektmappen-Explorer. Falls die Ansicht nicht dargestellt wird, aktivieren Sie sie über ANSICHT / KLASSENANSICHT. Durch einen Doppelklick auf eine Methode, einen Konstruktor, eine Member-Variable etc. gelangen Sie direkt zur Definition im entsprechenden Code-Fenster. Sie können diese Ansicht nach verschiedenen Kriterien sortieren und gruppieren.

Klassendiagramme

Visual Studio 2005 bietet auch ab der Professional-Version einen Designer für Klassendiagramme (siehe Abbildung 382). Ein Klassendiagramm lässt sich z.B. über PROJEKT / HINZUFÜGEN / NEUES ELEMENT HINZUFÜGEN ... / KLASSENDIAGRAMM erstellen. Sie können wahlweise vorhandene Klassen aus dem Projektmappen-Explorer oder der Klassenansicht auf das Fenster ziehen oder neue über die Toolbox erzeugen. Viele Parameter und Elemente einer Klasse lassen sich im Klassendiagramm anzeigen und einstellen. Eigenschaften, Felder, Methoden, Ereignisse, Konstruktoren usw. können über Kontextmenüs hinzugefügt werden. Parallel zum Klassendiagramm werden Änderungen in den Code-Dateien nachgeführt.

Auch Beziehungen und Vererbungshierarchien lassen sich visualisieren. Dennoch handelt es sich nicht um ein UML-Tool (UML = Unified Modeling Language). Einige wenige Möglichkeiten gehen über UML hinaus, dafür fehlen andere. Außerdem lässt sich der Klassen-Designer ausschließlich für Klassendiagramme einsetzen. Andere Diagrammtypen, wie es sie bei UML reichlich gibt, sind nicht vorgesehen.

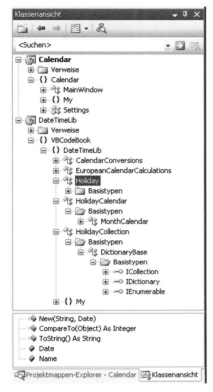

Abbildung 381: Gegliederte Ansicht aller zum Projekt gehörenden Klassen

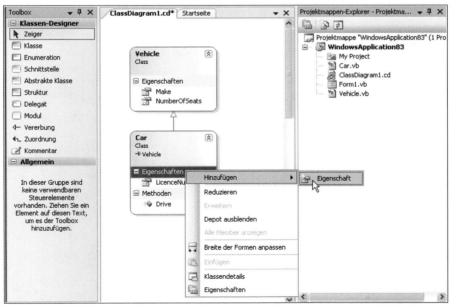

Abbildung 382: Klassendiagramme mit Visual Studio erstellen

Internetquellen

Nicht nur bei Microsoft, sondern auf vielen privaten und kommerziellen Websites finden Sie heute Informationen zu .NET, zum Framework, zu Visual Basic 2005 und allem, was dazuge-hört. Die Erfahrung zeigt, dass sich Antworten auf eine aktuelle Fragestellung mit großer Wahrscheinlichkeit im Internet finden lassen. Es gibt weltweit eine große Internetgemeinde, die sich der Diskussion und Lösung von .NET-Problemen verschrieben hat.

Websites zu .NET

Nachfolgend einige Adressen zu Themen rund um .NET und Visual Basic 2005. Dieses ist bei weitem keine vollständige Liste, sondern stellt nur eine kleine Auswahl dar.

MSDN

http://msdn.microsoft.com/

Dies ist die Homepage des Microsoft Developer Networks. Hier finden Sie alle Informationen rund um die Entwicklung unter Windows. Unter

http://msdn.microsoft.com/developercenters/

finden Sie den Direkteinstieg zu den verschiedenen Programmierthemen. Während Sie einen großen Teil der Informationen auch auf den mit Visual Studio ausgelieferten MSDN-CDs wie-derfinden, werden die Web-Seiten ständig aktualisiert und durch Fachartikel ergänzt. Die Sprache ist dort allerdings in der Regel Englisch.

Got Dot Net

http://www.gotdotnet.com/

Beispiele und Diskussionen

Artikel mit Beispielen unter

http://samples.gotdotnet.com/quickstart/howto/

The Code Project

http://www.codeproject.com/vb/net/

Gute Artikel mit Beispielen und Downloads

.NET 247

http://www.dotnet247.com/247reference/namespaces.aspx

Beispiele und Diskussionen

George Shepherd's Windows Forms FAQ

http://www.syncfusion.com/FAQ/Winforms/

Fragen und Antworten zu Windows Forms

.NET Show

http://msdn.microsoft.com/theshow/Archive.asp

Interviews zu diversen .NET-Themen als TV-Sendung (schneller Internetzugang erforderlich).

Visual Basic 2005 Heaven

http://www.vbdotnetheaven.com/

Beispiele und Diskussionen

VB-2-The-Max

http://www.vb2themax.com

Beispiele

DirectX

http://msdn.microsoft.com/directx/

MSDN-Startseite zu DirectX

DOTNETPRO

http://www.dotnetpro.de/

Deutsches Magazin zu diversen .NET-Themen

Reguläre Ausdrücke

http://www.rrz.uni-hamburg.de/RRZ/W.Wiedl/Skripte/CGI-Perl/Regulaere_Ausdruecke/

http://www.devmag.net/webprog/regulaere_ausdruecke.htm

Newsgroups

Zu den verschiedenen .NET-Themen gibt es bereits eine Reihe von Newsgroups. Auch deutschsprachige Newsgroups sind im Angebot. Auf dem Server

msnews.microsoft.com

finden Sie unter anderen diese Gruppen:

- ▶ *microsoft.Public.de.german.entwickler.dotnet.vb*
- ▶ *microsoft.Public.de.german.entwickler.dotnet.datenbank*
- ▶ *microsoft.Public.de.german.entwickler.dotnet.framework*
- ▶ *microsoft.Public.de.german.entwickler.dotnet.vstudio*
- ▶ *microsoft.Public.de.german.entwickler.dotnet.csharp*
- ▶ *microsoft.Public.de.german.entwickler.dotnet.asp*

Zusätzlich finden Sie im Internet viele weitere, meist fremdsprachige Newsgroups zu den Themen. Der Microsoft-Server wird von vielen anderen Servern gespiegelt. So finden Sie beispielsweise die genannten Newsgroups auch unter *news.t-online.de*. Einige Provider bieten auf ihren Spiegelservern aber nicht alle Gruppen an.

Zugreifen können Sie auf eine Newsgroup am besten über ein Programm wie Outlook Express. Dort richten Sie ein neues Konto ein, für das Sie Ihren Namen, eine EMail-Adresse und den Server angeben müssen. Anschließend können Sie die gewünschten Gruppen abonnieren.

> **Achtung**
>
> Vorsicht bei der Angabe der EMail-Adresse. Leider werden die EMail-Adressen aus den Newsgroups zunehmend für unseriöse Zwecke (Spam-Mails) missbraucht. Sie sollten daher Ihre EMail-Adresse durch Zusätze so verändern, dass kein automatisches Programm sie nutzen kann, dass aber trotzdem andere Newsgroup-Teilnehmer Sie erreichen können:
>
> z.B. *Keine.Werbung.MeinName@MeinProvider.de*

Ihren Namen sollten Sie vollständig angeben. Abgekürzte Namen oder gar Phantasienamen gelten als äußerst unhöflich und werden regelmäßig gerügt. Es gelten gewisse Regeln (Netiquette oder Netikette genannt), die beachtet werden sollten. Hinweise finden Sie unter

http://support.microsoft.com/Default.aspx?scid=fh;DE;NGNetikette

http://www.afaik.de/usenet/faq/

http://www.chemie.fu-berlin.de/outerspace/netnews/netiquette.html

http://groups.google.com/groups?hl=en&group=de.newusers.infos

In Newsgroups werden gestellte Fragen von anderen Teilnehmern beantwortet bzw. diskutiert. Die Qualität der Diskussionen hängt stark vom Umgangston ab. Newsgroups sind keine anonymen Chatrooms, in denen jeder beliebigen Unsinn von sich geben kann, sondern dienen der technischen Diskussion. Sie selbst können Fragen stellen oder auch auf Fragen anderer antworten. Oft lernt man auch aus den Fragen anderer Teilnehmer und der anschließenden Diskussion einiges zur .NET-Programmierung hinzu. Scheuen Sie sich auch nicht, einen Blick in die C#-Newsgroups zu riskieren. Denn oft werden dort Themen diskutiert, die sich nicht auf die Sprache beziehen, sondern eher den Umgang mit dem Framework betreffen.

Bevor Sie allerdings selbst eine Frage in einer Newsgroup stellen, sollten Sie versuchen, die Frage mithilfe der MSDN-Doku oder einer Google-Recherche (siehe weiter unten) zu klären.

Sie können auch über einen Internet-Browser auf die Newsgroups zugreifen unter

http://support.microsoft.com/newsgroups/Default.aspx

Allerdings ist der Weg über das Internet oft extrem langsam. Außerdem kann es etwas lästig werden, dass Sie bei jedem neuen Posting, das Sie absetzen wollen, Ihren Namen und Ihre EMail-Adresse erneut eingeben müssen.

Recherche mit Google

Die Diskussionen der wichtigsten Newsgroups werden von Suchmaschinen wie z.B. Google (*http://www.google.de/*) archiviert (leider auch Ihre EMail-Adresse, siehe weiter oben). Oft finden Sie die Antwort auf eine Frage bereits mit einer Suche in den Newsgroups.

Auf der Google-Homepage klicken Sie auf den Kartenreiter GROUPS und geben anschließend Ihre Suchbegriffe ein. Wenn Sie in den deutschen .NET-Newsgroups suchen wollen, empfiehlt es sich, »dotnet german« den Suchbegriffen voranzustellen. Gesucht werden Beiträge, die alle Suchbegriffe enthalten. Im Beispiel wird in den deutschen Newsgroups nach »RotateTransform« gesucht.

Da die Entwicklung schnell voranschreitet und Diskussionen zur Beta2 von 2001 für Sie vielleicht nicht mehr interessant sind, sollten Sie die gefundenen Ergebnisse nach Datum sortieren lassen. Die neuesten Beiträge befinden sich dann oben ☺. Gelegentlich, wie auch in der Abbildung zu sehen, schlägt Google leicht abgewandelte alternative Suchbegriffe vor. Dies kann manchmal hilfreich sein, wenn die Schreibweise nicht klar ist oder mehrere Schreibweisen für einen Begriff möglich sind. In der Liste der gefundenen Diskussionen können Sie entweder die spezielle Frage oder Antwort anklicken, oder Sie wählen das gesamte Diskussionsthema aus.

In dieser Ansicht können Sie meist alle Diskussionsbeiträge einsehen, beginnend bei der jeweiligen Fragestellung über alle, oft verzweigten Antworten. Meist finden Sie so schon eine Lösung oder zumindest einen Ansatz für Ihre Problemstellung. Nutzen Sie diese Möglichkeit, auch um Fragestellungen in den Newsgroups zu vermeiden, die schon etliche Male diskutiert und beantwortet worden sind.

Internetquellen

Grundlagen weiterer Technologien

Kurzer Überblick über WMI

Wenn es um die Beschaffung von Informationen zu Betriebssystem, Hardware und Software geht, gab es lange Jahre nur die Möglichkeit über spezielle Aufrufe des Betriebssystems sich diese Informationen zu beschaffen. Dies war dann für jedes Betriebssystem, aber auch eventuell für jede Variante eines Betriebssystems mit zusätzlicher Programmieraufgabe verbunden. Ein sehr ineffektives Verfahren, in dem sich auch nicht jeder Programmierer tummeln wollte/konnte. Um die ständige Programmierung immer wieder desselben Themas zu überwinden, schlossen sich 1996 einige Firmen zusammen, zu der WEB-BASED ENTERPRISE MANAGEMENT Gruppe (WBEM). In Zusammenarbeit mit der DESKTOP MANAGEMENT TASK FORCE (DMTF, *http://www.dmtf.org*) wurde das COMMON INFORMATION MODEL (CIM) geschaffen, ein Modell, mit dem allen Software-Herstellern eine portierbare und überschaubare Plattform für Systeminformationen an die Hand gegeben werden sollte. Die Adaption des WBEM-Standard wurde 1998 von Microsoft mit dem Service Pack 4 von Windows NT 4.0 ausgeliefert. Der Name: WINDOWS MANAGEMENT INSTRUMENTATION (WMI).

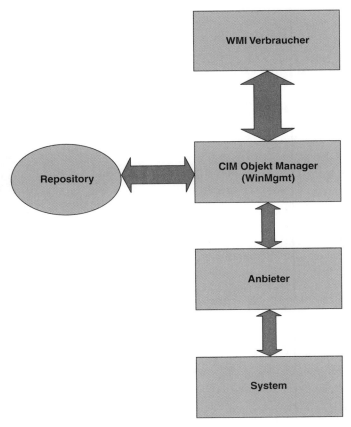

Abbildung 383: WMI-Aufbau

Wie in Abbildung 383 zu sehen ist, wurde WMI im Schichtsystem aufgebaut. Auf der untersten Ebene ist die Systemschicht angelegt, also das Betriebssystem, Dienste des Betriebssystems, allgemeine Programme, Hardwareressourcen. Die Anbieter-Schicht ist ein Vermittler zwischen der Systemschicht und dem eigentlichen Management-System (CIMOM). Hier werden die systemnahen Schnittstellen in das COM-System von Windows überführt. Der CIM Objekt Manager verwaltet alle Informationen, die ihm über die diversen Systeme geliefert werden. Statische Informationen werden in einer eigenen objektorientierten Datenbank abgelegt, dem Repository. Daten, die einer ständigen Veränderung unterworfen sind, werden direkt über die Anbieterschicht abgefragt.

Seit diesem Zeitpunkt (1998) hat die Bedeutung von WMI stetig zugenommen, was aber bei den Entwicklern zum Großteil nicht wahrgenommen wurde. Aber Teile so kleiner Applikationen wie dem Exchange Server, dem System Management Server, dem Internet Information Server, Teile des IBM Tivoli, HP Openview basieren auf WMI ☺. Mit Windows 2000 wurden die WMI-Bibliotheken zum Standardbestandteil des Betriebssystems. Für die Betriebssysteme Windows 9x und NT kann man sich entsprechende Bibliotheken von den Webseiten der Firma Microsoft herunterladen. Dort gibt es auch eine Fülle weiterer Informationen, hauptsächlich zum Thema Scripting (VBScript) und WMI.

Die Vorteile von WMI liegen (kurz gefasst) in den folgenden Eigenschaften begründet:

▶ Erweiterbarkeit

▶ Remote steuerbar

▶ Event-Unterstützung

▶ SQL-ähnliche Abfragesprache (WQL)

▶ Scriptfähig

▶ Objektorientiert

▶ Nicht nur Abfragen, auch Aktionen möglich

So kann man sich über die Remote- und Event-Unterstützung von wichtigen Ereignissen auf anderen Computern informieren lassen, zum Beispiel wenn der Festplattenplatz zur Neige geht oder die CPU-Auslastung einen Schwellenwert überschreitet.

Im .NET-Umfeld wird WMI durch die Klassen `System.Management` und `System.Management.Instrumentation` repräsentiert. Wie man mit diesen Klassen an die gewünschten Informationen kommt, wird in den einzelnen Rezepten erläutert. Für die Entwicklungsumgebung Visual Studio 2003 kann man sich zusätzlich ein Tool herunterladen, welches die einzelnen Klassen von WMI typfest ummantelt. Der Name ist allerdings etwas missverständlich: »Management (WMI) Extensions for Visual Studio .NET 2003 Server Explorer« (`ManagementExtensions2003.msi`). Im .NET-SDK wird ein entsprechendes Befehlszeilen-Kommando mitgeliefert: `Mgmtclassgen.exe` (siehe Kasten).

Zurzeit gibt es für verwaltete Systeme einige Einschränkungen im Bereich `Instrumentation`. Diese Einschränkungen gelten nicht für nicht-verwalteten Code (z.B. klassisches C++).

Nach dem Download der Installationsdatei kann diese Erweiterung auf dem üblichen Weg installiert werden. Dabei sollte die Entwicklungsumgebung tunlichst nicht geöffnet sein.

Startet man diese nach der Installation der Erweiterung, so fallen im Server-Explorer die entsprechenden Einträge auf.

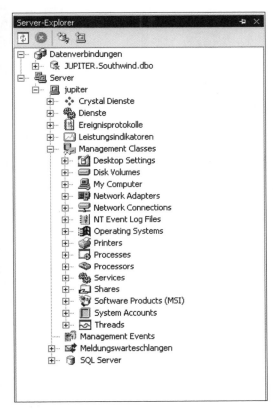

Abbildung 384: Erweiterung im VS

Man kann sich in diesem Baum bis zu der (Sub)Klasse durchklicken, die einen interessiert. Anschließend zieht man diese Klasse auf die Form, wie man es von anderen Wizards gewohnt ist. Man kann auch mit der rechten Maustaste auf diese Klasse klicken und im Kontextmenü »Generate Managed Class« auswählen. Klicken Sie mit der rechten Maustaste bei »Management Classes«, so können Sie über den Kontextmenü-Punkt »Add Classes ...« ein hilfreiches Fenster öffnen, in dem Sie nach bestimmten Klassen suchen können.

Das Management Strongly Typed Class Generator Tool

Das .NET-SDK liefert ein Tool mit, welches zur Erstellung von strengen Typklassen für WMI vorgesehen ist. Der Aufruf erfolgt nach dem Schema

mgmtclassgen *WMIKlasse* [*Optionen*]

So kann man mit

```
mgmtclassgen Processors /L VB /P C:\TEMP\Prozessor.vb
```

eine Datei für die Prozessorklasse von WMI erstellen. Diese Datei muss dann in das VS-Projekt importiert werden und kann dann verwandt werden.

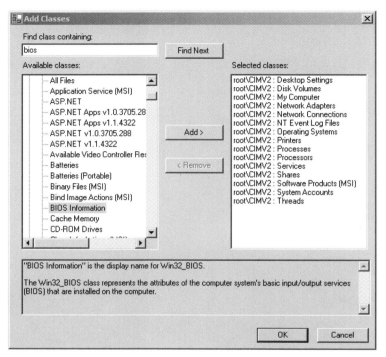

Abbildung 385: WMI-Klassensuche mit dem Server-Explorer

Option	Beschreibung
/L Sprache	Als Sprache können **VB, CS** und **JS** angegeben werden
/M Computer	Für welchen Computer soll die Klasse angelegt werden. Wird diese Option nicht angegeben, gilt der lokale Computer.
/P Pfad	Angabe des Verzeichnisses, in der die Datei erstellt werden soll

Tabelle 48: Optionen des mgmtclassgen-Kommandos

Der Klassenaufbau von WMI ist dem von .NET ähnlich. Auch hier gibt es Namensräume und innerhalb dieser Namensräume sind die einzelnen Klassen angesiedelt. Die Anzahl der Klassen ist stetig gewachsen und soll inoffiziellen Schätzungen zufolge in der Version für *Windows Server 2003* bei ca. 5000 Klassen liegen! Um sich hier einen Überblick zu verschaffen, kann man neben dem erweiterten Server-Explorer dies auch nutzen, um sich einen ersten Geschmack für die Programmierung von WMI zu holen.

XML DOM-Grundlagen

Vorwärtsgerichtete Operationen können mit den Klassen `XmlTextReader` bzw. `XmlTextWriter` einfach und effektiv programmiert werden, wie wir in den Rezepten demonstriert haben. Komplexere Operationen, bei denen die Navigation durch den XML-Baum beliebig gewählt werden kann, sind damit nicht möglich. Hierfür definiert das W3C das Document Object Model, kurz DOM genannt.

Auch das .NET Framework implementiert das DOM. Abbildung 386 zeigt die in diesem Zusammenhang wichtigsten Klassen. Die Basis bildet die von der abstrakten Klasse `XmlNode` abgeleitete Klasse `XmlDocument`. Eine Instanz von `XmlDocument` verweist mit der Eigenschaft `DocumentElement` auf den Root-Knoten des Baums. Dieser wiederum ist eine Instanz von `XmlElement` und implementiert über zahlreiche Verzeigerungen die Verknüpfungen der einzelnen Knoten.

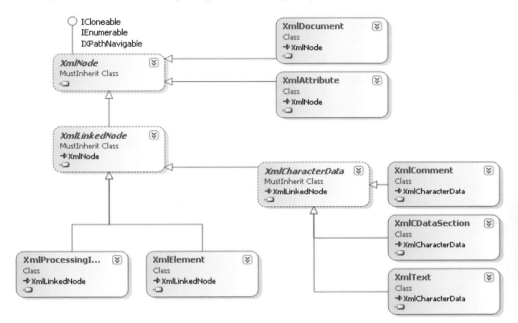

Abbildung 386: Die wichtigsten Klassen für den Umgang mit dem Document Object Model

Alle wesentlichen Klassen sind von der Klasse `XmlNode` abgeleitet. Sie stellt einen beliebigen Knoten im Sinne des DOMs dar. Auch Attribute, Textwerte oder das Dokument selbst sind Knoten. Ein `XmlElement`-Objekt ist das Pendant zum XML-Element im DOM. Es ist über zahlreiche Verweise mit den anderen Elementen eines XML-Baums verbunden (`ChildNodes`, `FirstChild`, `LastChild`, `ParentNode`, `NextSibling`, `PreviousSibling` usw.). Über diese Eigenschaften können Sie sich nach Belieben durch den Baum bewegen und jedes Element erreichen.

`XmlDocument` stellt eine Reihe von `Create`-Methoden zur Verfügung, um untergeordnete Knoten (Elemente, Kommentare, Attribute, Textknoten usw.) anzulegen. Sie können beispielsweise mit `AppendChild`, `InsertAfter` oder `InsertBefore` der Baumstruktur hinzugefügt werden. Mit `Load` bzw. `Save` können die XML-Daten aus Dateien oder Streams geladen bzw. in ihnen gespeichert werden, mit `LoadXML` können sie aus einem String geladen werden.

`InnerXML` und `OuterXML` geben die Textdarstellung (Markup) des Knotens zurück. `OuterXML` schließt dabei den Knoten selbst mit ein, `InnerXML` nicht.

Die `Value`-Eigenschaft gibt den Wert eines Knotens zurück. Sie können sie allerdings nicht nutzen, um den Text eines `XmlElement`-Objektes zu ermitteln, denn der kann ja aus mehreren Knoten zusammengesetzt sein. `Value` ist gültig und sinnvoll für z.B. Kommentar-, Attribut-, ProcessingInstruction-, XmlDeclaration- und natürlich Text-Knoten.

Mit `CreateNavigator` unterstützen alle von `XmlNode` abgeleiteten Klassen das Anlegen eines `XPath-Navigator`-Objektes für noch umfangreichere Navigationsmöglichkeiten und XPath-Abfragen.

API-Funktionen

Die im Buch verwendeten API-Funktionen haben wir in der Klasse API untergebracht. Gängige Zahlenkonstanten, die üblicherweise mit #define in den C-Header-Dateien als Makro definiert werden, haben wir in Enumerationen gekapselt. Listing 735 zeigt die Klasse API.

```
Imports System.Runtime.InteropServices

Public Class API

    ' Window-Management
    Public Declare Function GetDesktopWindow Lib "user32.dll" () _
        As IntPtr

    Public Declare Function GetTopWindow Lib "user32.dll" _
        (ByVal hWnd As IntPtr) As IntPtr

    Public Declare Unicode Function GetWindowText Lib "user32.dll" _
        Alias "GetWindowTextW" (ByVal hWnd As IntPtr, _
        ByVal text As String, ByVal nMaxCount As Integer) As Integer

    Public Declare Function GetWindow Lib "user32.dll" ( _
        ByVal hWnd As IntPtr, ByVal uCmd As Integer) As IntPtr

    Public Declare Function GetForegroundWindow Lib "user32.dll" () _
        As IntPtr

    Public Declare Function SetForegroundWindow Lib "user32.dll" _
        (ByVal hwnd As IntPtr) As Boolean

    Public Declare Function GetWindowRect Lib "user32.dll" _
        (ByVal hWnd As IntPtr, ByRef lpRect As RECT) As Int32

    Public Declare Function ShowWindow Lib "user32.dll" _
        (ByVal hwnd As IntPtr, ByVal nCmdShow As Integer) As Boolean

    Public Declare Auto Function IsIconic Lib "user32.dll" _
        (ByVal hwnd As IntPtr) As Boolean

    Public Declare Auto Function IsZoomed Lib "user32.dll" _
        (ByVal hwnd As IntPtr) As Boolean

    Public Enum ShowWindowConstants
        SW_HIDE = 0
        SW_SHOWNORMAL = 1
        SW_NORMAL = 1
        SW_SHOWMINIMIZED = 2
        SW_SHOWMAXIMIZED = 3
        SW_MAXIMIZE = 3
        SW_SHOWNOACTIVATE = 4
```

Listing 735: Kapselung der im Buch verwendeten API-Funktionen in der Klasse API

```
      SW_SHOW = 5
      SW_MINIMIZE = 6
      SW_SHOWMINNOACTIVE = 7
      SW_SHOWNA = 8
      SW_RESTORE = 9
      SW_SHOWDEFAULT = 10
      SW_FORCEMINIMIZE = 11
      SW_MAX = 11
   End Enum

   Public Declare Function GetWindowInfo Lib "user32.dll" _
      (ByVal hwnd As IntPtr, ByRef pwi As WINDOWINFO) As Boolean

   Public Structure WINDOWINFO
      Public cbSize As Int32
      Public rcWindow As RECT
      Public rcClient As RECT
      Public dwStyle As Int32
      Public dwExStyle As Int32
      Public dwWindowStatus As Int32
      Public cxWindowBorders As Int32
      Public cyWindowBorders As Int32
   End Structure

   Public Declare Function ScreenToClient Lib "user32.dll" _
      (ByVal hWnd As IntPtr, ByRef lpPoint As POINTAPI) As Int32

   Public Enum GetWindowConstants
      GW_HWNDFIRST = 0
      GW_HWNDLAST = 1
      GW_HWNDNEXT = 2
      GW_HWNDPREV = 3
      GW_OWNER = 4
      GW_CHILD = 5
   End Enum

   ' Device Context
   Public Declare Function GetDC Lib "user32.dll" _
      (ByVal hWnd As IntPtr) As IntPtr

   Public Declare Function ReleaseDC Lib "user32.dll" _
      (ByVal hWnd As IntPtr, ByVal hdc As IntPtr) As Int32

   ' GDI-Funktionen
   Public Declare Function StretchBlt Lib "gdi32.dll" _
      (ByVal hdc As IntPtr, ByVal x As Int32, ByVal y As Int32, _
      ByVal nWidth As Int32, ByVal nHeight As Int32, _
      ByVal hSrcDC As IntPtr, ByVal xSrc As Int32, _
      ByVal ySrc As Int32, ByVal nSrcWidth As Int32, _
      ByVal nSrcHeight As Int32, ByVal dwRop As Int32) As Int32

   Public Declare Function BitBlt Lib "gdi32.dll" _
```

Listing 735: Kapselung der im Buch verwendeten API-Funktionen in der Klasse API (Forts.)

```
        (ByVal hdc As IntPtr, ByVal x As Int32, ByVal y As Int32, _
        ByVal nWidth As Int32, ByVal nHeight As Int32, _
        ByVal hSrcDC As IntPtr, ByVal xSrc As Int32, _
        ByVal ySrc As Int32, ByVal dwRop As Int32) As Int32

    Public Declare Auto Function SelectObject Lib "gdi32.dll" _
        (ByVal hdc As IntPtr, ByVal hgdiobj As IntPtr) As IntPtr

    Public Declare Auto Function PathCompactPath Lib "shlwapi.dll" _
        (ByVal hDC As IntPtr, ByVal pszPath As _
        System.Text.StringBuilder, ByVal dx As Integer) As Boolean

    Public Declare Function GetDeviceCaps Lib "gdi32.dll" _
        (ByVal hdc As IntPtr, ByVal nIndex As Integer) As Integer

    ' Ressourcen-Freigabe
    Public Declare Auto Function DeleteObject Lib "gdi32.dll" _
    (ByVal hObject As IntPtr) As Boolean

    Public Enum GetDeviceCapsConstants
        TECHNOLOGY = 2
        HORZSIZE = 4
        VERTSIZE = 6
        HORZRES = 8
        VERTRES = 10
        BITPIXEL = 12
    End Enum

    Public Structure POINTAPI
        Public x As Int32
        Public y As Int32
    End Structure

    Public Structure RECT
        Public Left As Int32
        Public Top As Int32
        Public Right As Int32
        Public Bottom As Int32
    End Structure

    Public Enum ROPConstants
        SRCCOPY = &HCC0020
    End Enum


    ' Dateiinformationen wie Icons und Dateityp abfragen
    Public Declare Auto Function SHGetFileInfo Lib "shell32.dll" ( _
    ByVal pszPath As String, _
    ByVal dwFileAttributes As Integer, _
    ByRef psfi As SHFILEINFO, _
    ByVal cbFileInfo As Integer, _
    ByVal uFlags As Integer) _
```

Listing 735: Kapselung der im Buch verwendeten API-Funktionen in der Klasse API (Forts.)

```
      As IntPtr

      ' Datenstruktur SHFILEINFO für den Aufruf von SHGetFileInfo
      <StructLayout(LayoutKind.Sequential, CharSet:=CharSet.Auto)> _
      Public Structure SHFILEINFO
        Public hIcon As Int32
        Public iIcon As Int32
        Public dwAttributes As Int32
        <MarshalAs(UnmanagedType.ByValTStr, SizeConst:=260)> _
        Public szDisplayName As String
        <MarshalAs(UnmanagedType.ByValTStr, SizeConst:=80)> _
        Public szTypeName As String
      End Structure

      ' Gebräuchliche Konstanten für SHGetFileInfo
      Public Enum SHGetFileInfoConstants
        SHGFI_TYPENAME = &H400
        SHGFI_ATTRIBUTES = &H800
        SHGFI_EXETYPE = &H2000
        SHGFI_LARGEICON = 0
        SHGFI_SMALLICON = 1
        SHGFI_ICON = &H100
      End Enum

      ' Benötigte Methode zur Freigabe eines Icon-Handles
      Public Declare Auto Function DestroyIcon _
        Lib "user32.dll" (ByVal hicon As IntPtr) As Boolean


      'SendMessage
      Public Declare Function SendMessage Lib "user32.dll" Alias _
        "SendMessageW" (ByVal hwnd As IntPtr, _
        ByVal message As Integer, ByVal wparam As IntPtr, _
        ByVal lparam As IntPtr) As Integer

      Public Declare Function SendMessage Lib "user32.dll" Alias _
        "SendMessageW" (ByVal hwnd As IntPtr, _
        ByVal message As Integer, ByVal wparam As Int32, _
        ByVal lparam As Int32) As Integer

      Public Declare Function SendMessageRef Lib "user32.dll" Alias _
        "SendMessageW" (ByVal hwnd As IntPtr, _
        ByVal message As Integer, ByVal wparam As Int32, _
        ByRef lparam As Int32) As Integer

      ' Konstanten für Multiline-TextBox
      Public Enum TBMultiline
        EM_GETLINECOUNT = &HBA
        EM_LINEFROMCHAR = &HC9
        EM_FMTLINES = &HC8
        EM_LINESCROLL = &HB6
        EM_GETMODIFY = &HB8
```

Listing 735: Kapselung der im Buch verwendeten API-Funktionen in der Klasse API (Forts.)

```
     EM_SETMODIFY = &HB9
     EM_LINEINDEX = &HBB
     EM_GETTHUMB = &HBE
     EM_SETTABSTOPS = &HCB
     EM_GETFIRSTVISIBLELINE = &HCE
     EM_POSFROMCHAR = &HD6
     EM_CHARFROMPOS = &HD7
End Enum


' SHFileOperation für Dateioperationen mit Windows-Shell
Public Declare Auto Function SHFileOperation Lib "shell32.dll" _
   (ByRef lpFileOp As SHFILEOPSTRUCT) As Integer

' Unterstützte Kommandos für SHFileOperation
Public Enum SHFileOpConstants
   Move = 1
   Copy = 2
   Delete = 3
   Rename = 4
End Enum

' Struktur für SHFileOperation
<StructLayout(LayoutKind.Sequential, Pack:=1, _
CharSet:=CharSet.Auto)> _
Public Structure SHFILEOPSTRUCT
   Public hwnd As IntPtr
   Public wFunc As SHFileOpConstants
   Public pFrom As String
   Public pTo As String
   Public fFlags As SHFileOpFlagConstants
   Public fAnyOperationsAborted As Boolean
   Public hNameMappings As IntPtr
   Public lpszProgressTitle As String
End Structure

' Flag-Definitionen für SHFileOperation
<Flags()> Public Enum SHFileOpFlagConstants As Integer
   Multidestfiles = 1
   Confirmmouse = 2
   Silent = 4
   RenameOnCollision = &H8
   NoConfirmation = &H10
   WantMappingHandle = &H20
   AllowUndo = &H40
   FilesOnly = &H80
   SimpleProgress = &H100
   NoConfirmMakeDir = &H200
   NoErrorUI = &H400
   NoCopySecurityAttribs = &H800
End Enum
```

API-Funktionen

Listing 735: Kapselung der im Buch verwendeten API-Funktionen in der Klasse API (Forts.)

```
' Verzeichnis-Funktionen
Public Declare Auto Function PathRelativePathTo _
Lib "shlwapi.dll" (ByVal relPath As System.Text.StringBuilder, _
ByVal pathFrom As String, ByVal attrFrom As Integer, _
ByVal pathTo As String, ByVal attrTo As Integer) As Boolean

Public Declare Auto Function PathCanonicalize Lib "shlwapi.dll" _
    (ByVal dst As System.Text.StringBuilder, ByVal src As String) _
    As Boolean

Public Enum FileAttribute
    [ReadOnly] = 1
    Hidden = 2
    System = 4
    Directory = &H10
    Archive = &H20
    Normal = &H80
    Temporary = &H100
End Enum

' Sound-Ausgabe
Public Declare Auto Function sndPlaySound Lib "Winmm.dll" _
    (ByVal path As String, ByVal fuSound As SNDPlaySoundConstants) _
    As Boolean

<Flags()> Public Enum SNDPlaySoundConstants
    Async = 1
    [Loop] = 8
    Memory = 4
    NoDefault = 2
    NoStop = &H10
    Sync = 0
End Enum

' Abfragen von Zählerstand und Frequenz des Hardware-Counters
Public Declare Auto Function QueryPerformanceCounter Lib _
    "Kernel32.dll" (ByRef performanceCount As Long) As Boolean

Public Declare Auto Function QueryPerformanceFrequency Lib _
    "Kernel32.dll" (ByRef frequency As Long) As Boolean

' Fehlermeldungen
Public Declare Auto Function FormatMessage Lib "kernel32.dll" _
    (ByVal dwFlags As Integer, ByVal lpSource As IntPtr, _
    ByVal dwMessageId As Integer, ByVal dwLanguageId As Integer, _
    ByVal lpBuffer As System.Text.StringBuilder, _
    ByVal nSize As Integer, ByVal Arguments() As String) As Integer


End Class
```

Listing 735: Kapselung der im Buch verwendeten API-Funktionen in der Klasse API (Forts.)

Stichwortverzeichnis

THE SIGN OF EXCELLENCE

Das Standardwerk

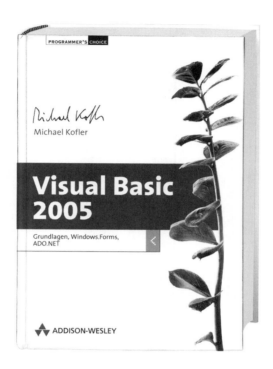

e brauchen ein solides Fundament für Visual Basic 2005? Dieser Titel bietet eine umfassende
racheinführung, Konzepte zur objektorientierten Programmierung und Lösungen für häufig benötigte
ufgaben (Dateizugriff, Multi-Threading etc.). Der Anwendungsteil konzentriert sich auf die Windows-
ogrammierung (Windows.Forms, Grafik, Drucken) und Datenbankanwendungen (ADO.NET).

ese Neuauflage wurde vollständig überarbeitet und neu strukturiert. Die Visual-Basic-Bücher von
ichael Kofler gelten seit 1991 als Standardwerke.

ichael Kofler
8273-2338-X
.95 EUR [D]

ww.addison-wesley.de

[The Sign of Excellence]
ADDISON-WESLEY

THE SIGN OF EXCELLENCE

Die umfassende Einführung zur Windows-Programmierung mit C# 2005

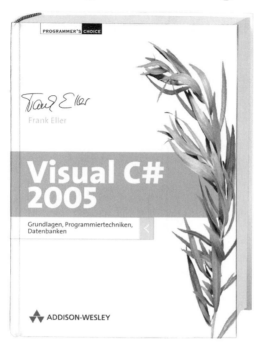

ortgeschrittene und Profis erhalten hier umfassendes Know-how zur Windows-Programmierung mit
sual C# in der Version 2. Nach einer Einführung ins .NET-Framework und die Entwicklungsumgebung
eht der Autor ausführlich auf die Grundlagen der C#-Programmierung ein. Anhand zahlreicher Beispiele
eigt er die verschiedenen Programmiertechniken wie z.B. Anwendungsdesign, Grafikprogrammierung
der das Erstellen eigener Komponenten. Besondere Schwerpunkte liegen auf der umfangreichen .NET-
assenbibliothek und Windows Forms sowie auf dem Datenbankzugriff mit ADO.NET.

uf CD: Visual C# Express-Edition

rank Eller
-8273-2288-X
).95 EUR [D]

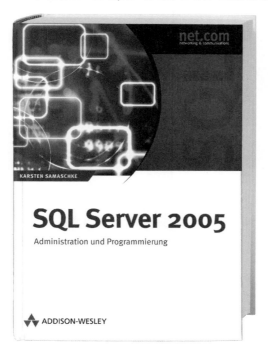